汉译世界学术名著丛书

历史著作史

下卷

十八及十九世纪

第四分册

〔美〕J.W.汤普森 著

孙秉莹 谢德风 译

李活 校

商務印書館

2013年·北京

第九编

论述各种制度的史家

第五十一章　法国19世纪的制度史家

1895年英国历史家J. H. 朗德说，前一代的工作是解释编年史，他自己这个时代的工作则是以批判地利用特许状和其他文献资料的办法补充、修正并扩大记事资料的证据。原先利用这些文献资料只是偶然的事，因为在19世纪最后那几十年以前，这类文献印行极少，只有德国例外。由于特许状和其他一切文献都是出自政府、教会或其他机关，所以这类资料的内容主要是关于各种制度的。 359

19世纪前半叶，许多德国史学家就对制度史产生了浓厚兴趣。他们是这个领域的开路先锋。这种不平常的兴趣的产生有几个原因：首先，法国大革命已破坏或废除了欧洲最古老、最伟大的一些制度，这是一种深刻的政治和社会动荡。再者，各种制度都是极重要的历史事实，而制度史则深入到人类社会的根基。制度不是理论的产物，而是在习惯、风俗、传统、思想、兴趣、法律、宗教等方面的经验的凝结。这些制度作为某一特定时代的公共习惯、风俗和思想，它们很能说明那个时代的特色。历史上许多伟大的制度绝不是制造出来的，而是成长起来的。它们是历史上一种最耐久的东西。它们一旦失效，就变成过时的东西，只能作为过去人类生活的陈腐模式存在。研究这些过时的制度仅仅是一种考古的爱好，历史上的古生物学。往往是其精神和机构都已成为过去，只有文字遗留下来。① 制度史学者，就像古生物学者那样，有时也能够从残存的遗物中把过去某种制度复制出来，比如古代东方的文明的相当大的部分就是以古代陶器残片为根据重新描绘出来的。

360 19 世纪出版的论述制度上种种问题的书籍和在刊物上发表的文章数以百计，特别是在“道地的”德国就更多了。其中有一个题目比任何其他题目都更引人注目，即封建主义的起源和形成。②这个主题里又有两个问题，一个是：究竟是哪种特定的制度形成了所谓的封建主义的“胚芽”？另一个是：这个基本的内核是来自罗马人，还是来自日耳曼人？这个争论首先在德国出现，但很快就扩展到法国，后来民族情感使德国学者（只有两位例外）联合起来，拥护日耳曼起源说，即封建主义起源于德国；而法国学者则全体一致地主张作为一种制度的封建主义基本上是起源于罗马人。“日耳曼派”和“罗马派”这两个对立学派浪费了数量极其巨大的纸和墨。民族偏见有时歪曲了史实，同时，在激烈的争论中，事实上所有关于这个题目的证据，甚至是离题甚远的，都受到细致的批判地

① “通过时间缓慢而无声的变幻，制度改变了：但是……把它们标明出来的那些字则是不朽的。因而我们就往往作出多少是无意识的假定，认为同一个字在过去时代所指的东西也就是它现在所指的。而实际上，我们必须把我们在古代文献中遇到的每个名字当作完全和它偶然保留到现在这件事当成截然不同的东西看待。”见爱德温·哈赤，《早期基督教会的组织》（第 2 版，伦敦，1882 年），第 15 页。

② 最近的谈论，见亚尔丰司·道普斯赤《欧洲文明的经济和社会基础，从恺撒到查理大帝时期》（第 2 版，维也纳，1923—1924 年，两卷），M. G. 比尔德和纳丁·马歇尔译成英文，书名是《欧洲文明的经济和社会基础》（伦敦，1937 年）。特别参看第 1，9 两章。

审查。

在柏林学派成员提出封建主义起源这个问题以前，18世纪占优势的普遍意见认为封建主义起源于罗马。杜波神父[①]就是这样主张的。难道法国人不是一个“拉丁系”民族么？中世纪法国的封建主义难道不就是封建主义的典型么？伯勒修(1728—1798年)又把这个学说神圣化，他在罗马的庄园(laeti)中发现了封建主义的胚胎。只有孟德斯鸠一个人提出相反的意见，说古代日耳曼人的民众会议(comitatus)是封建关系的原始胚胎。

起初，甚至在德国，罗马学派在许多事情上也是一意孤行的。《中世纪罗马法史》的作者伟大的萨樊宜主张罗马起源论，但他并不是法国论点的恭顺追随者。他是第一位强调罗马隶农制在封建制度发展上有重要意义的人。[②] 爱喜浑[③]则根据他对早期日耳曼法律的研究得出结论，认为在封建制度中必定有比至今人们料想的更多的日耳曼因素，但他没有把这个看法展开。彻底研究封建制度中日耳曼因素问题的第一位学者是惠芝[④]，他把孟德斯鸠关于日耳曼民众会议的意见扩大了，但并没把这个思想发展到足够 361
的程度。惠芝认为墨洛温国家是真正的政治形式，但在民众会议里却只发现封建因素幼芽，再也没别的了；而后来的研究却表明墨

① 本卷原书第55—56页。——译者

② 《法学史杂志》，第6卷(1828年)，第273页以后。关于隶农制，参看M. I. 罗斯托夫采夫，《罗马隶农制史研究》(莱比锡，1910年)；浮斯退尔·得·库朗日，《几个历史问题的研究》(第2版，巴黎，1894年)，第1章，“罗马隶农制”，第3—186页。并参看论文“隶农制”见保来-威苏瓦，《真实百科全书》。

③ 本卷原书第159页。——译者

④ 本卷原书第190—192页。——译者

洛温政府至少是半封建性质的。而且，惠芝没能估计到财产因素、即土地在墨洛温封建制度当中的重要意义。

在解释封建制度发展问题上，在慕尼黑人保罗·罗特的三部划时代著作出版后才向前跨了一大步。这三部书是《采邑史》（*Geschichte des Beneficialwesens*）（1850 年），《封建制与小诸侯联盟》（*Feudatität und Unterthanenverband*）（1863 年），《卡尔·马特尔诸子时期教会财产的还俗》（*Die Säkularisation des Kirchengutes durch die Söhne Karl Martells*）（1874 年）。罗特主张：罗马的制度在封建制度形成中占压倒优势，他争辩说，不动产（土地）的来源是在封建政权下找到的，不过，证明这一点是后来浮斯退尔·得·库朗日才办到的。他断言墨洛温国家是罗马式的；只有国王的侍卫制度除外，他认为这个制度可能是民众会议产生的。他相信，王室领地就像真正私有财产那样被据为己有，采邑里没这种东西，就像在罗马帝国统治下那样，墨洛温时代的社会秩序的基础仍然是公法而不是私人契约。按照罗特的说法，封建制度的主体是在卡尔·马特尔把教会土地还俗并作为军事封地进行分配这件事上正式开始的。罗特认为，封建制度来自三种关系：（一）国王侍卫制度，（二）封地，（三）领主制或小自由人臣服大的自由人，即后来大领主和小领主（领主和附庸）的胚胎。墨洛温时代只存在第一种关系。[1]

就在这些年里，惠芝在《论采地制的开端》（*Ueber die Anfänge der Vassalität*）（1856 年）和《封建制度的肇始》（1865 年）这两部书中

① 《封建制与小诸侯联盟》（魏玛，1863 年），第 205 页。

把他的看法扩展了，还把他自己在这个问题上的思想澄清了。惠芝所持立场和罗特的有一部分一致，有一部分和日耳曼派一致。[①]

在这期间，所有法国史学家，对德国学术界在封建起源这个问题上进行的工作继续无动于衷，甚至毫无所知。只有基佐一人例外。但基佐的兴趣分散在史学过多的领域，而且过分关心政治，不成其为透辟的学者。他对封建制度史的研究只限于1829至30那一学年里他发表论述《法国文明史》的那些著名的 362
演说的时候。[②] 基佐在这一系列讲演的第2类和第3篇中曾严厉批判了日耳曼学派的方法和成见，但他没看到自己也是满肚子偏见。J. M. 勒于埃鲁（1807—1843年）的：《公元615年敕令以前的墨洛温制度和墨洛温政府的历史》（*Histoire des institutions mérovingiens et du gouvernement des Mérovingiens jusqu'à l'édit de 615*）（1842年）和《加洛林王朝的制度和统治史》（1843年）这两部书沿袭孟德斯鸠和杜波的传统说法，并无新见解；他不晓得德国学者们已经写了些什么。

在19世纪70年代以前，法国唯一的一位表现出创造力、找到新资料并在封建制度史方面开辟了新园地的历史学者是本杰明·革拉尔（1797—1854年）。他曾先后担任王室图书馆手稿部管理员、古文书学校校长、铭文研究院研究员。革拉尔发现修道院记录有史料价值，他也是最早编辑这些资料的人。他属于老一代法国史家，但他对中世纪的研究工作比和他同时代的任何人都远为经

① 关于这个题目的其他文献，参看达尔曼—惠芝的著作，第5578—5600号。

② 巴黎出版，1829—1838年，五卷；第6版，1857年，四卷；英文本是W.哈兹利特译的（纽约，1846年）。

久。他编辑了许多大修道院的各式各样的记录，他的《伊尔米农住持的地籍册》(*Polyptique de l'abbé Irminon*)(两卷，1844年)仍然是一部典范著作；这部书包括的时期是811—826年，书中下述小标题就可说明它的内容："查理曼统治下圣泽芒修道院的庄园、农奴和收入清册。"《地籍册》的序言是"法国学术界一件光荣成就"，和基佐那些讲演一起形成"19世纪前半叶写的研究法国早期情况的最重要的贡献"。革拉尔调查了各阶级的关系、租地的方式以及日耳曼入侵以来各种制度的情况。他驳斥了高卢接受了法兰克侵略者的教化这种说法，并指出，恰恰相反，庄园和行政机构都是罗马的制度。革拉尔出版的修道院记录还有沙脱尔的圣佩尔·兰斯的圣勒密、圣柏丁和马赛的圣维克多等修道院的记录。[①]

解释这个问题的两个学派，罗马派和日耳曼派就是这样针锋相对，不分胜负，直到1870年以后库朗日才以全力摧毁日耳曼派炮制的早期中世纪史的整个虚构。说来奇怪，库朗日的著作如此离经叛道，关于蛮族入侵的性质他所作结论如此新奇，以致他甚至
363 引起法国学者的反对，在这些法国学者心目中，杜波和孟德斯鸠的名字才是神圣的。

奴马·登尼斯·浮斯退尔·得·库朗日(1830—1889年)[②]也

① 《地籍册》的一种新版本，由奥古斯特·隆囊出版(巴黎，1886—1895年，两卷)。参看J.H.赫塞尔，《伊尔民农的地籍册(811—826年)》和《圣勒密寺院的地籍册》，见《语言学会学报》(伦敦)，1899—1902年，第471页以后，第650页以后。关于革拉尔，参看古奇的书，第206—207页；《M.B.革拉尔写的关于M.多奴的评论。M.N.得·惠来所写关于M.革拉尔的一篇有次序的介绍》(巴黎，1855年)。

② 保罗·吉罗，《浮斯退尔·得·库朗日》(巴黎，1896年)，他的学生和朋友的著作；同一作者，《浮斯退尔·得·库朗日的历史著作》，见《两世界评论》，第124(接下页)

像和他同时代的芮农[①]那样，出身于一个布列塔尼家庭。他在巴

(接上页)卷(1896年)，第73—111页。浮斯退尔诞生百年庆典唤起新的估价。J. M. 涂纳-奥蒙，《浮斯退尔·得·库朗日，1830—1889年》(巴黎，1931年)是一部最近的传记，由革拉尔的一位学生写成，此人也在朱里安和摩诺指导下作过研究；此书有一篇谢尼奥博斯(浮斯退尔活着的最年长的学生)写的序。卡密尔·朱理安是浮斯退尔的学术受托人和宠爱的弟子，他在《19世纪法国历史学者摘要》(巴黎，1897年)一书中摘录了他的著作，并在一篇精彩的绪论中讨论他的老师，第88—93，101—105，119—123页。普菲斯特尔，布劳赤，格伦尼尔，柏甘牛尔和卡芬雅克的讲话见《法国阿尔萨斯》，第19卷(1930年)，第204—216页；第尔、朱里安、格洛茨和普菲斯特尔的言论，见《国际教育评论》，第74卷(1930年)，第178—203页；他先前的老师朱理·西蒙有一篇同情他的评论，见《道德与政治科学院的会议与工作》，第18卷(1891年)，第33—72页；A. 索列尔的文章，见他的《笔记与肖像》(巴黎，1909年)；A. 奥拉尔，《浮斯退尔·得·库朗日，爱国者，政治家，哲学家》，见《法国革命》，第69卷(1916年)，第385—389页；查理·贝蒙的文章，见《大英百科全书》，第11卷(1910年)，第374—375页；C. V. 朗格卢瓦和谢尼奥博斯，《历史研究绪论》，G. G. 伯利从法文译成英文(伦敦和纽约，1898年)，参看索引；马克·布劳赤的文章，见《社会科学百科全书》，第6卷，第543页；浮斯退尔著作的评论，见《学者杂者》，1886年，第512—521，595—603，723—730页，1889年，第280—288，329—337页，1890年，第69—83页；佛耳内的文章，见《历史问题评论》，第40卷(1886年)，第183—197页；奥利弗·埃尔顿的文章，见《英国历史评论》，第1卷(1886年)，第427—444页；H. A. C. 费希尔的文章，见同书，第5卷(1890年)，第1—6页；E. R. 金克斯的文章，见同书，第12卷(1897年)，第209—224页；加斯顿·道杜的文章，见《历史研究评论》，第100卷(1933年)，第41—66页；皮埃尔·加克苏特，《规范》，第8卷(1928年)，第258—269页；保罗·维诺格拉多夫，《浮斯退尔·得·库朗日，他的结论和方法》，见《俄罗斯杂谈》(1月，1890年)，第2册，第83—103页，参看维诺格拉多夫的《采地的发展》(纽约和伦敦，1911年)，第86，109—110页和注释以及他的《英国的农奴制》(牛津，1892年)，第17—18，321页；P. 维奥累的文章，见《历史和文学批判杂志》，1886年，第32号；考斯道夫·法尼埃的文章，见《社会改革》，第46卷(1905年)，第669—686页；《民族》，“作为一位社会学者的浮斯退尔”，第81卷(1905年)，第93—94页；G. T. 来普斯利，“土地财产的起源”，见《美国历史评论》，第8卷(1902—1903年)，第427—428页。对他不利的谈论和批评：C. M. 安得烈，《政治科学季刊》，第六卷(1891年)，第734—736页；迦柏列·摩诺的文章，见《历史评论》，第41卷(1889年)，第277—285页；同一作者，《肖像和纪念物》(1897年)；并参看巴贝·达列维利，《史学家》(巴黎，1888年；19世纪，丛书2，著作和人)；保罗·歧尔的文章，见《历史杂志》，第71卷(1893年)，第144—151页。

① 本卷原书第586—587页。——译者

黎出生的那年正是七月革命、街头筑垒的时候。他父亲，一位海军军官，早逝之后，这个孩子的教育就由他祖父监管，这个家族的一位友人出钱送他到查理曼高级中学学习。20 岁时进了师范学院。基佐的《法国文明史》使他对史学倾心，这个沉默的青年被任命为图书馆助理管理员，他抓住这个机会，以大部分时间在图书馆独自攻读。在他的老师们当中，歇律埃耳[①]教给他作学问要准确、要谨防先入之见的习惯；朱理·西蒙[②]教他养成哲学的怀疑的习惯，这个习惯后来就成了浮斯退尔最基本的方法。[③]

第二帝国[④]对高等教育或广泛的研究来说并不是一个顺利的时期。路易·拿破仑政变的政治反响在著名的师范学院的历史上
364 写下最悲惨的一章；教师们被解聘，新任校长对非古典的研究采取压制态度。和别人一样，浮斯退尔也改行研究拉丁文和希腊文，随波逐流地研究起古典时代。他的老师们认为他并非完全响应号召，也不温顺；他的同伙则被那些创见惊呆了。就在那时，浮斯退尔看问题已经和别人不同，当时他就已经热情拥护归纳法，写了一篇文章赞扬培根。泰恩也是在同样的影响下，比浮斯退尔靠后几年在师范学院受教育的。

1853 年，浮斯退尔·得·库朗日接受新近成立的雅典法国学

① 法国历史家(1809—1891 年)，著有《法国制度历史辞典》(1855 年)等书。——译者

② 法国哲学家兼政治家(1814—1896 年)，巴黎大学教授(1839 年)，法国内阁总理(1876—1877 年)。——译者

③ “M. 朱理·西蒙 30 年以前向我讲解笛卡儿的‘讲演法’，从这里产生了我所有的著作：因为我把他灌输到我头脑中的笛卡儿怀疑论用到历史中。”保罗·吉罗所引，见他的传记(见上一个著者注)，第 8—9 页。

④ 1852—1870 年。——译者

校的聘请，为其成员之一，当时这个学校是国外唯一的法国学校。在古典希腊逗留的两年期间，他收集尚未出版的资料，撰写了他第一部书，记述希俄斯岛的一部回忆录(1857年)。[①] 1855年他被亚眠高级中学聘为历史讲师，在该校暂短停留期间，他写好两篇为取得师范学院博士学位的论文。《波利比阿[②]》(Polybe)(1857年)论述这位希腊历史家关于罗马征服希腊的记载。人们称赞这篇论文渊博、清晰、行文老练，为证明自己的论点选择的那些证据十分恰当。他的论点是：希腊贵族屈服于罗马贵族的统治，可以说是甘心情愿的。他那篇论述女灶神维斯太崇拜[③]的拉丁论文说明原来在家里进行的这种祭祀，后来怎样发展成城邦的官方祭典。文章的中心思想，对原始文献的分析，以及其有力的讲解——所有这一切都是他那部即将问世的杰作《古代城市》的先兆。

浮斯退尔在巴黎圣路易高级中学教了两年书之后就被斯特拉斯堡大学聘请担任中世纪和近代史教授。他在该校讲授十年(1860—1870年)，取得非常巨大的成功。他发现全系教师"有四分之三死气沉沉"，他那些课讲得强劲有力，学术性很高。正如他本人所说，曾引起"人们朴实的振奋"。他提出要"整理全部历史"，并把一百多个学生吸引到自己周围。

以1862至63年间用的一套讲义为依据的《古代城市》，是1864年只用了六个月的时间写成的。他这部书一出版立即获得

---

① 收入《科学任务文库》，丛书1，第5册。

② 本书上卷原书第52—60页。

③ 古罗马宗教所信奉的女灶神，相当于希腊的赫斯提。维斯太也是面包作坊主的守护神。——译者

成功而且持续成功，但作者却需自费出版，这事看来未免古怪。[①]这部书的基本思想是人类的各种信念是社会制度的决定因素，甚至是社会制度的创建者。他在《古代城市》的序言中写道："就人类说，过去的事绝不会全部死亡。人类可以忘掉它，但总是保持着它。因为人本身在各个时代的样子，只不过是过去所有代的产物和缩影。如果他深入到自己的灵魂中观察，就能够在那里重新发
365 现这些不同的时代，并按照每个时代加在自己身上的烙印之不同把它们分辨清楚。"夫累则的《黄金树枝》(*The Golden Bough*)[②]是对于这个命题更广泛的解说。浮斯退尔发现在古代，宗教信仰最有力量。他从希腊和罗马家庭起源开始研究，发现家族集团是围绕着对已死的祖先的崇拜建立起来的。在这种对死者的崇拜上边又加上第二种宗教：对自然力的崇拜，这就更适应社会进步。这种崇拜形成一切家族的共有特性，是城市兴起时支配一切的力量，于是统一的信仰取代了分歧。城市仍然以家族为模型；有它自己的炉边、自己的神和自己的祭典。它的法律和制度的根源来自宗教。[③] 随着时间的推移，人们发生了其他兴趣，并要求新的法令。一系列革命引起政府和民法的变化；牧师国王让位于寡头统治，后者又让位于民主国家。随着人们眼界扩大，许多地方性的神合在

---

① 到 1890 年他去世后，此书已出了 13 版；英译本出到 12 版。英译本《古代城市》是威拉德·斯马尔译的(波士顿，1896 年)。

② 詹姆士·乔治·夫累则爵士(1854—1940 年)，苏格兰人类学家；其名著《黄金树枝》是一部研究宗教、神话、仪节等及其在宗教史上重要意义的著作。——译者

③ "曾经产生国家的宗教和抚养宗教的国家，彼此互相支持，并成为一体；这两个紧密结合的权力组成了一个奴役灵魂和肉体的人类权力。"引自吉罗所写的传记(见本书原书第 363 页著者注)，第 34—35 页。

一起："各个地方的神的融合在不知不觉中为城市的融合创造了条件。"于是，一个更大的组织的预兆出现了。希腊的世界主义削弱了爱国主义意识，罗马把整个地中海地区据为己有。许多城市屈从于一个城市。然而，随着基督教的到来，在宗教和政府之间打进一个楔子，随着种种旧宗教的毁灭，古代种种制度也随之毁灭。新信仰建立了一个新社会。

《古代城市》一问世就给人以大胆创新的印象。人们在书中可以发现孟德斯鸠的《论法的精神》，托克维尔[①]的文章，[②]或米细勒[③]那种广阔的历史观的影响的痕迹。浮斯退尔的书也像前一年芮农[④]出版的《耶稣传》那样，正赶上人们对宗教史的强烈兴趣的高潮时期。[⑤] 然而，在他那成千上万的读者当中却很少有人了解作者的新方法和意图。浮斯退尔在书中把宗教的作用写得极其突出，因而多年来人们一直认为他是一位天主教徒和传教士。路易·梅纳[⑥]

① 本书原书第 253—256 页。——译者

② 朱里安在他的《摘要》(见本书原书第 363 页著者注)第 102 页指出，《论美国的民主》一书的开端与浮斯退尔此书绪论的标题有相似之处，标题是"必须研究古人年代最久的信仰，以便懂得他们的制度"。

③ 本书原书第 232—242 页。——译者

④ 本书原书第 586—587 页。——译者

⑤ 这股对宗教史发生的兴趣于 19 世纪三四十年代从德国传到法国，到 1848 年有所增长。亚尔伯特·布洛格里撰写《4 世纪的天主教会和罗马帝国》(巴黎，1860—1866 年，六卷)，正统作家贡献颇多，并有另一支转向古代宗教，其中路易·梅纳是阐述异端之美的杰出代表。这两重运动一部分集中在芮农身上，另一部分在浮斯退尔身上，参看朱里安，《摘要》(见本书原书第 363 页著者注)，第 90—91 页。

⑥ 法国学者、诗人兼科学家(1822—1901 年)，著有《基督教的起源论》(1894 年)。——译者

366 对这部书极其厌恶。① 他的读者当中那些虔信宗教的人们对他的热情赞扬却使作者困惑不解。②

他这部书就其写作手法、内容布局和文章风格等方面说，都是一部杰作，后来就成了法国历史著作的典范。不过，针对这部书有两种批评也值得注意。其一是，浮斯退尔这部著作是用先验的概念，用后来他严加斥责的长者的口气写的。这个批评是达尔布瓦·得·朱班维尔③和其他一些人提出的。④ 为浮斯退尔说句公道话，必须指出，在他这部较早的著作中，他把博学这个包袱隐藏起来了。这是一部综合性的著作，而不是以大量资料为依据、向读者展示作者种种内心活动和疑点以及思想缓慢发展经过的、有着仔细分析的著作。他自己说，在他的研究过程中，一项研究导致另一项研究，在他意识到这个情况以前，就已经写了 30 来篇文章，全书已经写成了。但浮斯退尔在拿出自己的最后结论时那种透彻清晰，使人们认为他这部"先验史"光彩倍增。

第二种批评，也许是更站得住脚的一种，就是《古代城市》把同

---

① 阅读爱德华·尚皮翁有趣的小册子，《根据未出版的文献论浮斯退尔·得·库朗日的政治和宗教观点》(巴黎，1903 年)。此书主要讨论浮斯退尔和梅纳关于《古代城市》一书的通信，爱好古代异教的人对一个基督徒攻击的想法，以及浮斯退尔对他写此书的目的和方法的自我表白。

② 参看浮斯退尔自己的话，见吉罗的书(见本书原书第 363 页著者注)，第 160 页注释；并参看第 32 页。

③ 法国考古学家和语言学家(1827—1910 年)，1882 年以后为法兰西学院教授。——译者

④ 亨利·达尔布瓦·得·朱班维尔，《撰写历史著作的两种态度：对玻绪亚，奥古斯丁·提埃里和浮斯退尔·得·库朗日的批判》(巴黎，1896 年)，它包括对浮斯退尔的猛烈攻击。

时发生的现象当作原因。如果说祖先崇拜是在开始出现宗教时遇到的而且是和家庭生活分不开的，那么这并不能证明它就是家庭构成的主要原因。如果人的信仰和人们的其他制度同时变动，这也不能证明信仰的变动产生了制度的变动。但浮斯退尔竟然说这就是唯一的原因！[①] 不过他在他所作任何研究中从来都没狂妄地说过他已经彻底研究了全部历史。“我对我们论题的思考是规定了界限的，在这些界限以内，我应该忠于实况。”[②]他的最有权威的一位阐释者卡密尔·朱里安[③]曾说，如果我们在《古代城市》中仅仅寻找古代各种信仰和社会形式之间的紧密联系，仅仅在人类各种集团的联合中和人们的外部生活中寻找宗教的作用，那么浮斯退尔这部书可能一行也不需要改动。[④]

这个地位正在上升中的学者在斯特拉斯堡度过的岁月里，发现 367
“在研究和思索方面的伙伴”极少。那些认为他主要是一位中世纪史学家的人们忽视了下述事实：他的下一部巨著《法国政治制度》本来计划写四卷，其中两卷写近代。1870 年他被请回巴黎，在师范学院接替若弗罗瓦的职位；20 年前他是以学生身份进入这所学院的。

普法战争是浮斯退尔生活上的转折点。战争把他的注意力从

---

① “它是由于家庭不再有家内的宗教信仰，它的结构和法权就发生了变化；只是由于国家不再有官方的宗教信仰，人们的管理规则永远改变了。”引文见朱里安的《摘要》(见本书原书第 363 页著者注)，第 103 页注②。

② 《历史和文学的批判性评论》，第 1 卷(1866 年)，第 376 页。引文见涂纳-奥蒙的著作(见本书原书第 363 页著者注)，第 28 页。

③ 本卷原书第 370 页。——译者

④ 参看朱里安《摘要》(见本书原书第 363 页著者注)，第 104 页。关于此书更多的讨论，见同书第 101—105 页；吉罗的书，《浮斯退尔·得·库朗日》(见本书原书第 363 页著者注)，第 3 章，第 29—48 页。

古代引开,使之再度集中在他的祖国。他把笔杆转向当前的事。在一封公开信中,他向德国牧师们仇恨宗教的宣传提出抗议。在答复蒙森的一篇讨论阿尔萨斯的文章中,他极力主张这样的地区应当自决,而不应当作为任何国家的私产夺来夺去。1872 年他发表了一篇论德国历史家的文章,其批判之苛刻是出于他的爱国热情。[①] 由于这一些,人们常说,战争使浮斯退尔变成一位痛恨德国及其制度的爱国历史家,而且这正是解释 1870 年以后他的一切作品和对德国学派的攻击的一把钥匙。事实证明,这种看法是错误的。[②]

不难看出,这个传说是怎样制造的。1872 年《两世界评论》上登了一篇奇文,题为《5 世纪日耳曼的入侵,其性质和后果》,再没有比这事更惊人的了。[③] 这篇文章大胆断定:经过多次讨论的 5 世纪日耳曼入侵对法国历史、宗教、风俗、政府或社会结构都没有产生长远影响。接着又有一篇惊人的文章论述罗马帝国和墨洛温时代的高卢的"土地所有制"。浮斯退尔是在想方设法在德国境以外寻找封建制度的起源呢!这个新思想成长壮大;并以其富丽华美充满了 1874 年出版的《古代法国政治制度史》那精彩的第 1 卷。

---

① "撰写法国史和德国史的态度",见《两世界评论》,第 101 卷(1872 年),第 241—251 页。

② 摩诺是浮斯退尔某些观点最坚决的反对者,曾审查他在斯特拉斯堡的讲稿记录,并证明浮斯退尔论早期日耳曼人的观点,其大意在战前业已写在纸上,后来几年的变动只是细节上的。《历史评论》,第 41 卷(1889 年),第 283 页。西蒙证明同一结论在女皇之前所作的讲演中业已出现。参看《道德与政治科学院的会议与工作》,第 18 卷(1894 年),第 33—72 页。西蒙指出,杜波早先还曾出版过类似的有反德情绪的文章。

③ 《两世界评论》,第 99 卷(1872 年),第 241,268 页。

浮斯退尔的著作有力地摧毁了日耳曼派全部学说。他断言日耳曼入侵一部分是被误解了，一部分被歪曲了。入侵并不是征服，并未带来什么新东西，也没直接改变什么。入侵可能加速了封建制度的发展；但即使没有这些入侵，封建制度，作为罗马帝国本身 368
情况产生的结果，也一定会到来的。他反对提埃里下述观点，即侵略是一个种族战胜另一个种族，是日耳曼人战胜罗马化的高卢人。侵略并不是征服者把自己的新制度强加于被征服者的胜利，而是一些好战的匪帮连续不断的很快就被人忘记的掠夺活动，或者是无地的蛮族进入定居，不是按照他们自己的条件，而是作为高卢—罗马土地所有者的隶农定居下来的。作为封建制度特色的对个人效忠制并不是首先由这些侵略者引进的，因为罗马的保护制度(clientage)本身就在稳步发展成人和人之间这样的关系。浮斯退尔·得·库朗日还进一步争论说，在日耳曼人侵之后，高卢那些郊区和农村的组织仍然完全是罗马式的。罗马人对日耳曼村社一直毫无所知或知之甚少。日耳曼人发现到处都是罗马的庄园制度，并且极其全面地加以采用，以致日耳曼人的农村走上了罗马的轨道。拿罗马庄园和日耳曼村社作比较，前者即使不是占绝对优势，也是到处占优势，这一点是必须承认的。摩诺①以三段论的形式总结了这个论点：

> 在罗马统治下的高卢从未受压迫或遭不幸；
>
> 日耳曼人原来并没有什么制度可以移植到帝国土地上来；
>
> 这些入侵的性质并不是征服，而是把自己看作帝国臣民的业已罗马化的日耳曼人的和平移入；

① 本卷原书第269—272页。——译者

> 由此可知，法兰克那些制度只能是由于野蛮和无知而有所改变的罗马制度，而不是任何别的东西。①

假如由此便得出结论说，浮斯退尔把他这部书讨论的核心的封建制度看成本质上是罗马的东西，那就错了，尽管犯这个错误的人不在少数。他坚决主张封建制度既不是罗马的，也不是日耳曼的，而是一切制度中都有的，它的根子深深扎在人性土壤之中。“它既不属于某一个时代，也不属于某一个民族，它属于人性。”浮斯退尔不喜欢人们称他罗马派，但他摆脱不掉这个称号。他自己的著作的编者朱里安也因为他在入侵后没给日耳曼痕迹留下什么余地，②还由于他坚持不懈地折磨日耳曼派而承认他这个绰号也不无道理。今天，当罗马和日耳曼两派之间业已取得较为公平合理的结论时，浮斯退尔的立场就得到更公道的评价了。

浮斯退尔最伤心的是广大读者和他的史家同行都领会不了他的方法的正直，甚至连它的性质都不了解。他抱怨说，批评他的人
369 从来都不费神查阅他在每页下边提供的丰富的参考资料。他们不查找原文本身就责难他的解释，就样就满足了。当批判他的第 1 卷的风暴过去之后，浮斯退尔觉得只好放弃以同样规模继续写到近代的计划。他前曾宣布定于 1875 年出版第 2 卷讨论封建制度。不久后将出第 3 卷讨论在三级会议限制下的王权，第 4 卷将讨论直至 1789 年的法国君主专制。这部论述法国政治制度的伟大的综合研究不得不搁置起来。过去，浮斯退尔只作出结论，而没有不厌其烦地提出证据；于是挑战从四面八方而来，要他提出更多的证

---

① 《历史评论》(见本卷原书第 367 页著者注)第 41 卷，第 282 页。

② 浮斯退尔以缺少原文作为这次讨论简短的原因。

据。为了把他计划中的大厦的门廊扩大这项任务，浮斯退尔全部献出他那过于短暂的余年。他改用分析方法，把读者引到自己的写作间。为了读者，他不惜针对个别原文一页又一页地写批判、写说明；他把自己所有的“批判工具”用力拖出，公之于众。每一章都扩大成一卷的规模，每一页都是密密麻麻的参考资料，都罗列着博学的标志。这并不是炫耀博学的示威，[①]而是要把真相楔进顽固头脑的坚定的毅力。这种情况甚至还进一步发展。他确信他自己这一代人需要学习历史方法这一课。后来他经常声明他“从未如此轻浮地对待这些原始材料”。通过身教和言教，他把自己树立为他那个时代的历史写作的导师和批评家。

这些年消耗了他大量精力。从1870年到1875年，他在师范学院讲课；1875年12月到巴黎大学当了若弗罗瓦的助理。他讲的课对他自己、对他的学生都是一种严格训练。[②] 多年来，巴黎大学文学系一直在申请为他设立一个中世纪教授职位。但自从他的《古代城市》出版使他获得“教士派”这个老名声以来，直到1878年仍然在阻止采取立法行动。后来在1880年师范学院院长去世，于是浮斯退尔接受了这个院长职位，但实际上是被强拉强扯去干的。他的才能不适于干行政事务；这种工作阻碍了他的钻研，并严重影响了他的健康。四年之后，他辞去职务，回到巴黎大学。

---

① 卡密尔·朱里安在编辑他死后的一卷《封建制的起源》(参看后文)时，在序中说(第6页)他没有想到他必须完成书目提要。“浮斯退尔·得·库朗日先生阅读了所有和他的题目有关的近代著作与古代原本，他不坚持要将它发表出来。”

② 他告诉他的听众：“你们来这里寻找的，不是消遣，或单纯精神上的快乐，而是一次真正的教育。在这个房子里吸引人的讲课，不是美丽的专门用语；言语上的成功，对于我们将是一场失败。”隆格拉所引，见《大百科全书》，第18卷，第314页。

他一生最后六年(1883—1889 年)的成就极其巨大。没有人知道为了支持他正在工作的光辉头脑,他从正在衰退中的身
370 体上榨出每一滴力量,花费了多大代价。他每天辛苦八至十小时,取消体育活动,小心谨慎地规定自己的食量。1889 年他开始卧床,但仍然拒绝停止写作;当他看到死神很快就会从手中夺去他的笔杆时,才勉强地把注释和手稿委托给自己的学生卡密尔·朱里安。

因此,除了许多论文以外,浮斯退尔·得·库朗日大部分和意义较大的著作都是死后才出版的。他的《法国古代政治制度史》从一卷(1874 年)扩大成 8 开本六卷,每一卷约 500 页。只有第 3、4 两卷是作者本人完成并分别于 1888 和 1889 年出版的。这两卷是《法兰克王国》和《墨洛温时代以前乡村的自由地和土地所有权》。其余四卷是他的遗稿受托人根据他的手稿和注释忠实而迅速地写成的。这几卷按出版顺序是:《封建制度的起源:恩赏制和保护制》(1890 年)、《罗马统治下的高卢》(1891 年)、《日耳曼入侵和帝国的终结》(1891 年)、《加洛林时代以前王权的转变》(1892 年)。此外,朱里安还编辑了他的老师的文集两卷:《若干历史问题的新研究》(1891 年)①和《历史问题》(1893 年)。

浮斯退尔对整个文献证据领域的情况掌握得很全面。没有遗漏任何东西。他迫使人们对日耳曼入侵作出新的估价。他使人们不可能把日耳曼入侵看作荡尽古代高卢—罗马制度的一切的一场

① 第 1 卷《若干历史问题的研究》业经浮斯退尔于 1885 年出版。所有著作均在巴黎出版。

洪水。他再次把法国回归到罗马文明的范围。①

对原文的研究，不可能有人比浮斯退尔作出的更多了。然而摩诺对他的指责也有他的道理，他说："浮斯退尔喜欢钻研困难问题，但他把这些问题表述得过于简单了；他只看到问题的困难，并没看到它们的复杂性。"②他把历史搞得太逻辑化了。弗拉希③谈到库朗日时说：

> "他字字句句一丝不苟，制度是在神圣的文字中具体化的。……如果没有文字，制度就不存在了。"④

浮斯退尔对这种坚信原文的宗教，终生遵奉不渝。他在这个伟大的原则下训练自己思想方式具有苦行者的自我牺牲精神。他说："最好的史学家是密切靠拢材料的人，他仅仅根据材料进行写 371
作和思考。"他警告学生们不要先读并非原著的东西。这类东西会在他们眼前散布偏见的云雾；也许会使自己的错误看法得到证实；至少是使客观地研究资料可能揭示出来的新的真相暧昧不明。历史学者研究任何时代或任何问题时，首先应当作的事情是确定自己有什么手段能使自己了解情况，也就是说，存在着什么原文。浮斯退尔不了解情况时，也并不害怕，例如当他发现记载古代日耳曼人的材料不足以作出科学的表态时；他严厉地谴责那些在巧妙的

---

① 巴贝·达列维利，《历史家》（巴黎，1888年：19世纪丛书2，人和著作），第31页："那就是我们非日耳曼化了！那就是我们恢复了基本上是罗马的起点了。"

② 《历史评论》（见本书原书第367页著者注），第284页。

③ 若弗罗瓦·雅克·弗拉希（1846—1919年），法国历史家，法兰西学院教授，著有《古代法兰西的起源》（1891年）等书。——译者

④ 《古代法兰西的起源》（巴黎，1886—1904年，三卷），第2卷，第47页："制度中没有农村，是否原本中没有它呢？"

假设中找避难所而不承认自己无知的学者。在确定了有些什么材料可以利用之后，写历史的人就应当安下心来，耐心而谦虚地进行研究。“材料并非经常真实可靠；但历史只能根据它们写，绝不应该以个人的意见代替材料。”

分析——就像化学家在一种从未见过的混合物中发现许多元素并注意到它们的动态和特性那样——对资料的分析，是历史家的工作。研究历史的人们都知道浮斯退尔的话：“一天的综合需要有多年的分析。”关于如何进行这种深入细致的分析，他提供了许多教导。文献必须读全文，而不是不读原文，只读第二手的片断。历史学者必须熟悉他所研究的时代的精神。“他夸口说，自己是唯一的研究过从公元前 6 世纪到公元 10 世纪一切拉丁文材料原文的人。”[①]然而每个文献必须单独地就它本身进行研究。浮斯退尔批评摩诺，说他认为图尔人格雷戈里[②]书中的一章和舍拉族的法律雷同，但格雷戈里的原文中却没有一个字提起过这部法典。历史家读原文时，不应当把其中并不存在的东西读出来。每个字都必须加以考察和仔细推敲，不但要弄清它的语源，而且要知道当时的用法。“一个字的历史就能表明一些观念的进程。”[③]浮斯退尔自己搞的文字研究是公认的典范。他苛刻地批判他认为把文献中的文字曲解了的法德等国那些伟大学者，如摩诺、拉弗勒、毛勒[④]

---

① 古奇的书，第 211 页。

② 上卷原书第 148—151 页。——译者

③ 《古代法兰西政治制度史》(巴黎，1888—1907 年，六卷)，第 4 卷，第 95 页。

④ 德国历史家，慕尼黑大学教授(1823—1902 年)。——译者

和兰普雷希特[1]等人。另一方面，他对仔细分析了原文的革拉尔、马比昂、高得弗罗、帕得苏、蒙森和惠芝等人也给予应得的表扬。

浮斯退尔·得·库朗日警告自己的学生们说："为了寻求巨大的真理，人们几乎经常需要首先驳斥巨大的错误。"他经常谆谆教导他们不要在武断面前低头，也不要使自己的思想屈从任何个人， 372
而要"亲自认识一切，大胆地单独前进"，有一回，浮斯退尔偶然遇到一位引证第二手文献的作家，他气得就像要吞食一切的一团大火。无论任何种类的第二手著作他都很少使用。

他对历史哲学深恶痛绝，认为在史学上使用类推法是危险的。许多历史家喜欢用这种手法，即把其他时代或问题拿来和现在比较或对照，以求生动或明确，他认为这几乎是一种罪恶行径。作为希腊和罗马史学者，浮斯退尔察觉到某些近代作家如何把罗马执政官描写成近代国王或王子，在作者是个保皇党的情况下就是这样；如果作者是个共和党，那就把罗马执政官写成革命领袖了。把古代罗马统治下的高卢比作近代英国统治下的爱尔兰，或臣服俄罗斯的波兰，简直荒谬绝伦！招致错误的最大原因是种种爱国思想影响。浮斯退尔的使人胆寒的评论是：历史是一种科学，爱国是一种道德；二者不可混淆。"40年来我和主观成见作斗争，敦促年轻的历史家独立自主，阅读记载过去时代的东西要用自己的眼睛，不要用我们的眼睛。"他曾在一篇序言中总结出他的方法：

在这些学术研究工作中，我仍将遵循35年来我一直在遵循的同一

① 本卷原书第422—428页。

> 个方法。可以用下述三项规定说明：1. 仅仅研究原始材料而且是直接地、极其详尽地研究；2. 仅仅相信这些材料所表明的东西；3. 从过去的历史中坚决把可能由于方法错误而读史时混入其中的近代思想剔出来。在这卷新书里，也像在《古代城市》里那样，我将毫不犹疑地找出自己和某些流行的意见之间的区别，条件是我的意见和资料一致。我并不是不知道我这种方法给我惹来憎恨。被我的研究打乱了他们的体系的所有的人都被我激怒了，可是我本来并没打算让他们这样。我的著作也把那些传统的半瓶醋搞得狼狈不堪；我把他们通通得罪了，但我并非有意如此。这些人是很难饶恕我的。我估计，他们必然又会给我一盘把猛烈的攻击和糖衣裹着的暗讽炒在一块的大杂烩。但过去 25 年来他们已经使我非常习惯了这一套，所以我现在是满不在乎了。更何况，年迈和疾病警告我不要再注意路旁的荆棘，只把我这双眼睛注视着科学就行了。[①]

"综合的那一天"就是历史研究的结尾和顶点。在这方面，浮斯退尔也是一位大师；但是这位"最后的实证主义者"严格地遵行自我克制精神。有时他的论述高度压缩。论述乡村领土性质的那一章只有短短六页的一篇关于墨洛温时代庄园和城镇名称以及它
373 们经历的变化的总结；这六页文章有 66 条引文。[②] 浮斯退尔认为，历史的目的和其他一切科学的目的一样：是为了理解。[③] 历史家研究的课题是"每个时期的事实、习惯和思想"。[④] 是这些东西而不是人物，才是历史家的磨房的原料。他并不高度评价塔西佗[⑤]分

① 《制度史》(见本卷原书第 371 页著者注)，第 3 卷序，第 2 页。

② 《制度史》，第 4 卷，第 220—226 页。

③ "我们不相信我们必须弄清〔罗马帝国时代的隶农〕制度本身是好或是坏的问题。没有人要求我们对'隶农制'作出道德上的判断。……历史学家希望了解，而不是希望判断。"见《研究》(见本书原书第 360 页著者注)，第 138 页。

④ 《制度史》(见本书原书第 371 页著者注)，第 2 卷，第 480 页。

⑤ 上卷原书第 84—90 页。——译者

析人物的能力。[①]

惠芝死于1886年,浮斯退尔·得·库朗日死于1889年。到19世纪90年代,才可以说法、德两国历史家关于封建制度起源的争论业已获得有利于罗马起源的解决。但不久以后一个新的争论又掀起波澜。

在19世纪最后十年里,一群学者站出来争论说,在封建制度的形成中还有一个凯尔特因素尚未得到承认。正如人们可能意料到的那样,这个学说的鼓吹者是一位法国历史家——雅克·弗拉希。他争辩说,封建附庸制是凯尔特人对封建制度的特别贡献,说附庸(vassus)这个字是凯尔特字,这种制度起源于古代克勒特人的保护制度;它并没消灭,而是传入高卢—罗马社会,又从那里传给法兰克人。[②] 不过弗拉希倒没强调封建制度主要起源于哪个种族。从它的根子看,它是来自罗马社会的解体和罗马—日耳曼社会的形成;它是因为人们普遍需要保护才出现的。直到加洛林时代,新社会的形成才有了强有力的政治制度的形式,那时候这个制度设计得过分造作而且又是查理曼过分强制推行的,因而不能持久。自然的、自发的封建制度是在加洛林帝国分裂过程中和分裂以后才逐渐形成的。"封建制度在10世纪时以天然纯洁的面貌出

① "他〔塔西佗〕在心理上的深刻观察不一定是一位历史家的珍贵品质,历史学家研究社会应当较少关心寻找人类内心的深度,应更注意清楚地认识社会的形式、习惯、利益以及只和人类变化有关的所有真理。"《制度史》,第2卷,第240页。

② 弗拉希宁愿采用"贵族领地制度"而不愿采用"封建采邑"或"封建制度"的说法。"它更好地反映了社会的全部图景,因为它既包括封建君主同藩臣的关系,也包括封建领主同臣民和自耕农或农奴的关系。"《古代法兰西的起源》(见本书原书第370页著者注),第1卷,绪论第7页注释。

现，到 11 世纪就达到它完全发展的阶段。”

浮斯退尔·得·库朗日死于弗拉希的第 1 卷书出版后三年[1]，后者也像前者那样，论证时主要是根据文献资料，但不像前者那样绝对。他喜欢的文献是特许状，这种文献很丰富，而且和其
374 他文献比较起来，被人探索的少，是个宝库。他一省一省地，几乎是一个领地一个领地地研究这些文献。在所有法国历史家当中，弗拉希一直是利用契据集的大师。[2]

浮斯退尔·得·库朗日最著名的学生和他的遗稿受托人卡密尔·朱里安(1859—1933 年)把古代高卢作为自己研究的特殊领域，并在法兰西学院任“本国古代研究”首席教授 25 年之久。[3] 朱里安在师范学院读书时，听浮斯退尔讲课，还曾在法兰西学院在恩斯特·得雅丹[4]指导下研究罗马碑铭。那时他便产生一股火热的激情，要研究古代。他在开始自己的事业以前曾前往柏林，听著名的蒙森讲课。但在朱里安的经历中使他作出决定的最强大的力量是他留在罗马法兰西学院的那段时间。

朱里安在波尔多大学教课多年。1887 年开始为《历史评论》编写《罗马古代史通报》一系列文章，连续写了 20 多年，后来又交替地为《法国、高卢、高卢—罗马古代史通报》(结束于 1908 年)写稿。大

---

① 即 1889 年。——译者

② 参看他的话，见《古代法兰西的起源》，第 3—14 页。

③ 他的职位接替人阿尔伯特·格伦尼尔的任职后第一次讲课中有一段流畅的祝词。参看《王廷与会议评论》，第 37 卷(1936 年)，丛书 2，第 1—16 页。摩里斯·陶桑特，《卡密尔·朱里安传记》(巴黎，1935 年，社会版“文学”)，第 66 页以及一篇朱里安著作的书目提要，见《历史问题评论》，第 122 卷(1935 年)，第 179—180 页。

④ 法国史学家(1823—1886 年)。——译者

约在1912年前后他计划写一部大部头的《罗马史》，作为他已经开始出版的《高卢史》的姊妹篇。但实际上这部著作一直没下笔。

浮斯退尔·得·库朗日把他最后几年写的珍贵的手稿遗赠给他的得意门生出版。1890年春，库朗日死后不到六个月，第1卷就出来了，到1893年，朱里安就看到自己伟大老师的著作已有六卷出版了。他自己的《波尔多史，从起源到1895年》是法国各行省历史的一部典范，并启发了他的朋友克立斯兴·普菲斯特[1]撰写《南锡史》。1905年朱里安被聘去法兰西学院讲学。

他的名字主要是和《高卢史》八卷联系在一起的。高卢被称为他的"世袭遗产"，这是毫不含糊的。在他以前的那些作家也曾简略地叙述过罗马势力向北部诸省的扩张。蒙森只见过罗马和恺撒。朱里安拒绝以台伯河为立足点，用同情罗马的眼睛观看罗马进军。[2] 高卢有与罗马无干的、它自己的历史是非。他顺着罗马人到来以前高卢人民的兴衰经过撰写，还写了他们在马赛和希腊文化的关系，以及反抗罗马压迫的斗争。朱里安笔下的主角是维辛泽拖立克斯[3]，而不是恺撒。有趣的是，他的老师库朗日相信高 375
卢人接受罗马统治是心甘情愿的，而朱里安却认为他们是为自由而斗争的英雄。关于那些执政官、皇帝和征服者，他说：

> 那是为一座大厦装潢的门面，其空洞虚伪，就像对一个死者的赞词或一篇官方演说；它把住在这个大厦里的一切人和一切民族的真实生

① 法国史学家(1857—?)。——译者

② 格伦尼尔先生说："他采用了自己的高卢观点。绝不是罗马观点。"

③ 高卢人的领袖，公元前52年领导高卢人反抗恺撒，战败被俘，公元前46年被杀于罗马。——译者

活全部遮住,使我们无法看见〔IV,453〕。

他在全书一直在强调历史地理学的重要性。

保罗·法勃尔(1859—1909 年)[①]是库朗日另一个热情的学生,后来还娶了他的女儿。他生于卢瓦尔河上的圣艾蒂安[②],从 1879 年到 1882 年在师范学院学习,和库朗日在该院当院长的时间吻合。这个头脑认真的学生成了他的老师的理想的俘虏。他作为法兰西学院成员在罗马逗留了很久(1882—1886 年),从而决定了他研究历史的方向。他被吸引到教会史方面,并计划写一部研究 13 世纪教皇国家行政制度的书;但库朗日劝他提早到伟大的格雷戈里一世[③]的记录簿时期下笔。他把研究结果写成一部论述教皇领地形成史的出色的专著。随后出版的是他最重要的著作《户籍调查书》(*Liber censuum*)(1889 年及以后)的校勘本。1895 年他被任命为里尔大学新设立的中世纪史教授,但在 1899 年他刚 40 岁时就死了,当时他正要开始新的辛劳,其成果必将丰富历史学术。在撰写教廷史时,他利用了连环雕刻画和修道院记录,从而在这种史书的写作上开辟了新天地。

阿溪里·吕奢尔(1847—1909 年)[④]是库朗日在巴黎大学的继

---

① 参看乔治·第加德,"保罗·法勃尔的历史著作",见《保罗·法勃尔杂文集》(巴黎,1902 年),第 11—30 页。这卷第 1 页还有一张照片和法勃尔著作的书目提要,第 32—34 页。较详细的传记介绍见爱姆·普赤和乔治·高要的著作,见《高等师范学校古代学者协会年鉴》(巴黎,1900 年),第 120—135 页。

② 在法国的东南部。——译者

③ 590—604 年在位。——译者

④ 他唯一的美国学生 J. W. 汤普森对他的评价,见《民族》,第 87 卷 (1908 年),第 513—514 页。葬礼讲话,见《道德与政治科学院的会议与工作》,第 17 卷(1909 年),A. 得·福维尔的讲话,第589—592页,阿尔伯特·克洛爱赛的讲话,第592—597(接下页)

任人。他可能是纪里[①]死后法国最伟大的一位中世纪史家。他是通过学习巴斯克[②]和加斯科涅[③]等语言学研究接触到史学的。[④]他的主要论文《伟大的阿朗,达伯尔陛下:南方王室行政和封建制度,1440—1522年》(巴黎,1877年)被法兰西研究院誉为对法国南方史的突出贡献。奥古斯得·摩林尼尔评论此书时说,论述这样一个题目,这部书写得太短了,并表示希望作者能以全力继续撰写被 376
忽略了的领域:法国西南部的历史。但是,1879年吕奢尔被波尔多大学聘为教授,在一个时期,他继续研究语言学,那时他的专业尚未确定,还必须探索。

1880年研究院提出三千法郎奖金征求论述加佩王朝前六位国王[⑤]统治下王权发展情况的最好的著作。两年之后,吕奢尔的研究报告获得了这笔奖金,并以修订本形式出版,即,《早期加佩朝法兰西王国制度史,987—1180年》(两卷,1883年)。这部书使吕奢尔一举成名。接着出版的是他的《路易七世一生事业研究》(巴黎,1885年)(此书获得铭文学院哥伯尔奖金)和《路易六世大王,

(接上页)页。莱巴特·得·拉·都尔,"阿溪里·吕奢尔",见《两世界评论》,第52卷(1909年),第876—901页。

① 本卷原书第403—408页。——译者

② 欧洲比利牛斯山脉西部古老民族的语言。——译者

③ 过去法国西南部的一省。——译者

④ 参看他的拉丁论文,《古代语言学》(巴黎,1877年),重印本用法文出版,有一些增补,如《亚奎丹语起源》;并参看《法国比利牛斯地区方言研究》(巴黎,1879年)以及他的《加斯科涅古代方言原文汇编》(巴黎,1881年)。

⑤ 即休·加佩(987—996年)、罗伯二世(996—1031年)、亨利一世(1031—1060年)、腓力一世(1060—1108年)、路易六世(1108—1137年)和路易七世(1137—1180年)。——译者

他的生平和统治年代记(1081—1137年)》(巴黎,1890年)正文前还有一篇有价值的绪论。1890年出版了他在巴黎大学发表的讲稿,《加佩王朝时期法国的郡》;1892年出版了他的《加佩王朝时期法国制度手册》。这部书是研究中世纪制度的每位学者都不可或缺的。他还为拉维斯[①]的《法兰西史》撰写了记述11、12世纪和13世纪早期的两卷。专门记述腓力-奥古斯都和当时的社会的那几章比以往撰写同一题目的任何文章都好。吕奢尔为一般读者写的最受欢迎的著作是《自古至腓力-奥古斯都[②]时代的法国社会》。[③] 多年来吕奢尔一直在集中研究这位伟大的法国国王。在撰写腓力-奥古斯都统治时期的详细历史方面法国没任何其他学者比他更有准备。

但是吕奢尔突然放下加佩时期的法国,改写教皇英诺森三世[④]传。原因是这样:正当他撰写早期加佩诸王的那几年,海德堡大学教授亚历山大·卡特利里就已经开始撰写他的巨著腓力-奥古斯都统治时期的历史了。[⑤] 1902—1907年间。吕奢尔在罗马花费了从大学职务中挤出的尽量多的时间。1904年他撰述英诺森三世的著名的那几卷中的第1卷和读者见面了。书名是《英诺森三世:罗马和意大利》;很快又先后出版了其他五卷,这几卷的副标

① 法国史学家(1842—1922)。——译者

② 即腓力二世。——译者

③ 第2版,巴黎,1909年。英文本是E. B.克列比埃尔译的,书名是《腓力-奥古斯都时代的法兰克社会》(纽约,1912年)。

④ 1198—1216年在职。——译者

⑤ 《腓力二世奥古斯都。法兰西国王》(莱比锡和巴黎,1899—1921年,四卷分为三册)。吕奢尔在这几卷书出版时写的评论,参看《历史评论》,第71卷(1899年),第368—372页,第72卷(1900年),第181—188,334—348页,第73卷(1900年),第61—63页,第77卷(1901年),第400—402页,第93卷(1907年),第400—405页。

题是:《征讨阿尔比异端的十字军[①]》(1905年)、《教廷和帝国》(1906年),《东方问题》(1907年)、《圣西埃日诸侯领地》(1908年)和《拉特兰宗教会议与教会改革》(1908年)。最后一卷附有为这 377
六卷列的参考书目提要。论述阿尔比异端十字军的那一卷无疑是他的杰作。遗憾的是吕奢尔没让他的注释和参考资料与读者见面,不过在最后一卷,他部分地恢复了他过去细心提供文件的习惯,还分析或引用了许多史料。[②]

保罗·玛丽·维奥累(1845—1914年)[③]埋头钻研法国法制史和政治制度史。他是一位虔诚的天主教徒。在巴黎古文书学校学习三年后,于1862年毕业,在全班名列第一,加斯顿·帕里斯[④]第二。后来维奥累在他的家乡图尔当了档案管理员,他在档案馆为他的第一部出版物收集资料,他这部书使三级会议史上一个模模

---

① 1208—1213年,法王领土向南发展,达于地中海边。——译者

② 他的原文得到最仔细的斟酌,有些篇章开头好像是《历史评论》中的渊博的回忆录,其中有充分的证据资料和讨论:《英诺森三世和罗马人民》,第81卷(1903年),第225—257页;《英诺森三世和第四次拉特兰会议》,第97卷(1908年),第225—263页,第98卷(1908年),第1—21页。他的其他著作附有详注,见《道德与政治科学院的会议与工作》,第161卷(1904年),第490—514页,第165卷(1906年),第513—528页。在巴黎大学《文学院丛刊》,第18分册(1904年),第1—83页上,吕奢尔刊登了一篇论"英诺森三世的实录和波塔斯特'纪录'"的批判研究。当他开始撰写第2卷时,他和他的学生参加了一项必须进行的工作,即编辑佩耳·得·维奥-得-塞内编年史的新版,此书的一部分印入上述《丛刊》,第24分册(1908年),第1—75页。

③ 保罗·佛尔内的文章,见《法国和外国的法律史新评》,第38卷(1914—1915年),第816—827页;F. H.(孔德)得拉波德的文章,见《古文书学院丛刊》,第79卷(1918年),第147—175页,其中第171—175页是维奥累著作书目提要的一部分;亨利·李维布鲁尔的文章,见《社会科学百科全书》,第15卷,第267页。

④ 法国语言学家及中古史家(1839—1903年),著有《查理曼时代诗歌史》等书。——译者

糊糊的部分明朗化了。1886 年,他在国家档案局找到一个位置。

他的第一部著作《法国王室的基督教工作》(巴黎,1870 年)是一部古怪的文选,从克洛维的祷词到路易十六不幸的女儿的遗言,什么都有。这部著作作为维奥累历史哲学的表述是有意义的。在各种思想和社会的缓慢而多样的发展背后,维奥累安放了神的意志;在这本书里,也像在 20 年以后出的他那部巨著《法国政治和行政制度史》(*Histoire des institutions politiques et administratives de la France*)里那样,他用一句老话总结了他的思想:"人类行动由上帝指导。"

1876 年维奥累奉命在巴黎大学法律系图书馆当馆长,在直到他去世的 36 年中大部分时间都用在这项工作上。但尽管他任务繁重,仍然在研究历史。为了写他的《圣路易的法制》(四卷,1881—1886 年)这部杰作,他参考了 57 种手稿;为了寻找其中某一部分,他曾前往罗马、慕尼黑和斯德哥尔摩。他证实,这部中世纪习俗汇编不是官方搞的,也不是以其名命名的法国国王[1]颁布的,而是奥尔良一位律师搞的私法汇编。

1890 年维奥累在古文书学校当了民法和教会法教授,跟随他
378 从前的老师阿道夫·塔狄夫;同年,前边提到过的他那部最伟大的著作《法国政治和行政制度史》(三卷,1890—1903 年)的第 1 卷出版了,内容包括高卢人、高卢—罗马人和法兰克人这三个时期的种种制度。第 2、3 两卷(1898 和 1903 年)写完了中世纪。第 4 卷用另一个名称、《王国最后三个世纪中的国王和大臣》(1912 年),论

① 指圣路易。——译者

述法兰西王国的活动以及其内阁、法务院等国家机构。维奥累认为在法兰西王国最后三个世纪里并没有出现新的宪政发展。

保罗·佛尔内(1853—1935年)[①]为研究修道院法献出自己漫长的一生。他生于加来，曾去巴黎研究法律(1871—1874年)，并获准当律师。他的博士论文《罗马帝国境内的工业行会》是他的光辉前程的预兆。他有研究制度史的强烈愿望，花了四年时间在古文书学校攻读一门功课，这个学校在普法战争后法国学者兴起的年代里是"真正为研究院培育人才的训练班"。[②]

他在古文书学校写的毕业论文是他毕业一年以后才出版的，至今仍然是论述这个题目的典范。论文题目是《论中世纪宗教法庭，1180—1328年法国普通宗教法庭的组织、管辖范围和程序》(1880年)。他这部书表明：他的方法老练而且后来那些年越益精熟。他被任命为格雷诺布尔[③]大学罗马法教授。在这个大学任职33年(从1904年起任院长)，在这期间他对多飞内省[④]发生浓厚热情，后来对法国东南部的兴趣在一本名为《阿尔兹[⑤]和维埃纳[⑥]王国(1138—1378年)：法国东部和东南部领土的形成》(1891年)的著作中留下了永久的记录。1914年他被提名为巴黎大学罗马法

---

① 罗哲尔·格兰德，"保罗·佛尔内"，见《古文书学院丛刊》，第97卷(1936年)，第228—232页；以及乔治·拉·皮亚纳，W. E. 朗特和C. H. 马克伊尔温对他的评介，见美国中世纪研究院"报告"(1936年)。

② R. 格兰德的书(见上一个著者注)，第228页："真正培养研究制度的人才的养成所"(veritable pépinière de l'Institut)。

③ 在法国东南部。——译者

④ 过去法国东南部的一个省份。——译者

⑤ 在法国南部。——译者

⑥ 在法国东南部。——译者

教授；第一次世界大战后，这个大学设立了一个教会法史讲座，佛尔内是第一任教授。

德国的马阿森曾计划写一部记述从教会产生到中世纪末讨论寺院法的资料和著作的通史。在仅有的第1卷(1870年)里，他记述了他这部拟议中的著作的三个自然时期的前两个：第1个时期是记述至戴奥尼素·埃克希古乌斯[1]为止的汇编，第2个时期写
379 到8世纪末。另一位德国人腓得烈·丰·舒尔特[2]在他的《从格累兴[3]到现在的寺院法文献资料史》(1875年)一书中论述了马阿森未完成的著作的一个重要部分。但是这两位德国学者都没有接触到根本问题，即从《伪教令集》到格累兴的《教令集》之间的这段困难时期，在这个时期欧洲出现了数以百计的寺院法、牧师会法规和忏悔书汇编，而且也是在这个时期，教廷至上的原则扩展成诸教会法庭的普遍裁判权，并且成为新寺院法的主要出发点。

这些资料有许多仍然未经检查，仅仅以中世纪手稿的形式存在，佛尔内不知疲倦地倾全力研究这些东西。在长达25年的岁月里，他跋涉整个欧洲，寻找图书资料，刻苦地忙于校对、批判和研究一批批手稿。为了弄清这些手稿之间的关系、了解每本原文的传递和使用的历史，需要在古文字学和批判上花费大量辛勤劳动。[4]

---

① 公元6世纪的基督教僧侣和学者，他始以基督降生为纪元的开始，此法沿用至今。——译者

② 德国罗马天主教学者(1827—1914年)，寺院法的权威。——译者

③ 12世纪初期的意大利教士，寺院法研究的始创者。——译者

④ 佛尔内是虔诚的天主教徒，在旅行中他认识了红衣主教拉提(当时拉提是安布洛贤图书馆管理员)并建立了终生友谊，这位红衣主教当选为教皇庇护十一世之后仍然记得他的友谊。

佛尔内通过这片芜杂的田地前进虽说很慢，但步伐稳实，后来就把自己的成果公之于世了。在1887至1927年间，他写了42篇精通本行的文章和专论。他在他的巨著《从〈伪教令集〉到格累兴〈教令集〉，西方寺院法编纂史》(*Histoire des collections canoniques en Occident depuis les Fausses Decretales jusqu'au Decret de Gratien*)(两卷，1931—1932年)一书中总结了他的成就。[①]

雅克·若弗罗瓦·弗拉希(1846—1919年)[②]是斯特拉斯堡人。17世纪初，他的一位祖先曾在该地的大学当法律教授。他也转入法律界，他在这所大学学习了古典学术和法律(1854—1863年)之后，于1866年获准执律师业。稍后，他为《法国法学史评论》写了一篇有价值的论述一种司法学说的历史的文章[③]。他写的两篇博士论文纯粹是历史性的；贝蒙先生[④]说，这在当时还是新鲜事

---

① 在他的书目提要中(列·布拉斯编写杂文这一卷，这些杂文是1929年他75岁时从实际教学中退休时朋友们和学生们撰写出来献给佛尔内的)，有三百多个项目，证明这位著名学者的渊博。1891年铭文学院授给他的《阿尔兹王国》一书以戈贝尔奖金，后来并请他成为组织成员之一(1901年为通讯院士，1914年成为名义院士)。战后他协助建立法律史学会，并任主席15年之久。

② 保罗·安得烈，"雅克·若弗罗瓦·弗拉希先生的生平与著作评介"，见《道德与政治科学院的会议与工作》，新丛书第83卷(1923年)，第173—200页；Ch.普菲斯特的文章，见《社会科学百科全书》，第6卷，第274页；还有一些评论，见《学者杂志》，1894年，第300—308，372—78页，以及1906年，第505页；查理·贝蒙的文章，见《历史评论》，第133卷(1920年)，第185—188页；T.F.都特的文章，见《英国历史评论》，第20卷(1905年)，第41—43页，第35卷(1920年)，第587—590页。路易·阿尔方批评了这位长者的著作，见《历史评论》，第75卷(1904年)，第271—285页，对于这篇批判文章，弗拉希作出热烈的答辩，见同书，第86卷(1904年)，第137—138页。

③ 《实际的代价》(*De la Subrogation réelle*)1870年以书的形式出版。

④ 查理·贝蒙(1848—1939年)，法国史学家，写了一些英国史和欧洲史的著作。——译者

务。① 把法律和历史这样紧密地联系在一起这个特色是弗拉希一
380 生写的一切作品所共有的。当他正在巴黎准备参加法律学会考试时，突然传来父亲去世的消息，他不得不恰巧在普法战争爆发的前夕回到斯特拉斯堡。当使他的家乡城市遭到浩劫的围困②过去之后，他协助把图书馆和博物馆恢复起来，还曾在救济委员会服务。③ 当亚尔萨斯割给德国之后，他放弃了在家乡当律师的思想，迁居巴黎，在古文书学校和高级研究学校学习。在加斯顿·帕里斯家中，他认识了泰恩、索列尔、图罗、摩诺等名流。弗拉希是成立不久的比较立法学会里一位非常活跃的成员，常到巴黎的图书馆研究法律史和中世纪中期史。《法国内外法律评论》编辑拉布拉耶④请他协助自己在法兰西学院开设的课程（1879—1880，1882—1883 年），1884 年弗拉希继他之后当了比较法学教授。1877 年后，他在政治科学学校兼教比较民法。

弗拉希开始研究的是罗马诸帝统治时期的法律原理，然后，继萨奘宜之后注意讲授中世纪和文艺复兴时期的法律，⑤还注意到

---

① 《从 2 世纪开始直到查士丁尼皇帝统治结束时期罗马诸帝统治下的“财产所有制”》，《罗马法和古代法兰西法中不足成年的时间和财产的历史研究》（1870 年）。

② 1870 年 8 月 14 日到 9 月 27 日德军围攻斯特拉斯堡。——译者

③ 他在《轰炸后的斯特拉斯堡，1870 年 10 月 2 日至 1872 年 9 月 30 日》（1873 年）叙述了这个委员会的活动。

④ 法国记者和政客（1811—1883 年），《法律史评论》的始创者（1855 年）。——译者

⑤ 屈扎斯：《古文难字字典作者和巴托里派》（1883 年）。贝蒙教授和他的其他著作一样，把下列著作表列为罗马法类：《达尔居斯特勒青铜牌。公元 1 世纪矿山管理研究》（1879 年）；《中世纪罗马法史的批判研究》，附未出版的原文（1890 年）；和《9 至 11 世纪法典中的罗马法》，见《腓丁杂录》（蒙彼利埃，1908 年）。

法国古代法律的一些问题。[1] 他连续撰写爱尔兰的历史和制度，[2]
还写了关于奥匈帝国、俄罗斯的土地问题以及中国和日本的一些
问题。有时他的研究海阔天空，漫无边际：他写了一部书论述《克
律得涅夫人[3]和神圣同盟的起源》(1889 年)，另一部论述《米拉波》
(1891 年)，还有谈到美洲、非洲、大洋洲的土著居民的，[4]谈男女平
等的，甚至还有谈犹太—巴比伦问题的。他对文艺界人物很感兴
趣，还写过一部谈论亚历山大·普希金的书。[5] 他有一个特点：常
常在研究一个民族的制度以前，先学会它的语言。因此，他把匈牙 381
利文、俄文和亚述文都弄通了。当他开始撰写介绍汉谟拉比法典
的文章时，已能通过直接阅读楔形文字原文的办法研究世界上这
部最古老的法典。[6] 从历史观点出发、利用原始资料讨论社会和
立法方面的问题是弗拉希的特点。他那支忙碌的笔杆还写了各种
论述政治学说史的著作。[7]

---

① 《凯塞伦诺先生的法兰西法格言》，附爱德华·拉波莱写的一篇关于作者的生平和著作评介和一篇 J. 弗拉希写的凯塞伦诺著作合理的书目提要(1883 年)；《有关 11 世纪传统赋税和徭役起源的注释和文献资料》(1882 年)。

② 《爱尔兰土地制度史》(1883 年)；《约纳坦·斯威夫特，他在爱尔兰的政治活动》(1886 年)；《爱尔兰地方政府》(1889 年)；《爱尔兰政治史上的各种见解》(1885 年)。

③ 俄国驻维也纳及丹麦大使克律得涅伯爵的夫人(1764—1824 年)。1802 年，伯爵死后，夫人在欧洲各国宣传，俄皇亚历山大受其影响，促成神圣同盟的组织。——译者

④ 关于原始社会制度，参看他的著作：《原始社会制度》；《兄弟共妻和家族起源》(1900 年)；《诗歌和人类社会制度史上的象征主义》(1910 年)。

⑤ 《俄罗斯一位伟大诗人：亚历山大·普希金》(1894 年)。

⑥ 《卡勒底人的集体所有制和汉谟拉比法典中的假军事封建制》(1907 年，参看《历史评论》，第 95 卷，第 309 页)；《汉谟拉比法典和古代迦勒底人原始财产制度》(1907 年)。

⑦ 《柏拉图和孟德斯鸠的政治学说》(1908 年)；《民权和妇女的政治选举权》(1910 年)；《萨立，战士和政治家》(1911 年)；《托马斯·莫尔和乌托邦》(1912 年)。

在中世纪领域，弗拉希写了一部《法国的住所和定居地的起源》(1899年)，此书批判地讨论了德国的奥古斯特·迈岑[1]和法国的达尔布瓦·得·朱班维耳[2]的一些学说。但他作为中世纪制度史的伟大史家的声誉主要是来自他的最伟大的著作，四卷本《古代法兰西的起源》，这部书是出版得很慢，隔很长时间出一卷。[3] 书中每一页的内容都是从原始资料收集的：其中包括出版的和未曾出版的特许状、寺院记录、编年史、圣徒行传，甚至故事诗歌等等。他也像库朗日那样，坚决主张中世纪早期的法国并未接受日耳曼多大影响。高卢并不是因为日耳曼的入侵才复兴的。在封建制度起源这个问题上，弗拉希强调古代凯尔特习俗有残留而且坚韧持久，他重视人的关系甚于财产关系。他认为封建附庸直接起源于凯尔特的保护制，日耳曼民众会议几乎完全没起什么作用。

---

① 德国政治经济学家(1822—1910年)。——译者

② 法国考古学家和语言学家(1827—1910年)，法兰西学院凯尔特语言和文学教授。

③ 《贵族制度》(1886年)；《邑的起源，封建采邑和骑士制度》(1893年)；《政治上的复兴，国王和诸侯》(1904年)；《地方民情。它们与法兰西国王的关系》(1917年)。1920年第5卷付印。

第五十二章　英国 19 世纪的制度史家

在 19 世纪中叶以前，英国的制度史一直是个幼雏。法德两国 382
遥遥领先。迟至 1904 年还有一位作者在《评论季刊》上发表文章，哀叹英国制度史这么大的部分都让德国学术界包办了。英国的制度史写作可以说是哈兰[①]的《从亨利七世[②]即位到乔治二世[③]逝世的英国宪法史》(三卷，1827 年)开的头。但直到垦布尔的《英格兰的撒克逊人》于 1849 年出版后才算有了一个有指望的开端。这部书记述的盎格鲁-撒克逊政治和社会制度是信得过的。垦布尔是一位不知疲倦地研究盎格鲁-撒克逊特许状的出色学者，曾在德国，特别是在雅各·格林指导之下进行研究，他能顺利地阅读德文。他在英国早期几乎所有制度中，都找到起源于日耳曼的痕迹，只有教会制度例外。把早期日耳曼制度史家的试金石玛尔克引进英国史家的正是垦布尔。[④] 帕尔格雷夫反对垦布尔的看法。他坚

---

① 本卷原书第 284—286 页。——译者

② 1485—1509 年在位，都铎王朝第一个国王。——译者

③ 1727—1760 年在位。——译者

④ 玛尔克学说创始于查士塔斯·墨塞尔，K. F. 爱喜浑的《德意志各邦和法律史》(1808 年)使之得到发展，这部书那些版本成了标准的日耳曼法律史。“他的玛尔克学说注定要成为德国整个宪法和立法史的基石”(亚尔丰司·道普斯赤，《欧(接下页)

持的说法是在盎格鲁-撒克逊人入侵以后，罗马对英国各种制度的影响继续存在下去；他是西博姆[①]时代以前英国罗马派第一位伟大学者。但罗马派并未兴旺起来，而日耳曼派的学说却在福礼曼和约翰·理查·格林的一些著作中获得成功。他们以及和他们有联系的较小的一些名家极其倾向日耳曼派。

斯塔布斯对中世纪各种制度的性质和重要性的看法最为广阔。他在一篇业已成为史学界典范的序言中写道："不经过一番努力，是不能精通、很难钻研制度史的。构成写一般历史的魅力的东西如那些传奇式的事件或生动如画的一些情况的组合，在写制度史时几乎提供不了什么，人们探索真情实况时内心需要的那种引
383 诱，制度史能拿出的也极少。但对那些有勇气钻研这一门的人们说来，它却有很高的价值和持久的兴趣。制度史的各个分支都提供有规律地发展起来的一系列的原因和结果，而且有无数事例说明制度的生命的连续性，对这个生命连续性的认识必然使读者能亲自把握过去、正确地判断现在。因为现在的根子深深扎在过去之中，而且过去的任何东西对于愿意知道现在怎样成为现在这个样子的人来说，都不是已经死亡的。"

前已提及的斯塔布斯的《英国宪法史》（三卷，1874—1878 年）在大西洋两岸说英语的学者当中简直是创造了一种新的纪律。这位英国惠芝把自己的工作做得如此之好，以致在后来那些年里由英

（接上页）洲文明的经济和社会基础》，伦敦，1937 年，第 8 页。此书的整个第 1 章讨论德国制度作家写的历史）。

① 本书原书第 386—387 页。——译者

法两国学者修订补充以后的他那三卷书迄今仍然是已出版的英国宪法史当中最伟大的一部。斯塔布斯并没提出什么学说，也没证明什么原则，他唯一的目标就是对事实正确理解。[①] 斯塔布斯为英国学者开辟的是一块几乎完全没有开垦过的处女地，指给人们意想不到的丰富的手稿资料，为研究学问的严格方法提供了一个榜样，在后来的学者身上留下不可磨灭的痕迹。

斯塔布斯以后，英国制度史的发展是沿着不同的路线进行的：盎格鲁-撒克逊史，法律史，还有社会和经济等问题。19世纪最后几十年的大争论仍然在日耳曼派和罗马派之间进行。在历史地处理中世纪社会这方面，封建制度和领地制度(manorialism)之间的区别仍未被看出。直到德国的亚诺尔德[②]和尼茨施[③]，法国的库朗日以及英国的梅特兰和维诺格拉多夫动笔时，这个问题才开始明朗起来。在他们动笔以前，人们都把采地比作土地使用权，这个类比是错误的。领地被认为是最低的封建单位，而现在知道它基本上是一种经济单位，至于政治性质，如果有的话，也只是偶尔有一点。

对于早期英国诸制度的性质的了解，由于亨利・梅因爵士(1822—1888年)提出了比较方法而获得很大帮助。[④] 正如弗雷德

---

① 一般人要求写文章要优美而巧妙，他不赞成，他说他自己某些“花哨玩艺儿”是完全不值得记住的。他回想他的《宪法史》时写道：“书中读起来脍炙人口的地方都只是无足轻重的部分，最有分量的部分，恐怕是读起来干燥无味的。”

② 本卷原书第399页。——译者

③ 本卷原书第420—422页。——译者

④ M.E.格兰特-达夫爵士，《亨利・梅因爵士；关于他的生平的一点回忆》，附他的一部分有关印度的讲话和笔记，W.斯托克司选编(伦敦，1892年)；R.(接下页)

384 里克·波洛克爵士[①]所说，梅因"无异于创造了法律博物学"。1852年他被任命为伦敦四法学院[②]罗马法和法理学首席高级讲师。他的第一部著作是《古代法》(1861年)，这部书说明他对风俗在法律发展中的作用有明确概念。后来弗雷德里克·波洛克爵士谈到这一点时说："利用梅因留给我们的手段进行工作，最后的结论总是会被发现的，不论发现的时间是早是晚。"[③]他体会到法律经常变动，而且他把类似达尔文在生物学方面刚刚公之于世的巨大发现——进化论的原理应用到人类制度上。这是一个巨大的进步。

1861年梅因被任命为麦考莱任职过的印度议会法律顾问。七年后他回到英国，被任命为刚刚在牛津大学设立的基督神体学院法学教授(1869年)。他把在印度期间积累的知识写成一部《东方和西方的村社》(1871年)，书中他把19世纪印度存在的一些制度和盎格鲁-撒克逊时代英国的制度进行类比。他这部书里有一句话说，要想在英国使历史的和哲学的法学昌盛，有两种知识是不可或缺的：关于印度的知识和关于罗马法的知识。前者之所以需

(接上页)达勒斯特，"M.萨姆纳·梅因的生平和著作评介"，见《道德与政治科学院的会议与工作》，第131卷(1889年)，第598—611页；威廉·S.荷尔兹卫司，《论述英美法律的历史家》(纽约，1928年)；P.维诺格拉多夫，"亨利·梅因爵士的教导"，见《法律评论季刊》，第20卷(1904年)，第119—133页，重印在他的《文集》中(牛津，1928年，两卷)，第2卷，第173—189页；威廉·格拉汉，《从霍布士到梅因，英国的政治哲学》(伦敦，1899年)，第348—415页；J.H.兰得曼，"原始法律演变和亨利·梅因爵士"，见《密芝安法律评论》，第28卷(1930年)，第404—425页；莱斯利·史梯芬的文章，见《民族传记词典》，第35卷，第343—346页；K.斯麦里的文章，见《社会科学百科全书》，第10卷，第49—50页；《瓦纳尔的世界最好著作丛书》，第16卷(1917年)，第9605—9616页。

① 牛津大学普通法教授(1845—1937年)，与梅因合著《爱德华一世以前的英国法律史》(两卷，1895年)。—— 译者

② 内腾普尔，中腾普尔，林肯和格雷等四法学院，有检定律师之权。——译者

③ 引自格兰特-达夫的书(见上一个著者注)，第2—21页。

要是因为“它是古代习惯和法律思想那些可以证明的种种现象的巨大博物馆；罗马法之所以需要是因为……它把这些古代习惯和古代法律思想和我们今天的法律思想联系起来。”[①]他以自己的 13 篇论述《早期制度史》(1875 年)的讲演开辟了一个新园地。在某些方面这部书是他的《古代法律》的续编。仍然用的是比较研究法；但这一次梅因把许多篇幅用于论述英国学者在布列洪(古代爱尔兰)的法律的译本中发现的关于立法和社会史的新材料以及印度的神圣法典方面。他对原始的亚利安制度和原始的爱尔兰制度之间那许多类似之处的阐述是很古怪的。[②]

梅因从牛津转到剑桥时被选为三一学院院长(1877 年)。他在牛津的基督圣体学院教授职位由弗雷德里克·波洛克爵士接替。《论早期法律和习惯》是梅因在牛津讲的一些课和发表过的一些论文汇编的修订版，其中在玛克斯·米勒教授监督下翻过来的 385
东方圣书，提供了讨论的材料。但梅因的任何著作都没有他的《人民政府》(*Popular Government*)(1885 年)一书销路广，他在这本书中想把历史方法运用到各种政治制度方面，因为他过去就曾研究过各种私法和制度。这部著作触犯了许多读者，他们把它解释

① 格特兰-达夫的书，第 38—39 页。

② 梅因比较了布列洪和恺撒二人关于督伊德教徒的记述。他解释说，恺撒只从远处眺望，因而没能正确认出克勒特社会的全部细节和那许多层次，只分出三大等级。“就像从喜马拉雅山坡远望恒河平原那样，这幅风景画并不完美。这个印象不是不正确，但数不清的细节都看不到了，而由无数起伏形成的表面看起来却成了水平的平面了”。梅因进一步把恺撒的错误归之于“思想上的隔阂”，就是说，他已习惯于罗马从法律角度看平等，很像(梅因继续说)英国派往印度的官员常常因为他们的英国背景而不能理解印度的社会概念那样。格兰特-达夫的书(见本书原书第 383 页著者注)，第 44—46 页。

成对民主政治的攻击。[①] 然而，梅因对世界的最大贡献依然是他的《古代法律》，这本书读起来像文学作品，也像哲学。梅因主要关心的是文明的起源，他把立法史上丰富的材料当作工具，而不是当作目的来估价的。他的历史的和比较的方法结束了奥斯丁[②]实证主义法律学派的统治。弗雷德里克·波洛克在接替梅因的牛津大学教授职位十年后说：

> 梅因……不会因为近代学者努力钻研、机智新颖而变成陈腐，正如孟德斯鸠不会由于拿破仑的立法而过时一样。某些事实将被纠正，某些思想的顺序和比重将有所变化，新的困难将要求新的解决办法。有用的知识将尽到其应尽的职责，时机一过，即被遗忘；但在一切真正的天才中也许有一种艺术的色调；梅因的天才并不是仅仅有些艺术色调，而是杰出的艺术的天才；而艺术则是不朽的。[③]

在封建制度中，各种成分——罗马、日耳曼、凯尔特——的比例问题直到1872—1873年间才引起较大的注意。1872年梅因的《东方和西方的村社》出版，1872年斯塔布斯的《英国宪法史》第1卷问世，这卷书使毛勒和惠芝关于日耳曼玛尔克，其政治性质、经济和社会结构的学说全部具体化了。七年后登曼·罗斯来到牛津时，竟敢和毛勒甚至和斯塔布斯唱反调，真是可恶，于是"人们当即

---

① 他在序文中说，正如他发现法律研究受到关于人类制定法律以前的关于自然的法则和状态的毫无根据的一些学说的阻挠那样，他发现他的政治研究也受到同样愚蠢假说的阻挠，即认为政治制度不是历史上记载的那些，而是被卢梭等人歌颂的那些，而且认为这些遥远的古代制度具有高度人民性！

② 约翰·奥斯丁（1790—1859年），英国法学家，伦敦大学法学教授，著有《法理学演讲集》（1861—1863年）等书。——译者

③ 引文见格兰特-达夫的书（见本书原书第383页著者注），第48页。

严加指责，这竟成了牛津的假日”。[①] 1883年弗雷德里克·西博姆的《英国村社》(*English Village Community*)断言，从英国有史之初，许多农村都是“在领主统治下的农奴村社”(序言，第11页)，而且似乎从来都未曾有过自由，从而使登曼·罗斯的论点得到了支持。情况或者是盎格鲁人和撒克逊人带着农奴跟自己一起渡过海峡，或者是罗马的奴隶庄园制度在英国的残余仍有足够的力量毒害日耳曼自由村社。这两个结论中任何一个都是当时英国历史家 386
十分厌恶的。

但是，弗雷德里克·西博姆(1833—1912年)[②]开始对由于福礼曼和格林的提倡而存在了很长时期的德国浪漫派观点作出反应。西博姆属于英国那个独特的银行家和商人集团，这批人卓越的学术研究和写作也得到值得羡慕的名声，其中有乔治·格罗特、约翰·卢伯克爵士(艾7夫伯里爵士)、沃尔特·白哲特[③]和托马斯·荷治琴；西博姆也属教友派，而且他的宗教信仰甚深。他父亲是瑞典后裔。他童年时代就曾看到西区[④]用手织机的工人们反对

---

① 引自阿什利，“英国农奴制度史”，见《经济评论》，第3卷(1893年)，第155，153—173页，罗斯的著作是《早期日耳曼人土地制度史》(波士顿，1883年)。

② 参看列金纳尔德·希因，《希钦名人(Hitchin Worthies)：四个世纪的英国生活》(伦敦，1932年)，第324—333页；参考对他的评论，见《泰晤士报文学副刊》，1932年，第937页；和精彩的西博姆百年庆典评介，同上书，1933年，第824页；保罗·维诺格拉多夫的文章，见《英国名人传记词典》，补编第3卷(1912—1921年)，第488—490页；并参看有趣的对西博姆的估价，见维诺格拉多夫的《文集》(见本书原书第383页著者注)，第1卷，第272—76页。

③ 白哲特(1834—1913年)，14岁入银行界，后为议员，著有《史前时代》(1865年)等书。参见本卷原书第457—458页。——译者

④ 约克郡分为东、西、北三区。——译者

采用机器而进行的斗争;尔后他一生都关心下层阶级的经济情况。亨利·梅因爵士讲的一些课开始激起他对历史的兴趣。他在哈福德郡北部的希钦镇定居后,在地方上开银行,后来当了地方官。

他第一部有名的著作《牛津改革者》(1867年)描绘了科莱特[①]、伊拉斯莫斯[②]和莫尔[③]等人的影响。接着出了一部《新教革命时代》(*The Era of the Protestant Revolution*)(1874年)。但西博姆作为一位学者的名望是从《英国村社》(1883年)一书得来的,他为写这部书花了15年进行刻苦钻研,在中世纪英国经济史研究上,他这部著作是个里程碑;虽然西博姆这篇谦虚的"文章"里提出的东西并不是全部都没有受到挑战,但它仍然是一位大师的贡献。他在1865至70年间在《双周评论》上发表的那些文章,考察了过去英国人口的历史背景,他的注意力被吸引到维持人口的那些经济组织形式上面。在希钦镇周围的乡间他仍然可以找到在英国农业上占支配地位达一千多年的敞田制(open-field system)的痕迹。他的新作品把这种村社耕种形式,连同它的强制性和条地交叉的坏处,追溯到领地制度。在这一点上,他和传统看法分道扬镳了,从已知情况论证未知情况,追溯到盎格鲁-撒克逊甚至罗马时代。他得出的结论是:领地制度在罗马庄园(villa)中就已经存在了。西博姆在英国作的工作和库朗日在法国作的工作时间相同,虽然他们依据的资料不同,但得出的结论几乎是一致的。

---

① 英国古典学者和神学家(1467?—1519年),英国文艺复兴领导之一。——译者

② 荷兰学者(1466?—1536年),长期旅居英国,为欧洲文艺复兴领导之一。——译者

③ 英国政治家和作家(1478—1535年),《乌托邦》的作者。——译者

西博姆在凯尔特成分这个题目上发现了其他一些问题。他调查了威尔士和凯尔特其他地区那些分散的家宅，以及英国内地共耕制的遗迹。在威尔士他还碰到各家族联合实行共耕的现象。他的《威尔士部落制度》(1895 年)一书企图彻底查明中世纪这类组织中的特点或变态。① 387

《盎格鲁-撒克逊法律中的部落习惯》(1902 年)不如前两部著作好，但也属于这三部互相联系的著作之一。《习惯的耕地》(*Customary Acres*)(1914 年)是论述土地测量的连续性和类似论题的未完成稿，是他死后才出版的。他一直工作到最后那次病倒，据说他就像在他未完成的著作中描写的农民那样，是在"犁自己的畦头未耕地"，"在艰难地呼吸着接近自己的目标"。用维诺格拉多夫的话说："对寻求真理的人说来，这是一个美妙的目标，象征着追求光明的永恒努力，赏给我们中间最优秀、最纯洁的人的目标。"

保罗·维诺格拉多夫(1854—1925 年)②不是英国人，而是在

---

① 凯尔特人的习俗可能是英国西部从远古以来常常树立地界和小村分散的一个原因。但是也必须承认土壤的性质也是重要原因。因为，甚至诺曼侵略者在不宜大规模耕种地区——如北方沼泽区或肯特果园区或仍然保留丛林的地区，也没建立敞田制和巨大的核心城市。但在东部和中部大部地区撒克逊人却建立了敞田制和巨大核心城市。问题是：凯尔特人在东部那些谷物地区有没有敞田制和核心村庄，后来被撒克逊人夺去了？西博姆认为他们有，而维诺格拉多夫则认为没有。并没有确实的证据。在威尔特郡和汉普郡等地的"空中摄影"产生了据说是不利于西博姆假说的结果，并表明凯尔特人的圈田法并没改变罗马人留下的农业，只是撒克逊征服者取代了罗马人。参看 O. G. S. 克劳福德，《空中观测和考古》(南安普敦，1928 年)，第 3—10 页〔见于 G. M. 特里维廉的《英国史》(伦敦和纽约，1926 年)，第 1 章末尾的注，第 13、14 页〕。

② H. A. L. 费希尔，《保罗·维诺格拉多夫，一篇回忆录》(牛津，1927 年)；并参看费希尔的回忆录，见维诺格拉多夫的《文集》(牛津，1928 年，两卷)，第 1 卷，第 1—94 页；W. S. 荷尔兹卫司的死者传略，见《英国研究院院刊》，第 401 号；同一作者，(接下页)

德国研究班受过训练的俄国人。他父亲是莫斯科一所学校的校长。维诺格拉多夫 16 岁就进了莫斯科大学，当时这所大学正在兴旺时期；他参加了革利埃讨论中世纪社会经济史的研究班，并以一篇论述墨洛温时代地产的光辉论文获得一枚金质奖章。他得了一笔奖学金，这使他得以在柏林大学上了一年，在蒙森和布龙内尔①的研究班里学习（1875—1876 年）。他把自己一生在学术上受到的主要鼓舞归功于蒙森；他从布龙内尔那里授受了日耳曼法律教育；在波恩大学听了社斐讲希腊史。对德国的访问只不过是他多
388 次出国旅行当中的第一次；他这些旅行再加上他那杰出的语言天才，就使他成了一位彻底的世界性的人物。②

1877 年他开始在莫斯科大学教书。第一篇公开发表的论文是用德文写的从法律方面论述释放奴隶这个中世纪题目的。他的第一部著作（1881年）是一篇论述意大利封建制度起源的文章。

（接上页）《英美法律史家》（见本书原书第 383 页著者注），第 84—91 页；和他的论文，“保罗·维诺格拉多夫爵士”，见《斯拉夫评论》，第 4 卷（1926 年），第 529—544 页；伯尔拿·帕列斯，《从事社会活动的人》，同上书，第 544—551 页；A. 梅盐多夫，“保罗·维诺格拉多夫爵士，一篇书目提要的评价”，同上书，第 5 卷（1927 年），第 156—169 页；弗朗西斯·得·沮留埃达，《保罗·维诺格拉多夫，1854—1925 年》，见《法律评论季刊》，第 42 卷（1926 年），第 202—211 页；F. M. 鲍威克的文章，见《英国历史评论》，第 41 卷（1926 年），第 236，496 页和一些评论文章，同上书，第 45 卷（1930 年），第 208—231，177—207，323—324 页；第 39 卷（1924 年），第 424—425 页；第 7 卷（1892 年），第 444—465 页；《教会评论季刊》，第 38 卷（1894 年），第 169—182 页；《美国历史评论》，第 11 卷（1905—1906 年），第 361—365 页；第 14 卷（1908—1909 年），第 102—104 页；第 26 卷（1920 年），第 749—752 页。

① 奥地利法学和法律史学家（1840—1915 年），柏林大学教授。——译者

② 他中年时能讲 12 种语言，至少能用五种写作。他开始研究早期英国史时，觉得不但必须精通斯堪的纳维亚各国的制度，而且要精通它们的语言，他在挪威长期逗留时，遇到他后来的妻子。

由此看来，他对法律的兴趣早就很明显了。两年之后，他来到英国，在公共档案局和英国各大图书馆工作了15个月。1884年这位外国人打开了英国学者的眼界，使他们看到被他们忽视了的宝藏。他写给《雅典娜协会杂志》(1884年7月19日)那封著名的信里宣布不剌克顿[①]的笔记已被发现；并在一次偶然的会晤中他使急切寻找法律史资料的梅特兰第一次进入英国那些案卷储存库，把锁在里面的辩护卷宗一览无余，从而复活了业已消失了的生活和社会。[②]

1884年维诺格拉多夫在莫斯科大学获得史学博士学位，并在大学先后晋升为临时教授和正教授(1887年)。他忙于撰写一本论述英国土地占有权的著作，并为《社会史和农业史季刊》写稿。他写了一本供教学用的《世界史教程》，起草改组中学制度的方案，还当了莫斯科市议会教育委员会主席。后来他在牛津任教，也表现了同样的热忱。维诺格拉多夫的自由主义思想注定要和莫斯科的反动政府发生抵触。他觉得无法继续教下去，就在1901年辞职。1903年他接替弗雷德里克·波洛克爵士在牛津圣体学院任法学教授，这个职位他一直担任到1925年去世。

维诺格拉多夫的作品可以分为两类：一类讨论中世纪英国社会和法律。另一类更为严格地撰写法律原理。许多读者不知道《英国农奴制》(1887年)最初是用俄语写成出版的，直到五年之后

---

① 亨利·得·不剌克顿死于1268年，他是英国的教士和法官；并是中世纪英国法律第一篇有系统的论文的作者。——译者

② H. A. L. 费希尔，《弗雷德里克·威廉·梅特兰》(剑桥，1910年)，第24—25页。

的1892年才以英文出版。他这部书是对中世纪英国农奴社会和法律方面的一种新探索;维诺格拉多夫熟知另一个国家的土地制度史和另一种村社构成,从而使他这部书得益不浅。这部书的两
389 篇文章中的第一篇被梅特兰热烈欢呼为"为英国立法史所作的最最伟大的贡献"。它研究的是农奴制的法律方面。这篇文章现在已被普遍接受的那些结论,批驳了西博姆等作家的主张,即从罗马时代以来就一直存在一种奴役的土地租用制这个观点。文章说早期英国的自由村社是农业的,是源于日耳曼的,而不是政治的、由罗马组织的村社。诺曼封建制度以及诺曼征服后的混乱改变了一些自由土地所有者的状况。西博姆反对他那些推论,但承认征服之后头两个世纪的农村图景是很高的成就。[①] 他的第二篇论文讨论采邑、村社和敞田制。这部书很有价值的一部分是介绍历史写作方法的那篇序言,维诺格拉多夫在这篇序言里估价了前辈作家的贡献。他把英国作家和在萨焚宜和耶林[②]鼓舞下在大陆上出现的许多伟大的学者列在一张名单上,从而把英国的岛国褊狭头脑有礼貌地轻轻一推,迫使他们对自己论据的估价作出一定的修正。[③]

---

① 《英国历史评论》,第7卷(1892年),第444—465页。

② 路德福·丰·耶林(1818—1892年),德国法学家,近代法律学中哲学—历史学派的建立者。——译者

③ 梅特兰近乎离奇地说:"我敢说,你对斯塔布斯、西博姆和梅因那些议论,如果你并不仅仅把他们看作英国人,也看成欧洲人,而且认为他们的重要性十分普遍的话,你就算说对了——英国人能看到这一点显然是非常好的。……你是个放眼世界的人,我相信你是正确的。你用新眼光看问题——这就完满了——如果'黑暗不理解它',那是黑暗的过错"。引自费希尔的书(见上上一个著者注),第50—51页;荷尔兹卫司曾引用他的话,见《斯拉夫评论》(见本书原书第387页著者注),第532页。

当维诺格拉多夫下笔写他的第二部著作时，他早年碰到的那个大问题已经变成人们忘怀的事了。这个问题就是：立法对农业社会的发展究竟能影响到多大程度？英国农奴和他自己的俄国那种活生生的联系业已停止，因为他的祖国已被一个反动政府窒息了。但梅特兰、朗德和西博姆等作家仍然继续耕耘这园地。维诺格拉多夫在《庄园的发展》(*Growth of the Manor*)(1905 年)中把已经做过的工作列了一张清单。他这部书是根据他那些讲演写的。从书中可以看出他协调各种论点、各种材料的能力之大，真无愧为一位大师。书中充满了"稳妥的、有广泛根据的概括"，它最好的特色是把庄园在中世纪国家中所占的地位描绘得一清二楚，这个地位和古代城市公社(civitas)类似。他着重强调了凯尔特影响，①再次向英国学者提出警告说：虽然庄园是清一色的英国制度，他们也不能忽视对法国庄园主和德国庄园主的研究。

《11 世纪的英国社会》(1908 年)中有两篇文章比前述作品写得更加精细，更有独创性。在这部书里，维诺格拉多夫重新研究了 390
《末日裁判书》以及 11 世纪其他重要资料，他把 11 世纪说成是"英国社会发展的分水岭"。这部书很难读懂，但专家们认为它有价值。作者把形成这个时期英国社会的各种不同的因素——凯尔特、撒克逊、丹麦、诺曼诸因素收集一起，描绘出比任何前辈作家都详尽的一幅 11 世纪社会图景。

维诺格拉多夫许多较短的作品对中世纪社会史提供了有价值

① 他曾说，"英国的历史是在凯尔特制度和习俗的岩层上兴起的"。参看《登比阁下的视察，1334 年》，保罗·维诺格拉多夫和法兰克·摩尔根编写(伦敦，1914 年)的序言，第 5 页。

的贡献。他的《剑桥中世纪史》里许多篇章扫视 4 至 12 世纪这几百年，举例说明了他对罗马法和早期中世纪史许多资料的健全知识。[①]《登柏[②]的荣誉调查》(*Survey of the Honour of Denbigh*)一书(1914 年)是他和法兰克·摩尔根一起为英国研究院合编的，它作为英国和威尔士边疆一带的调查是重要的，对研究威尔士部落法也一直很重要。在《雅典娜协会杂志》上发表的关于不剌克顿笔记的文章前已提及，他的论文"不剌克顿的原文"是它的续编。[③]梅特兰说:维诺格拉多夫"在几个星期以内学到的不剌克顿原文比塞尔登[④]去世以来任何英国人知道的都多"。他还仔细编辑了爱德华二世统治时期那些年鉴，这表明他非常熟悉复杂的程序。鲍威克教授曾说，他运用 14 世纪法律词汇就像当时一位开业的律师，而不是数世纪之后的一位历史学者。但另一方面，他对那个时期以后的英国近代法律就很不熟悉了，因此，他不能像梅特兰那样看到在后来几个世纪变得重要的那些因素。忽视他的小册子《中世纪欧洲的罗马法》(1909 年)的学者极少，因为这本小册子是"用英文写的这类书中唯一未过时的权威之作"。在书中他把大陆上进行的那些研究也介绍给英国读者了。但在他所有较短作品中最有名的是论述《民间土地》(*Folkland*)的那篇文章，[⑤]他在文章中

① 《剑桥中世纪史》(纽约，1911—1936 年，八卷)，第 1 卷，第 19 章;第 2 卷，第 20 章;第 3 卷，第 18 章。最后这一章是这部集体著作中重要的一章，它论述全盛时期的封建主义和封建学说，公元 1000—1200 年。

② 北威尔士古郡名。——译者

③ 见《法律评论季刊》，第 1 卷(1885 年)，第 189—200 页。

④ 本卷原书第 37—38 页。——译者

⑤ 《英国历史评论》，第 8 卷(1893 年)，第 1—17 页，重印版见他的《文集》。

驳倒阿伦创始的流行说法，即，民间土地指的是国有地，从而恢复了 17 世纪亨利·斯佩尔曼爵士[①]的解释，即私人按照民间法律或习惯法占有的土地。

梅特兰死后，维诺格拉多夫代理塞尔登学会文学理事多年
(1908—1918 年)。他负责指导为英国研究院编写一部《经济和社
会史文献》丛书。编辑工作他从来不十分喜欢，但他对《牛津社会 391
和立法史研究》(1—9 卷，1909—1927 年)却很同情、很重视。这些研究不限于中世纪，而且主要是他的学生们写的，这些文章的质量是维诺格拉多夫在牛津主办的研究班的教学质量的证明；研究班这种制度是蒙森教过的这个学生和布龙内耳的学生介绍到英国大学里来的。

20 世纪最初十年以后，维诺格拉多夫那些著作与其说是历史方面的，还不如说是法律方面的。例如《中世纪欧洲的罗马法》，《法律常识》以及《英国百科全书》里面他写的那些讨论比较法理学的论文等。《历史法理学大纲》从未超过前两书的范围。[②] 大陆上任何历史家或律师都没有他那么多关于早期英国历史和英国法律的知识，也都没有他那么多关于大陆的历史和法律知识。[③]

弗雷德里克·威廉·梅特兰(1850—1906 年)[④]被维诺格拉多

① 见本书原书第 37，38，43 页。——译者

② 1920，1922 年。参看布莱斯勋爵和恩斯特·巴利写的评论，分别见于《英国历史评论》，第 34 卷(1921 年)，第 237—229 页和第 39 卷(1924 年)，第 424—425 页。

③ 荷尔兹卫司的文章，见《斯拉夫评论》(见本书原书第 387 页著者注)，第 530 页。

④ 参看《英国名人传记词典》，1912—1921 年补编，第 488—490 页，B. 福赛特·洛克写的论文后面的书目提要。H. A. L. 费希尔，《弗雷德里克·威廉·(接下页)

夫称为最伟大的英国法律史家，阿克顿爵士甚至更进一步，称他为“英国最能干的历史家”，而当时斯塔布斯、盖得纳和克赖顿都还活着呢。这位受人喜爱的英国史学界的亚力厄尔[①]身上极其轻松地背着极其沉重的学问，把人们常常认为枯燥而深奥的题目织成轻盈的散文。他生于伦敦，父母都有学问。[②]他的思想首先被吸引到哲学方面，在剑桥时，受了亨利·西季威克[③]深刻的影响。但家

（接上页）梅特兰》（剑桥，1910年），和《弗雷德里克·威廉·梅特兰文集》，费希尔编（剑桥，1911年）；阿瑟·史密斯，《弗雷德里克·威廉·梅特兰》（牛津，1908年），附书目提要；弗雷德里克·波洛克爵士，《F. W. 梅特兰》，见《评论季刊》，第206卷（1907年），第401—419页和一些评论文章，见第208卷（1908年），第59—62页，第218卷（1912年），第413—436页；P. 维诺格拉多夫的文章，见《英国历史评论》，第22卷（1907年），第280—288页，参看他的《文集》（见本书原书第387页著者注），第1卷，第253—264页和265—271页；查尔斯·哈斯金斯，“弗雷德里克·威廉·梅特兰”，见《美国艺术和科学研究院纪要》，第51卷（1916年），第14号，第504—505页；F. 波洛克爵士的文章，见《不列颠研究院纪要》（1905—1906年），第455—460页。在《法律评论季刊》，第23卷（1907年），第137—150页上有一系列学者的评论文章。并参看爱德华·切尼的文章，见《国际月刊》，第1卷（1900年），第400—405页；《政治科学季刊》，第22卷，第287页；恩斯特·巴刻，“社会学家梅特兰”，见《社会学评论》，第29卷（1937年），第121—135页；T. F. 都特的文章，见《苏格兰历史评论》，第8卷，第73—75页，参看第9卷，第81—84页；梅特兰的讣告，见《曼彻斯特卫报》，1906年12月24日；阿什利的书，第87—91页；和一些评论文章，见《教会评论季刊》，第56卷（1903年），第118—142页；《美国历史评论》，第14卷（1908—1909年），第338—339页，第3卷（1897—1898年），第130—133页，第1卷（1895—1896年），第112—120页，第4卷（1898—1899年），第143—145页；《英国历史评论》，第9卷（1894年），第755—758页，第12卷（1897年），第768—777页，第14卷（1899年），第344—346页，第15卷（1900年），第293—302页，第17卷（1902年），第358—361页，第45卷（1930年），第177—207页。

① 莎士比亚《暴风雨》一剧中的气精，能在空中到处飞翔，来去无踪，完成各种艰巨任务。——译者

② 他的祖父S. R. 梅特兰是名著《黑暗世纪》（伦敦，1844年）的作者；他的外祖父是著名的物理学家，23岁为王家学术协会会员。

③ 英国哲学家（1838—1900年），主张功利主义，著有《伦理学方法论》（1874年）、《实用伦理学》（1898年）等书。——译者

庭传统却把他带进林肯法律协会(1872 年),并于 1876 年成为合格的律师。承办财产转让证书八年之久;他常说,对研究中世纪文献的人来说这种训练是有价值的。但他的兴趣已从经营律师业务 392
转向法律史和法学原则方面。他阅读了萨荧宜的《罗马法史》,甚至已开始把它译成英文。斯塔布斯的《宪法史》使他了解到英国档案局有大量资料等待学者研究。他自学了古文字学和古文书学方面足够使用的知识,并立下雄心要在英国法律领域里作出萨荧宜在大陆上为罗马法业已作出的贡献。于是他一生决定性的时刻到来了:1884 年一个星期天他正在徒步旅行时,碰上维诺格拉多夫,后者使他永远脱离了法律实践转向法律研究。梅特兰的第一部著作《为格洛斯特郡提出的请求》(*Pleas for the Crown for the County of Glousceter*)(1884 年)就是献给维诺格拉多夫的。

梅特兰这部著作,以及他作为一位律师的业绩,使他被推选为剑桥大学英国高级法律讲师(1884 年)。这个职位是新近才设立的。四年以后,他晋升为讲授英国法律的唐宁教授[①](1888 年)。剑桥大学享受他讲学达 22 年之久。他这个职位使他有不少闲暇从事钻研和写作。尽管他身体很弱(这情况常常迫使他去南方过冬),但他在 56 岁未尽天年就去世以前,仍然完成了很多著作。[②]

梅特兰以"为什么英国法律史没有人写"为题的就职后第一次

---

① 乔治·唐宁爵士(死于 1749 年)提供基金设立的专门教授英国法律的教授职任。——译者

② 哈斯金斯教授遗憾地说:"然而,这是英国大学的特点,即教授的职务包括对大学本科生一般地讲授法律初步原理而不是训练他的专业,因而他没有形成能够发展,或继续他的工作的学派门徒。"见《美国艺术和科学研究院纪要》(见上上一个著者注),第 904 页。

讲课宣布他的目标,并向同事们提出呼吁。他想看到一部既科学又富哲理的历史,从原始时期写起,包括有关英国民族的一切:经济、政治、立宪、社会和宗教生活等等方面。① 因为没有人能够单独担任这项任务,于是梅特兰就发起组织塞尔登学会(1887 年),其目的是出版英国法律史方面的资料。这套丛书里边由他亲自执笔的八卷的那些序言表现了他那渊博的学识和精彩的文笔。

1887 年,梅特兰的《不剌克顿的笔记》也问世了。维诺格拉多夫在《雅典娜协会杂志》上发表的那封信,曾假定英国博物馆里一件手稿就是这位伟大的中世纪法律家为他的《英格兰的法律与习
393 惯》收集的材料。梅特兰把这部手稿编成三卷,并肯定了他这位朋友的精彩设想。在一篇序言中他解释了这位 13 世纪的学者大致是如何工作、如何从官方辩护卷宗中摘录材料的。

梅特兰现在正迅速地连续地出版各种原著和修订本。其中第一种是《不剌克顿的笔记》,其中最重要的是《爱德华二世年鉴》(写到 1310 年),《末日裁判书及其他》(1897 年),《集镇和自治市》(1898 年)和《英国教会中的罗马教会法》(1898 年)。② 梅特兰讲的东西已成为宪法史本身结构的组成部分。③ 他的《爱德华一世以前的英国法律史》一出版立刻成了它记述的时期权威性的著作。梅特兰和波洛克主张盎格鲁-撒克逊时代的法律主要是条顿式的,

① 他对法律史的态度由于亚尔伯特·索列尔著作中他非常欣赏的一段话而得到说明:"这就是我国法律史摆在我们面前的全部人类悲剧和喜剧。"参看 F. W. 梅特兰,《爱德华二世年鉴》(伦敦,1903 年),第 1 卷,第 20 页。

② A. L. 史密斯的书(见本书原书第 391 页著者注)中有他的著作的一份完备书目提要。

③ 参看《泰晤士报文学副刊》,1937 年,第 168 页。

而凡是受罗马影响显著的东西都是在诺曼征服以后由法兰克人传来的。《末日裁判书及其他》是从未知到已知的逆转推理的一部杰作。在这部书中梅特兰争辩说，在诺曼征服以前，(英国)并不存在统一的农奴庄园制，但有若干种占有土地的类型和许多自由农民。这部书包括三篇文章：第1篇论述《末日裁判书》本身的情况。第2篇论述诺曼征服前夕的英国情况，第3篇探讨"海得"(hide)①一词的含义，这个问题表面上好像是个纯技术性问题，但实际上它带有根本的重要性。梅特兰指出，在11世纪，庄园不会有面积上的意义。"庄园是一所要交税的房子"，即一个税收单位，主要地并不是一个农村或一个农业整体，而是一定土地及其占有者应缴一笔总税的地方。这个定义关系到过去那个争论，即，英国人民是像西博姆和阿什利所说的那样开始是受奴役，而后才上升到自由地位的呢，还是像福礼曼、格林等人所说的那样从原先的自由地位下降的呢？按梅特兰的说法，《末日裁判书》中的"庄园"一词既不是指农奴制，也不指管辖范围，"庄园"是政府定出的一个税收单位；农村和庄园并不等同，一般都是没有领主的农村②。朗德反对梅特兰给"庄园"下的定义，这个定义从那以后便不再发展了。③ 在罗马派和日耳曼派的斗争中，梅特兰作为一位"温和的日耳曼派"加入论战。④ 他写道：如果我们作出结论说英国到处都是罗马"庄

---

① 盎格鲁-撒克逊时期能够维持一个家庭生活的土地面积为一海得，通常是60到100英亩，土地面积不是固定的，好地一海得比劣地一海得的面积小。——译者

② 参看E.P.切尼的分析，见《国际月刊》，第1卷(1900年)，第401—403页。

③ J.H.朗德，"末日裁判书中的庄园"，见《英国历史评论》，第15卷(1900年)，第302页。

④ 詹姆士·退特的文章，同上书，第12卷(1897年)，第768—777页。

394 园”的话，我们也必须从比德的文字中得出英国到处都是波斯的总督区(satraps)这样的结论。一位评论家宣称：“我们说末日裁判书已全部被揭示出来，这话诚然并非十分充分，但他的最基本的特点是已经被揭示出来了，这话并非过分。”[①]

在梅特兰的《英国教会中的罗马教堂法》(1898 年)一书中，他证明在宗教改革以前罗马教堂法在英国的统治地位事实上是无可争辩的，并驳斥了甚至得到斯塔布斯支持的英国教会下述观点，即认为教廷法规仅仅在英国教会接受并与英国传统不相抵触时才是有效的。梅特兰证明英国的教堂法学家经常把教廷的法令看作必须遵守的东西，而且不承认有这种自由决定的权力。

梅特兰翻译的吉尔克[②]的《中世纪政治学说》(1898 年)表明他的心胸从来都不褊狭。他很关心法人社团的性质，并成为吉尔克“唯实论”学说的战士，即主张一个法人团体并非虚构而应按一个真实的人对待。

梅特兰尊重他自己作为一位历史家的职业。正如他自己所说：“写历史是有点类似宗教的行为。”[③]开始时他就有这样的信念：撰写历史对法律将有新的阐明；他宣称：“仅仅研究中世纪的社会经济或法律本身都不会得到益处。”[④]他不像律师那样尊重形式和权威，也从未仅仅因为某种制度古老就为它辩护。哈斯金斯说，

① C. M. 安得烈的文章，见《美国历史评论》，第 3 卷(1897—1898 年)，第 130—133 页。

② 鄂图·丰·吉尔克(1844—1921 年)，德国法学家。——译者

③ 史密斯的书(见本书原书第 391 页著者注)，第 15 页。

④ 参看《F. W. 梅特兰文集》(见本书原书第 391 页著者注)，第 1 卷，第 480—497 页。

他有“一位伟大历史家那种对证据的敏感、光辉的洞察力、生动的想象力和对人类的同情。他认为法律史并不是某些形式的历史而是思想的历史”。[①] 他厌恶梅因那种所谓比较法理学的方法，但并不忽视类比的价值；他还从大陆上研究制度的那些最好学者身上吸取了有益的东西。[②] 作为历史家，他是既能分析又能批判，既能综合又能建立一家之说的大师。他把这一切优点综合起来，就形成他那几乎无与伦比的文风。[③]

英国史学界也有自己的一些女学者，其中玛丽·贝特森(1865—1906年)[④]颇为杰出。剑桥大学圣约翰学院院长的这个女 395
儿是从克赖顿那里得到鼓舞的。她的第一部值得注意的著作是论述“修道士和世俗牧师教规”的一篇文章；[⑤]后来克赖顿希望她写一部寺院生活史，但她却改写英国城市这个题目。1891年她和梅特兰合作编辑了一部剑桥城市特许状，还为莱斯特[⑥]的市政案卷编写目录。她最成熟的著作是《城市风俗》(两卷，1904—1906年)，她这部书是对英国法律史的不朽贡献。

---

① 查尔斯·哈斯金斯的著作(见本书原书第391页著者注)，第905页。

② 维诺格拉多夫援引吉尔克的论法人团体、科伊特根的城邑学说、菲克和霍伊斯勒的论早期亲族关系。参看《保罗·维诺格拉多夫文集》(见本卷原书第387页著者注)，第1卷，第254—255，262—263页。

③ 关于梅特兰以来英国法律史发展的简明纲要，参看格拉德·来普斯利的文章，见《梅特兰：论文选》，H. D. 哈兹、J. G. 来普斯利和P. H. 温非尔德编(剑桥，1936年)。

④ R. L. 普尔，“玛丽·贝特森”，见《英国历史评论》，第22卷(1907年)，第64—68页；T. F. 都特的死者传略，见《曼彻斯特守护者》，1906年12月3日；他的文章，见《民族传记词典》，20世纪补编(1901—1911年)，第110—112页。

⑤ 《英国历史评论》，第9卷(1890年)，第690页以后。

⑥ 英格兰中部来斯特郡的首邑。——译者

"曼彻斯特历史学派"是已故托马斯·弗雷德里克·都特(1855—1929年)和詹姆士·退特创立的。都特[①]是牛津毕业生,在他所有的老师中,他受益最多的可能是斯塔布斯。作为巴力奥尔的牧师,斯塔布斯曾招收少数学生进行私人教育,都特便是其中之一。都特在威尔士圣大卫学院任教九年。他钻研威尔士地方史,曾为洛(Low)和普林主编的《英国历史词典》和《本世纪名人录》撰写许多篇文章,从中学到方法和文献学知识。[②] 从1886年起,他就成了《民族传记词典》一位多产的撰稿人。[③] 1884年,他在《威尔士人》周刊上发表了一篇论述"威尔士各郡"的极好文章。他很想写一部记述爱德华一世统治时期的一部大部头史书,但一直未能如愿。

都特35岁时,受聘担任曼彻斯特大学历史教授。[④] 他的前任A. W. 沃德爵士[⑤]教的也是英国文学,并曾在该校大力促进历史研究工作。都特以全副力量投身于学院生活。他是一位"健康的随

① 詹姆士·退特,《托马斯·弗雷德里克·都特》,见《英国历史评论》,第45卷(1930年),第78—85页;《托马斯·弗雷德里克·都特文集,附回忆录和书目提要》(曼彻斯特,1932—1934年,三卷),第1卷,第1—24页有一篇再版的F. M. 鲍威克的回忆录,见《英国研究院纪要》,第15卷(1929年),第491—518,27—44页,有注释和他的生平,一篇死者传略,《都特教授,一位伟大的中世纪史学家》,刊登在《泰晤士报文学副刊》,1929年,第21页;并参阅V. H. 高尔布来兹的文章,见《英国名人传记词典》,20世纪补编(1922—1930年),第845—848页。

② L. C. 散狄斯编(伦敦,1887年)。都特写了史学家阿里孙、巴克尔、福礼曼、夫鲁德、格林、格罗特、基佐、哈兰、刘易斯、麦考莱和斯塔布斯等人的传记。

③ 他的文章见第3—24卷(1885—1890年),这些文章可以充满一卷。大多是有关威尔士的论题。他继续投稿至1910年。

④ 当时的欧文学院,后来改为维多利亚大学。

⑤ 英国历史家(1837—1924年),著有《英国戏剧史》(1875年),《德国史(1815—1890年)》(1916—1918年)等书。——译者

机应变者”，提醒他的朋友们注意“壶里的水正在旺火上沸腾”。[①] 曼彻斯特大学出版社主要是由他创办的。他引以为荣的是该社出版的历史丛书（截至1930年1月已有55卷）几乎三分之一都是他教的学生写的。

都特在曼彻斯特大学的最初12年里写了大量文章，主要是替《民族传记词典》和《剑桥近代史》写的。除收入麦克米伦出版社的 396
《英国12位政治家》丛书里的那篇简短的爱德华一世本纪（1893年）（据说他这部书是他全部著作中最完美的一部）之外，在较早些年里，他写的主要是教科书。他在《英国历史评论》上发表的那些文章表明他正在为应邀给亨特和普尔二人主编的《英国政治史》丛书（1216—1377年）写的一卷书作准备，这部书很有分量。

都特平生写的那部巨著是在评论尤金·代普雷教授论述英国御玺[②]的著作中发展起来的。[③] 这部书使他看到研究英国外交行政之间的密切联系。都特感到惊奇的是，“御玺文书原有的重要性，它的权威竟然和大法官起草的更正式的文书平起平坐，有时竟然几乎是互相抗衡”。[④] 结果他就写成了这部巨著《英国中世纪行政史重要诸章：藏衣室、寝宫和御玺》，共6卷。[⑤] 斯塔布斯仅仅偶

① 关于他对曼彻斯特和教育事业更大的意义不能在这里讨论。参看《T. F. 都特文集》（见本书原书第395页著者注），第1卷，第8—9，39—44页。

② 御玺亦称小玺，国王用于次要公文上的印鉴，表示已得国王同意；国玺亦称大玺，用于重要的公文上。——译者

③ 《英国历史评论》，第23卷（1909年），第556—559页。

④ 他的话见原来的评论，上边引证处。

⑤ 第1、2卷，1920年；第3、4卷，1928年；第5卷在他死后的1930年；第6卷附索引。

然提到过藏衣室,而且一次也没暗示过寝宫。都特发现藏衣室和寝宫常常经管巨额公款或地产,在国王和诸男爵之间的冲突中占重要地位。到 1913 年,他在福特讲演中指出,[①]被人们轻视的爱德华二世统治的永久意义就在于争夺控制宫廷办公室的斗争引起的那些行政改革。在 1327 年以前这些单位是独立于财政部和大法官法庭的;在 1340—1341 年那次危机之后,一种统一的内政机构才开始生效。都特的功绩在于:他指出了这些宫庭部门在宪法上的重要性。而且他还是“在斯塔布斯和梅特兰之后唯一作出最重要贡献的人”。[②]

① 扩大为《爱德华二世的统治在英国史上的地位》。

② 《泰晤士报文学副刊》,1937 年,第 320 页。

第五十三章 制度史家：城市起源问题

正如封建制度的起源和性质吸引了19世纪中叶制度史家最 397
大的注意那样，中世纪城市起源的问题在19世纪后半叶比任何其他问题引起他们的兴趣都大。如果说二者之间有什么差别的话，那就是写这个题目的著作比写封建制度的著作还多，当然它也是大众更有兴趣的一个题目。19世纪的民主思想认为它在中世纪城市兴起的史学中引起共鸣。①

正当1820年浪漫主义在法国占统治地位的时候，奥古斯丁·提埃里主张城市公社革命的真正根源要在“自发的起义”中寻找。② 在对1789年记忆犹新、在1830年与1848年的雄心壮志激荡中的法国，这个学说非常流行。但现在已经过时了，因为结论业

① 关于这个题目的一般文献，参看我的《中世纪经济和社会史，300—1300年》(纽约，1928年)，第28章，和书目提要，第848—850页；F.科伊特根，“中世纪的社会”，见《大英百科全书》(第11版)，第6卷，第784—791页；W.J.阿什利，“中世纪城市生活的开端”，见《经济季刊》，第10卷(1896年)，第359—406页；阿什利的书，第167—262页；《剑桥中世纪史》(纽约，1911—1936年，八卷)，第5卷，第19章和书目提要，第903—908页；H.佩朗，“中世纪城市组织的起源”，见《历史评论》，第53卷(1893年)，第52—83页，第57卷(1895年)，第293—327页；乔治·波今，“城市的起源”，见《综合历史评论》，第7卷(1903年)，第302—327页。

② 《论法国史的书信》(1827年)。

已作出：在城市的发展史上，起义是例外而不是常规。[1]

和把法德两国历史学者分成两个互相争论的阵营的封建起源问题不同，中世纪城市的起源问题业已证明是个十分复杂的问题，几乎没有两位作家意见一致。史料的数量和种类几乎是无限的，民族的偏见有时把阐释歪曲或把事情混淆。多年来，这个争端使德法两国学者疏远，以致德国学者不知道法国史学家正在干什么，
398 而法国历史家也不知道德国学者在同一题目上写了些什么东西。[2] 今天，在封建制度的起源和形成上虽然已经有了一致的意见，但在城市起源这个问题上仍然有许多不同的看法。

19 世纪初，史家一致认为中世纪的城市是罗马城市的直接后裔，尽管遗迹大多残缺不全，连续性也已破坏。这是 18 世纪杜波[3]的意见，萨焚宜的《中世纪罗马法史》和法国普罗旺斯文化史家累努阿[4]都赞同这个意见。所有这些作家在推理上都犯了一个基本错误。他们被词汇上一个虚假类比蒙蔽了。因为中世纪的城市官吏和行政机构常常称为执政官（consules）、库里亚（curia）和

---

① 令人惊奇的是斯塔布斯在他的《英国宪法国》（牛津，1874—1878 年，三卷）中接受了提埃里和基佐的反叛学说，而在他之前米涅对接受这个学说是很谨慎的。提埃里作为一位历史家的缺点被纪里最伟大的学生斐迪南·罗批判指出，见他写给纪里的颂词，载《高等研究实践学院年报》，历史科学和哲学部分（1901 年），第 22—23 页。

② 卡尔·黑格尔在写他的《中世纪德国城市和行会》（莱比锡，1891 年，两卷合为一册）时，不知道阿瑟·纪里的《圣昆丁城市公社起源的研究》（圣昆丁，1887 年）或者阿贝尔·列·法兰克的《截至 13 世纪末的讷永城和它的制度史》（巴黎，1887 年），或朱理·弗兰麦芒特的《松利斯城制度史》（巴黎，1881 年）。

③ 本卷原书第 55—56 页。——译者

④ 法国学者（1761—1836 年），特别以研究普罗旺斯语言和文学有名。——译者

元老院(senatus)等等[①]，于是他们就推断罗马城市(municipia)持续到中世纪。

第一位反对“罗马说”的历史家是爱喜浑，是他最先提醒人们注意领地法(hofrecht)在市民阶级形成中的影响。[②] 这就削弱了“罗马说”，不过他并没有充分发展他的论点。30多年后，哲学家黑格尔的儿子卡尔·黑格尔在他的《意大利城市宪政史》(1847年)一书中彻底摧毁了“罗马说”整个大厦。小黑格尔在这部名著中的论据是：如果中世纪城市起源于罗马的学说是正确的话，那么它的证据在意大利城市史上一定会比任何其他城市史更多。但他并没发现任何证据证明任何意大利城市作为一个政治组合或法人社团能够溯源到罗马时代。所有的城市，甚至罗马城本身，完全是起源于中世纪。[③]

“罗马说”的破产造成的真空很快就被种种其他新学说填满。这些新学说的创立者大多数是德国人。1831年维耳达在《中世纪的基尔特[④]组织》一书中论证说，延续了许多世纪的古代德国“保护性的基尔特”乃是中世纪城市的核心。但中世纪有多种多样的基尔特。没经过多长时间，差不多每种基尔特就都有了自己的辩护人。这些“基尔特学说”中最为流行、似乎也最言之成理的是主

① 执政官、库里亚和元老院是古罗马中央和地方执政、会议的名称。——译者

② 《论城市宪政的起源》(1815—1816年两卷)。

③ 关于黑格尔，参看他的《生平和回忆》(1900年)；F.夫棱斯多夫，《卡尔·黑格尔和德国城市生活史》，见《汉萨同盟史笔记》，第29卷(1901年)，第141—160页；威格尔的书，第991，1035，1080页；F.科伊特根的文章，见《英国历史评论》，第8卷(1893年)，第120—127页。

④ 即行会。——译者

399 张早期商人基尔特就是第一批中世纪城市核心的那个学说。小黑格尔在维耳达之后不久撰写的文章中，顺便证明了“基尔特学说”对意大利城市不适用，1890 年美国历史学家查尔斯·格罗斯[①]在《基尔特商人》一书中证明“基尔特商人的影响不是在城市结构的起源上，而是在其发展上表现出来的”。基尔特出现在城市兴起之后。更糟糕的是“工业学说”，即认为第一批中世纪城市的核心是某种形式的工业基尔特。在这个问题上也已有人指出：工业基尔特的兴起是在商人基尔特之后。

G. L. 丰·毛勒[②]在他的名著《玛尔克、农舍、村落和城市组织史导言》(*Einleitung zur Geschichte der Mark-, Hof-, Dorf- und Stadtverfassung*)(1854 年)中曾详细论述的“玛尔克学说”是大大超过其他学说、最为流行、最为经久的城市起源学说，大多数英国历史家都接受，甚至少数法国历史家也接受了。毛勒是玛尔克或日耳曼自由村社土地公有制学说的提倡者。[③]“玛尔克学说”与1848 年左右的德国社会理想非常和谐，因而有许多热情追随者。迟至 1887 年，丰·柏罗[④]的《德国城市组织的起源》仍然支持这个学说。

在毛勒的著作出版的同年，威廉·亚诺尔德的《德国自由城市宪政史》也出版了。这部著作提出一个新方针，因为他把自己的范

① 美国历史家(1857—1909 年)，著有《基尔特商人》(两卷，1890 年)等书。——译者

② 德国政治家和法律史学家(1790—1872 年)。——译者

③ 这个学说是它的发明者查士塔斯·墨塞尔在 19 世纪中叶提出的。垦布尔于1848 年曾把这个学说用于盎格鲁-撒克逊时代的英国。

④ 本卷原书第 401—402 页。——译者

围只包括中世纪德国某些自由城市：科隆、美因茨、斯拜尔、沃尔姆斯、斯特拉斯堡、巴塞尔和雷根斯堡，这些都是教会城市，他并不认为，对这些城市是正确的东西对其他德国城市也一定正确。亚诺尔德首先提出“豁免学说”，即把所谓“鄂图特权[1]”的势力看成城市起源的种子。鄂图一世为了推行他拉拢诸主教反对德国大贵族的政策，曾恩赐他们大批市场权、税收权、铸币权和豁免权。就这些和其他许多教会城市而论，亚诺尔德的论证是带有结论性的。1872 年胡斯勒的《德国城市组织的起源》一劳永逸地摧毁了“玛尔克说”，捍卫了亚诺尔德的学说。但是这个豁免说并未广泛被接受。关于 S. 雷歇尔的《市场与城市》(1897 年)一书中所主张的市场法学说也可以这样说，他这部书在这部分德国学者中受欢迎，但其他学者则表示怀疑。[2] 在法国，于佛林在他的《论市场法与集市 400
法》一书中介绍了这个学说。不论在德国或法国，市场法说都经不起时间的考验。[3]

一种变相的市场法学说，即所谓“市场法象征学说”(Weichbild)，是莱比锡大学法律教授路德福·索姆在他的《德国城市组织的起源》(1890 年)一书中提出的。索姆论证说，在教会领地上兴起的城市里的市场上的十字架，和世俗领地上兴起的城市的市场上矗立的查理曼的勇士罗兰的塑像都是市场和平和市场法的象征，城市行政就是从这里发展起来的。

甚至在德国学者当中，特权说和市场法说也受到怀疑。第一

---

① 鄂图一世把领地内的行政权和司法权授予主教。——译者

② 参看达尔曼—惠芝的书第 2698 号所引文献。

③ 其理由见我的《经济和社会史》(见本书原书第 397 页著者注)，第 768 页。

种学说作的论断过头了一点。[1] 应当记住，在市场法学说中，中世纪早期的庙会(市场)都是每年一次或者最多每季一次，并不是永久的连续不断的。而且，大多数市场都属私人业主所有，并由他们的权威控制。说市场是城市产生的原因是站不住脚的。仅仅人口的增加，工商业范围的扩大，都不会解决这个问题。我们必须找到一项法律原则，来说明私人的免税或特殊的管辖权如何才能转变为由迄今不自由的农民突然变为市民阶级构成的管辖权。

1859年威廉·尼茨施[2]开辟了新园地。他放弃了在任何法律认可中寻找中世纪城市起源的努力，设法说明许多中世纪城市，至少是在德国那些城市，是从封建村社产生出来的。他的《管理人员与等级》一书论证说：在王室领地上或封建领地上兴起的城市中，后来市政的核心就是由封建领主的奴仆组成的管理人员集体；城市产生的时候，他们就成了城市最早的官吏。这个学说也似乎合理，但不能证实。[3]

城市起源的“驻军说”为很多人接受。捕鸟者亨利于919—936年在撒克逊建立设防和驻兵的堡垒(Burgwärde)以防御匈牙利的袭击；老爱德华(901—925年)[4]为了保护中部地区免受丹麦
401 蹂躏，在英国也建立了五个堡垒：莱斯特、诺丁汉、林肯、斯坦福和

① 这样一个地方并不经常是经济生产中心。“它的居民依靠周围领地上农民的劳动果实为生；它的法庭、造币厂、市场等则由外来人支持。”卡尔·史梯芬孙，《英国城市的起源》，见《美国历史评论》，第32卷(1926—1927年)，第10—21页。

② 本卷原书第420—422页。——译者

③ 关于管理人员(ministeriales)阶层，参看我的《封建德国》(芝加哥，1929年)，第321—337页。

④ 盎格鲁人和撒克逊人的国王，艾尔弗雷德大王的儿子。——译者

德比；秃头查理[①]为了保护塞纳河盆地不受北欧人侵袭，在法国也建立了堡垒(castella)，我们在里边发现 864 年的法令中规定的"守望和防卫"任务，这些堡垒据说就是后来的城市的核心。有人论证，定居生活、商业和工业逐渐在这些受到保护的村社中发展起来，于是城市兴起了。城堡说的弱点是地方性和军事性都太强；从军事统治到民政统治的转变难于解释。在英国，梅特兰阐述过这个学说。他认为大多数诺曼征服以前的市镇是国王应军事需要建立的。国王要求大乡绅(thegns)[②]驻守这些市镇，他们为自己的部下建造了房屋。在国王造成的和平条件下，手工业者聚居在这些村镇里。诺曼征服后，碉堡遍布各地，有驻军的村镇失去其军事意义，但其商业意义保留了下来。[③] 卡尔·史梯芬孙近来把堡垒说和佩朗提出的城市进化的一些学说结合了起来。[④] 堡垒说最多只能是少数城市的起源。

最近去世的两位德国史学家丰·柏罗和科伊特根很出色，这倒不是因为他们有什么独创性研究，而是因为他们下了很大工夫

① 即法王查理二世(843—877 年在位)，875 年为神圣罗马帝国皇帝。——译者

② 古代英国居于贵族与自由民之间的阶层。——译者

③ 参看 F. W. 梅特兰的《乡村和城镇》(剑桥，1898 年)；和玛利·贝特森的"城镇的创立"，见《英国历史评论》，第 17 卷(1902 年)，第 284—296 页。关于捕鸟者亨利和鄂图大帝的碉堡，参看我的《封建德国》(见上一个著者注)，第 479—486 页，其中引用了大量德国资料。

④ 史梯芬孙，"盎格鲁-撒克逊的城市"，见《英国历史评论》，第 45 卷(1930 年)，第 181 页，全文见第 177—207 页；参看《美国历史评论》，第 18 卷(1937—1938 年)，第 96—99 页，关于詹姆士·退特对他的评论见《中世纪英国城镇》(曼彻斯特大学印刷厂，1936 年)，还有海伦·卡姆小姐的评论文章，见《英国历史评论》，第 52 卷(1937 年)，第 303—306 页。

把有关城市起源的全部学说和事实作了综合。乔治·安敦·雨果·丰·柏罗(1858—1927 年)[1]生于普鲁士科尼斯堡,他个人的背景是普鲁士本地贵族。他经常尽力把概念搞得更为明确,他是一位辛辣的争论者。他的研究很广泛,提出一些重要问题,或提出新的研究方向。他曾在波恩大学在 F. 丰·贝佐尔德[2]和 M. 立特[3]指导下研究历史,在托马斯·丰·德·哥尔茨和 E. 纳塞指导下研究经济学。他的学术事业在他在家乡城市科尼斯堡当教授(1889 年)时就开始了;1891 年他在明斯特大学当教授,1897 年转到马尔堡大学,1901 年转到蒂宾根大学,他在布赖斯高的弗赖堡[4]大学当教授将近 20 年之久(1905—1924 年)。

402 中世纪城市的兴起和城市商业经济占去柏罗很多精力。[5] 他反对中世纪城市的庄园起源说。但他自己的工作并不能认为是最后的;他忽视了他攻击的许多其他权威如卡尔·比赫尔[6]、施穆

① 自传纲要见《自我复述中的现代历史科学》,S. 斯太因堡编(莱比锡,1925 年),第 1 卷;卡尔·布伦克曼的文章,见《社会科学百科全书》,第 2 卷,第 508—509 页;赫尔曼·奥宾,"乔治·丰·柏罗,社会和经济史家",见《社会经济史季刊》,第 21 卷(1928 年),第 1—32 页。L. 克来贝尔编的他的著作表,附在两种为柏罗准备的祝贺出版物中,但不得不在他死后作为悼念出版物出版:《论社会和经济史》(1928 年)和《论政治和历史》(1928 年)。

② 德国历史家(1848—1928 年),惠芝的学生,见本卷原书第 190 页。——译者

③ 德国历史家(1840—1923 年)。——译者

④ 在西德的巴登州。——译者

⑤ 《德国城市的产生》(1889 年);《德国城市组织的起源》(1892 年);《德国较早的城邦和中产阶级》(通俗版,1898 年,第 3 版,1925 年);并参看他的刊登在《领土和城市》(1900 年,第 2 版,1923 年)上的几篇论文。

⑥ 德国经济学家(1847—1930 年),特别对于欧洲经济学历史发展有研究。——译者

勒[①]、塞利格尔和桑巴特[②]等人的著作中有价值的部分。在宪法史方面柏罗建立或协助建立了近代德国学派。他在德国宪法史方面的主要著作是《中世纪的德意志国家》，这部书只写成第1卷（1914年，第2版1925年）。[③] 他在政治上是保守派、热情的民族主义者，随着年岁的增长，他越来越仇视德国的民主政治和共和政府。

弗里德里希·威廉·爱德华·科伊特根（1861—1936年）[④]生于不来梅，死于汉堡，终年75岁。青年时代，在面对成为一位学者或从事经商的抉择时，他觉得自己缺乏当学者的条件，于是离开学校后就经起商来。从1879年到1887年他在曼彻斯特，在一家德国大公司当代理人。但后来他向妻子提到这个时期时说："我匆匆赶完我的工作，晚上便陷入这些书籍中。"最后他回到学校，在斯特拉斯堡大学获得博士学位，1895年在耶拿取得任教资格，1900年被提名为副教授，1910年在汉堡的殖民研究院（开办于1908年）任正教授。该校特聘他讲授殖民史。1919年汉堡大学创立时，他转到这个大学任教，一直教到1933年退休。他曾在1904—1905年间，在约翰斯·霍布金斯大学[⑤]任教，但不愿留任。

科伊特根的方法可在他的《德国城市组织起源文献资料》

---

① 本卷原书第417—418页。——译者

② 1863—1941年，德国政治经济学家，主张社会改革，著有《近代资本主义》（两卷1902年；第3卷1928年）；《犹太人与近代资本主义》（1911年）等书。——译者

③ B.施梅勒在一篇评论中很好地勾画出柏罗的方法，见《历史杂志》，第140卷（1929年），第386—392页。

④ 路易·布丁，"弗雷德里克·科伊特根"，见《社会和经济史季刊》，第30卷（1937年），第95—98页；《英国历史评论》，第8卷（1893年），第120—127页。

⑤ 美国财政家约翰斯·霍布金斯（1795—1873年）在马里兰州巴尔的摩所建立的一所大学。——译者

(1895年)一书中看到,他这部书审查了在这方面研究中一系列当时最有意义的那些问题,如城市法庭、市场法规、城市法和城市议会的起源。他列出一切可能的解决办法,最后拿出他自己的意见,在这样探讨的整个过程中,他都经常列出参考资料和文献。他说他的目的是:

> 在这项错误根源确可发现的各种见解中,每种见解都是适合的,并表明各个片面的辩护因素是在阐述中一起起着怎样互相补充的作用的。

科伊特根从未离开自己研究的第一个方面,但他有意把自己的工作范围扩大了。他也像他最好的朋友柏罗那样,在关于《职业与基
403 尔特》(*Ämter und Zünfte*)(1903年)的研究中反对基尔特是从庄园发展起来的说法。但他不是用简单几句话提出自己的学说,而是叙述基尔特在各种动机和条件下的发展。科伊特根片面地宣称基尔特只能在城市法和经济生活中得到解释。他最后一篇文章《德国汉萨的起源和性质》[①]简单地论述了汉萨同盟,把它描绘成一种商人的联盟,而不是城市联盟;他认为,后来英国和荷兰殖民公司的历史提供了有关现象。

曾在法国一度流行的城市起源学说认为加洛林王朝的地方行政制度,至少在北方,以一种残缺的形式保留下来了,还说从古代斯卡比亚(scabini)或埃希佛(échevins,法兰克城市和百人区的官员)中产生了后来最早的城市官员。这个学说在巴黎东面的努瓦荣的情况中找到了使人惊异的证据,加洛林时代的地方机构在该地似乎继续保留着;因为迟至1237年该地的选举法规仍然保存着

① 见《关于汉斯·尼恩罕写的汉堡史》(1935年)。

和加洛林法令相同的规定。[①] 但看来这种残留几乎是绝无仅有的。

阿瑟·纪里（1848—1899 年）[②]的著作事实上分为两部分，一部分讨论中世纪法国都市制度，另一部分是研究外交的。纪里生于特雷武（安省[③]），52 岁去世。他的父亲和祖父来自马赛，在政府财政部国产税务局任职。从母系上说，他属于克罗德·罗伯约[④]（一个世纪以前在拉斯塔特城门口被刺杀的法国全权委员之一）家族。他父亲被调到查特斯工作，纪里从查特斯学院来到巴黎进了古文书学院（1866 年 11 月），当时这个学校培养的学生只爱好博学，结果学生只知浅薄涉猎，而没有积极热情地进行科学研究的雄心壮志。纪里意识到这种缺点，次年（1868 年）就在新成立的高等研究学院注册了，在两个学校听课数年之久（直至 1870 年），后来就只在高等研究学院继续学习（1870—1873 年）。在古文书学校时，他是考古学家朱理·启希拉[⑤]三四名出类拔萃的学生之一；虽 404

① 这一点在阿贝尔·列·法兰克的《努瓦荣城史》（见本书原书第 398 页著者注）。列·法兰克是纪里的学生，纪里是研究法国中世纪城市最重要的老一代历史家。

② 斐迪南·罗特，《高等研究实践学院年报（1901 年）》，历史和哲学部分（巴黎，1900 年），第 20—47 页；亨利·奥芒的文章，见《古文书学院丛刊》，第 62 卷（1901 年），第 5—10 页，附一份纪里著作书目提要选编，第 11—14 页；路易·阿尔方的书，见《社会科学百科全书》，第 6 卷，第 668—669 页；G. 摩诺，“最近去世的名人小传”，见《历史评论》，第 72 卷（1900 年），第 103—107 页。对私人有一篇评价，见《历史和古物学通讯》，波弄和马兹路尔先生撰（1899 年），在同一杂志上，亨利·迈斯特发表了一份完备的书目提要（1899 年），其中包括纪里在《大百科全书》中写的两千个项目。

③ 在法国东部。——译者

④ 1797 年 12 月欧洲各国代表在拉斯塔特举行会议无结果，于 1799 年 4 月解散。法国代表罗伯约等正在启程回国之际，被奥国轻骑兵所杀（4 月 28 日）。——译者

⑤ 法国考古学建立者之一（1814—1882 年）。——译者

然这位老师影响了纪里，但他从不认真鼓励学生们从事他自己的专业，也不要学生写论文。[①] 因此，纪里被派往圣奥梅尔城清理档案一事可能纯属偶然，但他这项工作却引起他在古文书学校选择了一个论文题目。后来的事实证明，当时这件事情意义深远。

他在圣奥梅尔的圣母院修士会开始清理档案时，同时开始了自己将来要研究的两个领域。他想编辑这个教会的契据集，发现某些伪造的墨洛温王朝的特许状，那些修道士就是利用这些伪造证件维持自己的权利。他那篇卓越的《圣奥梅尔圣母修道院记录导言》一书使他在古文书学校获得档案古文学家证书（1870 年 1 月 17 日）；但这部书从未出版。[②] 不过，在纪里这次熟悉了圣奥梅尔城市小政区情况后，就了解到法国整个城市制度的历史仍然是一块没有开垦的处女地。

纪里在高等研究学院继续自己的研究，属迦柏列·摩诺[③]首批学生；在他跟老师阅读叙事史原文四年的时间里他学会了历史批评。[④] 还接受了在古文书方面最早的训练。这个科目在马比昂[⑤]的国土上[⑥]早已湮灭无闻，但在莱茵河彼岸[⑦]则方兴未艾。摩

① “卓越人物的这种消毒作用是法国博学多才的特点之一；在科学的所有部门中，这种例子是不可胜数的。”F. 罗特的话见《年报》（见上一个著者注），第 22 页。

② 他利用为“圣奥梅尔的城主们，1042—1386 年”这篇论文写的注释，见《古文书学院丛刊》，第 35 卷（1874 年），第 325—355 页和第 36 卷（1875 年），第 91—117 页。

③ 本卷原书第 269—272 页。——译者

④ 关于纪里自己承认受益的申明，见《中世纪史研究，献给迦柏列·摩诺》（巴黎，1896 年）107—108 页。

⑤ 本卷原书第 15—23 页。——译者

⑥ 指法国。——译者

⑦ 指德国。——译者

诺从格丁根的惠芝学派学会了这门学问并把它带回法国。还不妨一提的是，在1873—1874年间，纪里还听了惠芝的另一个学生特维宁的课。

在普法战争期间，纪里有一段时期停止了研究工作，在卢瓦尔第2军中当上尉。退役后，即回到国立图书馆手稿部任原职，1873年在国家档案局秘书处当档案员。第二年就能够把已写完的《圣奥梅尔城及其制度史（至14世纪止）》提交高等研究学院了，甚至在纪里得到"持有证件的学者"这个头衔以前，就在摩诺提议下应聘为度假教师代课了。他讲课十分令人满意，因而为他设立了一个教学职位；1877年他被提名为历史讲师，1892年当了副校长。1878年朱理·启希拉还请他在古文书学校兼任秘书，后来纪里就接替马·拉特里伯爵担任古文书学教授（1885年）。

他在高等研究学院讲课时，人们请他讲讲中世纪法国城市史。405
他在任教的25年中，以一半时间用在这方面——从1874到1878年间，专教这门课，后来直到1886年大部分时间也用在这门课上。那些认为奥古斯丁·提埃里业已解决了城市起源和发展这个问题的人，从来不知道这位光辉的作家以自己的概括混淆了这个问题，他并没有为下一代的积极发展作好准备。只有在几十个地方档案馆里耐心钻研，并写过许多专论之后，才能把城市史这座大厦的基础牢固地建立起来。奥古斯丁·提埃里那些学说虽然并非完全错误，但都很模糊。而且过于重视因地区之不同或与罗马影响有关或与日耳曼影响有关的那些所谓的各种类型。要把这类谬见查清，需要很长时间。纪里的《圣奥梅尔城史》（1877年）否认路易六世[①]有“城市保护人”这个头衔,这件事甚至使自由主义学者都大为愤慨。但纪里作学问却很稳健。他年复一年地和他的学生们在模范讨论班上研究法国一个又一个城市的手稿资料,强调这个题目的复杂性,并分派学生仔细分析城市特许状,定出其起源和支派关系,他把自己的假期和小量储蓄都用在进行研究的旅行上,归来时就为新的研究带来新的材料。在考察了北方和比利时诸小政区以后,[②]就回到法国西部。他那两卷《卢昂[③]的设施》[④]展示出该城的法令对整个法国西部和中部的影响。这部书被誉为权威著作,使法国史的一部分面目全新。1885 年,他出版了一部有价值的资料汇编,《1180—1314 年间国王与城市的关系文献汇编》;两年以后又出版了名为《圣康坦社区起源的研究》的一篇出色的文章作为《圣康坦古代文库》(1887 年),第 1 卷的序言。遗憾的是,后来纪里的城市研究著作就再也没有出版了,这是因为,他研究了法国西部之后,就和他的学生们用了五年多时间(1877—1882 年)研究南部、郎基多克、普罗旺斯和中部城市去了,然后又回过头来研究北方各城,从而完成了他的一次巡回。[⑤] 更为遗憾的是,纪里把他的论题设想得太大,据他的学生斐迪南·罗特证实,他在南部的研究,差不多包罗

---

① 即胖子路易(1108—1137 年在位),镇压叛逆诸侯,与皇帝亨利五世及英王亨利一世作战,奖励城市的发展。——译者

② 根特、康布雷、亚眠、圣奥梅尔、松利斯等城市。

③ 在法国北部。——译者

④ 出版于 1883 和 1885 年,作为《高等研究学院丛刊》的第 55 卷和第 59 卷。全名是《卢昂,法来斯,旁特-奥得麦,帆纽尔,拉·罗谢尔,圣特斯,奥列龙,巴荣纳,图尔,尼奥尔,科尼亚克,圣-冉-担吉里,昂古莱姆,普瓦捷……等城市制度史研究》。

⑤ 1885—1886 年间,他向他的学生们综合论述了迄今的法国诸城市发展史。

了那一带整个社会生活。① 假如说,纪里并未写出他本来可能写 406
出的一切的话,他那数不清的学生却在他的鼓舞下写起自己的著作来,其中有许多都是从听他那些内容丰富的讲课时开始的。②

1885 年,纪里被聘为古文书学校教授,那时人们认为他是法国城市历史的权威和鼓舞力量。然而两年之后,他却丢开这方面的研究(他认为这只是"暂时"的),并使他的学生们投入古文书学研究。这项重要技术老早就引起他的注意了。从 1878 年起,他每年把他在高等研究学院的讲话(conferences)中抽出一讲用来讲这门技术。从 1887 年起,他在两个学校讲的课就差不多全是这方面的了。他那部出色的《古文书学教程》(1893 年)至今仍然是无与伦比的;出版时(1893 年),他就获得哥伯尔大奖③,三年之后作者就在铭文学院当了教授。这部书大都是他独力写成,因为那些德国专家如西克尔④、菲克⑤、穆尔巴黑尔等人在后期加洛林和加佩

---

① 他举的例证有:人和土地的情况,主教的裁判,和平和上帝的休战,11 和 12 世纪的撒尔维特次村,地中海沿岸各城市间的关系,它们和意大利诸城市的关系,意大利城市行政专官(podestat)这个奇特职位。

② 这样的著作有:朱理・弗兰麦芒特,《松利斯城的制度史》(巴黎,1881 年);摩里斯・普鲁,《12 和 13 世纪洛里斯城的风俗及其延续》(巴黎,1884 年);阿贝尔・列・法兰克,《讷永城史》(见本书原书第 398 页著者注);L. H. 拉板德,《直到 15 世纪开端博韦城和它的郡邑制度史》(巴黎,1892 年)等等。如果在纪里监护下开始的研究有些从未出版,罗特提醒说,这事的发生,"大概是在这位爱好艺术的人影响下,他使四分之三的改革派'不能生产'"。

③ 法国哥伯尔伯爵提供的奖金,每年赠予两部最著名的法国史著作,各得一万法郎。——译者

④ 德国历史家,维也纳大学教授(1826—1908 年),参阅本卷原书第 203 页。——译者

⑤ 本卷原书第 202—203 页。——译者

王朝那些统治者的一些特殊问题上帮不了他一点忙。当时大法官法庭已被解散，人们又不遵守制度。德利尔[①]的研究仅谈到腓力·奥古斯都的统治时期，唯一能够撰写以前数世纪的人启希拉又把范围写得太广，除了指明所需要指明的东西以外，就没有时间了。古文书学校未能达到其建校目的。在摩诺以后，使法国古文书学复兴起来的，就是纪里了。

由于伯梅尔[②]的《编年史稿》在德国 E. 穆尔巴黑尔指导下搞的修订本略去了 840 年以后法国加洛林王朝的古文书，纪里早在 1880 年便有了弥补这个缺陷的想法。校对手稿并搜索数以百计的档案馆和文件库的工作由那些自愿的学生分担，但最重的担子仍然落在他们的老师身上。纪里想到编写那部《德国史料集成》的那些人的大量补助金时，常常愁闷地叹惜：他既没有资金，又没有助手。在 12 年之久的漫长岁月里，他把自己的薪金尽量节省，忠实的学生们冒着考试失败的危险进行协助。纪里作为一位有鼓舞407 力量的教师的有力证明是：1888 年有八名学生申请参加为《编年史稿》(*Regesta*)作准备的艰苦工作，同时每人还要写出一个国王统治时期的和德国《年鉴》类似的编年史。[③] 纪里要完成秃头查理的文献，并写出他统治时期的编年史。在搜集资料方面，纪里规定对风土记方面的研究要依次探讨法国古代每个大主教辖区，而不

① 本卷原书第 273—274 页。——译者

② 本卷原书第 202—203 页。——译者

③ 拉维斯在文学院常常赞扬这部丛书，并劝告他的学生和德国人展开竞赛，但随着研究要求的制定，学生们看出不如不在这样的工作上浪费时间。有一个例外，即小杜台里的《路易七世的生平和统治研究，1187—1226 年》(巴黎，1894 年)。

是按年代次序。这个方法有许多好处，即几位国王向同一个修道院颁发的文书就可以放到一起研究，通过比较了解到有价值的情况，从而可以查出伪造的文件，大法官法庭的发展也可以探索出来。确实，其他方法都不能满足法国文献的特殊情况的需要。

他的学生们的著作比他的著作进展得还快一些，这话并不是对纪里的责难。秃头查理的编年史始终没能完成。① 1895 年，主编感到责任加重了。这是因为，为了避免使《资料集成》收入加洛林朝诸王所有文件，甚至在法国也必须把已作出计划的《编年史稿》放弃，以包括法国、阿基坦、普罗旺斯—勃艮第诸统治者全部文件经过彻底批判的校订本代替。因为《编年史稿》即使写成，也只是一个文献目录而已。这样的工作需要花多得多的钱，必须由铭文学院主办，因为该院早就作过决定，要出版法国加洛林朝诸王文件。纪里的学生们听到这项光荣工作由一个仅仅在财政上有关系的机关承担之后很不高兴，因为这项工作的重担早在他们自己在高等研究学院时就已肩负起来了。年复一年，纪里都盼望看到自己的工作结束，但他很不喜欢草率从事，于是决定不仅引证特许状，而且一切记述资料都不放过，以便清理每座修道院和主教区的历史，因而他的工作进展缓慢，但很稳妥。他去世时这部巨著只完

① 但在他的学生中，钻研比较短暂的王朝统治的有：F. 罗特，《后期加洛林王朝统治者洛塞、路易五世、洛林的查理，954—991 年》(1891 年)；爱德华·法佛尔，《攸德，巴黎伯爵和法兰西国王，882—898 年》(1893 年)（这两部书是在纪里的同事摩诺的鼓舞下开始撰写的）；奥古斯特·埃克尔，《头脑简单的查理》(1899 年)；腓力·劳尔，《俄脱-墨尔人路易四世的统治》(1900 年)；勒馁·报帕丁《加洛林王朝诸帝统治下的普罗旺斯王国》(1901 年)；克立斯兴·普菲斯特，《虔诚的罗伯统治时期的研究》(巴黎，1885 年)，此书的撰写，同样是与摩诺协商的结果。

成一半，由于风土记部分还没有完成，他的编年史也就没有写。这部编年史如果写成，一定很有价值，它可以促进他自己认为是秃头查理统治时期的骨干资料的《圣柏丁编年史》[①]的研究工作。[②]

408 很明显，纪里一生最后那12年的辛勤劳动，在他的任何遗稿里都没有适当反映出来，但他这些年的辛劳并非毫无收获，前面已经谈过的情况就足以说明问题了。他除了教书以外，还觉得历史知识有扎扎实实普及的必要。自1872至1879这些年来，他每年都在《法兰西共和国》杂志上发表一系列评论历史著作的文章。他接任《大百科全书》历史编辑工作后，自己也为这部全书写过两千多篇文章（1886—1899年）。[③] 拉维斯和兰波[④]合编的《从14世纪到现代的通史》（1893—1901年）中有两章是他写的。[⑤]

已故的鄂图·丰·吉尔克教授[⑥]把自己漫长的一生用于撰写一部巨著《德意志联合权利》（*Das deutsche Genossenschaftsrecht*），[⑦]证明在中世纪社会里"联合原则"传播很广。于是有些史学家就打算从这项原则里找出中世纪城市的起源。但大多

---

① 本书上卷原书第171页。——译者

② 铭文学院在达尔布瓦的监护下继续编纂；纪里的工作，即他未完成的有关秃头查理部分，委托给他的一个得意门生摩里斯·普鲁继续完成，普鲁接替他担任古文书学教授。

③ 他是《供历史研究和教学使用的原始资料汇编》的创办人和主编，此书由历史学会出版（1886年以后），他还和古文书学院协会出版的《回忆录和档案》有联系。

④ 本卷原书第277—279页。——译者

⑤ 第2卷，第8章，第411—478页和第9章，第480—537页。

⑥ 德国法律学家（1841—1921年），柏林等大学教授。——译者

⑦ 1868—1913年，四卷，第3卷的一部分由麦特兰译成英文，书名是《中世纪政治学说》（剑桥，1927年）。

数中世纪学者觉得这个原则似乎太难捉摸,无法这样应用,尽管在其他方面也许用得上。

一种似乎比所有其他学说能够符合更多业已肯定下来的事实的学说必然是接近真理的。这样一个学说就是已故根特大学教授亨利·佩朗[①]在许多著作中主张的近来已很流行的"商业移民团说"(mercatorial theory)。佩朗本来就是一位社会经济史家,他打算在中世纪商业史上找到证据,并发现众多城市的核心就是商业移民团(negotiatores,mercatores),这些移民团出现在碉堡附近,并且为了保证安全,居住在城墙围起来的地方,叫作堡(burg);其居民在11世纪末期业已称为市民(burgenses),过了一些时间以后,地方长官赐给他们人身、财产和管理地方社会的某些权利,这和他们四周受奴役的居民不同,而这些市民原先也是从四周居民中来的。这种新堡后来就变成城市。佩朗的商业移民团说特别适用于佛兰德、下莱茵区和法国东北部诸城市,但绝不限于这些地区,因为在威斯特发里亚、伦巴第和托斯卡纳的一些城市这个说法似乎也都适用。[②]

---

① 比利时历史学家(1862—1935年),著有《比利时史》、《中世纪的城市》等书。——译者

② 参看鲍威克的论文,"亨利·佩朗",见《英国历史评论》,第5卷(1926年),第78—89页。佩朗的商业移民团学说和其他贡献在他的《比利时古代民主制度》(巴黎,1910年)一书中有最精彩的简要记述,此书J. V. 桑得尔用英文出版的书名是《比利时的民主制度,它的早期历史》(伦敦和纽约,1915年);并参看佩朗在《历史评论》上发表的一些文章(见本书原书第397页著者注),以及他在普林斯顿大学的讲稿,大学印刷厂出版的英文本是法兰克·哈尔西译的,书名是《中世纪的城市,它们的起源和商业的恢复》(1939年),修正法文本书名是《中世纪的城市:经济和社会史略》(布鲁塞尔,1927年)。

409　我在别处说的一些话不妨在这里重复一下："我们能够辨别城市起源的一些主要因素，但不能确定每个因素的相对分量和重要性，甚至它们彼此之间的关系也很难弄清。但毫无疑义的是，任何单独一个因素、任何单独的一种解释都是不能概括全部情况的。迄今大量史学研究的弱点一直是这样：每位作者过分强调自己学说的排他性，有时民族偏见也歪曲了判断。因为这些新制度形成的方式各有不同，所以各式各样的说法也提了出来。每位作者都把他的说法和过去某种制度联系起来，但所有这些说法（或多或少）都是建立在对某些事例的概括上的一些猜测。对德国是正确的说法，可能不一定在同样的程度上适用于佛兰德、法国或意大利。地方的地理和历史情况，必须经常给予适当的重视。中世纪欧洲城市生活中那些因素在程度上、种类上都有很大差别。……面对这样多相互分歧的说法，似乎可以说，在意见上的这种重大分歧表示的也许就是不同城市的历史的真正差别。企图从罗马法或日耳曼法的这个或那个原则中寻找城市的起源是徒劳的。中世纪的城市是经济和社会力量的产物。"①

① 引自我的《经济和社会史》（见本书原书第 397 页著者注），第 771 页。

第五十四章　经济和社会史家[①]

经济史呈现出广泛而混乱的研究范围。这种混乱还被抽象哲学和党派政治弄得更加严重。作为不知足的历史学家和困惑的经济学家的战场的经济史，这两种人都不愿意或不能够划出自己的科学的地盘，或说把自己的研究对象定出界限，于是经济史就成了 410

① 玛克斯·韦伯，《经济史》，S. 黑尔曼和 M. 帕里编（慕尼黑和莱比锡，1923 年），第 17—18，19—20 页注，第 174 页〔并见法兰克·奈特译的英文本《经济通史》，伦敦，1927 年〕；腓力克斯·夫留吉尔编，《社会经济史和现代社会经济问题书目提要选》（见油印版，伯克利，1933 年，只表列了期刊上的文章）；W. 洛瑟，《德国国民经济史》（慕尼黑，1874 年），第 29—35 章和注释；G. 科恩《政治经济史》（《美国政治和社会科学院年报》，1894 年 3 月补编），特别参看第 5—8 章；乔治·丰·柏劳，《经济史问题，经济史研究的一篇绪论》（蒂宾根，1920 年）；同一作者，《从解放战争到现在的德国历史著作》（慕尼黑和柏林，1924 年），第 161—194 页和注释；E. 撒林《政治经济史》（第 2 版，柏林，1929 年）；哈钦孙·M. 坡司内特，《伦理学、法理学和政治经济学中的历史方法》（伦敦，1882 年）；恩斯特，特勒耳奇，《对历史发展的过高估价和它的问题》（蒂宾根，1922 年：他的《全集》，第 3 卷）；乔治·布洛德尼兹，“经济史的将来”，见《国民经济和统计年鉴》，第 95 卷（1910 年），第 145—161 页；本哈德·普菲斯特，“关于那个题目的评述：学说和历史”，见同上书，第 131 卷（1929 年），第 481—512 页；和同上书一些评论，第 40 卷（1883 年），第 170 页，和第 54 卷（1890 年），第 75—95 页；W. 海斯巴希，“古典政治经济学和它的反对者”，见《施穆勒年鉴》，第 20 卷（1896 年），第 857—879 页；E. 撒林，“经济史的方法和任务”，同上书，第 45 卷（1921 年），第 483—505 页；外尔纳·桑巴特，“经济史问题”，同上书，第 44 卷（1920 年），第 1021—1039 页；同一作者，“经济学说和经济史”，见《经济史评论》，第 2 卷（1929 年），第 1—19 页；E. M. 伯恩斯，“制度化和‘正统经济学’是补充还是竞争？”，见《美国经济评论》，第21卷（1931年），（接下页）

各种分散的材料和不连贯的学说的大仓库。直到今天，经济史家还不能确定自己究竟是经济学家还是历史学家。他们坚持说他们既是前者又是后者；或说既不是前者也不是后者；或说是二者以外的什么学家。但谁都不能确切知道他们究竟是什么，尤其是经济史学家本身最不知道他自己是什么，因为他强调自己不愿被认为是历史家，也同样强调不愿被认为是经济学家。

这种混乱情况产生的原因之一是：经济史是在德国产生和成熟的；实际上它是德国的特殊社会经济情况的直接产物。德国是
411 哲学的抽象和激烈的政治斗争的温床，在这种气氛中，经济史是既作为学术上的混合物，又作为政治斗争的武器发展起来的。在处于迅速发展中的德意志帝国，经济史是被具有各式各样利害关系的政党作为捍卫党派要求或说明现状合理的工具而加以利用的。经济史的两位创始人之一的考斯道夫·施穆勒[①]说这门科学是德国的一项发明，这话未免夸大：

> 可能只有在路德时代或者在撒克逊和斯陶荼两朝诸皇帝时代，人们才有和 1838—1888 年间这半个世纪同样的理由认为做一个德国人是值得自豪的；过去任何时候德国的科学都没有像今天这样受尊重。在德国发展得特别突出的那些学科中，社会科学各门类应得到光荣的地位。……

(接上页)第 80—87 页；W. H. 汉密尔顿，《从制度角度研究经济学说》，见同上书，第 9 卷(1919 年)，补编第 309—318 页；保罗·T. 荷曼，“制度学派”，见《社会科学百科全书》，第 5 卷，第 387—392 页；H. E. 巴劳特“经济学的进化观点”，见《社会经济史评论》，第 10 卷(1922 年)，第 38—83 页；第 11 卷(1923 年)，第 305—382 页；第 15 卷(1927 年)，第 137—176 页；H. 圣马克，《德语地区大学中政治经济学讲授研究》，见《政治经济学评论》，第 6 卷(1892 年)，第 217—249，423—470 页。

① 本卷原书第 417—418 页。——译者

> 从弗里德里希·李斯特[①]开始，德国的政治经济学就已经在试图摆脱英国学说的枷锁了。今天，我国的技术专家和自然科学家、历史学家和语言学家、经济学家和社会科学家全都居于世界科学运动前列，正如我国政治家和军事家无可争辩地被认为是第一流的那样。[②]

1904年德国学者J.E.C.康拉德在圣路易[③]文学与科学会议上发言，说经济史的目的“不但是要调查和描述不同时期的经济生活实际过程，而且要特别探索其发展，以便说明因果关系”。[④] 这个定义的特点是：它恰巧是自从伏尔泰[⑤]和查士塔斯·墨塞尔[⑥]以来史学家给他们自己那一行下的定义。把经济史引进美国和英国的威廉·J.阿什利爵士承认经济史和任何其他历史一样，但有一个方面不同：即对经济的强调。“经济史提出的问题是：社会存在的经济基础是什么。”[⑦]W.S.荷尔兹卫司是英国杰出的法律史学者，他看到法律史和经济史之间有密切联系。“这种联系极其紧密，以致使我感到法律史家或经济史家如果不广泛借用另一方的

---

① 本卷原书第416页。——译者

② 考斯道夫·施穆勒，《政治学和社会学文献史》（莱比锡，1888年），序言是以献给洛瑟的一封信的形式写的，第7—8页。

③ 美国密苏里州一个城市，在密西西比河畔。——译者

④ 约翰尼·康拉德，“经济史和有关学科的关系”，见《1904年圣路易世界博览会文学与科学会议》（波士顿，1906年），第2卷，第202页，全文见第199—214页。

⑤ 本卷原书第65—68页。——译者

⑥ 本卷原书第114—117页。——译者

⑦ W.J.阿什利，《论经济史研究》，见《经济季刊》，第7卷（1893年），第115—136页；再版见他的《历史和经济通览》（伦敦和纽约1900年），第1—21页；“可以实事求是地说，经济史同等地属于历史部门和经济部门。在事物的性质上，没有理由说‘纯历史学者’……不应当既研究宗教史又研究法律史，但实际上这两个领域的研究工作常常是由……狭义的神学家和法律家担任的。”

知识就无法搞好自己的本行。”[①]哈佛大学格拉斯教授将会“稳妥
412 而有益地把经济史从通史中分离出来”。“经济史是从其时代背景、产生经过、前因后果等方面对经济现象的研究。”[②]自从尼布尔和兰克的时代以来，历史家就已经接受了这个基本概念，即历史现象必须从“它们的时代背景、产生经过和前因后果等方面”加以研究。另一位经济史学家自称在经济史里看到“经济进步的本质”。他还想把经济史从通史中分离出来，因为经济史“就是生活，是活着的人们按照自己的思想和行动方式把它写出来的”。[③]

人们写经济史往往从法国乌托邦社会主义者或卡尔·马克思开始。[④] 历史写作用这种办法是不适当的，这主要是因为各种类型的社会主义者关心政治行动多，关心科学少。[⑤] 也不能从经济理论家开始，尽管他们对史学家的影响无疑是很大的。在这些经济学家中间，亚当·斯密是少数注意历史的人们当中的一位；其他的人则运用逻辑学。

---

① W. S. 荷尔兹卫司，《经济史和法律史之间的关系被忽视的一个方面》，见《经济史评论》，第 1 卷(1927 年)，第 123 页，全文见第 114—123 页。

② N. B. S. 格拉斯，“经济史的兴起和发展”，同上书，第 1 卷(1927 年)，第 30 页，全文见第 12—34 页。

③ W. T. 札克曼，《经济史的重要性》，见《经济史的事实和要素。爱德温·弗朗西斯·哥伊过去的学生们的文章》(剑桥，马萨诸塞州，1932 年)，第 3—17 页。

④ “但是，为了探寻真正科学的影响，我们必须求助于卡尔·马克思写的更为明确的公式。至少自从《资本论》第 1 卷出版(1867 年)以后，这个观点才流行起来，即，经济史是重要的，因为它是解释其他各种历史的钥匙。”格拉斯的书(见上上一个著者注)，第 21—22 页。

⑤ 在这些早期社会主义者当中，我们可举出克劳德·亨利·圣西门(1760—1825 年)，巴特列米·英芳丁神甫(1796—1865 年)，查理·傅立叶(1772—1837 年)，和皮埃尔·蒲鲁东(1809—1865 年)。

在德国经济史学派以前很久，就已经有具有经济倾向的历史家了。把唯物史观追溯到希腊人，只不过是一种无谓地炫耀博学。柏拉图，就像他的《克立替阿斯》(*Critias*)一段精彩的文字表明的那样，敏锐地感觉到文明的物质基础。[①] 亚里士多德在他的《政治学》里也有同样观点；在接近我们这个时代的人们当中，波当[②]、哈林顿[③]、伏尔泰、赫棱，特别是查士塔斯·墨塞尔等也都是这样。[④] 把讨论经济史某些方面的早期著作列一张清单也很容易。在这方面，不妨提提 K. D. 许尔曼的《中世纪德国财政史》(柏林，1805年)；威廉·E. 维耳达的《中世纪行会组织》(哈雷，1831 年)；爱德华·贝恩斯的《不列颠棉纺史》(伦敦，1835 年)；托马斯·图克的 413
《价格史》(伦敦，1838—1857 年，六卷)；詹姆士·比肖夫的《羊毛和毛纺业全面史》(伦敦，1842 年，两卷)。[⑤] 但这些都是孤立的研

① 柏拉图描写阿提卡的地理基本情况时这样说："在过去 9000 年内发生的连续不断的猛烈的洪水泛滥的结果，出现一种土壤离开高处的连续运动；并由于海岸地势的起伏，这种土壤……始终是沉入深海……；其残留部分恰似被疾病削弱了的消瘦的人的骨架。……所有肥沃、柔软的土壤都已脱落流失，使大片地区只剩下皮肤和骨骼。"见柏拉图，《克立替阿斯》，引自 A. J. 汤因比的《从荷马到希拉克略时代的希腊史学思想》(伦敦和纽约，1924 年)，第 169 页。

② 法国政治经济学家(1530—1596)。——译者

③ 英国政治思想家(1611—1677)，主张乌托邦社会主义。——译者

④ 詹姆士·哈林顿，《大洋洲联邦》(伦敦，1656 年)；A. H. L. 赫棱，《古代世界政治、交通和民族斗争的思想》(格丁根，1793—1796 年，三卷)；查士塔斯·墨塞尔，《奥斯那布律克史》(柏林，1768 年)。关于赫棱和墨塞尔参看上文第三十九章，原书第 127—130 页(赫棱)和原书第 114—117 页(墨塞尔)。

⑤ 格拉斯的书(见本书原书第 412 页著者注)，第 14—17 页有一个更早的经济史著作简表。其中有约翰·惠勒的《商业的论文》(1601 年)；以撒·得·拉飞马斯，《法国商业史》(巴黎，1606 年)；约翰尼·得·沃顿哈根，《有关汉萨同盟的论文》(法兰克福，1629年，四卷)；约翰·埃甫林，《航海和商业，它们的起源和发展》(伦敦，1674(接下页)

究，既和任何学派无关，也没有根据任何一般学说。

恰当的说法是：德国经济史学派是从威廉·洛瑟(1817—1894年)开始的。[①]他是作为历史家培养起来的，特别是他曾接受兰克的指导，这件事有重要意义。他还曾在赫棱和革飞努斯指导下学习。洛瑟在写给兰克的一封吐露实情的信中，请求他这位尊敬的老师赏光，准许他把自己第一部论述修昔底德的著作献给他，[②]他还向老师解释了自己的教育经验。

> 我对你的景仰不只是由于你是在世的第一流历史学家，而且你和尼布尔一起是我们全国人民的第一流历史学家，总之，你是当代成功地与古代伟大史学家媲美的少数人物之一。……
>
> 在我的写作活动开始时，我认为这样的奉献是一项鉴定。因为我

(接上页)年)；但以理·得福，《商业通史》(伦敦，1713年)；佩耳·但以理·胡埃特，《古代商业和航海史》(巴黎，1716年)，和他的《世界各国和帝国中的荷兰商业记录》(阿姆斯特丹，1717年)；约翰·史密斯，《乡村商业史》或《羊毛的故事》(伦敦，1747年，两卷)；亚当·安得孙，《商业起源的历史和年代学上的推断》(伦敦，1764年，两卷)；提莫次·肯宁安，《从征服者威廉到当今1761年，我们的关税、救济费、补助金、国债和税收》(伦敦，1761年，四卷)；约翰·辛克来爵士，《英帝国的国家收入史》(伦敦，1784年，三卷)。

① 英国论洛瑟和他的学派的最好的著述是威廉·B.启林的《德国经济历史学派》(论文原稿抄本存加利福尼亚大学图书馆，伯克利，1933年)；并参看W.肯宁安，"洛瑟在英国的影响为什么这样小?"，见《美国政治学研究院年报》，第5卷(1894年)，第317—334页；卡尔·阿恩德，《洛瑟的政治经济学上的永久不变的自然法则体系》(法兰克福，1862年)；雨果·爱孙哈特《政治经济学史》(耶拿，1891年)；L.布伦坦诺，《威廉·洛瑟》，见《国民杂志》，1894年6月12日，第352号。W.纽拉次，《威廉·洛瑟和历史—伦理的政治经济学》(维也纳，1894年)；C.洛瑟为威廉·洛瑟的《政治经济学中的宗教思想》(德累斯顿，1895年)一书写的序言，第1—29页；M.布拉什，《洛瑟和当前的社会学倾向》(莱比锡，1895年)；A.丰·米亚斯科斯基，《威廉·洛瑟》，见《德国评论》，第84卷(1895年)，第214—238页；A.舍夫勒，《威廉·洛瑟》，见哈顿的《将来》，第8卷(1894年)，第25页以后。

② 洛瑟，《修昔底德的生平、著作和时代》(1842年)。

既不愿属于那些见树不见林的“彻底”的诡辩家之流，也不愿意属于“明智的”哲学家一类，因为他们眼力太弱，不能从他们的理论支架上辨清平地上的事物。此外，你还是我的老师，而且恰恰是我受惠最多的一位老师。

我的第一位老师是年迈的赫棱；他的《古代世界》①是使我甚至在高中上学的时候就十分爱读的第一部近代史。你将会同意，使年轻人的头脑认识古代事物的人，没有比他更适当的了。我今后一生也将在下述一点上与赫棱共享，即，除了比较晚近的这几个世纪的近代史以外，我还将研究古代史。

我的第二位老师是革飞努斯。对这个人的弱点我绝不是没有看
到。假如后来我不是当了你的学生的话，他可能在某些方面会对我有 414
害；但是，正如令人喜欢的人为数很少那样，能够激励别人、使他们产生许多思想的教师也是凤毛麟角。他诱导我以同样力量研究历史发展的各个方面，即政治史和文学史。从他那里我学到以连续类推的方法深入研究历史。类推法是危险的；这一点我完全清楚。谁会赞成革飞努斯、施罗塞等人总是让读者看他们那些类比，而看不见事物本身这种写法呢？今天他们把土耳其比作15世纪的德意志帝国，明天又要和拿破仑帝国类比了；今天他们把佩脱拉克②比作胡顿③，明天又会比作莱辛④了。但一把不能伤人的刀对医生也是没用的。我觉得人人都在不自觉地运用类比法。我找到使用这个工具的两项原则。首先，不要把它本身当作目的，而是当作手段。……其次，仅仅拿相应的阶段来比较：如拿希腊中期和近代民族国家中期比较，当前的土耳其和古代波斯帝国最后时期比较等等。这条原则我相信是正确的，不过人们在实践中正确地掌握这些原则还是有困难的。

最后我来到你的学校；我不甚了解的是：使我受益较多的是你的讲

① 这是指赫棱的《古代世界政治、交通和民族斗争的思想》(格丁根，1793—1796年，三卷)。

② 意大利人文主义者(1304—1374年)。——译者

③ 德国人文主义者(1488—1523年)，支持马丁·路德的宗教改革。——译者

④ 本卷原书第105—107页。——译者

> 授呢，还是你的研究班，还是你的著作？我也不甚了解：从你那里得到的鼓舞多，还是约束多？但是所有我听到或读到的你的一切都在我的心灵中留下一种鼓舞。虽然我来得太晚，不能参加你的《年鉴》的编写工作，但你仍然可以确信，在你的学生当中没有任何人比我更敬爱你，更热心地力求追赶你，而不是仿效你。并且高兴地把自己的终生都看作是你的学生。但愿我能够做到不致给这个名称带来耻辱就好了！①

然后洛瑟记述了他在格丁根大学当讲师时的学术活动。他说，他讲的课程包括“政治学、经济学、统计学、古代史家史和政治学说史”。他还讲授政治史，听众满堂；他希望不久还能教古代史，因为自从施罗塞以来，格丁根大学的惯例是把历史和政治学结合起来。“我认为政治学是研究国家发展法则的，政治经济学则是研究经济发展法则的。”他告诉兰克说，他希望通过比较各国的历史，“以聚集相同的情况、分清其不同”这个方法来“发现”这些法则。

更重要的是，洛瑟透露他正计划写一部讨论经济学的书，希望这部书能“被人们看成有历史意义的”。在这里，我们看到他一生工作的首次流露：把历史和经济结合在一起，用法则把它们连接起来。“就我所知，在德国，经济学上这种倾向是李斯特②首先表露出来的，虽然颇有气魄，但常常前后不一致，甚至是冒充内行的江
415 湖气，而且仅仅和税收制度这一点有联系。”因此，雄心勃勃的洛瑟就告诉他那位伟大的老师说，他将成为经济史的开路先锋。

---

① 1842年2月27日洛瑟写给兰克的信，引自“威廉·洛瑟和利奥波尔德·兰克”，见《普鲁士年鉴》，第133卷（1908年），第383—385页。虽然洛瑟在信中没有提到，但奥特夫里·米勒和达尔曼也是他在格丁根大学的老师；在柏林大学，他也听过伯克的古代希腊经济史家和地理学家卡尔·立特的课。伯克和立特在洛瑟身上无疑留下了深刻的印象，因为他在革飞努斯和兰克那里肯定都学不到经济学。

② 本卷原书第416页。——译者

在一年以后的1843年,洛瑟出版了他的《以历史方法研究的经济学基础》。根据英国提倡写经济史的首要人物阿什利的意见,他这部书"敲响了学术界新运动第一声嘹亮的晨钟"。洛瑟的《经济学基础》既是一篇宣言,也是一个纲领。①

洛瑟一直是令人惊讶地忠于他这个纲领。在后来那半个世纪里,他继续著书讲课,讨论历史和政治经济学,从不认为需要改变他的原有观点。《经济学基础》一书出版一年后,他就当了正教授;四年后,他接受了莱比锡大学的聘请,在该校一直是经济学界历史学派受尊敬的鼻祖,直至1894年去世时,他这个学派才普遍失去信任。

必须强调指出,尽管洛瑟对历史毕恭毕敬,对兰克也很尊重,但他并不是一位真正的历史家,也很难说是一位经济学家。卡尔·比赫尔②曾善意地指出,洛瑟对历史是冷漠的。另一位批评家说,洛瑟是一位历史哲学家,而不是历史家。他的思想常常前后不一致,但他的学问却随处可见。他是一位很有素养的语言学家,对历史许多领域都很熟悉,特别是古代史,他的例证和类比主要是依靠古代史。他是德国能够用流畅的散文表达思想的少数几位学者之一。所以他的著作,特别是他的教本,颇受广大读者欢迎,正如他讲课时能吸引大量听众一样。

---

① 参看"洛瑟1843年的工作计划",见阿什利的书,第21—37页,再版根据《经济季刊》,第9卷(1895年),第99—105页和卡尔·比赫尔,"威廉·洛瑟",见《普鲁士年鉴》,第77卷(1894年),第104—123页。

② 德国经济学家(1847—1930年),特别对于欧洲经济学发展的历史有研究。——译者

洛瑟的思想观点在他四卷本杰作《政治经济学体系》里大都得到充分运用。各卷的内容可以从它们的标题看出：第1卷，《政治经济学原理》(1854年)；第2卷，《农业和与之有关的原始生产的政治经济学》(1859年)；第3卷，《工商业政治经济学》(1881年)；第4卷，《财政学体系》(1886年)。政治经济学整个体系的目的是发现制约经济生活的那些基本法则。他给经济学下的定义是“政治经济发展诸法则的研究”。用以发现这些发展法则的方法，他叫
416 作“历史的生理学”。所谓“历史的”是因为他用的材料来自历史，并把现在的经济情况和刚刚过去的经济情况联系起来；所谓“生理学”的是因为他持有的论点是：就像任何有生命的机体那样，每个国家也都是经过一些特定的发展阶段：从童年经过青年到成年和老年的有机体。

洛瑟的目的不只是科学的，而且也是政治的。他在某种意义上可以说是弗雷德里克·李斯特(1798—1846年)的继承者，李斯特是一位出色的德国经济学家和政治家，曾向亚当·斯密和英国学派的自由贸易原理挑战。1824至1830年间，李斯特在美国待了五年多，在美国那里当过编辑、实业创办人和制造商，他曾深深地浸染了“美国制度”的一些思想观点。① 李斯特把这些观点带回德国，使他成为保护主义的战士，他十分合乎逻辑地指出，自由贸易也许适用于英国那样的工业国，但对于德国这样的工业不成熟的国家则毫无用处。亚当·斯密和李嘉图曾低估民族主义，而李

① W.瑙兹，“弗雷德里克·李斯特在美国”，见《世界经济文献》，第21卷(1925年)，第199—265页。李斯特1840年出版了他的主要著作《政治经济的国家主义体系》；注意此书在洛瑟的《用历史方法研究的经济学基础》一书仅仅前两年出版。

斯特，由于一些明显的理由，则鼓励民族主义。[①] 洛瑟倾向于李斯特的方向，不过没有他那种论战精神。

洛瑟和后来那些经济史家不同，他经常强调人类文化是不可分割的整体这个观点；还说经济发展也像学术、宗教、政治、伦理等方面的发展那样，不过是世界通史这条长河里一个波浪。洛瑟这个概念可能是从文克尔曼[②]和赫尔得[③]那里得来的，但他重新把它加以强调，这仍然是一项重大贡献。

〔引用施穆勒对他认为是自己老师的人的一般美好而知人的颂词〕洛瑟和格丁根前辈文化史家具有共同的博学的特色；他继承了劳[④]和前辈们对亚当·斯密、李嘉图和马尔萨斯的高度尊重。他的性格美好、高贵、有修养、有学者风度，没有一个方面是炉火纯青的，只是需要慢慢地改进。他打算继续当一位教义式的政治经济学家，也想从历史观点上加深旧学派的一些概念。他站在两个科学时代之间：他结束了旧时期，开创了新时期。他把政治经济学提高到学术的、系统的专门化的水平，提高到历史因果关系研究的水平；在这方面他比任何人做的工作都多。[⑤]

和洛瑟以及经济学界的历史学派有密切联系的有布鲁诺·喜尔得布兰（1812—1878 年）和卡尔·考斯道夫·克尼斯（1821—1898 年）。因为他们都不是历史学者，在这里就都不详细讨论了。
喜尔得布兰是马尔堡大学教授，1848 年出版了《现在与将来的政 417

① 艾尔弗雷德·马歇尔，《经济学原理》（伦敦，1916 年），第 767—768 页。

② 本卷原书第 117—118 页。——译者

③ 本卷原书第 133—138 页。——译者

④ 德国政治经济学家（1792—1870 年），把亚当·斯密及李嘉图的经济学说介绍到德国。——译者

⑤ 考斯道夫·施穆勒，《威廉·洛瑟》，见他的《政治和社会经济文献史》（莱比锡，1888 年），第 147—171 页，引文见第 170 页。

治经济学》,他在这本书里赞成对经济学作历史处理,但他用心理学(伦理学)法则代替了洛瑟的经济唯物主义法则,因为他认为人是伦理生物。《从历史观点研究政治经济学》(1853年)①的作者克尼斯接受了喜尔得布兰的伦理学—心理学解释。他写道:"一个民族的生活沿着一条不断演进的道路前进,这种理论排除下列设想,即后来各族人民的生活过程和以前的生活过程完全相同。"他承认自己对历史的兴趣不如对改变经济学上那些观点的兴趣大。因此,他想方设法发现经济生活中那些心理方面,于是就探索经济学、历史、地理、哲学和法律之间的关系。克尼斯也像洛瑟那样,接受了下列观点,即一个民族的生活是有机的,而且民族的各类表现,包括经济表现在内,都是互相依赖的。所以经济学只能当作一般社会生活中的一部分来研究。②

后来一大群经济史家追随洛瑟、喜尔布兰德和克尼斯,其中最著名的是考斯道夫·施穆勒(1838—1917年),③在洛瑟之后,他在

① 第2版书名改为《从历史观点研究政治经济学》(不伦瑞克,1883年)。

② 参看施穆勒的书(见上上一个著者注),第204—210页;尤金·施威得兰,"德国经济史",见《经济杂志》,第4丛书,第31卷(1885年),第17—36页;M·胡埃脱,《洛瑟和克尼斯的经济学方法论》(耶拿,1928年);C.雅费,《洛瑟,喜尔得布兰和克尼斯,德国早期政治经济学历史学派创立人》(伯尔尼论文,1916年);M.韦伯尔,"洛瑟和克尼斯和政治经济学史的逻辑问题",见《施穆勒年鉴》,诺曼法国,第27卷(1903年),第1181—1221页和诺曼法国,第29卷(1905年),第1323—1384页;罗伯·威尔布兰德,"历史伦理学派的目的",见《世界经济文献》,第24卷(1926年),第73—108,228—274页。

③ 关于评论施穆勒的文章,参看乔治·丰·柏罗的文章,见《社会和经济史季刊》,第5卷(1907年),第481—524页;K.第尔的文章,见《政治经济和统计学年鉴》,第84卷(1905年),第233—237页;W.海斯巴希的文章,同上书,第78卷(1902年),第387—403页;E.C.K.岗纳的文章,见《经济杂志》,第16卷(1906年),第261—266页;K.T.丰.伊纳马-施特尔内格的文章,见《政治经济,社会政治和行政管(接下页)

这个课题上做的工作比谁都多。他是哈雷大学政治学教授，然后
在改组后的斯特拉斯堡大学当教授（1872 年），最后在柏林大学当
教授（1882 年）。1887 年他被任命为勃兰登堡的史官。施穆勒认
为自己是洛瑟的学生，但实际上他很少改进他的老师的理论。施穆
勒也像洛瑟那样，相信以历史事实和资料为依据的记述性的经济
史；还有他收集历史资料的方法也是历史方法。但施穆勒也有和洛
瑟不同处，他实际上写了许多卓越的经济史，其中某些作品，如斯
特拉斯堡织工基尔特的研究，已成典范之作。施穆勒除了自己进
行写作外，还是德国提倡社会科学研究的最著名的人物之一，“社
会政治学学会”的创办人，又主编了一系列历史研究刊物，如《政治 418
学和社会学研究》等，最后，他还主编了重要的年刊《德帝国立法、
行政和社会经济年鉴》（1881 年起，一般称为《施穆勒年鉴》）。

至于施穆勒的观点，他承认一个民族的经济表现和民族生活中一切其他社会表现有密切联系，在这方面他和德国其他进步学者和思想家是一致的；但他和像洛瑟这样一些人有分歧，他强调国家在推动经济活动方面的作用。在某种意义上说，施穆勒也是“普鲁士历史学派”成员；例如在特赖奇克强调政治在国家生活中占优越地位的地方，施穆勒则强调经济的优势。他低估了在经济制度发展过程中行动的重要性。“经济生活主要是依靠个人行动的一个过程的观点……是错误的。”施穆勒以政治组织取代（像美国的

（接上页）理杂志》，第 15 卷（1906 年），第 462—475 页；参看他的《近代文化生活新问题》（莱比锡，1908 年），第 100—128 页；陶斯坦·维布兰，“考斯道夫·施穆勒的经济学”，见《经济季刊》，第 16 卷（1901—1902 年），第 69—93 页。关于书目提要，参看 J. 康拉德等人编的《政治学袖珍字典》（耶拿，1909—1911 年，八卷）。

情况那样)个人主动性。他认为,政治组织或国家,对于“曾在历史上出现过的经济组织的种种形式施加着最深刻的影响”。[①]

德国经济学领域的整个历史学派,特别是施穆勒,受到维也纳大学教授卡尔·门格尔[②]的尖锐抨击,这个争论极其激烈。[③] 但它
419 不属本书讨论范围,因为争论主要是关于经济学的意义和目标的。简言之,经济学家门格尔批判“历史学派”是因为他们把“外来的”即历史的概念拉入经济学,从而造成很大混乱。门格尔指出,政治经济学的改革不会来自历史家或数学家,或生理学家,而是必须来自内部,“来自我们研究这门科学的专家”。门格尔很严厉,这是因

---

① 施穆勒的著作有:《宗教改革时期德国的政治经济思想史》(1861年);《19世纪德国小工业史》(哈雷,1870年);《法律和政治经济学方面的一些主要见解:致教授阁下亨利·丰·特赖奇克博士一封公开信》(莱比锡,1874—1875年);《斯特拉斯堡的纺织业……关于从13至17世纪德国纺织业和工商业史的一部著作》(斯特拉斯堡,1879年);《腓特烈大王时代的经济政治研究》(1884年);《现代社会和工业政策:谈话和论文》(莱比锡,1890年);《社会政策和政治经济学方面的一些主要见解》(莱比锡,1898年);《全部政治经济学的基础》(莱比锡,1901—1904年,两卷)。

② 奥地利经济学家(1840—1921年)。经济学奥地利学派的主要代表人物,反对历史学派,发展了边际效用说。——译者

③ 下面一段文字可作为这场争论的真实精神的例证:“方法论者施穆勒将来也许会像施普雷河沙滩围困的狮子那样大踏步而来,抖着鬃毛,伸着爪子,打着认识论的哈欠;但儿童甚至妇女仍将认为他的方法论是严肃认真的。透过他那学术假面具上的大裂缝还可以瞥见到许多爱打破砂锅问到底的质询者,还可明朗地、满足地觉察出这类认识论理论家的真实面貌。”见门格尔,《德国政治经济学中历史观的错误》(维也纳,1884年),第86—87页;并参看门格尔的《关于社会学特别是政治经济学方法的研究》(1883年)。关于历史学派的批判还应参阅G.丰·柏罗的“政治经济历史学派评价”,见《社会学杂志》,第7卷(1904年),第145—185,221—237,304—329,367—391,451—466,654—659,710—716,787—804页;F.李夫什兹,《经济历史学派》(伯尔尼,1914年);本哈德·普菲斯特,《理想典型的发展:关于门格尔、施穆勒和玛克斯·韦伯尔的理论和历史的比例方法学上的研究》(蒂宾根,1928年);R.叔勒,《历史学派的经济政策》(柏林,1899年)。

为历史家侵入了经济学领域，并把"他们的语言和习惯、他们的术语和方法"强加给经济学。他说，他和历史家本身之间并不存在争论，但他们不要多管闲事。各门科学都有自己的方法和对象；经济学的目的不是历史学的目的。

但是，除了主要是在经济学家之间进行的这类方法上的争论之外，经济史作为一个专门学科正在欧美各国继续在深度、广度和声誉上取得进展。1876 年奥地利杰出的经济史家卡尔·狄奥多尔·丰·伊纳马-施特尔内格（1843—1908 年）说，用历史方法研究经济问题已经非常普遍地被接受，因而在当时这方法已经是一个"陈旧的思想"了。把洛瑟以后德国所有经济史家都拿来讨论，事实上是不可能的。总的看来，他们接受了洛瑟的方法，也接受了他下述成效卓著的观点：即经济现象和所有其他社会现象都有联系。著名的《德国经济史》（1879—1901 年，三卷）的作者伊纳马-施特尔内格从进化的观点研究德国经济史，认为现在就是过去成长起来的。伊纳马-施特尔内格在德国经济史研究提纲中，提出要"严格批判"历史资料——包括法律、法规、登记簿、命令、账簿、甚至文艺等等——以及其起源的处理。他研究的目的是要说明"过去和现在的经济生活和人类社会和文化生活的其他一切方面之间的活的联系"。[①]

---

① 伊纳马-施特尔内格，"德国经济史的兴起"，见《王室哲学历史科学院议事录》，第 74 卷（维也纳，1876 年），第 135—210 页；并参看 H. 劳希保的文章，见《政治经济，社会政策和行政管理杂志》，第 18 卷（1909 年），第 1—28 页；E. 米斯契勒的文章，见《施穆勒年鉴》，第 32 卷（1909 年），第 1129—1159 页；关于书目提要，参看同一作者的著作，见《传记年鉴和德国死者小传》，第 13 卷（1910 年），第 116—124 页；参看阿什利的书，第 111—114 页。

在 1900 至 1927 年间，以德文出版的经济史著作不下 340
420 种。[1] 至少还必须提提另外两位德国经济史家尼茨施和兰普雷希
特；一位是因为他本人重要，另一位则是由于他有雄心进行尝试，
甚至有雄心更大的主张。

卡尔·威廉·尼茨施(1818—1880 年)[2]和洛瑟一样，也是兰克的学生(从 1839—1842 年)。他读了尼布尔(在他的一生中这个人对他的影响[3]仅次于兰克)的著作之后，就钻研起罗马史来了；

---

① 乔治·布洛德尼兹，《德国经济史方面的新著作，1900—1927 年》，见《经济史评论》，第 1 卷(1928 年)，第 322—345 页；许多学者有价值的概论章节，见《19 世纪德国政治经济学的发展。考斯道夫·施穆勒诞生 70 周年》(莱比锡，1908 年，两卷)；卡尔·布劳耶，《经济史文献和起源的批判研究》，见《威廉·斯台达 60 诞辰祝贺献辞政治经济学和经济史论文集》(莱比锡，1912 年)，第 88 页以后；阿明·梯尔，“城市经济史的起源”，见《德国历史著作》，第 9 卷(1908 年)；乔治·卡罗，“德国经济史的起源”，同上书，第 11 卷(1910 年)。

② 关于尼茨施，参看阿什利的书，第 242—248 页，再版根据《经济杂志》，第 3 卷(1893 年)，第 686—690 页；赫伯特·麦兹多夫，《卡尔·威廉·尼茨施，他的史学方法基础》(莱比锡，1913 年)，参看柏罗的评论，见《历史杂志》，第 113 卷(1914 年)，第 559—566 页；G. 马太为尼茨施的《德国人民史》(第 2 版，莱比锡，1892 年，三卷)写的序言，第 1 卷，第 5—7 页；J. 亚斯特罗，“K. W. 尼茨施和德国经济史”，见《施穆勒年鉴》，第 8 卷(1884 年)，第 873—897 页和他的论文，见《全德传记》，第 23 卷(1886 年)，第 730—742 页；理查·罗森蒙的文章，见《普鲁士年鉴》，第 48 卷(1881 年)，第 321—345，425—448 页，第 49 卷(1882 年)，第 262—289，337—354 页；G. 惠芝，“K. W. 尼茨施”，见《古典考古学发展年报》(1880 年)；关于尼茨施的书信，参看《文化史档案》，第 8 卷(1910 年)，第 305—366 页，第 10 卷(1912 年)，第 49—110 页。关于评论文章，参看《历史杂志》，第 2 卷(1859 年)，第 443—457 页，第 56 卷(1890 年)，第 215—224 页，以及关于尼茨施的几页，见纽曼对部克哈特《希腊史》的评论，第 85 卷(1900 年)；和《普鲁士年鉴》，第 64 卷，第 337—354 页。

③ 论尼茨施的文章，见《社会科学百科全书》，第 11 卷，第 384 页，指出在柏林大学他在兰克和尼布尔指导下进行的研究；因为尼茨施生于 1818 年，而尼布尔于 1816 年离开柏林，并于 1831 年去世，当时尼茨施只有 13 岁。百科全书中这句话似乎不对头。

他出版的第一部著作《格拉古兄弟[①]和他们的先驱》(1847 年),是从经济角度解释这次罗马政治革命的。颇有意义的是:他这部书和成为现在著名的唯物史观先兆的马克思和恩格斯的《共产党宣言》差不多同时出版。

尼茨施当教授的那些年差不多有一半是在基尔大学(他父亲曾在该校当语言学教授);虽然他娶了一个丹麦女子,但他在感情上仍然是亲德的。以石勒苏益格-荷尔斯泰因为中心的政治斗争激励尼茨施去研究这两个公国的历史,就像几年前曾激励达尔曼那样。在这方面,他写了一部《12 世纪的荷尔斯泰因贵族政治》(1854 年)。由于他对法律和宪政问题发生了新兴趣,他对中世纪的研究也丰富起来,从而导致他的名著《11—12 世纪的官僚政治与市民阶层》(1859 年)的出版。内容是对资产阶级和各级官员之间的关系的研究。他那独创性很高的命题是说:自由资产阶级是官员阶级产生的,还说城市宪法是从这些官员的庄园法(Hofrecht)中引申出来的。这个设想后来受到攻击,特别是乔治·丰·柏罗的攻击。

1862 年尼茨施应聘到科尼斯堡大学任教,在那里教了十年。后来又去柏林大学。在所有这些时间里,他一面研究罗马史,一面又研究中世纪德国史。虽然他越来越保守,变成普鲁士国家和军队(他把它们比作罗马的国家和军队)的斗士,但仍然坚信经济史观, 421
像卡尔·马克思那样,坚决主张经济条件影响政治发展。不幸他那

① 提比略·格拉古(前 163—133 年)及其弟盖约(153—121 年),古罗马共和国的改革家,参阅拙译阿庇安《罗马史》,下册,第 13 卷,I—III。——译者

两部巨著尚未完成就去世了，这两部著作后来由别人编辑出版。他的学生乔治·马太出版了《德国人民史（至奥格斯堡宗教自由[①]）》（1883—1885年，三卷），乔治·图雷特出版了《罗马共和国史》（1884—1885年，二卷）。尼茨施的名望就是他这两部遗著带来的。

他的著作的中心论点是，在一个民族的生活中，经济因素占统治地位。在强调民族生活各个方面的相互联系以及它们的有机的、进化的发展方面，他和洛瑟、克尼斯、嘉尔得布兰、伊纳马-施特尔内格以及18世纪启蒙运动学者的观点都是一致的。如果他选择经济力量作为压倒一切的因素，这是因为他确信——可以说这是典型的马克思主义观点，尽管尼茨施不会把他自己看成马克思主义者——历史的关键在于从经济上划分的各个阶级和种种利害关系的兴起与组织。简言之，既然历史家必须选择一个中心论点（即使只作为一种解释的手段也好），以便使自己的著作前后一致并易于理解，他完全可以把基本的东西拿来用，而经济条件和各种运动无疑是基本的。

尼茨施强调历史的经济方面使他在德国的声望受了很大损失；他从来没有得到过他应得的信誉——直到1879年去世前一年才被选进唯一的普鲁士学院——而且他也没有留下任何学派。他对这件事的解释是，他既反对自由主义又反对唯心主义。他既和蒙森又和兰克挑战。前者是由于论述得不够具体；后者是由于专门从事政治和外交方面的研究。他也不能接受那些政治经济学

① 1555年9月25日奥格斯堡宗教和约签订，允许路德派教徒信教自由。——译者

家的结论。总之，尼茨施是一位孤立的思想家，指引他的只有他自己那强烈的独立的头脑和尼布尔的鼓舞精神。

> 〔关于他决心不惜任何代价讲出他认为是真理的东西这件事，他写道〕古代史是一切人文学术研究的核心和要点，在表述这些东西时，只要不致成为一堆枯燥无味的事实或出自善意的哀伤，而是相反，是能够说明从根子上推动古代前进的那些东西，也就是甚至今天还有一部分未能解决的、每个真正的人都在忙于研究的那些同样的经济问题，那么，这些人文学术便能抵抗唯物主义的入侵，而且只有这些东西才能起这个作用。

尼茨施试图在他自己说的那些经济因素和领袖人物的影响之间权衡轻重，不过他并非经常成功。在阐释历史时，他问道：

> 历史的职责是不是把人类精神总在设法使自己越来越熟悉的那些普遍概念分毫不差地再现出来呢？或者说，历史是否打算让人记住某 422
> 一特殊行动和某位特殊人物的独特性呢？它是不是应当……允许个人认识到他自己就有无限的内在力量和自由意志，而且在任何时候，形成事件的制约条件的是有自我意识的人的自由行动，而不是一种隐蔽的命运的精神力量呢？①

他作出的是对自由个人的有利裁决。

尼茨施同样拒绝以民族——或者今天人们说的“种族主义”解释历史现象。影响各国文化的并不是民族，而是它们在特定发展阶段的社会和经济条件。他反对当时很普遍的一个倾向，即把法律和宪政史当作原始力量，当作互不相干的东西，而不是当作社会经济诸因素产生的结果。② 尼茨施争辩说，宪政史和经济史无论

① 卡尔·W.尼茨施，《格拉古兄弟和他们的先驱》(柏林，1847年)，第8页。

② 参看他的《德意志民族史》(见本书原书第420页著者注)，第1卷，第36—39页和其他各处。

在罗马共和国或中世纪德国历史上都有密切关系。

尼茨施写的东西差不多每一页都有有益的和鼓舞人的思想。他具有一种使历史家伟大起来的天才，即预测事物之间的关系；他有一种直觉，能看出过去未曾看出过的东西，而且一眨眼就能够看出物质原因和社会结果之间的联系。正是尼茨施首先看到在他以前任何人都没有看到过的事情，即亨利一世时代①撒克逊王室领地的位置决定了德国将无可避免地向斯拉夫东方扩张——这是在历史解释上的点睛之笔。他的透辟的见解还有很多其他例子。

由于尼茨施的观点和占统治地位的德国史学观点根本不相容，而且与民族自尊心相违背，所以他死后在德国史学界留下的影响不大。尼茨施事实上下降到默默无闻的境地了。然而他的观点并没有完全消灭。他的许多有益的见解被近代史学界最有争议的人物卡尔·兰普雷希特(1856—1915 年)接受下来——常常没有表示谢意。引用法国人几句讽刺性的评论："如果一位历史家的价值是用他的名字在世界上造成的嘈杂声衡量的话，那么兰普雷希特就成了最伟大的史学家之一。"②

---

① 919—936 年。打败文德人(929 年，东斯拉夫人的一支)、匈牙利人(933 年)和丹麦人(934 年)。

② 关于兰普雷希特的一篇精彩的概述见 J. 戈德夫里德里赫的《德国历史观点》(柏林，1902 年)，第 431—456 页；并见于伯恩海姆的书，第 711—718 页，附书目提要；古奇的书，第 588—593 页；汉斯·F. 赫尔莫尔特为《兰普雷希特德国史照片陈列》(莱比锡，1910 年)一书写的序言；E. W. 道，"新历史的特点：关于兰普雷希特的《德国史》"，见《美国历史评论》，第 3 卷(1897—1898 年)，第 431—448 页；安顿·基兰，"卡尔·兰普雷希特"，见《历史评论》，第 121 卷(1916 年)，第 83—108 页；G. 得·马列兹，"法律史的社会和经济概念"，见《王廷与议会评论》，第 10 卷(1902 年)，第 11 部分，第 603—622 页；W. 格茨，"历史和文化史"，见《文化史档案》，第8卷(1910年)，第4—19(接下页)

兰普雷希特是不是伟大人物，还是一个疑问，但他那雄心勃勃 423
的努力却值得认真估价。他曾在格丁根、慕尼黑和莱比锡等大学受教育，并在后者获得中世纪经济史学位。他在波恩（1885 年）和马尔堡（1890 年）两大学任过教授，后来又去莱比锡大学任教（1891 年），直到老死。在波恩大学时，他出版了以六年时间才写成的《中世纪德国经济》（1886 年，三卷），论述摩泽尔河流域和莱茵河中段的经济生活，写得很扎实。书中有大量资料，随处都是关于磨坊、教区、葡萄园、地租等方面的统计数。有些章节论述中世纪法律、农业、行会、土地垦殖、庄园结构、社会阶级、行政制度和复杂的社会经济制度的一切细节。①他后来写的那些史书受到攻击，

（接上页）页；A. B. 肖，“德国新文化史”，见《历史教师杂志》，第 4 卷（1913 年），第 215—221 页。1915 年兰普雷希特死时，有许多死者略传出版。其中可以举出：乔治·坎兹尔的“兰普雷希特在史学上的地位”，见《法兰克福新闻报》，1915 年 5 月 13 日；P. 施威兹，“卡尔·兰普雷希特”，见《新苏黎世报》，1915 年 5 月 22 日；M. 穆列特，“卡尔·兰普雷希特”，见《法国麦邱利报》，1915 年 5 月 1 日；卡尔·布伦克曼，“卡尔·兰普雷希特和历史科学”，见《新评论》，第 26 卷（1915 年），第 11 部分，第 969—974 页；H. 巴吉，“卡尔·兰普雷希特”，见《帮助》，1915 年 5 月 20 日；E. 斯普兰哲，“卡尔·兰普雷希特的史学观点”，见《佛西报》1915 年 6 月 6 日；F. 李夫什兹，“卡尔·兰普雷希特”，见《知识与生活》，1915 年 8 月 15 日；凡·奥特荷恩，“卡尔·兰普雷希特”，见《导报》，1915 年，第 10 号。对兰普雷希特的一些批判文章，见腓力克斯·拉赫非尔，“以经济观点写的德国史”，见《普鲁士年鉴》，第 74 卷（1896 年），第 542—555 页；M. 兰兹，“兰普雷希特的《德国史》”，见《历史杂志》，第 77 卷（1896 年），第 385—447 页；O. 痕兹，“个人主义和集体主义历史观”，同上书，第 78 卷（1897 年），第 60—67 页；乔治·丰·柏罗，“文化史和文化史的教训”，同上书，第 106 卷（1910 年）96—105 页；参看同一作者的文章，同上书，第 81 卷（1898 年），第 269 页以后；H·劳克，《独创的和抄袭的历史观点》（明斯特，1897 年）；本亥姆，“历史教训和历史科学”，见《新开路先锋》，第 10 卷（1899 年），第 275 页以后；阿什利的书，见《政治科学季刊》，1894 年 12 月。

① 参看阿道夫·布鲁得尔的文章，见《历史年鉴》，第 8 卷（1887 年），第 502—519 页。

那些结论也引起争议，但他早期这部著作仍然是一部典范。

在大约 1890 年前，兰普雷希特的事业和其他德国教授同样正常，同样有贡献。他的著作虽说扎实，但多少有些老一套，他的学术生活也很正规。后来在他的《德国史》第 1 卷于 1891 年出版时，立刻在学术界和出版界引起一场热烈争论；从那以后，他就在史学界和所有同行不停地论战，这个仗一直打了 25 年。[①]

兰普雷希特论争的直接背景是两本小册子。一本是 1888 年第特立喜·社斐出版的《历史的固有范围》，他在书中根据政治学派的传统论证，说“历史的正经范围”是政治，而不是任何其他东西。他所说“历史不是饲养槽”成了一句名言。社斐坚持说历史写
424 作的目的就是国务史；心理、法律、经济等等对历史说来仅仅是辅助学科。历史作家应该尽心研究一些人物，作为道德力量的一种表现的人物。这种狭隘的、反动的解释，实际上和社会科学上最进步的思想背道而驰，因而引起一场大骚动。尼布尔已经死了，尼茨施也死了，兰克也死了，于是向社斐作出回答的任务就落到对文化史感兴趣的那些年轻的史学家当中的一位埃伯哈特·戈特海恩身上了。戈特海恩在他的《文化史的任务》(1889 年)一书中(他已写过论述罗耀拉[②]和反宗教改革的一部书)指出，政治史只是文化史的一个方面，国家可能是国民生活中最重要的表现，但并不是一个民族的唯一成就。人类生活中还有其他一些方面需要注意研究，如经济运动、法律、政治、艺术、宗教等等；所以，历史家的任务就是

① 亨利·佩朗，“德国史的一场笔战”，见《历史评论》，第 64 卷(1897 年)，第 50—57 页。

② 耶稣会的创始人(1491—1556)。——译者

撰写这些方面，把它们看作一个有机的整体，并从这些复杂的社会事实中抽象出某些基本的、统一的观点。

社斐和戈特海恩之间的争论以政治史和文化史之间的冲突为焦点，从而有助于澄清局面，双方都说不服对方。兰普雷希特这个虚荣心大得惊人的人[①]断然站在文化史一边。没用多长时间这个野心不小的人就喊叫起来："我就是推动历史进步的那个人，我在史学上完成了一次革命。"

他的《德国史》第1卷就是在他这次"革命"中开的第一炮。这部书既无序言又无解说，他想让这部书本身创造自己的声誉。其后各卷在随后的25年间陆续出版，到1913年已出12卷，分为14分册；内容包括截至1870年的德国史，补编2卷论述1870年以后的时期，1891至1895年又出了六卷。这十卷书大受欢迎，连出三版，都销售一空。

在万众喝彩高潮中，批判的反击也立即开始，尖锐而不可调和。在很大程度上，批判就是喝彩引起的。确实，读者难免产生这样的印象：兰普雷希特的同行们妒忌他的成功。玛克斯·兰兹[②]在一篇对第5卷的毁灭性的批判中说，当一般俗人颂扬这部书时，正是学者们应提抗议的时候；他说，这是因为："这样的著作可能被我们的教师拿过来加以传播，这很危险。"[③]兰普雷希特的性格也

① 关于兰普雷希特的虚荣心的例证，见登在《新评论》上的布伦克曼的文章（见本书原书第422页著者注）。

② 德国历史家（1850—1932年），兰克的学生，著有《马丁·路德》、《俾斯麦》、《拿破仑》等书。见本书原书第191，224，424页。——译者

③ 引自他的论文，见《历史杂志》（见本书原书第422页著者注），第385—447页。

是积极好斗，他以牙还牙，回击批评他的人们，但他一直也没有能
425 吸引一位著名人物站到自己这边来，也没有一位著名人物追随他、加入他的学派。

那么，引起这么大的争论的“革命”观点究竟是什么呢？首先，兰普雷希特对以兰克为代表的老历史学派进行了全面攻击，指责他们只不过是一些事实、特别是政治事实的搜集者，没有深入分析原因，也不去寻找事物的联系和统一。这些兰克派顽固地忽视社会心理和促成社会进化的那些基本原因。他们把历史当成激励领导人物的“神秘的超乎寻常的精神力量”的表现；他们认为历史只是一些人物的生活，而不是“人类生活的总体”。如果说兰克自己对这种浅薄思想负责的话，他的追随者们，即青年兰克派就更糟糕了。①

兰普雷希特弃绝旧学派，以自己的哲学、即新学派取而代之。这个新学派把群众，而不是个别人物当作个体来研究；不是撰写那些出名人物的历史，而是撰写人类的集体工作。兰普雷希特认为个人不能决定社会，而是社会制约个人。历史家也要像社会科学家那样，把社会即人类的整体看作自己著作中的基本因素，而且必须牢记个人仅仅是依靠大集体的一种偶然的暂短现象。

其次，这种新学派的社会科学历史家应当采取与兰克学派不同的方法。兰克和那些政治历史家提的问题是：“事情是怎样发生

① 青年兰克派中有弗里德里希·梅克内，他曾批判兰普雷希特。参看兰普雷希特的回答，《旧派和新派史学的区别》，见《历史杂志》，第 77 卷（1896 年），第 257—261 页；梅内克的回答，见同上书，第 262—266 页，他说兰普雷希特误解了兰克的观点；梅内克还指责他的对手是“唯物主义者”，因为他把“德国的统一体基本上当成一个经济过程解释”。

的?”兰普雷希特和新学派希望知道的却是:“事情是怎样变成这样的?”兰克的问题意味着叙事;而兰普雷希特的问题则需要把社会作为一个整体来研究其发生和发展,以便确定它的精神意识,或如近代社会学者所说,它的行为的模式。兰克派成员虽然厌恶他们对老师的攻击,并作了软弱的辩护,说兰克也曾关心过事件的发展,但兰普雷希特的尖锐批判确实击中了他的要害。

兰普雷希特的《文化史方法》的目的是建立一种以社会学法则为基础的历史科学。他的《什么是历史》一书的第一句话就是这样说的:“历史主要是一种社会心理科学。”①他在德国学术生活中分 426
辨出六个不同的时期。不同时期是表现不同文明阶段特征的标准调子,类似孔德所说的“团结”(solidarité),不过兰普雷希特不承认他的概念是从这位法国人那里取来的。他把从原始时期到10世纪的第一个时期定名为象征主义。第二个时期即中世纪早期叫作类型主义(Typism)。从13世纪到15世纪为第三个时期,叫作传统主义(Conventionalism)。第四个阶段是个人主义,从16世纪到18世纪前半叶。第五个时期是主观主义,即浪漫主义和工业革命时期。最后是敏感时期或神经紧张时期,写的是近代。

兰普雷希特说,学术生活,即国家的精神生活,随着各个阶段变得更为强烈,而人们的激情则变得更为平稳。在他的解释里,意义最大的东西是在思想领域这些成长时期恰巧和物质发展情况一致。就这样,他也像尼茨施那样,发现他划分的第一个阶段,即象

① 卡尔·兰普雷希特,《什么是历史?论近代史学的五封信》。E. A. 安德鲁斯译(纽约和伦敦,1905年),第3页。

征主义阶段，和渔猎时代一致，类型主义和传统主义，即第二、三两阶段，相当于集体所有和私人占有的土地经济，而个人主义和主观主义是相当于货币经济。

兰普雷希特所说他在文明史里发现的普遍原则是：随着社会心理意识的加深，社会上人和人之间的差别也不断加大，他说这种情况导致心理的自由。简言之，历史的目的，如果说历史还有个目的的话，纯粹是黑格尔的“精神自由”这个概念，只不过是用心理学的而不是形而上学的词句说出来罢了。

为了说明兰普雷希特如何大胆地解释历史，上边这段话已经够了。但他这种说法是否稳妥可以存疑。他的方法极其含糊不清。阿什利曾指出，兰普雷希特运用“经济概念少得太可怜了”，而他拿土地经济和货币经济简单地对比一下——使用的是一字不差的尼茨施的话——是不足以说明复杂的经济情况的。从历史观点看，甚至还必须指出更严重的错误。兰普雷希特受他自己那些假想迷惑极深，为了证明自己的论点竟然轻率地把大批大批历史实
427 证扔到一边，并把其他资料加以歪曲。① 在材料并不充分的情况下强行概括，他的方法通常是巨人普洛克拉斯提的方法②——如果睡在床上的人比床长，他就砍掉他的四肢；如果床比睡者长，他就拉长睡者的四肢。兰普雷希特很少花脑筋证明自己轻易作出的那些概括，也很少说明任何有机的因果关系。阿什利对他的批判简单明了，但并不是没有讽刺。兰普雷希特曾说，15 世纪德国官

① 关于兰普雷希特遗漏和歪曲的详细例证，见兰兹的批判，刊登在《历史杂志》(见本书原书第 422 页著者注)上。

② 巨人普洛克拉斯提是希腊神话中的强盗。——译者

僚机构是新的货币经济的后果。

> 〔阿什利写道〕在我接受或反对这种见解以前，我必须看到下列几点得到证实：(1)15 世纪有一个“官僚机构”，(2)那时有货币经济，而且，在这些初步工作完成以后，还须证实下列一点，(3)官僚机构确实受到货币经济的支持，(4)凡有官僚机构的国家都有货币经济，凡有货币经济的国家都有官僚机构。①

历史家对兰普雷希特的主要批判也许就是这样：在他企图创造历史科学的时候，就已经背叛了历史，就已经不成其为历史家了。他自己也承认，他的方法是社会学的方法，他的目的是心理学的目的。他坚持说，“历史本身什么也不是，只是应用心理学。因此，要想得到对历史的真正解释，我们必须指望理论心理学给我们线索。”②既然历史是心理学，那么，为什么要叫它历史呢？为什么要用历史资料呢？如果我们必须指望心理学给我们真正的历史，那为什么不停留在心理学范围以内呢？这是因为，事情很清楚，假如说历史是心理学的话，那么它就不是历史了，因此为什么要搞这么多麻烦呢？或者说，心理学家们会不会同意兰普雷希特所说，获得心理学知识的方法是为了研究历史呢？值得怀疑的是兰普雷希特的方法或他的材料对心理学家有没有任何用处。他大言不惭地说，“史学发展上的重要里程碑是伏尔泰、本亥姆和我”。但实际上他并没有足够的社会科学知识使他成为一个里程碑。他那些观点大多是剽窃来的，而且，由于他急欲成名，在出版物上无尽无休地写了些自吹自擂的话。人们可以把斯丹达尔③议论某些德国学者

① 阿什利的书第 28 页，全文见第 22—30 页。

② 《什么是历史?》(见本书原书第 426 页著者注)，第 29 页。

③ 法国作家(1783—1842 年)，其最有名的著作是《红与黑》。——译者

的话用在兰普雷希特身上:"在他们看来,真理并不是'是'什么东西,而是按照他们的说法'应当是'什么的东西。"

史学家一般都抵制兰普雷希特,但他相信自己是有创造性的天才,革命的维新派,鼓舞人心的先知——简言之,他是一位奉有"大任"来到世上的伟人。在20年之久的激烈争论之后,他发现自
428 己周围仍然只有很少几个皈依者或辩护人——甚至莱比锡大学他那些教授同事们都坚持旧学派——他费尽气力创立的只不过是他自己一个人的学派而已。在同情他的朋友们的财务支持下,1909年5月他的撒克逊皇家文化史和通史学院正式开办了。这个学院虽然附属莱比锡大学,但有它自己的独立性。有它自己的教师、资金、设备和一个有三万卷藏书的图书馆(是以他自己捐献的四千卷作为核心办起来的)。12位教师全都是他自己训练出来的,而且发表的观点也都是他的观点。开设的课程有历史哲学、系谱学、书目提要学、人种学、经济学和社会史、儿童研究、朝廷礼节、比较法律、德国和中国文化史。兰普雷希特本人讲授文化史和历史方法。这个学院出版了共约40篇专论,总称《兰普雷希特对文化史和世界史的贡献》。他的一个学生施泰因豪森编辑一种论述文化史的刊物《文化史文库》。但德国学术界仍持怀疑态度,不过兰普雷希特在国外倒受到一些注意。[①]

---

① 兰普雷希特以许多小册子捍卫自己的观点。这些小册子中有他的《史学的旧派和新派》(1896年);《什么是文化史?》(1896年);《两种杂志》(1897年);《丰·柏罗阁下的历史方法》(1899年);《文化史方法》(1900年);《历史方法和历史研究院的教育》(1910年)。

关于兰普雷希特的笔战有大量的书目提要,因为如吉兰所说,他"精通广告技巧"。关于书目提要,参看M.穆列特,《当前德国的学术》(巴黎,1909年),第373—393页。

英国也出现一个类似的运动，但没有德国这么激烈的争论。虽然德国一些学说在某种程度上传入英国，特别是 19 世纪 80 年代，但这个工业革命①发展得最充分的国家并不屈从于大陆上这些抽象观念。英国经济史家仍然保持着英国的特色。英国宪政和法律史家在经济史上也留下他们自己的深刻印记。斯塔布斯主教在自己国家的经济史家当中的分量比洛瑟或施穆勒等教授更大。而且达尔文的国家对以进化观点和职能分工解释社会的做法比黑格尔的家乡更易接受。这并不是说德国思想家没有进化的观点；德国和英国的不同只是解释上的问题。德国人倾向于概括、学理和纲要，而英国人则重实际和具体，很少有抽象倾向。

还必须记住，英国没有像德国那样尖锐的阶级划分。在德国，
教授都是精心选拔的精华，一般是由家长式的官僚政府任命的；所 429
以德国学者很少(如果有一点的话)和自己的同胞接触。“老百姓”的问题不是与世隔绝的学者的问题。因此，德国教授在创立学说和进行概括时有较大自由。另一方面，英国知识分子和人民有比较密切的接触。英国教授不像德国那样是官僚国家的仆人。而且，英国学者一般都是资产阶级，即是说，他们属于在国内占压倒优势的、人数最多的商业中等阶级，他们关心的是本阶级的问题。所以我们发现英国学者对 1866② 和 1873 年③那样的危机有反应，

① “工业革命”这个短语首先是安诺德·汤因比在 1881—1882 年的讲演中使用的，他使这个短语流行起来；马克思曾在 1735 年在谈到棉纺织工业时用过这个短语；参看 A. 赫特，《这个最后的危机》(伦敦，1935 年)。

② 1866 年英国各地群众起来，要求普选。次年国会被迫通过第二次选举改革法。——译者

③ 1873 年 1 月英国煤炭工人大罢工。——译者

因为这类危机使他们注意到经济问题。所以当人们看到英国经济思想家强调个人而不是强调制度、认为人比财富更重要时,并不觉得奇怪。前已提到,在德国像施穆勒和兰普雷希特这类学者抛弃个人,重视国家或社会,而像尼茨施那样孤独的抗议声在这种社会经济制度里并不能恢复个人的适当地位。两种世界观各有其优缺点。大致说来,德国人重视哲学和科学,英国人则重视伦理和道德。①

英国经济史的第一部重要著作是农业史先驱詹姆士·爱德文·索罗尔德·罗杰斯②(1825—1890 年)③的《英国农业和价格史》共七卷,写了 42 年的时间,"完全是根据当时的原始记载写成的"。④虽有一些不可避免的错误,但这部著作的成就仍十分巨大,特别是和经济学方面其他著作比较,则更显得伟大。略微作些比较,便可以说明问题。例如亚当·斯密写《国富论》只花了12年;艾登写

① 作为英国道德的人道主义态度的一个例证,我们可以从托马斯·拉格尔斯的《穷人史》(伦敦,1797 年)第 68 页上引用下列一段话:"历史的尊严很少屈尊降格地记录人民大众的苦乐;历史家的事情是处理战争和革命,缔约和违约,政党的阴谋,以及国家高层人物的过火行为,但他很少屈尊叙述穷人的简短的历史。"

② 英国经济学家,著有《英国农业和价格史,1259—1793 年》(1866—1893 年)《历史的经济解释》(1888 年),《英国工业史》(1892 年)等书。——译者

③ 关于罗杰斯,参看阿什利的《英国经济史和经济学说导言》(第 4 版,伦敦和纽约,1906—1909 年,两卷),第 1 卷,第 5,68,185 页和第 2 卷,第 264—265 页;并参看考斯道夫·科恩的《政治经济史》,约瑟·A. 希尔译(费城,1894 年),第 127—128 页。关于一些评论文章,参看《英国评论季刊》,第 46 卷(1867 年),第 125—142 页;《民族》,第 76 卷(1903 年),第 195—196 页。

④ 书的全名是:《从牛津国会的后一年(1259 年)到大陆战争开始的那一年(1793 年)的英国农业和价格史。全部根据原始的和当时的史料编写出》(牛津,1866—1902 年,七卷分为八册)。

《贫民状况》时只有 32 岁；麦克菲尔逊的《编年史》也只占去他一生 430
中的 15 年。但索罗尔德·罗杰斯计划他的著作是在 1860 年，1866 年出版前两卷，而由他的儿子编的最后一卷，则是在他死后的 1902 年才出版的。他这部《英国农业和价格史》的内容开始于 1259 年，结束于 1793 年大陆战争时，时间跨度几达五个半世纪之久。

罗杰斯开始干他的专业时既不是经济学家，也不是历史学家。他接受的训练是培养古典学者的，后来当了传教士，他放弃了这个职业改搞学术工作，并参加了政治活动。被任命为伦敦大学和牛津大学政治经济学教授，当选国会议员，后来成了一位自由贸易的积极支持者和格拉德斯通的追随者。简言之，索罗尔德·罗杰斯是维多利亚女王统治中期英国一位自由主义者；这一点想必或多或少影响到他对历史的解释，特别是对地主暴虐的愤慨。

在第 2 卷序言中，罗杰斯告诉我们他是如何写他的《历史》的。他曾参加 1860 年国际统计会议，引起他注意的是：有必要研究古代各种价值并确定劳动价格与食物之间的关系。后来罗杰斯就到彼得力图书馆找证据，但找到的太少；后来他获准研究较为古老的各学院那些簿记，据他说，他发现了"一大批最有价值的文献"。这情况使他把原计划更向前提——他原来的计划只限于 16 世纪。他承认："这样我就偶然地变成一个文物工作者了。"

必须强调指出，他原来的目的是写历史，而不是经济。前几卷显然是历史性质的，用罗杰斯的话说，是揭示"英国人民过去的生活"的。他在第 1 卷绪论那一章里写道："在我面前这部著作里，我的目的是想写一部英国农业史，并提供关于价格、特别是谷物和劳力价格的一系列记录——早自有连续编年史开始之时，至18世纪末。”但是研究了六年之后，他的资料堆积成山，因而必须找出解释它们的某些原则。他的资料迫使他寻找“政治经济学准则”和“经济归纳的根据”。

> 所以，我可以冒昧地说，有些政治经济学问题，我为读者提供了许多事实，虽然其中有些只是片断，但对辨别这些问题并对它们作出判断比参考现代提供的更广泛的情况还好。例如价格法则，我以为，在我这部书里这些中世纪记录中比在近代价格趋势中可能看得更清楚些。

431 就这样，罗杰斯对自己的成就和系统阐述经济实况的本领就越来越武断起来。虽然他作为一位经济理论家的威信已受损害——或者可以说从来就没有得到承认——但作为一位经济史家，特别是在中世纪价格方面，他至今仍然是出类拔萃的。他的方法也有不少值得介绍的，他并不是仅仅把原始材料列出的价格讲一遍，他还从购买力的角度说明这些价格。①

在英国年青一代经济史家当中，坎宁安和阿什利都很出众。威廉·坎宁安(1849—1919年)②和罗杰斯一样，是一位传教士，曾在爱丁堡、剑桥和蒂宾根受教育，1878年开始在剑桥教经济史。他在蒂宾根所受的教育对他的影响显然比在英国的学习还深，因为他差不多是德国经济学派的追随者。他虽然是一位多产作家，

① 罗杰斯把他的《农业和价格史》的前四卷合为一册，书名是《六个世纪的劳动和工资》(伦敦和纽约，1884年，第8版，伦敦，1906年)；并参看他的《英国工商业史》(伦敦和纽约，1892年)。

② 参看W.R.司各脱，“威廉·坎宁安”，见《不列颠研究院记录》，第9卷(1920年)，第465—474页；H.S.福克斯威尔和L.C.A.瑙列斯的文章，见《经济杂志》，第29卷(1919年)，第382—393页。

但他在理论和实践上对经济史即使说作出过独创性的贡献也是少得很。然而他用作教材的《英国工商业的发展》(1882 年)[1]一书却有助于普及经济史。[2]

威廉·詹姆士·阿什利(1860—1927 年)[3]作为一位教师也许比作为一位学者更为重要。他负责把德国经济思想引进英语世界,他在这方面做的工作比任何人都多。他曾在巴立奥尔获得历史头奖,后来到海得尔堡,遇上克尼斯。1885 年回到牛津,作为林肯学院研究员讲授历史,次年他读了施穆勒的著作后,受到很深的影响。看到英国没有开设经济史课程,1888 年他就前往多伦多大学当政治经济学教授。他在这里写成《英国经济史和经济学说导论》,这部书是"英语诸国研究经济和社会发展的里程碑"。由于他这部简洁而富启发性的著作和他在多伦多创立了政治学研究所, 432
哈佛大学就给了他聘书,1892 年他在该校当经济史教授,他这把交椅是举世无双的。1901 年,他回到英国任伯明翰大学商业教授,并在该校组织英国第一个商业研究所。

虽然阿什利直至 1925 年退休都很活跃,但他的学术著作并不多。主要原因就是他基本上是一个搞实际行动的人,在政府一些

---

① 这部书经常修改并扩大篇幅;第 5 版,1910—1912 年本,两卷,1925—1929 年本,三卷。

② 坎宁安还写了《表现在经济方面的西方文明》(剑桥,1898—1900 年,两卷),他的《英国资本主义的发展》(剑桥,1925 年),第 136—142 页上面有他的著作的附表。他的 100 多篇文章和专论是在研究助理们的协助下编成的。

③ 关于阿什利,参看 J. H. 克拉彭的文章,见《经济杂志》,第 37 卷(1927 年),第 678—683 页;W. R. 司各脱,"回忆录,威廉·阿什利爵士",见《经济史评论》,第 1 卷(1929 年),第 319—321 页;O. 温伯格,"威廉·阿什利",见《政治经济学和统计学年报》,第 3 丛书,第 72 卷(1927 年),第 630—638 页。

委员会任职，而且是税收政策最出色的解说人之一。但他的影响还是相当大的，特别是在他成功地促使英国学者接触德国经济史学派诸学者这方面。虽然他并不全盘接受德国学派那些结论——他认为经济史是包括历史批判和经济学说在内的一种训练——但他对德国人的著作，特别是施穆勒的著作，还是敏感的。事实上，他的批判论文集《历史和经济通论》(1900 年)正是献给施穆勒的。献词里下边这几句话有代表性：

> 然而我觉得在这 12 年里，我从你的著作里得到的鼓舞和推动比在任何其他人那里得到的都多；你鼓舞我努力成为一位经济学者同时又不失为一位历史家，尽管学术界和群众舆论给这件事带来了困难。

这就是阿什利的学术目标的最好概括："成为一位经济学家同时又不失为一位历史家。"[①]

阿什利的《英国经济史和经济学说导论》[②]结束了英国经济史写作上最重要的十年。后来又出版了许多书，但它们几乎全都是以上述那些作者的著作"为依据或仅仅是它们的补充"。

本世纪头 25 年最重要的英国经济史家是乔治·昂温(1870—1935 年)。[③] 就出生论，他是威尔士人，曾在牛津受教育，并在德国在阿道夫·瓦格纳[④]和考斯道夫·施穆勒指导下学习。1904 年他

---

① 阿什利还是以下诸书的作者：《詹姆士和腓力普·凡·阿特维尔》(伦敦，1883 年)；《英国羊毛工业早期史》(巴尔的摩，1887 年)；《上世纪最后 25 年德国工人阶级的发展》(伦敦和纽约，1904 年)。

② 第 4 版分为两册，1914—1923 年出版。

③ 《经济史研究：乔治·昂温文集》有一篇 R. H. 托尼写的作为序言的回忆录(伦敦，1927 年)，附他的已出版的著作书目，第 465—471 页；G. W. 但以理，《乔治·昂温，一篇回忆讲演》(曼彻斯特大学讲稿，第 24 卷，1926 年)。

④ 德国经济学家(1835—1917 年)，主张社会改革。——译者

写成第一部著作《工业组织》。他的研究“有根本的重要性，但他主要还是一位社会哲学家”。他相信经济史能够为社会发展提出的那些问题提供最好的答案。他的基本信念是自愿联合的原则。他相信中世纪的基尔特是推动社会前进的动力；但是当它们发财致富之后，就成了和既得利益集团一样的东西，不再有建设性影响了。昂 433
温反对政府干预经济组织，并批判这类著作，说它们把一个民族的社会经济进步和“为实现置于强有力的指导下的一贯国策而建立的经济利益集团和政权的明智联盟”联系起来。当他和他的学生们向坎宁安证明在爱德华三世统治时期[①]并没有像坎宁安曾经说过的那种一贯政策时，[②]他很满意。昂温把英国历史看作“一系列机会主义的权宜之计，通常都是在局部利益鼓舞下干的”。他争辩说，这些权宜之计并不是进步的原因，宁可说它们是进步的阻力。他说，建立在对法令、政府文件和其他官方文献的研究上的这种“权力主义进步观”必须抛弃。昂温提出，写书要根据地方记录，揭示个人和家庭生活的资料，商业公司和其他经济组织的资料，因为社会就是在这些组织里进行活动的。他的第二部著作《伦敦的基尔特和公司》(1908 年)澄清了他第一部著作。这两本著作再加上一篇讨论“通史中的某些经济因素”[③]的文章包含着他的学说的核心。

1908 年夏，昂温应聘到爱丁堡大学当经济史讲师。两年以

① 1327—1377 年。——译者

② 《爱德华三世统治下的财政和商业》(曼彻斯特大学出版物，第 32 卷，1918 年)。

③ 出版于他去世前不久，见《论文明发展的刚刚过去的时期和其他论文》，E. H. 卡脱编写(牛津，1925 年)。

后，他受聘在曼彻斯特大学任经济史教授。在该校教了14年以上，他的讲授十分新颖，开始时使学生颇感迷惑。他引用的那些著作和文献是学生们从来都没听说过的。他讲课不便于系统地记笔记。他讲的内容主要是16世纪和17世纪初叶的事。他记述阿克赖特①合伙公司的那本书搜集的资料极其零碎，由此看来，他必然勤奋异常，发现线索的方法必定十分精明，这实在是个奇迹。但这仅仅是他希望办到的一件小事。

英语世界出现了经济史兴趣和这类作品异乎寻常地增多的现象，而阿什利于1900年曾说，"学术界和群众舆论给这件事带来了困难"。今天，大多数大学都开设了经济史课程。② 不过，在德、
434 英、美三国之外，其余各国的经济史还没有在很大的程度上繁荣起来。虽然这个运动对法国经济思想有影响，"但并未导致法国经济史学派的建立"。③ 对意大利、④西班牙和俄国也可以这样说。不

① 理查·阿克赖特(1732—1792年)发明水力纺织机(1769年)，在英国设立第一个纺织工厂。——译者

② 1933年加利福尼亚大学经济系前教授夫留吉尔编的《社会经济史书目提要选》(油印版)，编至1932年12月，此书表列的仅限于英文期刊中的文章，其中包括不少于335位作者，每人都是一至十篇文章。如果按每位作者平均四篇文章估计，就有总数达1340篇的惊人数目。

③ 查尔斯·吉德和查尔斯·立斯特，《从重农主义时代到现在的经济学说史》(伦敦，1917年)，第388页。

④ 在意大利最著名的经济史学家是朱塞普·撒尔弗里，《古代资本主义(罗马经济史)》(巴利，1929年)一书的作者，后由亚勒弗烈·崩内特译成法文，书名是《古代世界的资本主义；罗马经济史研究》(巴黎，1906年)，他在书中反对真正的资本主义在古典时代的存在。他的著作《早期和入侵以后意大利的国家和人民》(1890年)中有罗马经济制度在中世纪意大利的连续这一论点。参看G.布伦地西，《朱塞普·撒尔弗里》(那不勒斯，1928年)。

过在俄国,在马克思主义影响下经济史也得到发展。[①]

在较早的多少涉及经济的法国史家中,布朗基和路易·布朗这两个人应当提一提。阿道夫·布朗基(1798—1854 年)[②]是经济学家冉·巴普提斯特·萨伊[③]的学生,萨伊曾介绍他在商业学校当历史和经济教员。1833 年布朗基接替萨伊在文学和商业学校

① 在俄国经济史领域中有显著的活动,特别是在 19 世纪最后十年,当时这个国家正在迅速工业化。这引起对马克思主义和欧洲经济问题的强烈兴趣;前者的典范是德国,后者是英国。"英国经济史和经济学说以及英国劳工运动史在大学的政治经济学和近代史课程中成了占统治地位的课程。"有意义的是在 1900—1901 年间列宁把韦伯的《工业的民主制度》一书译成俄文。

这个时期俄国的三大史学家:克卢契维斯基,柯瓦列夫斯基,和维诺格拉多夫,只有第一位专门钻研俄国史;其余二位献身于不属于俄国问题的研究。玛克西姆·柯瓦列夫斯基虽然私人和马克思相识,但他主要是社会学家而不是历史学家,他的立场更接近孔德。柯瓦列夫斯基是两部论英国中世纪行政制度著作的作者——《14 世纪英国对劳工的惩治和保安官》(1876 年);和《从远古到爱德华一世去世时英国各郡的警察和行政》(1877 年)。他最重要的著作是《资本主义开始以前欧洲经济的发展》(俄文版,1898 年以后),德文译本是柯瓦列夫斯基的《资本主义经济开始前欧洲经济的发展》(柏林,1901—1914 年,七卷)。

说维诺格拉多夫是属于英国的学者是很恰当的,前文已是这么办的了。他的学生也是献身于英国经济史研究的。第米特里·拍特鲁雪夫斯基是莫斯科大学中世纪史教授,撰有(俄文本)《瓦特·台勒暴动》(1897—1901 年,两卷);《爱德华三世统治时期的劳工法》(1889 年);《论中世纪英国国家和社会史文集》(1903—1909 年);和《大宪章》(1915—1918 年)。在政治事件上拍特鲁雪夫斯基追随斯塔布斯,在经济问题上追随道普斯赤。维诺格拉多夫的另一位弟子莫斯科大学历史教授亚历山大·撒帆(死于 1923 年)也是研究英国史的。

关于各种俄国经济史家,可参看 E. A. 柯斯明斯基的"研究英国经济史的俄国著作",见《经济史评论》,第 1 卷(1928 年),第 208—233 页,关于克卢契维斯基,参看《斯拉夫评论》,第 13 卷(1935 年),第 320—329 页。

② 不要把他和他的弟弟激进派路易·奥古斯特·布朗基相混淆,为了和他弟弟区别开来,阿道夫·布朗基常被写作大布朗基。

③ 法国经济学家(1767—1832 年),著有《政治经济学论》、《与马尔萨斯的通信》等书。——译者

当教授。布朗基创办了《经济家杂志》，担任下议院议员，并在道德
435 和政治研究院任财政和农业情况通讯员。他提倡自由贸易，也支持经济史研究。在经济史方面，他曾撰写《工商业史纲要》（1826年）；《哈斯启孙先生[1]及其经济改革评论》（1840年），《1848年法国工人阶级》（1849年，两卷装成一册），最后是一部对自己老师的颂扬，《萨伊先生的生平和著作评论》（1841年）。他的一部曾受称赞的《从古至今欧洲政治经济史》（1837年）现已过时。[2]

路易·布朗[3]（1812—1882年），主要以革命家著名。他写的第一本书《劳动组织》（1840年）是对工业革命导致工人阶级遭受苦难的一篇抗议；他坚决主张社会有义务为每个成员提供生活资料。他这本书成了1848年革命最大的推动力之一。路易·腓力普被推翻后，布朗成为临时政府成员，但在第二帝国成立后，他被迫逃往伦敦，在那里住了20多年，写了两部历史著作：《1848年革命史》和《法国革命史》。

19世纪后半叶，法国经济史学家就很少了。达夫内尔子爵[4]著有《财产、薪金、商品及各类一般价格的经济史（1200—1800年）》（两卷，1894年）。他在各档案馆翻阅并使用了大量文献资

① 威廉·哈斯启孙（1770—1830年），英国财政家和政治家。——译者

② 英译本是E.J.利奥那德译的，书名是《欧洲政治经济史》（纽约，1880年），其中有一篇布朗基的传略，第9—12页。

③ 法国社会主义领袖，国家社会主义的创始人。著有《十年史，1830—1840年》（1841年）（攻击路易·腓力普的政策）、《法国革命史》（12卷，1847—1862年）等书。——译者

④ 法国经济史家，著有《经济史，1200—1800年》（五卷，1894—1909年）等书。——译者

料；制出各类价格表，包括食物、地租、税收等等，他的方法严格而精确，在各种情况下他都说明资料来源，在原始资料中查出的数字以及当时的货币价值。[①] 他在法国的地位相当于索罗尔德·罗杰斯在英国的地位。

佩耳·爱弥尔·勒瓦瑟（1828—1911 年）[②]是法国最著名的经济史家，曾在法兰西学院任地理、历史和统计学教授。他的杰作是《法国工人阶级史》初版于 1859 年问世，是写工人阶级历史的先驱。[③] 库朗日[④]的学生保罗·吉罗[⑤]终生研究古代经济史，特别是古希腊经济史。他出版了一本《罗马征服以前的希腊不动产史》（1893 年），一本《古希腊手工制造业》，最后一本是《古代经济研 436
究》（1905 年）。他的观点在最后这部书里作了简明的叙述："财产制度、工商业情况、财富分配、劳工组织、税收制度等等都是值得注意的问题，和记战争、政治制度等同样重要。"[⑥]

---

① 参看《英国历史评论》，第 11 卷（1896 年），第 123—129 页的批判文章和达夫内尔的回答，同上书，第 609—611 页。

② 关于勒瓦瑟，参看 A. 李西"爱弥尔·勒瓦瑟先生的生平和著作简介"，见《道德与政治科学院的会议与工作》，第 181 卷（1914 年），第 337—361 页；M. 马里昂，"经济与社会论战"，见《蓝色评论》，第 5 卷，第 1 部分，1913 年，第 146—150 页；伊维斯·基奥特，"爱弥尔·勒瓦瑟先生"，见《经济杂志》，丛刊 6，第 31 卷（1911 年），第 123—124，177—197 页；乔治·埃斯庇纳的文章，见《社会经济史季刊》，第 1 卷（1903 年），第 146—157 页。

③ 前两卷的书名是《从朱理亚·恺撒的征服到革命时期法国工人阶级史》（1859 年，新版 1900—1901 年，两卷）；1867 年出版了续编：《从 1789 年到现在法国工人阶级史》（新版，1903—1904 年）。勒瓦瑟还写了一部《法国商业史》（巴黎，1911—1912 年，两卷）。

④ 本书原书第 362—373 页。——译者

⑤ 关于吉罗，参看 P. 波义松纳德，《吉罗先生和古代经济史》，见《综合历史评论》，第 12 卷（1906 年），第 67—71 页。

⑥ 《经济研究》，第 26 页。

亨利·瑟埃[1]是当代法国著名经济史家之一，最近已去世；他遗憾的是："至今还没有一部法国经济史通论。"近来，人们下了很大工夫论述某些工业部门、区域史和法国革命时期。"研究并出版法国革命文献委员会"于1903年成立，后来就出版了一些书，特别是回忆录一类。这个委员会还出版了一部《革命时期经济史公报》。经济、法律史书目提要年报是作为《法国内外法律史评论》增刊出版的。记述第一次世界大战时期的著作有C.布洛克的《世界大战时期法国经济、社会史系统书目提要》(巴黎，1926年)。[2]

已去世的最后一位伟大经济史学家是比利时学者亨利·佩朗(1862—1935年)。[3] 他的家乡韦尔维埃许多世纪以来都是麻纺织业中心，无疑，早年的环境影响了这个聪慧而活跃的少年。他受大

---

① 法国经济史家(1864—？年)，著有《法国18世纪的经济生活和社会阶级》(1924年)，《资本主义的起源》(1926年)。——译者

② 亨利·瑟埃，"法国经济史新著(1905—1925年)"，见《经济史评论》，第1卷(1927年)，第137—153页。

③ 亨利·豪则的文章，见《近代史评论》，新丛书，第20号，11至12月(1935年)，第409—414页；F.M.鲍威克的文章，见《英国历史评论》，第51卷(1936年)，第79—89页；H.劳伦特的文章，见《中世纪》，第6卷(1935年)，第241—251页；凡·得·埃森的文章，见《教会史评论》，第32卷(1936年)，第89--98页；亨利·格雷戈里的文章，见《拜占庭》，第10卷(1935年)，第813—817页；R.荷兹曼的文章，见《历史杂志》，第153卷(1935—1936年)，第451—452页，并参看同上书，第146卷(1932年)，第581页；G.L.凡·罗斯布鲁克的文章，见《罗马评论》，第26卷(1935年)，第368—275页；马克·布劳赤的文章，见《历史评论》，第176卷(1935年)，第671—678页；F.奎克的文章，见《比利时语言学和历史评论》，第14卷(1935年)，第1665—1679页；P.波南方特的文章，见《布鲁塞尔大学评论》，第41卷(1936年)，第209—213页。《火炬》(1935年11月)载有保罗·希曼兹代表比利时政府讲的悼词以及约瑟·拜得兹以国际科学联合会的名义发表的悼词。F.L.甘绍夫和G.G.得普特为《历史杂录》第1卷编纂的他的著作的书目提要，在他任根特教师40周年纪念日提出作为献礼(布鲁塞尔，1927年)，只包括1926年8月以前的著作。

学教育是在列日开始的，是保罗·弗雷德里克[①]的学生，更重要的一位老师是高德弗罗伊德·库尔特[②]，因为他参加了按照德国榜样成立的“历史实验课”，后来佩朗提到这门功课时说，比利时最早的历史批判就是在这里传授的。除了在这门功课所受教育外，他受到的影响还有巴黎的阿瑟·纪里[③]（1883—1884 年）和德国不少教师：莱比锡大学的 W. 阿伦特[④]，柏林大学的 G. 施穆勒和 H. 布雷斯劳等。另一位对他有影响的德国人是兰普雷希特。虽然他从 437
来没有在莱比锡这位偶像领导下学习，但正是这位值得赞赏的朋友建议他替赫棱-乌克特主编的《政治史》[⑤]写一部比利时史，这部书后来就成了佩朗的主要著作。[⑥] 他晚年在英国最好的朋友是维诺格拉多夫。佩朗兴趣广泛、独立思考，不属于任何学派。

他一生都当教师，这位年轻的博士在列日大学教古文字学和古文书学的时候，或是在根特大学那漫长而光荣的岁月里（1886—1930 年）都是这样。作为一位教师，他在中世纪社会和市政制度的研究上给人们留下深刻印象。

佩朗的《比利时史》成为全国典范之作。在第一次世界大战期间，叙述伟大的勃艮第诸公爵时期的第 2 卷第 3 版销售一空。在第 1 卷出版以前那十年（1890—1900 年）当中，他连续不断写了大

---

① 比利时历史家（1850—1920 年），1919 年任根特大学校长。——译者

② 比利时历史家（1847—1916 年）。——译者

③ 本卷原书第 403—408 页。——译者

④ 本卷原书第 399 页。——译者

⑤ 本卷原书第 128 页。——译者

⑥ 《比利时史》（布鲁塞尔，1900—1932 年，七卷）；前四卷的德文本由 F. 阿恩希姆译（哥达，1899—1913 年）。

量文章：[1]有对城市起源的研究，校订原文，如布鲁日人加尔伯特[2]的著作，为《1323—1328年间佛兰德海滨暴动[3]》审订一卷未曾校刊过的资料等等。佩朗的一些最有启发性的工作和这第1卷有关，也可以说他这一卷为他自己和他的学生将来研究中世纪城市的兴起铺平了道路；这个题目前边已经谈过。

1889年他还不到30岁的时候，就已经写了他的第一本书，记述第农(Dinant)及其制锅业。他的《有关佛兰德呢绒工业史文献汇编》两卷分别于1906和1909年出版。他记述低地诸国工业巨大发展的全景图就是根据上述这些以及类似的材料写成的，"在这个大发展过程中，资本主义占领了农村阵地，大城市失去领导地位，于是等级制度取而代之，成了民族意识的表现。"[4]在这里，布匹大王统治一切，正像后来棉花大王统治着19世纪美国南部那样。在大战后的1926年，他和亚勒弗烈·埃斯皮纳合作出版了记述佛兰德布匹服装业的另一部文献集。他为后人保存了伊普尔[5]许多珍贵记录。豪则最后一次访问他的时候，这位因疾病烦躁不安的73岁的老学者还滔滔不绝地讲述自己如何希望全力以赴地投入列日煤矿档案的出版工作——他自豪地说，这是西欧最早的煤矿档案，不亚于英国的煤矿档案。

---

① 1893年佩朗出版了他的《比利时史书目提要》第1版(第3版，与亨利·诺维和亨利·奥布伦合作，布鲁塞尔，1931年)。

② 本书上卷原书第235页。——译者

③ 佛兰德市民反对佛兰德伯爵，法国国王腓力第六援助伯爵，屠杀市民。——译者

④ 参看他的《比利时史》(见本书原书第436页著者注)，第258页以后。

⑤ 比利时一城市。——译者

豪则教授曾把佩朗称为第一次世界大战以来用法文写作的最伟大的历史家。他解释历史有时未免大胆，但他有渊博的知识作根据。佩朗的独创性论题“阿拉伯人对地中海西部的统治的影响是中世纪的真正开端”，在他晚年时仍感兴趣。[①] 他认为，在罗马时代和墨洛温王朝之间并不像一般人认为的那样隔了很长时间；地中海仍然进行着商业和文化接触。根据他的意见，这种联系是因为撒拉森人[②]进军才中断的；中世纪的商业和交通在加洛林王朝统治时期重新开始。“总之，可以说没有穆罕默德，查理曼大帝就永远不会存在。”[③]对这种说法的反应各有不同；[④]佩朗本人提出莎草纸和黄金贸易为证，还有商人阶级受教育的证据，死时还留下一部更加精心撰写的著作，近来由他的家属出版。[⑤] 438

把经济史总结几句，可以说，德国历史经济学派并没发展到它的倡导人所期望的那个样子：即真正的经济科学。后来这门学科就走上和洛瑟原来开辟的那条不同的另一条道路。关于那些真正

---

① 这个学说第一次在《欧洲通史》一书中约略地提出，此书佩朗是 1917 年在克虏兹堡做俘虏时主要根据记忆写的。这个学说是在 1922 年的一篇题为《穆罕默德和查理曼，经济上一个对比：墨洛温王朝和加洛林王朝》的一文中公开宣告的，并在奥斯陆史学会议一篇精彩的十分钟讲演中加以辩护(1928 年)。《通史》是在佩朗死后由他的儿子出版的(第 8 版，布鲁塞尔，1936 年)；伯纳德·苗尔译成英文，书名是《从蛮族入侵到 16 世纪的欧洲史》(纽约，1939 年)。

② 即阿拉伯人。——译者

③ 引自《历史评论》，新丛书，第 4 卷，第 413 页。

④ 这点斐迪南·罗特曾加以肯定，关于批判文章参看诺尔曼·H. 柏恩斯，“佩朗先生和地中海世界的统一”，见《罗马研究杂志》，第 19 卷，1929 年，第 2 部分，第 230—233 页。

⑤ 《穆罕默德和查理曼》(布鲁塞尔和巴黎，1937 年)，伯纳德·苗尔译成英文，书名是《穆罕默德和查理曼》(纽约，1939 年)。

的经济史家，无疑，他们确实作出了一些有益的贡献。就像经济学的历史学派和兰普雷希特类型的文化史家那样，研究经济史的学者们也扩大并丰富了史学园地。作出这项成绩并不只是由于就经济学上一些课题出版了许多特殊的探讨和专论，还由于在整个文化中强调了经济机构和各种经济势力的重要性；它警告一般历史家防止把自己限制在政治和外交范围内的倾向，并避免使自己的作品忽视更广泛的含义的倾向。

第五十五章　实证学派史家：19世纪的自然科学对历史写作的影响[①]

在思想史上一种习见的现象是把某一个思想领域的某些概念 439
拿到另一个迥然不同的思想领域去用。这种挪用概念的一个突出例子就是自然科学对历史阐释的影响。自然科学自从其发展的草创时期即希腊时期以来，它的发展的两个伟大时期是17世纪和19世纪。

就像自然科学的伟大更新史到了哈维[②]以实例证明血液循环就可以说达到高峰（1628年），从而结束了旧时期，开创了新的时期那样，17世纪的自然科学史也可以说是从那一年开始延续到

---

① F. S. 马尔芬，“科学和历史”，见《现代评论》，第113卷（1918年），第325—333页；詹姆士·H. 鲁滨孙，“历史和人类新科学的关系”，见《哲学，心理学和科学方法杂志》，第8卷（1911年），第141—157页；J. T. 勺特威尔，“历史的解释”，见《美国历史评论》，第18卷（1913年），第692—709页；阿尔芬·H. 汉孙，“历史的技术解释”，见《经济季刊》，第36卷（1921年），第69—93页；H. 马格纳斯，《近代归纳的自然观和医药学的历史价值》（布雷斯劳，1904年）；J. B. 伯里，“达尔文主义和历史”，见《近代思想的发展》（1911年），第246—263页。

② 英国的医生和解剖学家（1578—1657年），著有《血液循环论》（1628年）。——译者

1708年布尔哈夫[1]第一部伟大著作的出版，从而开始了18世纪的自然科学史。莱布尼茨[2]死于1716年，牛顿死于1727年，但他们的著作早在1708年以前就完成了。从1628到1708年这80年间，自然科学的进展比近代任何其他时期都大。

在整个自然科学史上，除古希腊时期外，就再没有任何时期像17世纪这样富有独创性和进步性的了。艾尔弗雷德·诺思·怀特黑德教授[3]曾发表下述意见："用一句简单的、却也相当准确的话描述〔1700年以来〕欧洲各民族的学术生活……就是这样：他们是靠17世纪的天才为他们积累起来的思想为资本而生活的。"[4]

17世纪自然科学的进步远远超过已取得的任何其他形式的进步，这是那个时期的光荣。杰出的史学家利奥波尔德·丰·兰克[5]曾说明这个时期学术趋势的性质，他的话令人钦佩。他写道：

> 440 这种变化……和科学发现不可避免的进展有关。因为，虽然过去一切科学都可以直接从古人那里汲取，现在这样做就不行了。一方面，大量资料业已积累起来。……另一方面，一种深刻的探索精神也已兴起。……那些开始时是在古人指引下进行研究的人，已经从他们的权威手里把自己解放了出来；许多东西是在古人规定的范围以外发现的，这些发现又为进一步研究开辟了道路。对自然的研究尤其是以同等的热情和独立思考进行的。……各种探索的范围日益扩大，日益活跃，自

---

① 赫尔曼·布尔哈夫(1668—1738年)，荷兰医生，其第一部名著《医学原理》出版于1708年，还有其他著作：《疾病的识别和治疗要点》、《化学基础》。——译者

② 德国哲学家和数学家(1646—1716年)，发现微积分计算法。——译者

③ 英国数学家和哲学家(1861—1947年)，伦敦大学教授，著有《科学与现代世界》等书，并与罗素合著《数学原理》。——译者

④ 艾尔弗雷德·诺思·怀特黑德，《科学和现代世界》(纽约，1939年)，第57—58页。

⑤ 本卷原书第168—186页。——译者

> 然科学已不再局限于古人探索的领域以内了。其结果是……既然在内容上，人们已不再像过去那样带着崇敬的心情和信心研究古代，所以在形式上，古代也就不可能像过去那样影响人们了。人们已开始主要是看资料积累的多少估价著作渊博的程度。……不论原因为何——不管它是不是以人类思想本质为依据的一种变化——这一点是很显著的，即一切著作……都充满一种新的精神。……古代被抛弃了。[①]

历史和自然科学之间的关系比通常设想的更为密切。因为一切历史和一切科学归根结底都是思想。科学史是史学一个重要部门。不幸的是，许多作家，无论政治史家和文学史家，都把科学史看成和某民族或某时期总的学术发展互不相干的东西。莱斯利·史梯芬爵士[②]写的《18 世纪英国思想史》中竟然可以不提一位英国自然科学家。真正的人文主义者和真正的科学家应当把学术发展的每一个方面都看成在全部知识中有它地位的东西。还应当尽力在这些科目之间建立起有机联系。人文主义和自然科学决不能互不了解，或不知道对方真正意味着什么。必须使哲学了解自然科学，自然科学了解哲学，而双方还都必须了解文学。

不幸的是，思想在任何时代往往都沿着平行方向前进。所以，不妨打个比方，学术上的异花受粉实在太少，每门学问往往自成一体，自给自足。

然而每个时代的思想家都有少数具有足以超越常规和成见的想象力。最早在自己的思想领域里有自然科学的历史家是威尼斯

---

① 《16—17 世纪罗马教皇史》，由萨拉·奥斯丁译成英文（费城，1841 年，两卷），第 1 卷，第 287—290 页。

② 英国哲学家，评论家（1832—1904 年）。著有《18 世纪英国思想史》（1876 年）等书。见前面原书第 299 页。——译者

人保罗·萨皮[1]。"他曾以开路先锋的热情探索数学和自然科学各个部门。他曾在化学、机械、矿物、冶金以及动植物生理等学科
441 做过实验。他在解剖学方面的实际研究曾借助活体解剖进行。他沿着独自开辟的路径，搞出了吉尔伯特[2]在电磁学、达颇塔[3]在光学方面搞出的某些发现；还表演了血管瓣膜以及眼色素层[4]在视觉上的功用，预见到望远镜和温度计的使用。当他把注意力转向天文学时，立刻宣告在审判上用的占星学毫无道理；他在承认伽利略学说正确的同时，便预言这一真理将使它的宣告人陷入和罗马宗教裁判所的严重纠纷。"[5]1619年哈维出版了他那部论述血液循环的著作（和萨皮的《特伦特宗教会议史》同年出版），承认他这项发现曾得到他的老师非布立细阿以及塞尔维塔斯、塞萨品那斯以及萨皮等人的帮助。

17世纪最重要的自然科学是力学、物理学和数学；正是在这些科学中我们将找到自然科学在解释历史上最早的重要影响；这里说的历史包括经济学、政治学和社会研究，这些科目当时还没有

---

① 本书上卷原书第541—546页。——译者

② 英国物理学家(1540—1603年)，做磁性的实验，有"电学之父"之称。——译者

③ 意大利医生(1538？—1615年)，第一个发现光线能产生热的人。——译者

④ 眼球虹彩后面的色素层。——译者

⑤ 西蒙兹的书，第7卷，第89页。萨皮过于谦虚，过于害怕，因而没有把他的研究成果出版。现在这些成果在世界上已经看不到了。在福斯卡里尼和格里西里尼的注释中残留了一点对它们的记忆，他二人在1769年无意中烧毁这些遗稿之前，曾经审阅过稿件。同上书，第93页。关于其他把萨皮作为一位科学家加以评论的读物，参阅《苏格兰评论》，第30卷(1897年)，第251—282页上的一篇文章；亚历山大·罗伯孙，《费拉·保罗·萨皮，最伟大的威尼斯人》(伦敦，1894年)，第40—67页；阿拉伯拉·G.坎普伯尔，《弗拉·保罗·萨皮生平》(1869年)，第46—49，64—65页。把萨皮作为一位历史家论述的文章，见第1卷，第541—546页。

像现在这样从历史中分离出来。历史上常见的“均势”这个概念出自法国和哈布斯堡两王室①之间的重大斗争；法国、西班牙、奥地利、英国、普鲁士和尼德兰都卷入其中。霍布斯②在《利维坦》(*Leviathan*)一书中以 17 世纪力学上的语言制定了政府诸原则，他还“以收集当时革命的科学思想并把这种思想和他在自己周围看到的生活和人性联系起来的办法立论。霍布斯把运动看作最重要的原则”。③

然而，因为数学和物理学的价值的性质是以数量表示的，所以那个时代的经济学和社会学受科学的影响最大。爱德华·密塞尔登的功绩是在 1623 年创造了“贸易平衡”这个词，他的《商业循环或贸易平衡》(*Circle of Commerce, or Balance of Trade*)这本小册子就是那年出版的，尽管“平衡”这个词作为簿记用语早在 1600 年就从意大利传到英国了。巴灵顿从力学上的均衡这个概念得出他的“财产平衡”原理。“商业循环”和“货币循环”等名词的使用都是从哈维发现的血液循环得来的，所以霍布斯在 1651 年写道：

> 利用这些手段〔即通过把暂不消费的一切商品加以“调制”，使它们 442
> 还原为货币〕使所有商品(活动的和固定的)随着人到他去的一切地方，到他通常的住处以内和以外；这些商品在国内从这个人手里转到那个人手里，周转不停，从而所到之处都受到滋养；这种混合品的存在，就像全社会的人都能把食物变成血那样；因为天然血液也是用土地上的物

① 即神圣罗马帝国皇室和西班牙王室。——译者

② 英国哲学家(1588—1679 年)，著有《人性论》、《利维坦》等书，在《利维坦》一书中，阐明其著名的社会契约说。——译者

③ 参看 G. N. 克拉克，《17 世纪》(牛津，1931 年)，第 219—223 页。

产以同样方法制成的;血液循环是为了滋养人体各个部分。[1]

通常都认为创造"货币的数量原则"这个词的是洛克[2]的功劳,但这个词在他写出以前老早就有了。[3] 这个原则的原话可追溯到1543年去世的哥白尼。然而,正如克拉克教授所说:"虽然这些学说本身真正科学的东西很少,但并不仅仅照抄自然科学家的词汇。这些词汇下边却有一个严肃认真的(即使路子不大对头的)尝试,想利用衡、量、加、减等方法进行解释。"[4]

这种对历史的新解释并不只是一种新方法的运用。而是引进了一种新思想。中世纪哲学和神学一直认为思想是可信的权威。哥白尼、伽利略、牛顿和18世纪大批大批的科学家胜利地认定可信的权威是事实,而不是意见。历史家花费了很长的时间才认识到这个真理的重要性。党派偏见、政治或宗教成见、英雄崇拜、野心、民族情绪、种族或民族自傲诱使历史家歪曲或隐藏他们手边的实况。他们并不像科学家那样尊重事实。当真实情况对他们不利时,有些历史家甚至于低下到想象出他们的"事实"。他们不这样犯罪时,就用别的方式犯罪:他们往往醉心于推理式的猜测,或略去重要的证据,因为这种证据会打翻他原来的先入之见。这是在

---

① 托马斯·霍布斯,《利维坦》(人人图书馆编),第133页。

② 英国哲学家(1632—1704年),著有《人类悟性论》,被称为"英国经济哲学之父"。——译者

③ 关于这些例证参看雅各·芬纳,"亚当·斯密以前英国的外贸学说",见《政治经济学杂志》,第38卷,第257,285,288页。参看E. A. J. 约翰孙,《亚当·斯密的先驱》;以及G. N. 克拉克鼓舞人心的、富于启发性的著作,《牛顿时代的科学和社会幸福》(牛津,1937年)。

④ 克拉克的上述著作。

笛卡儿的分析法和辩证法影响下 18 世纪史学思想的一个污点。理性主义使历史失去人性，把人弄成抽象的东西，把历史弄成图解。笛卡儿分析法对历史的影响是使历史家把人物和事件分为许多范畴，从而制造出远非确切表述的一种人造模式。

正如在 17 世纪数学和物理学统治一切那样，18 世纪是化学统治一切，仅次于化学的就是博物学取得的进步最大了。[①] 443

但在 18 世纪笛卡儿主义仍然统治着历史家的思想。这个世纪是理性时代，孟德斯鸠和吉本是杰出的例子。吉本在他的自传中记述说在他的《罗马帝国衰亡史》第 1 卷和第 2 卷出版之间的五年间，他的好奇心投入自然科学，听过著名的亨特博士[②]讲解剖学，还听过希金斯先生讲“化学”。他说，“这些科学的原理以及对博物学书籍的爱好有助于丰富我的思想和意象，解剖学家和化学家有时会把我装入他们的帆船里拖着走。”我只好用吉本的话当作自然科学对他的影响，因为我自己还未能觉察到这种影响。

科学进入 19 世纪后，边沁[③]恢复了在 18 世纪曾被忽视的 17 世纪的价值量子论。他的论题是财富和幸福的关系。他把这条原则作为不解自明的道理制定出来了：“随着一个人的财富超过另一个人的财富的数量逐渐增加，在制造幸福方面，它的效果就会逐渐减少；换句话说，一个财富粒子（或称极微小的固定量，其大小相

① 1738 年但以理·伯努利断言气体由分子组成；1754 年布莱克发现碳酸气；1766 年卡文迪什发现氢气；1774 年普里斯特利发现氧气；1779 年英根豪茨证明植物净化或毒化空气的力量；拉瓦锡划时代的著作《化学要领》（1789 年）。

② 约翰·亨特（1728—1793 年），英国解剖学家和外科医生。——译者

③ 英国功利主义哲学家（1748—1832 年）。——译者

同)产生的幸福将随着一个个粒子的增多而逐渐减少;即第二个粒子产生的幸福少于第一个,第三个少于第二个等等。”①

在功利主义哲学这一极对面的另一极是浪漫主义。19 世纪初期,浪漫主义对科学的反应是荒谬的信口胡说,使科学在许多有思想的人们心目中信誉扫地。例如波兰经济学家采什佐夫斯基在他的《史学导言》(柏林,1838 年)一书中对历史和科学的关系曾作如下解释:“光是古波斯类型,机械学是中国类型,动电(Dynamic Electricity)是雅典类型,静电是斯巴达类型,亚历山大时代的马其顿是电磁类型,罗马扩张的能量和动力可以比作热能。”人们怎么能够认真地看待这种异想天开的胡诌呢!

19 世纪初叶,自然科学碰到一股奇怪的逆流,即天主教的反
444 应。如果不是伽利略的时代②早已过去的话,这股逆流还可能造成严重后果。罗马大学曾在自己的教师队伍里点到许多伟人的名字,如:庞波尼奥·莱托(他常常在破晓以前上课)、罗棱索·发拉③、欧斯达丘④、塞萨品诺⑤、哥白尼、兰西西和马尔丕基⑥。但在 1816 年,面对科学发展而惶恐万状的教廷设立了“神圣物理学”讲

① 威尔伯·M.厄本,《价值,它的性质和法则》(伦敦和纽约,1909 年),第 157 页。

② 伽利略时代反动的天主教会还很有势力,能压制进步的科学家。——译者

③ 意大利人文主义者(1406—1457 年),教皇的秘书,将许多希腊名著译成拉丁文——译者

④ 意大利解剖学家,近代解剖学的建立者之一(1524—1574 年)。——译者

⑤ 意大利哲学家、植物学家和医生(1519—1603 年)。——译者

⑥ 意大利解剖学家,显微解剖学的始创者(1628—1694 年)。——译者

座，分为六组，和上帝创造世界的天数[①]一样多。[②]

我觉得，19 世纪科学对历史解释的第一个重要影响，可以说是使历史家深刻地认识到研究事物根源的重要性。“科学的主要胜利是通过追查事物的根源取得的；在物理结构方面，追查到分子和原子；在动物生命方面，追查到神经细胞、原形质或任何最简单最原始的东西。在近代史方面，也作出完全相同的努力。和 18 世纪比较肤浅的历史学派比较起来，最明显的努力莫过于作出决定追查各种制度的起点和原意。对原先被传说和神话占领的那些古老岁月都进行了耐心的研究。”[③]例如，帕尔格雷夫[④]的《英国共和制的兴起和发展》（1832 年）一书就“大胆地对所谓必须先从政治事件写起，〔然后〕再研究各种制度这种流行看法提出挑战”。[⑤]

第一位认识到科学史的重要性的历史学者是利奥波尔德·丰·兰克于 1839 年出版的《教皇史》。[⑥] 1858 年，他提出一篇著名的备忘录给巴伐利亚科学院历史委员会，催促该会说有必要撰写一部巨大的德国科学史，由一批学者执笔，每人都是他写的那门科学的公认的权威。[⑦] 第二年，兰克在巴伐利亚科学院发表的题为

---

① 《圣经·创世记》载上帝创造世界，共用了六天。——译者

② 参看尼古拉·斯潘诺，《罗马大学》（罗马，1935 年）。

③ 休·沃尔克，《腾尼孙时代》（伦敦，1900 年），第 110—111 页。

④ 本卷原书第 290—292 页。——译者

⑤ 古奇的书，第 286—287 页。

⑥ 《教皇史》（见本书原书第 440 页著者注），第 1 卷，第 287—296 页。

⑦ 刊印在《历史杂志》，第 1 卷（1859 年），第 28—35 页，重印在兰克的《全集》（第 3 版，莱比锡，1874—1890 年，54 卷分为 27 册），第 51—52 卷，第 485—491 页。

《德国科学史纲要》①的第二篇讲话中进一步发展了这种思想。

但是在兰克提出写科学史的呼吁以前很久，科学就已经被那些热烈的社会哲学家俘虏了，他们滥用科学方法，从而使科学在大多数历史家心目中声名狼藉。为了替历史学者辩护，只好说这些强奸犯本身并不是历史家，而是社会学家——请允许我提前使用奥古斯特·孔德发明的这个字，尽管社会学这个概念并不是孔德
445 创造的。创造这个概念的人要追溯到旧社会和法国革命时代激进派和空想家，并可直接追溯到圣西门（1760—1825 年）和傅立叶（1772—1837 年），他们主张："政治现象也像其他现象那样，可以根据法则加以分类。……哲学和科学所要达到的真正目的必然是社会的，思想家的真正目标应当是把实证科学方法应用到社会研究上面，用这种手段解释并改组社会。"

傅立叶种树、圣西门浇水，而使树长起来的却是孔德。孔德的目的是研究和了解他所谓的"社会物理学"——这个名词本身就很有意义。实证哲学的目的是把社会现象从神学和形而上学强加在它身上的约束中解放出来，并把**物理学、化学和生物学中比比皆是的法则的科学理论**照原样引进社会研究中。他说，当这种实证的方法像它曾扩展到化学和其他自然科学那样，也扩展到社会研究方面时，这些社会事实就会得到解释了。

1822 年，孔德出版了改组社会的"方案"。这是实证哲学的宪章。孔德改组历史研究的方案是"在政治哲学中腾出形而上学那

① 据我所知，此文已印出，仅见于《历史杂志》，第 2 卷（1859 年），第 54—61 页，《全集》（见上一个著者注），第 51—52 卷，第 492—500 页有他在 1859 年巴伐利亚科学院开幕式上的讲稿，但不是这个纲要。

些虚构的东西占领的地盘,以便通过使想象系统地、直接地、持续地服从观察这个办法,使被观察到的实际情况去占领阵地(注意作者强调观察)”。孔德认为,这样做就有可能发现制约人类社会的“定而不移的法则”,就像制约自然界的那些物理法则那样。关于历史,孔德说,“在历史研究上目前盛行的专门化倾向将把历史降低到一大堆互不连贯的描述,此外什么都没有的地步,在这一大堆乱七八糟的描述中各种事件真正的来源全都不见了,想都没法想了。假如想叫不同时期的历史对比有任何科学性的话,就只有参考一般社会演化情况了。”

既然历史构成了解社会的原始材料,孔德就在1832年请求路易·腓力普当时的首相基佐在法兰西学院开设历史讲座,为这件事他是值得纪念的。孔德和他的门徒对实证哲学的信心是无限的——尽管实证哲学本质上只是一种方法而不是哲学。他们相信对社会“法则”的了解会使国家不但掌握历史方向,并能预知历史进程。“简言之,实证主义者的目的,是想发现一套解释历史的有效的假说或法则,就像牛顿和其他一些人为自然科学发现的那样。他们的问题是‘历史的最后解释是什么,或者更朴实一点说,决定 446
社会事件的那些力量是什么,这些事件是按照什么法则活动的?’”①

孔德从自然科学借来用在历史和(所谓)社会科学上的最有影响的思想之一就是“环境”(milieu)一字的新用法。这个字最早是

① 乔治·伯顿·亚当斯,“历史和历史哲学”,见《美国历史评论》,第14卷(1909年),第229页,参阅第221—236页。

拉马克[①]在他的《动物哲学》(*Philosophie zoölogique*)一书中用的。孔德把这个字从动物学里借来,并把它的应用扩展到人类社会,甚至在那时,他指的也并不总是自然环境。因为"环境"(environment)一字在某些历史家和很多社会学家的思想中已经成了伸缩性很大的字眼。泰恩和凯特尔[②]几乎都被"milieu"这个字迷住了。在 19 世纪后半叶,这个含糊的字和今天"environment"(环境)一字的伸缩性一样大,归根到底,它指的也许就是一个东西。

孔德影响巨大,这是毫无疑问的。爱弥尔·法居埃[③]曾说孔德是"我国曾经有过的力量最大的思想播种者和学术激励者;他是笛卡儿以后法国最伟大的思想家",在接受这个估价时即使难免使人迟疑,但仍应肯定。[④]

英国的亨利·托马斯·巴克尔(1821—1862 年)和法国的希坡利特·A. 泰恩(1829—1892 年)是提倡把孔德的思想应用在解释历史方面的两位最伟大的学者。巴克尔的两卷本《英国、法国、西班牙和苏格兰文明史》[⑤][⑥]仅仅是他计划撰写的一部 15 大本的

---

① 法国博物学家(1744—1829 年),达尔文进化论的前驱者,主张生物发展因其环境的变更而变更。——译者

② 比利时天文学家和统计学家(1796—1874 年)。——译者

③ 1847—1916 年,法国文艺批评家,著有《16 世纪的法国悲剧》、《法国文学史》等书。——译者

④ 爱弥尔·法居埃,"奥古斯特·孔德,I,他的一般观点和方法",见《两世界评论》,第 130 卷(1895 年),第 296—319 页。喀莱尔宣称孔德"被看成人的代数学上最可怕的数",见《威廉·爱德华·哈特波尔·累基勋爵的一篇回忆录》(纽约,1909 年),第 63 页和注释。

⑤ 胡肇椿译《英国文化史》上、中、下三册,商务,1946 年出版。——译者

⑥ 这是三卷本的书名(1866 年),比第一次用作简称的《英国文明史》这个名称更为适当。1860 年德文本出版,1865 年法文本出版;还有几种俄文版。

杰作的序言。巴克尔藐视传记家和历史家似乎已经养成的单纯编辑事实和资料的习惯，并大胆提出在远为广阔的归纳法的基础上搞“历史科学”。① 能干的批评家认为他的著作是用演绎法说明物质原因对人类文明的影响的伟大尝试。巴克尔的记述虽说并不完美，但从来还没人否认他的书很有见地；除了他那结论以外，他对当时青年人的激励也是不应当忘记的。即使他本人并未曾写出伟大的历史著作——这一点尚无定论，有待解决——但他的确是促使别人写出伟大历史著作的原因。②

巴克尔和泰恩之间有很大区别。巴克尔是一位出色的自学成 447
材的业余作者。泰恩则是一位有天才的学者、历史家、文学家、哲

① 参看他的历史的第 1 章，引语来自阿瑟·J. 格兰特的《英国史学家》（伦敦，1906 年），第 55—64 页。

② 约翰·M. 罗伯孙的《巴克尔和他的批判者，社会学研究》（伦敦，1895 年）是一部纠正当时对巴克尔的错误看法的好书。对巴克尔的进一步了解，参阅海伦·泰勒编的附有传记的《H. 托马斯·巴克尔的杂著和死后出版的著作》（伦敦，1872 年，三卷），其中第 2、3 两卷有他的备忘录；艾尔弗雷德·H. 休思，《亨利·托马斯·巴克尔的生平和著作》（纽约，1880 年）；论巴克尔的文章，见《民族传记词典》，第 7 卷，第 208—211 页；古奇的书，第 585 页；J. 哈金孙·斯特林，“巴克尔先生和启蒙运动”，见《哲学理论杂志》，第 9 卷（1875 年），第 337—400 页；路易·亚田，“史学中的实证主义——英国史学家亨利·托马斯·巴克尔”，见《两世界评论》，第 74 卷（1868 年），第 375—408 页；R. 乌新加，“托马斯·巴克尔”，见《历史杂志》第 19 卷（1868 年），第 24—37 页。特雷新对巴克尔的批判，最初刊登于《历史杂志》，第 9 卷（1863 年），第 1—22 页，E. B. 安得鲁译成英文，连同他翻译的《历史纲要》合编在《历史原理大纲》（波士顿，1893 年）中。对于巴克尔《文明史》的进一步评论，参看帕替孙的书，第 2 卷，第 396 页以后；《北美评论》，第 87 卷，第 388—423 页，第 93 卷，第 519—559 页，第 115 卷，第 65—103 页；《爱丁堡评论》，第 107 卷（1858 年），第 465—512 页；《北不列颠评论》，第 47 卷（1867 年），第 359—403 页；《评论季刊》，第 104 卷（1858 年），第 38—74 页；《伦敦评论季刊》，第 12 卷（1859 年），第 1—54 页，第 17 卷（1862 年），第 301—325 页，和《麦克米伦杂志》，1861 年 7，8，9 月份。

学家、心理学家、动物学家，而且是法国少数几位——其中包括芮农[①]——在各个学术部门和德国的思想家差不多齐头并进的人。他说，"德国作家对我们就像伏尔泰时代英国对法国那样"。[②]

泰恩[③]于1853年获得博士学位，在省立高级中学教了短时期的书，不久便辞职，靠写作维持生活。泰恩不但是一位文学评论家、历史家、哲学家和心理学家，在生理学和动物学方面也是一位扎实的工作者。在他的第一部著作《李维论》里，他提出一个公式后来一直遵守，从未背弃。他写道："灵魂不论是一个人的，还是一个民族的灵魂，就像一个工厂，科学应当研究它。从人们了解了开动它的动力的时刻起，人们就可以不打乱它那些机件，用纯粹推理把它复原。"历史是"心理解剖学"，而心理学本身主要是一种机械的表现。在后面这句话里，可以看出泰恩比近代提倡行为主义的人们提早半个世纪就有这种看法了。要发现民族灵魂的器官及其职能，即撰写历史，再没有比物理学和生物学那样确实可靠的工具

① 本卷原书第555—557页。——译者

② 《H.泰恩的生平和书札》，R.L.德文希尔夫人译（伦敦，1902—1908年，三卷），第1卷，第186页，写于1852年。

③ 除他的《生平和书札》（见上注）外，可参看考斯道夫·兰孙的文章，见《大百科全书》，第25卷，第817—818页；安得烈·契夫里朗，《泰恩，他的思想的形成》（巴黎，1932年）；阿尔伯特·利昂·革拉尔，《昨日法国的先知；第二帝国统治时期宗教思想研究》（纽约和伦敦，1913年）；克兰·布林顿，《革命的十年，1789—1799年》（纽约，1934年），第293—294页；A.小亚尔伯特，"革命史的两种概念——泰恩和M.奥拉尔"，见《两世界评论》，第59卷（1910年），第77—97页；罗伯特·H.法伊夫，"在一个变动的世界中的文艺复兴"，见《日耳曼评论》，第9卷（1934年），第2部分，第73—95页；爱弥尔·法居埃的文章，见《巴黎评论》，第4卷（1899年），第297—328，627—653页；希来尔·贝洛克，"泰恩的十页"，见《国际季刊》，第12卷（1905—1906年），第255—272页〔揭露泰恩不可靠的著作〕。

了。一个民族的教育、习惯、观点、思想方法、美学、哲学等等主要的基础是气候、种族和环境。

以维克多·库臧为代表的使泰恩作呕的折衷主义当时很流行，浪漫主义也时兴。泰恩对这二者他都持反对态度。库藏和维
克多·雨果是他最厌恶的两个人。在泰恩身上有一种科学的禁欲 448
主义。1855 年他写道："所以，让我们把科学从诗歌和实际道德中分离出去吧。……科学不必适应我们的爱好，但我们的爱好却必须适应科学原理。科学是一位女王，不是仆人。……让它独处下去吧，让它只是追求真理去吧；它将来是否会有自己的领地，倒没有什么关系。它处在实际的、活跃的生活以上十万八千里。……它一旦发现了真理，就再也不会有什么事情要做，再也不会有什么要求了。"①

泰恩的头脑善于分析，不善于描述。他对贝多芬的交响乐的最高赞扬是"它像三段论法那样美丽"。帕斯卡②和笛卡儿曾把他引到哲学的宿命论。这种具有成千上万条一般法则的哲学，却把泰恩引进科学本身，在他看来，他的宿命论和实证主义是被化学、物理学和生物学证实了。

生理学和博物学对他的影响巨大无比。他为了弄懂心理学，还学了医学和病理学。他关于历史的那些想法的最好表述可在他的《英国文学史》(1863 年)导言里边看到，他在书中详细分析了英国的土壤、气候、食物生产等等，他说只有在了解了这些情况之后，

---

① 革拉尔，《昨日的先知》(见上一个著者注)，第 214 页。

② 法国科学家和哲学家(1623—1662 年)。——译者

人们才能了解英国人的本性和精神。“今天历史也像动物学那样找到了它的解剖术。”[①]他在《古代政体》(1876 年)一书的序言中写道：“可以允许历史家享有博物学家的特权：我观察我的研究对象就像人们观察昆虫蜕变那样。”

泰恩的书信都很明白易懂，大量引用它们是无须表示不好意思的。

> 历史并不是像几何学那样的科学，而是类似生理学和地质学。正如一个生物体各器官和各种功能之间有固定的、但不能用数字测量的关系那样，包括社会和精神生活在内的各类事实之间的关系也很明确，但也不能用数字测量。我在序言中已特地这样说了，要把精密的科学和不精密的科学加以区别，也就是说，属于数学一类的那些科学分支和围绕着史学的那些科学分支，二者都以数量形式活动，但第一类以可测量的数量活动，第二类则以不可测量的数量活动。于是问题就归结成这样：在一个世纪或一个国家里，在宗教、哲学、社会状态等道德部门之间建立起虽无法测量但很明确的关系是可能的吗？这些明确、普遍而且必要的关系就是我仿照孟德斯鸠称之为“法则”的东西；这也是在动物学或植物学中给它们定的名称。我的序言〔《英国文学史》序言〕把这
> 449 些历史法则的体系摆了出来，重大事件的一般联系，这些联系产生的原因，这些原因的分类，简言之，人类社会转化和发展的条件。……作为例子，你引证我在莎士比亚的心理学概念和我们法国古典学术心理学概念之间所作的对比，你说这些不是法则而是类型，我已经做了动物学家做的事情，就拿鱼和哺乳动物作例子吧，当它们从整个纲(class)和纲以内无数的种(species)里边抽出理想的典型，即全体共有的一种抽象形式，在整个部门中总是不变的，它的各种不同的特点后来被联系起来，以便说明这个独特的类型如何与特殊环境相结合必然产生这些

---

① 《英国文学史》(第 12 版，巴黎，1905 年，五卷)第 1 卷绪论，第 8 页。H. 凡·劳恩的英译本书名是《英国文学史》(修订版，纽约，1900 年，三卷)。

"种"。这是和我的类似的一种科学的构成；我和他们一样，在事先没看见并剖析过一个生物时，我并不主张猜测；而是也像他们那样，设法指出生物据以构成的一般类型，我的构成或再构成的方法有相同的范围和相同的界限。……我坚持我的观点，因为我相信它是真实的，而且，如果它以后落入高明人的手中的话，还可能产生好的成果。自从孟德斯鸠以来这个观点便一直在地上放着，我把它拾起来了，只此而已（第2卷，第250—252页）。[①]

我这个体系——假如这也可算一种体系的话——只是一种法则，即在好几个世纪里、好几个国家和许多个人经过无数次观察到的一个一般事实。按照科学归纳的一切法则，它可以应用于尚未观察到的其他事例。它并不是一种假设、杜撰或毫无根据的臆说。我的全部志愿就是为这种方法在阳光中取得一个位置。……我钦佩画家；但我没有足够的天才成为画家。我只不过是个搞解剖的人，我只不过是主张：一把解剖刀能够被宽宏大量地允许放在画笔一旁而已（II，135）。

你非常清楚地了解我的观点，你知道，总的看来，我是一个唯心主义者。恰当地说，事实并不存在，它们只是在我们的心中似乎是存在的；事实上任何东西都不存在，在我们面前显现的只有抽象概念、普遍概念，装扮成特殊事物的一般事物。这是斯宾诺莎[②]本人的学说。……（II，215—216）

但在另一个场合，这位唯心主义者泰恩又写道：

宇宙是一个机械地组成的有机体，而历史只是一个把机械学运用于心理学的问题。

在写给恩斯特·阿佛[③]（1864年4月29日）的一封信中，泰恩断言，在史学上有许多定理类似几何学定理；他还谈论"公式"、"曲

① 这一段和以下几段引文均见《生平和书信》（见本书原书第447页著者注）。

② 荷兰著名的唯物主义哲学家（1632—1677年）。——译者

③ 法国教育家（1813—1889年），编辑《帕斯卡思想集》，著有《基督教及其起源》等书。——译者

线”和“机械学”。他明确声明，历史是一门类似生理学和动物学的科学。正如在人体上许多器官和功能之间有许多虽然在数量上不能测量但有确定的关系那样，在经济和社会生活各类事实之间，甚至在宗教和哲学和各种社会情况之间，也有许多明确的关系，尽管这些关系不能用数字表现。这些明确的关系，这些一般的和必要的关系，他叫作“法则”，并说，“这也是在动物学和植物学中人们给它们定的名称”。

泰恩按照自然科学的路子形成的历史思想可以用其他例子加以说明：

> 我天生就爱分析和分类〔II,68〕。……通过实际观察，它(类型)才能够
> 450 被分离出来〔II,326〕。……各类事物的典型事实：工业、家庭、国家、艺
> 术、宗教、哲学……不应当在历史上或群众中去寻找，而应当在行动着的个体、不同的分子中去寻找〔II,326〕。……我的生理学研究将历史教给了我〔II,83〕。……我爱历史，因为它向我指出正义的产生和发展，而且我发现它更美丽，因为我在它身上看到了自然的最终发展〔II,102〕。

最后，不妨引两段奇文共赏：

> 就像自然界有组织的分子那样，每个人也是在自己环境的影响下发展的，并对突然出现的有利时机的刺激作出反应。①
>
> 我们说恶德和美德是产品，就像硫酸盐和糖是产品一样；这并不是说它们是和硫酸盐与糖一样的化学产品。它们是在精神诸因素的合成中创造出来的精神产品。恰恰像必须了解合成硫酸盐和糖的那些化学成分，才能制造或毁坏它们那样，为了使人痛恨虚伪，找出一些联合起来产生真实的心理因素也是有用的。把这个道理应用到当前的事物上，例如对革命精神或宗教精神的分析，同样的研究无疑会证明是有启

① 《批判和历史略论》(第12版，巴黎，1913年)，第32页。

发的。[①]

在自然科学方面，泰恩是一位生理学家；在哲学方面是黑格尔派。事实只是似乎存在着，但实际上只有抽象概念、普遍概念。“我越研究思想方面的东西，越发现它们有数学性质。就像在数学里那样，在思想上的东西也是一个数量问题；对它们的研究应该准确。从来没有比在艺术、政治和历史诸领域证明这一点更使我满意的了。”[②]

泰恩的《英国文学史》(*History of English Literature*)是他的主要思想最好的说明。实际上，他这部书的标题应当是这样：在文学中展示出来的英国民族史和文明史。这部书实际上是一部历史哲学；是一部通过文学这个中介进行判断的英国人民及其文明的哲学性质的历史，他认为文学是由不同成分合成的历史文献。他的《古代政体》(*L'ancien régime*)是他的方法的最好说明。在这部书中为了研究旧制度的机械结构以及各部件的功能，他把它解剖、分割成各种细小的零件，他处理各种发现就像昆虫学家把昆虫放置在标本架上处理那样。他这本书是许多互不相干的文献的与众不同的汇编。是各类事实的汇合，其中很少是重要的。这部书还有分量，因为它有大量证据。每页的脚注占全页的三分之一至二分之一。简言之，《古代政体》是以特殊机械工艺制成的令人生畏的一部资料汇编，把古代政体描绘成由各个部件严丝合缝地装

---

① 《生平和书信》(见本书原书第447页著者注)，第3卷，第100—101页。

② 同上书，第3卷，第239页。A. 契夫里朗，《泰恩，他的思想的形成》(巴黎，1905年)，第132页，引自亚里士多德《解析学》上的一个注释，这个注释是泰恩还是师范学院的学生时写的，他说：“人是前进的定理，文明是自己发展的定义。”

配起来的可怕的机器。

451 泰恩确信一个民族的灵魂主要是在一个国家的自然地理、气候和富源的影响下形成的。1871年,他前往英国见到格罗特和福礼曼时,对这两个人就十分轻视。关于当时已75岁的格罗特,他写道:"'绅士'的典型——但他仅仅按照英国人对待历史的态度,仅仅从政治观点了解历史。他写过一部《希腊史》,但并没有去过希腊;地方和气候的影响在他看来并不重要。"〔III,48〕他把福礼曼当作英国历史写作上可怕的狭隘性的例子。他写道:"不管我听到的还是读到的一切,还从来没有遇到过任何真正优美的文学感情,从没有遇到过真正了解曾经激励古人的灵魂和感情的天才和艺术。无非是博学、非常扎实,但再也没别的了:以福礼曼先生为例,他是在重写奥古斯丁·提埃里的《诺曼征服史》。"〔III,59〕

如果说英国学者们给泰恩的印象并不好,那么他给英国人的印象则是可憎的。克赖顿说:"泰恩应该传播一种新福音,这样盲目自信的人就有福了。"① 约翰·鲍威尔把他描绘成"一位严峻而窄狭的空论家,只相信方法,因而认为只要把事物分类,真理必然会出现。他是一位忠实而艰苦工作的人,但僵板得使人头痛,他的历史视力被他那顽固的教条和死硬的方法的眼罩严格限制住了"。②

泰恩特别急于得到关于腾尼孙的情况,有一回他遇到这位诗

① 路易丝·克赖顿,《曼得尔·克赖顿的生平和书信》(伦敦,1904年,两卷),第1卷,第99页。

② 奥利弗·埃尔顿,《弗雷德里克·约克·鲍威尔》(牛津,1906年,两卷),第2卷,第79—80页。

人的朋友弗朗西斯·帕尔格雷夫爵士[①]时,就问他:“他年轻时不是很富有、奢侈、寻欢作乐、放荡不羁吗?我在他的早年写的那些诗里就已看到这些了——放荡,崇拜肉体美,喜欢珠宝,为寻欢作乐放弃一切,喜欢酒和……。”帕尔格雷夫喊道:“住口,住口,腾尼孙年轻时很穷。那时他的习惯和现在的一样,生活朴素、沉默寡言。他从来都没过过你所说的那种奢侈生活;假如说他早年写的那些诗有富丽的调子,假如说这些诗里充满美女、珠宝和黄金的话,那是因为他是一位诗人,有诗人的想象力这种天赋。”但是当泰恩的书问世时,腾尼孙还是被描绘成一个年轻的酒色之徒、纨袴子弟。这段逸事是泰恩性格的标志。他按照他自己的目的解释证据,并肯定自己心目中希望的东西而置证据于不顾。

“历史学者拒绝接受泰恩的哲学,并批评他的学术;但他们却采纳了他的一切著作都强调的基本思想,即历史关心的不只是政 452
治史,而是各民族整个的社会生活。”[②]

泰恩把部克哈特的《文艺复兴》介绍给法国读者,这是很自然的。他们两人十分类似。泰恩把部克哈特看作改信他的思想的人。两人都在寻找“典型”。泰恩则认为形成“典型”的主要因素是“环境”——种族和自然环境;部克哈特认为形成“典型”的因素是文化——国家和宗教。而部克哈特的方法论却完全没有泰恩那种“科学”偏见。

---

① 本卷原书第290—292页。——译者

② 卡尔·贝克尔,“社会问题和思想对历史研究和撰写的影响的一些看法”,见《美国社会学学会丛刊》,第7卷(1913年),第83页,全文见第73—107页。

雅各·部克哈特(1818—1897年)[①]是《意大利文艺复兴文化》(1860年)一书[②]的作者,阿克顿说这部书是"在现有作品中论述文化史的一篇最透辟、最巧妙的文章",部克哈特曾在兰克指导下学习,但实际上他属于实证主义学派。老师和学生分道扬镳,背道而驰了。兰克的兴趣主要在政治上;部克哈特则把一生献给艺术。兰克是以科学态度研究社会的人,特别重视政治方面;部克哈特则是一位热情的审美家。就个人关系说,这两位著名人物从无深交;比如,作为一位审美家的部克哈特并不相信他的老师那种心平气和的超然态度是真的。然而,从技术上看,兰克对部克哈特的影响却很持久。

部克哈特是瑞士一个古老家族的后裔;他父亲是一位传教士,他自己也学过神学,但在20岁以前就把这门课抛弃了。后来他到了柏林,听特雷新、伯克、格林的课,但主要是听兰克的,而且参加

---

① 自传的详情见部克哈特,《鲁本斯回忆录》(巴塞尔,1898年)。关于书目提要,参看卫尔特·列姆《雅各·部克哈特》(弗劳恩费尔德,1930年),第289—293页。研究部克哈特思想的最好著作是K.佐埃尔的论文,"雅各·部克哈特——哲学史家",见《庆祝巴塞尔大学建校450周年纪念论文集》(巴塞尔,1910年);并参看古奇的书,第580—584页;佛特的书,第748—751页;H.特洛格的书,见《传记年报和德国死者传略》,第1卷(1898年),第54—75页;同一作者,《雅各·部克哈特,一篇传略》(巴塞尔,1898年);R.H.法伊夫的文章,见《德国评论》,第9卷,1934年,第2部分,第78—79页;阿伯哈特·戈特海恩:"雅各·部克哈特",见《普鲁士年鉴》,第90卷(1897年),第1—33页;卡尔·纽曼,"雅各·部克哈特思想中的希腊文化史",见《历史杂志》,第85卷(1900年),第385—452页;同上书,第97卷(1906年),第557页以后,第142卷(1930年),第457页以后;卡尔·纽曼,"雅各·部克哈特的政治遗产",见《德国评论》,第133卷(1907年),第37—54,252—264页,这些文字在纽曼的《雅各·部克哈特》(慕尼黑,1927年)一书中编为一章;同一作者,"雅各·部克哈特,一篇论文",见《德国评论》,第94卷(1898年),第374—400页。

② 中译本,何新译,商务印书馆1979年版。——译者

了他的研究班。1843 年在兰克指导下获得学位,两年以后,在巴塞尔大学当了历史和艺术史教授,他非常出色地担任这个职位差不多有 50 年之久。事实上他的声望已远播四方,因而在 1872 年他被柏林大学聘为历史教授,成了兰克的继承人。但由于他是一个具有顽强独立性格的瑞士人,他不喜欢普鲁士的奴颜婢膝,他拒绝了为了恭维他的这次邀请。部克哈特和尼采终生友好,并和巴 453
塞尔大学哲学教授奥味柏克一起当了尼采遗著的受托人。

在部克哈特的著作中,关于文艺复兴时期的历史、政治、道德、学术、经济、社会等等方面都有论述。“文艺复兴时代的男男女女从那时画的油画上看着我们,他们的遗骨在石雕的坟墓里安息,他们对上帝的虔诚或者说他们的骄矜,建立起许多教堂;他们的治学精神集结成许多图书馆;他们对艺术的扶持形成许多艺术馆。他们还建立起许多庄严的宫殿、布置了许多美丽的花园。文艺复兴的主题首先用政治观表达出来——把国家看作一件艺术品,特别是以当时的专制主义或开明专制的形式表现出来。关于行政、政治经济、财政、外交活动等方面的新观念也逐渐发展起来。战争成了一种科学。教廷作为一个政府在把这些思想表现在行动这件事上落后于意大利其他各邦。部克哈特认为,在教皇的世俗权力实际崩溃 300 年以前,阻止了它的崩溃的只有宗教改革[①]。他还认为,在这样多富于激励性的条件下,即使没有从重新发现的古代中得到推动力,意大利也会繁花似锦。”

① 宗教改革发生于 1517 年,1870 年意大利统一,教皇丧失了世俗权力。——译者

必须首先把部克哈特当作一个人物研究，然后才能作为一位历史家了解，因为他的历史著作全部都是个人表现。从某种意义上说，他简直不能说是历史家，因为他把手头的记载和读物都按照他自己的样子**人格化**了，而且他很少关心政治或国际关系。他擅长的东西正是艺术家擅长的那个领域，就是对个人和他的灵魂的研究。他的光辉著作《文艺复兴时期的文化》——这个论题完全适合部克哈特这样的头脑——受到批判，说它没有解释起源、忽略一切物质基础，把不属一代人的作家混淆了。这些批评是有道理的。

当人们使用了“人物”和“文化”这两个关键性字眼时，他们就差不多已经把部克哈特重要的东西全都说出了。这位瑞士审美家的一切思想、学术、兴趣、辛勤劳动全都是围绕这两个概念打圈子。他并不是哲学家，甚至算不上思想家；他曾对尼采说：“我从来没有哲学头脑，甚至连哲学史都不知道。”“我一生从来没有进行过哲学思维。”他还在给尼采的信中写过这样的流露内心的话：“你知道，我从来没有进入真正的思想的殿堂，却常常在伯里波罗的庭院和大厅里，在那最广义的造型艺术占统治地位的地方享受快乐。”因此，部克哈特也厌恶任何历史哲学，他说这是因为这种东西是“按
454 年代写的”，而且把事件和文化说成相反的东西，而不是相似的东西。他承认他自己感兴趣的是“重复的、经常的、典型的东西”。

部克哈特最喜爱的是人物占支配地位的题材和时代，如古典时代的希腊，意大利的文艺复兴，法国的旧制度。他讲这些题材的课是以无穷无尽的知识为根据，以极其美妙的讽刺进行的，都是艺术作品。他自己就是第一流艺术家，他讲的那些题目就是他的化身；他无疑是欧洲第一流艺术批评家。他那些谈话很有名，特别是

当热情的青年学生们围着他听、红葡萄酒使他激动起来(这位独身汉的个人习气与众不同)[①]的时候。提到他的讲演技巧,格丁根大学教授卢得维喜·科恩说:“(在历史家当中)谁也比不了的大演说家只有两位:布雷斯劳大学的罗佩耳和巴塞尔大学的雅各·部克哈特。”

这种对人物的强调在部克哈特的全部著作中到处都是。十分古怪的是,这一点竟然导致严重的悲观主义,特别是由于部克哈特是叔本华的热心读者。他的悲观主义主要是他有意识地脱离当时欧洲那些伟大的群众运动造成的;这些运动有民族主义的、爱国主义的,中央集权的等等。部克哈特是巴塞尔一位骄傲而自由的公民,他讨厌一切带强迫性的、划一的、非个人主义的东西。他喜欢小的、自由的、独立的社会;所以他轻视并厌恶俾斯麦的德国。值得注意的是,部克哈特以个人主义的、贵族式的、反对国家的种种思想影响了敏感的尼采,尼采自己后来也变成一个“善良的欧洲人”和痛恨民族主义的人。

从部克哈特这种感情和信念中产生了他对文化的兴趣和热心。他可以说是文化史的创始人。他认为文化就是历史的价值和积极意义。文化意味着自由,不是武断的外表的自由,而是内心的、精神的进化:“是精神在各方面发展的总和,是自发的,并不要求任何人承认它普遍正确,或强迫人家承认它正确。”

“主要是法国历史家米细勒[②]对他的启示,指引他把从但丁到

---

① 参看 H. 革尔泽的个人回忆,“雅各·部克哈特——人和教师”,见《文化史杂志》,第 7 卷(1900 年),第 1—51 页。

② 本卷原书第 232—242 页。——译者

米开朗琪罗的政治生活和各种学说、文学、宗教思想、学术、社会生活、道德和迷信作出伟大综合的。……虽然他和泰恩之间有很大距离，但在方法上二人却有许多共同点。……他们都把历史看作某些稳定因素（泰恩说是种族；部克哈特说是国家和宗教）和时间空间二因素（泰恩说是环境、部克哈特说是‘文化’）的互相作
455 用。……泰恩高度赞扬部克哈特的工作，因为事实上部克哈特的工作说明了泰恩的学说，尽管没有泰恩自觉的方法论。部克哈特也像泰恩那样，在历史上寻找‘典型’的东西，他还有和泰恩相同的信念，即他找到的典型是那个时代的忠实代表。”①

受自然科学影响的另一位德国史学家是《法国革命》和《德意志帝国的建立》的作者亨利希·丰·济伯尔②。可能因为他既是历史家又是政治家，对单纯历史家有时不能理解的问题他有一种直觉的理解。③ 济伯尔把自己的信念和科学混为一谈。他对自己

① R. H. 法伊夫的文章，见《德国评论》（见上上一个著者注），第 78—79 页。部克哈特的著作只有三种在他生前出版：《君士坦丁大帝时代》（莱比锡，1853 年，第 4 版，1924 年）；《意大利的文艺复兴文化》（莱比锡，1860 年，两卷，第 12 版，L. 盖格尔编，莱比锡，1919 年，两卷）；和《意大利文艺复兴史》（1867 年，第 7 版，斯图加特，1924 年）。其他著作由 J. 奥埃里根据部克哈特的讲稿编辑出版。其中有：《希腊文化史》（第 2 版，柏林和斯图加特，1898—1902 年，四卷）；《世界史商榷》（斯图加特和柏林，1905 年，第 4 版，1921 年）；《意大利美术史论文》（1898 年，第 2 版，1911 年）。他的著作的一部完备全集，《雅各·部克哈特全集》，由汉斯·特洛格，爱弥尔·杜尔和其他等人编成，1929—1934 年间出版于斯图加特，分为 14 卷。

② 本卷原书第 208—214 页。——译者

③ “我认为，1840—1880 年间济伯尔和地道的历史家们所代表的世界观是合乎科学、合乎伦理和崇高的世界观，也是公认的、强有力的、战无不胜的世界观。并且济伯尔的重大意义在于他从这种世界观出发撰写历史和批判世界，而以其独特的风格，从纯粹描述史实到解释历史因果，直到说明重大联系诸步骤。”见考斯道夫·（接下页）

的方法的准确性深信不疑,因而相信自己的学说是自己的方法造成的结果。济伯尔认为历史简直和一门自然科学同样明确。他说,只要有正确的方法,真理就会从中产生,而且准确无误。“历史科学是可以向完全正确的知识前进的。”[①]

和泰恩同时的芮农[②]和库朗日[③]是不亚于他的实证主义者,但他们的方法不那样明显。这两人都完全相信自己的批判本领可以从自己掌握的历史资料中分离出人物和事件的真相。芮农的方法极其精致,把主观思维和客观实在糅合得极难捉摸,从分析到综合的过渡极其灵巧,以致读者的脑子常常是受引诱而不是被说服,不过他本人并不知道这一点。然而读者从未怀疑芮农的目的是揭示宗教信仰和学术发展的密切关系,以及两者对社会情况的影响。芮农认为古代犹地亚、希腊和罗马的历史以实例证明了一项历史法则;在这项法则作用下,一些民族和文明由于向文明和人类作出 456
贡献而被削弱,变枯竭;它们终于死去,以便一种新的文化得以从这块土地上生长起来。但假如这话可靠,那么“适者生存”就不是历史法则之一了——至于它在生物界灵不灵就是另一回事了。或者,人类是不是像果树那样,最好的品种经过几代之后就不再开花结果了?

(接上页)施穆勒,“纪念亨利希·丰·济伯尔和亨利希·丰·特赖奇克的讲稿”,刊登在《勃兰登堡和普鲁士史研究》,第9卷(1897年),第357—394页。

① 参看他的讲话“论历史知识的法则”,见他的《讲稿和论文》(柏林,1874年),第1—20页。

② 本卷原书第555—557页。——译者

③ 本卷原书第362—373页。——译者

库朗日相信历史也是和数学一样纯的科学，只要把数学论证形式和逻辑原理运用到史料的解释上就行。严格地说，库朗日认为解释不是他的事，他只是揭示。如果正确运用的话，历史文献将会为自己说话。他有一回指责某些向他喝彩的学生说："这不是我在讲话，而是历史通过我在讲话。"

自从达尔文以来，任何历史家都不能忽视历史发展上的进化因素。这个概念，使历史家对历史有了时间因素或称持续时期这个观点，其规模和意义远远大于他们的前辈有过的这类思想。尤其是，这种概念使历史学者对各种制度的发展有了新的理解，使他们认识到现在的一切都深深植根于过去，从而使他们尊重传统。实际上，现在任何一位历史家都承认人类制度发展的进化性质。E. G. 康克林[①]写道："从四度（长度、宽度、高度和时间）观察自然是达尔文的特殊本领。""分异"(segregation)或者说把类似的材料分类集合成群的倾向，今天在生物学界已到处得到科学家的承认，而相反的情况即"孤立"说(isolation)则在种族和其他社会集团的形成这个问题上对社会科学家的思考产生了强有力的影响。例如地理上的孤立原则对历史家和社会经济史家来说就是一个非常重要的原则。[②]

让我们再举一个例子："不是教条地而是历史地看待世界各种宗教——换句话说，即不把它们当作真理或错误的体系加以证明

① 美国生物学家(1863—1952年)，宾夕法尼亚大学动物学教授，著有《人类发育过程中的遗传与环境》等书。——译者

② 赫伯特·W. 科恩，《进化论的方法》(纽约和伦敦，1900年)，第282页，认为这个如此重要的孤立观点"应该与物种起源中的自然选择并列"。

或驳斥，而是当作意识的现象进行研究，就像研究人性的任何其他方面的表现那样——这种观点似乎是19世纪以前简直从未见过的。”[1]

但是，历史可以从衰落和退化的角度而不是从进化和发展的角度来写——的确，有时必须这样写，因为每个时代都在走向死 457
亡，从而使一个新时代能够诞生。在有机的发展和有机的衰亡之间并不是互不相容的。其证据如:在罗马帝国的衰亡启发下写的那些伟大著作:塞克[2]的《古代世界灭亡史》，以及罗斯托夫采夫[3]的《罗马帝国社会经济史》，还有更早一点由奥斯瓦尔德·斯宾格勒[4]写的《西方的没落》等。

哈夫洛克·埃利斯[5]指出，朱里安·赫胥黎[6]教授曾说明，“如果我们把生物学的地位看作无机科学和人文研究之间的桥梁，就可以把世界看成一个整体，并使研究人类事务的科学方法得以完全正确地加以综合。”历史家非常感激生物学家，因为他们对社会的有机性质提供了很有启发的看法，把社会上每一个人都看作政

---

① 詹姆士·G.夫累则,《戈耳工之头》(The Gorgon's Head)(伦敦,1927年),第281—282页。〔译者按:戈耳工为希腊神话中的怪物,她的头能使任何看到的人变为石头。〕

② 本卷原书第508—509页。——译者

③ 俄国人,归化美国(1870—?年)。耶鲁大学古代史教授,著有《古代世界史》、《罗马帝国社会经济史》等书。——译者

④ 德国哲学史著作家(1880—1936年),著有《西方的没落》(两卷,1918—1922年),预言西方文明将要没落。商务出版了中译本。——译者

⑤ 英国科学家(1859—1939年),著有《世界梦想》等书。——译者

⑥ 英国生物学家(1887—1975年),T.H.赫胥黎之孙,曾任联合国教科文组织总干事。——译者

治集体和社会集体中的一个细胞。这个看法使历史家对现在和过去的历史有了新的洞察力，新的解释，新的体会。因为各个时代的人性都是一样的，历史家也就学会了根据现在了解过去，根据过去了解现在。

细菌学家和细菌学说也帮助历史学家，通过类比了解制度和社会机体受害，一个时代的衰落，一种文明的腐朽。这种推理极为成功，因而“社会病态”这个词已经成了平常话。凡阅读一本近代人写的记述罗马帝国衰亡的著作的人有接触到用生物—细菌学观点来解释历史的情况。例如蒙森的最出色的继承者鄂图·塞克在他的《古代世界灭亡史》一书中就曾说，罗马文化“烂掉了”，还说从腐烂了的文明垃圾堆里生出“孢子”，新的有机体，后来逐渐开花结果，成了一种新文化、新文明。近代历史家写的“形成中世纪社会细胞的这个组成部分的正常群体就是庄园”，或者说“社会的分子性质”或“社会发酵”，就是拿自然科学的类比解释历史的；他并不是在写历史。“似乎是确证了的东西实际上可能是混淆。……”类似是一回事，鉴定则完全是另一回事，在任何对比中，如果各种区别的数目或重要性超过相似之处，这个类比就不存在了。①

1873 年出版的沃尔特·白哲特②的《物理学和政治学》是设法用自然科学的方法解释历史的最引人注目的著作之一。但它这个
458 书名仅仅提出他的目的的一半。书的全名是《物理学和政治学，即

① O. F. 丰·吉尔克，《自然法则和社会学说，1500 至 1800 年》，恩斯特·巴克译（剑桥，1934 年，两卷），第 1 卷，第 29—30 页。

② 英国经济学家（1826—1877 年），著有《物理学与政治学》（1869 年），应用进化论原理于政治学中。——译者

探讨把自然淘汰和遗传的原理应用于政治社会的一些想法》。显然，他所说的"物理学"指的是无机和有机自然科学，他所说的"政治学"指的是一切社会科学。

从达尔文和巴斯德的时代迄今，动物学和细菌学在解释历史方面是最有影响的科学。不过，近来著名的热力学第二定律[①]也使一些历史家激动起来。然而，他们大多数都不愿从热的节约的实验知识中得出历史的推断，即使已故的威廉·奥斯特瓦尔德[②]热衷于这样的思想："自然科学终于能够从它的保守的看护人手里夺得迄今一直被认为是艺术独占的价值世界。"[③]奥斯特瓦尔德认为，物理学把历史包得严严的。动能学必须扩展到生活和思想领域。"整个目的和价值世界是从作为其最深渊源的（能量）消散法则中产生出来的。"

历史家无力驳斥热力学第二定律的应用，只好把这个任务留给哲学家了，例如威廉·詹姆士[④]，他争辩说：除非为历史划出终点，否则这个定律就和历史无关，理由是：历史必须研究价值，而物理学讨论的则是量（quanta）。[⑤]

---

① 1851年英国物理学家开尔文表达热力学第二定律的方式：从单一热源吸取热量，只有一部分变为有用之功，大部分散失了。——译者

② 德国物理化学家和哲学家（1853—1932年）。——译者

③ 威廉·奥斯特瓦尔德，《能量的必然性》（莱比锡，1912年）；并看他的自传，见《自我模拟的现代德国哲学》（莱比锡，1932年）。

④ 美国心理学家和哲学家（1842—1910年），哈佛大学教授，美国实用哲学创始人之一。——译者

⑤ 《威廉·詹姆士的书信》，他的儿子亨利·詹姆士编（波士顿，1926年，两卷合为一册），第2卷，第345页，写给亨利·亚当斯的信。

但是亨利·亚当斯[①]惊惶地宣告这个定律使社会研究“喘不过气来”。他不应当惊惶。他未能看到——也许是不愿承认——历史研究基本上是质的而不是量的价值。而且二者并不只是程度上的差别，而是种类上的差别。就我所能理解的说，热力学第二定律对历史唯一的意义就是它预告人类作为地球的一部分不可避免地将随地球本身的灭亡而灭亡。但历史是人类的故事，不是地质学上的一章。热力学第二定律本身并不是历史的定律，尽管有些人庄重地确信有了这个定律“历史便从物理学里引进一个因素”。

在历史方法和科学方法之间并没有真正的联系，于是真正的对比也就根本不可能了。我们可以类比，但不能印证。

自然科学下全力研究的是数量问题。自然科学家关心的主要是以度量（即用计量大小的办法）描述自然过程，科学家的思想再
459 由此进一步从事分类。相反，历史家对以数量表示的事物没兴趣（偶然的东西例外），他关心的主要是质量，如思想、目的、感情等。他关心的是事实而不是事物。不妨在这里指出“事实”这个词指的仅仅是历史家使用的资料。因为它指的是“存在的事情”（factum-est）即，制造出来的或做出来的事，但不是自然而是人制造的或做出来的。

历史、哲学和宗教有一种类似亲属的关系，即每一学科都“重视个别的、独特的、不能计算的和自发的事物，在宇宙间任何地方都没有和它对应的具有某种性质的实体”。[②]

① 美国历史家，耶鲁大学副教授（1838—1918年），著有《美国史》，九卷。——译者

② 约瑟·尼德汉，“宗教和科学思想”，见《标准》，第10卷（1931年），第249页，全文见第233—263页。

自然科学注意的是世界的度量方面、忽视其中的个性,历史则相反,它忽视前者、注意后者。自然科学常常有“机械”论和宿命论倾向,因为这些概念属于科学头脑,自然科学也可能从质的观点开始,例如“热胀”和“冷缩”。但自然科学的较高阶段主要是竭力从纯粹数量出发,系统地陈述过程。

反之,历史家关心的主要是性质方面的东西,事情是“怎样”和“为什么”发生的。单纯数量上的价值对历史家并不重要。拿破仑在滑铁卢的兵力和韦林顿的兵力数量相同。但数量并不重要。拿破仑“为什么”和“怎样”在滑铁卢打败了,不能从数量上说明。

历史和自然科学一般有一点是共同关心的:双方都关心个别和一般之间的关系,从长远看来一般的东西才有价值。

> 对自然科学说来,看得见的个别事物并不重要,或者说其重要性仅仅在于它可作为一般法则的例子……或者作为一个部类当中的一个成员……。一个种类当中的个别成员并不重要,除非它有某些使它有别于该种类的个别特点,在这种情况下,它如果是某一新种类成员之一就重要。但在任何情况下,它本身也没有什么重要性。它只有在作为某一种类中的一个例子,从它身上可以了解并证实这个种类的那些特点的情况下,或者作为一连串原因形成的链条上的一环的情况下,才有重要性。
>
> 但重要的是整个链条,而不是上面的环。①

同样,历史关心的并不是任何单独的一件事或任何个别人物,而是人和事的各种关系。自然科学家和历史家还有一些一致的地

① 《W. P. 克尔文集》,查尔斯·槐布来编(伦敦,1925年,两卷),第246—247页。

460 方，两者都使现象的条理和关系显明易懂，两者都从事务的发生和发展了解其过程和结果，尽管事实上科学现象和历史现象是种类十分不同的证据。进化和生命——或者说至少是它的遗传过程——有密切关系。而且，历史研究的是过去的生命这一事实有助于历史家把进化用作解释的手段。

实证主义学者欺骗了自己。19 世纪自然科学的影响有时对历史家的想象力起着激励作用。但它也是有偏见的，而且常常和前几个世纪的神学和形而上学类似，起了束缚思想的作用。[①] 另一方面，"所有近代思想和科学用的都是历史方法。无论研究的是什么，考虑的都不只是它现在被认为的那样的东西，而且要考虑它之所以变成现在这个样子的过程。直到近来，博物学一直都是对现存物种的分类。现在人们以同样的力量研究物种的起源了。地质学已不仅仅研究地壳，而是要考察地壳如何形成的问题了。……运用历史方法，是我们的近代思想和过去所有时代的思想区别开来的主要特点；这种方法和进化这个概念联系密切，进化

① "作为思想束缚并歪曲了历史运行的、从自然科学借用的那些学术公式有两种形式：物理的和生物的。第一种的基础是……因果关系的设想，即一切发生在人类世界的事情都是由先前发生的事情决定的，而历史事件是有待发现的法则的例证和资料，这种法则就像水力学中发现的法则那样。……历史学家把事件排列在精致的因果关系的小链条上，以便解释事件相继发生的原因，使自己得到满足；在得到的结果中发现缺点时，就归之于已知资料的不充分，而不认为这是由于他们自己据以行动的那个假设的错误。……有些历史家对这种物理历史学这种搞法越来越怀疑，这是无可厚非的，但他们仍然屈从于自然科学的道理，于是就从物理学又转向生物学去找答案。……达尔文进化论的成就是了不起的。……或许生物学上有机体类比的原理可以采用吧。……于是乎，利用生物学类比原则，历史又被看成文化有机体的发生、发展，竞争，灭亡等一连串变化。"查尔斯·A. 比尔德的文章，见《美国历史评论》，第 39 卷(1934 年)，第 222—223 页。

作为一个一般的词,指的是一个过程,不只是事物现在的情况,还有它们是怎样形成现在这个样子的。而且,事物也确实是在形成过程之中。”[①]

① 威廉·坦普尔,《自然,人和上帝》(伦敦,1935年),第101页。

第十编

古代东方、古典时代和拜占庭研究

第五十六章　恢复古代东方的本来面目[1]

人们的眼界的扩大与日俱增，而任何时候都不像 19 世纪给古代东方史带来的新图景那样明显。第 1 章曾谈到罗塞塔石刻上面[2]三种文字的铭文如何为辨认埃及象形文字提供了钥匙。但在全面熟悉古埃及语以前还需要许多年的时间。埃及古文物学的奠基人是法国学者商博良。 463

冉·弗朗索瓦·商博良(1790—1832)[3]是在比他大 12 岁的

① 在《剑桥古代史》，第 1 卷(1923 年)，第 3 章，R. A. 斯图亚特·麦卡利斯特尔教授写了一篇关于探查和发掘情况的良好总结，附书目提要，第 625—629 页；普及类记述可参看 R. 马戈芬和 E. 戴维斯的《有魔力的铲子；考古故事》(纽约，1929 年)，和 H. V. 希尔普雷希特，《19 世纪在〈圣经〉提到的一些地区的发掘》(费城，1903 年)。近代发掘的文献资料很丰富。

② 法国人布萨尔(Boussard)在埃及发现的一块石碑。参阅上卷原书第 6、10 页。——译者

③ 他的传记是赫尔民·哈列本写的，很全面、很热诚，书名是《商博良，他的生平和著作》(柏林，1906 年，两卷)；并参看《冉·商博良的书信》，赫尔民·哈列本编注(巴黎，1909 年，两卷)；爱姆·商博良-非解克，《两位商博良，他们的生平和著作》(格勒诺布尔，1887 年)；亚历山大·莫列特，《尼罗河和埃及文明》(巴黎，1926 年，《人类的进化》丛书，第 7 卷)，M. R. 道比译成英文。

哥哥[1]那里受的教育[2]，他年幼时便开始研究希伯来、阿拉伯和哥普特等语言。[3] 16 岁时向格勒诺布尔学院提交一篇论述古埃及地名的文章，其中说哥普特语就是古埃及语。他来到巴黎，希望能证实哥普特语就是解决他喜爱的象形文字的线索。在研究了罗塞塔石刻之后，颇有收获。他第一次辨认成功是在 1821 年，两年之后，便在向学院提出的一系列备忘录中，能够解释埃及文字的基本原
464 则了。[4] 国王查理十世任命他在意大利进一步研究埃及古文物。1824 年商博良逐一访问了都灵、里窝那、罗马和那不勒斯那些博物馆，被任命为卢浮宫埃及文物陈列所主任；并再次由国王金库出资派往埃及。他这次去埃及是和比萨大学易波里多·罗塞利尼[5]教授合作，后者从托斯卡纳大公那里接受了同样的任务。一年之

---

① 冉·雅克·商博良(1778—1867)，法国考古学家，著有《古代埃及》等书。——译者

② 雅克·约瑟，通常的称呼是商博良-非解克(1778—1867)，以区别于他更为著名的哥哥冉，他是图书管理员，后来当了希腊文学教授，连续担任格勒诺布尔学院文学系秘书和教务长，后来又成了考古学家和国立图书馆手稿保管员，古典学院古文书教授，并于 1849 年任枫丹白露宫的图书管理员。在格勒诺布尔时，他曾是一位活跃的作家和文学爱好者；拿破仑·波拿巴指令他起草一篇文章，记载从埃尔巴到格勒诺布尔的著名过程。除了记述地方史和古文书学的那些著作以外，他还精心编辑他死去的弟弟的遗稿，虽然他自己从未研究过象形文字，但他写了许多论述埃及和古代东方史的著作。关于《古代埃及》(1839 年)和《古埃及通俗文字》(1843 年)的编写，他利用了他弟弟的注释和收集的资料。他的儿子爱姆(1812—1894)担任他在国立图书馆的助手，并撰写了一部这个家族的历史(见上一个著者注)。

③ 哥普特人为古埃及人的后裔。——译者

④ 这些备忘录次年用国家的经费出版。这件事情连同一篇有关他的前辈的记述详细记录，见赫尔民·哈列本写的传记(见上上一个著者注)，第 1 卷，第 7 章，第 345—500 页。

⑤ 1806—1843，意大利考古学家和东方语言学家。——译者

后，商博良回到法国，担任法兰西学院为他设立的埃及古文物学教授（1831 年），但次年他过早地去世了。他为这次考察写的报告是在他去世以后才出版的。商博良以稀有的直觉首先证明在埃及古代文献上写的三种文字——象形文字、僧侣文字、世俗文字——基本上都是一种语言；象形文字里大约有十分之九是拼音字母，十分之一是象形符号或表意字。书写的拼音基础一旦奠定，用音译的办法便能表明古代埃及语和哥普特语的关系了。商博良去世时虽很年轻，但他已经把古埃及文物这门科学建立起来了。①

这门新科学的领导地位现在已从法国转到德国，落到卡尔·理查·列卜修司（1810—1884）手里。② 在希腊学者奥特夫里·米勒③影响下，他选择了考古学作为自己的终生事业；然而使他转向埃及古文物的却是本森和亚历山大·丰·洪保德④的影响。列卜修司是撒克逊一位官员的儿子，以最好的成绩毕业于故乡瑶姆堡

---

① 商博良的著作（书名前面有星号的是研究象形文字的学者必读书）有：《法老统治下的埃及》（1814 年，两卷）；*《论象形文字》（1821 年）；*《论通俗文字；古埃及象形文字原理摘要》（1824 年）；*《埃及万神殿，或，古代埃及神话人物汇编》（不全）；《从历史、宗教等方面看埃及和努比亚的遗物》；《埃及文法》（1836 年）；《埃及字典》（1841 年），两书均系他死后出版的；《罗塞塔石刻世俗原文分析法》；《发现象形文字字母的历史后果一鉴》（1827 年）；《埃及人在他们记录中主要以时间划分的三种图画文字中使用符号的备忘录。埃及和努比亚文献》（1833 年）；《手稿目录》（1844 年以后），叙述他在埃及的成果。

② 他的门生乔治·埃伯斯写了一部表示感谢的传记，《理查·列卜修司》，邹·但纳·昂得希尔译成英文（纽约，1887 年）；并参看埃伯斯的纪要，见《德国评论》，第 41 卷（1884 年），第 184—201 页。

③ 德国古典语言学家和考古学家（1797—1840 年），著有《古代希腊文学史》等书。——译者

④ 德国博物学家（1769—1859 年）。见本卷原书第 151—152、162—165 页。——译者

高等学校，后来在莱比锡、格丁根和柏林等大学研究语言学和考古学。伯克[1]指导他的毕业论文（1833 年）。商博良去世一年之后，列卜修司前往巴黎，被人介绍认识了许多类似伟大的阿拉伯学者西薇斯特·得·萨栖[2]这类名人。吕印公爵[3]聘请他为一部论述
465 古代武器的著作搜集希腊和罗马资料。后来普鲁士驻罗马大使兼考古学院主任本森邀请他到意大利研究安布里亚语、奥斯干语[4]和伊达拉里亚语铭文，然后再研究尚未解决的埃及奥秘。

列卜修司研究埃及古文书学的初步成果是一篇关于商博良的许多发现的透辟总结和对商博良拼音字母表的修订。但他最重要的贡献是和年代学、数学、度量衡学以及埃及的宗教有关的那些研究。他把方法和批判分析引进这样一个领域，在这个领域里，学者们仍然按照自己毫无约束的想象，急躁地从一个只解决了一半的问题跳到另一个问题。列卜修司结束了这种脱缰似的离奇幻想，科学地勘测了这个领域，从而打下牢固的基础，使后人能够在这个地基上进行建设。

他开始编排完备而有条理的资料。在四年的研究中，包括 1838 年那次到英国和莱丁翻阅藏书，列卜修司收集了极其丰富的资料，并按照出处和原稿的大致时期进行分类整理、校订，最后归类。

最混乱的是埃及宗教部分。在他以前没有人想到过要把这种

---

[1] 本卷原书第 156—157 页。——译者

[2] 法国东方学者（1758—1838 年），曾任巴黎大学校长，法国阿拉伯研究的创始人。——译者

[3] 法国考古学家（1802—1867 年）。——译者

[4] 古代住在意大利坎佩尼亚的人民的语言。——译者

纷乱的众神清理出头绪，或者尝试搞一个万神殿。像他一贯的作风那样，列卜修司避免仓促的概括或揣测。他把全部问题摆在历史的基础上，探索其间的关系。在都灵进行的研究使他得出重要的结论：即在莎草纸、石棺、符箓、木乃伊裹尸布上边那些宗教经文全都是从一部大的书上抄来的，他很贴切地把这部书命名为《死者之书》(*Book of the Dead*)。列卜修司认识到这部著作是古埃及人那些宗教观点和他们对永生的信念的主要来源。19 世纪 30 年代，他仍然不敢尝试继续翻译这些经文，这是他作学问小心谨慎的特色。经过对都灵大手稿两次细心核对，才在 1842 年出版了原文和 79 块图片。[①] 他为《死者之书》所分各“章”，至今基本上都未改动。列卜修司从埃及回来以后，就能够圆满结束对埃及万神殿的研究了，并用历史方法证明主要诸神之间的关系，举例说明地方的和世俗的原因如何导致其他诸神进入书中。[②]

1842 年列卜修司被任命为柏林大学教授。他刚刚 30 岁，洪 466
保德和本森就说服普鲁士国王腓得烈·威廉六世仿效法国和意大利的先例，派他领导前往埃及的一个考察团。1828 年，商博良的考察团去的那一趟主要是发现了一些东西。列卜修司现在决定弥补遗漏的工作，分出相当长的时间研究每件古代遗物，把发现的东西都按历史顺序整理出来，从而使对埃及艺术、历史和文明的认真

① 韦顿巴哈两兄弟把这一版的象形文字雕画得十分出色，可和埃及原物媲美，并成为他们为柏林研究院雕刻的铅字范例(1884 年)，后来已为全世界普遍采用。

② 参看他的结论，见《柏林王家科学院论文》，哲学—历史类(1851 年)，第 157—214(1856 年)，第 231—234、259—320 页。在晚近的一卷中有下列一段话：“在着手系统描述搜集到的古物以前，先作古代学的分析，这始终是一切古物研究的可靠途径。”(第 224 页)

研究得以开始。他从几乎被商博良完全忽视了的孟菲斯那些金字塔开始，[①]并在大墓地对一些私人坟墓作了首次考察。把这些东西都系统地拍了照片、绘了图，并把那些铭文拓下。他访问了法尤姆，上埃及的一些坟墓(上边有关于古帝国末年、中帝国初年的资料)和埃拉马那的一些遗迹。最后沿尼罗河上溯非洲心脏地区的喀土穆，从而打开了近代人掌握古埃塞俄比亚文明这方面的知识的大门。在底比斯用了五个月的时间，还作了一次郊游，首次访问了西奈半岛上的古代铜矿。整个旅行用了三年.还专门派了一只船把穆罕默德·阿里[②]献给普鲁士国王的许多铭文、平面图和古纪念物运回。

列卜修司在柏林大学任教 40 年。他的第一项任务就是把考察中发现的资料编成《埃及与埃塞俄比亚古文物》(1859 年)共 12 巨册，附有一千幅图片。[③] 拿破仑任命的委员会编写的那些卷书[④]的内容是按地理位置排列的，罗塞利尼的书是按题目编排的；列卜修司这部书和他们的完全不同，他是按年代编排的，这样更科学，他把一个时期的文献和材料和另一个时期的分开，这样就把对一个个时期的全貌作综合研究的工作向前推进了一步。

---

① 列卜修司发展了这一学说：即金字塔不是同时建造的，而是每个统治者登上王位时便开始建造，不断增加建筑层或围墙，直到法老逝世时，因而金字塔形状是(法老)统治时期长短的标志。希尔普雷希特的书(见本书原书第 463 页著者注)，第 632 页。

② 穆罕默德·阿里(1769—1849 年)，1805—1848 年为埃及总督，1799 年与拿破仑作战。——译者

③ 乔治·埃伯斯提到它们时说：“《纪念物》这本书是研究埃及古物主要的、基本的巨著，它将永存于世。”

④ 拿破仑远征埃及后，出版《埃及志》一书，本文 24 卷，图表 24 卷。——译者

编辑上出现的许多问题直接引起他撰写《埃及编年史》(1859年),这部书讨论了按年代研究古代情况的一切学术工作的方法,以主要篇幅进行对资料来源的批判分析。他的第二部重要著作《埃及列王记》(*Das Königsbuch der alten Aegypter*)(1859年)提供了在一切地方曾经列举过的所有埃及统治者的姓名,并附有年月和参考资料,常常还有详细的引证。这样,埃及的年代编排便被放置在一个比较牢固的基础上了。

列卜修司然后又转向对古代度量衡的研究,不只是埃及的,还有亚述和巴比伦的。1866年他第二次访问埃及的结果是在塔尼 467
斯①的遗迹中幸运地发现了卡诺斯城②的石刻铭文。这是第二块罗塞塔石刻;毫无疑问,它的三种语言的铭文证明了商博良的方法十分正确,并为埃及历法提供了线索。

整整50个学术团体选他为会员。列卜修司是德国埃及学的真正鼻祖;除布鲁格施③外,德国所有埃及学大师都是向他请教的。

列卜修司的普鲁士考察团的成就被法国发掘者弗朗索瓦-奥古斯特-斐迪南·马列特(1821—1881年)④的成就超过了,从1850到1880这30年间,马列特才是埃及古迹发掘方面的真正大师。他父亲仅仅是布洛涅市⑤一名文书,马列特经过一些困难读

---

① 在下埃及尼罗河三角洲上。——译者

② 在亚历山大里亚城东北15英里。——译者

③ 德国埃及学家(1827—1894年),释读埃及通俗文字,著有《埃及象形文字,通俗文字词典》等书。——译者

④ 《大百科全书》,第23卷,第115—116页有他的主要著作表。参看G.马斯伯乐的"传略",见《奥古斯特·马列特。杂文》(巴黎,1904年)。

⑤ 法国北部一海港。——译者

完大学课程后，先是担任中学教员。他在布洛涅博物馆内看到埃及石棺上那些奇特的字体就发生了兴趣，于是就刻苦阅读商博良的文法书，从而掌握了这种困难的语言，后来就出版了一本当地博物馆埃及部分的目录。他在国立图书馆里继续研究（1849 年），随即获得查理·勒诺尔芒[①]的扶持，这个人在罗浮宫博物馆给他找到一个位置，即莎草纸文献复原者，后来又派他到埃及去探寻哥普特文和其他东方文手稿。马列特决定利用这个机会搜寻那些遗迹。他放弃了首次派给他的这项任务，勇敢地和不友好的上级作斗争，和经济困难作斗争，终于发现了塞累匹昂[②]即神圣的牡牛亚匹斯在孟菲斯的墓地，使这次考察圆满结束。有 64 头圣牛发掘了出来；上边那些铭文是无价之宝，因为它们的年代从第 18 王朝[③]直到克利奥佩特拉[④]时期，并提供了这段时期几乎完整的列王表。在基泽[⑤]的巨大狮身人面像附近，马列特还发掘出一座宏伟的神庙。他携带着 7000 件标本和遗物回到罗浮宫博物馆。埃及的赛德巴夏[⑥]本人对这件事发生了兴趣；1857 年在开罗建立了一座博物馆，并邀请马列特当该馆主任，给他权力在埃及他所喜欢的任何地区进行发掘。他的热情超过他的智慧。在随后的 20 年间，进行发掘工作的地区不下 37 处。事实证明，指导所有这么多地区的发

---

① 法国考古学家和古钱币学家（1802—1859 年），著有《东方史导言》等书。——译者

② 意为塞累匹斯（即亚匹斯）的葬地。——译者

③ 约公元前 1584—前 1341 年。——译者

④ 克利奥佩特拉七世，古埃及最末了的女王（公元前 51—前 49，前 48—前 30 年），后为奥古斯都所灭，埃及并入罗马。——译者

⑤ 在开罗附近。——译者

⑥ 赛德巴夏（1822—1863 年），1854—1863 年为埃及总督。——译者

掘工作是一个人的力量无法办到的，结果是，由于无人指导，工人们鲁莽的手常常把无价之宝似的标本毁坏；马列特根本不可能把他这些发现完整而令人满意地出版，甚至连作出这样的记录都没有办法。布雷斯特德[1]说，他把每个发掘地点发现的东西都损伤了。50年后，仍然没有关于塞累匹昂的综合论述出版，而且有许 468
多发现也都没有出版。但在最初那几十年里，甚至连学者们都没看到这位近代考古学家如何小心谨慎。[2]

马列特在三角洲发掘了20多处，其中有舍易斯[3]和布巴斯替斯，在塔尼斯（《圣经》上的左安）的神庙中挖出了一些狮身人面像；在孟菲斯挖出300多个墓前摆祭品用的长方形建筑物，在阿卑多斯[4]挖出第19王朝[5]锡提一世[6]的庙，并发现"列王表"；[7]在四周的乡村里发现15000件纪念物和800块墓石，都是中帝国[8]遗物。登得拉的哈梭[9]庙，厄德佛的赫拉斯[10]庙，卡纳克[11]庙的最古旧部分

---

① 英国考古学家和历史家（1865—1935），著有《埃及史》等书。——译者

② 马列特的主要兴趣是为自己的博物馆获得好的标本。他死抱住他作为发掘者的特权，生怕被别人夺去，甚至不允许他的伟大朋友、法国学者亨利希·布鲁格施帮他发掘。希尔普雷希特的书（见本书原书第463页著者注），第639页。

③ 在下埃及尼罗河三角洲上。——译者

④ 在上埃及。——译者

⑤ 约公元前1342—前1205年。——译者

⑥ 约公元前1314—前1292年。——译者

⑦ 这是一幅浮雕，描写锡提一世和他的儿子拉姆西斯二世焚香祭祀76位祖先，在他们各自的宝座上，都雕有名字和称号。希尔普雷希特的书，第637页。——译者

⑧ 约公元前2000—前1780年。——译者

⑨ 埃及的恋爱和娱乐女神，牛头人身。——译者

⑩ 埃及的太阳之神，鹰形。——译者

⑪ 在尼罗河右岸，为埃及底比斯的一部分。——译者

都是他比较著名的发现。1867年他把著名的木制“村长”(Sheikh el-Beled)雕像,雪花石膏制成的安内里替斯王后像和阿霍特普王后的珠宝带回,交给国际博览会。但全世界的喝彩都无法驱散正在马列特精神上集聚的乌云。1865年的霍乱夺走了他的妻子和两个孩子;埃及政府的财政困难阻碍了他的工作;1870年的战争[①]似乎使这场灾难达到无以复加的程度。爱国的动机促使他留下来,因为他害怕法国可能丢掉这个场地。他的晚年是在逐渐衰弱的身体以及使人烦恼的问题进行斗争中度过的,在1880年最后一次到法国,重返埃及后就死在工作岗位上了。十年之后他的遗体运到基泽,葬在一座新建博物馆门口,花岗岩石棺由狮身人面像守卫,“这些狮身人面像是他最初在塞拉匹安的辛勤工作的见证”。

亨利希·布鲁格施(1827—1894年)[②]并不是像上述那些人那样伟大的发现者或幸运的发掘者,但他在埃及辞书编纂、地理学和历史学等方面有扎扎实实的建树。他生于柏林;还在青年时期就研究埃及通俗手写体文字,学者一般都醉心于研究象形文字,忽视这种字体。他于1848年21岁时便用拉丁文出版了一本论述埃及通俗文法要点的专题报告。他这本书的一些缺点招来列卜修司的无情批判;但E.得·鲁惹[③]鼓励这位青年学者,并帮他改进方法。普

① 普法战争。——译者

② 关于这个人,参看他的自传,《我的生平和旅行》(柏林,1894年)。关于这位学者,参看G.马斯伯洛的记述,见《东方学第十次国际协会1894年日内瓦会议记录》,第4部分(莱顿,1897年),第95—102页,英译本见《史密斯孙学院年报》(1896年),第667—672页。关于他的著作表,参看《大百科全书》,第8卷,第219—220页。

③ 法国埃及学家(1811—1872年),在埃及象形文字中发现闪族语字母的原形。——译者

鲁士国王资助他到埃及进行一次考察，他在埃及碰到马列特，并在 469
塞拉匹昂一个地方就地研究用通俗文字写的埃及铭文。[①] 他把这次参观考察扩大到上埃及和底比斯，从而为他的《世俗文字文法》(*Grammaire démotique*)(1855 年)搜集了材料，最后为学术界揭开了这种文字的秘密。

布鲁格施然后就进而研究埃及历史和地理。他开始这方面工作时，埃及历史学只有商博良-菲纪克[②]的记载；地理学也写得同样贫乏。布鲁格施从埃及带回许多遗物上的新人名表，托勒密王朝以前的当地法老、城市和被征服各族一览表。他把在地理方面那些研究成果总结在《古代埃及遗物上的地理铭文》(1857—1860 年，三卷)和他的巨著《古代埃及地理词典》(1879—1880 年)两书中。1860 年他用法文写的《埃及史》出版，其中还包括鲁惹和马列特二人那些发现。另一个法文版本于 1875 年出版；德文版于 1879 年出版，逐个记述诸王朝直至马其顿人征服埃及止，从而使布鲁格施的名望大为提高。1896 年，马斯伯洛说他这些著作“是现今这个领域的典范”。[③]

布鲁格施的七卷本巨著《象形文字——世俗文字字典》(*Hi-*

---

① 马斯伯洛说，通俗文字研究是非常精细的，因为字母十分细小而奇特，甚至照相也不能照完全，只有经常接触原物才能逐渐进步，这一情况使许多研究者丧失勇气。《史密斯孙学院年报》(见上一个著者注)，第 669 页。

② 冉·雅克·商博良(1778—1867)的儿子，著有《档案管理者手册》等书。——译者

③ 《史密斯孙学院年报》，第 670 页。《法老统治下的埃及史》(莱比锡，1877 年)，H. D. 西莫尔和腓力·史密斯的英译本，书名是《法老统治下的埃及》(第 2 版，伦敦，1881 年，两卷)。

eroglyphisch-demotisches Wörterbuch)(1867—1882 年)是他 30 年研究的成果;他这部书“业已作出的贡献和现在仍在作出的贡献,比其他任何埃及学专家的任何著作的贡献都大”。布鲁格施还研究了埃及历法、天文学和宗教。他的晚年由于生活痛苦、新一代工作者不争气使他很痛心、他的正常工作岗位又不稳定,这些情况使他的事业受害。① 马斯伯洛曾说,“在把古埃及学提高到现在这个水平的人们当中,只有三个人比其他任何人的贡献都大。商博良把它建立起来,E. 得·鲁惹为它制定了方法;布鲁格施为它铸造了长期以来一直为这门科学服务、而且将继续为它服务的工具。”②

乔治·摩立兹·埃伯斯(1837—1898 年)③是学者兼小说家。
470 他在德国推广古埃及学的方式和马斯伯洛在法国推广的方式有些不同。他在父亲去世大约两星期后出生于柏林,由荷兰籍母亲芬尼·埃伯斯抚养成人。她认识洪保德男爵、劳克④和施来埃马赫⑤,

---

① 他是普鲁士驻开罗领事,1864—1868 年;格丁根大学教授,1868—1870 年;1870 年奉召管理开罗总督创办的埃及学学校,但在 1886 年以后,居住在柏林。

② 《年报》(见本书原书第 463 页著者注),第 672 页。

③ 《我的生活史》(斯图加特,1893 年),玛丽·萨福德的英译本名为《从童年到成人,我的生活史》(纽约,1893 年);R. 戈斯其,《G. 埃伯斯,研究者和诗人》(第 2 版,莱比锡,1887 年)。他的《全集》(斯图加特,1893—1897 年,32 卷分为 21 册)的许多部分业已译成英文,他的学术著作有:《埃及和摩西五经》(1868 年);《埃及的神像和文字》(1879—1880 年,两卷);以及为他的老教师写的传记:《理查·列卜修司》(1885 年)。他最大的成就是他的小说,主要有:《乌阿达》(1877 年,三卷);《候莫·撒姆》(1878 年);《姐妹》(1879 年);《恺撒》(1881 年),哈德连皇帝时代的一幅埃及图画;《塞累匹斯》(1885 年)、《尼罗处女》(1887 年,三卷);《女王克利奥佩特拉》(第 9 版,1894 年)。

④ 德国雕刻家(1777—1857 年)。——译者

⑤ 德国新教神学家和哲学家(1768—1834 年)。——译者

并曾和黑格尔打过牌。埃伯斯曾在他那本引人入胜的自传里回忆了他幼年时对腓得烈·威廉四世时期[①]的柏林的印象。有一个时期埃伯斯一家和著名的格林兄弟住在一所房子里。他母亲于1848年为了使乔治离开首都，曾送他到福勒伯尔[②]创办的基尔豪男孩学校读书。福勒伯尔的作为比建议创办一所幼儿园意义大得多，那些意识不到这一点的人应该读读埃伯斯歌颂基尔豪学校的那几页有说服力的文字，这个学校培育学生爱好自然、身体强健、认真学习。在格丁根大学读书时，翁格尔讲的艺术史课在这位青年学生心灵上留下深刻印象。这位教师用了好几天时间讲埃及艺术，还讲了商博良的故事。这件事引起埃伯斯的兴趣，他带着商博良的文法回到自己的住处。后来他卧病在床好几个星期，似乎命里注定要长期卧病，但他对埃及学的兴趣并未熄灭。在雅各·格林的帮助下，伟大的列卜修司前来问候埃伯斯，并作出重大牺牲，善意地为他这个卧病的学生连续单独上课好几个学期。埃伯斯后来还在柏林大学听了革哈得、特雷新和奥古斯特·伯克讲课，并认识了布鲁格施。他写了一部热情的传记，报答了列卜修司的恩惠。

埃伯斯在家休养并研究埃及学的时候，即开始撰写一部历史小说。当列卜修司看到他这个学生把这部手稿交给他时，他皱了眉头；但读完以后，使热情地赞扬起来。这部书于1863年出版，书名是《一位埃及公主》，极受读者喜爱，20年中出了11版。然而作者却觉得这样的作品和自己学科交给自己的任务比较，未免低

① 1840—1861年。——译者

② 腓得烈·福勒伯尔(1782—1852年)，德国教育家，幼儿园的创立者。——译者

下，因此他安下心来认真从事语言学研究。1865 年，开始以讲师名义在耶拿大学讲课；1869—1870 年间设法到埃及和努比亚去了一趟，后即应聘前往莱比锡大学任教授。1872 年埃伯斯再访埃及，有一些考古发现，其中主要是公元前 2 世纪的药用莎草纸，是他在底比斯发现的，并于 1874 年编写了“埃伯斯莎草纸”。他在莱比锡一直是一位受尊敬的教师，直到 1889 年因身体不好而辞职。除了一些学术性著作外，他还写了《古今埃及游览指南》（斯图
471 加特，1886 年，二卷）。1876 年出版了第二部历史小说《乌阿达》（*Uarda*），后来还出版了 14 部历史小说。但其中没有一部像他第一部小说那样受欢迎，但他对当时考古学研究十分熟悉，他那表达技巧生动活泼的天才使他一直受到广泛欢迎。这一套小说包括古代各个时期，从早期埃及到基督教胜利。埃伯斯除了在本国同胞中推广古埃及学以外，他那些历史小说还把人们的注意力引到纯属政治的东西以外的埃及生活的其他各个方面，这也是他的功绩。实际上他是在讲授文化史。在这方面他类似菲力克斯·丹①和古斯塔夫·夫赖塔格②。③

加斯顿·卡密尔·查理·马斯伯洛（1846—1916 年）④的父母

① 德国文学家、历史家（1834—1912 年），写了许多诗歌、小说和历史；其历史名著为《德意志国王》（20 卷，1861—1911 年）。——译者

② 德国文学家（1816—1895 年），写了六部历史小说，总名为《祖先们》（1872—1880 年）。——译者

③ 埃伯斯从来没有出版过一部历史著作，但在他改行写小说前确曾准备大量古代东方史手稿。《我的生活史》，第 374 页以后。

④ 亨利·科第耶，《加斯顿·马斯伯洛著作书目提要》（巴黎，1922 年）；爱德华·纳维尔，“加斯顿·马斯伯洛爵士，圣迈克和圣乔治教团的武士管领”，见《埃及考古学杂志》，第3卷（1916年），第227—234页。摩里斯·克洛爱塞，“一位伟大法国（接下页）

是伦巴第人。当他只是个 14 岁的孩子，还在路易大王中学念书的时候（1853—1865 年），就被他在杜律伊[①]的《古代史》里发现的象形文字铭文迷住了。除古典学术研究外，他还在暗地里研究语言学，1867 年他把刚从东方带回来的两块铭文翻译出来，使马列特大吃一惊。在这样证明了他那独特的才能之后，就前往南美洲，在蒙特维的亚[②]一个学者手下当了助手，这位学者希望在古代秘鲁语（Khechua）和梵文之间建立联系。马斯伯洛回国后在铭文研究院宣读了一篇评论《20 王朝时代[③]底比斯法院制度研究》的文章，于是在高等研究学校当了埃及文和考古学导师（1869 年）。他研究了文法之后，就准备好博士论文；[④]于是在 1874 年继鲁惹之后，在法兰西学院当了著名的商博良教授的继承人，当时他才 28 岁。

次年，马斯伯洛出版了《东方各民族史》，书中把他将要下工夫进行的对东方各民族的首次综合研究的大致方案定了下来。事实证明，他这部书受到极大欢迎；1912 年出了第 11 版，并译成英、德、西、俄、匈等国文字。他在神话和宗教、航海、艺术、经济生活以及大众文学等方面所作研究使他能够在《古典东方各民族古代史》（共三卷，写到亚历山大为止，巴黎，1894—1899年修订）这部书中展

（接上页）埃及学家；加斯顿·马斯伯洛”，《两世界评论》，第 6 辑，第 34 卷（1916 年），第 757—777 页；勒馁·卡格纳特，“加斯顿·马斯伯洛先生的生平和著作评介”，见《道德与政治科学院的会议与工作》（1917 年），第 445—482 页；J. H. 布勒斯特德，“加斯顿·马斯伯洛”，见《民族》，第 103 卷（1916 年 8 月 29 日），第 176—177 页。

① 法国历史家（1811—1894 年），著有《罗马人民史》，七卷，《希腊史》，三卷，等等。——译者

② 乌拉圭的首都。——译者

③ 公元前 1206—前 1071 年。——译者

④ 《卡契米斯镇的位置和古代史》和《古代埃及的尺牍文字种类》，1873 年。

现了一幅更全面的图景。

472 1880 年他接受委托搞一项考古工作，后来就在开罗成立了“法国东方考古研究所”。他到埃及不久，马列特被埃及政府委任的埃及遗物和纪念品总管这个职位便空了出来，马斯伯洛接受了这个职位。在以后那五年里，他的艰苦工作遇到许多困难，财政上和政治上的都有（在 1882 年那些骚乱中[1]人们以为他没有生还的希望了），但他作出的成绩值得高度赞扬。这个研究所对各国各民族决心认真研究埃及文、阿拉伯文、亚述文或梵文的学者和学生都敞开大门；这些人的辛勤劳动产生了许多大部头著作。马斯伯洛对他的前辈马列特的方法曾作出有益的改进。他采取措施保证保存埃及全境古迹免遭阿拉伯人盗窃和旅行家因粗心大意而损坏。在凯尔奈克、阿卑多斯、埃德福和菲雷等地建立了一套看管人和守护人制度。他最幸运的发现是在过去马列特一直忽视的萨奎拉的金字塔里搞的。马斯伯洛不仅发现这些金字塔是第 5[2]、6[3] 王朝的遗物，而且从它们内部还收集到 4000 多行已知的埃及最古老的文学遗物，对于研究宗教和埃及语言的发展有无比价值。他还在卢克索庙、底比斯和基泽的狮身人面像等处进行发掘，并在第伊尔·埃尔·巴里（1881 年）发现一个储藏许多国王木乃伊的大地窖。

马斯伯洛的身体日益衰弱，被迫回到巴黎（1886—1899 年），重新在法兰西学院和高级研究学校教书。他继续写出一系列著

---

① 1882 年 7 月英海军炮轰亚历山大里亚；9 月 15 日进占开罗。以后引起英法两国在埃及的尖锐矛盾。——译者

② 约公元前 2500—2350 年。——译者

③ 约公元前 2350—2200 年。——译者

作，插图优美、文笔喜人，致使埃及学成了大众的爱好。[①] 19 世纪末，他回到开罗当了古物部主任。在他离开的那 13 年中，埃及各储藏库里各式各样的珍藏业已大大增加。在他监督下把这些珍品从基泽搬到卡斯尔·恩尼尔（1902 年）那些新陈列室，并指导人们编了一个巨大的目录。后来那些年里凯尔奈克的整修工作又导致许多最出色的发现。[②]

在把埃及语言学系统化并把它整理出科学顺序这件工作上，473
晚近学者中再没有比阿道夫·埃尔曼（1854—1937 年）[③]作的更多的了。埃尔曼的一生一直是一位坚强的理性主义者，具有罕见的

① “约 15 年来我打算使一种只为专家了解的科学向一般人普及，令人欣慰的是看到我没有浪费时间，经过我的努力，人民大众的一部分业已对它发生兴趣。”G. 马斯伯洛，《关于古代埃及的新认识》，由伊丽莎白·李译成英语（纽约，1909 年），作者所注。

② 他的著作如下：《古典东方各民族古代史》（第 4 版，巴黎，1895—1899 年，三卷）。这部书的记述比下一部著作更为成熟，它包括整个近东，写至亚历山大大王时代。《东方各民族古代史》（1875 年；第 11 版，1912 年）。此书曾译成各种文字。《埃及神话和考古研究》（1893—1913 年，八卷）；《埃及考古》（1887 年；新版，1907 年）。这部著作在人民群众中普及了这门学科，被译成德文（1889 年），并出了几次英文版，如 A. S. 约翰斯的译本（伦敦，1914 年）；译自法文第 6 版，《撒夸拉金字塔的铭文》（巴黎，1894 年）。最后一本著作，从历史—语言学的学术观点看来，可能是他最伟大的著作。《第尔·厄尔-巴哈里诸王木乃伊》（1889 年）；《古埃及通俗小说》（1882 年，第 4 版，1911 年，A. S. 约翰斯译成英文，伦敦，1915 年）；《埃及闲话》（1907 年），伊丽莎白·李译成英文，书名是《对古代埃及的新认识》（1908 年）；《关于埃及艺术的论文》（巴黎，1912 年，E. 李译成英文，伦敦，1913 年）。他的较大著作《古代史》由 M. L. 麦克卢尔译成英文，分别定名为《文明的黎明》（1894 年）、《各民族的斗争》（1896 年），和《帝国的消逝》（1900 年）。马斯伯洛还创办了《埃及和亚述语言学和考古学论文汇编》，并兼管埃及图书馆，收藏法国埃及学家的研究文章。

③ 参看他的有趣的自传，《我的成长和工作》（莱比锡，1929 年）；死者传略（讣闻），见《研究与进步》（1937 年）。他的著作中关于语言学的有：《埃及的复数字形式》（1878 年）；《新埃及文法》（1880 年）；《威斯特卡莎草纸上的语言》（1889 年）；《埃及文法》（1894年；第4版，1928年）。多数著作是历史性质的：《古代埃及和古埃（接下页）

实事求是的精神和幽默感。他主要是自学成才的。1885年他在柏林大学初露面时任临时教授，1892年提升为正教授和埃及博物馆馆长，他担任这个职务达30年之久，直到1923年退休。爱德华·迈尔[①]也是那年退休的。埃尔曼被尊为近代埃及学之父，这个称呼他当之无愧。虽然在许多学术领域都有他的踪迹，但他的智慧可列入大师一类的地方却是在语言学方面。关于这一点埃尔曼自传的一位评论家曾说：

> 埃尔曼的著作开始见成效时，埃及语言学的基本情况是：语法尚未成形，空洞无物，各种词典都是根据不充分的、混乱的材料编的——我们这些还记得这个情况的人终于盼到这一天，出现了一位学者，他下定决心把前人只凭老经验、不讲求方法地搜集起来的一大堆材料重新修订、消化，并使之恢复原状。我们应当为终于有了这一天感谢上帝。这位学者的目的简单说来就在于：把象形文字这种语言看作和其他所有语言一样，也是经常变化，并且可分成若干辨别得出的时期的语言来对待。这和长期以来其他学者处理其他语言的情况一模一样。[②]

使一切埃及学家把他看作一位不朽人物的巨著当然是他的《埃及语字典》(1926年以后)，这部书是应德国各研究院的要求和H.格拉庖一起编写的。但埃尔曼并不仅仅是一位语言学家；他写的各种别的著作都开辟了一些新途径，而且总是建立在德国的历史基础上的。"他成功地向我们阐明了埃及的日常生活、宗教和文学，既生动

(接上页)及生活》，H.兰克修订(1923年)；《埃及的宗教》(第2版，1905年)。文学研究版本：《威斯特卡莎草纸神话故事》(1890年，两卷)；《一个厌世者和他的灵魂的谈话》(1896年)；《母与子的魔力》(1901年)；《埃及文学》(1923年)；《王室文艺美术莎草纸》(1899年)；《象形文字》(1912年)。

① 本卷原书第483—487页。——译者

② 《泰晤士报文学副刊》，1930年2月6日，第94页。

又合理，令人信服，这在他以前无人做得到。”[1]他的《埃及与埃及生活》（英译本名为 *Life in Egypt*）虽然是为大众写的，但他这部书的第1版无论在学术上的广度、力量和兴趣方面还没有被任何同类著作超 474
过，甚至赫尔曼·兰克受埃尔曼委托写的修订版也不如他的原版。

亚述和巴比伦的情况也像埃及那样，它们往日的光辉文明，直到上世纪还只有《圣经》上那点记载保留着微弱的历史记忆。旅行家把巨大而威严的尼尼微和巴比伦那些遗迹在他们心目中激起的感情记录下来，并且认出波息帕的壮观的山冈就是原来巴伯尔的塔[2]。但在美索不达米亚那些建筑因为用的石料稀少，大多数古代城市都已埋在那些很不吸引人的土岗下面，它们的外形提不出任何线索说明其中有诱人的秘密。[3]

在波斯波利斯[4]地面以上发现的一篇铭文的第一个完整抄件是1711年骑士沙丁[5]公之于世的。[6] 半个世纪以后，卡斯腾·尼

---

① 《泰晤士报文学副刊》，1930年2月6日，第94页。

② 古人欲在巴比伦建筑的通天塔，见《圣经·创世记》第11章。——译者

③ 《剑桥古代史》（见本书原书第463页著者注），第1卷，第3章和书目提要，第625—629页；罗伯特·W.罗杰斯，《巴比伦和亚述史》（第6修订版，纽约，1915年，两卷）；希尔普雷希特的书（见本书原书第463页著者注），第1—577页；莫里斯·贾斯特罗，《巴比伦和亚述的文明》（费城和伦敦，1915年），第1—2章，附精彩的书目提要性质的脚注；查理·福西，《亚述学指南》（巴黎，1904—1926年），第1卷；C.J.加德，《亚述的石碑》和《乌尔的历史和纪念物》（伦敦，1929年）；L.W.金和H.R.霍尔，《新近所作种种发现说明的埃及和西亚细亚》（伦敦，1907年）。除现存一般性研究外，差不多每个考察队和学会都出版了关于地方性遗址和遗物的书，常常有繁多的解释。

④ 伊朗古都，在设拉子东北约30英里。——译者

⑤ 约翰·沙丁爵士（1643—1713年），法国旅行家，游历波斯、印度等地，后定居伦敦（1681年）。——译者

⑥ 《骑士沙丁先生在东方百塞和其他等处游记》（阿姆斯特丹，1711年，三卷）。

布尔(著名历史家尼布尔[1]的父亲)在同一地点广泛地搞了一些铭文抄件,并鉴别出它们代表三种类型的楔形文字,一种比一种复杂;但他不知道原文实际上是三种文字:波斯文、新伊拉姆文和巴比伦文。在欧洲学者仔细研究那些尼布尔拓片期间,曾任东印度公司驻巴格达代表13年的一位英国青年克劳迪亚斯·詹姆斯·里奇(1787—1820年),把全部闲暇时间都用在参观、测量允许他去的那些土岗上。他刚34岁就去世了,只收集了一些古代零星片段材料;但里奇是把关于这些神秘的丘岗的范围和位置的一些知识告诉欧洲读者的第一个人。

辨认楔形文字比埃及象形文字困难得无法相比。成功的第一步是汉诺威高等学校古典学术教授G. F.格罗特芬德(1775—1853)获得的。他大胆地用奇妙的组合的办法,于1802年在尼布尔原件上认出了大流士[2]、喜斯塔斯皮[3]和泽尔士[4]这三位国王的
475 名字,并发现11个最简单的、即波斯文的书写体的正确含义。[5]
下一位是丹麦学者拉斯克[6],他举例说明了赞德语(古波斯语当时的名称)和某些波斯波利斯铭文的关系,并在格罗特芬德的字母表

① 本卷原书第153—156页。——译者

② 公元前521—前486年。——译者

③ 即大流士大王之别名。——译者

④ 公元前486—前465年。——译者

⑤ 关于格罗特芬德和他的方法,参看罗杰斯的书(见上上一个著者注),第1卷,第61—79页,和贾斯特罗的书(见上上一个著者注),第69—79页。他的最出色的发现并非全部获得他投寄论文的格丁根研究院的赞许,直到1893年,他的论文才全部出版。

⑥ 丹麦语言学家和东方学者(1787—1832),也是近代比较语言学的建立者,著述甚多。——译者

上添上两个字母。尤金·步尔努夫、圣马丁和克立斯兴·拉森[①]等也都添上几个新字母。初期这段艰难工作就是这样由几个国家共同进行的，但最后的证明是在波斯本地工作的一个英国人作出的。

在早期所有这些辨认者当中亨利·克雷齐克·罗林森爵士(1810—1895年)[②]可说在许多方面都最为出色。他在印度和波斯以军人和外交家出名，不是大学里的学者，也从来没有当过教授。他17岁时便作为东印度公司雇用的一名青年见习军官远航印度寻求前程了。他学印度官话和方言进步极快，讲近代波斯话进步更是特别迅速，这使他步步升迁，在1833至1839年间他在波斯为波斯王训练军队。

罗林森1835年在埃尔万德山上第一次看到楔形字铭文，后来就开始抄录引人瞩目的贝希斯敦铭刻[③]上那些可以抄下来的部分。[④] 罗林森在对欧洲这方面的研究进展一无所知的情况下，在

① 挪威人，波恩大学教授(1800—1876年)，介绍印度考古学到德国来，释读古波斯铭文，校刊各种梵文原稿。——译者

② 乔治·罗林森，《陆军少将亨利·克雷齐克·罗林森回忆录》(伦敦，1898年)；罗杰斯的书(见本书原书第474页著者注)，第80—92页；贾斯特罗的书(见本书原书第474页著者注)，第82—85页。关于他的著作表和进一步的书目提要，参看史坦利·兰-普尔的文章，见《英国名人传记词典》，第47卷，第328—331页。

③ 中译本见《世界通史资料选辑，上古部分》，林志纯主编，第176—192页，商务，1963年版。

④ 公元前516年大流士·喜斯塔斯皮用三种语言把他的光荣和胜利事迹雕刻在高出巴格达附近贝希斯敦四周原野1700英尺的陡峭石壁上。铭文距地面300英尺，共400行，有古波斯文、新苏桑文和巴比伦文以及许多地名和专名。L. W. 金和R. C. 汤普森的标准版本是《大流士大王在波斯贝希斯敦石壁上的雕刻和铭文》(伦敦，1907年)。

抄录这些铭文时，收集到一份符号表，并寻找专有名词。他想出的办法和格罗特芬德想的那个办法一模一样，他读出的头三个名字也是大流士、泽尔士和喜斯塔斯皮，这简直是历史上最出奇的巧合之一。就这样，打开波斯楔形文字的钥匙已找到两次。直到罗林森在1836年底把42个字母中的18个认出时，他才晓得一个世纪以前格罗特芬德就已经发现了。两年之后，罗林森把他翻译的贝希斯敦铭文中波斯文部分的两段通知了伦敦皇家亚洲学会和巴黎亚洲学会。这时他就开始和步尔努夫、拉森等学者通信，但他的成绩仍然超过他们。[①] 在阿富汗战争（1839—1842年）[②]结束后，罗林森被任命为驻巴格达政治代办，他冒着死亡或负伤的危险，在贝希斯敦把波斯铭文成功地抄完了，到1844年他就已经把200行很
476 长的波斯文细心地逐字译出。他出版的那两卷原文、翻译和分析[③]是在巴格达一间房子里搞的，当时外边的温度达到华氏90至120度。他书房里的温度也很少低于90度。

罗林森这时已是欧洲的名人了。他放下波斯文，开始钻研困难大得多的现在称为巴比伦文的第三种未知文字这个难题。1846年他遇上莱亚德[④]（这个人一年以前已在尼姆罗德开始了发掘工

---

① 人们看到格罗特芬德的30个字仅有8个正确，圣马丁的27个字仅有10个正确时，罗林森作为一位辨认者的无上功绩就变得更清楚了。罗林森的方法在他兄弟的《回忆录》（见上一个著者注）第20章有充分记述。

② 第一次阿富汗战争，英军入侵阿富汗，阿富汗统治者多斯特·穆罕默德被废立。——译者

③ 《贝希斯敦的波斯楔形文字铭刻》，此书印成《皇家亚洲学会杂志》的第10卷全本（1846—1847年）和第11卷（1849年）前半。

④ 英国考古学家和外交家（1817—1894年），在两河流域从事发掘工作，著有《尼尼微及其遗迹》、《尼尼微与巴比伦》等书。——译者

作[①]),后来知道他发现的东西上面刻着的文字和贝希斯敦石刻上第三种文字基本相同。他又回到那高大的石壁,在梯子、绳子和助手们帮助下,得以把剩下的文字拓下来。1849 年开始研究阿拉伯文和希伯来文,这两种闪语后来证明对他有不可估计的价值。后即回英国休养,那时他已在东方劳累了 22 年了。维多利亚女王有一天晚上接见他,女王的丈夫对这件事很关心、很支持,出版商提出和他订立出版合同,但罗林森大部分时间都用在写文章和发表演说上,目的是把他的成就公之于众,以便在辨认巴比伦和波斯文方面树立优先地位。[②]

1852 年他回印度后,不列颠博物馆那些理事委托他替他们发掘并收集东方古物,作为他们原先在印度的代理人莱亚德(1845—1851 年)的继任人。甚至在莱亚德以前,法国驻摩苏尔领事的代理人保罗·波塔[③]就已经开始在一些土岗上为发现它们的秘密进行发掘了。他在库容哲克失败了,但一位本地人提出柯萨巴这个地点,在这里他发掘出萨良[④]王宫许多雕刻。莱亚德又掘开柏

① 关于亨利·莱亚德爵士,坎农·罗林森写道:

"莱亚德非常适合作探险和发掘工作。身体强壮,坚决,有能力对东方人施加强有力的影响,有计谋迫使他们服从;他十分活跃,精力充沛,由于先前在蛮荒地域多次旅行而习惯于艰苦生活。他也熟悉阿拉伯和土耳其语,善于学习方言。但他并不是学者,或有高深文化或博览群书的人。当时东方所需粗放工作所能找到的开路先锋可能没有比他更好的了。"罗林森,《回忆录》(见本书原书第 475 页著者注),第 151—152 页。

② 1851 年《皇家亚洲学会杂志》刊载了他的备忘录《论亚述和巴比伦铭文》,见第 50 卷,第 401—483 页,其中有贝希斯敦巴比伦原文译本,夹于行间的按字母直译,和包括 112 长行的一篇拉丁文译本,并有其他类似的但较为简略的原文,还有一张有 246 个字母的表,附字母发音或音值等,参看坎农·罗林森的《回忆录》,第 327—328 页。

③ 法国考古学家(1802—1870 年)。——译者

④ 阿卡德王国的建立者(约公元前 2369—前 2314 年)。——译者

斯·尼姆鲁德的土冈(即《圣经》上的喀拉),发现亚述那塞拔[1]、萨艮和沙尔马尼塞[2]的宫殿和一些巨大的有翼公牛。在库容哲克(1849—1850 年)又发现西努基立[3]的宫殿和第一个巨大的泥版图书馆。他的本地助手赫尔木斯德·拉萨姆后来又发掘出亚述巴尼
477 拔[4]的宫殿和它那个著名的图书馆(1853 年)。欧洲大陆听说发现这么多东西而激动万分,当罗林森到达时,法国那些发掘者还表示嫉妒。1853 年罗林森掘出一个黏土圆柱体,上有第一位提格拉-毗色[5]的年代记。四年以后,这篇铭文惊人地证实了新的辨认科学的正确,当爱德华·兴克斯[6]、朱理亚·奥柏特[7]、福克斯·托尔波特[8]和罗林森四人各自独立地把它翻译出来以后,他们这些译文基本都一致。罗林森就是在库容哲克首先确定这些黏土图书馆的性质和各种内容的。在他努力下,成立了亚述发掘队,不受英国博物馆约束,独立进行工作。

罗林森一生中最后的 40 年主要是在伦敦(1855—1895 年),继续钻研铭文,并参加《西亚楔形文字铭文》(*Cuneiform Inscriptions of Western Asia*)编辑工作(1861—1870 年)。至于严格的历

---

① 亚述国王,亚述那塞拔二世(公元前 883—前 859 年)。——译者

② 亚述国王沙尔马尼塞三世(公元前 860—前 825 年)。——译者

③ 亚述国王(公元前 705—前 681 年)。——译者

④ 亚述国王(公元前 668—前 626 年)。——译者

⑤ 亚述国王(公元前 745—前 727 年)。——译者

⑥ 爱尔兰的东方学者(1792—1866 年)。——译者

⑦ 东方学者(1825—1905 年),原籍德国,归化法国,著有《亚述语文法基础》、《巴比伦与巴比伦人》等书。——译者

⑧ 英国摄影术及摄影绘画的先驱,最早译读楔形文字成功者之一(1800—1877 年)。——译者

史著作，他只写过一部《亚述史大纲》，[1]正如他自己说的，这只是一个草案，是在“极其匆忙中，在滂沱大雨中，尼尼微山冈上一个小帐篷里写的，身边只有一本袖珍《圣经》，一个铭文笔记本和勉强凑合的一点记忆，此外就没有任何凭借了”。罗林森的主要功绩是：以科学的准确性抄录了第一篇很长的历史铭文，并为澄清东方历史资料提供了一把钥匙。正如奥柏特所说，他是个急性子，是一位探险家或发现家，而不是一位学者。他那些辛劳的成果，后来经过兴克斯和奥柏特细腻精巧的、十分出色的才智加工才得到精练和补充。

毫无疑问，如果亨利·罗林森在东方不是碰上最好机会，他一定会被兴克斯那神奇的本领抛到后边，事实上在许多重要细节上他确实被他超过了。[2] 首先发现第三种文字是缀音和会意符号的人就是兴克斯；[3]罗林森就是因为采用了兴克斯提出的音节说，才能解开这个谜。他二人制成的符号表明，在第三种文字中一个符号可能是**多音的**，即表示一个以上的音节，这件事使人惊异万分。后来法国学者奥柏特[4]在英国博物馆里发现巴比伦人自己编的那些缀音表和字典。事情逐渐明朗：确定一个符号的读法的困难，通过把一些音节用类似的字母连接起来的办法（如 lib - bi，dan - nin

① 它刊登在亚洲学会的《杂志》上，并译成德文。

② 值得后人为他写传记的爱德华·兴克斯；参看这编纲要，附居鲁士·阿得列博士编的一个完备的书目提要，见《美国东方学会杂志》，第 13—14 卷；并参看罗杰斯的书（见本书原书第 474 页著者注），第 1 卷，附有照片一幅。

③ “论第三种百塞波里坦文字等”，见《皇家爱尔兰科学院学报》，第 21 卷，第 2 部分（1847 年），第 249—256 页。

④ 关于奥柏特，参看 W. 穆斯·阿诺特，《朱理·奥柏特的著作》，见《亚述学论文》，第 2 卷（1894 年），第 523—556 页。

等）就已部分地得到解决了。

478 多年来，第三种文字一直没有名称，直到 1818 年波塔才在他在柯萨巴发现的东西上边看出刻有这种字。因为在北方发现得最多，它最后被定名为“亚述文”，不过从历史上看，它来自南方文明，即巴比伦文明。直到这些音节符号在“50 年代”能被读出以后，学者们才明白它原来是闪语的一种，它的姊妹语种希伯来语和阿拉伯语许多世纪以来早就被欧洲人弄懂了。但是奇迹的发展并未就此结束，后来的情况说明历史怎样可以埋在一种语言里边。

正如在商博良的时代那样，怀疑论者不在少数。像法国的芮农和德国的亚勒弗烈·古特施米德[①]这样一些博学的人们都怀疑上述结论的正确性。[②] 假如这几百个符号中的每一个都可以代表各种不同的音节的话，那么，人们怎么能够对一种译文确信无疑呢？在这个节骨眼上，兴克斯的才华开辟了新的历史远景，人们可以公正地说，是他“发现了苏美尔人”。他拿出事实证明：这种文字的内容在语法和词汇上是闪语，但书写体结构显然不是为闪语设计的。于是他提出看法，这种书写方法是从原来并非闪族的一个民族那里借来的。[③] 发明这种文字的人用它起会意作用，后来巴比伦人又把他们自己的语言中的音节和语音的因素加进去了。

随之而来的是关于这种文化借用的来源和方式的一场长期争

---

① 德国历史家（1831—1887 年）。——译者

② 芮农对奥柏特的《在美索不达米亚的科学旅行》的批判，见《学者杂志》，1859 年，第 165—186、244—260、360—368 页；古特施米德的文章，见《古代东方史新论》（莱比锡，1876 年）。

③ “论古代亚述著作的语言和方式”，见不列颠科学发展学会第 20 次会议《学报》第 140 页以后。

论。在提出许多针锋相对的设想之后，奥柏特为那种原始语言提出的“苏美尔”(Sumer)这个名称(即《创世记》第11章第2节和第14章第1节里的“示拿”)被采纳了，后来得·萨尔泽克在什普拉(拉格什)把这种语言的真正原文发掘出来了。然而，本领很大的约瑟夫·哈雷微[1]说，过去在历史上从未出现过的这种模模糊糊的苏美尔人种的存在很成问题，于是就在他的《闪语评论》一文中百般奚落嘲弄这些“贩卖玄虚的人”。按照他的观点，美索不达米亚文化的起源纯粹是闪族的。[2] 然而随着时间的流逝，发掘的进展显明地说明幼发拉底河流域的早期居民是多民族杂居，因为那些遗迹上在闪族旁边还画着说都兰话的人[3]，和他们的邻居的相貌、服装都不同。爱德华·迈尔在他的《巴比伦的苏美尔人和闪族》(柏林，1906年)一书中用事实把居民混居杂处这个观点斩钉截铁地证实了。但这两个民族的先后顺序和相互关系仍未完全弄 479
清。[4]

到1859年奥柏特拿出他的分析结果时，辨认亚述—巴比伦文字的那些原则就已经牢固地建立起来了。从那时起，随着更多原文的发现，缓慢而仔细的编辑出版工作就开始了。在一段时期，法国和英国领先，但在德意志帝国建立后[5]，德国人作出许多光辉贡献，

---

① 哈雷微(1827—1917年)，原籍土耳其，归化法国，东方学家，主张此种文字是巴比伦僧侣发明的秘密文字，他不承认有苏美尔人。——译者

② 参阅他的观点概况，见他的《亚述—巴比伦论文摘要》(巴黎，1912年)。

③ 即中亚乌拉阿尔泰游牧民族。——译者

④ F. H. 韦斯巴哈的《苏美尔问题》(莱比锡，1898年)一书为1874—1898年间的争论作了总结。

⑤ 即1870年以后。——译者

到80年代，美国人也进入这片园地。在法国，朱理·奥柏特轻而易举地超出所有对手。埋头钻研亚述学的第一位德国东方学者是阿伯哈特·斯拉德尔。他的著作《亚达—巴比伦楔形文字》(1872年)解决了除古特施米德以外所有人的怀疑，[①]特别有意思的是他使《旧约圣经》的内容明朗了许多。1875年柏林大学决定为这个科目设立一个讲座时，斯拉德尔就应聘接受了。直到1908年他一直很活跃，把原先列卜修司[②]和布鲁格施[③]引进埃及学的方法和对语言学的注意引进了亚述学。他那些热情的学生当中最主要的是弗里德里希·德利茨施[④]，他教出来的近代亚述学家比19世纪任何其他人教出来的都多。他是圣经学者弗兰兹·德利茨施[⑤]的儿子，开始在莱比锡和布雷斯劳大学、1906年以后在柏林大学任教。他在语法和词汇方面那些研究成果成了所有学生的指南[⑥]德利茨施除了训练专门人材以外，还写了许多通俗读物，为他这门科学作出重大贡献。他所作以《巴伯尔与圣经》为题的那些讲演引起全世界注意。他领导"德国东方学会"，威廉二世对这个机构极感兴趣。

---

① 关于斯拉德尔和古特施米德的争论，参看古奇的书，第508—509页。并参看F.卢尔的概论，收入古特施米德的《楔形文字》(莱比锡，1889—1894年，五卷)，第5卷。

② 本卷原书第464—467页。——译者

③ 本卷原书第468—469页。——译者

④ 德国亚述学者(1850—1922年)，著有亚述文字典，亚述语文法等书。——译者

⑤ 德国新教神学家(1813—1890年)，著有许多有关《旧约·圣经》注释的书。——译者

⑥ 德利茨施写成第一部文选《亚述文选读》(1876年，第5版，1912年)，第一部重要的文法书，《亚述文法》(1889年，第2版，1906年，英译本1889年)，和第一部重要的亚述字典，《亚述袖珍字典》(莱比锡，1896年)。詹姆士·H.布勒斯特德对这部巨大亚述字典的论述现在正在芝加哥大学进行，他将提出最近数十年间辞书编纂方面何以取得进步的一些看法，参看《东方研究所》(芝加哥，1933年)，第387—400页。

这位伟大语言学家本人虽然没写过严格的历史著作，但他那些论文却已经把关于亚述和巴比伦文明的知识传播四方。在广阔的前线上，继承这些开路先锋的工作的大有人在；专业分工的时刻业已到来，有些学者专门研究宗教经文，有些专门研究商业合同，有的专攻文学片段，等等。

发掘的进展速度超过了欧洲学者消化吸收的能力。莱亚德发现的最伟大的亚述统治者亚述巴尼拔的图书馆（公元前 668—前 626 年）藏有三万块泥版文字，至今仍未充分研究。[①] 这些宝藏仍 480
将是研究巴比伦文献的主要资料，其中有许多原来在南方从业已失传的原件抄下来的本子。莱亚德在第二次为时两年的考察中取得的成就十分巨大，但当时还没弄出近代科学方法，考察队从这个山冈走到那个土丘，寻找"天上突然掉下来的"红运，而不是在一个地点进行系统而完整的研究。[②]

随着 1854 年亚述、喀拉和尼尼微被发掘出来，北部地区引起的兴趣最大。就在那一年，罗夫塔斯在巴比伦南边的伊勒克下了第一次工夫。英国驻巴士拉[③]领事泰勒于 1853—1854 年间首次在乌尔发掘，当时，雕塑和这类适于在博物馆陈列的其他物品被认为是一个成功的考察队得到的头等重要物品。从这个观点看，南巴比伦绝不是一个令人满意的猎场，在几乎没有石头的地方建筑

① 关于亚述巴尼拔图书馆的概述，见卡尔·贝佐尔德的《英国博物馆库容哲克藏书中楔形文字图片目录》序言（伦敦，1889—1899 年，五卷）。

② 莱亚德写过他《早期在波斯、苏西安纳和巴比伦的探险》的生活故事（第 2 版，伦敦，1894 年，两卷），并参看他的《尼尼微及其遗迹》（纽约，1849 年，两卷）。

③ 在伊拉克南部。——译者

的那些用砖造的神庙和宫殿和更靠北一些的那些地点差多了，在这些地点易于雕刻的石头就在雕刻家手边。但是泰勒却获得一类古物，不久后就受到极大欢迎，这就是那波尼达斯的刻着楔形文字的黏土圆柱体①；这些圆柱体把这个古代城市的名字和它在《圣经》中那些传统说法是否一致这个问题一劳永逸地解决了。直到第一次世界大战的最后一年，在这个地方就没有进一步发掘。罗林森戳穿了"巴伯尔塔"的秘密，原来它是尼布甲尼撒②的一座塔庙。它的名字"巴伯尔"(Babel)指的是"上帝之门"，和希伯来语根balal(混淆之意)毫无关系。但在发现巴比伦遗物中最大的轰动却是来自英国本身。1872 年 12 月 3 日乔治·史密斯③(截至当时一直是不列颠博物馆谁都未曾注意过的一名助手，曾在罗林森手下学徒)在圣经考古学会宣读了一篇论文，开始的那句话是："不久前我在不列颠博物馆那些亚述泥板书上发现了关于洪水的记载。"在轰动英国的热烈气氛中，《每日电讯报》决定资助一个考察队，派史密斯到亚述去搜集更多的泥板。在他收集那些有价值的遗物过程中，并未发现一件赶得上他第一次发现的那件，1876 年在他第三次尝试、前往尼尼微途中，过早地在阿勒颇死去。1878 至 1882 年间，赫尔木斯德·拉萨姆④继续进行这方面工作，从一个土岗转到

---

① 那波尼达斯(公元前 556—前 539 年在位)是新巴比伦王国的最后一个国王。——译者

② 古代迦勒底帝国最伟大的国王(约公元前 630—前 562 年)。——译者

③ 英国亚述学家(1840—1876 年)，释读迦勒底文关于洪水的记载，曾为英国博物馆在两河流域进行多次发掘。——译者

④ 土耳其亚述学者(1826—1910 年)，协助莱亚德在尼尼微附近从事考古发掘。——译者

另一个土岗，在阿布·哈巴和柏斯·尼姆鲁德两处有了可观的发 481
现——在前一处发现寺庙档案中有 60000 块泥板。[1]

在拉萨姆之后开始了一个新时期，即真正科学考古发掘时期，每个遗址都仔细打开、彻底发掘。法国驻巴士拉领事得·萨尔泽克在泰罗土冈辛苦劳动，发现了一种前所未有的艺术。他发现了一座苏美尔古城什帕拉或称拉格什[2]；除了它的伟大国王古得亚[3]的许多雕像之外，他还发现用古苏美尔文刻的铭文和 30000 块泥板。1889 年宾夕法尼亚大学派彼得斯博士[4]到尼皐（古代的尼浦尔[5]），他的工作后来由海恩斯[6]和希尔普雷希特[7]继续。不久以后芝加哥大学也搞出一些值得称赞的计划。其中最有系统最彻底的是最后搞的那个"德国东方学会"（成立于 1900 年）。这个学会在埃及、巴勒斯坦、亚述、巴比伦、瓦卡（伊勒克或乌鲁克）等地多处进行发掘工作，他们的方法由罗伯·科尔第威[8]和沃尔特·安得腊[9]提高到极尽完美的程度。每两三个月在自己的《通报》上发表当时

[1] 拉萨姆的记述包括一个漫长时期，开始于他的老师莱亚德，下至最近时期，书名是《亚述和尼姆鲁地区》（纽约，1897 年）。

[2] 在两河流域下游。——译者

[3] 拉格什的统治者，约生活于公元前 2350 年左右。——译者

[4] 美国考古学家（1852—1921 年），负责在尼浦尔从事发掘（1888—1895 年）。——译者

[5] 在巴比伦之南。——译者

[6] 美国考古学家（1849—1910 年）。——译者

[7] 德国考古学家（1859—1925 年），归化美国。——译者

[8] 德国考古学家（1855—1925 年），1898—1917 年在两河流域领导巴比伦遗址的发掘。——译者

[9] 德国考古学家（1875—？年），1899—1913 年在巴比伦和亚述从事考古发掘。——译者

写的各种报告，到第一次世界大战爆发，已出版了18卷扎实的原文和评论。

要把这些发掘家和语言学家揭示出来的这些杂乱无章的新材料织成一匹古代史绸缎，真是谈何容易。而那些首先作这类尝试之人们往往自己又弄不通这些新语言。玛克斯·W.洞刻（1811—1886年）用德文写成第一部广泛的记述。① 勒诺尔芒和马斯伯洛也为法国人写了记述。在海峡对岸类似他们的人是坎农·罗林森。

乔治·罗林森（1812—1902年）②虽说不像他哥哥③那样名扬四海，但从史学角度看，他的功劳是明确而肯定的。他在牛津当学生时成绩就十分优异。1840年，他成为埃克塞特学院研究员，1842年当了牧师。1859年被推选在班普顿当讲师，并根据近期所作新发现，竭力设法证明《圣经》的历史真实性。④ 在1858年，他就已经开始出版至今仍然是他最富持久性成就的著作。新发现的
482 古代东方新情况自然会要求人们经常和希腊“史学之父”希罗多德

① 《古代史》（柏林，1852—1857年，四卷；第5版，1878—1883年，七卷）。埃甫林·阿波特译成英文，书名是《古代史》（伦敦，1877—1882年，六卷），参看撒洛蒙·赖纳，“马克西米连-武尔夫甘·洞刻”，见《历史评论》，第32卷（1886年），第167—174页。

② 参看罗纳德·贝恩的文章，见《英国名人传记词典》，1901—1911年副刊，第165—167页；威廉·F.麦克道威尔写的序言，附照片一幅，前边附有罗林森的《古代史》（纽约，1900年；重印于世界伟大经典著作中）；评介文章见《泰晤士报文学副刊》，1902年10月7日，第4页，和《雅典娜圣殿杂志》，第3911号（1902年），第2部分，第486页；以及《当代男人和女人，当代人词典》中的记述（第13修订版，伦敦，1891年）。

③ 即亨利·罗林森（1810—1895），英国亚述学家，任东印度公司职务，译读古波斯楔形文字铭文有名。——译者

④ 《圣经记述的真实的历史证据，改写本，特别对近代诸种怀疑和发现论述最详》（1860年），在牛津大学讲坛上所作八篇讲演。在美国有一本再版。

写的那些情况对照。罗林森和J. G. 威尔金森爵士[①]以及他自己的兄弟亨利合作着手为希罗多德的著作搞一个新的准确译本，所附注释必须包括已出土的楔形文字和象形文字提供的那些最新的最完备的材料。关于东方的这些注释的要旨由亨利提供。的确，这个译本这些新特点在后来那几十年里渐渐失去价值，但一位近代编辑把它改写一下并不困难。该书的希腊部分准确而可靠，译文本身端庄秀美，可说是典范译文。[②] 这部书是献给格拉德斯通的。

1861 年牛津大学聘请罗林森为古代史卡姆登教授。他一直担任到 1889 年的这个职位为他提供了写作的时间。[③] 罗林森异常勤奋，他的文笔流畅而有趣。他的名著《五大君主国》(*Five Monarchies*)是打算把古代东方史连续写到奥托曼帝国初期。这五大君主国是迦勒底、亚述、巴比伦、米堤亚和波斯，这几卷书构成令人向往的一幅全景画，把这些地区的地理、历史、宗教、习俗、艺术和建筑等等方面的新的和旧的宝贵材料都包罗进去了。丰富多彩的插图和铜版照片使这部书更加情趣盎然。这套书后来在 1873 年出版的《东方第六大君主国》(*Sixth Great Oriental Monarchy*)(帕提亚)和 1876 年出版的《东方第七个大君主国》(萨珊王朝的波斯)补充后就完备了。如果在今天，罗林森不懂楔形文字和象形文字便没有资格写出一部有权威的史书，但在 60 年代初情况

① 英国埃及学家(1797—1875 年)，著有《古代埃及人的风俗习惯》等书。——译者

② 《希罗多德的历史，新译本，利用了楔形文字和象形文字的发现所带来的历史和人种学的证据》(1858—1860 年，四卷)，有许多重印本。罗林森还在第 9 版《大英百科全书》第 11 卷(1880 年)第 756—759 页上写了一篇论希罗多德的文章。

③ 1872 年他的朋友格拉德斯通促使政府任命他为坎特伯雷大教堂典礼牧师。

并非如此；至少他的古典学术造诣是很好的。30 年后，他那些著作还受到马斯伯洛这样一些专家的赞许。

罗林森坦率承认他的《古代史教程》(1869 年)是模仿赫棱那部当时业已过时的德文著作写的。他这部书在赫棱的著作里增添了有丰富成就的三个世代的劳动成果，好奇的读者一定会有兴趣地翻阅最前边那几页，罗林森在上边列出了当时还存在的其他著作的书目提要。[①] 罗林森论述埃及(1881 年)、腓尼基(1889 年)和
483 帕提亚(1893 年)的那些著作(最后两部是替《诸民族史》丛书写的)赶不上他的其他著作，不过，《帕提亚史》仍然是论述这个领域的书里最杰出的一部。任何由一个人写的英文著作都不如罗林森的《五大君主国》这样包罗万象。

到 19 世纪末业已积累起来的关于古代史——古代东方，希腊和罗马——的考古材料数量已极大，学者对这些材料进行的初步研究也已极多，因此，进行综合研究的时刻似乎业已到来。可以庆幸的是，爱德华·迈尔(1855—1930 年)[②]恰巧就是胜任这项工作的学者，他有兰克和蒙森的传统，曾长期在柏林大学当教授。和

---

① 查尔斯·K. 亚当斯编写《历史文献手册》(纽约，1882 年)时，曾说这部著作“作为写给全面研究古代史的学者的一部指南来说，罗林森的手册在英语著作中是独一无二的”。

② 爱德华·迈尔，“自传和手稿索引”，见《维也纳科学院院历》，第 82 卷(1932 年)，第 207—215 页；沃尔特·鄂图，“爱德华·迈尔和他的著作”，见《德国东方学会杂志》，新丛书，第 10 卷(1931 年)，第 1—24 页；还有同一作者的两篇文章，“历史学者爱德华·迈尔，他的 70 寿诞”和“伟大史学家的回忆录：爱德华·迈尔的著作”，见《慕尼黑新闻》(1925 年)，第 21 号，以及(1930 年)第 247 和 248 号；维克多·埃伦堡，“爱德华·迈尔”，见《历史杂志》，第 143 卷(1931 年)，第 501—511 页；M. 罗斯托夫采夫的文章，见《社会科学百科全书》，第 10 卷，第 402—403 页；古奇的书，第 483—484 页。

勤勤恳恳的罗林森比较起来，他是一个巨人，当这些材料看来仍然可以由个别人的出众的聪明才智对付的时候他就动手干起来，后来数十年一直尽心竭力和逐日增加的那些出版物和各种发现齐步向前。

迈尔早年就已下定决心把历史看作自己的终生事业。把他吸引到古学研究的是那些古典著作和斯特累波[①]著作里的制图法。然而，从一开始他就确定了自己的目标：即把历史当作一个整体、当作"世界史"来理解和研究。在古典学术和希伯来、阿拉伯等文字方面打下牢固基础以后，他就在17岁那年（1872年）到了波恩、投入东方语言学研究。在波恩待了一学期之后，就到当时德国东方研究中心莱比锡去了。埃伯斯[②]教他埃及文。但所有他的老师们，不论如何渊博，却没有一位根底扎实的历史家；爱德华·迈尔在很大程度上是自学成才的。获得学位后，他当了英国驻君士坦丁堡总领事的家庭教师。在历史气氛浓厚的环境中，他动手撰写《特洛阿斯[③]的历史》（*Geschichte Troas*），后来他主管的事务又移回英国，他的书后来就是在英国写完的。24岁时他开始在莱比锡讲课，五年后当了助理教授（1884年），次年（1885年）在布雷斯劳大学当了正教授。那时古代史教授职位仍然很少。在哈雷大学教了几年后，就到柏林大学去了（1902年）。

迈尔巨大无比的才能主要是用在研究东方古代史方面，他把这门学术放在全新的基础上。全部附有文字的古代遗物上各种语

---

① 上卷原书第102—103页。——译者

② 本书原书第469—471页。——译者

③ 特洛伊附近地区，即小亚西南部。——译者

言他都能读，这一点任何其他学者都办不到。虽然他有意把印度排除在古代东方以外，但他认识到印度的强烈影响，所以他也掌握
484 了够用的梵文。他对埃及学特别精通，可是奇怪得很，他一直等到71岁才去埃及访问了一趟。他那部记述埃及的著作是头一部对埃及的详细研究，称得上是一部埃及史的书。这部书从头至尾都浸润在迈尔最好的风格之中，和布鲁格施的手法或迪米兴[①]的怪诞形成强烈的对比。迈尔原是在别人请求下续编迪米兴的著作的，不过他曾因设想海克索斯人曾统治着一个从克里特到美索不达米亚的大帝国而受到批评，他最好的贡献无疑是对埃及年代记的改正——把皮特里学派[②]那些偏高的旧数字改成比较保守的数字。他特别引以自豪的就是他认为公元前4241年（即埃及狼星历建立的那年），是历史上能够肯定下来的最早的年代。[③]

在巴比伦—亚述和赫梯人[④]等问题上，迈尔并不是这样幸运。他的贡献只可以说是启发而不是重大进展。在赫梯问题上，他的学生福雷尔使他误入歧途，在亚述学领域他没有像在埃及学上那样有一群朋友指引他、帮助他。在困难的苏美尔问题上，迈尔主张

---

① 德国埃及学家（1833—1894年），编有《古代埃及纪念物的地理铭刻》（三卷，1866年）。——译者

② 弗林德斯·皮特里（1853—1942年），英国埃及学家，建立埃及考古学的不列颠学派。——译者

③ 关于埃及年代学最好的讨论，参看詹姆士·H.布雷斯特德，《埃及古代文献，从最早时期至波斯征服时期的历史资料》（芝加哥，1906—1907年，五卷），第1卷，第27—72页，和爱德华·迈尔，《埃及年代记》，见《普鲁士王家科学院论文》，哲学历史类（1904年），第3—212页。布勒斯特德是迈尔的学生。

④ 赫梯人（Hittite），公元前2千纪初在安纳托利亚出现的古印欧语系的民族，大概来自黑海以北的地区。——译者

闪族文明在前的说法。这很不恰当。晚近的发现说明这个问题甚至比预料的更为复杂，除苏美尔人和闪族外，可能还有第三个很古老的民族和美索不达米亚文化有牵连。

在希腊史领域，迈尔又恢复到他最长的身体高度了。这个领域里的障碍是格罗特[1]和恩斯特·库图斯[2]这两位英雄人物；他们分别站在政治上的自由主义和古典审美主义这两个不同的立场上。迈尔和格罗特不同，迈尔认为雅典没有强有力的政府，而是经常处于无政府状态，还认为伯里克里[3]是一位低劣的政治家，因为他是个理想家。迈尔清醒的现实观排除了库图斯带感情的狂热；他把希腊生活的物质、经济、政治和社会等特色描绘出来。他公正地描绘了斯巴达，特别是马其顿君主国，从而结束了民主的雅典在历史场景上的压倒优势。迈尔突出腓力[4]以贬低德谟斯提尼[5]。在他这样改写历史时，还把近代名词如“资本主义”等塞进一个古老的社会（他曾说过，人们无论把雅典描绘得多么像近代，都是不够的），这话未免说得太过了；这是他和蒙森那些共同点中的一个。迈尔在研究人们不大知道的希腊方言方面显示了他那稀有的本领。塞留西时期[6]亚洲的希腊文化使他上当受骗。但一位古典学 485
者在希罗多德感染下对波斯的轻蔑从来没有迷惑过他；他老早就

① 本卷原书第491—495页。——译者

② 本卷原书第496—500页。——译者

③ 雅典著名政治家，长期与斯巴达战争，死于公元前429年。——译者

④ 马其顿国王（公元前359—前336年），征服全希腊（前338年）。——译者

⑤ 公元前385？—前322年，雅典演说家和政治家，反对腓力侵略希腊。——译者

⑥ 公元前312—前64年，希腊化时代的大国之一，领土曾西至色雷斯、东至印度边境。——译者

强调波斯人、特别是大流士一世在世界史上的地位。如果说迈尔笔下的希腊图景是现有权威的著作之一的话,就是因为他常常把希腊史摆在和地中海其余部分的关系中看待的缘故。

他对罗马的研究就差多了。这一点应该原谅;甚至在一个世代以前伟大的蒙森还觉得对这个帝国综合研究的时间还没有到来。迈尔在《恺撒的君主国与庞培的元首政治》(*Caesars Monarchie und das Principat des Pompejus*)(1918 年;第 3 版,1922 年)里,往往把庞培的功劳夸大,说他在奥古斯都帝国创立以前就已经把帝国建立起来了,因而比较起来,对屋大维促成的革命就想得太少了。

有两个历史领域,经济史和宗教史,吸引着他的一部分最有成果的努力。洛贝尔图斯[①]和比歇尔都曾把古代经济过分简单化,竟然看成家庭经济(Hauswirthschaft),并否认或忽视城市经济(Stadtwirthschaft)和货币使用确曾存在的证据。人们一眼就可看出,迈尔根据在美索不达米亚发现的商业泥板以及这位世界史家对埃及和东方诸帝国之间的交往的领会,对这幅图景进行了多么伟大的革命性的修改。他对宗教问题的兴趣可以追溯到他那篇研究埃及塞特-泰丰神[②]的博士论文(1875 年)。他探寻犹太教和伊斯兰教的起源,并跳到 19 世纪研究摩门教[③]的起源。他反对韦

① 德国经济学家和政治家(1805—1875 年)。——译者

② 埃及的塞特神即希腊的泰丰神,为奥塞里斯神的兄弟和死敌,两兄弟的斗争象征尼罗河与干旱的斗争。——译者

③ 基督复兴教徒,1830 年约瑟·史密斯在美国创立的基督教的一派,过去以一夫多妻制为特征,妄称其教义出自天使摩门的启示,故名。——译者

尔豪曾[①]和其他比较高级的评论家的观点，认为《旧约·以斯拉记》中大流士一世和阿塔泽尔士一世颁布的那些政令是真的，而且是很重要的，因为这些政令表明，波斯政府曾支持犹太教的伟大改革。他对在厄利番泰尼发现的阿拉米亚语莎草纸文献(记述公元前5世纪的一个犹太社区)的研究指出，在那个时期，古犹太的民族宗教尚未被严格的僧侣法典取代。因此追随迈尔的人得出的结论必然是：犹太人被流放[②]以后，犹太教在巴勒斯坦之所以得到发展，是波斯诸王的宗教政策最早使这件事成为可能，后来又使它受到影响的。他对犹太经文的看法是站在先进的新教徒的立场上的。他认为《出埃及记》纯粹是一种传说，毫无历史根据。在叙利亚近来进行的发掘以前，他认为巴勒斯坦似乎最可指望提供关于埃及和美索不达米亚这两大文明之间种种联系情况。最后，他打算写一部论述耶稣教起源的书，这是任何世俗历史家都不敢尝试的。他先用大师手笔勾画出前几个世纪犹太教的轮廓，然后在这个背景上把耶稣教这个运动描绘出来。他这部著作的调子冷静而 486
清醒；对耶稣的素描也合乎情理。

迈尔在个别领域里的成就对任何有抱负专攻一门的人说来虽说都还丰富，但这些都只不过是一些初步探索，或者说是那部巨著《古代史》的辅助材料。《古代史》第1卷出版于1884年，第5卷几乎是过了20年之后，即到1902年才出版的。尽管如此，他这部书仍然没有写完。这部不完全的书对罗马帝国缺乏综合论述。它的

---

① 德国新教神学家(1844—1918年)，《圣经》校刊家和东方学者。——译者

② 新巴比伦王尼布甲尼撒把犹太人流放于巴比伦，囚禁了他们(公元前597—586年)。至公元前586年波斯居鲁士灭新巴比伦后，始释犹太人重建故国。——译者

基本思想是“古代的统一性”，这一点总算极其充分地办到了。迈尔不但把古代各国的历史看作一个大整体的一些部分，如实地描绘出它们的外观和比例，而且把文化和宗教运动也写进他的书里。战争破坏了他的平静的心情，但主要的罪过是他这部历史必须修订，这项工作把这位艰苦的工作者一直累到死才完。当他在1908年开始修改第1卷，并回顾25年来出现的变化时，他那些困难便暴露出来了。[①] 已经到了1885年，他的埃及史仍然从第4王朝[②]下笔；苏美尔人存在与否仍然是个学术问题；当然还没有一个人想到要把第2、第3千年的巴比伦古文化和晚得多的亚述与迦勒底文化分开。直到1900年以后，阿瑟·伊文思爵士[③]才发掘出古老的克里特文明，然后才使爱琴文明有了新的解释。甚至在犹太史撰写上进展也是困难的，《旧约》文献只能慢慢地“核实”；厄利番太尼莎草纸文献是1911年才发现的。迈尔不得不根据当时的发掘物经常修改他的观点。他宁愿吃苦受累逐页重写，也不把书一下子写完，把修改工作留给别人。这说明他为人正直、爱护科学。

再也不会有哪一个人承担起写一部和《古代史》的分量相当的书了。将来专家们必须协作，就像编写著名的《剑桥丛书》那样。但对一部世界史的要求，和迈尔这样的人提出的关于古代轮廓画的要求，仍将得不到满足。

---

① 参看他为这一卷写的序言。

② 约公元前2720—前2560年。——译者

③ 英国考古学家(1851—1941年)，发掘克里特城遗址，发现米诺期早期文化。——译者

他的历史并不像蒙森和兰克的著作那样只凭文体动人留传后世。迈尔的文笔平平，不过不能说他写得很坏。他的德文明白、清楚，就像自然科学家写观察报告用的语言；它并不是为了文艺创作或想象构思用的。他认为这类文章并不重要。但这部《古代史》却有作者自己的面貌和性格的某些特点。他的文笔崇高、劲健、不经雕琢、简洁优雅。①

迈尔觉得历史是一种科学训练，而不是艺术创造。在《古代 487
史》修正版第 1 卷中，他写了一篇论述史学和方法的长篇论文：他的"人类学"一词颇为不幸，歪曲得离开了公认的意义。他接受了亚里士多德的论点：国家早于人类。虽然政治史是他的著作的主要成分，但他也不忽视其他方面。他的弱点是：认为历史家需要的只是掌握材料，方法和写作。但除实况外，有些别的东西也是需要的，迈尔缺乏的是某些精神条件。他是一位理性主义者，他不懂的东西一概丢弃。另一位伟大历史家曾总结他的史学说："他认为历史是自由意志和偶然事件互相作用的结果；并不存在什么历史规律；历史是个别的，从来不会自我重复；而且，历史写作总是主观的，因而从来都不是最后的定论。历史是循环运动，古代史形成一个循环；近代史，虽有必要变动(mutatis mutandis)，但重复了古代史的各个时期。"②他和许多专家不同，觉得奥斯瓦尔德·斯宾格

① "那不是墩柱建筑，也不是有屋脊的列柱建筑，而是用未经琢磨的天然石砌墙的建筑，巨大笨拙，奇形怪状，凭宏伟的意志和君主的心灵造型而成。"见维克多·埃伦堡，"爱德华·迈尔"，见《历史杂志》，第 143 卷(1930—1931 年)，第 502 页，参看第 501—511 页。

② 罗斯托夫采夫的文章，见《社会科学百科全书》(见本书原书第 483 页著者注)。

勒有许多值得颂扬之处，他把斯宾格勒的著作比作赫尔得[①]的《人类历史哲学思想》，而斯宾格勒则把他称为兰克以后最伟大的德国历史家。

① 本卷原书第133—138页。——译者

第五十七章　研究希腊和罗马历史的近代史家

尼布尔和伯克在柏林大学开创了古罗马和希腊批判史。这种 488
新的批判精神不久就传到英国，拿破仑以后的英国在学术上比任何其他国家都更接近德国思想。当时英国读者信赖的仍旧是密特福德[①]的《希腊史》，这部书的第 1 卷早在 1784 年就出版了，其后各卷是在法国大革命时期出的，当时密特福德的书成了托利党政治家的手册。自由主义和民主政治不论在古希腊还是在英国同样遭受轻视。麦考莱对这部书第 4 卷的评论使他一举成名。[②] 他首先指出密特福德的长处，赞扬他可靠，用的是当时的材料，以及对"希腊各政党情况"的揭示。但是，麦考莱进而指出，密特福德对民主政治的仇视有损于他的学术，歪曲了他的判断，使他作出没有根据的结论。例如腓力统治下的马其顿政府这个问题。密特福德赞扬它，因为它是至高无上的，避免了专横，国王受宪法制约，很像英国的情况。密特福德未免仓促地得出结论说："迄今我用的材料都是既实在又明确的。"对于这一点，麦考莱批判说："事实上，这只不

① 英国史学家(1744—1827)，著有《希腊史》，五卷(1784－1810 年)，是格罗特以前的最好著作。——译者

② 《爱丁堡评论》，第 12 卷(1808 年)，第 478—517 页。

过是从古代作家对这个题目的论述中东鳞西爪地拣来的东西，实实在在的情况少得可怜，明确的情况根本就没有。”密特福德的论述的根据是“几乎抑制不住的猜测”。麦考莱证实马其顿并不是一个受宪法制约的君主国，而是绝对的专横的独裁。“一句话，密特福德先生偏袒腓力。”福礼曼说，“密特福德是个糟糕的学者。”[1]

密特福德的《希腊史》产生的唯一好结果是引起亨利·F. 克林顿(1781—1852 年)对古代年代学进行系统研究。克林顿是国会议员，一位研究古典的学者。他的《希腊纪，其内政和文学年代记》(*Fasti Hellenici, a Civil and Literary Chronology of Greece*)(1824—1834 年，四卷)，搜罗了许多事实，但严肃的学者不愿参考这部书，因为它的轻信漫无边际。克林顿认为，《旧约圣经》
489 是“在神灵的感召下……写成的可靠的事迹”；至于希腊的历史和系谱，克林顿认为卡德马斯[2]、丹内阿斯[3]、赫丘利等等都是实有其人，“没有理由否认他们”。他的《希腊纪年》梗概出版于 1851 年，《罗马纪年》(*Fasti Romani*)梗概出版于 1853 年。[4]

英国古代批判史学可以说是从圣戴维主教康诺普·瑟耳沃耳(1797—1875 年)[5]开始的。他是一位杰出的学者，三岁学习拉丁文，四岁学习希腊文，12 岁就出版了一部布道词和诗歌集。在察

---

① E. A. 福礼曼，《历史论文》，第 2 集(伦敦，1873 年)，第 110 页。

② 希腊神话中的人物，据说他建立底比斯。——译者

③ 希腊神话中的人物。——译者

④ C. J. F. 克林顿，《H. F. 克林顿的文学遗著》(1854 年)；古奇的书，第 309—310 页。

⑤ 小瑟耳沃耳是他的旁系后裔，在他所写的传记《康诺普·瑟耳沃耳，史学家和神学家》(伦敦，1936年)一书中，他从未出版过的家庭手稿里提供了许多新材料，(接下页)

特豪斯[①]上学时，同学中有历史家格罗特和后来跟他合译尼布尔著作的黑尔[②]。1818 年在剑桥大学毕业后，就到大陆旅行，在罗马会见了普鲁士学者兼外交家本森[③]。回英国后研究法律，但又改行做教会工作。法律界可能失掉一位伟大的法律家，但教会却获得一位光辉的演说家和扎实的学者。穆勒评论他说："他还没有讲完十句话，我就认定他是我平生听过的最好的演说家了，我以后再也没听到过任何一位我认为超过他的人。"

1828 年瑟耳沃耳和他的朋友朱里阿斯·黑尔出版了他们合译的尼布尔的《罗马史》，在《每季评论》(第 39 期，1829 年 1 月，第 8 页以下)上遭到苛刻批判，人们只记得这篇批判文章招来的也只是一篇反驳，人们至今还记得这只是"黑尔和瑟耳沃耳狗咬狗一撮毛"。这两位朋友还出版了《语言学博物馆》杂志，它的宗旨是"恢复英国大众对语言学的最高鉴赏力"；但出了六期就停刊了。这些活动必须重视，因为这件事表明，瑟耳沃耳对大陆上的特别是德国的学术成就颇感兴趣。确实，瑟耳沃耳是英国最早一批具有丰富

(接上页)参看《泰晤士报文学副刊》，1936 年 6 月 20 日，第 510 页；J. J. 斯图亚特·佩罗恩编《已故圣大卫区主教康诺普·瑟耳沃耳阁下的文学和神学遗著》(1877 年)；J. W. 克拉克，《在剑桥和别处的老友们》(1900 年)；古奇的书，第 310—312 页；桑兹的书，第 3 卷，第 437 页；"瑟耳沃耳"，见《民族》，第 24 卷(1878 年)，第 155—156 页；评论文章，见《爱丁堡评论》，第 62 卷(1835—1836 年)，第 83—108 页和第 118 卷(1876 年)，第 281—316 页；E. A. 福礼曼，《历史论文集》，第 2 集(伦敦，1873 年)，第 106—206 页各处。

① 伦敦著名的公立学校，1611 年创办，1872 年迁至哥达尔明，离伦敦 30 英里。——译者

② 参阅本卷原书第 154 页著者注。——译者

③ 本卷原书第 464 页。——译者

的德国知识的学者之一。在语言学领域，他熟悉德国学者沃尔夫、赫尔曼和卡尔·奥特夫里·米勒等人的著作。因为他具有这样的条件，他自己的作品的学术水平必然很高。

拉德纳[1]的《小百科全书》的出版商请瑟耳沃耳写一部希腊史。他答应了并于1835年出版了《希腊史》的第1卷，1847年出
490 版了第8卷；但当格罗特的《希腊史》诸卷开始出版时，瑟耳沃耳便把自己的写作放弃了。[2] 他作为历史家，显然很公正、稳健而明断。他做学问无懈可击，对资料来源和权威著作的知识简直无与伦比。除苏格拉底外，这位冷冰冰的作家心目中便没有其他英雄了。他撰写历史好像是在法庭上作裁决，既无温暖又无热情，有的只是端庄严肃和"或多或少的有意识的讥讽"。

瑟耳沃耳在处理马其顿时期、在探索罗马统治逐步扩张到希腊世界的情况这两件事上都很卓越。他说，罗马用外交罗网把它征服的那些地区缠绕起来，这件事展示了它的计谋。他说，罗马元老院在这种艺术上超过其他一切内阁，无论古代的还是近代的。罗马之所以能够使马其顿沦为隶属于一个城市[3]（腓力和德谟斯提尼可能仅仅听到过它的名字）的一个省，主要的并不是由于它的标枪和利剑，而是它那些元老。

① 爱尔兰科学论文写作家（1793—1859），出版《中型版百科全书》（1829—1844年）。——译者

② 如前述，格罗特和瑟耳沃耳是老同学，但在他们离开大学后虽然偶尔在伦敦见面，但瑟耳沃耳对格罗特的情况知道得很少，所以当他听说格罗特正在写希腊史时，很感惊奇。

③ 指罗马。——译者

有"校长之王"美称(他所办学校与闻名的拉格比学校[1]齐名)的托马斯·阿诺尔德(1795—1842年)[2]曾亲自会见尼布尔,尼布尔给他的印象之深,使他非和他一见高低不可。当他开始写他的《罗马史》——"一个光辉的片段"——的时候,他承认自己虽不配为尼布尔的著作写续编,但"至少有资格对自己完成的工作无限崇拜"。阿诺尔德的《罗马史》有三卷是在1838年至1842年他去世那年之间陆续问世的;他这部书还没写到第二次布匿战争[3]结束以后。福礼曼曾听过阿诺尔德讲的第一课,亲眼看到讲课人对听众的巨大影响。阿诺尔德理解历史的统一性——从那以后,福礼曼就一直强调这个统一性——并相信历史传达的是道德教诲。他讲课就是教诲。阿诺尔德痛恨恺撒和恺撒主义,他是热情的维多利亚时期[4]一位道德家。他为修昔底德著作写的序言中说:"希腊和罗马的历史并不是无聊地探索遥远的岁月和已被遗忘的制度,而是对当前事物的生动描绘,并不是为了满足学者的好奇心,而是对政治家和公民的教诲。"

直到19世纪中叶前后,尼布尔在罗马史上一些事情的影响仍然占统治地位,不但在德国是这样,在英国亦然。对较早的史学说来,尼布尔是一个进步。他对罗马史上的传说时期表现的怀疑态 491

① 在沃里克郡,是英国著名男校。——译者

② 关于亚诺尔德的最好记述是A.P.史坦利的《托马斯·亚诺尔德的生平和书信》(伦敦,1844年,两卷);参看《评论季刊》,第74卷(1844年),第467—508页上的评论文章;《爱丁堡评论》,第71卷(1845年),第190—234页;古奇的书,第319—320页;"亚诺尔德近代史讲演集",见《夫累则杂志》,第33卷(1846年),第596—605页。

③ 公元前218—前202年。——译者

④ 1837—1901年。——译者

度值得钦佩，但他怀疑得仍然不够。事实上后来的学者指责他把他自己的基础建立在站不住脚的前提上，这话并非不公允。

1855年，乔治·康沃尔·刘易斯（1806—1863年）[①]出版了一部《早期罗马史可靠性的探索》（两卷），这部书一劳永逸地摧毁了较早的那些假设，也挖了尼布尔的信誉的墙脚。从此以后，罗马史学者如果不考虑刘易斯毁灭性的批判就不能进行自己的工作。尼布尔曾推翻一个历史信条，重新树立起一个历史信条。他的"民谣学说"和早期罗马史一样，也是一种想象的虚构。他曾经提出早期民谣和史诗短歌确实存在这个假说（阿诺尔德和麦考莱也接受此说），听起来好像合乎情理，但是，正像刘易斯指出的那样，除非有史时期的罗马人并不知道有这种民谣。似曾有过的唯一资料就是口头陈述和家族口碑；这似乎就是非比阿斯[②]撰写他的历史时用过的"符号记录法的基础"。刘易斯写道："从一些民歌中可能获得某些帮助，更多的帮助得自家族回忆录；但并没任何东西能说明下述情况很可能出现：在编年史家开始记述全社会关心的那些事件以前，私人家族就已经开始记录自己的杰出的成员们的事迹了。"罗马史上整个所谓王政时期[③]我们是从口头传说中得知的，并没有事实加以证明。刘易斯在详细分析了一切可能的资料来源之后，作了一个直率的结论说：

① 关于刘易斯和他的著作，参看乔治·格罗特的书，见《爱丁堡评论》，第104卷（1856年），第1—24页，重印在亚历山大·拜恩编辑的《乔治·格罗特的次要著作》（伦敦，1873年），第207—236页；《评论季刊》，第98卷（1856年），第321—352页。

② 罗马最早的历史家，见上卷原书第62—63页。——译者

③ 公元754—510年。——译者

> 为钻研最早那几个世纪的历史付出的艰苦劳动，一般说来，都是白费了。这个时期的历史，作为一系列图画似的记述来看，读原著好处最大，把原著改编，使它们穿上摩登的服装，必然面目全非。如果我们把一张历史油画仅仅看作艺术品，对古人的记载只会因为近代复原者的画笔再次接触画面而受损害。另一方面，为使它们合乎自己的揣测而省略、增添、改动和换位，以便使它们成为纯粹历史的形式，这种尝试必然是徒劳的。……那些愿意为罗马史付出辛勤劳动的人，如果在波洛士[①]远征意大利以后的时期上下工夫，就会发现自己的辛劳可以得到较好的报酬。[②]

乔治·格罗特（1794—1871 年）[③]是一位银行家，他用英文写
了一部最伟大的希腊史。正像他的朋友刘易斯怀疑最早时期的罗 492
马史那样，他对希腊传说和神话也表示怀疑。但是使格罗特出众
的主要不是由于他的怀疑，而是他对希腊古代文明另有解释。

---

① 希腊伊壁鲁斯的国王，公元前 281 年他远征意大利，去援助他林敦，抵抗罗马，两次大败罗马，但自己亦伤亡惨重，得不偿失。公元前 275 年败于罗马，始撤兵回希腊。——译者

② 《早期罗马史可靠性的研究》（伦敦，1855 年，两卷），第 2 卷，第 556 页。

③ 最好的记述是格罗特夫人写的《乔治·格罗特的私生活，根据家庭文献，私人备忘录和书信原稿编的》（第 2 版，1873 年）。并参看亚历山大·拜恩编辑的《乔治·格罗特的次要著作，附关于他的聪明性格，著作和讲话的批判说明》（伦敦，1873）；佛特的书，第 645—647 页；古奇的书，第 312—318 页；罗伯·丰·鲍尔曼，《古代和现代》（慕尼黑，1895 年）；狄奥多尔·戈姆拍次，《论文和回忆》（斯图加特，1905 年），第 184—195 页。并参看下列评论文章（其中许多是卓越的批判论文）：《评论季刊》，第 78 卷（1846 年），第 113—144 页，第 86 卷（1850 年），第 384—415 页，第 88 卷（1851 年），第 41—69 页，第 99 卷（1856 年），第 60—105 页，第 135 卷（1873 年），第 98—137 页；《伦敦评论季刊》，第 7 卷（1856—1857 年），第 51—71 页，第 42 卷（1874 年），第 393—416 页；《北美评论》，第 78 卷（1854 年），第 150—173 页；《不列颠评论季刊》，第 13 卷（1851 年），第 289—331 页；《爱丁堡评论》，第 84 卷（1846 年），第 343—377 页，第 91 卷（1849—1850 年），第 118—152 页，第 94 卷（1851 年），第 204—228 页，第 98 卷（1853 年），第 425—447 页，第 138 卷（1873 年），第 218—245 页；《北不列颠评论》，第 25 卷（1856 年），第 141—172 页；《民族》，第 19 卷（1874 年），第 91—92 页。

格罗特夫人在给他写的那本精心雕琢的传记里，把这位历史家兼政治家生活上一些有趣的细节记了下来。当他听说她正为他的传记收集材料时，他吃惊地喊道："什么，我的生平吗，绝对没什么可说的。"她回答道："当然没什么惊险可写，这点我同意，但还是有些东西可写，你的一生就是一部思想史。"这话无疑是对的。

格罗特生长在一个严格的加尔文派家庭。从他父亲一方说，他是荷兰人或低地德国人的后代。他的祖先是在 1710 年移居英国的。1766 年以后这个家族经营银行（即"格罗特和普累斯卡特公司"），乔治·格罗特的母亲是一位教士的女儿，她非常虔诚，在儿子还不到六岁时，就教他拉丁文。十岁时就进了察特豪斯学校读书，瑟耳沃耳和后来成名的其他人物是他的同学。六年之后，他被父亲拉到银行里工作。白天在银行忙碌，早晨和晚上都用于读书和研究，特别是钻研古典——亚里士多德是他的终生爱好——历史、政治经济学和形而上学。他还学了德、法、意等国文字。1822 年 12 月他在日记里写了这么一段有代表性的话："6 点钟起床；把我全部读书时间都用在戴奥多刺斯①的著作上；读完 80 页，记了笔记。在零星的余暇时间读了《哲学词典》里的几条。"

1823 年格罗特夫人对她丈夫说："你总是研究古代作家，这是你的一个好课题呀。"于是从他的希腊史第 1 卷出版以前 23 年开始，他就收集起资料来了。在这期间，他还一直忙于政治和学术方面的事情。他认识了经济学家大卫·李嘉图，《人类头脑分析》的作者、约翰·斯图亚特·穆勒的父亲激进派詹姆士·穆勒和道德

① 本书上卷 103—104 页。——译者

家哲勒米·边沁。所有这些人，特别是穆勒，对格罗特的影响很深。格罗特夫人不赞同地评论道："他发现自己好像打上穆勒那些结论的药针似的，——他憎恨贵族政治和英国教会。"事实上格罗特一辈子都是一个激进派。在穆勒"为人类谋幸福的热情"激励 493
下，格罗特在 1830 年革命前夕访问了巴黎，捐款 500 镑支援革命者。同年格罗特的父亲去世，留给他四万镑以上的财产，于是他那时就可以自由地把自己全部时间用在政治和历史上了，他协助建立了伦敦大学，写了一本主张扩大选举权的著作，并当选为国会议员，在国会一直待了八年多。但他的口袋里总是装着一本柏拉图全集（陶胡尼茨丛书[①]版）。

1841 年格罗特退出国会，前往罗马研究古文物。他认为希腊不值得访问，这件事意义深远——从他打算写历史的角度看，这是个非同小可的失策。1842 年回英国后，他就开始修改自己的笔记，重读权威著作，特别是尼布尔的，准备写他的论述传说时期的头两卷《希腊史》。的确，多年来一直是格罗特爱好的就是神话。早在 1823 年他就曾这样写过：

> 我现在正钻研希腊的传说时代，我发现有必要通过把其他早期历史文献上大量类似的事实摆在一起的办法把这个时期弄清楚，以便表明那些编造的故事完全不可靠，全部都没价值，而这些故事早就引起的那些联想，所有研究古典的人至今仍然很熟悉。我发现人们非常贪婪地而且是极其轻易地就肯定、相信，再次肯定这些东西，而且别人还相信他们；这实在使人莫名其妙。

虽然伯克早已指出使用铭文这条道路，但格罗特并没有照办，

---

① 德国莱比锡的陶胡尼茨出版廉价书。——译者

他往往还贬低铭文的价值。

格罗特的《希腊史》头两卷于 1846 年初出版后立刻获得成功。他从容地编写了 20 多年，并没有料到他这部书会大受欢迎。他对妻子说："我还以为要自费出版呢。"他这部书甚至在托利党办的一些大学里都受到极大欢迎，结果这位冷冰冰的学者也感动了。再引用他的夫人几句话："祝贺和颂扬从四面八方向作者涌来，弄得他本人现在开始对自己长期以来就珍爱的工作的成功也有点自信了。""移植过来的自爱"这回总算把"不动声色的自谦的面纱"戳穿了。密尔曼教长[1]在《每季评论》上，约翰·斯图亚特·穆勒在《爱丁堡评论》上，分别评论了他这两卷书。二人都大加赞赏。穆勒的评论说："在他重新研究以前，希腊史里几乎没有一件重要的事情得到过完全的了解。"密特福德的希腊史从书架上取下来了。

后十卷在其后十年陆续出版，这部巨著于 1856 年完成。[2] 他
494 把这部书写至亚历山大大帝时期结束，他写道："从那时以后不但希腊的政治自由和独立行动开始熄灭，而且多产的天才也开始枯萎，公元前 4 世纪在柏拉图和德谟斯提尼身上展示出来的完美的文学和秀丽的修辞也每况愈下。"这位民主战士不愿意再往下写了。不过，在九年的辛劳之后，又于 1865 年出版了《柏拉图和苏格拉底的其他伙伴》，共三卷，他说这部书"旨在作为《希腊史》的续

① 圣保罗教堂教长（1849 年），著有《犹太人的历史》、《罗马帝国时代的基督教史》、《拉丁基督教史》等书。——译者

② 第 3、4 卷写至马拉松之战，出版于 1847 年；第 5、6 卷写至伯罗奔尼撒战争，出版于 1849 年；第 7、8 卷写至战争结束，出版于 1850 年；第 9、10 卷出版于 1852 年，第 11 卷出版于 1853 年，第 12 卷出版于 1856 年。

编和补充”。

格罗特的《希腊史》有两个基本特点很突出：一个是对传说时代的处理；一个是对瑞典民主政治的强调（某些人说应叫作维护）。他不承认希腊神话是历史的实证，但还是把那些早期传说全文照抄录了，因为他认为仅仅写一个摘要就意味着把这些记事文的“生命的血液抽干了”。

> 我是以古代的本来面目描绘古代的，即按照古希腊人的信仰和感情想象出来的那个样子，只有通过他们的传说才知道的那个样子描绘古代，不必冒昧地去衡量这些传说中可能包含着多少历史事实，多到什么程度，少到什么程度都不必去管。如果读者抱怨我没有帮助他确定这一点——如果他们问我为什么不揭开帷幕把真景展出——我就可以用画家焦克息斯[①]的话（在他的模拟艺术杰作展览会上，有人向他提出同样的问题）回答：“帷幕就是图画。”帷幕后面没有任何东西，任何精妙的技巧都不能把它揭开。我只不过是如实地把它介绍出来——不把它涂掉，更不重新绘制。[②]

格罗特拒绝希腊神话就是信史这种说法，但承认它是希腊思想的反映，是和一般文化交织在一起的想象的产物。他指出，神话必须作为一件艺术品加以研究，因而不受为历史真相订立的一般标准的约束。

> 没有人授权我们把历史可信性或年代学顺序这两条规定拿到神话世界来套用。神话世界的角色是神、英雄和人，他们经常并列并互相同情；人也是这样，我们知道他们大部分都是虚构的，我们从来不能确定他们中间究竟有多少是真的。……神话最早产生的时代没有记载，没

---

① 公元前5世纪晚期的希腊画家。——译者

② 《希腊史》，第1卷，第294页，关于这样的神话，格罗特还制造了一个罕见的双关语：“它是从未存在过的过去的记录。”

有哲学，没有批判，没有宗教信条，无论天文学或地理学，甚至几乎连点滴痕迹都没有。

因为这个缘故，从公元前776年第一届奥林匹克竞技大会的那一年才下笔写真实可信的希腊史，因为在那个时期的历史记载似乎多少比较可信了。

> 495 我从公元前776年或第一届奥林匹亚纪[1]下笔写真正的希腊史，对于研究古代世界的人们曾一度普遍遵循、至今仍然通行的习惯说来，似乎是从历史画卷上切掉了一千年；但对于那些从哈兰先生[2]、西斯蒙第先生[3]或任何其他卓越的近代史家那里学到历史实证的准则的人说来，我确信我必然显得马虎而轻信，不会显得苛求或遇事怀疑。因为事情的真相是，真正说得上是历史记载的东西是直到这个时期以后很久才开始的。[4]

格罗特这部《希腊史》最有意义的部分是他对雅典民主政治的处理。格罗特是从19世纪维多利亚时期一位英国自由党人、立宪政府的热烈信仰者以及普选制的热情战士的观点撰写他的希腊史的。的确，他对其他任何事情都没有什么兴趣，如上文所说，他不耐烦前往希腊访问以便熟悉那里的地理、气候和纪念物。

格罗特的工作可以算作英国史学界一项“光荣”，但和他同时的查尔斯·梅里维尔(1808—1893年)却不然。他是英国牧师，他写的罗马史像是一位沾沾自喜的道德家和专制主义的吹鼓手写的。他的《帝国治下的罗马人史》是打算把尼布尔和阿诺尔德的遗

---

① 每四年全希腊各国在奥林匹亚举行赛会，世传第一届赛会在公元前776年。希腊即以此纪年，是为奥林匹亚纪。——译者

② 本卷原书第284—286页。——译者

③ 本卷原书第601—603页。——译者

④ 关于这两段引文，参看同上书，第1卷，第402页和序言第7页。

漏补上;从恺撒写起,到马卡斯·奥理略即吉本的《罗马帝国衰亡史》开始的地方结束。梅里维尔现在已被人们忘记,这主要不是因为他天真地颂扬了一个强大的帝国政府,而是因为他写书的根据完全是文艺材料。蒙森和他的合作者写的那些书使梅里维尔的著作变成废物了。

另一些研究罗马史的英国人有:乔治·朗(1800—1879 年)[①],J. H. 帕克(1806—1884 年)、罗伯特·伯恩(1829—1904 年)、J. H. 米德尔顿(1846—1896 年)和亨利·佩勒姆(1846—1907 年)等。更近一些的学者,特别是受了蒙森影响的那些人,因名单太长,无法详述。牛津大学古代史教授佩勒姆把属于古代范围的德国学术引进英国很多。但"他只是讲得多,写得却很少"。不过他根据最近的发现写成的小册子《罗马史大纲》(1890 年)却被称为曾经出版过的论述这个题目的书中"最有用的,事实上也是最有才华的纲要"。[②] 在他协助下,在罗马设立了英国学校(1901 年),在这个基础上又产生出罗马研究促进会(1910 年)。谢里曼[③]、伊文思[④]和其他一些人的发掘工作使人们对古代史有了许多新看法。在《剑桥古代史》里可以看到根据现代知识对这个题目所作的重新

① 精于罗马法,编撰《便士百科全书》(1833—1846 年)、《古典书目提要》(1851—1858 年)。——译者

② F. 哈佛非尔德,《亨利·佩勒姆》,见《雅典娜协会杂志》,第 4138 号(1907 年);J. E. 桑兹,《古罗马研究的一个伴侣》(剑桥,1910 年),第 868 页。

③ 德国考古学家(1822—1890 年),曾参加发掘特洛伊、太林斯等地遗址。——译者

④ 英国考古学家(1851—1941 年),在克里特发掘,发现诺萨斯宫殿,即早期米诺斯文化遗址。——译者

估价，书中还附有书目提要。①

496 尼布尔通过瑟耳沃耳和亚诺尔德已经把英国古典学术界这潭死水搅动了。但到 19 世纪中叶，德国学术界在古希腊罗马史领域的迅速进展已经远远超过尼布尔、伯克和米勒原来划的界限。英国已落在时代后边，而法国的古典学者对莱茵河彼岸取得的成就更是完全无知。

现在有必要回过头来看看德国了。自从伯克和米勒以来，最出色的希腊史家是恩斯特·库图斯(1814—1896 年)②，他是米勒学术的直接后代。他也像德国另外许多著名的历史家(包括尼布尔和蒙森在内)那样，是荷尔斯泰因人，生于吕贝克③一个旧贵族家庭，是该城市政官员的儿子。1834 年库图斯前往波恩学习语言

---

① G. B. 格伦迪，“剑桥古代史”，见《评论季刊》，第 258 卷(1932 年)，第 341－62 页。

② 库图斯的传记是他儿子弗里德里希·库图斯写的，《恩斯特·库图斯，传略和书信》(柏林，1903 年)；并参看佛特的书，第 624—624 页；古奇的书，第 475—478 页；桑兹的书，第 3 卷，第 228—229 页；R. 克库尔·丰·斯特拉顿尼兹，《恩斯特·库图斯》(柏林，1896 年)；康拉德·J. 普拉次，《恩斯特·库图斯和德国古代研究》(柏林，1897 年)；H. 革尔泽，“恩斯特·库图斯的旅行和讲话”，见《短文选》(莱比锡，1907 年)；查洛特·不洛伊起，《关于恩斯特·库图斯的回忆》(柏林，1897 年)；A. 迈克里斯，“恩斯特·库图斯”，见《综合评论》(1896 年)，第 182—184 号；T. 荷治琴，“恩斯特·库图斯”，见《不列颠研究院纪要》(1905—1906 年)，第 31—34 页；福礼曼(见本书原书第 488 页著者注)，第 148—160 页；詹姆斯·哈德利，《语言学和批判论文集》(纽约，1873 年)，第 1—36 页；罗伯特·P. 吉普，“恩斯特·库图斯，米勒和蒙森”，见《国际评论》，第 2 卷(1875 年)，第 745—762 页；A. W. 沃尔德的文章，见《爱丁堡评论》，第 199 卷(1904 年)，第 403—431 页；《北美评论》，第 87 卷(1858 年)，第 481—507 页；《普鲁士年鉴》，第 1 卷(1858 年)，第 337－65 页。关于批判库图斯学说的文章，参看 E. 巴贝伦，“库图斯先生的希腊史，和有关希腊的考古新发现”，见《历史问题评论》，第 34 卷(1883 年)，第 596—608 页；阿瑟·米科凡《希腊艺术的开端》(莱比锡，1883 年)。

③ 在今德意志联邦北部。——译者

学，在该地和克立斯兴·奥古斯特·布兰迪斯[①](1790—1867 年)建立了亲密关系，这个人曾在驻罗马公使馆任尼布尔的秘书。从 1822 年起布兰迪斯就在波恩大学当哲学教授，写了一些希腊和罗马哲学史方面的著作。[②] 按照德国习惯，教授要在各个大学进行研究，于是库图斯就离开波恩，前往格丁根大学，在奥特夫里·米勒指导下工作，米勒当时是全欧著名的希腊学专家。

> 〔库图斯写道〕每天听米勒用一个长时期才能讲完的课真是获益匪浅，难以用言语形容，因为他这样一位教师是谁也敌不过的。他讲解清楚，叙述生动迷人，学识丰富而踏实，日甚一日地引人入胜。他接连不断地使人们对这门知识产生新的热忱，因为他那与众不同的天赋给了这门知识以新的生命。

上边说的这门知识就是希腊的过去，特别是希腊的考古学，青年的库图斯如饥似渴地从他老师那里学习这门知识。他从老师那里吸取的另一种东西是关于古代有机统一性这个概念，米勒这个概念是从赫尔得那里学来的，赫尔得又是从文克尔曼那里得来的。必须再三强调的是，文化的整体性和社会进化学说从 18 世纪以 497
来就在德国被广泛接受和传播了。

库图斯从格丁根大学到柏林大学研究希腊艺术和考古。在柏林大学他听的是奥特夫里·米勒极其钦佩的老师伯克的课。但最重要的是，他研究了博物馆里丰富的收藏。他说，“柏林是考古学者极爱的地方，特别是那里收藏的那些花瓶真是无价之宝。”

在布兰迪斯、米勒和伯克这样的老师指导下研究了四年就使

---

① 德国古典语言学家和哲学史家。——译者

② 参看 E. 库图斯，《回忆查理·A. 布兰迪斯和 A. 伯克》，见《格丁根王家科学协会报告》，哲学—历史类，1867 年，第 552—573 页；桑兹的书，第 3 卷，第 173 页。

库图斯很齐全地武装起来了,但他最重要的经历还在后面。在希腊反对土耳其争取独立的斗争结束并在巴伐利亚的鄂图亲王[①]统治下建立起希腊王国以后,这位新推选出来的国王就邀请布兰迪斯教授随他前往希腊当他的亲信顾问,布兰迪斯又要他以前的学生库图斯和他一起去当他的孩子们的教师。1837 年秋库图斯和布兰迪斯全家离开德国,坐在大篷车上旅行了六个星期,到达亚得里亚海滨,据各种记载说,这是一趟使人振奋的旅行。

库图斯在比雷埃夫斯州住在布兰迪斯家里大约两年,在这期间,他不但见到前来访问的许多研究希腊的学者,而且还曾好几次坐船到那些有丰富历史遗迹的地方进行考察;同时还学习了近代希腊语,也熟悉了坡合尼阿斯[②]和斯特拉波[③]的著作。有一次广泛的旅行是和地理学家卡尔·立特[④]一起去的,另一次是 1840 年和他的老师米勒在一起。米勒是去抄写铭文、发掘神庙的。这位 43 岁的格丁根大学教授在炎热的 7 月里卖力干活,熟悉希腊气候的库图斯劝老师注意自己的身体。米勒回答说:"我不需要午睡,我的脑子像铁那样坚强,我不需要把头遮起来,我不怕中暑。整个春天天气很凉很湿润。雅典地区的太阳不像人们说的那样可怕,连一半都没有。"但是当他们正在德尔斐发掘时,米勒发起烧来,匆匆忙忙送到雅典,8 月 1 日就在那里去世了,他是渴求知识的牺

① 希腊国王(1832—1862 年在位),不得民心,1862 年为革命政府所废除。——译者

② 上卷原书第 110—111 页。——译者

③ 上卷原书第 102—103 页。——译者

④ 德国地理学家(1779—1859 年),近代科学的地理学的建立者之一,说明地理特点对历史的影响。——译者

牲者。

米勒的衣钵传给库图斯。他从雅典经过罗马到达哈雷。1841年获得学位后，开始在柏林约阿喜谟斯塔高等学校任教。他第一次公开露面是在两年之后，当时柏林大学联合讲演会为普及科学邀请他向经过选择的听众讲雅典卫城。这位不满30岁的青年教师有些怯场。他私下告诉他的兄弟[①]说："下星期六，5点10分，我将不愉快地站在讲台上面对普鲁士王族，950位才华出众的人们 498
济济一堂，到时我会心跳，但愿一切都顺利。"

不但有王族光临，还有柏林才智出众的人物，包括洪保德、伯克和卡尔·立特。库图斯大获成功。他站在讲台上似乎很镇定。"平常他那乱草一般的头发现在梳得特别光溜，他的领饰和手套雪亮夺目。"他对自己讲题的热忱使他忘记了那些听众，把雅典帕德嫩神殿描绘得历历在目；把雅典鼎盛时期人们的活动讲得栩栩如生。他一讲完，喝彩声立即爆发，都是控制不住的发自内心的。

> 〔他写道〕我的讲演取得出乎意料的成功。我已点燃起整个柏林对雅典卫城的热情之火。我受到指责的只有一点，说我最后向听众致敬时向王族包厢鞠的躬不够深。人们觉得似乎看到吕贝克这个共和派的硬脖子。

库图斯这篇演说使他获得普鲁士腓得烈·威廉亲王（后来的腓得烈三世）的教师这个职位，他这个职位保持了六年，但并不能完全算是他的幸运。不但教学工作使他很少余暇办自己的事，而且长期在波茨坦宫中居住，也把这位"硬脖子共和派吕贝克"变成

① 乔治·库图斯（1820—1885年），也是个古典语言学家，布拉格、基尔、莱比锡等大学教授。——译者

一位坚决的保王党了。1850 年，这位王子被大学录取后，库图斯就在柏林定居下来，并作为一位讲师在大学讲课。虽然他收入微薄，但这时却可以自由写作了。1851—1852 年间，他出版了两卷本《伯罗奔尼撒》，是关于希腊的生动记述。他还编辑了《希腊铭刻集成》第 3 卷，这卷书使他成了普鲁士研究院成员。在这期间他写的较小的著作有《希腊的道路建筑》(1855 年)和《迁移以前的爱奥尼亚人》，这本书把希腊的传统说法，即爱奥尼亚人来自希腊这个说法驳倒了，说他们起源于小亚细亚。最后在 1856 年库图斯 42 岁时，也就是他大概已成为希腊地形学和希腊艺术最伟大的在世的权威时，格丁根大学才聘请他担任奥特夫里·米勒讲座，他担任了 12 年。后来又去希腊进行了两次科学考察，在雅典以南和史前城市克拉尼亚进行考古发掘。1869 年应聘到柏林大学当教授，兼皇家博物馆长。

在格丁根时，库图斯也像他的同事惠芝那样，不但撰写自己最伟大的历史著作，而且还训练了一个历史学派。他在柏林大学继续讲课，他那些课讲得“充满古代的芳香，把怀古之情传染给听
499 众”。① 这种“古代的芳香”也是他的《希腊史》特有的优点。伯里说过：“恩斯特·库图斯引进希腊史研究里的新特征可以说是**活灵活现的地理学**。”他这部著作除这种生动性之外当然还有许多别的东西。出版他这本书的公司就是曾出版蒙森《罗马史》的那个魏德

① 这段话是保罗·弗雷德里克的。他在《德法二国历史研究》一文中对库图斯作了有趣的描绘。此文由亨利埃达·利奥那德从法文译成英文，见《约翰斯·霍普金斯大学历史和政治科学研究》，第 8 集，第 5、6 卷(1890 年)，第 12—13 页；并参看吉普的描写，见《国际评论》(见上上一个著者注)，第 760 页。

曼公司，因而也是面向大众的。因此，库图斯也像蒙森那样，举出的那些学说、作出的那些结论，都没有引证权威著作。库图斯也是部克哈特那样的艺术家，他打算献给读者的是一幅轮廓鲜明的、但还正确的希腊生活图景，而且因为他对希腊的地形、艺术和考古等方面的知识都很渊博，所以他这项艰苦工作获得了成功。他这部“诗歌般的”历史（这是保罗·弗雷德里克[①]对他这部著作的称呼）一出版立刻获得成功，前后出了六版和许多译本，包括英译本。[②]

库图斯的历史著作在一个重要方面，即在对神话时期如何处理上和格罗特的希腊史适成对照。蒙森写罗马史时抛弃神话，格罗特不承认希腊神话是历史证据；但库图斯却认为许多历史情况可以从传说中找到，这是因为，传说远非某一个人的捏造，而是整个民族的记忆。

库图斯牢记他的老师奥特夫里·米勒的观点，把希腊世界看作一个“整体”，包括文化上的一切表现，宗教和教士阶级，竞技和农业，道路建筑和殖民，艺术和诗歌，建筑和哲学。在这方面库图斯是一位既可靠又愉快的向导，他描绘的古希腊图景用笔温存而优雅，这是因为他对他写的这个题目十分亲切。就是因为这一点，不喜欢德国人的瑞士人部克哈特高度赞赏库图斯，把他看成自己的艺术伙伴。

---

① 比利时历史家，列日大学教授（1850—1920 年）。——译者

② 《希腊史》首先出版于 1857—1867 年，分为三卷；1887—1889 年第 6 次修正版也分三卷。由 A. W. 沃尔德译成英文（纽约，1867 年，五卷）；其中后四卷由 W. A. 帕克阿德根据后来的德文本加以修改（纽约，1871—1873 年）。A. 邦奥·勒克雷耳的法文译本《希腊史》（巴黎，1880—1883 年）是根据德文第 5 版译成的。

对他的批评主要来自语言学专家和政治史家。毫无疑问，关于如何处理政治这个题目，格罗特搞得最好的地方正是库图斯失败之处。对政治事务，这位德国学者既不爱好，又无兴趣。库图斯爱美，对希腊的美特别热爱。对比之下，他对外交事务和政治制度就很冷淡了；由于同样原因，他对像经济学那样的“硬邦邦的必需品”也没有表示出什么关怀。看到花瓶的曲线或圆柱的线条就激
500 动起来的人对选举制或奴隶制这类题目是热乎不起来的。正如佛特所说：“他的诗人气味太浓，当不了历史家。”在感情上人们不妨同情库图斯的观点，然而，我们必须作出这样的结论：他对政治处理不当、对经济完全忽视，有损于他笔下希腊文明的整个图景。

库图斯最大的成就在地理学和考古学方面，而不是在历史方面。奥林匹亚的发掘完全是他搞成的，威拉摩维茨-默轮多尔夫[①]宣告他的《伯罗奔尼撒》是“50 年代那少数出类拔萃的著作当中的一部”。已故教授约翰・W. 伯吉斯[②]写道：“他讲的课都是完美无缺的演说”，但是库图斯典型的雄辩和优美却不如蒙森更客观的方法那样有说服力。[③] 美国最伟大的希腊学家巴锡尔・L. 吉尔得斯利夫把库图斯的写作风格说成是“贵族的优美文体，这种文体他在后来陆续出版的书里一再琢磨推敲”。

铭文和考古资料数量不断增加，特别是在谢里曼发掘出迈锡尼诸古城以后，引起人们为解释希腊文明又进行了许多新尝试。

---

① 德国古典学家(1848—1931 年)。——译者

② 美国的政治经济学家(1844—1931 年)，著有《政治学与比较宪法》两卷(1890 年)等书。——译者

③ 约翰・W. 伯吉斯，《一位美国学者的回忆》(纽约，1923 年)，第 123 页。

阿道夫·赫姆(1830—1900年)是那不勒斯、巴勒莫和弗赖堡等大学古代史教授，他写了一部四卷《希腊史》(1886—1894年)，对希腊作了四平八稳的记述；他这部著作的依据在很大程度上是古钱币研究，文笔相当平淡，叙述的都是已知事实，不死抠原则学说。另一种是基尔和格丁根两大学教授乔治·部索尔特(1850—1920年)以《希腊文》(1884年及以后)为书名编辑出版的许多详细而有学术性的注释。他这部书虽然对学者十分有用，但基本上只是一部精心撰写的一些论文集而不是一部历史。“我写的这本历史主要是为了研究，而不是为了阅读，在吸引力方面当然不敢妄想和库图斯或洞刻比高低。”

卡尔·朱理亚·贝洛赫(1854—1929年)①性格相当个别，从上高等学校起，就对希腊文、历史、地理，特别是统计学感兴趣。他不喜欢库图斯，但蒙森对他有很大影响。“除了科尔布的统计学和《伊利亚特》这两本书以外，就对我的学术发展的影响而论任何著作都不像蒙森的《罗马史》那么重要。”贝洛赫患有支气管炎，不能在德国学习；因而到意大利去了，实际上在那里待了一辈子，1879年曾受聘在罗马大学当古代史教授。他经常喜欢钻研的是希腊史和社会统计学。1884年他出版了《伯利克里斯以来的雅典政治》， 501
1886年出版了《希腊罗马世界的人口》，古代人口问题长期以来一直是一个“纷乱的浅薄的涉猎场所”，因为“统计专家对古代一般都一窍不通，而语言学家对统计学也是门儿都摸不着”。伯克和蒙森

① 参看自传纲要，见S.斯太因堡编辑的《现代史学的自我表现》(莱比锡，1925—1926年，两卷)，第2卷，第1—27页；古奇的书，第481—482页。

在古代人口这个问题上都没给我们增添任何新知识。因此贝洛赫就着手设法发现某些可靠的人口资料。用他自己的话说：

> 必须根据迄今还没人用过的平面测量为面积统计学创造一个可靠的基础。人口资料，除非我们知道是在哪块地面上的，否则就毫无价值。……所以，从古代保存下来的一切统计材料，都必须收集起来，并加以批判选择。……最后，所有这些资料都必须进行核实，并按照经济情况整理成严密的体系。

多年来，贝洛赫一直在计划写一部综合全面情况的希腊史，从最早时期写到希腊和罗马开始合并的时期。他到希腊去过六趟，还用了七年时间写第1卷。写到第3卷时，他已经累得精疲力竭，不能继续写下去了："我现在对古代已感厌倦。"他晚年写了一本关于罗马的书，还写了一部欧洲人口史，但未能完成。

贝洛赫写的希腊史和其他德国人写的不同，他不按传统写法，自己爱怎么写就怎么写。贝洛赫一直在意大利居住，他坦率承认自己信仰民主和理性。他对德国的评论是："我曾亲眼看到过俾斯麦如何践踏人民的权利，直到今天还没有忘记。我一向认为自由就是至高无上的善，我一辈子都是一个共和派。"任何住在德国的德国人都不可能写出这样的话。他坚持说，一切进步都来自知识，一切知识都来自自由。因此，贝洛赫对希腊史所作新解释的特点是：

> 公元前5世纪需要写的东西不多；但公元前4世纪的历史就完全是另一个样子了；喀罗尼亚战役[①]不但不是希腊史的结束，反而成了它的极盛时期。经济史从前一直没人理会，这时也取得应有的地位。在思想史方面，仅次于文学艺术的自然科学这时也已进入前列，因为它毕

① 公元前338年马其顿击败希腊联军，建立了在全希腊的霸权。——译者

竟是希腊人最高的创造。我对伯利克里斯、苏格拉底、柏拉图、德谟斯提尼等人的论断伤了许多人最温柔的感情。

他这部书受到学究和权威们的广泛批评，但贝洛赫却作出胜利的结论说，人们把他的书买回家读去了，“而库图斯的书从那时起就不再出版了”。[①]

改变研究罗马史的面貌的是德国学术界一大奇才狄奥多尔· 502
蒙森(1817—1903 年)[②]。“他既是诗人，又是律师；既是批评家，又是创作者；他有感情，易激动，多幻想，但他又能够处理无穷无尽的

① 自传引文，同上书(见上一个著者注)，第 16 页。

② 关于蒙森的书目提要很多。关于他那些传记可参看 L. M. 哈特曼的《狄奥多尔·蒙森传略》(哥达，1908 年)。在英文著作中下列各书应予指出：福礼曼的书(见本书原书第 488 页著者注)，内有一篇关于他的罗马史的评论；古奇的书，第 454—465 页；基兰的书，第 120—170 页，重印本根据《蓝色评论》，第 34 卷(1899 年)，第 2 部分，第 417—425 页；W. 沃尔德·福勒，“狄奥多尔·蒙森：他的生活和著作”，见《罗马论文集和说明》(牛津，1920 年)；W. P. 艾伦，“狄奥多尔·蒙森”，见《北美评论》，第 111 卷(1870 年)，第 445—465 页；F. 哈佛非尔德，“狄奥多尔·蒙森”，见《雅典娜评论》，1903 年 11 月，第 615—616 页；F. W. 吉尔西，“狄奥多尔·蒙森”，见《古典杂志》，第 14 卷(1918—1919 年)，第 224—236 页；K. 舒尔茨，“给蒙森的一篇贺词”，见《马萨诸塞州历史学会》，第 2 集，第 18 卷(1904 年)；锡德尼·惠特曼，“关于蒙森”，见《现代评论》，第 84 卷(1903 年)，第 865—872 页；J. B. 卡特的文章，见《大西洋月刊》，1904 年 3 月号，第 373—378 页；F. B. 科普利，“狄奥多尔·蒙森，近观形象”，见《批判者》，第 44 卷(1904 年)，第 64—70 页；J. S. 曼，“蒙森和我们与德国的隔阂”，见《双周评论》，第 80 卷(1903 年)，第 1002—1017 页；E. 伊托尔·佩斯，“论罗马史”，见《美国历史学会年报》，1904 年，第 81—88 页；E. 赖克，“狄奥多尔·蒙森”，见《史密斯孙研究所学报》1903 年；《司克里布纳杂志》，第 45 卷(1909 年)，第 132 页以后；《学者》，第 18 卷(1903—1904 年)，第 346—648 页；哈利·T. 佩克，“狄奥多尔·蒙森和古格来莫·弗勒罗”，同上书，第 28 卷(1908—1909 年)，第 436—442 页；《日晷》，第 35 卷(1903 年)，第 339—340 页；B. L. 吉尔德斯利夫的文章，见《美国语言学杂志》，第 6 卷(1885 年)，第 483—486 页；《民族》，第 45 卷，第 462 页以后，第 77 卷，第 377 页以后；《观望》，第 75 卷(1903 年)，第 631—632 页；《爱丁堡评论》，第115卷(1862年)，第440—477页；《北美评论》，(接下页)

腻人的细节，还能搞出大批大批乏味的琐碎的统计数字，他身上具备各式各样的优点，这在过去任何一个人身上都是找不到的。因此他的著作是独一无二的。”[①]蒙森出版的著作的各种篇名就有1513个，其中有1000多种是接触到各个领域的独力著作和有创见的文章。成千上万页著作用的都是普通书写法（不是速写），也没有秘书或速记员帮助。难怪当时有一位学者说，如果要他抄写蒙森已出版的那些书，他得抄写400年才能抄完。

蒙森著作的独创性和多样性同样使人吃惊。至少在六个不同的学术领域里他都是一位大师。在碑钻研究、古钱学、历史、法律、考古学和早期意大利语言学方面没有人超过他；他在这些学科每一门里，都作出了不朽的贡献。一位英国学者曾说：在数量上和质

（接上页）第121卷（1875年），第433—442页；《英国历史评论》，第16卷（1901年），第219—291页；和F.哈佛非尔德，“蒙森以后的罗马史”，见《评论季刊》，第217卷（1912年），第323—345页。

关于德国和法国对蒙森的研究，见佛特的书，第549—556页；C.巴德，《狄奥多尔·蒙森》（柏林，1903年）；希尔士费耳德，“纪念狄奥多尔·蒙森的演说”，见《普鲁士科学院纪要》，1904年，第1—38页；F.约纳斯，“狄奥多尔·蒙森的80诞辰”，见《德国评论》，第93卷（1897年），第399—416页；W.韦伯尔，《狄奥多尔·蒙森。他的25周年回忆录》（斯图加特，1929年）；T.戈姆拍次，《论文和回忆》（1905年），第133页以后；摩里斯·来尔“政治家蒙森”，见《政治学史》，第25卷（1910年），第640—669页；H.布伦纳，“狄奥多尔·蒙森”，见《新苏黎世杂志》，1903年11月4日和6日；A.多斐“关于狄奥多尔·蒙森的回忆录”，见《综合杂志》补编，1904年2月2,3日，第26号和27号；O.格拉顿威兹，“狄奥多尔·蒙森”，见《萨焚宜法律史杂志》，关于罗马，第25卷（1904年），第1—31页；A.哈那克，《狄奥多尔·蒙森丧礼上的讲话》（莱比锡，1903年）；卡尔·J.纽曼的文章，见《历史杂志》，第92卷，第193—283页；《历史季刊》，第7卷（1904年），第313—342页。

① F.哈佛非尔德，“蒙森以后的罗马史”，见《评论季刊》，第217卷（1912年），第324页。

量上蒙森的成就“在19世纪任何人一生的工作中,他算是最了不起的了”。

蒙森也像其他那些德国学者那样,生于石勒苏益格省。他是 503
年俸约600马克的一位贫苦牧师的儿子。他上的那个学校每周的课程对德国学生智力训练严厉到不是把他们造就成才、就是彻底摧毁他们的程度。两个小时学神学,三小时学西塞罗,两小时学荷拉斯,两小时学塔西佗,两小时作拉丁文练习,三小时学修昔底德,两小时学索福克列斯,一小时的希腊语,英文、法文、丹麦文各两小时;在较近代的课程里有三小时历史,哲学、修辞学、物理学和德国文学各一小时。

1838年他21岁时,就入了基尔大学法律系。他最喜欢的老师是曾在柏林大学伯克教授指导下研究过古代史和铭文的鄂图·扬①。比蒙森只大四岁的扬把自己知道的一切都教给蒙森了。1843年蒙森获得公法学位,丹麦政府给他一笔研究费让他旅行。他前往意大利,在那不勒斯花了三年时间收集铭文。他在国外待的那几年(1844—1847年)发表了不下90篇文章。

他出版的这些文章使他获得莱比锡大学教授职位。但革命时期推动他参加了自由党的政治活动,这使他失去了职位。1852年,他应聘到苏黎世大学,在那里开始写他的名著《罗马史》。后来又从苏黎世到布雷斯劳大学,把这部名著写完了(三卷本,第1版于1854—1856年问世)。1858年才在柏林长期定居下来。

1852年蒙森出版了一部拉丁铭文集,是他旅居意大利时收集

① 德国古典语言学家与考古学家(1813—1869年)。——译者

的。当时普鲁士学院负责出版尚存的一切拉丁铭文，任命蒙森为编辑和主任。这项工作十分艰巨，蒙森认为至少需要 20 年才能完成。收集、审订、编排、出版这部著名的《拉丁铭文集成》(*Corpus Inscriptionum Latinarum*)的工作把蒙森的余年都占用了。在文字记录不足的情况下，要想让人们了解古代史，头一件大事就是收
504 集铭文。① 收集人员被派往南欧、中欧、英国、北非、小亚细亚、叙利亚和埃及等地，把罗马遗留下来的每件实物都找到并辨认清楚。蒙森规定了一条：一切成员，如果可能的话，都要亲眼看看石刻——如果石刻已经不存在的话，就要看看保存下来的原始抄件——理由是已出版的很多铭文都是伪造的。《拉丁铭文集成》把这些伪造铭文单独印出，不和别的混杂，以使将来任何学者都不致错认。主要的工作都是在意大利完成的，共收集了 36000 件铭文，大部分由蒙森亲自编审。《铭文集成》最薄的一卷是在英国发现的那些，约 1500 件。全书计 15 卷，分为 41 部分，共计铭文 130000 件，可谓庞大之至。然而蒙森并不只是当总编，他还亲自编了 41 部分中的 14 部分，对折本 8000 余页。“单这一项就是一个人一生的工作。”卡密尔·朱利安说这部《铭文集成》是“在任何学者对过

---

① 在希腊，伯克和他的同事收集了约 9000 件铭文。系统的发掘和希腊王国的建立便利了进一步收集，因而到 19 世纪后期，约三万件希腊铭文得以出版。参看 C. T. 牛顿，《论艺术和考古学》(伦敦，1880 年)，第 95—209 页。关于谢里曼的著作以及他在希腊的发掘，参看《爱丁堡评论》，第 139 卷(1874 年)，第 405—444 页；爱弥尔·路德威格，《谢里曼，一个淘金者的故事》，D. E. 退特从德文翻成英文(波士顿，1931 年)；E. 爱格尔的文章，见《学者杂志》，1871 年，第 157—183、226—240 页；《奥古斯特·柏克的〈短文集〉》(1858—1874 年，七卷分为四册)；和阿道夫·凯尔乔夫，《希腊字母史研究》(居特斯洛，1887 年)。

去的知识曾经作过的贡献中最大的一项”。[①]

《罗马史》虽然是蒙森早年的著作，但大多数人知道他，却都是因为他是这部书的作者。他在写给古斯塔夫·夫赖塔格[②]的一封信中曾说明自己是怎么写起这部书来的。

> 你知道我是怎么写起《罗马史》这本书的吗？我年轻时想写的是各式各样的别的东西，如写一篇论罗马刑法的文章，编一部罗马法律资料，或者至少要编一本罗马法全书摘要，而想得最少的是写一部历史。当时青年教授们得的是尽人皆知的幼稚病：在莱比锡那些有文化素养的人面前发表探讨某一问题的、使人厌烦的讲演。我也得了这种病。既然我当时正在研究土地法，……我就发表了论述革拉古兄弟的一篇政治讲话。……听众当中有K.赖梅尔和希尔策耳，两天之后，他们二人来找我，问我是否愿意为他们的丛书写一部《罗马史》。这件事突如其来，使我十分惊异，因为我从来都没想到会有这样一种可能性，但你知道当时那些年月一切都是多么混乱，人人都在冒昧地干点什么；如果有人开一位教授的玩笑，问他是否愿意当教育部长，他一般是会答应的。于是我也就答应他们了。不过，我之所以答应他们，却是因为这两位给我的印象很深。我心想，如果他们对我有信心，那我自己也应当对自己有信心。[③]

这段自述很重要，因为它能说明蒙森急切地要出版东西。卡密尔·朱里安指出，如果蒙森没有在几个星期内非出版些什么东西不可的“难以置信的愿望”的话，他本来是有可能成为第二位兰克的。[④] 事实证明，他的严格的历史著作是很有限的。至少可以说，

---

① 引文见古奇的书，第459页。

② 德国文学家（1816—1895年）。——译者

③ 刊登在《民族杂志》（柏林），1903年11月17日。

④ 卡密尔·朱里安，“蒙森”，见《历史评论》，第84卷（1904年），第113—123页。

他经常爱搞的是法律,而不是历史。柏金问道:"他究竟是克利奥[①]的儿子还是提密斯[②]的儿子?"

《罗马史》一出版,立刻获得成功,人们拍手喝彩,说他这部书
505 是现有的罗马史当中最好的一部,然而学者批评它缺少参考书目和脚注。因为他这部书着眼于普及,"它是想把古典时代的知识以生动活泼的形式呈献给更广泛的读者"。把一切困难的或有争议问题的探讨都删掉了,例如曾使尼布尔和乔治·康沃尔·刘易斯很伤脑筋的早期资料和神话是否可信这个问题。蒙森著作价值最小的正是这些最早的部分。他从来都没听说过冰河时期或图腾崇拜。

蒙森追溯了罗马发展成世界霸主的那些阶段,反对事先就有什么创造一个帝国的深思熟虑的计划这个说法。关于罗马的逐渐扩张的情况,他写道:"他们的远征在某些情况下差不多是被迫的,他们常常被拖入对外战争,有时是环境造成,有时是出于有意,两种情况都有。"蒙森十分赞扬罗马人对内对外运用权威的方式。甚至在表现出粗暴和残酷的地方,他也不加谴责。他认为"贵族战胜平民"的胜利是"必要的",他这种认识和特赖奇克并无二致。虽然他并没像普鲁士学派他那些同事们那样露骨地歌颂武力,但他照样坚持历史运动不能用道德标准衡量。他说:"任何革命或篡权,只要有独到的统治能力,就能够在历史法庭上胜诉。"[③]

---

① 历史和史诗女神。——译者

② 法律女神。——译者

③ 关于他的政治伦理观点的例证,参看《罗马史》(柏林,1903—1907 年,三卷),第 1 卷,第 8、812 页;第 2 卷,第 93、450 页;第 3 卷,第 93 页及其他各处。

蒙森的第 3 卷止于罗马共和末期的塔普萨斯战役[1](公元前 46 年)。计划论述恺撒的独裁和逝世以及帝国时代的第 4 卷,他虽然有时也想继续写下去,但终于未能完成。[2] 作为部分的补偿,他写了第 5 卷论述恺撒至戴克里先时期[3]各省的历史(1885 年)。但是,尽管他并没有用记事的形式把帝国时期写出来,却写了一部划时代的著作《罗马国家法律》,对这几个世纪的罗马政府进行了研究,这些研究就是一场革命——他这几卷书材料异常丰富,"人们编写帝国文明史都必须以他探索出来的这个基本轮廓为依据。"[4]哈佛非尔德宣称《罗马国家法律》一书"在一切历史文献中也许是最出色的一部宪法著作了"。[5] 在这部著作中,他对罗马宪法的看法的修订大多是根据已知的资料,但在罗马行政管理方面却漏掉许多事实——马克瓦尔特[6]的《意大利与各行省》(1851 年)就是在他这 506
部书以前出版的——他现在这部《铭文集成》是从铭文中取材的。

蒙森晚年还"以难以置信的速度"为《德国史料集成》编辑中世纪早期各种历史和法律资料,包括卡息奥多拉斯[7]的《书简与国家

---

① 恺撒大败共和党人于北非的塔普萨斯。——译者

② 他部分是由于女婿威拉摩维茨-默伦多尔夫劝阻,后者在《我的回忆,1848—1914 年》(G. C. 理查兹从德文译成英文〔伦敦,1930 年〕)第 217 页上指出:"任何能够正确判断第 3 卷的结构及其有效艺术结尾的人必然承认这三卷是一个整体,不能再附加任何东西。"

③ 公元 284—305 年。——译者

④ 《我的回忆,1848—1914 年》,第 219 页(见上一个著者注)。

⑤ F. 哈佛非尔德,"狄奥多尔·蒙森",见《英国历史评论》,第 19 卷(1904 年),第 80—89 页。

⑥ 德国古文物学者(1812—1882 年),特别对罗马古代文物有研究。——译者

⑦ 上卷原书第 146—147 页。——译者

文件》(*Variae*)、约旦尼斯[①]的《哥特史》和助祭保罗[②]的《伦巴第史》[③]。

蒙森的"专制主义"受到很多误解和歪曲。如果他活到现在，他一定会谴责德国当前的极权主义。下边就是他笔下的伟大的恺撒的一段：

> 恺撒和罗马霸业的历史……实际上是对近代专制政治的严厉批判，比人的手能够写出来的任何东西都严厉。按自然法则看来，最小的有机体也比最精巧的机器高明十万八千倍；按照同样的道理，能够叫大多数公民自由地行使自决权的宪法，尽管有缺点，也比最光辉、最人道的专制主义强得无法比拟；因为前者能够发展，因而是活的，而后者则一成不变，所以是死的。[④]

在政治上蒙森站在济伯尔和俾斯麦之间，他厌恶君主专制，赞扬卓越的贵族能人统治。他恨容克地主，无论是罗马的或是普鲁士的，但也蔑视民主政治。"在任何地方，暴政都是普选的结果。"只有民主的贵族政治才有资格进行统治——"凭借的是一切权利

① 上卷原书第 147—148 页。——译者

② 上卷原书第 167—169 页。——译者

③ 一一列举蒙森的重要著作是不可能的；参看 K. 臧梅斯脱收集的书目提要，《作为出版作家的狄奥多尔·蒙森》(第 2 版，E. 雅各增补本，柏林，1905 年)。部分书目表列如下：《罗马的学院和学会》(1843 年)；《那不勒斯王室的拉丁铭文》(1852 年)；《瑞士联盟的拉丁铭文》(1854 年)；《拉丁铭文集成》(1863—1836 年，16 卷分为 47 册)；《直到恺撒时代的罗马年代记》(1858 年；第 2 版，1859 年)；《罗马研究》(1864—1879 年，两卷)；《罗马史》(1854—1856 年，三卷，多次重印，许多译本，第 5 卷，1855 年)；《罗马的政治法律》(1871—1875 年，两卷；第 3 版，1887—1888 年，增加第 3 卷)；《罗马的信贷法》(1899 年)。蒙森还为《德国史料集成》编了若干册《古代作家》。W. P. 狄克逊把《罗马史》译成英文(纽约，1871 年，四卷；重印本收入"人人图书馆")，狄克逊并将增补的第 5 卷译成英文，书名是《从恺撒到戴克里先时代罗马帝国的各省区》(纽约，1887 年，两卷)。

④ 《罗马史》，第 5 卷，第 11 章(人人图书馆，第 4 卷，第 439—440 页)。

中最高的权利……那是优越者的权利。”[1]蒙森积极参加了当时的政治活动。1861 年进入普鲁士国会。1881 年被选入帝国会议。在这个机构里他和班贝格[2]的激进党联合；这个党是俾斯麦提出保护关税法案[3]的时候从国民自由党[4]分裂出来的。他在 1874 年一次教区讲演中，哀叹新德意志帝国正漂向唯物主义，并预言较高文化和人文研究必然衰落。他强烈反对施特克尔[5]和特赖奇克鼓 507
动起来的反犹太运动。当从柏林输入的迫害犹太人的政策，把在中世纪古文书学上具有划时代贡献的特劳伯从格赖夫斯瓦尔德驱逐出境，后来特劳伯在慕尼黑找到了避难所时，他勃然大怒。[6] 他有独立见解，或者在普鲁士国会（他是自由党议员）发表，或者在报纸上（他投的稿简直太多了）强有力地表达出来。他在十分自信时，甚至毫不犹豫地把俾斯麦的保护关税政策斥为“诈骗”，或者猛烈攻击英国对布尔人的政策。“在政治上，蒙森往往轻易发表预言。”[7]

还不到中年，蒙森就已经出了名，甚至几乎成了传奇人物。世界上可能再也没有其他学者像他这样名扬四海的了。成百上千的

---

① W. P. 艾伦，“狄奥多尔·蒙森”，见《北美评论》(1870 年)，第 451 卷；关于其他选段，见全文第 445—462 页。

② 德国政客和经济学家(1823—1899 年)，参加 1848 年的革命，因而被迫流放国外，1866 年大赦后回国，为国会议员，组织德国自由党，主张建立类似英国的议会制度和自由贸易政策，反对俾斯麦的保护政策。——译者

③ 19 世纪 70 年代末俾斯麦实行保护关税政策。——译者

④ 主张对外发展殖民地，对内实行温和的政治改革和农产品低关税。——译者

⑤ 德国新教教士(1835—1909 年)。——译者

⑥ 威拉摩维茨-默伦多尔夫的书(见本书原书第 505 页著者注)，第 231 页注。

⑦ 同上书，第 296 页。

关于他的轶事到处流传。① 蒙森的许多相识留下对他的描绘，活画出他那些怪癖，他那无穷无尽的精力，全神贯注自己的工作的情景等等。柏林人喜闻乐道的一件事是，每天早晨他总是登上电车到大学去，而且经常坐在同一个座位上，一坐下马上就开始读书。他那些同路人谁都熟悉这件事，见他进来，就给他让座，也不打扰他读书。一到大学那一站，乘务员就通知这位教授，他便赶快下车，以便8点钟准时上课。崇拜他的德国人都会骄傲地喃喃自语："这个人从不浪费一秒钟"。

下面这段描绘是一个认识他的人写的：

> 蒙森的身体非常虚弱。他的脸又瘦又尖；他的眼睛尽管蓝色很淡，却很锐利；他的铁褐色头发像一堆细铁丝。虽然动作敏捷而有活力，但并不优雅；尽管在一切场合，他在学术问题上极其镇静，却摆脱不了学者身上常见的不属于学术范围的身体虚弱。他每天讲课的时间无论冬夏都是上午8点。许多曾在柏林大学读过书的人都会记得那沸腾的人群，各国的便装学生，大声谈论着或乱纷纷地争先恐后地朝那些座位拥去，8点刚过就挤满了大学里最大的教室。8点15分，一个侧门打开了，蒙森瘦弱的身体轻轻地走上讲台；在他那尖锐的童音刚要说出开讲前那几个字"诸位先生"以前，大教室里嗡嗡的嘈杂声立刻变成鸦雀无声的沉寂，只听到讲课的声音了。他用谈话的语调，非常迅速地把讲稿读到课时终结。信不信由你，据说他这些讲稿都是讲课这天清早才准备的，总是新

① 蒙森有一个很大的家庭。一位访问他的客人从书房的窗子里看到12个以上的孩子正在他住的公寓庭院里兴高采烈地玩耍，因此对他说，邻居的孩子们有时一定会给他带来烦恼。他回答说："啊，天呀，这些都是我的孩子啊！"

有一次有人问他的意见，德皇为什么决心建设一支强大的海军。他回答说，"因为他梦想为德国赢得一个像特拉法加海军大战那样的胜利。"〔译者按：1805年英国纳尔逊大败法国海军于特拉法加角。〕客人又问："谁是牺牲者呢？"蒙森回答说："不是英国，就是美国。可能是美国更好些，因为他没有祖母葬在那里。"

> 鲜的，因为课程的名称即使并不新，但蒙森的钻研总是持续进行，因 508
> 而他对许多问题甚至重要问题的看法，也常常改变。……他对古罗马各个方面进行的许多研究都得到许多青年语言学家的帮助，这些人都是他自己的高足。他们虽然每个人干的都是各自的专业，虽然每个人都出于对老师的衷心爱慕，也都觉得自己的本领足以自豪而热情奔放地苦干，但他们仍然都不得不半绝望地嚷嚷，说蒙森在他们各自搞的专业上比他们任何一个都高明，而且能够在几小时内搞完他们好多天才能搞完的工作。①

蒙森讲课的口才虽然不好，而且声音尖细刺耳，但他经常从头至尾都能抓住学生的注意力。他讲课是念讲稿，但不时以冷冰冰的蓝眼睛横扫全班。每星期一晚上，他的研究班的学生都到他家念他们的报告。蒙森对他们的批评严格而公正，很少学生敢于阻止或反驳。学生们毕业以后，他还经常帮助他们，指点他们，以自己的学识使他们受益。②

和蒙森同时的人并不总是接受他的领导地位。阿尔伯特·施怀格勒（1819—1857 年）③、卡尔·彼得（1803—1893 年）和威廉·伊内（1821—1902 年）用尼布尔的风格写罗马史。也许是因为蒙森自己把关于罗马共和时期的历史资料搜集得太彻底了，这当然也是因为现在已经把极其丰富的碑铭材料都收集到一起了，所以年轻学者们转而去研究罗马帝国时代，不再研究共和时期了。④

---

① 罗伯特·P. 吉普，“恩斯特·库图斯，米勒和蒙森”，《国际评论》，第 2 卷（1875 年），第 759—760 页，全文见第 745—762 页。

② 他的一个著者的学生对蒙森的描述和评价，参阅 O. 泽克，“蒙森的特点”，《德国概况》，第 118 卷（1904 年），第 75—108 页。

③ 德国神学家和哲学家。——译者

④ 参阅 F. 哈佛非尔德，“蒙森以来的罗马史”，《〔伦敦〕评论季刊》，第 323—345 页；古奇的书，第465—474页；桑兹的书，第3卷，第233—335页，威廉·克罗尔（接下页）

蒙森和黎尔[①]的学生路德维希·夫里德楞得(1824—1909年)专门研究文化史。他的《罗马风俗史略》[②]是关于帝国时代社会情况和人们的行为的最全面的记述。赫尔曼·席勒(1839—1902年)写的是帝国政治史,但德骚的《罗马帝国时代史》较好一些,因为他研究《拉丁铭文集成》直到头发变白了。第马兹威斯基的《罗马诸皇帝史》是记述历代皇帝生平的一套书。蒙森最伟大的学生鄂图·
509 塞克(1850—1921年)编写过《名人传》和《息马卡斯[③]书简集》,还写过一部有六卷内容的书,对罗马帝国衰亡有最深刻的研究,然而书名却是《古代世界衰亡史》(柏林,1895—1920年)。

就像19世纪早期英国那些研究希腊和罗马历史的学者最早重视伯克和尼布尔的著作那样,他们在19世纪后期也是最早学习蒙森的人。弗朗西斯·哈佛非尔德(1860—1919年)[④][⑤]、亨利·佩勒姆(1846—1907年)[⑥][⑦]、H.J.格尼治(1865—1906年)[⑧]、T.来

(接上页)编,《古代考古学25周年庆祝会》(莱比锡,1905年)。亦参阅《古典研究年鉴》,这部书是从1906年开始的。

① 德国历史家(1823—1897年),慕尼黑大学文化史教授。——译者

② 原来是三卷(1862—1871年);第10版(1921—1923年)是四卷。L.A.马格纳斯等人把第7版翻成英文,名为《早期帝国统治下的生活和风俗》(伦敦,1908—1913年,四卷)。亦参阅阿瑟·路德维希,"路德维希·夫里德楞得",见《古典考古学进步的年刊》,第153卷(1911年),第1—24页。

③ 琴塔斯·奥理略·息马卡斯,4世纪罗马演说家和政治家,反对基督教,拥护邪教。——译者

④ 著有《罗马占据不列颠史》。——译者

⑤ 《罗马统治下不列颠的罗马化;罗马占领下的不列颠》。

⑥ 本卷原书第495页。——译者

⑦ 《罗马史纲要》(各种版本);《论文集》,那篇论《帝国领地和隶农制》的文章是一篇值得注意的文章。

⑧ 《希腊宪政史手册》(伦敦和纽约,1896年);《罗马共和国后期和早期元首政治时期的罗马史》(纽约,1905年)。

斯·赫谟兹(生于1855)[①][②]、詹姆士·利·斯特拉强-戴维孙[③]和威廉·沃尔德·福勒(1847—1921年)[④]等人的著作都是用蒙森的方法和风格写的。在撰写罗马题材的这个英国作家名单上还可以加上已故的塞缪尔·迪尔[⑤],他是贝尔法斯特[⑥]大学希腊文教授,但他出版的那些著作是论述罗马史的。迪尔著有《西罗马帝国最后一个世纪的罗马社会》(1898年)、《从尼禄到马卡斯·奥里略时期的罗马社会》(1904年)和《墨洛温时代的高卢的罗马社会》(1926年)。

法国学者在19世纪60年代以前,尽管注意古典文学,却忽视古典时代的历史。在第二帝国时代问世的论述古典时代的最好的历史著作是拿破仑三世一位有学问的大臣维克多·杜律伊写的《罗马史》。前两卷出版于1843—1844年间。第3、4两卷写恺撒和罗马帝国,但一直没和读者见面,直到拿破仑三世垮台之后才出版,因为杜律伊对那位见风使舵的骗子[⑦]的帝国主义者的狂妄野心一向侧目而视。[⑧] 1858年库朗日的《波利比阿,或希腊的征服》

---

① 赫谟兹(1855—1933年),著有《恺撒征服高卢史》(1899年)等书。——译者

② 《恺撒征服高卢,一段历史记述》(伦敦和纽约,1899年);《罗马共和国和帝国的创立者》(牛津,1923年,三卷)等等。

③ 《罗马刑法问题》(牛津,1912年,两卷)。

④ 《希腊人和罗马人的城市国家》(伦敦,1893年)。

⑤ 迪尔(1844—1924年)。——译者

⑥ 北爱尔兰的城市。——译者

⑦ 指拿破仑三世。——译者

⑧ 恩斯特·拉维斯《一位大臣:维克多·杜律伊》(巴黎,1895年);朱理·西蒙,"杜律伊先生的生平和著作略评",〔巴黎〕《道德与政治科学院的会议与工作》,第145卷(1896年),第66—93页。也参阅本卷前面原书第264—269页。

(*Polybe, oula Grèce conquise*)的出版，标志着一个新时代的开始，这部书预兆作者前程远大。1858 年《德国评论》也出刊，其内容简介说这本杂志的宗旨是“追随德国学术运动，特别是史学的语言学”。蒙森的许多著作在第二帝国时代开始被译成法文，但是《罗马国家法律》和《罗马刑法》以及马克瓦尔德的《罗马行政》直到 90
510 年代才译成法文。[①] 夫里得楞得的《罗马风俗史》(*Römische Sittengschichte*)四卷的译本完成于 1865—1873 年间。贝罗的《从王政时代到革拉古兄弟时代的罗马骑士史》于 1866 年出版，他在序言里说，如果没有蒙森、施怀格勒、彼得、痕曾、马克瓦尔德、德拉曼以及其他次要一些的德国学者的著作，他这部书便不可能写成。这个时期法国学术发展缓慢，下边这件事就可说明：虽然法国佩罗[②]领导的小亚细亚考古发掘队在安哥拉发现了记载奥古斯都遗嘱的著名铭文(安哥拉碑铭)，布斯贝克[③]早在 16 世纪就已经看到了，但法国学者中没有一位有能力加以校订，反而让蒙森获得了出版罗马史上这篇最著名的铭文的荣誉。

---

① 《罗马史》有两种不同的译本：C. A. 亚历山大译的《罗马史》第 1—8 卷(巴黎，1863—1874 年，八卷)；附蒙森第 5 卷关于各行省的记载作为续编，第 9—11 卷(巴黎，1887—1889 年，三卷)，R. 科纳和 J. 图坦合译；得·盖尔列译的《罗马史》(新版，巴黎，1882 年，七卷)。蒙森论罗马货币的著作由布拉卡公爵译成《罗马货币史》(巴黎，1865—1875 年，四卷)。蒙森—马克瓦尔德丛书包括蒙森的《罗马国家法律》和《罗马刑法》以及马克瓦尔德的《罗马行政》均由德文译为法文，称为《古代罗马手册》(巴黎，1887—1907 年，19 卷)。

② 乔治·佩罗(1832—1914 年)，法国考古学家，1861 年组织考古队在安哥拉附近进行发掘。——译者

③ 布斯贝克(1522—1592 年)，德意志皇帝驻土耳其的大使(1554—1562 年)，有《书简集》传世。——译者

19世纪晚期，法国古典学术界幸运地产生了一些学者，他们把科学方法、批判态度和清晰的文风结合起来。芮农就是在古代东方学术领域里这样一位学者，另一位是研究罗马历史和文学的加斯敦·霸西埃（1823—1908年）。① 他是普罗旺斯人，法国这一带地方保存了古罗马天才人物数量最多、质量最好的文物。看来，古代拉丁精神似乎从霸西埃生下来就已激起他的想象力。1863年，他在巴黎大学开始教罗马史和文学，1908年去世时，他享有高寿和荣誉。霸西埃把罗马的历史、考古学和文学最恰当地结合在一起。于1865年出版的研究公元前1世纪罗马社会的著作《西塞罗和他的朋友们》使他成了名。他的《异教的终结》（*La fin du paganisme*）（1891年，两卷）是以各种文字写的研究罗马宗教衰落的著作中最彻底、最深刻、最富同情心的一部。②

如果我们说意大利学术界对古代罗马史漠不关心是由于意大利，特别是自从1859年以后③，过分集中精力以行动发展他们的活的历史，因而没有时间和心思去研究自己的过去，这种说法或许是出于好意。一位高尚的例外是著名的铭文学家巴托罗缪·波给西伯爵（1781—1860）。④ 他开始时是雄心勃勃地追随穆拉托里， 511

① 参阅E. K. 兰德在《民族》杂志第86卷（1908年）第550—551页上发表的关于霸西埃的一篇富于同情的记载。

② 霸西埃的其他著作：《奥古斯都和安东尼王朝的罗马宗教》（1874年，两卷）；《反对罗马皇帝：塔西佗》（1903年）；《喀提林阴谋》（1905年）；和《三个考古发掘：罗马和庞培》（1880年）、《罗马统治下的非洲》（1895年）和《荷拉斯与味吉尔》（1886年）。

③ 1859年撒丁尼亚把奥地利的侵略军驱逐出北意，以后忙于意大利的统一运动。

④ 他在马里尼手下学习过。马里尼写的《古代的铭文》（1795年）建立了近代铭文学的基础。该书包括一千个未发现过的铭文。

但发觉中世纪文献的古字体对他的眼睛说来实在太吃力。1819年他出版了一部记述古罗马官长的新著《纪年》(*fasti*),重新编排了古罗马史的年代表。从那时后,多年以来波给西的信息在各个学术团体的讨论事项里都可看到。他计划写一部大书,把古代罗马世界的一切拉丁铭文都包括进去,但他的死使这个计划夭折了。波给西在圣马力诺度过一生,因为他不同情意大利的政治动荡。他的著作大部分都是用法文写的。他在拿破仑三世身上找到一位恩主。拿破仑三世本人就是一位业余古文物家,他发起对恺撒在高卢历次战役的遗迹进行考古研究,并下令让波给西的全部著作由帝国出版社印成十卷出版。最后一卷里有一篇关于波给西辛勤劳动的长篇记载。此书直到 1897 年才出版。意大利仍然没有产生一位蒙森。①

① 意大利最好的古典时代历史家是加塔诺·得·散克替斯,著有《罗马史》(都灵,1870—1923 年,四卷分订五册)。其第 4 卷叙述到皮德那之役。〔译者按:公元前 168 年罗马大败马其顿于皮德那。〕

第五十八章　拜占庭研究的进展[①]

公元4世纪至15世纪一直都以君士坦丁堡为首都的这个帝国究竟如何命名最为理想这个问题一向十分混乱，学者感到最好是以克绂巴赫[②]的《拜占庭杂志》的意见为准，克绂巴赫也知道他们会这样办的。然而，关于这个帝国的名称的争论仅仅是至今仍被轻蔑和忽视的这个领域的历史上那20来件必须记载下来的不 512

---

① 为研究拜占庭书目提要，开始时最好读查理·第尔的文章，“1901年拜占庭历史研究”，见〔巴黎〕《综合历史研究》，第3卷(1901年)，第177—225页；这篇文章把这个研究范围如何丰富和囊括其分散的文献的困难都谈到了。也可参阅同一作家的“法国的拜占庭研究”，见《拜占庭杂志》，第9卷(1900年)，第1—13页；J. B. 伯里编的吉本著作的导言，第1卷，第53—63页；F. 克绂巴赫《序言》，见《拜占庭杂志》，第1卷(1892年)，第1—12页，亦见于他重印的《通俗杂文集》(莱比锡，1909年)；同一作家，《拜占庭文献史》(慕尼黑，1891年；第2版，1897年，附有直至1896年批评这些著作的文章的一个附录)；A. A. 发西里叶夫，《拜占庭帝国史》，S. 拉格曾夫人从俄文译为英文(麦迪逊，1928—1929年，两卷)，第1卷，第13—54、213—216页；路易·布雷埃尔，“17世纪到20世纪拜占庭历史研究的进展”，见《奥弗涅评论》(1901年)：同一作家。“拜占庭帝国”，见《历史与历史家》，第2卷，第655—678页，V. 发西里叶夫斯基，《拜占庭历史著作的概况》(圣彼得堡，1890年，俄文版)；K. 第特立喜“德国的拜占庭史和拜占庭研究”，见《国际月刊》，第6卷(1912年)，第245—276页：关于斯拉夫各国出版的著作，参阅《拜占庭杂志》：《布莱克韦尔的手稿目录：拜占庭作家及有关拜占庭文献，历史、宗教、艺术、考古等的书籍目录》(牛津，1937年)。也应当提到《拜占庭新史学年鉴》、《东方拉丁评论》(巴黎，1893年以后)，和《斯拉夫语言学文库》(雅吉奇建立于柏林，1876年及以后)。

② 德国拜占庭学者(1856—1909年)，创办《拜占庭杂志》(1892年)，著有《拜占庭文学史》(1891年)等书。——译者

幸的事情当中的一件。

拜占庭历史长期被忽视的主要历史根源是神学上的成见。拉丁西方在公元最初那几个世纪里从和它比邻的希腊化世界得到一次大丰收以后，就执拗地走上自己选择的道路。他们允许希腊人在文化上还有某些权利，同时也把他们看成教会的分立派。伟大的教皇格雷戈里（590—604 年在职）在君士坦丁堡住过许多年，但从来不屑于学习希腊语。导致十字军将堡垒和土地抵押出去、购置盔甲和军粮、跨上战马东征的，并不是出于对讥笑他们的这些东方人的恩爱。1204 年博斯普鲁斯海峡上这个伟大城市被洗劫[1]之所以可能出现，就是因为相信同一个宗教的这两个世界之间缺乏真正的伙伴精神。珍爱自己正在衰落的文明遗产的拜占庭人对轻蔑和仇视他们的法兰克人（法兰西人）也以牙还牙地进行报复。在决定命运的 15 世纪中叶[2]即将到来时，希腊执政官诺塔拉斯说："我宁愿看到穆拉德[3]的缠头布放在苏菲亚教堂大门上，也不愿看到罗马红衣主教的毡帽摆在那里。"

513 文艺复兴时期那些人文主义者对中世纪整个时代本来就很厌恶，在那时来自东方的编年史上当然找不到一点引起他们兴趣的东西；而且，正当 16 世纪那些宗教改革家高谈使教会回到先前的古朴风格时，却没有一个人真正在它的发祥地，即在希腊化的东方

① 指第四次十字军劫掠君士坦丁堡。——译者

② 指 1453 年土耳其人攻陷君士坦丁堡的前后。——译者

③ 指土耳其苏丹穆拉德二世（1421—1451 年在位）。——译者

环境中去探寻。如果我们把当时在雅克·屈扎斯[①](1590年)[②]控制下的研究拜占庭法学的那个学派排除在外的话，那么，直到17世纪欧洲人对拜占庭的历史都还没有人发生真正的兴趣。

近代拜占庭历史写作可说是在1648年开始的，路易十四的皇家印刷厂在那年出版了拜占庭诸史家著作汇编第1集第1卷。由于编者拉伯（拉巴奥）和法布洛的忠实而辛勤的劳动，杜·孔日[③]的天才，以及路易十四慷慨解囊，在60多年的时间里才出了34卷对开本《拜占庭史学著作汇编》，此书更为人们惯常引用的名称是《罗浮宫拜占庭史学汇编》。就个别学者论，任何人都不如学识渊博、不知疲倦的杜·孔日的贡献大，他的遗著有一部《法兰克皇帝统治下的君士坦丁堡帝国》，他还写了一部工具书《中下等级希腊文词汇》，甚至使学者感恩更深。相当于他的拉丁词典的姊妹篇的这部著作出版时，这位作者已是70岁的老人了。我们也不能忘记蒙福孔[④]；他在希腊古文字学和铭文学方面很为重要。

但是在看来大有希望的开端过后，接着出现的是比忽视更为糟糕的情况。18世纪，针对拜占庭帝国刮起一阵令人难堪的轻蔑东方的疾风。作为“千年衰朽”例证的这个帝国，正是伏尔泰致命

① 法国法学家（1522—1590年）（即邱哲细阿斯）。——译者

② 冉·莫尔托伊耳，《拜占庭法律史》（巴黎，1843—1846年，三卷），第1卷，序言，第17—18页。关于16世纪和17世纪早期偶尔编写拜占庭作品的作家，发西里叶夫（见上一个著者注），第1卷，第13页提到德国的亥厄洛尼摩斯·沃尔夫、荷兰的莫伊修士和意大利的两个希腊人阿莱曼努斯和阿勒替阿斯。

③ 本卷原书第29—31页。——译者

④ 伯尔拿·得·蒙福孔（1655—1741年），法国文字学家，著有《希腊古文字学》（1708年），因此被称为古文字学的创立者。见本卷原书第23—26页。——译者

的批判或吉本严肃而公正的裁决的对象。这个帝国的历史“除了夸夸其谈和神迹之外，什么都没有；是人类思想的耻辱”（伏尔泰语）；[1]“无非是由叛变、骚乱和背信弃义交织一起的一团糟而已”（孟德斯鸠语[2]）；[3]“只是一张懦弱无能的恶心人的丑画；是卑鄙的，不，是疯狂的情欲扼杀了一切高尚的东西的成长”（黑格尔语）。[4]“下流帝国”（Bas-empire）这个语义双关的词最便于使用。19 世纪第一批伟大的学者也没有摆脱他们那些杰出的先辈的短
514 浅的眼光。萨获宜的《罗马法史》并没注意到罗马法在东方帝国不但继续存在而且还在发展。基佐也没感到拜占庭文化在欧洲文明史里还值得一提；累基宣称，普遍接受的对拜占庭帝国的历史判词应当是“在迄今曾经有过的一切文明形式中，它构成的形式是极端卑贱而可厌的，几乎没有例外的情况”。[5]吉本曾尖刻地用下面这句话总结了他的杰作：“我已经把野蛮和宗教的胜利描绘出来了。”

然而，积极的仇视可能比彻底遗忘好一些。如果说全部实况没有人看到，它的一半可能还是清楚的。孟德斯鸠在前文已引用过的他那部《罗马盛衰原因论》（1734 年）里用最后四章专门记述拜占庭帝国，从而承认它是罗马史的继续。的确，他曾以一整章的

---

① 《历史的怀疑主义》，第 15 章，引文见发西里叶夫（见上上一个著者注）第 1 卷，第 16 页。

② 孟德斯鸠《罗马盛衰原因论》，第 119 页（商务，1962 年）。——译者

③ 《论罗马盛衰的原因》，第 21 章，引自发西里叶夫的书。

④ 《哲学史讲演集》，J. 西布里译自德文（伦敦，1890 年），第 353 页，所引全文见上一个著者注，第 1 卷，第 17 页。

⑤ 威廉·累基，《从奥古斯都到查理曼欧洲道德史》（纽约和伦敦，1910 年，两卷），第 2 卷，第 13 页。

篇幅解释即使这个帝国有许多缺点，但仍能一直残存到 1453 年这个奇迹。不过读读孟德斯鸠的著作并非完全没有好处。索列尔[①]曾把他这部书说成是“杰出的记述和标准的阐释”。[②] 意识到历史的连续性是尽人皆知的吉本著作的著名优点。但他写的东罗马帝国史却因为双重缺点而大为减色。吉本的希腊文不如他的拉丁文掌握得那么得心应手。截至 518 年的他那些记述还比较详尽而有价值，这是因为有提厄蒙[③]的著作指引；[④]但他写的 518 年以后的那些东西，显然是因为失去这个指引而大不相同了。其次，吉本把福礼曼所说的他那“无比的讽刺和贬抑的本领”发挥得过火了。他即使并未受人指责说他弄虚作假或忽略史实，但他总是想方设法把最坏的那一面翻到外边。仅从篇幅的机械分配上便可看出他轻蔑的是什么：在连篇累牍地写完了安敦尼朝诸帝[⑤]之后，他只用了一章的篇幅便把从希拉克略[⑥]到以撒·安吉拉[⑦]的那么多皇帝都写完了。然而，假如说吉本的倾向不正确而且在他那个时代拜占庭历史的许多方面仍然全部属于模糊不清的领域的话，我们仍然可以说这位天才的手已经接触到这个题目，而且有助于保证它不

---

① 法国历史家（1842—1906 年），著有《欧洲与法国革命》等书。——译者

② 亚尔伯特·索列尔，《孟德斯鸠》（第 2 版，巴黎，1889 年），第 64 页，引文见发西里叶夫的书（见本书原书第 512 页著者注），第 1 卷，第 18 页。

③ 本卷原书第 27—28 页。——译者

④ 勒·拿因·得·提埃蒙，《皇帝及其他君主的历史》（布鲁塞尔，1690—1738 年，六卷）。

⑤ 96—192 年。——译者

⑥ 东罗马皇帝（610—641 年在位）。——译者

⑦ 东罗马皇帝（1185—1195，1203—1204 年在位）。——译者

致绝灭。[①] 在19世纪大部时间里，英语读者都是从他的书里了解到拜占庭的情况的。

如果说其他国家，特别是法国，那些研究拜占庭的人比18世纪那些思想家敌意较小的话，可是他们的才能却差多了。勒·基
515 昂的《东方基督教》(1740年)也不是没有优点；但勒波的极其详尽的论述，却使他“把这部史书淹没在使人腻烦的琐事洪流里了，因为他想把这部史书写成30卷之多反而让它溜掉了”。[②] 他的《下流帝国史》后来由另一个人续编，但这27卷书(1756—1786年)现在都过时了。勒波自己懂得希腊文很少，他不加批判地使用拉丁文译本。两位东方学者，亚美尼亚专家马丁和乔治亚史专家布洛塞的书在巴黎出的再版(1824—1836年，24卷)还引起人们一些兴趣。他们从东方，特别是从亚美尼亚资料中找到的那些附加内容倒是一些新东西。J.C.洛尤的九卷本《下流帝国史》只不过是为了取代勒波的“不值一读”的著作而搞的一些报刊文章似的东西；根本就没有任何学术价值。[③] 在拜占庭史领域，18世纪的记录很可悲，既无能又无知，简直是彻头彻尾的偏见。

19世纪的拜占庭研究渐渐开始复苏。浪漫主义和民族主义都起了作用，这一点在下文将看到。施罗塞1812年论述破坏偶像

---

① 关于对吉本的批判，参阅福礼曼，《历史和批判论文集》，第3辑(伦敦，1879年)，第234—235页和发西里叶夫的书，第1卷，第18—23页。

② 引自查理·第尔在《拜占庭杂志》(见本书原书第512页著者注)，第1—13页的文章。

③ 《后期罗马帝国，从君士坦丁到1453年君士坦丁堡陷落》(巴黎，1803年，四卷)。

的诸皇帝①的那卷书是一次大胆尝试，但未免孤掌难鸣。② 潮流定而不移的转变可追溯到三种影响：一是绅士学者写的记述他们在近东旅行的文章，二是希腊争取独立的战争和亲希腊主义，最后是法尔梅来尔③的种族学说引起的争论。

1798 年拿破仑远征埃及和叙利亚业已把世界的目光引向地中海东部地区。19 世纪上半列入法德两国，特别是英国书目里的记述前往希腊和小亚细亚旅行经过的那些著作，大众特别喜爱。因为这些书的作者都受过古典学术训练，有时还受过一点考古学或古钱学训练的人写的，它们也能够引起认真的学者的注意。芬利④后来把他的《希腊史》第 4 卷献给的并不是别人，而是威廉·马丁·利克上校⑤这位被威廉·密勒称为"模范旅行家"的人。⑥ 利克在 1799 年前往希腊完成政府交给他的任务，后来又回到那里去研究当时的情况，鉴定遗址，并搜集对拜占庭时代和古典时代有价值的钱币和铭文。英国广大读者还可以信得过像爱德华·吉法

① 公元 726—841 年。——译者

② 弗里德里希·克里斯托夫·施罗塞，《东罗马帝国反对崇拜偶像的皇帝的历史》(法兰克福，1812 年)。

③ 本卷原书第 516—519 页。——译者

④ 本卷原书第 519—520 页。——译者

⑤ 英国考古学家和古典地形学家(1777—1860 年)，1808—1810 年住在希腊，搜集古钱和铭刻。——译者

⑥ "……他长期辛苦努力，使希腊古代史免于湮没无闻，使希腊近代史免于被人歪曲，已经值得受到英国的赞扬和希腊的感激了。"关于利克的游记，参阅《爱丁堡评论》，第 24 卷(1814—1815 年，第 353—369 页)。他著有《希腊研究》(1814 年)、《摩利亚游记》(1830 年)〔译者按：摩利亚即希腊南端伯罗奔尼撒半岛〕、《希腊北部游记》(1835 年)、《希腊古钱学》(1854 年)等著作，所有这些著作在芬利著作的脚注中都有显著描述。

516 德的《爱奥尼亚群岛、雅典和摩里亚短期访问记》，[1]威廉·穆耳的《希腊和爱奥尼亚群岛旅行日记》[2]和克里斯托芬·沃兹沃斯[3]的《雅典和亚狄迦：在那里居住的日记》等等这类著作。[4]

游记文学在数量上增加了，但由于希腊正在进行独立战争[5]，使这方面的兴趣暗淡了。湮没在土耳其野蛮统治下的这个小国的正义事业在整个欧洲唤醒了解放战争的热情。在古典学术在教育系统现在已不大受尊重的今天，要理解19世纪早期对荷马和柏拉图的故国的那种热情是困难的。人们还都能记起摩里亚[6]就是在国王李奥尼达斯率领下战死在德摩比利隘道[7]的那些斯巴达人的家乡。法尔梅来尔作为进行反对拿破仑的战争的巴伐利亚军队中一名中尉，曾在夜间营地篝火附近从自己的古典书本中引用罗马人的榜样，鼓动自己的战友们奋勇向前、自我牺牲。拜伦勋爵（死于1842年）和霍布豪斯[8]对希腊进行的抗战的兴趣是尽人皆知的。日内瓦的爱拿尔，德国的威廉·米勒、美国的豪博士也都是这样。整个亲希腊运动引起了希腊史是否应当续写这个问题，并激起对希腊中

---

① 伦敦，1837年，〔伦敦〕《评论季刊》，第59卷（1837年），第217—40页有评论。

② 爱丁堡，1842年，同上书，第70卷（1842年），第129—150页有评论。

③ 哈罗学校校长，林肯郡主教（1807—1885年），注释全部《圣经》，写了一部教会史，到451年为止。——译者

④ 伦敦，1836年，同上书，第64卷（1839年），第64—83页有评论。

⑤ 1821—1831年。——译者

⑥ 即古代伯罗奔尼撒半岛，在希腊南端。——译者

⑦ 希波战争中的著名战役（公元前480年）的战场。——译者

⑧ 英国政治家（1786—1869年），与拜伦同游西班牙、葡萄牙、希腊、土耳其，拜伦的遗稿受托人。——译者

世纪史的兴趣。1828 年尼布尔和贝克[1]开始出版《拜占庭史学集成》(即所谓波恩版本)，此书一直拖到 1897 年才出完，而且是“德国著名学者贡献给全世界的书中最可怜的一本不起眼的小书”。[2] 1828 年伯克的《希腊铭文集成》(*Corpus Inscriptionum Graecarum*)也出版了，这是第一部对拜占庭时期有价值的铭文资料集。

但是，假如没有法尔梅来尔的邪门歪道作怪，甚至 19 世纪 30 年代希腊解放战争期间席卷欧洲的普遍同情和热情流露造成的气氛，是否会产生后来那些年里看到的论述拜占庭的那些作品所形成的洪流，还是大成问题的。雅各·腓力普·法尔梅来尔(1791—1861 年)[3]幼年是蒂罗尔[4]州克奇镇(在布里克森这个古老的里西亚主教驻地以南)一个贫农的儿子。他在教会学校唱诗班打下巩固的希腊文基础；但觉得环境太闷，于是在 1809 年蒂罗尔人暴动时[5]逃往空气比较自由的巴伐利亚萨尔斯堡。在两年里，他一直 517
学习神学和闪语系各种语言，当私人教师维持生活。然后又转到兰茨胡特，巴伐利亚大学在迁往慕尼黑以前便在此地，在短期内随

---

① 德国古典学者和语言学家(1785—1871 年)，曾任柏林大学教授，校刊许多希腊、拜占庭、古代法国作家的著作。——译者

② 伯里为吉本著作写的序言，第 1 卷，第 49 页；参阅〔伦敦〕《外交评论季刊》，第 10 卷(1832 年)，第 102—121 页，对尼布尔《拜占庭历史著作汇览》一书的评论。

③ 参阅他自己的《我生平的学习与回忆》；他的《全集》(莱比锡，1861 年，三卷)的编者乔治·M. 托马斯的略述；和路德维希·斯托伊布《蒂罗尔的秋天》(慕尼黑，1867 年)，第 40—84 页一篇可爱的散文。法尔梅来尔《全集》在《北美评论》第 99 卷(1864 年)第 281—287 页上受到评论。

④ 在奥地利西部。——译者

⑤ 蒂罗尔人在安德累阿斯·和斐领导下，反对德国人，1810 年失败，和斐为德国人所杀。——译者

便尝试一下法律之后，终于在历史和语言学上找到自己的专业。1813年的拿破仑战争召唤这位青年学生，他也像他那成百上千的同学们那样，参了军。在第二次巴黎和约后，在康斯坦茨[①]湖边的林道驻军时，他有空就学习近代希腊文、土耳其文和波斯文了。1818年退伍后，在奥格斯堡大学预科当讲师，不久晋升为兰茨胡特书院历史讲师。为了获得哥本哈根大学金质奖章，他写了一本《特勒比遵德帝国史》(*Geschichte des Kaisertums von Trapezunt*)(慕尼黑，1827年)。[②] 他这部书是他在维也纳和威尼斯柏舍立温红衣主教[③]图书馆辛勤地、独力地钻研希腊文和许多东方手稿的成果。虽然特勒比遵德帝国的伟大在中世纪欧洲诗歌里都可听到，但这三个世纪(1204—1426年)的历史都遗失了，吉本本人也早已放弃恢复这段历史本来面目的任何希望。法尔梅来尔发现了迈克尔·巴那勒多的编年史[④]，并选用土耳其和波斯手稿，终于把这个被遗忘的时期明朗化了许多。欧洲有权利对这位成长中的学者抱很大希望。

1831年至1847年间法尔梅来尔在东方广泛旅行。[⑤] 1848年

---

① 在德意志联邦南部。——译者

② 关于特勒比遵德的历史家，参阅吉本的书，第6卷，第421页注。

③ 15世纪的天主教高级教士，希腊文学者，1439年为红衣主教，翻译希腊名著；搜集希腊手稿。后将手稿赠送威尼斯元老院，为圣马可图书馆的核心。

④ 见上卷第25章，原书第439页著者注。——译者

⑤ 他于1831—1834年游历了埃及、巴勒斯坦、叙利亚、塞浦路斯、罗得岛、君士坦丁堡、希腊和那不勒斯，他和俄国的奥斯特曼·托尔斯泰伯爵同行，伯爵是他的忠诚保护人。1836年他去法国南部和意大利；1846年(以前四年大部分时间他和伯爵一起在日内瓦)游历了君士坦丁堡、特勒比遵德、圣山、马其顿、塞萨利和希腊；在慕尼黑又一次停留之后，于1847年回到巴勒斯坦、叙利亚和小亚细亚。

革命后，他应邀担任慕尼黑大学历史教授，并被推选为参加法兰克福国会的代表。他的独立见解破坏了他这两方面的机会，随着残余国会到斯图加特之后，就丢掉职位，不得不逃往瑞士，直至1850年大赦。1849年以后，他过着比较退隐的生活。四年以前他的《东方断简》(*Fragmente aus dem Orient*)[①]就已出版，这部书是他多次出游的仓促记载。书中各篇文章文笔精美，使作者在德国文学界出了名，人们都管他叫"断简残篇家"。在书中这位诗人把东方景色描绘得像田园诗一般。在德国公众的心目中，他这些文章是上边说过的那些游记文学的代表作。[②]

15年以前法尔梅来尔给了欧洲第一次猛烈震动。试想这位 518
好奇的亲希腊派认为希腊王国在1830年终于建立起来了，他的惊慌失措该达到什么程度吧！请读读《摩里亚半岛史》(*Geschichte der Holbinsel Morea*)序言开头的这几句话吧：

> 希腊人种在欧洲业已绝灭。……有两种新的不同人种堆积在双重地层的废墟里，掩埋着这古代民族的掘墓人。……因此并没有一滴纯希腊人的血液流入了今天希腊基督教居民的血管中。[③]

法尔梅米尔的惊人的论点是说，古代希腊人种在斯拉夫人和阿尔巴尼西人不断入侵之下，已经完全被赶跑了。现代希腊人是个混血民族。在后来发表的一篇文章里，他认为，从6世纪到10世纪，

---

① 斯图加特，1845年，两卷；第2版合为一卷，有G. M. 托马斯的导言，1877年。

② "棕榈树林的宁静，小溪流水的潺潺，空气的芳香，落日的灿烂，废墟的神秘和生活的奢华，东方的一切悲伤和一切光辉——没有哪本书比《东方断简》描写得更生动的了。……阿卜都麦机德〔译者按：他是土耳其的苏丹，1839—1861年在位〕很可能是为了沉默地谴责德国，才授予他以光辉的尼斯钦-伊夫替钦勋章的。"

③ 斯图加特和蒂宾根，1830—1836年，两卷合为一册，第1卷序言，第3—4页。

雅典荒无人烟,更无历史。善心的人觉得他们被人弄成笑柄;新兴起的希腊民族提到法尔梅来尔的名字就深恶痛绝、刻骨憎恨;外交家埋怨新搞出来的这个历史学说,因为它会使俄国觊觎君士坦丁堡的行径言之成理。但是面对这一场喧嚣,这位巴伐利亚教师被逼入绝境,这场争论[①]导致人种学研究,从而使欧洲学者大开眼界,看到斯拉夫因素在中世纪拜占庭的重要性。法尔梅来尔那位大而化之的概括都是站不住脚的。但不久之后,欧洲就失望了,因为业已复兴的希腊民族并没产生可以和古代比美的天才。[②] 青凯孙是反对派当中第一位有所领悟并建立起正确方法的人:他主张系统阅读所有拜占庭历史家的著作。另一位批评家霍普夫[③]把法尔梅来尔的论点改成比较合理的说法,即,近代希腊人有大量斯拉夫成分。[④]

---

① 其概述可见考斯道夫·海尔茨贝格的《希腊史》,第1卷,第121—129页和发西里叶夫的书(见本书原书第512页著者注),第1卷,第213—216页。

② 查尔斯·内皮尔爵士说:"所有来到这里的人都盼望在伯罗奔尼撒半岛发现到处都是普鲁塔克《名人传》中所记载的人物,所有回去的人都认为纽盖特狱中的人会比较有道德些。"

③ 本卷原书第521—522页。——译者

④ 如果把法尔梅来尔看作是一个仇恨斯拉夫族的人,这就有可能把他的辛勤劳动和著作了解得更清楚一些。欧洲人欢呼的英勇的希腊人,在他看来,不过是在暗中藏着俄国式的残酷无情、阴险狡诈的前进中的一群斯拉夫人而已。削弱奥托曼帝国就是暗中破坏德国。他在克里米亚战争以前很久就向欧洲的政治家大声疾呼:"毁灭君士坦丁堡,控制博斯普鲁斯;否则哥萨克人就会向你进攻。"从5世纪到13世纪,后来又在19世纪,斯拉夫人欲望的趋势已经向南方移动。"恶魔之国已经不满足于北方的白桦树汁,而渴望取得南方的柑橘了。吉拉克特的葡萄,对他说来,比斯摩棱斯克的越橘甜些。"他警告说,如果俄国和它同种族的同盟邻国占领了君士坦丁堡和伊利里亚三角地带的话,它就会成为旧世界的主宰。欧洲的将来在博斯普鲁斯海峡!《北美评论》(见本书原书第512页著者注),第286—287页。

有些学者作的事是他本来并不想做的，法尔梅来尔就是这样 519
一位。他那些论点并没有获得近代学者的支持；他的大胆和固执使他丧失名誉，甚至不承认他有独创性；但是拜占庭和巴尔干诸民族的历史得到他的益处很多。从他那时起，拜占庭帝国史就成了世界史里的一章，在钻研拜占庭方面，没有比斯拉夫人劲头儿更足的了。[①]

19世纪中叶杰出的作品都是论述希腊罗马法的文章或拜占庭通史。海姆巴赫写了一部六卷本《公会堂》(*Basilica*)(1835—1850年)，莫尔托伊耳写了一部《拜占庭法律史》(1843年)。他们又回到16世纪法国屈札斯[②]学派的传统、蔑视萨獒宜〔对拜占庭史〕的忽略。在海德堡大学，卡尔·爱德华·撒加利亚·丰·林根塔耳讲授希腊罗马法，[③]他把他那些踏实的研究成果写成《希腊罗马法律史》(1856—1864年)和《希腊罗马法》这部巨大的汇编(1866—1884年)。

在同一时期吉本的衣钵在英国已传给乔治·芬利(1799—1875年)。[④] 这两个人的生活和性格相距十万八千里。芬利生于

① 俄国拜占庭学者的著作在发西里叶夫的书(见本书原书第512页著者注)第1卷第42—52页很顺利地作了总结。

② 本卷原书第513页。——译者

③ H.穆尼埃，"查理·爱德华·撒加利亚·丰·林根塔耳"，见《法律史新评论》，1895年，第678页。

④ 他的光辉的自传印在托塞校刊的芬利的《从罗马征服到现在的希腊史》(牛津，1877年，七卷)，第1卷，第29—44页；发西里叶夫的书(第24—28页)；也参阅《英国名人传记词典》，第19卷，第30—31页；福礼曼的书(见本书原书第514页著者注)，第231—277、310—378页；吉本的书，第1卷，导言第54—55页；威廉·米勒"芬利与贾维斯的日记"，〔伦敦〕《英国历史评论》，第41卷(1926年)，第514—525页；《爱丁堡评论》，第148卷(1878年)，第232—262页；〔爱丁堡〕《北不列颠评论》，第22卷(1825—1855年)，第343—375页；《夫累则杂志》，第30卷(1844年)，第450—465页。

肯特郡的法佛兴，父母都是苏格兰人，先在格拉斯哥大学研究法律，后来渡过海峡到格丁根大学学习。这位严肃的学习罗马法的青年突如其来地对令人着迷的希腊独立问题发生了浓厚兴趣。他说，“我遇到的每个访问过希腊的人都和我谈了很多，我读了近代旅行家的所有作品，还和当时在格丁根大学学习的仅有的一个希腊人密切交往。”1823 年他又到希腊本土去学习，遇见拜伦勋爵和查尔斯·内皮尔爵士[①]，在整整两个月里，差不多每天晚上都和拜伦讨论希腊的事情。在希腊待了一年多，后来因为健康欠佳，就离开这个半岛回国到爱丁堡大学参加苏格兰律师考试。但家乡的生活枯燥无味，而希腊的召唤又无法抗拒。1827 年芬利参加了科
520 克伦勋爵[②]和理查德·邱奇爵士[③]援救雅典的尝试。希腊独立成功[④]后，他就决定在他选择的国度定居下来，协助它恢复经济。他买了一处地产，希望引进更有效的农业技术；但在很短时期内他这个希望就破灭了。他并不因为自己的失败而烦恼，又转到希腊史这块园地上，一片片地耕耘起来，并发掘希腊古代宝藏。他写了一套丛书，1843 年出版了第 1 卷《罗马治下的希腊》，后来，他的编辑者托泽在一个综合书名下[⑤]合并为七卷，包括希腊民族“在罗马征

---

① 英国军官（1782—1853），1822—1823 年驻在希腊，遇着拜伦，后在印度服务。——译者

② 英国海军司令(1775—1860)，出身于苏格兰古老家族。1827—1828 年指挥希腊海军。——译者

③ 英国军官（1784—1873），1827 年任希腊起义军总司令，1843 年领导希腊革命。——译者

④ 1831 年。——译者

⑤ 《从罗马征服到现在的希腊史，公元前 146 年至公元 1864 年》（牛津，1877 年）。公元 146 年到 1453 年的部分也已译成德文。

服、拜占庭和土耳其奴役下"的两千年间的生活。芬利宣称:"两千年来的痛苦并没有消灭这个民族的个性,也没有窒息这个民族的雄心。"芬利是一位敏锐的观察家,在一切场合他都不为当时环境所限,他一个环节又一个环节地追溯能解释雅典农民今天的情况以及从亚历山大大帝至今历代雅典农民在政治、社会、宗教、特别是经济等方面的情况。他对希腊本国史比对外部事件更加关心。他给人们提供了大量新知识,并以新的看法说明他的材料。在 19 世纪中叶稍后(1855 年)开始写作的福礼曼欢呼芬利这部书是吉本以来英国史学界最伟大的著作。这部书从头至尾都表现着创造性的研究和对这个题目透辟的了解,而且书中的近代类比比比皆是;但是芬利写书时,没有专著可以借鉴或核对。格列哥罗维阿斯指出,他写这部书时并未使用任何档案材料;到这个世纪末尾,第尔就把他这部书扔到一边,说它肤浅。然而,研究东罗马帝国全部 11 个世纪的历史的英国人,却仍然只有吉本和芬利的书可供参考。这位作者开始时是写希腊革命史的,最后又写起拜占庭历史来了,因为不这样就不能把近代希腊历史讲清楚。由于这部书是以希腊而不是以君士坦丁堡为画面的中心写的,所以它并不是完全整齐划一的。[①]

在此期间,法国对巴尔干诸国和希腊的兴趣也增加了。讨论这个题目的著作像潮水般从印刷厂涌出,[②]其中最出名的是以得

① 他把公元前 146 年以后的希腊史划分为六个时期;关于他自己对这种划分的总结,参阅托塞版(见上一个著者注),第 1 卷,第 17—19 页。

② 关于这些书的目录,参阅路易·阿尔方,"古代历史在法国的复苏";〔巴黎〕《历史评论》,第 116 卷(1914 年),第 47—60 页。

加·基内[①]的《近代希腊及其与古代的关系》(1830 年)。1828 年查理十世派遣一个地理和考古调查团前往希腊;后来路易·腓力普在他的大臣基佐劝告下,也派遣特克济埃尔前往小亚细亚;1842
521 年勒·巴[②]把他收集的大量古希腊铭文带回。[③] 最后于 1846 年在雅典成立了法兰西学院,不过最初几年研究的主要是考古和艺术,而不是历史。

正当芬利撰写希腊史的时候,希腊本国也出了一位可以自豪的雅典大学教授帕佩里哥泡罗斯(1815—1891 年)[④]。他忠于祖国的劳绩,在写了一些较短的论文以后,又花了 30 年时间写了一部五卷本希腊人民史。[⑤] 他这部书是用近代希腊白话写的,所以很重要。将近四卷是写拜占庭时期的。他的记述口吻有强烈的民族主义色彩,他肯定地说,8 世纪的希腊改革(他喜欢的是破坏偶像的诸皇帝时期)都是从社会观点出发的,比后来西欧试行的那些改革更广泛,更有系统。这些改革确实失败了,但这是因为他们超越时代太远,因而引起反作用。他甚至还认为,拜占庭对希腊文化的崇拜和模仿是近代提倡希腊文化的启示和先声,并认为在所有这些世纪里都存在某些民族精神。他还用法文为外国读者写了一部

---

① 见本书原书第 242—243 页。——译者

② 法国考古学家和语言学家(1794—1860 年),1842 年被派往希腊和小亚考古,著有《希腊罗马古迹》(1836 年)等书。——译者

③ 阿尔方同上著作,第 53 页和注释。关于这个题目的详细记载,参阅勒馁·卡纳《古代希腊的复兴,1820—1850 年》(巴黎,1911 年),第 2、3 章。

④ 发西里叶夫的书(见本书原书第 512 页著者注),第 1 卷,第 28—29 页。

⑤ 《希腊种族史》(雅典,1860—1877 年),五卷;有其他几种版本,最后一种是卡罗赖兹校刊本,雅典,1925 年,六卷,〔巴黎〕《历史评论》,第 7 卷(1878 年),第 133—134 页,第 9 卷(1879 年),第 246—250 页有评论。

《希腊文明史》,总结自己的研究成果,并用希腊文写了一本类似的摘要以飨本国读者。[①] 他的书未附索引或参考文件,因而参考或证实他的著作很困难。发西里叶夫承认他的功劳,因为他揭示了偶像破坏运动的重要性和复杂性。

比这两部著作都更充实的是德国人卡尔·霍普夫(1832—1873)[②]写的那部书。不幸的是,他这部史书一般读者无从看到,因为,正如格列哥罗维阿斯所说,"它被埋在埃斯[③]和格鲁伯[④]合编的那部百科全书所形成的一座坟墓里了"。[⑤] 这种出版方式也排除了附加任何目录或索引的可能性。霍普夫是19世纪不知疲倦的学者之一,威斯特发里亚人,父亲是该地一位中学教员,对荷马特别感兴趣。从幼年起霍普夫就表现了出色的记忆力和语言天才。他曾在波恩攻读,后来当了助教,对1204年后法兰克人统治 522
希腊的时期发生了兴趣。于是在1853—1854年间,就首次访问意大利。他对私人档案进行了辛勤钻研,后来就出版了论述希腊本土和爱琴海诸岛上个别法兰克王国历史的各种文章和专论。霍普夫晋升为格赖夫斯瓦尔德大学教授,后来又在柯尼斯堡大学当教授和图书馆长,仍继续研究中世纪晚期情况。在第二次出游

---

① 法文版1878年出版于巴黎。此书的希腊文版名为《希腊人民史最有教育意义的结果》(雅典,1899年)。

② 书目提要见《拜占庭杂志》,第4卷(1895年),第240页。

③ 德国目录学家和百科全书编纂者(1766—1828年)。——译者

④ 德国学者(1774—1851年)。——译者

⑤ 《从中世纪初至新时代的希腊史》(1867—1868年),见《科学和艺术世界百科全书》,第85、86卷。引文见费迪南德·格列高列维阿斯,《中世纪雅典城史》(第3版,斯图加特,1889年,二卷),第1卷,第19页。

(1861—1863 年)中曾前往热那亚、那不勒斯、巴勒莫、马耳他、科孚、赞特①、斯基罗斯②、纳克索斯和希腊等地，收集了数量极其庞大的手稿；但他在壮年突然逝世，未能把这些稿件编辑成书。他留下的主要著作基本上是一部政治史，依据的是档案材料，而且常常是他自己收集的手稿，撰写时连细节都忠于史实。他这部书以法兰克时期为中心，而且也是记述这个时期外部情况的头一部作到详尽无遗的书，不但记述了一些主要中心，而且所有各小岛都无遗漏。由于他的手稿材料并没有全部出版，所以他这部书有时就当作原始资料用了。

霍普夫的著作中展示了新的东西，其中有在希腊境内的斯拉夫人这个问题上反对法尔梅来尔的争论。但他这部书未作最后修正，是个缺陷，而且他的文笔恶劣，使他的真正成就大为减色。幸而考斯道夫·赫茨贝格③在他的《希腊史》(1876—1878 年)和《拜占庭与奥斯曼帝国史》(1883 年)里把霍普夫的研究成果通俗化了。第尔在 1901 年说，他这部《希腊史》是论述这个题目的最好的教科书。格列哥罗维阿斯本人也曾利用他这部著作，对那些小作家说来，他这部书一直是他们的材料来源。他的手稿现在还保存

① 地中海东部爱奥尼亚群岛之一。——译者

② 小亚西南一岛。——译者

③ 赫茨贝格起初是研究希腊和罗马古代史的，后来对中世纪史发生兴趣。他本人不是一位有创见的作家。《从古代灭亡到现代的希腊史》，共四卷(哥达，1875—1879 年)。其他著作有《直到 16 世纪末的拜占庭和奥托曼帝国史》(柏林，1883 年)，P. V. 贝佐布拉佐夫的俄译本出版于莫斯科(1896 年)，俄译本增加了俄国学者最新著作的总结，特别是关于内政事务，补充了赫茨贝格关于宫廷礼仪、工业、农民生活、农奴制度和赋税等情况。

在国立柏林图书馆。

在讨论霍普夫的时候，提提格列哥罗维阿斯的贡献还是适当的。业已以中世纪罗马史出名的这位伟大学者又开始研究另一个文化中心。他在《中世纪雅典城市史》（斯图加特，1889 年）中宣称，霍普夫的著作是将来一切研究的基础；但是他自己那篇精彩的文章利用的却是新发现的资料，并把霍普夫总是忽视的某些文化领域填补上了。他以帝国作背景，把这座名城的历史续写到 19 世纪。

19 世纪前 60 年，法国学术界也能列举一些贡献，但这主要是分散的语言学家或前已提到的法学家写的东西。步宋[①]是杜·孔 523
日以后重新研究拉丁帝国和希腊境内法兰克诸国的第一人，然而，任何学者都不会忘记，米尼神父[②]写的《希腊长老遗训》(*Patrologia Graeca*)（165 卷，希腊文和拉丁文，1857—1866 年）这部书虽然有各种缺点，仍然不失为拜占庭原文最完备的汇总。但直到 1868—1870 年以前，法国并没出现对拜占庭的广泛兴趣。1868 年，高等务实学校成立；1870 年兰波[③]出版了他的《康斯坦丁·坡菲罗真尼都[④]》(*Constantin Porphyrogénète*)一书。它开始了一个新时期：以细腻的专论取代了草率写成的那些通史，兰波就这样开

---

① 冉·A.C.步宋，《13—15 世纪希腊帝国的瓦解，法国人在〔希腊〕行省统治史的研究和资料》（巴黎，1840 年，两部分，一卷）；《法国人在古希腊领地的征服和建国的历史》（巴黎，1846 年）。

② 本卷原书第 551—553 页。——译者

③ 本卷原书第 278—279 页。——译者

④ 即东罗马皇帝君士坦丁七世(912—959 年)。——译者

始了对拜占庭历史的科学处理。[①] 在研究单独一位统治者时，他把对这位统治者统治期间那些历史家的著作的批判审查和对文学著作的批判审查结合起来，把对各省和各附属国情况的清晰说明结合起来，把对帝国邻近诸国的概括情况和对拜占庭历史的新概念结合起来。许多人感觉遗憾的是兰波没有把拜占庭当作自己终生的专业，反而放任自己首先研究起俄国来，然后又去研究法国文明。只是在少数几篇论文以及他和拉维斯[②]合编的《通史》概略中才回到自己早期的研究范围。尽管如此，他的第一部伟大作品还是有助于把法国学者的干劲鼓动起来，以致对德国和英国在拜占庭研究上的领导地位形成威胁。

在 19 世纪最后 30 年里，热潮继续上升。一个接一个的历史家看到前辈学者的不公正或盲目而惊异不止。这些为拜占庭文明辩护的人写起文章来所表现的热情，与恢复西欧中世纪本来面目的浪漫主义者差不多。[③] 比克拉斯[④][⑤]从希腊人的角度写作，在他的头脑中希腊人起义时那些观点仍在震荡。腓得烈·哈里森[⑥]、兰波和第尔断言，抹在拜占庭脸上的灰大部分是拉丁教会干的。

---

① 亚勒弗烈·兰波，《10 世纪的希腊帝国：康斯坦丁·波菲罗真尼都》（巴黎，1870 年）。在德国，有赫根勒特的名著《君士坦丁堡教长福细阿斯，他的生平、著作和教会分裂史》，出版于兰波著作之前（雷根斯堡，1867—1869 年，三卷）。

② 本卷原书第 277—279 页。——译者

③ 福礼曼（见本书原书第 514 页著者注），第 234—240 页，明智而详尽地探讨了对拜占庭历史长期忽视的原因。

④ 本卷原书第 642—643 页。——译者

⑤ 狄密特里阿斯·比克拉斯，《中世纪的希腊》，爱弥尔·勒格朗从希腊文译成法文（巴黎，1878 年），第 129 页。

⑥ 英国作家（1831—1923 年），著有《历史的意义》等书。——译者

他们宣称，任何帝国面对难以置信的危险和困难达 11 个世纪之久都不能不暴露弱点或向罪孽屈服；拜占庭文明的出奇的生命力应该赞扬。他们强调东罗马帝国的功劳，它是西欧诸王国防止阿 524
拉伯人、土耳其人和斯拉夫人入侵的一座堡垒，它曾对中世纪文明作出贡献。士隆柏格最后用法国博学之士的诗句说“拜占庭的历史是美丽的、动人的”。①

在斯拉夫各民族中涌起的强烈的民族主义精神促使他们研究自己过去的历史，它们只能在拜占庭编年史家的著作中寻找资料。这些历史家在研究中向前迈的每一步对研究拜占庭本身的学者也都是一个启示。除了前已提到的帕佩里哥泡罗斯论述希腊的著作外，这种有间接用处的著作的出色的例子有伊雷切克的《保加利亚史》(1876 年)、克塞诺波尔的《罗马史》(1896 年)等等。西欧作家也亲自把帝国各个部分分别撰写；法尔梅来尔的《摩利亚史》是格列哥罗维阿斯的《雅典城市史》和第尔的《拜占庭统治下的非洲》(1896 年)的先例。写意大利的有荷治琴的《意大利和它的侵略者》，第尔的《拉韦纳总督府中拜占庭行政的研究》(1888 年)和哈特曼的《意大利境内拜占庭行政史研究》(1889 年)。布鲁克斯②和发西里叶夫③开始在阿拉伯和拜占庭的关系上开辟一个新园地。

---

①　《拜占庭史诗》，第 2 卷，第 6 页。

②　E. W. 布鲁克斯，“阿拔斯王朝早期的拜占庭人和阿拉伯人，750—813 年”，〔伦敦〕《英国历史评论》，第 15 卷(1900 年)，第 728—747 页；同一作家在同一杂志上发表的其他论文，第 16 卷(1901 年)，第 84—92 页；“小亚细亚的阿拉伯人(641—750 年)，根据阿拉伯资料”，见《希腊研究杂志》，第 18 卷(1898 年)，第 182—208 页；同上书，第 19 卷(1899 年)，第 19 页及以下。

③　《阿莫雷的拜占庭人和阿拉伯人》(圣彼得堡，1900 年)。

90 年代初，情况无疑是这样：拜占庭史是已经确立的一个独立学科，任何学者不必以研究这一学科为耻了，而且这个学科使用的工具和任何其他历史部门使用的同样犀利而精巧。但在中世纪文明如此广阔的这一条前线上，许多工作大部分仍然是分散的或是被国界隔开的；既没组织也没分工。

拜占庭史研究的国际化（如果可以使用这个词的话）主要是一个人和一个机构搞的：即卡尔·克纶巴赫和他主办的《拜占庭杂志》。这个杂志出现的 1892 年就是一个里程碑。它成了人们新搞的种种研究的一个情报交换站，在困难的学术领域里不可缺少的工具：书目提要，[①]并为拜占庭文明的研究工作建立了新的广泛的
525 标准。然而，克纶巴赫（1856—1909 年）[②]如果不是一年以前（1891 年）他的《拜占庭文学史》的出版立刻把他推到德国拜占庭众学者之首的话，他根本就不可能这样成功地开始他的评论。他是巴伐利亚库尔那赫人，后来在慕尼黑大学当中世纪和近代希腊文教授（1897—1909 年）。他在童年时代读了一本希腊独立战争史，从而决定了他的前途；他成了一位热烈的亲希腊派。他曾在慕尼黑和

① 关于伴随近代拜占庭研究出现的一些困难的概念，可参阅第尔在〔巴黎〕《综合历史评论》（见本书原书第 512 页著者注）第 177—225 页发表的文章。

② 参阅《拜占庭杂志》，第 19 卷（1900 年）序言第 3—4 页，附有肖像，及同一杂志第 700—708 页他全部著作的目录；亦可参阅卡尔·第特立喜在《传记年鉴和德国死者传略》第 14 卷（1912 年）第 136—142 页上面的文章；同一作家，"回忆卡尔·克纶巴赫"，见《古典时代新年鉴》，第 13 卷（1910 年），第 279—295 页；A. 发西里叶夫，《社会科学百科全书》，第 8 卷，第 605 页；赫尔曼·A. 布克，《卡尔·克纶巴赫逝世十周年》（特里尔，1919 年）；A. 海森贝格的文章，见《阿尔盖尔〔克纶巴赫的故乡〕史学之友》，N. F. 第 24 卷（1925 年）；库恩-马克"卡尔·克纶巴赫传略"，见《巴伐利亚王国科学院会议记录》，哲学历史类，1910 年。

莱比锡两大学学习,1891年开始在慕尼黑教书。巴伐利亚政府为这位中世纪和近代希腊语言学的创立者设立了特别讲座,他的研究班成为这项研究的世界中心。但他的精神远远超越单纯语言学的范围。他的《拜占庭文学史》事实上是拜占庭文化百科全书。伯里对这部书第2版的评论说:"这部著作的声誉现在已牢固树立,再称颂它反而不得体了。"它的书目提要仍然是拜占庭学者唯一的伟大的工具。[①]

克纶巴赫认识到拜占庭研究是在双重不利条件下进行的,一是这方面已有的研究只是泛泛涉猎,二是缺乏协调机构。在他的《拜占庭杂志》第1期上那篇著名的发刊词中说明这个杂志的目的,并指出拜占庭这一学科的范围,宣告这一学科有权独立存在。以后它不应当仍然仅仅是一种辅助研究或充当古典语言学和历史学的被轻视的附属品了。它应该是"宏大的、有发言权的、意义深远的历史",主要是为了它本身的缘故进行研究的。而且又可以指望它使古典的和拉丁语系的语言学,使斯拉夫诸语种、神学、西方传说和故事文学,以及历史、地理、人种学、艺术,罗马和土耳其法律,医学等等学术领域更为明朗。像克纶巴赫设计的这样一种杂志只有在许多国家进行合作的情况下才能办下去;凡是用欧洲主要文字写的文章都可发表。[②] 为了保持一种文明的必要的统一,

① 参阅伯里在《古典评论》第5卷(1891年)第318—320页和第11卷(1897年)第207—212页上发表的两篇评论。1897年的第2版包括A.埃尔哈德写的神学和旧约《圣经》第3部的文献诸章及革尔泽所撰、伯里称为"才智说明之奇迹"的一篇帝国历史概述。书末附有近百页精心制作的书目提要。

② 第1卷包括德文、英文、法文、意大利文和近代希腊文稿件。

它欢迎讨论社会、经济、思想和美学诸问题以及政治史和宗教史等方面的各种文章。差不多全部人类活动都可以在这个刊物中找到自己的地位，只要它和拜占庭有关就行。

526 这个新杂志从第1期起，就一直保持着很高的质量，[①]直到已经筋疲力尽但仍很热情的编辑54岁时永远把他的笔杆放下的时候为止。他指导这份杂志的方针达18年之久。他朴实地感到自己责任重大。从一开始，他就预见到这份杂志将成为一大群年轻而热心的学者的聚合点，还觉得他自己将成为他们命运的总指挥。他还认识到他的杂志在教育方面必将扮演的角色，匀出很大篇幅（他自己也要匀出多少时间哪！）让人们对这个杂志刊出的一切文章写评论。很少有哪一位伟大组织者比他看得更清楚，计划得更明智，勇气更大了。

《拜占庭杂志》树立的榜样导致一份斯拉夫语姊妹刊物的出现。1894年俄文版《拜占庭杂志》在发西里叶夫斯基和累格尔指导下在圣彼得堡创刊。这两份以及后来创刊的那些杂志在欧洲撒下的优良种子，后来结出许多使人高兴的硕果。在19世纪最后十年里，高等研究学校负责开设了一门拜占庭和近代希腊语言学课程，还有一门“拜占庭基督教”课。在君士坦丁堡成立的俄罗斯考古研究所以绝大部分精力研究中世纪拜占庭。雅典那所法国学校自从库朗日撰写关于希俄斯岛的著作以来，便通过像第尔和巴耶这样一些学者的辛劳保持着关心东罗马帝国这个传统。这所法国学校这时已着

① 第1卷是一些著名人物的名单：卡尔·得·博尔、亨利·革尔泽、J.B.伯里、约瑟夫·斯切哥维斯基、查理·第尔、G.N.哈茨达歧斯、V.雅吉奇、爱德文·帕齐格、斯普尔·P.兰布罗斯、Th.诺埃狄克、卡尔·纽曼、L.度申等等。

手编辑一部拜占庭铭文集。前已提到，1893 年巴伐利亚政府为克纶巴赫在慕尼黑大学设立了一个讲座。圣堡得堡、莱登、布达佩斯和敖德萨诸大学开始开设类似的语言学课程，1898 年莱比锡大学还开设了一门拜占庭艺术。巴黎大学以首先开设拜占庭历史讲座闻名(1898 年)，查理・第尔光荣地担任这个讲座 25 年以上。

在这个世纪末尾，当第尔停下教学工作回顾已经取得的进展时，[①]拜占庭各方面的研究业已“成功”。这些研究获提西欧对中世纪和古典学者的勉强欢迎。这些成果甚至还已占据戏剧和小说这两个更大众化的园地(应归功于萨都[②]、冉・伦巴、保罗・亚当[③]等人)。1868—1870 年间，勒泽[④]、德腊珀隆和兰波向巴黎大学交出他们的博士论文《息里尔与麦多狄阿斯[⑤]》(*Cyrille et Méthode*)、《希拉克略》(*Heraclius*)和《康斯坦丁・坡菲罗真尼都》时，这些文章给人留下的印象很短暂。十年之后，整个面貌已完全改观。90 年代的进步可以在《拜占庭杂志》前十卷里或者在克纶巴赫的《拜占庭文学史》加倍扩编后的第 2 版(1897 年)里看到。 527

进入 20 世纪后，法国的伟大学者是考斯道夫・土隆柏格[⑥]、兰波和查理・第尔。克纶巴赫直到 1909 年去世一向是德国的仲

---

① 见〔巴黎〕《综合历史评论》(见本书原书第 512 页著者注)。

② 维多里昂・萨都(1830—1908 年)，法国戏剧家。——译者

③ 法国象征主义派小说家(1862—1920 年)。——译者

④ 法国研究斯拉夫民族的学者(1843—1923 年)，著有《斯拉夫古代文明》(1921 年)等书。——译者

⑤ 圣息里尔(827—869 年)，希腊人，传教于斯拉夫人中间，其兄麦多狄阿斯(826—885 年)传教于摩拉维亚人中间，二人发明息里尔字母，为俄文主要来源，并翻译《四福音书》为古斯拉夫文。——译者

⑥ 参阅《拜占庭杂志》，第 29 卷(1929 年)，第 159 页。

裁人。俄国有发西里叶夫和F.乌斯宾斯基[①],英国产生了它最伟大的学者之一约翰·巴格尼耳·伯里(1861—1927年)。[②]

严格说来,伯里是在爱尔兰出生的。他父亲是一位教士,很早就教儿子读古典作品。据说他四岁就开始学拉丁文,十岁时希腊语就已打下很好的基础。他先在伦敦德里[③]福伊尔学院学习,后又到都柏林三一学院。他似乎注定要成为一位古典学者,前程远大。1880年他在格丁根大学用了六个月的时间在本法伊[④]指导下学习梵文,还学了叙利亚文和希伯来文。他得过多种奖金。但最有说服力地证明他的才能的莫过于下边这个事实:马哈斐教授[⑤]选择这位大学还没毕业的年仅20岁的人和他合作为欧里庇得斯[⑥]的《希坡利都》出一个校订本。1885年伯里在三一学院获得研究员职位,同年他学会俄文。他有一种不可思议的本领,能在几个星期以内学会一种语言,而别的学者则需要好多个月;结果是,他能够通过斯拉夫诸语种本身阅读大多数著名斯拉夫学者的作品。

---

① 参阅《拜占庭杂志》,第28卷(1928年),第479—480页,对乌斯宾斯基的短评。关于俄国学者可再参考发西里叶夫的书(见本书原书第512页著者注),第1卷,第42—52页。

② 《J.B.伯里的著作书目提要》,附诺曼·H.伯恩斯的一篇回忆录(剑桥,1929年);R.H.穆雷的回忆录,收入他校订的伯里《19世纪教皇统治史,1864—1878年》(伦敦,1930年)一书,在第6页上有他死后各杂志对他的一些短评,很有价值;G.P.古奇,"剑桥大学近代史讲座",见他的《近代史研究》(伦敦和纽约,1931年),第319—323页。

③ 北爱尔兰的港口。——译者

④ 德国梵文学者(1809—1881年),著有《希腊字根词典》(1839—1842年)、《梵文语法大全》(1851年)等书。——译者

⑤ 爱尔兰古典学者(1839—1919年),著有《希腊古典文学史》(1880年)、《希腊世界白银时代》(1906年)等书。——译者

⑥ 欧里庇得斯(公元前480—前406年),希腊悲剧诗人,有18部剧本传世。——译者

伯里是通过阅读古典时代的著作接触到拜占庭研究的。有一段时期他忙于撰写希腊文和拉丁文读物笔记，还曾编辑品达[①]的尼弥亚赛会[②]和地峡赛会[③]颂歌，他赞赏品达，认为他最能表达典型的希腊精神。不久之后，他那广泛而活跃的兴趣就把他吸引到拜占庭编年史家那边去了。1885 年，他对拜占庭帝国所知很少。四年以后他 27 岁时，就已经写成本世纪最深刻、最扎实的著作之一：《后期罗马帝国史，从亚加狄乌斯到爱里尼女皇，公元 395—800 年》(*A History of the Later Roman Empire, from Arcadius to Irene, 395—800*)这部书获得福礼曼的热烈赞扬。[④] 1893 年伯里仅仅 32 岁时就被都柏林大学聘为近代史教授，五年后晋升为钦定希腊语教授，他就这样在三一学院同时担任两个讲座。1902 年 528
他把两个职位都辞掉，前往剑桥大学当近代史钦定教授。

许多读史的人都知道伯里只是吉本那部历史巨著的一位学识渊博的编辑人，曾为这部巨著写了一篇序言和许多注释(1896—1900 年)。除了伯里编订的吉本著作这个版本外，[⑤]现在任何学者都不引用别的版本了。即使把伯里写的那些论述拜占庭史的文章不算在内，他作为一位希腊古典学者也会留名后世。《圣巴特里

---

① 希腊著名抒情诗人(公元前 522？—前 443 年)。——译者

② 古希腊四大赛会之一，每隔一年(奥林匹亚纪年的第 2、4 年)在亚哥里斯的尼弥亚举行，品达有九首颂歌，歌颂赛会的胜利者。——译者

③ 古希腊四大赛会之一，每隔一年(奥林匹亚纪年的第 1、第 3 年)春季在科林斯地峡举行。——译者

④ 伦敦，1889 年，两卷。可以说，福礼曼对伯里的影响比任何其他作家都大。伯里后来编辑了福礼曼的《历史地理》和他对希腊各同盟的研究论文。

⑤ 曾校订吉本这个修订本的伯里一定是有点反常，因为他谴责中世纪和 18 世纪的史学家同样严厉。他描述这个时期是“理智被束缚，思想被奴役，知识毫(接下页)

克[①]的生平和他在历史上的地位》(1905 年)—一书就是他那健全的、批判的方法的典范。面对裹在某种情绪和神化了的传说里边的模糊不清的材料,圣徒传记作家很少有像他这样单刀直入切中要害的了。但他绝大部分作品是专门研究东方希腊世界的。23 年后,他继续前两卷写了一部应该算是第 3 卷的著作,《从爱里尼女皇垮台到巴锡尔一世即位时期的东罗马帝国史,802—867 年》(伦敦,1912 年)。又过了 12 年以后的 1923 年改写了的第 1 部著作《后期罗马帝国史,395—565 年》的扩编本出版了。

伯里争辩说,罗马帝国的存在是连续的,并且非常谨慎地为他这个说法辩护。他不愿意使用"拜占庭"或"希腊"这类名词,因为从奥古斯都直到 1453 年君士坦丁十一世,所有罗马皇帝都是一脉相承的。他认为,只有在查理大帝加冕之后,再说有一个西罗马帝国和一个东罗马帝国才是适当的。伯里也像吉本那样,认为帝国并没有在 476 年灭亡;查理大帝于 800 年在罗马加冕只不过是一棵仍然活着的树干上生出的一个新芽而已。[②]

伯里的语言学很够用,而且他还是一位渊博的哲学家。他的态度是理性主义的;他说基督教和其他类似的宗教要求有一种理性不能为之辩护的信仰。"没有什么其他办法,只有相信理性之

(接上页)无进步的一千年"。——《思想自由的历史》(伦敦,1913 年),第 53 页。我们不得不认为,引起他对中世纪希腊和巴尔干半岛历史的兴趣的,是他对希腊语的而不是希腊史的热爱。

① (389? —461? 年)在爱尔兰传教的高级教士。——译者

② 比较伯里著作第 1 版的序言,第 5—8 页(第 2 版删掉了)。伯里曾冒昧猜测,确实是怀有野心的艾伦建议在她希望结婚之前,给查理曼举行加冕典礼的。

光。它的亮度可能很低,但它是我们仅有的光。"[①]然而他对进步有深刻信念,他相信进步尽管缓慢,却是一种永恒的、向上的演进。他相信,在这个斗争中,历史家可以找到一种有用的部分。

伯里在论述拜占庭史的那些著作中,并不打算写一部文化史,但他确实用了很多篇幅写内政史。书中满都是行政制度、文学、社 529
会生活、地理和地形论述。有一卷书里,论述拜占庭艺术的写得很出色的一章是他妻子的手笔。作为一位古典学者,他对拜占庭作家那些作品既不嘲笑,也不过分赞扬。他说过,那些拜占庭学者并没留给后代一部有创造性的天才著作。伯里对一份资料的文学价值和历史价值分开衡量。"从波里比阿[②]以来最卓越的希腊历史家"普洛科匹阿[③]是一位有聪明才智的人,但品格可鄙。他也像兰克那样,在普洛科匹阿是不是《秘史》的直接作者这个问题上作了否定的论断;但近代学者倾向于同意丹[④]的看法,那肯定是真的。

正如米勒指出的,伯里的一生和拜占庭研究的复兴时期紧密吻合。他从芬利手中接过火炬,但比他那两位伟大的英国前辈吉本和芬利当中的任何一位都更客观。这位拜占庭学者站得高看得远,写了一本最好的古希腊史教程(1900 年)并计划出版《剑桥古代史》和《剑桥中世纪史》这样宏伟的巨著。奇怪得很,虽然伯里把记述希腊的一切著作都读了,但他本人在希腊几乎无人知道(学者

---

① 引自诺曼·伯恩斯在《社会科学百科全书》第 3 卷第 79 页的一篇文章。

② 本书上卷原书第 52—60 页。——译者

③ 本书上卷原书第 299—300 页。——译者

④ 丹(Dahn,1834—1912 年)德国史学家,著有《德意志诸王史》,20 卷(1861—1911 年)。——译者

除外），也没什么人翻译他的著作。虽然他曾多次前往他关心的这片国土，但他不像芬利那样关心和近代希腊人结成更亲密的朋友，也不像帕佩里哥泡罗斯和比克拉斯[①]那样对希腊人怀有亲人般的热情。使人成为盲目的亲希腊者的那些东西在他身上很少。

克纶巴赫曾谈到民族心理怎样有可能在各部分工作上表现出来。[②] 在对原文的批判研究上，德国人领先。事实证明罗浮宫和波恩收藏的拜占庭材料不能满足近代学者的需要。1870 年著名的推布纳[③]出版社开始把拜占庭作家的著作编入他们的古典丛书，于是丁多夫[④]和赖芬席德就提供了许多极好的原文。蒙森的学生得·博尔[⑤]的提奥芬诺《编年史》[⑥]改写本（1883—1885 年）为
530 批判性版本作出了范例。革尔泽开始为耶拿大学编一套丛书：《神圣和世俗作家》（*Scriptores sacri et profani*）。伯里为英国梅休因出版公司指导编写了一套希腊和东方原文材料，但其中印了许多未经校订的稿件。然而，编辑拜占庭材料有一大难题：各位作家常常互相剽窃，因而有必要进行严格校订，把一切没有价值的多余

① 本卷原书第 523、642—643 页。——译者

② "塔费尔、霍普夫、F. 希尔士、得·博尔、格尔策、卡尔·纽曼、泽格等德国人在一些原始资料的校订和各种语文方面做了少量的工作；发西里叶夫斯基、乌斯宾斯基、康达科夫、兰波、第尔、士隆柏格等俄国人和法国人则主要从事本国史、行政史、财政史和艺术史；英国人（吉本、芬利、伯里）则几乎只限于对主要事件进行综述，或采用哲学家和政治家的观点进行生动论述。"《拜占庭杂志》，第 1 卷（1892 年），第 8 页。

③ B. G. 推布纳（1784—1856）创设出版社于莱比锡（1811 年），特别以出版廉价的希腊和拉丁古典著作著名。——译者

④ 德国古典语言学家（1802—1883 年），校刊许多希腊名著原文。——译者

⑤ 见《拜占庭杂志》，第 24 卷（1923 年），第 495—496 页，死者传略。

⑥ 本书上卷原书第 303—304 页。——译者

的话都指出来。累格尔开始在俄国编写《拜占庭史料》(1811 年),不知疲倦的帕坡多泡罗斯-克拉米阿斯[①]开始编写《特勒比遵德史料集》(1897 年)。由于欧洲许多巨大的手稿储藏馆出版了目录,编审工作轻松了许多。[②] 偶尔也有一些幸运的发现,比如希尔士费耳德[③]就在"彼西底亚地方[④]厄基第奥湖的废寺"里发现了教长攸替密阿斯[⑤]的传记(1874 年)。迄今,人们对编年史的注意比回忆录和国家文件大得多了。夫兰次·多尔格开始了为慕尼黑研究院(该院已开始把早已放弃了的编纂一部史料集成的计划恢复实施)编写一部《皇帝文献资料汇编》(第 1 卷包括公元 565—1025 年,出版于 1924 年)。埃及的莎草纸材料提供了许多线索,学者们也没有忽视斯拉夫和东方资料的编订工作。[⑥]

红衣主教皮特拉[⑦]的论述教会法学家狄密特里奥斯·绰马提阿诺斯的那部书为他立了功。尼科尔校订的《省长之书》(*Livre du Préfect*)(1893 年)使人们把 9 世纪对工商业那种过火的控制看得更清楚了。一个最有希望的园地,民间文学正在开辟出来,民间文学和古典希腊文的关系同近代拉丁语系各种语言和古拉丁文的关系一样。皮特拉在拜占庭宗教诗歌方面的贡献在本书他处另

---

① 见《拜占庭杂志》,第 21 卷(1912 年),第 678 页。

② 例如奥蒙的法国图书馆的希腊文手稿目录,1886—1898 年,四卷;玻兰达斯派和弗朗希·得·卡瓦利埃里的梵蒂冈图书馆犹太教圣经第 3 部的手稿目录;S. 兰布罗斯的亚陀斯山希腊文手稿目录,1895 年,1900 年,两卷。

③ 德国历史家(1843—1922 年)。——译者

④ 在小亚南法。——译者

⑤ 保加利亚教长(1375 年),约死于 1393 年。——译者

⑥ 《拜占庭杂志》第 1 卷载有一篇关于叙利亚编年史的文章。

⑦ 法国天主教高级教士(1812—1889 年),1863 年任红衣主教。——译者

行叙述。[①] 自从1876年希尔士开始写论述9、10两个世纪的作品的《拜占庭研究》以来，对原文的分析就已吸引了许多德国学者，在那些辅助学科里，在语言学方面冉·普西卡里[②][③]值得特别指出，考斯道夫·士隆柏格也编写了一部最出色的《拜占庭帝国印章学》(1884年)。

一般性的著作和综合研究仍有待将来，而赫茨贝格和其他一些人的旧作又已完全过时。革尔泽、约加[④]和第尔都写了出色的总结。伯里写的东西很少超过四个世纪。把全部拜占庭历史写在一本书里的唯一一位深刻的学者就是发西里叶夫。[⑤] 好的专论文章是数不过来的，无法在这里讨论。第尔首先占有查士丁尼时代，
531 他的同胞士隆柏格对马其顿王朝诸帝的论述还是很有本领的。这时，国际上的合作把被世界大战割开了的联系重新缝合起来。1924年第一次专门讨论拜占庭学术的会议在罗马尼亚政府主持下在布加勒斯特召开。1923年布鲁塞尔历史学会产生了专门研究拜占庭的分会，并创办了《拜占庭》杂志。像佩朗[⑥]的遗著《穆罕默德和查理曼大帝》这样的著作为把拜占庭史和西欧史的来源和过程紧密地联系在一起提供了比任何时候都多的理由。[⑦]

---

① 本卷原书第553—555页。——译者

② 法国语言学家(1854—1929年)，祖先为希腊人，近代希腊文作家的领袖。——译者

③ 死者传略见《拜占庭杂志》，第31卷(1931年)，第240页。

④ 本卷原书第644页。——译者

⑤ 《拜占庭帝国史》(见本卷原书第512页著者注)。

⑥ 本卷原书第436—38页。——译者

⑦ 参阅《拜占庭杂志》，第10卷(1935年)，第815—817页。

第十一编

19世纪的教会史家

第五十九章 天主教史家[①]

天主教会对 18 世纪理性主义的传播曾表示震惊，教廷的处境更是困难。从 1767 至 1773 年间，耶稣会几乎在各个地区，甚至在信奉天主教的各国都被取缔了。“启蒙派教义[②]”挤进教士集团内部。在德国，各大主教进行着类似法国教皇权利限制主义[③]的运动。[④] 接着又来了法国大革命和拿破仑时期，这对天主教会都 535

① 卡尔·维尔纳，《特伦特宗教会议以后的天主教神学史》（第 2 版，慕尼黑和莱比锡，1889 年）；马丁·格拉布曼，《教父时期以后的天主教神学史》（弗赖堡，1933 年）；亨利希·布吕克，《19 世纪德国天主教教会史》（美因茨，1902—1908 年；四卷分订五册）；卡尔·米尔布特，《19 世纪的教皇极权主义》（莱比锡，1902，E. L. 伍德沃德）；《欧洲保守主义研究三篇》（伦敦，1929 年），有几章论述教皇统治和教皇极权主义、世俗权力的丧失和 1870 年梵蒂冈教会的好文章。

② 巴伐利亚的亚当·维斯豪普于 1776 年创立的秘密教派，主张宗教应与健全的理智一致。——译者

③ 即法国天主教徒限制教皇权力在法国扩张的主义，主张各国教会自治，不受教皇干涉。——译者

④ “费布罗尼阿斯主义”（“Febronianism”）这个名词出自 1763 年特里尔主教团顾问约翰·尼古拉教授以查斯丁那斯·费布罗尼阿斯的假名发表的一篇文章，《论罗马教皇的宗教地位和政治权力》。实际上，这篇文章是要求有和法国教会自由同样的特权；科隆和美因茨大主教在 1786 年的埃姆塞书面陈情中曾要求教皇把错误地根据伪造的伊锡多鲁斯教令〔译者按：这是 850 年一位法兰克教士伪造的〕取得的一切权力退还给主教团。只是因为德国诸主教宁愿受教皇统治，不愿受大主教统治，才避免了一个倾向民族主义的天主教会的强烈运动。参阅 F. K. 尼尔森，《19 世纪教皇统治史》（A. J. 梅森译），第 1 卷，第 5 章。

是患难和屈辱的岁月。

然而，19 世纪前半叶教会史深深染上浪漫主义色彩。这种情况终于在法德两国造成教皇极权主义[①]，使教会权力重新加强，从而使信徒更为重视这个权力。英国牛津运动[②]是新教中发生的类似教皇极权主义的东西。和教会复兴同时到来的是历史研究的复兴。

德国新天主教史学的创始人是约翰·亚当·默勒（1796—1838 年）。[③]他在蒂宾根天主教教师团指导下学习，准备当牧师，
536 1822 年被该团请去代替某位不称职的教师。因为他从来没有专门研究过教会史，所以他被准假离职一年，前往柏林、格丁根和维也纳各大学学习。他在格丁根大学听过普朗克[④]的课；在柏林大学，内安德[⑤]的唯心主义给他留下很深印象。他说，内安德鼓励他尽量掌握教会神父们的精神，而不是他们的思想。

1823 年，经过十年巨大变化之后，默勒回到蒂宾根任职。随着政治上的反动在欧洲取胜，耶稣会恢复了，教会恢复了过去的许多权利。在德国南部兴起一种空想的新天主教教义。领导这个运

---

① 主张各国教会的权利都来自教皇，与教皇权力限制主义相反。——译者

② 本卷原书第 571 页。——译者

③ 巴尔塔撒·韦尔纳，《约翰·亚当·默勒传略》，P. B. 加姆斯编（雷根斯堡，1886 年）；J. 弗里德里希，《象征主义者约翰·亚当·默勒，他的生平和主张的贡献》（慕尼黑，1894 年）；季尔第的书，第 240—276 页；F. 维格纳，《近代天主教产生的三个人物：默勒、第彭布洛克和德林格尔》（《历史杂志》，1926 年，副刊第 7 页）；A. V. 斯密德，“J. A. 默勒知识演进的道路”，见《历史年鉴》，第 18 卷（1897 年），第 322—356，572—599 页；比尔梅耶《教会史家默勒》，见《神学季刊》，第 100 卷（1919 年），第 134—198 页；和〔伦敦〕《都伯林评论》，第 16 卷（1844 年），第 93—122 页。

④ 德国新教神学家（1751—1833 年），本卷原书第 559 页。——译者

⑤ 本卷原书第 560—561 页。——译者

动的三巨头是蒂宾根的默勒，慕尼黑的德林格尔和该地宣传家约瑟·丰·革勒斯[①]。

默勒以《教会的统一》(1825 年)一书[②]在德国发动了这场运动，他这部书是天主教论述教义史的开路先锋。它强调的是教会在促进人类共同精神生活方面的使命，读者很少不和作者的深厚感情起共鸣。这部书向青年天主教徒招手，也向他们挑战。[③]

当默勒正在撰写论述阿塔内细阿[④]的第二篇论文时，他看到 4 世纪的自由和理性主义潮流和当时德国这个潮流极其相似而大吃一惊。这一感触引起他写出他的名著《象征主义》(1832 年)，这部书是根据对各种非天主教教会的信条的研究而对这些教会所作的评论。他这本书引起一阵轰动，并被译成英、法、意等国文字。虽然默勒觉得他的目的是为了和解，但整个新教世界把它看成一种攻击，甚至他自己的蒂宾根同事 F. G. 鲍尔[⑤]也以尖锐的反驳进

---

① 慕尼黑历史教授(1776—1848)，反对拿破仑，后变为拥护教皇极权主义者。——译者

② 他的其他著作：《伟大的阿塔内细阿及其时代的教会与阿利阿教派的斗争》(1827 年；第 2 次修订版，美因茨，1844 年)；《象征主义》(1832 年；第 5 版，美因茨，1835 年)；《修道士制度的建立和早期发展史》。最后一部著作虽然只是一个简略的纲要，但比他的《试论诺斯替教派的起源》一书(见普朗克庆祝纪念论文集，1831 年)还恰当些。默勒著名的《教会史》(P. B. 加姆斯校刊，雷根斯堡，1867—1870 年，四卷)和《长老遗训》(F. X. 赖特梅尔校刊，雷根斯堡，1840 年)只是他的学生们根据他的演讲笔记编的。

③ 古奇的书第 549 页引用了德林格尔后来对弗里德里希所说的话："这使我们青年人迷了。我们觉得默勒发现了一个新鲜的、活的基督教。洗清其弊端的教会理想成为我们的目标，神学研究的恢复一定会带来教会的改革。"

④ 希腊基督教教父(293？—373 年)，终身反对阿利阿教派，著有《阿利阿教派史》，《论尼西亚会议信条》等书。——译者

⑤ 本卷原书第 562—564 页。——译者

行还击。当德林格尔在慕尼黑大学为他谋得一个位置时，他颇感欣慰。[①] 默勒在该校继续为自己已作出计划的教会史做准备工作，但他的健康不行了，1838年刚40岁就去世了，他计划要做的工作有很大一部分被搁置起来。

很难把默勒当作一位史学家评论，因为像《教会史》或《长老遗训》这些著作都是根据学生们的笔记编的，是他去世后才出版的。不过，他这些著作仍然有些生动而新鲜的气息，记述有时也很精彩。默勒的思想状况可以从下边引的他这几句名言中了解：

537 真正在教会里生活的人必然也在早期教会里生活，而且对它有所了解；不在今天的教会里生活的人也不会在古代教会里生活，而且也不能了解它，因为这二者是一回事。[②]

他相信只有天主教才胜任撰写天主教史，但是正直的人对宗教改革时期的教会里的情况用了激愤的语言。[③] 默勒认为历史不应该是单纯罗列事实；他主张写出有机的发展，他撰写历史时采用黑格尔的原则，以取代无人格的天主教上帝这个观念。他是第一位这样的天主教作家。

约翰·约瑟·伊格纳兹·丰·德林格尔（1799—1890年）[④]是

① 阿克顿爵士在〔伦敦〕《英国历史评论》第5卷（1890年）第700—744页上描述了他们之间的联系并对比了他们在性格上的差别。该文重印在他的《自由史及其他论文集》（伦敦，1907年）。

② 古奇的书，第549页，引自他的第一部著作。——译者

③ 参阅阿克顿，《自由史及其他论文集》（见上上一个著者注）第378—379页上的大段引文。

④ J.弗里德里希，《伊格纳兹·丰·德林格尔，他的生平和遗著的基础》（慕尼黑，1899—1901年，三卷）；路易丝·科贝尔，《伊格纳兹·丰·德林格尔，回忆录》（慕尼黑，1891年），英译书名为《与德林格尔博士的谈话》（伦敦，1892年）；爱弥尔·迈克尔，《伊格纳兹·丰·德林格尔，他的特点》（因斯布鲁克，1894年）；亨利希·丰·（接下页）

19 世纪中叶最伟大的天主教史家。遗憾的是，也像他那位伟大的学生阿克顿勋爵那样，他留下的一切作品都未能发挥他那伟大的才能。他 16 岁就进了维尔茨堡大学，雄心勃勃地要研究历史、语言学、哲学，外加各种自然科学(!)；但 1818 年他又转向神学研究，并在班贝格①的研究班毕业。

1826 年德林格尔被聘请到慕尼黑大学时，天主教神学正处在因循苟安状态，而宗教史这片园地最为荒芜。就德林格尔的伟大天才论，这种情况造成了不幸的障碍。正如阿克顿勋爵指出的那样，他注定要在缺乏强有力的头脑教导下，在缺乏老练的学者指导的情况下，只凭自己的经验开创自己的事业。他读书的那些年是在德国史学大大兴旺以前。

> 他开始自己的事业时，正是尼布尔在波恩大学②、黑格尔在柏林大学讲学③的时候；在提申多尔夫④把他第一篇稿子公开以前；鲍尔那时还没在科林斯会议上发现蒂宾根假说；罗特⑤也还没有计划写他的论述

(接上页)济伯尔，《演讲与论文集》(柏林，1897 年)；维格纳，《近代天主教产生的三个人物》(参阅前面原书第 535 页著者)和阿克顿爵士在《英国历史评论》第 5 卷(1890 年)第 700—744 页，以及在《闲读者》杂志第 4 卷(1861 年)第 145—175 页，后又重印在他的《自由史》(见本书原书第 536 页著者注)第 301—374 页上的关于他的老师的两篇论文；〔伦敦〕《评论季刊》，第 172 卷(1891 年)，第 33—64 页；《爱丁堡评论》，第 175 卷(1892 年)，第 48—83 页；和〔伦敦〕《都柏林评论》，第 25 卷(1848 年)，第 208—236 页；第 52 卷(1862—1863 年)，第 467—503 页，第 55 卷(1864 年)，第 200—217 页，第 56 卷(1865 年)，第 214—226 页。

① 在德国巴伐利亚北部。——译者

② 1810—1812 年。——译者

③ 1818—1831 年。——译者

④ 德国新教神学家(1815—1874 年)，游历于近东各地，带回许多手稿，包括《西奈的抄本》(此抄本他校刊于 1862 年)。——译者

⑤ 德国新教神学家(1799—1867 年)，著有《神学伦理学》三卷(1845—1848 年)。——译者

> 原始教会的文章，兰克也没有开始为他的近代教皇采摘梅子①。当时基佐还没建立古文书学校②，柏林大学还没有设立历史方法训练班。精确史学工具刚刚开始使用.普麟③所说以英雄精神研究各种记录几乎还没有使古代传记和编年史的统治地位受到任何干扰。任何人都没有像德林格尔那样在自己的科学和自己本人身上下那么艰苦的工夫。他周围的变化还不如他内心的变化大。……他悲叹自己为了摸索方向，在无人
> 538 帮助的情况下学习世界上最艰难的技术，消耗了他整整十年的光阴。在无师指导下当学徒的岁月，正是他撰写《教会史》的时候。训练的缺乏一如既往。他传授知识的本领比学习知识的艺术高明。他那数以千计的弟子对业已经历各个时代的宗教都有了一种连贯的观点，而且对……历史的意义也有了点印象；但没一个人从他那里学到写历史的艺术手法。④

德林格尔想方设法不致落后于青年一代，但往往是勉勉强强赶上他们。1865年，人们请他作些准备以便修订《教会史》再出一版时，他说旧版里几乎没有一句是站得住脚的了。

这版新书就是《教会史教程》(1833—1838年)，一共写了四卷，写到宗教改革还没写完。这是他第一部主要著作，字里行间流露着强烈的天主教精神。后来被译成英、法、意等国文字。他的《宗教改革》(三卷，1846—1848年)⑤和《路德》(1851年)两书一再

---

① 指兰克名著《教皇史》(三卷，1834—1839年)。——译者

② 法国古文书学校建立于1821年，本卷原书第229页。——译者

③ 本卷原书第39—40页。——译者

④ 阿克顿，《自由史》(见本卷原书第536页著者注)，第392—393页。

⑤ 《宗教改革，其内部发展和影响》。其他著作：他的学位论文《最初三世纪的圣餐主义》；《异教与犹太教：基督教史入门》(1857年)，尼古拉·达内尔的英译本名《基督庙宇法庭中的犹太人和非犹太人：基督教史导言》(伦敦，1862年；第2版，1906年，两卷)；《中世纪关于教皇的虚构故事》(1863年，第2版，斯图加特，1890年)，艾尔弗雷德·普卢默译成英文，《中世纪关于教皇的虚构故事》(1872年)；他的剧场演(接下页)

猛烈攻击新教那些英雄好汉，因此，德林格尔继默勒之后扮演了德国天主教教义主要捍卫者的角色。

《宗教改革》事先就说出了后来詹生[①]在他那个著名的命题里说的许多有趣的东西。德林格尔争论说，宗教改革并不是什么新鲜东西，它并没有开创一个新时代，只不过是过去从克吕尼[②]开始的那些改革运动的尾声。他把路德的宗教改革压缩到以信仰辨别是非这个单项原则的采用和推广。在德林格尔看来，整个宗教改革运动逻辑地以这一原则为转移。到1846年既然事情已很明朗：路德教常常放弃自己创教人的这项原则，这位天主教历史家便以为回到统一的联合教会的道路已经敞开，他是欢迎英国牛津运动的第一批人里边的一个。

他的事业的第一个时期，即无批判的热情时期，于1864年随着教廷的《谬误摘要》(*Syllabus of Errors*)的出版(其中有一部分谴责德林格尔本人写的某些作品)而告结束。他在慕尼黑剧院发表了一系列讲演(1860年)，触怒了赫根勒特[③]领导的教皇极权论者；他在这些讲演中，根据意大利发生的那些事件，认为天主教会已有丧失作为一个世俗政权这个历史地位的可能性。德林格尔一

(接上页)说《教会与教会的》(1860年)；以假名"哲那斯"的名义发表的《教皇与宗教会议》(1869年)；第2版，改名为《教皇统治》，该书马上被译成英文，名为《贾纳斯的书信：教皇与宗教会议》(1870年)；和《基督教和教会的早期历史》(1866年)，H. N. 奥克斯南译成英文(第4版，伦敦，1906年)。

① 詹生(1585—1638年)为荷兰天主教神学家。他主张圣奥古斯丁的教义与耶稣会的教义相反，创立独立的教派。——译者

② 克吕尼在法国中部的东边，910年这个地方的寺院的僧侣创立改革教会的教团。诺曼征服后传入英国。——译者

③ 德国天主教高级教士和教会史学家(1824—1890年)。——译者

生的第二个时期是怀疑时期，在这段时期，他竭力使教会相信历史传统的真实性，并在 1870 年梵蒂冈宗教会议上猛烈反对采纳教皇
539 无谬误这个教条。据他的传记作者弗里德里希①所说，后来就开始了他完全醒悟的第三个时期，在他于 1871 年被逐出教会以后，当时他“的眼睛擦亮了”，看到了他认为的天主教士阶梯统治的真正面目。德林格尔拒绝参加梵蒂冈会议以后成立的旧天主教徒脱离派，但一直到死他仍然坚持自己认为是历史真相的东西。除了这次重大争端外，在他一生中，他的历史知识和判断力还是受到广泛尊重的。他死时，甚至赫根勒特也说他的“好处无人可比”。

卡尔·约瑟夫·丰·黑费累（1809—1893 年）②曾在蒂宾根大学学习，默勒前往慕尼黑大学后，黑费累即受聘接替他留下的位置。他讲课的特色是：用语简洁漂亮，抓住细节，但不丢掉论题的要点。黑费累或许就是讲授基督教考古学的第一位天主教神学家了，他喜爱教会艺术。在蒂宾根教了 32 年书，他讲的那些课对后来慕尼黑大学的内普夫累尔（1895 年）教本和蒂宾根大学他的后继人F.冯克③的教本都有影响。黑费累在校外以学者闻名，是因为他写了一部希美内④传（1844年）。但他的杰作是七卷本《宗教会议

---

① 德国天主教高级教士和教会史学家（1836—1917 年），参加 1870 年的梵蒂冈宗教会议，与德林格尔一道被逐出教门。——译者

② 冯克的文章，见《神学季刊》，第 76 卷（1894 年），重印入《全德传记》，第 50 卷（1905 年），第 109—115 页；J. B. 扎格米勒的文章，见《天主教百科全书》，第 7 卷，第 191—192 页；豪克编《新教百科全书》中的一篇文章；格兰德拉特-基尔施，《梵蒂冈宗教会议史》（弗赖堡，1903—1906 年，三卷）；第 3 卷，第 31、163、174、559 页和索引。

③ 德国天主教神学家（1840—1907 年）。——译者

④ 西班牙的高级教士和政治家（1437—1517 年），女王伊萨伯拉的忏悔教士。——译者

史》。① 他这部书接触到许多方面：教义、宗教法、政治问题、祈祷文学和教会纪律等方面的历史。从学生时代开始写记述库萨②人尼古拉③的有奖论文起，他就着手为这部书收集材料了。

《宗教会议史》名声很高，1868 年他因此奉召前往罗马，准备在即将召开的梵蒂冈宗教会议上当顾问。次年他被委任为罗滕堡主教，任此职 24 年之久，教区事务压力很大，简直把他的写作完全挤掉了。在他出席的梵蒂冈宗教会议上，他坚决站在反对教皇无谬论的立场，和德林格尔对历史的怀疑态度一致。会议并未像黑 540
费累希望的那样重新研究这个问题就休会了。1871 年，他在自己教区勉强公布了会议的条令。

在这次宗教会议前后，教皇极权论者最坚强的战士是约瑟夫·赫根勒特（1824—1890 年）④，他是维尔茨堡引以自豪的人。

---

① 第 1 版，1855—1874 年。第 2 版，黑费累本人只完成最初五卷（弗赖堡，1874—1879 年），其余几卷是克内夫勒尔编的（1886—1890 年）。黑费尔本人出版的几卷只叙述到 15 世纪，后来赫根勒特又增加两卷（1887、1890 年），把材料编写到特伦特宗教会议。《宗教会议史》第 1 版由戈施勒和得拉克译成法文（巴黎，1869—1878 年，12 卷），伯尼德提派修道士 H. 勒克雷尔把修订的德文第 2 版译成类似的法文本（巴黎，1907—1913 年，五卷分订十册）。

黑费累的其他著作：《基督教传入西南德国史》（1837 年）；《诸圣徒的功绩》（1839 年；第 4 版，1855 年）；《使徒巴纳巴斯的书信》（1840 年）；《红衣主教希门尼斯与 15 世纪末 16 世纪初西班牙教会的成就》（1844 年；第 2 版，1851 年），也译成法文和英文；《克里斯托姆传教集》〔译者按：克里斯托姆即圣约翰，345？—407 年〕（1845 年）和《圣博内文都拉的简短语录》〔译者按：博内文都拉是意大利的经院哲学家，1221—1274 年〕（1845；1861 年）。

② 在普鲁士的特里尔附近。——译者

③ 德国天主教高级教士和哲学家（1401—1464 年），在哥白尼以前即相信地球环绕太阳旋转的学说。——译者

④ 《全德传记》，第 50 卷（1905 年），第 228、31 页，劳赫特的记载：《天主教百科全书》，第7卷，第262—264页，J. P. 基尔施的文章；季尔第的书，第289—320（接下页）

他曾在该城大学学习，1848年革命以前他在罗马度过使人印象深刻的四个年头。赫根勒特在慕尼黑大学获得学位时(1850年)，德林格尔是他的主考人之一，德林格尔劝说这个青年在慕尼黑首先当私人教师。假如赫根勒特继续留的慕尼黑，他们两个人后来的关系如何就很难讲了。1852年，他应聘在维尔茨堡当教授，后来和登青格尔、黑廷格尔、亨来因这几位教授一起使该校这批教师成了有名的活跃的天主教信条宣传家。

赫根勒特除了为天主教各杂志写了许多文章外，还比较深刻地研究了神父学。他在花了12年工夫研究福细阿斯[①]的著作之后，就出版了一篇了不起的论述这位君士坦丁堡大教长的专著，可算是这个世纪最好的历史作品之一。这本书恰巧在拜占庭研究突然兴盛起来以前出版，因而加倍重要。赫根勒特的命题是这样：应对希腊正教分离出去负责的不是罗马而是福细阿斯。[②]

1860年，德林格尔的《教会与教会统治权》(剧院讲演)出版后，赫根勒特的教皇极权主义便更显得突出了。他写了一篇讨论《谬误摘要》的文章(1864年)抚慰胆怯的天主教徒。他被邀请和他的同事黑廷格尔一起充当为梵蒂冈会议作准备的顾问(1868年)，并全心全意投入已制定出来的会议议程。1869年秋"哲那

(接上页)页；〔伦敦〕《都柏林评论》，第81卷(1877年)，第308—339页；〔巴黎〕《历史问题评论》，第21卷(1877年)，第271页。

① 上卷原书第304页。——译者

② 《君士坦丁堡教长福细阿斯，他的生平、著作和希腊宗教分裂》(雷根斯堡，1867—1869年，三卷)。他以前已经校刊了福细阿斯的《传播神秘教者神圣精神之书》(雷根斯堡，1857年)，后来他发表了他那本载有从未刊印过的资料的专著第4卷：《关于福细阿斯及其他有关历史的希脂文文献》。

斯[①]”一露面，他急忙以“反哲那斯”的名义反击；在会议期间，他以在《史学—政治上的脓疱》上发表的一系列文章反击德林格尔在《世界杂志》上根据阿克顿和弗里德里希从罗马寄来的报告写成的《启赖那斯[②]书简》。然而他这些武器似乎并不能令人满意，于是在会议开完后，赫根勒特就坐下来刻意为梵蒂冈提供大量原文和引语充实其武库。对教皇极权主义集团来说，他的两部著作[③]似乎是历史答辩的顶峰，是胜诉的武库。

赫根勒特打算写一部详尽的18世纪教会史的计划，只写了个 541
为正式撰写作准备的草稿，就再没进展了。但他那本教会史手册却出了好几版；这本书最后一版的编辑J.P.基尔施曾说，在50年之久的漫长岁月里，他这本书一直在为天主教学者提供历史知识和精神的精华。赫根勒特正开始为《教会词典》第2版组织材料，教皇利奥十三就把他召到罗马去了。1879年，他被任命为红衣主教的副主祭，接着在梵蒂冈档案馆当主任，管理这些档案。在当主任时，帕斯托尔[④]初抵罗马就受到他友好接待，并于1883年在教皇谕令下安排向欧洲学者开放档案的事宜。他抽出时间开始编写教皇利奥十世《纪事》(*Regesta*)，并写了两卷出色的著作补充黑费累的《宗教会议史》。赫根勒特成了教皇极权主义胜利地掌握史学使之成为自卫的工具的代表人物。

---

① 德林格尔的假名。——译者

② 德林格尔的假名。——译者

③ 《教皇教训无谬误论》(帕绍，1871年)；《天主教会与基督教国家在史学发展中的地位和与现在的关系》(1872年)。后面这部书也出现了意大利文版(帕维亚，1877年)和英文版(伦敦，1876年；巴尔的摩，1889年)。

④ 德国天主教历史家(1854—1928年)。见本卷原书第546—549页。——译者

弗里德里希·埃曼纽埃尔·丰·胡尔特(1787—1865年)原来在瑞士他的故乡沙大豪森当新教牧师。他曾在格丁根受教育，在罗马放弃新教(1844年)。次年前往维也纳当帝国史官[①]。另一位从新教神学家行列转入天主教的人是奥古斯特·弗里德里希·格夫罗勒(1806—1861年),他那些著作表现了他的刻苦钻研精神(1830年以后他任斯图加特皇家图书馆馆长),但往往比批判史家那种清醒的判断还高明。他这些著作也像胡尔特的著作那样涉及各种各样的题目,不只限于教会史。[②]

除詹生和帕斯托尔这两位伟大人物外,使用德语的各国天主教历史家的成就,自从70年代教皇极权主义鼎盛时期结束以后,就一直不如新教作家的成就大。[③] 旧天主教徒的背离产生了有害的影响。

约翰尼斯·詹生(1821—1891年)[④]出现在一个邪恶的论战时

---

① 《教皇英诺森三世及其同时代的历史》(1834—1843年,四卷;也有法文译本);《18世纪最后十年的回顾》(1840年);《瓦伦斯坦传》(1855年);《瓦伦斯坦生平最后四年》(1852年);《费迪南二世的生平及其父母》(未完成,共11卷,1850—1864年);和那本有用的书,《天主教神学文献命名手册》(第3版,因斯布鲁克,1903—1910年,四卷),这部著作对中世纪神学文献所做工作,正如波特哈斯特对中世纪历史文献所做工作。

② 《东西法兰克加洛林王朝的历史,从路易之死到康拉德一世统治的终结〔840—918年〕》(弗赖堡,1848年,两卷),这部书是伪伊锡多鲁斯教令研究的里程碑,实际上是兰斯大主教欣克马的传记;《教皇格雷戈里七世及其时代》(沙夫豪森,1859—1864年,七卷和索引),这是关于这个伟大的教皇的第一部详细著作。

③ 阿尔伯特·埃伯哈德教授企图说明其原因,见考斯道夫·阿布编的《德国学术50年:关于斯密特-奥特博士的宴会赠礼》(1930年)。

④ 标准的传记是路德维希·帕斯托尔的《约翰尼斯·詹生(1829—1891年)传略》(弗赖堡,1892年)。帕斯托尔又编了他的《书信》(弗赖堡,1920年,两卷)。季尔第的书,第321—351页,有一篇论文,附书目提要。关于一篇严厉的评论,参阅〔柏林〕《普鲁士年鉴》,第53卷(1884年),第529—550页,汉斯·得尔布律克的《历史方法论》。

代。但他身上却有属于默勒那个时代的某些浪漫主义的东西。虽 542
然他身体很弱，生活上又常常失意，但他那双想象力的翅膀还是翱翔天际。可能是因为他的出生地的历史风气触动了这个孩子，因为莱茵河下游的克桑屯曾经是罗马的军营，也是传说中屠龙者栖格夫里[1]的出生地。由于身体不好而且良心上也不踏实，他就离开明斯特[2]研究班到卢万[3]（1850 年）去学法文和英文了。在比利时这个小镇古雅的街道上，他又听到往昔的声音，于是他决定把一生献给历史。在波恩大学，他呈交了分析 12 世纪教士斯塔布罗和科维住持威巴尔德[4]的一篇论文，后来结识了德国爱国志士达尔曼[5]、沃顿巴哈[6]和近代比较地理学创始人立特[7]。

詹生在柏林大学作好学识上的充分准备之后，就在蒙斯特研究院讲了第一课（1854 年），但几乎立即前往美因河畔法兰克福天主教高级中学去教书了。他放弃在大学任教的前程，去担任肄业生的教书工作，可能是为了接近 J. F. 伯梅尔[8]。比他整整大 30 岁的这位古文书学专家在詹生心目中是一位圣人，后来他还把这位圣人介绍给自己的弟子帕斯托尔。他从伯梅尔那里学到历史写作原理，从思想上引导他编写《德国人民史》的正是伯梅尔。伯梅尔

① 《尼柏隆根之歌》史诗中的英雄。——译者

② 在普鲁士。——译者

③ 在比利时。——译者

④ 本书上卷原书第 195、317 页。——译者

⑤ 本卷原书第 205—208 页。——译者

⑥ 本卷原书第 191—192 页。——译者

⑦ 德国地理学家（1779—1859 年），说明地理对历史的影响。——译者

⑧ 德国历史学家（1795—1863 年），特别对德国中世纪史有研究。见本卷原书第 202—203 页。——译者

去世时他写道:“伯梅尔使我生活得有意义;他的去世对我来说意味着我一生一个时期的结束。”

詹生曾在伯梅尔指导下研究 12、13 世纪,还写了各种作品,[1]然后,他的思想就集中在一个巨大的计划上了。他计划写的是宗教改革以前德国人民各个方面的历史,不只写军事和政治史,而且要写文学和艺术,特别是德国人民的精神生活状态。法兰克福那几个图书馆珍藏的手稿十分丰富,他写的笔记以惊人的速度增加着。他开始写的是宗教的福音,[2]在撰写过程中,他希望自己的内心更平静一些,于是就重新开始神学研究,而且担任了圣职(1860 年)。从那时起,他就把撰写《德国人民史》当作自己特殊的宗教使命。

543 他这部《德国人民史》差一点儿就失去它的特性和主要功绩。由于篇幅所限,许多东西不得不省略,詹生经常提醒自己不要把现在人们认为是文化史的东西写进去。只是在奥古斯特·赖辛斯佩格尔[3]的劝告下,他才把已经标出要废弃的东西写成这部书的基石。第 1 卷于 1876 年出版,事先没估计到在这个时候出版很难被人接受。文化战争[4]已轰动整个德国。但詹生这部书里使人难以

① 他完成了他的朋友 H.C. 科斯腾论述圣路易的著作第 2 卷 1855 年;写了一系列讨论尼德兰叛乱的论文和一篇关于科隆历史的中世纪史料的文章;为他的故乡“蒙斯特兰”准备了一卷批判性地编校而成的编年史(1856 年);写了《法国渴望取得莱茵河地区》(1861 年),1864 年还出版了他对席勒作为一位历史家的批判论文。

② “当我于 1857 年 9 月 8 日从圣利奥那德教堂回来的时候,我就已下定决心从中世纪结束时开始写我的那部历史。那天我就在有福的圣母保护下形成我的计划,我恳求了圣母的帮助和保佑。”

③ 德国政客和艺术评论家(1809—1895 年)。——译者

④ 1872 年俾斯麦通过一系列法律驱逐耶稣会教士,取消天主教徒的特权,是为文化战争。1878—1887 年间才逐渐取消反对天主教的法律。——译者

置信的极其丰富的材料和他把从资料中摘出的那些辛辣的、醒目的词句织入本文中的那种极其巧妙方式，赢得了新教世界勉强的尊重。

书在一卷接一卷地出版，这位身体衰弱的作者也在继续进行会使别人累死的各种研究，他这部书的轮廓也就逐渐丰满起来，于是从新教阵营招来一阵批判和谩骂的风暴。新教徒总是把宗教改革描绘成一种净化，在中世纪末期肮脏的教会业已陷入使人难以置信的深渊的时候的一种必要的大涤荡。西方教会大分裂①、巴比伦的囚禁②、财政上新的应急的手法、赎罪券和朝拜圣地、文艺复兴时代诸教皇的道德沦丧等等，都是尽人皆知的事。但詹生居然把全部情节颠倒过来！他想展示的是：中世纪行将结束时，道德如何稳步回升，国家如何日益繁荣昌盛。然后他狡猾地层层加码，暗示是宗教改革把一切都弄乱了，早在瑞典、捷克、法国和德国的路德派教徒毁灭性的进军把他们美丽的国土搞得疮痍满目以前，国家的衰败就已经开始了。这种颠倒黑白的搞法使新教徒大为震惊，在狂怒之下，他们只知道把自己的脑袋对准詹生的研究成果这堵顽固的墙猛撞。③

---

① 指1378年以后有三个教皇同时出现于罗马、阿维尼翁和米兰，至1417年始复归统一，史称大分裂。——译者

② 1308—1378年间教皇移居阿维尼翁，成为法国国王的政治工具，史称“巴比伦的囚禁”。——译者

③ 第4卷(叙述1555—1580年)问世的时候，一个非天主教的评论者写道：“许多人对以前诸卷已经试了他们的运气，但是没有多少成功；对于目前这一卷，很可能没有人有这种吃力的冲动了。”引自季尔第的书，第345页。詹生本人准备了两篇长的答辩：《关于我的批评家》和《向我的批评家进一言》。

只有时间和详尽的研究才能解决争端。这部《德国人民史》犁了这么宽的一条沟，而且接触到这么多的论题，因而只有几个世代进一步的研究才能得出稳妥的结论。在受尽路德教和改革派学者毁谤的那些世纪里，詹生看到一些有希望的迹象；而且他觉得自己应当探明在奥格斯堡帝国会议[①]和布拉格掷出窗外事件[②]之间存在的严重裂痕。詹生这样作在心理上是自然的，而且他这样作并不会使自己的诚实蒙受耻辱。他开辟了一些新园地，改正了许多错误。他的著作中已证明站不住脚的那些走极端的说法，已为他的遗稿受托人帕斯脱所承认，帕斯脱完成了他这部书，并修订了后来的那几版。

544 亨利希·苏索·德尼夫累(1844—1905年)[③]是为多明我会增光的一位学者。他早年从父亲(伊姆斯特一位蒂罗尔[④]教师)接受了教育，并在布利克森的研究班学习之后，17岁时在奥地利格拉茨[⑤]加入多明我会。这位新教友采用了中世纪神秘主义者亨利希·苏索[⑥]的名字。他经历了一个彻底学习过程，梦想从历史—文学观点撰写一本大部头的评论圣托马斯·阿奎那[⑦]的书，从《神

① 1530年在奥格斯堡举行帝国会议，新教徒呈递新教信条，但被否决。——译者

② 1618年捷克贵族反对天主教迫害，把皇帝的代表掷出窗外，从而引起了三十年战争(1618—1648年)。——译者

③ 马丁·格拉布曼，《亨利希·苏索·德尼夫累，对其研究的评价》(美因茨，1905年)，季尔第的书，第354—372页，有一篇论文，附简短书目提要。

④ 在奥地利西部。——译者

⑤ 在奥地利南部的士的里亚省。——译者

⑥ 德国的神秘主义者(1300？—1366年)。——译者

⑦ 意大利经院哲学家(1225—1274年)。——译者

学大全》(*Summa*)本身的资料开始。然而他的第一部主要贡献却属于中世纪神秘主义领域。《修道士生活:德国神秘主义者选集》(1873 年)是一部杰出的书,是从中世纪神秘主义作家著作中摘出的几千段文字的汇编。

德尼夫累在匈牙利和奥地利各研究院当教授十年之久,然后在1880 年走上另一条后来使他成为世界著名古文字学家的道路。他受命审查在欧洲能找到的一切手稿,以便按照教皇利奥十三的愿望,写出圣托马斯著作的批判本。德尼夫累花了三年时间遍访欧洲各主要国家图书馆之后,就在红衣主教赫根勒特推荐下,当了梵蒂冈档案馆副馆长。这些著名的档案仅仅在数月之前才向世界开放。1885 年德尼夫累出版了名为《中世纪大学的形成(至 1400 年)》这部扎实的著作,说明这些档案资料对文化史很有价值。他这部书推翻了杜·布拉伊过去用拉丁文写的那本颇为自负的《巴黎大学史》(巴黎,1665—1673 年,对开本,六卷),罗列出几十个由作者在教廷文献中重新发现的早已被遗忘的中世纪大学,并使对中世纪高等教育的研究发生了革命性变化。遗憾的是,他未能完成准备续写的四卷。

由于中世纪最著名的巴黎大学近来决定出版它的早期历史的资料,德尼夫累被邀请当编辑,并且叫大学的图书馆长、爱弥尔·夏特兰当他的助手。他们二人的成果光辉地证明了对他的信任无比正确:在短得惊人的十年以内,德尼夫累就出版了对开本四大卷权威性的《巴黎大学文献》(巴黎,1889—1897 年)和两卷《文献补编》(1894—1897 年,收入其中的更长的文献)。事实上欧洲所有重要图书馆都对这部著作有所贡献。德尼夫累在《巴黎大学文献》第 2 卷序言中说,他在教廷登记室看过二十万封信,用了其中八千封作为 545

该卷注释。《巴黎大学文献》是研究中世纪学术生活的历史家的宝库,因为文献阐明的不只是大学的外部组织和教师更替情况,还有烦琐哲学的兴起,科学的历史以及宗教各支派和大学的关系。这部书还收进了很多其他材料,如关于西欧教会大分裂或圣女贞德①受审等情况。它是一部古文字学大师的巨著。②

德尼夫累和接替红衣主教赫根勒特担任梵蒂冈档案馆长的埃尔累③一起创办了《中世纪文学和教会史档案》杂志(1885年),他在前六卷上发表了许多文章。其中有些篇是论述托钵僧团的。他对宗教史的兴趣以奇特的方式引出另一部重要著作。据德尼夫累讲的故事说:在他为他那部《巴黎大学文献》搜集资料的过程中,他曾一页一页地读完了300来卷梵蒂冈城内的请愿记录,当时他突然产生了一个想法:用这些材料写一本历史说明百年战争④对法国教会造成的灾难性的影响该多好啊。于是他又从头把这300卷读一遍,尽管为了写《巴黎大学文献》还有数百卷必须读完。于是《百年战争期间法国教会、寺院和医院的荒废》(1897—1899年,两卷本)就写成了,这确实是得自123个教区的一千多件文献的一部资料汇编,把一幅衰落和苦难的生动图景展现在人们面前。1899

① 法国民族女英雄(1412—1431),1428—1429年率兵打败英国军队,恢复法国领土,1430年被俘,被英国军队焚死。1456年教皇法庭撤销1431年对她的判决。——译者

② 利奥十三庆祝他就圣职50周年纪念时,负责梵蒂冈档案馆的人就把德尼夫累准备的一部光辉的专题著作《英诺森三世和耳班五世以后教皇模范古文书登记录》(1888年)呈送给他。该书收入教皇档案馆手稿二百年来的历史,并附复制本。

③ 德国耶稣会学者(1845—1934年),红衣主教和历史家。——译者

④ 英法百年战争(1337—1453年)。——译者

年接着出了一部记述 14 世纪和百年战争军事情况的续编。

15 世纪教会衰落后，接着是 16 世纪的纷乱局面，于是德尼夫累又想到路德的问题。他那根深蒂固的习惯就是这样：他不看印好的版本，又去找原始手稿，甚至路德著作的魏玛批改本他也百般挑剔。德尼夫累采用的是一种奇特的治学方法：他决定从后向前研究路德的著作：从成熟之年研究起，一年一年向前推，着重研究他的内心生活和心理。《路德和路德教》(1903 年)第 1 卷在四个星期以内就卖光了。这部书好像一颗炸弹落到新教阵营。最有威望的路德派学者看到他们认为的这位多明我会成员的恶毒语言， 546
在大吃一惊之余，群起而攻之；科尔德、沃尔特、泽贝格甚至哈那克都一起起来挽救危局。①

德尼夫累对这位北德伟大偶像干的事情正是詹生对宗教改革的新教观点干的。他以实例证明路德的生活绝不是什么纯洁的修道士生活；路德对自己的罪孽的恐惧不是由于对教会最平常的教义的无知，就是昧着良心干坏事。他是按路德自己的话看路德的，路德说过，他觉得自己是个很坏的人。路德就是这样成了病理学上的一个例证：一个在罪恶和歹意驱使下向权威和独身生活造反的家伙。他和罗马决裂后，就用谎言和歪曲来保卫自己。简言之，路德就是德尼夫累早已追溯到 14 世纪就已开始的那种堕落中的最后一个骇人听闻的丑恶实例。

① 德尼夫累并未被他们的批评动摇；1904 年出版的第 2 版事实上没有什么更改。参考他的反驳，《路德在理性主义和基督教光辉中的地位：向 A. 哈那克和 R. 泽贝克讲清原则》。他评论路德的著作第 2 部分出现于 1905 年，神父阿尔柏特·魏斯于 1906 年和 1908 年根据德尼夫累的手稿发表了其余部分。

有一段时间，新教徒曾习惯于让自己的敌手发现他们的领袖身上的一些劣迹。但对那些诽谤只是一笑了事，于是在路德和他同时的那些人四周就筑起一堵传奇式的小围墙。德尼夫累著作里的刺针在于，作者是一位严肃的学者，不愿被人一笑置之，他引证的那些事实，还标出卷数、页数和行数。[①] 可喜的是，事实证明路德的历史问题比他是不是一个酒鬼或错引了圣奥古斯丁的一段文字等问题更为重要。但德尼夫累的著作迫使新教学者重新审查他们的研究结果，并导致了对这位民族英雄的情况作了某些修正。

近代天主教学术界最大的权威是路德维希·丰·帕斯托尔(1854—1928年)。[②] 他差一点儿被培养成一位路德教派信徒。他

---

① 德尼夫累熟悉神秘主义者，这使他能够指出路德并不总是正确地理解或引用他们的话。他指出，路德对天主教义的知识是不够的，对于他经常指责的经院哲学知道得很少。他发现路德的观点前后矛盾，时常改变；他宣称，路德说他记得自己早期的事，即他到罗马的情况，这是不可信的。最重要的是，德尼夫累批评新教教义史家，说没有比路德的传记作者和新教神学家更不理解路德的了。

② 参阅他的自传，见西格弗里德·斯泰因堡编，《现代自我描述的史学》(莱比锡，1926年，两卷)；并比较〔慕尼黑〕《历史杂志》，第146卷(1932年)，第510—515页和第145卷，第550—563页W.格茨对它的"隐瞒"的攻击；季尔第的书，第375—415页附书目提要；爱弥略·雷在《新选集》杂志第340卷(1928年)第96—102页上发表的文章；L.约翰斯顿，"论述中世纪教皇统治的历史家"，见《天主教大学学报》，第9卷，第347—368页；〔伦敦〕《英国历史评论》，第25卷，第571页；G.L.伯尔的文章，见〔纽约〕《美国历史评论》，第1卷(1895—1896年)，第526—529页；第12卷(1906—1907年)，第361—362页；第13卷(1907—1908年)，第635—636页；第15卷(1909—1910年)，第847—849页；第19卷(1913—1914年)，第168页；第27卷(1921—1922年)，第112—115页；第30卷(1924—1925年)，第134—136页；第31卷(1925—1926年)，第852页；第33卷(1927—1928年)，第181—182页；第34卷(1928—1929年)，第113—114页；〔伦敦〕《都柏林评论》，第111卷(1892年)，第1—30页；《历史季刊》，第1卷(1896年)，第126—142页；第10卷(1907年)437—442页；第11卷(1908年)，第565—569页；〔伦敦〕《教会季刊》，第35卷(1892年)，第342—366页。

的父亲是新教徒，亚琛商人，死于他 14 岁的时候。他母亲带着子女迁居法兰克福后，即决定在天主教会里培养他们成人。当时最 547
著名的一些天主教人士曾到他们家拜访；帕斯托尔曾为他们当中的两位写过传记，即，中央党领袖奥古斯特·赖辛斯佩格尔与和善而艰苦工作的约翰尼斯·詹生，后者发现这个孩子有历史天赋。这位历史家送给他这位年轻朋友的一套兰克的《教皇史》，帕斯托尔认为这是使他开始对罗马和教廷发生兴趣的两部著作之一。[①]年轻的帕斯托尔遵循詹生的劝告、学习他的榜样，首先前往卢万、然后到波恩学习。在柏林大学听了乔治·惠芝和卡尔·尼茨施的课，并被介绍给兰克；但北德的气氛不合他的意，只是到了维也纳之后他才恢复了安适(1877 年)。詹生把他介绍给翁诺·克洛普，后者劝告帕斯托尔留在奥地利，因为德国的文化战争将断送他的前程。帕斯托尔在他家住了三个学期，克洛普对他的影响必然很重要。[②] 帕斯托尔作准备的年代在施蒂里亚的格拉茨大学结束了，他在该校呈交了论文，于是就可以自由地开始自己雄心勃勃的撰写一部天主教教皇史的计划了。

帕斯托尔的幼年时代对德国天主教徒和教廷说来是严重的生死存亡的斗争的年代。但教皇极权主义业已胜利，而文化战争的雷声仅仅是更加巩固了他们这个阵容。70 年代的惊惶失措被一种新的自信取代，正是在希望再度出现的这样一个时刻，他心中又

---

① 另一部著作是 J. 费夏尔的《意大利》，1811—1815 年出版于法兰克福。

② 关于他和帕斯托尔的关系，可参考〔慕尼黑〕《历史杂志》，第 145 卷(1931 年)，第 550 页以下；帕斯托尔的儿子的回答，见同一杂志，第 146 卷(1932 年)，第 510—515 页。

出现了写一部教皇史的念头。“他这部书是天主教中央党的德国的女儿，是利奥十三[①]的罗马的女儿。”[②]

只有在例外的情况下，才允许学者进入梵蒂冈档案馆。但在这个问题上，时代已经不同了，这一点也很重要。教廷已经懂得公众舆论的价值。欧洲各国议会的公开讨论已把许多国家机密暴露在光天化日之下。随着教皇各属国的消失[③]，许多严守机密的文件业已失去法律意义。新任教皇利奥十三倾向于扩大自己的眼界。就这样，1879 年出现了一次非常幸运的巧合：为写一部新教廷史需要的人和材料碰到一起了：帕斯托尔获得了进入梵蒂冈档案馆的特权，这是兰克和克赖顿、筏格特和格列哥罗维阿斯曾遭拒绝的特权。他于 1886 年出的第 1 卷书便是这项新政策结下的第一颗果实。甚至在这卷书出版以前，利奥十三就已经决定采取一项重大步骤。按照 1883 年 8 月 18 日的教廷谕旨，梵蒂冈档案无
548 保留地向所有学者开放，而教皇本人则采取了西塞罗的办法，规定了优秀历史作品的标准。[④]

15 卷本《教皇史》是 50 年艰苦劳动的成果。但帕斯托尔还有

---

① 1878—1903 年在职。——译者

② 爱弥略·雷(见本书原书第 546 页著者注)，第 97 页。

③ 1870 年 9 月意大利军队进入教皇辖地，占领罗马，教皇被剥夺世俗政权。——译者

④ “要尽最大努力消除掉一切虚假不实之词和并非来自事实的材料，在最初写作时必须记住，‘历史的首要法则是不得写进不真实的事情，不可容忍可疑之点，不可容忍近似之言。’……再者，在博学的著作中还须能以健全的真实性而不是幼稚的轻率之论作出例证，并提高史学本身的必要评论。”全文见《天主教寺院法档案》，第 50 卷，第 428 页以下；也参阅〔伦敦〕《都柏林评论》，第 93 卷(1883 年)，第 413—419、417 页。

其他职务；他在因斯布鲁克[①]当教授达20年之久（1881—1901年），直到任命他在罗马的奥地利历史研究所当主任时，教书的担子才放下了。他的作品之多十分惊人。[②] 在他写的六部传记中最大的一部是描绘的他的老师詹生的形象。为完成并修订詹生的《德国人民史》前14版，他下了很大工夫。《历史年鉴》和《历史—政治脓疱》的编辑任务也不小。但在他的工作间里这一大堆切削碎片当中，帕斯托尔的思想集中在他称为“我生平的大著作”的《教皇史》上。他原计划只写六卷，但在他笔下这部书越写越长。在他去世时，第13卷正在出书，最后两卷、即14、15两卷的手稿也已完工待印。他在辛勤劳动时，经常得到他那位忠实的妻子的帮助；帮他抄写手稿，通信和财务担子她也挑起来，省了他不少事。帕斯托尔身材矮小但健壮，由于经常钻研文件他非常近视，有时也因操劳过度把身体搞垮。他集中精力的本领极大，客人刚走，他立刻就把没有写完的那句话写完。[③]

《教皇史》的特色有二。其一是：这部书是打算写成一部近代的、科学的历史，以档案资料和对专门论文的精密研究为依据，附

---

① 在奥地利西部。——译者

② 帕斯托尔的遗孀把藏有她丈夫的半身雕像、奖章和全部著作、日记和文件的一个木柜献给教皇庇护十一。内有他自己的著作46卷，约200篇单篇论文，和他校阅的詹生和其他作家的著作22卷。除了这些印成书的著作外，他在因斯布鲁克大学那些年里写的14套讲稿，从中世纪初讲到1880年，尤其是关于19世纪的那些特别丰富。比较格茨在〔慕尼黑〕《历史杂志》第145卷（1931年）第550页以下发表的文章。

③ 帕斯托尔不但依靠教皇的档案，还搜寻了许多其他手稿储藏所，在罗马的科洛纳、里西和加塔尼家族的档案以及德国、法国和其他各国的收藏。单单为了准备第5、6两卷，他就使用了数以百计的文件，此外还访问了80个图书馆并查阅了六百多部印好的书。

准确文件为证，尽力做到诚实而客观。但有时谨慎过火反而削弱了文笔的锋利。帕斯托尔不够爽快，不能像历史家那样夹叙夹议，即把事实和作家对事实的评判同时摆在读者面前。他这部著作是
549 彻头彻尾的保守；没有激动人心的新发现。这部书以事实为根据写得很扎实，而且知识面确实渊博，它的内容可以说是不朽的。

另一个特色是：从爱护出发替教会公开道歉，帕斯托尔一向认为自己是教会的孝子。他也像默勒那样，确信只有天主教徒才能写出真正的教廷史，并抓住它在历史上的精神意义。兰克曾强调的是政治方面。在为教廷下精神定义时，帕斯托尔还树立了一个道德标准，必须承认他对像亚历山大六世[1]那样的个别教皇的批判之苛刻并不次于新教作家。然而整个制度保持着它的神圣性："彼得的尊严在不肖的继位者身上仍旧毫不减损。"(Petri dignitas etiam in indigno haerede non deficit.)[2]

帕斯托尔最擅长于叙述教会的等级制度、教会惯例或一般倾向，但缺乏像兰克那样的能够用生动的几笔把人物勾画出来的本领。他写作用的是严肃而颇为朴素的德文。佛拉德米尔·扎标欣曾对他前几卷书表示祝贺。帕斯托尔简短地回答说："这只不过是大量的辛勤劳动。"[3]他使撰写历史的人发生兴趣的是他彻底翻阅了教廷档案，但他并不代表史学方法上的任何进步，在解释历史上

---

① 1492—1503年在职，有许多情妇，生子女甚多。因贿赂取得教皇职位。建立检查书籍出版的制度。——译者

② 这句话作为座右铭印在第3卷前面，该卷是讲教皇亚历山大六世和教皇朱里阿斯二世的。帕斯托尔不得不作但颇感痛苦的揭露，他说："我已经说出了一切，但这好像一个儿子不得不揭露他亲爱的母亲的过失那样地说出来的。"

③ 见爱弥略·雷(见本书原书第546页著者注)的书，第102页。

也没任何新观点贡献世人。沃尔特·格茨的文章里曾说：帕斯托尔甚至没有表现出近代天主教史学向更为客观的方向稳步前进，反而仍然是朝“教皇极权主义”方向发展的带头人和最大的倡导者。换句话说，他有意识地使《教皇史》成为罗马教廷的“官方出版物”。[1] 1928 年才完成的这部伟大著作还是 1870 年开始下笔的呢！

本章开始时就已指出，1815 年以后的天主教教义到处都以反动为其特点。这种反动在法国比在德国甚至更深刻地沾染上浪漫主义和感伤的色彩。早在 1802 年夏多布里昂[2]的《基督教精神》就已经把天主教义说成是一种感情上和审美上的力量。他的《殉教者列传》（1809 年）把早期基督教史写成感伤的东西了。1824 年拉梅内（1782—1854 年）[3]攻击教皇权力限制主义，拥护新的神权 550
政治和教廷在政治上的最高权力。1830 年和蒙塔隆贝尔、拉科代耳[4]以及罗尔巴赫[5]等合力创办了著名的杂志《未来》。这个刊物成了教皇极权主义强大的出版手段的典范，50 年代以后它的最毒

① 〔慕尼黑〕《历史杂志》，第 145 卷（1931 年），第 550 页以下，格茨也提到一些同样严厉的天主教批评家。他们责难帕斯托尔，说他的著作是受了耶稣会员的影响，是把教廷会议和教廷说的话当作历史实况了。帕斯托尔把他在梵蒂冈的发现估价过高，这是看得出来的：一个说明问题的例子就是他和斯尼茨勒关于萨服那洛拉的争论。

② 法国浪漫主义作家和政治家（1768—1848 年）。——译者

③ 最好的记载是查理·布塔尔的《拉梅内的生平和信条》（巴黎，1905—1913 年，三卷）。伍德沃德的书（见本书原书第 535 页著者注）中有一章很好的文章，论拉梅内和他与教皇格雷戈里十六的关系。

④ 法国多明我会僧侣（1802—1861 年）。——译者

⑤ 法国历史家（1789—1856 年），著有《英国天主教通史》（1842—1849 年）。——译者

辣的编辑是《宇宙》主编味约[①]。

蒙塔隆贝尔伯爵(1810—1870 年)[②]为浪漫主义呼喊:“我们是十字军的子孙,我们绝不在伏尔泰的后代面前退却。”身为法国贵族,他利用自己在国会中的世袭席位为教会自由的主张辩护。他是拉科代耳的密友,《未来》杂志撰稿人,还写过一些历史著作。他那本富于青春活力的浪漫主义著作《天主教信条和艺术的破坏》(1829 年)属于为中世纪建筑和雕刻恢复荣誉的头一批作品。《匈牙利圣伊丽莎白[③]传》(1834 年)全无批判;这本书尽管写得不错,但大都是以敬神为名的用诗歌风格讲述的传说。他的其他著作都不如《西欧修道士》[④]这本书这样富于诗情画意的细节。这部书是他一生的宠儿,而且计划的规模又如此之大,因而虽然第 1 卷在他去世前十年就出版了,但全书仍然未能完成。人们虽然常常提起它,但只不过是抒发浪漫主义情绪,在学术上并无价值。

---

① 法国作家(1813—1883 年),著有《宗教世界》、《教皇与外交》等书。——译者

② 圣伯甫,《星期一闲谈》(1853—1858 年,十卷),第 1 卷;利昂·戈蒂埃,《文艺肖像》(巴黎,1868 年),见〔爱丁堡〕《北不列颠评论》,第 48 卷(1868 年),第 163—195 页,第 35 卷(1861 年),第 31—60 页;《爱丁堡评论》,第 114 卷(1861 年),第 318—347 页,第 127 卷(1868 年),第 397—432 页;〔伦敦〕《不列颠季刊》,第 48 卷(1868 年),第 201—240 页,第 18 卷(1853 年),第 170—187 页;〔伦敦〕《都柏林评论》,第 72 卷(1868 年),第 1—44 页,第 122 卷(1900 年),第 102—120 页,第 49 卷(1861 年),第 434—457 页;〔伦敦〕《夫累则杂志》,第 87 卷(1873 年),第 180—189 页,第 53 卷(1856 年),第 563—583 页;〔伦敦〕《评论季刊》,第 98 卷(1856 年),第 534—572 页,第 134 卷(1873 年),第 415—456 页。

③ 匈牙利国王安德鲁二世之女(1207—1231 年),嫁给屠麟吉亚伯爵路易。——译者

④ 《西方僧侣,从圣白努瓦到圣伯尔拿》(巴黎,1860—1867 年,四卷;第 1 次完整的修订本,1863—1878 年,七卷),译为英语(1861—1879 年,七卷)。其全集于 1860—1868 年出版于巴黎,九卷。

安敦-弗雷德里克·奥扎农(1813—1853年)[①]是法国新天主
教运动最伟大的历史学者。他的宗教信仰很深,学生时代常常感
到怀疑和失望,直到后来他的哲学教师努瓦罗神父才给他指出一
条光明大道。1832年他到巴黎学习法律,后来还成了经常聚集在
《宇宙》杂志的主人贝利家里的那个小集团的鼓舞者。1833年,奥
扎农22岁时,创立了圣文生特·得·保罗[②]慈善社。[③] 在里昂当
了一个时期律师之后,他被邀请到巴黎大学,并于1844年接替福 551
里厄尔[④]任外国文学教授。他在文学和历史方面那许多作品都是
围绕他下述信念精心制作的:天主教教义的优越性是人类社会组
织的基础。[⑤] 他坦白承认他曾试图证明吉本学说(即教会曾成功
地使蛮族得到较高的生活和文明,而历史上的皇帝们在这方面却

① E.安贝尔夫人的《弗雷德里克·奥扎农传》(巴黎,1880年);C.A.奥扎农(一位弟兄)《弗雷德里克·奥扎农传》(第3版,巴黎,1889年);凯思林·奥马拉,《F.奥扎农的生平和著作》(伦敦,1879年),〔伦敦〕《都柏林评论》,第80卷(1877年),第304—324页上有评论;也参阅该杂志,第154卷(1914年),第33—50页;H.H.布兰的文章,见《天主教世界》,第78卷(1903年),第299—309;W.R.基钦,《F.奥扎农一百周年纪念》,见同上杂志,第97卷(1913年),第758—768页;《美国天主教季刊》,第38卷,第151—174页。

② 法国天主教教士(1581—1660年),以组织慈善事业著名。1833年奥扎农等人组织的这个慈善社,其活动范围遍于欧美。——译者

③ 其会员人数增加很快;一年以内即达100人,20年后,其创始人死时,已近两千人。在传播教皇极权主义思想方面,这个慈善社证明是一个有效的武器。——译者

④ 法国历史家和学者(1772—1844年)。——译者

⑤ 他的主要著作是:《英国两位司法大臣:维鲁兰姆男爵培根和坎特伯雷大主教圣托马斯》(巴黎,1836年);《但丁和13世纪天主教哲学》(巴黎,1839年,第2版扩大本,1845年);《德国研究》(1847—1849年,两卷);《8至12世纪意大利历史未刊文献》(1850年),这是一部有价值的、稀有的文献资料集;《13世纪意大利的圣方济会诗人》(巴黎,1852年)。

失败了)的谬误。他计划写的论述中世纪早期文明史的巨著仅仅留下一些片段。奥扎农是一位有本领的学者,但正如有人说的:“他太诗人气,因而不重视事实真相;太教条,因而也不会理解它们。”然而他这个人物还是很美好的,他对天主教中世纪的了解既深刻又亲切,他的特长在于对中世纪文学和文化的鉴赏。

史学家提到《长老遗训》的出版人扎克-保罗·米尼神父(1800—1875年),[①]没有不带感激心情的。他原来是奥尔良教区一位年轻教士,在和主教发生冲突后,就辞职到巴黎去了,在那里创办了一种宗教杂志,后来发展成教皇极权主义者最大的机关报《宇宙》,三年以后出让给别人,并以微薄的资金在巴黎郊外小蒙特鲁热建起一个天主教印刷所,美国驻法国公使约翰·比奇洛[②]于1859年访问了这位神父办的当时正繁荣兴旺的这个工厂,还留下对这个厂子的生动记述。

这个印刷厂是世界上最大的印书工厂之一。外观朴素,只有一块用很大的字写的招牌,印刷车间有160英尺长,150英尺宽。沿墙壁放着许多铅版。米尼是“一个非常漂亮的人,而且,正如我有理由推测的那样,也是一个智慧不凡的人”。由于他的职业的缘故,他“说拉丁话

---

① 约翰·比奇洛,《积极的一生的回顾》(伦敦和纽约,1910—1913年,五卷),第4卷,第1—6页;佩耳·得·拉布里奥,《拉丁基督教的历史和文字》,赫伯特·威尔逊译自法文(伦敦和纽约,1924年),第33—36页;比较《古代文学与基督教考古学通报》,第3卷(1910年),第203页以下;H.丰·胡尔特,《天主教会神学的最新文献目录》,第5卷(因斯布鲁克,1911年),第1605栏以下;J.P.基尔施在《天主教百科全书》,第10卷,第290—291页上发表的论米尼的文章;〔伦敦〕《评论季刊》,第113卷,第378页;马修·阿诺德的《批判论文集》中有一章讨论异教和中世纪宗教情绪。

② 美国作家和外交家(1817—1911年),1865—1866年为美国驻法公使,著有《富兰克林传》(1874年)等书。——译者

比说什么话(包括他本国的法语)都流利”。然而,更使这位美国人吃惊的是这个巨大的机构几乎没有资本,全靠教士们对米尼的信仰。

参观者听说,厂里所有的出版物都是神学方面的,为了节约,所有的书都印成四开本。一切著作或汇编都尽可能完整,每本书都设计得包罗它论述的领域的一切。20 年前,米尼印刷那 25 卷 552
一套的《神学大全》(*Cours complet de Théologie*)时完全是根据预约印的。后来发行的《圣经全书》便提供了扩充的资金。接着又出版了两部神圣演说家的讲稿汇编,①还有著名教士和神学家写的一系列完备版本。然而这位神父引以自豪的却是他的《长老遗训大全》(*Cours complet de Protrologie*)。这套拉丁文丛书共 217 卷,从特涽良②到英诺森三世③,实际上包括了 4 至 12 世纪一切作品:共计达 3000 位作家的作品,都是密密麻麻地分栏印刷的。然而这么巨大的一部汇编如果预定的是一整套,每卷只收五个法郎或美金一元左右。单买一卷要六个法郎。比奇洛觉得对这套丛书的四卷索引只能赞叹不已。他说“这可能是一切出版物中准备得

① 《神圣演说家完整世界汇编》(102 卷,分为两辑,1844—1860 年)。第 1 辑是教会第一等和第二等重要布道演说家的全部演说词,共四开本,67 卷,售价相当于比奇洛时代的 67 镑!第 2 辑是第二等重要布道演说家大部分布道讲稿选印,依年代顺序排列,表示法国传道事业的兴起、衰落和复兴。第 2 辑共 33 卷,售价约 33 镑。比奇洛认为这是一项很好的买卖——因为这套书包括 1789 年以来最好的传道士,法国、萨伏伊和比利时主教和大主教杰出的主教区演说词,23 位还活着的最伟大的牧师的传道演说词以及历史上所有伟大传教导师的演说选集。

② 迦太基拉丁教会作家(160? —230 年),信奉蒙塔那斯派教义,退出正教,著书为基督教辩护,反对对基督教的迫害。——译者

③ 英诺森三世(1198—1216 年在职),主张教皇权力高于皇帝,发动第四次十字军(1202—1204 年)。——译者

最好的参考材料”。[①] 那套《希腊长老遗训》丛书(其中60卷是拉丁希腊对照本,即附拉丁译文),在比奇洛还活着的时候就都印好了,每卷卖八九个法郎,学者都知道,最后共达166卷之多。简言之,那套拉丁文的共计297567页,希腊文的235724页,总数为533291页,全部是铅印的![②]

比奇洛从神父处得知,他有“一千多位学者”搜集手稿,并准备印书。米尼经常登广告征求现存著作:1859年出价20法郎征求圣法兰西斯名为“论魔鬼的力量”的一封信的下落。为保证印刷准确,首先把全书逐字排好版。然后印出样版进行校对,校样后再通
553 读一遍。然后再通读三遍,纠正历次的修改并补上可能的遗漏。在制版以前再修改一次,在实际印刷以前还要修正一次,“所以校样和订正费的力气和排字差不多”。

在那位深受感动的美国参观者离开将近十年之后,米尼的伟大工作仍在继续进行。[③] 接着在1868年大难降临,大火毁灭了蒙特鲁热这个印刷厂,包括卖剩下的许多卷《长老遗训》和贵重的铅

---

① 关于各种题目,有231个个别的和完整的索引,“按字母排列的、按年代顺序排列的、按统计排列的、综合的、分析的、类似的”等等,其中有两种很有价值:(1)一张表列出每位神父对每节所写的东西的索引;(2)另一张表列出每位作家对《圣经》逐节所作全部注释。根据第218卷的序言,材料汇集好了之后,这231张表雇用了50个人,工作了十年;这项工作,如果一个人作,估计需要1800年,每本书按15天计算,或者这五万卷书每卷按231张表计算。

② 《希腊长老遗训》或为印成希腊语和拉丁语对照,或只印成拉丁译文。前者共166卷,1857—1866年;拉丁译本为81卷,1856—1861年。希腊语的那套书,没有准备索引,但希腊人D.斯科拉里阿斯,加了一个作家和题目表(雅典,1879年),并开始作一个完整的内容表(雅典,1883年),希腊文本和拉丁文本两套《长老遗训》在英国博物馆的目录中都充分作了分析。

③ 除印刷车间外,还有制造宗教物件如图画、雕像和风琴的车间。

版。估计损失在六百万法郎以上！米尼为了恢复自己的事业进行的英勇奋斗被普法战争和巴黎大主教的敌视态度挫败了；这位大主教察觉到这个厂想赢利，最后并停止了米尼的宗教职务。1875年厂子还没有恢复兴旺时他就死了；企业和库存书籍以及版权后来都落到加内·弗雷尔[①]手里。

作为历史家，米尼的声望只是来自《长老遗训大全》一书。他打算以最新校订的原文本为根据，加上必要的序言和评语。但这部书的规模太大，独创性的研究很难适应，常常只能提供应重印的材料。选材并非经常幸运；只好重印低劣的版本，有时各种异文和注释完全空缺。最初几年这套丛书由学识渊博的柏尼德提会教士J. B. 皮特拉[②]负责审稿。[③] 米尼的巨大功劳是把分散很广、常常只见于手稿或已绝版好多世纪的古本中的那些文献收集起来。在印刷上它也是一项成就，不过在火灾之后重印那些书每页上错排的都太多，读起来令人心烦意乱。对个别原文的校订工作，必须经常参考后出的一些版本。但是这套书收集的材料异常广泛，这一点是独一无二的，至于查找方便这一优点，恐怕是空前绝后的。

考古学家、神学家、史学家、梵蒂冈图书馆长红衣主教冉-巴普提斯特-弗朗索瓦·皮特拉（1812—1889年）[④]是柏尼德提会献给学术界的另一份礼物。他曾在奥顿学习，1836年任教职，后来那五年

---

① 法国著名的出版家。——译者

② 法国天主教教士（1812—1889年），曾任红衣主教。——译者

③ 比较高僧卡布罗尔的《红衣主教皮特拉的历史》（巴黎，1893年），第108页。

④ 前注所引卡布罗尔的著作也由比尔译成德文，见《柏尼德提会和昔妥教团的研究和知识》，第28—30卷（布鲁恩，1907—1909年）；A. 巴坦狄尔，《红衣主教冉·巴普提斯特·皮特拉，波尔图主教、圣罗马教会图书馆馆长》（巴黎，1893和1896年）；（接下页）

554 在该校研究班教修辞学和历史。1842年在索尔斯姆修道院参加了柏尼德提会，当时他受以赞美诗研究闻名的高僧格朗格尔[①]的指导。次年，皮特拉在巴黎圣泽芒修道院当了神父，他以后的经历使人记起从前的蒙福孔。他当神父时，便把米尼的《长老遗训大全》应当包括的作家列了一张表；但是这个修道院因财政困难解散后，皮特拉只好离开巴黎，在前四卷出版后还解散了他和米尼的合伙(1845年)。随后那几年皮特拉在法国和附近各国的几次游历使他接触到涉及教会早期那几个世纪许多没有出版过的手稿，于是他写了一些东西，很快就出了名。[②]法国政府希望他把已放下的《高卢基督教》继续写下去，这部巨著的出版一直拖到大革命以前。1852年皮特拉出版了《未刊手稿和稀有残简汇编》(*Spicilegium Solesmense*)第1卷，在这部书以后，又出版了两部丛书，为学者提供了以从欧洲各大图书馆搜集到的难得的断简残篇和未刊手稿。这部书是卓越的汇编。[③]

(接上页)高僧卡布罗尔，"红衣主教皮特拉，他的工作和发现"，见《天主教科学》，1889年，译文也见于《灯》(1899年)；〔伦敦〕《都柏林评论》，第98卷(1866年)，第340—358页；迈克尔·奥特的文章，见《天主教百科全书》，第12卷(1911年)，第119—120页；一篇有价值的论文，见〔伦敦〕《教会季刊》，第6卷(1878年)，第533页以下；《法国教会柏尼德提派书目提要》(巴黎，1906年)，第120—131页。

① 法国柏尼德提僧侣(1805—1875年)。——译者

② 《奥顿主教和殉教者圣莱热和7世纪法国教会的历史》(巴黎，1846年)，外表上是根据7世纪的一个传说，实际上是一部关于墨洛温王朝时代的专著；《天主教荷兰。圣徒行传汇编研究》，玻兰达斯派耶稣会员编。

③ 《未刊手稿和稀有残简汇编》(1852—1860，5卷)之后，接着出版了《用未刊手稿和稀有残简汇编而成的圣徒言行录》(1876—1891年，8卷)和《用未刊手稿和稀有残简汇编而成的圣徒言行录新编》(1885—1888年，两卷)。未刊手稿，第1卷包括5世纪以前希腊、东方和拉丁作家未刊片段；第2、3卷提供基督教教义的许多材料；第4卷专门记载非洲和拜占庭教会作家，等等。皮特拉的《神圣文选》包括一些尼西亚宗教会议以前文献的重要贡献；但是能干的评论家卢夫斯所说的是真实的："不管题目怎样，大部分不是新的；新的中间，比较有趣的是靠不住的，而比较靠得住的又是没有趣味的。"

1858年，教皇庇护九世派皮特拉前往俄罗斯各图书馆，收集关于希腊教会法的材料。他在圣彼得堡和其他地方花的那七个月产生的结果就是他写的论述希腊教会法和赞美诗的那些作品，这是皮特拉对学术界的最大贡献。他发现一篇希腊文手稿，上边有用红墨水画的音律符号，据此摸出拜占庭赞美诗的规律。他还证明：过去认为只不过是修辞华丽的散文、不能强行塞进古典音量韵律体系里的东西，实际上是在严格的音节基础上写成的诗句。[①]教皇指示他监督布道讲习所编写一部希腊教会做礼拜用的祈祷书的新版本。1863年皮特拉被重任为红衣主教，1869年任梵蒂冈图 555
书馆长，在这个职位上他在教皇利奥十三在位的那些年监督编写了这个图书馆收藏的那些手稿的目录。[②]

恩斯特·芮农（1823—1892年）[③]是法国最优美的散文作家之

① 一位评论员说："有趣的是，拜占庭的赞美诗的作者绝大部分是9世纪左右高尚地反对拜占庭最后一批异教徒的人亦即反对圣像崇拜的人。韵律的音节体系和教义很有意义地联系在一起。其韵律极其严紧而准确，以致增减一个字或一个音节，那些最单纯的虔诚的信徒们都能觉察。实际上再也没有民间流行的异教了。"〔伦敦〕《都柏林评论》，第98卷（1886年），第345页。

② 《天主教百科全书》中有皮特拉著作简表。除了这些已经提到的以外，主要的还有：《希腊教会的圣歌制作法》（1867年），《希腊教会的宗教法规和法规汇编》（巴黎，1858年）；《希腊寺院法的历史和资料汇编》（罗马，1864—1868年，两卷）；Trinodion katanacticon（罗马，1879年）。

③ 弗朗西斯·埃斯庇纳西，《恩斯特·芮农传》（伦敦，1895年）；格兰特·达夫《回忆恩斯特·芮农》（伦敦，1893年）；《詹姆士·达姆斯特泰尔论文选集》，H. B. 贾斯特罗译自法语（波士顿和纽约，1895年）；迦柏列·摩诺《历史大师》（1894年）；圣伯夫，《星期一闲谈》（巴黎，1867—1884年，13卷），第2卷，第282—421页，第6卷，第1—23页；《爱丁堡评论》，第119卷（1864年），第574—604页，第131卷（1870年），第470—502页，第140卷（1874年），第485—515页；《都柏林评论》，第54卷（1864年），第386—419页；〔伦敦〕《评论季刊》，第203卷（1905年），第360—364页；（接下页）

一,生于布列塔尼半岛上的特勒吉埃。他五岁时父亲去世,17岁的姐姐安丽特管理家务。后来成了著名的奥尔良主教的杜庞路[①]曾在圣尼古拉·杜·夏东讷学院为这个聪明的孩子请准了一笔奖学金,该院是为最好的家族的子弟提供教育的;他离开这个学院后,又在巴黎圣萨尔匹斯学院伊西预备班待了一个时期。这样看来,芮农这些学习似乎是为了当牧师。但他从来没当过牧师,而是决定过学者生活。他在小学教书期间研究闪语,并于1847年获得为闪语史研究设立的服尔尼奖金。四年以后,政府发现他的天才,派他到意大利去完成一项科研任务。

一部论述《阿威罗伊[②]和他的主义(1852年)》的著作使他获得博士学位,还在某种程度上承认他是一位思想家。他翻译的《约伯记》和《所罗门之歌》证明他够条件在法兰西学院担任希伯来和迦勒底语教授,皇帝本来有意授予他这个职位;但天主教党和皇后仇视这个具有异端倾向的神学院变节学生;所以拿破仑派他去研究腓尼基考古学(1860—1861年)。芮农在这次考察中收集的那些铭文就成了后来他写的《闪语铭文集成》的基础,再没有任何理由不给他值得羡慕的教授职位了。

(接上页)《北不列颠评论》,第40卷(1864年),第184—209页;第48卷(1863年),第63—85页;《半月刊评论》,第5卷(1866年),第513—536页,第28卷(1877年),第485—509页,第33卷(1880年),第625—643页,最后一篇是圣斯伯里写的。这只是很多文献的一部分。

① 法国天主教高级教士兼政治领袖(1802—1878年),1849年为奥尔良主教,1876年当选为终身参议员。——译者

② 阿威罗伊(1126—1198),最重要的伊斯兰思想家之一,他将伊斯兰的传统哲学和希腊哲学融合成自己的思想体系。——译者

泰恩[①]曾描写过芮农讲第一课的情景。[②] 芮农在雷鸣般的一阵欢呼和嘲笑声中进入教室。20 分钟之久，他一句话也不能说，只是打手势让大家安静下来。他讲的题目是闪族对文明所作贡献。有几段话大胆论述基督教和教皇；把耶稣说成"一位举世无双 556
的人"。他讲的那些课被指控为对和平的扰乱因而终于被禁止了。他拒绝担任另派给他的图书馆长这个职务，于是就靠自己的笔杆子过活了。

1863 年芮农出版了他的《耶稣传》，这本书是在他姐姐提议下在叙利亚开始写的。[③] 下笔时除《新约全书》和《约瑟福斯[④]》外，在学术上没有其他的东西可用，这一点说明他对《圣经》和东方都异常熟悉。一般认为他这本书不是学术著作，但它有些东西是学术著作所没有的：芮农的诗歌天才抓住了难以捉摸的东方气氛，在写作上这是空前绝后的。他这本书是浪漫主义的传记，而不是教诲。把耶稣看成一个人而不是神，因而遭到教士们雷鸣般的谴责，但群众读了却很愉快。

《耶稣传》是芮农定名为《基督教起源史》[⑤]的一套丛书的第 1 卷，全书合起来描绘了基督教头两个世纪的情况。记述马尔库

---

① 本书原书第 447—452 页。——译者

② 《H. 泰恩的生平和书信》，R. L. 得丰喜尔夫人译（伦敦，1902—1908 年，三卷），第 2 卷，第 190—191 页。

③ 参阅卷首他把书贡献给她的灵魂的信。在他们重新上船回法国前，昂里埃特已经去世了。

④ 上卷原书第 105—107 页。——译者

⑤ 巴黎（1863—1883 年）的其他著作是《众使徒》（1866 年）；《圣保罗》（1869 年）；《伪基督》（1878 年）；《福音书与基督教第二代》（1877 年）；《基督教会》（1879 年）；《马克·奥雷尔与古代世界的终结》（1882 年）。

斯·奥理略[①]和他的时代的最后那一卷，是所有记述罗马和古典文明梗概的最好的一本书。

普法战争对芮农是一个震动，因为他和泰恩十分赞赏德国学术。从那以后，他写的东西当中有许多就属于文学和语言性质的了。但这位伟大学者在60岁时完成了他的《基督教起源史》之后，就又动笔写三卷本《以色列史》(1887—1894年)了。他以自己一生研究的成果以及在他自己建议下编写的巨著《闪语铭文集成》(由铭文研究院出版，1881年及以后)前几卷里现在已可利用的那些材料为依据，在有生之年写完了这部书。他的《以色列史》是把《旧约全书》理性化了的一部著作，它用环境和犹太人的种族特征解释它的起源。

芮农是法国见闻丰富的学者当中最完美的典型，他把学问和最优美的文笔结合起来。他是一位完美的写作艺术家。泰恩喜欢说，在芮农的作品中他最欣赏的是"谁也看不出它是怎么写成的"。他具有出色的分析和综合能力，但后者可能大于前者；他愉快地运用他所谓"推断和猜测的艺术"。泰恩说，"他有影响(impressions)，这个词把他的一切都说明了"，"他是一位没有框框而有诗人风格的康德……一位怀疑论者，他的怀疑主义在什么地方穿了一个洞，他就又用他的神秘主义把它堵上。……在其他一切方面，他是一位纯粹的实证主义者。他只相信自然法则，绝对否认一切
557 超自然的干预。"[②]在芮农从事写作的那个时代看来，他对《新约全

① 罗马皇帝(161—180年)，用希腊文著《默思录》。——译者

② 《H.泰恩的生平和书信》(见本书原书第555页著者注)第203—204页。

书》的那些看法是极端过激的，但在今天，人们会认为他是一位温和的甚至是保守的“高级的批判家[①]”。他只怀疑保罗写给以弗所人泰塔斯和提摩泰的那些信件[②]是否真实。

近年来法国最伟大的教会史家，路易·度申（1845—1922年）[③]和芮农一样，也是布列塔尼人。他的主教在神学校里便注意他，看出他有教学前程，因而把他送到罗马法国神学校继续深造两年（1867年）；他年轻时是一位顽强的教皇极权主义者。然而在他进一步学习之后，看来他的前程又不同了；因为他在巴黎古文书学校学习的是文字考证，1872年被派到新成立的罗马学校工作，在这里伟大的考古学者得·洛西[④]成为他的密友。[⑤] 著名的《教皇之书的研究》(*Étude sur le Liber Pontificalis*)便是他的博士论文，后来他又把原文修改了。

政府后来给他一个职位，但他决定留在教会工作。不过他在保守的巴黎天主教学院教书，心里感到不得其所。他对法国圣徒传的研究（开始是在1885年写的一篇文章，此文戳穿了所谓桑教

---

① “高级批评家”(higher critic)，指对《圣经》内容的批判；低级批判家指对文字的校刊者。——译者

② 即《新约》中的《以弗所书》、《提摩泰前书》、《提摩泰后书》和《提多书》。——译者

③ 克劳德·达布罗维尔，《度申先生》(巴黎，1911年)；Ch. 吉涅贝尔，“度申先生”〔巴黎〕《历史评论》，第141卷(1922年)第307—314页；巴蒂福尔，“路易·度申，他的生平和工作”，见《神学研究杂志》，第24卷，第253页以下；〔伦敦〕《评论季刊》，第221卷(1914年)，第15—26页；〔伦敦〕《都柏林评论》，第144卷(1909年)，第132—143页；死者传略，见《天主教历史评论》，第2卷(1922年)，第214—216页。

④ 意大利考古学家(1822—1894年)。——译者

⑤ 他们合作为《圣徒行传》校订教团隐士殉教者传记。得·洛西十分尊重度申的判断，因此他后来说：“我无论写什么东西，没有不问问自己，度申会认为它如何。”

区是由使徒创立的说法)引起一阵抗议风暴。他的《古代高卢主教实录》(*Fastes épiscopaux de l'ancienne Gaule*)(1894—1899年,两卷本)驳斥了人们历来珍视的关于南部和普罗旺斯那些圣者的传说。度申的朋友,这个学院的院长,曾一再设法平息风暴——让他请假脱离教学职务。度申利用这个机会完成了他的巨著《教皇之书》(*Liber Pontificalis*)(1886—1889年,两卷)。1895年,度申在法国政府办的罗马学院任教时松了一口气,在这个地方僧侣统治摸不到他了。

度申从校订原文的工作转向建设性的历史写作。[①] 当他的《古代教会史》第1卷(巴黎,1906—1910年,三卷本)出版时,没有
558 哪一位批评家认为自己敌得过他。他这部书"学识渊博,从几十件事里选择一件事的确实可靠,那些光辉的总结,不偏不倚的公正态度,那些机智的警句",立刻使它得到人们的尊重。然而,当他的第3卷写到更熟悉更有把握的领域时,敌对的批评便露面了。这正是现代主义[②]在教会里已经成了火热的争端课题的时候,这部著作被列为禁书。据说一位朋友问他什么时候才能写完他的《历史》第4卷时,他回答道:"岂敢冒昧。"[③]

---

① 他的《基督教崇拜的起源》(1889年)是把19世纪礼拜仪式的通俗化的一个成功的尝试。M.L.麦克卢尔从法语第3版译成英文,书名为《基督教崇拜:其起源及演变,直至查理曼时代的拉丁礼拜仪式》(伦敦,1903年)。

② 即根据现代科学思想重新检讨教义的主张。——译者

③ 度申死后,H.康坦根据他几乎完成了的手稿,写了一卷补篇,《6世纪的教会》(巴黎,1926年)。其早期诸卷都译成英语,名为《基督教教会早期史》(纽约,1904—1924年,三卷)。

第六十章　新教史家

19世纪新教史学的新觉醒是在三种运动影响下在德国开始的。第一个运动是宗教性的，是对理性主义的强烈反应产生的。在18世纪严峻的正统观念或冷漠的知识至上论看来，虔信派[①]反对的是一种强烈的感情热潮。第二个影响是浪漫主义。对过去，特别是对中世纪的一种新的评价也意味着对教会史更大的同情和新的了解。最后一个影响是德国哲学，特别是康德、谢林、费希特和黑格尔等深刻地影响了这种新的神学思想。 559

新教史学的复兴可说是从格丁根大学教授和内安德的老师戈特利布·雅各布·普朗克(1751—1833年)[②]开始的。他讲课和写作的内容都是教会史、神学方法和教义史。[③] 他宣称教义必须以一种批判的注释为根据；研究的自由是重要的，对别人必须宽容。

---

① 17世纪末叶路德派的一支，主张提高道德生活，大体上类似美以美教派。——译者

② 所有本章提到的历史家，可参阅阿尔伯特·豪克编的《新教神学和教会百科全书》，第3版(莱比锡，1894—1913年，24卷)中那些卓越文章。关于普朗克，也可参阅Chr. 鲍尔，《教会历史编纂的新时代》(蒂宾根，1852年)；卡尔·安内尔，《莱辛时代的神学》(哈雷，1929年)；《全德传记》，第24卷，第224—227页。

③ 《我们新教理想的起源、变化及形成的历史》(莱比锡，1781—1800年，六卷)；《基督教社会地位的起源和教育的历史》(汉诺威，1803—1809年，五卷)；《耶稣和使徒们的世界刚刚开始时的基督教史》(1818年，两卷)。

普朗克的《教师理想》作为抛开党派偏见记述宗教改革并把路德主义的兴起当作一种神学体系进行研究的第一次尝试，是划时代的东西。他大量地、批判地使用原始材料，对自己的论题比他的朋友斯匹特累公正得多。

公正无偏这个号召得到约翰·卡尔·路德维希·基则勒（1793—1854年）①的支持。基则勒曾在哈雷大学受教育，1813年放下教师职业，拿起武器参加了反对拿破仑的战争；这几年的激动过去之后，他首先在波恩（1819年），后来在格丁根（1831年）晋升
560 为神学教授。他那部巨大的教会史教程②弹出一种新调调。他写这部书的原则是让材料自己说话。简洁的本文勾画出主要部分的轮廓，那些非常充实的注释则提供证据。在基则勒巧妙的手笔下，这部著作成了名副其实的资料摘要的镶嵌细工。他的方法确实可以追溯到提埃蒙③和谟斯亥谟④。基则勒的功绩在于把历史的原材料介绍给他那一代人，但他非常不愿意显露头角，也未免过分一些，以致德林格尔⑤把他称为牛皮似的缺乏想象力的历史家。

真正给德国新教史学以生命和精神的人是柏林一位犹太人奥

---

① 基则勒著作的续编者和文稿代理人E. R. 雷得平宁在他的《教会史手册》（参阅下一个著者注）第5卷中有一篇关于基则勒的传略；参阅《新教百科全书》中赫尔措格一篇文章和《全德传记》第9卷（1879年）第163—166页瓦根曼的一篇文章。

② 《教会史手册》（达姆施塔特和波恩，1824—1857年，五卷）；继续重版，雷得平宁增加第6卷补编。英译本有F. 坎宁安的（费城，1836年，三卷）和S. 戴维森的（爱丁堡，1848—1856年，五卷），后来由H. B. 史密斯和玛利A. 鲁滨孙修订（纽约，1857—1881年）。

③ 本卷原书第27—28页。——译者

④ 本卷原书第120—122页。——译者

⑤ 本卷原书第537—539页。——译者

古斯特·内安德(1789—1850 年)[①]。他原来名大卫·孟德尔,从他的母系看,他和哲学家孟德尔逊[②]是远亲。在汉堡高级中学时,这个早熟青年被柏拉图的理想主义迷住了。在施莱尔马赫[③]的《宗教论》诱导下他接受了基督教洗礼(1806 年),这时他采用了奥古斯特·内安德这个名字,进哈雷大学研究法律,后来又改学神学。战时情况迫使他进了格丁根大学,内安德在该校追随普朗克,并决定把终生献给教会史。在当了一段短时期的不愉快的牧师之后,他在海德堡大学获得学位。在他论述皇帝朱里安[④]的那篇文章出版以后,他的天才引起全国注意;[⑤]他应聘到新成立的柏林大

---

① 阿道夫·丰·哈那克,《论奥古斯特·内安德的讲稿》(1889 年),重印在他的《演说与论文集》(第 2 版,吉森,1906 年,两卷),第 1 卷;K. F. 施奈德,《奥古斯特·内安得》(石勒苏益格,1894 年);J. L. 雅各,《奥古斯特·内安德的回忆》(哈雷,1882 年);A. 维甘德,《奥古斯特·内安德传》(1889 年);菲利普·沙夫,《圣奥古斯丁、美兰克敦和内安德三人传》(纽约,1886 年);《北不列颠评论》,第 14 卷(1850—1851 年),第 421—449 页;J. H. 施图肯堡的文章,见《路德季刊》,第 10 卷,第 220 页;K. R. 哈根巴克,《内安得作为教会史家的功绩》,见《神圣文库》,第 8 卷(1851 年),第 822—857 页;《北美评论》,第 80 卷(1855 年),第199－208 页。

② 1729—1786 年,德国犹太籍哲学家,翻译《诗篇》及《摩西五书》为德文。——译者

③ 弗里德里希·恩斯特·但以理·施莱尔马赫(1768—1834 年),柏林大学抗议教神学教授(1810—1834 年),著有《论宗教》,并翻译柏拉图的著作。——译者

④ 361—363 年在位。——译者

⑤ 他的主要著作是《论朱里安皇帝及其时代》(莱比锡,1812 年;G. V. 考克斯的英译本,纽约,1850 年);《圣本哈德及其时代》(柏林,1813 年; M. 伦奇的英译本,伦敦,1843 年);《圣克里斯托姆及其时代的教会(特别是东方教会)》(1821—1822 年;J. C. 斯特普尔顿的英译本,伦敦,1838 年);《基督教与教会全史》(汉堡,1826—1852 年,六卷;J. 托里的英译本,伦敦,1850—1852 年,八卷);《使徒时代基督教教团及其管理的历史》(1832—1833 年,两卷;J. E. 赖兰的英译本,纽约,费城,1844 年)。

学和施莱尔马赫、马海内克①、得·维特②一起教神学，于是他就成了德国最有声望的神学系里最年轻的一位教师。

内安德在 38 年之久的时期里一直是德国青年的导师。他的身体从来不好，常常生病。在他一生的最后那三年，他的眼睛简直
561 都瞎了。但他不停地辛勤工作，他那渊博的学识，广泛的同情和可亲的人品使他很受学生爱戴。他兼学者、浪漫主义者和虔信者于一身，但虔信总是他一生的主调。他认识到历史不但必须记述事实，而且还要解释它们发生的原因。他认为联结全部历史的力量是基督教生活。实际上，基督就是柏拉图思想以一系列人们传记的形式一再体现自己的东西。这样解释历史的时候，内安德就看不见作为一种制度的教会了。他最擅长的是写个别教士的专论，但对贯穿许多世纪的不属于个别人物的巨大力量的浪潮就缺乏认识了。在那些理性主义者对宗教史枯燥无味地论述之后，内安德给了它一种新精神。他的影响巨大无比。③

卡尔·奥古斯特·丰·哈则（1800—1890 年）④比内安德多活

---

① 德国抗议教神学家和历史家（1780—1846 年），著有《德意志宗教改革》等书。——译者

② 德国神学家、历史家（1780—1849 年）。——译者

③ 在德国，亨利希·E. F. 居里克（1803—1878 年）为他的几卷书作了摘要，卡尔·R.哈根巴古（1801—1874 年，他的学生和巴塞尔的教授）为一般读者写了普及本。通过约翰·亨利希·库尔茨（1809—1890 年）的许多课本和简明手册，其种子传入预科和中等学校。勤勉的菲利普·沙夫又贡献出一个美国的分支。这些人与奈德尔、基则勒和卡尔·哈则一起有时被称为“福音的或虔信的”历史家。

④ 理查·比尔克纳，《德国教授卡尔·丰·哈则》（莱比锡，1900 年）；参阅他自己的《理想和错误》（1872 年；第 5 版，1894 年）和《我的年谱》（莱比锡，1891 年）；弗雷德里克·利希滕贝格尔，《19 世纪德国神学史》（爱丁堡，1889 年）。

了 40 年，头脑更为锐敏，但他写传记的天才也不过尔尔。他并不是没完没了地理想化，而是力求准确而真实地记述人物的特征。他的教会史教程值得一提，因为这部书的缩写技巧表明作者是一位大师，而且还写进一些新的章节，如论宗教对比或论艺术与基督教的关系等章节。在哈则劳碌的一生最后几年，他以自己讲的课程为基础，编了一部详细的宗教史，但生前只完成前四卷。①

批判方法的真正进展是随着 30 年代 F.C. 鲍尔领导的蒂宾根学派的兴起到来的。鲍尔及其追随者最先尝试严格地按照历史方法撰写基督教的起源。兰克在他的《教皇史》(1834—1836 年)一书中为教会作家树立了客观地写历史的榜样，后来又写了一部《宗教改革时期史》(1839—1847 年)。兰克的方法的基础是对史料进行批判审查(而兰克又是以沃尔夫和尼布尔的语言学的方法为依据的)，现在蒂宾根学派正是打算用兰克的方法钻研他们的课题。虽然他们都是神学家，但他们提出要以和世俗作家同样的方式解释历史。②

---

① 《教会史手册》(1834 年，12 版，1900 年)；《宗教史，根据在学院的讲稿》(三部分，分为四卷，第 2—3 部分是克吕格尔编的，1891—1897 年；第 3 版，第 1 部分，1901 年)，第 1 卷于 1885 年出版，当时哈则已 85 岁了。其他著作有《弗伦茨·丰·阿西西，一个圣像》(莱比锡，1856 年；新版，1892 年)；《奥尔良女郎》(莱比锡，1851 年)。

② 关于大卫·弗里德里希·斯特劳斯(1808—1874 年)和蒂宾根集团的关系，评论家的意见不统一。对于这个思维敏捷、感情强烈的人，鲍尔是一个令人喜爱的教师，但是斯特劳斯的《耶稣传》发表于 1835 年，在他的老师自己研究《新约》文献的大多数著作之前。斯特劳斯这部著作使他丧失了他所渴望取得的教授职位，使他在德国受到唾骂，尽管其根据只是似是而非的哲学假设。尽管如此，他的著作还是达到了一个极有价值的目的。斯特劳斯干的事纯粹是破坏性的。他揭露了传统正教和理性主义注释的致命弱点，提出《圣经》资料来源的性质问题。关于斯特劳斯，可参阅下列诸人写的传记：阿道夫·豪斯拉特，《大卫·弗里德里希·斯特劳斯和其时代的神学》(接下页)

费迪南德·克里斯蒂安·鲍尔(1792—1860 年)[①]是符腾堡一
562 位牧师的儿子,当他在布劳博伊伦神学校和蒂宾根大学读书时(1809—1814 年),研究的是哲学和神学,那时他很踏实,还有些缄默,看不出有什么苗头会一鸣惊人。费希特和谢林当时的名声正在最响亮的时候,而鲍尔却悄悄地去听本格尔的课,本格尔的神学知识和虔诚的信仰使老蒂宾根学派名声极高。他回到布劳博伊伦当讲师,并对早期基督教和当时的异教和犹太思想的关系发生兴趣。他第一部重要著作《象征主义与神话》(3 卷,斯图加特,1824—1825 年)不仅有施莱尔马赫的特色,还有这样一句重要的话:"依我看,如果没有哲学,历史似乎就既聋又哑了。"这本书给他的报酬就是蒂宾根大学聘请他到改组后的教师队伍中当教授,因为本格尔业已去世。鲍尔吸引和启发学生的本领使他很快就没有对手了。

进一步的研究,特别是在波斯摩尼教教义和诺斯替教[②]教义

(接上页)(海德堡,1876—1878 年,两卷);撒姆耳·埃克,《大卫·弗里德里希·斯特劳斯》(斯图加特,1899 年);G. 克吕格尔,《美国神学杂志》,第 4 卷,第 514—534 页;"斯特劳斯与神秘学说",见《北美评论》,第 91 卷(1860 年),第 130—148 页;E. 策勒,"斯特劳斯与芮农",见〔慕尼黑〕《历史杂志》,第 12 卷(1864 年),第 70—133 页;"蒂宾根历史学派",同上书,第 4 卷(1860 年),第 90—173 页;"大卫·弗里德里希·斯特劳斯",见《不列颠评论季刊》,第 60 卷(1874 年),第 41—68 页;《爱丁堡评论》,第 88 卷(1848 年),第 94—104 页,和第 138 卷(1873 年),第 536—569 页;"《新约》批判",见〔伦敦〕《评论季刊》,第 197 卷(1897 年),第 270—307 页。

① F. Ch. 鲍尔,《蒂宾根学派及其现在的地位》(蒂宾根,1859 年);R. P. 邓恩,"蒂宾根历史学派",见《神圣文库》,第 19 卷(1862 年),第 75—105 页;帕替孙的书,第 2 卷,第 230—237 页;也发表于《威斯敏斯特评论》,第 21 卷(1862 年),第 169—200 页;理查·费斯特尔,《历史的世俗化》(柏林与莱比锡,1908 年);《都柏林评论》,第 4 辑,第 24 卷,第 46 页;策勒,"F. C. 鲍尔"和"蒂宾根历史学派",见《演说与论文集》,第 1 卷(1875 年)。

② 公元 1 至 6 世纪的宗教哲学派,应用波斯、希腊的神学哲学以说明基督教教理者。他们认为得救的关键在于知识,而不在于单纯的信仰。——译者

方面的研究，使他离开施莱尔马赫，更接近黑格尔了。他仿照黑格尔辩证法里的“反”过程[1]，把发展的概念用在教义上，从而使他成了近代教义史(Dogmengeschichte)的鼻祖。这是教会史学上重要的一步。旧的违反历史的对教条的概念认为，教条是基督教《圣经》宣布的已充分成长起来的教义。尽管可能仅仅是含蓄地说出的。鲍尔领先承认各种教条只是在长期历史过程中集结、发展和互相移植的那些观点；并承认它们反映的是任何一个特定的世纪中教会各派的思想和命运。鲍尔论述各种教义的历史的那些著作，说明他有强大的分析能力，和纵贯许多世纪追溯思想根源和学 563
术运动的本领。[2]

在接触到《新约全书》那些文章时，为求得首尾一致，鲍尔不得不使用他曾在其他史料上使用过的同样的批判方法。[3] 据他自己介绍的情况说，他在编写论述保罗写给科林斯人的那些信件的讲稿的过程中，破题儿第一遭打开了他的眼界，使他看到历史批判研究的

① 黑格尔哲学中“正”“反”“合”中的“反”的过程。——校者

② 这些著作主要是关于赎罪的研究(1838 年)和关于三位一体和基督下凡学说的著作。

③ 有人责难鲍尔，说他从他过去的学生斯特劳斯那里得到促进，他似乎对此总是不满。他坚持说他走的是独立的路线，斯特劳斯的方法还不如他的。斯特劳斯自己把他的工作比作袭击要塞，把鲍尔的工作比作缓慢的围攻，利用围攻把土地一寸一寸地夺取过来迫使敌人退却。“从正教信仰者的观点看来，斯特劳斯和鲍尔两人的体系很少有什么区别。两人都否认超自然的东西；两人都把基督本人放在暗昧不明的地位；两人都把基督教所依据的大部分历史事实从基督教的神学中去掉。两人都是从思想角度解释宗教，把思想单纯的人的信仰和思辨的原理混淆起来。但是他们产生了这种有益的结果。他们把批评放在较为可靠的轨道上，给神学以新的生命，教导那些为基督教教义辩护的人以怀疑的价值。”V.F.斯托尔，《英国神学的发展》(伦敦和纽约，1913 年)，第 214 页。

新远景。他开始写的是科林斯会议上各个派别,他发现了分裂、分歧的倾向和《新约全书》内容上那许多有争议的东西。他觉得,这些争吵可能有助于确定文献的时代,并反映出它的内容和目的。他认为,在早期教会中,在彼得那些犹太追随者和支持保罗宣布的非犹太人可以自由的主张的那些人之间有一次分裂。鲍尔按照黑格尔的正、反、合公式分析,说两个集团之间的矛盾在使徒时代必然是最激烈的,只有时间和为了保全自己才迫使他们达成妥协和统一。他论证说,这次和解是一直到好几个世代之后才出现的。由于《新约全书》的每一部书都是为当时的人写的,较早写的那些必曾透露这类党争情绪或倾向。反过来说,任何一部表现和解或对有争议的事情保持沉默的书事实上必然是后来才出的。《以弗所人书》强调联合的教会,因而必然是使徒时代以后的作品,绝不是保罗本人写的!

把《使徒书》中那些书信解剖、分类的工作进行得缓慢而谨慎。1836年保尔从《罗马人书》开始;在他1845年写的那篇关于保罗的专论中,他相信自己能宣告这位使徒只写了那四封长信(《迦拉太书》、《科林斯人前后两书》和《罗马人书》,最后两章除外)。他明确宣布,《使徒行传》是使徒时代以后写的。各福音书本身也依次装进同样的熔炉考验,不过,鲍尔下了十年深思熟虑的工夫才把他
564 的追随者引到这一步。1844年,他把自己的炮口对准第四福音书[1],1847年便向全部《福音书》开炮。当头一阵排炮打过后,浓烟飘走之时,看来造成的损坏不像预期的那么大。然而景象业已改观,气氛和意义也不同了。《福音书》编写的传统次序仍未变,但它

① 即《约翰福音》。——译者

们之间的时间间隔放大了，和较早的《对观福音书》[1]（《马太》、《马可》、《路加》）对比起来，《约翰福音》被指定为2世纪诺斯替时期的作品，因为它有明显的和解动机。

把事情做到这个地步，差不多都是鲍尔单独进行的，但现在他已获得弟子们强有力支持，其中包括库斯特林、策勒[2]（鲍尔的女婿）、施怀格勒[3]、魏次塞克尔[4]、喜尔根费尔德，有时还有立特士尔[5]。特别是施怀格勒，他撰写了评论最初三个世纪基督教文献的一些透辟的文章。蒂宾根集团的胜利遭到1848年以后历届反动政府的仇视，因而受到一些损失，这几届政府甚至认为神学上的自由主义也是可疑的。[6] 但鲍尔转到建设性工作方面，这是仍然等待着他的，这项工作就是根据精选的材料撰写基督教会创始时期的发展史。他晚年提出的那些解答并不成功，但他的功绩并不因此减少。这些解答最大的弱点是他背上黑格尔哲学的包袱。正如天主教学者德林格尔[7]明确指出的那样，在最初阶段证明是有启发性的想法，后来却变成不可靠的指南了。就这样，作为一种"倾向性的批判"的蒂宾根学派随着它的建立人的去世（1860年）而消灭了。

---

① 《马太》、《马可》、《路加》三福音书和《约翰福音》分开，互相对照，对于耶稣的言行有一个总看法，故称《对观福音》。——译者

② 德国哲学家和神学家（1814—1908年），著有《希腊哲学史的基础》等书。——译者

③ 德国哲学家和神学家（1819—1857年）。——译者

④ 德国抗议教神学家（1822—1899年）。——译者

⑤ 德国抗议教神学家（1822—1889年）。——译者

⑥ 马克伦后来从事世俗职业；策勒也不得不放弃神学而接受马尔堡的哲学教授的职务。

⑦ 本卷原书第537—539页。——译者

尽管如此，还必须承认蒂宾根学派运用他们的基本思想始终如一，而且十分谨慎，这还是很少见的。黑格尔论发展的思想使人们更多地认识到基督教创始以前便已存在的那些宗教因素；比较宗教〔拿各种宗教作比较〕作为一种新的迷人的研究领域兴起了。批判的调子保存了下来，结果反而把鲍尔最自豪的那些发现都毁灭了；保罗学说和彼得学说之间的对抗缓和了；文学和语言学分析以及词汇和音律的研究取代了对流露出某种“倾向”的词句的探索。但是一切历史文献都服从同一标准这个原则仍然牢不可破，从未动摇。甚至保守的学者也照这样办。提申多尔夫[1]和格雷戈里[2]、鄂斯加·丰·革布哈特和本哈德·韦斯[3]，内斯特累和丰·佐登(以及英国的韦斯科特[4]和霍特[5])等人把语言学创造的最好
565 的原文校勘方法用来修复《新约》所有各类手稿。狄奥多·察恩[6]把自己强大的头脑和漫长一生的钻研全部贡献出来，研究《圣经》在历史上是如何形成的，并以最早那批基督教作家的作品为基础进行注释。部克斯托夫曾坚持说，甚至希伯来文《旧约全书》的马索雷特断句法也是“在圣灵感动下”产生的。他还说，本格尔不敢出版希腊文《新约全书》的修订本。从那以后，对《圣经》各篇文章的调查研究已经走得很远了。

---

[1] 德国抗议教神学家和《圣经》研究的学者(1815—1874年)。——译者

[2] 德国《圣经》研究的学者(1846—1917年)，死于第一次世界大战中。——译者

[3] 德国抗议教神学家(1827—1918年)，著有《耶稣传》(1882年)。——译者

[4] 英国高级教士和研究《新约》的学者，剑桥神学教授(1825—1901年)。——译者

[5] 英国神学家和研究《圣经》的学者(1828—1892年)，和韦斯科特共同校刊《新约》。——译者

[6] 德国路德派神学家(1838—1933年)。——译者

上世纪70年代来自奥布勒塞特·本杰明·里切尔(1822—1889)[①]的一种新影响逐步发展起来。他在波恩大学和哈雷大学读书时,就已朝着批判和思辨的方向发展,使他父亲(波美拉尼亚一位保守的主教)感到头痛。他对黑格尔哲学很感兴趣,在获得博士学位(1843年)后,就参加了以鲍尔为中心的蒂宾根学派。但里切尔的头脑能独立思考,在按照蒂宾根学派的方式写了几部书之后,他就开始怀疑自己那些论点了。[②] 到1857年他已明确地和鲍尔以及他那个小圈子决裂,并激烈地大胆地要推翻他们那些假说。在格丁根大学当教授后,他扩大了对教义史的研究,特别是在"释罪"和"顺从"这些特别属于新教教义的东西。80年代初在正处在成长和震荡中的德意志帝国里,里切尔就已成为神学界一位著名人物了。他拒绝斯特拉斯堡和柏林等大学的多次聘请。他在德国神学方面的重要性在于他保持着批判方法,但已把它引向新的途径。很多人认为蒂宾根的影响纯粹是破坏性的。里切尔避免哲学,并把自己的新教理论体系建立在为数不多但强有力的观点上。他自命为路德和施莱尔马赫的继承者。

人们常说的里切尔学派从来就不是一个有紧密组织的团体;这群人里各种倾向都有表现。里切尔主义既不屈从哲学,也不乞

① O.R.里切尔(一个儿子)《奥布勒塞特·里切尔传》(弗赖堡,1892—1896年,两卷);J.H.施图肯堡的文章,见《美国神学杂志》,第2卷,第268页;考斯道夫·埃克,《奥布勒塞特·里切尔的神学派与现在的福音教会》(柏林,1897年);罗伯·玛金托什,《奥布勒塞特·里切尔和他的学派》(伦敦,1915年)。

② 里切尔的历史性著作:《马可福音与真正的路加福音》(蒂宾根,1846年);《天主教会的形成》(波恩,1850年);《基督教关于释罪与顺从的学说》(三卷,波恩,1870—1874年);英译本(1872和1900年),他的杰作《虔信主义史》(三卷,波恩,1880—1886年)。

求正统的认可，而是谋求建立一种可以在宗教和近代科学之间站得住的立脚点。他大力支持宗教史学派。《圣经》的一切特殊神圣灵感学说统统被抛弃，强调宗教的伦理和经验的性质。18世纪认
566 为基督教纯粹是由教义构成的体系，人们可以当作外衣随时穿上或脱下的一种人生哲学。与此对比，19世纪末这些历史家开始把基督教看作巨大的人类社会的有机的宗教生活，许多运动也包括在内，但永不停止地重新调配它的材料，以适应不断改变的需要和不同的环境。这样，宗教就从固定信条和最后公式的拘束中解脱出来。在这样的气氛中，朱理亚·韦尔豪曾[①]重新撰写了犹太教的历史，研究《旧约全书》的学者们也运用鲍尔的方法分析《摩西五经》[②]。走极端的人还用进化的观点来解释基督教本身，并公开宣称他们从基督教中看到来自其他宗教(如希腊诸神秘教)的不同信仰的结合形式，而这种已结合起来的东西也会变，也会被其他东西取代。特勒耳奇强调教会的社会职能。社会主义的兴起和"文化战争"使德国教会痛切感到这些历史难题。

1876年《教会史杂志》创刊，长期以来都是由赫尔曼·罗伊特(1817—1889年)[③]当主编。他是布雷斯劳、格赖夫斯瓦尔德和格丁根等大学的教授(1876年以后)，在里切尔死后不久也去世了。19世纪上半叶那些伟大的教会史家去世后，罗伊特便成为居领导地位

① 本卷原书第581—585页。——译者

② 即《旧约》中的前五卷:《创世记》、《出埃及记》、《利未记》、《民数记》和《申命记》。——译者

③ 参阅他的学生狄奥多尔·布里格尔在《教会史杂志》第2卷(1890年)第434—447页上对他的介绍;和狄奥多尔·科尔德在《新教百科全书》(第3版,1905年)第16卷的一篇文章。

的一位新教学者。他那严格的方法在数十年间一直胜过他那些同事，只这一点就把他提高到内安德所有弟子以上。罗伊特觉得教会史家忽视了教会的政治方面，以及在世俗事务上的地位和影响，他满不在乎内安德为这个学科所规定的严格界限。他的《亚历山大三世传》在长期间断之后，重新使教会作家获得世俗历史家的尊重；兰克提到这部书时说，人们一点也看不出它是一位教会史家写的。[①]

新教德国的最后一位也是最伟大的一位学者是阿道夫·丰·哈那克（1851—1930 年）。[②] 他属里切尔学派。他写历史的技巧质量不亚于当时德国任何世俗史家。他的确可以和最伟大的世俗史 567
家匹敌，这个事实意味着 19 世纪给新教史学带来革命性的变化。哈那克曾描绘他的祖父母和外祖父母四人说，“一个是东普鲁士的

---

① 《亚历山大三世及其时代的教会》（1845 年，第 1 卷；第 2 版，1860—1864 年，三卷）。他也写过一部《中世纪宗教教育》（柏林，1875—1877 年，两卷）和一部《奥古斯丁研究》（哥达，1887 年）。

② 他的女儿艾格尼斯·丰·察恩-哈那克，《阿道夫·丰·哈那克》（柏林，1936 年）；E. 斯密特和 E. 西堡，《阿道夫·丰·哈那克》（见《神学和宗教史领域中的通俗演说和论文集》，小册 150，1930 年）；腓力克斯·E. 希尔士，“作为图书馆长的学者，纪念阿道夫·丰·哈那克”，见《图书馆季刊》，第 9 卷（1939 年），第 299—320 页，附有价值的书目提要；F. B. 克洛格，“阿道夫·丰·哈那克”，见《伦敦评论季刊》，第 154 卷，第 241—246 页；托马斯·尼科尔，“护教论者中的哈那克”，同上书，第 107 卷（1907 年），第 23—29 页；《美国考古学杂志》，第 2 辑，第 35 卷（1937 年），第 65 页；《都柏林评论》，第 4 辑，第 15 卷，第 1 页；〔伦敦〕《评论季刊》，第 220 卷，第 62 页。哈那克早期著作表，见《新教百科全书》；也比较 J. L. 尼夫在《路德派教会季刊》，第 3 卷第 351—355 页上的文章；弗里德里希·斯门德编，《阿道夫·丰·哈那克的著作表》（莱比锡，1927 年）。他的主要历史著作是《教义史手册》（弗赖堡，1886—1890 年，三卷）；第 6 版，1922 年；尼尔·布坎南的英译本，名为《教义史》（伦敦，1895—1900 年，七卷）；《直至攸西比阿斯时的古代基督教文献史》（莱比锡，1893—1904 年，两卷，分为四册）；《最初三个世纪基督教的传播和扩展》（莱比锡，1902 年；第 4 版，1924 年）；詹姆士·莫法特的英译本，书名《最初三个世纪基督教的扩展》（伦敦和纽约，1904—1905 年，两卷，新版，1908 年）。

中产阶级，一个是威斯特伐利亚一位农民的儿子，一个是利沃尼亚的资产阶级，一个是那个地方的贵族妇女”。他生于多尔巴特[1]，在当地那所大学和自己的波罗的海亲戚们一起读书；他一生都保持着对各个社会等级最广泛的同情。他讲俄语就像讲第二故乡的话。

哈那克本人的才干，再加上国王的教师和顾问汉斯·德尔布吕克[2]是他的姻兄弟这个情况，使这个年轻人很早就能够和许多伟大思想家如蒙森(他后来和蒙森的女儿结婚)、狄尔泰[3]、维拉慕维茨-默伦多尔夫[4]等人来往。他首先在莱比锡大学当教会史聘任讲师，以此开始了他的学术事业(1874年)；不久后，出了一部早耶稣教诸神父文集(是和丰·革布哈、狄奥多·察恩等合编的)，这是一部很可靠的原文校勘，他因此在全国闻名。在一连串胜利中，他从一所大学转到另一所大学：先在吉森大学(1879年)，又到马尔堡大学(1886年)，最后留在柏林大学(1888年)。在第一次世界大战爆发以前，他是德意志帝国最著名的学者之一，对公共事务极为关心，并对国家教育计划有影响。在战后德意志共和国那些不幸的岁月里，哈那克成了德国学术界一个联络点，他忠实地帮助研究和出版事业的恢复。[5]

---

① 在苏联爱沙尼亚的中部，那里有一个大学。——译者

② 德国历史家，特别是战术史家(1848—1929年)。——译者

③ 德国哲学家(1833—1911年)。——译者

④ 德国古典学者和评论家(1848—1933年)。——译者

⑤ 为了确切了解哈那克的社会政治地位，读者可参阅他女儿写的传记。1900年，他以官方名义编写了柏林科学院史；从1905到1921年，他在柏林普鲁士国家图书馆当馆长；1910年后，当了威廉皇帝科学会会长，这个科学会是柏林大学成立百周年纪念时根据他的建议设立的，1929年这个会设立的一个“哈那克之家”，为来柏林工作的外国学者提供居住便利。

哈那克写的东西，不论在数量上还是在始终如一的质量上，都是惊人的。他写的那些足以使他增光的书籍和论文的篇名不下1800个，这一成就使人们想拿他和蒙森、利奥波尔德·德利尔二人比高低。任何详细的讨论都是不可能的。哈那克是一位无懈可击的学者，是公元325年尼西亚会议以前那个时期基督教史一位崇高的权威，不但如此，他的文笔也是通俗而流畅的。他和他的朋友们的目标是：以历史批判研究为基础，在基督教会和近代文化之间建立和解。哈那克的方法和世俗史家相同，当然他的研究结果是不会使正统神学家高兴的。他在《教义史教程》（1886年以后） 568
一书中，把早期基督教义解释成强加在原始福音书上的希腊观点；这些教义之所以产生，就是由于竭力把基督教传统塞进希腊哲学的框子里以便为这个传统辩护。研究较早这些世纪的人谁都不如他敏锐而透彻。哈那克最伟大的历史著作是《基督教的扩展》（1902年）。批评这部书的人都反对他所说犹太教逐渐希腊化这个观点，但必须承认，作者穿过那些零乱事件构成的帷幕，进入后台看到构成文化史纬线的那些纠缠一起难解难分但却是牢固有力的丝线。人们无论读他的著作哪一段，都可看到新教史学已达到客观的态度，[①]完备的方法，并接受了科学著作要求的条件。哈那

---

① 他并不严格坚持历史上的信条，这在1892年"使徒信条的争论"表现得很明显，当时有一位名叫克利斯托夫·施伦夫的牧师，为了批判的原因，拒绝在他任职期内使用使徒信条。哈那克的学生们征求他的意见，他虽劝他们采取温和态度，但对这个信条采取的还是批判的观点。以后他发表了《使徒信条》（1893年），在《基督教的本质》一书中进一步说明了他那些信仰（1900年），后一书译成好几国文字，1925年在德国售出七万多部。

克以实例证明了自己关于教会史和世俗史是二而一的论点。①

然而早期教会并不是新教学者钻研的唯一领域。兰克和济伯尔早已在德国民族那些成就绕成的线团里抓住了宗教改革。随着帝国的建立，对16世纪德国这位伟大英雄路德的研究狂热地向前推进。他的著作和书信的一些有价值的版本已开始出版，但这些版本实际上都被正在一本本问世的带批判性的魏玛版本取代了。鲍尔过去的一个学生和门徒朱理亚·狄奥多·库斯特林(1826—1902年)②写的路德传树立了一种新的模式，在一代人以上的时间里一直被认为是一部典范。这部有见识的书是根据辛勤搜集的原始材料，怀着对这位改革家一贯衷心感激的心情写的，竭力把路德的著作说成是心理上的逐步发展，并追述了他的思想随着在家庭、在修道院、在大学，在罗马以及在宗教讲坛上那些经历不断塑造成
569 型的过程，从而追溯了他的生活经历。这部书企图回答这样一个问题：这位虔诚的修道士后来为什么回转头来反对他起初皈依的教会。库斯特林的辛勤劳动有很有本领的接班人：布希瓦尔德、卡韦劳、科尔德、伯梅尔等等。詹生和德尼夫累写的那些天主教著作在修改旧路德传统方面也有不小的影响。

---

① 《教会史和通史的关系》，《现代评论》，第86卷(1904年)，第846—859页。

② 库斯特林生于斯图加特，先后在蒂宾根(1844—1848年)和柏林学习。开始在蒂宾根一个中等学校当讲师，他的第一部著作是1849年访问苏格兰鼓舞起来的。他在格丁根五年，在布雷斯劳十年，在哈雷担任《新约》教授25年(1870—1896年)。他的主要著作有：《马丁·路德的生平和著作》(埃伯飞尔德，1875年，两卷；英译本，纽约，1883年，一卷)；《路德神学在史学发展中的地位》(斯图加特，1863年，两卷合订一册)；C. E. 海的英译本(费城，1897年，两卷)；《苏格兰教会，其内部生活及其在政府中的地位》(汉堡，哥达和耶拿，1852年)。

和路德教徒比较起来，德国的改革派[①]学者的成就显得很可怜，即使把荷兰、法国和比利时那些作品都加上也不行。[②] 理查·罗特[③]关于教会史的讲演也不妨顺便提一下。[④] 在操英语各国流传最广的改革派历史家可能就是麦尔·多宾那(1794—1872 年)了，他是缺乏批判但富于热情的一位宗教改革史家。他是胡格诺派后裔，1817 年宗教改革三百周年纪念日前往德国访问时，他就已产生了撰写一部著作的雄心；他曾一度在柏林大学当内安德的学生。但多宾那正是一位教会史家应当拒绝做的那样一个人。[⑤] 还值得给予一些赞扬的一位德国改革派历史家是约翰·雅各·赫尔佐格(1805—1882 年)，他曾跟施莱尔马赫和内安德学习，后来

① 由路德教分离出来的新教改革派。——译者

② J. F. 蒂姆，《基督教会命运演变史》(柏林，1800—1801 年，两卷)；G. 明希尔，《基督教会史手册》(马尔堡，1804 年)；施莱尔马赫神父，《基督教会史》(邦内尔校刊，柏林，1840 年)；佩特律斯·奥夫斯特得·得·格罗《教会制度史》(格罗宁根，1835 年)；H. J. 鲁瓦耶，《基督教会史捷径》(莱比锡，1840 年)；W. J. 马太，《基督教和基督教社会的历史》(斯特拉斯堡，1829 年，四卷；巴黎，1838 年)；埃得蒙·得·普雷森塞，《最初三个世纪的基督教会史》(巴黎，1858—1877 年，六卷)；约翰·H. 埃布拉尔，《基督教会和教义历史手册》(埃尔兰根，1865—1867 年，四卷)；C. R. 哈根巴克，《从古代到 19 世纪的教会史》(莱巴锡，1869—1872 年，七卷)；同一作家，《教义史手册》(1847 年，两卷)。

③ 德国抗议教神学家(1799—1867 年)，著有《神学伦理家》、《神学百科全书》等书。——译者

④ F. W. 尼波尔德，《理查·罗特，根据罗特的信件写的一位基督教徒传略》(维滕贝格，1873—1874 年，两卷)；阿道夫·豪斯拉斯，《理查·罗特，及其友人》(柏林，1902—1906 年，两卷)；《不列颠评论季刊》，第 58 卷(1875 年)，第 305—335 页。

⑤ 他写了《16 世纪宗教改革史》(1835—1853 年；新版，1861—1862 年，五卷；马丁·龙克尔译成德文，纽约，1852 年，四卷，H. 怀特译成英文，纽约，1843—1853 年，五卷)；《喀尔文时代欧洲宗教改革史》(巴黎，1863—1878 年，8 卷；英译本，纽约，1873—1876 年，六卷；德文译本，1863—1866 年，四卷)。《大英百科全书》(第 9 版)估计此书在不列颠群岛销售了两万部，在美国的销售量两倍于此。

在巴塞尔、洛桑、哈雷、埃朗根等地教书。他为研究华尔多教派[①]做了许多工作，并使对他们的某些看法发生了根本变化；但他对德国神学的伟大贡献是他撰写《新教百科全书》(*Protestantische Realenzyklopädie*)中花费的那些心血。作为新教学术界拱顶石的这部书，其第 3 版是阿尔伯特·豪克[②](1845—1918 年)出版的。他还写了一部真正够得上典范的德国教会史，一直写到宗教改革，类似的著作任何其他国家都拿不出来。[③]

570 英国天主教徒约翰·林加德(1771—1851 年)[④]从来没写过一部真正的教会史。他从天主教观点写了一部英国世俗史。他的父亲是一个改信新教的木匠，母亲是一位不信英国国教的强悍的天主教徒的后裔。他 11 岁时被送到杜埃学院[⑤]学习，为当牧师作准备。法国大革命摧毁了杜埃这所学校，其成员四散，在英国的克鲁克荷尔重新团聚，后来迁到乌晓学院，这是英国第一所天主教新学校，林加德在这里当教师。

他的《古代盎格鲁-撒克逊教会》于 1806 年出版，这本书可以说是林加德的巨著《英国史》的序曲。1811 年他离开乌晓学院，后

① 里昂的彼得·华尔多的信徒，他于 1176 年发起改革运动，否认教皇的权力，反对幼儿受洗。12、13 世纪在法国南部发展势力，备受迫害。——译者

② 德国抗议教神学家，著有《德国教会史》(1887—1920 年)，未完。——译者

③ 《德国教会史》(莱比锡，1887—1920 年，五卷分为六册；第 3、4 版一至四卷)。

④ 标准的传记是马丁·黑尔和爱德文·邦尼合写的《约翰·林加德的生平和书信》(伦敦，1911 年)。也参阅《爱丁堡评论》，第 25 卷(1815 年)，第 346—354 页，第 42 卷(1825 年)，第 1—31 页，第 55 卷(1831 年)，第 1—43 页；《都柏林评论》，第 12 卷(1842 年)，第 295—362 页，第 40 卷(1856 年)，第 1—66 页，第 41 卷(1856 年)，第 1—27 页；《北美评论》，第 29 卷(1829 年)，第 265—281 页。

⑤ 杜埃在法国北部，1568 年威廉·阿伦建立学院于此。——译者

来就在赫恩拜村当牧师40年之久。他就在这个乡下借助通信并由国外朋友们替他抄书，继续进行自己的研究。1817年去罗马一趟，并获准出入梵蒂冈档案馆。他的《英国史》第1卷于1819年由一位新教出版商印出。15天内就卖出500部。林加德在写给友人的一封信中谈到他的目的：

> 我为全书规定一条准则，即写出事实真相，不论对我们有利或不利都要这样写；尽力避免出现任何争论，以便不致引起新教读者的反感；但也要在注释中提供有利于我们的各种必要的证据；因而如果你把我的叙述和休谟等人的叙述作比较，就会发现，借助于这些注释，这部书就把他们完全驳倒了，但表面上又看不出这一点。这样做我认为还是可取的。在我对宗教改革的记述中，为了使新教偏见感到震动，我必须说许多话；我能够让他们阅读我的著作的唯一机会就是因为人们知道我是一位温和的作者。只能写出一部新教徒爱读的书才能把好事办成。……①

第一个攻击这部书的人是天主教主教米尔纳，他硬说“这是一部坏书；只是处心积虑地要证明新教徒那些错误本来是正确的”。第8卷即最后一卷于1831年写完。林加德对都铎时期的叙述引起新教徒不满，因为它出版的时间正好在天主教法案②1829年出笼以前不久。但他仍然朝着实现自己目标的路上走了很长一段，经常以不露锋芒的言辞，巧妙地把像克兰麦③这类恶棍揭露无遗，经常公开借助权威文献消除读者的疑虑，即使不能把他们争取过来也

---

① 黑尔与邦尼的书（见上一个著者注），第166页。

② 1829年7月15日通过天主教徒救济法案，改变官吏就职誓言，英国政府官职，除极少数例外外，天主教徒均可担任。——译者

③ 英国坎特伯雷大主教（1489—1556年），拥护英王亨利八世，反对罗马教皇，确定英国国教的教义和仪式。女王玛利时，以叛逆罪被焚死。——译者

罢；他写起文章来坦率爽直、轻松优美。记事虽非大笔挥洒，却总是那样缓缓前行，不像他的前辈们那些著作那种令人厌倦的自言自语式的讲解人性。林加德的《英国史》在约翰·理查·格林以前，一直是一部最好的英国通史。

571　英国的牛津运动类似法国的教皇极权论，是造自由主义的反，是宗教上的伤感主义。托利党的保守主义和英国圣公会教义对废除国教问题惊惶不安。牛津运动虽然促进了历史研究，但它缺乏历史头脑。它那些拥护者的历史见解既非宽容，又不全面。他们复活了神父学，但成了明智批判研究的敌人。牛津大学瓜特金教授甚至把英国教会史领域没有产生任何巨大成就的责任归咎于他们。

亨利·哈脱·密尔曼（1791—1868 年）[①]不属牛津集团。他是一位颇乎众望的英国自由思想历史家，去世时是圣保罗教堂教长，英国第一流传教士，社会名流。他因早年写的一部著作触犯了英国保守主义，几乎丧失自己的前程。1827 年一位评论家对尼布尔《罗马史》的英译本进行了严厉的批判，说因为尼布尔粗暴地对待早期罗马史上那些“传说”从而引起别人也以同样粗暴的态度对待

① 阿瑟·密尔曼，《亨利·哈脱·密尔曼》（伦敦，1900 年）；理查德·加尼特在《全国传记词典》第 38 卷第 1—4 页上的文章；威廉·累基，《历史、政治论文集》（伦敦和纽约，1908 年），《北不列颠评论》，第 53 卷（1870—1871 年），第 603—604 页的评论；也参阅《密尔曼教长》，同上杂志，第 50 卷（1869 年），第 99—122 页；“密尔曼教长与圣保罗寺院”，见〔伦敦〕《评论季刊》，第 126 卷（1869 年），第 218—247 页，同上杂志，第 95 卷（1854 年），第 38—70 页上的评论；《爱丁堡评论》，第 107 卷（1858 年），第 51—87 页，第 191 卷（1900 年），第 510—527 页，第 119 卷（1864 年），第 137—167 页；《北美评论》，第 32 卷（1831 年），第 234—265 页，第 100 卷（1865 年），第 581—585 页；《夫累则杂志》，第 21 卷（1840 年），第 633—647 页；第 50 卷（1854 年），第 430—439 页。

基督教《圣经》。因此，密尔曼的三卷小书《犹太史》(1830 年)是否被人接受，他就不必大惊小怪了。他的目的是想在“事实范围内，而不是按照教坛的一贯说法”把希伯来人的生活摆出来。批评家坚持说他使亚伯拉罕的帐篷里充满了贝陀因人[①]毡帐里那种臭气；希伯来众族长竟然被称为穆斯林的“酋长”(sheiks)，而且把以色列人从“上帝的选民”这个高贵地位贬低成沙漠中的游牧部落了。他把许多神话都改写成合情合理的，还说《旧约全书》的年代编排是不可靠的。

密尔曼下一部著作是汇编吉本的著作(1838 年)，而吉本本人和神学家们并不相投，所以他这部著作也未能提高他的声誉。然而，说句公道话，他的注释说明他十分渊博。他的《帝国时代的基督教史》(1840 年)遇到的是普遍沉默的阴谋，不过纽曼[②]后来在他的《自白》(*Apologia*)中说，当他读到这本书时，他觉得它是即将到来的反理性主义的战斗的“预兆”。然而，尽管牛津运动千方百计要开倒车，这种历史方法还是会胜利的。1849 年密尔曼任圣保 572
罗教堂教长，1863 年，新的一代已成长起来，他得以重新出版他的《犹太史》了；这时候英国人接受了下述看法，即对《圣经》上说的那些民族的解释必须根据可以找到的能说明他们的文明的其他证据。

密尔曼的杰作是《中世纪拉丁基督教史》，[③]这是他研究吉本的副产品，是根据一些有时是最不可原谅的瞎碰弄来的材料写成

① 中世纪阿拉伯半岛上的游牧人。——译者

② 1801—1890 年，英国牛津运动的领导者，后变为天主教徒。——译者

③ 伦敦，1854—1855 年，六卷；最新版，1883—1905 年，九卷。

的，这部书保持着拉丁、希腊和条顿基督教这几条平行线索。他的朋友麦考莱承认这部书的主旨是好的，不过他也坦白承认，谈到文笔，他的判断则完全不一样了。密尔曼的书里有很细腻的基督教浪漫主义。

史学界必然经常觉得把曼德尔·克赖顿（1843—1901年）[①]调到伦敦主教区工作是一件憾事，因为假如他能继续撰写他那部《从大分裂[②]到宗教改革[③]前夕的罗马教廷史》（*History of the Papacy from the Great Schism to the Eve of the Reformation*），历史一定会更为丰富。他在牛津大学麦顿学院当研究员和指导教师共计九年，还在一个安静的乡村教区牧师住宅里度过了同样长的时间。他在这里写成他那部杰作的前两卷，他在剑桥大学任宗教史狄克西（Dixie professor）教授六年。在四分之一世纪里，他算是英国最光辉的学者之一。在这些成就以外，还要加上11年当主教的行政职务，最后四年是在英国最艰苦的教区。

作为麦顿学院一位指导教师，他讲授教会史以及意大利和拜占庭史。但他找不到多少他所需要的休息时间进行写作，因而欣然离开牛津来到美丽的教堂和历史上闻名的恩布勒顿牧师住宅，

① 路易·克赖顿，《曼德尔·克赖顿的生平和书信》（伦敦，1904年，两卷）；G. W. 普洛瑟奥在《全国传记词典》补编第2卷第82—88页上的文章；《爱丁堡评论》，第201卷（1905年），第109—139页；〔伦敦〕《教会评论季刊》，第24卷（1888年），第338—406页，和克劳德·詹金斯，“克赖顿主教的历史观”，同上书，第109卷（1929—1930年），第193—238页；和“曼德尔·克赖顿”，第93卷（1901年），第584—622页，同上书，第202卷（1905年），第458—84页；《伦敦评论季刊》，第103卷，第45页；“雅典娜协会”杂志，1904年1月2日版；《民族》杂志，第80卷（1905年），第35—36页。

② 1378—1417年。——译者

③ 1517年。——译者

他就是在这里下笔写他那部名著的。他碰到的困难是没有可供使用的图书馆,结果不得不购置自己需要的大部分书籍。在来特佛特主教[①]手下当一名乡村副主教并不是挂名差事,所以当克赖顿又调到剑桥工作时,他是很高兴的。1885 年剑桥唯一的另一位历史家是约翰·西利爵士[②],他对历史的看法是:历史可以为将来当政治家提供有价值的准备。克赖顿千方百计把他那些懒惰的学生鼓动起来。[③] 他是《英国历史评论》杂志一位创办人和首任编辑 573
(1886 年)。创办这样一种杂志的想法业已酝酿 20 年之久,但出版第 1 期就花了大半年的时间,像阿克顿爵士这样一些人的帮助使他们很感激。

克赖顿是一位笔下快速而多产的作家,但所有他写的东西在《教廷史》这部大师的伟构面前都变得暗淡无光了。克赖顿没有兰克和后来他的对手帕斯托享有的那些好处,他没有看过档案资料。在诺森伯兰教区牧师住宅里根据很少几本书和一些已出版的史料写成的历史著作,当然比不上在梵蒂冈的宝库里钻研半个世纪所取得的成果。但克赖顿的著作仍然会凭它本身的特点流传后世。他没有宗教或其他方面的成见。他不想证明什么东西,或支持什么心爱的学说。他说:"我并不想写一部宗教改革史,只想写一部教廷史,作为欧洲事务的一个因素。"克赖顿相信历次宗教改革会

---

① 达剌谟主教(1828—1889 年)。——译者

② 本卷原书第 329—330 页。——译者

③ 他尽力使所有的学生发生兴趣,但他只选择那些最有希望的学生,鼓励他们写书,坚持他们至少要选择这个题目。他不肯像教授的传统那样严肃和墨守成规。他喜欢长途旅行,有一次告诫一个跟着他长途旅行的学生说:"不要说在一个地方没有什么可看的;总是要打扰人家,直到你被撵出为止;和本地人谈谈吧!"

议的诚意，认为会议的行动是真诚的。而阿克顿爵士则在《英国历史评论》上批评他说，他觉得泽孙[①]和其余的人都是浑水摸鱼、为自己谋利。阿克顿以他那笨重而冗长的文笔称赞克赖顿的博学："部利阿斯、特拉味萨里都和柏涅特同样熟悉的诺森伯兰那所牧师住宅，必然是一个难得的令人神往的所在"——但他不同意他对历史的见解。

这部著作缺乏正式的论断；尽人皆知，阿克顿那些苛刻批评指的便是缺乏这样的论断。他相信克赖顿不指出教廷业已变成摧毁宽容和自由的暴虐政权，这便是忽视历史家的职责。克赖顿懂得阿克顿要求的是"历史首要的必须是道德学的一支"，他回答道，历史的真正价值和秘诀恰恰就是它的超然态度和纯洁的公正。[②] 在《都柏林评论》上评论《教廷史》的这位红衣主教写道，这本书的"特点是对原始文献有钻研，在论述教会事务时很准确以及冷静的公平的辨别力"。关于这位作家，约克·鲍威尔[③]说："曼德尔·克赖顿身上总是有点文艺复兴的气味，如果他戴上一顶红衣主教帽子，就会心安理得了。"[④]

克赖顿在他的《教廷史》里公开宣布他的目的是"把资料收集

---

① 冉·得·泽孙（1362—1428 年），法国神学家，主张教会统一和教会改革。——译者

② 致阿克顿的信："我觉得，道德规范坚定不移的完美就是历史的权威、尊严和有用的秘诀。假如我们为了天才、成功或名誉的缘故可以贬低其流传的话，那么，我们就可以为了一个人的影响、他的宗教、他的党派和他的事业而贬低其流传了，这种事业由于他的名望而得到繁荣，由于他的耻辱而受到损害。"

③ 本卷原书第 324—325 页。——译者

④ 奥力维·埃尔顿编《弗雷德里克·约克·鲍威尔，他的生平和书信及特殊场合的著作选集》（牛津，1906 年，两卷），第 2 卷，第 51 页。

起来，以便对16世纪欧洲出现的变化作出判断；人们只是大而化 574
之地把这个变化叫作‘宗教改革’”。但是，他那透彻而独立的头脑绝不允许他接受当时那些党派口号的表面价值。他觉得人们不应当被看成总是被感情上或思想上的巨大运动摇来摆去。摇摆只是表面上看来如此，因为创造历史的人有足够的智慧找到一种公式；在这个公式中，“节省六个便士，获得六个便士，或避免六个便士被抢的机会”便可被称为体面的动机。“假如教皇不再抢劫德国[①]，‘只靠信仰就释罪’[②]这个口号不会引起人们多大兴趣。”关于他对宗教改革的态度，在回答科尔德教授对他的批评时他解释得很清楚：

> 我的看法是：宗教改革采取了破坏教会统一的形式，这对基督教世界是一个不幸。……我认为，分裂并不是完全不可避免的。问题是，这是谁的过错？我曾和研究一切政治分裂一样地研究了这个问题。我一直认为这是政府是否明智和公正的问题。我曾试图表明，教廷对路德的行动开始时是既愚笨又不公正的。路德提出的那些要求，教会根据自己的原则是不应当不答应的。把路德逼得造反，罗马教廷应当负责。[③]

就这样，克赖顿便不再理睬这座神学竞技场——德林格尔和

① 教皇在德国大肆贩卖赎罪券，聚敛金钱，引起路德的反抗，宗教改革运动因此发生。——译者

② 路德反对天主教会的口号。天主教会主张人们不仅要有信仰并且要有善行（如忏悔、巡礼圣地、购买赎罪券、捐献等等）才能释罪；路德主张，只要有信仰，即可释罪。——译者

③ 致科尔德的信。一些年以前，克赖顿已经写了关于宗教改革的事，说，这“主要是解除教皇对教会行政管理的专制主义所固有的痛苦的一个要求。对教义没有什么不满。如果教皇统治能够把它的行政改进一些，可能就没有宗教改革运动了，但是新学问会修正人们对教义的态度，而不会引起教会统一性的分裂”。

德国那些路德派曾在场内各显神通——自己去进行完全中立的研究了，关于宗教改革，他提出了一些比较新的经济和政治见解。他沉着而冷静地进行工作。甚至在亚历山大六世[1]这个例子上，他也保持着极端公正的态度，还把可以说是他办的几件好事列举出来。他对萨服那洛拉的处理是公认的典范。哥尔主教[2]正确指出克赖顿著作的真正优点，他承认在克赖顿的著作里“看到‘正义精神’而十分感激”。

① 罗马教皇(1492—1503年在职)，以贿赂当选教皇，经常唆使意大利世俗诸侯互相攻战，甚至引狼入室，勾结外国军队来杀害萨服那洛拉，给意大利人民带来巨大灾难。——译者

② 英国高级教士(1853—1932年)，牛津等教区的主教，英国国教中天主教运动领袖之一。——译者

第六十一章 《圣经》和犹太史

以色列史和后来犹太教的历史在上世纪走着自己独特的道路。在所有古代东方各民族①中只有犹太族作为一个民族生存下来，并保持着有文字记载的传统。《旧约全书》提供了关于他们的生活和文学的记载，其内容广泛而多样，这是它的特点；此书以一个宗教的目的统一起来。基督教欧洲并没预料到这个故事会有什么改变，只盼望从本世纪中叶以来开始的发掘里得到进一步证实或扩大。虽然群众乐于捐助资金，但这些发掘一般是使人失望的。没有激动人心的发现出土，别处的遗物能阐明犹太《圣经》的也很少。没有发现一行字记有亚伯拉罕和诸族长存在这件事。但在20世纪初，犹太民族史已呈现出完全不同的轮廓。这次搞起来的这个革命并不是考古学家的铁锹的功劳，而是“高级批评家”的智慧；不是由于发现了新材料，而是通过对旧材料更科学的研究。② 575

---

① 著者指地中海东部一带为“古代东方”，却对其他东方国家如中国、印度等排除在外，这是偏颇之见。——译者

② 关于德国学术进展的一个简单记载，可参阅《德国学术50年》〔纪念施密特-奥特博士〕，考斯道夫·阿布校刊（柏林，1930年），50—52（《旧约》）和250—61（闪族学）。关于“高级批判”的文献，可以从S.R.德赖弗、H.斯特拉克、E.科尼希等人对《旧约圣经》的标准序言的书目提要中很容易地找出来。关于考古发掘，可参考H.V.希尔普雷希特，《19世纪〈圣经〉地区的考察》（费城，1903年），第579—622页；S.R.（接下页）

对《圣经》的批判并不是新东西。[1]《雅歌》[2]和《以西结书》是经过困难才编入犹太经典的。《以斯帖记》长期以来被人怀疑，因为其中没有神圣的耶和华的名字。塞尔萨斯[3]于公元2世纪曾攻击《创世记》，特赖福早在殉道者查士丁[4]的时代就已经有了革西尼阿斯[5]对《以赛亚书》的看法。3世纪，坡菲立[6]说《但以理书》有问题，而克立门的教谕提出《摩西五经》作者有问题。4世纪，杰罗姆对摩西著作的内容构成采取不置可否的态度。1520年，路德的
576 朋友卡尔斯塔特[7]（安得累阿斯·波登斯泰恩）查出，被认为是同一作者写的同一本书里却有些不同的文体；路德和喀尔文都把不可信的《伪经》从《圣经》中剔除。霍布斯的《利维坦》（*Leviathan*）（1651年）说明他是英国第一位《圣经》文学批评家。在大陆上犹太哲学家和泛神论者巴鲁赫·斯宾诺莎宣布："在《摩西五经》里，

（接上页）德赖弗，《说明〈圣经〉的近代研究：1908年的施魏希演讲》（伦敦，1909年）；F. J. 布利斯，《巴勒斯坦考察的发展，1903年伊利演稿》（伦敦，1906年）。也参阅本书上卷第13页著者注。

① 关于《旧约》从2世纪到18世纪末的校刊，其中还引用各作家有趣的原文，可从爱德华·麦奎因·格雷的《〈旧约圣经〉的校勘，其兴起和发展》（纽约和伦敦，1923年）得到简要材料。

② 见《旧约圣经》。——译者

③ 公元2世纪的柏拉图派哲学家，著有《真实的话或真实的记载》一书攻击基督教。——译者

④ 早期基督教会神父（100？—165？），教授柏拉图哲学，开办第一所基督教学校于罗马。据说于165年左右殉教而死。——译者

⑤ 德国抗议教神学家（1786—1842年），有评论《旧约全书》文字的著作。——译者

⑥ 新柏拉图派哲学家（232？—304？），极力为邪教辩护，著有《反对基督教》，15卷，现存者仅片段。——译者

⑦ 卡尔斯塔特（1480—1541年）与路德同参加宗教改革运动，不承认《旧约五经》是摩西写的。——译者

只有一些注释和校对，可以在暇时审查，这些只是为历史提供的材料，而不是已整理好的历史本身。”[①]

理查·西蒙（1678 年）[②]以重复（或再现）和文体不同为理由说《旧约全书》靠前边那几部不是摩西写的，从那时以后，对《圣经》的批评仍然是 18 世纪前 50 年那个老样子。后来在 1753 年博学的医生冉·阿斯特律克[③][④]写了一本论述《创世记》的 12 开本小书，应该认为他有资格被称为近代《圣经》批评的创始人。是他最早把《创世记》印成平行的四栏，把称神为耶和华的那部分和称神为伊罗希姆的两部分加以区分的。阿斯特律克虔诚信教，他害怕他的推论会被错误地用来反对宗教。他并不否认《摩西五经》作者的真实性，只提出摩西使用了多种不同的古代记载，把它们分成若干部分，然后归入全书。阿斯特律克这种看法的根据是：(1)《创世记》中有许多重复；(2)以不同的名称交互称呼上帝（伊罗希姆，我主耶和华）；(3)章节不合年代顺序，排列错误。时至今日，几乎已经没有一位著名的《圣经》学者怀疑阿斯特律克的主要论点了，即，《创世记》包含着一个独立的 E 部分[⑤]和一个独立的 J 部分[⑥]。

其他先驱者还有一些，但位居第二位的重要人物是约翰·哥

---

① 见于他的《神学政治论》，格雷引用。

② 法国天主教神学家（1638—1712 年），著有《旧约批判史》（1678 年）、《新约原文批判史》（1683 年）等书。——译者

③ 阿斯特律克（1684—1766 年）。——译者

④ 阿斯特律克的祖先是犹太人，任法王路易十四顾问医生 20 余年，是一位著名的医药权威，课文编者，法兰西学院教授，上面提到的那部著作出现于他 70 岁的时候。参阅格雷的著作（见上上一个著者注），第 130 页。

⑤ 即称神为伊罗希姆（Elohim）的部分。——译者

⑥ 即称神为耶和华（Jehovah）。——译者

特弗里德·爱喜浑(1752—1827年)。[1] 他的三卷本《旧约全书导言》于1780至83年间问世,和他这部书最后几部分同时出版的还有他的朋友赫尔得[2]写的著名的《希伯来诗歌的精神》(1782—1783年)。爱喜浑是一位卓越的多产作家,22岁就当了教授,先后在耶拿和格丁根等大学教东方语言52年之久,是当时最博学多闻的人物。他写了40多部很值得称赞的历史、文学和科学著作。虽然人们都承认他无所不知,但实际上他比当时人们认为的肤浅得多。然而,他的优点还是很多的。他尽力做到写历史要真实,把《圣经》当作一部东方著作研究,用当时人民的眼光看待它的内容。
577 因而他把许多神奇的章节参照自然法则和往日的迷信加以解释。他对《圣经》上这些文章的神学价值并不太关心,关心的是它们对古代的阐明,他的友人浪漫主义者赫尔得则把《圣经》的诗歌之美和优美的意象通俗化了。但在赫尔得把《旧约全书》看成一部无与伦比的史诗时,爱喜浑却认为它很难说是一部历史。爱喜浑的著作出了五版(第5版,1824年,印成五卷本),后来就成了新教大学许多神学系的标准教材了。他争辩说是摩西或者像他那样的作者写成的《摩西五经》,但采用的是各种不同的文献或资料。他的章节划分和阿斯特律克的分法差不多。尽管心怀妒忌的学者讥笑他的写作表达方式,但爱喜浑那些看法在学术界普遍动荡的时代却获得广泛的称赞。

---

① T.K.切尼,《〈旧约圣经〉校勘学的创建人》(伦敦,1893年);S.I.喀提斯,《〈旧约首五卷〉考证述略》,见《神圣文库》,第41卷(1884年),第1—23,661—697页,早期校勘的一个很好的记载;亚历山大·韦斯特法尔,《〈旧约首五卷〉史料来源》(巴黎,1888年);关于1860年以前英国的《〈圣经〉校勘学》,可参阅V.F.施托尔,《19世纪英国神学的发展》(伦敦,1913年,只出版了一卷)。

② 本卷原书第133—138页。——译者

1794 年卡尔·大卫·伊尔根接替爱喜浑在耶拿大学的职位，四年之后他出版了一部书，把《创世记》中记述伊罗希姆神的部分分为两份材料(第 1 和第 2 伊罗希姆部分)。虽然他并未继续研究《旧约全书》，而且太急于证明自己的论点，反而不能如愿，但他迈出的这一步是划时代的，因为两种材料中的一种后来证明就是《僧侣法典》，1806 年得·维特[①]根据《列王纪下》22 章 2、3 两节[②]查清了《申命记》第一次实际出版的时间。他认为《摩西五经》是逐步发展起来的，他这个意见是今天公认的批判观点的中心和内核。我们今天看到的是一部完美的宗教法典，有精心制成的信条和法律条款：显然，这个宗教并不是一下子就成了最后这个存在形式。19 世纪的任务就是阐明它的来源，发现犹太教成长的历史。

斯塔希林、胡普斐德和格拉夫每人都铸出链条上的一个重要环节，后来又出了一位亨利希·埃瓦尔德(1803—1875 年)。[③] 他和伟大的希伯来词典编纂家威廉·革西尼阿斯一样，也是爱喜浑的学生。[④] 他一生的悲剧属于这样一类：一位伟大的天才由于个人的过失和同事们闹翻，断交；他暴躁到不能容人的程度。埃瓦尔德出身于格丁根织麻工人家庭，在当地大学读书，一生大部分时间差不多都是在这里度过的。所以他的头脑一直没有完全摆脱一定

① 德国抗议教神学家和《圣经》学者(1780—1849 年)。——译者

② 原文误为 23 节。——译者

③ 韦尔豪曾写了一部关于他的老师的质量极好的论文，见《格丁根皇家科学会庆祝百年纪念文集》(1901 年)；也参阅切尼(见上一个著者注)，第 66—118 页。

④ 正如韦尔豪曾是埃瓦尔德的学生那样，他的其他的学生也是形形色色：包括希青格、斯拉德尔、诺尔狄克和迪尔曼等等。顺便提一下一件有趣的事，革西尼阿斯的第一个希伯来学生是教会史家奥古斯特·内安德。

程度的地方观念。19岁时在服尔芬布特尔学校当教员，在莱辛常去的那个图书馆里，他接触到许多阿拉伯手稿。他很像爱喜浑那
578 样视野广阔，胸怀坦荡；在爱喜浑推荐下埃瓦尔德在神学系当了教师(1824年)。早在大学预科时他就已下定决心以东方学术为自己的终生事业，克服了一种又一种东方语言的困难。为了和革西尼阿斯争夺他们已去世的老师的职位，他出版了一部《希伯来文法》(1827年)，其特色是少见的清晰和逻辑性。阿拉伯文是他喜欢研究的一门课；但除闪语外，他还研究其他语言，他讲的课有梵文、波斯文、土耳其文、亚美尼亚文和古埃及文。在《圣经》学方面，埃瓦尔德对《新约》《旧约》都有研究。

他的大作是《以色列人民史》，[①]截至1859年，他已经花了30多年的工夫进行思考和修订。许多注释文章已经为他这部书铺平了道路，他还利用了一直发展到他写书时的批判文章，其中他自己的贡献也不少。他对奇迹采取了模棱两可的立场。他自己设计了一套术语，把《摩西五经》分成《神约书》、《来源书》，三位预言叙述者，最后是《申命记》的作者。但是，埃瓦尔德写的历史的主要情调好像走向批判的反面去了。对他最地道的刻画也许就是卡尔·哈则的手笔了，他说埃瓦尔德是两只眼睛瞪着后边的、具有东方语言天才的一位预言家。[②]埃瓦尔德开始撰写以色列精神生活史时几乎是在宗教信仰的力量

---

① 第1版，1843—1852年；第3版，1864—1868年，八卷。罗索·马蒂诺和J.E.卡彭特合译为英文，名为《以色列史》(伦敦，1867—1874年，五卷)。

② “在革西尼阿斯之后，埃瓦尔德首次研究了基督教《旧约》人民的历史。他是一个令人害怕的预言家，具有东方语言口才，表现勇于为自由献身，但对任何相左的主张，易于激动而倾泻其正义的愤怒。”哈则，《教会史》，582，切尼(见本书原书第576页著者注)引用，第118页。

推动下进行的。他大量依靠直觉，他觉得，在研究一个伟大民族众先知的著作以前，先从他们的诗歌文学和《诗篇》入手，才是了解这个伟大民族那颗多情善感的心的最好途径。以色列的历史使命是给人类带来唯一的真正的宗教。这项使命的过程是从逃出埃及到基督降生，他把这段时间分成三大段。即摩西[①]和神权政治标志着希伯来时代；大卫[②]和君主国领导的以色列时代；和以斯拉[③]和已发展起来的教士阶层统治犹太人的时代。这本书提供了大量细节，虽然有时候不易读懂，但有时出现高潮，其激情鼓舞人心。这是一部极其精彩的综合记述，但它并不是开辟了而是结束了一个时期。

如同昔日的先知那样，埃瓦尔德除了自己的观点以外，不知容忍其他任何观点。他痛恨施莱尔马赫、黑格尔和 F. C. 鲍尔对《旧约全书》的轻视，他原来的批评家思想变成护教者的思想了。在埃瓦尔德看来，鲍尔和他的蒂宾根学派是一帮子破坏性的造反派，信仰的基础可能被那些善于自夸的人们破坏。这一点说明后来埃瓦 579
尔德评论《新约全书》的那些著作的态度。他的弟子韦尔豪曾后来想出的那些观点他如果知道也很难同意。

埃瓦尔德在学术上的最大贡献是他的影响传播四方。他的《以色列人民史》的主旨通过史坦利副主教[④]传遍英格兰，[⑤]在英格

① 根据《圣经·出埃及》的记载，摩西是领导以色列人出埃及的先知和立法者。——译者

② 犹太和以色列国王(公元前 1013? —前 973 年)。——译者

③ 公元前 5 世纪以色列的教士。——译者

④ A. P. 史坦利(1815—1881 年)，威斯敏斯特副主教(1864—1881 年)，写了许多关于教会的著作，对宗教抱宽容态度，为高教派所不喜。——译者

⑤ A. P. 史坦利，《论述犹太教会的讲稿》(纽约，1870—1877 年，三卷)；比较，H. H. 密尔曼，《教会与国家问题论文集》(1870 年)。

兰，密尔曼坦率地把犹太人只看作东方一个民族而不是看作上帝“优选”的民族，这在30年代就已经引起读者的气愤了。在英国也像在大陆上那样，犹太史研究已复兴起来，并开始发展成盛开的花朵，这恰巧和亚述、埃及发现新情况取代旧情况的时期相一致。埃瓦尔德几乎不得不完全依靠《圣经》上的材料。下述事实可在很大程度上证明他的名声的力量，即在30来年中，只是在少数优秀人物中还有批判，而且是在公众反对的情况下进行的。

然而新的力量并不是永远否定得了的，其中主要是那些进化论假说。赫尔得曾把文学看作民间传说，并说希伯来文学也是这样；黑格尔强调这种思想的连续性。人们开始认为宗教是一个民族创造的，而不是一位作者或少数人创造的。在大卫·斯特劳斯①的《耶稣传》打下蒂宾根学派遵循的新基础的1835年，威廉·法特克(1806—1882年)②也出版了他的《旧约宗教》(*Die Religion des Alten Testaments*)。他这部书没有能够像《耶稣传》那样轰动一时，但它受到同样严厉的批判，而且是直到“60年代”后期才销声匿迹的。其原因部分地应当归咎于法特克的写作方式。后来创造了同样学说的垒斯③解释他为什么没有阅读这部书。“他这部书的目录都是黑格尔的公式，把我吓坏了。”法特克仔细考虑了一

① 德国神学家和哲学家(1808—1874年)，他证明《圣经》上的历史是神话。——译者

② 亨利希·贝内克，《威廉·法特克的生平和著作》(波恩，1883年)；切尼(见本书原书第576页著者注)，第131—142。在这方面，黑格尔的重要性可参阅鄂图·普夫莱德雷尔，《康德以后德国神学的发展和1825年以后在不列颠的进步》(伦敦和纽约，1890年)，第71页以后；关于法特克，第252—256页。

③ 法国新教神学家(1804—1891年)，翻译《圣经》，附导言和注释。——译者

个民族心理的发展，下结论说一个民族不能一下子兴起，逐渐兴起更合逻辑，而人们设想的像以色列士师记时代表现的那种开始兴旺、随后是黑暗的衰落时期，就不大合乎逻辑了。他迟迟不能承认《摩西五经》的先进宗教水平和精细的宗教仪式可能和伟大的领袖摩西同时。假如《摩西五经》是出自摩西之手，为什么后来的先知们反对神殿崇拜和热心献祭呢？答案显然是，摩西一直未能设法使他那个民族全部上升到邻近各民族多神教以上，显然是先知早于祭司出现，而且人们归到摩西名下的法规（Torah）实际上是很 580
晚的时期才有的。这个观点的详细论证是由法特克的后继者垒斯、格拉夫、恺撒和杜姆[①]等人[②]提供的，屈能[③]和韦尔豪曾并提出令人信服的形式。

正当德国蒂宾根学派重新估价早期基督教文献时，莱丁的斯科腾[④]和阿伯拉罕·屈能（1828—1891年）[⑤]也正把他们的精神和

---

① 德国抗议教神学家（1847—1928年），著有《圣经》先知书的注释。——译者

② 关于这些以及其他的人，参阅切尼（见本书原书第576页著者注）和《旧约》标准导言中的书目提要；也参阅K. 布德和H. J. 霍尔茨曼合编的《爱德华·垒斯与其学生和朋友卡尔·亨利希·格拉夫的通信集》（吉森，1904年）。

③ 荷兰抗议教神学家，近代荷兰批评学派的领袖。——译者

④ 荷兰抗议教神学家（1811—1885年）。——译者

⑤ K. 布德校刊了屈能集子的德译本。他的全部著作表见他的《全集》，也是布德翻译的（弗赖堡，1894年），第501—511页。关于评论的一览表，可参阅E. C. 理查森，《期刊有关宗教的论文按题目字母次序排列和百科全书索引，1890—1899年》（纽约，1907年）。关于他的生平，可参看他的著作的英译者P. H. 威克斯蒂德的文章，见《犹太评论季刊》，第5卷（1892年），第571—605页；C. P. 蒂勒的"阿伯拉罕·屈能的著作"，见《阿姆斯特丹科学院年鉴》，1892年；亚尔伯特·雷维勒的文章，见《我们当代的杰出人物》，第21卷（哈勒姆，1890年）。批判的估价：C. H. 托伊在《新世界》杂志第1卷（1892年）第64—88页上发表的文章；切尼，第185—194页；蒙蒂菲奥里在《犹太评论季刊》，第5卷（1890年），第311—321页发表的文章。

方法分别在新旧约全书的研究上加以运用。屈能善于独立思考，酷爱真理，判断清醒，性格优美。他是哈勒姆[①]一位药剂师的儿子，15岁父亲去世时，幸亏有朋友们慷慨相助，否则他就不得不中断学业了。在莱丁大学(1846—1851年)，他在东方文化学家朱因波尔特指导下研究闪语，在斯科腾指导下他也成了一位神学家。他把撒马利亚文《摩西五经》译成阿拉伯文，以其中一部分作为博士论文(1851年)上交后，这个有希望的学生就被提升为研究员，后来又被聘为临时神学教授(1853年)，两年后升任正教授，并和W.穆尔林(格罗宁根学派的创建人之一)的女儿结婚；这件事是他首次脱离严格的喀尔文派的标志。他一生平稳，大部分在莱丁度过，1882年前往英国发表希伯特讲演[②]，[③]次年主持在莱丁召开的国际东方学术会议。

屈能在开幕词中，在驳斥某些《圣经》批评家走极端的论调的同时，他曾说："一件事物被滥用并不应当妨碍我们使用它。"他反对用教条束缚对《圣经》的研究。他那部论《以色列的宗教》[④]一书就没有提到神这个因素。而且，它采用了格拉夫的假说[⑤]，并坦率地说出作者的观点："在年代上，不但祭司的立法迟于先知传教，而
581 且祭司们写的历史也迟于先知写的历史。"屈能还进一步揭示了任

---

① 在荷兰阿姆斯特丹之西12英里。——译者

② 英国资本家罗伯特·希伯特(1770—1849年)提供基金的演讲。——译者

③ 《民族宗教与世界宗教》(伦敦和爱丁堡，1882年)。布德把此书译为德文，也有荷兰文和法文译本。——译者

④ 《以色列的宗教，至犹太国的倾覆》(1869—1870年，两卷)；艾尔弗雷德·H.梅译为英文(伦敦，1882—1883年，三卷)。

⑤ 本卷原书第583页。——译者

何一部史书上的早期传说证据的脆弱性，并强调应根据一个民族生活中比较晚近的发展倒过去推论它的过去，作为比较健全的结论的基础。

屈能认为，犹太教只不过是许多宗教当中的一种，尽管它比别的宗教高超一些。他那部论述希伯来先知的著作[1]把他这些观点进一步发展了。他认为这些先知只不过是一个民族宗教意识的自然演进中的一种现象，并反驳把预言的实现看作教义基础的人。但他也主张先知们应当受到后代的尊重。

屈能最伟大的一部批评水平较高的著作是对《旧约圣经》前六卷及其来源的《探讨》(*Inquiry*)。[2] 这部书最初于 60 年代初问世；他看了科楞索主教[3]和 K. H. 格拉夫等人的著作之后又想把他的书修订出版，以明确自己的立场，后因去世未能完成。《探讨》这部著作是仔细写出埃瓦尔德学派那些特殊观点的一部书，有创造性的东西不少。德国的韦尔豪曾和他的追随者都称赞这位荷兰学者的洞察力。韦尔豪曾认为屈能对他自己那部《旧约前六卷的构成》一书的批评是他受到的唯一正确的批评，而且表示欢迎，因为这些批评把他"从机械地把资料分类的这老一套边法的残余"影响下最后解放出来了。

① 《以色列的先知和预言》(莱比锡，1865 年，两卷)，亚当·米尔罗伊译为英文(伦敦，1877 年)。

② 《对〈旧约首六卷〉的起源和编纂的历史—批判的研究》(莱登，1861—1865 年，三卷)；第 2 版修改了很多(1885—1893 年)，P. H. 威克斯蒂德把其中一部分译为英文(伦敦，牛津，1886 年)，T. 韦伯尔和 C. T. 米勒合译成德文(莱比锡，1885—1894 年，三卷分为二册)。

③ 英国高级教士(1814—1883 年)，宣称《摩西五经》为出埃及的伪造。——译者

屈能指出将来研究的道路。他发现犹太教各阶段应以新次序排列,他采用的方法和鲍尔的差不多,但他是独自发现的。自从屈能以来,近代对原始基督教的研究一般都是从保罗开始,而不是从《福音书》中的耶稣开始,这类似于对《旧约圣经》的研究,后者把公元前8世纪诸先知放在公认的较早诸史书之前。屈能也认识到,为了核实考古学所作那些结论,较高级的批判也必须在这门学问的研究上巩固自己的阵地。他也像垒斯那样,坚信真理定将获胜,人类的知识定将继续向前发展,他一生就是在这样的信念中不声不响地辛勤劳动着,最后安然瞑目而去的。他对《圣经》的内容所持批判态度招致种种后果,针对这些后果,他那高贵而正直的一生就是很好的辩护,如果需要什么辩护的话。

对古代犹太史最大胆的看法是在朱理阿斯·韦尔豪曾
582 (1844—1918年)①的丰富的头脑里产生的。他出身于哈默尔恩②一位新教牧师家庭。他在格丁根大学研究神学时,被年迈的埃瓦尔德讲的课和他的《以色列人民史》迷住了。在第一次神学考试(1865年)和当了私人教师两年之后,他又回到大学在埃瓦尔德指

① 恩斯特·泽林,"朱理阿斯·韦尔豪曾",见《德国传记年鉴》,第2卷(1917—1920年),第341—344页;爱德华·施瓦茨,《评论朱理阿斯·韦尔豪曾的讲稿》(柏林,1919年);C. H. 贝克尔,"朱理阿斯·韦尔豪曾",见《伊斯兰》杂志,第175卷(1918年),第95—99页;H. 维尔利希,"朱理阿斯·韦尔豪曾的回忆",见《德国一览》,第175卷(1918年),第407—412页;W. R. 斯密斯的文章,见《学院》第15卷(1879年),第429—431页,重印在《讲稿和论文集》(伦敦,1912年),第601—607页。他的主要著作的一个长表见舍夫-赫尔佐格〔的《宗教知识百科全书》〕,拉尔甫斯编的完整书目提要见《纪念册:闪语和宗教史研究,朱理阿斯·韦尔豪曾70岁生辰》(吉森,1914年),第353—368页。

② 在普鲁士的汉诺威省。——译者

导下研究东方语言。还不到30岁,他就在格赖夫斯瓦尔德当了正教授。1876年他32岁时,他的第一部杰出的对《旧约前六书》的研究就出版了。但他发表的那些意见给他树立了许多论敌;十年之后他辞去神学教授职务,[①]1882年在哈雷大学当了闪语助理教授,再次从教学阶梯最底层向上爬。1885年在马尔堡大学恢复正教授职位。这所学校里,有同事们鼓励他,学生们钦佩他,于是他进入一生最愉快的时期。1892年他被格丁根大学聘请接替伟大的拉加德[②]的《旧约全书》教授职务。在他一生最后15年里,耳聋日益发展,后来完全聋了,使他凄凉的晚年更加痛苦孤独。他是在第一次世界大战最后一年德国总崩溃以前去世的。

韦尔豪曾先后献身于三个伟大学术领域,至少在两个领域里证明自己是位大师。他最后对《新约全书》的批判研究,特别是对《四福音书》的研究,缺乏他原先那种大胆的独创性,在众学者眼中不能保持原有地位。但他写的犹太和阿拉伯历史和宗教,却是划时代的。

偶尔听说韦尔豪曾的一些观点业已过时的那些不学无术的人认为这就是敲了高级批判的丧钟,认为这种批判只不过是成功地"瓦解了制造分裂的人"。这样的看法是一种误会。韦尔豪曾的观点和对《旧约前六书》的批判观点并不是一回事,如果前者被否定,并不意味着后者也会垮台。学者们接受高级批判的资料分析,但不同意其后在这些资料基础上改写的历史。而实际上这两方面的

① 泽林说,这是因为他觉得他的观点妨碍了他在其他神学院任教的前景;舍夫-赫佐格认为这是出于宗教上的顾虑。

② 德国东方学者(1827—1891年),研究《圣经》及基督教早期教义。——译者

工作韦尔豪曾都干了，使二者互为表里。

作为埃瓦尔德最伟大的弟子，他那广阔的眼界和塑造的力量可以和他的老师比美，和老师不同之处是在关于以色列宗教发展
583 过程的看法，二者区别有如天壤。韦尔豪曾接受了格拉夫的假说，即《祭司法典》（以及《摩西五经》以外的历史著作的有关部分）是最早的资料。他争辩说，摩西法典是以色列人被流放到巴比伦以后的最后形式，“犹太教”的创造，他用这个词表示东方诸大帝国消灭大多数以色列人以后残留下来的教派。在韦尔豪曾的《以色列史》（更著名的是以《以色列史导言》为名的再版）第1卷出版（1878年）以前，格拉夫的学说受到赞扬很少。现在韦尔豪曾以德国学术界稀有的光辉的眼力和引人入胜的文笔把新的一代许多人争取到格拉夫的立场上来。

韦尔豪曾的文章使以色列古代史发生了革命性变化。“《旧约全书》并不是一部以色列史，它只是提供了一些材料。”他强调把摩西法典的时代确定下来十分重要，他这个看法是对的。传统看法认为在12个部落进入圣地以前，它是各民族的公有财产；他反对这个意见，相信直到以色列在外国约束下当了俘虏，在外国权力下屈服以前，这片土地并未统一。在被放逐到巴比伦以后，这部法典既是以色列民族再创造的原因，也是它的结果。韦尔豪曾警告读者说，除非这件事能够被理解，否则“人们将不能了解众先知在摧毁古代以色列方面所完成的伟大工作，并首先为犹太教，然后又为基督教福音铺平道路。这一点十分重要”。他远远不是像他的前辈那样拿出自己提出的问题和别人打笔墨官司，韦尔豪曾一步步追溯了宗教形态和惯例的发展情况。他提供了对希伯来宗教崇

拜、宗教仪式和宗教圣地的研究，还提供了对《旧约全书》那些历史篇章的分析。他准备后来改写的另一部以色列历史从未写成，但幸而世间尚有《大英百科全书》[1]第 9 版里有他写的一篇提要。不论在细节上或者甚至在主要论点上有什么修改，这篇《以色列史导言》文字之优美、洞察之深入、纲领之醒目等等，将使这篇文字永远是一篇典范。

韦尔豪曾的重要性在于他是一位历史家，而不仅仅是一位高级批评家。他解剖分析资料很精彩——但有时只是外表华丽，像他那部《〈旧约前六书〉的编写与〈旧约〉中的历史篇章》一书(1885 年；第 3 版，1889 年)就可为例。但他的主要兴趣是在这些 584
材料中包含的历史，在犹太教的发展史，而不在《旧约全书》的批判对基督教信条有多大意义。批评他的著作的人争辩说，韦尔豪曾并没有提供什么新东西，仅仅创立了一些荒唐的论断，还经常以“曲解”和“窜改”等词支撑着。他的那些朋友和追随者承认他有时过分强调一个论点超过了站得住就可以的程度。他那有限的语言学知识变成他的资本。他在马尔堡大学教希伯来、阿拉米[2]、叙利亚和阿拉伯等文字；但他在亚述和巴比伦文学方面的知识则主要是第二手的，他并没有更多地研究当代的考古成果。全部《以色列史导言》只用了六页讨论文体和语言学方面的问题。最不幸的是他把《士师记》和《撒母耳记》切成碎片了。《创世记》是在以色列人

① 参阅“以色列”条，第 13 卷，第 396—432 页。1884 年又以扩大本形式重印，作为他的《随笔与准备》(柏林，1884—1892 年，五卷)的第 1 号，篇名叫作《以色列和犹太史纲要》，1894 年有更完备的版本出现，书名是《以色列和犹太史》(第 7 版，1914 年)。

② 古代通行西亚的语言。——译者

被囚禁之后，由一位牧师撰写的，把许多古代材料也编写进去。这自然就需要有创见的某些论证，证明为什么《创世记》里边没有提到以色列人被流放以后的情况。能说明他那丰富的事例和以大量事实为依据的论点的一个并非不公的例子，是他把香火的采用看作“富裕起来的生活”的证据；因而没有提到香火的那些著作就说明它们是在被流放以后那些艰苦岁月里写的。可能比所有这些事情都更正确的是对他这个批评：他像鲍尔和黑格尔学派那样，写的是“概念”史，硬把那些经文和事实塞进他自己制造的犹太史舞台上那些普罗克拉斯提斯式的床上①。②

从韦尔豪曾派生出德国“宗教史学派”。他以自己的方式在神学领域叱咤风云，犹如里切尔在“70年代”在德国新教教义方面干的那样。但严格说来，韦尔豪曾既不是语言学家，也不是神学家，而是伟大历史假说的创造者和活化者。在这方面他提供了和他的老师埃瓦尔德以及和他同时代的法国人芮农一些有趣的相似之处和鲜明对比。韦尔豪曾那些观点对近代每一位研究《旧约全书》的重要学者的产生都起到一些作用。在韦尔豪曾去世前那30年(1888—1918年)里，可以看出两个潮流或学派：一派是无条件地接受他的意见的那些人如垒斯、斯塔德、史密斯、柯尼尔和斯条纳格尔等，另一派别如黎姆、德赖弗、斯特拉克、柯尼希和包迪辛等则

① 希腊神话，普罗克拉斯提斯是开黑店的强盗，劫人后长者砍短，短者拉长以适其床位。——译者

② 关于以敌对态度对韦尔豪曾的评论，参阅《爱丁堡评论》，第176卷(1892年)，第58—80页。关于以同情的态度记述这个人的文章，参阅威拉摩维茨-默伦多尔夫，《我的回忆，1848—1914年》，G. C. 理查森把它从德文译成英文(伦敦，1930年)，第225—228页。

不大怀疑犹太传统，而且因为他那些批评成果单纯来自宗教史体系，所以不予接受。与此同时，还兴起一门新学科，即以古代东方为背景进行考查的以色列文学史，其代表人物有贡克耳、温克勒、 585
济默恩、泽里迈亚斯、基特耳和塞林等。

韦尔豪曾作为一位阿拉伯学者在移居哈雷（1882 年）之后，曾下了 20 多年的工夫为穆罕默德前后的阿拉伯历史开辟了资料来源，并写成第一部伊斯兰教批判史。[1] 他是从翻译瓦基第[2]的一部著作开始的，这部著作是他从伦敦一部手稿里摘录的，提供了穆罕默德在麦地那时期的最早和最少虚构的记述。他对和伊斯兰教发源于同一土壤的胡得赫尔人的诗歌文学进行的研究，为他撰写的一篇记述伊斯兰教以前的异教情况的文章作好了准备。在进一步研究了穆罕默德在麦地那的组织以及旧伊斯兰教里那些宗教政治党派之后，他就大胆地发表了他在这方面的杰作：《阿拉伯帝国及其崩溃》（1902 年）。这位伟大的宗教史家的生动的想象力，亲切的构思和历史的逻辑性在这部书里都表现得已达到最高成就。他笔下描绘的倭马亚王朝统治时期[3]的哈里发帝国以及他们被阿拔斯王朝[4]毁灭的初期的情景，证明韦尔豪曾无愧于一位伟大史家的称号。

---

① 《穆罕默德在麦地那》（1882 年）；“圣训实录”，阿拉伯文和德文，见《随笔与准备》（1884 年），小册子 I；《阿拉伯异教残余》，同上书，小册子 III（1887 年）。其他研究，见小册子 IV 和 VI 和《旧日伊斯兰教中的宗教—政治反对派》，见《格丁根皇家科学会论文汇编》，哲学历史类，新辑，第 5 卷（1901—1904 年），第 2 号，第 99 号；《阿拉伯国家及其崩溃》（1902 年）。

② 即阿尔-瓦基第（747—823 年），阿拉伯历史学家。其主要著作为《穆罕默德军事战役史》。——译者

③ 公元 661—750 年。——译者

④ 公元 750—1258 年。——译者

遗憾的是，这部书是他记述阿拉伯的最后一部。

英国批判《旧约全书》的学者很多，从劳司主教[1]和顽强的天主教徒革得斯[2]时期起，直到科棱索、[3]戴维森[4]和德赖弗[5]时期都有。他们都是富有特征的人物；科棱索主教笔下的实行一夫多妻制的组鲁人以及他们的一些令人困惑的问题只不过是色彩更丰富一些。他们当中最敏锐的是 W. 罗伯孙·史密斯（1846—1894年）[6]，韦尔豪曾《以色列史导言》的英译本上那篇序言就是他写的。史密斯和他的兄弟在他们的才能非凡的父亲（一位苏格兰牧师）指导下受了很好的教育，他们在阿伯丁大学的成绩，被评为"优等"还嫌太弱了一些。各门自然科学和数学对威廉发生了强烈的吸引力。1870 年，人们竭力推荐他担任阿伯丁自由教会学院东方语言学教授，他的老师 A. B. 戴维森特别夸奖他"在《圣经》批判上的巨大进步"。这位新任教授访问格丁根时，在那里和保罗·得·拉加德结成终生好友。在阿伯丁教了五年书以后，他在《大英百科全书》第 9 版上发表的一篇讨论《圣经》的文章引起人们反对。史

---

① 英国主教和学者（1710—1787 年），牛津大学诗歌教授。著有《希伯来人圣诗》演讲集，开近代把圣诗作为诗歌研究的先河。——译者

② 苏格兰天主教教士和作家（1737—1802 年），著有《希伯来圣经评论集》，因此其教会职务被撤销。——译者

③ 南非纳塔耳主教（1814—1883 年），翻译《新约》为组鲁文，因不强迫当地居民组鲁人改变多妻制，被逐出教。——译者

④ 苏格兰《圣经》学者（1831—1902 年），终生研究《旧约·圣经》。——译者

⑤ 英国《圣经》学者（1846—1914 年），牛津希伯来文教授，《旧约》修订委员会成员（1876—1884 年）。——译者

⑥ J. S. 布拉克和 G. W. 克里斯托尔，《威廉·罗伯孙·史密斯传》（伦敦，1912年）。以上两位作家也编订了他的《演稿和论文集》，包括他的科学论文在内。

密斯在人们正式控告他是异端时不得不起来为自己辩护。这是为批判自由进行的一场战斗，甚至在外国也引起巨大的激动。弗伦 586
茨·德利茨施[1]希望他平安无事，内斯特累从蒂宾根大学发出哀伤的语调说，二百年过去了，世道变化并不大。史密斯在异端审判庭上宣告无罪，但他已失去教授职位，于是他就把案情摆在苏格兰公众面前，后来以两部讲演集形式出版，即《犹太教中的旧约全书》（纽约，1881 年）和《以色列众先知》（第 2 版，伦敦，1919 年）。1883 年剑桥大学请他去和来特一起教阿拉伯语，为这件事有许多人推荐他，包括内尔德克[2]、韦尔豪曾、佐青[3]、拉加德和屈能等人，不过屈能曾提出疑问：出自一个"众所周知的自由思想家"的推荐信是否有助于自己的朋友。史密司继续为《英国百科全书》撰稿。他的几部著作中最伟大、最有创造性的是《闪族的宗教》（*The Religion of the Semites*）（1889 年）。这部书是在比较宗教领域的大胆探索，不过书中那 11 篇论述以色列原始宗教的文章，仅仅是全书计划的一个片段。截至当时，《旧约全书》一直被认为是独一无二的，史密斯这时却提出"把希伯来宗教作为一个整体，和闪族其他宗教信条和惯用仪式作系统的对比"。这部书把对仪式、社会等级以及原始宗教中的血缘关系等方面的研究放在首要地位。由于作者患肺病早死，他这项工作就中断了。在罗伯孙·史密斯那些死敌当中，很少有人了解这位被说成是摧毁信仰的人实际上一辈子都是

---

① 德国抗议教神学家（1813—1890 年），著有《旧约》注释。——译者

② 德国东方学者（1836—1930 年），著有许多闪语和伊斯兰的书籍。——译者

③ 亚尔伯特·佐青（1844—1899 年），德国东方学家。——译者

“诚心诚意地信仰《旧约》中神的启示的”。[①]

西蒙和阿斯特律克的故乡法兰西，在《圣经》批判主要方面赶不上德国和英国，但最伟大的一部犹太史确实是出自恩斯特·芮农（1823—1892 年）[②]的手笔。《以色列民族史》（1888—1894 年，五卷）是他晚年的作品，但这位艺术大师的画笔并没失去它那丰富多彩的魔力。法兰西学院这位希伯来文、迦勒底文和叙利亚文教授把一生研究的成果都贡献出来；但他写的那些东西富于诗人和心理学大师的情调，而不是一位勤劳的批评家的手笔。他抓紧时间撰述关于“四个来源的假设”（Vier-Quellenhypothese）[③]，即 P 和 J 各自不同的风格。专家们大概都同意 W. 罗伯孙·史密斯的看法[④]，即，芮农先生过分折衷，让批判成果的运用听天由命。大卫[⑤]以前那段时期的历史主要是根据“史诗传统”，但是亚伯拉罕
587 和诸长老则纯粹是传说。因此作家的担子只是用想象构思出事物

① 《史密斯传》（见上一个著者注），第 537—538 页；关于对罗伯孙·史密斯作为一位学者和一个人的总的估价，参阅最后一章。

② 关于他的生平和工作概况，可参阅本书论天主教会史家一章，原书第 555—556 页和第 555 页上的著者注；古奇的书，第 527—530 页；佛特的书，第 744—748 页。

③ 他认为《旧约圣经》中的《摩西五经》有四种资料来源，即，J、E、D 和 P。J 即称创造主为耶和华者（如《创世记》，ii. 4—iii. 24，vi—viii；xii—xiii；xviii—xix 等章节）；E 即称创造主为伊罗希姆（Elohim）者（如《出埃及记》，x—xii；《民数记》，xxii—xxiv 等章节）；D 即《申命记》所记载的宗教教训；P 即指僧侣法典（Priestly Code）。J 约写于公元前 9 世纪中叶；E 约写于公元前 8 世纪中叶；D 约写于公元前 7 世纪中叶；P 约写于公元前 5 世纪中叶。——译者

④ 关于芮农第 1 卷的评论，重印在史密斯《讲稿和论文集》（见本书原书第 583 页著者注），第 608—622 页。也比较 A. 屈能，“三条道路，一个目的”，见他的《全集》（见本书原书第 580 页著者注）。

⑤ 犹太国王（公元前 1013—前 973 年），见《旧约》中《撒母耳记》、《列王记》、《历代志》诸书。——译者

可能的情况。“就像对《耶稣传》那样，我请求对现在这卷专门描述非常黑暗的时代的书，也给予人们常常给预言家的、也是预言家需要的那种宽容。”大卫这个最早的历史人物使芮农的审美观厌恶。“亚杜兰和济克来格这些土匪”同样不公正、残酷、迷信、不信教。芮农把众先知和近代人物对比，从而鲜明地刻画出他们的形象；不止一个人物具有耶稣会成员、清教徒、绝不宽容的神学家的特征。但他们公开赞扬了神圣之美，并为他们的本族人道德的再生作好了准备。关于流放[①]以后的情况，罗伯孙·史密斯开始时担心芮农可能完全加以忽视，尽管那个时期对法律传播十分重要，但他自己提供的只不过是不鲜明的批评。芮农写完这五卷书并和他的《基督教起源》编在一起的时候，他就算把对犹太种族最长的记载——从它的起源到早期基督教的发展——写完了。但这一套著作是文学，而不是历史。

许雷尔[②]把耶稣时代和公元头几个世纪犹太人的生活描绘出一幅详尽图景。从那以后，这个种族的历史大部分自然就由他们自己的成员研究了。亨利希·格雷茨[③](1817—1891 年)[④]曾尝试撰写从原始时期到 19 世纪第三个 25 年的可能是范围最广的犹太史。但他的《犹太史》偏见太多，学术上的错误也很刺眼。在《旧约》或《新约》研究上业已取得的重大进步，他全无所知。一位自命

---

① 公元前 538 年。——译者

② 德国抗议教神学家(1844—1910 年)。——译者

③ 德国犹太人历史家。——译者

④ 《犹太史，从古到今》(莱比锡，1863—1876 年，第 11 卷；第 3 卷，1879 年以后)。英文版(伦敦和费城，1891—1898 年)，第 6 卷(索引)，有腓力·布劳赤博士一篇 86 页的论文。

与历史还有点关系的作家下笔写书时，竟然开宗明义这样写道："在一个风和日暖的春天，几个游牧部落渡过约旦河"，人们看了他这话会作何感想呢？或者是一位撰写古代希伯来史的作家只字不提约斯特[①]、布列克[②]、格拉夫、内尔德克[③]、施腊德尔[④]、罗伊施[⑤]、德利茨施、屈能、韦尔豪曾以及斯塔德等人的著作，人们对这样一位又能够作何感想呢？在格雷茨笔下历史上聪明而良善的人几乎都是犹太人，他写的那些懦弱而愚笨的人则经常都是基督徒。他说法王圣路易[⑥]之所以"以虔敬闻名只是由于他心地纯朴，头脑狭窄"。米兰的圣安姆布鲁斯[⑦]被说成"一个粗暴的官吏，对神学毫无所知，他在教会以出名的残暴而上升到主教的高位"。格雷茨曾把一部论述诺斯替教派的早期著作献给希尔士；希尔士提到格雷茨时说："格
588 雷茨知道什么？他能知道什么？"盖格尔[⑧]指斥他不懂语言学，比较宗教学、研究东方古代各族的人类学，甚至连历史都不懂。[⑨]

在巴勒斯坦系统地进行调查是直到上世纪60年代才开始的。

---

① 德国犹太人历史家(1793—1860年)，著有《以色列人历史》。——译者

② 德国《圣经》学者(1793—1859年)。——译者

③ 德国东方语言学家(1836—1930年)，写了许多以色列人历史的著作。——译者

④ 德国抗议教神学家和亚学学家(1836—1908年)，写了许多有关《圣经》及东方语言、历史的著作。——译者

⑤ 德国旧天主教神学家(1825—1900年)。——译者

⑥ 即路易九世(1226—1270年)。——译者

⑦ 早期基督教教父(340？—397年)，米兰主教，反对阿利阿异端。——译者

⑧ 德国东方学学者(1856—？年)。——译者

⑨ 参阅对格雷茨的工作的评论，见〔伦敦〕《教育评论季刊》，第35卷(1892年)，第68—97页；和《犹太评论季刊》，第4卷，第14号。任何文字中最好的一卷本犹太史是M.马戈里斯和A.马克思合写的《犹太人民史》(费城，1927年)。

在部克哈特发现庇特拉石城(1809 年),科斯替干试图沿死海边缘航行(1835 年)以前许多世纪,一些朝拜者就已经把耶路撒冷及其附近许多地点描写清楚,从而使虔信者的情绪得到了满足。然而,这种传统的古今地理对证,仍然是以人类心理学上那些著名的原则为依据的。在君士坦丁①以前那三个世纪里,基督教运动对末日审判②的预期使人们忽视历史知识。许多地点的位置被遗忘,一个新耶路撒冷已在旧耶路撒冷的废墟上出现。前往访问的近代人很少有几个知道耶稣的城埋在地下足有 100 英尺深,城墙业已消失,山谷已被填平,重要的陆上标记只有用发掘者的铁锹才能挖出来。③

对巴勒斯坦的科学的地理研究的开端主要是两个人的功劳:鲁滨孙和托布勒。纽约的爱德华·鲁滨孙④是公理会一位牧师和神学教授,他以 1838 年那次访问为根据写成《圣经研究》三卷(1841 年)。和那些轻信向导的话的旅行家们相反,他提出只接受《圣经》上的证据(即当时的证据)所认定的地址。不愿意沿人家走过许多遍的老路走,于是就带着一个熟悉这个地区的精通当地语言的人于 1838 年后来又于 1852 年两次横跨这个国家,步测距离、建筑和角度,绘制草图,并写出详尽的地形描述。他们是最早爬过著名的西罗亚水道⑤的人。但是鲁滨孙的著作在一位瑞士医生泰塔斯·托布勒的著

① 306—337 年。——译者

② 基督教认为世界末日终将到临,世人都将受上帝的审判。——译者

③ 关于确定"圣地"这个问题,比较希尔普雷希特的书(见本书原书第 575 页著者注),第 579—622 页和泰塔斯·托布勒关于耶路撒冷、戈尔戈达、拿撒勒等地的多卷著作。

④ 美国圣经学家(1794—1863 年)。——译者

⑤ 在耶路撒冷,见《约翰福音》,ix·7。——译者

作问世后就被遮住，显得暗淡无光了，这位医生在一次假期前往巴勒斯坦的旅行中受到鼓舞，于是就坐下来把各个世纪的朝拜者写的文章都进行了透彻研究。他聪明地把自己局限于犹太地区，把在第二次旅行（1845年）中在耶路撒冷停留的那20个星期的见闻写成七卷书。他的著作至今仍然是圣地历史地理研究的起点和资料宝库。托布勒是第一个研究耶路撒冷周围那些坟墓的人，他还绘制了一幅这个城市的准确地图，载明那些街道的本地名称。这位巴勒斯坦的"哈克卢特"[①]本想把从3世纪到15世纪所有游记批判地汇成若干
589 本出版，但他这个心愿未偿就与世长辞了；但在中世纪和近代早期巴勒斯坦学识方面，托布勒至今还没人超过。

这些人和其他一些人如给朗和凡·得·维尔德等的努力说明"圣地"的确仍然是一片未经探查的土地。鉴于这项工作不是个别人偶然的努力所能完成的，于是英国有志于此的人便成立了巴勒斯坦考察基金会（1865年）。在三年以内就能以8000镑的财力，派遣威尔逊上尉率队前往巴勒斯坦现场。这个队虽然希望取得《圣经》方面的知识，但它并不是个宗教组织。这个团体负担的巨大工作是急需的地理测绘，以便提供可靠的地图，把往往是突发的地形变化所在的地点确定下来，注明山丘和谷地、城市和乡村、河谷、道路、泉水和重要古迹的确切海拔高度等等。康德尔上尉和基钦纳中尉（后来当了英军总司令[②]）率领的远征队在1872—1875年和1877—1878年间考察的结果制成了约旦河以西的巴勒斯坦

① 英国地理学家（1552—1616年），编撰许多航海记载。见本书上卷原书第613页。——译者

② 驻印度的英军总司令（1902—1909年）。——译者

详图，印有一万个地名，并附有四本备忘录。《圣经》上提到的600个地名现在有一半以上暂时可以找到下落了，还提供了对当地动植物群的研究文章和对某些古迹的记载。这个基金会还在约旦河以东地区进行工作，但这方面的工作由德国巴勒斯坦协会（建立于1878年）更精确更充分地完成了，该会学者为这个无人知晓的国家画出在地理上和历史上都很有意思的地图。第一次大战时期搞的军事摄影测量图使超过以前一切努力的巨大发展成为可能。

在耶路撒冷本地的研究和发掘工作是在极端困难的条件下进行的，而且要求有极大的耐心。因为群众的情绪狂热，前半世纪政府禁止发掘；只有在修理或新打水井时或为新建筑挖地基时偶尔发现的一些东西可以利用。席克博士在这个城里待了50多年，等待着这些偶然机会以便作些记录、进行些观察。在19世纪最后30多年里土耳其政府较前宽大。沃棱领导着所有其他发掘者几近20年（1867—1870年[①]），并搜索了位于宰温和摩赖亚两山之间的谷地原先那条沟，其中堆积物高达42—65英尺。因为耶路撒冷的位置处在从南方（埃及）或北方（叙利亚和美索不达米亚）进军的大道上，所以这个城市被夷为平地后又在废墟上重建起来，其次数之多可能超过任何其他古代名城。近代住宅的出现以及土耳其政府不愿意颁发时限在两三年以上的许可证，致使大多数突击发掘 590
工作都是偶尔的、零星的、不彻底的。曾经做出的重要工作是寻找各个城市的城墙的痕迹。[②]

① 原文如此。疑为1867—1880年之误。——译者

② 麦卡利斯特尔教授在《剑桥古代史》第1卷（1923年）第112—114页上列了一张总表，载明直到1922年历次考察远征和发现各城市的地址。

考古家从耶路撒冷出发前往其他地点：布利斯[①]在埃尔-赫西山岗、耶路撒冷和加司发掘；麦卡利斯特尔在格泽发掘；麦肯齐和牛顿（为了巴勒斯坦发掘基金组织）在柏特-合密什发掘；舒马赫在麦吉多突击；塞林在塔安阿奇和耶利哥战斗；有人企图利用美国基金在撒马利亚调查；第一次世界大战以来，加斯唐[②]已在亚实基隆和耶利哥全力出击。

各种各样的这些发掘队取得的成果和在埃及、美索不达米亚等地取得的完全不同。和在底比斯[③]、库云机克二地惊人的发现对比之下，这里的收获贫乏得可怜。显然，犹太人无论在其他方面如何聪明，但没有自己的艺术，在建筑方面的才能也太小了。铭文材料极其有限，和巴勒斯坦政治史有关的两大发现（国王米沙[④]的墓碑和埃尔-阿马那山冈书信）都是在它的边界以外的邻近地区找到的。除了西罗姆坑道铭文，[⑤]少数撒马利亚的贝壳、楔形文字泥版和一些不重要的印章以外，出埃及以前的希伯来文字一点也没有发现。至于后期经文，大多数是用希腊化时代的希腊文写的，例

① 美国在叙利亚一个传教士的儿子（1859—？年），1891—1900年在巴勒斯坦从事考古研究。——译者

② 英国考古学家（1876—？年），在埃及、小亚、北叙利亚、苏丹、巴勒斯坦等地从事发掘工作。——译者

③ 上埃及的底比斯。——译者

④ 摩押国王（约公元前850年），人们在1868年发现其墓石，石上载有其事迹（其事见《列王记下》，iii）。——译者

⑤ 它叙述为了防止围城时供水缺乏，工人凿穿建筑两旁的崖石，开一条隧道，使水直流到耶路撒冷城内西罗姆池内。这是在国王赫齐卡亚时代施工的，表现了巨大的建筑工程功绩（长达583码），但铭文只是工人在他们完成了这个新奇任务时自己临时记载下来的。比较希尔普雷希特的书（见本书原书第575页著者注），第613—615页。

如赫罗德神庙恫吓人用的石柱。

因此，除《旧约全书》外，用以说明早期犹太史的东西属于他们自己的记载的极少，而尼罗河和美索不达米亚两流域的强大光芒几乎把他们这块小小的地方遮在阴影下边了。弗里德里希·德利茨施教授在向群众发表的关于亚述学研究的一篇演说中，打算指出这门科学在弄清古代以色列情况方面的价值，在结束时似乎是想说过去算在犹太人账上的那些功绩其实都是从强大的东方邻国那里派生出来的。他的《巴比伦与圣经》(1900 年)引起的冲突使德国学术界剧烈震荡达数年之久，伟大的学者都各自加入一方。保守的人们听说把犹太教和基督教的起源，特别是关于创造世界、洪水和亚当的堕落等故事[①]说成是在信多神教的巴比伦发生的，就怒火万丈，要造反。从这次大论战中出现了对古代各种文化互相起作用的更为广阔和清醒的认识，并为爱德华·迈尔所作明智的结合扫清了场地，他利用埃利蕃泰尼的阿拉米亚文莎草纸的发现证实了《以斯拉记》的真实性。德赖弗的《施外克演讲集》(*Schweich Lectures*)(1909 年)清楚地说明这位高级批评家现在已经把自己的经文研 591
究和考古研究(可以证明其结果的试金石)结合起来了。对埃及和美索不达米亚进行的那些研究，迫使人们对以色列的社会、文学和宗教背景进行新的研究。[②] 这是韦尔豪曾从来都没梦想过的。

---

① 均见《旧约·创世记》。——译者

② 参阅雨果·格雷斯曼的一篇很好的概述，“《旧约圣经》研究的任务”，见《〈旧约〉研究杂志》，第 42 卷(1924 年)，第 1—33 页，当时他成为这个杂志的编辑；路德福·基特尔在同一杂志第 39 卷(1921 年)第 84 页以下发表一篇类似的文章。对于本章的读者也应当提到乔治·亚当·史密斯的《圣地的历史地理》(第 25 次修订版，伦敦和纽约，1932 年)，这是一部最了不起的书，是地理和历史的关系的一个标准说明。

第十二编

欧洲诸小国

第六十二章　北欧诸国

1830年比利时[①]开始获得民族自主权，并没有任何杰出的学 595
者。自由天主教徒亚田-君士坦丁·得·热尔拉什男爵(1785—1871年)[②]曾在巴黎学习法律，他积极参加本国政治教育等方面的活动，作为比利时国会议长，于1871年建议选择萨克思-科堡的利奥波尔德当国王。他当高级司法官数十年后，晚年就完全研究历史了。这些研究成果首先是在1839年出的那部《低地史》(三卷)；接着又在1843年出了一部《列日史》，1859年出了一本《民族史上各伟大时代论文集》。亚丰瑟·基云·沃特尔(1817—1898年)[③]曾在自己家乡布鲁塞尔当档案员，在工业博物院当本国史教授，30年间(1861—1892年)在该院常常发表公开讲演。和他那一代多数人一样，他也是自学成才的，后来成了文献编辑的典范。他是比利

---

① 亨利·佩朗，《比利时历史书目提要》(第3版，布鲁塞尔，1931年)；同上作者，在《历史与史家》，第1卷，第51—71页；查理·波特万，《比利时文学史第4卷，自由50年》(布鲁塞尔，1881年)；《比利时民族传记》(布鲁塞尔，1866—1928年，27卷分订24册)；《比利时书目提要，比利时出版月报》(布鲁塞尔，1876年以后)；比较《大百科全书》，第6卷，第17页。

② 参阅《大百科全书》，第18卷，第843页。

③ 亨利·佩朗，"亚丰瑟·沃特尔书目提要介绍"，见《比利时皇家学院年鉴》(1902年)。

时历史那些未被探索的角落的一位勤劳的开路先锋，他留下许多著作，其中包括《布鲁塞尔史》(1843年，三卷)和《公爵约翰一世与不拉奔[①]，1267—1295年》(1862年)；花了很多时间收集文件和特许状。[②]

1835年布鲁塞尔大学创办时，卢森堡人冉·雅克·奥特迈尔(1804—1877年)当历史和古典时代讲师，从而开始了他的远大前程。在写了一些次要著作之后，他花了他一生最后那20年撰写一部巨大的16世纪尼德兰史。去世后，他这部手稿由比利时政府收购，至今仍在布鲁塞尔王家图书馆收藏，只有某些部分曾出版。[③]

596 比利时历史家多半喜欢研究16世纪，这可说是很自然的。这也是路易·普洛斯柏·加夏尔(1800—1885年)选择的领域。他生在法国，1831年在比利时王家档案馆当保管员，25年间一直在收集、整理资料。他工作积极热情，并曾多次到外国档案馆查找材料，他的著作多数都是根据文献写的。在他爱好钻研的那个世纪里，他特别受到西班牙的吸引，写了一部沉默者威廉[④]通信汇编，腓力二世[⑤]关于尼德兰事务的通信汇编，以及帕尔玛女公爵[⑥]通信汇编。他主要是一位汇编者和收集者，但也写了一篇论述唐·卡罗斯[⑦]的文章，一部18世纪早期本国史和一些有名的论文。

---

① 不拉奔(Brabant)是尼德兰的古公爵领地。——译者

② 例如《有关比利时历史的特许状和凭证年表》(布鲁塞尔，1866—1874年，四卷)。

③ 《低地诸国改革的先驱》(布鲁塞尔，1886年，两卷)。

④ 荷兰建国者，第一任执政(1579—1584年)。——译者

⑤ 西班牙国王(1556—1598年)。——译者

⑥ 帕尔玛女公爵玛加丽特为西班牙王查理一世的非婚生女儿(1522—1586年)，1559—1567年为尼德兰摄政，实行暴政，引起荷兰的独立。帕尔玛在意大利北部。——译者

⑦ 西班牙王腓力二世的长子(1545—1568年)，以叛逆罪死于狱中。——译者

很有名气但批判较少的约瑟夫·卡文·得·勒顿霍夫男爵(1817—1891年)浏览了富罗沙[①]和雅克·凡·阿特维尔得[②]的著作,写了一部佛兰德史和《胡格诺与战争》。他的天主教偏见十分强烈。荷兰伟大历史家夫律英[③]说,卡文没有把他在欧洲各档案馆里煞费苦心地搜罗的那些文献加上自己的注释就出版,实在可惜。恩涅写的记述查理五世和他在尼德兰的统治的那部书比较好;凡·普拉特写了许多卓越文章论述从查理五世到法国革命之间那些统治者。19世纪著作最多的作家是狄奥多尔·举斯特(1818—1888年)。他是王家军事博物馆管理员,军事学校和作战学校历史讲师。他以两卷的篇幅记述了1830年革命(1872年),以五卷记述了腓力二世时代(1855年),但他最杰出的著作是传记丛书《比利时王国诸建国者列传》共27卷(1862—1884年),他这部书里利用了国王利奥波尔德[④]、斯托克马[⑤]、凡·得·威尔以及其他比利时政治家的私人文件。他的写作有时还好,但总地看来不够均衡,而且常常在细节上写起来没完没了,忘乎所以。不过举斯特还是有功的,他使当时的比利时人喜欢读历史了。[⑥]

19世纪最后十年德国科学模式渗入这个地区。新方法在布鲁塞尔的代表是凡得金德里,高得弗罗伊德·库尔特(1847—1872

---

① 本书上卷原书第366—370页。——译者

② 佛兰德的政治家(1290?—1345年),在英法百年战争中支持英国。——译者

③ 本卷原书第598页。——译者

④ 利奥波尔德一世,比利时第一个国王(1831—1865年)。——译者

⑤ 英国和比利时的政治家(1787—1863年),任比王利奥波尔德和英女王维多利亚的顾问。——译者

⑥ P.昂拉尔,《狄奥多尔·举斯特的书目提要》(布鲁塞尔,1890年)。

年）也在列日开始举办比利时第一个实践研究班。1872 年库尔特开始当教授，1907 年被任命为罗马比利时历史研究院院长。他是一位富于同情心的教师、信仰教皇极权主义的天主教徒、文笔流畅的天才作家，他对比利时历史教学影响很大。他的文章以极其细腻而精致的笔触闻名，他的《墨洛温王朝诗歌史》是一部典范之
597 作。[①] 库尔特最伟大的弟子——比他的老师还伟大——就是前边在经济史家那章里已提到过的已去世的亨利·佩朗[②]。[③]

根特大学的保罗·弗雷德里克是《低地各国宗教裁判所史》的作者，也是光辉的勃艮第时期以及向西班牙统治过渡时期的权威。他是一位视野广阔，非常熟悉 16 世纪欧洲国际关系的学者。佩朗的《比利时史》第 3 卷就是在弗雷德里克的教诲启发下写成的。[④]

在 19 世纪初期的尼德兰[⑤]有两个互相对立的历史学派，两派才学都不丰富。一派是极端的保王党，有意诋毁过去反对过奥兰

---

① 巴黎，1893 年。1899—1900 年间，库尔特为说德语的比利时人编了一种《德国比利时语》杂志。

② 本书原书第 436—438 页。——译者

③ 关于库尔特进一步情况，可参阅佩朗，《高得弗罗伊德·库尔特介绍》（布鲁塞尔，1923 年）；同一作家，《表扬 G. 库尔特的讲稿》，见〔混合〕《表扬高得弗罗伊德等人》（列日，1899 年）和《比利时皇家学院年鉴》（1924 年），第 193—261 页，库尔特的讣告。

④ 鲍威克的文章，见〔伦敦〕《英国历史评论》，第 51 卷（1936 年），第 80 页。

⑤ P. J. 布洛克，《荷兰史学》（海德堡，1924 年）；同一作家，见《史学与史学家》，第 1 卷，第 266—286 页；撒姆耳·得·温德，《尼德兰历史编纂书目提要》（米德尔堡，1835 年）；莱普《尼德兰教会史编纂书目提要》（莱登，1886 年）；《比利时书目提要，有关比利时刊物出版月报》（布鲁塞尔，1876 年以后）；亚丰瑟·埃斯基罗，“尼德兰与荷兰生活，第 9 卷：荷兰的历史和史学家”，见〔巴黎〕《两世界评论》，第 10 卷（1857 年），第 275—315 页。

治总督统治的一切政治家，另一派的观点比较温和，认为双方冲突中有许多事情尚需研究才能定案。这个冲突产生了尼德兰的历史批判，并打开了通向更深入的文献研究、传记和专论写作的大门。

截至 19 世纪中叶，和夫特[①]、瓦根那和比尔得带克是荷兰三位主要历史家。腻人的编写书目提要这项工作由乌特勒支的费舍尔担当起来。克路伊特开始写论述荷兰宪法的书，符烈得研究荷兰外交史。凡・赫费尔研究苏里南[②]的那部书在废除奴隶制方面有所贡献；他这部书“既不是传奇，也不是历史，而是指控”。荷兰的海外殖民帝国当然也引起一些学者的注意。

第一位出色的荷兰历史家是威廉・赫鲁恩・凡・普林斯特勒尔(1801—1876 年)，[③]他当过比尔得带克的学生，莱丁大学毕业生。26 岁时当了国王威廉一世[④]的私人秘书。在这样和王室密切接触六年之后，他就完全转向历史研究了，开始时极其细心地编辑《档案式奥兰治—拿骚王室未刊通信集》(莱丁，1835—1864 年，15 卷)。他是一位热心的政治家，多年来一直是极端的喀尔文派领 598
袖，反对自由党的托尔贝克[⑤]。他写的最后一部著作《拿骚和巴涅

① 荷兰的历史家和文学家(1581—1647 年)，为荷兰文艺复兴著名领导者之一。——译者

② 1499 年亚美利哥・味斯浦奇第二次航海在南美洲发现的地方。——译者

③ H. T. 科林布兰德，《1909 年美国历史学会年报》(华盛顿，1911 年)，第 245—256 页；詹姆士・麦凯，《19 世纪荷兰的宗教思想》(伦敦和纽约，1911 年)，第 1 章；古奇的书，第 447—448 页；科恩・斯图亚，《G. 赫鲁恩・凡・普林斯特勒尔书目提要介绍》(乌特勒支，1876 年)。

④ 1815—1840 年在位。——译者

⑤ 荷兰首相(1849—1853，1862—1866，1871—1872 年在任)。——译者

维尔特的摩里斯[①]》(*Maurice de Nassau et Barnevelt*)(1875 年)是为了答复摩特利[②]的著作，为受这位下院议员[③]攻击的亲王辩护。

下半世纪开始后的巨人是罗伯特·雅各布斯·夫律英(1832—1899 年)，[④]他的祖先是英国人，他生于鹿特丹，曾在莱丁大学学古典语言，直到赫棱、奥特夫里·米勒和尼布尔等史家的著作出版后才把他吸引到历史写作上来。他起初研究埃及，后来转向尼德兰史。那些夸他是"荷兰的兰克"的人指的是他的杰作《80年战争中的十年(1588—1598 年)》。[⑤] 夫律英身材矮小，沉默，常穿黑衣服，大半生都在他的书斋里度过，他的影响范围广阔，他在《导报》上发表的那些颇受欢迎的文章，还在荷兰一般读者大众当中产生影响，他在这份杂志当编辑十年之久(1865—1875 年)。他的历史知识详尽而广泛，[⑥]但他的作品大多数都是专论或分散在他讲的那些课和写的文章里。他当教授时讲的第一课是《论历史

① 荷兰执政，沉默的威廉的儿子。——译者

② 美国历史家(1814—1877 年)，著有《荷兰共和国的兴起》(1856 年)《联合尼德兰的历史》(前两卷，1860—1861 年；后两卷，1867—1868 年)等书。——译者

③ 指托尔贝克。——译者

④ 佩特律斯·布洛克，《已发表的论著集》(格罗宁根，1903 年)；S. 米勒·Fz 在《导报》1894 年 6 月第 353—362 页及 1899 年 4 月发表的文章；F. 拉非勒在〔慕尼黑〕《历史杂志》第 98 卷(1907 年)，第 507—543 页上发表的文章；露特·普特兰姆，"罗伯特·夫律英，1823—1899 年，一个简单的回忆"，见《1899 年英国历史学会年报》(华盛顿，1900 年)，第 1 卷，第 516—526 页；古奇的书，第 448 页；科佩尔·S. 平孙，"罗伯特·雅各布斯·夫律英(1823—1899 年)"，见《社会科学百科全书》，第 6 卷，第 507 页。

⑤ 出版于 1856 年；第 8 版(1924 年)。

⑥ "我实际上已经确认，从曼内托列吉斯贝托·卡累尔·凡·霍根多普的世界史整个过程，不仅在广阔的跨度上而且也在特色上清清楚楚地使他们站立在思想界面前。"S. 米勒·Fz. 在《导报》1894 年 6 月份第 354 页上发表的文章。

家的公正》。他把历史的意义看得很广，接触到生活的一切方面，并曾说兰克的著作只写政治史，不能令人满意。在政治上，他站在自由党一边，反对赫鲁恩·凡·普林斯特勒尔的保守论。他憎恶所谓历史法则这个观念，认为探求事情的目的性十分重要。

19 世纪最后 40 年间，纪念荷兰独立斗争[1]中各种重要事件的三百周年，激起人们研究海上乞丐[2]，根特协定[3]、沉默的威廉[4]以及一些类似论题的热情。对立的宗教派别请作家之间时常出现尖锐的冲突。

荷兰的主要历史家和档案家都是夫津英的门徒。他们追随自己的老师，但并没丧失自己的独立性，最伟大的是佩特律斯·约翰尼斯·布洛克(1855—1929 年)[5]，他于 1894 年继承了他老师在莱丁大学留下的职位，一直当了 35 年教授，名声很好。在这以前他曾在格罗宁根教书十年。布洛克设法克服夫律英学派仅仅使用荷 599
兰资料这个错误，于是开始在德、英、法、意、西等国以及斯堪的纳维亚和波罗的海各国查找外交文献储藏。他的《威尼斯的关系》(*Relazioni Veneziane*)(1909 年)表明他在这方面可能作出怎样的贡献。五年前他就已经成功地在罗马建立了一个尼德兰历史研究

① 1566—1648 年。——译者

② 荷兰独立期间，水手、码头工人、海员组成的海上游击队，反抗西班牙统治者。——译者

③ 1576 年尼德兰南部和北部签订协定于根特城(Ghent)，联合抵抗西班牙。——译者

④ 即奥兰治的威廉，尼德兰反抗西班牙的领袖。——译者

⑤ 参阅克洛克在《社会科学百科全书》上发表的文章；古奇的书，第 448 页；沃尔夫的书，第 687—688 页。

所。该所的一项工作就是把意大利和荷兰的艺术联系起来,并深入研究古代和中世纪考古学。他的伟大雄心就是为自己的人民撰写一部全面的本国史。人们将他的爱国热忱和辛勤劳动创造的硕果①和格林的《英国人民史》比美,不过在文章的优美方面就很难比得上人家那部典范著作了。他这部书既是爱国的,又是有学术性的,值得注意的是他下了工夫把经济这条线织入关于荷兰的扩张和荷兰的伟大的记述里。布洛克还写了一部《莱顿史》。②

J. 丰·阿尔茨在 19 世纪用他那部不朽的《圣加伦诸郡史》(*Geschichten des Kantons St. Gallen*)(1810—1813 年)开创了瑞士史学,③他这部书主要是一部文献史,也是对约翰尼斯·丰·米勒④的浪漫主义作品的责难,这是很有好处的。但瑞士史在约瑟夫·攸替歧·哥布(1793—1866 年)⑤的著作中第一次有效地经受住近代批判主义的严峻试验。哥布生于贝罗敏斯特,死于同郡的

① 《尼德兰人民史》(格罗宁根,1892—1908 年,八卷;第 3 版,1924—1926 年,四卷)。O. G. 豪特罗译成德文(哥达,1901—1912 年);O. A. 比尔施泰特和 R. 普特兰姆译成英文(纽约和伦敦,1892—1912 年,五卷)。

② 《荷兰史》(海牙,1882—1884 年,两部分,第 2 版,1910—1918 年,四卷)。

③ G. 丰·威斯,《瑞士历史编纂史》(苏黎世,1895 年);A. 吉兰和 E. 加里阿第在《历史和史家》第 1 卷第 396—412 页上的文章,特别参考第 397 页和注①所引著作;〔慕尼黑〕《历史杂志》,第 24 卷(1870 年),第 43—93 页和第 34 卷(1875 年),第 144—180 页;〔巴黎〕《综合历史评论》(1901 年),第 233—235 页;《两世界评论》(1834 年),第 1 部分,第 599—600 页;(1844 年),第 2 部分,第 565—610 页;(1856 年),第 1 部分,第 223—224 页;(1870 年),第 1 部分,第 214—240 页;〔巴黎〕《历史评论》,第 1 卷(1876 年),第 585—586 页;第 5 卷(1877 年),第 383—393 页;第 24 卷(1884 年),第 143—164 页。

④ 本卷原书第 138—140 页。——译者

⑤ 阿洛伊斯·吕多尔夫,《作为教授、诗人、政治家和历史编者的约瑟夫·攸替歧·哥布》(卢塞恩,1868 年),附有补篇;古奇的书,第 445—446 页。

卢塞恩。在荷夫维耳和苏尔萨克教了一段书之后，就在卢塞恩高等学校当了几达半个世纪之久(1819—1865 年)的教授。《瑞士联盟史文献》(第 1 卷，1852 年，卢塞恩；第 2 卷，1851 年，维也纳)在瑞士史学界打开了新时代的大门。他证实楚第[1]和米勒提供的关于瑞士联邦起源(包括律特力联盟[2]和退尔及总督等传闻[3])的说法当时并无任何材料证明。哥布最重要的贡献是建设性的，其形式是广泛的联邦史。[4] 他曾和别人一起合写一部《古代联邦官方决议汇编，1291—1420 年》(1839 年)。在结束他的情况时应指出，他当 600
了 40 年古典语言学教授。但他的著作那些细节虽细腻而多彩，但从总体上看，却是一大堆乱七八糟的东西，完全没有优美的风格。

卡尔·丹德利克尔(1849—1910 年)是苏黎世大学教授，写了一部他这个郡的历史，另一部以哥布的著作中的材料写的《瑞士史》。[5] 圣加尔郡大学历史教授和该郡首府图书管理员约翰尼斯·迪劳埃尔(1842—1920 年)合写了一部五卷通史(出了三版，并译成法文)，还写了许多文章记述和圣加尔郡有关的情况。[6] 在

---

① 瑞士史学之父(1505—1572 年)，死后出版一部 1000—1470 年的瑞士编年史。——译者

② 传说 1307 年瑞士诸郡宣誓于律特力河畔，组织联盟，次年驱逐帝国官吏。——译者

③ 传说中瑞士杀死暴虐总督革斯勒使瑞士人得到自由的民族英雄威廉·退尔。——译者

④ 《联邦盟约的历史》(1845—1882 年，五卷)。此书有 A. 布孙、A. 吕多尔夫和 F. 罗雷尔三人的续编。

⑤ 参阅戈特弗列得·古根比尔，《卡尔·丹德利克尔传略》(苏黎世，1912 年)。其三卷本历史出现于 1884—1887 年；第 3 版，1900—1904 年。

⑥ 他的著作表可以在《瑞士历史和古代知识指南》中(1920 年)找到。

19 世纪前半叶读者最多的历史家是约翰·亨利希·但以理·乔克(1771—1848 年),他生于马格德堡,是德国人,曾在奥德河畔法兰克福大学读书。由普鲁士迁来瑞士后,就以他的短篇故事《瑞士图景》(*Bilder aus der Schweiz*)一书在瑞士学术界获得显要地位。他那些历史文章是为大众写的,不值得苛求与重视。[①]

随着 19 世纪后半叶的到来,哥布在他的第一部小书《联邦史文献》(*Urkunden*)中宣布的那些原则得到更普遍的接受,现在最需要的就是把可能找到的一切材料刊出有批判的版本。私人历史团体如 1840 年在巴登建立的"公共历史研究协会",个别郡政府和市政府以及联邦档案局等都为这项工作提供机会和资金,记述瑞士各个角落情况的文献对了解联邦历史有帮助;哥布写了第一部。为了作出正确估价,需要做的很重要的事情是分析古代编年史,并确定哪些东西可以引用以证明当时的情况。G.丰·维斯、G.歇雷和 G.迈尔·丰·诺瑙等人都是仅有的著名编者——后者活了很大年纪,死于 1926 年,他是兰克弟子中最后去世的一位。维斯在他的卓越的《苏黎世修道院史》里附加了一篇修道院记录。沃特曼收集了圣加尔的特许状,诺瑙则是它的书面材料方面的权威。有一个时期,出版资料似乎是瑞士人具有的唯一本领,后来新资料大量涌现,就使任何一位企图独力处理所有这些资料的人无能为力
601 了。L.符利明在将近 80 高龄时才写成两小卷《瑞士联邦史》(1875—1876 年),使公众了解瑞士史学取得的进步。各历史学会

① 选集 40 卷本,1824—1828 年;35 卷本,1851—1854 年。他的《自己的观点》是自传性的;其中有明希和爱弥尔·乔克两人写的传记。

的杂志发表的那些文章讨论了许多地方问题。J.J.布鲁麦[①]和A.P.得·瑟格塞转入法律史领域，使人想起约翰·卡斯帕·伯伦智理[②](1808—1881年)的传统。法国人聚居的各郡那些作家论述了对西方的外交事务，得·曼德罗叙述了瑞士和勃艮第之间的战争；宣布瑞士人和路易十一“在这位有耐心而又积极的天才的笔下，成了被巧妙利用的工具”。埃尔曼写了一篇记述中世纪阿尔卑斯山诸要隘的典范文章，[③]普朗塔写的里西亚[④]地方史写得很好。迈尔·丰·诺瑙很认真地为《亨利四世[⑤]、五世[⑥]统治下的德意志帝国年鉴》[⑦]写的那几卷书是瑞士人论述外事的最博学的例子。已故的爱德华·福特留[⑧]给我们一部《近代史学史》。[⑨] 近50年间，历史科学的批判原则在瑞士完全被接受下来，米勒为他们的祖先竖立的纪念碑留下的东西已经没什么了。

冉·查理·利奥那德·得·西斯蒙第(1773—1841年)[⑩]生于

① 瑞士法理学家、政治家和历史家(1819—1875年)。——译者

② 瑞士法理学学者和政治家，根特国际法研究所创立者之一。著有《近代国际法》等书。——译者

③ E.埃尔曼，《中古时代的阿尔卑斯山隘》，见《瑞士历史年鉴》，第3卷(1878年)，第165—289页和第4卷(1879年)，第165—324页。

④ 古罗马一省，在奥地利西部和瑞士东部。——译者

⑤ 1056—1106年。——译者

⑥ 1106—1125年。——译者

⑦ 《亨利四世和亨利五世统治下的德意志帝国年鉴》(莱比锡，1890、1909年，七卷)。

⑧ 瑞士历史家(1876—1928年)。——译者

⑨ 慕尼黑和柏林，1911年；爱弥尔，冉梅尔译成法文(巴黎，1914年)。

⑩ 其姓本为西蒙德。1801年作者注意到他的家族的纹章和祖先(曾是比萨的基伯林党人)的一个意大利家族的纹章相同。但丁在《地狱》一书中提到过这个名字。这个家族的成员有些于1524年逃亡法国。西斯蒙第决定承认和这个家族的联系，(接下页)

日内瓦，一生大部分时间都待在该地，但他写的不是瑞士史，而是意大利和法国史。他父亲是法国一位牧师，他的祖先是在南特敕令[①]撤销后从法国迁来的。这个家庭有些家产，使冉受到良好教育，使他最初在里昂一家银行里当办事员。法国大革命爆发后，这个家庭逃到英国住了一年半。1794 年西斯蒙第回到法国，被监禁
602 一段时期。获释后在卢卡附近买了农田，但这时奥地利警察又把他逮捕入狱。1800 年获释后迁居日内瓦，在该地度过余年。

西斯蒙第开始写的那些文章是论述经济问题的，但他正式成名是他的《中世纪意大利诸共和国史》(1807—1818 年)出版后才开始的。法兰西研究院拒绝表扬他这部 16 卷的著作，但作者交了许多文友，其中有斯塔埃尔夫人[②]。他这部书讨论的是1100—1530

(接上页)因此改变了自己的名字。《J. C. L. 西蒙德·得·西斯蒙第的日记和通信残篇》，附 J. J. C. 谢诺维埃勒的传记介绍(日内瓦，1857 年)。也参阅《J. C. L. 得·西斯蒙第〔和其他人〕的未刊书信集》，附圣-勒内·塔扬迪埃的序言(巴黎，1863 年)和迦柏列·摩诺编的《百日内写给他母亲的未刊书信集》(巴黎，1877 年)。蒙哥尔飞埃小姐(1863 年)和维拉里也编订过他的日记和书信。也参阅古奇的书，第 165—168 页；路易·得·洛美尼，《当代名人画廊》(巴黎，1842 年)，第 7 卷；F. A. 米涅，《肖像与历史和文学评论》(巴黎，1877 年，两卷)，第 2 卷，第 75—76 页；同一作家，“西斯蒙第的生平和主张”，见《北美评论》，第 66 卷(1848 年)，第 32—72 页；同一作家，“西蒙德·得·西斯蒙第的传略和批评”，见《道德与政治科学院的会议与工作》，第 7 卷(1845 年)，第 379—403 页，以及 Alph. 库图瓦，“西斯蒙第的生平和经济著作介绍”，同上书，第 139 卷(1893 年)，第 835—864 页；圣伯夫，《星期一闲谈》(巴黎，1863 年)，第 6 卷，第 24—81 页；〔伦敦〕《外交评论季刊》，第 30 卷(1843 年)，第 258—261；《爱丁堡评论》，第 25 卷(1815 年)，第 31—63 页；多努的评论，见〔巴黎〕《学者杂志》，1821 年，第 486—494，552—562 页；1823 年，第 409—416 页；1824 年，第 77—84 页；1825 年，第 707—717 页；1829 年，第 755—761 页；1831 年，第 679—686 页；1833 年，第 350—360 页。

① 南特敕令是 1598 年法国王亨利四世颁布的宗教宽容法令，17 世纪被路易十四撤销，随之天主教会大肆迫害新教徒。——译者

② 法国女作家(1766—1817 年)。法国革命及拿破仑时代流亡国外，拿破仑失败后始回法国。——译者

年间所有意大利诸邦的革命。讨论这样一个题目的主要困难是在这四个世纪里意大利在政治上不统一，但西斯蒙第巧妙地展开他的情节，既没有纠缠一起，也没有失掉线头。他在前面加了一篇从476至1100年的概述，书后尾声是1530年以后那几个世纪的轮廓。他在绪论中阐明的论点是，政府是形成一个民族的最主要的因素之一。法律对道德和罪恶、能力和天才的影响比气候和种族更重要。他不为任何政治制度辩护，但认为自由十分重要。所以他喜欢联邦制、不喜欢君主制，[①]他断言，共和国伟大的程度是看它享有自由多少而定。15世纪是各共和国的独立和文明的最伟大的时代。他对美第奇家族的科西摩和罗棱索的统治的看法未免成见太大，并把中世纪的人对近代自由概念的估价看得太重了。他对法国从查理八世到弗朗西斯一世[②]那些国王也同样苛刻。他认为历任教皇根本就没有任何行政才能。西斯蒙第的杰作不是根据档案材料写的，而且作为历史著作也有严重缺点。西斯蒙第运用的是一成不变的道德标准（自由对专制），而不是以各个时代需要的方法解释这些时代。在他对天主教和王权的一切评论中都可看出他的新教气味和共和党观点。西斯蒙第对经济虽很感兴趣，但他记述的那些政治斗争中从来都没有探寻经济和社会原因，这确实很奇怪。

---

① 关于伊达拉里亚人，他说道："光荣属于懂得宁愿选取最高贵的善即自由而不选取权力和虚荣的民族"，《中古时代意大利诸共和国史》（巴黎，1840年，八卷），第1卷，第3页。

② 查理八世（1483—1498年在位），弗朗西斯一世（1515—1547年在位）。——译者

1813 年这一年第一次看到他介绍巴黎沙龙[1]的情况。他早年是一位自由主义者，几乎是亲英狂，但他看到帝国覆灭而嗟叹；而且在百日政变时期[2]，他出版了《法国宪法研究》，为拿破仑辩护。这位科西嘉人[3]赏给他荣誉团骑士这个高级头衔，但他拒绝这一
603 褒奖，尽管他认为和拿破仑的会晤是自己一生最伟大的时刻。1818 年他的历史著作写完时，就到伦敦去了。[4] 后来还拒绝法兰西学院和巴黎大学的聘请，回到日内瓦开始写一部规模更大的著作《法国史》。在他一生最后 23 年里，他竟然写了 29 卷![5] 他这部书是曾经写过的法国史中第一部既详尽又完备的。这部书也反映了作者的勤劳和对法兰西民族的爱慕。他这部书的公正态度并不比他论述意大利诸共和国的著作的公正态度更大些；他一方面揭露了天主教在宗教战争中犯下的罪行；另一方面却企图遮掩胡格诺教徒的错误。他的晚年几乎是反动的，并把愤恨误认为透彻的正义。他这个人颇有常识，不十分精明，看问题不能从大处着眼。他的文笔清澈而冷静，缺乏色彩和变化；也像那些勤恳但平庸的作家们那样，误把勤奋当天才，圣奥莱尔写信给巴兰特[6]尖刻地

---

① 指阔人们的客厅，往往聚集许多学者议论各种问题。——译者

② 指 1815 年 2 月 1 日拿破仑逃回法国，至 6 月 23 日第二次逊位的时期。——译者

③ 指拿破仑。——译者

④ 1819 年西斯蒙第娶了詹姆士·麦金托什爵士的姨妹为妻。——译者

⑤ 第 1 卷出现于 1821 年；第 29 卷叙述到路易十五之死，是他死后 1842 年出版的。阿梅代·勒内于 1844 年又出版两卷，完成这部著作。

⑥ 法国外交家和历史家(1782—1866 年)。——译者

说:"西斯蒙第使我发生兴趣正如一个人在厌烦时可能发生兴趣那样。"[①]圣柏甫[②]以"善意的讽刺"称西斯蒙第为"法国史的罗兰[③]"。这种称赞和责备都很公平。

斯堪的纳维亚三国——丹麦、瑞典、挪威——的史学家[④]突出的特点是只写本国和本民族的历史,其他历史一概不管,然而,英德法等国史家却在古代东方、古典时代、中世纪和近代史方面找到题目,而且地球上一切国家和一切民族的历史他们都写。在任何其他国家都找不到像北欧这三个国家这样单一的目的,这样集中写单独一个地区。丹麦、瑞典或挪威那些作家对希腊或罗马、宗教改革或法国革命根本就没写过什么重要历史著作。北欧各国历史家除了他们本国的历史以外,从来没有用自己的研究丰富任何其他国家的历史。

19世纪丹麦史学界名人是C.F.阿伦,他写的《丹麦史》[⑤]在语言上没有人超过他。他的《北欧三国史,1497—1536年》(哥本哈根,1864—1872年,五卷),由于只限于一个时期而且是长期研究 604
的结果,所以较其他著作更有创造性。在教会史方面有A.D.约埃根森的《挪威教会的建立和初期发展》(哥本哈根,1874—1878

---

① 巴兰特男爵,《回忆录》(巴黎,1890—1901年,八卷),第3卷,引文见古奇的书,第168页。

② 法国文艺批评家(1804—1869年)。——译者

③ 查理·罗兰(1661—1741年)法国教育学家,巴黎大学校长。——译者

④ 约翰尼斯·斯廷斯特鲁普,《19世纪的丹麦史学,1801—1863年》(哥本哈根,1889年)。〔巴黎〕《历史评论季刊》第27—48卷中有E.博瓦尔写的《北方通信》,提供了这些年里有关丹麦、瑞典和挪威历史的一切重要历史文献。

⑤ E.博瓦尔从丹麦文第7版译成法文(哥本哈根,1878年),附最好的书目提要。

年,两卷);和L.赫尔维格的《宗教改革前丹麦教会史》(第2版,哥本哈根,1869—1870年,两卷),以及他的《宗教改革后丹麦教会史》(第2版,哥本哈根,1882年,两卷)。C.帕鲁丹-米勒的《鄂尔登堡王朝[①]初期诸王》(哥本哈根,1874年)是一篇卓越的专论。

J.J.服索厄(1821—1885年)是记述北欧历史的先驱。他的《英格兰、苏格兰和爱尔兰的丹麦人和挪威人纪要》(伦敦,1852年)于1851年问世,12年后又出版了《丹麦人征服英格兰和诺曼底》。约翰尼斯·斯廷斯特鲁普的四卷本《早期诺曼史》(*Normannerne*)(哥本哈根,1876—1882年)[②]写的是同一个题目,但范围更广泛,学术性也更大些。

"瑞典历史之父"是乌普萨拉大学教授伊立克·盖吉尔(1785—1847年),[③]他为赫棱·乌刻特丛书[④]撰写的《瑞典史》到他去世时尚未完成。他写到查理十二统治时期[⑤],卡尔逊[⑥]接手写完了第5、6两卷。盖吉尔还写了一部瑞典编年史。[⑦] 1843—1845年间他出版了考斯道夫三世[⑧]的文件汇编。盖吉尔晚年讲授人文

① 丹麦王朝,统治丹麦(1448—1863年)和挪威(1450—1814年),有时包括瑞典。——译者

② 关于这部著作的内容,可参阅查尔斯·格罗斯,《英国史资料文献,从最早的时代至1485年》(第2修订版,伦敦和纽约,1915年),第303页,1535号,卡尔·丰·阿密拉的杰出评论"诺曼法的起源",见〔慕尼黑〕《历史杂志》,第39卷(1878年),第241—268页。

③ 耶尔根·尼尔森,《伊立克·考斯道夫·盖吉尔》(欧登塞,1902年)。

④ 本卷原书第128页。——译者

⑤ 1697—1718年。——译者

⑥ 瑞典历史家(1811—1887年),著有《瑞典史》七卷(1855—1885年)。——译者

⑦ 《中古瑞典历史作家》(乌普萨拉,1828年)。——译者

⑧ 1771—1792年在位。——译者

主义、社会和宗教等题材。他很有才华，是一位诗人兼作曲家。他的《麦克白》[1]译本占据瑞典舞台。他的自传充满魅力。

安得斯·弗留克塞耳（1795—1881 年）是斯德哥尔摩王家图书馆一位有学问的研究古学的管理员的儿子。他像德国的弗莱塔格[2]那样，编了一长串丛书（46 卷），从异教时代到考斯道夫三世统治时期的瑞典史名叫“叙述”（Bilder）（1772 年），这套书已经出了 20 版以上，仍然很受欢迎。弗留克塞耳还根据外交档案编辑了四卷国家文件（1836—1843 年）。他在许多文章和小册子上发表的东西表现的对天主教会和贵族统治在瑞典历史上的地位的宽容态度，引起他和盖吉尔之间的一场论战。[3]

19 世纪上半叶瑞典三大史学家的第三位是安得斯·马格纳斯·斯特灵霍尔姆（1786—1862 年）。他既不是教师，也不是大学 605
教授，而是在 1828 年接受政府补助的坚持不懈地进行历史研究达 34 年之久的一个人。他的著作有写至 1544 年的《发撒王朝[4]诸王统治时期的瑞典人民史》（三卷，1819—1823 年）；《马格那斯·斯滕博克[5]传》（*Life of Magnus Stenbock*）（两卷，1821 年）和他的杰作《从远古到今天的瑞典人民史》，这部书实际上是一部瑞典中世纪史，因为它写到 1319 年的革命[6]就停笔了（五卷，1834—1854 年）。

---

① 莎士比亚的一个剧本。——译者

② 德国小说家、戏剧家和批评家（1816—1895 年），著有六本历史小说。——译者

③ S. A. 黑丁，《弗留克塞耳与盖吉尔》（1861 年）。

④ 1521—1720 年。——译者

⑤ 瑞典查理十二的大将（1665—1717 年）。败俄军于那尔瓦（1700 年），败丹麦军于哈尔辛堡（1710 年），最后为俄军击败。——译者

⑥ 瑞典王柏吉尔为贵族所逐，其侄马格纳斯八世即位，是年挪威与瑞典合并。——译者

19世纪挪威的历史研究很难和丹麦、瑞典的历史分开。挪威第一位著名史学家是彼得·安得累阿斯·明希(1810—1863年)，他从1841年就在克立斯姜那大学当教授，直至去世。他最重要的著作是《1397年喀尔马联合①以前的挪威人民史》(八卷，1851—1864年)，在这部书以前，他还在1838年出版过一部《挪威、瑞典和丹麦史》——他列举这些国家的顺序很有趣。他还编了一部《1397年以前的挪威古代法》(三卷，1846—1849年)，和一部《圣迈克尔修道院古文书手稿》(1845年)。他在罗马去世时仍在进行自己的研究。

和明希同时的雅各·路德福·歧撒(1803—1864年)在克立斯姜那大学建立了一座古代博物馆。他的著作有：《1687年以前的挪威史》、《宗教改革以前的挪威教会史》以及一系列关于诺曼人的起源和宗教的研究：《论挪威民族的起源》(*Om Nordmoendenes Herkomst*)。索福斯·布盖(1833—1907年)在北欧语言、神话和英雄传奇文学方面开辟了新园地。

挪威史学是明希和歧撒建立的。据说，"他们记述的早期挪威史都是些伟大著作"，但系统地阐述挪威民族发展过程的著作仍然没有。所有老一辈历史家都认为挪威史包含两个部分……"一是从较早时期到喀尔马联合〔1397年〕，二是1814年以后的近代史。和丹麦联合的时期被认为是从属他国的时期和民族停滞时期，关于这段历史，他们宁愿保持缄默"②。恰恰是为了填补挪威史上这

---

① 女王马加勒特在喀尔马宣告丹麦、挪威、瑞典三国合并(1397年)。——译者

② 克努特·哲塞特，《挪威人民史》(纽约，1915年，两卷)，第2卷，第551—552页。

个被忽视的空白，J. E. 沙尔斯才努力写出自己的杰作《北欧史纲》。他发现的情况证实了亨利克·沃革兰早先在他的《北欧宪政史》中曾揭示的实况。沙尔斯“指出古代挪威人民并不只是由家长式统治者统治的部落组成，而且一种贵族统治业已有所发展，比瑞典和丹麦的贵族统治更为强大。当哈罗德·哈尔法格[①]把整个挪 606
威统一在自己权威之下的时候，酋长(herser)们就失去了从前的权力，但在酋长阶级被摧毁以前，历代国王和贵族阶级之间的斗争一直都在进行。旧王族断线以后，挪威就和丹麦并成一国，因为当时已经没有一个勇武强大得足以领导人民的贵族阶级了。在瑞典和丹麦由一个强大而好战的贵族阶级统治期间，挪威已经成为一个民主国家。这一点可以说明挪威在联合时期为什么处于劣势”[②]。沙尔斯的第二部重要著作是《挪威政治史，1815—1885年》，爱国情调很浓。

刚刚进入20世纪时，J. E. 沙尔斯、亚历山大·布革[③]、E. 海尔茨贝格、O. A. 约翰逊、Y. 尼尔森和 A. 塔拉布格等人都为集体编写的《挪威史》[④]写了一卷。

① 挪威国王(863—930年)。——译者

② 哲塞特(见上一个著者)，第2卷，第552页。

③ 挪威语言学家(1833—1907年)。——译者

④ 《挪威史》(克里斯蒂安尼亚，1909—1917年，六卷，分为13部分)。

第六十三章 南欧诸国

607 意大利独立和统一的思想在"复兴运动"(Risorgimento)[①]以前许多世纪就已经有了,但直到法国革命以前,这个思想还没有变成实际的政治行动。尽管全意大利使用的都是但丁的语言,罗马的宗教也是全意共同的信仰,但在1792年以前并没有真正的民族感情,对占领伦巴第的奥地利人、占据意大利其余各地的本国那些专制暴君也好像没有仇恨的迹象。对半岛上的人民进行政治教育仍待实现。在这项工作中,历史作家的贡献有如雪中送炭。[②]

---

① 1847年加富尔等创办的报纸,主张意大利独立,意大利诸侯联盟和温和的改革。——译者

② 本泥狄多·克罗齐的标准著作《从19世纪初至今的意大利写作史》(巴里,1921年,两卷,合订成一册),也在《批判》杂志第13—18卷(1915—1920年)分期发表。也参阅同一杂志上发表的评论当代作家的文章;乔奇斯·波今的文章,见《史学与史学家》,第1卷,第219—232页;巴奎尔·维拉里,《历史与批判研究》,林达·维拉里译(纽约,1907年);N.托马索,"历史研究的萌芽和补助巨著的出版",见《意大利史文库》,第2辑,第1卷(1855年),第1部分,第97—111页;M.塔巴里尼,《意大利历史的研究及其更为丰富的标志》,同上书,第2辑,第4卷(1856年),第2部分,第101—116页;并参考同上杂志上的评论;A.巴托利,"上世纪到现代意大利史研究",见《家庭与学校》杂志,1861年1月号;法兰西斯科·朗扎尼,《19世纪意大利史学的特点和见解》(帕多瓦,1878年),这是一个简单而有用的概述,主要是叙述国民觉醒和统一成功这一段时期;A.科西,"1859年以后意大利史的研究",见《欧洲复兴》杂志(1878年);G.罗马诺,"意大利现状的历史研究",见《哲学复兴》杂志,第2卷(1900年),第319页;同一作家,《中世纪史最后50年研究》,见《意大利学术进步学会会报》(罗马,1912年),(接下页)

在法国统治意大利时期（1796—1815 年），新思想已移植到意大利人的头脑中。历史从教会手中转到爱祖国、追求祖国进步的那些军人、政治家和学者手中。但他们提出的方法和手段有分歧。特罗雅①、卡波尼②、坎图③和托斯提④等人把希望寄托在老归尔甫派⑤的主张上，即，意大利各邦在教廷领导下组成一个联邦。那些坚决反对教皇的人则觉得别的方案更有吸引力。科莱塔⑥反对法国波旁王室，阿马里⑦既反对波旁王室，又反对教权，微拉里在 608
感情上是革命的。大多数历史家积极参加复兴运动，从而饱尝铁窗或放逐之苦；他们的政治经历在他们的著作中留下许多痕迹。另一方面，像维拉里这样一位作家则代表了 1861 年意大利王国成立以后的一代；从那时以后，历史家就不那么动感情了，他们有了

(接上页)第 631—644 页；J. J. 安培，"意大利的历史和史家"，见《两世界评论》，1856 年，第 5 部分，第 45—81 页；G. 利贝里，"意大利历史出版物"，同上书，1841 年，第 3 部分，第 876—894 页；路易·亚田，"佛罗伦萨共和国近代史家"，同上书，1867 年，第 1 部分，第 135—166 页；格林，"意大利史家"，见《北美评论》，第 48 卷（1839 年），第 325—351 页；G. W. 格林，《历史研究》（纽约和伦敦，1850 年），第 130—152 页；莱西·科利森-摩列，《近代意大利文学》（伦敦，1911 年），第 13 章。关于研究中世纪意大利的历史家，参阅彼得罗·埃吉迪，《中世纪史》（罗马，1922 年），和 C. W. 普勒维特-奥顿，《意大利中古史的最新著作》，见《剑桥史学杂志》，第 1 卷（1923 年），第 10—22 页；卡洛·西塞尔，"从 18 世纪后半期到现代那不勒斯王国历史研究的发展"，A. 贝尔译，见〔慕尼黑〕《历史杂志》，第 6 卷，第 293—348 页；J. C. L. 西蒙德·得·西斯蒙第，"意大利诸国政治情况"，《爱丁堡评论》，第 55 卷（1832 年），第 362—397 页。

① 本卷原书第 612—613 页。——译者

② 本卷原书第 611 页。——译者

③ 本卷原书第 612 页。——译者

④ 本卷原书第 613—614 页。——译者

⑤ 12—13 世纪帝国境内拥护教皇反对皇帝的政治党派。——译者

⑥ 本卷原书第 609—610 页。——译者

⑦ 本卷原书第 515—516 页。——译者

学者气度。19 世纪前 60 多年,意大利史学大多是为政治目的服务的。

文森索·库奥科(1770—1823 年)是那不勒斯人,曾在法国部队服役,在他那部《那不勒斯革命的真实历史》(1801 年)里为 19 世纪写了一篇导论。他那本政治小说《柏拉图在意大利》(1804 年)追溯到古罗马人以前意大利的神话中的黄金时代。库奥科向他的意大利同胞宣告平等和统一的幸福;他呼吁法国完全解放他的国家,否则就完全不要信任这个国家。有了库奥科,维科[①]的影响就复活并加强了。

和库奥科同时的一位是朱塞普·密卡里。他生于里窝那,1796—1799 年间曾在巴黎目击执政府垮台。他研究了地形和古物,把研究成果写成两部巨著:《古代意大利人民史》(三卷)和《古代意大利人民的功勋》(1832 年),这些著作受到尼布尔的反面批评。他还写了一部《意大利诸沿海共和国的商业》。

在意大利文艺复兴时期,虽然佛罗伦萨产生了最伟大的历史学派——人们想到微拉尼、波基奥、马基雅维利、基察第尼——但在罗棱索·品奥提以前还没人写过托斯卡纳通史。品奥提是大公的史官和比萨大学教授,早在 1793 年他便开始勾画他的著作的最初轮廓了,后来就献给自己的同胞一部《伊达拉里亚时期以来的托斯卡纳史》(*History of Tuscany from the time of the Etrucans*),在他去世后的 1812 年出版。他这部书读起来令人愉快而且内容丰富——全书最好的部分是第 4 卷结尾处讨论托斯卡纳文学和艺

① 本卷原书第 92—94 页。——译者

术的那段很长的文章——这部书如果不是由于它的英译本[①]是最早引起英国广大读者对佛罗伦萨的历史和文化发生兴趣的话，可能连提一下都不值得。

新时代意大利第一位真正的历史家是卡罗·朱塞普·古列尔摩·波塔(1766—1837 年)。[②] 他也像他的前五代祖先那样，是学医的，20 岁时在都灵获得学位。在 1792 年那次突然发生的动乱 609
中，他那些共和派的表现使他坐牢两年，甚至还尝过肉刑的滋味。在格勒诺布尔获准流放，他以拿破仑部队军医的身份回到意大利。从 1798 到 1814 年在皮德蒙特政府任职，但他认为意大利应独立的观点使拿破仑不同意他升官。在百日帝国期间，他担任鲁昂大学校长一个短时期，拿破仑在滑铁卢失败后，他就退出政治舞台，全力从事写作。1804 年在巴黎曼苏尼[③]的母亲家中的一次谈话就已经推动他撰写一部《美国独立战争史》(1809 年)了。这本书共四卷，是按照 16 世纪意大利的方式在三年以内写成的；全书更像是一本文学作品，而不是对材料有足够了解的产物。这部书的法文和英文译本颇受欢迎，被认为是论述这个题目最早的可以接受的作品；但是意大利原文版在滞销之后，终于当废纸卖掉偿还他妻子的医药费了。波塔在国内的声望是他那部《意大利史，1789—

---

① 约翰·布朗宁译(伦敦，1826 年，四卷)。

② 保罗·帕维修，《卡罗·波塔和他的历史著作，附未刊书信》(佛罗伦萨，1874 年)；《北美评论》，第 48 卷，第 325 页，和第 50 卷，第 30 页；爱弥略·提帕尔多，《18 世纪意大利名人传记》(威尼斯，1834—1835 年，十卷)，第 8 卷，第 424—448 页；弗朗索瓦·佩兰，《意大利文学史》(1867 年)。

③ 意大利诗人兼小说家(1785—1873 年)，曾参加 1848 年的米兰暴动。——译者

1814 年》取得的。[①] 书里讨论的事情都是他能够根据第一手材料写的，而且爱国情调贯穿全书。波塔对过火的革命厌倦了，并哀叹拿破仑那种没边没沿的自大狂就是意大利近年来一切灾祸的起因。虽然他在这期间业已成为归化的法国公民，但毫无疑义，他反对法国的情绪依然如故。甚至他的文笔也是很细心地把一切法国气味都清洗干净。虽然他的文章有时也很流畅，但他过分着力地模仿古典罗马和佛罗伦萨史家，以致不能做到朴素自如。[②] 赞赏他的人催促他续编基察第尼的著名史作。他为完成这项任务而写的那十卷书却因受匆忙之害，成了无价值的汇编。贫困逼得他在四年以内就把一位学者费尽毕生心血才能完成的作品写完了。尽管他在细节上满不在乎，挂一漏万，但他在他那一代人当中却大受欢迎，而且当他于 1831 年回到皮德蒙特时，还受到查理·阿尔伯特[③]的明显厚遇。他的儿子保罗·爱弥尔·波塔(1805—1870 年)是著名的亚述考古家，还曾发掘柯萨巴山丘(1843 年)。

彼得罗·科莱塔(1775—1831 年)[④]是那不勒斯一位政治家兼

---

① 巴黎，1824 年，四卷四开本。曾再版无数次，有 Th. 利凯的法文译本(1824 年，五卷)。

② "老式托斯卡纳文字，臧尼拉认为需要一本词典才能了解，因此甚至在他自己的时代，人家就说，他的历史是为他的祖先写的，不是为他的后人写的。"科利森-摩列(见本书原书第 607 页著者注)，第 293 页。

③ 撒丁尼亚国王(1831—1849 年)，力图统一意大利，与奥地利作战，战败后逊位。——译者

④ 季诺·卡波尼，"彼得罗·科莱塔生平简介"，见《那不勒斯王国史，1734—1825 年》(第 3 版，佛罗伦萨，1856 年，两卷)，序言；G. 比哥尼的文章，见《意大利文库》，第 5 辑，第 39 卷(1907 年)，第 489—494 页；吕奢尔，《意大利知识分子演进论文集，1815—1830 年》(1906 年)，第 198—214 页。

将军，只写过一本书《那不勒斯王国史，1734—1825 年》，是在他死 610
后由季诺·卡波尼[1]修订出版的（1834 年）。他在约瑟夫·波拿巴[2]和缪拉[3]手下飞黄腾达之后，就为业已复辟的波旁王朝政府利用，镇压 1820 年巴勒莫暴动去了。他在双方之间斡旋的方式使烧炭党[4]和反动政府都怀疑他，因而被流放到莫拉维亚[5]两年。获释回佛罗伦萨后，就专心撰写历史，并模仿塔西佗那种强劲有力而奇特的文体成功。他的书在日内瓦出版，偷偷运进意大利，受到广泛欢迎。对这本书的评价各有不同，从热情的赞扬到对他的牢骚和歪曲进行的猛烈攻击都有。他的经历就使他很难成为一位公正的作家。[6] 作为一个被放逐的人，他没机会利用那不勒斯的资料，只依靠自己的记忆；因而疏漏很多，不准确的情形更是比比皆是。他认为历史是一种古典艺术写作，这个概念[7]使他添枝加叶、任意渲染或随便安排史实，并费尽心力作人为的对比。他严厉谴责可恨的波旁王室的统治，并斥责他过去为了得到他们的支持把他们捧到天上去的烧炭党人。科莱塔了解文明的价值，他借助于工业、

① 佛罗伦萨的政治家和学者（1792—1876 年）。——译者

② 拿破仑的哥哥（1768—1844 年），拿破仑封他为那不勒斯国王（1806—1808 年）、西班牙国王（1808—1813 年）。——译者

③ 拿破仑的部将（1767？—1815 年）。——译者

④ 19 世纪意大利的一个反对王政主张共和的秘密政党。——译者

⑤ 在现在的捷克。——译者

⑥ 他称他的著作是“……放逐中的伴侣，痛苦中的慰藉，声望的许诺者（也许只是阿谀奉承者）。……它给负担沉重的心情提供一种新的闲情；它在专横给我造成的横祸中隐隐地表示了哀悼和报复”。比哥尼引用过（上一个著者注），第 490 页。

⑦ 他自己的历史观点如下：“一出人类话剧，它通过真情实事逐步揭示一次灾难：指出表演者的优点和失误；永恒中的奖赏和惩罚。”比哥尼引用过（上上一个著者注），第 492 页。

农业以及立法对社会情况的影响，绘制出比前辈史家笔下更为广阔的图景。

浪漫主义把那些空洞的辞藻一扫而光，又回到穆拉托里[1]的宝库里。意大利学者从当前的忧患回溯到中世纪的成就和斗争。1839 年，查理·阿尔伯特组成了第一个王家历史委员会，开始由官方出版各种文献、编年史和记录。这个情况比英国卷宗丛书的出版早 20 来年。1842 年，维索创办了《意大利历史文库》杂志，那不勒斯和许多其他省份也办起比较简陋的类似刊物。《意大利历史文库》开始时是专为出版珍贵的或未曾刊行过的著作和文献（特别是关于中世纪的）创办的，但到 1855 年它的性质就变成兴趣广
611 泛的历史评论了。[2] 各种文献的刊印和资料的批判为一种新型历史提供了条件。本泥狄多·克罗齐曾把浪漫主义学派说成是“怀旧”史家，但这个词似乎有些刺耳，而且忽视了他们真正的成就。

亚历山得罗·曼苏尼（1785—1873 年）是意大利最伟大的历史小说《订婚夫妇》[3]的作者，他认真地研究伦巴第的历史。但在中世纪意大利史方面引起人们兴趣最大的莫过于西斯蒙第[4]，他还为意大利人赢得各国自由党人的同情；西斯蒙第出身于一个托斯卡纳家庭，但他在瑞士写作，他断定：归尔甫派和基柏林派[5]的世仇显然是对意大利自由事业的致命打击。这时兴起一个新的归

---

① 本卷原书第 50—51 页。——译者

② 其次一个大杂志是立瑙多、维拉里等人创办的《意大利复兴史》杂志。

③ 描写 17 世纪米兰一对青年农民订婚夫妇，女为强盗劫走，最后美满解决。书中刻画了强盗与僧侣的生活。此书销售之广，仅次于《神曲》。——译者

④ 本卷原书第 601—603 页。——译者

⑤ 基柏林党，与归尔甫党相反，是拥护皇帝反对教皇的党人。——译者

尔甫历史学派，他们把天主教复兴和爱国狂热结合起来，抛弃了统一的妄想，建议在罗马教廷领导下成立一个意大利联邦。和正在兴起的反教权高潮针锋相对，他们把整个中世纪教廷的工作说成是仁慈的、进步的；说教廷是罗马文明的保存者，使之在日耳曼蛮族入侵中免遭毁灭之灾，而且把欧洲的道德提高到新的水平。以下讲到的作家都属于这一类。

季诺·卡波尼伯爵(1792—1876 年)[①]是这个世纪最吸引人的人物之一。他出生于佛罗伦萨一个古老的家族，一向是诸大公的忠顺臣民。他是温和的自由派，赞成在教皇领导下建立一个归尔甫联邦。1821 年那些努力的失败使他对以革命求解放的道路感到失望，于是他就倾全力培植意大利的艺术和文学。1820 年，他仿照《爱丁堡评论》创办了文学杂志《文粹》。在这件事上他得到瑞士人维索的帮助，后来他也成了维索办的《意大利历史文库》杂志最有力的支持者之一。卡波尼写了一部《佛罗伦萨共和国史》(1875 年，两卷)，在国内外都受到高度赞扬。在理论上他有民主和公正的愿望，但他的性格与梳毛工起义[②]那样的无产阶级暴动是水火不容的。正如一位评论家所说，他的观点常常是那些“稍稍落后于时代的人们的观点，受旧东西限制太大，不敢大胆行动；同

① 亚勒弗烈·V. 雷蒙特，《季诺·卡波尼的时代和生平》(哥达，1880 年)；W. J. 斯蒂尔曼，“季诺·卡波尼”，见《民族》杂志，第 32 卷(1881 年)，第 321—322 页；《爱丁堡评论》，第 143 卷(1876 年)，第 474—510 页；《北美评论》，第 121 卷(1876 年)，第 450—456 页。

② 1378 年佛罗伦萨发生梳毛工人领导的起义，后为保守分子挫败。——译者

时又宽大过分，不能支持反动”。[1] 他在出版他的书以前 25 年就动笔书作，完成时已年逾八旬，当时对托斯卡纳的中世纪资料还从来没有进行过批判的研究。从那时起学术界就逐步破坏了他早期著作的一些部分。他不加批判地从微拉尼那里抄用整页整页的材料。

612 恺撒·坎图(1804—1895 年)[2]是伦巴第人，在史学上他是曼苏尼的大弟子，而且是 19 世纪作品最多的历史家之一。有一个时期他是奥地利政府的阶下囚；在意大利王国建立以前，他过了许多年流放生活。他写的东西包括诗歌、论文和故事，他的杰作是一部 35 卷的《世界史》(1838—1846 年，再版多次)。在涉及范围如此广泛的这样一部著作中，学者找不到多少准确性，更难找到什么独创性，但他这部书却名扬四海，而且长期以来都是意大利人很喜欢的参考书。他的《意大利史》(1849—1850 年，六卷)是第一部完备的本国史。他把意大利史分为三大时期：从罗马起源到西罗马帝国灭亡的“异教时期”；至萨服那洛拉[3]和新世界的发现结束的天主教时期；近代政治时期，这个时期是国际均势和外交的时代，这时异教力量这个因素业已回升。他经常拿 19 世纪和天主教时期对比，从中可以看出他对天主教的盲目爱好，他偏袒教会，把它看成文明和古典学术的卫士。这部书的优点是不单纯讨论政治，还涉及社会经

---

① 《爱丁堡评论》(见上一个著者注)，第 479 页。1848 年他应利奥波尔德二世公爵的邀请，组织内阁，但是这个内阁太温和了，不能被自由党人接受。

② 马可·塔巴里尼，《历史批判的研究》(佛罗伦萨，1876 年)。

③ 萨服那洛拉(1452—1498 年)，在罗马领导市民起义，失败后于 1498 年被处死。——译者

济情况、文学和宗教。但总地看来，坎图的著作很肤浅，写书时一只眼睛瞧着公众，偶尔还出言恶毒。他的教士偏见在《意大利的异教》一书中有典型表现，这部书概述了宗教改革时期的前兆，并支持下述论点，即：意大利种种光辉业绩都是在宗教改革以前和教廷优势的伟大时代同时出现的。最近这两个世纪的衰落不是因为天主教，而是因为异端和唯理论者破坏性的影响腐蚀了健全的道德和宗教。坎图是同情马克西米连[1] 1857 年的改革诺言的少数自由党人之一，因而被扣上卖国者的帽子。他创办了伦巴第历史学会，而且是伦巴第档案馆监理。他写得最准确的一部书是《帕里尼住持和古伦巴第》(*l'Abata Parini e la Lombardia nel secolo passato*)(1854 年)。他给研究文学的人留下一部《曼苏尼回忆录》(1882 年)。[2]

卡罗・特罗雅(1785—1858 年)[3]，那不勒斯人，读《神曲》后就决心研究中世纪史。他的《但丁寓言中的灵猩[4]》(*Del Veltro allegorico di Dante*)这部书的优点在于：它是最早把这部文学杰作当作历史资料运用的，并联系但丁自己的生活和时代来阐释《神曲》。他把归尔甫派和基柏林派的冲突看作两种民族性，即拉丁民族和北方民族的冲突。为了寻找这两种民族性的起源以便进行解释，613
他的研究使他回溯到哥特人和伦巴第人的时代。他为了写一部伦

---

① 马克西米连(1832—1867 年)，奥帝弗朗西斯・约瑟之弟，1857—1859 年为伦巴第—维尼斯王国总督。——译者

② 最好的版本是曼苏尼的继子斯塔姆巴的修订本。

③ 内克罗洛基的文章，见《意大利史文库》，第 2 辑，第 7 卷(1858 年)，第 185—189 页；马克・莫尼埃，《意大利是一片墓地吗？》(巴黎，1860 年)，第 11 章；马若歧，《特罗雅》(1876 年)。

④ 锐眼疾足的猎犬。——译者

巴第史，从著名的蒙特卡西诺修道院和其他一些修道院的档案里搜集材料。[①] 在他的《中世纪意大利史》（那不勒斯，1839—1859年；佛罗伦萨，1847—1849年）出版以前，就已经写了25卷资料集记述侵入意大利的蛮族的起源和性质以及在他们侵入半岛以前的政府和风俗等。[②] 他并不想写成一部艺术性的著作（他的写作能力也很难办到），只是以自己国家的档案材料为依据编一部书能够说明罗马衰亡的原因并指出它的蛮族主人的性格和行为就行了。这部《中世纪意大利史》本身一直未能完成。他这部书计划从鄂多阿塞[③]写到阿尔波音[④]，但在特罗雅原想开始下笔的地方就结束了。他这部书之所以重要，就是因为它反对自从马基雅维利、坚诺恩、穆拉托里以来并受到萨焚宜支持的那个传统观点，即，意大利人在伦巴第人统治下仍保有他们的公民权利，而且罗马法仍继续贯彻。特罗雅承认在私事上，他们还被允许保留自己的法律，但他坚决主张意大利人已完全被剥夺了公民权，而且丧失了携带武器的权利。他相信罗马法的恢复是由于伦巴第统治地区保留下来的记忆，以及罗马法在罗马、那不勒斯、阿马尔菲、威尼斯以及伦巴第统治未达到的其他地区的继续使用。

路易吉·托斯提（1811—1897年）[⑤]是蒙特卡西诺修道院住

---

① 《伦巴第古文献抄本，从568到774号》（1852—1854年，四部分），构成他的《意大利中古史》第4卷。

② 《中世纪史的初步工具》（1829年以后）。

③ 476年推翻西罗马帝国的“蛮族”雇佣兵统帅。——译者

④ 伦巴第国王（565—573年在位）。——译者

⑤ 《斐迪南德·格列高罗维阿斯的罗马日记，1852—1874年》，腓得烈·阿尔特豪斯编，G. W. 哈米尔顿夫人从德文第2版译成英文（伦敦，1907年），第67—68页；恩斯特·芮农，《道德与批判论文集》（巴黎，1859年），第205—241页。

持，生于那不勒斯，八岁时就入了修道院。十年后就已经开始写他那部《蒙特卡西诺修道院史》(1841—1843 年)了。这部书很有价值。因为它收入了许多未曾刊印过的文献。在他这部书中可以看出他是一位新归尔甫派，梦想出现一个在教皇统治下的意大利联邦。在中世纪帝国里他只看到一个以摧毁各个城市共和国为目标的专制暴力，他认为城市共和国的政治制度是最好的形式。他认为，无论当时或现在，统一都意味着专制。他的《逢尼非斯八世[1]及其时代》宣称这位不幸的教皇一贯是一位善良的意大利爱国者。教廷的衰落以及它后来无法领导意大利，对于这情况，腓力四世[2]应该负责。托斯提对帝国和任何外国人的仇恨以他那修道士的严峻写进意大利史全部领域。在 1848 年大革命爆发前夕，托斯提把他的《伦巴第联盟史》献给教皇，乞求教皇学习他那些中世纪前辈 614
的榜样。[3] 在革命时期以及革命以后教皇的实际行动把他对教廷的信仰打破了。反动势力的第一棒就打在蒙特卡西诺修道院身上。这个修道院原来在托斯提领导下已经成了南意学术和自由生活中心。修道院被军队占领，印刷厂被封闭，托斯提被迫离开。

另一位归尔甫党人的著作，因其影响较大，特别是在教会人士中影响很大，也必须提一下。皮德蒙特一位牧师文森索·乔培尔

---

① 1294—1303 年在任。他颁布法令，国王非经教廷的允许，不得征收教产的捐税，教皇除宗教权力外，还有世俗权力。因此反对法王腓力四世，1303 年被囚，死于狱中。——译者

② 法国国王(1285—1314 年在位)。——译者

③ “我把这些篇章作为圣物奉献在你的脚下。把亚历山大三世的标准还给我们。时间已经到了，仁慈在等着你。”

蒂[1]写了一部《意大利人在道德和内政上的最高权力》(1843 年),谴责了意大利人近代在政治和道德上的退化,据说这部书对 1846 年改革派教皇庇护九世[2]的当选还起了作用。

西撒尔·巴尔波(1789—1853 年)[3]是意大利政治家当中另一位转向写作的人。他把写作当作进行国民教育的手段。他出身都灵名门,从 1808 年到 1814 年在拿破仑政府里工作;拿破仑垮台后,他也像他父亲(曾任内政部长)那样献身于意大利事业。1821 年革命后,他从流放中获释归来[4],看到政治既已对他关上大门,于是就从事历史戏剧和小说写作,后来发展成最受欢迎的一位意大利学者。他的两卷《意大利史》(1830 年)的主题思想是:从一切外国干涉下取得独立是意大利的幸福必不可少的。巴尔波并不寻求意大利的真正统一,他的衷心愿望就是在教廷领导下建立一个联邦。在历史写作上也表现了归尔甫派的观点。他写《但丁传》(1839 年)是因为"但丁是意大利历史上重要的一部分",在促成 19 世纪但丁精神的复活方面起了一定作用。他的《意大利史纲》(1846 年)是在 40 天以内为《人民百科全书》写成的,事实证明这篇史纲很受欢迎,影响很大,出版许多次。巴尔波提出的主要要求是争取不受外国压迫,但他不相信革命,他把他的政治影响扔到中

① 意大利哲学家和政治家(1801—1852 年),撒丁尼亚首相。——译者

② 1846—1878 年在任,就任之初,颁布宪法,进行广泛的改革。1848 年罗马人暴动之后,以法国人的帮助,恢复了教皇的位置,以后进行反动统治。——译者

③ A. 雷蒙特的文章,见《当代历史传记杂志》,第 1 卷(1862 年);对《意大利的希望》的一篇评论,见《北美评论》,第 66 卷(1848 年),第 1—32 页。

④ 他被控与 1821 年的革命有关系,因而被迫流亡法国。1826 年始回国,1847 年与加富尔共同创办《复兴运动》报纸。1848 年为皮德蒙特首相。——译者

庸之道背后去了。所以他既反对民主政治又反对现存的专制。他写的东西强劲有力，紧密扎实，但未免过于庄严而软弱，这在很大程度上是因为他把基督教看成神权政治了。

假如说拥护在重新缔造的意大利实行教会领导的那些天主教自由派作家吸引了广大群众的话，那么另一方面，那些不同的论调也很激烈而响亮。追随朱赛普·马志尼[1]的那些反教权的人们从法国革命中得到很大启发。这些作家主张在共和制度下建立一个 615
比较紧密的政治统一体，而不是一个联邦，并要求取消教廷的世俗权力。尼科利尼[2]在他的历史小说《普洛奇达的约翰》(*John of Procida*)和《布雷西亚[3]的亚诺尔德》(*Arnold of Brecia*)里攻击教廷是意大利统一的世代仇敌，因为它经常把外国军队召来镇压本国的运动。达齐格利奥[4]在他的《菲拉摩斯加》(*Fieramosca*)和《尼科利·第·列被》(*Niccoli di Lepi*)两书中流露出同样的仇恨情绪。这个阵营里真正历史学者不多，但时间将证明新归尔甫派的希望是不会实现的。

南意大利最伟大的历史家米雪尔·阿马里(1806—1889 年)[5]

---

① 1805—1872，意大利的爱国主义者，组织“青年意大利党”(1832 年)。——译者

② G. B. 尼科利尼(1782—1861 年)，意大利文学家和爱国者。——译者

③ 布雷西亚在意大利北部。——译者

④ 意大利的政治家和作家(1798—1866 年)。——译者

⑤ 考斯道夫·迪加特，《12—19 世纪欧洲东方学者的历史》(巴黎，1868—1870，两卷)，第 1 卷，第 3 章；奥雷斯特·托马西尼，《历史和批判论集》(罗马，1891 年)；A. 凡努西的文章，见《意大利史文库》，第 2 辑，第 3 卷(1856 年)，第 2 部分，第 131—170 页；亚历山得罗·丹科那，《米雪尔·阿马里通信集》(都灵，1896 年，两卷)和《阿马里诞生百周年纪念册》的“豪华卷册”(巴勒莫，1910 年，两卷)；哈特维格，得伦堡，《一位阿拉伯学者的小册子，1868—1905年》(巴黎，1905年)；和下列杂志上的评论：〔伦敦〕(接下页)

站在更高的有利地位。他生于西西里岛上的巴勒莫。曾在波旁王朝当官，但仍是烧炭党成员，后来参加了1821年的革命。他写了一部关于西西里晚祷[①]的著作因而成名，他在世时，这部书就已出了八版，并译成各国文字。[②]这部书用含蓄的话在欧洲白热化的气氛中宣传革命，意在说明一个民族如何通过大胆的行动使自己摆脱外国压迫。波旁政府迫使作者逃往巴黎，教皇也谴责这部书。这部书除了激励当时人们进行斗争外，还是一部有真正历史价值的著作。阿马里推翻了对晚祷的传奇式的解释，说它是以焦凡尼·第·普洛奇达为首的贵族的阴谋，从而结束了它的插曲性质。他争论说，这件事只是一次革命的开端，而不是结尾。这次动乱是社会和政治情况以及傲慢的安如王朝的统治造成的。它的重要性必须在政治制度的改革和它创造的道德和政治力量中去寻找。其影响在横的方向扩展到其他王国，在纵的方向，作为"一个伟大的传统"贯穿西西里甚至意大利全部历史。[③]

在18世纪，庞培的发现使人们对古代和中世纪意大利史的兴趣复活起来，对阿拉伯人在西西里的统治史的兴趣也包括在内。
616 巴勒莫大学设立了阿拉伯语言和文学讲座。于是西西里诸学者就把注意力转向手稿和铭文了。他们的著名作品有：罗萨利俄·

(接上页)《评论季刊》，第141卷(1876年)，第211—223页；《北美评论》，第141卷，第211页以下；《夫累则杂志》，第48卷(1853年)，第679—688页。

① 1282年西西里人民以晚祷的钟声为号起义推翻法国人的统治。——译者

② 《西西里晚祷事件的战争，或13世纪西西里历史上一个时代》(1841年)。英文本是埃尔斯米尔勋爵翻译的。

③ 参阅第10—13页他的序言(1849年版，两卷；其序和1843年巴黎版相同；这个版本加了足够的注释)。

第·格列高利俄的《西西里历史资料汇编》(1790年)和马托拉那的《萨拉森统治下的西西里史稿》(1833年)。这时出现一位更伟大的学者阿马里。他在巴黎那些年就开始研究巴黎各图书馆的东方手稿宝藏,并钻研阿拉伯文、近代希腊文和古文书。在搜集了许多断简残篇、地理记述以及阿拉伯人在西西里写的那些散文和诗歌(他为此搜遍全欧各地)之后,他就出版了《西西里穆斯林史》第1卷(1853年)。其最后一卷于20年后出版。他打算撰写阿拉伯人和诺曼人两次征服他的祖国的历史,并把延续至近代的后果描绘出来。第1卷叙述阿拉伯人到来以前的情况,穆斯林帝国的起源以及他们在非洲的文化。随后那三卷记述他们的统治,第5卷写诺曼征服,第6卷记述直至13世纪中叶的情况,那时意大利的文明中心已从西西里移到意大利本土南部了。他这部书是论述这个题目的公认的权威,照亮了许多黑暗角落,举例说明了阿拉伯人光辉的文明以及在拜占庭剥削已成过去之后他们的愉快治理,用了许多篇幅描绘生活和制度的各个方面。

1859年阿马里回到意大利,在比萨大学当阿拉伯语教授。他被推选为议员,并曾两次担任教育部长。阿马里写书,随时注意意大利的民族主义。他说自由是南意大利和西西里土生土长的东西,由伦巴第人、希腊人和萨拉森人保持到10世纪。诺曼统治者值得尊敬,因为他们的政府保持着国王和人民之间的平衡。但是安如的查理[①]进行剥削并压榨达16年之久,所以晚祷事变恢复了

① 西西里国王(1266—1285年在位),他的残酷统治引起晚祷事变(1282年)。——译者

他们祖先们的可爱制度。[①] 这样彻底的民族争雄是空前的。一位意大利作家就是这样发现了西西里的黄金时代。

1848 和 1849 年的失望情绪[②]严重地挫伤了热心的爱国主义者，特别是新归尔甫派。托斯提希望出现另一位教皇；但许多作家都追随乔培尔蒂，他抛弃了他往日的理想：在罗马保护下成立一个联邦，并宣告他的新希望是由萨瓦王室建立紧密的统一的国家。[③]就这样，意大利人的情绪逐渐围绕着一个方案联合起来，以求实现长期盼望的民族独立。然而有些作家仍然很悲观。路易治·卡
617 罗·法里尼（1812—1866 年）在被流放都灵时写成了他的《罗马国家史，1815—1850 年》第 1 部分（1850 年；第 2 卷，1859 年）。作为一位政府官员，撒丁岛议员和政治杂志《皮德蒙特评论》的编辑，他是加富尔热心的拥护者。1859 年他参加把摩德纳并入皮德蒙特的谈判。他在加富尔内阁任职，他自己也曾领导内阁几个月（1862 年 12 月至 1863 年 3 月），直至因操劳过度逝世。他的历史第 1 卷因为由格拉德斯通先生这样一位了不起的人物译成英文而声价十倍。[④]

朱塞普·斐拉里（1812—1876 年）在政治上不像大多数其他

① 他们读到下面的评述时，对波旁王朝政府的不信任也许就可以原谅了："这个时期的历史，把他们现在所蹂躏的人民的祖先在保卫他们最神圣的权利的时候所表现出来的力量的可怕例子，放在现在意大利的压迫者的眼前。"《北美评论》，第 64 卷，510。

② 意大利各地发生的革命因奥军入侵先后失败。——译者

③ 见他的著作《意大利政治复兴运动》（1851 年）。

④ 法里尼的政治通信发表在他的《论意大利事务的书信》（巴黎，1860 年）中。他的《罗马国家史》的法译本出现于 1862 年。参阅伊托里·帕里《路易治·卡罗·法里尼：纪念册》（罗马，1878 年）。

意大利作家那样活跃，他一生大部分时间是在法国度过的。他是1849到1859年这十年间的失望倾向的最好的代表。在他那些著作中，革命和反革命成为一种永恒的循环，历史家只有以听天由命的态度对待。① 他的《意大利革命史，或归尔甫派和基柏林派》（巴黎，1858年，四卷）认为教皇和皇帝就是两个根源，意大利历史围绕着它们打转转。民族的伟大就在于没有皇帝和教皇军事力量的软弱，在于他们表现的自由，也在于意大利人建立或废黜皇帝和教皇的能力，因为他们都是由选举产生的。总之，意大利的伟大在于它从来都没允许过一个强大的民族君主国抬头！斐拉里认为这样的政府就是被动和奴性服从的同义语，1859年他回到意大利，反对加富尔，并为成立联邦而战斗。但是他也没有接受归尔甫派的方案，因为意大利既不是一个教会，也不是一个修道院。西斯蒙第和马志尼极度赞扬的那些中世纪共和国从来也没能够联合起来，那些君主也并不高明。斐拉里声称他在从罗马时代到1530年的意大利地方史里看到7200次革命，对这些革命进行研究之后，他得出结论说，这些东西仅仅是一再出现的、互有胜负的两个党派之间的长期斗争。一派代表的是民主的观点和制度，但这一派很盲目，他们反对学术自由和个人自由。另一派代表的只是法定自由，变成了傲慢无礼、专横暴虐，根本就不关心人民的利益。不管他们叫归尔甫也好，叫基柏林也好，或者叫什么别的名字也好，都没有什么关系：总是同样一回事，而且可能还将继续如此。但这些动荡毕竟还不是毫无价值。斐拉里似乎相信革命毕竟不 618

① 斐拉里在他的著作的序言中对自己的观点作出一个清晰的总结；而芮农（见本书原书第613页著者注）用同样清晰的语言批判了他。

是这么坏的事情，因为意大利一切天才硕果都是产生在意大利历史上的混乱时期。对于这个问题，芮农曾给予正确的答复，他说，像斐拉里推荐的这样一种由众多革命维持的政权仅仅在内战中提供了自由，他没有体会到还有另一种制度，即权力有限的政府。

诺瓦拉[①]之后那十年写的历史著作很少。但帕尔马（1854 年）和热那亚（1856 年）已开始出版它们的历史资料。当维克多·埃曼纽埃尔[②]在都灵被宣布为意大利国王时，爱国作家的任务还没有完成。“意大利已被创造出来，让我们现在创造意大利人吧。”微拉里在马基雅维里身上发现了无可怀疑的一位民族英雄形象。弗朗西斯科·兰赞尼的《1313 年以前的意大利城市史》着重写的是社会道德，而伊多尔·帕依斯的《罗马史》却证明他是 19 世纪所有意大利历史家当中民族主义思想最浓厚的人。全国各处的地方团体和杂志担负起把本国史从埋没中恢复起来的任务。1890 年意大利历史研究所开始编写《意大利历史资料丛刊》，现已出版 50 多卷。

全国统一后最出色的作家是帕斯卡勒·维拉里（1827—1932 年）[③]，英国读者熟悉他不下于任何其他意大利作家。这位多产作家生于那不勒斯，和 1848 年反抗波旁王朝的暴动有牵连，因而迁居佛罗伦萨。他的《吉罗拉谟·萨服那洛拉及其时代史》（*Storia*

① 1849 年 3 月 23 日奥地利大破萨丁尼亚军于诺瓦拉，第二次反奥战争失败。——译者

② 萨瓦国王（1849—1861 年），后为意大利国王（1861—1878 年）。——译者

③ 弗朗西斯科·巴尔达塞隆尼，《帕斯卡勒·微拉里的侧面传记和著作提要》（佛罗伦萨，1907 年）；克罗齐（见本书原书第 607 页著者注），第 2 卷，第 160 页以下；E. 阿姆斯特朗，《最近对〈萨服那洛拉传〉的批评》，见《英国历史评论》，第 4 卷（1889 年），第 441—459 页。

di Girolamo Savonarola e de suoi tempi）发起了对萨服那洛拉十足的崇拜运动。他为写这部书花了十年时间研究档案材料，但书中描绘的受到高度赞扬和同情的图景，现在人们认为未免言过其实了。他把修道院这个题目当作各种高贵品德的渊薮和与最险恶的阴谋进行斗争的地方进行描绘。他画的这幅画只有黑白两色，善恶分明。维拉里把他的主角写成一个孤立的心理现象时写得最好。一旦把这位角色放到更为广阔的历史背景中描写时，可就不太像话了。他没有像 A. 吉拉第的《新文献》(*Nuovi Documenti*)那样对照后来发现的历史证据修改自己的著作。在世俗历史上如何写修道士这种人物的生平，仍然在等待着一位历史学家完成。同样有趣的是维拉里的《尼科罗·马基雅维利及其时代》。他为了写这部书，曾使用基察第尼的十卷未刊手稿、意大利大多数省份的外交资料以及佛罗伦萨这位忙碌的秘书写的几百件公文。他希望通过把他和他所处的时代的关系说清楚的办法，给这位受人诽谤的人物画一幅新肖像。维拉里争辩说，马基雅维利懂得公私道德之 619
间的区别，并企图科学地把这一点系统地讲清楚；但是他并没考虑到二者之间有什么联系。马基雅维利热望看到祖国统一（《君主论》）这件事不但可以开脱他的罪责，甚至可以获得赞扬。他写的这部传记很出色，但为马基雅维利辩护主要是一件“彼此彼此”的事。L. A. 柏德反驳了从 16 世纪直到本世纪那些指责他的人，他承认，作为论述马基雅维利的生平和著作的一部书，它比其他著作好，但是“马基雅维利主义的历史仍待撰写”。[①]

---

① 《英国历史评论》，第 11 卷(1896 年)，第 366—369 页。

维拉里在以《最初两世纪的佛罗伦萨史》(1893 年)这个书名发表了一系列文章之后，就改写更通俗的文章，因为他宣称，他的国家的历史应当不只是教师开的一门课，而且应当是国民教育的工具，在塑造意大利人的道德品质和政治风格上起作用。[1] 他开始和巴尔赞尼、奥尔栖二人合作写了一系列简单的叙事史，收入《蛮族入侵意大利》和《中世纪的意大利》二书中。他的主调既是爱国，又是教诲；他喜欢道德说教。意大利腐化堕落是受了文艺复兴的毒害；解放了的理性腐蚀了道德品质。宗教是文明的必要因素之一，是唯一的真正的进步，(甚至对大众来说也是如此)它是道德上和精神上的进步。他的《历史的和批判研究》是肤浅而空洞的。

西班牙史学在 17 世纪达到最高峰，当时西班牙王国仍然在处在查理五世[2]和腓力二世[3]原来达到的高度，而且西班牙的文学艺术当时也处在鼎盛时期。从那时以后，史学也和西班牙各个方面的普遍衰落一起渐渐衰落下去了。

19 世纪西班牙的历史研究最明显的表现是出版一般史料汇
620 编[4]，至于个别历史著作的撰写则少见。首先应当提到的是莫德

---

① 参阅他的著作《蛮族对意大利的入侵》(纽约，1902 年，两卷)，第 1 卷，第 6 页。

② 1519—1556 年在位。——译者

③ 1556—1598 年在位。——译者

④ 这些资料中最重要的是《1020—1559 年古代莱昂与卡斯蒂利亚国会议事录》的出版，它是供历史科学院的研究之用的(马德里，1861—1903 年，五卷)；《卡斯蒂利亚国会文件 1563—1620 年》(马德里，1877—1912 年，35 卷)；《加泰罗尼亚公国议会》，写到 1453 年(22 卷)；《记述西班牙海外领地的征服和组织的未刊文献汇编》(马德里，1885—1932 年，25 卷)；《记述西班牙在美洲和大洋洲领地的文件汇编》(马德里，1864—1884 年，42 卷)；《有关西班牙历史的未刊文件汇编》(马德里，1842—1895 年，112卷)；《西班牙历史回顾：文件、小册子等汇编》(马德里，1851—1912年，(接下页)

斯托·拉弗恩特[①]的《西班牙通史》(30卷,马德里,1850—1867年),这是西班牙引以为荣的一部巨著。但可惜的是,拉弗恩特经不起批评。19世纪西班牙史学先驱是法国新教徒尤金·罗瑟于夫·圣希雷耳,他把一生时间全部献给一部14卷的《西班牙史》(巴黎,1837—1879年)。给拉弗恩特写传记的人夸口说,他的勤恳非同一般,他写的书的卷数比他的法国对手多一倍。他没有再加一句话——假如他知道的话——拉弗恩特无耻地剽窃了圣希雷耳那部短小而精悍的书。[②]

上世纪最后十年西班牙历史研究所开始在安敦尼奥·卡诺瓦斯·德尔·卡斯蒂略指导下编写一部《西班牙通史》,这部书是类似拉维斯和兰波近来才出版的那部《通史》[③]的一部集体著作。在出版了18卷以后,1897年卡诺瓦斯被刺的事使编写工作中断。第一部地道的学术性的西班牙史是拉瓦耳·阿尔塔密拉的《西班

(接上页)45卷,分订36册)。这些叙述资料的汇编中,有卡耶塔诺·罗塞尔·伊·洛佩斯编的《特殊历史资料集》(马德里,1858—1863年,两卷)和《卡斯蒂利亚国王编年史》(马德里,1875—1878年,三卷),从亚尔丰索十世到费迪南德伊萨伯拉;门尼得兹·伊·皮雷约编了《第一手普通编年史》,包括印度史家两卷,和大船长编年史四部(马德里,1905—1912年)。精力充沛、很有才干的西班牙史学家是马德里大学教授巴列斯特罗斯·伊·贝雷塔,他在维也纳受过史学训练,在本世纪初组织了一个历史研究中心,应德国史料集成委员会的邀请,承担出版下列四部分有关西班牙的历史资料:(1)编年史,(2)文献资料,(3)法律,(4)礼拜仪式原文。第1辑两卷于1918和1921年问世。巴列斯特罗斯还有一部很有价值的书,即《西班牙史书目提要》(赫罗纳,1921年)。关于最近有关西班牙史的著作,参阅R.孔尼兹凯,“西班牙文献”,见〔慕尼黑〕《历史杂志》,第136卷(1927年),第155—167页。

① 生活于1806—1866年。——译者

② 关于这种抄袭的例子,可参阅R.B.梅里曼,《旧大陆和新大陆西班牙帝国的兴起》(纽约,1918—1934年,四卷),第1卷,第45页。

③ 本卷原书第278—279页。——译者

牙和它的文明史》[1]这部书“在西班牙历史研究上是划时代的作品。作者把叙事部分压缩到最小限度，从而有机会以更多的篇幅撰写社会、宪法、经济和文化等方面的历史”[2]。这部书写到1808年。另外，其他值得和阿特拉密拉一起提一下的西班牙史家就只有巴列斯特罗斯·伊·贝雷塔了，他写的《西班牙史及其对世界史的影响》（巴塞罗那，1918—1929年，五卷），不只是旧大陆上的西班牙而且也是新大陆上的西班牙的历史，或者更恰当一些说，是西班牙的势力和文明的历史。这五卷书的准确性，每章末尾所附参考资料和全书索引，都是作者受过奥地利历史学派训练的证据。[3]

为了公平合理，还应当把另一位西班牙学者门涅得兹·伊·皮雷约（1856—1912年）提一下。他写的《西班牙异端史》（马德里，1880—1881年，三卷）显得和亨利·C.李[4]的《宗教裁判所史》
621 一样学问扎实，但难于读懂。

在结束这段简短的记述前，再把西班牙历史这个或那个领域里的各种著作的作者和书名提要列出就行了。在宪法史方面有科尔梅罗的《雷翁与卡斯提尔王国的宪法和政体》（马德里，1885年）和他的《西班牙行政权》（第4版，1876—1880年，三卷）。科尔梅罗也是《西班牙政治经济史》（1863年，两卷）的作者。在法律史方

---

① 巴塞罗那，1900—1911年，四卷；第3版，1913—1930年，51卷分订六册。第4卷有很有价值的书目提要。

② 梅里曼（见上上一个著者注），第1卷，第46页。

③ 巴列斯特罗斯也把本亥姆的《历史方法手册》译成西班牙文。西班牙学习历史的人不愿到任何德国大学里去，而哈布斯堡王朝传统却把他们吸引到维也纳去了。

④ 美国出版家和历史家（1825—1909年），著有《宗教裁判所史》，三卷（1888年），等书。——译者

面,我们可以指出:J. M. 安特奎拉的《西班牙立法史》(第4版,1849年);A. 马立卡拉和C. 曼里克合写的《西班牙立法与民法复述》(1861—1876年,九卷);E. 得·希诺约萨的《西班牙法权通史》(1887年);《西班牙法权史研究》(1903年);以及丹徽拉-科拉多出色的六卷本《西班牙公民权》(1885—1887年),这部书的第1卷序言里有一篇很长而且很重要的关于西班牙中世纪史的概论。

必须承认,除阿特密拉和巴列斯特罗斯二人外,近代西班牙史学成就较西欧其他各国远为落后。除了西曼卡斯、塞维利亚和巴塞罗那这几个地方还有点近代史学的样子以外,其他各地差不多都是出版疏忽大意、未经鉴定的史料以及不顾脸面地忽视档案材料。为了解西班牙历史上任何一个时期,无论是古代、中世纪还是近代,人们都必须到德文、法文和英文著作里去查找。[①] 美国作家普雷斯科特[②]、蒂克纳[③]和亨利·C. 李等人的名字也不能省略。

其次我们再谈谈葡萄牙史家。[④] 在半岛战争[⑤]后,民族感情几

① 为了证实这句话,只要检查一下附在《剑桥中世纪史》和《剑桥近代史》连续诸卷中有关西班牙历史诸章后面的书目提要就可以了。

② 生活于1796—1859年,著有《斐迪南和伊萨伯拉统治时代》《墨西哥征服史》等书。——译者

③ 生活于1791—1871年,著有《西班牙文学史》(1849年)。——译者

④ 参阅马塞尔·巴塔荣在《史学与史学家》第1卷第304—319页上发表的文章;路德福·巴克斯曼,"论葡萄牙史学现状",见〔慕尼黑〕《历史杂志》,第9卷(1863年),第105—126页;提奥菲罗·布拉加,《葡萄牙文学史教程》(里斯本,1885年);I. F. 达·西尔发,《葡萄牙传记词典》(里斯本,九卷,别人又续编至22卷);T. W. H. 托尔波特,"葡萄牙人在印度的历史权威",见《孟加拉亚洲学会杂志》,第42卷(1873年),第1部分,第193—208页;H. M. 斯梯芬斯,"近代史家与小民族",〔伦敦〕《现代评论》,第52卷(1887年),第106—121页;《大百科全书》,第27卷,第394—397页。

⑤ 1808—1814年,英国军队与拿破仑的军队在伊比利亚半岛上交战。——译者

已灭绝。无论在密格尔党人[1]一方，还是在玛丽亚王后[2]的追随者一方，似乎都出现了一个公认的结论：葡萄牙迟早都要和西班牙合并。葡萄牙至今仍然是独立的，民族主义精神仍然在公民心中活跃，这可以说主要应当归功于三个人：霍奥·巴普提斯塔·阿尔美达-加莱特[3]和安敦尼奥·菲力西雅诺·得·卡斯特尔约[4]两位诗人和历史家亚历山得拉·埃尔库拉努·得·卡尔伐利乌·伊·阿腊乌茹。

18 世纪葡萄牙的写作成了古典法文典范的俘虏，但随着法国
622 革命之后在这里兴起的浪漫主义运动也翻开了新的下层土壤。阿尔美达-加莱特着手在民歌、中世纪文学和卡姆斯[5]等方面创造出一种风气。在埃尔库拉努(1810—1877 年)身上法国的影响非常明显。他是里斯本人，曾往巴黎求学，回国时已是一位革命者。高僭密格尔执掌大权使他不得不前往英国，[6]他在那里学会读沃尔特·司各脱那些小说的原文。再赴巴黎后，他参加了基佐、库臧、维尔芒、拉马丁和维克多·雨果等人领导的浪漫主义集团。1834 年回葡萄牙后，在一种政治杂志当编辑好几年，但无穷无尽的内战

① 拥护葡萄牙国王约翰八世幼子唐·密格尔争夺王位的人，密格尔为其兄唐·彼得罗击败。——译者

② 唐·彼得罗之女。——译者

③ 葡萄牙诗人(1799—1854 年)，参加 1820 年的革命，帮助唐·彼得罗夺取王位，支持民主原则，为葡萄牙浪漫主义文学的领袖。——译者

④ 葡萄牙浪漫主义文学领袖(1800—1875 年)，除自己创作许多诗歌外，还翻译了许多古典诗歌。——译者

⑤ 路易·得·卡姆斯(1524—1580 年)，葡萄牙最伟大的诗人。他在葡萄牙语言学方面，犹如但丁之在意大利。——译者

⑥ 他是反对密格尔的。——译者

使他对议会政府绝望，于是就写起历史诗歌和小说来了。[①] 随即把在里斯本档案馆为写作目的而摘录的那些笔记收集起来，写了一部《葡萄牙史》。其第一卷出版(1845 年)后，葡萄牙第一位科学历史家就登上舞台。[②] 他这部书出了三版，其所以受欢迎，主要是他以同情的态度重现过去的本领。由热情的青年们形成的学派兴起了，这个国家渐渐从党派纷争和内战中解脱出来，出现了统一意识，再也不谈论和西班牙合并的问题了。这个变化过程是逐渐的，也可以说是隐蔽的。宗教界和保守派立即作出很尖刻的反应。埃尔库拉努对人们心爱的某些葡萄牙传说的粗鲁处理引起一阵敌对浪潮。葡萄牙还没有为"揭秃疮"作好准备。全民族这样忘恩负义使他十分痛心，他把《历史》扔到一边，另写了一部记述葡萄牙宗教裁判所的起源和建立(1854—1855 年)的书。这部书严厉指控教会应对葡萄牙在 17 世纪的堕落负责。这件事对他的朋友卡斯蒂略的世俗教育计划倒是起了推动作用，但在许多其他方面却证明是最逆耳的。作者的书是以大量资料为根据的，但这不能算数；一阵抗议风暴突然袭来。埃尔库拉努决定再写历史小说。就这样，因循守旧使葡萄牙为一位真正天才的著作多花了 20 年时间(1859—1877 年)。埃尔库拉努不是反对偶像崇拜的人，但他和德法两国作家熟识，从而学会了批判的智慧，也学会了对细节要耐心加真实。他的浪漫主义背景教给他说，任何时代的人都是人，所以

① 埃尔库拉努的两部诗集《先知之声》(1836 年)和《信徒的竖琴》(1838 年)，表现受了拉马廷的影响和他对葡萄牙语的熟练。他的历史小说《修道士》(1843 年)也同样使人联想到司各脱的小说。海涅把这部小说译成德文。

② 第 2 卷(1850 年)叙述到 1279 年；全书共四卷。

他既不把他们写成神，也不把他们写成魔鬼，将传奇故事打个折
623 扣，但不排除其合理的优美。他没再写更多的历史，只是编写了一些有价值的编年史，并发起编写《葡萄牙史料集成》，由政府资助出版。

尽管埃尔库拉努的同胞们还有很多要学习的东西，但是下一代他那些热心的追随者在结束愚昧和偏执的统治方面还是做了许多事情。他的徒弟雷百罗·达·西尔发写了一部《17至18世纪葡萄牙史》（1860—1871年，五卷），并和许多其他人一样，继续培植历史小说写作。对民族运动很重要的一部书是诗人托马斯·黎卑略[①]（生于1831年）写的哀叹祖国衰落的悲歌《坎坷曲》（1890年）。狄奥菲罗·布腊伽在史学领域捍卫实证主义。有一位权威作家觉得，我们可以把卡密尔·朱里安[②]用到泰恩[③]身上的话用在奥利维拉·马丁斯身上："他无意识地转向历史。"他早年去世。从那以后葡萄牙就再也没有产生一位重要学者了。主要的困难仍然是档案的混乱和缺乏指引。大学在这方面的指导也很不够，许多写东西的人都是自学成才的。撰写葡萄牙第一部伟大的全面的历史的作家还没有出现。

---

① 生活于1831—1901年。——译者

② 法国历史家（1859—1933年）。——译者

③ 本卷原书第447—452页。——译者

第六十四章　东欧和巴尔干诸国[①]

俄国幅员辽阔，它的历史也很重要，所以在讨论斯拉夫各国时，624 应当先说俄国。在老沙皇统治下的俄罗斯，妨害其史学发展的祸根是蒙昧主义、遍及全国的文盲和阴险的检查制度。近来外国对俄国史学的兴趣正在增长；在这方面工夫下得最大的是德国。[②] 在俄国也像在所有斯拉夫各国和东欧各国那样，语言的困难成了重大障碍。

彼得大帝开始在俄国进行广泛的改革时，从德国请来的行政官员最多。在这些外国人当中有提奥斐拉斯·西格弗里德·拜尔，他的《俄罗斯起源》于 1726 年在"彼得政治学报"上发表，从而为俄国历史研究打下基础。在女皇安娜统治时期[③]，他的工作由革哈得·弗里德里希·米勒接替，米勒于 1732—1765 年间编写了

---

① A. G. 马佐尔，"近代俄国史学"，见《近代史杂志》，第 9 卷(1937 年)，第 169—202 页；同上作家，《近代俄国史学纲要》(伯克利，1939 年)；S. R. 汤普金斯，"俄国历史中的北欧海盗"，见《为向 J. W. 汤普森表示敬意的中世纪史和史学论文集》(芝加哥，1938 年)，第 465—490 页，这篇文章使我受益不小；V. S. 伊孔尼科夫，《俄国史学概况》(1896 年，用俄文写的)；P. 米留科夫，《俄国史学思想主要流派》(圣彼得堡，1913 年，用俄文写的)；A. 斯塔歧维斯基《俄国历史文献概论，到卡拉姆津为止》(圣彼得堡，1845 年，用俄文写的)。

② 例如，德国东欧研究学会，1913 年 10 月 16 日成立，其目的在于从非政治的角度推进德国内部对东欧历史、经济和文化的知识。其机关报为《东欧》杂志。

③ 1730—1740 年。——译者

一套十卷本大丛书，一部分是资料，一部分是俄国叙事史，即所谓《俄国史资料汇编》，这个名称充分表明德国学术对俄国早期史学的影响。米勒的衣钵由奥古斯特·卢得维喜·施罗塞[1]继承，伟大的俄国女皇喀德邻任命他为帝国学院历史教授。他的主要著作，即附有德文注释的《涅斯特[2]编年史》校订本，直到 1802—1809 年间才出版（五卷）。早在 1769 年，施罗塞就已回到格丁根，因为他得罪了女皇的宠臣、大权在握的私人教师罗蒙诺索夫[3]。

这时，朝中人物开始了反对由德国人统治俄国学术的运动。其带头人是瓦西里·启利洛维奇·特勒第阿科维斯基，他曾就学巴黎，1773 年出版一部著作，打算证明传说中 9 世纪俄罗斯国家
625 的缔造者瓦朗吉亚人[4]并不是像拜尔、米勒、施罗塞等人所说的那样是个瑞典人，而是斯拉夫人。这种新说法得到波尔丁（1735—1792 年）的《论俄罗斯的起源》一书的支持。

过了几年之后，俄国出现了第一位大文人尼科莱·米哈伊洛维奇·卡拉姆津（1765—1826 年）。他一身兼诗人、小说家、散文家和历史家。他的祖先是鞑靼人。他是一位俄国军官的儿子，生于辛比尔斯克附近，先在莫斯科、后在圣彼得堡读书。青年时代和共济会里的朋友们一起学得了理想主义，但不久后一切空想都被剥光，随着年龄的增长，他变得越来越保守。24 岁时遍游西欧（1789 年），他写的《一位俄国旅行者的信》使他一举成名。他这部

---

① 德国历史家（1735—1809 年），著有《世界史导论》等书。——译者

② 基辅寺院僧侣（1056—1114 年），见本书上卷原书第 445 页。——译者

③ 俄国科学家和文学家（1711—1765 年）。——译者

④ 中世纪时东欧对来自斯堪的纳维亚的居民的称呼。——译者

书以及一些小说和故事使俄国在一个短时期内出现了感伤主义统治的局面，这是对18世纪伪古典主义的反作用。卡拉姆津在一些文学杂志当了几年编辑之后，就隐居起来，撰写他的《俄罗斯帝国史》。1803年，沙皇任命他为史官，给他年俸。不久亚历山大一世请他到特维尔[①]，叫他把他那部《帝国史》的前八卷读给沙皇听。这种幸运的栽培在圣彼得堡继续进行(1816年以后)。卡拉姆津身体越来越坏，写到第11卷即1613年罗曼诺夫王朝[②]建立时就搁笔了。沙皇派了一只快速大帆船把他这位史官送到温暖的地方，但仍不能延长他的寿命。

卡拉姆津之所以重要，首先是因为在普希金出世以前他对俄罗斯文学语言的改革。他竭力模仿法国作家的流畅文笔。事实证明，他自己新创的那些词语比旧斯拉夫成语和罗蒙诺索夫的笨拙句法优越。他用这种新的表达工具写成了第一部重要的俄国史。[③]

卡拉姆津是辛勤的资料搜集者，他写的各卷书里那些注释材料都是少见的。其中有一些将有永久价值，因为这些摘录的来源，人们现在已经不知道是什么了，或者已经没有了。他写的历史是为沙皇制度和专制主义辩护的，史官写的书大都如此，不足为奇。人们给他这部书起了个绰号，叫"专制主义史诗"。在早期土生土

① 欧洲俄罗斯中部的一个城市。——译者

② 1613—1917年。——译者

③ 《俄罗斯帝国史》(最初为八卷，圣彼得堡，1818年；第一次完全的版本，1818—1829年，12卷，后面几卷是布鲁多完成的)。印刷得最好的是第5版，其中有P.M.斯特罗叶夫一篇很有价值的导言(1842—1843年，12卷分订五册)。有一种德文译本(里加，1820—1833年，11卷)；一个法文译本，圣托马斯和若弗勒合译(巴黎，1819—1826年，11卷)；甚至有一种近代希腊文译本。

长的那些粗鲁刺目的言谈举止上加上一层浪漫主义的外衣。骇人的伊凡[1]和他的祖父伊凡三世[2]在卡拉姆津笔下那些生动的大块
626 文章里以支撑俄罗斯的伟大的柱石的形象出现。作者下工夫描写的是人物，而不是和人物关系不大的环境和条件。然而，他笔下的英雄和坏蛋往往只不过是道德和罪恶的人格化。他的书没什么创见，总的看来，也没有什么建设性的东西；他走的几乎完全是米勒和施罗塞早已开通的道路，不敢稍稍偏离。但卡拉姆津绘声绘色的天才和大胆的性格勾画使他的书大受欢迎，它发表的见解都是尼古拉一世时代[3]保守派那些观点。

如果尼古拉·波列伏依[4]早已被人遗忘的著作不算在内，那么卡拉姆津死后 25 年才有了一位继承者。“……在对编年史的真实性的怀疑日益增长的情况下，18 世纪的著作再也站不住脚了。”[5]对旧编年史第一声强大的抗议是 P. M. 斯特洛叶夫在他的《论旧俄国史的不可靠》(1834 年)里发出的。这部批判著作导致《俄罗斯编年史汇编》在俄罗斯皇家考古委员会主持下于 1846 年开始出版。

真正有训练、有成就的历史家出现的时刻业已成熟。塞尔吉·密哈伊洛维奇·索洛维叶夫(1820—1879 年)就是这样一位史家。他生于莫斯科，以一位俄罗斯家庭教师的身份到过巴黎，后又定居莫斯科，在莫斯科大学讲课，并从事著述凡 30 年(1847—

---

① 即伊凡四世(1533—1584 年)。——译者

② 大公爵(1462—1505 年)，扩充俄国领土。——译者

③ 1825—1855 年。——译者

④ 俄国作家(1796—1846 年)，著有《俄罗斯人民史》(六卷，1829—1833 年)。——译者

⑤ 汤普金斯(见本书原书第 624 页著者注)的著作，第 475 页。

1877年),最后七年还兼任校长。1851年开始撰写部头极其巨大的《俄国史》,去世时已写了29卷,写到1774年。他是一位从不过问政治或公共问题的学者,他有闲暇时间,他作出的公正论断,超过他以前所有的著作和很多后来的著作。他这部《俄国史》篇幅太大,一般读者,甚至学者都很难读完,所以就成了一部活字典,一个大材料库,供成百上千的人查询发掘。索洛维叶夫不像卡拉姆津那样只记述俄国宫廷情况,他认为历史应包括俄国人民的整个生活。亚历山大二世[1]的改革正在引起西欧各国对俄国的注意。当亲斯拉夫派[2]提出反对意见,说俄国正在出卖自己的斯拉夫遗产时,索罗维叶夫争辩说,与外界隔绝既不可能,也不自然。

尼科莱·伊凡诺维奇·柯斯托马罗夫(1817—1885年)不像卡拉姆津那样自鸣得意,也不像索洛维叶夫那样明智而镇定。他从家乡乌克兰来到哈尔科夫学习,这产生了重要后果。他的探讨俄国西部各教会统一问题的第一篇博士论文在哈尔科夫大主教的指责下被烧毁。四年之后,他在基辅大学当教授时,曾联合乌克兰
友人组成一个秘密团体,倡议对社会进行自由化改革,并建立在沙 627
皇领导下由斯拉夫诸独立国家组成的联邦。尼古拉一世政府把他流放到萨拉托夫[3]的判决书上,还规定禁止他演讲或写文章。亚历山大二世允许他回到圣彼得堡大学任俄国史教授(1859—1862年),他在该校备受爱戴,但两年之后,教书的许可证又被吊销,他在漫长的余生中只从事写作。有人说,他为俄国历史作出的贡献

① 1855—1881年在位。解放农奴(1861年),改革军队和行政。——译者

② 指19世纪主张斯拉夫文化优超论的知识分子。——译者

③ 俄罗斯东部,伏尔加河畔一个城市。——译者

和提埃里为法国历史所作贡献不相上下。他的写作才能是没什么问题的。他不写政府事务，强调人民的生活和各省的历史，特别是较早时期当诺夫哥罗德、普斯可夫和乌克兰都还是独立的时代。他对地方史贡献很大，但指责他是分裂主义却不能算公平。他成名的原因大部分可以追溯到《传记体俄罗斯史》(1872 年及以后)。柯斯托马罗夫反对莫斯科的贵族统治，说它是在鞑靼游牧部落影响下产生的纯俄罗斯式的原始斯拉夫制度的一种退化；还说这些制度的原始形式在他自己的家乡乌克兰保存得最好。

各大学继续培养大多数俄国历史家，从过去传下来的各种流派仍很显著。A. 兰波[①]撰写他的《俄国史》(1877 年)期间，当时的三位大师是索洛维叶夫、柯斯托马罗夫和别斯屠热夫-留明(1829—1897)。索洛维叶夫研究的是行政管理和政治，他的弟子 V. 克卢契维斯基(1879—1911 年)在莫斯科继他之后写的是社会和经济史。多年以来，听克卢契维斯基讲演的人写的笔记在他的弟子当中传抄、石印并广泛流传。他的学生(其中包括米留科夫[②])都记住经济是基础，于是又开始写土地史和国家财政，有些人甚至在第一次世界大战以前就接受了马克思的唯物史观。

由柯斯托马罗夫派生出乌克兰最伟大的历史家米卡伊尔·赫鲁希维斯基[③](1866—1934 年)，他和前者十分近似。[④] 他用乌克

① 法国历史家(1842—1905 年)。见本卷原书第 278—279 页。——译者

② 俄国政客和历史家(1859—1943 年)，立宪民主党的创立者，十月革命后逃亡国外。——译者

③ 1919—1924 年居于国外；1924—1934 年为基辅大学教授。——译者

④ 参阅《东欧》杂志，1935 年 1 月份，第 212—216 页。

兰文写的那九卷历史是一座博学的丰碑，是包括乌克兰、俄罗斯、德国和波兰等国学者历代所作研究的一部货真价实的百科全书。赫鲁希维斯基曾在1917年主持国会，宣布乌克兰独立（暂时的），他这部著作把民族意识的科学根据交给自己的人民。

别斯图热夫-留明对历史的概念和索洛维叶夫不谋而合，他开始编写一部在20年间最富批判精神的俄国史，还附有一篇论述俄国史学的文章（1872—1875年，两卷）。这个世纪末叶，重要学者人数剧增，从中挑选谁是优秀者，既有困难，又不公平。柯瓦列夫斯基[①]写的是经济方面的题目；皮平和斯帕索维奇写的是斯拉夫 628
文学史方面的东西；V.瓦西里叶夫斯基（死于1899年）写的是拜占庭历史；J.扎别林（死于1908）写的是人种志和风俗史。

在宗教和文化方面，旧俄罗斯是君士坦丁堡的幼儿；但直到19世纪拜占庭研究兴起以前，俄国学者和西方学者一样都得不到中世纪希腊资料。1872年希腊学者萨塔斯出版了迈克尔·阿塔里阿塔[②]的《拜占庭编年史》[③]（从1034年写到1079年）；四年后萨塔斯又编辑了普塞罗斯[④]更重要的一部历史著作（从1043年到1075年）。[⑤] 这两部著作把拜占庭资料介绍给俄国学者，作为研究俄罗斯起源的另一种材料。在这项工作中V.瓦西里叶夫斯基是先驱（1881年）；希腊材料后来还吸引他对亚美尼亚和叙利亚那些

① 参阅本卷原书第434页著者注。——译者

② 11世纪拜占庭作家。——译者

③ 关于这一点，参阅克纶巴赫《拜占庭文学史》，第269—274页。

④ 11世纪拜占庭作家。——译者

⑤ 关于文献，可参阅波特哈斯特，《中世纪史书目提要》，第2卷，第944页。

编年史进行研究。[1]

阿拉伯资料对俄国历史的价值是19世纪初发现的，俄国政府当时就购买了共约五百件阿拉伯手稿，首先由曾在莱顿和巴黎学习过的一位德国学者弗腊恩[2]进行探索。他写的《伊本-福兹兰斯和其他有关古代俄国的阿拉伯资料》(*Ibn-Foszlans und anderer Araber Berichte über die Russen älterer Zeit*)(1823年)，肯定了一个重要事实，即9至10世纪的穆斯林很熟悉俄国情况。于是又开辟了一个有用的研究领域。

在这里讲讲有时以马克思主义的名义出现的某些历史学说也许是适当的。这个学说是从工业革命和19世纪那些政治革命中产生的。虽然卡尔·马克思从洛瑟[3]、特别是尼茨施[4]那里拿来的东西定然不少，但他的哲学完全来自黑格尔，马克思把黑格尔著名的辩证法用来解释种种社会经济的(即"物质的")力量。因为谈论马克思主义的著作可以装满一个相当大的图书馆，列出这类著作的书目提要也要写成一大卷书，因此对这个题目只能写个大纲，不可能再多写了，特别是因为马克思主义者的理论著作多得很，在实践上却很贫乏[5]。

---

① 他的著作，1908年在圣彼得堡出版。

② 德国东方语言学家(1782—1851年)，1807年在俄国喀山大学任教。——译者

③ 威廉·洛瑟(1817—1894年)，德国经济学家，政治经济学历史学派的创立者。参阅本卷原书第413—16页。——译者

④ 卡尔·威廉·尼茨施(1818—1880年)，德国历史学家，尼布尔的学生，著有《德国史》等书。参阅本卷原书第420—422页。——译者

⑤ 这是对马克思主义的贬抑和歪曲，不但马克思和恩格斯写了许多伟大的历史著作，世界上许多进步的史学家也用马克思主义的观点方法撰写历史。本书著者在这里以及后面对马克思主义史学贬毁言辞，均望读者批判地阅读。——译者

扼要地说，唯物史观是以两个普遍假设为基础的：(1)阶级斗争提供了历史发展的动力；(2)一切社会现象、历史运动以及人和人的关系都是以经济(或物质)为基础的。就像弗里德里希·恩格 629
斯(他比马克思对唯物史观的责任甚至更大)直率地说的那样：在人类能够发展政治制度、各种思想、艺术和宗教以前，他们“必须首先解决自己的吃、喝、住、穿等问题”。[①] 马克思主义者还采纳了达尔文进化论这个观点，用以解释社会现象。列宁对马克思主义理论的解释或许就是最好的说明了，他显然以权威口吻这样写道：

> 发现唯物主义历史观，或更确切地说，彻底发挥唯物主义，即把唯物主义运用于社会现象，就消除了以往的历史理论的两个主要缺点。第一，以往的历史理论，至多是考察了人们历史活动的思想动机，而没有考究产生这些动机的原因，没有摸到社会关系体系发展的客观规律性，没有看出物质生产发展程度是这种关系的根源；第二，过去的历史理论恰恰没有说明人民**群众**的活动，只有历史唯物主义才第一次使我们能以自然史的精确性去考察群众生活的社会条件以及这些条件的变更。[②][③]

没有必要对马克思主义哲学作更详细的批判，只说它作为对历史现象的一种解释，甚至还不如兰普雷希特[④]较为复杂的理论体系充分，这就够了。马克思主义者自称自己的理论是科学的，这

① 恩格斯在1883年3月22日在《苏黎世社会民主党》杂志上发表的文章；弗伦茨·梅林在《莱辛传说》一文(斯图加特，1892年)第434页上引用。(译者按：引号内的话，系照本书原文照译，未找到恩格斯那篇文章进行核对。)

② 列宁《论马克思恩格斯及马克思主义》，依据1973年人民出版社第4版译文，第11页。——译者

③ 列宁，“唯物史观”，见《劳动月刊》，第4卷(1923年)，第265页。

④ 德国史学家(1856—1915年)，主张历史科学是社会心理学的，而不完全是政治的。著有《德意志史》，《文化史方法论》等书。参阅本卷原书第422—428页。——译者

只可当作宣传置诸一旁；他们坚持自己的学说有普遍意义，这可以认为只是希望实现自己的愿望的一种表示。[①] 无论如何，他们已写的历史著作少得可怜，不可能证明他们那些学说的正确。引用查尔斯·A. 比尔德[②]的一句话，“在历史领域，马克思及其追随者无疑是有助于把史学家的注意力从纯粹的政治和外交事务转向在民族的发展和冲突方面更为持久、更为根本的那些力量，但是在这些领域里，社会主义者写的东西并不多。除了某些互不联系的文章以外，他们写的历史少得很。”[③]法国杰出的社会主义者饶勒斯[④]编写了一部综合性的法国史，当他想把马克思主义运用到实际历史编写上去的时候，就干脆把它扔到一边去了。他说，“几乎是无
630 限复杂的人类生活不允许人们把它粗暴地、机械地、归纳到一个经济公式里去。”[⑤]现在俄国人要干些什么，我们不妨拭目以待。

---

① 关于对马克思主义哲学上的批判，参阅奥力维·得·塞林科特，“唯物史观的一些方面”，见《哲学研究杂志》，第2卷(1927年)，第190—204页；M. 伊斯门，“反对马克思主义的辩证法”，见《新共和国》，第78卷(1934年)，第35—39页。

② 美国历史学家(1874—1948年)。著有《近代欧洲的发展》等书。——译者

③ 比尔德，“法国社会主义史”，见《政治科学季刊》，第31卷，第111页以下；关于苏维埃史学，参阅S. R. 汤普金斯，“共产主义历史思想趋势”，见《斯拉夫评论》，第13卷(1935年)，第294—319页；S. K. 帕多弗，《考茨基与历史唯物主义》，见《为向J. W. 汤普森表示敬意的中世纪史和史学论文集》(芝加哥，1938年)，第393—364页。

④ 冉·饶勒斯(1859—1914年)，法国社会主义者和政治家。——译者

⑤ 比尔德(见上一个著者注)引用，注112。关于马克思主义历史哲学最完备的说明是卡尔·考茨基的《唯物史观》(柏林，1927年，两卷)。关于马克思的权威传记，参阅弗伦茨·梅林的《卡尔·马克思》，爱德华·菲茨杰拉德从德文译成英文(纽约，1935年)。马克思和恩格斯的著作已由D. 耶粲诺夫出版，名为《历史批判全集》(法兰克福，1927—1932年，四卷，将出十卷)；参阅F. 梅林，《K. 马克思、F. 恩格斯和F. 拉萨尔的文献遗产》(斯图加特，1902年，四卷)。关于马克思主义最好的英文概要，参阅爱德华·塞利格曼的《经济史观》(伦敦和纽约，1934年)；M. M. 鲍伯的《卡尔·(接下页)

波希米亚[①]民族有相当多的历史家，从布拉格的科斯马斯[②]到保罗·斯卡拉·西·叔尔(1583—1640 年)[③]确实为数不少。但在白山战役[④]后，灾难的日子临到胡司[⑤]的故乡。欧洲再没有任何其他地区像这个地方的反宗教改革搞得这么坚决、这么残暴的了。中学和大学禁止使用捷克语，这种语言每况愈下，后来竟然降到农民粗话的水平。约翰·阿摩斯·科门斯基[⑥](1592—1670 年)(尤以科美尼阿斯知名)那些拉丁文著作是在流放中写的。波希米亚的贵族都在德国统治下的维也纳受教育、结婚。奥地利帝国消灭捷克民族性的政策把人们对捷克激动人心的光荣过去的记忆完全涂掉了。只有耶稣会的巴尔拜那斯小心谨慎地千方百计地保存

(接上页)马克思的历史观》(马萨诸塞的剑桥，1927 年)；F. J. C. 赫恩肖的《社会主义概论》(伦敦，1928 年)。W. 佐姆巴特的《无产阶级社会主义》一书(耶拿，1924 年，两卷)，对马克思主义尖锐的，有时严酷的和不公平的批判。

① 布兰替塞克·帕拉次歧，《古波希米亚史学估价》(布拉格，1830 年)；吕照伯爵，《论波希米亚文学家讲演集》〔1904 年的伊尔彻斯特演稿〕(伦敦，1905 年)，《英国历史评论》，第 21 卷(1906 年)，第 197 页有评论；J. 苏斯泰的文章，见《史学与史学家》，第 1 卷，第 413—437 页；耶罗斯拉夫·甫尔塞克，《波希米亚文学史》(布拉格，1897—1899 年，两卷分订三册)；I. 戈尔，"波希米亚"，见〔巴黎〕《历史评论》，第 6 卷(1878 年)，第 429—443 页；H. 莫尔斯·斯梯芬斯，"近代史学家与小国家"，见〔伦敦〕《现代评论》，第 52 卷(1887 年)，第 106—121 页。关于捷克，读者可参阅永曼、札比纳、塞姆柏拉和蒂夫特鲁克等人的各种文学史著作。

② 波希米亚最早的编年史家(1039? —1125 年)。参阅上卷原书第 466 页。——译者

③ 参阅上卷原书第 549、550 页。——译者

④ 白山战役(Battle of White Mountain)，1620 年奥地利哈布斯堡王室大破波希米亚的军队，征服整个捷克；为三十年战争(1618—1648 年)的第一阶段。——译者

⑤ 约翰·胡司(1369—1415 年)，捷克的宗教改革家，1415 年被教会焚死，结果引起胡司战争(1419—1434 年)。——译者

⑥ 捷克的神学家和教育家，以改进教育制度著名，在小学课本中采用图画的第一人。——译者

下一点闪烁的民族精神之光。

18 世纪末，在用德文写作的作家比能堡、帕普利卡和佩耳策耳等人身上出现了一些复兴的迹象：约瑟夫二世本人无意中把这个开端推进了一步。他不大理解一个民族对自己的语言多么重视，于是就允许波希米亚语恢复为书面文字。当他后来宣布把他的全部领土日耳曼化的意图时，反作用随即出现。在布拉格大学为历史家佩耳策耳设置了讲授捷克文学和语言的一个教授职位（1793 年）。[①]使捷克文恢复成一种文学语言的最早的巨大推动力来自斯拉夫语言学之父、耶稣会的约瑟夫·多布洛甫斯基（1753—1824），1792 年波希米亚研究院派他前往斯德哥尔摩、阿布（Abo）、圣彼得堡和北方各地其他图书馆，搜罗在 30 年代战争期间散失的各种手稿。在浪漫主义影响下，真真假假的捷克史诗和民间文学作品的发现使新一代文人学士心里欣喜无比。约瑟夫·永曼（1773—1847
631 年）翻译了欧洲一些古典著作（如弥尔顿、歌德、席勒等人的著作），编写了一部巨大的捷克文字典（五卷，1835—1839 年），还创办了两种期刊，从而大大丰富了捷克近代文化宝库。

在 1836—1837 年间科拉论述斯拉夫各族人民的文学和语言之间的相互关系的文章，萨法利克的《斯拉夫族的古代》以及帕拉次歧的《波希米亚史》第 1 卷差不多是同时问世的。

扬·科拉（1793—1852 年）与其说是一位学者，还不如说是一位诗人。他在耶拿大学学习神学时，曾出席 1817 年瓦特堡庆典。他的《斯拉夫的女儿》（1824 年）是歌颂斯拉夫主义、抱怨德国人蚕

---

① 〔伦敦〕《评论季刊》，第 69 卷，第 350 页。

食的一部由六百多篇十四行诗合成的诗集。他的《斯拉夫民族语干和方言在文学上的相互关系研究》(捷克文和德文，1837 年)轰动一时，并形成浪漫主义在文化上的斯拉夫主义的开端。

保罗·约瑟夫·萨法利克(1795—1861 年)在耶拿大学读书(1817 年起)时，也接受了在那里风行的思想。他把阿里斯托芬的《云》[①]和席勒的《玛丽亚·斯图尔特[②]》译成自己的民族语言。他在诺威萨德教书时(1819—1833 年)曾收集塞尔维亚作品和古代遗物，他写的那部《斯拉夫语言与各种方言文学史》(1826 年)成了这个学术领域的先驱。他的名著《斯拉夫古代遗物》[③]，指责德国学者写了详细论述某些偏僻的印度部落的书，但对于他们的斯拉夫近邻却由于无知，反而传播了许多错误的情况。他打算编写一部详尽而带有批判性的论述斯拉夫政治史、宗教、风俗、文学和艺术的著作，从希罗多德写到 10 世纪基督教传入时止。一般看法是：斯拉夫人在比较晚的时期才进入欧洲；萨法利克反对这种论调，他宣称至少从公元前 5 世纪开始他们便是这个地区土生土长的居民了。这个观点现在看来虽说已不能成立，但在波希米亚和国外的萨法利克的读者大众却以愉快的心情接受了他所宣布的他们这个种族非常古老的观点。帕拉次歧本人也确实相信这个说法。萨法利克写的那些语言学论文以及他的斯拉夫人种志(Slow-

① 阿里斯托芬批判诡辩派哲学家脱离实际的一部喜剧。——译者

② 苏格兰女王(1542—1587 年)，为英国女王伊丽莎白所杀。许多文学家用作悲剧素材。——译者

③ 《斯拉夫古代遗物》，第 1 卷，1836—1837 年，第 2 卷于死后出版；第 2 版，1862—1864 年，三卷。梅西格·V. 埃伦飞尔德译成德文(莱比锡，1843—1844 年，两卷)以及波兰文和俄文。

ansky na-rodopis)(布拉格,1842 年;第 3 版,1849 年)都是对泛斯拉夫主义的一个很大的推动。

然而波希米亚民族主义的复活必须归功于激烈的佛兰替塞
632 克·帕拉次歧(1798—1876 年)。[①] 他的家族曾经一度属于"摩拉维亚兄弟会"[②],在约瑟夫二世统治时期,这个家族又接受了"奥格斯堡"宗教观点[③]。他的父亲是一位乡村教师,帕拉次歧是在波希米亚农民中间长大的。他在普雷斯堡[④]开始研究古典学术,先是想为当新教牧师作准备,他把课外时间全部用在文学和现代语言

① 其捷克文自传(1885 年;第 2 版,1920 年),其信札和回忆录,也是捷克文的,诺瓦塞克编订(1908—1911 年);J. 皮卡尔,《佛兰替塞克·帕拉次歧》(布拉格,1912 年);吕照(见本书原书第 630 页著者注),第 88—105 页;同一作家,《波希米亚文学史》(纽约,1900 年);路易·莱热,《斯拉夫人、历史和文学新研究》(巴黎,1880—1886 年,两卷);J. 戈尔,《论文选集》(布拉格,1928 年);T. G. 马萨里克,《帕拉次歧论波希米亚人民的思想》(布拉格,1898 年);马蒂亚斯·穆科,《波希米亚浪漫主义开始时的德国影响》(格拉茨,1897 年);M. 加维里罗维奇在《大百科全书》第 25 卷第 817—18 页上的文章;伊曼纽尔·拉德尔在《社会科学百科全书》第 11 卷第 534—535 页上的文章,附书目提要;捷克的百科全书;"奥地利与德国",见〔伦敦〕《评论季刊》,第 84 卷(1848—1849 年),第 186—222 页;A. H. 雷替斯劳,"历史有时是怎样写的",见《夫累则杂志》,第 92 卷(1875 年),第 219—270 页;圣勒馁·塔扬迪埃,"波希米亚的历史和历史家,弗伦茨·帕拉次歧",见《两世界评论》(1855 年),第 2 部分,第 260—297 页;皮品和斯巴索维兹,《斯拉夫文学史》,特劳戈特·柏希译自俄文(莱比锡,1880—1883 年,两卷),第 2 卷;或恩斯特·德尼的法文译本,以及〔慕尼黑〕《历史杂志》下列诸文章:约瑟·普菲茨纳,"亨利希·鲁登与佛兰替塞克·帕拉次歧",第 141 卷(1929 年),第 54—96 页;F. 帕拉次歧,《古代波希米亚手稿及其批判》,第 2 卷(1859 年),第 87—111 页;以及对帕拉次歧著作的评论,第 5 卷(1861 年),第 398—475 页,第 20 卷(1868 年),第 203—207 页。

② 一个宗教团体,其起源可追溯到约翰·胡司;17 世纪受迫害,被逐出捷克,亦称波希米亚兄弟会。——译者

③ 1530 年路德等草拟的向在奥格斯堡举行的帝国会议提出的新教信条,为路德派新教徒信仰的主要标准。——译者

④ 在捷克斯拉代克西南部,多瑙河上,即布拉迪斯拉发。——译者

研究上。永曼那篇《论波希米亚语》的文章第一次在他身上唤起热烈的民族感情，就像在他的年轻朋友萨法利克身上唤起的那样。1817年，帕拉次歧把当时在欧洲十分流行的《奥细安诗集》[①]译成捷克文，次年他和萨法利克合写了一部讨论捷克诗歌原理的著作。在晚年，他骄傲地强调，他在整个青年时代，一直没有接受过德国影响和德国训练。有一段时期他在一些富裕家庭当家庭教师；但在1823年，这位由于在各种捷文杂志上发表文章而已经出了名的青年人在布拉格受到永曼、普勒斯尔、汉卡[②]和其他一些人的热情接待。多布洛甫斯基把他介绍给斯腾堡伯爵。这些关系密切的文人创办了"波希米亚博物馆杂志"，从1825年到1838年由帕拉次歧担任编辑。

1827年波希米亚议会邀请帕拉次歧继续编写原来由帕普力卡开始的拉丁文历史。[③] 他建议编写一部新书，并被任命为波希米亚史官（1829年），不过维也纳直到1839年才同意这个称号。资金有保证后，他就遍访欧洲各主要档案馆，计划为自己的国家写一部巨大的历史著作。他以贵族私人档案里那些丰富的手稿为依据，把书写得栩栩如生，取代了佩耳策耳和帕普力卡合写的那些毫无血肉的骷髅。《波希米亚史》前五卷于1836—1867年间出版，是用德文和捷克文同时出版的，但以后诸卷是用捷克文出版的，其经

---

① 奥细安是传说中3世纪爱尔兰的诗人和武士，其诗歌集于1760—1763年间由詹姆士·马克斐孙出版，据说这部诗歌集是他搜集翻译的。——译者

② 捷克诗人兼语言学家（1791—1861年）。——译者

③ 布拉格，1776—1808年，六卷。

费来自议会。[①] 他这部打动了波希米亚人民心弦的著作,成了全民族的一座丰碑。作者笔下语言明晰、批判锐敏,而且有充实的资
633 料为依据,并注入强烈的民族主义精神。这部书的初稿受到维也纳当局严格检查,甚至请求梅特涅审批。记述胡司的第3卷使帕拉次歧长时间感到头痛,因为天主教检查人员坚持说这部书必须适合天主教口味,强迫在描写胡司时要插入这样一些字眼:“顽而不化、固执己见和教条式的武断。”[②]迫使帕拉次歧写到1526年哈布斯堡登上王位时就搁笔的,可能就是这些困难,当然也因为他的身体越来越不行了。

帕拉次歧是一位不知疲倦的、出手很快的作家,他留下的已出版和未出版的著作足有普通大小的书50卷之多。卡尔库塞克博士说,1837年帕拉次歧访问罗马和梵蒂冈时,在十个星期以内就读完了45000篇文件,并还亲手抄了400件!他的文章虽没有出众的文学质量,却也有一定的活力。他甘心情愿把族长“捷卡斯”(Czechus)和许多类似的传说放在批判祭坛上献祭。另一方面,他的五卷书是为波希米亚人应当是一个伟大民族这个意见作的强有力的表现,也是对帕拉次歧感觉多年来德国作家一直强加给捷克人的劣等种族这个可恶的名称的一种骄傲的反驳。基则布勒喜在他的《帝国时代》里赞赏中世纪德意志帝国给东邻各族带来文明。帕拉次歧则认为这样的感恩等于精神上被奴役。他的目的是使捷克民族复活,让他们回忆自己往日的自信。1849年被邀请参加在

① 《捷克民族的历史》,用捷克文重写,1848--1876年;第6版,1904年

② 帕拉次歧和书报检查制奋斗的历史,在他的半自传性的《波希米亚史学》(1871年)中已提到过;雷替斯劳在《夫累则杂志》(见本书原书第631页著者注)中曾提及。

法兰克福召开的国民会议时，他拒绝了，在一封著名的信中声明自己作为一个捷克人，对德国的事不感兴趣。相反，他是为争取捷克在奥地利帝国以内的自治权而工作，并亲自参加了匹勒斯多夫[①]的临时内阁。他对维也纳的反动立场感到极端失望，只好回到自己过去的任务：组织科学团体、创办民族杂志。波希米亚人称呼他们这位伟大作家帕拉次歧为“国父”。他是赫尔得[②]和卢梭的追随者，并具有浪漫主义者的信心，认为人类的民主是天赋的。他把民族和国家区别开来；国家不过是人为的和偶然的（甚至不是基本的）现象，而民族则是一个血统集团，具有一种共同的但也有个性的文化。帕拉次歧相信自己的民族；在他的召唤下，这个民族奇迹般地复活了。

他有一些优秀的追随者。一位是瓦次拉夫·维拉第佛约·托麦克（1818—1905年），他的研究领域比较窄狭；但在科学成就上，他和自己的老师并驾齐驱，在准确性上还有过之。托麦克从1850 634
年到1888年在布拉格大学当奥地利史教授。1882年这个大学分成两个时，他当了新建的捷克大学第一任校长。1885年他的政治履历使他被邀请参加上议院而达到顶点。托麦克记述布拉格市历史的巨著，写到12卷还没完成，事实上这是一部以布拉格为首都的王国的历史。[③] 书中描写了宫廷生活、民族风习和兴衰，以及社会各阶级之间的关系。第3卷是根据从未用过的材料写的1378至1419年间的事，描绘了教会人士道德败坏，并为胡司运动的开

① 生活于1786—1862年，1848年6月至7月奥地利的首相。

② 本卷原书第133—138页。——译者

③ 《布拉格城市史》（布拉格，1853—1901年）。第1卷的德文译本（1856年）。

端提供了一幅新颖而有创见的图景。托麦克本人是天主教徒，他还写了一部划时代的记述布拉格历代地形的著作，[①]一部齐斯卡[②]传（1880 年），和两卷回忆录（Pameti z meho zivota）（1904—1905 年）。

帕拉次歧的工作先是由布拉格的托麦克，后来又由里犀克继续下去。但一般都认为，继承他的衣钵的人是钻研三十年战争的伟大学者安敦·京德利（1829—1892 年）。[③] 不过，就本章提到的大多数史学家而论，这个人是一个显著的例外。京德利虽然继帕拉次歧之后当了布拉格档案馆长，而且在布拉格大学任教多年，但他却没有民族偏见。实际上他是德国人，在德国学校里受的教育，1882 年布拉格大学一分为二时，他宁愿到德国那一半去。他父亲的祖先是 18 世纪从士瓦比亚（Swabia）[④]迁居匈牙利的。他的母亲是捷克人。京德利生于布拉格，在"克兰塞特"（Kleinseite）的德国的几所学校念过书；在大学时，开始研究神学（1848—1849 年），后改学法律（1850 年），最后摇摆于历史和数学之间，后来在布拉格"中等学校"（Realschule）当了副校长。这时他已经认识了布拉

① 分为五部分，1859—1861 年和 1865—1875 年（用捷克文写的）。

② 胡司战争中捷克人民军的著名指挥官（1360？—1424 年）。——译者

③ 参阅 A. W. 沃德，"安敦·京德利"，见《英国历史评论》，第 8 卷（1893 年），第 500—514 页。其主要著作是：《约翰·阿莫斯·科门尼阿斯评传》（维也纳，1851 年）；《波希米亚兄弟会史》（布拉格，1857—1882 年，两卷）；《路德福二世和他的时代，1600—1612 年》（布拉格，1862—1865 年，两卷）；《三十年战争史》（莱比锡，1869—1880 年，四卷）；《瓦尔斯坦〔原文如此〕第一次任将军时期》（莱比锡，1886 年，两卷合为一册）；《波希米亚反宗教改革史》（莱比锡，1894 年）。他编过《波希米亚史料集成》（1864—1890 年，五卷）《1526 年到近代波希米亚国会会议记录》（布拉格，1877—1892 年，第 1—7 卷）。

④ 西德南部。——译者

格大学历史学家君士坦丁·赫夫累尔和教育部赫尔斐尔特男爵[①],这位男爵对他的扶持后来证明有很大价值。在出版了一篇论述波希米亚兄弟会和一篇关于科美尼阿斯[②]的专论以后,就获得一笔出国旅行和研究的津贴,他访问了痕胡特(Herrnhut,兄弟会档案材料大部分存在这里)、柏林和荷兰。后来就出版了他的 635
《截至 1609 年的波希米亚兄弟会史》(两卷,1857 年),接着又出版了《奥地利古史资料集》19 卷中的某些篇材料。他仍然想专心研究波希米亚,因为帕拉次歧写到雅革罗王朝[③]就搁笔了。帕拉次歧以自己的写作证明档案文献的价值,他不愿意根据编年史和回忆录里边那些贫乏的资料写作,于是京德利就于 1859 年在慕尼黑的档案宝库里花了一年的时间钻研,中午还和德林格尔[④]一起散步。然后就开始了确定他将来研究的题目和方法的那次旅行。他游历了布鲁塞尔和巴黎之后,于 1860 年 12 月到达西曼卡斯[⑤]。他在这里意外地发现的确实是一片处女地。在这些档案开放的那 18 年间只有八个人翻阅过,其中只有两个人是西班牙人![⑥] 他带着如获至宝似的心情在这个寒冷阴森的修道院里工作,在 1600 年

① 奥地利政治家和历史家(1820—1910 年),1861—1865 年为公共教育部长。——译者

② 捷克神学家和教育家(1592—1670 年)。——译者

③ 波兰的第二个王朝(1386—1572 年)。——译者

④ 本卷原书第 537—539 页。——译者

⑤ 西班牙的国家档案库在此要塞中。——译者

⑥ 沃德在《英国历史评论》上发表的文章(见上一个著者注),第 506 页。关于西曼卡斯档案,参阅 G. 康士坦特在〔巴黎〕《历史评论》第 95 卷(1908 年),第 50—68 页上的文章。

以后翻阅那些档案时作的笔记堆积成山，速度之快确实惊人。[①]他觉得过去人们使用文献简直太不像话了，甚至兰克也都是这样，于是他最后下定决心拿出12至15年时间搜集自己的材料。[②]这个地方是一座真正的大宝库，记述三十年战争的主要材料就是从这里发掘出来的，里边还有波希米亚贵族的私人档案，在德累斯顿的、特别是在贝恩堡的。他就是在这些私人档案中找到了新教联盟一位伟大思想家安哈特人克立斯兴的办事处全部档案记录的。

不过他这些计划只是慢慢地成熟起来的。1862年，他接到布拉格大学的聘约，还被委任为帕拉次歧开创的波希米亚档案馆馆长。他那部《波希米亚兄弟会史》事实上是宗教改革那一百年间波希米亚和摩拉维亚的历史。这时他正监督波希米亚议会议事录的出版工作。他论述《鲁道夫二世[③]及其时代》(1862年和1865年)的那两卷著作业已对新事物提出一些暗示。从他这两卷书里可以看出在一个懦弱无能的皇帝统治下，那些独立的力量如何开始朝着安哈特人克立斯兴指出的运动方向摆动。1869年他的《三十年战争史》第1卷出版，许多捷克人开始抱怨，说他们这位史官忽视了波希米亚和他的档案，只是为了在别处获得声名。这种背弃波希米亚的倾向在他后来写的东西里更加显明，但他却开始引起欧

---

① 快到1619年时，他写道："当我现在……把我所搜集的全部材料浏览一下，其中一半是全新的，而其他一半教导我怎样把已经知道的材料按一种完全不同的方式去理解的时候，我常常感觉欣喜若狂。"沃德的书(见上上一个著者注)中引用语。

② 参阅他自己的记载，"三十年战争史的贡献"，见《科学院会议录》(维也纳)，第31卷(1859年)，第1节，第3—64页。

③ 神圣罗马皇帝(1576—1612年)，受耶稣会员的教育，压迫新教徒。匈牙利等地人民举行暴动，他被迫于1609年允许波希米亚人有信教自由。——译者

洲学术界注意。第2、3两卷于1879年出版，但因京德利把著作的规模搞得太大了，只能再写一本第4卷（1880年）。他的杰作在一 636
生中虽然未能完成，幸而我们还有出自他的手笔的一部三卷本三十年战争史纲要，这部书是为丰·赫尔斐尔特男爵主编的（1882年）通俗丛书写的，只是一部副产品，但许多英语读者都把它当作他那部大书了。尽管病情严重，作者仍然在他写的这个题目的迷宫中摸索出一条路径。《发特斯泰因①第一次担任大将的时期》（*Waldstein während seines ersten Generalads*）（1886年，两卷）这部书对这位莫名其妙的人物没说什么好话；于是人们就指责京德利有捷克偏见，在去世前两年，他把他的《柏特兰·加波尔②传》（*History of Bethlan Gabor*）（1890年）献给布达佩斯研究院，死后又出版了遗著《反宗教改革史》（1894年），描绘了白山战役以后的恐怖和荒凉。③ 京德利在批评或赞扬面前都不动摇，他把自己一生全部献给揭露历史真相的工作，并把波希米亚在极关重要的17世纪前半叶和德国以及欧洲历史的关系处理得恰如其分。

这个世纪最后25年的历史写作继续前进，并逐步从爱国主义倾向下解放出来。文生特·布兰德尔，第一位整理摩拉维亚资料的档案家，仿照杜孔日的方式用一篇专门词汇补充了他编的那些卓越的校订本。④ J.恩勒也照样编辑了一些重要资料，并为别人

① 即瓦伦斯泰因（1583—1634年），三十年战争期间有名的奥地利将军。——译者

② 匈牙利国王（1620—1629年在位），参加三十年战争，支持新教徒反以奥地利为中心的哈布斯堡王室。——译者

③ 据说，他写了一整卷关于黎塞留的著作，尚未出版。——译者

④ 《波希米亚·摩拉维亚史料词典》（布尔诺，1876年）。

研究波希米亚年代编排上那些特殊情况写了一本指南。[1] 严洛米尔·黑纳尔的研究接触到德国法律对波希米亚和摩拉米亚的影响，而J.伊雷切克[2]在他的波希米亚文学史里也作了一件有用的工作。[3] 安托尼·里犀克（死于1909年）值得注意的是他论述斐迪南一世的一些著作。近代波希米亚学派最好的主要代表是雅洛斯拉夫·高尔[4]。

晚近首要的捷克历史家是约瑟·彼卡尔，1937年1月23日死于布拉格，终年67岁。他在1905年以后一直在布拉格大学当教授，而且是捷克主要历史杂志《捷克历史》的编辑。他的许多著作中有几种对史学有突出贡献，特别是《瓦伦斯泰因》（1933—1934年）这部记述瓦伦斯泰因一生中危险四年的那本不朽之作，以及讨论胡司战争的《齐斯卡》（*Žižka a jeho doba*）（四卷，1927—1933年）。他关心的主要是捷克历史上那段危急时期，他对捷克斯洛伐克的民族生活有深刻影响，还培养了捷克整整一代史学家。他以杰出的散文风格表达了他的学术成果。

637 19世纪初，波兰[5]并不是一个业已灭亡的，只是已经分裂的国

① 《基督教年代手册》（布拉格，1876年）。

② 捷克学者和文学史家（1825—1888年）。——译者

③ 《波希米亚文学史手册》（布拉格，1875—1876年，两卷）。此书记载到18世纪末，实际上是一部根据资料来源按字母排列的词典，附有版本和手稿等情况，有些条文几乎是专论。

④ 捷克诗人兼历史家（1846—1929年）。——译者

⑤ W.J.罗斯，"波兰历史著作"，见《近代史杂志》，第2卷（1930年），第569—585页；B.登本斯基、O.哈勒基和M.阿德斯曼，《19、20世纪的波兰史学》（华沙，国际历史会议，1933年）；马塞尔·阿德斯曼，"波兰科学中的历史方法"，第16—19辑，〔巴黎〕《综合历史评论》，第34卷（1922年），第73—99页；同一作家，《波兰历史研究（接下页）

家。像整个高卢那样，它也分裂成三部分。在奥地利所属加利西亚历史写作可以算最有学术气味的了，但在俄罗斯检查制度下也是最不愉快的地方。浅薄涉猎、虚张声势和炫耀爱国的东西太多了。19 世纪上半那位伟大天才约阿喜谟·勒勒维尔(1786—1861 年)[①] 的著作吃亏不小，因为他的书是在流放中写的，手边没有材料。他的祖先是德国人(他的姓原来是"丰·勒勒斐尔")，先在华沙，后在维尔纳[②] 学习；在维尔纳时是语言学家格洛德克的学生，后来在服尔欣尼亚当教员。1814 年应聘在维尔纳大学教历史。后在华沙任公共图书馆馆长并在大学兼授书目学。1821—1824 年间又回到维尔纳，学生们对他的欢迎引起俄国当局对他的怀疑。他的共和情绪传遍立陶宛全境，推动青年组成许多爱国秘密团体。被撤职后，他回到华沙从事历史写作。尼古拉一世认为他是一个最危险的人物。虽然勒勒维尔在波兰革命政府当了短期的教育部长(1830年)，但在俄军到来以前他就逃往巴黎了，在那里组织了

(接上页)和波兰史学思想的实际趋势》，同上书，第 39 卷(1925 年)，第 65—93 页；同一作家的文章，见《史学和史学家》，第 1 卷，第 287—303 页；"近年来历史文献概况"，〔慕尼黑〕《历史杂志》，第 18 卷(1867 年)，第 359—410 页；亚历山大·布吕克纳，《波兰文学史》〔《东部文学》，第 1 卷〕(莱比锡，1901 年)。关于 17、18 世纪，参阅 K. 瓦利佐斯基，"波兰历史编纂"，《历史季刊》第 2 卷，(1888 年)，第 555—570 页；路德维克·芬克尔，《波兰史书目提要》(克拉科夫，1891—1906 年，七部分，分作三卷)。

① 自传性的：他进行研究波兰历史的《经验》〔用波兰文写的〕(1878—1879 年，两卷)；马塞尔·阿德斯曼在《社会科学百科全书》第 9 卷第 406 页上的文章提供了长篇书目提要和勒勒维尔著作一览；完整的书目提要见 S. 克雷策门斯基的文章，《19 世纪。一百年间的波兰思想意识》(华沙，1908 年)，第 4 卷，第 1—41 页；布吕克纳(见上一个著者注)，第 296、443 页；W. R. 莫非尔，《波兰》(纽约，1893 年)，第 13 章；亨利希·尼奇曼，《波兰文学史》(莱比锡，1882 年)。

② 在波兰东北。——译者

一些波兰侨民委员会。法国政府勒令他离开巴黎。但拉法耶特将军对他盛情款待。最后要他彻底离开法国时(1833 年),他就到布鲁塞尔去了,他在那里过的几乎是隐居生活,在极度穷困中仍然继续写书,仍然和拉法耶特、马志尼、恩格斯等人通信。据说他还是在《共产党宣言》上署名的一位。勒勒维尔是一位不知疲倦的学
638 者,费尽气力做到准确(他为自己的《中世纪地理》〔布鲁塞尔,1850—1852 年〕亲手刻了 50 张插图,除自己外他不相信任何人)大刀阔斧开辟出一条大路。他写成两部论述目录学的书,也成了一位古钱学权威;还翻译了《伊达》(*Edda*)[①];他的《阿拉伯地理》(1851 年)在时间上追溯到匹特阿斯[②]和阿拉伯人,但他写的东西主要的还是涉及自己祖国的一些文章和专论。[③] 他用波兰文和法文写东西,他写的文章是被弄得面目全非的种种文体的古怪的大杂烩,使他的文章读起来因题目不同而忽难忽易。虽然他的论述完全合乎情理,但他把似乎从远古时期就已存在的民族的发展当成自己的研究中心;而且以当时作者当中非常流行的方式歌颂波兰早期愉快而自由的制度,在这方面他和那些浪漫主义作家差不多。

勒勒维尔是伽图[④]那样生活纯朴、道德严肃的一位学者,他认为作研究工作能否仔细是个良心问题。而且,因为有了他,波兰对自己这门历史学科几乎作到追本溯源的程度。他去世后,出现了

---

① 北欧英雄史诗,分为《诗歌伊达》和《散文伊达》两部分。——译者

② 公元前 4 世纪希腊地理学家,参阅本书上卷原书 35 页。

③ 这些研究都收入《波兰,历史和现实》(波兹南,1846—1868 年,20 卷)一书中。

④ 古罗马的贵族政治家(公元前 234—149 年),生平以道德高尚、生活朴素著称。——译者

暂时的倒退，重要的例外只有奥古斯特、别罗维斯基和卡尔·沙伊诺哈（1818—1868 年）。沙伊诺哈不但是历史家，还是诗人和剧作家。他为自己的爱国言论付出的代价是在奥地利监狱里蹲了三年。他那部最伟大的著作《雅得维加[①]和亚盖沃》（*Jadwiga and Jagielo*）（1855—1856 年，第 2 版，四卷，1864 年），被一位斯拉夫文学史家比作麦考莱的《英国史》和提埃里的《诺曼征服英国史》。他有一部著作的论题是波兰贵族和俄罗斯贵族都发源于瓦兰奇安人[②]。舒伊斯基[③]（1835—1882 年）未终天年，而（曾经一度被奥地利政府判处死刑的）亨利希·施密特干的工作倒不少，但结果只不过是使安得累阿斯·摩拉捷维斯基学派苟延残喘而已。这个学派目光短视，只知在 18 世纪寻找波兰崩溃的原因。[④]

在 1863 年波兰政治崩溃[⑤]、加利西亚随即获得自治权之后，

---

① 波兰女王（1384—1399 年在位），匈牙利与波兰国王路易一世之女，1386 年嫁与立陶宛大公亚盖沃，因此亚盖沃当选为波兰王，是为拉迪斯拉斯二世（1386—1434 年），创立波兰第二王朝（1386—1572 年）。——译者

② 北欧海盗，9 至 11 世纪间从挪威、瑞典等地出发，掠夺欧洲大部地区。——译者

③ 波兰历史家、诗人和戏剧作家。——译者

④ 这一群作家（实际上大多数波兰历史家都是这样），往往假定一个民族的政府形式是他们自己民族的观念；如果改变这种形式，就一定会违反这个种族的精神。他们死死抓住这个“关键”，主观上任意歪曲他们的材料，来引申这种民族观念的表现。他们认为波兰的民族观念是人民的统治；君主国既然反对人民的统治，因此所有的国王和高级官吏都被歪曲，主张君主政体的人事实上是不忠诚的。一般说来，宪法被认为几乎是神圣不可侵犯的理想制度，波兰人民不能领会这一点，所以他们把这个极好的政府丧失了。作家依照他们的成见，把这个过失归咎于权贵、国王或小贵族。施密特和勒勒维尔两人则和他们同时代的人相反，认为使波兰灭亡的不是贵族和国会，而是国王。

⑤ 1863—1864 年波兰第二次革命，被俄国残酷地镇压，波兰自治被取消了。——译者

在波兰史学上发生一个重要变化:新的一代提出用新的科学的历史取代爱国主义的劝诫和夸夸其谈。加利西亚划归波兰后就成了
639 所有其他地区的聚合点,于是,德国—奥地利人济克尔、菲克等办的那些研究班里的学生就能够贯彻他们的原则了。博勃任斯基[①]的《波兰史大纲》(1879 年)把学生们引上研究各种制度和波兰法律的轨道。扎维尔·利斯歧在利沃夫[②]开办了第一个历史研究班。他们不再把研究仅仅限制在 17、18 世纪范围以内,连中世纪的,甚至古代的波兰都研究了。阿斯刻那犀[③]是第一位写现代史和当前问题的作家。科尔臧和斯莫梭斯基以自己的影响支持批判史学。艾斯特雷切尔和芬克耳钻研书目学上的问题。推进在全线展开,但在数量上说,资料的出版和分析性文章远远超过其他各项工作。利沃夫和克拉科夫二地的学者合作编写了《波兰史料集成》(*Monumenta Poloniae Historica*)(1864—1893 年,六卷);事实证明,扎克尔查维斯基确实是一位伟大的编辑,斯坦尼斯拉·克祖赞诺维斯基也在克拉科夫训练下一代学习古文字学和古文书学。第一次世界大战后波兰复国又引起一次民族主义复活。1924 年有 650 位学者在华沙历史研究班工作。

匈牙利[④]是直到欧洲其他各国的古典研究和成立学派的榜样

---

① 波兰历史家(1849—1935 年)。——译者

② 在苏联西部。——译者

③ 波兰历史家(1867—1935 年),利沃夫大学教授,波兰驻国联联盟的代表,著有《拿破仑与波兰》三卷。

④ J. 康特在〔巴黎〕《综合历史评论》第 2 卷(1901 年)第 167—200 页上发表的文章,“匈牙利通史”;《匈牙利的文字与文献》,第 4 卷(1902 年),第 205—235 页;《匈牙利文学;近代——从1772年到现在》,第4卷(1902年),第346—367页;T. 巴(接下页)

纷至沓来的时候，才有了一个专业历史学派。强烈的民族主义和对自治的要求在历史写作上产生的影响是有害的。马蒂亚斯·柏儿[①]（1684—1749年）早在18世纪就已经用拉丁文撰写论述匈牙利历史各个方面的著作了。近代第一位重要历史家是伊格纳兹·奥理略·斐斯勒（1756—1839年）。[②]他生于沮拉尼，父母都是德国人，他用德文写作。他以卡普琴派修道士[③]开始了他几经波折的生涯。由于把修道院的弊端向约瑟二世作了汇报，从而使自己受人憎恶，还引起一场调查。他的剧本《西德尼》（*Sidney*）（1788年）攻击了英国的罗马天主教，又使他丧失了在伦贝格（即利沃夫）的教授职位，不得不离开那里，转向路德教。八年之后（1796年），受命和费希特一起改革共济会柏林分会法规。亚历山大一世曾授予他圣彼得堡大学教授职位（1809年），他也未能保住，最后以路德派教士和俄国首都圣会总督的身份结束了一生。他的许多著作使匈牙利马札尔人有了自己第一部通史。[④]

约翰，即格拉夫·梅拉司·丰·塞克利（1786—1855年）的许 640
多诗歌和历史著作也都是用德文写的，他先是在政府工作，后来又

（接上页）拉特，"匈牙利史，1867—1935年"，见〔巴黎〕《历史评论》，第177卷（1936年），第84—144，595—644，25—74页；亚历山大·弗勒格勒，"未完成的历史编撰估价"，〔慕尼黑〕《历史杂志》，第17卷（1867年），第318—395页；〔伦敦〕《都柏林评论》，第129卷（1901年），第352—353页；弗里基斯·里德尔，《匈牙利文学》（伦敦，1905年）；尼奇曼（见本书原书第637页著者注）；布吕克纳（见本书原书第637页著者注）。

① 皇帝查理六世任命他为历史编纂员。——译者

② 自传性的：《70岁巡礼的回顾》（布雷斯劳，1824年，第2版，莱比锡，1851年）；雅诺什·科维佐，《I. A. 斐斯勒》（布达佩斯，1915年）。

③ 意为尖帽托钵僧，为圣芳济教团的一支。——译者

④ 《匈牙利史》（莱比锡，1815—1825年，十卷）《马蒂亚斯·科维那斯》（布雷斯劳，1793—1794年，两卷）；《匈牙利阿帕德王朝三大国王》（布雷斯劳，1808年）。

转向写作，到慕尼黑居住，最后因贫困自杀。除了他的《马札尔传说、神话和记载》(1825 年，第 2 版，1837 年，两卷)外，还写了各类历史著作，修改了斐斯勒的著作，他的文章写得很好，吸引了不少读者。[①] 但在推广历史研究方面贡献最大的却是革命时期的教育部长密哈利·霍瓦特主教[②](1809—1878 年)。[③] 作为出身低微的一位天主教牧师，他长期密切接触农民和下层社会，后来在贵族家里当家庭教师。1844 年在维也纳大学当了匈牙利语言文学教授。因为他是噶苏士革命政府成员，逃亡后被判处死刑，后来继续过了 18 年(1849—1867 年)流放生活，直至大赦才回国，又积极参加政治和宗教活动。他回国后那十年，一直在新成立的匈牙利历史学会当会长。在许多方面，他都有资格被称为匈牙利史学之父。他反对狂热的爱国文章和有人发出什么"不是匈牙利人就不能存在"这类狂言的旧式封建感情。他充分理解人们提出历史写作要有批判这个要求，也充分理解匈牙利史和欧洲史之间的密切联系。还有，他是用匈牙利语进行写作的。以强劲有力的文笔，有信心地，但也力求不偏不倚地探讨自己民族生活的社会、经济等方面，并以近代自由和民主观的口吻取代旧式的贵族理想。[④] 从霍瓦特的著

---

① 《马札尔人史》(1828—1831 年，五卷)；《奥地利皇帝的历史》(1834—1850 年，五卷)；《匈牙利的宗教纠纷》(1845 年，两卷)。

② 匈牙利天主教教士和政治家，革命时为公共教育部长(1849 年)，革命失败后，居于国外(1849—1866 年)，1866 年回国，1876 年担任下院议员，著有《匈牙利独立战争史》(三卷，1865 年)等书。——译者

③ 奥斯卡·贾西在《社会科学百科全书》第 7 卷第 461—462 页上发表的文章，附书目提要。

④ 《匈牙利历史文献集》(布达佩斯，1857—1859 年，四卷)，这是他在流亡时期在布鲁塞尔档案中所搜集关于匈牙利的全部文件汇编。《匈牙利1823—1848年(接下页)

作中可以看出基佐的影响。他不以罗列材料为满足，总想宣传自由主义和民族主义。他的文章恰恰符合匈牙利人的精神，在和奥地利的专制主义进行斗争的时期成了货真价实的弹药库。匈牙利后来出现的第一位公正的历史学家是弗朗西斯·萨拉蒙。在1875年，资料研究仍处于幼年时代，批判精神仍然缺乏。为了反对德国史学家步丹格尔、达姆勒和其他一些人的说法，匈牙利爱国 641
者坚持捍卫匈牙利最早历史资料的可靠性。①革命时期的军人兼出色的数学家萨拉蒙最后作为一位新闻记者漂泊到布达佩斯，加入了迪阿克②的政党。作为一位历史学家，他完全是自学成材的；但他的幸运的天赋把他投入精心研究资料的工作中；而且，在阅读古典著作陶冶下，他的文笔杰出，可列入匈牙利最好作家一类。他的其他长处有：他的文章超越了记述各种制度和上流社会的界限，把人民写进匈牙利史。

马札尔人征服匈牙利一千周年（定在公元906年）激起一阵狂热活动。朱理·保勒专门钻研早期匈牙利史上种种细小问题，在批判上有些折衷。科罗曼·塔利对拉科茨亲王③的赞颂超出一切

（接上页）25年的历史》（日内瓦，1865年，第3版，布达佩斯，1885年），约瑟·诺维里译成德文（莱比锡，1867年，两卷）；《匈牙利独立斗争史》（日内瓦，1865年，第3版，1898年，两卷）。他还写了《匈牙利商业史》（1840—1842年，两卷）；《匈牙利史》（1842—1846年，四卷；德文译本，1851—1855年，两卷），《匈牙利史》（1860—1863年，六卷；第2版，1871—1873年，八卷）。他的次要著作的汇编成四卷于1868年问世。

① 马扎利称国王贝拉的无名氏辩护人（13世纪）是匈牙利史学的检验标准。

② 匈牙利自由改革党领袖（1803—1876年），反对噶苏士，主张与奥地利联合。——译者

③ 德兰斯尔斐尼亚诸侯（1591—1648年），在三十年战争中，联合瑞典、法国，反对奥地利。——译者

批判标准。威廉·佛拉克诺伊主教(生于1843年)有点像个奇才,担任重要编辑职务,全力撰写马提亚·科维那斯[①]的光荣事业、匈牙利鼎盛时期以及其后的衰落,直至摩哈赤战役[②](1526年),还写了意大利对匈牙利人文主义的影响。然而,科学的历史写作最好的倡导人却是谦逊的布达佩斯大学教授(1895—1924年)亨利希·马扎利(生于1856年),他自豪地把自己说成是惠芝、沃顿巴哈和迦伯列·摩诺的学生。因为有了他,匈牙利方继承了德国和法国的最好传统。

在我们开始介绍希腊和巴尔干诸国时,必须承认,由于种种原因,这些地区的进展很有限,历史研究工作仍然不能令人满意。19世纪这几个地区走的是曲折的道路,这情况本身就不利于历史写作。民族主义和尖锐的党派矛盾在教育和文化上都制造了偏见。例如我们现在对拜占庭史的总的看法绝不是在它现在的继承人的疆界以内出现的。

君士坦丁堡陷落后[③],希腊的科学和文学就进入绵延达数世纪之久的晦暗时期。[④] 老百姓的语言和文学语言之间的分裂继续

---

① 匈牙利国王(1458—1490),屡破土耳其侵略军,夺取波希米亚等地,使匈牙利成为中欧最强大的国家。——译者

② 土耳其大破匈牙利军,匈牙利大部分国土为土耳其占领,小部分并入奥地利。——译者

③ 1453年。——译者

④ 威廉·米勒,"近代希腊的近代希腊史家",见《历史》杂志,第10卷(1925年),第110—123页;Ed.德里奥和迈克尔·莱里蒂埃两人在《史学与史学家》第1卷第192—208页上发表的文章;阿尔伯特·图姆,"现代希腊文学",见《东欧文学》(《现代文化》第1卷,第9部分),1908年,第246—264页,讨论纯文学和文字的争论,对于史学和科学只有点暗示。

扩大。18世纪末，近代思想和榜样开始从西欧传入，希腊开始了文艺复兴运动，君士坦丁堡的希腊运动①也席卷了广大社会阶层。19世纪20年代，希腊的思想和著作围绕着争取从土耳其统治下解放出来的斗争这个中心。新希腊以写自己遥远的过去为荣，或者不厌其烦地写自己的现在，但忽略了不光彩的中世纪。所以希腊的历史写作长时期以来一直违反了最根本的连续性这条规定。历史作为一种科学记述、在战争回忆录和个人回忆录风行一时的情况下，没有取得自己的位置。斯派利敦·特里库皮斯②（1788—1873年）在记述希腊《独立战争》（1853年，四卷）这个故事中，写的是他亲自插手造成的事态。他表现出使人吃惊的不偏不倚，使他的著作具有当时人记当时事的史料价值。他感激英国的帮助；他反对约翰菲利蒙（1798—1874年），因为他那六卷希腊战争史③表明他是俄国的朋友。 642

1830年以后在这个贫穷而衰弱的新国家④里，作家在研究古典时代祖产当中寻求安慰，尽管已有法尔梅来尔⑤的著作。他们肯定了希腊种族和文明的连续性。最伟大的作家君士坦丁·帕佩里哥洵罗斯（1815—1891年）就是从这一论断为基础写成自己的

① 原文为法那运动（Phanariot movement），因住在土耳其统治下法那地方的希腊人官吏而得名。——译者

② 希腊政治家，参加希腊独立战争（1821年），先后为希腊驻英法的大使，写了一部希腊革命史。——译者

③ 雅典（1859—1861），四卷，未完，它写到1821年。

④ 1821—1831年希腊进行独立战争；战后希腊成为独立的国家。——译者

⑤ 德国史学家和东方旅行家（1790—1861年），著有《希腊的阿尔巴尼亚成分》，主张近代希腊民族起源于斯拉夫族，对此引起许多异议。见本卷原书第516—519页。——译者

《希腊人民史》的。[1] 因为他相信现在希腊仍然缺少的一部民族史，只有本族的成员才能写成，于是他就打算为他的同胞们描绘过去的情景并提供照亮未来的火炬。他把爱琴海周围和地中海沿岸一带的希腊古典文明作了卓越的概括，另外还为把希腊文明保留了一千多年的拜占庭时期写了一部热情的纲要。保罗斯·卡罗赖兹(生于1849年)继续写帕佩里哥泡罗斯的历史，另外还写了一部《希腊独立战争史》(雅典，1892—1893年，三卷)。希腊史有连续性这个论断的主要后果之一是鼓励了人们编写地方古代史，从而为地方自豪感和民族宣传提供了材料。甚至每个小岛都有一位历史家。

希腊教育从最低年级起就把历史这门课放在很重要的地位，但设立这门功课倒不如说是为了造成一种环境，以便在课堂里训练青年公民懂得自己民族的传统和气质。甚至连神话都不排除，正如德里奥尔特和莱里蒂埃两位先生所说，“在希腊，历史教育有点像宗教。”[2]大多数历史作家并不是教授，而是业余作家。作家、政客和私人都动手写起来了。在这些作品里，习惯于批判的学者将找不到专业手笔的证据、严格的方法和对年代编排的注意。有时写作动机是党派
643 偏见，有时是一般的文化兴趣。一位有写作爱好的希腊商人狄密特里奥斯·比克拉斯[3](1835—1908年)就是一个恰当的例子。他写的《中世纪时代的希腊》[4]是他从伦敦到雅典中途在马赛停留时，在朋友们请求

---

① 关于进一步的材料，参阅前面第五十八章，本书原书第521页著者注。

② 《史学与史学家》，第1卷，第192页。

③ 希腊商人、诗人和历史家，将许多莎士比亚的戏剧译成近代希腊文，写了许多爱国诗歌，著有《中世纪的希腊人》、《希腊、拜占庭和近代》等书。——译者

④ 参阅前面第五十八章，本书原书第523页著者注。

下发表的一系列讲演。

上世纪希腊最好的历史家是君士坦丁·萨塔斯(1841—1914年)。他曾就学巴黎,一生大部时间是在威尼斯和巴黎的档案馆工作。他是近代希腊第一位拜占庭学者,在推动拜占庭研究方面有很大影响。他的主要著作有:《中世纪希腊图书纪要》(*Biblitheca graeca medii aevi*)(威尼斯,1872—1894 年,七卷)和《中世纪希腊史未刊文献资料》(巴黎,1888—1894 年,十卷)。[①] Sp. 兰布罗斯教授[②]主要是一位普及作家。雅典大学的君士坦丁·拉多斯研究希腊航海史,还写了一篇关于萨拉米战役[③]的卓越专论。希腊史学总的说来是过于偏重文学,科学性不够。除独立战争外,近代史被很不敏感地忽略了,关于通史仍须依靠翻译外国著作。

值得一提的最近一位希腊史家是已故的安得烈·M. 安德雷亚德斯(1876—1935 年)。他曾在巴黎学习,1899 年获得法学博士学位,1901 年又获经济学博士学位,[④]在雅典大学任教。他是多产作家,论述有关古代希腊、拜占庭和近代史中有关经济财政等方面的事情。在欧洲差不多每个著名的经济史刊物上都有他的文章,因为他能自如地运用法文和英文写作。[⑤]

---

① 关于萨塔斯,参阅 L. 布雷埃尔在〔巴黎〕《历史评论》第 116 卷(1914 年)第 447 页上的文章。

② 希腊历史家(1851—1919 年),著有一部雅典史,一部希腊史,并翻译了一些德国有关希腊史的著作。——译者

③ 公元前 480 年波希战争中一次重要战役。——译者

④ 他的博士论文是《英国银行史》(巴黎,1904 年);克里斯塔贝尔·梅雷迪思的英译本出版于 1909 年。

⑤ 参阅 A. J. 斯巴鲁纳,《安得烈·M. 安德雷亚德斯,希腊财政学创立者》(巴黎,1936 年),书目提要第 267—289 页。

罗马尼亚[①]于1878年获得独立。1882年以前，本国话一直不准使用，上流社会只用他们的外国统治者的语言即斯拉夫语或（土耳其统治下希腊官吏用的）希腊语进行教育。广大农民群众则被浸泡在无知之中。民族文学的创造在这里再次把全民族团结一起。在那些竭力要把罗马尼亚语变成文学语言的作家当中，第一把交椅应该属于特兰西瓦尼亚人乔治·辛卡伊。他为了用历史著作唤醒自己的民族，把自己这个民族的历史编成年代记，从1世纪一直编到18世纪（公元86—1739年）。但匈牙利不许出版，检查人员提的意见简单扼要，说他的"作品无名，作者尤其无名"。他的朋友彼得·马约比较圆通或者说比较幸运，他写的论证罗马尼亚
644 人起源于达基亚的那部历史于1813年在布加勒斯特出版了。辛卡伊的著作是在40年以后才问世的，而且是在匈牙利国土以外。一位名叫乔治·阿萨基的教师用巧计把民族史第一课弄到雅西[②]的希腊学院里讲授（1813年）。人家聘请他教测量学，但他借口测量学必须用罗马尼亚语教，因为必须经常向农民提出问题，结果他获准开一个罗马尼亚语班。他讲课时把罗马尼亚史一段段插入其中。摩尔达维亚[③]和瓦拉几亚[④]王公鼓励这样学习，罗马尼亚研究院成立后，历史列为一个研究部分。

罗马尼亚进入独立国家行列时，史料仍然稀少，或者说完全没有出版过。近50年来，罗马尼亚学者已经学会了收集、编订史料

① N.伊阿加在《史学与史学家》，第1卷，第320—340页上的文章。

② 在罗马尼亚东北部。——译者

③ 在罗马尼亚东北部。——译者

④ 过去为独立的公国，现为罗马尼亚的一部分，在多瑙河下游。——译者

的方法，而且还从国外吸取了一些科学原则。政治家米雪尔·科葛耳尼恰努[①]曾在柏林学习，在那里出版了为青少年阅读的罗马尼亚史。佩匹乌·伊拉里安在普鲁士首都王家图书馆里为自己编的那三卷文献收集了难得的资料。比萨拉比亚人波格丹·彼特里西库·哈什迭乌[②](1836年)懂古代和近代斯拉夫语。他的《罗马尼亚历史文库汇刊》(*Archiva istorica a Romaniei*)是关于罗马尼亚语言的形成和语源知识的宝库。他的《大罗马尼亚语源学》(*Etymologicum Magnum Romania*)是1887年在布加勒斯特出版的。他使用了大量文献资料(其中有些还是人们料想不到的)，使罗马尼亚史富有浪漫主义色彩，很吸引人。在俄国基辅受过教育的梅契塞狄克主教从摩尔达维亚那些宗教建筑里边收集到许多铭文。格雷戈里·G.陶西勒斯库是哈什迭乌的学生，后来在布拉格继续学习。他为罗马尼亚各学校写的教科书曾多次再版，他还开创了考古学研究。雅西大学教授亚历山大·狄密特里奥斯·克塞诺波尔或许就是罗马尼亚最出色的历史家了。他的五卷《罗马尼亚民族史》是想叙述这个民族的命运，不考虑国界和省界的限制。在兰克那个时代，他在柏林学习法律，并在柏林写了一篇论罗马制度的文章，还用了一些时间研究他很崇拜的巴克尔。克塞诺波尔是一位细心的工作者，写作上也有些天才。他的哲学倾向在《史学的基本法则》(*Les lois fondamentales de l'histoire*)一书中业已形

① 罗马尼亚政治家和历史家(1817—1891年)，著有《瓦拉几亚和摩尔达维亚的历史》。——译者

② 罗马尼亚的档案学家和语言学家(1836—1907年)，其《罗马尼亚历史文献汇刊》中初次刊出了许多古代斯拉夫和罗马尼亚文字的文献。——译者

成。① 因为他的通俗历史是根据别人写的那些不大可靠的专论写的，而且他并没尽力使用档案资料，所以他这部通俗史还有需要改进的地方。布加勒斯特大学教授尼古拉·约加(1871—1941年)就想解决他这个问题。他是罗马尼亚作者当中一位主要代表人物，而且作品很多。约加也曾前往巴黎和莱比锡接受训练，这件事的重要性在于它能说明罗马尼亚史学的从属性质。

645 保加利亚，②也像它的邻国罗马尼亚那样，是在柏林会议上(1878年)首次获得独立的；它那些科学协会以及索非亚大学，都是在这个变化以后才出现的。对近代史学主要推动力来自1911年创办的科学院。但在一个半世纪以前就已经有一些有影响的历史家了。保加利亚学者认为1762年修道牧师佩西约的《斯拉夫人和保加尔人史》的出版就是保加利亚民族主义"复兴"的开端。随着和土耳其斗争的日益尖锐，历史家也出力创办杂志，撰写文章，宣传民族主义。于1870年创刊、并由科学院继续办下去的业已出版百卷以上的《定期评论》(*Periodicesko Spisanie*)，保存着对民族史有重要贡献的许多文章，有的是论述古色雷斯的，也有记述拜占庭时期的，还有土耳其资料；但主要是关于近代的。在南方的斯拉夫人中间塑造民族自觉的最大动力来自君士坦丁·约瑟·伊雷切克③(1854—1918年)。他是维也纳出生的波希米亚人，在布拉格大学获得学位，后来曾考察研究保加利亚的语言和历史。1876年

① 有罗马尼亚文、法文和西班牙文译本。

② 加斯顿·卡昂在《史学与史学家》第1卷第72—85页上的文章。

③ 捷克的考古家和历史家，著有一些关于南斯拉夫的历史和文学的书。——译者

出版了他那部名著《保加利亚民族史》。[①] 他在保加利亚政府当了短时期的教育部长(1880—1882 年)和新建立的索非亚国立图书馆长。在布拉格捷克大学和维也纳大学当教授时,他继续用捷克文、德文、塞尔维亚文和保加利亚文撰写文章,讨论文学、语言学和历史等方面的问题。[②]

研究保加利亚中世纪的历史家和当代历史学派的创建人是发西耳·尼科洛夫·兹拉塔尔斯基(1866—1935 年)。[③] 在索非亚大学当历史教授时,他训练了他的同事中的多数人,他在 40 年间写了许多著作。他的文章大多数是在杂志上发表的。他的《保加利亚史》第 4 卷没有写完,原定从公元 679 年写到土耳其征服,共五卷。第 3 卷(1934 年)写到 1187 年。兹拉塔尔斯基继承的是德里诺夫和伊雷切克的传统。近年来,保加利亚学术界已认识到在他们这个国家里,萨珊[④]、拜占庭和土耳其种种艺术互相掺杂的考古问题。

近代南斯拉夫包括塞尔维亚、克罗地亚和斯洛文尼亚等王国。[⑤] 1918 年以前,这个多民族混居杂处的国家的各个成员处在 646

① 同年在布拉格出版了德文版;接着 1882 年在敖德萨出版了俄文版。

② 参阅 L. 莱热在《大百科全书》中写的文章。莱热已经分析了他的《保加利亚旅行记》的一部分(捷克文,1888 年),见他自己的《俄罗斯与斯拉夫人,政治和文学研究》(巴黎,1890 年)。

③ 雅罗斯拉夫·比德罗在《近代的斯拉夫人》第 8 卷(1935 年)第 136—53 页上的文章,和约瑟·帕塔在同上书第 154—156 页上的文章。

④ 中世纪波斯的一个王朝,公元 226 年至 641 年,7 世纪为阿拉伯所灭。——译者

⑤ E. 奥芒的文章,见《史学与史学家》,第 1 卷,第 455—468 页;莱热,"南斯拉夫人的历史著作",〔巴黎〕《历史评论》,第 2 卷(1876 年),第 223—234 页;(接下页)

七个不同政府统治下。这种政治上的分割可能是近代史学觉醒较晚的原因。在克罗地亚,史学是在19世纪30年代才开始的。在塞尔维亚还要迟20年。于是,两个主要中心萨格勒布和贝尔格莱德就发展起来,邻近各政府辖下各分散的民族中也出现了一些次要史学中心。

匈牙利的马札尔人宣称克罗地亚的自治是趁土耳其入侵的机会偷偷摸摸占的便宜。克罗地亚的史学研究就是在这件事以后才兴起的。人们到处寻找文献,反驳这种指责。而且以事实证明自从两国第一次联合[①]以来,自治便是"联合"的合法权利。J.赫密耳是这类汇编的第一位编者(1846年),萨利克和伊凡·邱库尔约维奇·萨卡辛斯基以类似的计划继续进行。萨卡辛斯基找到一位有价值的合作共事者,即克罗地亚历史之父,牧师弗兰约·腊奇基博士(1828—1894年)。[②]邱库尔约维奇本人也曾一度以诗歌倾吐爱国热忱,在他的《南斯拉夫历史档案》(1851年以后)一书中,他把克罗地亚文学和艺术史向前推进一步,并为南斯拉夫研究院打

(接上页)西普里安·罗伯的文章,见〔巴黎〕《两世界评论》,1846年,第1部分,第365—375页;1852年,第4部分,第1117—1147页;1853年,第2部分,第1159—4200页;1854年,第2部分,第140—169页;威廉·米勒的文章,见〔伦敦〕《英国历史评论》,第32卷(1917年),第589—590页,对H.W.坦佩利的《塞尔维亚史》的评论;格泽曼《塞尔维亚—克罗地亚文学》(波茨坦,1930年);皮品和斯巴索维兹的书(见本书原书第631页著者注)。

① 1867年匈牙利和克罗地亚合并。——译者

② 他的著作《古代克罗地亚文献史,548—1100年》(萨格勒布,1877年)是克罗地亚历史的基础。他写了许多政治小册子,他是一位写得很流利的拉丁文、克罗地亚文、意大利文和匈牙利文的作家。参阅V.札戈尔斯基的博士论文《弗兰约·腊奇基与克罗地亚科学和政治的复兴》(巴黎,1909年)。

下基础(1867 年)。七年以后,克罗地亚大学在萨格勒布创立起来。这两种事业都得到德雅科佛主教斯特罗斯迈尔[①](梵蒂冈宗教会议上反对派的著名发言人)的资助。在随后 20 年里,腊奇基写了不少文章和专论,其内容包括克罗地亚的起源和息立尔、美多狄阿斯等人的劳绩[②],直到近代。克罗地亚第一代史家都不是以史学为专业的人。邱库尔约维奇是一位军官,是爱国主义吸引他参加政治活动的;腊奇基是一位牧师,赫密尔和萨利克甚至还不是克罗地亚人。继承他们的事业的是萨格勒布大学那些教授,其中西西奇按照他以前制定的纲要写了一部扩编了的历史(第 1 卷于 1917 年出版)。在国外写克罗地亚史的人当中,可以提出伊格纳兹·瓦特罗斯拉夫·雅吉奇[③](生于 1835 年),他是克罗地亚人,先后在柏林、彼得堡的大学当过教授。他的不朽之作是《斯拉夫语言学文库》(1875 年及以后)。君士坦丁·伊雷切克写了一些论述达尔马提亚[④]和拉古萨[⑤]的文章,随后又写了一部《1373 年以前的塞尔维亚史》(1909 年)。

塞尔维亚的史学可以追溯到乔治·布兰科维奇伯爵那些满腹 647
牢骚的手稿。他被奥地利政府在维也纳和埃格尔[⑥]两地囚禁了 22

---

① 南斯拉夫的天主教高级教士(1815—1905 年),1850 年为德雅科佛主教,后为克罗地亚民族党的领袖,鼓吹泛斯拉夫主义。——译者

② 他们兄弟二人是拜占庭的僧人,于 9 世纪创造斯拉夫字母。——译者

③ 克罗地亚语言学家(1835—1923 年),著有一些有关斯拉夫语言和文学的书籍。——译者

④ 南斯拉夫西南一省。——译者

⑤ 在意大利。——译者

⑥ 在匈牙利。——译者

年之久(1689—1711年)。多年来,一个民族的愤慨结出的果实一向是不可爱的,而且也没有精确的香味。塞尔维亚一旦获得独立,过去那些传说便黯然失色,激动人心的现代英雄故事取而代之。回忆录出现很迟,但语言学家瓦克·斯特法诺维奇·卡拉季奇[①]写的那些东西都是以他和大多数革命领袖都相识为基础的。兰克写的《根据塞尔维亚文献资料写的塞尔维亚革命》(1829年)就是以他那些文章为依据的。批判的历史的前驱是住在匈牙利的塞尔维亚人希拉里昂·鲁瓦腊茨,但他的书不受欢迎。塞尔维亚那些传说不可靠,文献又很贫乏,所以它不能像克罗地亚那样很清楚地回顾自己的历史,如"千年的古老宪法"之类。塞尔维亚人没有资料可编,他们干的是撰写独创性文章:有讨论人种学的,有记述卡拉乔治[②]革命时代情况的,特别是向邻国提出的那些要求,其中最著名的是塞尔维亚和保加利亚的争端。斯洛文尼亚地区的史学差不多是个空白,至今还没有产生一位著名的历史学家。

---

① 塞尔维亚语言学者(1787—1864年),改革西里尔字母以适于塞尔维亚语之用,创造了一种简明科学的拼写系统。著有塞尔维亚民歌选集、塞尔维亚语文法及塞尔维亚语—日耳曼语—拉丁语大词典等书。——译者

② 生活于1766?—1817年,意为"黑乔治",他于1804年领导塞尔维亚人反抗土耳其,1813年战败,逃往匈牙利。1817年重回塞尔维亚领导革命,但遇刺身亡。——译者

索　引

（数字为原书页码，原书页码在正文切口一边，斜体数字为详细介绍所在页码。）

D

E

H

I

N

P

Q

R

S

U

V

X

Y

Z

图书在版编目(CIP)数据

历史著作史. 下卷 / (美) 汤普森 (Thompson, J. W.) 著; 孙秉莹, 谢德风译. —北京: 商务印书馆, 1992.2 (2013.11重印)
(汉译世界学术名著丛书)
ISBN 978-7-100-02206-4

I. ①历… II. ①汤… ②孙… ③谢… III. ①史学史—世界 IV. ①K091

中国版本图书馆 CIP 数据核字(2010)第 217538 号

汉译世界学术名著丛书
历史著作史
下卷
十八及十九世纪
(下卷全两册)
〔美〕J. W. 汤普森 著
孙秉莹 谢德风 译
李 活 校

商务印书馆出版
(北京王府井大街 36 号 邮政编码 100710)
新华书店总店北京发行所发行
北京市艺辉印刷厂印刷
ISBN 978-7-100-02206-4

1992年5月第1版 开本 850×1168 1/32
2013年11月北京第3次印刷 印张 34 5/8
定价: 85.00元

汉译世界学术名著丛书

历史著作史

下卷

十八及十九世纪

第三分册

〔美〕J.W.汤普森 著

孙秉莹 谢德风 译

李活 校

商务印书馆

2013年·北京

James Westfall Thompson

A HISTORY OF

HISTORICAL WRITING

Vol. II, The Eighteenth and Nineteenth Centuries

The MacMillan Company. New York, 1942

根据美国纽约麦克米伦出版公司 1942 年第一版译出

汉译世界学术名著丛书
出版说明

我馆历来重视移译世界各国学术名著。从五十年代起，更致力于翻译出版马克思主义诞生以前的古典学术著作，同时适当介绍当代具有定评的各派代表作品。幸赖著译界鼎力襄助，三十年来印行不下三百余种。我们确信只有用人类创造的全部知识财富来丰富自己的头脑，才能够建成现代化的社会主义社会。这些书籍所蕴藏的思想财富和学术价值，为学人所熟知，毋需赘述。这些译本过去以单行本印行，难见系统，汇编为丛书，才能相得益彰，蔚为大观，既便于研读查考，又利于文化积累。为此，我们从 1981 年至 1992 年先后分六辑印行了名著二百六十种。现继续编印第七辑，到 1997 年出版至 300 种。今后在积累单本著作的基础上仍将陆续以名著版印行。由于采用原纸型，译文未能重新校订，体例也不完全统一，凡是原来译本可用的序跋，都一仍其旧，个别序跋予以订正或删除。读书界完全懂得要用正确的分析态度去研读这些著作，汲取其对我有用的精华，剔除其不合时宜的糟粕，这一点也无需我们多说。希望海内外读书界、著译界给我们批评、建议，帮助我们把这套丛书出好。

商务印书馆编辑部

1994 年 3 月

汉译世界学术名著丛书
出版说明

目　录

第六编　近代史学的兴起

第七编　近代德国史学的建立

第八编　19 世纪法国和英国史家

第九编 论述各种制度的史家

第十编 古代东方、古典时代和拜占庭研究

第十一编 19世纪的教会史家

第十二编 欧洲诸小国

第六编

近代史学的兴起

第三十七章　博学时代

（约1600—1750）[1]

近代史学开始于宗教改革和反改革。路德派和喀尔文派同样 3
攻击罗马教会的历史根据和历史论断。罗棱索·发拉对于伪造“康斯坦丁圣赐”之事[2]的否定做法，也可以用来对待具有教会权威的许多其他传统和文献。历史批判已变成新教手中的武器，而众多文献也被《马格德堡世纪丛书》[3]诸编者用作投枪。罗马教会对新教以历史为武器的斗争迟迟未能警觉，竭力把争论限制在神学问题范围以内，但这只是徒劳。以历史为手段的攻击终于变得十分有效，以致罗马不得不以历史还击历史。既然宗教改革是以历史为武器进行的斗争，所以反宗教改革也不得不利用同样手段，

---

① 关于史学上这个重要时期，以任何语言写的著作中都没有全面记载。探讨这个时期写的东西，几乎全是专论或期刊性质的。佛特的书第381—410页有最好的简要说明，附有出色的书目提要，还可参阅他的导言第iii—vii页；这类说明还见于奥古斯特·摩林尼尔的《从原始时期至1494年意大利战争为止的法国历史资料》（巴黎，1901—1906年，六卷），第5卷，第159—170页；在英文著作中可参看G. N. 克拉克的《17世纪》（牛津，1929年）第16章和史密斯的著作，第1卷，第6章。在保罗·哈扎那部很好的著作《1680—1715年欧洲道德观的危机》（巴黎，1935年，三卷）里分析并阐明了这个新时代的学术气氛。

② 参阅上卷第521—522页。——译者

③ 新教徒主编的丛书，专门攻击天主教的。——译者

从而对史学发展具有不可估量的重大意义。[①] 罗马教廷把反击《马格德堡世纪丛书》和新教历史学派的责任委托给红衣主教巴洛尼阿斯(1538—1605),他的《教会年代记》第1卷于1588年由梵蒂冈出版社出版——这是一个有历史意义的一年![②]

宗教改革时期的政治和战争,把直到那时众人一向无从看到也无法知道的成千上万的档案和其他手稿公之于世,从而推动了、也便利了人们对历史发生新兴趣,这件事确实奇怪。亨利八世统治时期英国许多寺院被解散,德国的农民战争和什马尔卡登同盟战争,法国的胡格诺战争以及随之出现的许多修道院和教堂图书馆被洗劫等情况,使大量手稿和其他文献抛向市场,价格往往非常
4 便宜。不久,学者和书籍收藏家都如梦初醒,纷纷抓住这个大好时机,开始抢救这些宝物。16世纪德国新创办的那些新教大学的图书馆几乎完全都是以从这些修道院中劫得的赃物充实起来的。[③]来自科比和夫勒里等修道院的许多手稿都变成16世纪的得·图、匹陶、度申和其他法国学者的藏书了。这种情况一直持续到17世纪。马撒林首批巨额藏书在福隆台暴动期间[④]暴徒抢劫他的官邸时散失净尽。在英国内战中许多教会图书馆和保王党贵族在乡间那些巨大宅邸中的藏书也遭抢劫。甚至牛津和剑桥也受到损失。

---

① 迦伯列·摩诺的《天主教改革》〔巴黎〕《历史评论》CXXI(1916年),第281—315页。

② 1588年英国粉碎了西班牙的无敌舰队,从此天主教的支柱西班牙王国衰落下去。——译者

③ 考斯道夫·波根,《书籍爱好者、收藏家及所藏史书》(莱比锡,1922年,三卷),第3卷,第113—119页。

④ 1648—1653年间法国贵族反对王权的暴动。——译者

在德国三十年战争中,考斯道夫·阿多发就像一位收割者那样,把许多图书馆的藏书捆起来一齐搂到自己手中。布拉格的书籍和手稿几乎被抢劫一空。[①] 梯里抢夺海德堡大学那座藏书丰富的图书馆的事难道不是尽人皆知的吗?

在新的时代,产生了新的兴趣、新的学术条件和新型学者。在这种新的探索中,法国是开路先锋。佩耳·匹陶(1539—1596)是创始人。他出身于法国著名法律家家庭,是史学家得·图的朋友,他二人共享亨利四世统治时期史学界的荣誉。他编辑并出版了萨尔维安、助祭保罗和弗赖辛主教鄂图等人的著作以及查理大帝、笃信者路易和秃头查理等帝王收藏的教会法规。他临死时正在整理普瓦捷人海拉里的历史残篇。他的朋友尼古拉·勒·非甫尔出版了这部书,并在书前附了一封献给得·图的信,信中说明了这些手稿和匹陶建议编订这部手稿的情况。匹陶关于收集并编订中世纪法国史料的梦想后来由圣摩耳修道院柏尼德提派修道士实现了。[②]

但有志于此的并非匹陶一人。他是和安得烈·度申(1584—1640)分享这个荣誉的。在胡格诺战争摧残下当法国许多修道院也像早些时候英国诸修道院的宝藏和书籍遭洗劫时那样,度申成了一位不知疲倦的手稿收集家。他收藏了大量手稿,据说这批手稿

---

① 参看鄂图·沃尔德的《文化史目录学研究》(乌普萨拉和斯德哥尔摩,1916—1920 年,两卷);R. 埃沃尔德的"哥达图书馆史",见《图书知识中央报》第 18 期(1910年),第 434—463 页;C. P. 库波的《英国最重要公文记述等》(伦敦,档案委员会,1832年,两卷),第 1 卷,第 51 页。以撒·科利英的《乌普萨拉皇家大学图书馆早期书籍目录》(乌普萨拉,1907 年)说明五百册书中差不多每册都是"瑞典劫掠品"的一部分。

② 关于他的著作的完备书目,参阅《大百科全书》第 26 卷,第 992 页。他写了大量法律著作,其中最著名的是他编订的《西哥德法令》。

曾形成“从有史以来直到16世纪法国历史上一个真正的大文库”，手稿的一部分后来落入科尔伯特手中；又一部分装订成59巨册，以度申藏书的名义保存在国家图书馆中。度申仅仅出版了他这批庞大收藏的十分之一。他计划写一部24卷对开本法国史巨著。前14卷包括从图尔人格雷戈里到15世纪末所有重要法国史家的著作。后十卷专载法国各省地方史。前一部分仅仅出版了《丕平统治时期以前的法国史家的著作》计五卷，1640年他因车祸去世后由他儿子完成。地方史部分仅仅完成了《古代诺曼史家著作》(*Historiae Normannorum scriptores antiqui*)(1619年，五卷)，这部书成了度申的第一部，也是最伟大的一部历史著作。这些书出版时都未附序言和注释。作为原始范本，这些书曾经是所有研究诺曼史的学者们不可或缺的参考书。直到19世纪末，才出现了一些重新校订过的诺曼编年史家的著作开始取代它们。度申受到黎塞留的知遇，被任命为王家历史官兼地理官。人们称他为法国史学鼻祖，他确实当之无愧。①

在历史写作方法问题的讨论上，法国也领先。这方面最早的著作就是冉·波当的《史学方法指南》(*Methodus ad facilem his-*

① 安得烈·度申的主要著作是：《法国历代国王辉煌威仪的遗迹与研究》(巴黎，1609年)；《法国全境的城市、宫殿、……等古迹与研究》(巴黎，1608年，两卷)；《英格兰、苏格兰和爱尔兰史》(巴黎，1614年)；《保罗五世以前的教皇史》(巴黎，1616年)；以及《从408到1350年勃艮第国王、公爵和伯爵的生平》(巴黎，1619—1628年，四开本；1634年，两卷，对开本)。除这些以外，度申还出版了许多著名法国家族谱系，其中最好的据说是芒模伦西家族史。他的《法国红衣主教与圣徒传》已由玻兰达斯派、马比昂和其他等人刊印。他还出版了朱文那尔的《讽刺诗》译本，以及阿伯拉德、阿郎·沙退和亚田·帕斯掺等人一些著作的校订本。参阅《大百科全书》第14卷，第1185—1186页。

toriarum cognitionem)(巴黎,1566 年)。① J. J. 斯卡力泽(1540—1609)破题儿第一遭把年代学置于科学基础上,他的《年代校订》(*Thesaurus temporum*)(第 1 版,1583 年)是在他审查并改编《攸栖比阿斯的编年史》(*Eusebian Chronicle*)时受到启发写的。马克·帕蒂森说②:"斯卡力泽在历史批判方面的伟大著作超过下一代任何人的鉴别力。……只有偶尔出现的一位学识极其渊博的学者,……才有本领估价斯卡力泽的巨大成就。……〔他是〕史学批判的创始人。……耶稣会对斯卡力泽的攻击……是他平生一件重要的具有特色的事情。"和他通信联系的人遍及新教欧洲。卡姆登曾于 1594 年把自己编的《大英帝国》(*Britannia*)寄给他一本。在罗马铭文很少的英国,斯卡力泽只好把主要精力放在图书馆里,但由于其中希腊典籍也十分缺少,他很失望。但他并不是干燥如土的学究。令他惊异的是,英国竟没有领主裁判制;许多边疆歌谣富 6
有文学魅力;玛丽·斯图亚特的美貌;英国北方使用煤炭而不用木柴;牛津和剑桥两校研究生们竟是这样懒惰。③

① 见本亥姆的书,第 217—220 页。

② 见帕蒂森的书,第 1 卷,第 132—134 页,关于斯卡力泽,参阅第 132—243 页。

③ 1590 年斯卡力泽迁往莱顿接替业已转变为天主教徒的力普西乌,这是 16 世纪学术的里程碑。参阅《约瑟·斯卡力泽自传》,G. W. 罗滨孙将此书译为英文,并附有许多摘自斯卡力泽的书札,他的遗嘱,以及但以理·亥因栖乌和多密尼卡斯·鲍底阿斯的墓前致辞中的引文(剑桥,马萨诸塞州,1927 年:哈佛翻译丛书)。至于进一步的情况,可参阅雅各·柏尔奈斯的《约瑟·查士塔斯·斯卡力泽》(柏林,1855 年),在〔伦敦〕《评论季刊》第 108 期(1860 年)第 34—81 页中有详细评论;参阅帕蒂森的书,第 1 卷,论文第 6—7 页,和他的《以撒·加索绷,1559—1614 年》(第 2 版,牛津,1892 年);桑兹的书,第 2 卷,第 199—204 页;以及尤金和 Em. 哈格合写的《法国新教或在历史上自称法国新教徒的传记》(巴黎和日内瓦,1846—1859 年,十卷),第 7 卷,第 1—26 页。

在促进这门新学问发展方面，法国的法学家和古文物爱好者也尽了自己一份力量。伟大的邱哲细阿斯的《罗马法诠注》(*Commentaries on Romom Law*)于1578年出版。登尼斯·哥陶弗列杜，即高得弗罗·兰欣(1549—1621)编辑了一系列大部头的法律著作或法律汇编——包括罗马法、封建法、宗教法等等——这项工作后来由他儿子雅克·高得弗罗(1580—1652)继续进行。他的巨著即《狄奥多西法典》(*Codex Theodosianus*，六卷)。他为这部书花了30年的工夫。这部巨著的成就赢得从当时直到现在一切罗马史家的赞誉。吉本、蒙森和迪尔等都曾大量使用他这部书里的材料。[①]

亚田·帕斯揆(1529—1615年)是法国律师界的光荣，也是这群优秀历史家当中的一位。1560年他出版了他的第一部大作《法兰西研究》(*Recherches de la France*)，这是一系列考古和历史研究论文，其中最出色的一篇讨论的是大陪审官制度(Grands Jours)的历史，这个制度在下一世纪就衰落了。1585年帕斯揆被任命为贴现院(Chambre des Escomptes)大律师。他曾出席1588年在布卢瓦举行的三方议会[②]，吉兹公爵就是在议会里遇刺的，他在那里还曾遇到蒙田。

---

① 高得弗罗父子是胡格诺教徒。父亲从1600年到1621年任海德堡大学法律教授，1621年梯里洗劫海德堡时被赶走，丧失了自己的图书。雅克·高得弗罗生于日内瓦，并在该地度过一生，他的兄弟狄奥多尔·高得弗罗(1580—1649)放弃新教，改信天主教，定居法国。1617年被委任为王家史官，并数次以大使身份被任用。1649年在蒙斯特逝世。他是一位多产史家。关于三位高得弗罗的著作的全部目录，可参阅《大百科全书》，第18卷，第1145—1147页。

② 1789年法国大革命前由僧侣、贵族和第三等级的代表组成的议会。——译者

这就是 17 世纪博学时代的史学和文献学的背景。这是一个高贵的遗产。但在进行专题讨论以前,不妨停下来先看看历史写作和历史学术上那些阶段和过渡,也像在其他形式的写作中那些阶段和过渡那样,这也是值得的。17 世纪的学术可以看作类似以 7
亚历山大港为中心的古希腊文化后期的东西,或简称第二个古希腊后期[①]。博学时代和文艺复兴之间或博学时代和宗教改革之间的区别,比这些时代在年代上的差距表面上表现出来的意义要大得多。这种差别是在思想结构、学术兴趣、精神状态等方面都已起了变化的质的差别。已故的 J. 富兰克林·詹姆森教授[②]在一篇文章里令人信服地描述了这一点:

> 我们看到,世界从这样一个时代获得一种特殊类型的人文和历史成果。非凡的博学家比非凡的天才多得多。当时的风气是冷静地、有条不紊地收集资料。更加受人尊重的是极其充分地介绍原文和历史文献,而不是撰写叙事史或抓住古代高谈阔论。对开本书籍比 8 开或 12 开本更受欢迎。拉丁文比本国话更为流行,马斯科《古代德国史》[③]的主要评论家热情地说:这部书如此之好,却没有用拉丁文写,真令人遗憾。……对这个时代的成就只从性质上描述无法给人一个恰当的概念,因为它的最突出的特点之一是在出版数量方面极其巨大。从 1650 至 1750 年那一百年间,……不算其他著作,仅就满载早期教会和中世纪史原始文献的书籍而论,据估计,只是在法国一国就出版了对开本 400 部以上。……人们如果设想其数量如此惊人的学术成就仅仅是辛

---

① 参阅上卷第 3 章。——译者

② 美国史学家(1859—1937),著有《美国史词典》(1894 年)及《把美国革命当作一个社会运动来考虑》(1926 年)等书。——译者

③ 《法兰克王国开国以来的日耳曼史》(莱比锡,1726 年)。这部书由托马斯·列第亚德译成英文,名为《古代日耳曼史》(伦敦,1737—1738 年,二卷)。这个译本是吉本的主要根据之一,这对他来说是幸运的,因为他不能阅读德文。

辛苦苦的劳动成果，认为这些人根本就不了解或无视这些学识的相对价值及其较高的用途，那就错了。事实并非如此，很明显，这项搜集工作花费的极其大量的劳动有其自觉的目的。这一点，从当时历史和古典学术研究所需要的辅助学科的得到发展及那些不朽的参考用书的编撰方面所依靠的智慧和有条不紊的技巧，可以得到明证。

在广泛研究纯古典学术方面，16世纪的斯卡力泽、加索绷和力普西乌这样一些人的名声可说是高于本特利或格洛诺维阿斯①。但铭文科学的提高却是法布雷提②和穆拉托里③的功劳。杜·孔日先生④把晚期和中世纪希腊文和拉丁文编成百科全书式的辞典。马比昂以他那篇典范论文“古文书学”(De re diplomatica)一劳永逸地为古文书学这门科学奠定了牢固基础。其他学者使年代学和古文字学、书目学和古钱学都有了条理分明的、科学的形式。这类探讨辅助学科的论文的一些对开本或者像培尔的《词典》(*Dictionary*)一类学术百科全书表明，这个时代尽管或许有些缺乏远见，但至少可以说除了搜集外，他们也部分地意识到欧洲学术的正规发展需要条理，需要科学方法，需要批判地注意和仔细地思考什么是有价值的，什么是没价值的。

其结果是，一方面，目前学术界经常要求有编得更好一些的原文；另一方面，那个时代的许多对开本巨制，由于其论题得当，也很少被近代学者认为无用。那一套套卷帙浩繁的中世纪编年史或圣徒传记、一套套国王的、教皇的、高级教士的以及寺院和宗教会议的信件和文件，那些卷帙浩繁的教会领袖的作品或各省各地区的资料，仍然是历史家取之不尽的宝
8 藏。如果不借助于博学时代那些无畏的人们的辛勤劳动提供了这些资料的话，教会史或中世纪史里边的任何重大问题都是无法进行彻底探讨的。⑤

---

① 荷兰古典学者(1611—1671)，校勘李维、塔西佗等古典作品。——译者

② 本书原书第21页。——译者

③ 本书原书第50—51页。——译者

④ 本书原书第29—31页。——译者

⑤ 见富兰克林·詹姆森的“博学时代”，这篇文章是1905年6月12日在芝加哥大学发表的一年一度的美国大学优秀生联谊会讲稿，载在《〔芝加哥〕大学学报》第10卷(1905年)，第19—28页。我觉得引用这一段较长的文字是正确的，因为这篇好文章再也没有重印，而且事实上是无法得到的。

博学时代的历史学者那种强烈的献身精神、那种不知疲倦的下苦工夫、那种惊人的巨大的编撰本领,件件都使近代学者惊叹不已。即使考虑到下列情况:当时没有报纸、期刊、小说等分散他们的时间和注意力;当时在学校里教的公共科目比现在少得多,并没有公开讲演和电话分他们的心;为了和世界学术水平保持一致,当时只需要一种语言,拉丁文,或者,如果他是一位古典学者或神学家,再加上一门希腊文就行了——即使考虑到这一切之后,仍然会令人惊异不已。而且,这种惊人的学术成就大部分都是政府毫无所知的,更接受不到政府的任何指导。学者与政治无关,受不到政治控制的影响。甚至文学、科学等领域与历史研究领域之间也几乎毫无接触。

在这个新的学术时期有一个触目的事实,即这些工作大多是共同合作的产物。出众的、不依靠他人的独力工作者也可以找到,但广泛流行的却是有组织的集体活动。这一点本身就给这个时期打上印记,因为这和以个人主义为突出特点的文艺复兴时期大不相同。

史学界这种通力合作最早的例子是由耶稣会诸学者组成的名
为玻兰达斯派神父协会的一个团体。[①] 耶稣会在其创始时期 9

---

① 关于玻兰达斯派和《圣徒行传》的文献是很多的。参阅 Ch. 得·斯麦得在《天主教百科全书》第 2 卷第 630—639 页上发表的文章,附有许多书目提要;季尔第的书,第 190—211 页,论"玻兰达斯派",附书目提要;《比利时本国的传记》,第 1 卷,第 630—641 页论玻兰达斯派的文章;希坡利特·得勒赫伊的《三个世纪以来(1615—1915 年)玻兰达斯派的工作》(布鲁塞尔,1921 年),英译本为 The Work of the Bollandists Through Three Centuries,1615—1915(普林斯顿大学印刷厂,1922 年);同一作者的《圣徒传说》(第 3 版修订本,布鲁塞尔,1927 年),V. M. 克洛福德夫人根据(接下页)

(1540—1590)把宗教生活感情化、理想化了,从而征服了人们的心。"它几乎垄断了圣洁的美名并以善于掌握敏感的天良著称。……在纯粹宗教虔诚的基础上,它为教会赢得彻底胜利。"① 该会在其第二个时期(1590—1715),曾竭尽全力夺取学术园地。直到17世纪,还没有人尝试把批判的原则应用于以"圣徒行传"(Acta Sanctorum)著称的浩瀚的中世纪文献上。在这方面的先行者蒙布里提阿、李帕曼那斯和苏里阿斯等都是辛勤的编辑和虔诚的注释者,但他们缺乏批判精神或方法。在过去许多世纪中,圣徒行传业已掺杂传奇式的内容,并以难以置信的逸闻加以美化,甚至引起人文主义者和新教徒嘲弄的愚蠢的无稽之谈也常常塞入其中。玻兰达斯派的目的就在于从受人蔑视的境况中把圣徒行传拯救出来,并把它们作为大量宗教和历史文献的真正性质和价值确定下来。

(接上页)第2版译成英文,即《圣徒传说,圣徒行传导言》(伦敦,纽约,1907年);F.贝克斯的《玻兰达斯主义复兴一百周年》,载在《教会历史评论》,第34期(1938年),第270—296页;得·斯麦得关于玻兰达斯派创建者的论文,见〔杂文〕《论高得弗罗伊德·库尔特等》(列日,1899年)第1卷,第297页以下;"玻兰达斯派圣徒传",见《天主教界》第27期(1878年),第756—765页和第28期(1878—1879年),第81—87页;奥里略·帕尔麦里"玻兰达斯派",见《天主教历史评论》新3期(1923年),第341—367页和第517—529页;罗伯·列沙特,"玻兰达斯派圣徒行传",同上杂志,第6期(1920—1921年),第334—342页;萨宾·贝灵-谷尔德《圣徒传》(新修订本,爱丁堡,1914年,十六卷)第1卷,导言;《书板》,1922年4月8日特斯顿的著作;B.奥贝,"玻兰达斯派的工作"见〔巴黎〕《两世界评论》,第73期(1885年),第169—199页;红衣主教冉·巴普提斯特·皮特拉高僧,《玻兰达斯派耶稣会教士对圣徒传记集的研究》(巴黎,1850年);查理·得约伯,《特伦特宗教会议对天主教人民文学和艺术的影响:路易十四时代文学史序言》(巴黎,1884年),第3章;恩斯特·芮农,《宗教史研究》(第7版,巴黎,1864年),第301—315页;希坡利特·得勒赫伊,《写圣徒传的方法》(布鲁塞尔,1934年);G.F.斯托克斯,"玻兰达斯派",见〔伦敦〕《现代评论》第43期(1883年),第69—84页;F.C.柏刻特等人,《圣芳济会论文集》,第2卷(曼彻斯特,1932年)。

① 帕蒂森的书,第1卷,第187页。

这项庞大计划由耶稣会的赫伯特·路斯威德带头干了起来；他 1569 年生于乌特勒支，死于 1629 年，当时他的计划除了大纲以外并未完成多少。在他的学生时代以及后来在杜埃学院当教师的那些年，他把所有空余时间都用在低地诸国那些修道院和教堂的图书馆里浏览群书，并发现实际上久已埋没无闻的大量圣徒传记材料。他计划编写一部 18 卷对开本巨著。第 1 卷专写耶稣的生平和纪念耶稣的节日；第 2 卷专写圣母，与第 1 卷类似；第 3 卷论述诸圣徒那些隆重节日。在这为首的三卷之后，其余各卷准备写圣徒生平，每卷写年历中的一个月。并拟在这 15 卷之后，另写结尾三卷作为补编，内容为批评和解说性的注释以及全书索引。这些注释准备探讨作者、偶像、宗教仪式、年代学、地志等问题，末尾附录专门术语和难解词汇表。

路斯威德神父按照人们长期以来都遵循的先例，准备按圣徒节日顺序，而不是按历史顺序排列诸圣徒的传记。结果，不管圣徒生在何时代，是 3 世纪、6 世纪或 9 世纪等等，人们在 1 月份那些节日进行纪念的所有圣徒都归入第 1 卷。这是因为，在罗马教会
的历书上，每日都载有一个或一个以上的圣徒，每位圣徒都有他或 10
她自己的节日。这种习惯起源于教会初期。[①] 显然，路斯威德并没有意识到他这项计划如何庞大。红衣主教柏拉民[②]听到他这个计划时，大吃一惊说："难道这个人准备活两百岁吗？"

---

① 由于这样特殊的编排，引自《圣徒传》的引文不同于任何其他引文，首先是列举出日子，然后举出卷数和页数。

② 柏拉民(1542—1621)，1560 年加入耶稣会，1955 年为红衣主教，主张教皇不但有权掌管精神世界，并且有掌管世俗世界之权力。——译者

路斯威德于1629年去世时，就把自己收集的材料和未完成的设想传给另一位耶稣会员约翰·玻兰达斯(1596—1665)了。玻兰达斯不是荷兰人，而是比利时人，他那长时期的辛勤劳动和学术成就使这个团体有了“玻兰达斯派”这个名称。玻兰达斯不久就看出这项工作十分艰巨，单凭他自己的力量是不可能完成的。因此，他就联合了另外一些学识渊博、勤奋不倦的人和他一起工作。其中最著名的两位是杰弗理·亨斯琴(1600—1681)和但以理·丕皮布洛奇(1628—1714)。后者把自己颇为丰富的财产贡献给这项工作，而且活了很大年纪。

玻兰达斯把人们组织起来担任这项工作。资料收集得还很不充分。于是他就在整个欧洲展开工作，和各地耶稣会代表联系；写信到西班牙、葡萄牙、意大利、德国、波兰、波希米亚、英国和法国，请求各地学者合作，搜索可能找到的一切存放圣徒传记手稿的地点。玻兰达斯收集到的资料达到路斯威德收集的总量的四倍。

玻兰达斯从前教过的学生亨斯琴于1635年开始编写《圣徒行传》。1月份的那一卷仍未完成。玻兰达斯负责撰写西班牙、英国和德国圣徒传，亨斯琴担任法国、意大利、希腊教会和东方的。1643年前两卷问世。其中包括其节日在1月份的所有圣徒。1658年又出版了三卷，包括其节日在2月份的诸圣徒。这是玻兰达斯去世前七年的事，他看到自己的巨大工程顺利进展颇为满意。在亨斯琴领导下完成的有1675年出版的收入4月份的三卷，1680—1688年间出版的收入5月份的七卷以及6月份各卷。不过后者实际上是在1681年他去世后很久才出版的。继亨斯琴之后领导这项工作的是于1660年参加这个团体的但以理·丕皮布洛奇;就某些方面说,他是玻兰达斯派神父里最伟大的一位。

写在《圣徒行传》各卷前面、特别是早期各卷前面的那些序言 11
(称为 Propylaea)是历史方法和历史批评文献的里程碑,而且是这类文献的先驱。玻兰达斯为第 1 卷写的序言"在历史方法发展史上应当永远占有它的地位"。[①] 最著名的那些序言是丕皮布洛奇写的。此外,在 3 月 1 日那一卷里有亨斯琴写的一篇玻兰达斯传;5 月 7 日那卷有丕皮布洛奇写的一篇亨斯琴传;6 月 6 日那卷有比尼阿写的一篇丕皮布洛奇传。

但在这些序言当中有一篇使丕皮布洛奇在学术上栽了跟头,因为他过于大胆地闯入他并不擅长的古文书学领域里去了。中世纪许多特许状和地契可能提供的帮助曾给他深刻的印象;当他在卢森堡发现据说是达哥伯一世[②]发放的一张古代特许状而且确信它是伪造的时候,他深有感触。在研究了这个文件以及墨洛温王朝其他文献的基础上,丕皮布洛奇写成他的著名论文"古文书真伪辨异序"(Propylaeum Antiquarium circa veri ac falsi discrimen in vetustis membranis),攻击了伟大的柏尼德提派圣登尼斯修道院那些极其重要的特许状的真实性。不幸的是,丕皮布洛奇对特许状不像对中世纪记事史和编年史那么熟悉。[③] 各地柏尼德提会,

---

① 参阅巴特里克·A. 科里斯,"《圣徒传》序言"一文中翻译的一些摘录,此文见《天主教历史评论》,第 6 期(1920—1921 年),第 294—307 页,引文出自第 307 页。

② 法兰克国王(628—639 年在位)。——译者

③ 关于这个题目,可进一步参阅理查·罗森蒙的《马比昂以来古文书学的进步,特别是在德、奥二国》(慕尼黑和莱比锡,1897 年),第 9—13 页;亚塔尔·纪里的《古文书学手册》(巴黎,1894 年),第 60—62 页;F. W. 哈尔的《古典经文指南》(牛津,1913 年),第 110—113 页。

特别是摩耳派那些修道士，得悉后大为震惊，激愤异常，因为他们认为丕皮布洛奇的著作是对他们的正直、权威和历史的诋毁，也是对他们的产权的攻击。他们委托圣泽芒·得·布莱修道院[①]高僧[②]马比昂撰文回击丕皮布洛奇。这位高僧机智地决定不写一般的“辩白”，而是以列出历史批判的一般准则和运用丕皮布洛奇并不熟悉的古文字学和古文书学等辅助学科，在纯粹的学术和科学讨论的水平上进行争辩。1681 年，马比昂的《古文书学六卷》(*De re diplomatica libri Ⅵ*)出版，从而创建了古文书和古文字这两门学问，直到今天仍然是这方面的经典之作。[③]

17 世纪柏尼德提派和耶稣会这些伟大历史学家之所以在这个苛刻的时代成为杰出人物，就是因为他们把对学问的彻底忠诚
12 和审慎的精确性同独立的历史批判精神和无比的熟练技巧结合了起来。丕皮布洛奇读了冉·马比昂这篇著名的论文之后写给他的信，可以说是在学术上的自尊和谦逊这两个方面的典范，再也找不到更好的文字了：

> 我可以坦率地向你公开承认，我以这个题目写的那篇文章得到的安慰没有别的，只是为你那篇如此杰出的论文提供了撰写的机会。的确，在初读你这部书时，我看到自己被彻底驳倒，毫无答辩余地，也感到一些痛苦；但你这篇极其难得的文章的效用和妙美很快就征服了我的弱点。而且，在看到如此清晰地阐明的真理之后，我欣喜万分，于是就把我的同伴邀来共享我内心充满的欣慰。因此，一有机会，我便毫不犹

---

① 巴黎一个修道院。——译者

② 原文为 Dom，天主教会高级修道士和圣职人员的尊称，姑以“高僧”译之。——译者

③ 《古文书学云卷》第 2 版，1709 年；第 3 版，那不勒斯出版，1789 年，两卷。

> 豫地公开声明，我已完全放弃了我自己的主张，完全接受你的思想了。我向你恳求友谊。我并不是有学问的人，而是很想学习的人。

丕皮布洛奇的其他经历的后果并不是这样愉快的。卡迈尔派[①]修道士竟然顽固地坚持说创立他们这个教派的是先知以利亚[②]这只是传说里的一个说法！而丕皮布洛奇则把正确的传说和无稽之谈区别开来。卡迈尔派在佛兰德地区的负责人瑟巴斯梯安神父写了一篇短文"错误的揭露"(Exhibitio errorum)进行争辩，激烈地攻击玻兰达斯派的历史批判方法，并列举了约 80 条他们认为错误的东西。随之而来的是一个长时期的激烈论战。[③] 这本小册子是 1693 年出版的。丕皮布洛奇以他的《对于揭露错误的答辩》(*Responsio ad exhibitionem errorum*)一书进行了回击。他这本书分两部分，先后于 1696 年和 1697 年出版，他在书中反驳这个古老的传统准则："资料来源越古老，越普遍被人接受，也就越应该受到尊重"；他主张资料的价值如何只能看它们是否真实，是否和事实相符。

卡迈尔派在宗教裁判所仍很活跃的意大利和西班牙点起一把火，托莱多[④]的宗教裁判所颁布训令，指责玻兰达斯派、禁止阅读和出售《圣徒行传》中 3、4、5 月份诸卷，违者罚款并逐出教门。罗马也照此办理，把 5 月份传记的序言列为禁书。丕皮布洛奇向罗

---

① 卡迈尔派修道士 1156 年创设于叙利亚卡迈尔山，是托钵僧的一种，又称白袍修士。——译者

② 犹太传说中 9 世纪的先知，见《列王记》。——译者

③ 阿洛易斯和奥古斯丁·得·巴克尔的《耶稣会作家文库》(卡罗·索美服格尔新校本，布鲁塞尔和巴黎，1890—1932 年，11 卷)，第 1 卷，1655—1664 年，列出了 40 多篇这样的论文。

④ 西班牙中部一个城市。——译者

马申诉，但一直未获昭雪，直到1715年这位伟大的学者和批评家去世一年之后，教皇克力门十一世才下令撤销原先的谴责。[①]

玻兰达斯派首批学者的继承人不能保持卓越的写作水平，但他们仍旧勤奋如故。对这项已经进行了一个半世纪之久的工作的
13 第一次沉重打击是1773年耶稣会被查禁；但当时玻兰达斯派众神父尽管业已失掉自己原来强大组织的财力支持，却仍然依靠自己的力量尽可能地把工作坚持下去，直至1794年第53卷《圣徒行传》在冬格卢出版。这一卷包括了10月12至15日的圣徒传。接着出现了法国革命军队入侵比利时，在这次祸水之中，一切都被席卷一空。玻兰达斯派搜集的文件和书籍很多都被毁坏。部分得救的则分散到荷兰和比利时各图书馆里去了。幸亏拿破仑一世还理解玻兰达斯派进行的工作的价值，曾尽力使这项工作继续下去，但到1794年全部工作即中断，直到1837年，即43年之后，才又恢复起来。耶稣会这时已恢复；比利时政府还给了一笔津贴；旧资料也尽可能多地收集回来，于是这项工作又成功地重新开始了。

新丛书的第1卷于1846年前后出版。截至那时业已编成的全部著作，即61卷对开本也于1863—1875年间在巴黎印刷了。这是各图书馆中仅见的巨著。后来还补上四卷，第4卷收进11月9至10日的圣徒传，全书大功告成可说业已在望，除了教会新封的圣徒不在其中。[②]

---

① E.巴贝伦，“耶稣会教士和柏尼德提派之间的一次科学争论：古文书学的起源”，见《现代杂志》，第1期（1878年），第297—320页。

② 《教会历史评论》，第18期（1922年），第379—381页；并参阅前边原书第8页的脚注中所列文献。

玻兰达斯派学者鉴于他们的学术研究中有些资料和文章虽不适于列入《圣徒行传》，但也有价值，于是他们就在 1882 年创办了一种季刊《玻兰达斯文选》(*Analecta Bollandiana*)，专门出版这些东西。从 1891 年《玻兰达斯文选》第 10 卷起，还附带刊印《圣徒传记出版公报》(*Bulletin des publications hagiographiques*)，认真列举并评述属于圣徒传记研究范围以内的、不论何地、何人写的各种文章。因此，人们借助于《玻兰达斯文选》及所附"公报"，就可以完全了解圣徒传的进展情况了。对新近兴起并已占重要地位的希腊文和斯拉夫文的研究说来，"文选"和所附"公报"特别显得重要。11 月份那卷的序言题为"拜占庭教会综述"(Synaxarium Ecclesiae Constantinopolitanae)，专门论述希腊和东方教会对圣徒传作者的研究工作的影响。在近代玻兰达斯派的著作中，还有关于斯拉夫的一部分。

现在我们暂时放下耶稣会玻兰达斯派，来说说圣摩耳修道院的柏尼德提派。这个教派的学术史可分为三个时期：即发展时期、衰落时期和卓越的学术恢复时期。第 1 个时期包括 8 至 13 世纪； 14
第 2 个时期从 1300 至 1600 年；第 3 个时期是 17、18 两个世纪。

在欧洲大陆上，各寺院并未遭遇像英国寺院那样解体的命运，不过它们的情况当然也同样糟糕。[①] 但在 17 世纪最初 25 年中，新的寺院改革运动几乎在欧洲所有地区出现，在法国最为明显。

---

① "寺院的收入被挂名的住持在尘俗事务上挥霍了，又常常在放荡生活中挥霍了。这些住持不但不在修道院里居住，而且甚至常常对修道院根本不熟悉。……他们的兴趣是尽可能从自己的住持职位中多捞一把。……在法国这种弊端流行得极为广泛。就是特伦特宗教会议的高级修道士们也只轻描淡写地谈到这点。"引自爱弥尔·夏万的一篇论文，"马比昂高僧和圣摩尔教团史"(巴黎，1843 年)，见〔伦敦〕《都柏林评论》，第 21 期(1846 年)，第 218 页，全部论文见第 217—246 页。

德国勃斯飞尔德的改革，西班牙瓦拉多利德的改革，意大利卡西诺山的改革以及法国费兰派修道士[①]的改革等等，都是这种新精神的例证。这个运动在法国最为成功。

圣摩耳派，也像耶稣会那样，是反宗教改革的产物。它是在凡尔登[②]圣凡尼修道院开始的，不久之后，便成为一支极其庞大的力量，以致在1614年召开的三方议会上，教士代表曾提议把这个教派的清规推广到全法国一切修道院。那时凡尔登已归属法国，虽然洛林公国仍属德意志帝国版图。但这个区别并不妨碍法国各修道院自愿采纳这项改革。不过，人们认为成立一个独立于洛林的"教团"要方便些，这个办法于1618年获得国王批准，1621年又获教皇格雷戈里五世批准。这个教团为向圣柏尼德提的得意门生圣摩耳表示敬意，即以他的姓命名。圣摩耳神父曾在墨洛温时代在卢瓦尔河上建立格兰费尔修道院，后改名卢瓦尔河上圣摩耳修道院。在巴黎及邻近地区，圣摩耳派有三座修道院，即布朗·芒脱、圣泽芒·得·布莱[③]和圣登尼斯[④]。到1720年，这个教团已有大小修道院180处，分别组成六个大主教辖区，统归一位终身职位总管管辖。但只有巴黎那一个集体的学术成就卓著。[⑤]

---

① 1577年法国土鲁斯附近费兰寺院创立的昔妥教团(Cistercians)的一支。——译者

② 凡尔登是洛林公国的一个城市。——译者

③ 在巴黎城内。——译者

④ 在巴黎城外。——译者

⑤ 大多数属于圣摩耳派柏尼德提教徒的著作都和马比昂有关。下列为一般常见著作：高僧爱得芒·马太纳的《圣摩耳教团史》，夏万的新校订版（利居盖，1928—1931年，五卷：见《法国修道院文库》，XXXI—XXXV）；E. 夏万的著作见上一个著者注；伊曼纽尔·得·布洛利里，《17世纪末（1664—1707年）的马比昂和圣泽芒修道院学会》（巴黎，1888年，两卷）〔阿克顿爵士的评论，见《英国历史评论》，第3期（1888年），（接下页）

圣摩耳派最初的宗旨是恢复柏尼德提派的学术，因为这一派 15
的学术成就在中世纪曾是他们的光荣。这项努力是高僧塔里西开始的，他于 1630 年任总管。这项新的历史研究工作的资料来源就是该派在法国各地据有的大量文献收藏。这些"新"柏尼德提派成员并非仅仅好古而已。总的说来，他们都是历史学家，他们借助古文字学、古文书学和年代学等辅助学科，出版了许多新文献，并重新修订了许多旧著作。他们这个运动遭到特拉普派[①]的激烈反对，后者争辩说，寺院生活的全部职责只能是虔诚、沉思、祈祷和祭祀。他们是昔妥派修道士的一个近代分支，从来都不提倡高等教育或学术研究工作。高僧马比昂在他的《论修道院学术研究》(*Tractatus de studiis monasticis*)一书中对这种攻击进行了反击，他

(接上页)第 585—592 页；重印在他的《历史论文和研究集》(伦敦，1908 年)，第 459—471 页，他在这里写道："传记家的和蔼可亲的弱点，似乎……在于赞扬这位修道士而不是赞扬这位学者。这部书的价值在于它包括了来自圣泽芒修养院档案的许多摘录。"还要参阅 A. 纪里在《中古时代》(1888 年)一书中的说明，第 161—171 页〕；考斯道夫·兰孙，《人和书，伦理和文学研究》(巴黎，1895 年)，第 25 页以下("17、18 世纪修道士的博学")；亚丰瑟·丹提尔，《圣摩耳派柏尼德提教徒的未刊书简报道》(巴黎，1857 年)，包括达希里、马比昂、蒙福孔、雕兰德、德尔班、马太纳、马苏埃特和步瑟兰从 1663 年到 1733 年间的 115 封信；翁团·发利里编的《马比昂和蒙福孔关于意大利的未刊书札》(巴黎，1846 年，三卷)；关于此书的一篇评论，题目是，"法国的柏尼德提派"，见《爱丁堡评论》，第 89 期(1849 年)，第 1—47 页；A. 伊丁哲的论文，"圣摩耳派的柏尼德提教徒和蒙特卡西诺的通信"，一篇从 1671 年到 1737 年的 133 封信的抄件刊登在《帕尼德提僧团史评论》，1913 年 1 月至 2 月；爱德芒·马太纳，《圣摩耳派柏尼德提派两位教士航海记》(巴黎，1717—1724 年，两卷)，一部在法国、德国、瑞士和低地诸国搜集资料的旅行的报告；Ph. 但尼·得·拉洛克，"圣泽芒寺院的圣摩耳派柏尼德提教友"，见〔巴黎〕《历史问题评论》，第 61 期(1897 年)，第 536—548 页；约瑟·柏格坎普，《冉·马比昂高僧和圣摩耳柏尼德提历史学派》(华盛顿，1928 年)；詹姆士·史梯芬爵士，《宗教史传记文集》(伦敦，1850 年，两卷)，第 1 卷，第 387—430 页。

① 1660 年法国诺曼底境内特拉普僧院创立的昔妥教团改革派的教徒们。——译者

这部书精彩地说明了学术研究的价值。①

仅仅在17世纪就可以在这个富有献身精神的学者团体中找出105位著名作家。第一位成名的修道士学者是高僧路克·达希里(1609—1685),人称“摩耳博学派之父”,他以《中世纪未刊文献集成》(*Spicilegium*)(巴黎,1655—1667年)名垂千古,他这部书是从未出版过的中世纪原始文献汇编,计四开本13卷。他身体极其虚弱,以致在45年之久的漫长岁月中他从未离开该修道院的附属医院。尽管如此,他仍然极其细心地进行编纂。在整理这部篇章浩繁的不朽巨著的靠后那些年里,达希里得到该教派一位名叫冉·马比昂的青年成员的帮助,这位青年人注定将成为摩耳派一颗巨星,而且可以说他必将成为17世纪最伟大的历史学家。

冉·马比昂于1632年生于香槟省乡间一个农民家庭。② 在
16 兰斯大学攻读六年之后,于1650年进入主教区神学院;1651年接

① 这部著作最初是用法文写的,这一事实表明此书意在向大众申诉。后为约瑟·波塔译成拉丁文,并在威尼斯分三部分出版(1729年,1730年,1732年)。这部拉丁文译本广泛流行于意大利和德国。法文原版是一部稀有的著作,拉丁文本则不常见。

② 论述马比昂的文献很多。除上边原书第14页著者注中引的一些比较一般性的著作外,还可参阅佛特的书,第387—389页;马比昂的朋友高僧提埃里·鲁伊纳的短篇《高僧冉·马比昂生平简史》(巴黎,1709年);《马比昂逝世二百周年纪念时出版的杂录和文献》(利居盖和巴黎,1908年:法兰西寺院档案第5集),附录许多著名学者的文章和H.斯泰因的一篇书目提要,第35—47页;《天主教百科全书》第9卷,第479—481页上那些论述马比昂的文章,以及《大百科全书》第22卷,第853页;桑兹的书,第2卷,第293—398页;罗森蒙的书(见本书原书第11页著者注),第1—21页;Ph.但尼斯,“马比昂高僧及其历史方法”,见《马比昂评论》,第6期(1910—1911),第1—64页;J.M.伯瑟高僧《路克·达希里高僧和马比昂高僧的通信集》,同上杂志,第8期(1912—1913),第311—325页;以及该杂志其他一些论文。柏格坎普的书(见本书原书第14页著者注)里边有一个长长的书目提要,第116—119页。

受削发仪式,1652 年获得大学文学硕士学位,后来进入兰斯改革派摩耳教团所属圣雷米修道院。但因身体不好,不能长期在那里逗留,后来就不得不转移到乡村气息更浓厚的圣摩耳修道院去了。在早期的旅行经历和在古老修道院中进行的研究鼓舞下,他无疑在思想感情上对研究旧时代发生了兴趣。后来,对他的历史著作有一定影响的是:圣摩耳派,本国的学术生活,最后,在某种程度上还有他那个时代的哲学思想等等。

马比昂在圣雷米修道院时曾访问过以与法国诸王举行任圣职仪式有关而闻名的一个老教堂,还曾访问过保存在高卢最早一批基督教徒遗骨的那些墓地。在他这段时期的著作中,我们看到上段所述第一种影响,即他生活于其中的那些寺院的影响的迹象。1656 年他被派往诺戎[①],在该地研究了修道院教堂那些墓碑,还曾一度"为了找到诺戎最有名的住持基伯特[②]的坟墓,几乎把整个教堂的石铺地面都翻开了"。他曾在科比一段时期,利用那里那个完善的图书馆获益不浅,后于 1663 年调到圣登尼斯。这地方是法国教会的圣地,其中有法国诸王的坟墓,这个地方把他对基督教古代及其历史的兴趣充分激发起来了。马比昂在这段时间曾协助高僧克劳德·旃特龙编辑圣伯尔拿的著作,这项工作在旃特龙死后由马比昂在圣泽芒修道院完成。

马比昂在圣泽芒时不但经常和法国的、而且还和全欧洲最著

① 在巴黎东南。——译者

② 神学家和历史家(1053—1124),著有《第一次十字军史》,参阅本书原书上卷第 204 页。——译者

名的历史学家接触，这对他的好处是无法估量的。高僧布特勒[①]在他那篇论马比昂的文章中曾引人入胜地记述了这些成就卓著的学者们的生活。他说，“巴黎其他宗教团体的一些成员和一些不属修道院的教士和俗人也分享他们的爱好和学问；星期日下午，这些
17 有学问的人们当中就有一些去参加修道院的晚祷，然后退入一个房间休息，和这些修道士交换各式各样的消息和观点，其中包括教会的、中世纪学术的、古代文物和艺术等方面的。……这里常常看到杜·孔日、巴鲁兹、科特里尔、孟尼特里尔、勒诺多、夫勒里、提埃蒙、帕吉——只提提这几个人的名字就够了。”[②]

马比昂根据圣摩耳派精心制定的计划撰写的历史著作包括从圣柏尼德提到圣伯尔拿之间这好几百年，这几百年是“柏尼德提派在基督教世界首屈一指的时代”。马比昂在自己的著作中，对历史科学作出了好几种不同类型的贡献；他的著作包括历史记述，古文书学方面的贡献，教会、教义和礼拜仪式等方面的研究以及考古学著作等。

马比昂的第一部著作《圣伯尔拿住持全集》于1667年问世，这是显露在历史研究上的颖悟和作为一位批评家的才华的著作。如前所述，这部著作在1664年圣登尼斯修道院高僧旃特龙死后便交给马比昂负责编写了。三年之后，这部书问世，并被公认为一部杰作。在这一版中，马比昂按照题材内容编排圣伯尔拿的著作，然后再按年代顺序分目。从这个版本中可以看出他处理从未校编过的

---

① 爱尔兰学者(1858—1934)，著有《西方神秘主义》等书。——译者

② E. C. 布特勒，“马比昂”，见《当赛杂志》，第12期(1893年)，第116—132页，引文见第119—120页。

原稿的技巧,而那些序言和评注也证明他熟知 12 世纪历史。

这部书出版后,马比昂就被调到圣泽芒·得·布莱修道院,校编柏尼德提派诸圣徒的《传记》,这些传记是达希里为编写一部柏尼德提派通史早已搜集起来的。搜集资料的工作仍继续进行。《圣柏尼德提派圣徒传》第 1 卷于 1668 年问世;其余八卷于其后直至 1701 年间陆续出版。其内容包括从圣柏尼德提时代至 11 世纪末。这部著作的准备工作虽说是集体功劳,但那些序言却都是马比昂亲手写的,显示出他在批判上和阐释上的真知灼见。在这些序言中,他对每一个世纪的主要事件都作了说明(每卷传记包括柏尼德提派历史上的一百年);他列出了诸教皇和国王准确的年代表;讨论了有关寺院制度和教廷的许多有趣的问题;澄清了像女教皇佐安①一类神话,并提醒人们注意宗教习惯方面的变化。他这些序言还以单行本出版(卢昂,1732 年),这是一部四开本书,共 600 余页。马比昂的《柏尼德提圣徒传记》的设计和玻兰达斯派的《圣徒行传》不同,后者是按每年圣徒的节日编排其生平的。而柏尼德提派的《圣徒传》则是按年代顺序排列的,这个方法当然更适于历史研究。这个教派早期那些史学家认为圣徒约计 80 位,但马 18
比昂肯定其中只有 25 人属于柏尼德提派,不能再多。有人向教士总会提出抗议,马比昂曾被召去澄清他的历史方法。他用一篇出色的专题报告作答,说他很愿意根本就不写历史,但如果写的话,就必须写真实情况;历史关心的事和真正的教诲是同一回事。从

① 传说 9 世纪利奥四世之后有女教皇佐安,1640 年布伦得尔始著书证明其妄。——译者

此之后，在他自己那个教派以内，他就再也没有受到过指责了。不过，难以招架的批判还在等着他去对付呢。

为编写《柏尼德提教团年代记》所做准备工作已经进行了50年之久，马比昂和鲁伊纳二人在整整9年中拿出自己全部时间撰写这部书。1703年第1卷问世，是一部约600页的对开本，在随后几年内又出了三卷。另外两卷的材料已准备妥当，在马比昂死后才出版，已出版的这些书把这个教派的历史叙述到12世纪中叶。马比昂的知识就到此时为止。经常参加圣泽芒修道院星期日午后聚会的一位学者朗格鲁修道院住持的话是对的，他说："马比昂神父对7至11世纪这几个世纪非常熟悉，但对其前其后则毫无所知。"

《圣柏尼德提会年代记》(*Annales ordinis s. Benedicti*)完全是一部历史记述，是根据马比昂和他的友人在更远一些的旅途上逐步收集到的《圣徒行传》和其他文献写的。第1卷在准备工作完成将近十年之后才出版，介绍了柏尼德提派自从5世纪末成立至公元700年间发展的历史。第2、3、4卷出版于1704年至马比昂去世的1707年间。未完成的工作由几位同事和续编者继续进行。

在编写《圣柏尼德提圣徒行传》和《柏尼德提会年代记》两书之间的一段时间中，马比昂在为他那部最伟大的著作《古文书学》(*De re diplomatica*，1681)准备材料。这部著作的来历前已提及。在序言中他告诉我们引起他写这部书的原因是："这个题材不但有用，而且新颖，再就是辩护也需要它。"接着他又解释说，"不仅教会史和世俗史，而特别是俗人和教士的情况都要依靠这类文献材料。"这也许表明他这个教派对其档案是很重视的。他给自己规定的目标是不偏不倚的中间道路，既不是抛弃一切文献，也不是无区别地兼容并蓄，而是捍卫合法文献里的事实，并以确凿的材料驳斥伪造文件的虚假。换句话说，他所进行的是一种积极的考证，他所 19
做的正是本亥姆所说古文书学家应当做的，即证实资料的真实性和某些材料的虚伪性。在他以前，从来都还没人表明自己能够毫无争辩余地地证明某一早期文献是否真实；[①]这项建设性的工作就是马比昂的功劳。

马比昂把出自同一个国家的同时同地的大量文献拿来比较研究，用这个办法制定出判断资料真伪的法则和规范。他运用古文字学审查这些文献，从中得出自己的法则。为了取得判断这些文献真伪的标准，他利用的就是这些文献本身。但他在《古文书学》中陈述这些准则时却很少以具体事例说明他的论点。

《古文书学》前两卷说的是古文书的原则，用以确定特许状真伪的一些验证。在第 1 卷里，马比昂澄清并确定特许状的不同种类，然后证明教会和王室那些特许状是在很早时期就颁发了(王室特许状颁发于 5 世纪)，因此，一张公文即使年代久远并不能成为可疑的原因。他考查了一般书写公文用的五种主要纸料；然后还谈到所用墨水以及书法种类。在第 2 卷里，他谈到公文上用的语言，指出文辞芜杂(barbarity)[②]是文件古老的证据之一。在这里他是在运用由人文主义者编造并被发拉巧妙地加以运用的语言学考证这个批判武器。他详细讨论了能说明中世纪特许状特征的五个部分，还详谈了印鉴，特别是年代编排的种种方法。马比昂就是

① 阿克顿，《历史论文集》(见本书原书第 14 页著者注)，第 461 页。

② 指杂用外国语言。——译者

这样用行之有效、准确无误的法则说明，在特定的时间和地点，真实文件的正确形式是什么样子，[①]并在两卷书中都提出古文书学的一般原则。

其他各卷为这些原则举出证据和实例以及运用这些原则的方式。第3卷讨论了丕皮布洛奇曾提出质疑或指为伪造的一些公文，特别是圣登尼斯修道院和柏尼德提派其他修道院档案中的那些文献。第4卷列举了法国诸王撰写公文的住所或“宫殿”；第5卷提供了古代手写稿一些实例；第6卷的内容是200多份原始公文的抄件。附有注释和论证，说明这些公文为什么是真的。

古文书学这门新科学就是这样建立在巩固的基础之上。的确，还有一些错误需要纠正，在方法和凭证方面还远远不能满足今天的要求；但马比昂奠定的基础是扎扎实实的，至今并未动摇。《古文书学》的那些批判原则仅仅涉及一个巨大领域的一部分，但它们还是很有成果的。

20 虽然作为耶稣会成员的玻兰达斯派接受了马比昂的历史结论，但其他耶稣会学者，特别是阿杜因，却继续在墨洛温王朝那些公文的真实性问题上争论不休。[②] 人们会怀疑他们的动机并不完全是出于对批判须得准确、真理须得完整的热情追求。这是因为，假如在墨洛温时代颁发给柏尼德提派诸修道院的那些地契能够证明是伪造的话，那么耶稣会便可得到占有这些古老财产的好机会，特别是柏尼德提派那些修道院多半是极其古老的。马比昂那非凡

① 罗森蒙的书（见本书原书第11页著者注），第16—117页。

② 《法兰克王朝真实文书与古代文书真伪辨。政治科学博士冉·马比昂论》（巴黎，1703年）。

的批判才能、再加上他那高尚的对学术的忠诚,就使他几乎经常和许多其他天主教学者发生冲突。詹生派①和摩林纳派②攻击他编纂的圣奥古斯丁的《著作》(*Opera*)。③ 这部书出版于 1679—1700 年间。马比昂为最后一卷写的序言,为了出版的安全,特地加以修改,压抑自己的观点以迎合玻绪亚④。为了保护他的教派,他觉得这样做是必要的。因为奥古斯丁著作的这个版本,在詹生派和耶稣会仍在激烈争论的有关信仰和教义的某些观点上和摩耳派有牵连。柏尼德提派长期以来是耶稣会的敌人,而且"常常被怀疑为詹生派",⑤自从第 1 卷出版以来他们一直受到双方夹击。因此马比昂才接受了玻绪亚的劝告;甚至还曾让他修改那篇序言,以便摆脱詹生派和耶稣会双方的论点。条里尔说,是玻绪亚迫使马比昂"说出反对自己的话的"。⑥ 这是马比昂这位历史家在一个涉及教义的问题上一清二楚的退却,这说明他并不总是自己的主人。他必须考虑到法国 200 座修道院的声誉,他生活于其中的这个勤恳好学的集体的感情和利益。……此外还有其他世俗的和教会的严峻

---

① 康乃略·詹生(1585—1638)(荷兰神学家)所创的教派。——译者

② 西班牙神学家路易·得·摩林纳(1535—1600)所创的教派。——译者

③ 理查·C. 库库拉在"奥古斯丁著作中的摩耳派论述"一文中揭露了这个著名争论的内幕,见《皇家科学院会议录》(维也纳),第 122 期(1890 年),第 8 号,第 1—66 页,和第 127 期(1892 年),第 5 号,第 1—48 页。这部巨著的序言,不同于马比昂写的任何其他东西,它带有明显的斗争性和论战性。这是由于玻绪亚的影响,此人希望阐明奥古斯丁的理论,"既反对詹生派又反对摩林纳教派"。

④ J. R. 玻绪亚(1627—1704),法国神学家,著有《世界史》等书。——译者

⑤ 纪里的书(见本书原书第 11 页著者注,即注②),第 69 页。

⑥ 条里尔,《圣奥古斯丁新版历史》(巴黎,1736 年),第 31 页,引用柏格坎普的书(见本书原书第 14 页著者注最后部分),第 103 页。

考验，才把他的忠于事实的手稿变成欺骗性的东西。当条里尔谈到马比昂时，曾指出一个线索，“可以说常常要去推测他的感情，并且平常只能用或然之事婉转陈述”。①

马比昂否定了虽很受人敬仰、却是捏造的许多圣徒的真实性，
21 从而激起一片抗议声。马比昂在罗马时曾在这个城市的监察官和主要考古学家法布雷堤的指引下研究了许多地下陵寝，对教会在这里进行的发掘产生了兴趣，这不只是从宗教观点、也是从考古观点出发的。他觉得不但为诸圣徒提供的考古学上的根据是虚伪的，而且在担任此项工作的下级官吏身上也有许多弊病。回法国后，他又听到和圣徒遗骨有关的其他一些丑闻，他决定阻止这些恶行的唯一方法就是公开谴责他们。于是他在 1691 年写了一篇讨论这个题目的文章。他不敢发表，但在把这篇文章给几位朋友看了之后，他觉得可能已“泄露出去”，于是就在 1698 年在“论无名圣徒崇拜的书信”(Eusebii Romani ad Theophilum Gallum epistola de cultu sanctorum ignotorum)标题下把它发表了。在这封信里，马比昂并非仅仅攻击了他所知道的许多弊病，而且还阐述了他自己制定的鉴别殉道者遗骨的一些方法，这些方法至今仍被近代考古学者沿用。在这封信中，他提起教皇格雷戈里四世在 9 世纪讲给美因茨大主教听的意见，说他(这位教皇)那时候在罗马找不到哪些遗骸真正是圣徒的。马比昂还指出：1668 年教仪圣会的指令规定的鉴定殉道者遗骸真伪的那些原则都是不正确的。这个问题微妙而棘手，马比昂在论证时颇有节制，但不久之后，仍然惹出麻

① 阿克顿，《历史文集》(见本书原书第 14 页著者注)，第 469 页。

烦，这封论证《无名圣徒》的信在罗马引起的反对的呼声日益高涨，最后于 1701 年这件事在禁书圣会上提出。圣摩耳派为了保护其利益在罗马设立了“联络处”[①]，由一位代理人负责；但任该处总代理人直至 1699 年、精干而有能力的艾斯顿诺突然死去，圣摩耳派在那里的利益显然就得不到很好的保护了，反对圣摩耳派的那个集团就能够把反对论证无名圣徒的这封信的激烈行动搞起来了。到 1704 年，马比昂的朋友们就能够恰恰在关键时刻取得克力门十一世对马比昂的保护(在此事闹起前，克力门就曾允许保护摩耳派，条件是要他们送他一部圣伯尔拿著作的新版)，办法是把此案直接交给教皇审查。审查结果是允许马比昂把这封信修改一下以便出第 2 版。这个新版后来取得禁书圣会的批准。这一版里的主要变动是删去了格雷戈里四世在 9 世纪所说圣骨甚少的那段话，还删去不同意 1668 年教仪圣会指令那一段。马比昂在这个第 2 版序言中以貌似被纠正了错误的人的口气，好像是在承认自己的错误；然而他却亲笔写出这样的话：“我把它加以删改但毫未削弱， 22
而且还加强了将近一半。”阿克顿爵士[②]承认马比昂写的这句话。他还补充说，“有的历史家，在全部宗教史中，最好的时刻就是路德的反抗和芬隆[③]的屈服；现在这位史学家又可以在马比昂这个事例中为第三种类型找到余地了。”[④]

---

① 英文为 lobby，专门对此案进行活动的团体。——译者

② 英国历史家(1834—1902)，《剑桥近代史》的主编者。——译者

③ 法国高级教士和作家(1651—1715)，著有《圣徒格言》一书，为教皇所斥责，芬隆完全屈服。——译者

④ 阿克顿，《历史文集》，第 467 页。

和马比昂论《无名圣徒》的那篇文章相仿，他议论文多美的圣泪（文多美这个地方的柏尼德提派的圣物）的那封信也颇为有趣。1699年冉·巴普提斯特·梯也尔对这件圣物发动一次攻击，据说这滴泪是耶稣滴在拉撒路[1]的坟墓上的，由一位天使把它放在小玻璃瓶中，几经辗转终于到达文多美。1700年马比昂为承认这件圣物的柏尼德提派辩护，尽管最早提起这件事的是早在12世纪末的事了。他说，只要是长期据有的东西就不需要什么证据了。在这里，他这句话显然是放弃了他作为一位历史家的原则。马比昂如果能够多置身于这个争论之外，那就更像他的一贯风格了，但从他进行这次辩护的时间看来，他也许是为了消除他自己论《无名圣徒》的信件造成的危险局面，觉得有必要表明他对这件圣物的信念。

甚至在撰写《古文书学》一书以前，马比昂就已经为了搜寻手稿到法国以外的地方做过若干次短途旅行了。但他那些最广泛的旅行是在1683年和1685—1686年间进行的，首先去德国，后来是去意大利。两次旅行的费用都是国王提供的，他还奉命为王室图书馆购买书籍和手稿。他这些旅行仿佛都是大人物的"巡游"。各地王侯、红衣主教、主教和住持都把他捧为名流。但马比昂在这一切豪华场面、吹捧气氛中仍能保持清醒。他的终身朋友、为他作传的鲁伊纳神父描绘他的旅行方式时说，他常常徒步，背着一个小包袱。进罗马城时是在清晨5点钟，有意避开朋友们为他准备的盛大欢迎。无论在什么地方，他尽可能住在教会的房子里。他把这

① 一个患癞痫病的乞丐，死后升天，见《新约·路加福音》，xvi，20—24。——译者

两次旅行的成果写成《德国博物馆》和《意大利博物馆》这两本书。1683 年在慕尼黑发生的一件事情使人看到圣泽芒修道院的朴素生活景象。有人问马比昂，巴伐利亚统治者的宫殿是否和凡尔赛宫同样宏伟，他回答说，他从来都没看到过凡尔赛宫。也许可以说，后来是玻绪亚和兰斯大主教勒·台里耳把他介绍给路易十四的。

想到下列情况倒是颇有戏剧性的：笛卡儿和马比昂既是同时代人，又是同乡，尽管一位是怀疑论者，另一位是正统教士，但探求真理，坚决服从理性方面，他们二人的思想于无意中连在一起了。在马比昂写的那些序言和《修道院研究论》(*Traité des études mo-* 23
nastiques)里，在一些地方可以找到一些思想，甚至词句，似乎沾染上理性主义色彩。在某些方面，马比昂可以说是比笛卡儿更为明晰的一位思想家。笛卡儿在逻辑上有走极端的倾向，有时以谬论结束。马比昂和他相反，他从来都不允许自己的思想超出一般常识的范围；他的头脑一向保持十分镇静稳重，思想上经常保持均衡。他从不为了提出一个论点而牺牲自己追求真理的热情。

马比昂虽然有很伟大的能力，但有时他也犯错误。他在权威性材料中发现的那些东西的真实性无论从古文字学、年代学或地理学等角度审查都不容易推翻，于是他就毫不犹豫地接受了。他缺乏的是近代的内在批判[①]的要求。除外在批判[②]的证据外，他在应用资料时极少具有“权威”原则的概念。他看不到资料来源的重要性。当马比昂在事实面前出错时，上帝是点了头的。他的最大

① 指对文件内容的批判。——译者

② 指对文件文字的校勘。——译者

的错误之一是把拉昂人阿达尔伯伦的《森林之神颂》(*Carmen satyricum*)的年代弄错了。这篇东西是记述法国虔诚的罗伯特和昂儒女伯爵柏塔之间的婚约被格雷戈里五世解除的一篇古怪的资料。另一个错误是他相信阿尔琴[1]是一位修道士,而不是一般教士。

然而,尽管马比昂有许多缺点,正如阿克顿爵士所说,他仍然"应当列入开路先锋一类,而且……是在从发拉……到摩尔根那一系列发现者当中最著名的名字之一,……〔而且〕虽然受着圣摩耳严格改革的训练和约束,作为一位历史家,他胜过他所有的同行,非常稳健而可信;作为批评家,他是全世界第一"。[2]

马比昂死于1707年。他在圣泽芒·得·布莱的继承者是高僧鲁伊纳,这位高僧曾为我们留下一部马比昂传,一部图尔人格雷戈里著作校订本。他最重要的一部著作是《最早一批殉教者行传》(*Acta primorum martyrum sincera et selecta*)。鲁伊纳死于1709年。[3]

蒙福孔为希腊教会史做的事正是马比昂过去为中世纪拉丁教会史做的,蒙福孔在自己的学术领域里,和马比昂同样富有创见,
24 同样伟大。伯尔拿·得·蒙福孔[4] 1655年生于奥布县[5],死于

---

① 法兰克查理大帝的宫廷学者,英国人(735—804)。——译者

② 阿克顿,《历史文集》(见本书原书第14页著者注),第460页。

③ 亨利·雅达尔,《高僧提埃里·鲁伊纳》(巴黎,1886年)。

④ E.得·布洛格里,《18世纪圣泽芒修道院学会。伯尔拿·得·蒙福孔和伯尔拿派,1715—1750年》(巴黎,1891年,两卷),这是一部比他的《马比昂传》更好的著作。并参阅路易·布雷埃尔在《天主教百科全书》第10卷第539—540页上的文章;《大百科全书》,第24卷,第236页;桑兹的书,第2卷,第385—389页;《爱丁堡评论》,第89期(1849年),第1—47页上的一篇论文,参阅第94期(1851年),第12—13页。

⑤ 在法国北部,巴黎之东。——译者

1741 年。他出身于郎格多克一个贵族家庭,1673 年 18 岁时参军,在德国服役两年。在国家图书馆保存的他的著作中有一篇很短的自传,生动地记述了他自己如何成为学者。幼年曾在洛克台拉得的世袭城堡中读了他能够得到的一切书籍,“尤其是我能找到的那些史学著作”。其中有 16 世纪阿米奥翻译的普鲁塔克的《名人传》,这部书在使蒙福孔入迷以前一个世纪时还曾弄得蒙田[①]神魂颠倒(见其《论文集》,第 2 卷,第 10 页)。另一本书是奥左里阿的《葡萄牙人在东印度群岛的航海和征服》(*Navigations and Conquests of the Portuguese in the East Indies*)的法译本。他借了能够借到的一切书籍,还有一次意外的幸运使他得到许多书。他家的一位亲戚在失掉家产后来到这个城堡居住,随身带来一箱书,藏在顶楼。有一天这个好奇的孩子到处乱翻的时候,发现了这只箱子,还发现老鼠已把箱子的一个角咬开,使他看到里边的文件和书,他撬开箱盖,看见丰富的藏书,大多是历史和地理之类。他记述说:“我每天用七八个小时阅读各国历史,记述世界各国和帝国的著作,全部法国史书,用各种文字写的历史,有意大利文和西班牙文的。”蒙福孔在军队里的经历使他对尘世的迷梦破灭,于是他于 1675 年进了图卢兹摩耳派修道院,并于 1687 年因学识渊博调到圣泽芒修道院。

蒙福孔在圣泽芒开始编辑阿塔内细阿[②](1698 年)、阿利根[③]

① 法国著名小品文作家(1533—1593)。——译者

② 希腊正教神父(293? —373),参加 325 年的尼西亚宗教会议,反对阿力安教派。——译者

③ 希腊正教神父(185? —254)。——译者

(1713 年)和圣约翰·克立索斯顿[1](1738 年)等人的著作的宏伟堂皇的版本。克立索斯顿的著作有 13 卷对开本,花了他 23 年的辛勤劳动进行编纂,这部书一直流行到 19 世纪才被其他版本取代。在这些年里,蒙福孔——用他自己的话说,"完成了圣阿塔内细阿著作的编纂工作,这些年的经验还告诉我:要使希腊诸神父的著作达到完美程度,非到意大利各图书馆里去查阅资料不可。"于是他就在 1698 年到意大利去了。他在那里待了三年。那次旅行的成果是:不但搜集了丰富的新手稿,而且还写成了他那部珍贵的《意大利日记》。这是欧洲学术史上一部典范,也是许多书籍爱好者渴求的对象。[2] 这次旅行的成果还包括 1707 年问世的两卷希腊诸神父残篇汇编。

25 然而蒙福孔这次意大利之行的最大收获却是他的《希腊古文字学》(*Palaeographia Graeca*)(1708 年)一书,他这部书对中世纪希腊古文字的研究达到了马比昂对中世纪拉丁古文字学研究所达到的水平。马比昂在为这部不朽之作进行准备时曾参考过 11630 件手稿。他下一项吃力工作就是为梅斯的兼任主教的公国君主科伊斯林公爵的藏书编目,全部图书后来都遗赠圣泽芒修道院,现存国家图书馆。他下一次涉猎的是考古学领域,而马比昂在这方面却一直未敢问津。

---

① 希腊正教神父(354? —407)。——译者

② 巴黎版,1702 年。英译本于 1712 年出版于伦敦,书名是《巴黎博学神父蒙福孔漫游意大利记》。"包括 I. 法国……许多古迹介绍;II. 意大利令人喜悦的事物,即,图书馆、手稿、雕塑、绘画、纪念碑、坟墓、铭文……;III. 珍品的收集,惊人的地下道和墓地。……"此书献给托斯卡纳的公爵科斯摩三世,蒙福孔以感激的心情称道他的恩惠。

在文艺复兴时期，考古学研究多半是作为一种消遣或爱好进行的。直到 17 世纪才成为一门学术性学科。在法国，这门学问开始于尼古拉·克劳德·法勃尔·得·佩勒斯克(1580—1637)。他是第一位从历史观点出发研究古文物的学者。他的后继者是札克·斯蓬(1647—1685)。小科学院创建于 1663 年，以它为基础，1701 年成立了铭文学院。[①]

1635 年在比利时境内发现了墨洛温朝国王契尔得立克[②]的陵墓，这件事激起人们对中世纪考古的兴趣；伟大的法国大臣科尔伯特[③]心目中一直珍存一项计划，即编一部记述法国境内一切古罗马遗物的巨著，并附图片说明。蒙福孔完成的工作超过了科尔伯特的梦想。他的《古代遗物说明》(*L'Antiquité Expliquée*)是“古典时代遗物的一个巨大宝库”，附有 1120 张巨大铜版画，还有成千幅较小的插图，共计 15 大本，于 1719—1724 年间以预约方式出版。在这部巨著中，蒙福孔“系统地分类复制了所有在研究宗教、国内习惯、物质生活、军事制度和古代丧礼等方面可能有用的古代遗物”。[④] 据桑兹说，“第 1 版 1800 册(即 18000 卷)在两个月内即销售一空。同年又出了新版，计 2200 册……所有 15 卷全部译成英文。俄国贵族库拉金亲王持有该书全套，装帧豪华，存放在一个

---

① 关于 17 世纪法兰西考古学发展的叙述参阅撒洛蒙·赖纳赫的“高卢考古学史稿”，见《克勒特评论》，第 19 期(1898 年)，第 101—17 页，第 292—307 页；并参阅桑兹的书，第 2 卷索引。

② 墨洛温王朝国王契尔得立克二世(653? —673 年在位)。——译者

③ 路易十四时代的财政大臣(1619—1683)。——译者

④ 布雷埃尔在《天主教百科全书》中的著作(见本书原书第 23 页著者注)。

特制的匣子里，在游历意大利旅途中随身携带。”[①]作为此书的续编，1729—1733年间蒙福孔又出版了《法兰西王国古代遗物》五卷，但远不及以前的一部。

蒙福孔的艰巨劳动又在继续进行。1739年，他写成两卷对开
26 本《图书目录》(*Bibliotheca Bibliothecarum*)，从而受到一切图书馆人员和书籍爱好者的喜爱。这部书包括他40多年来收集的全欧洲所有图书馆全部目录。1731年，他为撰写一部讨论法国考古学的著作收集材料。这部书的第2部分准备讨论法国教会。同年12月，他在铭文学院宣读了一篇关于这个题目的论文；一位被引见的外国成员问蒙福孔多大年纪，他回答说：“再过13年我就一百岁了。”两天以后，圣摩耳派真正伟大学者当中的最后这一位学者就与世长辞了。他埋葬在马比昂遗体所在的那个修道院里。

圣泽芒修道院另一位令人喜爱的人物是高僧费利边(1666—1719)，他终生从事撰写《圣登尼斯王家修道院史》(*Histoire de l'Abbaye royale de St. Denys*，1706)。科尔伯特对这些有学问的圣泽芒修士颇感兴趣，路易十四却不感兴趣。但一部圣登尼斯修道院史却吸引了他，因为那个寺院里边有他的祖先的陵墓，他只能从塞纳河上游的圣泽芒宫殿俯视这个地方，一看到这个地方他就不愉快。这个国王就是因为厌恶这件事情才在凡尔赛建起新宫。这也是高僧费利边被召到宫廷去的原因。除马比昂外，还没有任何其他教士到过那里。

〔记述者说〕在这部书出版以前，高僧费利边在圣登尼斯修道院住

① 桑兹的书，第2卷，第387页。

持陪同下向国王呈交这部书时，由诺爱的红衣主教引至国王陛下的小客厅里。在住持说了几句赞扬的话之后，作者就呈上他的书，恳求国王以往日接受他父亲费利边先生①为国王写的那好几部著作时同样的仁慈接受他这本书。国王读了整页标题〔还对卷首铜版插画评论了几句〕，翻阅了前几页，看到圣登尼斯镇详图时，说道："这个镇子从前使我们遭受了很大损失"，他指的是 1652 年的内战②。然后又翻阅一些页，不久又说道："这是一部好书"，然后合起书来对圣登尼斯住持说："神父，谢谢你，请在我在世时和去世后为我向上帝祈祷。"住持回答说："全国臣民深切企望陛下万寿无疆，陛下御嘱必能如愿以偿。"高僧费利边和他的住持从凡尔赛那间豪华大厅走出，前去将这部书呈献皇太子殿下勃艮第公爵和他的兄弟伯利公爵。他们非常高兴地接受了。在将一部呈献大臣③之后，他们又前往圣栖耳献给芒特农夫人④一部。几天以后，费利边又和马比昂一起前往圣泽芒-昂-拉伊的宫殿，把他这部历史著作献给年轻的英王詹姆士三世⑤〔"老僭主"〕，他接书时流露出高兴和尊敬的表情。他又送给奥尔良公爵⑥一部，公爵答应一定阅读。在这个值得纪念的分别献书八天之后，国王看到诺爱的红衣主教时就对他说："红衣主教阁下，的确，我没有想到圣登尼斯修道院的历史竟然如此变化多端、令人喜悦。我发现读这本书极其有趣。费利边神父必然有很好的回忆录作资料，特别是和我的统治时期有关的那些资料，因为 27
我发现他异常准确。"这些赞扬刚刚由国王之口说出，这部新史书立即成了满朝文武兴趣之所在，人人手不释卷地阅读了几天。其结果是此

① 关于他，参阅《大百科全书》，第 17 卷，第 128 页。

② 指反王权的"福隆德"(fronde)运动(1648—1653)。——译者

③ 指科尔伯特。——译者

④ 路易十四的情妇(1635—1719)，后来成为他的第二个皇后(1683 年)。——译者

⑤ 英王詹姆士二世之子，1688 年革命中英王被逐后长期流亡法国，其子僭称詹姆士三世。——译者

⑥ 法王路易十四之弟(1640—1701)。——译者

书畅销非常，六周以内竟然售出200余部。①

圣泽芒修道院诸学者花了这么多气力撰写修道院文献，人们难免设想他们所有的著作都是讨论宗教史上有关修道院这一个方面的。但事实并非如此。他们的另一个成就是一部16卷的《高卢基督教》(*Gallia Christiana*)(巴黎，1715—1765年)。② 这套丛书的编写工作被法国革命打断，在19世纪才由铭文学院继续完成。乌格利③的《神圣的意大利》(*Italia Sacra*)一书已为这套著作树立了榜样。这是意大利学术影响法国学术的一个例证。

当时法国另有一些不属圣泽芒教派的学者，其中有些和他们同样伟大。坡特·垒阿尔修道院④主要是研究哲学和神学的，但也出了一位卓越的历史家。这就是勒·纳恩·得·提埃蒙(1637—1698)⑤，吉本提到他时曾说："他那无可比拟的准确性几乎是一位天才特有的。"他还很年轻时就开始广泛搜集资料，结果产生了他的两部不朽的巨著《公元后最初六个世纪宗教史回忆》(*Mémoires pour servir à l'histoire ecclésiastique des six premiers siècles*，共16卷，写至公元513年，1693—1712年)和一部同样渊

① 这段文字引自詹姆森的书(见本书原书第8页著者注)，第23页。

② 内容的分析见艾尔弗雷德·富兰克林的《法国历史资料》(巴黎，1877年)，第465—485页；关于它的历史叙述，参阅L.F.给朗，"高卢基督教"载〔巴黎〕《历史问题评论》，第11期(1872年)，第199—212页。

③ 参阅本卷原书第49页。——译者

④ 原在凡尔赛西南约八英里，约于1637年迁至巴黎城内南部。——译者

⑤ 有一部旧的米雪尔·特隆歇写的提埃蒙传，《提埃蒙的生活和精神概念》(南锡，1706年)。但关于他的生活和著作最好的叙述见〔巴黎〕《学者杂志》载一系列的文章：1851年，第625—632页；1852年，第316—325页，第386—399页；1853年，第503—514页，第703—716页；1854年，第47—57页。

博的《教会最初六个世纪的罗马皇帝及其他君主传记》(*Histoire des empereurs et des autres princes qui ont régné durant les six premiers siècles de l'église*,四卷,1690—1738年)。提埃蒙从14岁起便对罗马帝国和早期教会的历史发生了兴趣,他常常早晨4点就起床,除吃饭(于1676年当牧师后,还进行祷告)外,一直工作到夜间9点。除于1685年访问荷兰一次外,他从未离开法国,甚至很少离开他在提埃蒙的那所住宅;1679年坡特·垒阿尔修道院解散后他便住到那里去了。据说"他是为研究而研究,唯一的目的是追求真理"。吉本提到提埃蒙的《罗马诸皇帝本纪》时说它"编得非常渊博而准确",还说他的学问"稳健而踏实"[1];提到514年君
士坦丁堡的宗教争论时,他在一个附注里说:"我写到这里我必须 28
和这位无与伦比的导师永远告别了——他虽偏执,但在博学、辛勤、正确、谨慎细心等方面的功绩,远远超过他这个缺点。"[2]已故的托马斯·荷治琴[3]把这部著作说成是"所有记述罗马帝国历史上每件事实的一切权威著作的一部完美的摘要"。[4]

亚田·巴鲁兹(1630—1718)[5]则是一位极不相同的另一个类型的学者。他机智、俏皮、活泼而博学,先是当佩耳·得·马卡[6]

① 吉本的书,第3卷,第48页注。

② 吉本的书,第5卷,第132页注。

③ 英国银行家兼历史家(1831—1913),著有《英国史》及《意大利及其征服者》等书。——译者

④ 《意大利及其侵略者》(第2版,牛津,1892年),第1卷,第117页。

⑤ 关于巴鲁兹,参阅《大百科全书》,第5卷,第183—185页;爱弥尔·布尔茹阿与路易·安得烈合编的《17世纪(1610—1715年)法国史料》(巴黎,1913—1934年,七卷),第2卷,第332—333页。

⑥ 法国天主教徒(1595—1662)。——译者

的秘书和图书管理员。马卡博学多才，著有《贝亚恩史》(*Histoire de Béarn*，1640)[①]；马撒林[②]任命他为图卢兹大主教，1662 年接替臭名远扬的红衣主教得·累兹任巴黎主教，但同年即去世。巴鲁兹担任勒·台里尔[③]的藏书管理员数年之后，于 1667 年当了科尔伯特的藏书管理员，这个职位他一直担任到这位大臣[④]去世 17 年之后的 1700 年。他的名望以及对法国古代法律的精通还使他于 1670 年在法兰西学院当了教会法规教授，直到 1713 年。在他的许多著作中，最有价值的是《法兰西王国教会法规》(*Capitularia regum Francorum*)(对开本两卷，巴黎，1677 年；第 2 版，1780 年)。序言是一篇教会法令史，是早期中世纪法律史上一个里程碑。巴鲁兹开始撰写时是在得自西班牙立波尔修道院的一篇手稿的基础上与马卡合作进行的。巴鲁兹把这篇手稿和他发现的一些其他手稿(一篇是在梵蒂冈，一篇是在圣加尔，另一篇是在圣米雪尔山上发现的)对照研究。在这些原材料以外，他还加上马卡尔夫的《法规》(*Formulae*)，匹陶[⑤]的《词汇》(*Glossary*)，和塞芒得的《注释》(*Notae*)。他另一部最重要的著作是《阿维尼翁诸教皇史》(*History of the Avignonese Popes*)。[⑥] 巴鲁兹差不多是当时所有历史家的朋友，他还经常访

---

① 贝亚恩在法国南部。——译者

② 法国首相(1642 年)。——译者

③ 法国陆军大臣(1603—1685)，反对新教徒，1685 年签署撤销南特敕令。——译者

④ 特尔伯特，他是公元 1683 年去世的。——译者

⑤ 法国法理学家(1538—1596)，初为新教徒，后改为天主教徒。——译者

⑥ 《阿维尼翁教皇史，即 1305—1394 住在法国的罗马教皇的生平》(巴黎，1693 年，二卷；巴黎再版，1914—1927 年，四卷)。

问圣泽芒修道院，在那里和达希里等人合作。他身后留下三部第一流历史著作，五部文献汇编，十一部较小著作，以及一部《杂注》即历史手稿注释汇编七卷。拉·蒙纳耶提到他时机智地说：

巴鲁兹校订了一千位作家的著作，
从而也一笔勾销了这一千位作家。

因为他对诸圣徒的传说采取了理性主义的态度，虔诚的天主教徒都恨他。他还是“限制教权主义”[1]的热情支持者，为此还写了几本小册子。

路易·托马辛(1619—1695)是奥拉托利会[2]神父，巴黎圣马
格罗尔神学院的神学教授。为了把詹生[3]和摩林纳[4]两派的教义 29
调和起来，他一连串写了17篇讨论教会史和神学的文章，激起立法机构和教会人士对他和他的教团无比愤怒。他的主要著作是用法文写的《教会关于圣职和受圣职者的新旧规定》(*Ancienne et nouvelle discipline de l'église touchant les bénéfices et les bénéficiers*)(1678—1679年，三卷)，还把它译成拉丁文。他是取消南特敕令[5]的一位辩护士。

查理·杜夫朗·杜·孔日阁下(1610—1688)不同于上文已一

---

[1] 1682年法国掀起了限制教权主义即法国天主教徒限制罗马教皇权力，主张各国天主教自主的运动。——译者

[2] 公元1564年成立于罗马的天主教神父团体。——译者

[3] 詹生(1585—1638)，荷兰神学家。他强调内心的再生，而不在于外部的重新组织，因此与耶稣会发生冲突。著有《奥古斯丁论》。——译者

[4] 摩林纳(1535—1600)，西班牙耶稣会的神学家。主张神的恩泽给予一切的人，但恩泽的效果完全以接受恩泽者的意志而定。——译者

[5] 1598年法王亨利四世颁布的宗教宽容法令。——译者

一列举的任何一位法国学者，因为他是俗人而不是教士，他研究的学科也十分独特。[①] 古文字学、古文书学和中世纪拉丁语言学都是17世纪法国学术的产物。杜·孔日是最后一门学术的创建人，而且他也像马比昂那样：有一种近代历史杂志为了向他致意，定名为《杜·孔日公报》(*Bulletin Du Cange*)。

杜·孔日的早年教育得自耶稣会成员；后来在奥尔良学习法律；1638年他为钻研历史，放弃律师职业，从巴黎回到他的出生地亚眠，他父亲在那里当王家典狱长。同年，他和财务官杜·布瓦的女儿结婚。1647年从岳父手中买到这个官职，使他有了独立的收入，1668年定居巴黎，20年后死在那里。在这段时期他结交了巴黎所有著名史家，特别引人瞩目的是马比昂和巴鲁兹。杜·孔日最著名的著作是他的《中世纪拉丁词汇》(*Glossary of Medieval Latin*，即 *Glossarium ad Scriptores mediae et infimae Latinitatis*)，对开本三卷[②](1678年)和一部与之对应的《中世纪希腊词汇》(*Glossary of Medieval Greek*)两卷。他也像提埃蒙那样，习惯上每天工作12至16小时，只是为了那部拉丁词汇，他就查阅了六千余件手稿，已出版的书面资料还不包括在内。他的语言学才干，广

---

① 桑兹的书，第2卷，第289—290页；荷尔夫编《新编传记集》(巴黎，1862—1877年，第46卷)第14卷第911—918页所载文章；雷翁·弗格尔《杜·孔日的生平和著作研究》(巴黎，1852年)；《大百科全书》，第14卷，第1175页；V.得·挪尔，"杜·孔日及其传记作者"，见〔巴黎〕《两世界评论》，第19期(1853年)，第1237—1251页。

② 第4版，六卷(巴黎，1733—1736年)；沙蓬退校订本，第10卷(1766年)；六卷本(哈雷，1772—1784年)；G. A. L. 昂舍耳校订本，七卷(巴黎，1840—1850年)；L. 发浮尔最近校订本，十卷(尼奥尔，1883—1887年)。近代学者在《杜·孔日学报：中世纪拉丁文库》上发表的准备将来再修订的资料(巴黎，1924年以后)。

泛而多样的知识,批判的观点,准确性,确实使人叹服。他远不只是一位"最新拉丁语法词典家"。

杜·孔日在拜占庭研究方面的贡献和在中世纪拉丁文研究方面的贡献几乎同样巨大,这一点使他享有特殊声誉。可以说拜占庭史学就是他创建的。他只有两位前辈。最初使西方学者的思想 30
转向认真研究拜占庭帝国史的就是来自奥斯曼土耳其的灾难[①]。在前一个世纪,亥洛尼摩斯·沃尔夫(1516—1580)曾跟美兰克敦[②]学习希腊文,并曾充任奥格斯堡富商约翰·雅各·佛刻的秘书和藏书管理员数年之久,后来从 1557 年到 1580 年去世,一直担任新成立的大学预科校长,他曾校订《修伊达斯》[③](1564 年),还出版了拜占庭诸史家著作四卷。[④] 他的学生大卫·荷舍尔(1556—1617)于 1601 年出版了福细阿斯的《群书摘要》(*Bibliotheca*)第 1 版。两年之后,又出版了康斯坦丁·坡菲罗真尼都[⑤]的历史百科全书。这两位学者使用的手稿是 1544 年开明的奥格斯堡市议会在威尼斯购买的来自科孚的珍贵藏书的一部分。[⑥] 这样产生的鼓舞一直保持到 17 世纪末。

路易十四治下的法国产生对拜占庭史学兴趣的动机是民族自

---

① 指 1453 年土耳其人攻陷君士坦丁堡。——译者

② 德国学者和宗教改革家(1497—1560),与马丁·路德合作,维滕贝格大学的希腊语和神学教授。——译者

③ 是一部字典的名字,意为"要塞",此书编于 10 世纪末,书中保存了许多古典著作。——译者

④ 关于沃尔夫,参阅桑兹的书,第 2 卷,第 268—269 页。

⑤ 即东罗马皇帝康斯坦丁七世(912—959)。——译者

⑥ 桑兹的书,第 2 卷,第 268、272 页。

豪感。13、14世纪法国曾经一度在希腊和爱琴海建立统治。对这项光辉业绩的回忆把法国的兴趣扩大,因而把拜占庭帝国的历史也包括在内了。在路易十四幼年时代任法国摄政的红衣主教马撒林,是法国最好的一批藏书的主人,而且他并非不学无术,他想出一个主意出版一部包括一切拜占庭史家著作的法文版。路易十四在复兴拜占庭研究这件事上表现出积极的兴趣,于是第一部巨大的拜占庭历史文献汇编《拜占庭史家著作汇览》(*Byzantinae Historiae Scriptores*)[①]便在他主持下开始了,在这部巨大丛书里,杜·孔日编辑安娜·昆尼那[②],索那拉斯,[③]辛那马斯[④]和微拉杜盎[⑤]的原著。1688年,即在他的拉丁词汇出版十年后,杜·孔日的《中世纪和近代希腊作家词汇》(*Glossarium ad Scriptores mediae et infimae Graecitatis*)也问世了。

如果不是他亲手写的原稿尚存、仍然可以作证的话,那么他的著作数目之庞大就很难使人相信了。他临死时,他编的《复活节编年史》(*Chronicon Paschale*)还在排印中。巴鲁兹负责此书出版事

① 共39卷(或47卷,或23卷或27卷,因编排不同),巴黎版,1645—1711年;最好的版本印于荷兰,1672—1674年,11卷,附译自希腊文的许多良好的拉丁译文。内容目录列于奥古斯特·波特哈斯特的《中世纪史文库:选自中世纪欧洲历史著作》(第2版,增补并修改,柏林,1896年,两卷),第1卷,第46页。这部文集中有许多文章后来重印于米尼住持的《希腊长老遗训》里。路易·库藏在《君士坦丁堡史,从查士丁执政起到帝国结束止》(巴黎,1672—1674年,八卷)中有法文摘译。差不多同时在德国马丁·痕刻(痕刻阿斯)出版了一本以《希腊拜占庭古史作家》为标题的文章。

② 上卷原书第308页。——译者

③ 上卷原书第308页。——译者

④ 上卷原书第309页。——译者

⑤ 上卷原书第321—322页。——译者

宜,并在书前附上一篇文字表彰杜·孔日。杜·孔日的手稿和他
那丰富而珍贵的图书都传给他的长子腓力比·度夫朗,后者于四
年后尚未结婚时也去世了。次子弗朗沙·度夫朗和两个女儿获得
继承权,后将图书出售。大部手稿由杜·尚住持购去,此人转让给
一位名叫马列特的书商。书商又将其中一部分转卖给霍亨多尔夫 31
男爵,其余那些被家谱学家多纪埃弄到手。但法国政府知道杜·
孔日全部著作的重要性,在经过许多麻烦之后,终于把大部手稿成
功地收集起来,至今仍在国家图书馆保存。

说到这里,17 世纪法国和天主教的尼德兰最伟大的一批历史家就算介绍完了。当然其他史家还有不少,不过,比起这些渊博的巨人来,他们的独创性和本领就小多了。

圣芳济各会和多明我会迄今并未在史学方面作出重大贡献。不过,在博学时代即使他们这些人也受到感染。圣芳济各会修道士佩耳·埃尔约(1660—1716)辛勤编纂 25 年之久,留下一部未完成的《教团和军事史》(*Histoire des Ordres religieux et militaires*)。他死时第 5 卷还在排印中。最后三卷是他的会友步洛续编的,此人死于 1748 年。全部著作是 1714 至 1719 年间在巴黎陆续出版的,迄今尚无其他著作取代它。这部书出版后不久便译成意大利文和德文,最后一版于 1829 年问世。

路易十四和教皇英诺森十一之间在高卢教会[①]"自由"这个问题上的激烈争论曾导致一批颇为重要的历史著作出现。其中最出色的作家是法兰西学院教授路易·厄尔力斯·杜·品(1657—

① 指法国教会。——译者

1719),他于 1686 年用拉丁文出版一篇论古代教会纪律的文章,这篇文章惹得玻绪亚[①]勃然大怒。同年杜·品出版了他的《教会全部作家新文库,包括他们的生平、书目、评价,及著作年代等》(*Nouvelle bibliothèque de tous les auteurs ecclésiastiques, contenant l'histoire de leur vie; le catalogue, la critique, et la chronologie de leurs ouvrages*)第 1 卷。全书完成时将达九卷。在当时,这部关于早期教会诸神父及其著作的记述还是可信的,而且是适合需要的。各卷陆续出版时,还译成英文(1696—1706 年),而且在安娜女王[②]统治时期那些比较开明的英国教会人士的书架上还是不可或缺的。

另一位次要的历史学者是耶稣会的迦伯利·但以理(1649—1728)。他最好的一部著作是《从法兰西王国建立到路易大王[③]统治末期的法国民兵史》(*Histoire de la milice française depuis l'établissement de la monarchie française à la fin de la règne de Louis le Grand*)(1721 年),但在当时更著名的是他的《法国通史》(*Histoire de France*)(1713、1755、1758、1760 年共出四版),序言中有对当时同样流行的梅则雷[④]写的那部《法国史》的“述评”,在这篇序言中,但以理神父掉进古代陷阱里了,他也相信正经的历史应当是注重实际效用的。[⑤]

---

① 法国天主教会的高级教士(1627—1704)。——译者

② 英国女王(1702—1714),詹姆士二世的次女。——译者

③ 即路易十四。——译者

④ 法国历史家(1610—1683),著有《法国史》,三卷(1643、1646、1651 年)。——译者

⑤ 参阅布尔茄阿和安得烈的书(见本书原书第 28 页著者注),第 1 卷,第 312—313 页。

法国耶稣会的史学几乎完全把自己限制在中世纪教会宗教会 32
议史方面，就像玻兰达斯派把自己限制在圣徒传记方面那样。带头搞这项研究的是杜克·塞芒得(1559—1651)，他比那些年代任何学者都长寿。当他还是个青年、住在罗马的时候(1590—1608年间)，就成了红衣主教巴洛尼阿斯[①]的门客，后来在巴黎大学教修辞学。圣弗朗沙·得·萨尔曾在那里当他的学生。这位有学问的耶稣会修道士极其小心谨慎而且极富批判精神，因而他曾劝说一位青年朋友在50岁以前不要冒险出版著作，他自己出版第一部著作时正是50岁。他这部书就是1609—1612年间出版的三卷《宗教会议史》(*Concilia Generalia*)。[②] 这部书本身并不重要，重要的是它开创了一个新领域：这部书成了记述中世纪那些宗教会议的一系列大部头文献史的先驱，这类著作注定将使法国和意大利史学最终产生优秀作品。1629年塞芒得记述法国宗教会议的著作三卷本《古代高卢宗教会议》(*Concilia antiqua Galliae*)出版。数年之后，塞芒得被任命为路易十三的忏悔神父[③]，他由于这个职位还遭到黎塞留的厌弃；在桑·马[④]阴谋废黜国王和红衣主教[⑤]，拥立国王的兄弟奥尔良的加斯顿为摄政一案中，他也受到牵

---

① 上卷原书第536—540页。——译者

② 关于塞芒得，参阅巴克尔的《文库》(见本书原书第12页著者注)，第7卷，第1236—1261段；J.P.尼泽隆《学术界名人传记参考资料》(巴黎，1729—1745年，43卷，分为44册)，第17卷，第153—180页。

③ 听人忏悔的神父。——译者

④ 路易十三的宠臣(1620—1642年在职)，阴谋推翻黎塞留，参加奥尔良党，破获后被杀(1642年)。——译者

⑤ 指黎塞留。——译者

连。这件事结束了他的前程;不过他侥幸保住了自己的脑袋。

1644 年,在拉贝和科撒特两位神父主持下,宗教会议史进行改编。他们二人校订了 23 卷。这些书是在王家印刷厂出版的,因此称为《王家汇编》(*Collectio Regia*)。1683 年,巴鲁兹编了单独一卷。著名的阿杜因继续为这套书补充了 12 卷(巴黎,1714—1715 年)。从那时起的许多年里,宗教会议史的命运就成了悬在空中的热情。巴黎的议会长期以来都反对这项工作,说它敌视法国教会的自由。路易十四和教廷之间的紧张关系,更不用说政治上的敌对,特别是在英诺森十一世时代,使国王对这项工作态度冷淡,因而印刷这部书的王室津贴也被撤销。在这种逆境中,《宗教会议史》已不能在法国继续编写,于是这项工作就转到意大利去了。在威尼斯,尼古拉·科勒提把这套书续编六年(1728—1734)。他去世后,卢卡大主教蒙西[①]接着干下去,把这套巨大的丛书写到博学时代,几近全部完成。蒙西死于 1769 年。1773 年教皇克力
33 门十四解散了耶稣会,但这项工作仍继续进行。1798 年这部大丛书最后几页在威尼斯印出,恰好在拿破仑扑灭威尼斯共和国自由之时。总共出版了 31 卷。[②]

这些庞大得惊人的历史研究虽然大部分都是天主教学者辛勤劳动的成果,但如果因此就推想对它发生兴趣的只有教士和好古家

---

① 蒙西(1692—1769),他的宗教会议史写到 1509 年。——译者

② 关于这部《宗教会议史》的权威记述是高僧亨利·垦廷的《冉·多密尼克·蒙西和宗教会议文件汇编》(巴黎,1900 年)。保罗·维奥累的《私法与资料:法国民法史》(第 2 版,巴黎,1893 年),第 35—40 页有一篇对蒙西浅薄的著作所作的无情批判。《宗教会议史》一直到上世纪后期才继续编写。新版和续编,第 32—53 卷,巴黎,1901 年以后;前 46 卷的梗概和按字母顺序编排的索引,见第 36 卷 a。

那就错了。各国新旧教两大阵营的教士、行政官吏、有知识的贵族和中产阶级的人士等等都拿着许多大部头的书在热情地、批判地阅读。16、17 世纪的政治思想是丰富多彩的。宗教改革和反改革,君主国的成长,使许多新颖而深刻的政治学说应运而生。这些新学被运用于对古代、中世纪以及近代政府形式的系统分析,对许多制度的起源和性质进行解释。各式各样的问题都在讨论之列——国家的性质、"自然法"、主权的性质和范围、政治权利和社会权利、阶级权利、个人权利和财产权利;教会和国家的关系;宗教宽容和自由;专制政治和民主政治;专制君主国和有限君主国等等。欧洲社会各阶级对这门新史学都有需要、都感兴趣,都想找到支持自己论点和利益的证据。霍特曼[①]就是这一长串论争者或政治家的带头人。他的祖先是西里西亚人,他祖父在路易十一统治时期曾在法国服役。他的《法兰克—高卢》(*Franco-Gallia*)一书于 1574 年作为胡格诺派一篇政治论文出版,旨在说明法国基本法律规定了一个从属于三方议会的选举制君主国,法兰克人把罗马化了的高卢人从罗马桎梏下解放出来,并和他们融合成一个民族;法兰克—高卢国家是以联合为一个民族的两个种族的主权为基础建立起来的。国王是或者说应该是一个可以被废黜的、权力有限的君主。[②]

---

① 弗朗索瓦·霍特曼(1524—1590),法国法理学家,新教徒,后逃往瑞士。——译者

② 这里只需提提 17、18 世纪出版的政治学说方面其他标准著作:《警钟》(1574 年);冉·波当的《共和国》(1577 年);休伯特·隆给和度普雷西·摩尔内合编的《高卢的争论》(1579 年);布卡南的《王法》和帕鲁达的《政治的完美》,同年出版;托马斯·史密斯爵士的《英格兰共和国》(1584 年);布舍尔《弃权法》(1588 年);胡克尔《教会政治》(1594 年);马利亚纳的《论君主》(1599 年);阿尔图修的《政治论》(1603 年);苏亚勒士的《法律与制定法律的人》(1617年);列布勒,《国王主权论》(1632年);塞尔登,(接下页)

34 广大读者中那些所谓“一般读者”对这个时代渊博的史学当然不感兴趣。对他们说来，历史只不过是往昔的故事——动人的叙述和戏剧性的行为——一方面是一个装潢起来的传说，同时也是道德说教。

梅则雷（1610—1683）是当时法国最受欢迎的历史家。他的《法国史》（*Histoire de France*）第1卷于1643年问世，不久之后就再版两次（1646年，1651年）；全部著作三大卷完成后，1685年又需要出第2版了。这部书的流传确实比旧时代[①]长得多，也比革命时期和拿破仑时期长久一些；迟至1830年还出了一版。梅则雷著作的“认真”这个优点——如果其中任何一部分可以称之为“认真”的话，因为全书任何地方都不像学术著作——只是在他写到1300年以后，可以使用法文材料时才出现的；因为他的拉丁文水平不高。他向杜·孔日自夸说他“从来没有读过任何修道士写的编年史”。[②]他相信一句古代格言：文风造就作家。历史是文学的一个分支。他轻视钻研，认为使用年代记和编年史就够了。在这一点

（接上页）《自然法论》（1640年）；康林，《日耳曼法律的起源》（1643年）；拉得福德，《国王法律》（1644年）；密尔顿，《国王和行政长官的任期》，《国王形象》（1649年）；霍布斯的《利维坦》（1651年）；康林的《日耳曼帝国的范围》（1654年）；哈灵顿，《大洋共和国》（1656年）；溥分道富，《日耳曼帝国的状况》（1667年）；斯宾诺莎，《政治论文》（1677年）；费尔麦《家长制》（1680年），此书论证君主是父亲式的家长，是上帝创建的制度；以及洛克的《政府论》（1689年）。

关于16、17世纪政治学说史方面足供参考的读物，参阅《剑桥近代史》，第3卷，第22章；J. W. 阿伦，《16世纪政治思想史》（伦敦，1928年）；G. P. 古奇，《17世纪英国民主思想》（第2版，剑桥，1927年）；以及F. J. C. 赫恩肖编，《16、17世纪一些伟大思想家的社会和政治思想》（伦敦，1926年），各种作家写的杰出论文集。

① 即法国革命前的时期。——译者

② 马克·帕蒂森《以撒·加索缅，1559—1614年》（第2版，牛津，1892年），第449页注3。

上,他遵循黎塞留的格言:“历史只不过是单纯的记述”,因为这位伟大的红衣主教不相信深入而超然的历史钻研,他或许可以这样。不过,到晚年时,梅则雷对博学似乎比过去尊敬一些了。1667年他出版了一部《年代学纲要》(*Abrégé Chronologique*),从中可以看出他用了一种不同的方法。他在他前一部著作中注意的是旧时代人文主义史家;在后一部著作中,他注意的却是当前的这个时代了。他是一位编纂家,他的资料主要是第二手的,但他搜集了大量手稿文献,对开本29卷,现存国立图书馆。在政治上梅则雷热爱祖国,当时那些讽刺性的小册子就是他写的。1649年他在法兰西学院接替筏屠尔[1]的职位,1675年任终生秘书。[2]

行文至此,讲讲耶稣会的阿杜因(1646—1729)是很适当的。35
他对历史文献的真实性持极端怀疑态度,这一点说明他是有学问的怪人。他无疑是有学问的,是一位古典学者、年代学家、古钱学家。1690年,他发表了一篇著名的论文“古代作家批判导言”(Ad censuram scriptorum veterum prolegomena),坚决认为:所有古典著作(不论希腊的,还是罗马的),大多数教会神父(包括圣奥古斯丁和圣哲罗姆在内)的著作,都是中世纪伪造的。他坚持说整个古代作品,除了西塞罗的著作、普林尼的《自然史》(*Natural History*)、味吉尔的《田园诗》(*Georgics*)、荷拉斯的《书简》(*Epistles*)和《讽刺诗》(*Satires*)以外,全都是1350至1480年间意大利一伙无

---

① 法国宫廷文人(1597—1648)。——译者

② 关于梅则雷,参阅尉尔夫立德·H.伊文思,《史学家梅则雷和17世纪法国史学观点》(巴黎,1930年);C.A.圣柏甫,《星期一谈话》(第3版,巴黎,1885年,16卷),第8卷,第195—233页。

聊学者伪造的，而且所有自称为较早时期写的手稿也都是伪造的。这些惊人的学说在他活着的时候在他的同事们劝阻下未能出版，但以手稿形式流传各地。尽管阿杜因显然是个神经病患者，但他却是一位最足智多谋的辩论家，他那异乎寻常的文章读来最为脍炙人口。他还攻击特伦特宗教会议[①]以前所有的宗教会议的真实性，并坚持说《圣经》的拉丁文译本(Vulgate)[②]早于希腊文《新约全书》。奇怪的是，阿杜因竟然建立起一个极端怀疑论者学派，他们迄今仍在从事这种离奇古怪的研究。爱德温·约翰逊的《英国文化的兴起》(*The Rise of English Culture*，伦敦，1904年)是对阿杜因学说的一个广义的说明，读起来极有意思。这是一篇学术上的愚蠢行为。

博学时期激动人心的学术气氛逐渐弥漫欧洲，尽管这种新学术是天主教人士发起的，但意大利和西班牙等天主教国家在18世纪以前却无动于衷。而信奉新教的荷兰学者在发展古典语言学和古物学方面反而有很大贡献——人们都会想到G.服细阿斯、萨尔美细阿、克吕维留[③]、亥因细阿[④]、格洛诺维阿斯[⑤]、以撒·服细阿斯——但在发展历史的批判研究方面的贡献则微不足道。继法国和比利时之后，首先认识这种新史学的国家就是信奉新教的英国。

马克·帕蒂森在1863年发表的一篇著名的论文中写道："自从

---

① 举行于1545—1563年，新教徒未参加。——译者

② 4世纪哲罗姆的译本。——译者

③ 历史地理学的建立者(1580—1622)，著有《古代德意志》等书。——译者

④ 荷兰古典语言学家(1580—1655)，校勘古典著作。——译者

⑤ 荷兰古典学者(1611—1671)，校勘许多古典著作，他的儿子孙子都是著名的古典学者。——译者

伊丽莎白女王时代以来，学问常常是〔英国〕教会的显著标志。……在英国教会里一直充满着对学术和学者的普遍尊重的气氛。”[①]帕蒂森举出古典语言学为例，他本来还可以提到史学这个例子。

16世纪英国史学受到的鼓舞几乎完全来自一个人即坎特伯雷大主教马太·帕克[②](1504—1575)。他首先抢救由于寺院解散 36
而分散于各地的珍贵手稿。他是英国最大的书籍收集家之一。他自己虽说并不是伟大的历史学者，但他却给了他的后辈成为历史家的可能。第一套盎格鲁-撒克逊手稿汇总就是他编的，他也是第一位使阿塞的《艾尔弗雷德大帝传》(*Life of Alfred The Great*)[③]得以出版的人。他编辑并出版了《史学花朵》(*Flores historiarum*)[④]这部书——在法兰克福出版，因为他在英国找不到合格的校对员——长期以来人们都认为这部书是威斯敏斯特人马太写的，现在我们知道，这个人“完全是个假想的人物”。他还编辑并出版了马太·巴黎的《大历史》。在帕克启发下，托马斯·博德利爵士搜集了大量图书并建立了博德利图书馆[⑤]。[⑥]

---

① “英国教会的学术”一文，见《民族评论》，第16期(1863年)，第187—220页，引文见第189页；在帕蒂森的书中复印，第2卷，第263页以下。

② 伊丽莎白女王时被任命为坎特伯雷大主教。他采取天主教与清教之间的中间路线。——译者

③ 本书上卷原书第249页。——译者

④ 本书上卷原书第396—397、413、419页。——译者

⑤ 此图书馆在牛津，最初成立于1455年，1488年正式开放。16世纪由于管理不善，破坏不堪，1597年托马斯·博德利又恢复起来。所以图书馆即以他命名。现在其规模之大仅次于不列颠博物馆图书馆。——译者

⑥ S. W. 克尔肖，“大主教帕克，藏书家和作家”一文见《文库》，新丛书(伦敦，1900年)，第1卷，第379—383页；E. C. 皮尔司，“马太·帕克”，《文库》，第4集，第6卷(1925年)，第220—228页。

正如在17世纪的法国那样，在英国，人们也必须严格区分博学的历史家、文物学家和文学的、描绘的历史学家之间的不同，后者文字虽流畅，但无深度。因为英国没有修道士，这些学者都是世俗教士或俗人。在英国也不存在学术团体，类似玻兰达斯派和摩耳派这样的团体根本就不存在。必须承认，在这个世纪，即使是英国最好的新教史学，在质量上也不如比利时和法国的史学。反宗教改革在学术上的刺激作用从未在海峡彼岸取得立足之地。

英国从都铎王朝到斯图亚特王朝的变化，由三位历史学者充当桥梁。第一位是威廉·卡姆登[①]（1551—1623），他的《大英帝国》（Britannia，1586年）是第一部有学术气味的英国史。[②] 第二位是约翰·曼伍德（死于1616年），曾任伦敦法学协会高等律师，沃尔瑟姆森林猎场看守人和新森林法官。他的《森林法论》（*Treatise and Discourse of the Laws of the Forest*）出版于1598年，是一部用黑体字[③]印的书，莎士比亚可能读过。[④] 第三位是亨利·萨

① 他还写过一部有关伊丽莎白时代的历史。——译者

② 在伊丽莎白统治时期，这部出色的著作出了六版。有三种译本，第一种英译本是腓利门·荷兰译的（关于荷兰作为一位译者的作品参看桑兹的书，第2卷，第243页）。1603年卡姆登在法兰克福出版一部古代编年史汇编，名为《英格兰、诺曼底和爱尔兰的古代作家》。1605年，他的《遗稿》出版。这些都是卡姆登企图用于《大英帝国》新版的注释，并于1674年收入第7版（最好的一版）。卡姆登最后于1615年出版了他的《伊丽莎白统治时期英格兰和爱尔兰编年史，至1589年止》即截至西班牙无敌舰队失败，此书和他的《大英帝国》同样成功。关于卡姆登和书目提要更为充分的介绍参阅此书第1卷。

③ 黑体文字14世纪始用于英国。——译者

④ 关于曼伍德，参阅E.芒得·汤普森的论文，见《民族传记词典》，第8期（1886年），第277—285页。

维尔爵士[1](1549—1622),他在希腊文和数学方面甚至比在历史方面更为渊博。他非常憎恨在英国流行的那些肤浅而离奇的编年史,如荷棱施德的编年史[2],他几乎气得打算自己写一部英国史,如果不是有了卡姆登的《大英帝国》的话,他可能真的动手写了。37
萨维尔没有干这件事,他干了另一件:即竭力把英国中世纪编年史家的许多手稿从"泥污中"抢救出来。他的《比得以后诸作家著作汇览》(*Scriptores post Bedam*)曾出版了两次,首先是在伦敦(1598 年),后来在法兰克福(1601 年)。

英国史学界这三巨头的辛劳后来又由两位承继,即亨利·斯柏尔曼爵士(1562—1641)和约翰·塞尔登(1584—1654)。斯柏尔曼是一位有文化素养的英国乡绅。他和卡姆登、罗伯特·科顿都是古学协会创始人,并在牛津创办了一个盎格鲁-撒克逊文著作读者协会。[3] 1628 年斯柏尔曼出版一部《法律词汇》(*Glossary of Law Terms*),1640 年出版了《英国教会的宗教会议、法律和规章》(*The Councils, Laws, and Constitutions of the English Church*)。他最重要的著作《渎圣罪的历史和命运》(*The History and Fate of Sacrilege*)直到 1698 年才出版,其原因并不难寻找。他这部书是在法律上和道德上对解散修道院的行为的连珠炮式的攻击。斯

① 他教伊丽莎白女王的希腊文,翻译塔西佗的《历史》。——译者

② 见上卷本书原书第 624 页。——译者

③ 此时被引进的还有新的阿拉伯研究。爱德华·玻科克(1604—1691)可以说在英国建立了东方研究。他是牛津基督圣体学院一位研究员。1630 年任阿勒颇英国工厂牧师。六年之后他被牛津大学聘为阿拉伯语教授。他出版了《阿拉伯历史范本》(1649 年),阿拉伯文和拉丁文的《攸替歧阿斯年代记》(1656 年),并编写了《阿布发拉吉阿斯的历史》(1663 年)。

柏尔曼是在1612至1634年间写这部书的,当时英国舆论界充满反对保王党的激情,所以不敢出版。他临死时把手稿委托一位朋友哲勒米·史梯芬斯牧师保存,史梯芬斯本人也是一部同类性质的未刊手稿的撰写人,他这部书名为《对英国教会怀有贪欲者的诡计,他们在国王亨利五世时失败,在国王亨利八世时得逞》(*The Design of the Cormorants upon the Church of England, Defeated in the Time of King Henry V, Effected in the Time of King Henry VIII*)。甚至在复辟时期的1663年再次设法出版仍告失败,因为当时英国某些最高层人物认为这部书"使他们的家族丢人现眼,是不可饶恕的",因为他们家族的财富和社会地位起源于对修道院的劫夺。[①] 就是因为这一点,这部书又被扣压好多年。

约翰·塞尔登是牛津大学毕业生,他在撰写历史方面受到的第一次训练是在罗伯特·科顿爵士[②]雇他抄写并摘录保存在伦敦塔里的某些国会记录的时候。他当律师时收入甚丰。1623年和卡姆登合作出版了厄德麦的《新编英国史》(*Historia nova*)[③]。但塞尔登与其说是一位历史家还不如说是一位国际法专家。他的《海上封锁》(*Mare Clausum*)(1632年)是一部从历史上和法律上论证英国有权要求海上霸权的书。作为国会议员,塞尔登协助起

---

① 《渎圣罪的历史和命运》附C. F. S. 沃棱的序言,于1846年在伦敦重印出版。此书值得一读,因为斯柏尔曼的著作是研究寺院解散的第一部。当时新教会许多杂志忽视它,但后来〔伦敦〕《都柏林评论》第21期(1846年)第246—258页上曾对此书有评论。

② 英国文物收藏家(1571—1631),搜集中古文书记录甚多,后其曾孙将其书献给国家。——译者

③ 见本书上卷原书第247—248页。——译者

草 1628 年的权利请愿书;他是长期国会中牛津的代表,并且是控诉大主教劳德(1645 年 1 月被处死)的那个委员会的成员。次年他当了牛津三一学院院长后,退出政治舞台,[1]从而在处死查理一世和克伦威尔政府中都逃避了承担责任的处境。据朱斯朗[2]说,他是"18 世纪以前那极少数声誉达到欧洲水平的英国人之一"。[3]和当时其他许多思想丰富的人们一样,他也没有拖延多久就当了国会议员,他在英联邦政府供职时,还抽出时间和特威斯登合编并出版了《英国十大史学家著作汇览》(*Historiae Anglicanae scriptores decem*)(1652 年)。这是一部对早期编年史家的批判研究。[4] 38

罗伯特·科顿爵士(1571—1631)在这方面之所以重要,倒不是因为他的写作,而是因为他作为一位文献和其他手稿收集家,在詹姆士一世和查理一世时代推动了英国的历史研究。与他同时代的人说,他是"一位精通并爱好古代文物的有才华的人"。[5] 培根在研究科顿的过程中,为自己的《亨利七世统治时期史》(*History of the Reign of Henry VII*)一书找到最多的材料。在国会反对

---

① 他反对把查理一世处死刑。——译者

② 法国作家和外交家(1855—1932),著有《英国人民文学史》三卷(1895—1909 年)。——译者

③ J. J. 朱斯朗《英国人民文学史》(纽约,1895—1909 年),第 3 卷,第 511 页。

④ 塞尔登学会的名称便是对这位先驱学者的工作的认可。他的两部最著名的著作是:《盎格鲁—不列颠文集》(1607 年)和《英格兰居民史览要》(1610 年),这是关于英国人和诺曼人的法律和风俗的一部译本。塞尔登另一部渊博的著作是《荣誉的称号》(1614 年),此书详细地讨论了武士的资格和义务、贵族、武器以及从皇帝到乡村士绅一切品位等级之类的问题。他对外国制度的记述甚至比英国还详细。参阅爱德华·弗赖爵士论塞尔登的文章,见《民族传记词典》,第 51 卷(1897 年),第 212—224 页。

⑤ 阿瑟·威尔逊《英国史,国王詹姆士一世的生平和统治》(伦敦,1653 年),第 155 页。

国王的斗争中，科顿同情国会一方，也是庇姆[①]和爱略特[②]的朋友。在《国王亨利三世传》(1625 年)这部书中，他的政治观点异常鲜明。以至有些人认为他对 13 世纪亨利三世和国会以及诸男爵之间的记述是指桑骂槐地嘲讽詹姆士一世治下的国情。他的藏书于 1631 年被国王没收。

斯柏尔曼的著作被查禁，但达格对尔(1605—1686)[③]的《英国修道院》(*Monasticon Anglicanum*)[④]一书却大受欢迎。斯柏尔曼把达格对尔介绍给英国纹章院院长阿隆得尔伯爵托马斯。托马斯本人也是一位文物爱好者和收藏家，在纹章院给达格对尔一个住
39 处，从而使他为撰写他的《英国修道院》(*Monasticon*)和下一部著作《英国男爵勋位》(*The Baronage of England*)查阅手稿提供了方便。这第 2 部著作曾被誉为“仅次于‘末日裁判书’[⑤]的一部记述英国大部分地产来历和历史的最古老、最有价值的书”。在这两部大作之间，达格对尔还写了一部《沃里克郡古物记》(*The Antiqui-*

① 庇姆(1584—1643)，1642 年英国资产阶级革命时反对国王查理一世的国会领袖之一。——译者

② 爱略特(1592—1632)，与庇姆同为反对查理一世的国会议员，后死于狱中。——译者

③ 英王查理一世纹章院的首席主管人。——译者

④ R. 多次威司和 W. 达格对尔爵士合编的《英国修道院，即全部修道院，柏尼德提教团、克吕尼教团、昔妥教团、卡特尔教团，从开始建立至解散》(伦敦，1655—1677 年，三卷)；J. 卡雷等校订的新版，六卷分为八册，伦敦，1817—1830 年。1722—1723 年约翰·斯提芬斯先生出版了两卷补编，讨论“威廉·达格对尔爵士没有说过”的事情。1693 年詹姆士·来特把《英国修道院》写成节略本，一切都英国化了。序言把达格对尔和莎士比亚说成是“两个威廉”，却把达格对尔摆在前边！关于莎士比亚的这一节真是出奇！

⑤ 1086 年英王威廉一世颁布的全国土地、财产、牲畜和农民的调查清册。——译者

ties of Warwickshire)(1656 年)献给克里斯多福·哈顿爵士[1],达格对尔于 1677 年被封为爵士,1686 年逝世。他自己写的直至 1678 年的《传记》(*Life*),连同他的日记和书信,以及他收藏的手稿索引,身后由威廉·汉姆珀编辑,于 1827 年出版。近代的研究使长期以来加在达格对尔身上的光辉暗淡了。他这位收藏家只知机械地编纂他的卷帙浩繁的材料,并无批判才能,而且常常不能鉴别真伪,甚至堕落到剽窃。[2]

还有三位英国教士需要提一下:威廉·凯夫(1637—1713)。竭尽漫长的一生精力研究教会史,编写了《教会历史著作汇览》(*Scriptorum ecclesiasticorum historia litteraria*),只编到 14 世纪初,后来亨利·霍顿(1664—1694)写的《神圣的英格兰》(*Anglia Sacra*)就是它的续编。[3]

颇为有趣的是,除了科顿和塞尔登之外,17 世纪英国这些古文物历史家都是同情保王党的。这可能是因为在这个迅速而激烈的变革时期,他们尊重传统的缘故吧。清教徒只知自己创造历史却不重视史学。他们对过去不感兴趣,对现实却津津乐道。他们那些历史作家大都是真正的政论家。他们当中没有一位是古文物家。

---

① 伊丽莎白女王时代的大法官(1540—1591)。——译者

② 大卫·道格拉斯,"威廉·达格对尔:'大剽窃者'",见《历史新丛书》,第 20 卷(1935—1936),第 193—210 页。

③ 《英国教会史,即英国大主教区和主教区历史汇编,至 1540 年》(伦敦,1691 年,两卷对开本)。关于内容参阅 T. D. 哈第的《关于英国和爱尔兰历史资料的说明目录》(伦敦,1862—1871 年,三卷分为四册:卷宗丛书,第 26 号),第 1 卷,第 2 篇,第 691—694 页。

唯一受到史学精神感染的清教徒就是约翰·刺士卫司[①]。他是下院一位助理书记，后来当了费尔法克斯勋爵[②]的秘书。他之所以编写那部《私人所写关于国事、重大法律事件和五次国会中著名议程的片段文字的历史资料汇编》(*Historical Collections of Private Passages of State, Weighty Matters of Law, Remarkable Proceedings in Five Parliaments*)(伦敦，1859 年)，据他说是因为他相信，"后世任何人只以我们这个时期出版的那些小册子为依据，是不可能编写一部真实历史的，因为这些小册子的出版并无任何控制。"这部《汇编》始于 1618 年，终于 1649 年。

1660 年的复辟带来重视档案资料的新时期，不过时间很短。
40 查理二世统治时期，被任命为记录保管员的普麟[③]告诉我们他是怎样想方设法拯救这些文献的，"多年来这些文件一捆捆地乱堆乱放在白塔[④]恺撒教堂最黑暗的角落里，在蜘蛛网、灰尘和污垢下霉烂。"他说他曾雇用许多士兵和妇女把它们从尘土中搬出，弄干净，这些人很快便腻烦了这种讨厌的工作，把这些文件扔下就走了，几乎和原来一样肮脏。普麟发现"许多稀有的、古老的、贵如珍宝的、

---

① 刺士卫司(1612? —1690)。——译者

② 费尔法克斯勋爵(1612—1671)，内战时为国会军总司令，大败王军(1645 年)，1660 年率领一个使团至海牙，商议查理二世复辟的事。——译者

③ 英国清教徒写作家(1600—1669)，因攻击权贵，被处无期徒刑。长期国会始释放出狱，参加国会，因反对独立派及处查理一世死刑，被清洗出国会。1661 年以保皇党资格参加国会。——译者

④ 白塔为伦敦塔的中心和最古老的部分，其基地为恺撒所建的要塞遗址。——译者

黄金般的记录”。[①]

英国历史学者对传统和古代事物无比尊崇,就是因为他们有了赖麦的《文苑》(*Foeldera*)——多么响亮的名称啊。[②] 托马斯·

① 然而还不到一个世纪之后,就必须参考查理一世时代的某些文献了,但这些文献丝毫不为人知,直到后来找到一位年老的文书,他还模糊地记得他年轻时曾听说过白厅门口附近的房子里有许多古老的书籍,并答应去找一趟。通过许多次冒险,登上许多腐朽的楼梯,请了许多锁匠开锁,穿过鸽群和积垢之后,最后证明这次寻找是成功的。45年之后,即在1836年众议院才任命一个委员会研究联合王国各种记录的现状,并写成一部946页的蓝皮书,其中有根据地说明某些公家单据契约“粘在石墙上撕不下来;有许多部分被虫蛀,残存无几,有许多几乎完全腐烂了。腐朽和潮湿使大量的文件容易损坏,几乎一触即破;其他部分特别是卷轴卷宗完全贴在一起,不能展开。六七具完整的老鼠骷髅……被发现埋在其中,这些害虫的残骨遍布各种文件堆中”。见〔J. S. 布鲁尔〕一篇论文“英国历史新资料”(载〔伦敦〕《评论季刊》,第130期〔1871年〕,第377—378页)里引用的报告。

② 《英国国王与其他各国皇帝、国王、主教、君主间的联盟、条约、通信和各种国事交往》〔1101—1654年〕,托马斯·赖麦编(伦敦,1704—1735年,20卷,其中XVI—XX是罗伯·散得孙编的)。关于后来的一些版本,参阅查理·格罗斯的《从远古到1485年前后英国史料和著述》(修正第2版,伦敦和纽约,1915年),第467—478页,第2097—2099号。关于赖麦,参阅《民族传记词典》,第50期(1897年),第65—68页,锡德尼·李的论文;以及托马斯·达佛斯·哈第爵士的《赖麦的〈文苑〉中关于英格兰和其他王国的文献摘要(英文)》(伦敦,1869—1885年,三卷),第1卷,第1部序言,第52—58页。这部《摘要》用英文将《文苑》的某些版本中各个文件写成简要说明,按年代顺序排列。第3册有一个完备的人名地名索引,附有为《文苑》的记录版收集的许多卷抄本的目录。1869年伦敦档案局为了向私人发行,印成附录1至5,“附于一本关于《文苑》的说明上,打算由C. 浦顿·库柏呈交前档案委员会”,共三卷八开本(包括许多关于英国国外档案原稿的说明,附一些复本)。在英国博物馆里保存着许多有关记录版本的对开本报告和文章(附录手稿24699件)。赖麦留下大量材料,补充《文苑》新版,装订成59卷对开本(!),包括的时间是从1115到1698年。这是献给牛津伯爵的珍藏。已由国库以215镑买下,现存英国博物馆(附录手稿第4573至4630号,计18911件)。唐逊的《文苑》校订本第17卷有目录和索引,可供参考。伦敦档案局有一卷手稿,系1800年前后由罗伯特·莱蒙编的,其中有被赖麦删去的专利卷宗中的一些文件。在同一个地方可以看到一卷有关《文苑》的报告、命令等等,1808—1811年。

赖麦是约克郡一位骑士乡绅之子，曾就学剑桥，1673 年取得律师资格。他写了一本戏剧[①]并在文艺一些领域毫无成效地消磨了 15 年时光，[②]在这方面现在人们还记得他，这主要是因为麦考莱把他描写成“历史上最坏的批评家”。1672 年，他接替另一位糟糕诗人沙德
41 卫尔[③]担任王家史官；同一天，圣诗的曲解者塔特[④]被捧为桂冠诗人。赖麦受命编纂国家档案。自从第 1 卷出版后，他受到唾骂并饱尝贫困之苦。他犯了一个不幸的错误：在书的开端发表了马康三世[⑤]对忏悔者爱德华[⑥]表示敬意的一篇伪造文件，激起整个苏格兰民族的怒火。赖麦自己花钱雇人抄写付印，未得到财政部补偿。法律上并未制定出版这部书的条款，第一次支付的 100 镑来自没收的一位天主教牧师的财产。1697 年他用去 210 镑，只从财政部领到“200 镑的彩票，我从中实得 160 镑”。到 1698 年 8 月，他已用了 1253 镑，但只领到 500 镑。甚至当女王安娜受理他这一案时，财政部仍然把他提出的 600 镑的正当要求削减为 200 镑，直到断气之日，他一直都没有领过作为一位编者的劳动报酬。

17 世纪的英国史学的博学时代，不论在出版的数量上还是在批判精神上，与同时期的法国比较起来，应该认为是相差甚多。这个

---

① 即《英以王得加》(*Edgar of the English Monarch*)(1678 年)。——译者

② 他写了许多评论诗歌、戏剧和史学的著作。在《悲剧短评》(*Short Views of Tragedy*)一书(1692 年)中，他批评莎士比亚在《奥赛罗》悲剧中违反三一律。——译者

③ 英国戏剧家和诗人(1642？—1692)。——译者

④ 英国戏剧家和诗人(1652—1715)。1692 年为桂冠诗人，曾与尼古拉·布兰底合著《大卫诗篇新编》(*New Version of the Psalms of David*)(1696 年)。——译者

⑤ 苏格兰国王(1031—1093)。——译者

⑥ 英王(1002？—1066，1042—1066 年在位)。——译者

时期政治不稳,而且最后形成动乱局面,无疑地对产生这种缺点起了一部分作用。但其根源比这个更深。和罗马决裂,诸修道院被解散,牛津和剑桥两大学高等教育的堕落一直延续到 19 世纪(牛津改革法案,1854 年),这些情况对英国历史研究说来,都是不利条件。英国学者们为解决争论一直在矛盾的心情下辛勤劳动,这样的人实在太多了。“他们之所以进行工作,以及造成这项工作的性质如此特殊的原因,就是他们都希望真正地而且一劳永逸地解决在前一个时期的动乱和狂热中、在内政和宗教斗争中造成的那些问题,但他们并未如愿以偿”。[①] 塞尔登以开阔的胸怀,向过去这一切提出了真诚的呼吁,他比上述所有那些人都更具有历史观念。他在他的《什一税史》(*History of Tythes*)献词中有一段话,流露出他的心情:

> 它〔古代〕也有硕果累累的极其可贵的东西,使我们今天在国家、法律、历史和对优秀作品的理解等各个方面都可以心明眼亮起来。忽视或仅仅庸俗地看待古代这部分知识只能说明我们宁愿保持愚昧。而这种愚昧只有在和往昔千百年间的经验和观察对比之下我们的生命过于短促这一点可以容许。而往昔这些经验和观察却可以给我们积累如此众多的岁月,以致我们好像早在开天辟地时就活着似的。

正如 17 世纪爱尔兰学者那些历史著作都是在国内,而不是在国外写的那样,爱尔兰学术界值得注意的一部著作《四大名家写的爱尔兰王国年代记》(*The Annals of the Kingdom of Ireland by the* 42
Four Masters)也是这样。它是 1632—1636 年间在多尼戈尔芳济各会一所荒废的修道院里一间孤独的茅舍里编写的。编者是迈克

① 詹姆森的书(见本书原书第 8 页著者注),第 28 页。

尔·奥克累利、迈克尔·康纳里、库科格里·奥克累利和费尔非撒·奥穆尔康里。[①] 詹姆士·威尔爵士(1594—1666)这位爱尔兰学者属另一类型。他是一位文物家,1639年出版了一部《爱拍尼亚[②]作家汇览》(*De Scriptoribus Hiberniae*)。他是塞尔登和科顿的朋友。

1688年的英国革命不仅是具有重大意义的政治变革,而且是学术气氛上的一次大改变。共和时期[③]压抑学术,甚至密尔顿在那些年也不再是一位学者或人文主义者了。复辟时期也不重视学术发展。学问上仅有的表现大多是在自然科学方面(如波义耳[④])。但在1688年后那50年却由于产生了少数历史家而值得注意,在追溯自己国家往昔方面,他们即使并未丰富人们的想象,却也启发了这方面的知识。如果说英国没有像法国那样的修道士,它却也有一些文物学家和渊博的历史学者。[⑤]

下列各位只需顺便提一下:《奥梦德公爵詹姆士[⑥]传》(*Life of*

---

① 《四大名家的爱尔兰王国编年史,从远古到1616年》。爱尔兰原文附译文,约翰·鄂多诺凡编(都柏林,1848—1851年,7卷)。P. W. 约爱斯,《爱尔兰简史,从远古至1608年》(伦敦和纽约,1893年),第31页,称鄂多诺凡的版本为"爱尔兰出版家出版的关于爱尔兰的最伟大、最重要的著作"。还可参阅尤金·奥卡利的《评论爱尔兰古代史手稿材料演讲集》(都柏林,1873年),第140—161页。

② 爱尔兰的古称。——译者

③ 1649—1660年。——译者

④ 英国著名的化学家(1627—1691),发现"波义耳定律",即气体的体积与压力成反比例。——译者

⑤ 参阅H. B. 沃尔特斯,《16、17、18世纪的英国文物学家》(伦敦,1934年);以及大卫·C. 道格拉斯,《英国学者》(伦敦,1939年),《泰晤士报文学副刊》1939年第654页上有评论。罗伯特·亨特写了一部《英国史》(1771—1785年,五卷),其中每卷的第4章有所述时期内的"学术、学者和学术研究班的历史"。

⑥ 爱尔兰总督(1610—1688),克伦威尔征服爱尔兰时,他逃往法国。复辟后仍任爱尔兰总督。——译者

James Duke of Ormonde, 1736 年)的作者坚强的詹姆士党人托马斯·卡特[①](1686—1754)[②]和《英国宗教改革年代记》(*Annals of the Reformation in England*, 1709—1731)的编者约翰·斯特赖普(1643—1737)和乔治·喜克斯(1642—1715)(他和汉弗莱·汪利一起应被视为盎格鲁-撒克逊语言学和历史学的创始人)。现在较详细地说说托马斯·赫恩(1678—1735),他是一位不知疲倦的专门编纂其他学者的著作的人。1699 年他在牛津毕业后,立即被任命为博德利图书馆助理员,因为还在大学读书时,他爱好并通晓书籍的声誉就已经建立起来了。1712 年他升任第二管理员,根据他自己提出的条件,还兼管门房,这样就可以随时进出图书馆。1716 年他因为不愿宣誓效忠政府而辞职。和卡特一样,赫恩也是一位詹姆士党人。他在余年为英国前辈学者许多著作的出版做了准备工作。他
是一位作书目提要的人,并不是一位历史家,但因为他便利了别人 43
的研究工作,也是值得纪念的。吉本厌恶赫恩有詹姆士党派情绪,在列举了帕克、萨维尔、卡姆登、斯柏尔曼、特威斯登和塞尔登等人之后,关于赫恩,他写道:

> 最后一位深深挖掘〔有学术水平的历史著作〕宝藏的人就是托马斯·赫恩。……他那琐碎而无人知晓的辛勤劳动,他那贪婪而不分好坏

---

① 英国历史家,著作除《奥梦德公爵詹姆士传》外尚有《英国通史》(四卷,1747—1755 年)。——译者

② 关于卡特,参看 E. S. 叔克堡的论文,见《民族传记词典》,第 9 期(1887 年),第 191—194 页;和〔伦敦〕《评论季刊》,第 73 期(1844 年),第 546—549 页。在斯威夫特的《书简集》中有关于他的许多记述。

的胃口以及他那粗糙而庸俗的笔调和趣味，使那些懒惰的智者〔暗指波普[①]的《愚人叙事诗》(*Dunciad*)〕拿他当笑料。但不能否认托马斯·赫恩确曾收集许许多多人家收庄稼时丢下的麦穗；即使说他自己写的那许多序言都是些粗糙的、无关紧要的东西，但他编辑的东西却很准确而有用，都是值得推荐的。

赫恩死后六个月，他的文物爱好者同行圣阿萨夫主教托马斯·坦纳(1674—1735)也去世了。他同许多与他同一类型的人一样，只能收集事实，但不能解释。他刚刚 21 岁时就出版了《著名寺院》(*Notitia Monastica*)一书。在他去世后的 1744 年，这部书又以大大扩编了的版本出了一次。[②] 但他那经久不衰的名声却是由于他的《不列颠—爱拍尼亚文库》(*Bibliotheca Britannico-Hibernica*)一书，这是一部“罗列作家的词典，有许多有价值的历史资料，在很大程度上取代了利兰[③]、巴尔[④]、庇兹、威尔、凯夫[⑤]和尼科尔逊等人较早的著作”。[⑥]

在英国中世纪史的学术造诣方面，很少有比大卫·威尔金斯

---

① 英国诗人(1688—1744)，他和斯威夫特合著了一部杂文集，嘲笑了一些人，受到攻击；他便写《愚人叙事诗》作为还击。——译者

② 《修道院概观》或称《英格兰和威尔士过去一切大小修道院、教团以及公元 1560 年以前建立的一切大学和医院的情况》(伦敦，1744 年)；J. 内斯密司重印(剑桥，1787 年)。

③ 约翰·利兰(1506—1552)，著有《不列颠作家评注》(*Commentarii de Scriptoribus Britanicis*)等书。参阅本书上卷原书第 604—605、607 页。——译者

④ 约翰·巴尔(1495—1563)，著有拉丁文《英国文学史》等书。——译者

⑤ W. 凯夫(1637—1715)，英国教会历史家，著有《使徒传》，记载公元最初三个世纪的使徒和神父的传记。——译者

⑥ 大卫·威尔金斯编，1748 年在伦敦出版。参阅格罗斯的书(见本书原书第 40 页著者注)第 52 号；哈第(见本书原书第 38 页著者注)，第 1 卷，第 1 部分，第 36—42 页；和威廉·T. 戴维斯关于坦纳的记述，见《泰晤士报文学副刊》，1935 年，第 856 页。

(1685—1745)的《公元 446—1717 年间大不列颠和爱拍尼亚宗教会议》(*Concilia Magna Britanniae et Hiberniae*，446—1717，四卷，伦敦，1737 年)一书更为杰出的范例了。这部书的前两卷是一个世纪以前由斯柏尔曼编的，他死前未能完成。这两卷包括中世纪宗教会议的讨论用拉丁文记录的时期。威尔金斯把这些记录继续编了两卷。主要部分是用英文写的，而且是按原始记录的准确的拼字法写的。这部书在被哈登和斯塔布斯的著作(牛津，1869—1878)取代以前，一直是最难得的一部。[①]

上文曾提到共和时期对历史研究漠不关心，除了刺士卫司的《汇编》(*Collections*)[②]以外，仅有的一点成就都是保王党一派的学者完成的。王政复辟时期自然不会热衷于推崇克伦威尔时代，而女王安娜时代对它也是极不重视的。1742 年托马斯·伯奇[③]补救了这种疏忽，这年他出版了《瑟洛[④]公文汇编》(*Thurloe's Slate Papers*)，七卷。瑟洛曾任克伦威尔的国务会议秘书兼共和政府外交部长。他的资料来源异常丰富而准确，无论国内国外事件的消息，都是这 44
样，因而据说，“克伦威尔就是通过他才对欧洲各国君主的秘密了如指掌的”。在复辟时期瑟洛把那些公文藏了起来，直到伯奇才把它

① 关于威尔金斯，参阅 E. F. 雅各的《皇家历史学会学报》，第 4 集，第 15 期(1932 年)，第 91—131 页；以及哈第的书(见本书原书第 39 页著者注)，第 1 卷，第 2 部分，第 754—62 页。

② 《史学汇编》(*Historical Collections*)，包括 1618—1648 年的历史著作(八卷，出版于 1659—1701 年)。——译者

③ 英国历史家和教士(1705—1766)。——译者

④ 克伦威尔的亲信(1616—1668)，复辟时获赦免。死后(1742 年)出版其《公文汇编》，为护国时期历史资料的主要来源。——译者

们公开。[①]

博学时代英国最伟大的历史学者已经介绍完了。但从塞尔登到威尔金斯,没有一个人比得上托马斯·马多克斯(1666—1727)。他研究的深度和学术质量为女王安娜时代增光。马多克斯的《英国财政部的历史和古代制度》(*The History and Antiquities of the Exchequer*)虽然早在1711年就已出版(第2版,1769年),而且部分地被后来的著作取代,但从未被挤掉,而且至今仍然是"这方面最好的权威"。马多克斯是国库大臣记录室文书,是英国第一位深入钻研卷宗和其他公共档案的历史学家。在他撰写这部书以前——他还写过一些其他著作——英国行政制度史是一个完全被忽略的题材。马多克斯在书前加上的他谦逊地称为"以信代序"的那篇文章,不只是一篇关于材料来源的综述,更可贵的是它还是探讨历史批判的性质和方法的一篇论文。遗憾的是知道这篇文章的人并不多。整篇文章值得每位研究历史的人仔细阅读。[②] 其中有句话颇为崇高,即:"事实上,在某种意义上说,写历史就是一种宗教行为。"

今天我们这一代,有卓越的牛津历史学派和剑桥历史学派,很难理解18世纪英国历史研究的凄凉处境。在那个时代,真正历史学者在学术界如鱼得水的人少得很。弗雷德里克·威廉·梅特兰[③]

---

① 参阅查尔斯·哈丁·弗思爵士关于瑟洛的记述,见《民族传记词典》,第56期(1898年),第341—344页。

② 关于马多克斯唯一的记述是汤普逊·库柏写的文章,见《民族传记词典》,第35期(1893年),第305页。他去世后,他的寡妻把马多克斯写的文献资料抄本94卷捐献英国博物馆,这些东西归入斯伦藏书。

③ 英国法理学家和历史家(1850—1906),著有《爱德华一世以前的英国法律史》等书。——译者

记述的 18 世纪牛津和剑桥历史教学情况表明这种教学已堕入多么使人丢脸、多么荒诞的深渊。

1724 年乔治一世为每所大学设置了近代史和近代语讲座。剑
桥大学欢迎这项赏赐,只是期望担任这个讲座的教授给自己的学生
们充分的训练,以便使他们能够在贵族青年赴大陆旅行[1]途中代替
外国人当导师。在牛津情况甚至更为落后。[2] 亚当·斯密[3]原来是
牛津大学巴立奥尔学院[4]一名学生,1741 年还没有获得学位就被开 45
除,因为学校当局发现他阅读休谟[5]的新著《人性论》(*Treatise of
Human Nature*)就突然把他抓走了。离开牛津对斯密大有好处,因
为在格拉斯哥大学(当时正在鼎盛期),他能够听到他希望听到的更
丰富的思想,这是他在牛津不可能指望听到的,因为当时牛津正处
在最衰落的时期。丢掉巴立奥尔那一百懒汉俗子,来到格拉斯哥这
五百名热心求知的学生中间,绝不是什么损失。

英国历史精神的缺乏和对档案资料研究的忽视,引起吉本的极度不安。[6] 他在名为“一篇演说及其他”(An Address & c.)的那篇高尚的文章里,悲叹学术界如此无所作为,想方设法唤醒英国史学界

---

① 过去英国大学生往欧洲大陆旅行,作为最终的课程。——译者

② 参阅克里斯多福·华兹华斯的《18 世纪英国大学的研究工作》(剑桥,1877 年),第 148—150 页。——译者

③ 英国经济学家(1723—1790),著有《国富论》。——译者

④ 牛津大学的一个学院,1263 年由巴立奥尔爵士夫妇所创,故名。——译者

⑤ 苏格兰哲学家和历史家(1711—1776),主张怀疑论。——译者

⑥ 他在自己的日记里写道:“我们并不是生活在按其范围和困难进行估价的学术研究上的刻苦钻研时代,我们的学者害怕碰到两册对开本的书。……拉丁文甚至不再是学术上的语言。”约翰·设斐尔德勋爵编的《吉本先生杂著,附带一篇他自己写的关于他的生平和著作的回忆录》(伦敦,1796 年,两卷),第 2 卷,第 245—246 页。

认识自己的职责和时机,但他的心机白费了。

〔他写道〕我们邻国的成就,和我对我们自己潜力的了解,很早很早就使我产生了一个希望:我们用拉丁文写的中世纪回忆录,《英格兰作家全集》(*Scriptores Rerum Anglicarum*)有可能在英国以配得上这个题目,也配得上这个国家的形式出版了。这确实是我很久以前的希望。有一个时期,当《罗马帝国衰亡史》把我和法国第一批史学家紧密地联系起来的时候,我(在一个附注中)承认柏尼德提文库的价值,并表示了我的愿望:像这样的全国性的工作也许会在我们自己的国家引起人们效仿。我的希望落空了。这个激励没人感觉到,仿效的火种也没人点燃;现在我才明白我们没有这种企图或打算快 13 年了,这 13 年本来是足够使这项计划完成的。在这段时期,绝大部分时间我不在英国:不过在我同我们的学者和著名的书商们谈话的时候,有时还找到机会介绍这个使人喜爱的题目。只要我仔细介绍对历史如此有利、对国家又如此光荣的这项事业的好处,人们就洗耳倾听;对这项事业成功的普遍希望似乎占了上风;但我们刚刚认真探讨促其实现的最好措施,并使这一引人入胜的设想变成实际行动时,刚要迈第一步,马上就被一个不可克服的困难——编者的选择问题挡住了去路。……我们不知道到哪里去找到我们英国的穆拉托里①。……②

吉本为这个深思熟虑的全集编纂计划所选择的编者是约翰·品克顿。但这个伟大计划终于化为乌有了,直到 1858 年在卷宗档案总管指导下建立起编写《中世纪大不列颠和爱尔兰编年史和回忆录汇编》(*Chronicles and Memorials of Great Britain and Ireland during the Middle Ages*)这套丛书的机构时,这个计划才得

① 见后面原书第 50—51 页。——译者

② 见上一个著者注中设斐尔德的书,第 2 卷,第 713—714 页;演说词全文见第 704—717 页。

以实现。[①]

现在再回过头来谈谈大陆上的情况。

西班牙现在在科学的书目提要工作方面虽说远远落后于西欧 46
其他各国,但三百年前在这方面却是走在前头的。1597 年一位有学问的律师卡斯蒂略·得·博巴第拉出版了两卷《对总督和诸侯的政策》(*Politica Para corregidores y señores de vassalos*),这部书是腓力二世统治时期有关西班牙地方行政制度的极其丰富的知识宝库,并曾于 1608、1750、1759、1775 年一再重版。尼古拉·安敦尼奥(1617—1684)的《古代西班牙书目提要》(*Bibliotheca Hispana Vetus*)和《新西班牙书目提要》(*Bibliotheca Hispana Nova*)被称为"较以往任何历史书目提要无比优越"的书,而且"至今仍然是无法取代的、不可或缺的"。前一部书是从罗马时代到 1500 年的西班牙文学史。后一部是论述 1500—1684 年间西班牙作家的著作的。[②] 在资料收集方面,我们感谢西班牙属尼德兰[③]的三位耶稣会学者的功劳,他们编的四卷对开本,包括了中世纪和 16 世纪西班牙著名史家的著作:《西班牙史例证或西班牙、吕息坦尼亚、埃塞俄比亚和印度作家著作汇编》(*Hispaniae illustratae, seu rerumurbiumque Hispaniae, Lusitaniae, Aethiopiae, et Indiae scriptores varii*)(法兰克福,1603—1608 年)。前两卷是耶稣会一位有

---

① 也许大卫·达尔列普尔是打算在唤醒大家对英国档案的兴趣方面可与吉本分享光荣。他的《有关詹姆士二世统治时期英国史的回忆录和书札》(格拉斯哥,1766 年)一书的序言在使英国人关心公共档案的工作上有一定贡献。

② 两书的修订版各两卷 1788 年在马德里出版。

③ 即比利时。——译者

学问的成员安得累阿斯·勺塔斯(1552—1629)编的;第4卷是他的兄弟佛兰西斯卡编的,第3卷是约翰·匹斯托里阿编的。18世纪中叶(1747年)有一部后来在1879年扩编至51卷的丛书《神圣西班牙史》(*España Sagrada*)第1卷出版了。这部书类似法国的《高卢基督教徒》(*Gallia Christiana*),是一部教会资料宝库。所有西班牙小部头修道院编年史都收入其中。这部丛书开头部分是奥古斯丁派一位修道士恩里克·佛罗雷斯编的,后来由这个教派其他学者续编到9世纪中叶,然后由历史研究院接手并完成其出版工作。①

在德国,三十年战争于1648年结束,任何种类的学术研究都是不可能的,即使并无其他原因,单单这么多的图书馆被毁这一项就够了。所遭破坏比新教诸邦为轻的德国天主教地区,耶稣会大权在握,他们对神学更感兴趣,不像比利时境内他们的玻兰达斯派弟兄那样喜欢研究历史。而且,德国境内的耶稣会成员不同于他们在尼德兰和法国的同行,他们深深牵入政治斗争,而且在维也纳和德累斯顿朝廷里还握有大权。17世纪德国著名的新教史家有两位,天主教史家有一位。两位新教史家是赫尔曼·康林②和伟大的莱布尼茨。康林(1606—1681)在他的《日耳曼法律起源》(*De origine juris Germanici*)(1643年)一书中,把日耳曼法律研究建

---

① 第1至47卷的目录见《西班牙与外国图书要目》,第3期(1859年),第106—112页,第115—117页。关于西班牙历史资料的进一步情况见R.B.梅里曼的《西班牙帝国的兴起》(纽约,1918—1934年,四卷),第1卷,第42—50页。

② 鄂图·斯托布,《德国法制史的创立者,赫尔曼·康林辞去北勒斯劳大学校长时的演说》(柏林,1870年)。关于康林传记的缺漏,参阅沃尔夫的书,第189页,注1。

立在历史基础上;在另一书《日耳曼帝国的范围》(*De finibus Imperii Germanici*)(1654 年)中,他论述了神圣罗马帝国和辖境以 47
内各国之间的关系。不过,他的最杰出的成就却是在 1672 年,在那一年他证明了林道特许状是假的,这是在马比昂以前最好的历史批判论文之一。[①]

康林这位学者兴趣广泛多样。他在医药学、自然科学、神学、语言学、历史和法律等等方面所作贡献至今仍受人称赞。但他最重要的贡献则是为法学和政治科学开辟了新途径。据洛瑟说,在政治经济学或统计学和行政管理等方面最早形成恰当的观点的人就是他。在讲授日耳曼公法时,他采用了一种建立在历史基础上的新方法,因而在这方面比萨焚宜早了一个半世纪。他的最大成就是把直至 16 世纪的日耳曼法律从头至尾的发展勾画出轮廓。他的《日耳曼法律起源》首先精明而系统地论述了这个国家业已被民法抛到幕后的不成文法,然后把接受罗马法的情况和限度讲得一清二楚。然而,康林的性格和他的才干不相称。"他属于危险的律师一类:在政治问题上不是让正义的信念支配自己的行动,而是让党派关系牵着鼻子走;作判断不是以是否合法为标准,而是玩弄权宜之计。"甚至他提出的意见和他全部政治活动常常都是由对个人利益的考虑和从权势人物那里得到宠爱和报酬的念头决定。他当了法国王廷年金领取者之后,曾一再主动撰写赞成让路易十四

---

① G. 迈尔·丰·诺瑙,"反对林道特许状",见〔慕尼黑〕《历史杂志》,第 26 期(1871 年),第 75—130 页;阿瑟·纪里《古文学手册》(巴黎,1894 年),第 60 页注 1;哈利·北勒斯劳,《德国和意大利资料手册》(第 2 版,莱比锡,1912—1915 年,两卷),第 1 卷,第 20—22 页;本亥姆的书,第 222 页。

戴上神圣罗马帝国皇冠的文章,而他的法律建议也支持“再联合议会”[1]开始执行的剧烈政策。

德国天主教史学界有一位杰出的柏尼德提派历史作家奥地利人伯尔拿·柏兹(1683—1735)。他也像当时那些法国作家那样广泛旅行,他去过奥地利、巴伐利亚、比利时、法国等地;在法国曾会见马比昂和蒙福孔。他写了许多著作,其中最伟大的是《最新逸闻宝库》(*Thesaurus anecdotorum novissimus*)(维也纳,1721—1729年,七卷)。他的兄弟哲罗姆·柏兹(1685—1762)声誉较低,是一位世俗教士,寿命很长,一辈子当档案管理员。他编了一部《奥地利古代天才作家著作汇览》(*Scriptores rerum Austriacarum veteres ac genuini*)(莱比锡,1721—1725年,两卷)和一部《圣利奥波尔德史》(*Historia S. Leopoldi, Austriae marchionis*)(维也纳,1747年)。[2]

48 但是,未免令人惊异的是,在匈牙利竟然发现一位富有博学精神的史学家,即史梯芬·卡托纳(1732—1811),可称为匈牙利的柏兹。他曾在耶稣会受教育,后任蒂尔瑙[3]大学教授。当皇帝约瑟二世规定一切课程全部用德文讲授时,他就辞去教授职务,当了卡洛克撒大主教区的图书馆长,晚年当了波得拉格修德院住持。他主持并编辑了《匈牙利王国历史批判》(*Historia critica regum Hungeriae*, 884—1810)这部书共计43卷,用了40年时间(1778—

① 再联合议会是为法王路易十四策划领土扩张的机构。——译者

② 参阅《大百科全书》,第26卷,第564页,附书目提要。

③ 在匈牙利西部。——译者

1817 年)才出全了。[①]

丹麦历史的认真研究是在 17 世纪末才开始的。当时克劳孙把斯诺累·斯特拉孙[②]的著作译成丹麦文;安格里姆·约翰逊前往冰岛收集手稿;奥尔·沃姆研究古代丹麦文物,从而奠定了北方考古学的基础;托马斯·巴托林写了一部记述北欧古物的大部头著作;[③]托费孙破题儿第一遭对北欧英雄故事(Sagas)进行批判性研究。[④]他经常进宫把古代冰岛文献翻给国王腓得烈三世听,国王克里斯兴四世也照此办理。18 世纪曾协助巴托林工作的阿诺·马格纽逊在冰岛花了十年时间除收集各种古遗物外,还搜罗文献,甚至找到农民家里。他带着收集到的东西搭一只丹麦军舰到哥本哈根。但是多么不幸啊!他的全部辛劳的成果在 1728 年哥本哈根一场可怕的大火中差不多全部化为灰烬。剩下的一点点送给大学了。

不过并不是一切都丢掉了。钻研学术的精神保存下来了。丹麦也已作好准备,要进入博学时代了。雅各·兰给贝克(1710—1775)是一位贫穷的神学研究者。他决心研究历史。为了使他的研究有一个比较广阔的基础,他还学习了冰岛语文。早在 20 岁时,他就在王家图书馆里得到一个职位。高僧布克和他的同事们以及那些后继者为中世纪法国史学所做的工作,兰给贝克单独一个人就在他的《中世纪丹麦诸作家著作汇览》(*Scriptores rerum*

---

① 该书分为:《匈牙利公国历史批判,884—1000 年》(1778 年,一卷);《匈牙利阿帕德王朝的历史批判》(1779—1782 年,七卷);《各王朝交替时期匈牙利历史批判》(1788—1793 年,12 卷);《奥地利王朝匈牙利王国的历史批判》(1794—1817 年,23 卷)。

② 参阅本书上卷原书第 460—462 页。——译者

③ 《丹麦古代文物》等(哥本哈根,1689 年)。

④ 《丹麦晚期王朝与国王》(1702 年);《挪威史》(1711 年,四卷)。

Danicarum medii aevi)一书中将中世纪丹麦史完成了。这部汇览包括所有兰给贝克能够找到的记述 11 至 16 世纪丹麦历史的年代记和编年史,特许状和证明书。1770 年第 1 卷已完成,但兰给贝克无力付印。他和一位有钱人家的女儿结婚,从而得到了他所
49 需资金。第 1 卷和第 2 卷于 1772—1774 年间出版。在第 4 卷即将完成的时候,兰给贝克就死了。一位优秀的学者和他的忠实朋友彼得·弗雷德里克·苏姆[1]在 1776—1792 年间做了准备工作,设法使第 4 至 7 卷付印。第 8 至 9 卷直到 1834 年才出版。吉本说得对:"小小的丹麦,它那捉襟见肘的财源本来可以作为忽视历史研究的借口;但它竟然使英国学界自惭不如。"

17 世纪初,意大利史学已是奄奄一息。斯卡力泽表示了对它的轻蔑,意大利学术的光荣是自然科学,伽利略是这方面的天才。意大利只有两位学者挽救了史学,其中之一还是一个被流放的爱尔兰人。第一位是斐迪南多·乌格里(1595—1670),他是佛罗伦萨昔妥派一位修道士,他的《神圣的意大利》(*Italia Sacra*)是一部按主教区分类的文献汇编。[2] 路加·沃定(1588—1657)是爱尔兰圣芳济各会一位修道士,一生大部时间住在罗马。他的《小年代记或圣方济各会制度纪实》(*Annales Minorum seu trium ordinum a S. Francisco institutorum*,1208—1540)是博学时代圣芳济各会史

---

① 苏姆是一位很富有的人、小说家、诗人、评论家、史学家、藏书家、音乐和艺术的提倡者,他把自己十万多部书的图书馆遗赠丹麦政府。

② 《意大利教会史》,或称《意大利教会及附属岛屿、光荣史迹等》(罗马,1644—1662 年,九卷对开本);第 2 版大加补充的《尼古拉·科勒提的辛勤与研究》(威尼斯,1717—1722 年,十卷对开本)。费得礼·萨维欧的《意大利古代教区,从其起源到 1300 年,按地区叙述:皮德蒙特》(都灵,1898 年)是乌格利编的新版的第 1 部分。

学中一部巨著,[①]沃定是爱尔兰人,1588 年生于沃特福德[②],他在无敌舰队[③]覆灭的那年以后不久被带到西班牙,在里斯本一座爱尔兰学院受教育。1604 年成为圣芳济各会一位修道士,他早年好学的名声使他在萨拉曼卡大学获得神学教授职位。腓力三世[④]统治时期,他伴随圣芳济各会员卡塔赫纳主教第亚哥·得·托雷斯前往罗马,任圣以锡多爱尔兰学院院长,余年一直住在罗马,1657 年去世。1650 年在他授意下重印了《圣芳济各会兄弟人名录》(*Syllabus Fratrum Minorum*),这本小册子是在都铎王朝被处死的英国圣芳济各会修道士一张名单,后来这部书非常稀少,因为原来印的那些大部分都弄到英国,被伊丽莎白女王查获后焚毁了。[⑤]

人们可以把意大利学术研究的情况说到 18 世纪就把它扔下,这倒很方便,因为需要讲的东西已很少了。不过这点儿东西还是很重要的。在这片国土上巴洛尼阿斯的无能仍如阴云压境,博学时代 50
意大利的史学是愚昧、宗教偏执、粗糙和复古主义的大杂烩。[⑥] 全意

① 首先出版于里昂,1625—1654 年,八卷;第 2 版附摘要,罗马,1731—1741 年,16 卷;第 17—19 卷,J. 得·卢卡编,罗马,1740 年以后;第 20 卷,米卡里西编,罗马,1794 年;第 21—26 卷,夸拉奇的圣芳济派修道士编,1886 年以后。

② 在爱尔兰东南部。——译者

③ 1588 年西班牙的无敌舰队大举进攻英国,英国人大败之于英吉利海峡。——译者

④ 西班牙国王(1598—1621)。——译者

⑤ 参阅格雷戈里·克里列的《神父路加·沃定和罗马圣以锡多学院:传记、历史注释与文献》(罗马,1925 年)。

⑥ 参阅朱利奥·纳塔利,《18 世纪》(米兰,1929 年,两卷),这篇报道内容十分丰富,不过其中有许多情况不值得知道。

大利只有一位历史学家。

路多维科·安敦尼奥·穆拉托里(1672—1751)[①]生于摩德纳附近,除了少数年头以外,他一辈子都是在这里度过的。他阅读了查士塔斯·力普西乌[②]的著作之后引起他对罗马古迹的兴趣。摩德纳公爵的图书管理员巴开尼和莱布尼茨[③]还鼓励他在这方面进行研究。[④] 虽然被任命为牧师,但后来在圣职上从未升迁。他在米兰著名的安布洛兹图书馆当了五年馆长——在这个职位上,他是教皇庇护十一世的前任——但在1700年巴开尼死后,他又被公爵召回摩德纳,这是因为莱布尼茨对那些档案被忽视的情况提出

① 关于穆拉托里的生平和著作,还没有完备的研究。他侄子建·佛兰西斯科·索利·穆拉托里为他写的传记《穆拉托里传》(威尼斯,1756年)大部分是颂词。拉查里把他的《书简集》(*Letters*)整理出版,前面附了一篇传记(威尼斯,1783年,两卷);但更为完善的是M.坎玻里编的《穆拉托里书简集》(摩德纳,1901—1922年,24卷)。参阅J.G.罗伯孙《18世纪浪漫主义学说起源的研究》(剑桥,1923年)一书关于穆拉托里第3章,第60—95页;季尔第书中的论文,第212—239页,附书目提要;佛特,第395—397页;J.R.基尔施,"穆拉托里",见《天主教百科全书》,第10卷,第641—642页;朱利奥·柏多尼,见《意大利百科全书》,第24卷(1934年),第50—52页,附书目提要;拉栖·科里森-摩列,《近代意大利文学》(伦敦,1911年),第49—52页;T.A.特洛拉普,"穆拉托里",见〔伦敦〕《不列颠评论季刊》,第77期(1883年),第368—400页;G.卡杜契,"L.A.穆拉托里的《意大利作家文库》",见《新文选》,第87期(1900年),第3—19页;以及来纳写的作为他校订的穆拉托里的《意大利年代记》序言的《传记》,见《意大利古典作家集》(米兰,1818年)。

② 佛兰德斯学者(1547—1606),出版了塔西佗、辛尼加等古典作家著作的校刊本。——译者

③ 德国大哲学家和数学家(1646—1716)。——译者

④ C.西波拉的《莱布尼茨和穆拉托里》(米兰,1893年);A.W.瓦尔德,见〔伦敦〕《英国历史评论》,第8期(1893年),第788—791页,马太奥·坎玻里编的《L.A.穆拉托里和G.G.莱布尼茨来往信件》(摩德纳,1892年)的评论。

的苛刻批评伤了公爵的自尊心。穆拉托里就在这里度过了他的余年。[①] 他的全部著作原版计达 46 卷对开本和 34 卷四开本。穆拉托里花了 15 年时间,专心编校《意大利作家汇览》一书,这是他最伟大的一部著作。[②] 它是 6 至 15 世纪意大利诸史家著作的汇总,每部著作开卷都是一篇批判性序言,并添加附注。这部书的补编《意大利古事记》(*Antiquitates*)[③],是记述中世纪意大利政治、制度、军事、经济和社会等方面的历史的许多文献的汇总,还附有许 51
多短论,穆拉托里在序言里说:

> 我首先记述的是意大利王国诸国王,公爵、侯爵、伯爵和其他官长;然后再研究政治制度的各种形式和普通公民的习俗;某些阶级的自由、特权和其他阶级受奴役的处境;法律、裁判方式,军事制度;艺术、科学和教育;工商业的发展;以及社会和内政史上的其他事情。[④]

吉本把这些书说成是,"论述处在比较黑暗的时期的意大利人民的

---

① 穆拉托里的拉丁文和意大利文著作,1767—1780 年间出版于阿雷佐,共 36 部。篇名共计 64 个以上,其中最重要的是:《安布洛兹手稿图书逸闻》(米兰,1697,1698 年;帕多瓦,1773 年,两卷);《希腊逸闻》(帕多瓦,1709 年,三卷);《古代文物》(摩德纳,1717 年,两卷对开本);《中世纪意大利的古迹》(米兰,1738—1742 年,六卷对开本);《意大利年代记》(载明米兰,实系在威尼斯印刷,1744—1749 年,12 卷);以及《古代铭刻新文库》(米兰,1739—1742 年,六卷)。

② 《公元 500—1500 年间意大利作家文库》(米兰,1723—1751 年,25 卷,分为 28 册),首次汇集全国中世纪资料于一卷的伟大尝试。J. 卡利加里斯等人编成年代索引(都灵,1885 年)。出色的《意大利作家文库》新版由 G. 卡杜契和 V. 费奥林尼在卡斯特罗城于 1900 年后开始,后由意大利历史研究所承办。参阅〔佛罗伦萨〕《意大利历史文库》,第 85 期(1927 年),第 116—121 页的记述,以及《穆拉托里档案》(卡斯特罗城,1904 年以后)里边的进展报告。

③ 六卷,1738—1742 年出版。——译者

④ 《古事记》新版于 1770—1780 出版,共 17 卷;年代索引由 J. M. 巴他格林诺和约瑟·卡里格里斯编写(都灵,1889—1892 年)。

习俗、政府、宗教等方面的一些奇特的论文，附录大量特许状、编年史等文件”。后来穆拉托里把这些论文译成意大利文。这是他在国内成名的基础。《意大利古事记》第3卷里有著名的“穆拉托里片段”[①]，是早期教会史最古老的资料之一，穆拉托里从编纂手稿转到钻研铭文，著有《古铭文新文库》(*Novus thesaurus veterum inscriptionum*)，其第4卷记述了一些基督教碑铭遗迹。他在一生最后那五年(1744—1749)里，专心撰写《意大利年代记》(*Annali d'Italia*)，这部书在他去世后以18卷八开本出版。吉本把这部书说成是“从耶稣降生到18世纪中叶的一部准确而有用的意大利史略，但未免太枯燥无味”。他还说穆拉托里本人“在意大利史方面是我的指路人和老师”。[②]

在旧制度下，法国所有历史学者中间，圣泽芒柏尼德提派作为一个团体仍然最忠于伟大的学术传统。在18世纪初那些岁月里，教会学术界差不多完全致力于文献资料的编纂和出版，相对地说，叙事史如年代记和编年史等则被忽视。度申[③]开始的辛勤工作已

---

① 《穆拉托里片段》(*Muratorian Fragment*)，即他所发现的有关《新约》的论著，这个论著显然是与2世纪爱里尼阿斯同时代的人所写的。——译者

② 吉本的书，第7卷，第70章末尾，注300。数年前，穆拉托里诸嗣子住在摩德纳，生活贫困，声称他们愿意出售这个家族所有珍贵的“穆拉托里档案”，其中有这些学者在编写自己的巨著时用过的许多手稿和大量收集品。因此，摩德纳市议会、大图书馆诸理事以及祖国历史委员会，曾向意大利政府申请帮助购买全部收藏，指出这些珍藏有散失危险，并说如果这些珍藏全部或部分卖给外国图书馆或外国收藏家，对意大利将是莫大的损失。幸而意大利教育部长立即采取措施，避免了这种灾难。拨款45000里拉给摩德纳城，以便购买这些档案，条件是必须把它们在大图书馆陈列，并准许学者阅读。由摩德纳城分十年把这笔款还清。

③ 本卷原书第4页。——译者

无人接替。科尔伯特不但关心这些历史学者的辛勤劳动,而且还以金钱资助他们。① 1676年,他召集当时最伟大的学者商讨安得 52
烈·度申制定的计划如何实现的问题。② 但并未获得进展,他的逝世又使这个计划停顿下来。后来兰斯大主教勒·台里耳把它重新提出,还找马比昂商量。但马比昂觉得他自己那个教派的历史应享优先权。又过了一些时候,爱好学术的大臣达基索任命《法兰西文库》(*Bibliothèque de France*)作者勒·隆神父负责这项工作,但他的逝世很快就又使这项工作停顿下来。然后在圣摩耳圣会道长圣马特高僧登尼斯推荐下,高僧布克奉命把这项工作承担起来。

出自圣泽芒修道院的一部流行最广泛的、人们最熟悉的、前所未有的史册就这样开始动笔了。书名是《高卢和法兰西作家文库》(*Rerum Gallicarum et Francicarum Scriptores*)或《高卢和法兰西历史著作汇编》(*Recueil des historiens des Gauls et de la France*),至1328年止。高僧布克在1738—1752年间亲手编辑了前8卷,豪第吉尔、波里亚、豪索、普列谢等高僧编的是第9至11卷;克力门和布来埃尔两位高僧于1781至1786年间编成第12、13两卷,第14卷刚刚接近完成,法国革命就爆发了,布来埃尔被逐出他的修道院,不过他那些资料却救出来了。虽然在群众对全体教士的冲天怒火中,他被迫脱下僧袍,但他在这场风暴中仍然暗

① 参阅杜·孔日对科尔伯特的赞词,见他的《拜占庭史》(巴黎,1680年)的序言:"Opus numismatibus cum Regio ex Archeio, tum ex tuo praesertim expromptis adornavimus."

② 高僧马丁·布克编,《高卢和法兰西史家文库》卷一,序言,第1—2页。——译者

中继续工作。在恐怖时期的疯狂业已过去之后，法兰西研究院在执政府统治时期的1796年决定恢复这项伟大工作，英雄的布来埃尔从孤独的隐居处被召回监督《汇编》继续进行。

“他那个教派的传统的最后一位保存者”，即这位虔诚的、英雄的学者在1805年就成了旧制度和拿破仑时代的联系环节。人们对他极其尊重，当他年纪太大身体太弱、不能参加研究院会议时，一项史无前例的决议在会上通过了：在任何一次会议上都要认为他在场。他于1828年去世，活了95岁，他一个人独力完成了第14至18卷(1806—1822)，并开始编撰第19卷。这一卷后来由诺兑和多努于1835年完成。①

53 《高卢和法兰西历史著作汇编》是博学时代最后一座丰碑。在这些巨大对开本的准备工作中，手稿总要经过精心核对，这一点就用不着说了。每一卷都有许多渊博而精细的例证——讲解各种制度、法律、历史、世系等等的论文、年代摘要、专门术语表、历史和地理索引，以及把来源不同的各种记述连接起来使之成为表格式的叙述。然而，《汇编》在方法上也有一些缺陷。在高僧布克前后的其他伟大历史编纂家——如匹陶、度申父子、崩加、斯特鲁维阿、莱布尼茨、穆拉托里和兰给贝克等——实际上是所有其他编纂家，采用的都是简单而自然的方法，即把原文按照发现时的原样毫不改动地出版；把各位作家尽可能按时间顺序，即按作者生活的世纪，或按他的著作撰写的时间进行编排。用这种方法，历史写作的发

① 第1—19卷的新版由利奥波尔德·得利尔编印(巴黎，1868—1880年)；第20—23卷出版于1893—1894年间，第23卷附有索引；第24卷出版于1904年。前22卷的内容在富兰克林的书(见本书原书第27页著者注)中有分析，第82—94页。

展和承继情况就保存下来了。尽管事实上中世纪许多编年史都是跨世纪的，而且常常是既重复又冗长的，但这种编排法还是正确的、简单的。高僧布克和他的继承者并未采用这种编排方法，他们用的却是另一种，即把某一时期以内的一切资料，统统收入一卷之内，把叙述再按时期先后划分为章节。事实证明，对使用过《汇编》的每一位学者说来，这种编法都会把人搞胡涂了。更糟糕的是，许多文件都被删掉了。所有被认为是无稽的、不相干的，或重复的，或在别处出现过的资料都被剔除——有时遭殃的是某部编年史整整一卷，有时是一章，有时一行，有时一个字——于是，在这样修订之后的原文，被分割成或大或小的许多部分，然后按年代顺序排列起来。其后果是，学者在研究其一个论题时，常常必须连续翻阅好几卷去搜索他需要的东西。这样一来，文献的完整性就被破坏了；性质也搞得面目全非了。构成单独一个时期的腓力一世、路易六世和路易七世这几个朝代的文件素材分散在五大卷(即第 12 至 16 卷)对开本中。第 12 卷包括出自 124 位不同作家的摘录；第 13 卷包括 64 位；第 14 卷，180 位。撰写这个时期的每位作家都被肢解，只有路易六世本纪的作者苏加例外；人们弄不明白他是怎么逃脱了对作家普遍大解剖的厄运的。①

然而，18 世纪同属这一类的其他历史著作并不在少数。马太 54
纳和雕兰德两位高僧(有人诙谐地说："这两位的名字连在一起，活

① 在第 1 卷的序言里(第 8—9 页)，高僧布克对这种方法作了阐释。"我们删节了我们的编年史。……我们在编年史中仅仅寻找事实；而有些事实彼此间常常无任何联系。此外我们常常必须从编年史中丢掉许多同我们无关的情况。……如果人们能把这些情况去掉，当然也可以把它们分开。"着重字是我用的。

像一个古董行。")留给我们《新逸事文库》(*Thesaurus novus anecdotorum*)对开本九卷(1717 年)和《古代作家与历史、教义、道德、名著大汇编》(*Veterum Scriptorum et monumentorum historicorum, dogmaticorum et moralium, amplissima collecto*, 1724 年),对开本九卷。

高僧布克及其后继者和马太纳、雕兰德两位高僧符合圣泽芒传统。但是,甚至在圣泽芒,18 世纪初也出现了政策和兴趣上的变化。法国一系列省区史已订出编写方案,其中一部分也已执行。1789 年革命的爆发把这项计划打断了。这些专著中有得维克和瓦伊塞特合编的《郎格多克[①]史》(*Histoire du Languedoc*)(五卷,1730—1745 年),是这类著作的典型;罗宾诺和摩立斯合编的《布列塔尼史》;以及高僧普隆社的《勃艮第史》。[②]

18 世纪圣摩耳派另一种浓厚的兴趣是史学方法和辅助学科。马比昂曾在他的《古文书学》一书中指出这条道路。除了这部关于古文字学和古文书学著作外,18 世纪又增加了一部关于年代学的巨著,《检验年代的技术》(*Art de vérifier les dates*)。这部书的作者是当坦、雕兰德和克雷梦舍诸高僧,最初是以一卷本形式问世的;后来(1770 年)高僧克力门又把它扩编成三卷本,第 3 版是在 1783 至 1787 年间大革命即将爆发时出版的。在所有圣摩耳圣会

---

① 法国南部一省。——译者

② 国家图书馆存有摩耳派为完成此项计划储备的稿件。关于香槟省的文献有装订好的 149 卷,诺曼底省的 25 卷,利穆赞省的 9 卷,毕伽底省的 279 卷,都兰省的 29 卷,郎格多克省的 191 卷,勃艮第省的 73 卷,基恩省的则全部散失。利奥波尔德·得利尔的《腓力·奥古斯都文书目录》(巴黎,1856 年),第 38—40 页。

的作品中这部书是最不能令人满意、被推翻之处最多的一部。

1710年，在法国教士大学上，某些学识较高的与会者知道乌格里的《意大利教会史》(*Italia Sacra*)即意大利各主教区历史沿革概观，人们希望仿效此书，并申请圣泽芒修道院诸修道士在法国从事同样工作。1715年《高卢基督教史》(*Gallia Christiana*)第1卷出版，这又是一部足以为他们的学术增光的大丛书。第1卷开头就是一篇渊博的序言，记述了罗马帝国治下的高卢的基督教史，不幸的是，这部书不是把最重要的主教区放在前边，而是按字母顺序排列，即阿尔比(Albi)、阿尔(Arles)、阿维尼翁(Avignon)、奥什(Auch)等等。到第5卷完成时，这个计划在教廷的同源敕书(Unigenitus)敕令下停止进行了，因为圣泽芒某些学者被怀疑沾染詹生主义[①]。第6卷于1741年在巴黎出版，从那时以后，工作进 55
展缓慢，直至法国革命爆发。《高卢基督教史》最后一卷在19世纪后半期由铭文学院完成。但有些小主教区的历史仍然没有写。[②]

德·昆西[③]曾抱怨说博学时代这些伟大学者“作为思想家都是很不像样子的”。[④] 马克·帕蒂森反驳说“思想并不是他们的职业”。[⑤] 他们的任务是收集并批判地编写历史资料。在学术史上各个时期总会有些人关心史实较少，关心其意义较多。在法国就是

---

① 基督教中一派，其教义类似喀尔文教派，为法王路易十四所反对，1713年教皇克力门十一下谕严禁之。——译者

② 参阅给朗的著作，见〔巴黎〕《历史问题评论》，第11卷，第199—212页。

③ 托马斯·德·昆西(1785—1859)，英国作家。——译者

④ 《全集》，第3卷，168页，马克·帕蒂森的《以撒·加索绷》(第2版，牛津，1892年)曾引用，第448页。

⑤ 同上书，第449页。

这样，甚至在 17 世纪还是这样，到 18 世纪，希望用解释和捏造取代史实的一类学者的人数还大为增加。很多这类学者都认为过去的情况对现在有教育意义。博兰维尔耶伯爵就是其中之一。1689 年一个要求恢复三方议会的运动在法国出现。为了恢复三方议会，贵族们必须召开会议。于是，有许多询问性的传单寄给各地首长，要求他们把有关各省政府旧制度的汇报送来。各地反响不大，而且关于这些汇报，什么事情都没有做。但在 1727 年，博兰维尔耶审查了这些汇报。结果写成一部著名的《法国古代政府史》，这并不是记述战争和外交的历史，而是一部制度史。这部书把制度史搞成法国的时尚，从那时起，这种兴趣就成了法国史学界突出特点之一。博兰维尔耶出身于一个显赫的古老贵族家庭。他给法国的弊端开的药方完全是贵族气息的。复古大权完全操在贵族手中，就像法国腐化的根源在于路易十一和他的继承者削弱了贵族的权力和威信那样。

几乎与此同时，第三等级在杜波住持（1670—1742）所著《法兰西王国创建史评》（*Histoire critique de l'éstablissement de la monarchie française*）（1734 年）一书中找到自己的代言人。杜波是博韦[1]一位商人之子，是这个城市的自由市民和参议员，他的意图很清楚，他争辩说，法兰克人的“征服”是罗马高卢省人民和法兰
56 克人之间自愿达成协议的结果，当初并没有贵族阶级。虽然杜波的结论是完全错误的，但他却也发现了罗马制度的延续性以及罗马社会在墨洛温和加洛林王朝统治下残存并继续发展的这个重要

① 法国北部一个城市。——译者

史实,路是他首先指出的,后来才由基佐[①]和浮斯退尔·库朗日[②]加宽成一条康庄大道。

迦伯列·玻诺·得·马布里(1709—1785)[③]更为广阔、更为马虎地涉猎了历史领域。他曾受教于耶稣会成员,成为国务部长通桑住持的被保护人,他厌倦宫廷生活;由于他有自由主义倾向,就研究历史去了。他是一位受欢迎的多产作家,著书论述希腊、罗马、中世纪和法国的典章制度。他甚至还写了一部美国史——而且是在 1784 年写的!他作为一位制度史家的声望传播极广,以致 1771 年波兰制定宪法时,都曾向他请教。

杜波和马布里如果不是由于他们是法国史学上一些重大转变的例证的话,便不值得一提了。这些转变之一是显示出在制度探索方面的新兴趣。另一种转变是对歪曲的或偏颇的解释毫无批判的态度,这表明解释史实亟需素养。这个弱点早已有所表现了。16 世纪亚得里安·得·瓦罗亚把墨洛温朝诸王说成早期波旁诸王,而且还鼓吹一种惊人的假说,即法兰克人是罗马化的高卢人,他们的统治是施仁政。梅则雷把这个异想天开的观点发扬光大,硬说日耳曼大迁徙时代[④]除盎格鲁-撒克逊人外,所有日耳曼部落都是高卢人,还说伦巴第人真正属于凯尔特血统。德国的莱布尼茨和法国的夫累勒对这种"凯尔特迷梦"提出异议。然而这种说法却博得路易十四的欢心,甚至当夫累勒在铭文学院当众宣读论文,

① 本卷原书第 257—263 页。——译者

② 本卷原书第 362—373 页。——译者

③ 恩斯特·A.威特飞德,《迦伯列·玻诺·得·马布里》(伦敦,1930 年)。

④ 从 375 年到 6 世纪。——译者

坚持他的论点说法兰克人的祖先本身就是日耳曼人，其核心部分很可能是恺撒所说的息坎布赖人，国王听了还怒火万丈，把夫累勒关进巴士底监狱了呢。

法国宪法史或者宁可说是制度史在人们心中唤起的兴趣，后来由布勒基尼为他编撰的那部巨大的法兰西王国王家《法令汇编》(*Ordonnances*)写的那些著名的序言(1763—1790)继承下来。在序言之一"城市公社回忆"(Mémoire sur les communes)中，布勒基尼的见解还是抢在萨类宜的著名学说——即罗马自治城市历尽沧桑得以残存以及这些自治城市是中世纪城市的继续——前面发表的。布勒基尼这样解释历史是错误的，但他却指出了真正的分析方法，尽管他并未意识到这一发现的用途和价值。

57 产生于16世纪、并于17、18世纪继续大量增加的那些学术协会和学院偏重于发展自然科学，对写作兴趣较小。但铭文学院对碑铭和其他史料的研究还是有兴趣的。使研究中世纪晚期史学的人们受惠不浅的就是这个学术机关，因为《第三种族法国诸王法令汇编》(*Ordonnances des rois de France de la troisième race*)(1328—1514)一书就是由这个学术机关开始编写的(尽管不是由它完成的)。这部巨大的丛书下笔于1725年，法国革命曾使之中断，1847年在帕得苏指导下完成，共23卷。18世纪为这部著作出力的最重要的一位学者是布勒基尼(1714—1794)。他除了许多其他工作要做以外，还从英国带回七千多件文献抄稿，都是他在伦敦塔、财政部和英国博物馆找到的。除了为《法令汇编》各卷写的那些序言以外，差不多所有他撰写的东西都可在铭文学院会议纪要中找到。把他撰写的稿件列一张清单，会令人惊讶。据说"他那惊人的活力使他胜利地证明他的事业如何重要,仅仅其中一种就足以使他永垂不朽”。

现在我们已经把博学时代介绍完了,打算把这个时期的历史工作的价值作个估计,回顾一下,我们发现法国学术无论就数量或质量上说都大大超过欧洲任何其他国家。德国有三位著名学者,意大利有两位,西班牙有一位;比利时玻兰达斯派里也有一些学者,人数虽少,却很卓越。英国史学界就质量较高的作家的人数论,可以说仅次于法国。但是英国史学界缺少遍及法国学术界的那种广泛而深入的精神。他们的钻研热忱和渊博程度都差得很远;钻研档案的精神也很差;在这种精神有所表现的地方,也往往不过是好古癖一类东西而已。

第三十八章　理性时代[①]

58　从17世纪过渡到18世纪时，思想史家察觉到在思想方式和学术兴趣的性质上有一种微妙的变化。到1700年时，笛卡儿的哲

---

① 佛特，第415—483页；史密斯著作第2卷，特别是第1,6,7各章，但全书都很有价值、很有启发性；卡尔·贝克尔《18世纪哲学家的乐土》（耶鲁大学出版社，1932年）；J.B.伯里《进步的观点。其发生和发展的研究》（伦敦，1920年），第7章；哈罗德·霍夫丁，《近代哲学史》，B.E.迈尔的译本（伦敦和纽约，1900年，二卷），第7卷，第7册；摩立兹·立特，《历史科学的发展》（慕尼黑和柏林，1919年）；同上作者，“历史科学发展的研究：18世纪”，见〔慕尼黑〕《历史杂志》，第112期（1914年），第29—131页；鄂图卡·罗棱兹，《历史科学的主流与任务》（柏林，1886—1891年，两卷），第2卷，第147—170页；卢得维喜·瓦赫勒，《学术复兴以来欧洲历史研究和艺术史》（格丁根，1812—1820年，两卷，分装五册），第2卷，第806页以下；斐迪南·布龙梯尔，《18世纪研究》（巴黎，1911年）；爱弥尔·法居埃，《18世纪学术研究》（第7版，巴黎，1890年）；Ad.佛兰克，《18世纪欧洲的改革家和政论家》（巴黎，1893年）；阿尔伯特·巴耶和弗朗索瓦·阿尔伯特合编，《18世纪政论作家文选，附序言和注释》（第2版，巴黎，1917年）；亨利·瑟埃，《18世纪法国思想的演化》（巴黎，1925年）；D.莫尔内，《18世纪法国思想》（巴黎，1926年，L.M.勒文的英译本，纽约，1929年）；马略·鲁斯汤，《18世纪的哲学家和法国社会》（里昂，1906年），F.辉特的英译本名为《法国革命的开路先锋》（伦敦，1926年）；亚历山大·微内，《18世纪法国学术史》（巴黎，1853年，两卷）；金斯莱·马丁，《18世纪法国自由主义思想》（伦敦，1929年）；罗伯特·佛林特，《法国和德国的历史哲学》（爱丁堡和伦敦，1874年）；莱斯利·史梯芬，《18世纪英国思想史》（第3版，伦敦，1902年，两卷）；威廉·哈斯巴赫，《亚当·斯密与政治经济学发展的研究》（莱比锡，1891年）；关于18世纪德国史学，参阅绍谟克尔和威格尔的书，第3—4卷各章；腓得烈·梅内克，《历史主义的形成》（慕尼黑和柏林，1936年，两卷）；以及布莱克的书的序言，并参阅考斯道夫·兰孙的讲演词“18世纪哲学精神的形成和发展”见〔巴黎〕《王权与会议评论》，第17卷，第1部分（1908—1909年），第357—365，499—508，721—736页，（接下页）

学思想已在欧洲占统治地位。人们的思想从博学时代过渡到理性时代。达兰贝尔[1]、狄德罗[2]和百科全书派统治着这个时代的思想。单纯的学识渊博为对事情的阐释，推理和怀疑取代。[3]这种新思想的高潮可以说是从路易十四去世的1715年到1789年法国革 59
命爆发之间那些年。但是这个新潮流的源泉应当追溯到17世纪中叶。这个新的思想运动即所谓理性主义；它诉诸理智，反对传统和权威、教条和信仰。

理性主义的起源是在17世纪的物理学和数学的发展中出现的。伽利略和牛顿把人们的思想革命化了。几何学成了科学之王。严密性和可证实性成了思想的最高准则。这个新的思想体系的先知是法国哲学家和数学家勒内·笛卡儿（死于1650年）1637年问世的著名的《论正确控制理性的方法》（*Discours sur la méthode pour bien conduire la raison*）一书就是他写的。他的《几何学》也于同年出版，这部书用分析法揭开了近代数学的序幕。笛

（接上页）第2部分（1909年），第65—75、211—218、309—320、713—720页，以及第18卷，第1部分（1909—1910年），22—32，第106—115、257—266、534—544、734—743页，和第2部分（1910年），第241—250页〔最后一篇是论“史学批判”〕。其他期刊上的文章有：路易·哥特沙尔克的“1720年以来法国启蒙时代思想的研究”，见《近代历史杂志》，第IV期（1932年），第242—260页；马克·帕蒂森，“理性时代”，见《双周评论》，第27卷（1877年），第343—361页；考斯道夫·布赫尔兹，“近代史观的起源与性质”，见《德国历史科学杂志》第6集（1889年），第2卷，第17—37页；玛克斯·布劳巴赫，“1784—1792年《德意志杂志》中反映的天主教德国教会的开明”，见《历史年鉴》，第54集（1934年）第1—63、178—220页。

[1] 法国数学家、哲学家和作家（1717—1783），参加《百科全书》的编纂，法国启蒙运动的领袖人物之一。——译者

[2] 哲学家和作家（1713—1784），法国《百科全书》的编纂者之一。——译者

[3] 关于这种过渡的有启发性的文章，参阅上一个著者注接近末尾处所列兰孙的讲演词中最后一篇（“论18世纪史学批判”）。

卡儿的光辉的演绎推理法使人们着了迷;不久之后就出现了一些作家探索把笛卡儿的原则和方法应用到自然科学以外的其他思想领域的道路。封特涅尔[①]在《数学的功用》一书的序言中认为几何学甚至在阐释文学中也是必要的。17 世纪的政治学家和经济学家受笛卡儿主义的影响尤其深刻。在物理学和政治机构之间、物理学和政治经济学之间发现了一种联系。理由很明显。当时机械学是物理学唯一的一个分支,而政治机构和经济学都被认为主要是一种机械性的东西。霍布斯[②]创造出"均势"(balance of power)这个词并把运动(motion)当作他的最高原则,这并不是偶然的。在他的《利维坦,或国家的实质、形式和权力》(*Leviathan, or The Matter, Form and Power of a Commonwealth*)一书中,他详细地描述了导致政治均势的那些条件,然后又研究了这些条件如何受基督教的影响。"他在这个题目上的推理或许就是全书最著名的部分了。用短短的一句话把这部书概括起来就是:它是在一切作品里能够找到的理性主义最早的、最完备的标本之一。"[③]这部书是研究政府原动力的。"在我们今天,像霍布斯进行的这种研究就会被人们认为其本质是一种历史研究。……如果没有像霍布斯、洛克和卢梭等人提出的那些学说给予历史研究以推动力的话,从哲学角度研究历史将是不可能的。"[④]在 17 世纪经济学作品中"商

① 法国文学家(1657—1757)。

② 英国哲学家(1588—1679),著有《论人性》等书。——译者

③ 詹姆士·菲茨詹姆士·史梯芬爵士,《大安息日:"星期六评论"重刊文章》(伦敦,1892 年,三卷),第 2 卷,第 32 页。

④ 同上书,第 2 卷,第 4—5 页。

业的均衡"一词已经变成口头禅。那些强调"货币循环"和"商业循环"的作家们可能并未意识到他们之所以能够使用这些名词就是因为在1628年哈维发现的血液循环中得到的启示呢。的确，霍布斯把商业循环描绘成"国家的血液化"。[1] 60

笛卡儿轻视历史，但崇拜他的哲学和方法的那些人却想方设法把他的哲学和方法应用于历史，政治和社会制度以及经济学等等方面。如果自然界是机械地构成的，一般法则又可以应用于自然，由此可以推知，人，因为是自然的产物，也就会受"自然法则"的支配，就可以按照欧几里得[2]的方式用公理公式说明了。[3] 在18世纪，人们的思想不太考虑历史。当时关于社会、语言、宗教等的起源的推理都是这方面的例证；他们对想象出来的法则盲目依恋，却忽视、否认或蔑视事实。[4] 于是在18世纪就出现了这样的事，"理性的一贯正确取代了教条的一贯正确，而理性时代则近似于13世纪的信仰时代。"[5]

笛卡儿的方法并不能解决鲍桑葵[6]所说的"一连串事件的靠

---

① 关于这个问题参阅雅各·芬纳，"亚当·斯密以前的英国对外贸易学说"一文，见《政治经济杂志》，第38卷(1930年)，第249—301页，特别是第257—258、285页。

② 公元前3世纪希腊的几何学家。——译者

③ 为论证此说，参阅柏特龙·罗素，"对理性的反叛"一文，见《大西洋月刊》，第155卷(1935年)，第222—232页。——译者

④ 参阅詹姆士·瓦尔德的《目的的领域》(剑桥，1911年)第14—15页上有力的申述。

⑤ 参阅贝克尔，《18世纪哲学家的乐土》(见本书原书第58页著者注的开端处)中这个命题的有趣的展开。

⑥ 鲍桑葵(B. Bosanquet，1848—1923)，促使黑格尔唯心主义在英国复兴的哲学家。——译者

不住的记载"这个问题，正如从前的方法和解释在理解历史方面之无能为力。这位自负的人类智慧的世界权威尽管有人类最好的一些头脑代表他讲话，却也不能扩大历史真面目的范围。18世纪理性主义历史学派的错误非常之多而且非常之大，结果在这个世纪尚未结束时法国大革命的浓烟烈火就给这个学派掘好坟墓。在笛卡儿派哲学家想象出来的由万物组成的体系中，除数量价值外，并无其他价值；也没有人们无法衡量但确实赖以生活的东西——想象，情感，梦幻——存在的余地。那些用来衡量人类生活——有别于物质生活的生活——的质量价值，对笛卡儿说来是不存在的。艺术、文学、诗歌和音乐，只不过是人类自我表现的机械形式。大至国家、小至最小的家庭的社会只不过是机械地安装和结合、机械地控制着的人们凑在一起的团块。笛卡儿主义者看不到人类社会的有机性质，因此，他们对历史发展的有机性质也毫无所知。在笛卡儿主义者心目中，一切价值都是数量上的，其评价是固定的，而且是在定而不移的法则下毫无变动地运转着的。但质量的价值是
61 绝对不能一成不变的，它是经常变动的——而且这也是人的本性。历史是变革和转化的发展过程，绝不是一些固定模式的连续。

运用笛卡儿学说诸原则于历史课题的第一位作家是佩尔·培尔(1647—1706)。[①] 他出生在胡格诺派家庭，成人后也是一位胡格诺派，所以在路易十四统治时期的法国，他祖传地属于反对派阵营，他并不是一位伟大学者，只不过是一位聪明的多才多艺的小品

① 豪沃德·鲁滨孙，《怀疑论者柏耳》(纽约，1931年)；史密斯的书，第2卷，参考索引。

文作家。在伏尔泰以前，他于1697年以五大卷对开本出版的《历史与批判词典》(*Dictionnaire historique et critique*)[①]是当时法国最风行的书。在许多私人藏书里，他这部书比任何其他著作都常见。培尔集中最重的火力反对天主教对《圣经》的解释，[②]因而可以说他是《圣经》的“高级批判”[③]的先驱，但他在几乎翻遍了全部有文字记载的情况之后，得到的结果却是毁灭性的。他是怀疑主义的化身，在他的笔下没有任何东西是神圣的。他也像他的前辈笛卡儿那样，在荷兰找到避难所，在全欧洲几乎只有在这一个国家才可以找到学术上的宽容和思想上的自由。

除《圣经》的历史外，就是其基础被认为是固定下来的永久不变的最受尊敬的传统和权威即古典历史了。古典著作被认为是具有高超的天性的人们的作品，它作为一种启示，仅次于《圣经》。对希腊和罗马历史写作的准确性和真实性提出疑问是不敬的，即使不能算渎神行为。直到17世纪后半叶，罗马最早期的历史的真实性才遇上柏利佐尼阿(1615—1715)提出的质疑。柏利佐尼阿是一位荷兰学者，他的真名是沃尔布勒克；他的敏锐抢在尼布尔[④]前边。[⑤]但对早期罗马史可信性的第一次毁灭性的打击则是列维斯克·得·浦伊利于1722年在向铭文学院提出的一份研究报告中进行的。后来波福在1738年在他的《论罗马最初五个世纪的历史

① 一种英译本出版于1734—1738年间。
② 他不承认奇迹是由宇宙的几何概念推理出来的，这是他的典型推理法。
③ 文字上批判《圣经》者为低级批判；从意义上批判者为高级批判。——译者
④ 见本卷原书第153—156页。——译者
⑤ 桑兹的书，第2卷，第330、370页。

并不可靠》(*Dissertation sur l'incertitute des cinq premiers siècles de l'histoire romaine*)一书中再次恢复这类攻击。把罗马历史的整个王政时代贬为神话和传说,从而成了轰动一时的事件。

以笛卡儿学说解释历史的最伟大的代表人物是路易·得·塞
62 康达·孟德斯鸠男爵(1689—1755),[①]他的《论法的精神》(*Esprit des lois*)把在人类风习制度的研究上运用理性主义的一个个优点和缺点都具体化了。这本书对政治思想和历史见解的影响比当时任何其他著作都大,或许只有亚当·斯密的《国富论》可算例外。

---

① 他的著名的《论法的精神》第1次于1748年出版时,很快就译成欧洲大多数国家的文字;18个月内就出了22版。英译本出自T.纽真特之手(辛辛那提,1873年,两卷;J.V.普立卡德修订的两卷本于1914年在伦敦出版)。孟德斯鸠《全集》〔包括他的《波斯通信》和《罗马盛衰原因论》〕出了许多版,以拉布累的校订七卷本(巴黎,1875—1879年)为最好。

关于孟德斯鸠,参阅佛特的书,第475—478页;A.伽济尔在《大百科全书》第24卷第227—231页上的文章,附书目提要;C.P.易尔伯特,《孟德斯鸠》(牛津,1904年:罗曼内斯讲演词)〔译者按:罗曼内斯讲演是1891年英国生物学家乔治·约翰·罗曼内斯创立的,每年在牛津大学举行一次有关科学或文学问题的讲演〕;A.苏列尔,《孟德斯鸠》,由G.马逊译成英文(伦敦和纽约,1887年);J.C.科林斯,《伏尔泰,孟德斯鸠和卢梭在英国》(伦敦,1908年);路易·维安,《孟德斯鸠的历史》(巴黎,1878年);居维尔,《试论〈论法的精神〉一书》(1764年);约瑟·德迪厄,《孟德斯鸠和英国政治在法国的传播》(巴黎,1909年);迈克尔·利普斯库次,《孟德斯鸠和历史哲学》(斯特拉斯堡,1927年);W.A.当宁,《从路德到孟德斯鸠期间英国的政治学说史》(纽约和伦敦,1905年),第391—434页;奥力维·文德尔·赫谟兹,《法律论文集》(纽约,1920年),第250—265页;A.J.格兰特,"孟德斯鸠",见F.J.C.赫恩肖编的《理性时代法国若干伟大思想家的社会和政治观点》(伦敦,1930年),第114—135页;J.C.科林斯"孟德斯鸠在英国",见〔伦敦〕《评论季刊》,第197卷(1903年)第311—363页;C.德若,"孟德斯鸠,《论法的精神》两卷",见〔巴黎〕《王廷与会议评论》,第6卷,第1部分(1897—1898年),第506—512页;考斯道夫·兰孙,"笛卡儿派哲学对法国文学的影响",见《形而上学和道德评论》,第4卷(1896年),第517—550页;C.A.圣柏甫,《星期一杂谈》(第2版,巴黎,1852—1862年,第15卷),第7卷,第33—66页。

孟德斯鸠是一位律师，他的思想染上他的职业的颜色。他的真正的目的是建立一门解释社会的科学，他相信这门科学要建立在从收集到的那些事实中推断出来的结论上。他这部出名的著作的目的是解释政治制度和政府法律的起源和发展；他认为如不同时深入研究社会史和经济史，就不能做到这一点。他的失败是笛卡儿式的：即对自己的论题进行先验性的推理和毫无节制的分析，结果是那些发现往往不是最后的结论。他的研究成果常常过于公式化。然而，孟德斯鸠的分析方法也有它的长处，即在研究各种制度这个容易把人搞糊涂的课题时，他搞得清清楚楚、协调对称，这是因为，他认为政治和社会现象，也像物质世界的现象那样，是服从普遍法则的。

无疑，这些普遍法则都被认为是当然的，但它们却也引导孟德斯鸠作出一系列光辉的概括和敏锐的分析。“支配着人们的有许多东西：气候、宗教、法律、政府的准则、过去的榜样、习惯、风俗……”①在他看来，包括土地肥瘠在内的气候带，才是“支配一切的东西”。但正如土壤和气候塑造人们的性格那样，法律“对一个国家的形成也有同样贡献”。②

孟德斯鸠把政府分为三类：共和制的，君主制的和专制的，并为每一类下了一个定义，但各种类型的民主政治和贵族政治之间

① 《论法的精神》，第54卷，第19册，第4章。

② 同上书，第54卷，第19册，第27章。孟德斯鸠解释说，法律绝不能是专断的，必须适应人民的精神；所以如果适应民族性格，各种政府形式都是好的。“当人家问梭伦：他给雅典人制定的法律是不是最好的法律时，他回答说，‘我把他们所能忍受的最好的法律给了他们。’这句美丽的话，一切立法者都应当铭记在心。”同上书，第54卷，第19册，第21章。

63 的不同的程度究竟有多大，他并未严格区分。在论述共和政体时，他把古代大写特写，因为在当时的欧洲并没有任何近似他的奇特的乌托邦式的共和主义概念的东西。在这里应当指出，孟德斯鸠对罗马的了解并不深刻，而且他是不加批判地轻信，拿虚构的故事当史实使用，而且还根据孤立的材料进行概括。①他喜欢的政府是君主立宪制，就是法国在黎塞留以前的那种政府；后来路易十四把它变成孟德斯鸠所憎恨的专制主义。他在说明他的思想轮廓之后，就开始讲述三个类型的政府的那些“原则”。他说民主政治的主要原则是“道德”，他这个词大概是指为公的精神；贵族政治的原则是“适度”，君主制的原则是“荣誉”；专制政治的原则是“恐惧”。②孟德斯鸠的重要性在于他重视社会制度和他对历史的运用。他过于经常地引用历史事件证明自己的学说，因而和他同时代的人们指责他对“黑暗”的过去有一种迷信式的崇拜。爱尔维修③读到他对封建主义的解释时，就大声喊叫：“他究竟打算用这篇讨论封建租地的文章，教给我们什么呢？难道从野蛮的暴力曾经尊重过的，而且应当被理性扫除干净的野蛮主义的一团混乱中，能够得出什么新的立法形式吗？他应当设法从已经改进了的眼下的事态中得出一些真正的准则。”④然而孟德斯鸠在解释历史时使

① 在《罗马盛衰原因论》(初版阿姆斯特丹，1734 年)中孟德斯鸠探索了罗马衰落的原因有，自由的消失、腐化以及帝国一分为二。虽然在发现一般法则方面，此书是有趣的尝试，但它完全没有批判性，没有学术性；参看佛特的书，第 476 页。

② 正像他说政府有三种类型那样，孟德斯鸠把政府分成三个部门：立法、行政、司法。《论法的精神》，第 54 卷，第 11 册，第 6 章。

③ 法国哲学家(1715—1771)。——译者

④ 帕斯卡勒·维拉里的“历史是科学吗?”一文引用了这一节。此文见他的《历史的和批判的研究》，林达·维拉里的译本(纽约，1907 年)，第 20 页。

用的制度研究和比较方法却开辟了一个新园地，特别是在伏尔泰的作品中就更是这样。①

> 第一个把比较法运用于社会制度的人就是孟德斯鸠；是他首先把自然条件和国家法律联系起来加以考虑的；重农主义者只考虑到自然秩序与财富现象和财富生产有关，孟德斯鸠却是首先看出自然秩序还能够确确实实地扩大其适用范围到一个国家的政治现象方面，他讲出了其所以然并举例说明；把全世界上大量社会事实分门别类进行观察这种治学方法，也是他首先树立榜样的；而且，第一位把一系列复杂历史事件和制度形成的种种原因作为可以发现、可以理解的东西明确而系统地进行深入研究的人也是他。过去人们思想上存在过两种东西，
> 其一是非人力所能左右的不可思议的天命，其二是一种盲目的定命论 64
> 造成的毫无规律可言的奇思怪想，那时人们曾满足于用二者之一为他们自己解释世界万事万物的发展过程。孟德斯鸠的上述思想，比这两种观念前进了显著的一大步。②

但是，说来奇怪，虽然孟德斯鸠的《论法的精神》成功地把笛卡儿思想运用到历史方面，但事实证明，他那过火的分析方法又确实是不合逻辑的。他那些定义有如几何公理和假设，但他的分析却不如他的老师那样清楚。考斯道夫·兰孙③曾指出，④《论法的精神》应当分为三个部分，而不只是两个。第1部分应当包括第1至13卷；第2部分应当包括第14至26卷；第3部分应当包括第27

① 吉本在读完伏尔泰的《路易十四时代》之后评论说："他把各种事件分章讨论的方法，我认为有缺点：因为它们在人类事务中都是互相联系的，而且常常是互为因果的，为何在历史上把它们分开？"见《爱德华·吉本杂文集》，约翰·洛德·谢菲尔德勋爵约翰校订本（伦敦，1796年，两卷），第2卷，第69页。

② 约翰·摩利，《传记研究》（伦敦，1923年），第137页。

③ 法国批评家（1857—1934），著有《法国文学史》（1895年）等书。——译者

④ 兰孙，前引书（见本书原书第62页著者注的末尾处），第541页注。

至31卷。前13卷研究事务本身,不必考虑环境条件。第14卷介绍空间因素,其中气候、地理、地质、植物界和动物界等等都应该当作制约地球上人们生活的伴随形式。对这些课题的探讨应一直贯穿到第26卷。从第27卷起,开始介绍人类各种制度中的时间因素,对这个题目的讨论一直进行到全书结尾。最后这一部分独具一格。它并没提出新问题。它是一部论述社会学教授法的著作,这个课题近代社会学家还很少有人发现。它把自然法则、政治法则、民法、宗教法规等等辨别清楚,并力图把法律有系统地表述为一门科学。第3部分即第29卷可作为立法者的手册,单算一类。然而这样办又不大恰当,因为从逻辑上说,它应当是全书的总结,而不应当是第3部分的引言。

理性主义历史学派采用了一些新的历史批判方法,而且把历史的内容扩大到包括气象、地理、地质和自然环境的研究,至少是把这些作为辅助学科进行研究。锐敏的历史学者头脑中对各种力量、条件、事件和制度一清二楚;而过去的历史家对这些东西不是没有意识到就是不予理会。科学已经把神学和教条那些狭隘的围墙推倒,而且在人类过去的历史领域开辟了奇异的新天地。人们的头脑往日从中吸取营养的传统历史已经满足不了哲学家的需要。他们提出一些新问题:人类的历史究竟有多少年了?人类社会是从野蛮状态发展起来的吗?过去曾否有过一个黄金时代?原始社会究竟是个什么样子?最好的政府形式究竟是什么样子?形式大不相同的各式各样的政府是如何产生、如何发展的?最后,人类全部活动的意义、人生在世的目的究竟何在?

65 17世纪的理性主义者坚决主张历史上每一个时代都给人类

知识宝库增添了一些东西，因此，社会在连续不断的上升时，智慧和经验变得丰富起来。简言之，进步是个时间问题。理性主义者和旧传统的决裂首先就是这样表现出来的。一代人所增加的东西，是加在过去所有世代的总成就上面的。进步意味着知识的积累；而且，既然人类是把自己的贡献加在过去的总贡献之上，衰老或没落当然就永远也不会出现，只可能是日益聪慧、日益成熟。笛卡儿写道："任何一种科学的发展都是在过去若干科学业已发展之后才出现的，而且只是在那个时候才能发现，它必须等待，轮到自己的时候才破壳而出。"①

自然科学就是这样扩大了人类对万事万物的眼界，并在进步的观点帮助下，产生一种能动的概念。由此可知，历史或人间事物的记录，就获得一种指导思想，这种思想的运用可以有两种方式：一方面，进步的观念使哲学家不但用不着过去神学对世界所作解释，而且还可以批判它；知识界不再承认上帝是万物的原动力和万事起因的最后解释，他们现在采用的是与宗教无关的纯粹属于人类的假说。另一方面，进步的观念为解释社会开辟了新的远景，着重研究艺术、风俗和科学的发展。在这两个方面，充当领导者和代言人的都是伏尔泰。②

① 引文见伯里的《进步的观点》(见本书原书第 58 页著者注)，第 110 页。关于伯里的书的这个题目还要参考斯密司的著作，第 2 卷，第 226—236 页。坚巴替斯塔·维科对理性主义者的一般立场说来是一个例外；他不接受进步的观点，却发展了循环论观点。关于维科，见本章最后几页。

② 有大量关于伏尔泰的文献，但专门对他的历史著作进行批判的作品却不多。参阅佛特的书，第 434—450 页；约翰摩利，《伏尔泰》(第 2 版，修订本，伦敦，1872 年)；考斯道夫·兰孙，《伏尔泰》(巴黎，1906 年)；理查·迈尔，《伏尔泰研究》(维也纳，(接下页)

孟德斯鸠几乎可以说是一部书起家的人,而且此书是为智力上出类拔萃的人写的。伏尔泰(1694—1778)则不然,他写的书很
66 多,而且是为全欧洲整个知识界写的。[①]伏尔泰最著名的历史著作有:《风习道德论》(*Essai sur les moeurs*)、《路易十四时代》(*Siècle de Louis XIV*)和《查理十二传》(*Histoire de Charles XII*)。第1部书讨论的是文化史潮流全貌。《路易十四时代》可能是伏尔泰雄心最大的历史著作,是用了20年的时间写成的。1735年开始收集资料,直到1756年才完成。不过,实际钻研和撰写的时间只用了27个月。他的目的是为这个时代描绘出一幅完整的图景,其中包括艺术、风习、战争和外交、科学、技艺等。为达到这个目的,他不但参阅了许多书籍和文献,而且为阐明人物细节,还和前几代各类老人通信。初稿于1739年完成,后来还花了许多年的时间加工

(接上页)1879年);伯里,《进步的观点》(见本书原书第58页著者注),第148—150页及其他各处;马丁,《法国的自由思想》(见本书原书第58页著者注),第282—284页和其他各处;亨利·摩尔夫,"作为世界史家的波绪亚和伏尔寨",见他的著作《论拉丁文学和语言》(斯特拉斯堡,1903年),第300—311页;F.瑟维尔,"文明史的作家和理性主义的代表人物伏尔泰",见来斯编的《社会科学的方法》(芝加哥,1931年),第424—434页;爱弥尔·法居埃,"伏尔泰的政治纲领",见〔巴黎〕《王廷与会议评论》,第10卷,第1部分(1901—1902年),第49—57页;A.格弗罗伊,"伏尔泰笔下的查理十二和历史上的查理十二",见〔巴黎〕《两世界评论》,第84卷(1869年),第360—390页;P.萨克曼,"伏尔泰的历史方法和历史哲学问题",见〔慕尼黑〕《历史杂志》第97卷(1906年),第327页以下;G.兰孙,"伏尔泰",见《大百科全书》,第31卷,第1117—1129页,附书目提要。

① 1784—1789年间编的《伏尔泰全集》有70卷。参阅乔治·邦格斯科的《伏尔泰,他的著作的书目提要》(巴黎,1882—1890年,四卷)。他写了下列历史著作:《查理十二传》(1731年);《路易十四时代》(1751年);《查理大帝帝国编年史》(1753年);《人民的精神和风俗试论》(1756年);《彼得大帝治下的俄罗斯史》(1759—1763年);《巴黎议院史》(1769年)。

润饰。他写道："一个人写历史应当像写悲剧那样。"这部书记述了路易十四统治时期的全过程，正如伏尔泰自己承认的，"是描写人类愚蠢的一部历史"。作者在给一位友人的信中说："路易十三时期仍然粗野，路易十四时期令人赞赏，而当代〔路易十五〕时期则完全是荒谬可笑的。"[①]伏尔泰的《查理十二传》记述的是这位瑞典著名武士国王的一生，这部书曾受到一位芬兰历史家仔细的审查，然后指出伏尔泰使用的是当时最好的原始资料，主要是法文的。只是在翻译原文时犯了一些错误，主要是在翻译他懂得不深的德文时出现的，但总的看来，他并未篡改或捏造事实。[②]

这位才华横溢的矮小的法国人就像一个巨人那样高居于欧洲达60年之久，以自己的辛辣的讽刺鞭挞愚人，把强酸溶液泼到顽固派身上，以无法招架的嘲弄排炮向愚昧开火。他的作品数量庞大惊人；单是通信一项就达18部之多。伏尔泰作为诗人和哲学家，杂文和戏剧作家，小说家和历史家，虽说常常失于肤浅，但从未写过一页枯燥无味的东西。欧洲美洲知识分子都阅读、模仿、颂扬、憎恨、谈论他的著作，从民主主义者如杰斐孙[③]到专制君主如腓得烈大王[④]都是这样。

伏尔泰在历史写作上有两大贡献。首先，他是第一位把历史

① 关于《路易十四时代》一书撰写方面的较好记述，参阅E.布尔茹阿为此书第5版写的序言(巴黎，1906年)，第24—32页。

② J.R.但以理孙，《伏尔泰的查理十二传》(赫尔辛福论文，1878年)；参阅〔巴黎〕《历史评论》，第11卷(1879年)，第54—55页评论。

③ 美国第三届大总统(1743—1826)，以主张民主政治著名。——译者

④ 腓得烈二世(1740—1786)，德国皇帝，以好战著名，参加奥国王位继承战争、七年战争等。——译者

作为一个整体进行观察的学者，把全世界各大文化中心的大事联系起来，而且包括人类生活各个重要方面。其次，他把历史理解为人类一切活动表现诸如艺术、学术、科学、风俗、习惯、食物、技术、娱乐和日常生活等方面的记录。而且，同样重要的是，他的表述经
67 常是那么新颖，那么有创见，那么才华横溢，甚至那些愚笨的人们也受到激发，拜读这位讽刺大师的文章。他怀疑一切，从不承认任何东西是当然的，而且他那带有恶意地傲慢言辞，则是取之不尽的趣味源泉。

在狄德罗的《百科全书》中伏尔泰写的那篇论述《历史》的文章里，把自己的观点作了简短的概括。在把思想史作为“只不过是人类一大堆谬误”而一脚踢开，并把教会史耻笑为“一度叫上帝高兴得拿来指导犹太民族的一连串神奇奥妙的把戏”之后，伏尔泰就进而说明应该如何写历史了。

> 人们要求近代史家写出更多细节，更肯定一些的事实，确切的年代，更多地注意风俗、法律、习惯、商业、财政、农业、人口。历史也像数学、物理那样，其范围业已大大扩充。……在写一部外国历史时，不需要用写本国史那样的模式。假如你写一部法国史，不一定非描写塞纳河和卢瓦河的源流不可；但假如你为大众写一部葡萄牙人征服亚洲的历史，那么被发现的那个地方的地理情况就有必要说说了。……记述葡萄牙人在西印度群岛殖民的历史的书已有20部，但没有一部把那些国家各式各样的政府、宗教、古代情况等写给我们。实际上所有外国历史都是这样。假如你除了记述在阿姆河和药杀河①畔一个蛮族取代另一个蛮族之外，就再也没别的东西可说了，那你对大家还有什么用呢？……把历史写好的艺术是非常少见的。它要求严肃、纯洁、多样化

① 即锡尔河，在中亚。——译者

和喜人的风格。与一切属于精神上的其他艺术一样，写历史也有它的法则；方案是很多的，伟大的艺术家却是很少。①

伏尔泰作为一位文体大师和人文主义者是令人敬佩的，但他的历史著作里那些致命的弱点却为害不浅。尽管他把自己吹嘘成一位哲学家，但却缺乏深度。他那些解释既缺少哲学方面的也缺少社会学方面的真知灼见。凡是他不能以明确的理由解释的问题他都说成是偶然的；他叙事没有联系的环节。说不出错综复杂的事物的起因时，他就退而求助于气候和“有利环境”。②第二个弱点就是，他认为撰写历史只是达到某种目的的手段，是政治家的一所学校。他在《查理十二传》序言中写道：“难道有谁在读过这位国王的传记之后，还不应当把好战的痴心妄想彻底治好吗？”③于是乎历史就变成道德家为说教而选择事实的东西了；凡是不合乎这个要求的东西就都不要了。④他没有历史连贯性这个概念，对中世纪史怀有深刻仇恨。⑤最后，不可避免的是，伏尔泰满肚子偏见；作为 68

---

① 伏尔泰的“历史”见狄德罗主编的《百科全书或科学艺术和工艺词典》（洛桑和伯尔尼，1778—1782 年，第 36 卷）第 17 卷，第 555—572 页。

② 贝星神父〔笔名〕，《历史哲学》（阿姆斯特丹，1765 年），第 11—15 页；参阅本泥狄多·克罗齐，《史学史和史学理论》，D. 恩兹利译本（伦敦，1921 年），第 257 页。

③ 《全集》（巴黎，1878—1885 年，52 卷），第 16 卷，第 132 页，参阅布来克的书，第 29—75 页关于伏尔泰的一章。

④ 参阅布来克书中引用的句子：“我们应该忽视大批的庸俗君主，他们只会增加记忆的负担。”

⑤ “伏尔泰对古文物学者这类‘博学废物’表现了明显的藐视；在表现这种藐视的时候，他表现自己不懂得过去历史的连续性。他宣称中世纪的早期不值得研究，正如狼熊之间的争吵不值得研究一样。他的《试论人民精神和习俗》（这是他最有独创性的著作之一）最明确地表明他完全缺乏对历史连续性的信念。……倒霉的过去和幸福的现在有了精心的对比；历史的教训是人类逐渐克服玷污人类记录的盲信和野蛮行为。”见罗伯特·H. 穆雷，《埃德蒙·伯克》（伦敦，1931 年），第 77 页。

一位人道主义者，他痛恨战争；作为一位理性的信徒，他厌恶教士。他轻视整个“黑暗”的过去，理由是当时的人们只是狂热盲从的奴隶。在他看来，宗教改革时期只不过是天主教徒闹的一个恶心人的大笑话：“天主教徒把上帝当面包吃，路德派既吃面包又吃上帝，喀尔文派则只吃面包不吃上帝。”[①]柏拉图只是一位“糟糕的形而上学家”，但丁是一位阴郁的悲观主义者，佩脱拉克[②]是一位单调的伤感主义者，斯宾诺莎[③]是一个枯燥无味的学究。[④]

这个时代的哲学倾向在教会学者中虽然并没有像在世俗学者中那么普遍，但也确实够深入的了。主要的例子是有名的夫勒里住持，他写了一部受欢迎的《教会史》(*Histoire ecclésiastique*，20 卷，巴黎，1791 年，这部书也被列入教廷禁书清单)和许多其他著作。他在那本大胆而尖锐的小册子《历史神话》(*Discours sur l'histoire*)里写道：“任何一件事并不能因为它在很多互相抄袭的新著作中一再出现，就认为它更可靠或接近实情。即使现在所有教士人人都说圣母活了 75 岁，但这个说法并不能因此就更真实或可能性更大些，因为并没有在古代找到任何根据，而且这情况只是来自揣测。”在其他论文里，夫勒里极力攻击教皇的世俗权力和莫须有的君士坦丁圣赐。在《教会史讲话》第 6 讲中，他激烈地谴责了历次十字军。[⑤]

① 引文见克罗齐的书(见本书原书第 67 页著者注)，第 258 页。

② 意大利伟大的人文主义者(1304—1374)。——译者

③ 荷兰哲学家(1632—1677)，倡泛神论。——译者

④ 参阅 G. G. 兹尔非，“从哲学观点看伏尔泰与通史研究的关系”，见《皇家历史学会报告书》，第 10 卷(1882 年)，第 344—370 页。

⑤ 考斯道夫·兰孙在〔巴黎〕《王廷与会议评论》，第 16 卷，第 1 部分(1907—1908 年)，第 457—458 页曾引用。

假如18世纪那些哲学家对过去的评判还有点公道的话，欧洲也就不至于在灵魂上受到那么大的折磨了，对社会情况和问题较好的理解也就会占上风了。[①]然而，在达兰贝尔表示希望销毁一切历史资料的情况下，史学界还能搞出什么成绩来呢？在法国，旧秩序和新秩序对抗，互不退让，在这个局面下，旧制度不是摧毁批判，就是它自己被批判摧毁；我们知道后一种情况实现了。

英国思想界仅次于法国，也充满理性主义。论述思想和思想如 69
何传播、如何变化的历史家将会发现再没有其他研究领域是更为有趣的。在英国，也像在法国那样，存在着以教诲为目的、以理性主义精神撰写历史的倾向。在学术上，这两个国家实际上是紧密相连的。孟德斯鸠和伏尔泰都曾访问英国，并研究过英国的制度和思想。前者重视宪法方面，后者重视自然科学（牛顿）和理性主义（洛克）。"洛克先生"对伏尔泰影响深刻，波林布鲁克[②]（1678—1751）对他的影响也是如此，波林布鲁克是这位流亡中的法国人的朋友。[③]

---

① 参阅约翰·斯图亚特·穆勒十分不满的语句，见他的《政治·哲学和历史论文集》（纽约，1874—1875年，五卷），第1卷，第347—348页。

② 英国政治家，托利党议员，乔治一世即位时逃往法国。主张开明专制政体，著有《论历史研究的书简》。——译者

③ 亚当·斯密也受了法国重农主义者和休谟的影响。他虽然不是历史家，但仍须提到他，因为作为一位研究社会的学者，他是极端重要的，他在《国富论》中（1776年）用比较法建立了经济科学。斯密也像孟德斯鸠那样常常引用历史作自己的例证。据说他"正如牛顿对太阳系的解释那样，以证据阐释社会的机械作用"。1764年斯密在巴黎遇到杜阁，两人曾作长谈。"他们两人在大多数政治经济学重要问题上的意见都是一致的；二人同样受到为人类最高利益服务的热情的鼓舞。"关于这点以及法国思想家对斯密的其他影响参阅W. W. 史梯芬，《杜阁的生平和著作》（伦敦和纽约，1895年），第60—62页。W. R. 斯各脱的近著，《作为学者和教授的亚当·斯密》（格拉斯哥，1937年）轻视休谟和斯密之间的联系的古典观点。还可参阅J. A. R. 马利奥特，"亚当·斯密和今天的某些问题"，见《双周评论》，第82卷（1904年），第969—981页。

波林布鲁克、伏尔泰和休谟三人相似之处在他们对历史的功用的看法几乎完全相同这一点上看得最清楚。伏尔泰认为历史是一位“证人，而不是一个阿谀者”，它的目的是医治人们的愚蠢病。休谟主要是一位哲学家，他认为历史应当作为一个储藏室使用，从中取出事实为社会科学作证。休谟在他的《人性论》(*Treatise on Human Nature*)一书的序言里说：“因此，在这门科学中，我们必须根据对人类生活的仔细观察收集我们的经验，在世界总的发展过程中，当这些经验以人们在共同交往中、在事务中、在娱乐中表现出来的时候，就把它们抓住。”

大卫·休谟(1711—1776)是18世纪(甚至19世纪初期)英国最受欢迎、最有影响的一位历史家。[①] 他是苏格兰一位地主的儿
70 子，他父亲打算叫他学法律，但由于他基本上当不了学生，于是就放弃求学去进行更适合自己兴趣的研究了。“除了钻研哲学和一般学问以外，我对什么都极端厌恶。当他们以为我在深钻沃特[②]和文尼阿等人的著作时，实际上我却在偷偷地贪婪地阅读西塞罗

① 1828年麦考莱称休谟为“最有能力和最受欢迎的”历史家；差不多75年之后，温斯顿·丘吉尔说，休谟是他“童年时代的教材”〔T. P. 皮尔顿，《1760—1830年间英国历史著作的转变》(哥伦比亚大学出版，1933年)，第19—23页〕，参阅佛特的书，第452—456页；J. H. 柏顿，《大卫·休谟的生平和通信》(爱丁堡，1846年，两卷)，参阅〔爱丁堡〕《北不列颠评论》，第7卷(1847年)，第539—559页；布来克的书，第77—116页所在的那一章；W. C. 艾波特，《以名誉冒险》(剑桥，马萨诸塞州，1935年)，第118—149页；F. J. 特加特《史学理论》(纽黑文，1925年)，第15章；利顿·斯特拉彻，《缩小的肖像》(伦敦，1931年)，第144页以下；撒利·代黑斯，《大卫·休谟的史学在其实用哲学中的比重》(莱比锡，1903年)；朱理亚·哥得斯太因，《大卫·休谟的经验史学概念》(莱比锡，1903年)；亨利希·格伯尔，《休谟的〈英国史〉的哲学思想》(马尔堡，1897年)；以及绍谟克尔的书，第14—18页。

② 荷兰喀尔文派神学家(1588—1676)，反对笛卡儿主义。——译者

和味吉尔的书。”他是一位有批判能力的青年，对什么都怀疑，也常自我探索，似乎也有点自我怀疑症。“在读了许多讲道德说仁义的书，如西塞罗、辛尼加和普鲁塔克等人的著作，而且被他们大谈其道德和哲学的那些妙不可言的文章弄得神魂颠倒之后，我就在改进自己的理智和认识的同时，也着手改进自己的脾气和意志了。我不断地以不怕死、不怕穷、不怕耻辱、不怕痛苦、不怕人生一切其他灾难的思想武装自己。”所以他转而钻研“道德哲学”和心理学了。他第一次争取读者的尝试，即《人性论》(*Treatise of Human Nature*)的出版(伦敦，1739 年)，落得如此无人理睬的凄凉下场，“甚至连一句辱骂都没听到，使人大失所望”。当他想获得爱丁堡大学伦理学教授职位而未能如愿时，他的失意就更深一层。休谟相貌丑陋，[①]不得不当人家的私人秘书。于是他对英国人产生刻骨仇恨，因为他们忽视他的天才。这一点可以说明他的历史著作里为什么出现政治偏见。然而后来休谟在历史写作上的成功使他在 1766 年得到国务次长职位，十年后退休，靠养老金过活。

休谟的《从恺撒入侵到 1688 年革命这段时期的英国史》是在

---

① 沙尔蒙勋爵是和休谟同时代的人，他留下下面一段对这位哲学家兼历史家的描述：“他的面孔既宽又肥，嘴阔；除鲁钝表情外，没有任何其他表情。他的眼睛茫然无神，全身肥胖，外表看来更像一个吃龟肉的部长，不像一位文雅的哲学家。他讲英语时苏格兰口音太重，因而引人发笑，他的法语如果有可能让人听懂的话就更加可笑。在过去，智慧确实还从来没有用这样丑陋的外貌把自己打扮起来。虽然接近 50 岁了，他仍很健康；但他的健康……只具有粗野的外观。”见柏顿的书(见本书原书第 69 页著者注)，第 1 卷，第 270—271 页。

伏尔泰的《路易十四时代》出版三年之后的1754年问世的。① 这两部著作有许多类似之处;两者都是实用主义的、理性的、反形而上学的。但休谟这位职业哲学家,②比那位热情奔放的法国人更
71 超然、更多疑。休谟喜欢刨根问底,把他的哲学运用到历史上,从结果追溯原因。③ 在他的心目中,历史除了作为道德教师的价值以外,还是清醒的头脑的记录;亦即一部各种思想的记录。④ 休谟驳斥唯物主义者的解释,他认为气候和环境可以影响人的身体特征,但并不影响"思想和理解活动所依据的更为精巧灵妙的器官"。休谟在自己的哲学的束缚下,确信人类天性在任何时间和地点都是一样的,从而忽视了作为其基础的动因和特殊条件。

休谟除了固定地应用哲学观念和先入为主的看法以外,作为一位历史家,他的主要缺点是忽视资料并厌恶艰苦工作。虽然他

---

① 应当指出,休谟写历史是由近及远,和劳伦斯·斯太恩写《特利斯川·商迪》一样〔译者按:英国作家斯太恩(1713—1768)以其小说《特里·特拉姆·香迪的生平和冒险》一书轰动一时,其第1、2卷出版于1760年,第3、4卷出版于1761年,第5、6卷出版于1762年,第7、8卷出版于1765年,第9、10卷出版于1767年。此书条理不清,徒以滑稽可笑受人欢迎〕,其最后部分,包括从詹姆士一世即位到1688年革命时期的两卷首先出版(爱丁堡和伦敦,1754—1757年)。中间部分论述都铎王朝的两卷出版于1759年,另外两卷(出版于1761年)包括从恺撒在不列颠登陆到亨利七世即位一段时期的全部英国史。

② 休谟追随柏克莱之后,否认思想和物质的实在性;他认为,实在包括"许多印象和观念"的连续〔W. C. 丹皮尔·惠坦,《科学史及其与哲学、宗教的关系》(纽约,1929年),第206页〕。

③ 参阅吉本的评论:"在各种思想活动中,更为愉快的事情是从原因推出结果,不是从结果追溯原因"(布莱克的书,第77页以下)。

④ 伏尔泰曾说:"观念已改变世界。"休谟选择17世纪进行写作而不选择其他任何时期,理由是他认为"我国历史上这一个时期是最奇特、最有趣而且最有教育意义的"。见前引布莱克的书。

以不偏不倚自命，[①]但他选择的那些事实却是只说明他某一特定见解的东西。“历史就是许许多多层出不穷无尽无休的事实；要想使它们可以理解，就必须把它们作某些删节。”究竟哪些地方应予删除，显然，只有作者才能最后裁决，而且休谟弃置一旁的恰巧是他深恶痛绝的对辉格党和宗教有利的全部事实。[②] 他除了怀有偏见之外，还很懒惰，从而使他无法进行严格的研究或核对事实。[③]这些缺点引起英国人一阵暴风雨般的批判——他的《英国史》第一年只卖出 45 本——不过他这部书在大陆上还是很受欢迎的。[④]

---

① “一位历史家首要的品质是公正”，见柏顿的书（见本书原书第 69 页著者注），第 1 卷，第 409 页上的引语：“人们可能指责我疏忽，但肯定不会说我不公正”，同上书，第 1 卷，第 381 页。

② 辉格党人麦考莱对休谟进行了难堪的攻击。他说，“休谟是一个有才能的辩护士，他的积极论述并未超过他能证明的东西，他把支持他的论点的一些情况进行突出记述；轻轻溜过不利于自己论点的东西；赞扬并称颂自己的证据；驳斥似乎可使之成问题的语句；把使自己论点陷入矛盾的东西都解释掉了；提供关于自己论点的证据的明白而有系统的摘要。对方所提供的一切均加以极严批判；一切可疑的情况，均作为辩护和诽谤的基础；凡不能否认的东西均加以缩小，或轻轻一带而过；有时甚至也作些让步；但这种阴险的公正只是加强了大量诡辩的效果。”引自麦考莱的“历史”，见他的《批判的、历史的杂文和诗》（波士顿，1880 年，两卷），第 1 卷，第 301 页。至于对之比较有利的观点，参阅 J. S. 布鲁尔编的《休谟著作学生版，英国史》（新版，纽约，1880 年），序言。

③ 休谟的懒惰被他的一个朋友这样记述说：“不消说，大卫在开始写一部著作之前，读了很多材料；但他的经常座位是沙发，他常常跷起大腿写作；在任何小疑问发生时，从房间这头走到那头是颇为麻烦的。”休谟写信给亚当·斯密说，“某些人催促我继续写《历史》……全部马尔巴勒文件都供我使用。……我已变得明智了，既不愿受人非难，也不愿受人赞扬。”

④ 休谟受欢迎是应该的；尽管他的文体未免有苏格兰味道，但他写历史是作为一种文学，而不是作为一种汇编进行的。吉本说过休谟的“粗疏无比的美”，虽然他指出休谟的语言中充满了“不合文体的语句、苏格兰方言、法国成语”；参阅〔伦敦〕《评论季刊》，第 73 卷（1844 年），第 536 页以下。

72 尽管休谟的《英国史》招来所有这些不利的批评，但他这部书仍然是近代史学上一个里程碑。把历史变成不仅仅是一部战争年代记和帝王世系，而是有更丰富内容的东西，做这种尝试的第一位历史家就是他。在理解各种社会关系的重要性，理解道德、文学和艺术的价值方面，他走在伏尔泰前面。但作为一位历史家的休谟的最大功绩却在于下述这个事实：在所有历史作者当中，是他首先看到“起因”在历史上的性质和意义，历史上一切变化都是以这个起因为依据的。①

休谟建立了苏格兰历史学派，同时也建立了苏格兰哲学学派。在历史方面，罗伯孙和弗格孙是他最主要的追随者。威廉·罗伯孙（1721—1793）②是长老会传教士，自由主义思想很浓厚，甚至热情地承认自己是休谟和伏尔泰的崇拜者。至少在两个方面罗伯孙胜过休谟和伏尔泰。他做学问十分认真，细心利用一切可以找到的书面材料和档案文件。其次，他还在历史编撰方法上作出有价值的贡献，即把注释和参考书目附在每节末尾，这个办法便于使叙述畅通无阻，而又不致有损于其学术性。③

---

① 参阅霍夫丁，《近代哲学史》（见本书原书第58页著者注），第1卷，第428—430页的评述。

② 关于罗伯孙，参阅佛特的书，第456—458页；布莱克的书，第117—141页；达加尔得·斯图亚特附在《威廉·罗伯孙著作集》（伦敦，1840年，八卷）第1卷前边第60—63页上关于他的生活和作品的记述；〔伦敦〕《民族传记词典》第48卷第425—430页上托马斯·塞康的论文；S.奥斯丁·阿力逢，《英国文学和英美作家词典》（费城，1874年，三卷），第2卷，1824—1832年；高僧阿克波尔德·阿里孙的文章，见《布拉克武德杂志》，第56卷（1844年），第790—792页；绍谟克尔的书，第18—20页。

③ 奥力维·埃尔顿，《1730年间英国学术概论》（伦敦，1928年，两卷），第2卷，第278页；和皮尔顿的书（见本书原书第69页著者注），第23—29页。

罗伯孙的杰作“苏格兰史”（伦敦，1759 年）受到热烈欢迎；这部书把这个时期一直写到 1603 年，它是根据爱丁堡和不列颠两博物馆的档案写的。罗伯孙搜集资料不知疲倦，在后来出的各版中仍继续收入新史实。他那部“皇帝查理五世传”（伦敦，1769 年）篇幅倒没有前一部那么大；这不只是因为这个题目对他更陌生，而且在得到西班牙栖曼卡斯（在西班牙）档案这件事上有重大困难；还有，罗伯孙尽管精通法、西、意等国文字，却不懂德文。他的《美洲史》（伦敦，1777 年）气势磅礴、色彩缤纷，是记述西班牙美洲属地的第一部信史。

罗伯孙也像休谟和伏尔泰那样喜欢说教。虽然他自称是在
“叙述真实情况，解释真正起因和后果”，[①]但他藐视那些他认为无 73
足轻重的人物和事件；这些东西，他认为应当“放弃，让勤勉而轻信的文物爱好者去搞”。他说，历史应当教人智慧，应当只关心“高贵的”事物。这位苏格兰史家讲到强大的耶稣会那位了不起的创建人伊格纳细阿·罗耀拉时，就是这么说的，把他当作一个不值得一位认真的学者注意的人物抛弃了。“罗耀拉在那些狂热的冒险和幻想出来的规划中的热情不亚于天主教圣徒传说中记录的任何东西；但是这些东西在历史上是不值得注意的。”[②]虽然他还是相当持中，但他这种成见还是使他对中世纪的“黑暗”所作估计是夸大了的，不过，罗伯孙和当时大多数史家不同，他那锐敏的眼光还足以把中世纪正确地估计为欧洲文化的播种时期。[③]

---

① 《苏格兰史》（爱丁堡，1842 年），第 2 卷，第 180 页。

② 《查理五世皇帝统治时期史》（纽约，1848 年），第 6 卷，第 287 页。

③ 关于罗伯孙处理中世纪的一些错误，参阅 S. R. 梅特兰的《黑暗时代》（第 5 版，伦敦，1890 年），第 9—122、141—157 页。

〔他在《皇帝查理五世传》引言中写道〕应当注意它们〔欧洲各民族〕借以从野蛮前进到文明的那些重大步骤；并应指出那些带着普遍性的原则和事件，由于它们起的一致的、广泛的作用，业已引导所有民族达到他们在查理五世统治初期在政策上和风习上达到的改进程度。①

有一位和罗伯孙差不多的苏格兰人詹姆士·麦金托什爵士②描写罗伯孙说："他的优点是他那平稳的、有根有据的、颇有见解的、优雅的调子。他的风格似有拘泥形式、矫揉造作之处；他的优美带有矫饰，他的端庄未免生硬，读他的书使人联想到上流社会一个老处女温文有礼地，按照她所知道的一切礼仪和规范、一丝不苟地行事的样子，〔但是〕……他那非常有趣的叙事才能压倒了一切缺点。"

罗伯孙的具有独特风格和肖像描绘的才华。③ 他的人物描绘，尽管从来都不是绚丽多彩的，却总是公正而确实，经常富有明智的思考。不幸的是，他缺少对社会运动的真知灼见；而且忽略了对各种制度兴起和经济力量发展的记述。他充分了解现在人们所谓的"文化"史的意义。

最令人感到可耻的是：当人们在记述过去时代的历史里寻求有教育意义的东西时，发现把世界搞成荒芜一片的那些征服者的辉煌业绩和使各民族遭受不幸的那些暴君的荒唐行径，却记述得极其详尽甚至常常准确得使人作呕，而许多有用技术的发现以及最有益的那些商业发展，却只字未提听任其埋没无闻。④

---

① 《查理五世皇帝统治时期史》，第 11 页，这篇绪论题目是"欧洲国家的展望"，是有关中世纪的一篇哲学的观察和分析。

② 苏格兰哲学家和历史家（1765—1832），著有《论伦理哲学的进步》（1830 年），《英国 1688 年革命史》（未完）。——译者

③ 参阅《爱丁堡评论》第 2 卷（1803 年）第 229—249 页上的评论。

④ 罗伯孙，《著作集》（见本书原书第 72 页著者注），第 8 卷，第 177 页。

亚当·弗格孙(1723—1816)[①]只需简单一提。他曾在圣安得烈学院[②]受教育，学习神学，由于他通晓盖尔语，曾被任命为陆军 74
第 42 团随军牧师。该团在封特纳[③]作战时，弗格孙身先士卒、手持腰刀参加战斗。他于 1754 年辞去军中职务，决心献身写作。1757 年休谟辞职后，他就被任命为律师协会图书员和秘书。两年后在爱丁堡大学当了道德哲学教授，在出版了"漫谈民间团体史"(Essay on the History of Civil Society)之后，就开始为撰写"罗马共和国的发展和衰亡史"作准备而搜集资料。这部书出版于 1783 年，共三卷。弗格孙相信，"这个了不起的共和国鼎盛时期的历史，就是他进行那些伦理和政治学说的特殊研究的一个实际例子。"

在弗格孙的伦理学体系中，自始至终都把人看作社会动物，并举出政治事例说明他的原则。他相信人类是在进步的。库臧[④]细心批判他那些设想；库臧提到这个学说时说："我们在他的方法中发现苏格兰学派的智慧和缜密，其效果更为有力而果断。完美的原则是一个新的原则，比慈善和同情更富理性，更为广泛，在我们看来，弗格孙这个原则使他成为超过所有他的前辈的伦理学家。"弗格孙打算用这一原则调和道德论上的一切体系。他也像霍布斯

---

① 参阅法兰西斯·埃斯皮纳西写的评论弗格孙的文章，见《民族传记词典》，第 18 卷，第 337—340 页；约翰·斯马尔，"亚当·弗格孙传略"，见《爱丁堡皇家学会报告书》，第 23 卷(1864 年)，第 599—665 页。

② 在苏格兰东部。——译者

③ 封特纳在比利时西部。在奥地利帝位战争(1740—1748 年)中，英与奥国同盟，反对普鲁士和法国。1745 年 5 月 11 日，法军大败联军于封特纳，开始蹂躏奥属尼德兰。——译者

④ 法国哲学家(1792—1867)，著有《十八世纪哲学史》、《哲学通史》等书。——译者

和休谟那样，承认自身利益或功利的力量，并把它作为自存的法则纳入道德之中。他在社会法则下使哈钦孙[①]的普遍仁慈学和亚当·斯密的同情概念合而为一。但由于这些法则是人类命运的手段而不是目的，它们附属于一个最高目标，这一最高目标就是至美至善。弗格孙的思想体系中的政治的部分是追随孟德斯鸠，它主张有秩序的自由和自由的政府。1783 年他辞去教授职务，由杜加尔德·斯图尔特[②]继任。他老年时专心研究古伊达拉里亚人和古罗马早期情况，后当选为柏林科学院院士，科托那[③]的伊达拉里亚文物学会和罗马的亚加狄亚学会会员。

爱德华·吉本(1737—1794)[④]不仅是 18 世纪而且是一切说英语的国家的最伟大的历史学家。他的《罗马帝国衰亡史》(*De-*

---

① 苏格兰哲学家(1694—1746)，著有《道德哲学体系》(1755 年)一书。——译者

② 爱丁堡大学道德哲学教授(1753—1828)，著有《积极和道德力量的哲学》等书。——译者

③ 在意大利中部。——译者

④ 下列的记述是根据我的论文重新编写的“爱德华·吉本，1737—1794 年”，吉本诞生 200 周年纪念论文，见《太平洋历史评论》，第 7 卷(1938 年)，第 93—119 页。并参阅 J. J. 桑德斯，“吉本和《罗马帝国衰亡史》”，见《历史》新刊第 23 卷(1939 年)，第 346—355 页，附书目提要；《爱德华·吉本生平回忆录》，G. B. 喜尔编(伦敦，1900 年)〔在其他版本中称为吉本的《日记》〕；D. M. 娄，《爱德华·吉本，1737—1794 年》(纽约，1937 年)；《民族传记词典》，第 21 卷(1890 年)，第 250—256 页，勒斯利·史梯芬的论文；佛特的书，第 458—460 页；沃德的书，第 10 卷(1913 年)，第 13 章，以及第 560—564 页书目提要；布莱克书的这一章；摩立兹·立特的论文，见〔慕尼黑〕《历史杂志》，第 112 卷(1914 年)，第 118—131 页；“历史家和吉本其人”见〔伦敦〕《泰晤士报文学副刊》，1937 年，第 297—298 页；我的论文，“史学家吉本藏书”，见《图书馆季刊》，第 7 卷(1937 年)，第 343—353 页；以及 J. W. 斯温，“爱德华·吉本和罗马的衰亡”，见《南大西洋季刊》，第 39 卷(1940 年)，第 77—93 页。关于他的著作参阅 J. E. 诺顿，《爱德华·吉本著作书目提要》(伦敦，1940 年)。

cline and Fall of the Roman Empire)“或许是文艺复兴以后可以永远称得上是古典著作的唯一的一部历史著作了，其原因不仅仅 75 是它的形式，而且在于它的内容”。[①] 兰克的《16、17 世纪诸教皇的宗教政治历史》是近代唯一和上一部近似的历史典范之作，即使可以这样说，也必须为这两部著作在规模上的巨大差别留出余地。兰克记述的时期只以两百年为限。而吉本的范围则包括 14 个世纪。在吉本以前，还没有一位历史家有这样的历史连续性的概念。

对吉本所作任何估价都必须把他和他生活的时代联系起来考虑，就和对每位伟大作家或对每位伟大艺术家或政治家那样。甚至天才人物也不能超越时代条件。很明显，18 世纪是哲学和批判的时代。这个世纪对任何其他事物都没什么信仰，却信仰理性。考虑到这个世纪是笛卡儿主义时代，是休谟、狄德罗、康德的时代，谁还会过分指责它呢？从休谟和孟德斯鸠开始的新史学，在吉本身上登峰造极。

吉本出身于英国望族，虽不十分阔绰，却也颇为优裕。[②] 童年

---

① 奥力味·埃尔顿，《弗雷德里克·约克·鲍成尔》(牛津，1906 年，两卷)，第 2 卷，第 24 页。

② 著名的英国历史学者已故的阿克顿勋爵和吉本是远亲。吉本的祖父(生于 1666 年)是一位富裕布商，他获得一小笔钱为在佛兰德的国王威廉三世的军队购置服装。他出国期间，在国内的生意由他寡居的母亲照料，不久之后，他母亲和一个住在列登荷尔街名叫理查·阿克顿的金匠鳏夫结婚，他们婚后把各自首婚所生的子女聚在一起。吉本的祖父娶了理查·阿克顿的女儿。其姐嫁给阿尔登汗的辉特摩·阿克顿爵士。因此，历史家吉本就和雅各宾派士洛普细耳诸男爵的古老家族建立了关系。因为爱德华·阿克顿曾随詹姆士二世逃亡，于 1644 年被查理一世封为男爵。当时阿克顿家有七兄弟，身材都很高大，“其中之一，6 英尺 2 英寸的侏儒，自认是七兄弟中最小最矮的一个；并且说，像这样的人自从革命以来便没有出生过。”吉本的父亲生于 1707 年，在剑桥厄曼纽厄尔学院毕业后，即被遣送出国。他道经贝桑松的旅行由于(接下页)

76 时期他身体虚弱。年纪很小时母亲就去世了，由继母抚养成人；常言道后母可憎，但他的后母却不是这样。他幼年贪书无厌，主要是阅读古典和历史著作。东方的波斯、穆斯林和拜占庭历史上那些“野蛮人的耀眼光彩”点燃了他的想象力的火焰。他什么都读，并没学到什么东西，直到后来那些年，用他自己的话说，才“学到拉丁文的优美和希腊文的初步知识”。至于“野蛮的”日耳曼语，必须说明，他从来不屑一顾。1752 年 15 岁时，进入牛津大学马格达林学院，他曾说，他到这个地方时“带来的是车载斗量的一大堆见闻，可以使一位博士目瞪口呆；而他带来的无知的程度却又可能使一个中学生羞愧得无地自容”。他无视大学纪律（他是一位有身份的普通大学生），和学校当局之间出现了不愉快的事情。14 个月之后就离开这个学府。后来他写道：“对牛津大学，我并不感恩；她既乐于不认我为子，我也欣然不认她为妈。我在马格达林学院消磨了 14 个月；事实证明这是我一生中最闲散最没收获的 14 个月。”①

（接上页）人间极其特殊的机遇造成少见的后果。他在那里患了重病，请了一位当地医生，恰巧这个人是他的亲属，即他的一个弟弟，此人在巴黎学医后，就在贝桑松定居行医，他娶了当地一个女子，成为天主教徒，而且已经是三个孩子的父亲了。最大的孩子是约翰·阿克顿爵士（1736—1811），他在法国革命和拿破仑时期成名，充任那不勒斯和西西里国王斐迪南的首相，并和海军上将纳尔逊一起进行了 1799 年血腥的反动活动。他的两个兄弟住在法国，其中之一曾访问过吉本，他住在洛桑时，自我介绍时自称是“阿克顿先生但不是最好的”。那位“最好的”（那不勒斯的大臣）后来继承了族内较长一支理查·阿克顿爵士在士洛普细耳的一份遗产和男爵爵位。已故的英国伟大史学家阿克顿勋爵乃是约翰·阿克顿的孙子，1834 年生于那不勒斯，1869 年成为英国的一位贵族。

① 亚当·斯密表示过同样谴责牛津的情绪。“在牛津大学里大部分教授这些年甚至完全放弃了讲学的伪装。”J. S. 尼科尔孙校订的《国富论》（伦敦，1901 年），第 319 页。大学学院最后认识了雪莱的天才，雪莱曾使学校当局的一些人震动。但是马格达林学院仍然拒绝授予这位最伟大的学者任何荣誉，他的名字业已使这个学院的注册簿增光。

后来吉本被他父亲送到国外，在洛桑一位喀尔文派教士帕维利雅门下受业。在这位不懂英语的卓越的导师影响下，这个青年不但把法文学到运用自如的程度，而且更重要的是他还研究了古典著作和法国思想；他曾阅读帕斯卡[①]和孟德斯鸠的著作以及坚诺恩[②]的《那不勒斯史》(*History of Naples*)，很可能还读过反对偶像崇拜者伏尔泰的著作，当时(1757年)伏尔泰是这位20岁的吉本的邻居。几年之后，吉本访问巴黎，见到第一流哲学家达兰贝尔、狄德罗、雷那尔[③]、爱尔维修和霍尔巴赫[④]等人。多年以后他写道："假如我有钱而且能自己做主的话，我就会延长在巴黎居住的时间，许还可能永远在那里定居。"虽然他并未在法国首都定居，但他的头脑长期接受的却是法国怀疑主义的影响。

早在青年时代，吉本就曾考虑撰写某种历史著作了。[⑤] 有好
几年的时间，他翻来覆去地盘算着各种历史写作方案。1494年查 77
理八世的远征史被放弃了，"因为离我们太远，而且只是许多伟大
事件的一个序幕，它本身既不伟大也不重要"——这是个准确的判
断，但结论却奇怪，因为我们看到他终于踏踏实实地写起一个更为
遥远的题目。他"一再挑选，先后抛弃了理查一世的十字军、诸男

---

① 法国著名的科学家和哲学家(1623—1662)。——译者

② 意大利历史家(1676—1748)，著有《那不勒斯史》(四卷，1723年)。——译者

③ 法国历史家和哲学家(1713—1796)，自由思想家的领袖，其书因攻击教会被政府焚毁。——译者

④ 法国唯物主义哲学家(1723—1789)，反对宗教，参加《百科全书》的编撰。——译者

⑤ "经验告诉我，我从很年轻的时候就渴望成为史学家"，见《爱德华·吉本杂文集》，约翰·洛德·谢菲尔德勋爵校订本(伦敦，1796年，两卷)，第1卷，第106页。

爵反对约翰和亨利三世的战争、黑太子爱德华传、亨利五世和皇帝泰塔斯[①]二人生平和比较、腓力·锡德尼爵士[②]生平和孟特洛斯侯爵[③]生平等等”。然后他又考虑写一部沃尔特·雷利[④]爵士生平，但后来得出结论说，虽然“他的生平事迹很有趣，但他的性格暧昧、行为隐晦”。瑞士自由史是他“在一切其他题目中最爱写的”；他孜孜不倦地阅读楚第[⑤]的《编年史》，但后来还是把这个题目割爱了，因为许多资料都是德文的。但他这项写作计划已搞了不少，因而曾用法文写了一篇关于这个题目的文章，在伦敦一个外国人学会上宣读。幸而一位朋友把他这篇稿子送给休谟看，休谟向他提了一些有益的意见。休谟在写给他的意见中说：“你为什么用法文写呢，正像荷拉斯对那些用希腊文写作的罗马人所说的那样，这不是把木柴搬进森林吗？……法国人正在把他们的语言传播四方，但愿他们如愿以偿。我们在美洲立足坚实而且日益发展，这就为英语提供了更为稳固、更为持久的前景。”吉本曾一度闹着玩似地想撰写一部美第奇统治下的佛罗伦萨史，他说，“从佛罗伦萨民主政治的糟粕中上升或下降到科斯摩·德·美第奇[⑥]的上台和统治的150年间，……我可以推演出一连串的革命……奇人奇事——美

---

① 罗马皇帝(公元39—81)。——译者

② 英国诗人、政治家和军人(1554—1586)，伊丽莎白女王的宠臣。——译者

③ 英国内战时期掩护国王的将军(1612—1650)。——译者

④ 英国航海家、历史家(1552？—1618)，著有《世界史》。——译者

⑤ 瑞士人文主义学者(1505—1572)，著有《赫尔维蒂编年史》，记载公元1000—1470年间的瑞士历史。赫尔维蒂人于公元前2世纪被迫从德国南部迁至现在的瑞士北部。——译者

⑥ 科斯摩·德·美第奇(1389—1464)，1434—1537年统治佛罗伦萨的美第奇家族主要支系的开创者。——译者

第奇家族曾四度被逐，四度被召回，……萨服那洛拉的性格和命运，……艺术和文学的复兴，……共和国的覆亡。”他认为美第奇家族统治下的佛罗伦萨是“一个温和、富裕而腐化的共和国，在应得的惩罚下，一步步从滥用自由堕入丧失自由的深渊”。从中可以得到“有益的”教训。他写道：“我也许可以将伟大的主题定在这里了。”

但当时他仍然不了解自己的意愿。在两年之后的1764年他27岁时，几乎是戏剧性地突然作出决定前往罗马。对他这个经过古典训练的头脑说来，看到这座“永恒之都”确实是一次难忘的经历。罗马变成他十分钟情的城市。他回味这段经历说：“我的性格本来是难以被热情激荡起来的，当我感觉不到自己有热情时，我从来都憎恶假装的热情。但在25年之后的今天，我既不能忘怀、也不能表达我初次到达那个永恒之都时使我心神激荡的那种强烈的热情，过了一个不眠之夜，我起身昂首阔步于 78
罗马古代公众会场废墟之上；罗慕路①站立之处，或塔利②演说之处，或恺撒丧生之处③，这些引起怀古之情的地方，一起涌现在我的眼前；一连数日的陶醉或享受过去之后，我才能够开始冷静地进行仔细研究。”

他继续写道：“那天是1764年10月15日，我正坐在罗马朱庇特神殿的废墟上沉思，忽然听到新建的神殿里那些赤着脚的修道

① 传说中罗马城的建立者（公元前8世纪）。——译者

② 即西塞罗。——译者

③ 恺撒遇刺于元老院议事厅。——译者

士的晚祷歌声传来，[1]就是在这时我突然想到要为这座名城的衰落和灭亡写一部历史。"当吉本写这段动人的话时，他的记忆力出了差错。那座教堂叫圣玛利亚·阿拉科利，那座建筑是卡彼托山上的朱诺庙，不是朱庇特庙，那些修道士属圣芳济各会。这所修道院后来在1888年被拆毁了。

他原来的计划是只写罗马城的衰落。当时还没有考虑到罗马帝国的衰亡。在四年之久的时间里，他"瞻望前景，觉得暗淡而模糊"，而且"是从一个离这个题目远得可怕的地方进行思考的"。但随着他的心胸逐步开朗、日益觉察到自己的力量的时候，这个距离便缩短了。1768年他记述说："我逐渐开始由愿望过渡到希望，由希望到计划，由计划进而着手历史写作了，但这个题目的范围和广度，当时我的概念还是很不充分的。"不过，到这时他已经决定写罗马帝国的衰亡史，而不仅仅是罗马城的衰亡史了。把后者留给格列高罗维阿斯[2]写了。吉本继续很出色地揭示自己的心情说："不知不觉地，我一下子就扑到奥古斯都时期那段历史的海洋里去了，而且在后来撰写那一系列著作时，几乎经常笔不离手地分析研究

① 此庙是〔罗马〕最后一位国王塔昆尼阿·苏帕巴斯建立的，并于公元前509年奉献神明。公元前83年苏拉和马略内战期间，此庙被火焚毁。公元69年在韦斯巴兴、鄂图和维提略三角战争中，又毁于大火；多密善把它重建起来，十分壮丽。中世纪早期此庙及其坐落的山冈归卡彼托留（阿拉西利）的圣玛利亚修道院所有，但在1143年成为城市的产业和市议会集会之地，1150年第一次被提及。此山冈原先只能从广场到达，但在1348年修建了一段从坎帕斯·马提阿上升到阿拉西利的圣玛利亚教堂的124级巍峨阶梯，这是教皇流亡阿维尼翁期间罗马城内唯一的修建工程。

② 德国史学家（1821—1891），著有《罗马城中世纪史》，八卷，1859—1872年出版。——译者

那些希腊文和拉丁文原始记载，从戴昂·加西阿斯①到安密亚那斯·马塞林那斯②，从图拉真统治时期到西罗马末期诸帝。”他对“发展成一个帝国的这个城市的故事”越来越着迷。

他没有把这个秘密告诉任何人。甚至对他非常亲爱的继母，也是直到第1卷接近完成时才告诉的。在他1775年8月写给继母的信里说：

> 眼下我正在编写一部巨大的历史著作，即罗马帝国衰亡史，其第1 79
> 卷很可能于明年冬天打扰公众。要想把这部史书写得更具体一些、讲得更清楚一些，就需要更多的篇幅；但我现在只能一般地说，这个题目难以说清，而且至今一直还没有人对这个题目进行过它应得的阐述。若干年来，我一直在思考并撰写这个主题。

随着这项工作在他笔下日益成长，他愈益相信自己“选择了一个出色的题目”。他的手稿从未给任何人看。他解释说：“在这些朋友当中，有些人会拘于礼貌称赞一番；有些也会出于虚荣批评一气。”

博斯韦尔③曾记述一件有趣的逸事，可以说明吉本对他这项工作的沉默真是少见的。1775年一天晚上，约翰逊博士、博斯韦尔、乔舒亚·雷诺兹爵士④、吉本和其他一些人在坎布里奇先生的藏书室里聚谈。

> 人们正在进行关于阅读历史的用处的一般讨论。约翰逊说：“我们必须考虑到现有历史著作如何稀少；我指的是真正可信的历史。某些

① 即戴奥·加西阿斯(155？—230以后)，罗马史学家。参阅上卷原书第114—120页。——译者

② 参阅上卷原书第95—97页。——译者

③ 英国文学家(1740—1795)，约翰逊传记的作者。——译者

④ 英国著名的肖像画家(1723—1792)，建议创立约翰逊的文学俱乐部。——译者

> 国王曾进行统治，某些战争曾经爆发，这些我们可以信以为真；但所有那些渲染，那些历史哲理，则都是些想当然的东西。"博斯韦尔说："这么说的话，阁下，你就把一切历史差不多都贬为历书了，成了仅仅是按年代顺序排列的一些著名的事件了。"吉本先生当时一定已经在撰写他的"历史"了，其第1卷即于次年出版。那次他在场，但并没站出来为这类撰述辩护。他大概是不愿意把自己的秘密泄露给约翰逊。

在吉本和约翰逊博士之间并不存在友好关系。有一天晚上这个文学俱乐部正在一家酒店里聚餐，当话题转到熊身上时，约翰逊说："我们听说黑熊是无辜的；不过我绝不会把自己托付给它。"吉本听了之后喃喃地低声说："我也不会把我自己托付给你。"这位鲁莽的博士态度非常低级，他曾嘲弄过吉本的丑陋面貌。顺便提一下，"吉本的冷笑"(Gibbon's sneer)这个习见的成语是善于逢迎的博斯韦尔捏造的，他经常跟他主人一样狂吠。①

吉本的父亲去世后他占有了可以由自己处理的财产，于是就迁居伦敦，在伦敦"一旦在我的住宅和藏书室里安定下来，立即着
80 手编写我的'历史'第1卷。开始时，一切都包在一个黑糊糊的疑团里；甚至著作的名称、帝国衰亡的时期、结论的范围、各章的划分以及叙事的顺序等等，都是不明确的；我常常想抛弃七年来的劳动

---

① 文学俱乐部是1763年约书亚·棱诺尔兹建立的。吉本于1774年3月4日被选进俱乐部。在这个俱乐部的早期成员中有约翰逊、博斯韦尔、薛立敦、沃尔坡尔、哥德斯密、查理·詹姆士·福克斯、柏克、威廉琼斯爵士、柏息主教。亚当·斯密为了写完他的《国富论》，于1774年前来伦敦，1775年1月人选，在这里他第一次见到吉本，他们成了挚友。在吉本的《罗马帝国衰亡史》第24章注15(见伯里校订本，第1卷，第483页)里，说到古罗马小麦供应时，吉本曾引用《国富论》，并且说："我以引用一位贤哲和朋友的这部著作感到骄傲。"博斯韦尔在1776年4月28日《国富论》刚出版时写给他的朋友腾普尔的信说："斯密现在是我们俱乐部的成员，俱乐部丧失了它的苛刻特征。"

成果。"对不懂德文的吉本说来很幸运的是，J. W. 马斯科的《德国史》(*Geschichte der Teutschen*，两卷本，1726 年)，这部书是一部德国古代史，从最早时期写到加洛林王朝的建立，于 1737 年由托马斯·列第亚得译成了英文。列第亚得是"英王陛下驻下德意志[①]特使的前任秘书"。这部现在几乎已被遗忘的书，是 18 世纪德国史家撰写的最有分量的著作之一。[②]

吉本对自己的风格的发展有一段精彩的叙述。他说："一位作家的风格，应当是他的心灵的写照，而语言的选择和运用则是锻炼的结果。我做了许多次实验，才能够避免了枯燥无味的年代记，又避免了专尚辞藻的激昂雄辩，找到了适中格调。第 1 章写了三次，第 2 章和第 3 章写了两次，对文章的效果才勉强满意了。其余部分是用更匀称、更流畅的笔调写的；但第 15、16 两章曾连续进行三次修改，把原有的一大本删成现在这个样子，这两章还可压缩而不致有损于书中的史实或思想感情。"相反，休谟在吉本最后一次来伦敦时却对他说，从公元 192 年孔茂德逝世到 223 年亚历山大·塞维鲁即位之间这段记事写得太简单了。

第 1 卷写了三次，[③]但其余各卷写得很快，而且文字很少改

---

① 即荷兰。——译者

② 沃尔得玛·格尔利茨，《约翰·雅各·马斯科的〈历史研究法〉》(莱比锡，1901 年)，吉本从亥涅克齐乌写的论述中世纪日耳曼法律的历史原理的著作中获得了关于日耳曼法律的知识，亥涅克齐乌论述日耳曼法律的著作是用拉丁文写成的，原名《德国法律原理》。

③ 克赖顿说："吉本的第 1 卷写了八次"，这是错误的，见曼得尔·克赖顿的妻子〔路易丝·克赖顿〕所著《曼得尔·克赖顿的生平和书札》(伦敦，1904 年，两卷)，第 1 卷，第 123 页。

动。他告诉我们，罗伯孙[1]的“完美的文章、激动的词句、正确的分期”对他的影响很大，而休谟的“平静的哲理”使他充满“高兴和失望混在一起的感觉”。但任何历史家从其他史家得到的恩惠都不像吉本那样少。他的风格具有独创性和个性，类似修昔底德。

吉本向我们介绍的他的写作方法也同样有趣。洛克的《漫谈人类理解》(*Essay on Human Understanding*)“使他学会了深刻而有教义的一系列推理”；从《外省书简》(*Provincial Letters*)中“学会了掌握严肃而温和的讽刺这件武器”；孟德斯鸠的“有力的文
81 笔和大胆的设想”使他入迷；在坚诺恩的《那不勒斯内政史》一书中他用“批判的眼光看出教士权力的发展和滥用”。他读对开本大部头的书如提厄蒙[2]和克吕维留[3]的著作，平均每天读一百页，而且边读边作笔记。有时他在这些书中读到喋喋不休地卖弄博学，也感到厌倦。他在日记里面写了一句讽刺说，“有一个荷兰版本，它的正文透过堆积如山的注释向外窥视。”

吉本在利用别人的研究成果方面十分巧妙。对权威原著的价值，他有本领作出批判的论断。“任何人都不像他那样多地利用别人的劳动成果，在以摘要、评论或翻译等形式取得知识的捷径这个问题上，任何人都不像他那样不愿放弃。”[4]但是他又非常鄙视汇

---

① 威廉·罗伯孙(1721—1793)，苏格兰历史家，其《查理五世皇帝统治时代史》一书为伏尔泰和吉本所称赞。——译者

② 法国教会历史家(1637—1698)，著有《最初六个世纪的教会史参考资料》和《历代皇帝史》。——译者

③ 德国文物学家，历史地理的首创者(1580—1622)，著有《古代日耳曼》，《古代意大利》等书。——译者

④ 詹姆斯·史梯芬爵士，《大安息日》(见本书原书第59页著者注)，第2卷，第409页。

编工作,还轻蔑地说过:“搞汇编的人们增加了许多无用的书籍,使严肃的读者作呕,只让书商获利。”

解释他的方法的文章可以找到特别有趣的两段,一段在他的“回忆录”(Memoirs)里,另一段在“辩护书”(Vindication)中;后者是在《罗马帝国衰亡史》问世后为回答批判者而发表的。他的第1段使我们得以窥视吉本的写作室内的情况:

> 我把奖章的次要光辉以及地理学和年代记上的那些铭文都投射到它们应有的目标上了;我利用提厄蒙搜集的那些资料(他那无比的准确几乎是天才才具有的特色),来尽量在安放和排列那些松散的、分散的历史材料。我在博学的穆拉托里编写的意大利编年史和古事记中探索我书写黑暗的中世纪的方法,而且还辛勤地将这些材料和西哥尼阿[①]和马菲[②],巴洛尼阿斯[③]和帕吉的著作中那些类似的或相反的记载作了比较,直到我差不多完全理解了14世纪罗马那些废墟为止,这样就不用担心最后这一章须花费六个四开本和20年的劳动才能达到目的了。在我买到的那些书当中,最使我铭感的是附有詹姆士·高德弗罗注释的《提奥多西法典》。我是把它当作一部历史著作(我用它的地方很多)而不是当作一部法理学使用的;但从各个方面看来这部书都被看作是第4、5两个世纪帝国政治情况的一个宽敞的装得满满的大博物馆的。

第2段文字之所以有趣,因为它是吉本在利用权威的著作补充在史料中发现的情况的不足时他的一些想法。

> 除了在研究最有学识、最富独创性的近代人的著作中可以得到一些观点之外,历史家还应当感激这些近代人,因为他们有时介绍古人某些章节,不然的话,历史家就可能不知道或把它们忘记了。在考虑任何

① 上卷原书第506页。——译者

② 意大利学者(1675—1755)。——译者

③ 上卷原书第536—538页。——译者

> 范围广泛的题目的时候，任何人都不敢说自己已经读完所有的著作或者说记得所有自己阅读过的东西。……如果期望历史家为满足摘引几
> 82 行有趣的原文的渺茫希望而熟读大量书籍，或者指望为自己在推理上得到瞬间的乐趣而整天整天地牺牲自己的时间，这当然都是不合情理的。……在这种情况下……他的任务就是参考原始材料，我就是经常这样办的，还要把我参考的原著里那些段落的文字、结构、精神、上下文和位置等等细心研究；而且，在我把它拿来使用以前，还要使我自己的下列声明站得住脚："为说明我撰写的题目而引用的所有原始资料，我都已仔细审查了。"……在我未能得到机会参阅原始材料的少数情况下，我便采用我信得过的近代先行者提供的证据；但在这些情况下，我并不把提厄蒙或拉德纳①那些光彩夺目的美羽搬来装饰自己的门面，而是非常谨慎而准确地标出我所参阅的范围和材料来源。

1776 年在他的表妹夫埃利奥特爵士影响下，吉本在普选期间为竞选列斯开尔德自治市议员回国了。在国会中，他以"许多真诚而缄默的投票支持了祖国的权利，虽然可能并非祖国的利益"。他自己承认：他曾抱有使自己成为一位著名的国会演说家的希望，但"在这个转瞬即逝的虚幻的希望过去之后，谨慎之心就谴责我，应该默认自己不要说话的微贱地位"。吉本勤恳出席国会历次会议，他常常坐在首席检察官与副检察长（"法律和国家的两根台柱"）之间的政府席位上纵容自己打个盹儿，有时又受到瑟洛爵士②"庄严气概"的鼓舞。不打盹儿的时候，他就鉴赏诺斯勋爵③那精练无比

① 英国学者（1684—1768），早期基督教文献研究的始创者。——译者

② 英国国会议员（1731—1806），主张威胁美洲殖民地，反对伯克的改革提案。——译者

③ 英国首相（1732—1792），乔治三世的亲信，企图保住英国在美洲的殖民地。——译者

炉火纯青的辩才，他的“推理和嘲讽这件武器”都要得极为巧妙；伯克[1]那“既丰富又有哲学意味的幻想”使他感到颇为有趣，而福克斯[2]的“激昂争论”也使他赞叹不已。吉本骄傲地说：“我出席过的国会八次会议，有如接受审慎从政的训练；这是一位历史家首要的、最根本的品德。”[3]

国会第一次会议充满千奇百怪和吵吵嚷嚷，《罗马帝国衰亡史》第1卷就是在他出席首届这样的国会会议期间完成的，当时正准备出版。手稿送给出版家埃姆兹利，被他拒绝了，此人既不是第一位也不是最后一位缺乏想象力的出版商。可敬的书商托马斯·卡得尔和著名的印书人威廉·斯特拉罕甘担风险承印，两人因此接触到不朽的著作。作者和书商的希望都非常低，他们仅仅制定了出版五百本的计划，直到有先见之明的印刷者斯特拉罕先生过目后，才将数目增加了一倍。吉本以平静的心情等待着出版。他告诉我们，“他既未被成名的野心冲昏头脑，也未因对嘲弄的恐惧感到沮丧。”“我自己的良心就可以为我的辛勤和准确作证。历史是最普通的一种写作，因为它既可适应最高的接受能力，也可适应最低的。我选择的是一个最光辉的题目。”

《罗马帝国衰亡史》第1卷于1776年初问世。这一年也由于 83
休谟之死和亚当·斯密的《国富论》出版而使人怀念。人们想到休谟的《英国史》出版的第一年只卖出45本，就知道吉本的成功异常巨大。这情况和后来拜伦的《恰尔德·哈罗尔德游记》(*Childe*

① 英国会议员(1729—1797)，主张与美洲殖民地和解。——译者

② 英国议员(1749—1806)，同情法国革命，反对奴隶贸易。——译者

③ 《杂文集》(见本书原书第76页著者注)，第1卷，第146—147页。——译者

Harold's Pilgrimage)这首长诗第1节问世时的情况类似。吉本没想到自己已经成名了。他描述他的感触时很坦率但也很谦虚地说：

"我不知道如何叙述这部著作的成功才不致流露作者的虚荣。第1版几天之内就卖完了；第2、3两版也满足不了需要。"罗伯孙给他写了一封亲切的信，另一封信来自休谟(休谟于数月之后就去世了)，信中说〔你的成功〕"抵偿了十年的辛劳而有余"。亚当·弗格孙[①]在祝贺信中写道："你给英国经典之作增添了伟大的内容，你给我们的正是修昔底德打算留给他的国人的一笔'永世财富'。"

这个时期的书信往来很有意思。1776年4月1日休谟写给亚当·斯密一封信，祝贺他的《国富论》问世，还说："我想你是认识吉本先生的。我极其喜欢他的成就。"同一天，吉本在回答弗格孙的贺信中写道："我们共同的朋友亚当·斯密先生以何等卓越的著作丰富了人们的头脑啊！"

在吉本最亲密的朋友中间，人们都称他"伟大的吉本"。然而只有少数几位具有辨别能力的人体会得到《罗马衰亡史》第1卷为什么是一部真正伟大的书。埃德蒙·伯克在1776年的《年鉴》中把吉本和斯密的两部著作和沃森的《腓力二世本纪》相提并论。吉本和斯密只各占两页，而沃森却占16页之多！1788年伯克评述第2至6卷；赞扬他的学识，指责他的精神，并且说他的风格是可憎的。《罗马衰亡史》出版后不久，霍勒斯·沃波尔[②]于1776年2月

---

① 苏格兰哲学家(1723—1816)，著有《道德哲学的制度》(1772年)等书。——译者

② 英国文人(1717—1797)，首相沃波尔之第四子。——译者

18 日在写给威廉·梅逊牧师的一封信中说他自己是一头蠢驴：

> 看哪，一部经典刚刚出版了：是一部史书，既不像李维的著作那么
> 冠冕堂皇，也不像塔西佗的书那么拘谨；也不像克拉林敦的著作打着那
> 么鲜明的个性的烙印；也许不如罗伯孙[①]的《苏格兰史》那么深刻，但却
> 高于他的《查理五世本纪》一千倍；尽管不像伏尔泰那样尖锐，但其准确
> 程度却和伏尔泰的粗枝大叶马马虎虎相仿。他谦逊而不像伏尔泰那样
> 武断，他的机敏有如孟德斯鸠，但没他那种矫揉造作。他的文笔流畅，
> 有如一幅佛兰德图画，但肌肉隐而不露，……不像米开朗琪罗那样夸张
> 以显示画家的解剖学技巧；也不像约翰逊博士笔下的怪物那样由各民 84
> 族那些村夫的肢体拼凑而成。我说的这部书就是吉本先生的《罗马帝
> 国衰亡史》。[②]

论述罗马帝国统治下的教会史的那著名的第 15、16 两章曾引起一阵暴风雨似的批判。吉本写道："听到教会发射第一阵排炮，我大为震惊。"最初，他本想作出既有礼貌又有批评的回答；但他那些敌手的狂暴攻击很快就使他产生厌恶情绪，他终于以"缄默把争论之火压住"。提到这些敌手之一特拉维斯时，他讽刺挖苦地说："他的挑战横蛮无礼，只是看他不学无术、不辨是非、不懂人性，也就不必介意了，他得到这种宽恕的权利，可以说是最公正的，也可

① 苏格兰历史家（1721—1793），著有《苏格兰史》两卷及《查理五世统治时代的历史》等书。后一书为伏尔泰和吉本所称赞，他在欧洲大陆作为历史家的名誉主要是因为这部书。——译者

② 《霍勒斯·沃波尔的书信中描绘的英格兰》，A. B. 梅逊编（伦敦，1930 年），第 258 页。奥克兰德勋爵在他的《日记和通讯》（伦敦，1861—1862 年，四卷），第 2 卷，第 280 页上记述了一件逸事：国王的兄弟剑桥公爵，有一次在棱诺尔兹的工作室中遇到吉本。他说："我猜想，你正在从事老行业——潦草写作，潦草写作，潦草写作。"但是格林伯维女士〔诺斯勋爵的女儿，她的丈夫是设菲尔德勋爵的内弟〕说，这话是乔治三世说的。参阅《格林伯维日记》，沃尔特·西克尔编（伦敦，1901 年），第 1 卷，第 195 页，这里的引文是"吉本先生，你好，我猜想你总是潦草写作，潦草写作的"。

说是最令人作呕的权利了。"在牛津"顽固派"中间，坡孙[①]是一个光辉的例外，他对出身牛津的特拉维斯的鞭挞可算是自从本特利[②]以来最尖锐、最准确的批判了。吉本尖刻地说：他胆敢攻击的不是他的信仰(faith)，而是他作为一位历史家的忠实(fidelity)。以唯一神教派牧师为职业的一位业余物理学家普里斯特立[③]对吉本的攻击特别凶狠，虽然吉本对攻击他的人大多不予理睬，但对这位他却打破了沉默。

后来编辑吉本著作的密尔曼在指责他的"哲学上的顽固"的同时，却也公正地赞扬了"这个题目本身固有的重要性，为完成这项工作付出的无穷的辛劳，费尽心力把原材料压缩，光辉的编排，通篇准确无误"；而且还坦率地说，吉本的宗教成见并不比那些迄今无争议地占有这一历史领域的修道士作家的偏见更坏。还可以补充一句，吉本曾说过，古代巴勒斯坦"不论就土地肥瘠或面积大小论都不如威尔士"，他这句话惹得威尔士爱国者大为愤慨。

《罗马帝国衰亡史》的续编工作因美国革命爆发而受阻。在大法官和国务大臣韦默思爵士[④]要求下，吉本负责撰写英国反对法国宣言的辩护书。他用法文写成的《辩护备忘录》(*Mémoire Justicatif*)，作为国家文件送交欧洲各国政府。波马舍[⑤]以为这个文件是

---

① 英国古典学者，剑桥希腊语教授(1759—1808)，著有《寄特拉维斯主教书简集》(1788—1789年)，为吉本的著作辩护。——译者

② 英国教士、学者和批评家(1662—1742)，发表《驳无神论》(1692年)。——译者

③ 英国教士和科学家(1733—1804)，因同情法国革命，房屋被焚，逃往美国(1791年)。——译者

④ 乔治三世的亲信(1734—1796)；1768—1770、1775—1779年任国务大臣。——译者

⑤ 法国政治家和剧作家(1732—1799)，1775—1778年建立公司，用大量军用物资支援美国革命。——译者

前英国驻巴黎大使斯托蒙特勋爵[1]写的，于是发表一篇文章反驳，
语言极其粗鲁，因此，尽管英法两国正在作战，但刷则尔公爵[2]仍 85
然迫使他删去其中一段语。作为政府对他的效劳的报酬，吉本被任命为贸易和拓殖大臣，从而使他的私人收入“每年净增七八百镑”。这一任命属挂名领干薪一类。吉本说：“必须承认，我的任务并非十分繁重，我可以成天地、整周整周地享受闲散日子，没有人把我从图书馆叫回办公室。”

第2、3两卷差不多是在过了五年之后才于1781年同时出版的。[3] 吉本为这一“长时期的拖延”（向自己）表示歉意，解释说，在这期间，他放任自己的好奇心，沉醉在自然科学里了，并在著名的亨特博士[4]教导下学习了一门解剖课，还在希金斯先生教导下学了一门化学。他在自己的回忆录中记述说：“这些科学的许多定理，以及对博物学书籍的爱好有助于增加我的想法和意象；而且解剖学家和化学家有时还在他们自己的雪地里追随我的足迹。”[5]在

---

① 英国驻法外交代表，曾对法国援助美国革命抗议说：“即使是长着一百只眼睛的怪物，也看不完许多法国海港中破坏中立的行为。”——译者

② 法王路易十五的大臣（1719—1785），在奥地利王位继承战争中颇有功勋。——译者

③ 第2卷前边附有吉本的肖像，是约翰·荷尔根据棱诺尔兹的画像制的版，诺斯勋爵说：“吉本先生在这一卷里边卖给买主一件便宜货。”《威廉·奥克兰德勋爵的日记和通信》（见本卷原书第84页著者注），第1卷，第12页。

④ 苏格兰外科医师和解剖学家（1728—1793），在伦敦行医，教授学生。——译者

⑤ 吉本写16世纪中叶的瘟疫史时，著名的医生罕特要他注意修昔底德对公元前5世纪雅典瘟疫的描述，还借给他一本关于修昔底德的书的这一部分的精细注释，此书是四开本计六百页，是一位意大利医生非比阿斯·坡来那斯·乌提林西写的（威尼斯，1603年）。他还感谢米德医生论述《瘟疫带来的混乱》（第7版，伦敦，1722年）的那篇虽短但很著名的文章。米德在文中明智地记述了修士和修女由于住宅与他人隔离和节欲禁酒这两个优点而死亡率较小。

巴黎那六个月的享乐也应当从总账中扣除。度完假期之后，他才回到工作上，把自己投入“阿利阿教派争论的泥潭中”。[①] 直到这时他才感到自己已成为自己的题材和风格的主人，他每天的工作量都在加大，但他发现需要删除或修改的理由比过去少了。

诺斯勋爵在下议院的多数党地位刚刚受到威胁，吉本立即辞职。伯克的提案取消了贸易大臣的职位。他放弃了他所谓的“我的上议院议员生活”而并不感到遗憾。他在提到第 2、3 两卷时满意地说，“在销路和声望上不知不觉地上升到和第 1 卷同样的水平”，不过他也觉得这两卷“比第 1 卷繁冗较多，趣味较少”。

第 4 卷是在前几卷出书后立即写下去的，中间没有间隔。“我的技巧因实践而见长进，我的辛劳也许是由于下了台而加重了”。当吉本于 1783 年从伦敦引退洛桑[②]时，第 4 卷除最后一章外，均已完成。伦敦的意见一致责怪他自行放逐，但吉本在莱芒湖畔比
86 在泰晤士河边一切都更为自由而愉快，这是毫无疑问的。他把自己的图书一起带了去，第 4 卷不久便完成了。他坚持不懈地辛勤劳动，但颇为愉快；他日出而作，日落而息，还常常干到第二天早晨。他现在正“竭尽全力奔向目标”并于 1787 年到达目的地。[③]

---

① 指拜占庭帝国基督教内东正教和阿利阿教派之争，吉本写《罗马帝国衰亡史》写到这里，深费思考，阿利阿教派是亚历山大里亚高僧主张的教派，宣传基督是具有人性的；325 年尼西亚宗教会议定为异端；希腊正教主张圣父、圣子（即基督）、圣灵三位一体。——译者

② 瑞士日内瓦湖畔。——译者

③ 第 4 卷开始于 1782 年 3 月 1 日，完成于 1784 年 6 月；第 5 卷开始于 1784 年 7 月，完成于 1786 年 5 月 1 日；第 6 卷开始于 1786 年 5 月 18 日，完成于 1787 年 6 月 27 日。

最后一卷手稿没有经过任何辗转誊写，便寄交出版商，他的学术精熟，运笔如意，已到炉火纯青随心所欲的程度。在出版以前，全部手稿从头至尾除吉本和排字工人外并无一页曾由别人过目。他曾说“无论缺点和优点，完全都是我自己的”；他这话自豪多于谦逊，但并非虚言。

当他把架在古代和近代之间的历史长河上那座高贵的桥梁工程完成时，他用以形容自己感触的那几句值得纪念的话是每位爱读吉本的书的人都知道的：

> 那是在 1787 年 6 月 27 日这一天，更确切地说是在那天晚上 11 点至 12 点之间，在我的花园里的一个凉亭里，我写完了最后一页的最后那几行。把笔放下之后，就在一条俯瞰乡村、湖泊和山峦的林荫道上或说刺槐覆盖的小路上，走了几转。空气温和，天气晴朗，皓月映水，万籁俱寂。我并不想掩饰在我刚刚恢复自由或者也许是树立了名声之时，最初感到的快乐。但是我的自豪不久就变成怯懦，一种清醒的忧郁笼罩心头，这是因为想到我已经向一位愉快的老伴永远告别了，不管我的《历史》将来命运如何，历史家的生涯只能是短促而靠不住的了。

《罗马帝国衰亡史》第 6 卷出版的日期故意拖到吉本 51 岁的生日（1788 年 4 月 27 日）那天，届时朋友们举行了“一个愉快的文艺晚会”祝贺。亚当·斯密写信祝贺道：“这件事使你夺得当前全欧学术魁首。”由于原先购买过他的书的人们急于买到全套，这部四开本的第 6 卷很快就销售一空。全书八开本版不久就以较低的价格出版了。

不久之后《罗马帝国衰亡史》全书或部分地也以法、德、意等文本问世。法文译本特别受重视。1776 年第 1 卷出版时，路易十六（他是一位广收博览的读者，而且很懂英语）在以前曾教过他英语 87

的导师的建议下，着手翻译这部书，他一直翻译到著名的第15章，这一章使他大吃一惊，就把原计划放弃了。然而以后诸卷陆续出版时，这位国王也都阅读了。在第1个四开本版(1781年)的第3卷中有一段话触怒了他，他费尽心力托人把自己的不满通知吉本。触怒他的那句话就是这个预言："当亚加狄乌斯和荷诺留[①]在波旁王位上再度酣睡时，一位朱里安[②]或塞密拉密斯[③]可能已在北方实现统治了。"路易十六不愿意让人家把自己比作狄奥多西大帝那两个腐化的儿子。吉本在下一版把"波旁王室"改为"南方"，从而把这个暗示弄模糊了。他在回忆录中提起这个事件时说："我既不会放弃这个暗示，也不会检查这个类比；但是已故法王的情况排除了任何阿谀的嫌疑，我愿意声明，我的第3卷的这些结语是在他即位以前写的。"

吉本对他的伟大著作的那些译本并不满意，还埋怨说，"尽管他们宣传了作者的名字，却伤害了他的品质"。第1卷由勒·克雷耳·得·塞普舍内译成法文，"译文虽忠实，但软弱"；他去世后，由得缪尼埃和康弗耳继续翻译，但在法国革命时期得缪尼埃当了国民会议成员，翻译工作停下来。文克开始把这部书译成德文，并附加有价值的注释。不幸在第1卷译完后不久，他就去世了，其余诸卷由一位较差的译者接手。意大利文译本(三卷本，1779年)不是

---

① 公元395年罗马皇帝狄奥多西大帝死后，二子亚加狄乌斯与荷诺留分立为东西罗马皇帝。两人懦弱无能，大权旁落，国势日衰。——译者

② 罗马皇帝(公元361—363年在位)，坚决反对基督教，公开宣布改信邪教，史称"背教者朱里安"。——译者

③ 亚述国王香什-爱达五世的皇后，夫死后摄政(前811—前808年摄政)。——译者

从英文原著译的，而是从法文译本重译的，当然只有第 1 卷的译本。许多年以后，一部从史密斯博士著名的《罗马帝国衰亡史》节本译成的意大利文本问世。[1]

英国那些道德家对吉本进行下流谩骂，他一面觉得可笑，一面也感到愤怒，特别是对最后三卷的材料的谩骂；因为在第 1 卷中同样程度的坦率直言，却未曾受到批评。他为自己辩护说：他是在描绘当时的生活方式，还说狄奥多拉[2]的许多罪恶形成了查士丁尼统治时期的重要特征。

> 〔他解释说〕我的英文原文是高雅的，一切放荡的段落都在学术语言中写得朦胧一些。〔他还附带说〕然而《罗马帝国衰亡史》……可能会在今后百年内仍然继续遭受谩骂。……有时我曾想写一部《死人的对话》，其中琉细安[3]、伊拉斯莫斯[4]和伏尔泰将同声承认这种危险：揭露一项旧迷信将招致盲目而狂妄的大批人群起而攻之。

吉本看着《罗马帝国衰亡史》的远景，为自己的成就自豪，他的 88
国人也是如此，这是理所当然的。他在《回忆录》中写道："当我熟思人类共同的命运时，我必须承认我在人生的签筒中，抽到一根最大的奖品签。在我辛勤撰写历史这项工作鼓舞下，我过了 20 个愉快的年头。它的成功在人世间给了我名声、地位、品格，否则我是

① 《注释和疑问》，第 5 辑，第 6 卷，第 118 页。著名的论述罗马法的第 44 章在欧洲大陆许多大学被翻译出来并用作教材。

② 东罗马皇帝查士丁尼一世的皇后（约 500—548），权势很大。——译者

③ 公元 2 世纪罗马讽刺诗人，著有《诸神对话》、《死人对话》等诗篇以讽刺当时的迷信。——译者

④ 荷兰人文主义学者（1466？—1536），著有《对话集》、《愚人颂》，以攻击天主教会。——译者

不可能有资格享受的。"1788 年,他估计造化将再给他 15 年的寿,他说:"两个原因,即时间的缩短和希望不能兑现,总是会给生命的暮年染上更深的一层褐色的阴影。"但在他期待的那段寿数中,他仅仅活了 6 个年头。1794 年逝世,享年 57 岁。

吉本这部巨著很自然地分成两个迥然不同的部分。第 1 部分包括第 1 至 4 卷,从公元 2 世纪到公元 641 年皇帝希拉克略逝世(第 47 章)。这座智慧大厦[①]的基础是安敦尼王朝诸皇帝统治时代[②]。难道还有谁不记得他歌颂那个黄金时代的那些响亮词句吗?"假如有一个人被人家找来要他划出世界历史上人类景况最愉快最繁荣的时期,他就会毫不迟疑地指出那是从多密善[③]之死(公元 96 年)到孔茂德[④]即位(公元 180 年)之间的那些年。"

因此,前四卷大约包括 500 年。而第 5 至 6 卷(第 48 至 71 章)则包括将近一千年之久的时间。比例失调十分明显。但这个缺点不只是一个时间分配上的差别问题,而是思想上的。吉本的天才虽高,但他轻视 18 世纪学者研究拜占庭历史的成果,他把这些成果描绘成"懦弱而悲惨的千篇一律的故事"。[⑤]

---

① 原文为 Palladian structure,意为帕拉斯(希腊智慧女神米内发的别名)的建筑。——译者

② 公元 96—192 年间。——译者

③ 弗拉维王朝最后一个皇帝(81—96 年在位)。——译者

④ 安敦尼王朝最后一个皇帝(180—192 年在位)。——译者

⑤ 第 48 章的引言诸节略述吉本的书最后两卷的撰写计划,显示出他对拜占庭理解得多么肤浅(吉本的书,第 5 卷,第 169—171 页)。他写道:"如果不是我想到拜占庭帝国的命运是消极地和曾经改变了世界形势的那些光辉而重大的革命联系着的话,我早就把希腊那些奴隶们和他们卑躬屈节的历史放弃了,我这样做也不会后悔。"在这件事情上对吉本的批评,参阅伯里的序言,同上书,第 1 卷,第 44—56 页。

吉本听了马布里住持的忠告，这位住持劝他这位历史学家不要把东罗马帝国的衰落写得太详细，以免有损于他自己的声望。他为写这几章进行的研究中许多工作必然使他厌倦，特别是因为他的拜占庭希腊文知识并不太多，不能满足这项工作的要求。近代拜占庭学者业已说明的那许多重大问题，吉本当时一个都未能预见。伯里[①]的判断严厉而公正，他指出，吉本的“从希拉克略到 89
特勒比遵德[②]最后一位昆尼那斯朝皇帝的帝国史只不过是一篇速写，只有一些插曲叙述得比较充分”。其中最突出的插曲是 1204 年第 4 次十字军和 1453 年土耳其人攻占君士坦丁堡。

吉本没有看清隐士彼得[③]是一个冒充的内行和骗子，并把长期而重要的历次十字军的历史紧缩到一百页多一点，而他本来应当用一整卷的篇幅记述这些事情。不过他觉得十字军史的重要性在第 59 章最后一句话里面已经表示出来了。在这章里记述了 1291 年阿克城和圣地丧失之后，是用下边这些庄严的文字结束的：“……一种悲痛的沉寂笼罩着沿海一带这个长期以来一直弥漫着世界巨大争议的声音的地方。”

然而，尽管吉本的书最后两卷有这些缺点，但他毕竟做了撰写拜占庭史的尝试，这一点还是应当表彰的。贺拉斯·沃尔坡尔对

① 爱尔兰史学家(1861—1927)，剑桥近代史教授，著有一部希腊史和几部晚期罗马帝国史。——译者

② 1204 年第四次十字军攻陷君士坦丁堡后，拜占庭贵族的残余势力在小亚细亚黑海岸上建立昆尼那斯朝统治的国家，以特勒比遵德为中心(1204—1461)，后为土耳其人征服。——译者

③ 法国僧侣(1050？—1115)，宣传发动第一次十字军(1095 年)，领导一部分十字军至耶路撒冷，1099 年回国后默默无闻。——译者

他说，“君士坦丁堡的历史极其令人厌恶，不论写得多么好，也很少有人会耐心读它”，吉本听了之后红了脸，“‘他那浑圆的面孔都缩成锐角了；他鼓起纽扣似的嘴，敲着鼻烟盒说道：从来还没人把拜占庭史编写成书呢’……”。①

说句公道话，应该根据吉本著作的前四卷作出对他的评价。在这几卷中，他在学术上的准确性和可靠性，他的结构的宏伟等等都突出地显示出来。他翻阅资料时那种慎重态度，他的思想的透辟，对逐章仔细阅读他的书的人说来都是印象深刻的。体会到公元 529 年查士丁尼封闭雅典学校，研究希腊科学的人们逃往波斯（在下一世纪波斯被阿拉伯人征服）从而促成中世纪阿拉伯科学发展等事情的重大意义的第一位历史家就是吉本。②

责怪吉本说他看不到只有到 19、20 两个世纪才发现的某些历史价值，这是极不公平的。他未能估价经济条件和社会力量的影响，未能领会文学和艺术在历史上的重要性；他的世界观是他那个时代的世界观。要打开通向古代历史拱顶室的新门路只有经过法国大革命、浪漫主义运动、康德哲学和工业革命，然后才办得到。吉本是一位天才，但他并不是一位先知。在他和他同时代的人们心目中，“战争和行政公事才是历史的主要题材”。发展的观点和
90 “自然法则”的观点——18 世纪的伟大理想——并不能说服他使他放弃自己的信念，即大部分历史“只不过是人类罪孽、愚行和不幸的记录而已”。③ 吉本的批判能力和准确程度（因素材不足而

---

① 史梯芬·格文，《霍勒斯·沃波尔传》（伦敦，1932 年），第 249 页。

② 吉本的书，第 4 卷，第 261—265 页。

③ 吉本的书，第 1 卷，第 77 页。

受局限的那些部分除外)不使人惊叹的地方太少了。抓住历史的连续性这个观点的第一位作者就是他,而且他视野广阔、学识渊博。

意大利虽次于英国和法国,却终于接触到这种新思想,而且很敏感。但因情况不同,意大利的学术自由的存在只能是不稳定的。这个半岛不但被列强瓜分——西班牙波旁王室控制那不勒斯和南部,奥地利哈布斯堡王室占有米兰和伦巴第——而且,除了利奥波尔德统治下的托斯卡纳外,全部可能都处于教权统治之下。由于缺乏精力充沛的民族生活,也就很少重视或从事重要的历史编写工作了。①

彼得罗·坚诺恩(1679—1748)是那不勒斯一位有名的律师,他之所以应当得到历史家的名声就是因为他写了唯一的一部著作《那不勒斯王国内政史》(*Storia civile del regno de Napoli*),1723年在那不勒斯出版,共四卷,和穆拉托里的《意大利作家著作汇览》一书同年问世。他这部书是20年学术研究的成果。书中对教廷政治方针的猛烈攻击,再加上他的怀疑主义,立刻招致谴责,作者被逐出了教门。坚诺恩逃往威尼斯待了12年,而且也像从前的萨

① 在那不勒斯的学者们当中必须提到机塔诺·非朗吉里(死于1788年),这位法学家从学于腾纽西,并影响了贝卡利亚;此外还有考古学家阿利西奥·马佐契;编年史家塞拉芬诺·坦西;那不勒斯史的作者普拉西多·特洛里;至于其他一般的不重要的作者,参阅C.恺撒的“从18世纪后半叶到现在那不勒斯王国历史研究的进展”,见〔慕尼黑〕《历史杂志》第6卷(1861年),第293—348页;约瑟·特克斯特的出色论文,“18世纪意大利与法国批判主义”,见〔巴黎〕《王廷与会议评论》,第4卷,第1部分(1895—1896年),第418—424页;以及基多·得·鲁哲洛《18,19世纪南部政治思想史》(巴里,1922年)。

皮那样,继续出版一些小册子攻击教廷的政治行为。他受到宗教裁判所的注意,并于1735年被逐出威尼斯领土。有一段时期他在摩德纳[①]隐藏起来——人们猜想穆拉托里可能知道他在那里——后来他又逃到日内瓦,不过他仍然自称信仰天主教。在一个决定命运的星期日,他被诱骗到坐落在萨伏伊领地以内的一个天主教村庄做弥撒,被撒丁国王的特工人员捕获,囚于都灵终其余年。坚诺恩的创见在于他是体会到法律文献用作历史资料的价值的第一位学者。在这一点上,他比萨樊宜领先一个世纪,他对典章制度在历史上的重要性的理解也早于孟德斯鸠。[②]

91 18世纪第二位著名的意大利历史学者是柏卡里亚侯爵彻撒·波尼撒那(1735—1793),[③]他虽然不是一位历史家,但他在他

① 在意大利北部。——译者

② 坚诺恩的著作在复兴运动造反初期出版于米兰(《文集》,1823—1824年,14卷分为13册,其中第1—11卷是这部历史)。詹姆士·奥吉尔维的英译本书名是《那不勒斯王国内政史》(伦敦,1729—1731年,两卷);还有冉·伯德沃勒的法译本(拉·阿耶,1742年)。坚诺恩的自传由浮士多·尼科利尼经手出版,收入《那不勒斯省历史资料》,第29卷(1904年),第188—652页。还可参阅《文集》中L.潘犀尼写的传记;佛特的书,第342—345页;尼科利尼的论文,见《意大利百科全书》,第16卷,第967—978页;佐凡尼·波纳西,《坚诺恩内政史批判》(佛罗伦萨,1903年),此书是对坚诺恩的创造性的一种攻击;关于为这位那不勒斯史家辩护的著作,参阅尼科利尼的《彼得罗·坚诺恩的内政史与晚近对他的批判》(1907年)。

③ 柏卡里亚的《文集》,微拉里编,1854年在佛罗伦萨出版;他的关于政治经济学的讲演发表于米兰的帕拉丁学院,载在《意大利的古典作家》(米兰,1803—1816年,50卷)第11—12卷。参阅科尔曼·腓力普孙,《三大刑法改革家:柏卡里亚、边沁、罗米利》(伦敦,1923年);恺撒·坎图,《柏卡里亚刑法》(佛罗伦萨,1862年);A.阿马提和其他人,《恺撒·柏卡里亚与死刑的废除》(米兰,1872年);史密斯的书,第2卷,第582—585页;拉栖·科利逊-摩黎,《近代意大利文学》(伦敦,1911年),第46—48页;A.得斯查丹,"恺撒·坎图和柏卡里亚",见《道德与政治科学院的会议与工作》,第124卷(1885年),第218—237页。

那篇著名的刑罚学论文《论罪与罚》(*Dei delitti e delle pene*)[①]里也运用了历史方法。他这篇文章是“曾经感动世界的小书之一”,[②]在全欧洲都很出名。在消灭法律上的野蛮主义方面贡献很大。柏卡里亚是米兰一位贵族,对数学和经济学都感兴趣。因为他的兄弟亚历山得洛和国家监狱有联系,从而使他对刑罚学发生了兴趣。他那本书出版于1764年,立刻获得成功;在18个月内接连出了六版,并译成法文和英文,受到伏尔泰的赞赏,布莱克斯通[③]还曾引用。这本小册子对美国的杰斐逊,俄国的喀德琳二世,奥地利的约瑟二世都曾产生影响;从而奠定了近代监狱改革的基础。

柏卡里亚在他这篇《论罪与罚》的文章中,在明断地讲述了作为刑罚的根据的一些原则之后,呼吁在司法实践上实行合乎人道和理性的改革。按照孟德斯鸠和伏尔泰的思想,他提倡绝不轻易改变的、定死了的法律条文,公开的起诉,并废除刑讯和死刑。从历史编写角度看,重要的是,柏卡里亚是根据历史事实得出他那些论点的。

> 〔他写道〕如果我们翻阅历史,就会发现法律本来就是,或者说应当是处于自由状态的人们之间的一些惯例,但实际上,大部分法律历来都是少数人的感情,而不是理智的产物,或者是偶然的或暂时的需要造成的后果;作出决定的并不是一位对人类天性的冷静观察者,他本来应当

---

① 英译本是《罪与罚的文章》(伦敦,1768年),根据摩列勒的法译本(1766年)译成。伏尔泰曾鼓励摩列勒译这部书,还为这部书写了一篇序。

② H.穆雷,《埃德蒙·伯克》(见本书原书第67页著者注),第245页。

③ 英国法学家(1723—1780),著有《英国法律论述》(*Commentaries on the Laws of England*)。——译者

> 知道如何把大众的行为归结到一点上，本来应当只有一个唯一的目标，即**最大多数人的最大利益**。①

92 不过，这一时期最引人瞩目的意大利思想家却是那不勒斯一个小书贩的儿子坚巴替斯塔·维科（1668—1744）。②这个早熟的青年年纪很小就进了大学，在学校全力进行烦琐哲学、法学、历史学和文学研究。他喜爱的作家是柏拉图和塔西佗，因为"前者描绘的是理想的人物，后者记述的则是真人真事"。1697 年，维科 29 岁时就被任命为米兰修辞学教授，依靠只有 100 杜卡特这点可怜的年俸养活一个大家庭。在培根和格劳秀斯影响下，他在后来那 25 年中钻研并撰写法学方面的东西；尽管他出版了许多著作，他申请大学当法律教授（年俸 600 杜卡特）的事仍然遭到拒绝。这位贫困的、默默无闻的维科并不气馁，仍继续进行深入钻研。1725 年，他的名著《关于民族共同性的新科学原理》（*Principi di una Scienza Nuova*）的第 1 版问世了，五年之后又出版了经过彻底修改的《新科学再编》（*Seconda Scienza Nuova*）；③这两部著作就是维科成名的基础。

---

① 引文来自序言。

② 关于维科，参阅史密斯的书，第 2 卷，第 234—236 页；H. P. 亚当斯，《坚巴替斯塔·维科的生平与著作》（伦敦，1935 年）；本尼狄多·克罗齐，《坚巴替斯塔·维科的哲学》（第 2 版，巴里，1922 年）；卡尔·伟尔纳，《哲学家和渊博的学者坚巴替斯塔·维科》（维也纳，1881 年）；朱塞普·斐剌里，《维科和意大利》（巴黎，1839 年）；泽纳罗·洛科，《G. B. 维科的历史赞颂》（那不勒斯，1844 年）；卡罗·坎敦尼，《G. B. 维科，批判和比较的研究》（都灵，1867 年）；尼古罗·托梅修，《维科和他的时代》（罗马，1873 年）；保罗·比列里，《S. 亚哥斯提诺和坚巴替斯塔·维科，其科学学说，哲学和历史》（比萨，1887 年）；科利逊-摩黎的书（见本书原书第 91 页著者注），第 34—38 页；斐剌里，"维科和他的时代"，见〔巴黎〕《两世界评论》，1838 年 7 月，第 103—116 页；B. 滕宾斯基，"维科和他的历史方法"，见《历史杂志》，第 7 卷（1893 年），第 199—213 页。

③ 两书均出版于那不勒斯。意大利文第 8 版，两卷，1826 年出版。韦柏（接下页）

> 维科最出色的思想是关于群众心理方面的。和他同时代的人们以及前辈史家，多数都认为历史变革的出现不是由于天命的直接干预，就是来自伟大的立法家的天才。维科提出一个非常近代的概念即集体心理才是不断变动的文明的创造者。他这个思想的背景是社会进化这个效用显著的观念，以及文化的各方面都是互相联系的这种理解。
>
> 总之，维科的成就是他系统地创造了一种历史哲学，这种哲学远远超越了它的时代，因而直到浪漫主义时代才受到重视。[①]

维科虽是一位有创见的思想家，但对他的时代影响不大；在法国那些哲学家当中，即使假定他们知道有这么一位那不勒斯人，但他们身上却没有维科思想的一点痕迹；甚至在意大利他也是被忽
视的。[②]18 世纪研究维科的唯一的一位思想家是赫尔得[③]，他是在 93
1797 年前后才知道有维科其人的。[④]对这位具有深刻思想的人物的忽视有许多原因。首先是维科的语言极端晦涩，包藏在深奥的神学形象里面；这很可能是为了逃避宗教裁判所的报复、免遭像他的同胞坚诺恩那样的命运而有意地想出来的计策。其次，因为维科还是信仰上帝的，曾弃绝当时占统治地位的笛卡儿主义，因

(接上页)的德译本(莱比锡，1822 年)；法译本有米细勒的，《维科选集》(巴黎，1835 年，两卷)，还有伯尔乔约叟公主的译本(巴黎，1844 年)。米细勒还出版了一部《历史哲学原理》(巴黎，1827 年)，此书是维科的书的提要。除米细勒外，孔德・甘必大和浮斯退耳・得・库朗日等人也研究维科的著作。他的全集有许多版本；最近的版本是G. 金蒂雷和 F. 尼科林尼校订的(巴里，1911—1914 年，五卷)。并参阅朱第塞编的《维科未刊稿》(那不勒斯，1896 年)。

① 史密斯的书，第 2 卷，第 235—236 页。

② 参阅 S. 詹克列维契，“克罗齐笔下的维科哲学”，见《综合历史评论》，第 23 卷(1911 年)，第 312—318 页。

③ 德国哲学家(1744—1803)。——译者

④ 鄂图・丰・哲明金，《维科、哈曼和赫尔得》(莱比锡，1918 年)，第 37—51 页。

而在18世纪理性主义者心目中他是令人厌恶的。

和那些"哲学家"不同，维科是一位心理学家，而且，在最深刻的意义上说还是一位科学家。他提出的问题是：我们有自然科学，但为什么没有历史科学呢？于是他就着手解决两个基本问题："一部理想的永恒的史书"和"关于国家性质和社会诸关系的永恒的法则"。他这些想法导致他定出两条法则，即一致性法则和连续性法则，前者基于这样一个观点：世界"是人类自己创造的，而且人类天性到处都是相同的"。既然人类天性相同，于是维科得出结论说："它不会突然改变；它经常保留前一阶段某些状态和某些习惯的痕迹"；这就是连续性法则。[①]

一致性这个观念显然使分析社会的一门科学成为可能，这种科学同时也将是"人类的历史和哲学"。但是连续性这个概念更为复杂。维科是经过许多迂回曲折的道路和深入细致的探索才得出历史循环这个著名观点的，后来斯宾格勒[②]把它普及了。维科在这里创造了两个有用的概念："进程"(corso)和"重现"(ricorso)。进程指的是人类历史的一般过程，君主国的建立使这个过程达到顶点，然后就是"重现"。但"重现"(ricorso 这个词源出拉丁文 currere，是"跑"的意思)并不意味着衰退；就像英文法律用语"recourse"(追索权)一样，含有重新审查或重新开始之意。因此，在维科看来，上古时期是"进程"，中世纪时期则是"重现"。这两个概念和基督教微妙地联系在一起；因为从"进程"到"重现"这个历史

① 鄂图·克列姆，《历史哲学家和民族心理学家 G. B. 维科》(莱比锡，1906年)，第13—43页。

② 德国历史哲学的著作家(1880—1936)，著有《西方的没落》。——译者

的进化是在野蛮时期(政治上的暴力和科学上的幻想时期)被公平和真理取代的时候才完成的。把这一情况用简单的历史语言,也就是维科的本意说,真正的"重现"是在基督教(真正的宗教)在欧洲建立之时才开始的,从而"永久地建立起"一个真正的和公正的文明,"在各民族之间建起人类新秩序"。[①]

维科哲学的基础并不是他拒绝承认的理性,而是原始时代的 94
心理,他断言原始时代经过三个时期,即神的时期(诸神和神话)、英雄时期(英雄和野蛮)和人的时期(文明);他就是因为有这样的认识,才深入钻研古代史和文学的。维科肯定了他相信上帝就是一切创造和智慧的源泉之后,[②]就坚持认为人能够得到的真正知识(il certo)只限于他自己创造的世界;即人类事件(历史)和社会制度(精神上的成就)。因此,人的知识必然只限于外部事物,但维科确信这些事情本身却有助于彻底的观察,从而有助于一门研究

---

① 理查·彼得,《坚巴替斯塔·维科世界史的体系》(斯图加特和柏林,1929 年),第 138—164 页,维科在自己的研究中还对荷马时代的社会,早期罗马文化、语言学、神话、传说和宗教作了一些发人深思的概括;这些作品可能对沃尔夫著名的荷马学说有影响;参阅罗伯·佛林特,《维科》(爱丁堡,1884 年),第 176—177 页。

② "上帝洞悉一切……但人类要想了解事物,必须借助于把它们加以区分的方法,因此,人类的科学是解剖自然物的科学。用事例说明这一点,便是科学把人剖析为肉体和灵魂两部分,又把灵魂剖析为智慧和意志两部分;科学是从形体和运动中选出来的,或如一般所说的,抽象出来的;从这些东西中间,正如从其他事物中间一样,得出存在和统一。形而上学研究存在,算术研究单位及其增值,几何学研究形体及其容积,机械学从外部研究运动,物理学从内部中心研究运动,医学研究肉体,逻辑学研究理性,伦理学研究意志。"见维科,《文集》(1852 年编印),第 2 卷,第 64 页,引自前引佛林特的书,第 88 页。

社会的科学的建立。①

理性主义者在扩大并提炼了历史领域之后，取得了很好的报酬，即人民的赞同。在历史上，没有任何其他时代像18世纪那样对历史文献发生那么大的如饥似渴的兴趣。人人都在阅读并谈论历史。吉本说，“历史成了最流行的读物”。他和伏尔泰两人的著作都是全欧洲的“畅销书”。吉本告诉我们，“每张桌子上，几乎每个梳妆台上，都有我的书”。休谟和罗伯孙的著作也同样流行，俄国女皇喀德琳二世提到罗伯孙的《查理五世本纪》时说：“我一直在读它，从来没有停止过。”②

历史著作流行的原因之一是人们把它看作文学。另一个原因是人们把历史当作事实的军火库，用来炸毁旧制度，促成人们希望的改变。因为18世纪思想家把历史当作人类经验的伟大导师。
95 波林布鲁克所说“历史是通过实例进行教育的哲学”是一句著名的箴言。休谟在他的《人性论》一书中说，“在这门科学中，我们必须

① “鉴于人类的科学是由头脑的缺陷——即头脑的极端微小——产生的，因此对一切事物说来，它都是外在的，不包含它所渴望知道的任何东西，所以不能产生它在力求弄清的真理，能够补偿科学所产生的缺点的那些科学才是最可靠的。……所以我们可以作出结论说：真理标准，亦即我们可以借以确知真理的法则，就是已经创造了它。由此可知，我们头脑中那个清晰而显著的观点，不仅在一般情况下，不但不能成为一般真理的标准，而且甚至不能成为头脑本身的标准；因为在头脑了解自身的同时，它并不能创造自身；因为它不能创造自身，所以它不知道它，不了解如何理解自身的形式和方法。”《文集》，第2卷，第67页，见佛林特的书的引文，第89—90页。

② 参阅布莱克的书，序言，第15页。在这件事上指出这些哲学家对文体的偏见是有趣的。作家们和学者们，特别是在法国，对形式和表现跟对内容同样注意。自然科学家蒲丰对“风格如其人”这一名言是尽了责任的。他坚持认为，只有写得很好的书才能流传后世。康狄拉克说，“全部文体之美包括两点，即，清晰和个性”（史密斯的书，第2卷，第301页）。伏尔泰和吉本是掌握着华美散文文体的学者的最光辉的典范。

根据对人类生活的仔细观察收集我们的经验，在世界总的发展过程中，当这些经验以人们在共同交往中、在事务中、在娱乐中表现出来的时候，就把它们抓住。”

第三十九章　德国和启蒙时代[1]

96　15世纪的德国学术生活，即所谓德国文艺复兴那段短暂的光

---

① 在德文中这个字是 Aufklärung(启蒙)。参阅佛特的书，第 392—395 页和第 4 卷；约翰·杜威，《德国的哲学和政治》(纽约，1915 年)，第 44—132 页；J.F.詹姆森，“近代欧洲史学的发展”，见《大西洋月刊》，第 66 卷(1890 年)，第 322—333 页；K.佛兰克，《德国文学中的社会力量》(纽约，1896 年)，第 7—8 章；威格尔的书，第 3—4 卷；沃尔夫的书，第 198—210 页；白恩海姆的书，第 225—234 页和其他各节；卢德维喜·瓦赫勒，《欧洲文艺复兴以后的历史研究和艺术史》(格丁根，1812—1820 年，两卷，分为五册)，第 2 卷，第 806 页以下；J.G.希宾，《启蒙哲学》(纽约，1910 年)；赫尔曼·赫特纳，《18 世纪德国文学史》，E.A.部克编(不伦瑞克，1925—1926 年，三卷，分为四册)；G.M.普里斯特，《德国古典时期文学选》(普林斯顿，1934 年)；亚尔伯特·克斯特尔，《德国的启蒙文学》(海德堡，1925 年)；亚勒弗烈·霍伊巴姆，《德国教育史》(柏林，1905 年)；恩斯特·卡西雷尔，《启蒙哲学》(蒂宾根，1932 年)；伊丽莎白·海姆佩尔-米雪尔，《启蒙运动，一个历史方法的研究》(朗根萨尔察，1928 年)；卡尔·佛尔克尔，《启蒙教会史音读》(蒂宾根，1921 年)；琉细安·列维-布律尔，《莱布尼茨以来的德国。论德国民族思想的发展》(巴黎，1890 年)；G.札尔特《培根以来英国哲学对 18 世纪德国哲学的影响》(柏林，1881 年)；P.贝惹，《威廉·布莱克:神秘主义和诗学》(巴黎，1936 年)，第 1 章；康拉德·布尔济安，《德国古典语言学史》(慕尼黑，1883 年，两卷，合为一卷)，第 517—664 页；阿尔比温·W.斯马尔，《财政学家，德国社会政治学先驱》(芝加哥，1909 年)；威廉·狄尔泰《全集》(莱比锡和柏林，1914—1936 年，12 卷)，第 2 至 3 卷；恩斯特·特勒耳奇《全集》(蒂宾根，1912—1925 年，四卷)，第 4 卷，第 338—374 页；伊曼纽埃尔·康德，“什么是启蒙运动?”见他的《全集》，G.哈腾斯太因编(莱比锡，1867—1868 年，八卷)，第 4 卷，第 161—168 页；关于当时的一般读物参阅:J.G.菲斯麦尔编，《历史辅助学科纲要》(兰茨胡特，1802 年)；J.E.法布里，《历史主科与辅助学科百科全书》(埃尔兰根，1808 年)；Ch.J.克劳斯，《学术〔有些部门〕观点百科全书》(柯尼斯堡，1809 年:他的《杂著》，第 3—4 卷)。

明前景和潜力被路德的宗教改革摧毁了，[①]而且宗教改革还终于引起三十年战争，几乎把德国都摧毁了。[②]

1648年[③]以后，德国第一位清醒的思想家是有名的哥特夫 97
里·威廉·莱布尼茨(1646—1716)，[④]他解放并恢复了德国学术。

① 一位新教神学家写道："许多丰产硕果似已成熟，然而突然来了……一阵风暴，摧毁了一切丰收的希望。"参阅F.M.席累，"路德与路德主义在学校与教育历史中的意义"，见〔柏林〕《普鲁士年鉴》，第132卷(1908年)，第381—395页；并参阅莱布尼茨语，"德国几乎没有喘息的时候，人口中差不多全是不到成年的一代——如果战争重新爆发，有理由担心这一代不到成年之前就会被摧毁了，这个不幸的国土大部分都将变为一片荒凉"，引文见A.W.沃德《论文集》(剑桥，1921年，五卷)，第1卷，第1编，第338—339页。

② 关于三十年战争后果的一篇精彩的记述，参阅列维-布律尔，《莱布尼茨以来的德国》(见上一个著者注)，第1章。

③ 即三十年战争结束之年。——译者

④ 莱布尼茨作为一位史学家的名誉一直被忽视，直到乔治·亨利·柏次在他为《帝国编年史》(1846年)写的序言中才第一次向学术界报道了莱布尼茨是一位史学家——这已是他逝世130年以后的事了。关于英文记述，参阅沃德的书(见上一个著者注)，第1卷，第1编，第14章；史密斯的书，第2卷索引：E.H.豪尔陶斯，"史学家莱布尼茨"见〔伦敦〕《泰晤士报文学副刊》，1935年，第746页(值得重视)；以及吉本题名为"不伦瑞克王室的古代"的文章，见他的《杂文集》，约翰·洛德·谢菲尔德编(伦敦，1796年，两卷)，第2卷，第637—705页，特别是第638—641页。还应参阅佛特的书，第392—393页；沃尔夫的书，第199页，和有价值的书目提要注释；威格尔的书，第618—661页，及其索引；莱布尼茨自传，见于他的《全集》(G.H.柏次编，1843—1846年)和柏次的序；库诺·费舍，《哥特夫里·威廉·莱布尼茨的生平、著作和学说》，见他的《新哲学史》，第3卷(第4版，海德堡，1902年)；爱德曼·普夫莱德雷尔，《哥特夫里·威廉·莱布尼茨这位爱国者，政治家和教育家》(莱比锡，1870年)；佛兰克的书(见本书原书第96页第1个著者注)，第176—178页；毕德曼的书，第2卷，第1编，第207—268页；札尔特的书(见本书原书第96页著者注)，第14—17页；V.巴什，《德国古典哲学的政治理论》(巴黎，1927年)，第3章；卡西雷尔的书(见本书原书第96页著者注)，第36—47页和其他章节，同上作者，《莱布尼茨思想体系的科学基础》(马尔堡，1902年)；绍谟克尔的书，第7—8页；马塞尔·得鲁恩，"历史家莱布尼茨"，见〔巴黎〕《综合历史评论》，第22卷(1911年)，第148—164页；路易·达维累，"莱布尼茨历史方法的发展"，见同上杂志，第23卷(1911年)，第257—268页；这是达维累本人的(接下页)

莱布尼茨是最后一位博学家、近代最伟大的多方面学者、形而上学家、数学家和自然科学家。我们在这里只是就他作为博学时代的一位历史学家谈谈。他的比较大的影响是在德国启蒙运动方面。他在他父亲担任哲学教授的莱比锡大学毕业后，在巴黎待了四年，会见了差不多所有法国著名学者。1673 年前往伦敦，成为伟大物理学家波义耳的朋友。1676 年又在巴黎居住一段时期之后，就定居汉诺威、任公国图书馆长，并在该城终其余年。他受公爵委托撰写不伦瑞克—伦堡王室的历史。于是他就为寻找文献并收集资料广泛旅行各地达三年之久。吉本说他“在这次学术旅行中，向活着的人了解情况，并了解已死的人的情况，翻腾了许多图书馆、档案库、修道院，甚至许多坟墓，辛勤地收集或抄写各个时期的书籍、手稿和特许状。”他的历史研究因哲学和数学方面的工作而大大推迟，因而《不伦瑞克著作汇览》(*Scriptores rerum Brunsvicensium*)第 1 卷直到 1701 年才出版，第 3 卷即最后一卷于 1711 年出版。他的《归尔甫王族起源考》(*Origines Guelficae*)生前未能完成，这部书的五大卷是由爱卡得[①]和舍德完成的，于 1750 至 1780 年间出版。这几位作家的手笔有明显区别：莱布尼茨大胆而富有创见，爱卡得博学而粗糙，格鲁伯的特点是他那些注释，舍德则是他那些批判文章。1695年摩德纳亲王和汉诺威公主的婚事是莱布尼茨

(接上页)《史学家莱布尼茨》(巴黎，1909 年)一书的修订本；参阅佛特的评论，见〔慕尼黑〕《历史杂志》，第 108 卷(1911—1912)，第 341—344 页；埃哈德，“作为历史学者和科学协会鼓吹者的莱布尼茨”，见《国史与考古学杂志》，第 10 卷(1847 年)，第 235 页以后；垒蒙特，“马腊柏歧、穆拉托里和莱布尼茨”，见《意大利在史学上的贡献》(柏林，1855 年)，第 2 卷，第 215 页以后。

① 德国历史家(1664—1730)，莱布尼茨的助手。——译者

撰写这部著作的起因。在他那广阔的头脑中，一个省、一个王朝的历史扩大为中世纪编年史，特别是巴伐利亚和撒克森的伟大归尔甫王室的历史。1700 年莱布尼茨再次前往意大利，发现摩德纳的档案文献处境可悲，结果这位公爵从米兰把穆拉托里召回整理他的档案文献。 98

当时的学者都是神学学究，以懂得拉丁文自豪。在这样一个时代，莱布尼茨不但提倡传授科学，而且提倡使用本国语文。

> 〔他写道〕我们的学者很少表现出保护德国语言的愿望，有些人是因为他们真的认为智慧只能披着拉丁文和希腊文的外衣；另一些人则是因为害怕别人发现他们的无知；眼下这种无知被响亮的词句这个假面具遮盖起来了。真正有学问的人不需要害怕这些，因为他们的智慧和科学在人民中间流传得越广，能为他们自己卓越的才干作证的人也就越多。……由于轻视祖国语言，有学问的人们关心的只是些没用的东西，而且仅仅是为书架而写作；从而使自己全体同胞见不上知识的面。一个得到很好发展的本国语言，就像擦得闪闪发光的玻璃，会把人们的头脑的精确性提高，并使人们的才智清清楚楚，条理分明。①

① 引文见马太·奥恩斯太因，《17 世纪科学协会的任务》(纽约，1913 年)，第 213 页；1679 年莱比锡大学法律教授克立斯兴·托马修斯用方言发表一篇演说，受到猛烈攻击，最后被迫逃亡。1690 年哈雷大学创办时，托马修斯在该校用德语发表的第一篇演说中，高声说道："我们不应当受亚里士多德的束缚，即使我们嘲弄这位哲学家之王和国王们的哲学家，我们也不应该被指控为叛逆。"(引语见同上书第 272 页)托马修斯的特别重要性不仅在于他以革命式的行动把使用德语讲课引进大学，而且在于他向学究们进行毫不容情的斗争，还在于他编辑了第一个文艺性的德语期刊。关于托马修斯，参阅路易·龚普洛维奇的《政治学说史》(因斯布鲁克，1926 年)，第 223—226 页；比德曼的书，第 2 卷，第 1 章，第 346—380 页；R. 斯丁青和 E. 兰芝堡，《德国法学史》(慕尼黑，1880—1910 年，三个部分，编为六卷)，第 3 卷，第 45 页以后；伊立克·沃尔夫，《格劳秀斯，溥分道富，托马修斯，法律学历史学派三主角》(蒂宾根，1927 年)；关于哈雷，参阅威廉·施腊德尔，《哈勒腓得烈大学史》(柏林，1894 年，两卷)。

这位伟大的科学家还主张改革德国学校制度，认为德国的大学搞的是“僧侣式的”和愚民政策的，这话很对。

> 〔莱布尼茨写道〕教育青年不应该过多地着重诗歌、逻辑和烦琐哲学，而应该更多地重视实务(realia)，历史、数学、地理、实用物理(vera physica)；务实教育应当结合收集罕见的东西，在解剖学教室研究人，在药店研究化学，在植物园研究植物，在动物园研究动物。学生应当永远在自然和艺术现场里活动，从中得到知识和印象。[①]

莱布尼茨是哲学家又是实践家，他转向历史研究是为了以史实支持他那些观点。青年时代，在他父亲的图书馆里读过李维、希罗多德和色诺芬的著作。他写道：“自幼年起，我的伟大目标便一直是通过发展各种科学为上帝增光，……不过环境迫使我……从事历史和政治工作。”

莱布尼茨的历史研究是和他在不伦瑞克—汉诺威的归尔甫公
99 爵家族图书馆当馆长和史官的职务联系在一起的。恩斯特·奥古斯都[②]记起狮子亨利时代伟大的威尔夫家族[③]的光荣，再看到不伦瑞克公国由于致命的瓜分而缩小了版图并降低了重要性而焦急万分。他有雄心恢复嫡长子继承制，并把自己提升为选侯。这就是他雇用莱布尼茨当自己的史官和新闻发布官的原因。1692 年，他的保护人被指定为第九位选侯，1714 年汉诺威家族成员乔治一世登上英国王位；这两件事把莱布尼茨作为一位评论家和宣传家的

---

① 引语见奥恩斯太因的书(见本书上一个著者注)，第 212 页；参阅第 210—214、80—83、262—263 页。

② 汉诺威第一个选侯(1692—1698 年在位)。娶索菲亚为妻(1658 年)，索菲亚为英王詹姆士一世的外孙女，故其子后来继续英国王位，为乔治一世(1714 年)。——译者

③ 即归尔甫，意大利把威尔夫一词错读为归尔甫。——译者

功绩圆满完成了。

莱布尼茨的历史研究工作就是在这两件事之间进行的，而且他的研究工作也的确是作为促成这些事件的重要因素而进行的。他的第一部著作《万民法文献释义》(*Codex juris gentium diplomaticus*)(1693年)刚一问世，立即标明他在国际法方面是格劳秀斯的继承者。作为一位职业哲学家和科学家，莱布尼茨把科学精神应用于历史方法、并运用哲学推理阐明历史的意义。为了弄清任何事情的真相，他认为把历史家(即见证人)和他的叙述(即合理的说明)区别开来是可取的；他坚持认为：人们必须细心研究史实记录者的心理，然后对原始资料进行同样精细的调查研究。这是因为，莱布尼茨相信，甚至在不可信的记载如传说和神迹这类东西里面也会有星星点点史实。所以，学者的职责就在于寻找这些点滴实况；简言之，即把麦子和秕糠分开。从技术观点看，这些意见是锐敏而深刻的，但其效果并不大。对莱布尼茨这样一位哲学家说来，奇怪的是，他成天忙于校勘考据，却忽视了人的因素在历史上的作用，对于各种社会力量也太不注意了。

莱布尼茨作为一位社会思想家的另一个缺点是他那过于程式化的倾向。他按照培根的分类法，把知识分成三类："个别的"即历史；"观察"即归纳的科学；"普遍的和可证明的"即科学。莱布尼茨说，某些必要的真理并不依靠经验；因此，他把他的态度叫作"先天的历史哲学"。既然"个体包括着无限"，而无限不可研究，因而人们并没理由自寻烦恼，去研究人类的因果关系，或者去规定出什么"支配历史现象的法则"。

显而易见，莱布尼茨是如此彻底的一位科学家和哲学家，因而在把历史拴在说明无限宇宙的先验图式(即他预定的和谐)上边的时候,他却在不知不觉中把历史一笔勾销了。他对17世纪的牵强附会的解说使他体会不到历史是不能生硬地套用自然科学法则
100 的。1692年在写给不伦瑞克公爵恩斯特·奥古斯都的一封信中,他曾对历史的性质有一段奇特的说法。

> 为了弄清楚历史究竟是什么这个问题,人们可以把它比作动物的身体,骨骼是身体上一切东西的支架,神经联系各个部位,精神使机体运动,体液包含液体滋养,最后,肌肉使整体完美。史学各个部门也可以这样类比:年代好比骨架,世系家谱好比神经,隐藏的动机好比无形的精神,有用的事例好比体液,而事实的细节则好比全部肌肉。因此,我觉得年代学或称时间的知识犹如全身的基础或骨架,形成其余一切部分的根基和支柱。我觉得,著名人物的世系,相当于历史的神经和肌肉,这是因为,既然历史记录的是人们过去发生的事情,那么历史就必须注意人和人之间的自然关系,其中包括血缘关系。而且,既然继承先人事业经常带来实力和权威,……那么,各民族、各王国以及各公侯国的历史在很大程度上是以人们之间的联系、变化和家族关系为转移的。战争把许多国家合并一起成为一个伟大的君主国,以及一个君主向另一个君主提出权力要求等等,都是由此产生的。……
>
> 既然不真实的历史就像没有生命的身体,那么,如果没有事实根据,人们就不应当肯定任何事情,而且应当逐步清除潜入历史中的那些杜撰的故事。……还应当承认,历史中并不是所有各个部分都同样能够做到十分精确的,比如说古代史里记载的那些潜伏的动机,谁能保证它们是真是假呢?①

除了最后这一句话之外,整个这封信至少可说是难以置信的

① E.博德曼,见《下撒克逊史家学会期刊》,1885年。此信用法文写成,原作为他的公爵家族史的序言。

幼稚无知。把历史比作动物或机器,是那个时代的典型做法,这只不过是粗糙的唯物主义。难怪莱布尼茨在史学上并无多大影响。

然而,如果把莱布尼茨在解释历史方面的影响估计过低就错了,因为他在这方面的影响是很大的。莱布尼茨在他的形而上学方面是最伟大的。莱辛、康德、沃尔夫、文克耳曼和赫尔得可能根本就没有读过他的“编年史”,但是他们都受到他的哲学的感染。他的一些基本观点如历史的连续性,以及在人类社会中,变革既是发生的过程又是发展的原则等等,必然使历史写作出现革命的变化。

把莱布尼茨留下的线头捡起来的第一位新式哲学家是克立斯兴·沃尔夫(生于 1679 年)。他是哈雷大学哲学兼数学教授,因而曾受到莱布尼茨的影响。然而,沃尔夫并未完全接受莱布尼茨的理性主义,他坚持一切认识必须根据经验。莱布尼茨以稍带严厉的口气承认,说他这个学生只是在数学和物理方面学得还像他的样子,在哲学上并非如此。莱布尼茨在写给一位朋友的信中说:“沃尔夫先生接受了我的某些观点,但因为他主要是忙于讲授数学,而且在哲学观点上我们并没交换多少意见,因而除了我已经发表的上述那些观点以外,他就不会有更多的了解了。”① 101

沃尔夫的哲学体系包含在他的四部著作里,即关于逻辑学的(1712 年),关于形而上学的,关于伦理学的,和关于社会科学的(即关于社会学说和政治学的)各一部,后者于 1720—1721 年间

① 引文见摩立兹·克罗南堡,《德国理想主义史》(慕尼黑,1909—1912 年,两卷),第 1 卷,第 197 页。

世。在沃尔夫看来，哲学是一切有可能存在的事物的科学。可能存在的东西就是那些不包含内部矛盾的东西。沃尔夫的重要性在于他对哲学诸概念的明确而系统的陈述以及他对意识和经济的强调。"因为对我们不知道的事物，我们是不能经验的。"他对后来所有德国思想家都有深刻影响。[①] 他是启蒙运动的真正奠基人。

按时间说，新德国第一位历史家是莱比锡大学教授约翰·雅各·马斯科(1689—1761)，[②]他在历史编写方面的伟大贡献在于他使用的是德文和他对文化和宗教事务的重视(并非受了伏尔泰的影响)。他最著名的一部著作是《古代日耳曼史》(1762—1837年)，写墨洛温王朝[③]。[④] 马斯科所说"日耳曼"指的是所有那些在"语言、身材、宗教和风俗"等方面都属于"日耳曼血统"的部落。他追溯到这些民族经过各种迁徙到达遥远地区建立起来的一些新王国。他解释说，他的主要兴趣是把古代日耳曼人的生活、习惯、战

---

① 参阅施腊德尔的书(见本书原书第98页著者注)，第1卷，第168—181页；札尔特的书(见本书原书第96页著者注)，第17—30页；比德曼的书，第2卷，第1编，第394—426页。沃尔夫被教士们赶出哈雷大学后，腓得烈大王又恢复了他的职位，伏尔泰写道："苏格拉底在位，真理占统治地位。"参阅约瑟·特克斯特，"在法国最早把德国文学庸俗化的人们"，见〔巴黎〕《王廷与议会评论》，第4卷，第2部分(1896年)，第133—14l页；卡西雷尔的书(见本书原书第96页著者注)，第160—177、234—237、306—307、444—453页。

② 他的德文名字是Maskow或Maskov。参阅佛特的书，第394—395页；沃尔得玛·革力次，《约翰·雅各·马斯科的历史研究法》(莱比锡，1901年)；乔治·筏格特，《约翰·雅各·马斯科》，见〔慕尼黑〕《历史杂志》，第15卷(1866年)，第327—358页；R.特赖奇克的文章，见《史学杂志》，第8卷(1847年)，第146—184页。

③ 公元431—751年。——译者

④ 英文本是托马斯·列第亚得译的(伦敦，1737年，两卷)。一位当时的评论家说：德文原著非常好，可惜不是用拉丁文写的；拉丁文译本于1741年出版。

争和政治等情况写得尽量接近实况。为了达到这个目的，他尽可能只使用当时的著作和遗物。[①] 因为他使用资料得当，态度不偏不倚，所以他的历史虽然已是二百多年以前写的，至今却仍值得一读。

18 世纪前半叶德国教育处于下降阶段这个情况对历史研究起了阻碍作用。今天很难想象它究竟堕落到什么程度。作为一种精神力量的教育几乎有灭绝的危险。甚至拉丁文和希腊文也已声名狼藉。当时研究的希腊原著常常只有《新约圣经》一部。哈雷大 102
学的第一任校长托马修斯[②]写道："我觉得《智慧篇》《朱狄司篇》或《玛喀比上下篇》[③]和那位老呆子……荷马以及许多其他异教诗人和演说家的作品比较起来可能不相上下，或者还更好一些。"[④]首先解除这种黑暗状况的人是 1730 年任莱比锡托马斯学校校长的约翰·马提亚·革斯涅[⑤](1691—1761)。他在该地的同事之一是约翰·瑟巴斯梯安·巴赫[⑥]。在格丁根大学成立的时候，他当了

① 参阅列第亚得的译本(见本书上一个著者注)，第 1 卷，第 6 编。

② 德国法学家(1655—1728)。——译者

③ 这些都是《旧约圣经》中所谓"伪经"。因为原文不是用希伯来文写的，所以犹太人不承认它们是真正的圣经；宗教改革后新教徒不把这些篇章印入《旧约》中。《朱狄司篇》叙述美丽的犹太女郎朱狄司侍亚述将军于营中，乘其酒醉刺杀之，其城市得以保全。《玛喀比上下篇》叙述公元前 2 世纪犹太玛喀比家族反抗新巴比伦的爱国斗争。——译者

④ 引文见汉符理·特里维廉，《歌德的希腊主义的民众背景》(伦敦，1933 年)，第 6 页，参阅第 26—34 页。由歌特瑟德翻译的柏耳《词典》1741 年出版于莱比锡；在古典学术研究的衰落中，这部词典产生了有害的影响(参阅同书第 63 页)。

⑤ 德国古典语言学家。——译者

⑥ 德国音乐家(1685—1750)。——译者

修辞学教授和图书馆长，特里维廉先生[①]提起他时写道：

> 他的基本原则是，阅读古代作家的书的目的在于书中的内容，在于他们的思想上的智慧以及他们在表达这些思想时使用的形式和表现方法上的美，因此，学生的思想和鉴赏力应当通过热情钻研最伟大的文学和哲学著作受到训练。这将是在最高意义上的一种生活训练，一种对头脑和精神的训练，其目的在于理解并判断世界上种种价值，以便在任何情况下，这样的人都会"有充分的知识找到正确的道路。……"而且，这种训练也不仅仅是生活训练；对有天才的少数人说来，这种训练将引导他们在文学、哲学和艺术等方面作出自己的创造性的努力。[②]

这里要谈谈的就是这些新大学对德国学术觉醒的影响。把这些大学列一张表或许并不是不适当的。在时间上和重要性上都占优先地位的是格丁根大学，它是按照哈雷大学（1694 年）的模式于 1737 年建立的；开始时只得到 16 000 退勒（thaler）[③]的少量拨款，但到 1763 年格丁根大学就已经有一个藏书 20 万卷的图书馆了。第二座大学府就是 1740 年由腓得烈大王建立的柏林科学院。这座学府并不是一所大学，而是按照法国科学院的模式建立的一个科学研究机构；事实上，它的院长（摩拍屠依）[④]和许多院士都是法国人，出版物用的也是法文。1751 年，格丁根也按照柏林的榜样，成立了一个科学协会，开始出版著名的《格丁根学报》。许多其他学术机构也仿效这两座典型学府纷纷成立：如爱尔富特（1756

---

① 英国历史家（1838—1928）。——译者

② 参阅马歇尔·蒙哥马利，《弗里德里希·赫尔德连与新希腊文艺运动》（伦敦，1923 年），第 6 页。

③ 德国银币名，等于三个马克。——译者

④ 法国数学家和天文学家（1698—1759）。——译者

年)、慕尼黑(1763 年)、曼海姆(1766 年)等学院。在同一时期也出现许多技术学院,如不伦瑞克(1745 年)、弗赖堡(1765 年)、克劳斯塔尔(1775 年)等。[①] 遍及全德的这种新的科学和学术精神“在转 103
变文化理想方面所做的工作远远超过所有君主和官僚的成就”。[②]

在莱布尼茨以后,德国启蒙运动的显著特点是反抗理性主义和反对像莱布尼茨、笛卡儿、培根等人那样把科学的程式化搞得太过火。以理性为上帝、以牛顿的《原理》[③]为《圣经》、以伏尔泰为先知的法国启蒙运动[④]曾把理性主义和功利主义捧上天。德国的启蒙运动则强调经验、直觉和主观思维过程,认为这些东西才有永久的和普遍的价值。法国那些理性主义者是反对历史主义的实用主义者,而德国思想家则转向过去,其目的并不是为了“学习旧榜样”,而是为了表现人类精神和社会现象的连续性。总之,在法国人抛弃道德价值并把历史上的上帝从前门扔出去的时候,德国人却把他从后门拉了进来,不过在转变期这位上帝已不再是基督教义的一个题目了。这一点将在谈到康德、赫尔得和黑格尔等人时看到。

德国思想从法国学术的束缚下解放出来的过程是悠长而缓慢

---

① E. 康拉德,“早期学术团体和学院”,见《教科法学校》,第 12 卷(1905 年),第 384 页以后;史密斯的书,第 2 卷,第 402—449 页;比德曼的书,第 2 卷,第 2 编,第 1 部分,第 660—684 页。关于柏林科学院,参阅克立斯兴·巴尔托梅,《普鲁士科学院哲学史,从莱布尼茨到谢林,特别是腓得烈大王时代》(巴黎,1850—1851 年,两卷);和阿道夫·哈那克《柏林普鲁士皇家科学院史》(柏林,1901 年,三卷,分为四册)。

② H. A. L. 费希尔,《拿破仑政治手腕的研究:德国》(牛津,1903 年),第 277 页。

③ 《原理》(*Principia*)最初出版于 1687 年。——译者

④ 史密斯的书,第 2 卷,第 21 页。

的。比方说,事实上所有德国重要思想家一直到18世纪末年都还在法国学习。在1750年以前,实际上德国根本就没有什么作品,独立的德国思想几乎也不存在。在整个德国,人们阅读、翻译并颂扬的都是狄德罗的著作。歌德写道:“狄德罗就是狄德罗,一个独一无二的人。谁轻视他或他的著作,谁就是一个大傻瓜。”[①]莱辛受到的影响不只是狄德罗的,而且还有培尔[②]的。微兰[③]满脑袋都是伏尔泰。迟至1783年,柏林学院还出了一个有奖征文题目:“是什么使法文变成世界语的”,奖金被一个法国人里发洛尔[④]拿去了,这是因为他写了一本《论法语的普遍性》(*Discours sur l'universalité de la langue française*),在书中提出18世纪是法国世界这个论点。[⑤]

法国文化统治德国,基本上是由于政治上的原因。德国分裂成互相敌对的三百多个封建小邦,因而并无蓬勃的政治生活,全民

---

① 卡尔·罗生克兰茨,《狄德罗的生平和著作》(莱比锡,1866年,两卷)以及A.贝龙热对该书的评论,“狄德罗与德国”,见《世界图书与瑞士评论》,第32卷(1868年),第192—212页。

② 法国哲学家和批评家(1647—1706),编著《历史与批判词典》,被视为18世纪唯理主义的创始者。——译者

③ 德国文学家(1733—1813),被称为“德国的伏尔泰”,与歌德、席勒、赫尔德为友。——译者

④ 法国的新闻记者(1753—1801),祖先为意大利人,约于1780年定居巴黎。法国革命爆发后,他站在保皇党一边,从1792年以后流亡国外。——译者

⑤ 约瑟·特克斯特,“18世纪的法国在文学上的领先地位”,见〔巴黎〕《王廷与议会评论》,第4卷,第1部分(1895—1896);J.J.霍内格尔,《上世纪法国文化影响批判史》(柏林,1875年)。1748年梅尔开奥·格里姆(生于1732年)前往巴黎,参加了狄德罗、卢梭、爱尔法修等人的团体;正是他成了法德两国之间的联系人,不过法国知识分子很少知道或注意德国。

族也没有一个团结的中心。[①] 整个德国文化水平极低，大小君主 104
对学问也普遍轻视。[②]

尽管德国人的民族情感并不深，但那些杰出人物当然也意识到自己国家这种可悲的景况。莱辛劝告他的国人说："不要试图造成一个民族，只要保有人的地位就该满足了。"然而，在这个问题上也有不少批判性的思想。[③] 下列两段引文是很说明问题的：

> 〔腓得烈大王写给伏尔泰的信上说〕至于德国人，他们的缺点并不是没有头脑。他们也有自己的良知，他们的性格接近英国人。德国人勤劳而深刻，他们一旦抓住一个题目，就倾全力钻研。他们写的书冗长得腻人。如果他们能够把他们那种笨重改掉，再稍微多熟悉一点风雅，我就不至于对我国产生伟大人物感到失望了。不过还有一个困难常常阻碍我们用本国文字写出好书；这是因为用字的方法还没有固定下来，而且，因为德国由这么多君主分治，要想使这些君主服从一个学院的决定是永远也不会达到目的的。
>
> 我们这些学者除用外文写作外，毫无其他办法，而且彻底弄通外国语既然很困难，恐怕我们的写作永远也不会有很大长进。而且还有和前一个困难同样巨大的另一个困难即那些君主通常都轻视学者……；

① 查士塔斯·墨塞尔写道："要等到我们对民族有更大的兴趣，我们才愿意……更充分地表达我们自己。在那个时候到来以前，历史至多仍然是道德说教和训诫的记录。"《全集》，B. R. 阿贝肯编（柏林，1842—1843 年，十卷分为五册），第 9 卷，第 156 页，引自他的论文"论德国语言"，第 136—157 页。

② "品格和智慧一般水平低下，宫廷和廷臣的丑闻令人厌恶而愤慨。欧洲最驯良的人们注视着巴伐利亚最后选侯的荒淫无度，符腾堡公爵卡尔·尤金的任性专横，瑞布鲁克公爵卡尔的疯狂，莱茵河畔诸教会选侯的拜占庭式的腐化堕落，因而感到无能为力的失望。〔法国〕革命前夕，德国大部分是贫穷、无知、统治不良、人心不满。"G. P. 古奇，"德国与法国革命"，见《皇家学会学报》，第 3 辑，第 10 卷（1916 年），第 51—52 页。

③ 特克斯特的书（见本书原书第 103 页著者注），第 319 页。

而且他们还以奚落比他们强千倍的人为己任。[1]

尽管这位普鲁士王的预测是错误的，但他的分析还是正确的。多年以后，歌德表示了自己类似的看法：

> 〔这位伟大的诗人对厄刻曼[2]说〕所有那些有天才有头脑的人，都分散在全德各地；彼此相隔五百、一千里格，个人之间很少接触、当面交换意见。……试想在像巴黎那样的城市，整个大帝国那些最优秀的学者都聚在一处，通过日常接触、冲突、竞争，互相指教、互相提高，多么好啊。[3]

105 “如果说几乎在整个一个世纪当中，标志着德国特点的哲学就是历史哲学，这话并非夸大。……”[4]在 18 世纪的德国，创造新的历史精神并规定了它的形式的人很少是专职历史家。其中最伟大的是莱辛、文克尔曼[5]、康德和 F. A. 沃尔夫[6]。最伟大的历史家是查士塔斯·墨塞尔。在撰写历史的人们当中，从事实际写作的人比不上理论家。柏林大学的建立（1809 年）这一件大事在德国（和欧洲）文化史上的重大意义是难以估量的，在这件大事出现以前，德国出了一个康德，但不是吉本。历史哲学家之所以较历史作家

---

① 腓得烈 1737 年 7 月 6 日写给伏尔泰的信，见理查·阿尔丁顿编的《伏尔泰与腓得烈大王通信集》选译（纽约，1927 年），第 77 页；参阅理查·费斯特尔编《腓得烈大王的信件与著作》（莱比锡，1927 年，两卷），第 1 卷，第 291—292 页；腓得烈大王，《论德国文学，其可指责的缺点，缺点产生的原因及其纠正方法》（柏林，1780 年）。

② 德国的作家（1792—1854），歌德的朋友和文学助手，著有《和歌德的谈话》（三卷，1836—1848 年）。——译者

③ 译文见特克斯特的书（见本书原书第 101 页著者注），第 133 页的引文。

④ 杜威，《德国哲学和政治》（见本书原书第 96 页著者注），第 92 页。

⑤ 德国古典考古学家和艺术批评家（1717—1768）。——译者

⑥ 德国古典语言学家（1759—1824），著有《荷马史诗导言》等书。——译者

优先，其理由之一就像查士塔斯·墨塞尔解释的那样，是缺少蓬勃的民族生活。在一个民族还没有统一也没有一个中心的时候，就不会有撰写伟大史书的推动力。因为缺乏有实质的东西，德国人就钻进抽象思维里去了；没有看得见的真人真事就无法训练人们的思想，很容易地就飞向无边无际的绝对太空翱翔起来。用一句著名的俏皮话说，就是英国人控制着海洋，法国人控制着大陆，德国人控制着太空。总的看来，德国人在历史编写上的创造力和它的哲学深度成反比。

18世纪前半叶的历史著作最普遍的类型是世界史，一般都是记述"四大君主国"[①]之一或一个以上，直到民族大迁徙时期为止。1746年哈雷大学两位神学家出版了一部《世界通史》。其资料取自英文《世界史》；在后来那些年，不少历史家都随便重写这类摘要，其中还包括著名的施罗塞[②]在内。这类世界史著作的内容一般都是不加批判的一堆琐事。有几位历史家下工夫写德国史，但多失之狭隘、迂腐。不妨在此顺便提一下，J. G. 爱卡德的《德国史》(1737年)和《日耳曼的起源》(*De origine Germanorum*)(1750年)；J. S. 皮特[③]论德国宪法(1786年)和威斯特伐里亚和约[④]的著作(1795年)。但是，仅仅把名称和书名列一张单子，是没有多大意义的。[⑤]

---

① 即巴比伦、亚述、波斯和罗马。见本书上卷(原书第527页)。——译者

② 德国历史家(1735—1809)，著有《世界史导论》等书。——译者

③ 德国法学家(1725—1807)。——译者

④ 结束三十年战争(1618—1648)的和约。——译者

⑤ 绍谟克尔的书，第209—237页；比德曼的书，第2卷，第2编，第3部分，第702—706页及其他各节；沃尔夫的书，第152—153页。

哥特霍尔德·以法莲·莱辛(1729—1781)是对自己时代的特点有明确而生动的了解的最早的一位德国作家。① 他有“历史感,
106 对古代创造性的学术贡献也有伟大的鉴赏能力”,②还具有向本国同胞阐释自己时代的本领。在德国学术史上,“他那些发现已家喻户晓,他的研究范围已成了界碑”。他是一位非常伟大的批评家,这不只是在文学写作方面,在学术和道德生活上也都是这样。他恢复了亚里士多德的本来面目——不是中世纪经院哲学家的亚里士多德,而是希腊人的亚里士多德。自从亚里士多德以来,在所有批评家当中莱辛可算是最纯正的亚里士多德式的人物了。他把笛卡儿的理性主义哲学里在思维上那些走极端和滥用之处揭露出来,从而拆了他的台,恢复了亚里士多德作为在学术方法上的大师的地位。他对笛卡儿派那些绝对论有一种直觉的厌恶——“他觉得真理不但是人们从中发现它的那些事物的属性,而且也是寻求真理的人们的属性。”在他那部《小著作》(*Kleine Schriften*)中他写道:“人们对待事物的方式,和事物本身同样有价值,甚至和事物本身同样有教育意义。”他这个方法论新鲜而爽快,和笛卡儿派滥用逻辑的方法大不相同。莱辛认为真理并不是三段论中的证讫

---

① 詹姆士·赛姆,《莱辛》(第2版,伦敦,1890年,两卷);佛兰克的书(见本书原书第96页著者注),第265—299页;比德曼的书,第2卷,第2编,第3部分,第748—801页;伊立克·斯密特,《莱辛,他的生平和著作》(1884—1892年,两卷);也可参阅〔伦敦〕《评论季刊》,第147卷(1879年),第1—48页,和第173卷(1891年),第169—170页;〔伦敦〕《伦敦评论季刊》,第25卷(1840年),第233—253页;〔伦敦〕《不列颠评论季刊》,第68卷(1878年),第333—360页;《泰晤士报文学副刊》,1929年,第49—50页;关于法国人的看法,可参阅维克多·社尔步雷的论文,见〔巴黎〕《两世界评论》,1868年,第1卷,第78—121、981—1024页。

② 哈罗德·霍夫丁,《近代哲学史》(伦敦,1900年,两卷),第2卷,第19页。

(Q. E. D.),而是真实本身。他在一篇论图尔人贝朗瑞[①]的文章中写道:“我不知道为真理而牺牲财产和生命是不是一种义务。为做到这一点所必须具有的勇气和决心并不是我们能归到自己身上的天赋。但是我确实知道,传授真理是一项义务,要么就传授全部真理,否则根本就不要传授。”

莱辛认为,历史是一个连续过程。他发展了莱布尼茨的连续性原理,并把它运用到历史上。人类的一切都在运动。理性主义是肤浅的,所以它是自满的。启蒙运动不知道如何研究历史,因为它对过去并无同情。历史方法当时还没有产生。他知道对真理的一切探索都只能近似真理;他还知道,一个人掌握真理的本领就在于他有能够把许多近似真理的东西一起抓住整个加以理解的那种力量。在《拉奥孔》(*Laokoon*)[②]这本书里他说明了他对真理的信念:“各种科学的极终目的就是真理。真理是灵魂的需要,在满足这种基本需要的过程中,即使使用最微小的强迫也是暴行。”在极端理性主义那些貌似有理的议论和诡辩花招成为流行思想极为反感之对象的时代里,莱辛的这样教导是很高贵的。亚里士多德是莱辛的第一位导师,第二位导师是莱布尼茨。他从莱布尼茨那里学到如下认识:在有生命的东西——从植物和动物到人以及人的头脑中的那些观念——里边具有遗传性和有机性。

---

① 法国教士(998—1088)。他在公元1045年左右攻击基督教变体论,因而被判为异端。他可算是宗教改革运动的先驱。——译者

② 〔希腊神话〕特洛伊的祭师,因劝特洛伊人不要中木马计而触怒天神,连同其二子被巨蟒缠死,这象征为真理而牺牲的精神。此书有中译本,朱光潜译,人民文学出版社1982年版。——译者

如果说真理的发展是历史家应当遵守的第一条法规的话，那
107 么我们也就可以说在莱辛所有的著作中都有历史头脑。他尊重古典文化和古典传统。但他这种尊重并不是偶像崇拜，他反对“仅仅因为某种东西古老就妄加赞扬的这种倾向”。[①]他坚持认为，“描述自己的时代、自己的国家的历史的人才应该取得最好的史学家这个名誉。”不过，即使在似乎离他的时代很远的一些问题上，莱辛也发现和今天的活生生的现实有联系或类似的地方。

莱辛死于1782年，同年席勒出版了他的第一部戏剧[②]。而且意义更为伟大的是康德也出版了他的《纯粹理性批判》(*Critique of Pure Reason*)。这又是许多伟大著作同时问世的一年，正像1776年那样，吉本出版了《罗马帝国衰亡史》第1卷，亚当·斯密的《国富论》也问世了。

在莱布尼茨、沃尔夫和莱辛身上还是一种思想动荡不定的东西，到伊曼纽尔·康德(1724—1804)身上就变成哲学上的定论了。[③]如果不是一位职业哲学家，接触康德的哲学就难免有些惶

---

① 腾尼逊受到赛姆的《莱辛》一书(见本书原书第105页著者注)中的这句话的鼓舞，因而写了“过去因为遥远，所以永远是光荣的”这句话。

② 1782年席勒第一部戏剧《强盗》上演。——译者

③ 论述康德的英国文献很多。参阅H.圣张伯伦，《伊曼纽尔·康德》，里咨对尔爵士译(伦敦和纽约，1914年，两卷)；库诺·费舍，《康德的批判》，W.S.哈夫译(伦敦，1888年)，第3章；爱德华·开德，《伊曼纽尔·康德的批判哲学》(第2版，格拉斯哥，1909年，两卷)；A.D.林赛，《伊曼纽尔·康德的哲学》(伦敦，1919年)；约翰·沃森主编，《康德哲学》(格拉斯哥，1908年)；詹姆斯·沃德，《伊曼纽尔·康德》(牛津，1923年：不列颠学院一年一度的哲学讲演)；霍夫丁的书(见本书原书第106页著者注)，第7编；来印候特·阿里斯，《德国政治思想史，1789—1815年》(伦敦，1936年)，第65—105页；佛兰克的书(见本书原书第96页著者注)，第328—331页；W.C.丹皮尔-惠坦，《科学史及其与哲学和宗教的关系》(纽约，1929年)，第209—213页；(接下页)

恐；但是学习历史写作的人却不能忽视这位柯尼斯堡哲学家，因为他在他那个时代对全世界学术界的统治，和他的同时代人腓得烈大王以及稍后一点的拿破仑在世界政治上的势力不相上下。考虑 108
到这一点，我们就可以进一步研究康德了，是把他当作一位社会思想家，而不是当作《纯粹理性批判》的作者加以研究。

康德一生平静无事。他的实际经历好像没什么可说的。他出生、成长、教哲学，直至去世都是在柯尼斯堡[①]。他从未外出旅行，

（接上页）威廉·哈斯太，《康德的政治原则》（爱丁堡，1891 年）；A. C. 麦吉弗特，《近代宗教思想的兴起》（纽约，1915 年）；约西亚·罗伊斯，《近代理想主义演讲集》（耶鲁大学出版社，1919 年）；G. G. 泽尔菲，"伊曼纽尔·康德和近代史的关系"，见《皇家史学会学报》，第 4 卷（1876 年），第 75—96 页；F. 艾德勒，"康德伦理学的批判"，见《纪念威廉·詹姆士的哲学和心理学的论文集》（纽约，1908 年）；和〔伦敦〕《评论季刊》，第 173 卷（1891 年），第 167—168 页。柏特兰·罗素，《哲学大纲》（伦敦，1927 年），第 83 页，认为康德"只是一个不幸"，因为他"使哲学界充满混乱和神秘"。

在外国文字方面，最好的记载是卡尔·沃尔伦德尔的《伊曼纽尔·康德其人及其著作》（莱比锡，1924 年，两卷），特别是第 2 卷第 4 编第 4 章，"政治家康德"。也可参阅保罗·门泽尔的《康德关于自然与历史发展的学说》（柏林，1911 年）；康拉德·第特立喜，《康德与牛顿》（蒂宾根，1876 年）和他的《康德与卢梭》（同上，1878 年）；A. 黎尔，《哲学的批判主义及其对实验科学的意义》（莱比锡，1876—1879 年，两卷）；弗里德里希·保尔森，《试论康德认识论发展史》（莱比锡，1875 年）；本诺·埃尔德曼，《马丁·克努岑及其时代》（莱比锡，1876 年）；同一作者，《康德〈纯粹理性批判〉第 1 版和第 2 版中的批判主义》（莱比锡，1878 年）；同一作者《伊曼纽尔·康德的绪论》（莱比锡，1878 年）；克罗南堡的书（见本书原书第 101 页著者注），第 2 卷，第 260—266 页；龚普洛维奇的书（见本书原书第 98 页著者注），第 272—285 页；绍谟克尔的书，第 166—179 页；比德曼的书，第 2 卷，第 2 编，第 3 部分，第 723—725、865—925 页；A. 奥拉德，《法国革命以后的将来的和平和康德》（巴黎，1915 年）；微克脱·巴什，《德国古典哲学中的政治学说：莱布尼茨、康德、费希特、黑格尔》（巴黎，1927 年），第 60—71 页；乔治斯·德维耳肖维尔，"康德的哲学"，见〔巴黎〕《壬廷与会议评论》，第 6 卷，第 1 部分（1897—1898），第 204—217，459—468，492—497，612—621，693—706，763—765 页；D. 诺郎，"康德的教师"，见《哲学评论》，第 7 卷（1879 年），第 481—503 页。

① 在过去的东普鲁士，在柏林东北 340 英里，即现在苏联的加里宁格勒。——译者

也没有结婚。除了思维以外，他什么事情都没干过。他的一生可说是在思想领域的长期探索。

研究康德必须从康德的思想观点入手。他的一切探索活动都集中在他的思想里。他的父母笃信宗教——他的母亲是苏格兰后裔——他从最小的时候就受到虔信派[①]的严格教育。他在腓得烈学院读书时，大部分时间都花费在祈祷、唱赞美诗、读《圣经》、再读《圣经》上面。在柯尼斯堡大学时，他入的是神学系，但他对该系那种父母对孩子式的、家庭教师式的教权至上主义心怀不满，暗中反叛，他开始到数学、自然科学和哲学等课堂听讲。他这次在学术上的暗暗转变造成他终生对自然科学的兴趣，对牛顿《数学原理》的全面理解，最后还写出一篇探讨“衡量各种力量的真正尺度”的博士论文(1755 年)。甚至当他还在大学学习的时候，就已表现出对各种思潮的极端敏感。从亚尔伯特·叔尔兹教授那里了解了沃尔夫把自然神论和虔信派结合起来的学说，从马丁·努岑[②]那里学到莱布尼茨的形而上学和牛顿的物理学。此外，努岑的同事腊波尔特还教给青年康德英语和英国文学，特别是波普[③]和爱迭孙[④]〔康德在他的《天体自然史》(*Natural History of Heaven*，1755 年)一书中曾引证过他们二位的著作〕。等到康德 31 岁获得学位，并准备教数学和哲学的时候，他的虔诚信仰就已经成问题了。当

① 17 世纪产生的路德教中的一个派别。——译者

② 德国沃尔夫派哲学家(1713—1751)，虔信派教徒，1734 年后为柯尼斯堡大学教授。——译者

③ 英国诗人(1688—1744)，翻译过荷马的史诗。——译者

④ 英国的散文作家、诗人和政治家(1672—1719)。——译者

刚刚获得博士学位的康德在柯尼斯堡大学申请教哲学时，叔尔兹接见了他，带着某些怀疑的心情问他：“你心里畏惧上帝吗?”康德当时是如何回答的，无从得知，只知道直到 15 年以后他才得到教哲学的职位。

康德当教授时教的是哲学、自然神学、人类学和地理学。他的一生正赶上政治上和学术上发生革命性变化的时候。与他同时代的人有伏尔泰、卢梭、狄德罗和法国其他一些哲学家；他曾阅读英国思想家的著作，特别是洛克和休谟的著作；他及时了解科学上的种种发现；他的一生是在历次腓得烈战争、美国革命、法国革命中度过的，他死的时候正值拿破仑改造欧洲的时期。康德超然站在他那个时代之上，未曾参与任何事情，也没有做任何事情；他只是让一切思潮通过他那富有才华、善于吸收的头脑进行过滤，在所有 109
这些思潮汇集在一起之后，他就创造出伟大的哲学综合。

例如，可以按年代先后看看他的思想酝酿顺序。从他对哲学发生兴趣的 1740 年至 1760 年间，他钻研的是莱布尼茨—沃尔夫哲学。从 1760 到 1770 年，他深入研究英国怀疑论者，特别是休谟。后来那十年，1770—1780 年，他保持沉默——可能是正在阅读卢梭并进行思考。第五个十年，1780—1790 年，他的《纯粹理性批判》问世（1781 年），最后时期，他集中精力用自己的思想体系解决世界史上的问题。[①]

---

① 下面是康德主要著作的年代表：《纯粹理性批判》（1781 年）；《未来形而上学导论》（1783 年）；《道德形而上学原理》（1785 年）；《自然科学的形而上学导言》（1786 年）；《实践理性批判》（1788 年）；《判断力批判》（1790 年）；《在理性范围内的宗教》（1793 年）。

一些译本，参阅 M. 米勒译的，《纯粹理性批判》（纽约，1881年）；N.（接下页）

在哲学方面，康德摆出三个根本问题，可以归结为三个问号："谁？什么？为什么？观察现象的是谁？现象的本质是什么？为什么我们能看见我们看见的东西？"《纯粹理性批判》解决了第一个问题。康德在这里探寻了知觉官能的底细，并论证了人的知识的主观性质。康德指出，感官世界来自实体和形象；我们通过经验知道有实体，由此可知思想是由感官印象组成的，没有感官印象，头脑中就空无一物。我们不知道绝对真理是什么，但我们有可以由经验加以证明的真理。他这个概念得自莱布尼茨。但康德争辩说：在人们进行任何清楚的思维以前，必须首先确定知识的性质。第二个问题，即"什么？"这个问题，康德在《实践理性批判》一书中进行了分析，在这部书中，他系统地陈述了自由的一些原理和宇宙的道德秩序。正如康德在《纯粹理性批判》中所指出的，在这个道德秩序中，智力局限于感觉范围，人的意志超越这些限制与永恒相连接。确实，人的思想并不能把上帝、自由、永生等假想以实例说明；但人的意志必须做出这些假定，因为它们是意志自身的存在不可或缺的。良心能体验到人的思想无法证明的东西，但这并不是说这类绝对道德观念不存在。人在内心感觉到有道德法则存在，这一点把他提高到自我以上。关于事物的"为什么"这第三个问

(接上页)垦普·史密斯，《康德〈纯粹理性批判〉注释》(第2版，伦敦，1918年)；P.卡鲁斯译的《未来形而上学导论》(芝加哥，1902年)；T.K.艾波特译的《康德〈实践理性批判〉及其他关于伦理学说的著作》(第6版，纽约，1909年)；J.H.伯尔拿译的，《康德的判断力批判》(第2版，纽约，1914年)。还有许多关于《永久和平》的小册子的译本。

〔商务出版的康德著作中译本有：蓝公武译《纯粹理性批判》(1960年)；唐钺译《道德形而上学探本》(1959年)；关文运译《实践理性批判》(1960年)；宗白华、韦卓民译《判断力批判》(上、下卷，1964年)；庞景仁译《未来形而上学导论》(1978年)。〕

题，康德自己也承认他不能解答；这个问题属于宇宙论、心理学和神学领域。他写道：“我们可以有理由这样说，一旦这个原则普遍 110
地在人们心里生根，上帝的王国即降临大地，而且在群众头脑中教会的信条也逐渐在全世界渐成为理性的宗教了。……”这些话是在 1793 年康德 69 岁时写的。然而，尽管他是到处受人欢呼的驰名世界的最伟大的哲学家，但普鲁士政府却警告他，并迫使他不得在他的讲演中再提宗教的问题。①

不但康德的哲学思想的含义对理解历史有很大意义，而且他那直接的研究方法基本上也是历史性的。他那几部《批判》自始至终也都贯穿着历史发展的基本线索。康德指出，客观世界中事物的演进与事物的自然发展史一致，这在他看来就是“内在力量的外在表现，按照预先安排的法则在人类社会中起作用，应当把这种法则看作和使太阳系有秩序和向心力的法则有同样固定性的东西”。换句话说，“外在表现”或称“外衣”是大自然整个演进过程的一种表现，人只能看到它，但不能决定它。康德写道：“真正的哲学就是探索一种事物全部历史过程中的各种不同形式。”历史和哲学一样，也是通过时间的连续过程的一个部分，最后导致文明和自由。认识到对历史的理解必须依靠清楚地看出历史实例和事件发展原则的普遍影响之间的相互关系，这是一个伟大思想；在康德掌握这个伟大思想以前，历史只不过是“并无有机关系的一堆事实……由先验论思想按类别拴成一束束而已”。② 是康德把缺乏有机联系

① 伯尔拿·鲍桑葵，《科学、哲学和其他论文集》(伦敦和纽约，1927 年)，第 350—351 页。

② 勒斯利·史梯芬，《18 世纪英国思想史》(伦敦，1876 年，两卷)，第 1 卷，第 377 页。

的历史变成有机联系的历史的。“对康德说来，历史并不只是事实的罗列或毫无系统的一连串事件。”

和上述思想同样重要的是康德因果关系概念，这是休谟的哲学首先引起他注意的一个问题。原因有在时间上靠前之意，但因为一切事物都是相对的，所以任何原因必然有它的根据。康德认为现象产生的原因并不是什么神秘的原动力，而是按照某些法则继承的同义语——换句话说，即各种现象的显而易见的相互关系的根据就是进化的原理。这是著名的“形成”(德文为 werden，英文为 becoming)原则，一切事物必须发展得正是时候，时间是一种创造力量。

111 康德这些原则，不仅对黑格尔这类哲学家以及兰克一类历史家有直接影响，而且把人们对历史的态度革命化了。因为康德以他的简单假说，即人们的各种观念并不是按事物的变化而变化，而是事物是按照我们对事物的观念而出现的这个假说把人类的集体经验推翻了。他指出，与其说“过去”决定我们对“现在”的态度，还不如说“现在”决定我们对“过去”的看法；我们对“过去”的概念根据现在的文化思想水平继续不断地在变化。后来黑格尔把这些观念拿过来并使它们从属于他自己著名的“命题，反命题，综合”这个三段论法，这个三段论又进一步导致他赞美绝对国家。

康德一贯相信个人就是道德观念的体现，他在《世界公民观点下的普遍历史观念》(*Idee zu einer allgemeinen Geschichte in weltbürgerlicher Absicht*)(1784 年)一书中写道：“人的社会价值就是衡量文化的尺度。”他认为，文化就是人的自由观念的实现；这个观念是他不由自主地产生的。通过道德法则的作用，对自由的迫切要求是普遍存在的，并以斗争的手段上升至尽善尽美。在野蛮时代，在文化的进化中极端需要的斗争是粗暴而残酷的，但当人类逐渐上升到取得公民的自由的水平时，冲突对人的自由的破坏性就比过去小了，引起的危险性也较少了(看来康德的想法未免过于乐观了)。人类只有在安全的条件下，即作为社会成员的条件下，才能最充分地发挥其才能；因此需要有公共法律保护个人。康德就是在这一点上把他对自由和人的固有价值的一些思想引出了逻辑的结论：他说，国家的最高形式，就是立宪政府。但这位精明的苏格兰—普鲁士人得出结论说：只要各国继续坚持以它们那些野蛮的战争威胁自由和生存，甚至一个立宪国家也不能保证安全。因此，康德以人类需要和道德法则的名义，呼吁成立国际联盟一类的东西，即一个"由自由的、文明的、在立宪政府统治下的各民族组成的联盟"。

康德是第一位宣布"自由、平等和财产权"原则的德国思想家，这些原则就是后来(法国)革命口号的原始形式，而且"德国中等阶级就是在他的思想里熟悉了立宪政府这个思想的"。但阿里斯博士认为，人们把他的政治影响离奇地夸大了。肯定地说，他对法国革命并无任何责任，把他和费希特[①]、黑格尔等人一起划入泛日耳曼主义鼓吹者一类也是同样荒谬的。事实上，正如他的"永久和平" 112
一文表明的，他受到的是启蒙运动中的世界主义精神的感染，这篇文章其余部分，威廉·丰·洪保德[②]正确地认为"是并不重要的"。

---

① 德国哲学家(1762—1814)，康德的学生，以发表《对德意志民族的演说》(1807—1808)而著名。——译者

② 德国语言学家和外交家(1767—1835)，在比较语言学方面作出了贡献。——译者

塔列朗①曾说法国革命党人是“为空想世界创建学说的人”。这个说法用在同时代的德国思想家身上也很合适，他们甚至在还不是过激派或革命党人的时候，就先对政治发生兴趣了。道理很明显，在德国分裂为三百多个小邦的情况下，他们只能为空想世界建立他们的学说。而且，他们既然都在专制君主统治下生活，在政治上并没有实践经验，在自己的研究中搞出来的那些政治念头当然就易于含糊不清、矛盾百出了。不过他们这些想法的影响却注定是重要而持久的。

我们就是这样看到这位矮小的有名的哲学教授从一系列执拗的思想改变到另一系列的思想。他从一位虔信教徒变成牛顿的门徒，他首先废黜了上帝，后来又以巧妙的手法以另一种形式把上帝弄回来。他以腓得烈大王的一名驯顺的臣子变成一位热烈的和平主义者和共和主义者。最后，当欧洲各国联合起来摧毁法国革命的时候，康德挺身而出，号召成立一个泛欧共和国联邦以捍卫自由！

在分析康德的社会政治思想和这些思想对后世思想家的影响以前，不妨先从他那本很少有人知道的《普遍历史观念》一书中翻译一段，可能有些启发。

> 制定一部完善的公民宪法的问题是以实行法治的各国之间的关系这个问题为转移的，没有后者，前者是无法解决的。……大自然曾利用人和人之间甚至巨大的社团和社团、国家和国家之间的不相容作为无可避免的对抗手段以求达到和平与安全状态；也就是说，大自然通过战争、苦难、破坏……以促成一个国际联盟，在这个联盟中，每个国家，甚

---

① 法国政治家（1754—1838），拿破仑失败后为法王路易十八的外交大臣。——译者

> 至最小的国家也可以指望从中得到安全和法律。……这种想法看来不管怎样不切实际，类似幻想，……然而，它却是需要造成的无可避免的结果，这种需要……迫使各个国家得出的结论就像过去的野蛮人并非自愿地被迫得出的结论那样，即，为了能体现法治的〔gesetzmässig〕一部宪法中寻求和平和安全，就只好放弃使用暴力的自由。因此，一切战争都是为了在国与国之间建立新的关系的一些尝试（尽管这些尝试并不是人有意设计的，却仍然是大自然设计的）。其方式是通过破坏或至少是瓜分，然后，部分地通过国内公民宪法尽可能好的安排，部分地通过与其他国家达成有法律效力的总协议，直至最后建立起类似公民共同体的东西。……
>
> 通过艺术和科学，我们获得高度文化素养，我们在种种方式的礼貌和体面方面已有高度文明。但从道德上衡量，我们仍有很多不足，因为道德观念属于教养范畴；然而，这个观念的运用（仅限于爱荣誉和外表上的礼貌）则仅仅是类似道德的东西，仅仅是开化而已。只要各国用一
> 切力量实现他们那些虚妄而狂暴的扩张计划，从而不但不能支持而且 113
> 经常阻挠其公民在思维方法上进行内心教育，那么任何道德的运用都是毫无指望的；这是因为，要对公民实行道德训练，就需要每个普通人都进行长期的内心磨炼。但凡是不以道德之善为出发点的东西，都只不过是伪善，只是金玉其外，败絮其中。在人类从我刚才说的混乱的国际关系中冲杀出来找到一条道路以前，人们的处境将依然如故。[①]

康德在他著名的论述永久和平的短文里，写了一些类似的话。他在反对法国革命的反动时期出版的这本小册子里提出他的主张说，一切欧洲国家必须变成共和国，然后组成自由政府间的联盟以防止战争。当路易十六被处死时，这位温文尔雅的柯尼斯堡哲学家为在巴黎涌现的恐怖辩护，理由是法国人正在为他们自己争取真正的自由。“为了学会如何聪明地运用自己的力量，人们首先必

① 《世界公民观点之下的普遍历史观念》（1784 年），第 7 段。

须是自由的，第一次尝试当然是不完善的，但经验将指出一条道路，因为上帝创造人类就是为了自由。”

康德实际上和他同时代的任何一位德国主要哲学家都不同，他这位思想家爱好自由，认为不平等是“荒谬的”。我们把柯尼斯堡这位圣人和黑格尔比较一下，这个区别就特别引人瞩目了。黑格尔认为，国家是绝对的，无所不包的，超越善恶的——二人的比较见下章。而康德则和德国其他思想家不同，他把着重点放在个人、个人自由和个人的道德价值上。康德带着几乎是异乎寻常的强烈感情说：“不自主的人就不能算人了，他已失去做人的地位，只不过是别人的附属品而已。”

因此，康德把自己的许多时间用于政治学和社会的研究。他早已超越了早期对肤浅的感伤主义者卢梭的仰慕，终于创造出一种哲学综合，这是法国任何哲学家都不曾达到过的高度。康德那四平八稳的、成熟的智慧可以在他阐述的自然力和人类迫切要求之间的平衡这项业绩中看出。他不像费希特和黑格尔那样摇摆到反动的极端。在康德的思想中，人——而不是力量——总是至高无上的。康德在较为悲观的时刻意识到，人类尚未达到完善境地；仍然有许多事要做，但他从未失望。

康德是为了有助于教育人类走向更高的道德并改善自己才写的那些哲学著作——他的事业的这一个方面很奇怪地被那些只看到一些专门问题的职业哲学家忽视了。他起草了一篇人类学大
114 纲，还常常以这个题目讲演。在他看来，人类学意味着对人类文化及其成长与改进的更深入的了解。他意识到在创造这门科学的道路上有种种局限性：地域和环境的改变，恰当的资料的缺乏、了解

人类动机的困难等等。然而为了解人类情况而进行努力还是值得的。作为进行这种研究的手段，康德劝告学者阅读关于旅行、世界史、传记甚至戏曲和传奇小说等类书籍。

> 文化中一切进步，……其目的在于把已获得的知识和技能在世上应用。但其最重要目的……是人：因为只有人才是他的极终目的。按照人所属种类(即有理性的凡人)评价并认识他，可以称得上是一种特殊的人世智慧(Weltkenntniss)，尽管人只不过是地上生物的一种。这样系统地进行对人类的研究(人类学)，可能从生理学或实用主义的角度进行。对人进行生理学研究主要是研究自然把人造成什么样子；从实用主义角度进行的研究则是探讨作为一个有意志的生命的人，究竟把自己造成什么样子，或能够并应该把自己造就成什么样子。①

对康德哲学学说的明确理解是理解近代阐释性历史方法的基础。对历史学者说来，应该记住的最宝贵的一句伟大的话也许就是这一句话："人的社会价值就是衡量文化的尺度。"这句话和亚里士多德那句著名的格言"人是一种社会动物"相提并论是当之无愧的。

到18世纪后半叶，德国学术界广阔的眼界、灿烂的"气氛"把启蒙运动造成五彩缤纷的使人眼花缭乱的运动。这个运动很幸运，有那么伟大的奠基人和继承者，现在我们就要谈谈几位最伟大的继承者了。莱辛曾一度埋怨说："我们这些聪明的作家很少是学者，而我们这些学者也很少是聪明的作家，前一类人不愿意读书，不愿意追本溯源，不愿意收集资料——总之，不愿工作；而后一类人则除干这些事情以外，其他事情什么都不干。前一类人的作品

---

① 译自他的《实用人类学》的序言，在G.哈腾斯太因编的《全集》(莱比锡，1867—1868年，八卷)中重印，第6卷，第431页。在康德把人类学作为哲学的一个部门以前，这一门科学只限于解剖学和生理学。

中缺少素材，后一类则缺少把资料写成好文章的本领。”这是对写作上的业余作风和过分追求博学提出的抗议。

但在查士塔斯·墨塞尔[①]（1720—1794）身上，[②]莱辛一定已
115 经发现了他心目中的人物。[③]墨塞尔终生住在故乡奥斯纳布吕克

① 他反对法国革命；在史学和经济学方面对哥德和赫尔德有影响。——译者

② 墨塞尔的《全集》是B.R.阿贝肯编的（柏林，1842—1843年，十卷分为五册）；这个版本最后的第10卷载有弗里德里奇·尼古拉写的一篇传记。J.格里姆写的对《全集》的评论见斯密特主编的《史学杂志》，第2卷（1844年），第266—272页；关于墨塞尔的著作，特别是他的《爱国幻想》（1774—1778），参阅佛兰克的《社会势力》（见本书原书第96页著者注），第315—316页。英文作品中关于墨塞尔最好的记载是我从前的学生W.J.博森布洛克写的“查士塔斯·墨塞尔研究历史的途径”，见《纪念J.W.汤普森的中世纪和史学论文集》（芝加哥，1938年），第397—422页。卡尔·布兰狄，《查士塔斯·墨塞尔，社团与国家》（1921年）；F.克劳西格，《查士塔斯·墨塞尔》（柏林，1857年）；P.克拉森，《查士塔斯·墨塞尔》（美因河畔法兰克福，1936年：国家和民族思想史研究第2卷）；弗里兹·赖因克《查士塔斯·墨塞尔的历史研究》（格丁根，1908年）；卢得维喜·鲁普雷希特，《查士塔斯·墨塞尔的社会和政治经济观点和他的时代的理论和实践的关系》（斯图加特，1892年）；沃尔夫的书，第205—207页和附注；绍谟克尔的书，第30—39页；阿里斯的书（见本书原书第107页著者注），第222—234；比德曼的书，第2卷，第2编，第3部分，第706—708页；哈济格，“作为政治家和政论家的查士塔斯·墨塞尔”，见《下撒克逊史料与叙述》，第27卷（1909年）；R.R.艾甘，“墨塞尔与德意志民族思想的兴起”，见《近代史杂志》，第5卷（1933年），第172—196页；J.里赫曼的文章，见《奥斯那布律克历史学会学报》，第26卷（1901年）；J.垦普夫迈尔，“作为历史哲学家的墨塞尔”，见《新时代》（1899年）；霍堡，“墨塞尔的历史研究”，见〔慕尼黑〕《历史杂志》第158卷（1939年），第492—503页。

③ 不要把查士塔斯·墨塞尔和德国国际法“始祖”约翰·雅各·摩塞尔（1701—1785）相混淆。摩塞尔生于斯图加特，18岁就当了蒂宾根大学法律教授；他一生大部时间专攻政治法律，发表了许多关于这方面的著作。参阅奥古斯特·斯密德，《J.J.摩塞尔的生平》（斯图加特，1868年）；赫尔曼·叔尔兹《德国政治之父约翰·雅各·摩塞尔》（莱比锡，1869年）；关于书目提要可参阅沃尔夫的书，第214—215页和附注。他的工作由他的儿子弗里德里希·卡尔·摩塞尔继续进行并精心钻研，卡尔·摩塞尔著有《君主与官吏》（1759年）和《爱国文库》（1784—1790年，12卷）；关于他的书目提要，可参阅沃尔夫的书，第215页和附注。

城[1]，他不是大学教授。也没有受到孟德斯鸠、伏尔泰或卢梭等人的影响。他的历史兴趣和思想态度是由德国重商主义财政学家的传统形成的。[2] 他在耶拿和格丁根学习法律后，便回到故乡，并先后担任国家总检察长、最高法官、枢密顾问等官职，最后成了幼小的约克公爵(英王乔治三世之子)事实上的首相；墨塞尔的后一身份曾给他提供机会往返奥斯纳布吕克和伦敦之间磋商国事，从而熟知英国的情况。

然而，后人记得墨塞尔并不是因为他作为德国一个小邦的政治家的活动，而是由于他那部最初于1768年问世的名著《奥斯纳布吕克史》(*Osnabrückische Geschichte*)。他这部书从许多方面看都是很重要的。首先，他把文化史方面的有关情况而不是政治方面的事情放在最突出的地位，而且，他不但重视制度的研究(在这一点上，他和伏尔泰不同)，而且还探索了经济机构和政治制度之间的内在联系。其次，他写这部历史时的立脚点并不是一个小地区，而是站在大的整体这个更优越的地位写的，即把它当作德意志帝国的组成部分写的。最后，这位奥斯纳布吕克政治家兼作家和他同时代的大多数人不同，他是从全德民族主义的角度，而不从主张“各邦独立”的地方主义的角度进行思考和写作。

这些特点使墨塞尔成为一位出众的人物。作为一位负责的政治家，他保守、讲求实际；在他身上没有任何卢梭式的感伤主义，他 116
极力反对启蒙运动中的个人主义和世界主义。他绝不搞揣测，也

---

① 在德国北部。——译者

② 关于这些财政学家，可参阅斯马尔的著作(见本书原书第96页著者注)。

不凭空推理，而是坚持实事求是地对待问题。他根据自己作为一位执政官员的经验，既不接受“开明专制”这种做法，也不空谈抽象的政治原则。他替德国诸小邦辩护，认为这些小邦都是德国的组成部分，是扎根德国政治实体中的重要细胞。他说，国家并不是像理论家认为的那样的哲学概念，而是以私有财产为基础的诸社团——特别是农民联盟（Genossenschaften）——的拱顶石。墨塞尔在描述德国宪政发展过程时，把那些构成整体的一切因素——地理的，社会的，经济的——都绘入图中。他认为发展的整个过程是各种社会经济因素和这些因素对正在变动中的各个阶级的影响之间的交互作用的综合，这些概念对德国后来那些历史家，特别是尼布尔、兰克和尼采，都有深刻影响。

作为一位专门历史家，墨塞尔的地位也是很高的。他利用原始资料——尤其是文件——并不仅仅是为了说明或论证一些小命题，而是作为他的结构和写法上的一个组成部分。他轻视叙事，重视社会的经济和技术因素。在他看来，农民的常识和经验比官僚干预优越。他曾冷冷地讥讽说：“有用的马铃薯增殖快于桑树；只要亚麻栽培能给农民换来好面包，他就不愿栽桑养蚕以便吃栗子了。”这种见解影响到他写历史的方法。墨塞尔确实相信他那个时代的农业社会仍然“和远古时代一样”。① 后来他发现某乡一个农民家庭仍然在有六百多年历史的“古老的田庄”上过活，这件事把他的意见证实了。墨塞尔解释历史的一个重要方法就是这样提出来的，即用现在的证据推断过去这种倒转推理法，他相信德国自由

① 《奥斯纳布律克史》(1780年)，第1卷，第10页。

村社——玛尔克(Mark)。

这位现实主义地研究社会的学者不自觉地对德国浪漫主义发生了影响，这是他一生颇具讽刺意味的一件事。浪漫主义运动曾被康德说成是“一种精神病”。墨塞尔却赞扬中世纪，他认为中世纪是“我们这个民族显示出最大的民族自豪、最大的体力效能和自己民族独具的伟大”的一个时期。追随墨塞尔的那些浪漫主义者 117
也像他那样颂扬封建时代，但在评价这个时代时没有他的批判精神。赫尔得说，墨塞尔是“德国史家当中第一位有头脑、热心肠的人”。他是第一位尽力深入了解历史事件的意义，并从这些事件中总结出一些原则的德国史家。

自从意大利文艺复兴以来，虽然除神学以外，没有任何其他科目引起人们更大兴趣，古希腊史也仍然是一个枯燥无味的古物陈列所，希腊文学、希腊语言学、希腊考古学、希腊艺术都是像尘土那样干燥无味的科目。

但一座里程碑还是出现了。这就是约翰·约阿喜谟·文克耳曼的《古代艺术史》(1764 年)，[①]它由 G. H. 洛治译成英文。这部书不但在实际方法论上，而且更重要得多的在关于历史性质的新

① 文克耳曼的《全集》，斐诺、迈尔和叔尔兹编，于 1808—1820 年间出版；他的《小书和信件》，赫尔曼·乌得-贝尔奈斯编(莱比锡，1925 年，两卷)。参阅卡尔·查士替写的卓越传记《文克耳曼及其同时代的人们》(第 3 版，1923 年，三卷)；B. 发伦廷《文克耳曼》(柏林，1932 年)；歌德编，《文克耳曼及其世纪》(蒂宾根，1805 年)，乔治·克里恩译为《文克耳曼及其时代》(1804 年)；佛特的书，第 484—488 页；绍谟克尔的书，第 39—46 页；佛兰克的《社会势力》(见本书原书第 96 页著者注)，第 271 页以下，沃尔夫的书，第 207 页和附注；以及对查士替写传记的长篇评论，见〔伦敦〕《评论季刊》，第 136 卷(1874 年)，第 1—55 页。

发展观上都是一座里程碑。他于1717年生于普鲁士，在把人们对古代艺术的观念彻底革新之后，于1768年在的里雅斯特被谋杀。的确，“艺术”一词的现在用法就是这位了不起的德国人首创的。他一生硕果累累的，而且也是愉快的岁月大都是在罗马度过的。如果没有文克耳曼，德国的新文艺复兴也许是不可能的。[①] 查士替[②]说，“他是这样一个人，只要睁开眼睛就会看到人们从来都没看到过的东西，说出人们从来都没说过的话。”[③]有人说得好，“他把埃尔金的雕像[④]弄活了。”

文克耳曼的主导思想是，任何时代的艺术都是那个时代文化总体的产物，只有在这种艺术和当时所有其他有创造性的表现之间的关系中，才能理解它，因此，为了理解一个时期的艺术，人们必须研究这个时期所有的社会和经济影响。文克耳曼就是这样成了《考古学》的真正创建者。在考古说这门科学上，后来德国人在一个多世纪里占据领先地位。

文克耳曼在他这部大作中破题儿第一遭在希腊整个文化的关

---

① “如果把文克耳曼终生的工作从席勒和歌德的生平中抽掉，人们对他们两人的生平是个什么样子就很难形成一个概念了。”(鲍桑葵，见本书原书第110页注，第373页)文克耳曼的影响从下列这些相互关联的著作中可以看出来(所有这些著作都是在同一时期出版的)：包姆加敦的《美学》(1750年)这部著作确定了这门学术的名称；文克耳曼的《论对希腊艺术的模仿》(1755年)和他的《古代艺术史》(1764年)；莱辛的《拉奥孔》(1766年)和他的《人类的教育》(1780年)(他这本书表现了进化论的思想)；歌德的《易菲机奈亚》(1787年)(最好的古典戏剧之一)；和席勒的《美育书简》(1795年)。关于文克耳曼，歌德说：“读他的书，学不到什么东西，却使自己变了样。”

② 德国艺术史学家(1837—1907)，波恩大学教授(1872—1901)。——译者

③ 引文见比德曼的书第2卷，第2编，第3部分，第687页附注。

④ 英国埃尔金1812年从希腊运往英国的大理石雕刻，这些雕刻大部分为雅典帕德嫩神庙的遗物，1816年为英国政府所购买，藏于不列颠博物馆中。——译者

系中探索了艺术发展的脉络。特别值得注意的是,他指出希腊艺 118
术是一个和谐进化过程的表现;他说,艺术并不仅仅是精神的影子或象征,而且是人的主客观情态的统一。文克耳曼教导说,理想美胜于自然美,这是因为,“一个伟大心灵〔艺术家〕的表现远远超过自然;艺术家必须从内心感觉到精神的力量然后再画在他的作品上。”这样的理想美,或伟大的艺术,只有古希腊人和意大利文艺复兴时期的少数艺术家创造过。文克耳曼解释说:希腊人认为,主观和客观是平衡的,所以希腊人既是实际的,又是文艺的。①

文克耳曼的生平反映了18世纪德国文化最优良的社会特征之一。他和康德使德国文化成为在欧洲意义重大的东西,这是他们完成的一个奇迹,是任何其他两位思想家从未办到的。在德国启蒙时代,他这位学者那种迷人的性格当然也是最吸引人的了。“比他作为学者、文物爱好者和作家更为可贵、更为动人的是他这位热情奔放、仁爱为怀的完人,在他的《书信》里比在他写的任何论述古代艺术的著作中表现出来的更多。……但他的仁爱之丰厚,热情引人向上、热心建立一个像他在古希腊见到并想传之他人的那种和谐的、自主的生活的新理想等优异品德,迄今仍未被人们认识。”②

文克耳曼的文风类似古典的希腊文风,他深受这些古典文学熏陶,他写的东西包括古希腊全部生活,气候、地理、人种、宗教、习惯、政治、哲学、文学等等方面,这一切对德国学术产生了直接而持久的影响。格丁根大学的古典教授C. G. 亥涅(1729—1812)于

---

① 参阅克罗南堡(见本书原书第101页著者注),第1卷,第312—316页。

② 引自一篇对乌得-贝尔奈斯编的文克耳曼的《小书》(见本书原书第117页著者注)的评论,见〔伦敦〕《泰晤士报文学副刊》,1927年,第613—614页。

1767年首次宣布讲授一门考古学课程；他也像文克耳曼那样使用的是考古学这个名词的广泛含义。他是"第一次有决心尝试……在古人著作中不仅阅读他们的语言，甚至也不仅研究他们片段的记载和互不联系的意见，而是要了解他们的精神和性格，他们的生活和思想方式"。[①]

亥涅是一位很有才干的职业学者，威信很高，但他并不是一位
天才，由文克耳曼开创的有创造性的批判和解释是由弗里德里
119 希·A.沃尔夫(1759—1829)继承下来的。已故的巴锡尔·吉尔
得斯利夫[②]说他的老师卫尔刻[③](1852年在波恩时他是后者的学生)所说："古代的形象像蒸气那样从他的讲演中升起"也适用于沃尔夫。他开始是亥涅的学生，但不久就远远胜过他的老师。他从1783年直到1807年病倒，一直都在哈雷大学任教。[④]

---

① 托马斯·喀莱尔《亥涅传》，见他的《批判杂文集》(伦敦，1872年，六卷)，第2卷，第81页；全文见第54—84页。同时参阅桑兹的书，第3卷，第36—44页。

② 美国古典学者(1831—1924)，著有《拉丁文文法》。——译者

③ 德国古典语言学家和考古学家(1784—1869)。写了许多有关希腊艺术和文学的著作。——译者

④ 关于沃尔夫的信件，参阅栖格夫里·赖特尔，《弗里德里希·奥古斯特·沃尔夫，从信件中看他的生平》(斯图加特，1935年，三卷)，参阅赖特尔的论文，见《研究与进步》，第11卷(1935年)，第242—243页；M.贝尔奈斯编，《关于弗里德里希·奥古斯特·沃尔夫的信件》(柏林，1868年)，第1—89页，G.贝因哈迪编，沃尔夫的《小书》(哈雷，1869年)。关于沃尔夫，参阅桑兹的书，第3卷，第51—60页；帕蒂森的书，第1卷，第337—414页；布尔济安的书(见本书原书第96页著者注)，第517—548页；威廉·克尔特，《语言学家F.A.沃尔夫的生平和研究》(埃森，1833年，两部分)；理查·丰·福尔克曼，《沃尔夫〈荷马导论〉的历史和批判》(莱比锡，1874年)；J.F.阿诺尔特，《F.A.沃尔夫在教育和教育学研究中的地位》(不伦瑞克，1861—1862年，两卷，共一册)；比德曼的书，第2卷，第2编，第3部分，第698—702页；施腊德尔的书(见本书原书第98页著者注)，第1卷，第434—462页；Ch.加吕斯基，"德国的批评家和历史家，II，沃尔夫"，见〔巴黎〕《两世界评论》，1848年；第1卷，第849—878页。

凡哈根·丰·恩塞[①]在他的回忆录中记述沃尔夫留给他的印象说，“他像国王那样出现在哈雷大学学者当中。他那高大而匀称的身影，庄严肃穆，似乎有一声令下就可以把无比繁多的细节调动起来的那种精力，给他的庄严添上一种灿烂的光辉，但他似乎并不需要这种东西；因为他从来都没有装出高人一等的神气，相反，宁可说是像伟大的腓得烈那样，乐于仅仅以普通人的身份出现在群众之中。……他具有炫耀博学的人们的大大小小的一切手段，但甚至其中那些最贫乏的，他也把它们彻底地灌注进精神了。而与此同时，他传授给别人的渊博的知识使他们那些松弛而飘忽的幻想有了稳妥的历史事实作依据。”

在英文中，“philology”（语言学）这个字指语言的科学或对一种语言的性质和发展情况的研究。但沃尔夫使用的这个字的意思和文克耳曼曾使用的艺术（art）这个字的意思相同。沃尔夫认为，古典语言学指的是“在古代表现出来的一切关于人类性质的知识”。他主张希腊语言学应包括一切古代希腊文化的总和，而且，人们要想懂得语言学，就必须通晓希腊生活的一切方面——气候、地理、自然资源、政治、经济和社会制度、宗教、艺术和文学。文克耳曼认为艺术就是古文物学（Alterumswissenschaft）的意思，沃尔夫则认为，古文物学的意思就是语言学。沃尔夫在哈雷大学至少开过 50 门论述古典作家的课，并编辑了大量原著。[②] 他的古文物学深厚，在阐释中想象丰富，使他那些讲演和著作光辉灿烂，并注

① 德国外交家和作家（1785—1858），著有《回忆录》七卷。——译者

② 他校勘了荷马、柏拉图、西塞罗等人的著作。——译者

意到一切有关学科。沃尔夫在他的研究班里在历史方法上也曾作出贡献。他的最伟大的学生之一伯克，在他的鼓舞下写了一部《雅典公共经济》(*Public Economy of Athens*)，使用的方法就是沃尔夫在研究班上讲授希腊古事迹时以及在他那部划时代的著作《荷马导论》(*Prolegomena to Homer*)(1795 年)一书中曾经使用过的
120 方法。沃尔夫设计的研究班式的方法在柏林大学首先被兰克在历史文献研究和批判上加以运用，这个方法本身在历史研究的发展上就是一个划时代的事件。

在前面的那些段落里，我力图探索 18 世纪德国学术变化的产生和发展，但是只限于这些新的思想态度对历史研究和撰写有影响的范围以内。除查士塔斯·墨塞尔外，在这个时期德国可以说就没有一位具有独创精神的伟大历史家。但当时德国的学术土壤和精神气氛却颇富生命力，只需浪漫主义的魔棒一点就可以把全德国变成一个巨大的历史研究室了。

但在我们进一步论述浪漫主义运动和 19 世纪以前，还应当提一提那几位忠实而勤奋的历史家，他们的成就虽较后起的那些发出灿烂光芒的人暗淡一些，但他们的耐心而细致的学术研究还是值得注意的。格丁根大学是主要的、几乎是唯一从事历史研究的地方。[①]“格丁根历史学派”是最早的这类组织，也是这类学院传

① 关于格丁根大学，参阅爱弥尔·F. 律斯勒，《格丁根大学的创立》(格丁根，1855 年)；J. S. 皮特，《格丁根的乔治—奥古斯都大学院学术史研究》(格丁根，1765—1838 年，四卷)，第 1 卷和 2 卷叙述到 1788 年，是皮特本人写的；第 3 卷，从 1788 年到 1820 年，是扎尔斐尔特写的；第 4 卷，从 1820 年到 1837 年是厄斯特来写的。G. 惠芝的“格丁根史家，从科勒到达尔曼”，见《格丁根教授，德国文化史与文学史贡(接下页)

统形式的创始者。在格丁根学者当中，摩斯亥谟、加特厄、施罗塞、斯匹特累、赫棱和统计学家阿痕发尔等人是值得记住的。

教会历史家约翰·罗棱兹·摩斯亥谟(1693—1755)[①]是格丁根大学创建人之一和第一任校长，他博览群书、熟悉笛卡儿主义和17世纪那些科学成就，但他并不完全是启蒙运动的产儿。例如，他从来不向旧神学教条挑战，对魔鬼和神迹也不很怀疑。他研究教会史时，并不是从一位思辨的神学家的观点，而是从一个注重实际的人、一位实用历史家的观点出发的。他一贯公正、平静、无偏见，有些学究气，写书时就像一位法官总结复杂的案子那样，在讨 121
论各种神学争论时，不动感情，他认为这些神学争论“不过是一些口头争论而已”。[②]正如吉本尖锐地指出的那样，他“不如拍塔维

(接上页)献八讲》(戈塔，1872年)，第231页以下；《立特·卡尔·亨利希·丰·郎回忆录：我的生平述略等》(第2版，慕尼黑，1882年，两卷)，第1卷，第236页以下；绍谟克尔的书，第49—113页，也可参阅沃尔夫的书，第202页注1，第208页注1。

① 关于摩斯亥谟，参阅佛特的书，第333—336页；卡尔·霍伊西，《J. L. 摩斯亥谟》(蒂宾根，1906年)；F. C. 保尔《教会历史编纂时代》(蒂宾根，1852年)，第118页以下；卡尔·霍伊西，“约翰·罗棱兹·摩斯亥谟的教会历史编纂”，见卡尔·拉姆普雷希特，《历史研究》，第1卷，第4编(1904年)；崩韦奇的论文，见《新教百科全书》，第13卷，第502—506页，附书目提要；他的讲演，“作为教会政治家的摩斯亥谟”，见《格丁根王家科学会成立150周年纪念册》(1901年)；和瓦格曼的论文，见《全德传记》，第22卷，第395页以下。

② 摩斯亥谟对教会争论的公平态度引起大学者士达布斯的愤怒，士达布斯埋怨他，“似乎无理地排斥了对任何题目最冷静、最心平气和的观点以外的任何东西”。最使虔诚的士达布斯愤怒的是摩斯亥谟把新教徒(“真理的战士”)说成“只是由于固执己见才看不见对方事业的优点的党徒”。总之，现在大多数历史家认为是优点的，士达布斯都看成缺点。参阅士达布斯校订的摩斯亥谟《教会史初阶》，詹姆士·缪多克和H. 宋斯合译本(伦敦，1863年，三卷)，第1卷，序言第5—11页。

阿斯[1]深刻，不如勒克雷尔[2]独到，不如波索布尔机敏，作为一位历史学者，摩斯亥谟只是丰富、理智、正确而温和。”

摩斯亥谟出版了差不多85部关于教会史的著作，其中最著名的是《君士坦丁大帝以前的基督教史述评》(*Commentariide rebus Christianorum ante Constantinum Magnum*)(1753年)和《教会史诸原则》(*Institutes of Ecclesiastical History*)；[3]他打算用后一部书作教材，因此，这类教科书的缺点它都有，例如太简略、枯燥、偏重事实、缺乏概括。

> 〔摩斯亥谟在序言中写道〕我关心的主要是忠实而有根据地叙述事件。为此目的，我曾追溯到材料来源——即各个时代最好的作家，亦即生活在(或接近于)他们论述的时代的那些人；细心参考他们的著作，并以简单明了的有力的语言表达在他们的著作中发现的东西。编写历史摘要的人一般只把篇幅较大的著作删节；从前我自己也曾在很大的程度上采用这种方法。这种做法有它的好处，不能全部加以指责；但也有一些坏处，即那些错误长期保留下去(因为在篇幅繁多的大部头著作里这类错误是常见的)，把这些错误从一本书扩散到许多其他书中去了。……我现在发现以辛勤和忠实闻名的那些作家并不总是可信的。……我一般都明确指出我的根据……；我引证的作家的全部著作都在手头。我把它们反复阅读，互相对照，决心完全根据他们的材料写书。[4]

---

① 法国天主教神学家和学者(1583—1652)，加入耶稣会，著有《神学教义》等书。——译者

② 瑞士新教神学家和学者(1657—1736)。——译者

③ 两卷，首先出版于1737和1741年，再版于1755年。第一部根据拉丁文原版译出的英文本是A.马克兰译的，出版于1764年，接着出版了荷兰文和法文译本，德文译本出版于1769年，1770年和1780年。关于士达布斯校订和续写的英译本，参阅上一个著者注。

④ 《教会史初阶》，士达布斯校订，第1卷，序言第13—17页。

摩斯亥谟说话慎重，引用材料经常很仔细，准确而充分。并尽量运用原始资料。尽管如此，他偶然也应受到严厉的责备，他撰写10世纪教会腐化时，只根据一位天主教会作家巴洛尼阿斯[①]的著作，就得出如下结论：

> 最不容置疑的就是：东西方神圣教团的组成人员主要都是文盲，他
> 们是对宗教事务一无所知的淫荡、迷信而凶恶的人。而且，任何人也无 122
> 法怀疑，那些希望被人看做世界教会的长老和捍卫者的人正是这些罪魁祸首。宗教上那些最高领导人当然没有想到这样肮脏、罪恶和邪恶的事情是和宗教礼法的性质不相容的；也没有任何政府像以最神圣的面目出现的那个政府那样罪行累累的了。……
>
> 这个世纪罗马诸主教的历史并不是人的历史，而是妖魔的历史，一部最凶恶的邪污和罪行的历史，这是所有最好的作家都承认的；甚至那位为教皇作辩护的人（即巴洛尼阿斯）也不例外。[②]

摩斯亥谟死后四年，即1759年，约翰·克里斯托夫·加特厄（1727—1799）[③]就在格丁根大学当了历史教授。他熟悉伏尔泰的著作，更喜欢文化史而不是单纯的政治解说。但至少是作为一位练习撰写历史的人，他没有能够从当时流行的陈规中把自己解脱出来。所以在他的《世界史》(*Weltgeschichte*)（1792年）里，虽然

---

① 意大利教会史家（1538—1607），著有教会史，以回答新教徒《马德堡世纪》对天主教的攻击。——译者

② 《教会史初阶》，第1卷，第593—594页。

③ 关于加特厄，参阅赫尔曼·韦森东克《加特厄和施罗塞创立的德国新史学》（莱比锡，1876年）；威格尔的著作，见《全德传记》，第8卷，第413页；沃尔夫的书，第208—209页和附注；佛特的书，第464—466页；除了他的《世界史》（1792年）之外，加特厄还写了《世界史手册》（1761年）、《整体范围的世界史》（1785—1787）和许多关于古文书、家谱、纹章和地理的课本。关于他的著作的书目提要，参阅马尔库斯的文章，见《同时代人》（《现代史传记杂志》，莱比锡）第1卷（1816年），第2页以下。

抛弃了“四个君主国”的传统写法，但仍从亚当[①]开始叙述，把历史上第一个 1800 年叫作“亚当一诺亚[②]时期”。无论希腊罗马的，还是《圣经》上的那些传说，他都以一种天真的轻信加以接受，而且他的《世界史》的中心仍然是欧洲。

加特厄在历史写作上的贡献不在于创造性的解释，而是他的教授法。他正确地强调了辅助学科，并对他的学生进行与此有关的训练，如地理学、年代学、古文书学、古文字学和古钱学等。为了这个目的，他建立了历史研究所(1764—1766)。

1759 年，即加特厄就任格丁根大学教授那年，奥古斯特·路德维希·丰·施罗塞(1735—1809)[③]进入这座大学学医。整整十年之
123 后，他去俄国待了几年、学习俄国语言和历史之后，就在格丁根大学当了历史教授。施罗塞可能是德国伏尔泰历史学派最彻底的门徒。他和他那位法国典范一样，也赞扬开明专制(他和喀德琳女皇过从密切)和繁荣昌盛的强国，不过他缺少伏尔泰那样锐敏的洞察力。

把施罗塞的著作罗列出来就可看出他的兴趣如何广泛。在喀德琳女皇鼓励下他写了一部《俄罗斯的新变革》(*Neuverändertes*

---

① 传说中上帝创造的第一个人，见《圣经·创世记》。——译者

② 传说中洪水后得救的唯一的一个人，同上书。——译者

③ 关于他的通信，参阅《奥古斯特·路得维希·施罗塞通信集，包括大部分历史家和政治家》(格丁根，1780—1782 年，十卷分为五册)。F. 菲尔斯特，《18 世纪德国启蒙学者奥古斯特·路得维希·施罗塞》(海德堡，1928 年)；狄奥多·策尔梅洛《旧帝国的政论家 A. L. 施罗塞》(柏林，1875 年)；J. M. 多林，《施罗塞传》(1836 年：德国历史家，第 2 卷)；阿道夫·博克，《施罗塞对 18 世纪文学史的贡献》(汉诺威，1844 年)；韦森东克的书(见本书上一个著者注)；比德曼的书，第 2 卷，第 2 编，第 3 部分，第 714—716 页；关于书目提要参阅沃尔夫的书，第 210 页和附注，和克立斯兴·V. 施罗塞，《A. L. 施罗塞的公私生活》(莱比锡，1828 年，两卷合为一册)，第 2 卷，第 249 页以下。

Russland)，还写了一部《俄罗斯史》(1769 年)、一部《北欧通史》(1771 年)、一部《北非简史》(1775 年)、一部《历史批判漫谈》(*Kritischhistorische Nebenstunden*)(论述奥斯曼人和蒙古人，1797 年)和一部《大迁徙、大联合的世界史》(*Weltgeschichte im Auszuge und Zusammenhange*)(1792 年)。还应当提到他用瑞典文写的文章《论商业史》(1758)，和《政府公报》(18 卷，1782—1793 年)，最后这部书使他成为一位著名的政论家。

施罗塞最著名的著作是他的《世界史》，这部书可能算是德国这类著作中雄心最大的一部了。在书中他首先对他所说世界史意义何在作了分析。他说，世界史应包括"一切已知的时期，国家和重要事件"。只有当"它通过许多事例讲解人类的起源、进步、改进、衰落，从而给心理学、政治学、自然科学以及其他学科带来使人心明眼亮的例证"的时候，才算"真正的人类史"。一部这样的历史并不只是"姓名和数字的罗列"，而是"经常论述因果关系"的哲学了。这样收集一起的知识将引导我们得出这样的结论："人总是人，在某些条件下，他们总是同样行动，在阳光之下并没有出现什么新事物，因此，事物是以高度的超然态度结束的。"施罗塞最后的概括有些豪迈，他说，简言之，"研究世界史就是要从地球和人类最重要的变化之间的关系的角度进行思维，其目的在于对二者都有一个基本认识。"

不幸的是，施罗塞作为思想家既很肤浅，作为学者也很贫乏。他那些概括随随便便、平平常常，支持他这个"世界"命题的事实也太贫乏了。而且，他缺乏他的老师伏尔泰那种艺术表现天才，他写的东西粗糙而随便。施罗塞除了语言流畅之外，在历史写作上的重要性主要就是他的历史连续性这个概念，即使在这方面，他也不如伏尔泰。

路德维希·替摩提阿斯·斯匹特累(1752—1819)[1]是施罗塞
124 在格丁根大学一位较年轻的同事,不如他渊博。虽然主要是一位教会史家,却既信仰伏尔泰又信仰莱辛;他像伏尔泰那样公开拥护资产阶级;也像莱辛那样是一位坦率的自由主义者。他的主要著作是以世俗精神论述教会史和德国诸小邦史。作为他那个时代的产儿,他对人类文化史感兴趣,追溯了统治者和臣民之间的关系,并描绘了整个文化的发展。他论述17、18世纪的地方写得最好;但当他论述中世纪时,也表现了启蒙运动时期流行的对欧洲文化中这个"黑暗"时期的轻视。[2]

18世纪的德国思想染上理性主义色彩很淡,但在方法论方面则不然。[3] 在这方面,自然科学方法的影响很深。就像科学家在

---

① 关于斯匹特累,参阅佛特的书,第467—471页;保尔的书(见本书原书第120页著者注),第162页以下;G. J. 蒲郎克,《作为历史家的斯匹特累》(格丁根,1811年);N. 崩韦奇的文章,见《新教百科全书》,第18卷,第677页以下;大卫·斯特劳斯,"路德维希·替摩提阿斯·斯匹特累",见他的《全集》,策勒编(波恩,1876—1878年,12卷),第2卷,第83—117页;关于其他书目提要,参阅沃尔夫的书,第209页和附注。

② 斯匹特累的《全集》是K. 瓦赫特编的(斯图加特和蒂宾根,1827—1837年,15卷)。他的政治著作包括《诸伯爵与公爵统治下的威敦堡史》(1783年);《汉诺威选帝侯国》(1786年),和《欧洲各国史大纲》(柏林,1793年)。他的教会史包括:《寺院法史,至伪以锡多时代为止》(哈雷,1778年)和《基督教会史大纲》(格丁根,1782年),后者由他的学生哥特利布·雅各·蒲郎克(1751—1833)续编。在续编中蒲郎克和他的老师不同,因为他是从思想观点上而不是从个人观点上写教会史的;关于蒲郎克,参阅佛特的书,第471—472页。

③ 讨论历史辅助学科的最早教本是本杰明·赫德里希的著作,《历史科学研究指南》(第2版,1711年;第8版,扩编本,柏林,1782—1783年,两卷)。其他流行的课本都谈到各种辅助学科,如地理学、年代学、系谱学、纹章学、钱币学、古文书学、甚至考古学和统计学。18世纪后半,德国各大学,特别是格丁根大学,成为专门研究中心:教会史(摩斯亥谟,瓦尔喜,斯匹特累,蒲郎克);语言学(亥涅,沃尔夫);和统计学(阿痕发尔创立)。

观察自然现象并加以分类时竭尽心力那样，学者现在也开始改进自己的方法了。约翰·马丁·克拉德尼阿（著有《普通历史科学》〔*Allgemeine Geschichtswissenschaft*〕，莱比锡，1752 年），把事件实情和由于观察者和记录者的个人误差而改变了面目的同一事件之间的界限鲜明地划分出来，他是第一位这样作的史学家。克拉德尼阿还进而制定了对历史正确性的一些检验法，他列举的有：作家是否可靠，事件是否闻名，证人和文献的验证与当时存在的条件是否一致；他把确实性和可能性区分开来。30 年后，法国的 G. B. 马布里[①]著有《论历史写作方法》（*De la manière d'écrire l'histoire*）（1782 年）担负起同样任务，并敦促历史作家从事件的自然条件出发，强调其发展。在英国，约瑟·普里斯特立[②]著有《论史学与一般政策讲演集》（*Lectures on History and dd'eneral Policy*）（1788 年）在讨论历史资料方面，比克拉德尼阿走得更远，他劝历史家扩大他们对其他学科的知识。

前已指出，格丁根大学擅长历史和古典学术，至少是直到沃尔夫前往哈雷大学时为止它是最后一个这样的大学。泽姆勒[③]在莱比锡大学成名时，这个大学就开始在史学方面和格丁根大学竞争了。他继克拉德尼阿和加特厄之后，强调方法论，特别是把当代和第二手的证据材料的价值和使用之间的界线，原始资料和间接资 125

① 法国哲学家和历史家（1709—1785），著有《法国史评论》（1765 年）等书。——译者

② 英国教士、化学家和历史家（1733—1804），因对法国革命表示同情，房屋被焚毁，移居美国，著有《基督教会通史》（四卷）等书。——译者

③ 德国新教神学家（1725—1791），被称为“德国理性主义之父”。——译者

料之间的界线加以区分。[①]

有一位奥地利学者也值得一提,哪怕只是为了一句有意义的话也好。这个人就是维也纳档案馆负责人迈克尔·伊格纳兹·施密特(1736—1794)。他写了一部《日耳曼史》(22卷,1778年及以后几年)。他坦白地说,这部书是打算供大众阅读的。和马斯科不同,施密特完全是模仿伏尔泰和罗伯孙的,虽然在解释上并不是这样,在处理上确实如此。他和他那位法国典范一样,也没有爱国主义感情;他崇拜进行改革的皇帝约瑟二世,但反对教权的成见。在其他方面,施密特还是不偏不倚的,在对宗教改革的处理上特别是这样。他从容不迫地批判地使用资料,打算把无所不包的整个文化图景描绘出来。特别显著的是,关于历史写作的这句名言"事情是怎样就怎样写"是施密特而不是兰克说的。用施密特自己的话说,"我写这本书的目的就是为了表明德国是怎样获得自己的习惯、教化、法律、艺术和科学,特别是自己的……教会和国家制度的。简言之,事物是怎样成为它们现在这个样子的。"[②]

我们还应当提一下普鲁士腓得烈大王。虽然不是因为他有多少学术成就,也要尊重他的地位。如所周知,这位国王曾拿出自己相当大的一部分时间从事写作。他的绝大部分文章是在伏尔泰的直接影响下写的,实际上是为取悦伏尔泰而写的。腓得烈写了各

---

① 威廉·歇雷,《德国文学史》,F.C.康尼比尔夫人译(纽约,1901年,两卷),第2卷,第73页。

② 《德国史》(乌尔穆,1785—1808年,22卷),第1卷,导言。此书写至1660年,以后由别人续编。关于施密特,参阅佛特的书,第466—467页;和比德曼的书,第2卷,第2编,第3部分,第708—710页。

种著作20余部，其中有些是历史。他的历史著作有《勃兰登堡王室史回忆录》(*Mémoires pour servir à l'histoire de la maison de Brandenbourg*，1415—1740)(1751年)、《我的时代的历史》(从1740—1745)，其续编有《七年战争史》(1763—1764年)和《从胡柏兹堡和约[①]到波兰瓜分回忆录》(*Mémoires depuis la paix de Hubertsbourg jusqu'à la fin du partage de la Pologne*)(1788年)。严格说来，这些著作中的第一部，即讨论勃兰登堡王室历史的那一部，是客观的历史；而后面描写腓得烈自己时代的那几部"回忆录"和"历史"，则是半自传性质的主观著作。

腓得烈的历史著作只对关心他的学者有价值，因为它们流露 126
了国王的思想和态度。作为客观的著作，除了对某些专门问题如军事管理、战略战术等国王显然精通的事情以外，可就远远不如它们的样板伏尔泰的作品了。正如佛特正确指出的，他的写法一般都是"政治家对政治家"的口气。这位国王并不是像为权衡并评价复杂事件而写作的一位学者，而是从一位主要活动家的角度，从上面、从政府的观点而不是从社会力量的角度观察事物的。

在哲学上，这位普鲁士国王完全是一位伏尔泰派。在他看来，历史是以教诲和功利为目的的，是以"优秀的、品德高尚的人们"的榜样进行教育。为了有用，历史应该"只把好君主的名字保留下来"，腓得烈希望自己也是其中之一。[②]就像法国那些哲学家那样

① 1763年普奥和约，七年战争结束。——译者

② 腓得烈曾经用下列的诗句(《全集》，第10卷，第65页)表达他对历史的观点：
"真理掌握着历史的笔杆，
囊括由古至今献给记忆，

(接下页)

（腓得烈仅仅在血统上还是个德国人，在其他方面就不然了），这位普鲁士王也是一位理性主义者、自然神论者和世界主义者。他对古代和中世纪知道的很少。因此他蔑视过去，特别是德国的过去，在这方面他知道得少得可怜。古日耳曼人，“贪图虏获”，是粗野的蛮族，罗马的摧毁者。中世纪“黑暗”，十字军是虔信基督的瞎胡闹的一群；奇怪的是，这位伟大的腓得烈二世对霍亨斯陶芬王室和他同名的另一位腓得烈二世[①]几乎毫无所知，而后者却是一位真正开明而有教养的人。[②]

（接上页）上帝令其繁荣的强大帝国，
人们看到了它们的诞生，
兴盛，衰落和灭亡。
就在那里人们学会不用强
力的统治艺术，
使理智随雄辩的意志而屈从；
人有自知之明，人是自己的主人，
人能克制自己的欲望，就是
自身的国王……”（1748 年）

① 神圣罗马帝国皇帝（1194—1250），企图统一意大利和德意志，但为教皇反对。他有多方面的才能，奖励文学、科学。——译者

② 腓得烈的历史著作，见他的《全集》，J. D. E. 普垒斯编（1846—1857 年，31 卷，分为 14 册），第 1—7 卷；也可参阅汉斯·特雷新，《腓得烈大王散文著作目录提要的贡献》（柏林人古典书目，1904—1905 年，两部分）。关于讨论，参阅佛特的书，第 472—474 页；沃尔夫的书，第 203—205 页及附注；绍谟克尔的书，第 22—30 页；S. K. 帕多佛“模范独裁者”，见《美国麦邱利》，第 25 卷（1935 年），第 147—153 页；F. 施维尔，《论腓得烈大王〈我的时代的历史〉一书本文的重要性》（弗赖堡，1892 年）；H. 第塞科特，《腓得烈大王〈我的时代的历史〉批判的贡献》（莱比锡，1885 年；《历史研究》，第 14 卷）；弗里德里希·莫伊泽尔，“作为政治历史家的腓得烈大王”，见〔柏林〕《普鲁士年鉴》，第 120 卷（1905 年），第 482—525 页；同一作家的两篇论文，见〔慕尼黑〕《历史杂志》，第 96 卷（1906 年），第 434—446 页和第 98 卷（1907 年），第 560—569 页；亚诺尔德·贝尔奈，“论腓得烈大王的史学思想”，同上书，第 150 卷（1934 年），第 86—115 页；利奥波尔德·丰·兰克，《全集》（莱比锡，1874—1890 年，54 卷分为 27 册），第 51—52 卷，第 405—474 页；并参阅达尔曼-惠芝的书，第 11823—11826 号所列文献。

在格丁根学习的另一位历史家是瑞士人约瑟·伊西林(1728—1782)。他在1764年出版了一本《人类历史的哲学推理》(*Philosophische Muthmassungen über die Geschichte der Menschheit*),1768年出版时,名为《人类史》。伊西林和米勒[①]不同,他坚决反对卢梭的自然状态学说。伊西林力图以更多的理论而不是 127
以事实说明人们在本能驱使下,和别人联合起来,就是组成了国家,以追求幸福。自然状态非常不完美,实际上是人类的野蛮阶段,人们脱离这个状态之后才逐渐上升到道德和文明的状态,伊西林追随孟德斯鸠,也注意到气候和环境是文明发展的决定因素,他指出,社会的极终目标是普及道德和幸福,特别是改善较低阶级的命运。在这篇文章的结尾,伊西林热情呼吁欧洲统治者通过聪明而贤良的治理实现这个完美的境界。[②]

站在格丁根学派最前列的学者是亚诺尔德·赫尔曼·路德维希·赫棱(1760—1842),[③]他既是启蒙运动的又是拿破仑身后的

---

① 参阅本卷原书第138—140页。——译者

② 伊西林的瑞士同胞和同时代人、柏林青年贵族寄宿学院教授威格林也专门研究历史哲学,于1770年出版一书,追溯各民族的兴衰,参阅C.施瓦尔伯《18世纪瑞士史学和民族思想》(巴塞尔,1927年);比德曼的书,第2卷,第2编,第3部,第713—714页;路德福·罗肖尔《历史哲学——试图建立历史哲学的叙述与批评》(格丁根,1878—1893年,两卷),第1卷,第76—78页。

③ 赫棱的传记尚待编写。他自己的《自传记载》见他的《历史著作》(格丁根,1821—1826年,15卷),第1卷,并附在乔治·班克洛夫译的赫棱《古代史教程》(第6版,伦敦,1854年)的卷首。也可参阅佛特的书,第478—483页;绍谟克尔的书,第284—309页;比德曼的书,第2卷,第2编,第3部分,第712页;威廉·M.斯伦,"19世纪的历史科学",见《1904年圣路易艺术与科学会议普遍说明》(波士顿,1906年),第2卷,第28页;A.W.斯马尔的论文,见《美国社会学杂志》,第29卷(1923年),第81—82页;C.T.拍忒斯,《弗里德里希·拍忒斯传》(哥达,第8版,1896年,三卷),第3卷,(接下页)

欧洲的产儿。他在美洲最出名，因为有些著名的美国学者如班克罗夫特[①]、摩特利[②]、替克涅[③]和朗费罗[④]等都曾在格丁根大学跟他学习。[⑤]

赫棱在已具备古代语言知识之后于1779年19岁时进入格丁根大学，选修亥涅的课并和他的长女结婚。另一个对赫棱有重大影响的人是斯匹特累[⑥]，青年赫棱从他那里学习了历史方法。

> 〔赫棱描写的斯匹特累的研究班的方法是〕研究每一个时期时，都以当时领先的那位作家的著作为基础，并按年代顺序摘录原文。同时阅读论述同一题目的其他作家的著作，其不同处在平行的各栏中注明。我仍然相信开始学习时这是最好的方法。[⑦]

128 赫棱取得博士学位后即离开大学，在欧洲旅行两年，1787年回格丁根大学，被聘为哲学教授，讲授罗马古代风习和诸史家。其

(接上页)第22页以后；《文化史文库》，第17卷(1927年)，第286—297页；关于对赫棱的一些评论，参阅〔纽约〕《北美评论》，第18卷(1824年)，第390—406页和第28卷(1829年)，第186—203页；《爱丁堡评论》，第59卷(1834年)，第87—123页。

① 美国史学家(1800—1891)，著有《美国史》、《美国宪法形成史》等书。——译者

② 美国史学家(1814—1877)，著有《荷兰共和国的兴起》、《尼德兰联合国史》等书。——译者

③ 美国史学家(1791—1871)，著有《西班牙文学史》。——译者

④ 美国著名诗人(1807—1882)。——译者

⑤ 赫棱对美国史学有很大影响，班克洛夫特把他的许多著作译为英文。关于赫棱对美国史学的这种影响，参阅J. S. 巴塞特，《美国史学家的中间集团》(纽约，1917)，第178—179页；M. A. 得乌尔夫·豪乌，《乔治·班克洛夫特的生平和书信》(纽约，1908年，两卷)，第1卷，第209—210页；奥利埃·W. 隆，《文学先锋：美国对欧洲文化的早期探索者》(哈佛大学出版社，1935年)；和W. M. 斯伦，“乔治·班克洛夫”，见《世纪杂志》，第33卷(1887年)，第473—487页。

⑥ 参阅本卷原书第123—124页。——译者

⑦ 引文见〔纽约〕《北美评论》，第28卷(1829年)，第186—187页。

后12年,他研究的是亚洲和非洲历史资料。结果写成《古代主要国家政治、交往和商业回顾》(*Reflections on the Politics, Intercourse, and Commerce of the Chief Nations of Antiquity*)(1796年)。[①] 1799年他不再当哲学教授改为历史教授时,他看到自己殷切的希望实现了。从那时直到他逝世的43年间,他一直留在格丁根大学,接受了政府给予的许多荣誉,[②]受到学生和朋友们的爱戴,其中包括G. H. 柏次[③]和俾斯麦。

对赫梭应当考虑两个方面:即作为商业史家和政治史家这两方面。除了前已提到的论述古代商业(论及波斯、腓尼基、巴比伦、西徐亚等地商业)的著作外,他还出版了《古代国家史手册》(*Handbuch der Geschichte der Staaten des Altertums*)(1799年)。[④] 他的政治性著作有:《欧洲国家制度及其殖民地史》(*Geschichte der europäischen Staatensystems und seiner Kolonien*)(1809年),从1942年写起;《历次十字军的发展》(1808年);一部论述英国在欧洲大陆上的利益的历史;一部论述近代欧洲君主制

---

① 此书的一部分首先由乔治·班克洛夫特译成英文,名为《古代希腊政治评论》(波士顿,1824年),后来全书出版,名为《古代主要国家政治、交往与通商的历史研究》(伦敦,1847—1854年,四卷)。

② 赫梭被选为内廷枢密院顾问,被任命为法国铭文学院委员,1819年被任命为格丁根大学校长。1834年威廉四世授他以归尔甫团勋爵的荣誉;三年后,在他当教授50周年纪念时,法国国王授予他荣誉勋章绶带。瑞典国王授予他北斗星勋章。

③ 德国历史家(1795—1876),编撰《德国史料集成》。参阅本卷原书第166—167页。——译者

④ 书的全名附有下列字样:《特别关于它们的政体、商业和殖民地》,关于班克洛夫特所译赫梭的著作,参阅豪乌的书(见本书原书第127页著者注),第2卷,第180—181页。

原理发展的历史；以及许多较小的著作。1829 年，赫棱和乌克特合作开始撰写著名的历史丛书《欧洲诸国史》。①

赫棱对商业的兴趣开始于他在汉萨同盟城市不来梅当中学生的时代。他受到美洲殖民地反英斗争的鼓舞，最后由于阅读孟德斯鸠和亚当·斯密的著作，他的兴趣更浓了，他对商业和殖民之间的关系以及二者对政治的影响的了解显示出他那极其锐敏的目光，但他对国际贸易的兴趣比对国内贸易的兴趣还大。他曾这样描述他对古代商业提出的那些问题是怎样处理的：

> 129 我在讲古代史时，总觉得讲迦太基的这一章最难令人满意。……这就引起我对它的性质和历史进一步仔细研究。……不久我就熟悉了和古代这个最早进行对外贸易和征服的伟大共和国有关的一切；一个接一个的新见解出现在我心中，我的视野逐渐扩大；直到最后，这个古老的世界似乎整个展现在我面前，这是站在我从来没有站过的立脚点上看到的。我现在是从古代商业和交往的作用和影响方面考虑这个古国的，并且也考虑了与之密切相关的古代各国的兴起、形成和制度。②

赫棱并未追溯古代通商的起源；他只把过去与现在的区别指出就满足了。他指出，古代缺少技术方面的发展（如指南针等），因而使人离不开自己本地；所以商业交往大多是在陆上进行的；而近代商业得到技术进步的好处，就在海上进行了。赫棱解释说：西方技术使欧洲人征服了世界上一大部分地区，并广泛扩张势力。这

① 赫棱—乌克特丛书，拍忒斯负责出版；关于这部著作的讨论，参阅沃尔夫的书，第 459—462 页。完备的书目提要见《弗里德里希·安得累阿斯·拍忒斯出版目录，1796—1906 年》（1906 年）。

② 他的《古代史教程》，班克洛夫特译（见本书第 127 页著者注），第 16—17 页有自传述略。

件事给了欧洲人胜过其他(有色)人种的优势地位。"新大陆立刻变成他们的牺牲品……;亚洲三分之一以上的地区臣服俄罗斯统治;泰晤士河[1]和须德海沿岸[2]的商人夺得印度统治权;假如说直到今天土耳其人仍然在成功地保持着他们从欧洲夺得的领土,试问他们能够永远把它保持下去吗?"[3]至于为什么欧洲(白)人能够发展一种高于他人的技术这个问题,赫棱认为,白色可能有些关系。——当然他那学者的风度在这一点上还不至于使他太武断。"〔我这样说的〕目的只有这一点:即经验似乎证明:自古至今,在发展智力上肤色较浅的一些民族比较容易。但我们欢迎将来有和这种经验相反的一个时代,那时将出现有教养的一些黑人民族。"[4]

赫棱作为一位政治历史家的重要性在于他承认国家的物质基础。他不去研究古代那些哲人,即成天讲理论的人们(用帕累托[5]的话说即:"引申者"),而是研究人们的基本需要:他们的衣食住。他想知道的是,人们如何满足他们的物质需要,还想知道这类事情在哪些方面影响了政治。如此说来,他满可以说是马克思"经济史观"的先驱了。但我们不应当把赫棱看成一位粗浅的唯物主义者;相反,他坚持认为应当把人当作一个有道德的生命对待,而且,正如他自己所说,要从"哲学角度"看历史。在他看来,经济实况和数 130
字,只能作为不同类型的政府的说明使用,他讲课时,常常分析西

---

① 指英国人。——译者

② 指荷兰人。——译者

③ 《古代希腊政治评论》(见本书原书第128页著者注),第3页。

④ 同上书,第4—6页。

⑤ 意大利经济学家和社会学家(1848—1923),发展应用数学分析法于研究经济和社会问题。他反对民主,意大利法西斯理论大都根据其理论。——译者

方已知的四种类型的国家制度：具有一部自由宪法和一个自由行政机构的君主国——英国；具有一部自由宪法但行政机构独断的君主国——法国；在宪法上和行政管理机构上都是专制的君主国——俄国；建立在人民主权基础上的联邦共和国——美国。事实上，普及了“国家制度”这个概念并指出它的内在关系的人正是赫棱。他的话至今还值得记住：

> 不论谁执笔撰写任何特定国家体系的历史（所谓国家体系指的是在风俗、宗教、社会进步的程度等方面彼此相似的一些邻国因利害吻合而牢固地结合在一起的联合体），最重要的一条就是应当对这个联合体的总的性质有一个正确的概念。在欧洲诸国形成的体系中，显然应该在它的内部自由，换句话说，即各成员国之间的互相独立性（虽然就物质力量而论，它们可能是不平衡的）当中寻找这个性质。①

赫棱敏锐地看出宗教就是在一个政治制度联合体中的那些联系纽带之一。例如在埃及，宗教不但是一种结合的力量，而且也是对王权专制的一种制约。

作为一位作家，赫棱是明晰、清醒而直率的，“我既不打算矫揉造作地修饰，也不想漫不经心地丢三落四。……我所希望和努力的目标不但是为各学校而且是为开明的大众写史书。”在这一点上他是成功的，因为他是当时拥有读者最多的历史家之一。不过他对学术史（至少在德国）的影响并不大。一位法国评论家对赫棱的赞扬极高，“在思想的清晰和写作方法上没有一位法国历史家超

---

① 参看他的自传述略（见本书原书第 129 页著者注），第 19 页。这个思想如何影响其他历史家，从下述赫棱的门徒乔治·班克洛夫特在他的《美国史》第 1 卷第一句话中就可以看出：“美国构成一个伟大政治体系（包括世界上一切文明民族在内）里面不可缺少的一部分。”

过他”。

在结束对格丁根学派的介绍以前，不能不简略地谈谈哥特夫里得·阿痕发尔（1719—1772），从 1748 年起直到他逝世一直在这个大学当教授。他创立并发展了他最早称之为统计学（scientia statistica）的这门科学。他的著作《欧洲各国宪法》（1749 年）是《政治家年鉴》的早期版本，内容是与国家有关的经济、政治以及其他“大事”。以这类材料为内容的书，阿痕发尔的同事施罗塞称之为“Staatsmerk würdigkeiten”（字面意思是：国家珍闻）。英国统计学家佩提[1]和格劳恩特[2]称这门科学为 17 世纪的“政治算术”。 131
这门科学在近代意义上的广泛使用只是在 J. P. 胥斯米耳希的《由于生死与人口增殖而产生人类变革中的神圣秩序》（*Die Göttliche Ordnung in den Veränderungen des menschlichen Geschlechts aus der Geburt, dem Tode, und der Fortpflanzung desselben erwiesen*）一书出版之后的事，后一书是对“重大”事实和其他事实的统计所作系统分类的尝试。[3]

---

① 英国政治经济学家和比较统计学的先驱（1623—1687），著有《租税与捐献论》，说明价格依赖于生产所必需的劳力。——译者

② 英国统计学家（1620—1674）。——译者

③ Statistics（统计学）这个字出自拉丁语 status，在政治意义上，即 state（国家）的意思；因此统计学是关于国家的事务。包含这样一些事实的最早的著作可能是夫兰拆斯科·散索微诺的《各王国和共和国的统治和行政》（威尼斯，1583 年）。1660 年赫尔姆斯塔特大学，“政治与医学教授”赫尔曼·康林讲演论述统计事务的题目。参阅罗伯·诺尔《作为历史家的赫尔曼·康林》（罗斯托克论文，1889 年）。

第四十章　浪漫主义的出现[1]

132 在近代史学发展的诸连续阶段中，现已谈了三个。法国在两个阶段中成绩优异；在第三个阶段，德国不但成绩突出，而且是唯一的体现者。浪漫主义是欧洲总的学术生活中的第四个运动。柏林大学卓越的名誉历史教授弗里德里希·梅内克[2]在他那部名著《历史主义的形成》(*Die Entstehung des Historismus*)中写道：

> 浪漫主义……刚刚出现时原本是一种模模糊糊的东西，后来在各式各样的面目不清的冲力推动下，在古典规范以外发现了种类繁多的人性的价值。然而，就在这样的探寻和摸索中，在迄今尚无人注意的过去那些创作中，浪漫主义突然发现了自己的形式、意义和连贯性，从而为研究历史法则开辟了道路。

浪漫主义注定要成为19世纪遍及全欧的学术运动，这一点超过了博学、理性主义和启蒙运动三个时期。虽然浪漫主义的苗头在法国、英国甚至在意大利和西班牙几乎都可同时发现，但首先真正看到这种新精神、说明其性质并使之有机化的地方却是德国。

---

① 关于本章参阅来印侯特·阿里斯，《德国政治思想史，1789—1815年》(伦敦，1936年)，第6章附书目提要；佛特的书，第478—479、495—515页，和第5编的开端；威格尔的书，第5编以及其他各处；古奇的书的序言；沃尔夫的书，第211—228、232—235页及其重要书目提要注释。

② 德国历史学家(1862—?)，见本书原书第186、313页。——译者

写作也像其他人文现象那样，服从于进化的自然法则，并有其全盛、过渡和衰落等时期。

18 世纪的历史概念是纯理性主义的。但反对它的声音必然会出现，不过这种反对并不是反动的，而是进步的。浪漫主义就是对非历史的推理即理性主义的形式逻辑的反抗。是感情和想象对纯理智主义的反抗，感情对形式的反抗，个人主义对体制专横的反抗，是为富于同情的创造性的想象呼吁，反对只讲形式和内容的做法。

理性主义者把国家看作是安排得有条理的理性；浪漫主义者则把国家看作方便的民政机构。“浪漫主义的首要原则就是烧毁前辈崇拜的东西。”这个论战是已往的思想斗争——如 12 世纪在 133
唯实论者和唯名论者之间的[①]，或 17 世纪古代派和近代派之间的斗争——的一个新阶段。[②]

尽管查士塔斯·墨塞尔有保守主义，但浪漫主义的苗头早就可以在他身上察觉出来了。不过，约翰·戈特弗列得·赫尔得(1744—1803)才是吹响黎明号角的人，他是正在到来的运动的先知，后来还有人恰到好处地称为19世纪的“守门人”。[③]他是哲学

---

① 唯名论者主张一般概念为人类思维所立，只是用以概括个别事物的名称，其本身不是实质。唯实论者认为一般概念是某种精神实质，先于个别物体而存在。——译者

② 参阅 V. F. 斯托尔《19 世纪英国神学的发展》(伦敦，1913 年)，第 126—127 页。

③ 阿里斯的书(见本书原书第 132 页著者注)，第 234—250 页；佛特的书，第 407—411 页；沃尔夫的书，第 211—213 页及其书目提要注释；比德曼的书，第 2 卷，第 2 编，第 3 部分，第 716—723、801—846 页；亨利·W. 涅文孙《赫尔得的素描及其时代》(伦敦，1884 年)；路德福·亥谟，《赫尔得的生平及著作》(柏林，1877—1885 年，两卷)；E. 屈涅曼，《赫尔得》(第 3 版，慕尼黑，1927 年)；Fr. M. 布隆奇，《赫尔得的进化观》(莱比锡，1904 年)；狄奥多·根特，《赫尔得的文化观》(耶拿，1902 年)；G. E. 部克哈特，《宗教哲学的历史基础由赫尔得开创》(哈雷，1908 年)；路德福·斯台得尔曼，《赫尔得的(接下页)

家、语言学家、文学家、人类学家、社会理论家、民俗学家、鼓吹者和诗人。他是康德的学生,受康德影响最大,对他的影响仅次于康德的是J.G.哈曼(1739—1788),哈曼是柯尼斯堡人(赫尔得就是在这里认识他的),死于明斯特。查士塔斯·墨塞尔称哈曼为"北方贤人"。哈曼除了受到赫尔得的影响之外,他自己对浪漫主义的发展也曾独立地给予深刻影响。他是一位有创见的、思想深刻的人,精通各种科学、神学、语言学、东方文学和艺术。他以形象和象征进行思维——从而对浪漫主义很有影响。①

(接上页)历史观》(哈雷,1928年);约翰尼斯·格纶德曼,《赫尔得的〈人类史观〉一书中的地理学和人种学资料与例证》(柏林,1900年);恩斯特·绍谟克尔,《赫尔得作为文化史家与世界精神发展研究的关系》(卢得维希斯路特,1901年);狄奥多·利特,《康德与赫尔得作为精神世界的阐明者》(莱比锡,1930年);霍斯特·史梯凡,《赫尔得在比克堡及其对教会史的意义》(蒂宾根,1905年);R.R.艾甘,《赫尔得与德国民族主义的形成》(纽约,1931年);查理·约勒,《赫尔得与18世纪德国文艺复兴》(巴黎,1875年);H.特鲁孔,《赫尔得的知识遗产在法国》(巴黎,1918年);弗里德里希·贝伦巴赫,《作为达尔文先驱者的赫尔得与近代自然哲学对18世纪进化论史的贡献》(柏林,1877年);R.斐斯特,《卢梭与德国历史哲学》(斯图加特,1890年);亨利·瑟埃,"赫尔得的历史哲学",见〔巴黎〕《综合历史评论》,第48卷(1929年),第21—36页;马丁·许策"赫尔得思想的基本观念",见《近代语言学》,第18卷(1920—1921),第65—78、121—302页;第19卷(1921—1922),第113—130、361—382页;第21卷(1923—1924),第29—48、113—132页;鄂图·柏兰的文章,见《批判哲学杂志》,第144卷(1911年),第165—181页;第145卷(1912年),第1—22页,和"赫尔得的文化哲学概念达到他创造力的顶点",见〔慕尼黑〕《历史杂志》,第110卷(1912—1913),第292—326页;考斯道夫·布胡赫尔次,"近代历史概念的起源和形成",见《德国历史杂志》,1889年,第2部分,第17—37页;K.比特内尔,"赫尔得的历史哲学与斯拉夫人",见《出版物》等(德国大学,布拉格),第6卷(1929年),第1部分。关于赫尔得的全部著作,参阅下面本书原书第138页著者注。

① 哈曼全集共八卷,由弗里德里希·罗特出版(柏林,1821—1843年)。关于讨论他的文献,参阅C.H.吉尔德梅斯特,《约翰·乔治·哈曼,北欧生活和作家中的贤人》(哥达,1863—1875年,六卷);摩立次·彼得里,《J.G.哈曼的著作和书信》(汉诺威,1872—1874年,四卷);考斯道夫·波伊尔,《约翰·乔治·哈曼,北方贤人》(汉堡,1874—1876年,二卷);雅各·米诺尔,《约翰·乔治·哈曼对狂飙突起时代的贡献》(法兰克福,1881年)。

赫尔得从他的老师康德那里得到下述思想：历史家的作用就是在变化多端的大量事实中发现统一，并通过一切变化看出不断发展的原则。[①] 赫尔得把康德的发展力量这个概念和卢梭的个人主义结合起来。他把"发展的思想"应用到人类文化的一切表现上，诗歌和艺术，语言和宗教等等。尽管赞扬他的人们热情称颂他的创造性，但赫尔得仍然只不过是卢梭、文克耳曼和康德的直接继承人，实际上是他这些先辈播下的种子的收获者。他的名望是他的写作丰富和文笔华美造成的。他写下了不下 60 部书，几乎是可以想得到的各方面的题目都有，他那些概括大胆而高明，但不顾事实的地方也并非少见。 134

赫尔得和康德一样，也是东普鲁士人，父母贫穷，是在虔信派气氛中成长起来的。也像他的老师那样，在柯尼斯堡受教育，并吸收了当时一切思想潮流。就像当时多数德国人通常的情况那样，他首先受到的是法国人的影响。1769 年他 25 岁时，到法国旅行一趟，见到许多哲学家。

〔他从巴黎写回的信上说〕我在这里的时间是这样支配的：和学者交往，参观图书馆、画展、古迹、戏院和在构思、技巧等方面很有意味的公共建筑。巴黎高雅而华丽，是艺术和科学机构的中心。然而，由于高雅只不过是对美的事物最低级的鉴赏，华丽只不过是外表，而且常常是取代美的事物的东西，因此法国永远也不能使我得到充分的满足，我对这些已感厌倦。然而，由于各种原因，我绝不抛弃我和法国的交往，或者失掉我已经得到的有关法国的语言、风俗、道德、趣味、艺术和科学等方面的经验和观点。我研究过许多著作和人物，跳舞和绘画，音乐和法

① 参阅阿里斯的书（见本书原书第 132 页著者注），第 239 页。

国大众。[①]

在这段时间，赫尔得开始在日记中片断地记下他的思想，后来就以这些为基础写成他的名著《人类历史哲学思想》(*Ideen zur Philosophie der Geschichte der Menschheit*)。[②] 这部书里有赫尔得对历史的基本思想，对和他同时代的人们产生了显著的影响。[③]

> 〔关于他的《人类历史哲学思想》一书，他曾说〕我年轻时看到知识的源泉如朝霞般出现在我面前的时候，我常常想：世界上各种事物既然都有它的哲学和遵循的原理，那么，和我们关系如此密切的人类历史，
> 135 作为一个巨大而完整的聚合体，是否也有它的哲学和科学法则呢？一切事情——形而上学和伦理学，物理学和博物学，特别是宗教——都使我产生这样的看法。[④]

我们不能指望在赫尔得的历史概念中找出一个严格地合乎逻辑的思想体系：他的诗人气味太浓，过于偏重直观，不可能成为一位细心的建立思想体系的人。他经常摇摆于感情和理性之间，他虽然发表过一连串透辟的思想，但很少为它们之间的逻辑联系操心。因此，人们常常发现的，并不是事实和证据，只不过是一些想象和富有诗意的比喻。他的头脑有很高的独创性。根明金曾肯

---

① 玛利亚·喀罗林·丰·赫尔得，《戈特弗列得·丰·赫尔得生平回忆录》(斯图加特和蒂宾根，1820 年，两卷)，第 1 卷，第 142 页；参阅〔伦敦〕《都柏林评论》，第 14 卷(1843 年)，第 505—534 页评论。

② 里加和莱比锡，1784—1791，共四卷，亨利希·丹采修订本，柏林，1879 年，共四部分；T. 丘吉尔的英译本《人类哲学史大纲》(第 2 版，伦敦，1803 年，第 2 卷)。

③ 数年后，伯克的《法国革命史评论》开始了英国史学中的浪漫主义。

④ 〔伦敦〕《都柏林评论》(见本书原书第 134 页著者注)，第 526 页。

定，维科[①]和赫尔得之间的联系还有待追寻。[②]

赫尔得以其有限的能力，竟然担起如此巨大的任务，他把地球上一切生物设想为一个整体（毫无疑问，他比达尔文早半个世纪就想出了生物进化论这个观念），[③]这个整体沿着一个有机链条不断演进。“我们地球上整个生物界确实像一个单一的有机体，这点在解剖学上和生理学上都是确实的。”[④]

赫尔得的历史就是建立在这种自然界生物进化论的基础上。在自然界，各种东西都是有机地联系在一起的，一种状态引出另一种状态，直至人类，即进化锁链上最高一级和最后的表现。[⑤] 人类的理性，即人类经验的总合，经历着同样的演进。“人类历史的原则就在于此；舍此则无历史可言。”[⑥]所以历史就是，“教育我们人

---

① 参阅本卷原书第 92—94 页。——译者

② 鄂图·根明金，《维科，哈曼和赫尔得；18 世纪德国学术复兴史的研究》（莱比锡，1918 年），第 37—51 页。但维科的热烈崇拜者本尼狄多·克罗齐主张在赫尔得思想的形成中，维科占主要地位。参阅他的“史学研究：历史主义的产生”，见《批评》〔文学、史学与哲学的复兴〕，第 35 卷（1937 年），第 328—343 页。克罗齐甚至在维科的著作中发现“有玛克斯·米勒解释神话，格里姆利用语言学恢复原始文化，尼布尔和蒙森早期罗马史概念，沃尔夫的荷马史诗理论，萨焚宜法理学派，浮斯退尔·得·库朗日的中世纪史概念，得·桑克提的但丁批判和马克思的阶级斗争等等先进思想。对维科的功绩这样夸大估价使他在维科萌芽的暗示中看出那些实际上要等到更高度的发展以及根据维科的著作以外的资料才会产生的思想。”史密斯的书，第 2 卷，第 236 页。但 G. J. 罗伯孙的《18 世纪浪漫主义理论起源的研究》（剑桥，1923 年），第 288 页仍认为，这种联系虽然不能证明，“但如果不知道《新科学》一书的话，赫尔得的《人类史哲学观》一书的奇异概念，在我看来是不可思议的”。

③ 参阅许策的论文，见《近代语言学》（见本书原书第 133 页著者注），第 362—363 页。

④ 《人类历史哲学思想》（1784 年），第 1 卷，第 108 页。

⑤ 同上书，第 1 卷，第 335 页。

⑥ 同上书，第 2 卷，第 254 页。

类的整条锁链。"①

赫尔得拟订了人类成长的三个阶段：即诗歌、散文和哲学各阶段。在诗歌时代人们歌唱，并通过史诗保留他们的历史记忆。

> 136 他们在日常生活中歌唱……；那时的语言提供感官乐趣而且有鲜明的想象；它仍然是热情的表现。……当时既然还没有作家，于是诗人就以诗歌形式使最重要的事件传之永久；他们通过诗歌进行教育，当时的诗歌记述战争和胜利、寓言和格言、法律和神话。

散文阶段标志着人类发展上一个更成熟的时期。

> 青年人越长越大，也越显得聪明，政治上也越成熟，越来越健壮，于是就不再是青年了。在壮年时期，他的语言就不再是诗歌，而是美丽的散文了。

最后出现的是成熟阶段，即深沉的哲理时期。

> 成熟时代就不再知道美了，只知道是否恰当。……精通事故的人越把某些同义语的意思区分清楚或者干脆舍弃，他就越能采用适当的字眼，而不是不适当的字眼——他的语言就越失去魅力，但同时犯的错误也就越少。②

尽管我们完全应当尊重他那丰富的头脑，但不得不认为这些东西大部分都是废话。赫尔得这个三阶段论纯粹是诗；不论从语言学、考古学或人类学等方面寻找古代证据，一概都没有，他不过是信口开河。

衡量赫尔得这样一个人的影响是极端困难的，因为在他的正式原

---

① 《人类历史哲学思想》(1784 年)，第 3 卷，第 255 页。

② 摩立次·克罗南堡《德国理想主义史》(慕尼黑，1909—1912 年，二卷)，第 1 卷，第 381—382 页。参阅第 375—405 页。

> 理和分类用的分析性的名词中，富有独创性的东西并不多，只是他对史学的贡献的最小一部分。他在扩大近代思想领域方面的最大贡献则具有不同的性质了，它虽难于分析和说明，然而却是清晰可辨的。赫尔得在把一般的有条理的概念和分析性的概括（如可完成性和环境）应用于他那不倦的头脑注意到的任何一个新的具体情况时，总是具有异乎寻常的灵活性、机智和分辨能力，这是他的创造性的天才。在一切现实领域，他能区别特殊和一般，个别和整体；这是他的双料天才，比和他同时代的任何人都强。把一个时代的一些主要概括用无限丰富的个人具体经验表现出来，而不是相反地像理性主义那样剥夺后者，以利单调而贫乏的概括，这是赫尔得的天才，只有这种天才才是他身后的近代人道主义活生生的本质。
>
> 这种禀赋是赫尔得才智的源泉。他在个别人的生活的特殊形式中看到一些法则可以永远地运用下去。他把这种观点教给和他同时代的人们。甚至在今天，人们只要读他的书就一定会在每一页上发现新鲜的真知灼见，发现对一般观念的新的具体的启示，从而丰富自己。赫尔得在个体和环境这一双焦点以内把那些关于艺术、文学、哲学、宗教和历史的学说都进行了改组。①

在他对德国文化所作许多贡献中，不妨指出他坚持民族(volkstümlich)文学立场的勇气。② 他总是讥笑那些毫无创造性地模仿过去的古典学家。“让我们当独特的作家吧；让我们有点创 137
造性吧；让我们用自己的语言为自己的人民写东西吧；至于我们是否合乎古典规范，让我们留给后世去判断吧。”他悲叹德国民族生活在中世纪被打断，为此他谴责查理曼——“一个不幸的人，教皇

① 马丁·许策对亨利·特伦孔《赫尔得的知识遗产在法国。准备》（巴黎，1920年）的评论，见《近代语言学》，第20卷（1922—1923），第333页，参阅第331—333页。

② 关于这个题目，参阅许策的另一篇论文，见《近代语言学》，第19卷（1921—1922），第115—130页。

的儿子。”[①]

> 〔赫尔得激动地写道〕其他各国不像我们这样，人家都随着时代前进了，在自己的土地上用本民族的作品发展起来了，并以人民大众的信仰和爱好为基础，也在过去的遗迹上发展起来了。因而使他们的语言和诗歌都变成本民族的了。而我们这些可怜的德国人却注定永远不能对得起自己。[②]

在赫尔得身上，民族主义和自由主义精神是携手并进的。像康德那样，他也欢迎法国革命，甚至还以民主政治自娱。他虽然是一个信教的人，但与其说他是个基督徒，还不如说他是一位泛神论者。他认为圣经是世界上最崇高的文学，但本质上仍然是一部人的文献。[③] 他认为，道德就是“宗教，无论用什么形式表现出来都一样”；道德并不一定非是基督教的不可。赫尔得用同样的精神舍弃了历史中超自然和神意的东西。

> 我在历史上寻求的上帝必定和自然界的上帝相同；因为人只不过是整体上的一个微粒，而人类历史和住在寄主身上并和寄主紧密相连的蛆虫的历史差不多；因此，上帝借以显示自己的自然法则也必然在人间进行统治。[④]

---

① 赫尔得说，查理曼“剥夺了德国高尚而纯洁的独创性。……一手拿剑一手拿十字架，带来罗马科学最坏的渣滓，强制使用教士和庸俗的方言拉丁语。”米雪尔·布雷阿耳，《法国的拉丁语传统》，见〔巴黎〕《两世界评论》，第105卷(1891年)，第3部分，第564页，全文见第551—570页。

② 引自K.喜勒布兰“赫尔得”，见〔纽约〕《北美评论》，第116卷(1873年)，第413页。参看第389—424页。

③ 参阅他的《希伯来诗歌的精神》(1782—1783年，两卷)，詹姆士·马希英译本的书名是：The Spirit of Hebrew Poetry(伯林顿，弗蒙特，1833年，两卷)。

④ 喜勒布兰的文章(见本书原书第137页著者注)，第416页。

他紧接莱辛的工作继续进行下去，也像莱辛那样，是这个写作的黄金时代一位开路先锋。莱辛曾揭露当时流行的模仿法国作家这种愚笨行为，带头推动民族文学的形成。但在做这项工作时，却并未唤起国人自由发展自己的民族感情和思想，反而把他们送回古典的范例和原则上去了。赫尔得则相反，他为反对一切模仿而斗争，并叮嘱德国作家忠于自己和自己民族的祖先。他认为文学和艺术连同语言和民族文化作为一个整体，是通过自然的过程向前演进的，每个民族的学术和感情生活必然是和身体气质、物质环境的特点联系在一起的。他就是这样成为发展的或历史的方法的 138
创始人了，从那时以后，这个方法便应用到人类一切观念和制度上去了。

赫尔得是一位进化论者，但是一位仍然受卢梭影响的进化论者。在把较晚的文化成就的起源追溯到和原始文化开端同样古老的一些冲动的时候，他不是像近代进化论者那样强调人类发展较晚诸阶段比较早诸阶段优越，而是强调这些早期冲动的纯朴性和自发性，而且，他认为既然这些冲动是人类最古老的，当然就是最真实、最可贵的了。这样赫尔得就帮助建立起历史学派。虽然他不是一位历史家，但他有一些重要的历史概念，并且在他身上融合了启蒙时期德国思想界绝大多数丰富而有益的东西。他对和他同时代的人们有直接影响。格林兄弟[①]的民俗研究源出赫尔得的《苦难中的人民的声音》(*Stimmen der Völker in Liedern*)(1778—

① 雅各·格林(1785—1863)及其弟威廉·格林(1786—1859)，德国语言学家和神话学家，著有《格林童话集》等书。——译者

1779年，两卷本)；卡尔·立特[①]以赫尔得的进化观为基础，建立起自己科学的地理学。萨獒宜[②]和革勒斯[③]的政治学也是从他那里学来的；最后，黑格尔和兰克在他们的“形成中的宗教”方面也是赫尔得派。在法国，赫尔得(他的《人类历史哲学思想》一书在1825年译成法文)是基内[④]、基佐[⑤]和米细勒[⑥]的启发者。但这些事情应该在以后诸章再讲。[⑦]

浪漫主义的性质尽管模糊不清，但因为它热情地求助于过去，特别是中世纪，以反对当时的潮流，对德国的历史写作还是发生了有力而有益的影响；这也是因为浪漫主义主张(这是查士塔斯·墨塞尔首先提出的)只有按历史规律发展的东西才可以说是有用的，这个论点从根本上推翻了理性主义者的论据。如前所述，赫尔得是浪漫主义运动在学术上的始祖，并鼓舞了德国民族主义的成长，不过他和拿破仑垮台以后在普鲁士出现的那种强大而集权的国家的思想没有联系。赫尔得和他以前的康德一样，认为国家是有组织的、文明的全人类的代表，并非主要是一个专制君主国。

---

① 德国地理学家(1779—1859)，近代地理科学建立者之一，说明地理特点对历史发展的影响。——译者

② 参阅本卷原书第159—161页。——译者

③ 德国作家(1776—1848)，反对拿破仑，后反对德国各邦的反动政策，1814—1816年编《莱茵水星报》，被禁。——译者

④ 本卷原书第242—243页。——译者

⑤ 本卷原书第257—263页。——译者

⑥ 本卷原书第232—242页。——译者

⑦ 为篇幅所限，不能列举赫尔得的全部著作。他的《全集》是苏凡主编的(柏林，1877—1913年，33卷)；较早的一个版本为60卷(斯图加特，1827—1830年)。关于赫尔得著作和书信的版本，参阅达尔曼—惠芝的书，第12746号。

和赫尔得同时代的生于瑞士的约翰尼斯·丰·米勒(1752—1809)[①]是浪漫主义一位伟大的普及者,他颇有才华但较肤浅。他曾在格丁根大学跟施罗塞学习。米勒也像他那位鼓舞者卢梭那样,一生过着游荡生活,用自己的笔杆子和头脑为主人办事。20 139
岁时在沙夫豪森[②]大学预科任希腊文教师;两年以后在日内瓦一位议员家里当教师。就他的雄心来说,瑞士是太小了,于是1780年他就前往谒见腓得烈大王,说,"我愿与普鲁士共存亡,生死都为普鲁士人,不然就不想活了"。但普鲁士王轻视日耳曼血统的人,

---

① 自传见M.C.勒维主编,《现存柏林学者的肖像与自传》(第3辑,柏林和莱比锡,1806—1807年);爱德华·豪格主编,《约翰尼斯·丰·米勒与其兄弟约翰尼斯·乔治·米勒通信集,1789—1809年》(弗劳恩费尔德,1893年);佛特的书,第502—507页;比德曼的书,第2卷,第2编,第3部分,第710—712页;绍谟克尔的书,第254—276页;卡尔·亨金,《约翰尼斯·丰·米勒,1752—1809》(斯图加特,1909—1928年,两卷),并参阅尤金·谷格利亚的评论,见《攸福里昂》〔文学史杂志〕,第17卷(1910年),第396—404页;A.H.L.赫棱,《史学家约翰尼斯·丰·米勒》(莱比锡,1809年)和"论古典历史家的稀少,特别在德国",见他的《历史著作》(格丁根,1821—1826年,15卷),第6卷,该卷是讨论加特厄、斯匹特累、米勒等人的;亨利希·W.提尔施,《论历史作家约翰尼斯·丰· 米勒及其遗稿》(奥格斯堡,1881年);保罗·雷撰特,《约翰尼斯·丰·米勒与早期历史主义》(慕尼黑,1929年);卡尔·许克,《约翰尼斯·丰·米勒之研究》(海德堡,1912年);亚诺尔德·雅吉,《论约翰尼斯·丰·米勒的历史解释》(伯尔尼,1922年);亨利喜·黑内耳,《约翰尼斯·丰·米勒与德国历史散文的发展》(柏林,1928年;《历史研究》第179卷);保罗·韦尔恩累,《18世纪瑞士新教》(蒂宾根,1923—1925年,三卷);维利·安得累阿斯,"约翰尼斯·丰·米勒在魏玛"(1804年),见〔慕尼黑〕《历史杂志》,第145卷(1931年),第69—89页;路德福·斯台德耳曼的论文,见〔纽约〕《社会科学百科全书》,第11卷(1935年),第81—82页;同一作家,"从赫尔得到兰克对中世纪看法大纲",见《德国写作与思想史季刊》,第9卷(1931年),第45—88页;卡尔·波士德,《约翰尼斯·丰·米勒的哲学观点》,哈雷,1905年;《哲学与哲学史论文集》(第21卷);H.乌尔曼,"历史家约翰尼斯·丰·米勒与腓得烈大王",见〔柏林〕《普鲁士年鉴》,第58卷(1886年),第150—160页。

② 在瑞士北部。——译者

对他冷漠而傲慢。于是米勒就在加塞尔[1]担任图书馆长，后来又在美因茨[2]服役；当法国人攻占该地时，他就到维也纳去了。这位焦躁不安的历史家后来又从奥地利的首都再度前往柏林，1804年腓得烈·威廉三世[3]任命他为勃兰登堡史官。两年后拿破仑摧毁普鲁士，把这位自命不凡的历史家召去面谈。米勒原来认为这位科西嘉人就是另一位阿提拉[4]，见面后则完全拜倒在这位法国皇帝的魅力之下。和拿破仑只谈了一个半小时的话，米勒就把这位征服者看成天之骄子而五体投地了。这位历史家惊呼："我现在明白了，上帝已经把这个世界、这个帝国交给他了。"作为回报，拿破仑封米勒为威斯特伐里亚王国[5]大臣。1809年米勒死于加塞尔。

米勒在到处漫游期间，忙于撰写历史。1780年出版了《瑞士史》，写到1388年，这部书是他的巨著《瑞士联邦史》（写到1489年，莱比锡，1786—1808年）的第1卷。他的《历史论文集》（*Essais historiques*，1781年）、《教皇的旅行》（*Reisen der Päpste*）（1782年），以及《诸侯同盟记事》（*Darstellung des Fürstenbundes*）（1787年）等是在他四处寻找安身之地时写的一些次要著作。在这段很长的时间里米勒都在撰写一部雄心勃勃的世界史《欧洲各国通史24卷》（*Vierundzwanzig Bücher allgemeiner Geschichten, beson-*

---

① 在现在德意志联邦北部。——译者

② 在现在德意志联邦中部。——译者

③ 普鲁士国王（1797—1840），与拿破仑战争。——译者

④ 5世纪侵入欧洲的匈奴国王。——译者

⑤ 1807年8月拿破仑在易北河与威悉河之间建立威斯特发里亚王国，以加塞尔为首都。——译者

ders der europäischen Menschheit)。此书是他 1779 年在日内瓦时动笔的，一直写到 1783 年。在他去世以后（1811 年）才由他的 140
兄弟 J. G. 米勒出版的。

米勒打算通过把中世纪的道德和成就理想化这个办法，来唤醒他的瑞士同胞不要忘记过去的光荣。他写的瑞士人的故事是一部颂扬自由的伟大史诗，曾鼓舞席勒写出他的剧本《威廉·退尔》(Wilhelm Tell)，就像席勒这个剧本后来鼓舞了洛西尼[1]那样。[2]米勒虽然勤于收集材料，但他的耐性太差，未能细心去粗取精，他使许多瑞士古代传说和逸闻流传后世。

对作为历史家的米勒进行估价很困难。他无疑是当时拥有最多读者的历史家，然而他的兴趣基本上不是在历史写作方面。他有一颗无情的雄心，写历史是为了引人瞩目，猎取权位。米勒活泼轻快、多才多艺、学识渊博、富原则性，和他的典范卢梭那样，也是一位文艺家。他说，作为一位历史家，仅仅有批判本领、文字清晰是不够的；"还必须有灵魂"。就米勒来说，"灵魂"指的是卢梭式的感伤主义，而这种东西，当时在德国内外他的读者中间恰恰有着巨大的吸引力。因此，人们可以意料得到，他对事实马马虎虎，对史料毫无批判。今天的读者，为了解中世纪的瑞士或封建时代的欧洲的情况，不会有谁去阅读米勒的著作了。但对他制造出来的大

---

① 意大利作曲家(1792—1868)，创造 39 个歌剧，其中有歌剧《威廉·退尔》。——译者

② 迟至 1760 年，国家绞刑吏还焚毁了最早敢于对威廉·退尔的历史真实性表示怀疑的一位鲁莽作家的著作，即牧师夫罗登堡格写的书《威廉·退尔，一个丹麦传说》(伯尔尼，1760 年)，参阅哥德弗罗伊德·库尔特"史诗与历史"，见〔巴黎〕《历史问题评论》，第 53 卷(1893 年)，第 7 页附注。

批历史读者说来，他还是很重要的。或许可以说，米勒是为尼布尔和兰克两人在下一代成名铺平了道路的人。[①]

德国浪漫主义历史学派本来可以把“过去的时代因其久远将永远光荣”这句话作为自己的座右铭。法国浪漫主义学派在感伤主义和离奇的想象方面搞得太过火；德国浪漫主义史家则不是这样，他们把中世纪史染上一层落日余晖。他们的写作中既没有狂热的表白，也没有伤感的讽刺。应首先提到的是长期在耶拿大学当教授的亨利希·鲁登（1780—1847），他著有《德国人民史》（*Geschichte des deutschen Volkes*）12 卷，写至 1237 年（哥达，1825—1837 年）。鲁登把中世纪德国史上的封建主义和封建时期理想化；当德国政治在 1813 年以后的紧张岁月里处境危殆、德国人民也愿意倾听颂扬过去的魅力的声音的时候，他很受欢迎。鲁登写的历史材料丰富；把大量原始材料摘录写在注释中。他在序言中宣称，忽视德国历史的时代已经过去。一个世代以前，中世纪还像
141 是没有星光的黑夜。……后来那个可怕的不幸的时代才把那堵忽视和武断的围墙冲破。我们对自尊的需要才把我们送回祖先那里。……我们发现的东西使我们得到愉快，从而加强了我们进一步钻研的愿望。[②]

---

① 米勒的《全集》，其兄弟约翰尼斯·乔治·米勒编（1831—1835 年，共 40 卷，分为 20 册）；第 1 版，1810—1819 年，仅 27 卷。关于书目提要，参阅乔治·丰·维斯，《瑞士史学史》（苏黎世，1895 年），第 305—317 页。

② 古奇的书，第 72 页引语。参阅鲁登，《我的生平回顾》（1847 年）；F. 赫尔曼，《从当代历史哲学潮流看鲁登的历史观》（1904 年），和 G. 丰·柏罗在〔慕尼黑〕《历史杂志》第 96 卷（1906 年）第 494—495 页上的评论。

鲁登的主要弟子是筏格特[1]，[2]他这位老师建议他写喜尔得布兰的传记，筏格特写的那部《喜尔得布兰和他的时代》(*Hildebrand als Papst Gregorius VII und sein Zeitalter*)(1815 年)对这位伟大的教皇进行了第一次严肃批判。这部书在新教徒中受到尖锐的批评。但筏格特并未沿着这条道路继续走下去。他被召到柯尼斯堡，在那里发现了有关条顿骑士团的非常丰富的档案，于是把他的余年都用在撰写《普鲁士史》这部书上，写到 1527 年普鲁士与勃兰登堡合并时止，共九卷。筏格特说："我之所以有今日都应归功于鲁登。"但他的训练和他这位老师一样，也是不充分的，有缺点的，不能胜任兰克在柏林开始的那种需要强手才能完成的工作。

考斯遭夫·阿道夫·哈拉尔德·斯腾策尔(1792—1854)[3]是一位致力于撰写德意志民族史的作家，不属任何学派。他最出名的著作是《法兰科尼亚王朝诸帝统治下的德国史》(*Geschichte Deutschlands unter den fränkischen Kaisern*)(1827—1828 年，两卷)，此书根据的资料来自一位高明的学者基则布勒喜[4]，并受到

---

① 德国历史家(1786—1863)，著有《普鲁士史》，第 9 卷(1827—1838)、《条顿骑士团史》，第 2 卷(1857—1859)等书。

② 古奇的书，第 73 页和注 1。

③ 参阅他的儿子 K. G. W. 斯腾策尔写的《考斯道夫·阿道夫·哈拉尔德·斯腾策尔传》(哥达，1897 年)；古奇的书，第 74—75 页；威格尔的书，第 1023—1025 页；菲力克斯·腊赫法耳，"考斯道夫·阿道夫·哈拉尔德·斯腾策尔"，见《勃兰登堡与普鲁士历史研究》，第 11 卷(1898 年)，第 1—31 页；E. 戈特海恩，"考斯道夫·阿道夫·斯腾策尔和利奥波尔德·丰·兰克"，见〔慕尼黑〕《通报副刊》第 69—70 号(1892 年 3 月 22—23 日)；马克格腊夫，"斯腾策尔的活动及其对西里西亚史学的意义"，见《西里西亚历史与古代文物杂志》，第 26 卷，第 395 页以下。

④ 德国历史家(1814—1889)。——译者

他的称赞。斯腾策尔写道："我敢说任何人都不能从我的书中指出一句我不能在最好的权威著作中找到论证的话。"具有同样高的学术水平的是他的五卷本《普鲁士史》（1830—1837 年），他的著作态度超然、热情不够，很像兰克，他比兰克大三岁，他的写作模仿兰克。

斯腾策尔的事业和名望由于他自己爱发牢骚的性格和与兰克的紧张关系而受到损害。兰克在莱比锡大学学习时就碰到斯腾策
142 尔，并在他的房子里第一次接触到历史资料。① 因此，当这位年轻的人被聘为柏林大学教授时，他满腹牢骚，自己不得不满足于待遇低得可怜的西里西亚档案库一项工作。他给兰克写的信都是些琐碎、挑剔、抱怨、申诉一类东西，后来这位柏林大学名教授终于腻烦他这位老朋友了。最使保守的兰克烦恼的是斯腾策尔接二连三地批评普鲁士诸大臣。当西里西亚史官位置终于空缺时，斯腾策尔写信给兰克，请他向部长阿腾斯廷②为自己说情；但他在信尾附加几句很不雅的话："像我这样一个共有子女十人，并在实实在在伟大的恩惠下取得 1200 退勒的薪俸的人是很难参与竞争的。"兰克拒绝回信，而斯腾策尔则继续恳求答复。他坚持说，他并不是妒忌兰克的名声；但愿他这位老朋友不要生他的气；他对他一直都是忠诚的——"尽管我并不是在一切事情上都同意你的看法，这也是很

① "我回忆斯腾策尔，他是莱比锡尼古拉教堂一个牧师的家庭教师，但他的职业是一位受了良好训练的历史家。在他家里我看到《德国古史作家集成》，第 1 辑，在那里我在他指导下，开始阅读此书的一部分。"兰克的"老学者"，见他的《全集》（第 3 版，莱比锡，1874—1890 年，54 卷分为 27 册），第 53—54 卷，第 649—650 页。

② 普鲁士政治家（1770—1840），1817—1838 年任教育部长。——译者

自然的。”[①]

所谓海德堡学派，即施罗塞，革飞努斯和豪则等人，都是浪漫主义者。虽然这些人现在已没有一位有什么重要性，但他们在那个时代的人们中间的名望还是很大的，因此对他们的贡献作一简略介绍还是不无理由的。1817 年以后一直在海德堡大学当历史教授的弗里德里希·克里斯托夫·施罗塞(1776—1861)[②]在学术上是属于 18 世纪的，在道德上是康德派，在感情上是卢梭派，在精神上是一位启蒙运动者。他的主要著作是《18 世纪史》，[③]他这部书也像他的其他著作那样，可以使人读来有味，但获益甚微。“1811 年他开始写他那部《世界史》。……古典时代的东西充斥德国有文化的中产阶级眼界，大都是施罗塞造成的。”[④]施罗塞的作品尽管毫无批判，不现实，以呆板的眼光判断事物，但由于他的概括流畅、论述优美，在德国还是受到广泛欢迎的。施罗塞的特点是

① C. 发伦特拉普“给兰克的信”，见〔慕尼黑〕《历史杂志》，第 105 卷(1910 年)，第 124—125 页。

② 关于施罗塞，参阅 G. 韦柏，《弗里德里希·克里斯托夫·施罗塞》(莱比锡，1876 年)；G. G. 革飞努斯，《弗里德里希·克里斯托夫·施罗塞传略》(莱比锡，1861 年)；同一作者，《关于弗里德里希·克里斯托夫·施罗塞传略的信件》(1862 年)；B. 厄曼斯特费尔，《施罗塞》(纪念演说，海德堡，1876 年)；佛特的书，第 512—514 页；威格耳的书，第 1062—1068 页；鄂图卡·罗棱兹，《历史科学的主要方向与任务》(柏林，1886 年)；无名氏，“弗里德里希·克里斯托夫·施罗塞”，见〔柏林〕《普鲁士年鉴》，第 9 卷(1862 年)，第 373—433 页；“论弗里德里希·克里斯托夫·施罗塞的意见”，见〔慕尼黑〕《历史杂志》第 8 卷(1862 年)，第 117—140 页；关于他的《18 世纪史》的评论，见〔伦敦〕《外交评论季刊》，第 31 卷(1843 年)，第 24—57 页。关于书目提要，参阅沃尔夫的书，第 232—233 页附注。

③ 阿克顿的论文，见《国内外评论》(1863 年)，第 642—645 页。

④ 古奇的书，第 106 页。

道德说教和缺乏主见，兰克则超然物外善于批判，他们二人之间的对比真是再鲜明不过的了。至于对学术的精通究竟何在就不用存疑了。因此，当人们看到乔治·惠芝①（兰克最伟大的弟子之一，当时是基尔大学教授）批判施罗塞并抛弃他的哲学时，就不至于感到奇怪了。

> 143 〔惠芝写道〕我们德国北方人对施罗塞的处理方法既无好感，对他那些著作也不喜欢。这种只看到事物和情况的黑暗面的习惯，这种几乎是故意地对每位伟大人物因其思想和行动不同于施罗塞就加以诽谤，这种对各个时代各个国家的特点完全错误的判断——这一切和真正的历史方法相距十万八千里。对一切罪恶和庸俗的东西的无情的仇视，对他的信念的坚决——这些当然会引起人们对他的人品至高无上的尊崇；但单单是愿望并不能使人成为一位有造诣的历史家，单有渊博的学识也不行，人们常常颂扬他这一点，但他的渊博只是辛勤地阅读史料，而不是真正仔细地和批判地汇编。……施罗塞为德国史学所作直接贡献极少，我本来是可以保持沉默的……；但他在史学界的地位太重要，他对德国历史许多观点的影响太大，因而使我不能完全把他丢开不管。②

在施罗塞去世时，他的高足和同事乔治·哥特弗里德·革飞努斯（1805—1871）③（惠芝认为他的片面性和他的老师一样）写了

---

① 参阅本卷原书第198—202页。——译者

② G. 惠芝，"现代德国史家"，见《史学一般杂志》，第5卷（1846年），第524—525页，参阅第520—530页。

③ 关于革飞努斯参阅约翰尼斯·德尔非耳，《作为史学思想家的革飞努斯》（哥达，1903年）；古奇的书，第108—112页；威格耳的书，第1068—1072页；佛特的书，第654—657页；沃尔夫的书，第236页附注；L. 兰克"乔治·哥特弗里德·革飞努斯"，见〔慕尼黑〕《历史杂志》，第27卷（1872年），第134—146页；G. 惠芝的文章，见《史学一般杂志》（见上一个著者注），第520—530页。

一篇文章记述他，文中说了兰克一些坏话。按照革飞努斯的说法，兰克主要是发现了一些文献、追求一些方法、乐观、“能发现每个人的长处，这种才能是少见的”。兰克派的人们拿起笔杆子保卫他们这位老师，于是在报纸上展开了一场激烈的争论。[①]

革飞努斯于1805年生于德国达姆施塔特[②]，1871年在海德堡逝世。1835年在海德堡大学当临时教授，并于1836年在格丁根大学任历史和文学教授；他是1837年因抗议汉诺威中止宪法而被逐出大学的七教授之一；1841年他在海德堡大学当了名誉教授。他的著作有《德意志民族文学诗歌史》（共五版）、《德国诗歌史》（1871—1874）和《19世纪史》（1856—1866）。革飞努斯扮演的是从各小邦小城市来的普通中等阶级德国人这样的角色，满脑袋装的是无可争辩的真人真事，多疑，好空谈大道理，坚定但缺少弹性或灵活性，善启发但无说服力，爱走广阔的大道，爱以深谋远虑的姿态强行打开已经打开的锁。

路德维希·豪则（1818—1867）[③]是多少反对兰克派的海德堡自由主义集团第三号成员。作为政治历史家，他是一位热情的普 144
鲁士爱国主义者。而他的《德意志史》，用他那位高足特赖奇克[④]

① E.谷格利亚，《利奥波尔德·丰·兰克的生平和著作》（莱比锡，1893年），第320—322页。

② 现在德意志联邦中部。——译者

③ 参阅W.沃吞巴哈，《路德维希·豪则的一篇演讲》（海德堡，1867年）；古奇的书，第131—133页；佛特的书，第675—677页；威格尔的书，第1072—1074页；沃尔夫的书，第236—237页附注。关于豪则最完备的书目提要，见《全德传记》，第11卷，第112页克路克霍恩的文章和《19世纪海德堡大学的教授》（海德堡，1903年，两卷），第286页E.马克的文章。

④ 参阅本卷原书第219—224页。——译者

的话说，既是“一项科学成就也是一个政治行动”。这部书很受欢迎，连续出了好几版，在最后摧毁法国过激主义在德国知识分子当中的声誉上起了作用。[①]

德国浪漫主义学派最后一位也是最伟大的一位历史家是弗里德里希·路德维希·乔治·丰·劳麦（1781—1873）。[②] 他曾在哈雷和格丁根两大学受教育，主要攻读法律和政治经济学。普鲁士政府雇用他十年之久（1801—1811）。这些年正是哈登堡[③]和斯泰因[④]大力改革行政的时期。20岁的劳麦被任命为库尔马克财务院顾问；[⑤]21岁时被总督丰·巴斯维次任命为爱喜非德[⑥]税收估价

---

① 豪则最著名的著作是《宗教改革时代，1517—1648》（G. 斯特基夫人译，1873年）。这部著作是豪则死后（1868年）由威廉·翁肯根据豪则的演讲笔记出版的。——译者

② 没有丰·劳麦的传记，但可参阅他的《回忆录与通信集》（莱比锡，1861年，两卷合为一册）。他死后一年兰克写了一篇对他的尖锐批评，“一篇纪念演讲”，见〔慕尼黑〕《历史杂志》，第31卷（1874年），第151—156页；基则布勒喜也如法炮制，但用比较温和的语调写了一篇“弗里德里希·丰·劳麦传略”，见《巴伐利亚科学院会议录》（1874年），第179—187页。参阅古奇的书，第73页；佛特的书，第629—632页；威格尔的书，第1025—1028页。关于对他的著作的评论，参阅〔纽约〕《北美评论》，第43卷（1838年），第445—458页；〔伦敦〕《夫累则杂志》，第13卷（1836年），第631—638页；《爱丁堡杂志》，第63卷（1836年），第198—224页；〔伦敦〕《评论季刊》，第51卷（1834年），第304—342页，第54卷（1835年），第78—108页，第56卷（1836年），第530—583页，第62卷（1838年），第452—475页。

③ 普鲁士政治家（1750—1822），助普鲁士与法国作战。1807—1814年改组普鲁士，其晚年政策反动。著有《回忆录》。——译者

④ 普鲁士政治家（1757—1831），在普鲁士进行内政改革。——译者

⑤ 财务院（Kammer）是一个管理公共财务及军队驻扎和供养的财务部门；它也监督警察。所需要的最重要的知识是经济学。当时经济学称为财政学（Cameralwissenschaften），因此，这样的官吏称为财政家（cameralist）。

⑥ 在德意志民主共和国西部。——译者

人;25 岁当了王室领地局局长,29 岁时被任为波茨坦政府参议。1810 年哈登堡把他调到柏林,受命管理 1807 年法国占领柏林以后,拿破仑向普鲁士强索的巨额赔款事务。

1803 年在柏林时他开始为他的霍亨斯陶菜史收集资料。尽管他升迁迅速,但他不久就看出他必须辞去行政职务,否则就得放弃历史写作事业。三年以前,在约翰尼斯·丰·米勒的推荐下他几乎决心就任南德一个大学的教授。1811 年他采取了这个步骤,而且亲手起草了那项内阁命令,国王根据这项命令,任命他为布雷斯劳大学教授。① 他在这里一直待到 1815 年,这时他已确信要想完成他的霍亨斯陶菜史就需要长时期研究意大利档案。在哈登堡推荐下,国王准了他的假,并发给他旅费。从 1816 年夏直到 1817 145
年秋他一直在国外,两年之后被召回柏林任政治学教授,并讲授公元前 281 年以前的古代东方和希腊史。但尼布尔讲的早期罗马史使劳麦显得暗淡无光了。

劳麦论普鲁士都市制度的文章《论普鲁士城市法令》(*Ueber die Preussische Städteordnung*,莱比锡,1828 年)引起一场笔战,在这场争论中劳麦取得胜利。这个制度的创建人斯泰恩热情地供养他。在这篇文章之后,他又出了一部论述有关法律和政治的一些观点的历史发展的著作《论帝国、国家、政治等概念的历史发展》(*Ueber die geschichtliche Entwickelung der Begriffe von Recht, Staat und Politik*)(莱比锡,1826 和 1832 年)。这部书是考

① 他在此地发表了《中世纪拉丁史家的重要地位教程》(布雷斯劳,1813 年)。——译者

查自古以来各种学说的。他两次访问法国，结果写成一部有趣的书《来自巴黎和法国的书信》(*Briefe aus Paris und Frankreich*)(他是法国1830年七月革命的一位目击者)，还写成一部《巴黎书简：16、17世纪历史例证》(*Briefe aus Paris zur Erläuterung der Geschichte des16. und 17. Jahrhunderts*)，这是他在巴黎研究档案的成果。几年后，他的《15世纪末以来的欧洲史》问世。在1831年的《历史杂记》(*Historisches Taschenbuch*)上他发表了记述波兰衰亡的一篇很长的文章《波兰的衰亡》(Polens Untergang)曾轰动一时。在日益反动的普鲁士政府心目中，劳麦变成一个可疑的人，尽管他自己是最高检查处成员，但他对检查书刊行径提出尖锐的抗议弃职而去。

在柏林大学的历史学派代表的标准和批判方法业已超过18世纪的这个时期，劳麦所受学术训练已不够作为一位专业历史家需要的了。他也像他以前的查士塔斯·墨塞尔那样，是官僚群里的一位自由主义者。当他于1848年参加法兰克福国会[①]时，便表现了他的自由主义思想。他的理财经验，对他作为一位历史家无疑是有价值的，但同时也使他缺少作为一位历史家的专门训练。斯腾策尔说："对一个没有任何适当训练的人说来，他的成功十分出色。"总之，可以公平地说劳麦是一位辉煌的业余史家。[②] 他的

---

① 1848年5月18日法兰克福国会开会，想解决德国的统一及其政体问题，共代表573人，大部分是拥护君主立宪的资产阶级和贵族，长期陷入宪法的争论，毫无结果。——译者

② 丰·劳麦被提名为普鲁士科学院院士时，洪堡德、爱喜浑和萨樊宜反对，兰克当选了(洪堡德，《书信》，第23与68号)。这个插曲可以部分地说明兰克尖锐地批评劳麦的原因。

文笔很漂亮，他写的文章几乎像法国人写的那样生动而明澈。的确，佛特说他显然在模仿伏尔泰的《路易十四时代》。

劳麦是一位多产作家，他的声望来自《霍亨斯陶菜家族及其时的历史》(*Geschichte der Hohenstaufen und ihrer Zeit*)这部著作。[1] 在为这部著作作准备的时候，他花费许多年时间，搜索了欧洲几乎每一个重要的图书馆，每一个档案库。他虽是一位新教徒，146
却克服了梵蒂冈图书馆设置的障碍；当人家问他是不是属于“我们的宗教”时，他巧妙地回答说，他是研究霍亨斯陶菜家族历史的，他属于那个时代的宗教。劳麦进行的钻研范围之大在附在他的《霍亨斯陶菜史》第 6 卷末尾的“资料表”(Verzeichniss der Quellen)上就可以看出，他这个表有的来自手稿，也有的来自印刷品，满满地印了 45 页，每页还分成两栏。还有一张超过 100 页的表，列出霍亨斯陶菜诸帝各次巡行，都有文献为证；并附有许多地形研究，都是劳麦在现场作出的。劳麦的书有一个很长的开头。序言是一篇中世纪德国史梗概，而且是以记述十字军的一篇长文开始。直到第 321 页(第 4 版)才讲到霍亨斯陶菜王朝第一位统治者康拉德三世。

虽然这部著作的主要部分现在已经过时，但是第 5、6 两卷对研究中世纪的学者仍然是有价值的。这两卷书是最早在费很大精力描绘中世纪德国和意大利的文化史的那些作品当中的一种，并且是经过仔细选择和把史实很好组织起来的宝库。在谈劳麦的优

---

① 莱比锡，1823—1825 年，六卷；第 4 版，1871 年，英文作品中唯一提到这部著作的是米尔曼的文章，见〔伦敦〕《评论季刊》，第 51 卷(1834 年)，第 304—342 页，这是米尔曼在最坏的心情下写的一篇枯燥无味而又蠢笨的评论。

点时，最后还必须提提他是1830年德国第一种历史评论刊物《历史杂记》(*Historisches Taschenbuch*)的创立人，这个刊物继续出版了62年(1830—1892年)，比《历史杂志》(*Historische Zeitschrift*)(1859年)早了大约30年。[①] 对英国读者说来，劳麦最受欢迎的著作是他的《巴黎书简》(*Letters from Paris*)，前面已经讲过，这是一部记述16、17世纪的历史。是以原始文献加以说明的，这些文献的形式是在欧洲各档案库作的研究报告。1835年由法兰西斯·埃纪顿爵士[②]译成英文。[③]

劳麦的浪漫主义由于他长期做行政官吏的经验大为缓和，因而不能像约翰尼斯·丰·米勒或某些法国吟诵诗人那样热情奔放或带抒情诗味道。但无论他写哪个时代，都有强烈的、富于同情心的想象。他曾在一封信中写道："有些时候，我当了亚历山大大王、查理五世、奥兰治的威廉[④]、霍亨斯陶芬皇朝一位皇帝，一位教皇。这是一种更丰富、意义更深远的生活，那些轻视并蔑视这种生活的人是无法了解的。"他这些最后的话是对柏林历史学派的嘲弄。

① 因为他在这方面比他们有先见之明，丰·济伯尔和兰克更加不喜欢劳麦。

② 埃纪顿(1800—1857)，写了一些优美的诗歌，翻译了歌德的《浮士德》，遗著有《韦林顿公爵回忆录》(1904年)。——译者

③ 伦敦，1831年，两卷。参阅〔伦敦〕《评论季刊》，第54卷(1835年)，第78—108页。

④ 荷兰共和国的建立者，为第一任执政(1579—1584年)。——译者

第七编

近代德国史学的建立

第四十一章　柏林大学：尼布尔和兰克[①]

“在总结19世纪学术生活的时间来到时，人们可能觉得它的 149
主要特征是历史研究。前一个世纪的怀疑主义使批判方法成为可能，从而为历史研究铺平了道路；研究历史的兴趣是新近才出现的，是由法国革命和拿破仑以各种方式在欧洲培养起来的民族生活的成长造成的。以科学方法进行写作的机会扩大了，这是因为许多图书馆那时对更多的人开放，未曾付印的文献也可以看到了，而且各式铸币和这类古玩的历史价值也变得更清楚了。”[②]

---

① 关于一般阅读，可参阅古奇的书，第1—8章；佛特的书，第574—605页；韦格列的书，第5编；沃尔夫的书，第211—243页，附书目提要注释；基兰的书，第9—119页；乔治·丰·柏罗，《从解放战争到我们时代开端的德国史学》（第2版增订本，慕尼黑和柏林，1924年），第1—3章；弗里德里希·贡多尔夫，《德国史学的开始》（阿姆斯特丹，1938年）；A.赫拉威兹，《德国史学发展史》（维也纳，1865年）；卡尔·比德曼，《从康德到现代的德国哲学》（莱比锡，1842年，两卷）；亨利希·丰·济伯尔，“论德国新史学的地位”，见他的《小史书》（慕尼黑，1863—1881年，三卷），第2卷，第345—359页；R.W.塞顿-沃森，《作为政治力量的中欧史家》（伦敦·斯拉夫研究学校，1923年），第20—27页；赫尔曼·翁金，“柏林大学的历史研究”，见〔芝加哥〕《大学记事录》，第10卷（1905年），第113—118页；以及基则布勒喜、惠芝、兰克、柏次和特雷新，“德国现代史学的特点”，见〔慕尼黑〕《历史杂志》，第1卷（1859年），第1—42页。

② F.哈佛非尔德，“蒙森以后的罗马史”，见〔伦敦〕《评论季刊》，第217卷（1912年），第323页。

当时已开始撰写的新历史，特别是在德国写的，已不再以单纯的博学为满足，而是设法确定历史事件的意义和连续性，认识并理解历史的发展。[①]这正是拿破仑东征西讨的战争时期，也是民族主义和浪漫主义相结合的时期。这样就激起对中世纪的新的好奇心，在浪漫主义运动影响下中世纪这个时期开始被认为是既富有成就又光荣的时期了。颇有见识的兰克后来评论基则布勒喜颂扬中世纪德国英雄时，说他的颂扬“既太刚强（virile）又太幼稚（puerile）”。克罗齐认为对中世纪这种浪漫主义式的崇拜是“怀古史学”。[②]

然而，浪漫主义运动只是19世纪史学的一个方面。浪漫主义，
150 特别是在德国，不久便被对材料的严格处理取代了。在德国，历史资料的精选和出版工作在欧洲遥遥领先。另一方面，德国学者在他们的特殊主张方面也走了极端。这些德国学者已建立起堂皇的史学基础——如以资料汇编的形式出现的《史料集成》这样的巨著——但仅仅这一点他们还不满足，他们还想使一切历史从属于政治，特别是普鲁士政治；甚至抱超然态度的兰克在某种程度上也是这样。

在欧洲，也许没有任何其他时期像德国19世纪的坚实的学问和大胆的阐释相结合的这种极富挑战性的东西了。[③]历史家把对

---

① 参阅爱德华·策勒，《莱布尼茨以后的德国哲学史》，第824页。

② 本泥狄多·克罗齐，《历史编纂的理论和历史》，D.恩兹利译（伦敦，1921年），第6章。

③ 美国著名学者查尔斯·格罗斯，当他在德国留学时，写了一封信给康奈尔大学校长安得鲁·D.怀特；在信中，他比较了德国两代史学家作品的丰富。格罗斯指出，老一代学者——兰克、特雷新、惠芝等——的著作范围虽然广泛得多，但比他们更专门化的那些后继者更扎实，成果更多。参阅G.L.柏耳，“亨利·C.李的历史著作”，1925年5月28日在宾夕法尼亚大学发表的一篇演讲，E.S.布莱德雷《亨利·查理·李传》（费城，1931年）一书中引用。

人类有重要性或有利害关系的任何一个问题都拿来探讨，从而使无数有倾向性的历史学派发展起来。济伯尔[①]说："在我们的学术界任何稍有成就的历史家都有他自己独具的色彩；有笃信宗教的历史家和无神论的历史家，新教历史家和天主教历史家，自由派历史家和保守派历史家，所有的政党都有自己的历史家，但任何客观的、公正的、沉着的、镇静的历史家却都不见了。"[②]

在政治上，德国这些历史家的影响起着决定性作用。引用施穆勒[③]的话说："没有他们的帮助，帝国从来就不可能站住脚跟。"第一流史家是亲普鲁士的。其中有许多，如尼布尔、特雷新[④]、达尔曼、蒙森、济伯尔、特赖奇克等，在政治上都很活跃，普鲁士政府也以荣誉和地位酬劳他们。这种"历史和政治联盟"的局面一直持续到 1914 年。

伟大的德国学术复兴开始于 1810 年柏林大学的建立。事实证明，这个大学的建立在欧洲学术和科学史上是划时代的，因此，它的历史应当比较详细地说说。我们还记得，1806 年拿破仑在耶

① 参阅本卷原书第 208—214 页。——译者

② 济伯尔的书(见本书原书第 149 页著者注)，第 2 卷，第 349 页。历史著作的主要出版家中有著名的民族主义者弗里德里希·柏锡，他于 1822 年在哥达开始了他的出版事业。柏锡最早出版的历史著作包括赫棱-乌克特的历史丛书《欧洲各国史》。除了这套丛书之外，柏锡还出版了一些德国各小邦的历史，如隆美尔的《赫西》，萨托略的《汉萨同盟》和阿施巴赫的《西祺斯蒙皇帝》。参阅克力门·T. 柏锡，《弗里德里希·柏锡回忆录，或称 1789 至 1843 年间德国的文学、宗教和政治生活》(译自德文，第 3 版，爱丁堡，1856 年，两卷)，第 2 卷，第 532—542 页。

③ 参阅本卷原书第 417—418 页。——译者

④ 德国历史学家(1808—1884)，著有《希腊主义史》(二卷)，《普鲁士政治史》(14 卷)。——译者

拿摧毁了普鲁士的力量。皇室逃到东普鲁士默麦尔。有两位教授
151 从已停办的哈雷大学来到这里，恳求国王腓得烈·威廉三世把这个大学迁往柏林。这位逃亡中的国王因失掉哈雷大学极其伤心，于是欣然同意。普鲁士教育部长洪堡德对国王腓得烈·威廉说，“国家必须用学术力量补偿在物质力量上受到的损失”。这句话使国王十分感动，所以他就在 1807 年 8 月 10 日为号召成立柏林大学而发表的著名的宣言中就使用了这句原话。在一个月之后的 9 月 4 日，腓得烈·威廉发出一道命令，规定原来发给哈雷大学的经费全部拨给柏林大学。

〔国王写道〕亲爱的枢密顾问拜姆，由于易北河彼岸地区已被割让，国家丧失了哈雷大学，从而失去了最重要、最完备的教育机构。填补这个空缺应当是国家重新缔造时期的首要任务。法兰克福和柯尼斯堡那两所大学并不合用，因为前者基金有限。……后者则远离政府所在地。而柏林则不同，它具有一座完善的全国性的教育机构所需的一切，能以最小的开支取得最大的效果。因此我决定在柏林成立这样一所大学，并使之与科学院建立适当的联系。……我命令从中央和各省财库中原来拨给哈雷大学的一切经费都改为柏林大学的补助费用。①

在其后两年里关于成立这座新大学的方式和方法出现了长时期的辩论和争议。杰出的洪堡德弟兄②不赞成一座教育机构离政府所在地太近，而主张建立在柏林的人们在辩论中获得胜利。他们指出国家的“科学界头头和主要官员之间经常接触将使头脑清

---

① R.科普克，《柏林皇家腓得烈·威廉大学的建立》(柏林，1860 年)，第 163 页。

② 威廉·丰·洪堡德(1767—1835)，德国语言学家和外交家，著有《语言结构之不同及其对人类知识发展的影响》(三卷)；其弟亚历山大·丰·洪堡德(1769—1859)，德国博物学家和政治家。参阅本卷原书第 162—165 页。

新”。最后在 1809 年 8 月 16 日腓得烈·威廉发布一道命令，拨款 150 000 退勒作为新大学的经费，校址设在亨利亲王宫内；这笔款项包括大学、科学院和艺术院、图书馆、植物园、解剖馆等机构的经费。[①] 当时普鲁士政府宗教和教育部长威廉·丰·洪堡德负责为新大学聘请德国最著名的学者和科学家。洪堡德于 1810 年 5 月 9 日写给国王的信对拿破仑时代德国的教育情况作了一段有趣的说明如下：

> 所有大学都受到损失；几乎没有一所大学的学生超过 600 人；教员和学生比任何时候都想去新的高等教育机关。在威斯特伐利亚王国〔由拿破仑的兄弟哲罗姆统治〕，他们一般都得到这样一个结论，即政府永远也不会懂得德国人对大学的真正想法是什么。……在巴伐利亚， 152
> 一些愚蠢的争吵正在摧毁好不容易才建立起来的基础。奥地利和萨克森业已表示它们既没有能力也没有愿望利用这个时期重建它们的大学。然而在格丁根、基尔和海德堡，由于种种原因，在学生当中出现了不满情绪；耶拿大学无法办好，因为魏玛公爵已对它丧失一切兴趣。哈雷大学那个办得很好的学院也由于赖尔[②]离去而垮了台。
>
> 在这样一个关键时刻，假如我不赶快向陛下建议应该怎么办，那就是我失职。
>
> 我能够并且应该……以事实证明，这座好不容易才办起来的大学已经在德国赢得了巨大的威信。到现在为止，受聘的人还没有一位拒绝；赖尔和萨焚宜已经离开很好的职位，并拒绝他们各自的政府提供帮助的一切建议。我认为现在不便聘请的一些学者都告诉我，他们将欣然前来。……根据雨果最近的来信，他很可能会来。……在蒂宾根的

① 腓得烈·威廉，1809 年 8 月 16 日写给丰·阿腾斯廷的信，收入科普克的书（见本书上一个著者注），第 194—195 页。

② 德国著名医生（1759—1813），著有许多有关神经系统及精神病的著作。——译者

基尔马耶[1](生理学上所有既新又好的观点几乎都是来自他那里),多年来谢绝了差不多一切大学的聘请,最近还拒绝了哈雷大学;现在甚至在没有受到正式聘请的情况下,就已表示愿意来柏林,他来的可能性最大。甚至就目前论……这所大学里边已经有的维尔德诺、克拉普洛特[2]、卡斯腾[3]、路德菲、赖尔、胡斐兰[4]、费希特、特拉尔斯、埃特尔文[5]、奥尔特曼斯、厄曼[6]、沃尔夫、萨樊宜等人,在各自的专业上都应该认为是首屈一指的人物了,这是任何其他大学都拿不出来的。

当这座新大学于1810年在米迦勒节日[7]开学时,有学生458人,[8]全体教师无疑是全欧洲最杰出的。威廉·丰·洪堡德本人已是一位天才,他还把他能够找到的最有才华的教授请来,以便使普鲁士成为德国学术中心。在哲学方面有费希特,在神学方面有施来埃马赫[9]、得·卫特[10]、马海内克[11],在法学方面有萨樊宜和施马尔兹;在医学方面有夫里德楞得,科尔劳施,胡斐兰[12],赖尔;在数学方面有特拉尔斯;在历史科学方面有沃尔夫、部特曼[13]、伯克、

---

① 德国博物学家(1765—1844),相信物种发展由简到繁。——译者

② 德国化学家(1743—1817)。——译者

③ 德国冶金学家(1782—1853)。——译者

④ 德国法理学家和经济学家(1760—1817)。——译者

⑤ 德国水力工程师(1764—1848)。——译者

⑥ 德国医生(1764—1851)。——译者

⑦ 9月29日。—— 译者

⑧ 拿破仑战争后,柏林大学的学生人数不断增加;1816年有学生519人;1821年724人;1824年920人;1829年1085人。

⑨ 德国新教神学家和哲学家(1768—1834)。——译者

⑩ 德国新教神学家,研究《圣经》的学者(1780—1849)。——译者

⑪ 德国新教神学家和历史家(1780—1846),著有《德意志宗教改革史》。——译者

⑫ 德国医生,柏林大学病理学教授(1762—1836)。——译者

⑬ 德国古典学者(1764—1829)。——译者

亥恩多夫、斯波尔定、吕斯和尼布尔。柏林大学自成立之日起就是一个独立的自治团体。改革普鲁士教育制度并创办这座大学的人们对政府控制教育有戒心。① 威廉·丰·洪堡德是柏林大学的真正创办人,而且"首先指出要在历史研究中运用比较方法的人"就是他。

柏林大学初创办时便有一批第一流历史学家,特别是尼布尔和伯克。在以后的二三十年间又来了一批,其中著名的有奥特夫里·卡尔·米勒和利奥波尔德·兰克,他们使柏林大学作为历史研究的一个伟大中心的声誉传播四方。最后还有黑格尔,他是 153
1818 年进入柏林大学教师团的,在整个一个世纪里他把普鲁士打上他的哲学的烙印。

这所刚刚出生的大学特别以一位教授巴托尔德·乔治·尼布尔(1776—1831)② 自豪,他同时也是一位著名的政治家,他既不是

---

① 关于柏林大学,参阅玛克斯·兰次,《柏林皇家腓得烈·威廉大学的历史》(哈雷,1910—1918 年,四卷分为五册);J. R. 西利,《斯泰因的生平和时代,或拿破仑时代的德意志和普鲁士》(剑桥,1878 年,三卷),第 2 卷,第 430—435 页;恩斯特·拉维斯,《普鲁士史研究》(第 7 次印行,巴黎,1916 年),第 305—344 页("柏林大学的建立");和 H. W. 登尼斯,"柏林大学的建立",见《教育评论》,第 40 卷(1910 年),第 473—487 页。

② 最好的传记资料见 D. 亨斯勒主编的《巴托尔德·乔治·尼布尔信札和回忆中的传记资料》(汉堡,1838—1839 年,三卷),参阅〔伦敦〕《评论季刊》,第 66 卷(1840 年),第 515—564 页的评论。关于他的书信和其他资料,也可参考达尔曼-惠芝的书,第 13445 号。他的《书信集》新版扩大本是第特立喜·革哈得和威廉·诺文合编的(1926—1929 年,两卷),参阅《史学》,第 15 卷(1930—1931 年),第 277—279 页,E. L. 伍德华的评论。关于一般阅读可参考佛特的书,第 581—587 页;古奇的书,第 14—24 页;沃尔夫的书,第 219—220 页及附注;桑兹的书,第 3 卷,第 77—82 页;基兰的书,第 41—68 页;罗培尔,《B. G. 尼布尔的生平和书信》(S. 文克伟司译,伦敦,1852 年,三卷);约翰尼斯·克拉森《巴托尔德·乔治·尼布尔,纪念他的文章》(哥达,1876年);F. (接下页)

专业历史家，也不是普鲁士本地人。他是丹麦人，著名的旅行家卡斯腾·尼布尔[1]的儿子。尼布尔 18 岁时就已经懂得 18 种欧洲语言，此外还有希伯来、波斯和阿拉伯等语。他在年轻的学生时代就写道："我想，我还必须学习哲学、数学、物理学、化学、博物学、全部历史知识、精通德语和法语；尽量学些罗马法；至少在某种程度上了解欧洲各国宪法以及古迹的深入研究等等，当我想到这些事情时，我的头都晕了。"[2]最令人惊异的是尼布尔竟然真正地精通了所有这些学科——他的记忆力极其出众——而且最令人惊异的是，他在实际政治和行政管理方面也有杰出的成就。他曾在哥本哈根商业部当秘书，1806 年离开哥本哈根前来柏林任财政顾问，以后一直在普照鲁士任职。

因此，当柏林大学开办时，尼布尔既不是院士，也不是历史家或一位专业学者。当然人们都知道他是无限博学的，一位朋友斯

(接上页)埃森哈德《尼布尔传》(哥达，1886 年)；亨利希·丰·济伯尔，《演说与论文》(柏林，1874 年)，第 23—36 页；朱理亚·黑尔《尼布尔〈罗马史〉的证据》(剑桥，1829 年)；阿道夫·哈那克，《柏林普鲁士皇家科学院的历史》(柏林，1901 年，三卷分为四册)，第 1 卷，第 2 编，第 624—626、670—672 页和第 2 卷，第 379—409 页；H. 德赖豪斯，"尼布尔和歌德"，见《普鲁士年鉴》，第 142 卷(1902 年)，第 433 页以下；J. 喀斯特，"古代史与近代历史研究全面发展的关系"，见《古典时代研究新年鉴》，第 9 卷(1902 年)，第 32 页以下；E. 科内曼，"尼布尔与古代罗马史的建立"，见〔慕尼黑〕《历史杂志》，第 145 卷(1932 年)，第 277—300 页。

① 丹麦旅行家和探险家(1733—1815)。1761—1767 年随福斯卡尔从事科学远征，至阿拉伯、巴勒斯坦、叙利亚、波斯和小亚细亚，出版福斯卡尔这次工作的结果。——译者

② 弗朗西斯·利伯，《与历史家尼布尔先生同住在罗马时，和他一次会晤的回忆》(费城，1835 年)，第 48 页。1798 年在爱丁堡大学学习时，尼布尔研究数学、物理学、财政学、政治学、农业、地理志；业余研究语言学和历史。参阅〔纽约〕《北美评论》，第 76 卷(1853 年)，第 1—31 页。

波尔定建议他在这座新建的学校里讲一门课。这是1810年8月3日的事。9月1日尼布尔就告诉他这位朋友说他已经决定讲什么了。那个学期从9月29日开始,从那天起,尼布尔就开始了他那一连串极其叫座的罗马史课。

〔1810年9月初,他在写给亨斯勒夫人的信中说〕我决定开一门关 154
于罗马史的课程;我绝不会承担起编写罗马史的任务,但讲讲罗马史,比较起来就不算那么冒失的工作了。我将从意大利的原始时代讲起,并尽可能讲讲古代各个种族,不只是从他们被征服这个狭窄的观点讲,而且要讲他们本身的情况,以及在更早各个时期他们曾是个什么情况都说清楚;然后,在讲授罗马史当中,还要把他们的宪法和行政管理讲讲,在这方面我胸中已有活生生的成竹了。我想把这部罗马史讲到最近时期,在这个时期从古代许多胚胎中成长起来的那些形式业已完全绝迹,被中世纪产生的那些形式取代了。①

尼布尔的罗马史课不只学生听,而且他的同事们、政治家和官员都来旁听;这些讲授——每周两次——立即取得成功。其中有些内容在古代史上完全是新东西。

〔引用尼布尔的得意门生和后来的同事萨焚宜的话〕他逐字写出自己的讲稿,当众宣读。这种做法的效果一般都会显得不生动,但他这么讲时却取得极其生动活泼、极其强烈的效果,在通常情况下,只有即席讲演才能产生这样的效果。他那些听众觉得仿佛被他带到古代,当时新书是当众宣读的,而不是像我们这样把书印出来,那时书籍流通范围很小,但人们感到更热情更亲切。②

---

① 罗培尔,《尼布尔的生平和信札》(见本书原书第153页著者注),第1卷,第306—307页;参阅〔爱丁堡〕《北不列颠评论》,第17卷(1852年),第422—458页。

② 引自〔爱丁堡〕《北不列颠评论》,第17卷,第439页。利伯的《回忆》(见本书原书第153页著者注),第45—47页,对尼布尔有一个有趣的肖像描绘:“尼布尔先生身躯短小、瘦削;嗓音很高。他连近处他都看不清楚,有时候他很离奇地认错人。(接下页)

这些讲稿以《罗马史》的名称于次年出版，[①]是曾经出现过的
155 对这个题目最富批判性的分析。陆军元帅丰·毛奇[②]无限钦佩地说，尼布尔像一位外科医生，他的"解剖刀把传说中的〔杜撰的〕肉统统割去，留下赤裸裸的历史真相的骨架"。虽然沃尔夫在他的《荷马序论》一书中曾以科学地批判处理传说和传奇，但尼布尔似乎并不知道他这位著名前辈的功劳。无论怎么说，沃尔夫在语言

(接上页)……他生活朴素；酒和水是他通常的饮料；他重视美酒，但不常喝。他常常一边在房里踱来踱去，一边剃胡须。……他很不喜欢抽烟；他吸鼻烟过多，最后不得不戒掉。……他那稀有的记忆力使他常常不用笔记进行研究；我发现他有时仰卧在沙发上，手里拿着一本古代作家的著作在阅读。……他的记忆力……在别人看来，几乎是不可想象的。任何时期读过的书他一生几乎都能记住。……"他说："如果没有很强的记忆力，我绝不能写我的历史著作。"参阅他的学生托马斯·亚诺尔德的描述："尼布尔身躯短小……面容消瘦……他的双目特别灵活。"A. P. 史坦利《托马斯·亚诺尔德的生平和通信》(第 2 版，伦敦，1844 年，两卷)，第 2 卷，第 384 页。

① 《罗马史》，第 1、2 卷出版于 1811 年，第 3 卷在他死后于 1832 年出版。关于尼布尔的观点也可参阅《罗马史演讲录》(1846—1848 年)；《罗马古代史》(1858 年)；《革命时代的历史》(1845 年)；《非语言学内容的遗著》(1842 年)。尼布尔《罗马史》，第 1 卷的英译本是副主教黑尔和主教瑟耳沃耳合译的，出版于 1828 年，第 2 卷出版于 1832 年；第 3 卷是威廉·史密斯博士和利奥那德·斯密兹博士译的(1840 年)。值得注意的是黑尔和瑟耳沃耳都是在坡孙的传统中训练出来的剑桥大学毕业生。当前后诸卷出版的时候，英国的主要期刊都加以评论。参阅〔伦敦〕《评论季刊》，第 55 卷(1835 年)，第 235—250 页；〔伦敦〕《不列颠评论季刊》，第 19 卷(1854 年)，第 3—60 页；〔爱丁堡〕《爱丁堡评论》，第 51 卷(1830 年)，第 358—396 页；〔爱丁堡〕《北不列颠评论》，第 10 卷(1848—1849 年)，第 329—349 页；第 21 卷(1854 年)，第 425—450 页，第 28 卷(1858 年)，第 287—312 页；〔伦敦〕《外交评论季刊》，第 2 卷(1828 年)，第 512—555 页，第 5 卷(1830 年)，第 207—222 页，第 8 卷(1831 年)，第 78—116 页，第 11 卷(1833 年)，第 406—435 页，第 31 卷(1843 年)，第 376—395 页；〔伦敦〕《都柏林评论》，第 7 卷(1839 年)，第 69—98 页；〔伦敦〕《夫累则杂志》，第 52 卷(1855 年)，第 455—469 页；〔纽约〕《北美评论》，第 16 卷(1823 年)，第 425—444 页，第 42 卷(1836 年)，第 388—422 页，第 43 卷(1836 年)，第 120—132 页，第 73 卷(1851 年)，第 267—271 页。

② 普鲁士的军人(1800—1891)，支持俾斯麦统一德国的政策，指挥军队打败丹麦、奥国和法国，1871 年被封为元帅。——译者

学上办到的事，在史学上首先办到的都是尼布尔。这位非专业历史家对历史真相有一种宗教式的热忱，他认为发现这个真相是人对上帝的职责。①

尼布尔虽然抛弃了许多旧的传说和传统，但他却并不仅仅是一位专搞破坏的批评家，他还以正面的事实为基础重建了罗马史。正如他自己所说的，多少年来，他一直在仔细思考这个"混乱而复杂的图景"，直到在他的胸中慢慢地生出一个看得见摸得着的模型。"错误百出的、面目全非的和被遗忘的事件的历史从云雾和黑暗中升起，呈现出实体和外形，就像斯拉夫故事中那个几乎看不见的山林水泽女神那空灵的轮廓在迷恋者的注视下变成人间少女的肉体那样。"②他的目标是把藏在许多古代罗马史诗中的史实真相的核心取出。在社会方面，尼布尔以理想化了的自由罗马农民为中心编成他的故事，就像查士塔斯·墨塞尔为德国史所做的事情那样。他笔下的农民并不是像李维的历史中描写的那样的一位牧歌式的人物，而是一位有血有肉的财富创造者和国家支持者。尼布尔虽然在政治上是保守的，但他像自由主义者那样厌恶贵族。有一回，他给一位朋友写信说，"我对专制主义极端痛恨这一点你会信得过吧。"

---

① 尼布尔对他的学生们说："如果我们不把我们发现的错误揭露出来……如果我们放下笔时，不能凭上帝和自己的良心对我们自己宣布说，我们绝不想欺骗自己或欺骗别人……那么，我们就是错误地违反宗教地使用了文章和作品。"引文见基兰的书，第48页。关于尼布尔对罗马传说的处理，参阅乔治·康沃尔·刘易斯，《早期罗马史可靠性的研究》(伦敦，1855年，两卷)。

② 《罗马史演讲集，从第一次布匿战争到君士坦丁之死》，L.斯密兹译(伦敦，1844—1853年，三卷)，第2卷，第14页。"把已经消失的东西再恢复起来的人感受到的愉快和创造事物的人们一样。"同上书，第1卷，第5页。

尼布尔以正在进行解剖的一位生理学家那种精神研究历史。在没有历史事实的地方，他就利用诗歌体传说，他认为这些东西也含有星星点点历史真相。“这些如此强烈地触动了群众想象的传说既然已经成形，那么它们的老底子上必然有些真实情况。”他打算以他自己出色的洞察力和异乎寻常的经验，从虚构的东西里清理出真实的东西。在有历史资料的地方，尼布尔以一位严格的科学家的态度进行工作：他去粗取精，然后把材料分类，最后严格根据手头的事实作出结论。他说：“我就像解剖家解剖身体那样解剖文字；我设法把堆放得杂乱无章的由骨化石构成的骨架从异物中分离出来。”

156 他这部《罗马史》是近代史学的开端，假如尼布尔对他的文笔稍加注意的话，这部书本来是很可能成为一部杰作的。不幸的是他缺乏文学天才。他的材料丰富而扎实，但缺乏统一性，缺乏色彩和曲折变化。他这部《罗马史》既不是记事史，也不是文章，而是一系列互不连贯的评论。

可以这样概括，尼布尔是作为具有广泛经验的一位政治家从事历史写作的。行政、财政和外交等实践深刻地影响了他的观点和方法。事实上，他竟然说只有政治家才能写罗马史，这话未免有点过火。

> 〔尼布尔告诉利伯说〕极其不幸的是，除了一两个例外，过去写罗马史的那些人，不是没掌握资料，就是并非政治家。但除非他本人既是一位政治家，又有实践经验，否则就不能为这个民族写历史。……难怪罗马史至今才写了这么一点点；因为写罗马史的人应当是一位思想健全，博览群书的哲学家，而且是一位有实践经验的政治家。①

① 利伯《回忆》(见本书原书第153页著者注)，第67页。

斯泰因赞赏《罗马史》，一则由于尼布尔这部书学识渊博，再则是由于他足智多谋；但有一点他很不满意：虽然尼布尔才能出众，他的德文却写得不好。从他的本国语（丹麦语）中常常冒出英语来。他早年对英国文学偏爱过火，从而损害了他的德文风格。

尼布尔在考古学和语言学方面还作出许多贡献；撰写考古论文，翻译、印行版本，并恢复一些已模糊不清的古籍的原状。这种工作都是尼布尔在 1815 年至 1822 年间在罗马当普鲁士大使时进行的。他回国在波恩大学当教授时，还拟订了出版一套拜占庭史家著作的计划，即《拜占庭历史著作汇览》(*Corpus Scriptorum Historiae Byzantinae*)，这项工作后来由柏林研究院继续搞下去，到 1855 年已出版 48 卷。1827 年尼布尔还创办了专门讨论古典历史和考古学的一种杂志《莱因博物馆》(*Rheinisches Museum*)。

柏林大学还有一些杰出的学者和尼布尔一道对史学及有关学科作出许多贡献。其中最卓越的是伯克、米勒、爱喜浑和萨焚宜。

奥古斯特·伯克(1785—1867)[①]，曾受过神学和语言学训练，1811 年，即尼布尔的《罗马史》第一部分出版的那年，他在柏林大 157

① 关于伯克，参阅古奇的书，第 30—35 页；桑兹的书，第 3 卷，第 95—101 页；玛克斯·霍夫曼《奥古斯特·伯克，传记及其学术信札选》(莱比锡，1901 年)；《奥古斯特·伯克与卡尔·奥特夫里·米勒通信集》(莱比锡，1883 年)；K. J. 诺伊曼，《古代史的发展和任务，斯特拉斯堡》(1910 年)，第 45—46 页；R. H. 克劳森的文章，见 S. F. 霍夫曼主编的《著名人文主义者传略》(莱比锡，1837 年)，第 1 卷，第 29 页以下；E. 库图斯，《古与今，谈话与演讲全集》(柏林，1886—1892 年，三卷分为二册)，第 3 卷，第 115—155 页，第 2 卷，第 260—277 页；和"雅典经济"见〔波士顿〕《北美评论》，第 32 卷(1831 年)，第 344—367 页。关于其他文献，参阅巴锡尔·季尔得斯利甫，《摆动与突变》，第 2—7 页。伯克的《小著作全集》出版于 1858—1874 年，七卷分为四册；他的《语言学百科全书和方法论》是 E. 布腊土斯克编的(莱比锡，1877 年)。

学当了古典文学教授。在尼布尔鼓舞下，他放弃了单纯搞语言学的方法，开始利用铭文作历史资料；事实上，伯克可以被看作铭文学创建人。1817 年他出版了献给尼布尔的那部名著《雅典国家经济》(*Staatshaushaltung der Athener*)。[①] 在书中，他详细探讨了雅典的财政和税收，他是这个学科的开路先锋。伯克遇到的一个主要困难是如何断定古代货币和度量衡的近似值。伯克称出保存下来的一些铸币的重量，并把它们的含金量和他自己那个时代的其他铸币的含金量比较，从而把这些货币的相对价值找到；他总结说，一般说来，雅典铸币的价值大约相当他自己那个时代欧洲货币的三倍。

一位评论他的《雅典海军史》的人热情地写道：

> 在他笔下，这座紫罗兰笼罩的城市的古代生活全都复活了，那些哲学家脸上深深的皱纹，诗人们销魂的诗歌，良好的政策法律，共和国内部结构，演说家、将军、法院、特别法庭、海军、海军部、船坞、兵工厂、仓库、船舶及其滑车和齿轮等等，全部呈现眼前，真是活灵活现，使人不得不承认，在菲德勒博士笔下精确地描绘出来的近代雅典，在善于观察的杰出的旅游者心目中建成的景象也很难说比伯克笔下的古城更为明晰。[②]

伯克进一步运用他那广泛的语言学和年代学知识，编辑他的

---

① 英译本《雅典公共经济》(伦敦，1828 年，两卷，第 2 版，1842 年)。德文第 2 版几乎完全是重写的，增加很多材料，出版于 1851 年；第 2 卷是和第 1 卷有关的铭文，附有很多注释。还有一些贡赋表，即雅典各盟国名单。附每个国家应交纳贡赋数字。安敦尼·拉穆根据这一德文修订本写成另一英译本《雅典人的公共经济》(波士顿，1857 年)。

② 〔伦敦〕《外交评论季刊》，第 26 卷(1841 年)，第 401 页，评论全文，第 401—427 页。

《希腊铭文集成》(*Corpus Inscriptionum Graecarum*)(前两卷于1825—1842年出版),全书于1877年完成。他这本书由于使用了第二手铭文,遭到赫尔曼[①]的严厉批评。伯克虽然不是一位阐释性的历史家,但他应被看作丰富了历史科学诸方面的一位学者。而且为蒙森[②]奠定了基础。德国最卓越的一些研究希腊的学者都是曾在柏林大学任教56年(1811—1867)的伯克的学生。除米勒外,这些学生还包括爱德华·梅尔、特棱得楞堡、特雷新、列卜修斯和鄂图·约翰[③]。而且,另一位伟大的希腊学者歌特夫里德·赫尔曼[④]的学生们也都是伯克的"最热情的崇拜者"。

尼布尔—伯克学派培养出来的最光辉的、最多才多艺的学者是卡尔·米勒(1797—1840),[⑤]他在自己的全名上再加上奥特夫 158

---

① 德国古典语言学家(1772—1848)。——译者

② 参阅本卷原书第502—508页。——译者

③ 德国古典语言学家,考古学家和音乐艺术批评家(1813—1869)。——译者

④ 德国古典学者(1772—1848),他领导一个学派,主张古典文学的研究重点应是语言学,而不是历史文物。——译者

⑤ 参阅古奇的书,第35—41页;佛特的书,第587—589页;桑兹的书,第3卷,第213—216页;K.希勒布兰德"奥特夫里·米勒的研究",见他的米勒《希腊文学史》(巴黎,1865年,两卷),第1卷,第17—371页,附有他的著作的书目提要,第273—280页;J.W.唐纳逊,"论K.C.米勒的生平和著作",见他的米勒《古代希腊文学史》的英译本(伦敦,1858年,三卷),第1卷,第15—31页;并参阅〔伦敦〕《夫累则杂志》,第59卷(1859年),第357—377页的评论;鄂图和厄尔泽·刻恩主编《卡尔·奥特夫里·米勒,以书信说明其生平》(柏林,1908年),并参阅达尔曼-惠芝的书,第15135和15127号;吕刻,《关于卡尔·奥特夫里·米勒的回忆》(格丁根,1841年);卡尔·狄尔泰《奥特夫里·米勒,1897年12月1日米勒诞生一百周年纪念日演说》(格丁根,1898年);P.R.斐斯特,《奥特夫里·米勒,诞生百周年纪念演说》(布雷斯劳,1897年);库图斯,《古与今》(见本书原书第156页著者注),第2卷,第247—260页;W.阿贝肯,"米勒在罗马",见《史学杂志》,第2卷(1844年),第114—126页;栖格夫里·赖特尔的文章,见《格丁根大学学术通报》,第172卷(1910年),第324—362页。

里这个名字以与许多其他卡尔·米勒相区别。米勒原来是一位语言学家,后来在尼布尔鼓励下转而从事历史写作。1816—1817年间他在柏林大学在伯克指导下学习,对希腊发生了兴趣。他献给伯克的那篇论述埃吉纳[1]的极其精辟的博士论文,是描写希腊一个城邦的第一部详尽的历史著作,着重记述了地形、人种、宗教、贸易、艺术、政府——简言之,对全部文化进行了综合研究。伯克看了很高兴,写道:"如果他再接再厉作出更多类似贡献,我们就会获得迄今尚属空白的一部希腊史了。"1819年,22岁的米勒就被聘为格丁根大学教授。

虽然米勒活到43岁就去世了,但他写出的东西数目却大得惊人,而内容都极重要。他的研究成果有《多里亚族的历史和遗迹》(*History and Antiquities of the Doric Race*)(英译本,牛津,1850年)、《神话学科学体系导言》(*Introduction of a Scientific System of Mythology*)(英译本,伦敦,1844年)、《希腊文学史》(英译本,牛津,1840年),论述马其顿人和伊达拉里亚人的一些历史著作,以及研究考古学、艺术、神话等方面的一些著作。在学术上米勒属于民族主义—浪漫主义运动,颂扬国家和民族,特别是多里亚人;因为他认为多里亚人是纯粹的希腊人。米勒的基本思想是希腊文明的彻底的独创性,这种文明最突出的特点就是协调而匀称。米勒坚持认为,在希腊人那里,一切事物——宗教、政治、战争、教育——都是平衡、和谐而统一的。我们要记住,这种认识首先是18世纪的文克耳曼和沃尔夫想出来的。在希腊神话学这种专业

① 1811年在埃吉纳岛上发现了始于公元前5世纪的古代石刻。——译者

上，米勒的贡献是以赫尔得想出的那些观点为前提的。他研究地方神话和传说，并追溯到它们和其他各种崇拜的关系。他从这种研究中得出的结论是：神话是老百姓的想象创造出来的，表现的是一个民族内心深处的思想。希腊那些神也是这样，希腊诸神，绝不是各种自然力或人们的道德和智慧的人格化，实际上都在人类的理性把它们抽象化以前很久便创造出来了。最后，米勒还证实希腊宗教是分区地、个别地发展起来的，把这些个别的崇拜综合起来 159
成为一个完整体系的情况是后来才出现的。

米勒不但是扎实的学者，而且也是有优美的艺术头脑的人；和他的老师们不同，他的文笔斑斓、想象丰富。他计划以 12 卷的篇幅写出希腊人整个历史生活，但当他正在德尔斐进行研究时，突然得了热病逝世。他的学生恩斯特·库图斯[①]说："他在自己心神向往之国成了一位殉道者，就像英雄躺在自己的盾牌上[②]，当时他正在完成他的职责并准备完成更伟大、更成熟的著作。"

柏林学派也发展起法律史这门学问。这方面最突出的学者是卡尔·弗里德里希·爱喜浑（1781—1854）[③]和萨焚宜。爱喜浑和

① 德国古典语言学家和考古学家（1814—1896），指导德国人在希腊奥林匹亚的考古发掘（1875—1881）。——译者

② "马革裹尸"的意思，希腊风俗，战死战场者以盾牌盛尸而归。——译者

③ 不要把卡尔·弗里德里希·爱喜浑和他父亲约翰·哥特弗列得·爱喜浑（1752—1827）混淆；他父亲是耶拿和格丁根大学的东方语言教授，其主要著作是《〈旧约〉导言》（莱比锡，1780—1783 年）。

关于 K. F. 爱喜浑，参阅古奇的书，第 42—47 页；佛特的书，第 525 页；威格尔的书，第 992—995 页；沃尔夫的书，第 218—219 页；附书目提要注释；J. Fr. 丰·舒尔特，《卡尔·弗里德里希·爱喜浑，根据他的笔记、书信、亲友和著作提供的情况描述他的生平和活动》（斯图加特，1884年）；雨果·罗耳士《K. F. 爱喜浑的书信》〔波恩，1881年〕；（接下页）

伯克同于1811年在柏林大学当的教授，写了一部巨著《德意志国家与法律史》（*Deutsche Staats-und Rechtsgeschichte*）（四卷，1808—1823年）。他以民族主义精神写成的这部扎实的德国法律和制度史，强调法律是整个大众文化的一种表现。我们在这里又看到文克耳曼和沃尔夫那些有用的观点的影响。

160 弗里德里希·卡尔·丰·萨樊宜（1779—1861）[①]在罗马法上

（接上页）斐迪南·夫棱斯多夫，《卡尔·弗里德里希·爱喜浑》（格丁根，1881年），一篇演说和他在《全德传记》，第6卷，第469—481页上那篇论爱喜浑的文章；K. 耶路西克，《卡尔·弗里德里希·爱喜浑的历史方法》（莱比锡，1933年）；阿尔比温·W. 斯马尔，"对社会学史的一些贡献：第3卷，爱喜浑（1781—1854）和众因素的繁衍性"，见《美国社会学杂志》，第29卷（1923年），第42—57页；A. L. 赖舍尔，"K. F. 爱喜浑"，见《德国法学杂志》，第15卷（1855年），第436页以下；布龙内尔，"卡尔·考斯道夫·霍梅耶"，见〔柏林〕《普鲁士年鉴》，第36卷（1875年），第26页，指出爱喜浑的特点并把他和霍梅耶对比。关于德国法学家的一般研究，参阅R. 丰·斯廷青在萨樊宜诞生一百周年纪念发表的一篇演说《德国法理学的转折与变化》（波恩，1879年）；O. F. 吉尔克，《历史法学派与德国语言学家》（柏林，1903年），这部书第37页上列举了关于爱喜浑的著作；R. 斯廷青和E. 兰芝堡，《德国法理学史》（慕尼黑，1880—1910年，三部分，分为六卷）。

① 关于萨樊宜和历史学派的文献，参阅沃尔夫的书，第221页；古奇的书，第47—53页；威格尔的书，第988—992页；恩斯特·兰芝堡在《全德传记》，第30卷，第425页以下的论述；爱德华·米勒，《弗里德里希·卡尔·丰·萨樊宜》（莱比锡，1906年）；詹姆士·得·芒模伦西，《世界伟大法理学家》（1913年）；C. L. 阿伦特，《纪念F. K. 萨樊宜的演说词》（维也纳，1861年）；路德维希·恩尼克鲁斯，《弗里德里希·卡尔·丰·萨樊宜与新法理学运动》（马尔堡，1879年）；弗烈赫尔·丰·卡尼次和达尔维次，《备忘录》（柏林，1888年，两卷），第2卷，第174页以下；约翰·奥斯丁《法理学演讲集》（第3版，罗伯特·坎柏尔审校，伦敦，1869年，两卷）；阿道夫·斯特耳策耳，《勃兰登堡—普鲁士司法行政与管辖》（柏林，1888年，两卷），第2卷，第526页以下，第731页以下；乔治·丰·柏罗，《中世纪德意志国家》（莱比锡，1914年）；雨果·黑耳施内耳《勃兰登堡—普鲁士刑法史》（波恩，1855年），第269—283页；R. 耶林，"弗里德里希·卡尔·丰·萨樊宜"，见《现代罗马与德国民法教义年鉴》，第5卷，第698—701页；鲁多夫，"弗里德里希·卡尔·丰·萨樊宜"见《法律学史杂志》，第2卷（1863年），第1页以下；贝特曼-霍尔威克，"回忆法学教师、政治家和基督徒弗里德里（接下页）

的成就和爱喜浑在德国法律上的成就一样。从柏林大学开办之日起，萨樊宜便在那里当教授，后来就成了德国研究法理学史的人们当中一位主要人物。他曾在马尔堡钻研法律，在格丁根大学在斯匹特累[①]指导下学习历史，后来他提到他一生所受最大影响时曾说，在历史学方面是斯匹特累，在文学方面是歌德。但萨樊宜很难说是一位富于想象的人。[②]

他认为法律是一个民族整个生活的表现，就像文克耳曼对艺术、沃尔夫对文学的看法那样。德国法学家和历史家坚决相信历史连续性这条原则；他们相信历史权利而不是"自然"权利；事实先于理论。"萨樊宜应用到法律上、兰克及其弟子应用到政治上的这个观点，是那个世代用以对抗反动和革命这两个从相反方向袭来的危险的最坚强的堡垒。"[③]

萨樊宜第一部重要著作是《论所有权》(*Das Recht des Besitz-*

(接上页)希卡尔·丰·萨樊宜"，见《法律学史杂志》，第6卷(1867年)，第42页以下；丰·莫耳，《政治学》，第3卷，第55页；〔巴黎〕《学者杂志》(1840年)，第41—52、93—111、152—165页；M.米涅先生"略论萨樊宜先生的生平和著作"，见〔巴黎〕《道德与政治科学院的会议与工作》，第71卷(1865年)，第121—156页；〔柏林〕《普鲁士年鉴》，第9卷(1862年)，第121—168页；R.庞德的文章，见《哈佛法学评论》，1911年6月号，第599—600页。

① 参阅本卷原书第123—124页。——译者

② 参阅W.W.斯托立的描述(他是波士顿一位律师，曾于19世纪中叶访问德国)："我屡次看见著名法理学家丰·萨樊宜，我可以保证，他是我所看到过的顽强的人中最特殊的。他非常枯燥无味，我发现他很有礼貌、温文而谦逊。但完全生活在书本世界，而且那个书本世界是一个法律书本世界。当他知道我是个艺术家时，他举起双手，大声呼喊：'怎么，一位艺术家兼律师吗？那是不可能的！'"1850年1月30日斯托立写给娄厄耳的信，引自亨利·詹姆士《威廉·卫特莫尔·斯托立和他的朋友们》(波士顿，1903年，两卷)，第1卷，第215—216页。

③ 卡尔·贝克尔，见《美国社会学会出版物》，第7卷(1912年)，第76页。

es)(1803 年),这部书一出版立刻誉满全欧;评论家一直认为它是近代法理学的开端。它那严格的方法和成果累累的收效使论述这个学科的大多数著作都成了陈腐过时的东西。除其他问题外,萨焚宜力图解决的是这样一个普遍问题:为什么和所有权(possession)相区别的财产(property)无论合法与否都是应该加以保护的。萨焚宜的第二部著作《论我们这个时代的立法和司法的使命》(*Vom Beruf unserer Zeit für Gesetzgebung und Rechtswissenschaft*)(1814 年),是把文克耳曼用于希腊艺术上的诸观点在法律上的运用,即:法律是国民生活的一部分,应当和一个民族的整个历史联系起来进行研究。这种从历史发展观点进行研究立法的方法并不是没有政治用意的,因为萨焚宜有意阻止《拿破仑法典》扩展至德国。他写道:"每个国家的法律可比作它身上的四肢之一,而不仅仅是一件为取悦幻想而缝制的衣服,可以任意脱下来另换上另一件。"

1815 年出版了他的巨著《中世纪罗马法史》(*Geschichte des*
161 *römischen Rechts im Mittelalter*)第 1 卷,[1]此书原来是打算写成从厄尼立阿斯[2]到近代的一部文艺性的罗马法律史,但后来又改成一部哲学性的论述,而且只写到 16 世纪。从史学观点看,萨焚宜这部伟大的罗马法学史的重要意义在于它强调的两种观点。首先,这部著作强调了从最早时期到近代国家的建立(16 世纪)这段时期罗马法律史的连续性;其次,萨焚宜强烈地反驳了当时流行的

① 海得尔堡,1815—1831 年,六卷;第 2 版,1834—1851 年,附第 7 卷补编和索引。

② 中世纪意大利的罗马法学家(1054? —?1130)。——译者

观点，即认为法律是和民族史毫无联系的任意创造出来的东西。萨焚宜的总命题是“罗马法甚至在像蛮族入侵那样的暴乱中仍未被摧毁，他认为法律在人民的风俗和诉讼中继续存在下去，并以这种形式传至全欧”。他极端强调法律的残存性和连续性这个认识。其结果就像阿尔比温·W.斯马尔教授[①]所说的那样，“从那时候，历史的因果关系……就成了社会科学中任何问题必须考虑的一个因素。”[②]

1815年萨焚宜和爱喜浑、哥申一起创办了《法律史杂志》(*Zeitschrift für geschichtliche Rechtswissenschaft*)，后来成了立法史学派的机关刊物。第1期那篇序言里有萨焚宜对历史学派的解释：

> 这是一个普通的问题：究竟过去对现在的影响是什么？究竟现在和将来之间的关系又是什么？
>
> 关于这类问题有些人会告诉你说，每个世代都在自己的天地里自由而独立地按照各自的思想好坏或力量大小或者是快乐而卓越地生活着，或者是苦恼而默默无闻地生活着。这种理论对过去的研究也不是完全蔑视，因为已过去的时代使我们了解他们的行动对我们的祖先产生了什么后果。因此，历史是一种以样板进行教育的道德和政治；但毕竟只不过是属于可有可无的那些研究一类。
>
> 如果每个时代真的不是任意地、自以为是地独立地采取行动，而是以不可分割的共同的锁链和过去时代整个联系在一起的话，那么每个时代便应该接纳过去的某些因素，这些因素是有用的，同时也是主动的；所谓有用，指的是这些因素不需依赖现时代的意志和武断，所谓主

① 美国教育家(1854—1926)，芝加哥大学社会学系主任(1892—1924)。——译者

② A.W.斯马尔“对社会学史的一些贡献，第2卷：提波与萨焚宜的争端”，见《美国社会学杂志》，第28卷(1923年)，第733页.全文，第711—734页。

动指的是这些因素不是由外来意志强加的(如主人的意志强加于奴隶那样),而是作为一个整体考虑的民族性本身赋予的,这种民族性是在其本身的连续不断的发展中维持并保存其本身的。今天的民族只不过是这种永恒的民族整体上的一部分。它的意志和行动都是在这个整体以内并和整体一起实现的,因此可以说,整体的强制命令同时就是作为肢体的局部自愿完成的。

在达尔文以前半个世纪写的这段文字里,我们就看到对社会生活中的连续性或称进化论的完整的表述了。特别是以最鲜明的解说的形式、成文法典的形式表述了出来。然而,人们还应当强调
162 连续性和整体性的一般概念是属于 18 世纪德国思想学派的。柏林大学诸学者收获了果实,但种子是康德和文克耳曼、沃尔夫和赫尔得播下的。

德国历史家,特别是那些和柏林大学有联系的历史家,在学术上都受到比较开明的政治家、特别是丰·洪堡德和丰·斯泰因的鼓励和帮助。斯泰因在组织出版《德国史料集成》方面的贡献是尽人皆知的,这一点不久将在下文讨论。威廉·丰·洪堡德在史学界影响较少,不过,前已提到,在把柏林大学诸教授请到一起参加这项工作,他是起了作用的。

卡尔·威廉·丰·洪堡德(1767—1835)是更为著名的亚历山大·丰·洪堡德(1769—1859)的哥哥。① 这两兄弟在多方面都表

① 著名的《宇宙》一书的作者,亚历山大·丰·洪堡德比他的哥哥威廉多活了 20 多年。1850 年 W. W. 斯托立在柏林遇到亚历山大,是这样描写他的:"首先,丰·洪堡德,真正是一位高尚的老人〔他已 81 岁〕,有丰富的知识,宁静清晰的头脑,本领很大,多方面才能不相上下。就是关于最微小的事物,他的知识也是广博无边。"詹姆士的书(见本书原书第 160 页著者注),第 1 卷,第 215 页。

现了出色的才能。亚历山大成为一位著名的探险家和博物学家，威廉则不但是比较语言学的奠基人之一，而且是曾受到塔列朗称赞的一位杰出的政治家。

威廉·丰·洪堡德[①]曾在格丁根大学跟亥涅研究考古学。后来在22岁时前往巴黎，正赶上了革命群众攻打巴士底狱。由于他急于目睹他认为是划时代的事件，就去凡尔赛列席国民会议。他巧遇米拉波[②]，这个法国人在发言中对政治所作下述透辟评论，使他印象很深："困难在于仅仅颁布了几项必要的法律，在于永远忠诚于社会的这个真实宪法原则，在于防备执政者的狂妄——现代政府的致命伤。"洪堡德接受了这些情绪，但当他在德国那个专制的、好管闲事的政府里任职的时候，发现"防备执政者的狂妄"是办不到的，最后只好辞职而去。

在法国革命鼓舞下，洪堡德写了一篇评论政治的很出色的文章《对国家行动加以限制的尝试》(Attempts to Set Limits to the Action of the State)，这篇文章配得上享有比它实际应享有的更大的声誉。的确，这篇并不太长的著作写成之后由于普鲁士检查 163

① 参阅考斯道夫·斯累西尔，《关于威廉·丰·洪堡德的回忆》(斯图加特，1843—1846年，两部分合为一卷)；路德福·哈伊姆，《威廉·丰·洪堡德的生平和特点》(柏林，1856年)；《席勒与威廉·丰·洪堡德通信集》(斯图加特，第3版，1900年)，参阅〔伦敦〕《评论季刊》，第124卷(1868年)，第505—524页；《成廉·丰·洪堡德写给一位女朋友的信》，喀德邻·库珀译(伦敦，1849年，两卷)；爱德华·斯普兰格尔，"成廉·丰·洪堡德"，见《研究与进步》，第11卷(1935年)，第121—123页，并参阅达尔曼—惠芝的书，第13647、12764号。洪堡德的《全集》出版于柏林，共七卷，1841—1852年。

② 米拉波(1749—1791)，法国资产阶级革命中极有势力的人物，相信立宪君主制。1790年为雅各宾俱乐部主席，1791年为国民会议主席，不久逝世。——译者

机关拒绝批准，一直过了60年才出版；[1]但它还是很值得注意的，因为在德国文献中，主张在政治上允许自由意志存在的这类作品中，这篇文章是难得的。洪堡德这篇文章一开始就问道：政府的目标是什么？它的范围是什么？他首先论述了康德关于人的个人主义和自由的设想。既然人的目标是发展自己，因此他不但需要行动的自由，而且需要各种各样活动范围。于是就产生了这样一个问题，为帮助人们达到这些目的国家能做些什么？国家是否应当教育、抚养、管理并保护它的公民呢？它是否应当提供和调节社会上一切典章制度呢？洪堡德回答说：绝对不应当。国家对人们各种活动的干预往往产生机械似的模式化。但社会需要的是一个个的公民，而不是奴隶般的属民。为了产生强壮而机敏的公民，国家应当放手不管。洪堡德写道，因此，甚至公共教育也应当反对，因为学校往往变成政治强制的手段。国家也不应当干涉宗教和公共道德。在行动上被强制实行道德的一个民族，只不过是一种缺乏道德力量的、只知盲从的群氓。那么，国家活动的范围究竟是什么呢？洪堡德的结论说，国家只有两项职责：保护国家不受外敌侵犯，在国内保障公民各种权利。难怪普鲁士专制政府拒绝出版他这样一部和普鲁士整个精神背道而驰的著作了。

在这次尝试之后，洪堡德就不再撰写理论方面的东西了，反而投身政界，指望这样可以使政府的官僚主义干涉缓和一些；他总是站在温和派和自由主义者一边使用自己的权威。他占据重要政治

---

① 《限制国家活动范围的尝试》，《全集》（见上一个著者注），第7卷，第1—188页。这部书不久即由约瑟·考尔塞德译成英文，书名为《政府的范围和职责》（伦敦，1854年），以后又译为法文（1867年）。

职位达16年之久。从1802年到1808年任普鲁士驻罗马公使，其后两年任公共信仰部部长，在任此职期间筹组并成立了柏林大学。[①]

从1810至1814年间，他任普鲁士全权代表，前往参加各种和会并与哈登堡[②]一起，在巴黎和约和维也纳条约上签字。1819年被任命为内政大臣之一，但不久就受反动党派排挤，退出政治舞台，致力于语言学研究。

1821年柏林科学院请洪堡德作了一次讲演，这位已下台的政 164
治家选择了对历史家极有意义的一个题目：《论历史家的任务》（*Ueber die Aufgabe des Geschichtschreibers*），把当时在德国占统治地位的史学思想中最精辟而细腻的内容表达出来。

洪堡德说，历史家的任务，分析到最后，就是“对已发生的事物的描述”。显然，主要之点是“已发生的事物”。仅仅把许多事实列一张表不能算一部历史，这样做并不能告诉我们真正发生了什么事情。直接的观察也不能把事情的全貌端给我们看。即使历史家把所有分散的事实都贯穿起来，仍然不能把事实真相和盘托出。

那么历史家的资料该如何处理呢？洪堡德把历史家的工作和诗人、艺术家的工作进行比较，他说，历史家应当像诗人那样运用自己的想象，必须把那些孤立的事实组成一个逻辑的统一体，必须

---

① 很有趣的是，虽然洪堡德本人几乎不承认自己是个基督徒，但他极力主张为这所新大学建立一个教堂：“大学应有自己的教堂，在我看来，似乎完全有必要；因为我看到，青年时代是特别容易接受宗教影响而科学也容易在青年心中形成片面理解的时候，我们不能让青年的心灵完全没有一点宗教影响。”《全集》，第5卷，第321页。

② 德国政治家（1750—1822），在反对拿破仑的战争中发生很大的作用，晚年政策走向反动。著有《回忆录》。——译者

写出一个活生生的整体。“正如哲学追求的是事物最基本的原理，艺术追求的是美的理想那样，历史追求的是描绘人类的命运；描绘要真实、生动、完整而纯洁，理解这样的人类命运的头脑，全心全意接受其引导，以致属于个性范畴的那些观点、感情和要求都融化在这个共同的命运之中而消失不见了。”但更重要的是，历史家必须有一个主导思想和批判精神；他必须认识历史中作为因果关系基础的那些力量（在这一点上洪堡德是纯粹的康德派）。洪堡德强调的主要之点是思想，他说思想是业已发生的事物的本质部分；因此，当历史家就历史上种种思想发表意见时，他并没有额外增加任何独出心裁的东西。在这一点上，历史家不同于诗人：诗人追求的是通过模仿史实把思想具体化（因为诗人并不管人类过去的经验，只管个人表现）；而历史家的目的则是以思想作为手段完全理解过去发生的事物的真相。

洪堡德所谓的历史中的终极思想——das seelende Prinzip——指超越一切感官经验的东西。在历史家对气候、艺术、知识、法律、政府以及其他形成历史发展原因的种种现象进行了全面彻底的观察之后，仍有某些没有显示出来、不能马上认识的东西，某些发动上述这些力量朝一定方向发展的东西。这种东西是处于有限事物的圈子以外，存在于思想观念以内的东西，它深入一切部分、包括从事记述的历史家在内。因此，历史家的任务有三：一是应当搜集资料；二是批判地调查实况；第三，他还应当以思想为手
165 段把已确认为真实情况的东西写得活生生的。洪堡德总结说：“对
历史家任务的最后的、但也是最简单的分析是描述思想的作用，以

求取得真正的存在。”①

亨利希·弗里德里希·卡尔·斯泰因男爵(1757—1831)并不是历史家,但他对史学的贡献却很可观。如所周知,斯泰因是1801—1808年间普鲁士改革大臣(他本人是威斯特伐利亚人),1808年被拿破仑剥夺公权流放国外。他在反拿破仑的俄普联盟中进行了一段活动后即退出政治舞台。1819年他组织了“德国古代史料学会”(Gesellschaft für ältere deutsche Geschichtskunde),目的是出版大量中世纪德国史料。

斯泰因对这件事发生兴趣是因为当他打算为他的女儿德利撒寻找德国历史资料时,发现根本就没有印好的资料。穆拉托里已经为意大利办到的事、摩耳派神父已经为法国办到的事,在德国从来还没人动手。

〔斯泰因写给喜尔得斯亥谟主教的信上说〕自从我辞掉公职之后,

① 洪堡德,《论历史家的任务》,见他的《全集》(见本书原书第162页著者注),第1卷,第24页,全文,第1—25页。参阅1822年3月18日洪堡德写给歌德的信:“凡是我所说我在历史情节上的真实和在文字上的忠实等方面,我特别希望接受你的考验,你曾经对自然历史的现象进行了很多研究,这对你来说,特别要完全而忠实地说明事实。因此你知道,凡是人们所说的要如实地记取现象,而人们应知如何开始,以便从现象的个别部分来把它看作整体采用。席勒的一句话,今天老是留在我的脑子里,并曾在这个工作上,经常反映在我的心目中。他曾说,人们曾经发现他的历史论文成为诗篇,并得出结论:可是历史作家必须完全采用诗人的方法。如果他收集了材料,那么他就必须把这材料重新创造成为完全新的东西。这对我来说,在那时候是奇言妙语,而我不能正确地理解它。辛勤劳动使我逐渐明白了,这篇论文大部分是由于辛勤努力而产生的。”参阅爱德华·斯普兰格尔,“威廉·丰·洪堡德的演说‘论历史家的任务’和谢林的哲学”,见〔慕尼黑〕《历史杂志》,第100卷(1908年),第541—563页;路易·厄哈特,“威廉·丰·洪堡德的论文‘论历史家的任务’”,同上书,第55卷(1886年),第385—424页;H.斯太恩塔耳编《威廉·丰·洪堡德的语言哲学著作》(柏林,1883—1884年)。

> 我一直殷切地希望唤起对德国历史的兴趣，促进德国历史的基本研究，从而保持对祖国的热爱和伟大祖先的怀念。我的目的还在于：努力使大量在 1803 年革命中散失的文献能够仔细地收集并保存起来，免遭毁灭；然而这件事主要是靠政府采取措施，个人的决心是无法完成的。但是，由热爱自己的祖国和历史的私人组成的团体还是有能力把够用的原著收集起来，而且还可以募集一笔资金帮助可以拿出时间和精力从事这项事业的学者，用这种方法使研究历史的人们能够得到这些完备而廉价的书籍。①

出版德国原始资料的目的基本上是爱国的。法国革命和拿破
166 仑战争激起了德国民族主义。德国人现在需要的是对自己过去的自豪。中世纪的德国本来是一个强大的国家，德国人祖先的成就是光辉灿烂的，现在德国人需要这方面的知识。因此，在斯泰因终于组成这个出版资料的团体（1819 年）后，他们采用的格言是："神圣的对祖国的爱给了我们精神力量"（Sanctus amor patriae dat animum）。② 许多学者如施罗塞，吕斯，维尔肯，达尔曼，筏格特等都复信表示赞成，并主动提出合作。但最重要的一封来信是一个不出名的青年人写给学会秘书布希勒的，他主动提出：

> 假如我的建议和其他考虑互不妨碍的话，我愿意编辑加洛林时代那些文献的一部分，特别是连同法律和特许状汇编一起形成加洛林王朝史真正基础的那些材料，同时要求和别人一起研究纳查连尼、提连

---

① 西利，《斯泰因的生平和时代》（见本书原书第 152 页著者注），第 3 卷，第 441 页。

② 普鲁士贵族暗中鄙视洪堡德和斯泰因，因为这两人喜欢教授；上流社会和学者阶层之间的鸿沟如此之深真令人难以想象。普鲁士上流社会是崇拜爵位，而鄙视大学教授的。参阅考斯道夫·弗莱塔格的小说《借方和贷方》〔译者按：这是一部描写德国商人生活的现实主义小说〕和 R. L. 得文什尔夫人译的《泰恩的生平和信札》（伦敦，1902—1908 年，三卷），第 2 卷，第 307 页。

> 尼、拍塔维安尼、佛耳达、莫伊奇阿塞、柏提尼阿尼、麦顿塞、埃金哈第等编年史，以及《圣徒行传》中埃金哈德、提甘①、尼特哈德②等人的传记和圣逢尼非斯、圣瓦拉、阿达尔哈德等人的生平。如果你认为有可能委托给我做这些事或者根据合作者的人数多少和为完成这项事业可能拿出的时间长短，把那个时期的历史家的著作多给我一些或少给我一些，请通知我，我将立即寄上一张明确的清单。③

这封信是由一位名叫乔治·亨利希·柏次的人签的名，而终于把《德国史料集成》(*Monumenta Germaniae Historica*)④这部世界最伟大的史料汇编完成的人正是这位柏次。当时柏次刚刚在格 167

---

① 参阅本书上卷原书第 169—170 页。——译者

② 同上书，第 170—171 页。——译者

③ 西利，《斯泰因的生平和时代》(见本书原书第 152 页著者注)，第 3 卷，第 444 页。

④ 哈利·北勒斯劳，《在中央行政命令下编纂〈德国史料集成〉的历史》(汉诺威，1921 年：《新文库》，第 42 卷)；威廉·沃顿巴哈《中世纪德国史料集》，第 1 卷(第 7 版，斯图加特和柏林，1904 年)，第 18—32 页；古奇的书，第 64—75 页；威格尔的书，第 1013—1018 页；W. T. M. 冈布尔，《德国史料集成：史料估价和批判的遗产》(华盛顿，1927 年)，第 12、13 章，保罗·歧尔，《普鲁士科学院，德国史料集成及其新规章》，见《普鲁士科学院会议录》，第 20 卷(柏林，1935 年)；同一作者，"关于《德国史料集成》编纂的报告"，同上书，第 19 卷(1934 年)；奥兹瓦德·雷德利希，"哥德与《德国史料集成》"，见《研究与进步》，第 8 卷(1932 年)，第 80—81 页；乔治·惠芝，"论《德国史料集成》的前途"，见〔慕尼黑〕《历史杂志》，第 30 卷(1873 年)，第 1—13 页；同一作者，《新文库》，第 2 卷，E. 达姆勒"论《德国史料集成》的产生"，见《在新帝国》；非多耳·施奈德尔，《德国文学评论》，1923 年 6 月号，第 258—271 页；以及各种评论，见〔伦敦〕《评论季刊》，第 173 卷(1891 年)，第 159—179 页；〔纽约〕《美国历史评论》，第 16 卷(1910—1911)，第 426 页；〔爱丁堡〕《爱丁堡评论》，第 103 卷，第 104 页；〔巴黎〕《学者杂志》，1827 年，第 753 页，和〔巴黎〕《综合历史评论》，第 14 卷(1873 年)，第 330 页，第 44 卷(1888 年)，第 243 页，第 47 卷(1890 年)，第 660 页，第 48 卷(1890 年)，第 631 页。

这套伟大丛书，受到当时历史学者的鼓舞和当代君主的奖励达到什么程度，从 1826 年出版的第 1 卷卷首所列订阅者名单上就可看出。在这个名单上，似乎英王兼汉诺威王乔治四世居首位，特别阔气地订了 24 部"精装"本，而普鲁士国王名下订了 12 部，巴伐利亚国王订了六部，奥地利皇帝只订了一部，而且是廉价的布装本。

丁根大学在赫棱教授指导下获得博士学位;他的论文题目是墨洛温王朝宫相史。斯泰因在收到上述那封信后就聘请这位青年(柏次生于1795年)为这部《德国史料集成》编辑加洛林王朝那些编年史。1821年11月间柏次前往意大利和奥地利搜集各图书馆和档案库里的手稿和文件。两年之久,他一直在国外忙碌,收集了许多珍贵的资料。后来他接到斯泰因一封信,埋怨《德国史料集成》编辑人杜姆芝不称职,并且在信的末尾说:"上帝好像已经选定你来完成这项事业,它将填补我国历史文献中一个严重的空缺,也会使你有权得到全体德国人的感激。"

1823年柏次被任命为这个学会的秘书和《德国史料集成》编辑,他为此献出毕生精力。他常常到欧洲各国图书馆查找资料,有所得时就在《德国史料学会文库》杂志(1824—1872)上发表笔记文章。他还汇编了莱布尼茨《全集》,并为他的恩主写了《斯泰因男爵传》(六卷;柏林,1849—1855年)。

《德国史料集成》小组的计划是出版德国、瑞士和奥地利的重要史料,时间是截至15世纪(斯泰因建议到霍亨斯陶棻王朝末尾)。他们商量好只考虑丰富的文献;贫乏的编年史和片段资料另出一卷。在6世纪以后的与历史有关的一切事情,第二手材料一律不要,一切作家的作品都全部刊出,而不是以保持年代顺序为目的。编者最初估计这个计划约需18卷,每卷200页,斯图加特出版商科塔[1]估计全部费用需32000金币(斯泰因当即捐献5000金

① J.F.科塔(1764—1832),出自德国一个大出版商家族,1811年开设斯图加特分店,出版许多德国著名的文学和哲学著作。——译者

币）。全书分为五类：编年史家著作、法律、国家文献、书信和古文物。

编年史家著作类前两卷——加洛林王朝时期的年代记和同一时期的编年史和传记——是斯泰因还活着的时候（1826 和 1829 年）出版的。沃顿巴哈[①]说，"这两卷书，为将来进行一切研究提供了最稳妥的基础。"到 1874 年柏次辞职、乔治·惠芝接着当编辑时，已有 24 卷（编年史家著作、法律和国家文献三类）问世。一直是个私人团体的这个学会于同年解散，出版工作由普鲁士学院负责。

《德国史料集成》在撰写历史上、在批判上的科学性已成为世界的典范；这是德国第一流史家的贡献，这方面后文还将论述。这部书也成了其他资料汇编如腓力·雅费[②]的《德国图书集成》 168
（*Bibliotheca Rerum Germanicarum*）、J. F. 伯梅尔[③]的《德国史料汇览》（*Fontes Rerum Germanicarum*）以及德国内外其他一些史料集，如《奥地利史料汇览》（*Fontes Rerum Austriacarum*）、《匈牙利史料汇览》（*Fontes Rerum Hungaricarum*）等书的典范。

1825 年利奥波尔德·兰克（1795—1885）来到柏林大学任历史教授，并开创了历史写作上一个新时代。兰克无疑是自吉本以来（包括麦考莱在内）最著名的历史家，而且可能是德国曾经有过的首屈一指的历史家。研究兰克的文章异常繁多。在半个世纪之

---

① 德国历史家（1819—1897），柏林大学教授，1875—1888 年领导编撰《德国史料集成》的工作。——译者

② 腓力·雅费（1819—1870）。——译者

③ 伯梅尔（1795—1863）。——译者

久的时间里人们曾不断争论、喝彩和批判兰克和他的方法。①

① 关于书目提要,可参阅汉斯·F.赫尔莫尔特,《兰克书目提要》(莱比锡,1910年);沃尔夫的书,第228—230页及注释;威廉·普赖斯,“对兰克书目提要的一个贡献”,见《1896年美国史学会年报》,第1卷,第1265—1274页;达尔曼-惠芝的书,第15163号,15500号,并参阅古奇的书,第76—102页;基兰的书,第68—119页;佛特的书,第589—615页。关于兰克的文献过多,不能在此详列。为了方便起见,今按文字分类,列举如下:

用英文写的,最好的记载是E.G.鲍恩,“利奥波尔德·丰·兰克”,见《1896年美国史学会年报》,第1卷,第67—81页;阿尔波音·W.斯马尔,“对社会学史的一些贡献,第5卷:兰克和有关文献”,见《美国社会学杂志》,第29卷(1923年),第69—77页;无名氏,“利奥波尔德·丰·兰克”,见《雅典尼昂》,1886年5月29日,第715页;索菲·韦塞,“利奥波尔德·丰·兰克,柏林回忆:1884—1886年”,见《折衷杂志》,第107卷(1886年),第522—528页;阿克顿爵士,“德国史学流派”见〔伦敦〕《英国历史评论》,第1卷(1886年),第13—23页。

以德文为主的:最好的资料是兰克自己的《我的生平》,兰克口授,由他的儿子笔记,亚勒弗烈·多斐编(莱比锡,1890年:《全集》,第53—54卷)。多斐也写了一篇论兰克的有权威的文章,见《全德传记》,第27卷(1888年),第242—269页和《兰克传略》(1898年)。作为利奥波尔德本人记述的补充的有他的兄弟(弗里德里希)亨利希·兰克的作品,《儿童时代的回忆与以后生活的片断》(斯图加特,1877年,第2版,1886年);尤金·谷格利亚,《利奥波尔德·丰·兰克的生平和著作》(莱比锡,1893年);鄂图卡·罗棱兹,《利奥波尔德·丰·兰克》(柏林,1891年);爱弥尔·迈克尔《兰克的〈世界史〉的批判研究》(帕德博恩,1890年);亚塔尔·温克勒的《利奥波尔德·丰·兰克:其〈全集〉的光辉,附传略》(柏林,1885年)列举了兰克著名的言论;狄奥多·特克《利奥波尔德·丰·兰克90岁诞辰》(柏林,1888年);C.雷特维施,《作为奥德河边法兰克福校长的兰克》(1891年);K.A.马尔次,《兰克以后的史学方法》(1916年);O.迪特尔,《作为政客的兰克》(莱比锡,1911年);W.纳耳班迪安,《兰克的教育年鉴与史学观点》(莱比锡论文,1901年),绝佳。

德文期刊文献:理查·斐斯特,“洪堡德和兰克的观念原理”,见《德国史学杂志》,第6卷(1891年),第2部分,第235—256页;C.发伦特拉普,“兰克的《历史政治杂志》”,见〔慕尼黑〕《历史杂志》,第94卷(1907年),第35—119页和E.西蒙,《兰克与黑格尔》(《历史杂志》,1928年增刊,第15卷);R.格拉夫·杜·莫林-厄卡特,“兰克和塞尔维亚人”,见《德国评论》,第34卷(1909年),第3部分,第38—48页;狄奥多·威德曼,“兰克工作室的16年”,同上书,第16卷(1891年),第4部分,第164—179,322—339页,第17卷(1892年),第1部分,第95—102、208—220、342—353页,第17卷(1892年),第2部分,第100—116、232—240、341—350页;A.丰·垒蒙特的文章,见《青年历史年(接下页)

利奥波尔德·兰克出身于一个较富裕的中产阶级家庭,他的父亲是一位律师。他的童年时代是在严格而苛刻、缺少欢乐的路
德派气氛中度过的,但也是高贵的世代书香门第。1814 年——拿 169
破仑在多国大战[1]中失败后不久——兰克进了莱比锡大学。尽管当时破发生的那些历史大事件震动人心、值得纪念,但年轻的兰克对历史并未表现出任何兴趣。他主修的课程是语言学和神学,后一门大部分限于钻研《圣经》。他听过贝克和赫尔曼的语言学课,[2]还听过一些哲学课。年轻的兰克用心钻研康德的《纯理性批判》,印象很深。但对他的影响最大的是费希特,他的《告德国同胞书》(*Addresses to the German Nation*)使兰克"无限钦佩"。这位青年学生也景仰歌德,当时正是歌德名望最高的时候。但兰克不想模仿歌德,他说,"因为对我说来,他的确太新颖了"。兰克还研究路德的著作,主要是"想从中学习德文"。

(接上页)鉴指南》,第 7 卷(1886 年),第 608 页以下;W. 弗莱塔格,"论兰克的历史研究",见《系统哲学文库》,新刊第 6 卷,第 129 页以下和 311 页以下;B. 斯密德勒"兰克历史著作的发展",见《施穆勒年鉴》,第 27 卷(1903 年),第 465—510 页;J. 斯密特,"利奥波尔德·丰·兰克",见《德国一览》,第 47 卷(1886 年),第 218—236 页;J. 凯斯特,"兰克和特雷新关于民族主义的历史观",见《社会和经济史季刊》,第 20 卷(1927 年),第 225—233 页;E. 丰·诺顿,"兰克和麦考莱",见〔慕尼黑〕《历史杂志》,第 17 卷(1867 年),第 87—138 页。在法国文献中,引用下列材料就够了:罗德·瑞斯,"利奥波尔德·得·兰克",见〔巴黎〕《历史评论》,第 31 卷(1886 年),第 364—381 页;〔巴黎〕《两世界评论》,1854 年 3 月,1886 年 8 月和 1887 年 9 月。

[1] 1813 年 10 月 16—19 日莱比锡战役,拿破仑战败。——译者

[2] 戈特弗列特·赫尔曼似乎对兰克有些影响。赫尔曼(1772—1848)当时是诗学教授,通常用拉丁语讲课;赫尔曼说,他自己的老师累兹曾教他三项原则:(1)不在一个时间内研究一个以上的作者;(2)不相信任何叙述;(3)总是能为所持见解提出充分理由。比较这种主张和兰克本人后来在研究班上发展的方法。关于赫尔曼,参看桑兹的《古典学术史》,第 3 卷,第 89—95 页。

在此以前，兰克一直忽视历史。他说，他一翻开那些“无穷无尽的枯燥无味的东西就有反感”。当莱比锡大学历史教授斯腾策尔（后来妒忌兰克）问这位青年学生是否想钻研历史时，得到的回答是否定的。在所有史学家当中，只有尼布尔在他心里还留下些印象。尼布尔的《罗马史》使这位年轻人感觉“甚至在最近这样一个时期也会产生史学家”。

他对历史虽然这样看，但他在学术上的好奇心以及他对可靠的材料的渴望却把他这位年轻人引到史学上来了。他于 1818 年获得博士学位后就来到奥得河畔法兰克福的大学预科当了拉丁和希腊古典文学教授。在普鲁士这个小城镇里，除研究外，并无他事可做。他讲授荷马、贺拉斯、味吉尔和古典文学史；不久他就发现只是在纯文学中看到的记述过去情况的那些东西是很不够的，他需要更深刻的了解。怎样才能找到材料。读教本吗？他已受过的学术训练使他不屑于干这种事。他在写给他的兄弟的信中说：“这样的作品多么无味！”于是，这位年轻的教师就开始系统地学习古典历史家的著作了。修昔底德的著作他早已在他父亲的藏书里读过了；现在他开始仔细阅读——当然是拉丁和希腊文原著——希罗多德、色诺芬、李维、哈利卡尔那索斯人戴奥尼素、阿庇安，戴奥·加西阿斯、萨拉斯特、西塞罗、恺撒、塔西佗等人的著作。他边读边作笔记，然后把他自己发现的情况和近来注释家所作的注释
170 比较。在奥特夫里·米勒的著作中发现“神话太多”。只有尼布尔还使他满意，不过这位十分苛求的兰克并不完全接受他的结论。兰克说，“在他研究〔罗马〕宪法仍有争议的一些方面，我不能跟他跑，就像在希腊文方面不能盲从米勒那样。”

对原始历史著作的研究产生的魅力逐渐引导兰克进一步深入这个战场。古罗马的地位让给了中世纪的德国。兰克现在开始钻研这个转变。当他研究到中世纪后期时，就开始“兴致勃勃地”以阅读沃尔特·斯各脱爵士[①]那些浪漫小说自娱。但即使在小说中，兰克遇到和事实有出入的地方也很厌恶。斯各脱那些光芒四射的描绘使他高兴，但不符史实的那些错误也使他恼火。

> 〔兰克说〕单就他（斯各脱）在《昆廷·得卫德[②]》这本小说中写的大胆的查理[③]和路易十一[④]的情况而论，就完全和历史记载相反，甚至在细节上也是错的，我看了很气愤。在我研究了科民的论述和附在近来出的斯各脱著作一些版本上的当时写的那些记述之后确信，像斯各脱所描写那样一位大胆的查理和那样的路易十一根本就不曾有过。这一点这位可敬的有学问的作者本人是知道的；但他在自己写的故事里描给人们看的轮廓却完全和历史不符，而且描绘起来好像自己相信是真的。这一点我是不能原谅的。把历史资料和浪漫小说一对比，我就确信前者更有吸引力，无论如何也更为有趣。于是我完全把小说抛开并下定决心，在我的著作中一定要避免一切虚构和幻想，严格根据事实。

这一段文字很为明显，它透彻地揭示了兰克的思想和方法，表明他极端尊重事实并力求准确。最后那句话流露了他的心理状态：他认为货真价实的历史比小说更有吸引力，更为有趣。他这句

① 苏格兰诗人，小说家、历史家、传记家（1771—1832）。著有许多历史小说，如《撒克逊劫后英雄传》及《拿破仑传》（九卷）及《苏格兰史》等书。——译者

② 描写大胆查理与路易十一的斗争，我国旧译为《惊婚记》，1823 年出版。——译者

③ 勃艮第公爵，联合封建诸侯，与法王路易十一作战，1465 年战败国王，死后其女玛利继续与法国作战。——译者

④ 法国国王（1461—1483 年在位），摧毁诸侯势力，特别与勃艮第公爵大胆查理进行了斗争。1482 年勃艮第的土地并入法国。——译者

话把他在研究并撰写历史时为什么如此称心如意、为什么他写得出那么多东西、直到91岁仍不搁笔这个问题总算解释清楚了。

不过让我们还是回过头来谈谈他在奥得河畔法兰克福小城所做的预备性的研究工作吧。当时浪漫主义运动正处于高潮，而梅特涅的反动也正在高潮。兰克却表现了一种惊人的超然态度。他反对那个时代的个人表现，在他说来是很少见的。兰克的性格保守而温和，他不喜欢当时各国政府对自由运动和自由主义者采取的那些激烈措施；他曾批判反动政治家们“不懂宪法，只看警察的脸色行事：只知道自己的沙发[①]，而不知道祖国；除现款外不知道有其他收益”。他也意识到环境对思想的影响。他说，“历史研究发展起来的真正原因就是对拿破仑式的专制思想的反抗。”又有一次，他多少有点神秘地说，“每一个人都是在统治着世界的星辰影响之下生活的。”总的看来，兰克对政治并不敏感。

但他的浪漫主义色彩很浓，对宗教也很虔诚。这一点常常被人忽
171 视，但应予重视。从他在奥得河畔法兰克福的那七年里写给他兄弟亨利的信中就可看出他除了进行深入的研究以外，主要的消遣就是黄昏时散散步和沉思，在散步的时候，他寻找“夜莺和唱歌的树木以及傍晚在芬芳的山谷上空翱翔、在水上泛起涟漪、在花朵中闪出光辉、在光秃秃的山坡上信步行走的那些精灵”。他怀着对宗教畏敬之情思索着世界历史的进程。他说，“对古代怀有浅薄的、淡漠的、邪恶的想法的那些人会因为他们这些想法而受到谴责的。”他认为肤浅地对待历史撰述会遭到神的惩罚；历史之神是会为自己复仇的。“惨相日益深沉，生

① 指他们的家。——译者

活更加平凡，思维越发麻木。……内在的精神因被轻视起而复仇。”他在月光下边走边想，因为历史就是神的见证。“一切历史中都有上帝居住，生活，让人看得见。每件行为都证明有上帝，每时每刻都宣扬上帝的名字，但在我看来，最能说明上帝存在的就是历史的连续性。”

这种宗教感情在他的全部事业上都留下深刻的印记。他在受费希特影响的时期写道：“我的一切作为都应以显示活生生的上帝、各民族的、全世界的上帝为宗旨。”和这个宗旨连在一起的还有他对自己工作的道义责任；他的一切行为都是在一种绝对的至高无上的命令之下进行的。“我觉得无论我是什么、我想什么、希望得到什么，其中并不存在任何意志，至少是不存在自由意志，存在的只有‘非做不可’（es ist ein Muss）。”

当时兰克正在撰写他的第一部著作《罗马和日耳曼民族史》，（1824 年），这部书使他在全国成了名，柏林大学也因此聘请他讲课。正像他告诉他兄弟的那样，他写这部书是为了不致“丧失和毁坏”了自己的一生。“你在这部书里将发现我那些毫无掩盖的意见，我的一部分经验和思想。”他在序言中谦逊地说他希望摆脱法兰克福的沉闷空气，他写这部书是为了向各位学者求助，希望任何人不要指望“这个初学写历史的人会是一位塔西佗或希罗多德”。

这位 29 岁的作者过于谦逊了，他这部书中创见如此之高、如此醒人耳目，因此，尽管学术界经常存在文人相轻的恶习（在德国最为恶毒），兰克却仍然到处受人欢呼祝贺，认为他是一个就要走红的人。这部书都包括些什么呢？它的功绩至少包括三个方面的崭新的贡献：一是罗马—日耳曼世界的统一性的思想，二是对历史资料的透彻批判，三是作者打算说明历史是“事件是怎样发生的就怎样记述”这个著名的声明。

兰克反对人们一贯接受的那些统一性。欧洲究竟存在什么样的统一性呢？是整个欧洲都是基督教世界么？兰克说，不是的，因
172 为这将包括亚美尼亚人[①]，而他们并不是欧洲人。是欧洲在地域上的统一性么？不对，因为这样将把土耳其人和俄罗斯人包括在内。是拉丁基督教世界么？这样也有困难，因为这将排除斯拉夫人、列托人[②]、马札尔人[③]。那么剩下的还有什么呢？兰克的回答是，欧洲文明是罗马和日耳曼两种成分的融合，"蛮族"继承了衰亡中的帝国的许多文化因素并把它们和自己的融合在一起，在欧洲土地上发展起来的特有的制度，即国家和教会，帝国和教廷就是这样形成的，兰克大胆地勾画出这些制度兴起的情况。[④]

至于对历史资料的批判，兰克在一篇著名的附录《近代史家批判》里开辟了这个园地，从而开创了近代批判史学。兰克提出的第一个问题是，哪些（已出版的）资料里边有第一手情况？然后他挑选了"看来同时都是最著名的一些史家"，特别是马基雅维利和基察第尼，并对他们进行毫不手软的严格审查。[⑤] 兰克把他最大的

---

① 亚美尼亚人是信基督教的。——译者

② 波罗的海沿岸民族。——译者

③ 即匈牙利民族。——译者

④ 兰克的文章受到尖锐批判。如乌里契·维拉毛维兹-莫兰多夫在他的《谈话和讲演》（柏林，1901年）一书中反对兰克关于文化统一体的概念，而提出"周期性"的主张；他也反对欧洲历史开始于罗马—日耳曼各族发展时期的观点。

⑤ 《近代史家批判》分为五部分：(1)这个时期意大利的一般历史作家；(2)意大利专史作家；(3)西班牙的史家；(4)德国的史家；(5)法国的史家。每位作者的背景、著作和履历均有叙述。总结全书的一节标题是"尚待进行的工作"。这些研究成果还曾分别出版（莱比锡和柏林，1824年），在兰克的《全集》，第33—34卷中重印（第2版，1874年）。

火力瞄准基察第尼，结果他几乎把这位意大利历史家的声望摧毁，指出他曾抄袭、捏造并歪曲他的资料。作为兰克的批判方法的一个例子，必须引用他论述基察第尼的下一段话，这段话是“后来论述近代史开端的一切著作的基础”：

> 当我们研究我们习惯上称为史料作家的那些撰写原始情况的作家并把他们的著作看成原始材料的时候，应该首先提出的一个问题就是：他们这些人是不是历史事件的参加者，或者仅仅是和那些事件同时代的人。在基察第尼下笔开始写的 1492 年，他才十岁。不难设想，可能在 20 多年之久的时间里，他从观察得出的那些看法必然是不适当的，特别是因为他的精力都投入法律研究和律师业务里边去了。甚至在他被派到西班牙以后，他对意大利情况的了解也只能是不充分的。但从那时以后，当他当了罗马尼阿主席，在勒佐和帕尔马当指挥官，在教皇手下当副官并带领强大的军队的情况下，他参加了这些具体事情并观察到许多重要情况。
>
> 结果是，他的历史著作只好分成两个部分。一部分包括他曾参加过的那些事，另一部分则是他没参加过的那些。显然，就他讲述的大量情况说，他的根据的一部分甚至往往是全部都是十分遥远的材料。人们使用他的著作以前，必须先问问，他的材料是不是原始的；如果是抄 173
> 来的，那就要问是用什么方式抄的，收集这些材料时用的是什么样的调查研究方法。
>
> 显然，应当假定他的著作的最后部分，亦即当作者身居高位的时期写的那些……其内容包括最原始的、最有教育意义而且也是经过最精心选择的材料。然而，恰恰就在书的最后部分似乎缺少独立性，而是根据别人的著作写的。
>
> 还有这么一部著作，……由一位人们叫作卡珀拉的人写的，这个人是米兰大臣马伦的私人秘书。此书现在人们都已忘记。然而在它问世后最初 11 年(1531—1542)里拉丁文版竟然就出了 11 次；更奇怪的是还有两种德文译本，一种西班牙文译本和一种意大利文译本问世。它成了后来许多著作的基础。现在我首先观察到，基察第尼在记述他必

然曾亲自参加过的那些最重要的事件、主要是以原始报道出现的那些文字中，他也是步步紧跟这位卡珀拉的。

因此，可以肯定地说，……基察第尼记述他自己那个时代时……大部分材料都是从一部很有名的书中取得的，其中一部分是伪造的，一部分是真假很难辨别的。……就总的情况而言，应当说，从第15卷起，基察第尼的书不是错用了加利阿佐的书就是从他那里翻译过来的；或者说，至少他在写书时心里想的主要是加利阿佐的书，尽管他总不把人家的名字说出来。……鉴于这些事实，基察第尼的历史著作很难保持它过去的声誉，……必须检查他可能接触到的原始资料。……

接下去兰克又分析了基察第尼引用的政治演说，并得出结论说这些演说词都是虚构的：

可以看出，基察第尼引用的那些演说词，很可能有些根本就没有像他叙述的那样发表过，另一些至少是以不同的形式发表的；只有一篇，他写的有可能完全真实，但尚待证明。我们不妨进一步考虑到，有时在精心写出演说和答辩之后，双方发言背后的真正动机仍然需要动脑筋思索，……更为显明的是，这些话仅仅是为了从各方面陈述、推敲某一个特定题目，仅仅是为了证明这样一个可能性，即它们实质上和历史事迹毫无共同之处。在这方面，基察第尼不但受了古人的榜样的鼓励，而且，当时那些学者迷恋古代写作方式如此之深，以致我们这位作家基察第尼把李维在试图把一些幻想出来的讲演词编入他的《诸十卷集》[1]时所用的处理方法当作当然的手法继承下来了。

在“尚待进行的工作”这个标题下，兰克作了如下总结：

我们现在把上文已说过的再说一遍，首先是关于这个时期比较一般的历史家说的那些话，即，每个人都会承认：他们写出的东西既不充分又不可靠；如果我们完全按他们写的想，就只好在黑暗中摸索。我们

---

① 即《罗马史》。——译者

> 发现只有佐维阿斯[①]是一位真正丰富的资料来源，但他的书有许多地方接不上茬，文字流畅但不深刻，也并不是处处都没偏见的。

兰克说的这些话证明把这些一般历史著作当原始材料使用根本不行；历史作家为了避免这类不负责任的材料必须利用档案和文献。

兰克所说历史写的应该是真正发生的情况这个主张将在后边连同他的方法和哲学一起分析。这里很重要的问题是，先看看和 174
兰克在同时代的史学界人士对这位不知名的青年写的这部新书说了些什么。赞美之声到处都是，但有一个例外，亨利·利奥[②]，他对兰克的人身、思想、风格和方法等各个方面发动了恶毒攻击。[③]但几乎所有其他的人们都认为兰克很好，他们对利奥的放肆攻击也都很反感。

> 〔尼布尔在写给兰克的信中提到利奥的批判时，中肯地说〕依我看，有些人设想现在史学界的牧师地位就像过去的阿里西亚的岱雅那的位置那样，渴望获得这个职位的人把在职的人杀死，以便自己占有这个职位。这种人很清楚地知道他们自己是亡命之徒（fugitivi）和卑贱的奴隶（sevi neguam）；但你不应该拿你自己和我们跟他们相比。当你听到柏

① 即保罗·佐维奥，意大利的传记家和历史家（1483—1552）。——译者

② 德国历史学家，保守而极端反动的作家，著有《意大利史》五卷，《世界史课本》六卷等书。——译者

③ 亨利·利奥（1799—1878）当时是柏林大学历史教授，但由于和兰克发生冲突，他离开柏林前往哈雷大学，1828 年起在哈雷任教，直到 1878 年。他是一些意大利简史的作者。利奥主要从事记述，不是一位有哲学观点的史学家，他常常自己满足于用第二手材料写作，而且缺乏批判精神。他和兰克激烈冲突——兰克对他的攻击不予理睬——使他和许多和兰克派同时代的人疏远了。关于他，参看古奇的书，第 103—104 页；佛特的书，第 562—563 页；威格尔的书，第 1034—1036 页；以及保罗·克拉几林的《亨利·利奥》（莱比锡，1908 年）。

次推崇你的时候，你除了高兴之外，不应该有别的感觉。①

老资格的赫棱对这位青年历史家的重视同样使人高兴。当时格丁根大学这位有名的老教授已经 67 岁了，他是 18 世纪理性主义诸史家少数遗老之一，他写了一封长信给兰克，讨论这位年轻人的著作。事先，兰克当然曾把他的书分别寄给德国所有著名历史家，包括赫棱在内；下边就是赫棱写迟了的复信(1827 年 3 月 27 日)：

> 我最尊敬的博士先生，如果我为向你的双重礼物表示谢意写的这封信有些晚了的话，请不要认为这是由于怠慢。我接到你的礼物已稍晚一些，但主要原因是我想先读读你的作品，而由于手中事情紧迫未能立即作复。相信你将不致认为我的感谢只是空空洞洞的赞美之词，我这些话是真诚的。首先吸引我的是你那较小的书。原先，当我正在撰写那本欧洲国家制度史时我常常感到正需这样一种批判的研究，而且由于我自己对较早那些历史家的资料进行着类似的研究，你就不难相信你的著作引起了我多大的兴趣。我看了你对基察第尼的批判，就明白你进行的研究多么认真多么成功。他这位作家的著作一直被认为是这方面的历史作品的基础，你是一清二楚地了解了他曾利用过的资料的，你做的这项工作实在功劳不小。这些东西导致的后果真是多极了。你那部较大的著作也很有功劳。无论怎么说，这部书都是近代史学的开端，特别是记述意大利的那部分，把一般政治史写得如此精辟深刻以
> 175 致人们不了解其中一件事，便不能了解另一件。关于威尼斯的情况，遗憾的是你没有能使用《贵族马立诺传》(撒纽多②著？)但这部书在德国

① 这是保留下来的尼布尔和兰克之间的唯一信件。1829 年 7 月，在兰克出版了他的《塞尔维亚革命》之后，尼布尔写信给出版商柏锡说："对兰克论述塞尔维亚人的著作，我祝他幸运，我公开颂扬他，……比方说，我认为那本小书，作为历史著作，在我们所拥有的著作中，是最优秀的。凡早先破坏过他的著述风格的各种因素，他都给排除了。我早就向英国和法国推荐过此书。"

② 马立诺·撒纽多，威尼斯政治家和史学家(1466—1535)，有《日记》，(接下页)

非常稀少,甚至在维也纳也找不到。……我希望你把这些非常有益的研究工作继续下去。……

著名的历史家和政治家腓得烈·丰·劳麦比审慎的赫棱提出的批评更为明确。在接到兰克寄给他的书以后,劳麦答复如下(1825年1月2日):

恰当地说,在读完全书以前我不应当作出判断;但是我已经准确地看到,这部书在学识之高深、眼光之锐敏、态度之亲切、思想之高尚等方面都应当得到最高的称赞。而且在语言方面,就你所描绘的个性而说,也是正确的,我认为人们完全不应该给自己笔下人物装上外国式的鼻子并把他固有的一切抹掉。……因此,我推测我这个诚恳的意见将表明公众的希望:你的作品在许多方面都异常优异,但应在形式上再下些工夫。在这方面取得成绩的最好方法就是经常阅读各位大师的著作,最古老的希腊大师达微拉①、休谟和其他一些人的著作,但不要有任何模仿之意。我对你说这些,并不是因为我怀疑你对这些大师们尊重不够,我只是重复J.米勒经常向我推荐的话。他说,塔西佗尽管伟大得无人能够胜过,但对于有些人来说却很危险。对于李维,有些人对他的尊重也低于他所应得的。……你的文章仍然有些地方浮躁、不连贯、开头和转折处常常太相类似,太平淡无奇了;历史的大川最好是安然流向前去,要讲求适度。愿你的优点日近(macte, virtute esto),我还从来都没有看到过像你这样年轻的人有这么渊博的学识、这么锐利的批判,因为你能办到一切,人们就一定盼望从你这里得到一切。……

影响很大的劳麦在他这封有眼力的信的末尾还附上很有意义

(接上页)第58卷(1872—1902年出版)和1496至1533年的一部编年史,包含有丰富的历史资料。——译者

① 意大利军人兼历史家(1576—1631),著有《佛罗伦萨内战史》(1630年)。——译者

的几句话:“再者,我一点都不怀疑,在有了这样大的成就之后,任何地方的大学教授的位置都将向你开放,我十分高兴准备随时竭尽全力帮助你。”

兰克精明而细心地把他的著作寄给普鲁士教育部长阿腾斯廷的首席顾问约翰尼斯·叔尔兹并表示希望得到一个较好的教书职位,以便使用一个好图书馆。叔尔兹回信说:他认为这个愿望“是既正当又自然的”。他说,他愿意尽最大努力帮助他。“也许不久就会有一个好机会,或许是在这里〔柏林大学〕,或哈雷,或波恩;看来至少不至于办不到。”与此同时,劳麦找到教育部理事坎普兹接洽此事,敦促他帮助兰克。坎普兹读过兰克的书,印象很深,他主动提出,为这位年轻学者从维也纳商借图书,“费用由教育部负担”;还允许兰克使用柏林的档案。至于教授位置,也有一个好机会。他在信中说:

> 我渴望你能在此地当历史教授。目前财政情况虽说困难,但这件事还是可能的、办得到的。我希望教育部对你的申请的答复会打开门路;因此,请安心等待,相信教育部。眼下,请继续撰写你那令人敬服的透辟的著作,请相信你生活在其统治下的政府是尊重并鼓舞真正贤才的。①

176 1825年5月,兰克被聘为柏林大学临时历史教授。他在柏林大学开的第一门课是西欧史,听课的学生还不少,不过听课的人常有变动。他告诉他的兄弟说,他很高兴每堂课平均有30个学生,而更出名的丰·劳麦上课时,教室几乎是空的!根据各种记述看,

---

① 这一封信和前边几封信译自C.华伦特拉普的“老一辈和同一时期德国和法国史家关于兰克的通信”,见〔慕尼黑〕《历史杂志》,第105卷(1910年),第105—131页。

兰克并不是一位叫座的教授。在差不多60年以后兰克逝世的集会上，他的伟大的弟子丰·济伯尔曾这样描写他这位老师（他和他这位老师已经绝交了）：

> 兰克在讲台上给人的第一个印象是某种程度的奇特。他那矮小的身体上长着一个大脑袋，黑色的卷发披散四周。讲课人随着自己的思路不停地动作，急促的手势，时而安静地站着寻思适当的话语，突然间又迅猛地急匆匆地说下去，因此听者常常难以抓住他的意思——这一切显得怪异，但并不十分吸引人。……兰克讲话很随便，但事先已写成详细的讲稿，因而口头表达主题时还能掌握自如。……他经常认为，讲课主要是对青年进行一般教育的源泉，是讲解在人类种种命运的锁链上如何取得精神上的满足；每学期他都讲授世界史上一个广阔领域，或讲授大约15个世纪的德国史，因为他清楚地知道，只有在广阔的视野中才有可能摘取丰硕的果实。①

兰克讲话声音微弱，相貌不好，一位受欢迎的讲演家的风度和魅力在他身上一点也没有。1850年访问柏林的一位美国人W. W.斯托立②以极不令人愉快的色调描绘他说：

> 我也听过兰克的课，他的风度已经到了轻率无礼的顶点，简直毫无庄重、魅力之可言，而且根本听不懂。他是一个圆脸的小个子，前额光

① 亨利·济伯尔，“纪念利奥波尔德·丰·兰克的讲演”，见他的《讲话和论文》（慕尼黑和莱比锡，1897年），第300—301页，1886年在柏林科学院发表讲话的全文见第290—308页。比较兰克的学生阿多夫·斯太恩笔下的兰克：“身材矮小，面貌机敏，前额大而突出，双眼美而发光，唇边常带笑容。安闲地斜倚在椅子上，他想让过去的情景在自己的面前浮现，好似从远古的夕照中显现，似乎非让它们把自己介绍出来不可。从那些深奥的语句中常常出现明亮的飘飘荡荡的闪光，详细的叙述中不时被中肯的警句打断。”

② 美国画家和文人（1819—1895）。——译者

> 秃，头发稀疏，嗓子很尖；他的头刚刚露出讲桌，在讲台上打转转，看着天花板，突然间像机关枪似地满不在乎地讲上一段话，语句破碎，语调含糊，谁也不知道他是在开玩笑还是在认真讲话。……他简直好像……花园里的喷泉，时而喷出一点毫无用处的水，然后又停了下来。①

兰克的伟大成就和世界范围的影响并非来自讲课，而是他在
177 柏林首创的历史研究班里当导师的天才。直接间接从这个研究班为德国各主要大学培养出一百多位卓越的学者（不仅是历史家，例如洛瑟②）。这些学者又根据兰克的传统培养学生，不只为德国而且还为美国培养了不少历史家。③

研究班并不是兰克首创的。早在 1787 年沃尔夫就在哈雷大学办过一个语言学研究班，更不用说约翰·克里斯托夫·加特厄于 1764 年在格丁根大学为研究历史的辅助学科而创设的那个历史研究所了。在兰克当学生的莱比锡大学里，贝克曾办过一个每两周一次的语言学研究班，赫尔曼办过一个希腊文学研究班；必须强调指出，这两个研究班兰克都曾参加过。他在柏林大学任教的第一个学期，就曾仿照莱比锡那个语言学研究研究班开了一门历

① 1850 年 1 月 30 日斯托立写给劳威尔的信，见 H. 詹姆士，《W. W. 斯托立和他的朋友们》（见本书原书第 160 页著者注），第 1 卷，第 213—214 页。斯托立还说："我也听了丰·劳麦的课——干燥无味，态度生硬，而且他讲的课尽是历史的干燥骨架。"

② 威廉·洛瑟（1817—1894）德意志经济学家，政治经济学中历史学派的创始者。——译者

③ 例如惠芝这位兰克的最伟大的学生之一，在格丁根指导一个光辉的研究班，并证明他自己是"一个历史学派最成功的创造者和领袖"。亨利·丰·济伯尔，"乔治·惠芝"，见〔慕尼黑〕《历史杂志》，第 56 卷（1886 年），第 485 页，全文见第 482—487 页。

史实习课。[①] 这样的一门历史"实验"课的目的是双重的：一是使有才能的学生和老师建立"紧密联系"，二是训练历史教师。后来成了所有研究班的典范的兰克这个研究班就这样在德国开始了历史家的训练。后来的事实证明这些历史家都是最能干的。这些学生的第一项成就是集体编写的《撒克逊统治下德意志帝国年鉴》一书。第一卷记述亨利一世(1837 年)，是乔治·惠芝写的，在兰克为这一卷写的那篇序言里说明这部著作的缘起以及他本人在这项工作中所起的作用。

> 〔兰克在序言中写道〕这项工作在主观上和人员方面是这样开始的：一位大学教授不久就看到他的学生可分为两类：有一类希望在科学上打下牢固基础，有的是由于想学一般文化，有的是为了自己将来的事业；另一类学生则深深感到自己有推动科学进步的义务和要求。我相信我的课讲得能满足这两种要求才好。就第一类学生说，对作为一位学者使用的工具和原始材料的研究有些初步了解当然是有用的；对后一类学生说，对他们的工作的整个领域有一个概括的了解是必要的，以便今后在某项特殊研究中遇到细节时不至于不知所措。……但只靠讲课是不够的。特别是对人数少得多的后一类学生说来更不够，对他们说来，仔细介绍一位学者的实际工作和个人活动才是可取的。多年来，这种需要有时是在公家办的研究班上解决的，有时是通过个人的鼓励在选修的实习课上解决的。
>
> 自从我在大学开始教书以来，我感到办历史研究班是一件愉快的事。我曾不只一次地有幸看到有才能有热情的青年参加研究。后来还逐步写出一些在学术上颇有意义的著作；这些书用一种新的方法说明

① 威尔肯在柏林大学也指导过一个中世纪史研究班，但不受欢迎。根据基则布勒喜的说法，兰克自己"从没有说过研究班，但他的'练习'〔训练〕却成为现在我们大学里的一切研究班的典范"。威廉·基则布勒喜，《纪念兰克的讲演》(慕尼黑，1887 年)，第 11 页。

了某些困难问题；而且，由于它们是在我们现有知识方面增加的新东西，因而并不是不值得向学术界推荐的。

178 只有那些想把历史作为自己的专业的人才能参加兰克的研究班。他布置学生们研究中世纪史，因为只有在中世纪才可以找到最困难、最重要的问题，他还允许学生们选择自己的课题。兰克的角色只是一位友好的向导，不过他很严厉。他很少讲大道理，他的观点始终是实事求是的，这位老师教导学生的原则可以简单归纳成这样：弄清史实真相并深钻资料来源。兰克告诉他的学生说，每篇文献都包括一些主观因素；历史家的职责就是从主观的东西里把客观的东西找出来，换句话说，即追溯其实质。他总是要求学生记住进行工作的三条准则：批判、准确、透辟。

〔济伯尔追述道〕为了训练那些打算将来以编写历史为专业的人，他设立了特殊的历史写作实践课，在他的稳妥的指导下，学生用不着讲什么大道理，只是通过自己的写作实践就学习到批判的方法。兰克允许学生自由选择自己的课题，但由于他的学识异常渊博，随时都可以向学生建议研究某些有教育意义的问题。学生由于忽视批判原则而出现错误时，兰克的批评是无情的，然而态度是友好的。至于其余的一切，他允许每人按照自己的意愿去搞，他经常注意教书的最高原则，即学校工作并不是塑造天才，而是发展天才。①

1827 年兰克出版了他的第二部著作《16、17 世纪南欧的君主

① 亨利·丰·济伯尔，《纪念兰克的讲演》，见〔慕尼黑〕《历史杂志》，第 56 卷(1886 年)，第 474 页注，全文见第 463—487 页。关于兰克的研究班也见于 E.G.波尔恩“兰克和历史教学中研究班方法的开始”，见《教育评论》，第 12 卷(1896 年)，第 359—367 页；乔治·惠芝，《格丁根的历史训练》(1867 年)，第 4—5 页。

与人民》，[1]在这部书问世 50 年后，他承认它是受了希腊人反抗土耳其人的革命的影响。这部书比他第一部著作好，这主要是因为他在这部书里第一次用许多篇幅记述政治以外的事情，如财政、经济等等。主要资料来自威尼斯档案。在这期间，这位年轻的教授在柏林社会上因与老于世故的男男女女特别是女人（如拉希尔·丰·凡哈根[2]和柏提娜·丰·阿尔宁[3]等）交往而获益，这些人把他身上那些乡土气的褊狭和生硬磨掉了。他的风格变得更加舒畅——兰克自己还说，这也是因为他曾利用威尼斯人的记述，受到其明晰笔调的影响所致，他的语言因之也更清晰了。兰克追述说："和男人的接触给了我很大影响；和有处世教养的女人的接触对我也有很大影响，这一点我也不该保持缄默。"在他完成这部著作之后，普鲁士政府派他出国进行教育考查。

从此以后，兰克写出了许许多多著作。有德国、英国、普鲁士、法国等国的历史、战争史，以及一些政治家传记。他的全集有 179
54 卷，《世界史》（*History of the World*）尚不包括在内。[4] 兰克最

① A. 克尔太太译成英文，书名是《塞尔维亚及其革命史》（伦敦，1847 年）。

② 凡哈根·丰·恩塞之夫人（1771—1833），其在柏林之家庭为诗人、哲学家、艺术家聚集之所，费希特、黑格尔、梯也尔等人均受其鼓励。——译者

③ 德国女作家（1785—1859），自幼热爱哥德，著有《与哥德通信集》，其中大部分书信是虚构的。——译者

④ 收入《全集》（第 3 版，莱比锡，1874—1890 年，共 54 卷分为 27 册）。以下几种业已译成英文：《拉丁和条顿民族史》（1494—1514），P. A. 阿什沃斯译本（伦敦，1887 年），还有 S. R. 但尼斯译本（1909 年）；《16、17 世纪的奥斯曼帝国和西班牙帝国》（伦敦，1843 年，费城，1845 年）；《16、17 世纪罗马教皇史》，萨拉·奥斯丁译（伦敦，1840 年，两卷；第 3 版，1847 年，书名略有改动）；《塞尔维亚及其革命史》，A. 克尔太太译本（伦敦，1847 年），比较 H. 武特克，《塞尔维亚和兰克》，见《综合历史杂志》，第 9 卷（1848 年），第 228—249 页；《奥地利的斐迪南一世和马克西米连二世》，达夫·戈登夫人译（接下页）

重要的两部著作是《罗马教皇，他的教会和国家在16、17世纪》[1]（1834—1836）和《宗教改革时期的德国史》（1839—1847年，六卷）。

他那部《诸教皇》（*Popes*）当然是最出名的，而且也许是最好的一部。为了写这部书，他翻遍了意大利的档案库，特别是威尼斯和罗马的那些档案库，这是过去谁都没有办到过的，但梵蒂岗档案库不准他进入。为了部分地补救这方面的不足，他在波给塞[2]、多里亚[3]、巴柏里尼[4]以及罗马其他古老贵族住宅里的家族档案中找到有价值的资料。在文艺复兴时代，传记和对个人的艺术描绘是历史写作的特点，兰克受到他阅读的资料的影响极深，使他似乎在不知不觉中恢复了这种早已失传的艺术。至少可以说，在他的著作中人物素描到处都有。在撰写恺撒·波耳查[5]的事迹时，他惊呼："甚至腐败堕落也有登峰造极的典范。历任教皇那些儿子和侄子们都曾试图干同样的坏事，但都未曾达到恺撒那样坏到极顶的

（接上页）（伦敦，1853年）；《德国宗教改革史》，萨拉·奥斯丁译（伦敦，1845—1847年，三卷）；《从兴起到现代的普鲁士王国史》，得姆勒教授译（伦敦，1847—1848年，一卷）；《勃兰登堡王室回忆录和17、18世纪普鲁士史》（伦敦，1849年，三卷）；《16、17世纪法国的内战和君主国》，M. A. 加维译（伦敦，1852年，两卷；纽约，1853年，一卷）；《以17世纪为重点的英国史》（牛津，1875年，六卷）。

① 简称《教皇史》，中译本有施子愉译的《朗克〈教皇史〉选》（商务，1962年）。——译者

② 罗马的贵族家庭，祖先为息恩那人，其家藏有古代艺术品最多。——译者

③ 热那亚的大家族。——译者

④ 多斯加尼的大家族，1652年后为罗马大家族。——译者

⑤ 意大利的高级教士（1475—1507），教皇亚历山大六世的私生子。1493年为红衣主教，征服中意许多城市，极端残酷，欺诈阴险，全意大利都畏惧他。新教皇尤里乌斯二世将他逮捕。马基雅维利在他的《君主论》一书中，鼓吹欲达到目的可以不择手段，以波耳查为新时代的君主代表。——译者

程度。他真不愧为罪恶艺术大师。”兰克的锐敏批判使他不致遭受写传记的人们常常遇到的那种危险。

> 如果只根据人们的记忆写历史，就总要沾上神话的边，这一点十分引人注目。人物描绘越来越鲜明而生动；在某些方面达到人们想象得出来的优美的程度。各种事件被描绘得更加鲜明而突出；和事件有联系的环境和原因都被忘记，被忽视了。似乎只有通过这样的写作过程，幻想提出的要求才能得到满足。在后来的时期，才出现了怀疑这类东西的学者，他们不明白人们怎么会产生这样的错误观念；他们竭尽全力根除错误，但终于发现这种事情并非容易。道理可以使人信服，但想象却无法制服。[1]

16、17、18 三个世纪是兰克最伟大的那些著作的主题。除《诸教皇》外，他还写了《16、17 世纪法国史》（这部书给读者的印象就 180
像一座巨大建筑物给人的那种笨重的感觉）和《17 世纪英国史》（此书对英国历史家是一个启示）。为了评价劳德[2]，需要德国一位路德派史家诽谤劳德的东西和诽谤克伦威尔的差不多，喀莱尔搞的那些华而不实的颂扬，在盖得纳[3]和弗思[4]动笔写作以前，就已被兰克减轻了。然而直至今日，英国史家不论对劳德或对克伦威尔的评判还没有一个是完全可以完全信赖的。兰克的《英国史》是对 17 世纪英国史的广泛评注，而不是一部 17 世纪英国史。至于克伦威尔，兰克认为这位护国将军的权威仅仅是“依靠军队的实

---

① 《教皇史》，萨拉·奥斯丁译本（费城，1840 年，两卷），第 2 卷，第 328 页。

② 英国坎特伯雷大主教（1573—1645），协助查理一世，严禁新教，后为长期国会所弹劾、下狱和杀害。——译者

③ 参阅本卷原书第 321—324 页。——译者

④ 英国历史学家，牛津大学教授（1857—1935）。——译者

力和他自己的性格维持生存”的暴君的权威,使人“感到他是一种沉重的负担”,是人们“憎恨而不是爱戴的人”。他谴责历次爱尔兰大屠杀,也指斥克伦威尔对这些大屠杀的野蛮描绘,并认为他处决那么多人是“冷酷的预谋和处心积虑的暴行”的结果。与此相反,兰克对查理一世的评价则是赞许或宽容的。[①]

1865 年兰克 70 寿辰之日被封为贵族,并赐予在名前加贵族尊称“丰”的权利。他把“劳动愉快”作为自己的座右铭。1871 年从教学职位退休,以余生献给历史写作。1884 年“美国历史学会”成立时,兰克被推举为第一位而且是唯一的一位名誉会员。曾任驻柏林公使的美国人乔治·班克罗夫特[②]在写给兰克的信中说:“我们是想把这事当作对你这位最伟大的在世的历史家的特殊敬意。”

兰克一直活到 91 岁,而且终生忙碌不停。关于他老年的工作情况,他的秘书乔治·温特曾留下一些醒人耳目的记载。[③] 在 1877 年兰克 82 岁时,温特当了他的助手——老人向这位吸烟斗的青年说的第一件事就是“难道你连烟都戒不掉么?叫我挨烟熏是绝对办不到的”。这位老先生看来精力无穷;他用了两位助手,把他们支使得精疲力竭,而他自己却似乎是从不知疲倦为何物,他 9 点钟起床,每天从上午 9 点半到下午两点和一个助手一起干;从下午 7 点到晚上 12 点又和另一个助手一起干。从不休息,从无假

---

① 《英国史》(见本书原书第 178 页著者注),第 2 卷,第 550—553 页。

② 美国历史家和政治家(1800—1891),内战时期支持林肯,1846—1849 年为美国驻英公使;1867—1874 年为驻德公使。著有《美国史》、《文学和历史论丛》(1855 年)、《美国宪法形成史》(两卷,1882 年)等书。——译者

③ 乔治·温特“回忆录”,见《北方和南方》,1886 年 8 月;比较 J. H. W. 司塔金堡,“兰克和他的方法”,见《安多味评论》,第 7 卷(1887 年),第 117—137 页。

日，只有圣诞节除外（甚至圣诞节兰克也想说服他的助手们进行工作）。兰克的朋友知道他这个习惯，从不打扰他。天气好时，下午由一个仆人跟着在动物园里散一小会儿步。下午 4 点吃饭，睡一 181
个钟头，然后一直工作到午夜。总是穿着晨衣。只有一次曾应陆军元帅曼推斐尔[1]之邀，前往托珀的庄园。兰克到那里去时一本书也不带。回来的时候，他掏出一份手稿，一边递给吃惊的助手，一边说道："我这里有一部腓得烈大王传记，是我在托珀口述叫人记下来的。"这部传记是在没有任何书籍或笔记可参考的情况下，全凭记忆口述的！

他和助手们一起工作的方法很有趣。他们从档案库拿出文献念给他听。兰克安静地听着，突然高声说道："不要这段，没什么用，不要"；或者"继续念下去！这段重要；应当全文抄录"。他那些历史著作就是根据这些摘录写的。他没有必要出去找书，因为他自己的图书就装满五大间房子，共约 25000 卷；他这些书都是在书架上和地板上乱堆乱放、有两三层厚，兰克反对把他的书整理得井井有条，理由是那样他就找不到他需要的书了。

在 83 岁高龄时，兰克构想出使人目瞪口呆的一个计划：他打算写一部把他那浩如烟海的关于全人类的知识都总括进去的《世界史》。第 1 卷于 1880 年出版，以后每年出一卷，所以到 1886 年他逝世的那年，第 6 卷业已出版，第 7 卷正准备付印。他已经写到鄂图大帝统治时期（公元 962 年）。这位令人惊异的老人说："我和

---

① 德国军人（1809—1885），参加丹麦战争（1864 年）、普奥战争（1866 年）和普法战争（1870—1871），被任命为元帅和占领法国的普鲁士军队总司令。——译者

上帝订了合同，他必须再给我五六年的时间写这部书；到那时我将欣然死去。”在他 91 岁那年，又开始拟订一个新计划，写一部历史哲学，但还没等下笔就去世了。他死时，全德国和全欧洲一片哀痛，好像发生了一场民族大灾难。

兰克最后一部著作《世界史》也像他的其他著作那样，是他的哲学和方法的很好的说明。兰克最后这部著作里包含着 60 多年以前他还是法兰克福一个青年的时候就曾在书信里表达过的那些思想，这在心理上是一个十分重要的现象。我们还记得，法兰克福这位青年教师多么清晰地意识到在历史中上帝如何表现自己；现在在他最后这部著作中我们又看到同样的人生观（weltanschauung）。兰克写道，世界史上那些角色必须好好研究，以便发现他们表现上帝的力量的程度。个人和民族就是全世界规模的运动的参与者。与上帝联系的中介力量就是兰克称作“思想”（ideas）的东西。还要记住：这恰恰是威廉·丰·洪堡德[1]的命题。克
182 罗齐[2]批评兰克使用一般化的概念，这个批评是正确的。确实，兰克惯于玩弄夸大的、分析到最后实际上是毫无意义的词语；而他对这些词语很少下定义或作说明。兰克曾说过“客观的观念”和“较高的潜能”，又说过“在元素中产生并把元素结合在一起的力量”，还说过“在其本身中产生的人类生活的一般概念”。这些观念是“上帝在人间的思想”，“这些观念给予生命，就是生命本身，是道德的能力”。在这些观念的交互作用中，在他们的来来去去中“存在

① 参阅本卷原书第 162—165 页。——译者

② 意大利哲学家、政治家、文艺批评家（1866—1952）。——译者

着历史的伟大秘密”。[1]

那么，如果兰克不做别的事情，只知摆弄这些不着边际的抽象词语，很快他就会被人遗忘了；但他的贡献远远比这些东西重要。虽然他有些神秘倾向，但他基本上还是一个务实的人。克罗齐有些不赞同地说，“总的看来，我们发现在兰克身上有一种滑落到实用主义方法的必然趋势。”正是兰克的“务实的”方法使他成名的。他完全不相信传说、道听途说、街谈巷议，简言之，他不相信一切不能加以完全证实的东西。

> 〔兰克90岁时说〕我的结论是，在历史中，一切从本质上就离开可信的事实的东西都不应当要；我不否认，我是坚信人们对批判方法（他们认为是我的著作的特色）的那些考虑的，这些批判方法就是：坚持已用语言表达出来的东西，或者可能从中相当有把握地发展起来的东西。……不少东西并没有写下来，……但坚持已经写下来的事实，对我来说则是不可动摇的法则。[2]

兰克极不相信他不能在纸上看到的东西，不能核对的东西，结果对历史上没有文献可考的一些方面和一些时期，他竟然不管，他竟然不写古代史或经济史。他仇视神秘和猜测。给他写传记的多斐[3]说：“他需要的只是光明。”他寻求的是站得住脚的东西。谈到写历史只能根据用书面保存下来的资料这个原则时，兰克说他的

---

① E. W. 得敖，“新历史的特点，兰姆普列喜的《德国史》的机遇”，见《美国历史评论》，第3卷（1897—1898），第445页。参看克罗齐的书（见本书原书第149页著者注），第300页。

② 君士坦丁·罗斯勒，“利奥波尔德·兰克”，见《普鲁士年鉴》，第58卷（1886年），第64—74页。

③ 德国历史家（1844—1916），他发表兰克死后遗稿（1890年）和校勘俾斯麦的国会演说（1891年）。——译者

基本原则是:"满足于用文字流传下来的东西,或者是能够从这种文字传达中有一定把握地推断出来的东西。"在他的第一部著作中,他就已说明他的思路:"历史已被赋予的任务就是判断过去,为我们将来的利益教育我们。我正写的这部书决未妄图承担如此崇高的任务。这部书的目的仅仅在于写出事情是怎样发生的。"兰克
183 又说,为了达到这个目的,"最高的原则"必须是"严格陈述事实真相,不管这些事实多么缺乏条件、缺乏美感"。

这一点兰克在前文已经提到过的附录《近代历史家批判》一文中讲得更充分,这篇附录在后来的60多年里成了他的"业务纲领":

> 初次碰到近代史上无数运动的人必然有一种感觉,就像碰到一大堆古物(其中有真的也有假的,有美丽的也有讨厌的,有重要的也有无意义的,从各个国家、各个时期来的,乱七八糟地堆在一起)的人产生的那种感觉。无论在上述两种情况中的哪一种情况下,眼前这些东西都会以成百上千种声音说话。这一堆东西显示出各种各样的性质,披着一件件各种颜色的衣服。这些标本中有一些庄严地列队前进或后退。他们想当典范,认为他们自己表演的就是古代的东西。另一些则企图从过去得出一些定理以备将来之用。许多人要防守或进攻。为数不少的人热衷于以主观条件和感情为基础,在深刻的论据上,对出现的事情作出解释。还有一些人则只想顺着已发生的事情走过。这些人都应该归入提供情况的高级见证人一类。曾参加过行动的人们在说话。货真价实的或被说成是真实的原始资料是很多的。面对这一切出现了这样一个问题,"在这么多资料当中,究竟哪一个是原始情况的源泉?从哪一个里面我们真正能够获得教益!"①

① 革飞努斯坚持主张科学(wissenschaft)必须影响当代生活,兰克评论说:"但是,要产生影响,它就首先必须是科学,……只有当……我们旨在建立一种自由、客观的科学的时候,我们才能对现在产生真正的影响。"兰克,"乔治·戈特弗列得·革飞努斯",见〔慕尼黑〕《历史杂志》,第27卷(1872年),第142—143页注。参看伯恩海姆的书,第16页。

判定历史真相的最好办法就是利用原始资料，特别是档案材料。所以兰克才在柏林、维也纳、巴黎、罗马，特别是威尼斯的档案库里工作，他从这些地方得到大批迄今没人知道的材料。兰克正是使用威尼斯驻欧洲诸大使写的那些了不起的报告的第一位历史家，特别是写他的《教皇史》时使用的最多。威尼斯人这些报告不但使人们对欧洲政治有了新的了解，而且还深刻地影响了兰克的文风。他谈到威尼斯人这些明晰易懂的报告时说，"材料本身突破了形式"。[①]

兰克在收集了他的资料并确定了它们的相对价值之后，就着手撰写起来。他写道："历史是艺术，同时也是科学。它必须满足批判上和学术上的一切要求，……同时还应当像任何成功的文学创作那样，使有教养的人们感到乐趣。"[②]兰克无疑是一位艺术家。 184
他虽然不是有洞察力的心理学家，但他对伟大人物的显著特点还是看得出来的；最重要的是他还有把这些伟大人物恰当地放在他们的历史背景中的天才；在这方面，他受的影响可能是来自文艺复兴艺术，特别是肖像画。兰克也不像他的大多数条顿同事们那样，在自己的文章里写些意义不大的、琐碎而重复的细节；相反，他写

---

① 在《教皇史》（见本书原书第179页著者注），第1卷，第9—10页的序言里，兰克谈到他在威尼斯所作的研究。"威尼斯许多大家族的图书馆里都有一个手稿间，这差不多成了普遍的习惯。……这些私人收藏有少数保留至今，使我能够利用。……圣马丁的藏书中那许多有价值的手稿，在撰写这个城市或共和国的历史时是不可缺的。……这些材料中最适用的，……是驻罗马大使回国时的报告，关于罗马的报告我总共收集了48件。"

② 《全集》（见本书原书第178页著者注），第12卷，第5页。兰克说："把各种事件有秩序地组织在一起；对真实史料加以批判研究，公正地理解，客观地叙述；目的在于说明全部真理。"同上书，第21卷，第114页。

的情节醒目，议论出色，概括敏捷而生动，这是他的天才。不妨引他几小段就能看出他对浩瀚的资料的控制能力和作为一位作家的天才。

他记述法王亨利三世[①]的文字是用这一段开的头：

> 就像提到古代雅典就不能不联想到斯巴达、提起罗马就不能不联想到迦太基那样，要想理解和判断16、17世纪的法国而没有对他的对手西班牙君主政体相应的理解和判断，是不可能的。[②]

下面这几句话向我们介绍了15世纪的法国政治：

> 在意大利兵工厂里，人们管中央那根巨大的横梁(其四周安装许多较小木料以构成一个桅杆)叫作“灵魂”(Soul)；在荷兰船坞中管它叫“国王”(King)。真正的王权就是把人民和各等级结合在一起的力量，从而保持他们之间的平衡，并在暴风雨期间支撑他们。[③]

但兰克作为一位肖像画家甚至更好些。下面一段就是他笔下的教皇保罗四世(1476—1559)：

> 保罗四世已达79岁高龄，但他那双深陷的眼睛仍然闪烁着青春的火花；他极高极瘦，走路轻快，而且看来精神抖擞。他的日常生活不遵循任何规律或秩序，他常常白天睡觉，在书房过夜——听到按铃才能进他的书房的仆人可真倒霉。不论什么事他只凭一时冲动；但这种冲动是在长期生活中形成的性格的表现，而且已经变成他的第二天性了。他一心恢复古代信仰而且是具有其全部原始威力的那种信仰，此外他似乎就感觉不到任何其他职责和应予处理的事务了。

---

① 亨利三世(1574—1589)。——译者

② 《16和17世纪法兰西内战和君主国》，M. A. 加维译本(纽约，1854年)，第305页。

③ 同上书，第67页。

像保罗那样的人物在世界舞台上是时常出现的。他们对世界对生活的看法是从单一的观点形成的;他们心中的个人倾向非常强烈,而他们的一切意见都是由这个倾向所控制;他们是不知疲倦的、口若悬河的演说家,而且说话经常有些热烈、新鲜,好像是在命运操纵下滔滔不绝地把他们那些感受发泄出来。显然,当这样的人登上高位,无论办任何事情都是绝对地按照一己之见行动,而且大权和意志结合在一起,对他们的影响之大就不难想见了。

保罗四世从来不知道什么是让步或妥协,他经常极其狂热地一意 185
孤行,现在他的大权既已登峰造极,还会有什么事情干不出来呢?他惊讶于自己的高升,他从未在一件事情上作出让步以与一位红衣主教和解,也从未在一贯的极端严酷的表现中有所收敛。他认为把他推举出来的并不是那些红衣主教而是上帝本身,是上帝命令他执行自己的圣旨的。①

关于更富传奇色彩、更为英勇的亨利四世②,兰克写道:

就他的生活和习惯说,亨利四世是一位军人。除了使他成名的那些大战役之外,他还曾亲自参加过 200 次战斗。由于他知道怎样以他自己那愉快的勇敢精神感染自己的官兵以及对敌军的兵力、调动甚至军容,迅速作出判断,因而在全体军人中显得出类拔萃。帕尔马的亚历山大把他比作一只雄鹰,能从很远的距离看到自己准备捕获的对象,以迅雷不及掩耳的速度冲下来,准确无误地把它抓住。其他一些人发现他有特殊天才,即在任何战役中,他经常能够把部队调动得适合战地的情况。打起仗来他那奋不顾身的英勇表现使目睹者一起拜倒。已办过的事,他不愿听到人再提。当有人把他曾在伊夫里③战场上佩带过的已有缺口并沾有血污的宝剑拿给他看时,他想到他在职责和需要迫使

① 《教皇史》(见本书原书第 179 页著者注),第 1 卷,第 177—178 页。

② 法国国王(1589—1610),波旁王朝第一个国王。信新教,参加国内新旧教间的战争,1594 年宣布改信旧教。1610 年遇刺身死。——译者

③ 1590 年 3 月 14 日亨利四世大败迈恩公爵于伊夫里。——译者

> 下所干过的事情就带着恐怖的神气把眼睛转向一边。在亨利三世去世时，有人劝他下令复仇，……他拒绝了这个建议，就他的性格讲，再没有比报仇这种思想更使他深恶痛绝的了。①

兰克显然是一位伟大的学者、杰出的作家。但由于他要达到"客观的"和"公正的"真实，人们难免提出这样的问题：第一，是否能证明他有理，第二，这样的目的是否能够达到？首先必须强调的是，兰克对文献资料酷爱过分——像回忆录这样的资料都不要——实际上就限制了他的范围。他写的那50来部历史著作的根据都是政府文件和外交文件。但历史能说只是外交史和政治史就够了吗？就这个问题而论，一位大使的一份报告，甚至50位大使的50份报告，比如说对于了解技术发明，究竟有多大意义呢？或者说对科学、对文学、对工业革命等方面的了解究竟能起什么作用呢？很明显，兰克使用的那些文件使他写了某一种类的"历史"，但总不能算《通史》，他这些材料也难以概括各国、各民族、宗教、文化或任何其他领域。当然，关于条约、战争和王朝情况则为例外。

但是对兰克和兰克的"客观的"、"科学的"历史学派的主要批评却是其彻头彻尾地脱离哲学。兰克一点都不科学，他偏见极深；前文已提到，他在一切历史中都看到上帝的手迹；他从来都没有下
186 点工夫建立一套货真价实的哲学或心理学体系。只要看到上帝像梅内克②在他的《国家理性观》(*Die Idee der Staatsräson*)一书中所说"像一个神圣的象形文字"那样在历史中屹立，他就满足了。

① 《法国史》，第7卷，第6章(见《全集》，第9卷，第74页)。

② 德国历史家(1862—1954)。——译者

兰克本人也是他那个时代的产物，他是普鲁士王国的忠诚奴仆，教会和国家的辩护士；他写的一切都是他的思想偏见和利益的反映。"兰克顽而不化地闭眼不看历史上社会和经济方面的利害关系，他如愿以偿地避开了任何触犯他那个时代的欧洲最保守的利益集团的历史著作，因此，可以正确地说，他是19世纪产生的'偏见'最大的历史家之一。"[①]在超然而"公正的"兰克与他那些坦率地偏向一方的同事及同时代的人们之间的唯一的区别，只不过是后者如特雷新[②]、特赖奇克[③]、济伯尔[④]等的偏见更为直言不讳，对他们的职责的认识更清楚一些而已。

现在总结几句：兰克对史学的巨大贡献就是：他全心全意地献身史学，把它当作一门独立的科学，而不当作其他学科的婢女。就

① 查尔斯·A.比尔德，"那种高贵的梦想"，见《美国历史评论》，第41卷(1935年)，第78—87页。在美国历史学会上发表的这篇主席致词里，比尔德教授是按照卡尔·休西的《历史危机》(蒂宾根，1932年)的口气向兰克的方法发动尖锐攻击的，并指出兰克的"所谓中立的或科学的历史"仅仅是德国保守派的一种说法，他们这些人厌倦了"法国革命的风暴和紧张"，他们需要平静。"他〔兰克〕所效忠的德国统治阶级在1815年和约上获得了休整时候，需要和平来巩固他们的地位"。参看比尔德的"撰写历史的行为是一种信仰"，见《美国历史评论》，第39卷(1934年)，第221—231页。T.C.史密斯，在一篇题为"在美国撰写从1884到1934年的美国史"的文章中〔同上书，第40卷(1935年)，第439—449页〕和比尔德争论，后者用一种苛刻而尖锐的对兰克和"公正历史"的兰克学派的批判作了回答。本泥狄托·克罗齐也用不奉承的语言评论，说兰克的观点是肤浅的，他从来没有为自己使用的观念下过定义。参看克罗齐的《历史编纂学的理论和历史》(见本书原书第149页著者注)，第291—292页。另一方面，弗里德里希·梅内克这位德国著名历史家则认为兰克是一位"伟大而富有思想的历史奇才"，参看他的论文，"兰克评介"〔慕尼黑〕《历史杂志》，第111卷(1913年)，第582—599页。

② 参阅本卷原书第214—219页。——译者

③ 参阅本卷原书第219—224页。——译者

④ 参阅本卷原书第208—214页。——译者

是因为这个缘故，他才竭尽全力求得一种方法，以便在历史中找到客观的真实，他把未经证明或不可能证明的一切都抛弃，他绝不进入神秘或空想的领域。然而，尽管得到举世公认，但兰克并不是一位“科学家”，而且并不“客观”。他的方法，只使用外交文件，只从政治入手——这一切只不过是历史的影子，而不是历史，当然也不是“真实”。兰克把整个一代人引上歧路，使人们相信他撰写的是“客观的”历史，是他终于接近了史实。实际上他的方法最多只能说是比过去常用的方法使人们更超然一些，姿态较好、眼界较广而已。不过，只是这一点就够光荣的了。

第四十二章　兰克学派[①]

到19世纪中叶，兰克在德国史学界的影响实际上已达到最高 187
点。德国大部分伟大史学家，除少数例外，都是由他这位导师办的柏林大学研究班培养出来的。把兰克的弟子列一张表读起来就像一部史学界名人录——这里只提几位最伟大的就有惠芝、基则布勒喜、科普克、尉尔曼斯、卡尔·尼茨施，栖格弗里德·希尔士和雅费等中世纪史家，济伯尔、J. G. 特雷新、阿道夫·施密特、雅各、部克哈特、路德福·格奈斯特和路德福·得尔布吕克等近代史家。还可以提到像洛瑟这样的经济学家，像威廉·阿诺尔德这样的法学家以及像瑞典的教育部长弗雷德里克·斐迪南·卡尔孙这样的

---

① 古奇的书，第7章；佛特的书，参阅人名索引；武尔夫的书，序文，第240—242页和注释；威格尔的书，第1056—1061页；K. 布兰庭，“中古和近现代史”，见《50年来德国的学术》，考斯道夫·阿布编(柏林，1930年)，第174—191页。专著中最好的可能是乔治·丰·柏劳的《从解放战争到现在的德国史学》(第2版，增订本，慕尼黑和柏林，1924年)。G. P. 古奇曾对此书进行评论，见《英国历史评论》，第40卷(1906年)，第159页，他指出，和佛特那部对德国伟大史家的著作进行评价的著作比较起来，此书的重点是研讨历史观点即研究19世纪伟大史家的观点和思想基础。第1部分讲兰克和他的学生；第2部分着重讲经济史和政治史的发展。它是一部“精明的但常常是有偏见的关于德国和西方史学之间的差别的研究成果，也是对非社会主义来源的经济史的研究成果”，参看卡尔·布林克曼论柏劳的文章，见《社会科学百科全书》，第6卷，第543页；并从《全德名人传》中参考本章引用的人名。

事业家。这张表上绝不只这么几个人。德国各大学几乎所有历史教授的任用实际上都是由兰克提名的。马尔堡大学的济伯尔退休时,兰克就推荐他的一位弟子来印候特·保利继任;保利被拒绝后,另一位兰克派恩斯特·赫尔曼则被接受了。济伯尔说,兰克“控制着全德国的历史课程”。①

但是,甚至比兰克自己的学生更重要的是他的学生的学生。只提三位为例:济伯尔、基则布勒喜和惠芝主持的那些研究班和他们的老师办的同样有名,培养出数以百计的学者,这些学者后来又成了其他学者的启发者。例如,惠芝的弟子第特立喜·社斐就培育出 124 位博士;特雷新、雅费和科普克的学生哈利·布雷斯劳也
188 曾培养出一百多位博士。从这些研究班里出来的学者当了《德国史料集成》、《历史杂志》、《普鲁士年鉴》、《全德名人传》、《德国编年纪事》、巴伐利亚历史委员会的出版物及其他各种史料汇编的编者和供稿人。②

这些学生大多数一直都忠于兰克,其中有些如洛瑟等还崇拜兰克。然而,也有几位例外,特别是济伯尔、特雷新和洞刻;我将把这些人和普鲁士学派一并讨论。兰克从未完全宽恕他的高足济伯

① 参看 C. 华伦特拉普,“兰克的弟子:济伯尔、卡尔孙、赫尔曼、保利和诺尔登写给兰克的书信”,〔慕尼黑〕《历史杂志》,第 107 卷,(1911 年),第 44—69 页。

② 1859 年巴伐利亚国王马克西米连二世在兰克帮助下创办了历史委员会。在兰克主持的第一次会议上,参加的有雅各·格里姆和柏次,兰克说像他们两位这样的人,任何其他国家都未曾有过,参加的还有惠芝、基则布勒喜和济伯尔,主席骄傲地称他们三人是自己的学生,是“第一流人才”。历史委员会出版了各种重要的史料收藏,最初 25 年出版了 160 卷;但它最重要的成就是出版了《全德名人传》,此书收集了 1400 位德国学者写的文章共 23000 篇,参看 M. 立特,“为历史委员会肯定成绩,并规定工作”,见〔慕尼黑〕《历史杂志》,第 103 卷(1909 年),第 274—301 页。

尔对他的背弃，而且在他评论《老年的学生》(Die Alten Schüler)的最后一篇文章中，这位90多岁的老学者处心积虑地一点都不提他这位已出了名的弟子。兰克在去世前不久写的这篇文章里简要地评述了他那些学生。1884年春，本人也已是70岁老人的基则布勒喜有一天从莱比锡到柏林来看他这位89岁的老师。兰克异常感动，在基则布勒喜走后，他写了如下一些话：

> 我想起曾参加德国历史研究班的那些成员，当时还很年轻，现在已须鬓斑白。我刚才翻阅了一部部德意志帝国年鉴。……当时我们静悄悄地开始撒下的那些种子，现在已长成参天大树，树下栖息着来自天上的飞鸟。……
>
> 时至今日，每逢想起群集在我周围的那些青年的天才和辛苦，我仍然惊异不止。其中有今天来看我的基则布勒喜，还有科普克、尉尔曼斯；参加我那个研究班的还有惠芝，当时我曾对他说——因为当时他给我的印象确实是这样——他注定要成为德国史学界的穆拉托里。[1] 基则布勒喜喜欢诗，甚至在当时他就已经能够写作了。科普克聪慧，有学者天赋。多尼吉斯有事业心，富于务实精神。在这个集体中，工作开展起来。我们当时正赶上研究《科比修道院编年史》(*Chronicon Corbeiense*)，我首先看出它是伪造的，但未能证实。研究班诸成员进行了调查研究，证明了它是伪造的。当时惠芝不在场；他到哥本哈根去了，他回来以后，不愿接受我们的看法，但最后还是被说服了。他还和我们当中最辛勤的成员之一希尔士一起写了一篇文章，终于把大家说服了。希尔士是这些人当中最年轻的一位，根基很好，而且热心。后来我们大家一起编写《撒克逊王室年鉴》。影响我干起这项工作的是丰·劳麦的《霍亨斯陶棻家族》[2]和斯腾策尔的《舍拉朝诸帝传》的榜样。……我们决定分批出版，我们当然并不期望从出版商那里得到酬金。……这样

---

① 意大利近代史学的先驱(1672—1750)。——译者

② 参阅本卷原书第145页。——译者

的开端幸而有上苍允准。上述这些人业已在世上取得成就;而且所有仍然活着的人们都还能友好相处,而且和我也都很好。这是学术上的一种亲属关系。但愿不致有不健康的气息污染这种友谊。①

189 兰克的主要影响基本上是在政治史方面。兰克本人是一位政治史家,他直接教出来的学生们继承的也是这个传统;直到兰克派的第三代才开始研究政治史以外的东西。然而,在兰克的政治哲学和他大多数弟子的政治哲学之间还是有区别的。兰克把以政治为基础的国家看作一个更大的整体的重要组成部分;而他那些学生,特别是济伯尔,则主要是实力政治家,他们有明确的政治理想,即他们自己的国家。达尔曼把这种理想化了的国家及其权力说得太过分了,成了一种传奇式的东西。特赖奇克进而把它弄成一种几乎是病态的极端。但在这些历史家当中,没有一位是兰克派。②

兰克本人在感情上虽然是一位保守派、保王党和普鲁士爱国者,但在德国 40 至 60 年代高涨起来的激烈的政治斗争中却一直置身事外。有时这些可敬的大师由于他这种超然态度而受到批评;他那些学生有时也由于书呆子气十足、书虫似地细钻而受到攻击。路德福·亥谟和亨利·丰·特赖奇克主编的亲霍亨索伦王室的主要杂志《普鲁士年鉴》(*Preussische Jahrbücher*)刊登了一篇匿名文章(可能是一位编辑写的),批评"我国这些历史家"远远脱离了现实问题。

---

① 兰克,"老年的学生",见《全集》(第 3 版,莱比锡,1874—1890 年,共 54 卷,分为 27 册),第 53—4 卷,第 649—650 页。注意对济伯尔的忽视。

② 参看 G. V. 柏劳,"政治历史家的正当权益",见《普鲁士年鉴》,第 193 卷(1923 年),第 283—303 页;和他的《德国史学》(见本书原书第 187 页著者注),第 5—6 章。

> 一种傲然自命为客观的史学方法极易对那些巨大的真正起推动作用的力量采取某种忽视态度。这种方法在实行以前就已经变成和它相反的东西了。企图仅仅从王廷和国家的行动中寻找事情的推动力的想法往往阻碍广大读者了解民族利益的价值。

这篇文章继续对兰克批判说,“这位大师本人也不能完全逃脱这些谴责。”他的超然态度缩小了他的影响。热爱祖国的达尔曼写的那些小书虽然不能算学术著作,但“它们业已产生的影响比兰克那些著作可能产生的任何影响都大”。但更糟糕的是,看来,这些超然派历史家因为已经变成狭隘的专门家和文物学家而正在丧失全部眼力。“琐事障目,因小失大,害了科学。”①

大多数赞赏兰克的那些弟子并不同意这些看法。说达尔曼的著作影响更大也是怪诞的。事实上兰克对德国史学的影响既深刻又巨大,而且个人和祖师的师承关系意义重大。在考察兰克某些最好的学生以前——如果仔细谈谈他的全体学生就非另写一部专著不可——把下边这张已非常简化了的名单看一眼可能有些帮助:

利奥波尔德·兰克(1795—1886) 190

亚诺尔德,威廉(1826—1883)	克林平,卡尔(1816—1874)
邦内尔,亨利(1829—1870)	科普克,路德福(1813—1870)
部克哈特,雅各(1818—1897)	马克西米连二世(1811—1864)
卡尔孙,弗雷德里克·斐迪南(1811—1887)	默洛尔,狄奥多(1817—1874)
康乃略,卡尔·阿道夫(1819—1903)	尼茨,卡尔·威廉(1818—1880)

① “我们的历史家”,见《普鲁士年鉴》,第6卷(1860年),第531—543页。

得尔布吕克，路德福(1817—1903)
多尼吉斯，佛伦茨·亚历山大(1814—1872)
多斐，亚勒弗烈(1844—1916)
达姆勒，恩斯特·路德维希(1830—1902)
基则布勒喜，弗里德里希·威廉(1814—1889)
格奈斯特，路德福(1816—1895)
赫尔曼，恩斯特·阿道夫(1812—1884)
希尔士，西格夫里(1816—1860)
雅费，腓力(1819—1870)
垦普斯库尔特，弗里德里希(1831—1872)
保利，来印候特(1823—1882)
勒佩耳，理查(1808—1893)
洛瑟，威廉(1817—1894)
密施特，阿道夫·威廉(1812—1887)
西谟孙，本哈德(1840—1915)
济伯尔，亨利(1817—1895)
惠芝，乔治(1813—1886)
沃顿巴哈，威廉(1819—1897)
尉尔曼斯，罗哲尔(1812—1881)

惠 芝

阿贝尔，息加德(1837—1873)
阿伦特，威廉(1838—1895)
本亥谟，恩斯特(1850—1922)
贝佐尔德，弗里德里希(1848—1928)
布洛德，来印候德(生于1856)
布龙内耳，亨利希(1840—1915)
部孙，阿诺尔德(1844—1892)
卡尔当斯，赫尔曼(1847—1925)
克赖岑希，威廉(1851—1919)
达穆斯，路德福(1849—1918)
德希奥，乔治(1850—1932)
特雷新，考斯道夫(1838—1908)
亚伦福伊希特，恩斯特(1846—1882)
迈尔·丰·诺瑙，格罗尔德(1843—1920)
摩诺，迦伯列(1844—1912)
帕布斯特，赫尔曼(1842—1870)
帕斯脱，路德维希(1856—1928)
柏尔巴哈，玛克斯(1848—1921)
普夫路克-哈尔通，朱理亚(1848—1919)
坡塞，鄂图(1847—1921)
垒斯，路德福(1841—1924)
洛登堡，卡尔(1854—1927)
洛普，哥斯文·丰·得(1850—1919)
萨特勒，卡尔(1850—1907)
社斐，第特立喜(1845—1929)
埃瓦尔德，保罗(1851—1888)
夫棱斯多夫，斐迪南(1833—1931)
夫赖顿斯堡，斐迪南(1855—1930)
格劳厄特，赫尔曼(1850—1924)
罕得尔曼，亨利希(1827—1891)
哈那克，鄂图(1857—1914)
赫勒，约翰尼斯(1851—1876)

喜尔德布兰,汉斯(1842—1913)
霍尔奔,君士坦丁(1849—1904)
和尔得-亚格,奥斯瓦尔德(1851—1912)
许费尔,赫尔曼(1830—1905)
永汉斯,威廉(1834—1865)
考富曼,乔治·亨利希(1842—1930)
克路克霍恩,奥古斯特(1832—1893)
科普曼,卡尔(1839—1905)
累塞尔,伊曼纽尔(1849—1914)
李贝曼,菲力克斯(1851—1925)
瑟斐-博卡斯特,保罗(1843—1901)
施勒得,理查(1838—1917)
叔谟,威廉(1846—1892)
叔普斐,法兰西斯科(1833—1925)
斯泰因多夫,恩斯特(1839—1895)
斯腾,阿尔弗雷德(1846—1936)
乌尔曼,亨利希(1841—1931)
乌新加,路德福(1835—1874)
菲塞,威廉(1833—1886)
福吉尔,威廉(1838—1891)
瓦特曼,赫尔曼(1835—1929)
魏兰德,路德维希(1841—1895)
文克,卡尔·罗伯(1854—1927)
文克尔曼,爱德华(1838—1896)
维替希,卡尔(1840—1916)
沃尔维尔,阿道夫(1843—1916)
佐伊梅,卡尔(1849—1914)

济伯尔 191

布丹格尔,玛克斯(1828—1902)
爱尔特曼斯德菲,本哈德(1833—1901)
赫布斯特,弗雷德里希(1825—1882)
霍尔斯特,赫尔曼(1841—1904)
刻恩,狄奥多(1836—1873)
楞次,玛克斯(1850—1930)
摩林布雷歇尔,威廉(1838—1902)
诺尔登,卡尔(1833—1883)
发伦特拉普,爱德华(1844—1911)
筏格特,乔治(1827—1891)
韦希,弗里德里希(1837—1905)
策勒,爱德华(1814—1908)

基则布勒喜

佛兰克,库诺(1855—1930)
海格尔,卡尔·狄奥多尔(1842—1915)
伊飞尔,爱德曼(1843—1902)
里兹勒,西格蒙(1843—1926)
西蒙斯飞尔德,亨利希(1852—1913)

康乃略

德鲁飞尔,奥古斯特(1841—1891)
斯陶弗,奥布勒塞特(1860—1909)
洛森,玛克斯(1842—1898)
立特,摩立兹(1840—1923)
斯提甫,菲力克斯(1845—1898)

得尔布吕克

哈那克,阿道夫(1851—1930)
拉孙,阿道夫(1832—1917)
佐默费尔德,威廉(1868—1915)
沃尔夫斯提格,奥古斯特(1859—1922)

兰克有30多名学生作为历史家已获崇高声誉。他们当中有许多如雅费、科普克、达姆勒等已成为《德国史料集成》的主要供稿人。事实上,《德国史料集成》成了在兰克的研究班毕业以后进入的一种类似研究院的东西。兰克本人曾在他的研究班上使用《德国史料集成》的早期版本。在他写给柏次的信中说,"如果没有你们搞的这部巨大的原始资料汇编,我就不可能招来这批青年学生进行这些研究了。"①为编写《德国史料集成》出力的人当中有不少不再研究中世纪史,转到近代史方面,其中包括欣策、摩林布雷歇尔、诺尔登、保利、贝佐尔德、爱尔特曼斯德菲和A.佛尔内等人。②

在兰克那些学生当中,才能出众、作品较多的有:沃顿巴哈、基

① 传记材料的真正富源,参看哈利·布雷斯劳的完备的《德国史料集成史》,此书成为《新文库》(汉诺威,1921年)的第42卷。

② 同上书,第341页。

则布勒喜、惠芝和济伯尔。威廉·沃顿巴哈(1819—1897)[1]从语言学转到历史学,在格丁根大学当过奥特夫里·米勒的学生。米勒死 192
时,沃顿巴哈前往柏林大学,在波普、拉哈曼、雅各·格林和柏克指导下继续研究语言学。最后吸引他改学历史的正是兰克。

1843年沃顿巴哈24岁时就参加了《德国史料集成》编撰工作,并作了多次研究旅行。八年之后,他在柏林大学开始讲授古文书学和古文字学。1876年,当惠芝接任《德国史料集成》编辑时,沃顿巴哈被委派为《书信》部分负责人和《新文库》(*Neues Archiv*)杂志编辑。

在所有这些时间里,他都在搞一部综合著作史,终生未能完成。他的主要兴趣在于学术生活,他试图把过去人们撰写书籍的社会环境情况描绘一番。他的《中世纪通信汇编》至今仍然是一本不可缺少的资料。他的《德国中世纪史料汇编》是一部非常渊博的著作,至今还没有任何其他著作取而代之。他的《拉丁古文学指南》和《希腊古文学指南》是论述这类主题的标准著作。

第特立喜·社斐[2](后来他自己也成为许多历史家的鼓舞者)

---

① 关于沃顿巴哈参看同上书,第263—265页和索引;卡尔·佐伊梅,"威廉·沃顿巴哈",见〔慕尼黑〕《历史杂志》,第80卷(1898年),第75—85页;S.劳恩非尔德,"威廉·沃顿巴哈",见《普鲁士年鉴》,第64卷(1889年),第408—492页;E.杜姆勒的著作,见《王室科学院论文》(柏林,1898年),第3—14页,并见于《德国古代历史知识新文库》,第23卷(1898年),第569—578页;维克脱·贝尔的著作,见《传记年鉴》,第2卷(1898年),第365—369页;G.西里哲的著作,见《德国史学杂志,新丛书》,第2卷(1898年),第205—211页;还有C.坡奥里的著作,见《意大利历史文库》,第5组,第20卷(1897年),第437—444页。关于沃顿巴哈的著作目录,参看《德国书商存书报道》,1897年,第6871页及以后。

② 参阅本卷原书第423—424页。——译者

是这样描写沃顿巴哈的：

> 威廉·沃顿巴哈的学问透彻而全面，但教书的本事不大。1870 年夏季始业的那一学期，我听他讲中世纪课，获益不浅，可惜因为战争[①]这门课停开了。我和另一名学习法律的学生一起，……参加了他主持的历史研究班，在班上只读了《逢尼非斯传》；于 1866 年问世的雅费修订本就比较容易阅读了。我还听过沃顿巴哈的古文字学课。他利用不同形式的各种书写体探索个别字母的发展；这种方法使我难以忍受。[②]

威廉·丰·基则布勒喜（1814—1889）[③]是兰克最早一批弟子之一，也是少数注意到或者能够注意到老师的教导（即动人的文笔对历史家绝非不利）的那几个弟子当中的一位。基则布勒喜虽然是一位喜人的作家和透彻的学者，但他并未像济伯尔那样成为政党领袖或像惠芝那样成为一个学派的奠基人。他的出色成就来自《德国诸帝历史》（*Geschichte der deutschen Kaiserzeit*）这部书。[④]

---

① 普法战争。——译者

② 第特立喜·社斐《我的生平》（柏林和莱比锡，1926 年），第 68 页；并参看 K. 雅告编的《第特立喜·社斐和他的著作》（柏林，1925 年）；以及为社斐祝寿的献词，《中世纪和近代史研讨》（耶拿，1915 年）。

③ 基则布勒喜最好的传记是西吉芒·累兹勒写的《纪念威廉·丰·基则布勒喜的讲稿》（慕尼黑，1891 年），并参看他的论文，见《〔慕尼黑居民〕综合杂志增刊》，第 15 号，1890 年 1 月 18 日，第 1—3 页；佛特的书，第 610—612 页；沃尔夫的书，第 240—241 页和注释；韦格列的书，第 1059 页；济伯尔，"基则布勒喜和德林格尔"，见他的《讲话和论文》（慕尼黑和莱比锡，1897 年），第 320—325 页；E. 达姆勒的书，见《德国古代历史知识新文库》，第 25 卷（1890 年），第 611—612 页；H. 普鲁次的书，见《柏林居民的国民杂志》，1890 年 1 月 5 日；E. 埃麦顿，"威廉·丰·基则布勒喜"，见《国民杂志》（1890 年），第 89—90 页。基则布勒喜的著作收入《巴伐利亚学院院历》（1875，1878，1884 年）。

④ 共五卷，1855—1888 年；第 1 至 3 卷，第 5 版，1881—1890 年；第 4 卷，第 2 版，1877 年；第 6 卷，1895 年由本哈德·西谟孙续编成书。

基则布勒喜离开兰克的研究班之后，就在柏林约阿喜谟斯塔预科教书。在这期间他出版了《阿尔腾希姆年代记》(*Annales Altahenses*)，是一部极有技巧的专著——他将已经失去的原文重新写了出来——普鲁士部长爱喜浑因此让他带着薪金到意大利进行研究。他这次意大利之行的成果是一篇论述中世纪早期意大利文学的文章——《中世纪早期意大利文学研究》(1845 年)。后来他以条顿人特有的彻底性，担任一项研究中世纪德国诸皇帝原始资料的工作。1855 年出版了《德国诸帝历史》，第 1 卷；此书引起极大注意，后来他就被柯尼斯堡大学聘为历史教授。 193

基则布勒喜在柯尼斯堡没待多久。他的兰克派同学济伯尔在慕尼黑大学处得不好，因为他忠于霍亨索伦王族，从而惹恼了巴伐利亚国王马克西米连二世(兰克另一位弟子)。济伯尔辞职，巴伐利亚王请兰克介绍另一位学者顶替。基则布勒喜被推荐并受到邀请，但他这个温文尔雅的人却拒绝前往，理由是他是一位新教徒和“外国人”(不是巴伐利亚人)，说是在热烈信奉天主教的人们当中他是不会愉快的。然而，马克西米连二世却曾读过《德国诸帝历史》，第 1 卷并曾加赞美，而且在一次私人会晤中他要求基则布勒喜接受这项任命，作为对他(国王)的恩惠。基则布勒喜无法拒绝国王这样的眷顾，于 1862 年接受了慕尼黑大学历史教授职务。①

基则布勒喜在慕尼黑十分愉快，开始感到自己已是一个“新祖国的公民”。他那些对手，主要是那些固执的亲普鲁士派，因为他

① 关于慕尼黑史学的全部问题，参看 W. 戈次，“19 世纪巴伐利亚历史研究”，见〔慕尼黑〕《历史杂志》，第 138 卷(1928 年)，第 255—314 页。

忠于巴伐利亚而对他进行攻击。虽然他出生在普鲁士而且是一个新教徒，但他常常自得地说："我在巴伐利亚不也很好吗？"

他第一套课程是 1862 年夏季开讲的；大讲堂里挤满了人，因为人人都想听听这位取代了著名的——某些人认为是臭名远扬的——济伯尔的人，所以蜂拥而至。他是一位讲故事的伟大天才，作为一位讲解人，他的成功是十拿九稳的，在后来那 22 年里，他连续讲授了世界史所有各个方面。讲古代史时，反应冷淡；但当他"热情洋溢地讲德国中世纪史"时，教室里便座无虚席了。讲课只是他的工作的一个方面。他还担任历史委员会秘书，巴伐利亚教育会议成员和《德国史料集成》的协作者，在所有这些工作中他都很积极。他的学生和同事 K. T. 海格尔描述他培养专业历史家和语言学家的那个研究班说：

> 194 用作教材的常常是一件著名的或声名狼藉的原始资料。爱恩哈德的《查理曼传》或白鲁诺记述撒克逊战争的小册子，弗赖辛的鄂图的世界编年史或本佐的亨利四世颂，有时甚至马基雅维利的《君主论》都曾被选用。研究班各成员不但必须负责翻译工作，而且还必须准备好回答老师提出的一些批判性问题，因而不断出现活跃的争论。基则布勒喜偶尔也把自己在写作中遇到过的困难问题提出，把自己的疑点和结论说清；这样就给学生们一个极好的机会使他们得以一窥这位有经验的老师最深入的研讨，并从这个范例学到批判地利用史料的方法。但对那些把自己想成为历史家的志愿告诉他的人，他向他们讲得一清二楚：主要的事情并不是能够学到多少东西，只有洞察力和想象力才是历史作家固有的天赋，但他还有必要以多方面的学习为补充。基则布勒喜一再重复兰克为历史家写的主要格言：批判，准确，透辟。
>
> 和这样研究资料的训练同时并进的是给每个学生一个微妙的历史问题要他解决。教师出题目（对那些开始学习的人）还列举主要资料和辅助材料，然后私下或当着全体研究班成员讲评已完成的作业什么地

方写坏了，这份或那份资料为什么应当或不应当使用，以及为什么本来可以用其他资料代替。艺术的表现，即形式，也从未忽视；拖泥带水、邋里邋遢的文章受到无情的批评，即使作业在专门问题上令人满意也不行。基则布勒喜对学生成绩的评判一概都极严格；很难得到他的认可，即使认可了，赞扬也少见。但因遭受苛评而沮丧的人至少可用这样的思想安慰自己，即，一切学生受到的严厉批评都是公正无偏、一视同仁的，而且因为学生们经常得到热情的鼓励要他们进行新的尝试，为解决他们的问题指出更适用的资料时也十分热情。学生们不得不承认教师的帮助是真诚的。

"白天劳作，晚间招待客人！"基则布勒喜不时邀请参加他的研究班的人们到家中便宴。在家里，不论对那些"到这里来也想学点东西"的有钱的花花公子，或者对从未尝过任何珍馐或饮料的最可怜的穷学生，教授夫人总是一位无微不至的主妇；东道主积极张罗，使乐趣不致冷淡。在这种场合，他就变成一个话匣子，把他一生中想得起来的一切奇遇和愉快的故事说个没完。①

基则布勒喜是一个可亲可爱的人，学问并不太深，哲学性也不太强。他置身政治斗争之外，尽量不结怨于人，尽量避免同事当中那种盛气凌人的武断教条。他并不是"神学家，宗教法规学家，政治家，而是一位事件记述者"。②

尽管如此，基则布勒喜并不躲避麻烦。他那部花了 40 年时间才写完的名著《德国诸帝史》(五卷)的开端是类似为帝国主义说教的东西。这位出生于柏林的基则布勒喜打算说明德国曾经一度是一个光荣的帝国，言外之意就是它还有可能再度成为一个帝国。

---

① 卡尔·提奥多尔·海格尔，"历史革新者的论文"，(慕尼黑，1892 年)，第 319—320 页。

② 阿克顿爵士，"威廉·丰·基则布勒喜"，见《英国历史评论》，第 5 卷(1890 年)，第 309 页，全文，第 306—310 页。

195 至于谁应当统治这个新帝国他倒并不挑剔，在这一点上他和济伯尔、特雷新这类亲霍亨索伦王族的历史家不同。基则布勒喜这部书还未写完一半，他所希望的德意志帝国就已恢复，这时他考虑，他的著作既然已不再需要，是不是还继续写下去。因此，《德国诸帝史》就成了一部“中世纪德帝国主义的颂辞”，虽然它是根据经过严格批判的资料写的，但它的观点却是片面的，必然招致批判。而且，由于基则布勒喜写书用的是通俗的情调和艺术的笔法，就招得他那些迂腐的同事们大为不快。当基则布勒喜还是兰克的学生的时候，他这位老师问他愿意做什么。他回答说：“当戏剧家。”兰克说，“胡说，你将来会成为一位历史家。”基则布勒喜最后写的就是一部伟大的历史剧。

基则布勒喜自己也承认他写这部书有政治目的。他是想在年轻的德国人心灵里唤起德国需要统一这个信念。他在1849—1850年间说了这话之后，又在随后各卷里一再重申。1866年普鲁士在萨多瓦打败奥地利的胜利使他十分高兴。但是必须记住，19世纪中叶是民族主义之火燃烧正旺的时期。波兰人和波希米亚人，丹麦人和马札尔人都在要求各自的民族权利，因而痛恨基则布勒喜的论调，说什么因为他们位于中世纪德意志帝国边缘，所以他们的文明全都是德国人的功劳。① 这个论调过去是，现在仍然是

---

① 基则布勒喜对德国人种、德国人的美德、忠诚、荣誉、彻底性以及暗指其四邻民族都不具备的其他方面的高尚品德的赞扬，引起了斯拉夫人的攻击，参看简·列配尔，《论基则布勒喜德国诸帝史的倾向》(布拉格，1868年)；关于德国封建制度对波兰、捷克和匈牙利的影响的文献资料，参看G. V. 柏罗，《中世纪德意志国家》(莱比锡，1914年)，第1卷，第334页，注②。

德国沙文主义者赞赏的论调。但并非所有的德国人都接受基则布勒喜这个说法。普鲁士学派——应当记住普鲁士人是北方人，他们大部分是斯拉夫人的后裔——被激怒，因为基则布勒喜把中世纪德意志帝国的光辉成就算作中部和南部德国人（法兰克人、士瓦本人、巴伐利亚人）的功劳，未给德国北方人（撒克逊人）以足够的承认。基则布勒喜这部著作是颂扬霍亨斯陶菜王室的。

但是在说德国话的各个地区引起的最尖锐的争论是关于中世纪德意志帝国的价值这个问题。基则布勒喜曾绘声绘色地把日耳曼统治欧洲的那个时期大吹大擂。他写道，日耳曼王权与帝冕合而为一对德国和意大利都有利。这种说法和当时流行的民族主义精神背道而驰，特别是当德国民族主义诸因素联合在普鲁士旗帜 196
之下正在准备对由皇帝统治的、天主教的、非民族主义的奥地利进行一场斗争的时候。这时已公开支持霍亨索伦王室的济伯尔，发起挑战。他在巴伐利亚学院发表的讲话《德意志帝国时代新写法评论》（Ueber die neueren Darstellungen der deutschen Kaiserzeit）（1859 年）中对基则布勒喜进行了尖锐的攻击。

> 济伯尔向这种写法挑战，宣称……962 年的大典[①]使德国人民的民族史离开自己的天然轨道，在德国诸王心目中激起一种错误的野心，并招致大量德国血肉和财富在阿尔卑斯山以南[②]受了损失，但并未得到丝毫利益。在这样一种罪恶传统支配下，德国诸王被引上灾难性的歧路和教廷进行斗争，德国贵族也受到鼓励去反抗国王，最后的结果是霍

① 鄂图大帝于罗马举行加冕典礼，重建神圣罗马帝国，宣布意大利合并于德意志。——译者

② 指意大利。——译者

亨斯陶棻王室丧失了对德国的统治，而且也没有能够得到意大利。[①]

基则布勒喜是一位没有斗争性的学者，他没有反驳济伯尔的批评。对济伯尔的反击来自维也纳的奥地利人，他们憎恨济伯尔针对哈布斯堡王室的威信和政策发表的谴责性意见。1861年维也纳大学教授朱里阿斯·菲克在因斯布鲁克发表了一篇讲演《在世界性和民族性关系中的德意志帝国》(Das deutsche Kaiserreichin seinen universalen und nationalen Beziehungen)向基则布勒喜伸出援救之手。菲克正确地指责济伯尔把现代政治概念和政治斗争硬安在一个尚不知民族主义为何物的时代，一个在精神上仍然是世界性的时代。菲克写道，中世纪帝国是"建筑在实际需要上面的极其健全的国家机构"。它之所以垮台是因为西西里把它摧毁了，并不是由于它是假的、人为的；假如那个帝国不曾存在，德国会垮得更快些。

由于普鲁士和奥地利关系紧张，争论带有政治性质。济伯尔以《德意志民族与帝国》(1861年)一文进行反击，他强调的一个观点是：历史上种种政策是否可取，要看它们对当前利益是否有用而定；高度集权的中世纪帝国(对于近代德国来说!)是坏的，因为它

---

① 引文录自我的《封建德国》(芝加哥，1928年)，第267页，参看第268、288—289、375页。"批判神圣罗马帝国并不难；责怪萨克逊、萨利安和斯陶棻诸王室的统治者也很容易，说他们为了追逐虚幻而牺牲实际，因为他们迷恋空想的权势，抓住幻觉似的头衔不放，结果把意大利历史的自然发展搞得支离破碎，改变了德国正常历史发展的自然轨道，而且在和教皇以及伦巴第各城市进行的无益的战争中浪费了无数生命财产。"(同上书，第376页。)兰克在他的《世界史》(莱比锡，1883—1888年，九卷)，第8卷，第246—247页上论述，如果腓特烈一世在推翻皇帝以撒克·安吉罗之后，占领了君士坦丁堡，12世纪的欧洲将发生什么变化，并因他没有这样做而感到遗憾。

使一些年轻的民族没有发展的机会。济伯尔坚持说，成功与否是判断历史关系的唯一标准；惠芝总结这个争论说，这种概括是“含糊其辞”。菲克在另一本小册子《德意志王国与帝国》(1862 年)中，重复了自己的论断，并反驳了对方各种说法。最后惠芝这位差不多和兰克同样稳重的学者，总结这场尖锐的争论说，双方没有一 197
方完全对，也没有一方完全错。惠芝正确指出，像神圣罗马帝国这样的一个伟大的历史结构，是不能用一元论进行解释的，而应当作为由许多局部组成的一个整体仔细研究。

〔惠芝写道〕我相信，……济伯尔并未能以细节证实他的主要命题，即，帝国造成德国政治上的不利发展和德意志民族的不幸。人们可能赞同这里所说的许多话。……但是说话的态度有些生硬，有些论断是我必须着重反对的；而且把不利于德国政治生活发展的东西全部算成帝国的罪过，依我看从头到尾都是极端片面的；而认为在它的一切努力中只有错误和腐化，这种意见不但毫无希望而且毫无道理。没有作过较详细的研究，我不愿进一步评论双方关于在更为晚近的德国史，奥、德两国的立场，我们的未来的形成……等问题上双方的种种看法。由于我不想详谈，所以也就不加评论了。我在这里最着重写的是反对菲克，但我坚决认为这些问题和任何对古老帝国的评价都没有关系；我坚决主张，不论在什么时候，什么地方，人们必须竭尽全力，不要把历史的写作引上歧途，使它被今天的人们的情绪和意愿牵着鼻子走。①

---

① G. 惠芝写的那篇对菲克和济伯尔的著作的评论，见《格丁根学者评论》，1862 年，第 1 部分，第 130—131 页，全文见第 121—131 页。关于这次论战参看亨利·浩斯顿坎姆普，《济伯尔和菲克在德国史学中论中世纪帝国政治》(柏林，1934 年)；佛特的书，第 673—674 页；古奇的书，第 125—126 页；G. V. 柏罗，《中世纪的德意志国家》(见本书原书第 195 页著者注)，第 1 卷，第 353—357 页，并参看他的《红胡子腓特烈的政策，论述德国中世纪在意大利的帝国政策》(慕尼黑，1927 年)；J. 哈东，《中世纪世界帝国的理论》(哈雷，1909年)；达尔曼-惠芝的书，第7016号；参看列配尔的著作〔见本书原书(接下页)

在一种意义上，这场争论可以说在战场上解决了，即在济伯尔和菲克争论四年之后，普鲁士击败奥地利从而确定不移地把它逐出德国了。但在这件事发生以前，一位年轻的英国人，詹姆士·布莱斯写了一本论述这个问题的著作《神圣罗马帝国》(1864年)，这部书才华横溢，作者一举成名。实际上他这部书是由这场争论引起的，极大的可能是在惠芝所说“帝国应作为一个有机的整体研究”这句话的激励之下写的。①布莱斯似乎倾向于赞同济伯尔，比
198 如他曾说：“但条顿王国的真正力量是在追求一件金光闪闪的玩具时浪费掉了：每位皇帝在自己统治期间至少进行过一次长期而危险的远征，并在耗费金钱的、一再反复的斗争中把兵力浪费掉了，而这些兵力本来是有可能在别的地方打胜仗，或在国内震慑人心使之服从的。”②

基则布勒喜未受这场争论的影响，他安然地继续撰写他的《德国诸帝史》。他那批判的研究极其详尽而琐碎，并力求新颖，结果

(接上页)第195页著者注]。近代对中世纪帝国总课题所作批判研究，参看我的《封建德国》(见上一个著者注)，特别是第8章，“归尔甫和基伯林”。

关于奥地利历史“文献”学派几个主要代表人物之一的菲克(连同提奥多尔·丰·西克尔)，参看J.容，《朱里阿斯·菲克(1826—1902)，关于德国学术史的论文》(因斯布鲁克，1902年)。

① 参看我的论文“布莱斯的《神圣罗马帝国》”，见《历史观察》，第13卷(1922年)，第125—126页。布莱斯的光辉著作对这样一个年轻人来说真是一部杰作。但是不论在原著中，还是在后来扩大成一卷的书中，都没有充分表达它从德林格尔的名著中受到教益，甚至也没有表明它从格列高罗维阿斯的著作中接受教益。“布莱斯先生欠缺这些方面，他便缺少准确性，他的最后数章透露出悬赏征文的特点，而不是成熟的历史著作的特点。他的书大可称赞，但他成为典范只是由于对大量事实清晰而明朗的陈述，而不是由于学术成就或独立钻研”，见《教会评论季刊》，第43卷(1896年)，第80页。

② 《神圣罗马帝国》(修订本，纽约，1904年)，第199页。

在撰写了40年之后仍然没有写到巴巴洛萨[1]统治时期以后的事情！他不但亲自毫无遗漏地钻研资料，而且还尽量紧跟别人的研究，只要考虑到出版了那么多单行本专论，就知道这部著作有多大了。据阿克顿爵士说，基则布勒喜对"原始资料无论印好的东西还是手稿的了解，都是无懈可击的。"而他为自己的历史巨著所附注释也是"在近代文献中任何地方能够找到的对权威著作最有洞察力和教义的探讨"。[2] 事实证明，这些注释比本文更有永久性。

兰克最早的一位学生，而且在许多方面都站在最前面的是乔治·惠芝(1813—1886)。[3] 惠芝也像德国许多其他历史家如尼布尔、达尔曼、沃顿巴哈、蒙森等人那样，是石勒苏益格—荷尔斯泰因

① 即神圣罗马帝国皇帝(红胡子)腓得烈一世(约1123—1190)。——译者

② 但和基则布勒喜有私交的阿克顿爵士(见本书原书第194页著者注)说的下面这些话(第307页)是夸大其词的：对基则布勒喜说来，"任何史实他都欢迎，任何证据他都珍视，因为他没有继承传统，没有受主观武断偏见的感染，肚子里并没储藏古代的荒诞传说"。的确，基则布勒喜不像济伯尔或特赖奇克那样有明确的偏见，但他同样是强烈的民族主义者和强烈的爱国主义者。

③ 参看惠芝收入他的《从查理大帝到马克西米连时期的德国皇帝史》(柏林，1862年)中的简短的自传；埃伯哈德·惠芝，《乔治·惠芝，他的生平和肖像》(柏林，1913年)；A.克拉科宏，《乔治·惠芝回忆录》(汉堡，1887年)；济伯尔的著作(见本书原书第192页著者注)，第308—314页，重印本见〔慕尼黑〕《历史杂志》，第56卷(1886年)，第482、87页；古奇的书，第117—122页；佛特的书，第608—610页；沃尔夫的书，第3—4页和注释；W.沃顿巴哈，"纪念乔治·惠芝的讲稿"，见《柏林王室科学院论文集》(1886年)，第3—12页；赫尔曼·格劳埃特，"乔治·惠芝"，见《历史年鉴》，第8卷(1887年)，第48—100页；W.V.基则布勒喜，"关于国王路易二世，利奥波尔 德·丰·兰克和乔治·惠芝回忆录"，见〔慕尼黑〕《历史杂志》，第58卷(1887年)，第181—185页；路易·威兰，"乔治·惠芝"，见《格丁根学术协会论文集》，第33卷(1886年)；J.策勒，"利奥波尔德·兰克和乔治·惠芝"，见《道德与政治科学院的会议与工作》，第127卷(1887年)，第430—461页。关于惠芝的著作目录，参看E.斯泰因多夫，《关于乔治·惠芝的专著、论文、编撰、短评和政论目录》(格丁根，1886年)。这个书目提要表列了(接下页)

人，就是说，他来自民族情感高涨的边境地区。不过，惠芝虽然是普鲁士党成员并曾参加政治活动，但他在自己的历史著作中却在很大程度上保持着不偏不倚的温和态度。

他在十七八岁时来到柏林，决定学习法律，听过萨焚宜、霍梅耶和拉哈曼等人的课。后来受兰克吸引，肯定地被争取到历史方面来了。1835 年，他写完《亨利一世年鉴》（在兰克的研究班上他
199 就已经动笔写了）；次年毕业后，兰克把他介绍给柏次，参加《德国史料集成》的编撰工作。惠芝在柏次领导下工作六年之久，并曾前往法、德、丹麦等国多次进行科学考察，搜集手稿。

惠芝在编写《德国史料集成》过程中所作的多种发现，使他在学术界赢得很高的声望。1841 年，他在梅则堡的一部十世纪的法典中发现了属于德国历史上的异教时期[①]的著名的《梅则堡咒文》（*Merseburger Zaubersprüche*），并把它交给语言学家雅各·格林出版。由于他这些发现，这位年仅 29 岁的惠芝就被基尔大学聘为历史教授了。

惠芝在石勒苏益格邦这所大学里办了两件大事：首先，他是第一位讲授中世纪德国史学的人，这个题目吸引了许多学生。他虽不是达尔曼那样的伟大讲演家，但他讲得透辟，而且“很有教益”。他把他的材料讲得极其明晰、有条不紊，从而使他成为学术界一位出色人物。第二件事是，在基尔大学时，他就已经开始撰写他的名

（接上页）743 个项目，其中 29 项是专著，211 篇批判文章，190 篇编辑评论（包括那些收入《德国史料集成》中的评论文章），313 篇评论、注释等等。惠芝的《文集》由卡尔·佐伊梅编辑出版（格丁根，1896 年）。

① 基督教传入德意志以前的时期。——译者

著《德国宪政史》了，促使他写这本书的原因是他对塔西佗记述的早期日耳曼人的情况错误百出深感不满。[①]

惠芝的政治活动使他这段时期的写作事业中断了。在省议会中，他是基尔大学的代表。在1848年的"革命"时期，他代表石勒苏益格—荷尔斯泰因出席法兰克福"教授国会"。作为右翼中心党的一个成员，他的亲德（即亲霍亨索伦王朝）观点使他引起丹麦政府的反感，因此，1849年他就脱离政界，接受了格丁根大学聘请，在那里教了26年书。

惠芝在格丁根大学创立了无疑是德国第一流的中世纪历史学派。他虽然不像特雷新那样流畅，不像特赖奇克那样热情，讲起课来枯燥而平淡，但他仍然把大群大群的学生吸引到自己的课堂里。他的超然态度本身就是他引人之处，而他那实事求是的治学态度使人有信心。但除讲课外，他还花费很多精力办他那个研究班，不久之后，他这个研究班甚至比兰克那个研究班更出名，因为兰克晚年用于自己著作的时间愈来愈多，对学生们的关心愈来愈少了。参加惠芝的研究班的学生来自全德各地，还有从奥地利、瑞士、法国和意大利来的。他以公正的态度、细腻的方法，尽可能严格地训练这些学生。

1865年，迦伯列·摩诺20岁时就已注定要把德国科学的史学方法介绍到他自己的国家法国去了，他写信向研究旧制度的历史家希坡利特·泰恩[②]请教，问他到德国学历史是否对自己有好

① 参阅上卷原书第88—90页。——译者

② 法国著名史学家，参阅本卷原书第447—452页。——译者

处，他这封信引来一封卓越的回信：

> 200 〔泰恩的回信说〕我毫不迟疑地回答，是的。我们这个时代卓越的历史研究的源泉和中心在德国。在梵文和波斯文研究、《圣经》训话、拉丁和希腊历史以及语言学等方面说来都是这样，这是无可争辩的。但是近代史方面则稍差一些；每个国家，如英法等国，都有独到的历史家。然而，即使在意大利、普罗旺斯或西班牙等异国历史方面，德国人写得也和他们本国人写的一样好。
>
> 他们在史学上的优异成绩有两个原因：首先，他们都是语言学家，他们直接阅读原文；阅读手稿和未曾刊印的文件；为了对比不同文字的原稿，他们前往巴黎、牛津、都柏林查找；他们研究的是第一手资料。大学教育的缺点是传授第二手知识，学的都是些指南手册、摘要、课堂讲授以及印好的书。……一位作家或历史家必须直接面对未经任何修正或复原的原始文献或遗物，不要任何媒介居间。
>
> 第二，因为这些德国史家都是哲学家。他们中间绝大多数人在大学或毕业以后都曾听过一两门哲学课。因而养成了把成批事物放在一起看并从复杂情况中总结出一般规律的习惯。这样就形成了对整个文明的总体的和发展的观点。……
>
> 先生，这就是最好的史学素养。……为了获得这种素养而努力是高尚而具有风险的事业。①

摩诺听从泰恩的劝告，前往德国求学。他后来说，“打算研究中世纪史的人，都有必要前往格丁根大学接受科学的洗礼”，特别是从掌握着“类似科学王权的东西的”惠芝那里接受教育，这位年轻的法国人发现这位德国学者的性格可钦可佩。摩诺追忆说，惠芝是一位极其和善、忠实而坦率的人，没有一点虚荣和恶意；关于

① 《泰恩的生平和书信》，R. L. 得丰喜尔夫人译（伦敦，1902—1908 年，三卷），第 2 卷，第 264—265 页。

惠芝的宽宏大量，他讲了一个极好的例子。普法战争爆发后，摩诺到老师那里告别。惠芝根本没有表现出任何仇恨，或爱国主义的敌意，反而谈了些他预见到的战争的灾难性后果，特别是对法国可能招致的后果表示遗憾，而且还握住摩诺的手，以动情的声音说："愿上帝保佑你的国家。"

描述惠芝在格丁根大学办的那个研究班的文章很多。[①] 沃顿巴哈说，惠芝一贯坚持在作任何概括以前，都要彻底研究原始资料，每个学生都可以自由选择自己的题目和自己的论述方法，只要不武断就行。济伯尔说，惠芝过于谨慎。说他的批判多于哲学，惠芝"对任何一篇摘要，一个定义，任何一个决定性的字眼儿都极其怀疑"。文献里没有的东西就不应当说！摩诺记述说，惠芝在他那
个研究班上强调的三点："对资料的批判，对来源的批判，和对制度 201
的批判"。下边这段话是摩诺对惠芝那个研究班的明确描绘：

> 晚间，在格丁根大学前边他住的那所漂亮的房子的书房里，他每周两次邀集八至十个最好的学生，详细讨论原文，汇报他事先指定他们写的批判文章，并和他们一起讨论。为参加这些讨论，他自己作了非常仔细的准备，在小纸片上以极小的字体记着他的评语，讨论时就从马甲口袋里一张一张地掏出来，他以友善的态度注意倾听每个学生讲的内容，然后，详细而严格地查问每一点，在这样做时对别人的思想和工作也表现了高度尊重。他从来都不以无目的的任意批判取乐，而是指出每个问题的全部难点，每个意见可能提出的赞同的和反对的各种论点以及作出结论时应有的谨慎态度等等，在这些事情上他都做得很出色。经

---

① 关于惠芝自己所说他的研究班和他的学生，参看"格丁根的历史训练"，重印在《格丁根学者评论》，1867 年，第 1 部分，第 354—358 页；以及《格丁根历史训练 50 年纪念》(1874 年)；并参看沃尔夫的书，第 3 页和注释。

过这些讨论，学生不但获得更多教益，有了更明确、更有条理的思想，而且更加热爱并尊重真理和科学，他们体会到为真理和科学需付出的代价，也下定了为真理和科学而工作的决心。[①]

无怪他的学生敬爱他、怀念他。正因为惠芝爽快地承认他感激兰克——他要学生们把兰克当作他们的“模范和榜样”——他自己也希望活在学生们的心中。惠芝曾对摩诺说：“我最好的作品就是我的学生，我最大的期望寄托在他们身上，我相信我最大的成功也是在他们身上。我写的这些书会消逝或被遗忘，但是我这些学生则不然，他们将培养出其他学者、写出更好的书。”

1876年柏次辞去《德国史料集成》总编职务之后，惠芝在兰克大力敦促下移居柏林，继任总编。正是他把蒙森[②]、达姆勒[③]、基则布勒喜、沃顿巴哈和西克尔[④]这样的一批学者吸引来参加编写《德国史料集成》的。[⑤]

惠芝的杰作是他的《德国宪政史》（八卷，1844—1878年），前三卷是以感激的心情献给兰克的——“这件礼物是许多以感激和仰慕的心情怀念着你的人们中间的一个献给你的，因为你教给我们严格的历史研究方法，教给我们深入洞察各个时代各个民族的生活。”摩诺称这部《德国宪政史》（只写到12世纪初）是“我们这个

① G.摩诺，“乔治·惠芝”，见《历史评论》，第31卷（1886年），第382—390页。

② 本卷原书第502—508页。——译者

③ 1830—1902，德国历史家。——译者

④ 德国历史家，维也纳历史教授（1826—1908）。——译者

⑤ 关于惠芝和《史料集成》的关系，参看布雷斯劳的《德国史料集成史》（见本书原书第191页著者注），第219—235、251—270、366—368、373—378、420—423、478—492、502—507、510—512、519—534、539—587、602—604、609—617、618—625、637—639、663—668页。

时代的一座丰碑”。但实际上这部书过于渊博，过于拘泥审慎，原始事实太多，显得过分沉重，因而并不能算一部伟大历史著作。材料都摆在那里，也有批判的撰述，但找不到任何光辉的概括，醒目的解释和真知灼见。尽管如此，早期德国各大学的学生却不能忽视惠芝。

兰克临死时——两天之内，兰克和惠芝就都去世了——问道：202
“忠实的惠芝现在正干什么？”“**忠实**”这个词可以用作他的墓志铭。

惠芝的一个学生，柏林大学的瑟斐-博卡斯特开创了西西里岛诺曼史的研究，[①]并培养出一批有成就的学者如卡尔·安得累阿斯·歧尔[②]（伟大的教廷史权威保罗·歧尔的兄弟）和伊立克·卡斯帕等。[③]

在这里应当讲讲那些虽然不是兰克的学生却是和兰克同时代的其他一些重要的德国历史家。约翰·弗里德里希·伯梅尔（1795—1863）[④]是法兰克福人，一生大部分时间在该城度过。他曾在海德堡和格丁根两大学受教育，生活富裕，在意大利住了几年。但他说“古老的法兰克福才是我最喜爱的地方”，美因河上这座如画的城市激起他怀古之情，于是他就研究起中世纪史来了。1823 年他遇见斯泰因，这次会晤决定了他的前程。自从《德国史料集成》编撰学会建立以来，他就一直和斯泰因、柏次在一起，并担

① 赫尔曼·布劳赤，“保罗-博卡斯特”，见〔慕尼黑〕《历史杂志》，第 89 卷（1902 年），第 54—71 页。

② 《西西里历代诺曼国王文献资料》（因斯布鲁克，1902 年）。

③ 《罗哲尔二世和西西里诺曼王国的基础》（因斯布鲁克，1904 年）。

④ 古奇的书，第 68—71 页，有一篇对伯梅尔表同情的评价，附书目提要。还应参看沃顿巴哈在《全德传记》中写的一篇文章，见第 3 卷（1876 年），第 76—78 页。

任这个学会第一任秘书和司库。1825 年，他被任命为法兰克福城市案卷保管人和图书馆长。像他极为敬仰的马比昂[①]那样，伯梅尔也善于鉴别文献。后于 1831 年下笔编写成为他的终生事业的巨大丛书《从康德拉一世至亨利七世(911—1313 年)的文献或记录集》(*Regesta or Urkunden der römischen Könige und Kaiser Von Konrad I bis Heinrich VII, 911—1313*)(法兰克福，1831 年)。伯梅尔从来没有写过任何叙事史，但是他为每位德皇统治时期写的序言却是阐释历史的杰出榜样。两年以后，继这部书出的是《加洛林王朝古文书记录》(*Regesta diplomatica Karolorum*)。阿克顿爵士认为第 1 集的序言是德国所有中世纪史中最好的一篇。其他一些次要的文献汇编相继问世，其中最重要的是《德国史料汇编》(三卷，1843 年)，伯梅尔创立了称为"记录"(regesta)的这种类型的历史资料汇编。他收集的资料太多，自己校订不完；为了使他收集的资料在他死后还有用，他留下一笔钱作为出版这些材料的费用，还委托一些学者监督这项工作。其中一位是因斯布鲁克大学教授朱里阿斯·菲克。伯梅尔总是希望出版一部皇帝特许状全集，而且他已经承担为《德国史料集成》做这项工作了。但是那套丛书的巨大对开本版式不合他的心意，总想把这些特许状以一种更方便的形式出版，但终于失败了。后来他就完全退出这项
203 工作。把伯梅尔全部文献都收入其中的那样一个版本在当时是根本无法实现的，因此菲克只选译了未曾付印的以及在一些不常见的著作中单独分散存在的一些文献。菲克还在伯梅尔遗留的抄

---

① 参阅本卷原书第 15—23 页。——译者

本上附加上他自己收藏的许多文献,然后把这些材料合在一起编了一本部头巨大的《皇帝令状选集》(*Acta imperii selecta*),从而使伯梅尔的学术辛劳得以流传后世。这本书包括从公元 928 年到 1399 年的德国诸王诸帝的特许状计 945 件。伯梅尔的治学方法并不像他应有的那样敏锐,而且不久之后又发现其他一些文件,后来只好把这部皇家《记录》修订扩大另出一版了。但他这个人的性格还是能启发人的,值得和斯泰因、柏次一起怀念。

奥地利历史学派有两个中心:因斯布鲁克和维也纳。两者都擅长古文书学研究。菲克[①]的《对文献学说的贡献》(*Beiträgezur Urkundenlehre*)(1877 年)差不多和马比昂的《古文书学》同样是划时代的著作。1848 年革命以后,任教育部长的自由主义者顿伯爵聘请菲克到维也纳去。他虽出生于威斯特伐利亚,而且是天主教徒,但死时却算奥地利人。1854 年维也纳历史研究所的建立标志着批判的历史研究在这个地方的开端。[②] 它是按照古文书学校的模式建立的,其缘起以一种特殊方式和撒克逊路德教一位牧师的儿子狄奥多·济克尔有关,1849 年由于政治原因他被逐出柏林,在巴黎古文书学校学习了两年。在维也纳,他碰上鄂图卡·罗棱兹[③],罗棱兹当时是历史研究所学生,应聘前往讲授关于古文字

① 一部有价值的传记是 J. 容写的《朱里阿斯·菲克》(参看本书原书第 197 页著者注)。并参看 E. 穆尔巴黑尔的"死者传略",见《东方帝国历史研究所公报》,第 24 卷(1903 年),第 167—178 页;和武尔夫的书,第 5 页,注②。

② 爱弥尔·奥顿台尔,《皇家—王室东方帝国历史研究所(1854—1904 年成立五十周年纪念册)》(维也纳,1904 年)。

③ 《13 世纪中叶至 14 世纪末德国中世纪历史资料》(柏林,1870 年;第 3 版修订本,1886—1887 年,两卷)一书的作者。

学课程,这是因为古文书学校讲授这个科目举世闻名。不久他就当了教师,并于1867年成了这个研究所的所长。[①] 在这个研究所继续济克尔创始的事业的是迈克尔·坦格尔。[②]

维也纳历史研究所是奥地利历史学派的一个大机关。另一个是1847年建立的维也纳科学院,多年以来,这里的历史研究一直由奥地利档案馆馆长阿内特[③]主持,这位馆长是一位伟大的自由
204 主义学者。[④] 德国史学逐渐和奥地利史学结合起来,但法国史学通过古文书学院的传统给它打上的烙印一直都很显明。奥地利学派在古文书学和古文字学方面的成就超过德国学术界。甚至阿内特的温和也不能消除两派之间的不和。基则布勒喜和菲克之间在神圣罗马帝国的性质和意义方面的争论激烈发展,成了学术界的纠纷,再加上北方新教各国和南方天主教各国之间的恶感就更厉害了,在普鲁士并吞汉诺威之后则进一步激化。1867年后汉诺威历史家翁诺·克洛普[⑤]逃到维也纳避难,终生在该城全力为哈布斯堡王室辩护,谴责霍亨索伦诸王。他那部巨大但命名不正确的《斯图亚特王朝的倾覆》以特大篇幅讨论英国和中欧的关系,实际

① 参看济克尔的《德国历史研究者成长时期笔录》,威廉·埃尔般编(慕尼黑,1926年),以及埃尔般的早期评论,见《历史季刊》,第11卷(1908年),第333—359页,并参考沃尔夫的书,第5页和注③。

② H.克拉波,"迈克尔·坦格尔手稿目录提要",见《德国古代史知识新文库》,第44卷(1922年),第147—150页。

③ 奥地利历史家(1819—1879),著有《玛利亚·特里萨史》,十卷,等书。——译者

④ 关于他,参看古奇的书,第425—427页。

⑤ 奥地利历史家(1822—1903),著有《斯图亚特王朝的倾覆》(14卷,1864—1884年)。——译者

上成了一部 17、18 世纪的德国史。

在结束这一章以前，还要谈谈许多杰出的历史家在德国所作一项崇高的努力，即不用旁征博引和考证注释，写出一些扎实的通俗读物，使有一定教养的读者阶层熟悉德国学术成果。其中第一部是《国家政治通史》(*Allgemeine Staatengeschichte*)。促使人们编写这部书的推动力就是 1819 年促使人们动手编写《德国史料集成》的那些推动力。发起人是赫棱和乌克特；这部丛书后来又由基则布勒喜和兰普雷希特续编，一些新版本还不时出现。[①] 1879 年，柏林大学教授威廉·翁金[②]开始编写一部类似的丛书，每卷由一位公认的这个科目的权威撰写，1893 年完成 45 卷，一般称为《翁金丛书》。撰稿人有丹[③]、赫茨贝格、腓力普逊、小特雷新、布吕克内[④]等。

新的时代带来新的兴趣，甚至在第一次世界大战以前德国史学界便开始表现出思想和兴趣的转变。那些老问题已经暗淡下去。一个新的方向和新的解释随即到来。战后新出现的这个学派由于人们对中世纪德国史仍然用那种"陈腐的标准"衡量而气愤，觉得已经到了重新检查过去的问题和证据的时候了。[⑤]

---

① 沃尔夫的书，第 459—462 页，对这部丛书有恰当的叙述，有最重要著作的书名。在维克脱·楼威的《德国史书目提要》(第 3 版，阿尔腾堡，1910 年)，第 109—111 页可看到一个完整书目。

② 德国历史家(1838—1905)，著有《雅典与希腊》。——译者

③ 德国历史家和文学家(1834—1912)。——译者

④ 俄国历史家(1834—1896)，1891 年到德国，著有许多有关俄国史的著作，大部分是用德语写的。——译者

⑤ 关于这种转变，参看施梅德勒的著作，见〔慕尼黑〕《历史杂志》，第 140 卷(1929 年)，第 591—595 页，他嘲笑"昨天的学术"。

第四十三章　普鲁士学派①

205 普鲁士历史学派是脱离兰克派正宗的一个派别。其倡议人有达尔曼、济伯尔、洞刻、特雷新和特赖奇克。但是，正如康德哲学是启蒙运动和浪漫主义运动中生来就有的那样，黑格尔哲学也成了普鲁士历史学派学术上的教父。黑格尔的崇拜者认为他的思想体系包含着最后的和绝对的真理。黑格尔是第一位把过去所有思想体系诸原则都包罗起来的哲学家，从而使他自己的哲学囊括了一切，使任何新哲学无独立成长的余地，只能从他的哲学出发，并且成为他的哲学的进一步发展。此外，黑格尔发现了使推理过程绝对有把握以保证结果准确的绝对方法。国家不但是人类理性的最高表现，而且就是理性本身。国家不可能做错事，因为思维和存在是同一的。思想是真实的，那么事物也就是真实的。这是铁箍逻辑，是为套在德国人民的脖子上而铸造的。②

腓得烈·克里斯托夫·达尔曼（1785—1860），也像其他那些卓越的德国学者那样，来自帝国北部和丹麦交界地区。一般都认为他是普鲁士历史学派之“父”。除了在年代学上以外，这个“父”

---

① 古奇的书，第8章；基兰的书，绪论和第3—4章。

② 在黑格尔政治哲学的大量文献中，我提请读者注意《哲学评论》一篇文章，第41卷，第261页。

的称号不能给达尔曼，给济伯尔更合适。也不能把达尔曼看成第一流历史家。他这个人首先是德国统一的热情宣传家、一位演说家和爱国主义者，政治行动鼓动家，最后才是作家和历史教员。他死后留下的出版物少得可怜。

达尔曼一生的特色近似某种煽动家。他出生于维斯马，曾在哥本哈根和哈雷研究语言学，25 岁获得学位。当拿破仑侵入德国时，达尔曼突然感到自己是一个热情的德国人。事实上，他对法国人怀有不共戴天之仇，以至步行横穿德国，到阿斯本①参加了奥地利军队。

达尔曼属于把学术和政治结合在一起的那一类学者。他不能 206
容忍那种屈服于暴力、只顾成功不管正义、教别人以强权即公理等思想。1812 年他在基尔大学获得教授职位，一直在那里待到1829 年。在纪念滑铁卢战役的集会上他发表的那篇演说引起了国王的不快。后来，他担任石勒苏益格—荷尔斯泰因贵族永久代表团的秘书，竭力为两公国争取在联邦议会上发言的机会，但失败了。人家甚至把制造石勒苏益格—荷尔斯泰因问题这件事本身的功劳也归到他身上。尼布尔和达尔曼两人过去在政治上和史学上一般都持一致看法，但在 1830 年七月革命中他们决裂了。尼布尔悲叹政府软弱无能，在革命精神面前屈服，并认为达尔曼已经变成一个蛊惑民心的政客。这位伟大的古罗马史家指责达尔曼和法国的“平

① 1809 年 5 月 21—22 日奥国军队击败拿破仑于阿斯本。阿斯本是维也纳东北五英里的一个村庄。——译者

民革命派”(bagauderie)[①]共谋叛乱，管他叫拉法耶特[②]式的革命党人。达尔曼相信革命比反动好。当他的思想受到考验、革命也在格丁根爆发时，他却提议用武力把它镇压下去。他只是理论上的革命家而不是实践上的革命家。他对王权评价极高，对英国宪法赞不绝口，再加上他对法国有纯粹德国式的厌恶，他坚持认为法国一切政治灾难的主要根源就是由于法国缺乏建立在拥有地产的贵族阶级基础上的君主制度。只有对政治权利的胡乱侵犯才能使达尔曼背离王权信仰，但这种机会却是国王恩斯特·奥古斯都[③]废除 1833 年汉诺威宪法促成的。达尔曼和他那六位著名的同事——“格丁根七君子”——格林两兄弟、革飞努斯、埃瓦尔德、奥布勒塞特和韦伯联合提出抗议，结果，国王 1837 年 12 月 12 日颁布敕书把他们撤职并驱逐出境了。[④] 从 1837 年到 1842 年，达尔曼住在莱比锡和耶拿，研究历史。撰写了他大部著作，1842 年被聘为波恩大学历史和政治教授直至 1860 年逝世。

在 1848 年法兰克福国民会议中，达尔曼是宪政委员会成员之一。他成了一位出名的为争取在普鲁士权威下的全德统一而斗争的热情战士。他这个目的失败之后，就回到波恩，晚年专心撰写政

---

① 高卢造反农民，指平民造反派。——译者

② 法国政治家兼军人(1757—1834)，参加过美国独立战争和法国革命，主张在法国建立君主立宪政府。——译者

③ 汉诺瓦国王(1837—1851 年在位)，英王乔治三世之子。1837 年即位为国王，即宣布取消 1833 年威廉四世 1833 年颁布的宪法，加强君主专制的权力。七教授表示抗议，因而被撤职。——译者

④ A. 斯普林格尔，《弗里德里希·克里斯托夫·达尔曼》(莱比锡，1870 年，两卷)，《北不列颠评论》，第 52 卷(1870 年)，第 568—569 页上有评论此书的文章。

治小册子并以强烈的爱国主义精神鼓舞青年学生。

正如佛特明确指出的那样，达尔曼在政治上是一位“像麦考莱 207
那样的辉格党人”；他赞同君主立宪。他写的《英国革命史》(1844年)和《法国革命史》(1845年)，就是从这个观点出发的。这些著作只有宣传上的价值。他的立宪主义是空想的，不现实的，而且在某种意义上只是德国人所特有的；例如它不是竭力保证人的独立和自由，只是为了建立一个强大的集权国家。他说：“我总觉得我们德国人最需要的是强权而不是自由，而且，除了利用王权达到这个目的以外，我看不出有任何其他办法。”①

显然，无需认真地把达尔曼看作历史家，但是作为教师和鼓动者，他还是高于任何人的。他对德国青年的影响极其巨大。他是一个严肃认真、仪表堂堂的人，他的头是“共和时代的罗马式的”，双唇紧绷，激动的闪亮的眼睛，在听众眼睛里他是一位爱国主义宣传家。他的话总是坦率的，道德的，武断的。据崇拜他的济伯尔说，他从不首鼠两端。在达尔曼眼里，事物不是黑的就是白的。只有一个是对的：要么是朋友，要么是敌人。“他体格强健，威风凛凛，眉毛浓重，目光忠厚；不论谁看见他，都会觉得站在自己面前的这个人绝对忠于职守，是无限的独立自强和充沛的力量的源泉。”尽管达尔曼的讲演内容，正如济伯尔坦率地指出的那样，“并不能说丰富”；但这情况并不致有损于他这位爱国主义者的口才。②

---

① H. V. 特赖奇克，“F. C. 达尔曼”，见他的《历史和政治论文》(莱比锡，1886年，四卷)，第1卷，第432页。

② 济伯尔，“三位波恩历史家”，见《讲演和论文》(柏林，1874年)，第31—36页。济伯尔宣称，达尔曼的《丹麦史》(1843年以后)“将永远是德国文献中的一颗(接下页)

1830 年达尔曼出版了一本德国主要史料和权威著作概论，以帮助格丁根大学他的学生们学习。不久之后，这部著作即被广泛采用，1838 年又出了第 2 版。这一版又加上大量新材料。在其后 30 年中，尽管史学中有长足进步，但并未再出其他版本。于 1869 年问世的第 3 版，列入了 2800 部书目。1875 年，惠芝出版了名义上是这部书第 4 版，实际却是一部全新的著作。整个编排更有系统，并由于分期较长，更为清晰醒目。虽然删除了许多陈旧过时的
208 著作，但引用的书目数量却有很大增加。1838 年达尔曼增加了 700 多本书，第 4 版又增至 3215 个。惠芝对期刊文献特别注意。由赫尔曼·黑林和许多合作者编辑的第 9 版于 1931 年问世。其中有 16337 个分类项目，大多数项目都有连在一起的好几个篇名，无疑是现存最完备的全国性的书目提要。

玛克斯·洞刻(1811—1886)①是兰克的学生，在政治上很活跃，但并不是一位出色的历史家。他最有名的著作是一部九卷本《古代史》。希腊部分写到伯里克利②之死。这部书是根据别人发现的

(接上页)宝石和骄傲”——虽然它仅仅是一项扎实的批判的成就。参看佛特的书，第 674—675 页；威格尔的书，第 1030—1032 页。

① 关于洞刻，参看 R. 赫姆写的传记《玛克斯·洞刻生平》(柏林，1891 年)，主要是政治生活；来印候德·布洛德，“玛克斯·洞刻在德国史学上的贡献”，见《勃兰登堡和普鲁士研究》，第 4 卷(1893 年)，第 501—527 页；同作者，“玛克斯·洞刻”，见《古典考古学发展年报》，第 44 卷，第 147—174 页；特赖奇克的书(见本书第 207 页著者注)第 4 卷，第 401 页及以后；君士坦丁·洛斯勒，“玛克斯·洞刻的生平”，见《普鲁士年鉴》，第 68 卷(1891 年)，第 404—425 页；W. 基则布勒喜的书，见《巴伐利亚研究院纪要》，哲学历史类，第 1 卷(1887 年)，第 294 页及以后；S. 赖纳，“马克西米连—沃尔夫甘·洞刻”见《历史评论》，第 32 卷(1886 年)，第 167—174 页；佛特的书，第 685 页；古奇的书作，第 133、475 页；威格尔的书，第 1078 页；以及彼得斯多夫写的文章和传记，见《全德传记》，第 47 卷，第 117 页及以后。

② 伯里克利(Pericles，约公元前 495—前 429)，古代雅典最伟大的政治家。——译者

新材料写的,此外并无可取之处。他虽曾在兰克的研究班受过训练,但他既不能也不愿意批判地使用史料;他也没有看到许多古代国家之间的有机联系,他缺乏这样的洞察力。

1859 年洞刻(和他的朋友特雷新同时)在柏林大学当了两年教授之后,俾斯麦便任命他为负责出版事务的国务大臣。1866 年他当了普鲁士驻加塞尔行政委员,次年任普鲁士档案馆长;他以这项职权改组了各省档案库。在他去世前那年,即 1885 年,被提名为勃兰登堡的史官。这样,他的科学事业就因政治和行政管理事务而受到损害。①

1867 年 2 月,在兰克获得博士学位 50 周年的纪念会上,亨利希·丰·济伯尔(1817—1895)②以"忠实弟子"的口吻向这位德国史

① 洞刻的《古代史》最早出版于 1852—1857 年;第 5 版,1878—1883 年,七卷;新丛书,1884—1886 年,两卷;埃维林·阿波把它译成英文(伦敦,1877—1882 年,六卷)。他还写了一部《从腓特烈大王和腓特烈·威廉三世的时代以来》(莱比锡,1876 年);《近代史研究》(莱比锡,1887 年);《希腊史研究》(莱比锡,1887 年);《宗教改革批判》(莱比锡,1845 年);《封建主义和贵族政治》(柏林,1858 年)。

② 他的书目提要和生平,可参看华伦特拉普为济伯尔的《讲演和论文》(慕尼黑和莱比锡,1897 年)写的传记性序言,并参看佛特的书,第 668—677 页;沃尔夫的书,第 240 页和注①;威格尔的书,第 1059—1061 页;古奇的书,第 112—114、124—125、127—129、140—147 页;基兰的书,第 171—253 页;A. 拉布,《弗里德里希·简兹和亨利希·丰·济伯尔。近代史学研究》(格丁根,1913 年),作者在书中指出济伯尔对法国革命得出的结论和一个半世纪以前简兹的结论相同;F. 迈内克,"亨利希·丰·济伯尔",见〔慕尼黑〕《历史杂志》,第 75 卷(1895 年),第 390—395 页;T. 得·威兹瓦,"亨利希·得·济伯尔的生平和著作",见《两世界评论》,第 132 卷(1895 年),第 217—227 页;《爱丁堡评论》,第 128 卷(1868 年),第 289—323 页;A. 克路克霍恩,"亨利希·丰·济伯尔的《新德意志帝国建立史》",见《德国评论》,第 61 卷(1889 年),第 451—461 页,第 62 卷(1890 年),第 127—140 页;普夫路克-哈尔通的书,见《威斯脱曼月刊》,1888 年 6 月;R. 垒斯的书,见《历史评论》,第 59 卷(1895 年),第 450—456 页;《评论季刊》,第 129 卷(1870 年),第 454—484 页,第 171 卷,第 329 页及以后;《美国历史评论》,第 1 卷(1895 年),第 190 页。

209 学界魁首奉献阿谀之词。以这样的态度承认自己受过兰克的恩惠、曾在兰克的研究班里待过两年的人，后来却变成和兰克决裂的弟子当中最出名的一位。济伯尔与其说是一位学者还不如说是一个政客，后来他成了史学界称为普鲁士学派的首要代表。他生于杜塞尔多夫，是一位有自由思想的普鲁士官员的儿子。他的早年处在典型的莱茵地区的环境中：政治上是自由主义，思想上是法国派，生活方式是上层资产阶级的。他和另一位莱茵省人卡尔·马克思所处环境之相似简直达到惊人程度。假如济伯尔在他一生中的关键时刻没有发现埃德蒙·伯克[1]的话，他的前程可能是另一个样子；事实上，他可能会走上马克思的道路。但是，他认为伯克拯救了他，使他免于在“抽象的过激主义的枯燥无味的荒原中”受困。

1841 年济伯尔出版了《第一次十字军》，这本书是兰克研究班的人写的最富批判性的作品。在三年之后的 1844 年，他在波恩大学当了教授。1845 年应聘去马尔堡大学；1856 年在兰克推荐下前往慕尼黑大学，后来由基则布勒喜代替了他在这里的职务。从 1861 到 1875 年他又回到波恩。后来，普鲁士一届政府因感激它的这位最有效能的代言人，任命他为档案馆长。在这些年里，他在政治、学术、新闻等方面的活动异常丰富，这一切都是为了一个目标：使这个强大的霍亨索伦国家合理化并促进其发展。正如阿克顿提到济伯尔时所说：“他的著作成了帝国主义的头号典籍，他出力把一些著名历史家组成一个守备队，他们炮制出普鲁士的和他

① 英国保守派政治家（1729—1797），反对法国革命。——译者

们自己的霸权。现在他们像据守要塞那样霸占着柏林。”①

甚至在他的早年时期，济伯尔就已流露出一位政客的性质。他很冷静——只有牵涉到他的爱国主义的地方才例外——有心计，老练。他认为历史是政治的工具。他批评兰克的超然态度，主张德国历史家应当有一颗“民族良心”。他说：政治是“学者的天职”。

> 〔济伯尔的弟子玛克斯·布丁格尔记述说〕1847 年 4 月间我为济伯尔讲的课写报告时，他才 29 岁。他苍白瘦削，我觉得他似乎老得多，而且他那时已经当正教授三个学期了，因此，对赫森〔这是在马尔堡〕学生团体来说，他显得老一些反而更好。当我告诉他，我愿意学历史时，他把史料和辅助工具之间的区别为我作了深入的分析。我听他讲着，感到惊异而深刻，当时他站在那里，春天的阳光把他照得很亮。他可能已注意到我内心的激动，因为他突然劝我说，一个人不应当连续不断地把全副精力放到历史的研究上；说他自己曾在兰克的指导下，用学习音乐 210
> 和化学的办法，保持自己头脑锐敏。于是我当了他的学生，并且在三个学期内熟悉了他那些历史观点。他曾在 1874 年夏天告诉我的妻子说，他已经从我身上学到熟练的剃须术②。1847 年夏天他对五个（有时是四个）学生讲的第一个课题是 1815 至 1830 年的德国史，有自由主义倾向，但实际上许多意见是保守的，特别是普鲁士式的，课后接着是一次座谈。③

这段文字很重要，因为一般都说济伯尔只是在 1848 年所谓的革命以后才变成一个保守的亲普鲁士派的。在法兰克福国民议会上他代表马尔堡激烈反对建立德意志共和国。济伯尔讽刺地记述

① 阿克顿爵士，“德国历史学派”，见他的《历史论文和历史研究》（伦敦，1908 年），第 378 页。这篇著名的文章重印在《英国历史评论》，第 1 卷（1886 年），第 7—42 页。

② 意思说他在研究历史方面已经知道去伪存真了。——译者

③ 〔这段文字〕是华伦特拉普为济伯尔的《讲演和议文》（见本书原书第 208 页著者注）写的传记性序言中引用的，第 41 页。

他在马尔堡一次公共集会上如何发言"反对平等的普选；有主权的人民捣毁我的窗户，群众每次开庆祝会时都一再地以此取乐"。

1848年的经历加深了济伯尔的保守倾向，并把他进一步推向右翼。他在政治上失意的最初那几年里，退出政治活动，专心研究历史，但他不再研究中世纪，他抛弃这个科目和弃绝他的老师兰克同样坚决。他决定献身于另一种工作，这项工作将会向他的同胞们表明，搞过激主义和闹革命会招来多么可怕的危险。济伯尔在一段文字里极其清楚地解释了他这种态度："我将献身于科学研究，但不搞罗马帝国时期。革命年代的风暴把我的历史研究推到其他方向，在开始这项工作时，我当然并没想到我开始的是我一生的主要著作。1848年的过激派显露出各式各样的社会主义倾向，于是我想到写一本小册子，以便说明这种东西（社会主义思想）在法国大革命中带来了什么样的后果。"

这是非同一般的认账，对受过兰克学派训练的人说来就更是非同小可。济伯尔当然正像他自己承认的那样，不知道他这本"小册子"会写成五卷，而且会花费四分之一世纪的时间（1853—1879）。然而，我们却在这里看到济伯尔流露了自己的思想，即借助历史方法、历史资料和历史的威望，处心积虑地丑化法国大革命，以便阻止过激主义在德国传播。在这件事情上，他得到当局慷慨支援，欧洲那些保守政府，特别是普鲁士、奥地利和法国政府允许他自由地利用它们的档案。①

211 济伯尔的《革命时期史》(*Geschichte der Revolutionszeit*)的确

① P.拜留，"亨利·丰·济伯尔"，见《德国评论》，第85卷(1895年)，第58—76页。

是一部出色的著作，尽管倾向性很大，而且并不像路德维希·豪则[①]说的那样是什么“划时代的东西”。[②] 应当记住，济伯尔在学术上已经变成一个反对自由主义，拥护纪律、秩序、中庸等普鲁士思想的人了；所以任何革命对他的意识形态说来，都是令人厌恶的。不过，他还不是特赖奇克那样的反动派，也不像特雷新那样的气量褊狭。济伯尔的头脑锐敏而稳健，他试图在革命和反动之间开辟一条道路，希望教育他那些“无祖国的人民”，使他们知道一个集权的、不过激的民族国家如何明智、如何必要。而法国革命则恰恰是一个反面模式，从中学到怎样**不做**这些事情。

因此，当人们看到济伯尔在他的《革命时期的历史》里有一个颇富创造性的着重点，就不至于感到奇怪了。他既不写巴黎，不写法国人的冲突，也不写革命的社会含义，反而用他这部庞大的著作——部头之巨大确实吓人，而且几乎完全是根据经过批判地选择过的档案资料写的——描写受到这次大动乱影响的欧洲各国。济伯尔认为，法国革命的巨大重要性在于它对欧洲其余地区的影响，他以锐敏的洞察力把这些地区当作一个整体描绘。有重大意义的，并不是吉伦特党人在国民会议上发表的言论，而是在巴黎发生的事件如何影响别的国家，例如波兰被瓜分，俄国领土扩大以及古老神圣罗马帝国的解体。必须承认，这样写法是最好的历史叙述，而且在扩大德国学术眼界方面作出很大贡献。

济伯尔的学问尽管十分渊博，但他论述革命人物和事件时并

---

① 德国历史家(1818—1867)。——译者

② 《大众报》1853年9月24日，第4265—4266页，和9月25日，第4281—4283页。

非宽宏大量。凡是有可能的地方,他总是贬低其重要性。诚然,他承认革命加速了封建主义的崩溃——“如果用和平的手段把腐朽的封建主义垃圾清除掉,在半个欧洲可能都须要经过一个世纪之久。”但在说这类话时,他总是并非心甘情愿。他对法国革命的热情和英雄主义冷嘲热讽,坏话说尽。他对革命的理想和目标的那种轻蔑和嘲弄真无愧于伯克的门徒。在他看来,人权宣言是“不屑智者一顾的琐事”。他批评“那些幻想用希望和热情就可以建立一个国家或完成一次革命的笨蛋”。

> 〔他说〕在自己的论述中竟然企图以在投票中占多数的办法制定法令,规定“正义”和“自由”的含义、再没任何事情比阅读他们这些文章使人更痛苦、更讨厌、更可耻的了。……他们为了按照自然法则而建立国家,竟用不知疲倦的热情把历史传统的最后痕迹都摧毁了。

212 济伯尔竟然用这样一些话描写文明世界长期以来一直认为是无比重要的这件大事,当然有他深思熟虑的目的。他是在千方百计说服德国自由主义者,要他们相信法国革命是一场大灾难,警告他们千万不要仿效易于冲动的法国人。

在撰写法国革命史的同时,济伯尔还忙于政治活动,他虽然站在霍亨索伦家族一边,但在普鲁士国会里他却反对俾斯麦,而在1866年普鲁士打败奥地利——他极其痛恨的一个国家——之后,这个胜利却使他突然成为这位宰相的热情追随者。济伯尔这时已成了所谓民族自由党人的领袖,并且受到俾斯麦的充分信任。1870年的胜利[①]使他感动得流泪。对这位一向沉默寡言的人说

---

① 普法战争。——译者

来，这个光荣真是太大了。他惊呼："将来人们怎么生活呢？人们将从什么地方再找到一个生活的目标呢？"然而，留给人们生活的东西还是有一些的。1874年，他当了帝国会议议员兼普鲁士档案馆长，他以不少时间监管资料汇编的出版工作。

济伯尔暮年撰写了另一部历史巨著，《威廉一世建立德意志帝国史》，这部书根据的材料在封面上已标明，"主要是普鲁士国家文件"。前五卷于1889年，后两卷于1894年问世，写至拿破仑三世为止。在俾斯麦的鼓动下写成的这部书，济伯尔在序言中坦率地承认，是以"普鲁士和民族自由党"的观点写的这出政治大戏的主角是俾斯麦，虽然威廉一世皇帝在书中也受到尊敬。在书中密密麻麻的字里行间，这位伟大的宰相并非栩栩如生。济伯尔和兰克不同，他没有画家的手笔，这可能是因为他的同情心太少了吧。正如基兰指出的，济伯尔描绘的人物夸张，迂腐，而没生气。[①]

济伯尔并不是光芒四射、风趣横生的人。他的性格倒像个办事员。他顽固坚持自己的信念。伊立克·马尔克斯说得很对，他"既没有像兰克那样的雄伟的人品和不朽的崇高的智慧，也没有达尔曼的狂热和力量"。施穆勒尖锐地指出，因为济伯尔既是历史家又是政客，他能够看清重大问题并把它实事求是地解决。[②]他有

---

① 参看基兰所举平凡散文有代表性的例子，特别是第249—250页。

② G.施穆勒，"纪念亨利·丰·济伯尔和亨利·丰·特赖奇克的讲演稿"，见《勃兰登堡和普鲁士史研究》，第9卷(1897年)，第357—394页。"我认为，1840—1880年济伯尔和地道的历史家所代表的世界观是科学的、合乎伦理的也是崇高的世界观，强有力的、公认的战无不胜的世界观。而且，济伯尔著作的巨大意义在于他从这种世界观出发撰写历史，评价世界，以其独特的风格，从纯粹描述史实到解释历史发生的原因，并说明了重大的内在联系。"

213 发现关键事物的本能。但人们不得不说，济伯尔把他的信念和他的科学混淆起来了。他深信自己的科学方法正确无误，因而他也相信他那些主张都是自己的方法产生的结果。济伯尔认为，历史实际上和自然科学同样明确。他说，我们所需要的一切只不过是有一个正确的方法，"真理"将自然而然地随之而来。历史科学有能力洞察完全正确的知识(Die historische Wissenschaft ist fähig, zu völlig exacter Kenntniss vorzudringen)。① 这个结论幼稚得令人不能接受。

最后，济伯尔对史学一项永久性的贡献，即，《历史杂志》的创立也必须提一下。在这个历史期刊问世之前德国还出过两种期刊：一种是兰克主办的《历史—政治杂志》另一种是阿道夫·施密特主办的《史学杂志》(1844—1848)。兰克办的那种由于投稿人太少而未能继续下去，施密特的刊物也被1848年的起义扼杀。济伯尔于1859年创办的《历史杂志》则是德国发生深刻变化的结果。1848年的失败在德国知识界引起大量"灵魂探索"；愈来愈多的历史家被吸引到民族运动中。最后，主要是由于兰克的工作，德国已产生大量历史家，足以维持一个学术刊物。

《历史杂志》完全是兰克的学生们办的，他们这位年迈的导师本人一直未曾插手。济伯尔希望《历史杂志》将成为德国历史家全国性的机关刊物，将影响德国的"生活、舆论和一般教育"，最后他还希望它将使史学像"20年前的哲学曾起过的作用那样"在德国

---

① 参看他的"论历史知识的法则"，见他的《讲演和论文》(见本书原书第205页著者注)，第1—20页。"科学不仅能根据爱好和愿望探索，而且也能根据真理探索"(第20页)。

起作用。简言之,《历史杂志》要成为济伯尔和其他历史家支配他人的欲望的工具。

《历史杂志》只出版“和当前生活有某些联系”的材料。梅内克[①]记述说,当1893年济伯尔把主编这个职务让给他的时候,他曾向济伯尔表示怕他自己不能胜任,因为他的知识范围有限,对议论他并不了解的事情的那些文章,他无法评定。济伯尔安静地回答说:“那样的事我也不能办,如果你检查每篇文章,看它从头到尾是否完全一清二楚、考虑是否周到,……十之八九你就会作出正确的判断了。”梅内克的结论是,“实在也没什么别的办法了”。济伯尔本人忙于其他事情,把期刊的大部分工作都交给几位能干的青 214
年——克路克霍恩、华伦特拉普、摩林布雷歇尔等人了,[②]自己只保留在重大问题上的最后决定权。正如人们都知道的,《历史杂志》也许已成为西方世界最重要的历史刊物了。[③]

在济伯尔暮年,史学走上了一条使他失望的道路。他在有生之年尽管已看到一个强大的德意志国家,但他也看到一种新现象,即唯物主义思想已占压倒优势。在哲学上,济伯尔是唯心论者,他觉得唯物主义是最使人头痛的事情。他嘲笑说,“这简直是工会式

① 德国历史家(1862—?)。——译者

② 在济伯尔时代,《历史杂志》的编辑有以下几位:康拉德·华伦特拉普,1867—1874年;玛克斯·列赫曼,1875—1893年;奥古斯特·克路克霍恩,1859—1861年;威廉·摩林布雷歇尔,1861—1862年;狄奥多·伯恩哈第,1862—1866年;K.门兹尔,1874—1875年;参看F.梅内克,“历史杂志第100期发刊词”,见〔慕尼黑〕《历史杂志》,第100期(1908年),第1—10页。

③ 《历史杂志》在慕尼黑由R.奥登堡出版,这家公司直到现在仍在出版这个刊物;参看R.奥登堡写的死者小传,“亨利·丰·济伯尔”,见〔慕尼黑〕《历史杂志》,第75卷(1895年),第385—389页。

的历史科学”。这种新兴的过激主义使他伤心和使特赖奇克伤心的程度一样。我们不妨从济伯尔去世前数周写的一封信里引一段话作为他的悲观情绪的一个例子。

> 我仍同意特赖奇克的意见:时事是强有力的人物所创造的。人民群众并没干什么;广大人群感受到迫切的需要;受过教育的人们从中抽象出将来的理想;朝这个方向发展的潮流继续高涨,创造出各式各样应有尽有的有用的细节或无用的东西,最后变成似乎是不可抗拒的东西。但发生的事情……以失败告终。直到强有力的人物出现,他不但能够像任何人那样认识时代趋势,而且能够抓住正确的手段实现这些理想。在德国统一这件事情上,俾斯麦就是这样一个人物。但在社会改革这个问题上,在什么时候、在什么地方才能找到它的俾斯麦呢?依我看,社会改革目前正处在和 1844 年以前德国统一运动一样的阶段:只是一些令人赞叹的努力,含糊不清的夸张和错误的实验。①

在普鲁士集团那些非兰克派人士当中,约翰·考斯道夫·特雷新(1808—1884)②是一位引起争论最多的人物。和莱茵省人济伯

---

① 济伯尔写给伊立克·马尔克斯的信,1895 年。引文见马尔克斯,《伟人和时代》(莱比锡,1911 年,两卷),第 1 卷,第 272—273 页注。

② 参看他儿子考斯道夫·特雷新写的极好的传记,《约翰·考斯道夫·特雷新》(莱比锡,1910 年)。对照哈维顿·柯特写的评论,见《美国历史评论》,第 16 卷(1910 年),第 125—127 页;R. 胡布纳编的《约翰·考斯道尔·特雷新和他的书信》(斯图加特,1929 年,两卷);F. 梅内克,“约翰·考斯道夫·特雷新,他的书信和史学”,〔慕尼黑〕《历史杂志》,第 141 卷(1929 年),第 249—287 页;Chr. D. 普夫劳姆,《J. G. 特雷新的史学在近代史学中的意义》(哥达,1907 年);沃尔夫的书,第 7—9 页;达尔曼—惠芝的书,第 13778 和 13909 号;佛特的书,第 615—619 页;古奇的书,第 134—140 页;基兰的书,第 215—218 页;桑兹的书,第 230—231 页;阿克顿的书(见本书原书第 209 页著者注),第 378—380 页;M. 洞刻,“约翰·考斯道夫·特雷新”,见《普鲁士年鉴》,第 54 卷(1884 年),第 134—167 页;W. 丰·基则布勒喜,“约翰·考斯道夫·特雷新”,见《慕尼黑科学院哲学、语言学和历史研究班会议摘录》,第 15 卷(1886 年),第 208—219 页;P. 腓特烈,“历史的高等教育”,见《比利时大学教育评论》,第25卷(1882年);O. 欣策,(接下页)

尔，荷尔斯泰因人达尔曼以及撒克逊斯拉夫人特赖奇克等人不同，特雷新按出生地和世系说都是普鲁士臣民；他父亲曾在霍亨索伦部队中当牧师。特雷新还在另一个方面和普鲁士阵营中他那些同事不同，他更近似一位哲学家。

他八岁时父亲去世，成了孤儿，年轻的特雷新受到教育，是由 215
于朋友们慷慨相助和他自己的努力。他在 14 岁在什切青大学预科时，便以课余教书养活自己。他经常营养不良；他的穷困的母亲给他送去的食用脂肪，他常常用来点灯。1826 年，他得到了大学预科的文凭。在古代语言、法文和数学方面成绩良好，但他的历史和希伯来文分数很低。失败把这个绝望的青年推到自杀的绝路，但他看到母亲需要自己供养，又决定继续走上自己的前程了。

特雷新前往柏林时身无分文，住在他父亲的朋友科普克家里，此人是兰克的学生。这个 18 岁的青年在柏林大学哲学系和语言学系注册，主要是语言学系的学生，他没有选过兰克的课。在以后那些年，两人在柏林大学成了同事，但关系淡漠。特雷新的老师中有朗格、拉哈曼和教语言学的本哈第；立特教哲学史，斯图尔教神话学和历史哲学；卡尔·立特教人种学和地理；维尔肯教中世纪史；干斯教近代史；波普教梵文。每学期他都听伯克和黑格尔的课。这件事可以说明特雷新对黑格尔的形而上学为什么很熟悉，1829 年他通过助理教员考试，在黎明修道院大学预科当了教师，当时基则布勒喜还是这里的学生。

(接上页)“J. G. 特雷新”，见《历史和政治论文集》(柏林，1908 年，四卷)，第 4 卷，第 87—143 页，重印在《全德传记》，第 48 卷；A. 多斐，《文选》(莱比锡，1898 年)。

这位青年语言学家在这个学校教书时写了一部亚历山大大帝传作为博士论文，还作为一位讲师在大学讲课，按通例不拿薪金。比他小六岁的基则布勒喜当时是柏林大学学生，是第一批听特雷新的课的学生之一。基则布勒喜回忆说："我既被这个题目也被这位青年讲师吸引住了，我在大学预科就认识他，虽然我并没当过他的学生。他讲他那些材料的新鲜方法迷住了我，所以在以后各学期，他的课我从来都没有缺过。"

特雷新的《亚历山大大帝传》及其续编《亚历山大的继承人》(1836 年)，[①]虽然由于作者没有受过历史方面的训练而受到批评，但基尔大学却因此聘请他当了历史教授，薪金为 1200 退勒。就像达尔曼、惠芝以及其他一些人的情况那样，基尔大学也把特雷新培养成一位热情的爱国主义者。在这个接近边疆的城市里，他对古
216 代已失去兴趣，开始献身政治和近代史。他在这个德国民族主义的前哨阵地上，燃烧起了对德国统一的热情。他再也不是单纯研究古典的人，不仅是一位院士，而且是个热火朝天的活动家。1845 年他写道："我们太懒散、太骄傲、太抽象了。对学生们来说，我们现在的主要功劳就是填喂香肠，我们不该再这么干了，我们应当点燃科学顶峰之火，以便为在黑暗的山谷中摸索的人照亮道路。"这个思想导致他放弃古代史，改教近代史，以便激发学生们进行爱国活动，并在他们身上唤起民族统一的热情。他转变后在写作上取

① 第 3 卷《希腊政治制度形成史》(1843 年)。这三部书在出第 2 版时合并为一部，名为《希腊史》(哥达，1877—1878 年，六卷分为三册)；法文本 A. 波契-列克勒克译(巴黎，1883—1885 年，三卷)。

得的第一个成果是《论解放战争[①]的讲稿》(*Lectures on the Wars of Liberation*)的出版(1846年)。基则布勒喜评论说:"他是一位彻头彻尾的普鲁士爱国者,他已确信德国除了和普鲁士联合以外,没任何其他解救办法。"

特雷新作为荷尔斯泰因民族主义运动领袖被选入法兰克福国会。他深信德国的前途应由普鲁士决定。因为,用阿克顿爵士的话说,普鲁士有"强大的军队"。因此特雷新极力主张德国"并入"普鲁士,而普鲁士也要把它的军队、行政和财务系统置于新帝国控制之下。他说:"霍亨斯陶棻诸帝留下的空位属于霍亨索伦王室。"

1851年,特雷新前往耶拿大学,在那里训练了许多专心的学生并吸引了许多听众。他办起研究班、讲授从宗教改革到法国革命的近代史,普鲁士史和历史方法论。虽然他实际上放弃了古典学术方面的工作,但他那个研究班上出现的许多问题除和近代普鲁士史有关外却也和古代希腊文化有关,不过,他相当大的一部分时间都用在他的大作《普鲁士政治史》上边,其第1卷于1855年问世,第12卷(只写到1756年)出版于1886年。1859年特雷新愉快而自豪地接受了柏林大学的聘请,一直在该校待到老死。他也像他的同事如蒙森等那样,是一位多产作家,觉得在书桌上花15个小时不算什么。他的骨髓都可说是普鲁士的,他坚定地支持普鲁士军事体制。[②]

他的《普鲁士政策史》是一项出色的成就。这本书全部都是根

---

① 1813—1814年欧洲诸国反拿破仑的战争。——译者

② 约翰·W.伯吉斯,《一位美国学者的回忆》(纽约,1923年),第126—128页。

据文件写的，特别是在普鲁士档案馆里找到的那些文件，在达尔曼以后、济伯尔以前，他担任这个档案馆的馆长。单单从这一个方面
217 看，这部书现在还是不可缺少的。甚至在他的思想完全普鲁士化以前的青年时代写的《亚历山大大帝传》里，他就已经把马其顿当作古代普鲁士，把腓力当作俾斯麦对待了。① 现在，面对着普鲁士的兴起这个题目，特雷新就把他全部渊博的学问、辩才和热情用来说明普鲁士先天就注定承担起振兴德国的使命了。

普鲁士史本身就具有一种特殊性质。它既不是一个民族的历史，也不是一个国家的历史。它也不是从内部有机的生命中成长起来的一些典章制度的历史。普鲁士国家只是由军事和行政法规拼凑而成的躯体。普鲁士也不是从先前的情况有机地发展起来的东西，而是德意志帝国的解体和波兰的衰退的残余形成起来的。近代普鲁士就是从这些废墟上构成的。然而特雷新却狂妄地以其沙文主义思想把普鲁士王国的来源和发展说成是德意志民族发展的内在必然性，他发现其核心是勃兰登堡边区——而实际上这个国家本来是斯拉夫人的，只是后来才日耳曼化了。他巧妙地把普鲁士历史编织成表面上看来像是德国民族史的一张网，并常常把一些事件说得好像欧洲的政治是围绕着柏林旋转的。德意志帝国和德意志人民仅仅被当作壮大霍亨索伦王室力量的材料使用。

① 特雷新写道："希腊人自己不能认识他们民族的统一性：不论雅典，斯巴达或底比斯都不能领导这一运动。他们继续处于互相争雄的状态。……城邦的观念统治着他们的思想。他们想不到全希腊的伟大。对他们说来，全希腊是不存在的。需要野蛮人看到这一点，综合他们的文明，并把这种文明传播全世界。"基兰的著作，第 215 页注释；参看 1919 年 J. R. 尼普林在美国历史协会宣读的文章，"德国史学家和马其顿帝国主义"，引文见 J. W. 斯温的"什么是历史"？《哲学杂志》，第 20 卷(1923 年)，第 314 页。

我们一检查历史事实，普鲁士学派论点的荒谬就暴露出来了。在腓得烈·威廉二世[①]、三世[②]和四世[③]统治下的普鲁士，根本就不知道什么是自己的“德意志使命”。当时普鲁士的政策常常误入迷途、半途而废。尽管霍亨索伦王室为普鲁士国家做了不少事情，但他们事实上仍然是霍亨索伦王室。这就是他们为什么在1795年竟然放弃莱茵左岸[④]，也就是为什么他们把1813—1814年间解放战争的英雄们拖到自己的法庭里加以审判的根由；也是在史盘道和刻普尼克为德国青年提供了让他们亲眼看看的表演，说明为什么为德国的自由而死易，为它的自由而生难的道理。这也说明为什么腓得烈·威廉四世拒绝接受德国皇帝的皇冠[⑤]。

法国历史家泰恩非常赏识德国的学术成就，[⑥]1869年在和卡 218
尔·喜勒布兰[⑦]一次谈话中，他这样总结了普鲁士学派的主张：

> 〔这些德国人说〕我们使欧洲面目一新，在4世纪和5世纪，我们用入侵的方式把世界从罗马的腐败和古代的衰朽中挽救了出来。……16世纪，我们创造了新教——一种道德上的革新。……业已成长壮大的诸民

① 1786—1797年在位。——译者

② 1797—1840年在位。——译者

③ 1840—1861年在位。——译者

④ 1795年普鲁士与法国单独媾和，承认法国征服莱茵河左岸。——译者

⑤ 1848年德国自由党人开会于法兰克福，奉普鲁士王腓得烈·威廉四世为德国皇帝，希望以此统一德国；普王拒绝。——译者

⑥ “从两点来看，他们比别人高明：(1)渊博，……大量阅读，读完了所有关于这个论题的材料。……(2)哲学的精神，全面的观点，总体的思想；甚至在三四流学者身上，这些优点也可以看到……一个德国人在收齐他的材料以前，是不会作出思想结论的。”见《泰恩的生平和书信》，R. L. 德文希尔夫人译为英文（伦敦，1902—1908年，三卷），第2卷，第304—306页。

⑦ 德国历史家(1829—1884)。——译者

族……摆脱了罗马的枷锁。……在意大利和西班牙，自由思想遭到窒息。……近60年来，他们所有的书籍，所有的历史学、语言学、人种学和哲学等方面的研究都已告诉他们〔德国人〕，说他们是上帝选中的种族。[①]

他这部书是用一种难以置信的夸大其词的散文在一个不可捉摸的抽象的平面上写成的，缺乏人物描绘、逸闻和人性色彩。在意识形态上特雷新是黑格尔式的[②]，他把连续性和发展当作一种神圣不可抵抗的过程加以强调。他完全忽视经济和社会情况，认为纯粹的唯心主义不应当被那些世俗考虑伤害——在这方面，他也是他的老师黑格尔的一位当之无愧的学生。

特雷新在一本名为《史学纲要》(*Grundriss der Historik*)的小册子里把他的更有条理的思想表达了出来。其英译者把它称为当时“最有分量”的著作，[③]但一位法国批评家却毫不留情地把这本书说成是“用德国的莫名其妙语言写成的地地道道的中国式的伤脑筋的文字”。[④] 特雷新说，在自然界的向上和向前的运动中，历

---

① 见《泰恩的生平和书信》，第2卷，第299—300页。

② 在黑格尔看来，一切历史都是一种单一力量的表现。这一力量的工作是正义的，它的最新成就(即普鲁士)是最好的。国家在道德范围内犹如自然在物质界一样。它是“理性或观念的一种形式，以意志形式实现它自己。对个人来说它是至高无上的权力，个人首要的职责是作为它的成员”。论述黑格尔的有大量的文献，但不在此书论述范围。参看F. A. 朗格，《唯物主义史和它的当前重要性的批判》，E. C. 托马斯译成英文(波士顿，1881年，三卷)，第2卷，第239—262页；阿克顿的书(见本书原书第209页著者注)，第360—362页；特别是黑格尔的《历史哲学讲演集》，J. 西布利译成英文(伦敦，1857年)。

③ 莱比锡，1867年；E. B. 安得烈的英译本《史学原理纲要》(波士顿，1893年)。路德福·胡布纳编的德文新版本(柏林，1937年)，在编入特雷新的其他论文和研究后大为扩充。

④ 基兰的书，第216页。《史学纲要》即使不能说无法理解，对那些不熟悉黑格尔哲学那些专门名词的人来说，至少也是含糊不清的。

史发现了自己充分的用场；历史科学是体验、经验和研究的结果；历史方法的本质是通过研究达到理解。人的本性通过其内在过程表现出来。“各个时代，各个民族，各个国家，各种宗教等等加在一起的影响，只是绝对整体的一种表现”。在多种目的继续不断地推动下的精神世界处于一种不断发展的状态，“随着人类使自己成为永恒的过程而不断向前”发展。在精神世界中，这个运动的互相接连的诸阶段便是历史；每前进一步都使我们对历史的理解更为广 219
泛，更为深刻。“历史的知识即历史本身”。历史事物的真理存在于精神力量之中，犹如自然界事物的真理存在于自然“法则”——机械的，物理的，化学的法则等等——之中那样。历史事物就是这些精神力量变成现实的永不休止的过程。所谓历史地考虑问题，意思就是在现实中看到由精神能力所取得的真理。

我们不妨以特雷新给国家和自由（德国形而上学喜爱的两个词）下的黑格尔式的定义作为对他的评论的结束语。

> 国家就是一切精神成分的总合，是它们联结在一起的有机体，亦即这些精神成分的共同家乡和栖息地，迄今为止，也是这些精神成分的目的所在。……因此，在一个国家和一切国家的生活中，权力是本质的东西。……权力法则在政治世界中有效，犹如重力法则在物质界有效一样。……国家并不是它所包含的那些个人的总合，也不是从他们的意志中产生的，也不是根据他们的意志而存在的。
>
> 历史运动的生命脉搏是自由。“自由”这个词在不同的时代有不同的含义。它的意义基本上只是消极的。自由的真正意义就是不受阻挠地加入道德诸范围之一中从事生活和工作，不受另一范围的干扰或阻挠，也不被排斥于任何范围之外。

普鲁士学派最年轻、最著名的代表是亨利希·丰·特赖奇克

(1834—1896)。[①] 他和他的崇拜者特雷新不同，他在血统上不完全是德国人。他的祖先一半是撒克逊人，一半是斯拉夫人。一位崇拜他的朋友这样写道："他身材魁伟、宽肩膀，黑头发，黑面孔，一双深沉的黑眼睛，时而睡眼惺松，时而目光炯炯——俨然斯拉夫式。他那黑发浓须……和活泼的示意动作，使他的斯拉夫血统无法掩饰。"[②]他并非日耳曼血统这一点应予强调，这不只是因为霍亨索伦王室这位最热情的拥护者原来是一个"外国人"这个离奇现象，而且因为这就把他放在自己的经历和家庭关系的对立面了，这情况又产生了另一个后果，即举世瞩目的缺乏平衡。

特赖奇克生于德累斯顿，是一位撒克逊将军的儿子。虽然他
220 早年的环境是"地方主义的"和反普鲁士的，但在十几岁时他便表现出民族主义和要求统一的感情。在幼年耳聋后，这个年轻人就把自己的尚武精神以战斗诗歌发泄出来。但是他注定成不了一位

① 论述特赖奇克的文献资料相当多。参看 H. 埃刻林，《亨利希・丰・特赖奇克》(莱比锡，1898 年)；M. A. 穆格，《亨利希・丰・特赖奇克》(伦敦和纽约，1915 年)；T. 施曼，《亨利希・丰・特赖奇克学徒和旅行的年代》(慕尼黑，1896 年)；阿道尔夫・豪斯拉司，《特赖奇克，他的德国命运和国际关系学说以及他的生平和著作研究》(纽约和伦敦，1914 年)；W. 立丁豪司，《亨利希・丰・特赖奇克的史学技艺》(莱比锡，1914 年)；恩斯特・列普兰得，《19 世纪德国学术生活中的亨利・丰・特赖奇克》(斯图加特，1935 年)；O. 阿姆夫立德，《反对特赖奇克》(埃斯林根，1907 年)；古奇的书，第 147—155 页；佛特的书，第 677—683 页；沃尔夫的书，第 242 页注释；达尔曼-惠芝的书，第 14718—14721 和 15510 页；基兰的书，第 254—325 页；H. V. 彼得斯多夫的书，见《全德传记》，第 55 卷，263—326 页；P. 拜留，"亨利希・丰・特赖奇克"，见《德国全貌》，第 89 卷(1896 年)，第 41—76、237—271 页；K. A. V. 穆勒，"新闻记者特赖奇克"，见〔慕尼黑〕《历史杂志》，第 135 卷(1927 年)，第 382—412 页；关于书目提要，见 S. K. 帕多弗，"特赖奇克：希特勒主义的先驱"，见《太平洋历史评论》，第 4 卷(1935 年)，第 161—170 页。

② 豪斯拉司的书(见本书原书第 219 页著者注)，第 7—8 页。

诗人，这主要是因为他第一部诗集无人赏识。他曾在莱比锡、蒂宾根、格丁根、波恩等大学读书；在波恩大学时曾受达尔曼影响。特赖奇克追述说："他说我应该为祖国效力；当他带着锐利的目光向我伸出他的手时，我立即满怀壮志，意识到我有多少事情要做。"特赖奇克下定决心成为一位历史家，于是前往海德堡大学，受到豪则的爱国思想的谆谆教导，这与过去达尔曼对他的教导颇为相似。

1858 年，这位有才华的青年爱国诗人在莱比锡大学当了讲师；并于次年出版了他的《社会的科学》(*Gesellschaftwissenschaft*)(莱比锡，1859 年)。特赖奇克在他这部书里设法证明政治(普鲁士的政治)和社会的相互关系，并证明"国民生活的每种努力的成果总是倾向于改革，这些改革同时既是政治方面的，也是社会的和宗教方面的"。这部书从根本上说是主张德国在普鲁士霸权下统一起来的一篇论文，却自称是以"科学的方法"证明普鲁士的政治发展壮大、证明诸小邦"在社会学上的"劣势——"在那些小邦里，君主制只不过是笨拙地模仿他人而已"。

从 1858 年到 1863 年特赖奇克一直在莱比锡；1863 年前往弗赖堡，在这里一直待到 1866 年，然后就应聘去基尔大学，1867 年在海德堡大学当教授；最后在柏林大学从 1874 年教到 1896 年去世。从 1871 到 1888 年间他在联邦议会当议员，是俾斯麦的一位拥护者。1886 年兰克去世后，特赖奇克就被任命为普鲁士王家史官。

从特赖奇克的影响看，必须从三个方面来研究他：即作为一位教师，作为一位政治鼓动家和作为一位历史家。作为一位讲师和演说家，他不亚于达尔曼。特赖奇克是当时最伟大的演说家之一，他以热情洋溢的口才触动广大听众的心。他那滔滔不绝的辩才把听众征服，使他们注意不到他那又沙又粗的尖叫声音——聋子的声音——也看不见他那急速摆动的、“好像因某种神经病发作”而颤抖的脑袋了。他以一位鼓舞人的先知所具有的全部信心进行说教，无非是一统一德国如何光荣如何强盛；那些非日耳曼人多么堕落、多么低劣而已。

特赖奇克在海德堡大学的听众之一是第特立喜·社斐，他在这位大演说家去世九年后在柏林大学当了历史教授。他记述说：

> 221 特赖奇克只讲授近代史。……德国青年在他身上看到德国那些理想的体现；他是受人鼓舞而主张德国统一并以这个思想鼓舞别人的宣传家，他那清楚而坚定的政治见解就是他的确实可靠的向导。听他讲演的人比听别人演讲的多得多。实际上，他每一句话都是对世界的一句判断；这一事实吸引的人多，排斥的人少。他的坦率令人神往。……我觉得从费希特的时代以来，任何德国教授在学生们心上留下的印象大概不至于比亨利希·丰·特赖奇克留下的更深刻了。[①]

特赖奇克以讲课，演说，写文章等形式传播的政治思想，与其说是一位历史家的思想，还不如说是一位特殊辩护者和鼓动家的思想。[②] 对这些东西如果说什么好话，充其量只不过是不加任何

① 第特立喜·社斐，《我的生平》（柏林和莱比锡，1926 年），第 63—64 页。

② 特赖奇克的许多政治论文和短论收入他的《历史和政治论文》（莱比锡，1886—1896 年，四卷）；《德国战斗的十年（1865—1874）》（柏林，1874 年），和他的《德国的战斗，新丛书》（莱比锡，1896 年）。关于他的政治讲话，参看《国会演讲集》（莱比锡，1896 年）。他的有关政治方面的讲演，在他死后由 M. 科尼西拉出版，书名是《政治学》（柏林，1898 年，两卷）；B. 达格对尔和 T. 比尔合译的英文本，《政治学》分为两卷，出版于 1916 年。其他英文选译见特赖奇克的《德、法、俄诸国和伊斯兰》（伦敦，1915 年）；见 A. L. 高旺译的《特赖奇克政治演说选》（伦敦，1914 年），和豪斯拉司的著作（见本书原书第 219 页著者注），第 137—332 页。

掩饰的直言不讳的政治弹药而已。他嘲弄客观性是“惨白的”、没血肉的东西，他坦白承认他的“爱国主义千倍于他的教授工作”。他追随黑格尔，宣传国家的绝对优越性。“国家并不是一个艺术学院或证券交易所；而是权威”。他常常鼓吹，“国家就是为了进行攻击战或防御战而联合起来的社会”这种“严酷而可怕”的学说。特赖奇克在现实主义方面超过霍亨索伦党，在猛烈方面超过纳粹党，他坚决否认国家建立在属民的同意或善良意志之上的说法：“国家的法律必须遵守，不管愿意不愿意”。国家向它的臣民说，“我不管你们怎么想——反正你们非服从不可”。

这种国家观念必然产生两种结果：第一，只有强大的政府，才值得尊重；第二，战争是强国的最大利益。特赖奇克对德国诸小邦和人民的无限痛恨就是由此而来的。这位热情的爱国者满口谩骂、诬蔑不幸的非普鲁士人。在他看来，他们都是“下等日耳曼人”，“市侩庸人”，“他们的腐败臭气冲天”。1866 年，他在文章中说：汉诺威，黑森和萨克森“被消灭的时刻业已成熟，而且已经过于成熟了”。以排山倒海之势广为传播的这类思想，大规模地为俾斯麦统一德国铺平了道路。

至于战争，特赖奇克认为它是人类最高尚的行为。“应当把战争看成上帝规定的秩序的一部”。源于“人类的罪恶和激情”的战争具有其真正“道德庄严”。

> 我们生活在一个好战的时代；那种过分感情用事、慈悲为怀的判断
> 事物的方式业已退居幕后。……全世界一切和事老将永远不可能使所 222
> 有政治势力得到意志上的统一，在它们的意志得到统一的那一天之前，
> 只有战刀才是唯一的仲裁者。通过战争过程本身，我们业已学会认识

> 战争在道德上的庄严伟大，而在浅薄的观察者看来，这些过程似乎是凶残而无人性的。战争的伟大恰恰就在于乍一看它似乎是恐怖——也就是说，人们为了自己的国家愿意克服人类自然的仁爱之情，屠杀并未伤害过自己的那些同胞，甚至是他们作为英勇的敌人而敬佩的人。人们不但要牺牲自己的生命，而且还要牺牲自己灵魂上的自然而正当的本能；为了爱国，他必须献出自身的一切；战争的庄严伟大正在此处。……懂得历史的人也懂得，在全世界取消战争就等于打碎人类的天性。①

特赖奇克对战争的歌颂在德意志帝国得到热烈反应，他这种感情并不是没有深远的动机的。作为容克地主统治下的君主国的代言人，特赖奇克说出了当时在军界流行的意见：武力征服是必要而称心的。纳粹以前的这种理论竟然说，把文明给了欧洲的就是德国人。特赖奇克问道："是谁首先把斯堪的纳维亚人和莫斯科人自己的民族的广阔前景指给他们看的呢？哥本哈根就像诺夫哥罗德那样，都是德国的。"没有一个罗马人或法国人问过特赖奇克，到底是谁把文明给予德国人的。他以惊人的不顾历史真实的态度写道："德国人实现了自从罗马时代以来全世界曾经出现过的最伟大的殖民运动。"由此可以得出结论：德国人应当再次统治欧洲。"我们的时代是战争的时代，我们的时代是铁的时代。……如果强者治服弱者，……那就是一条无可争辩的生活规律。"德国利用强权即公理这个理论将恢复古代汉萨同盟海军的光荣——这件事偶然地引起和英国海军的竞争，终于引起第一次世界大战；德国还应当占有荷兰，并摧毁英国的力量。"我们已经和奥地利、法兰西和俄

---

① 特赖奇克，《政治学》(见本书原书第 221 页著者注)，第 2 卷，第 395—396 页。

罗斯清了账；还将和英国算账。”[1]1914 年果然算账了。

特赖奇克作为一位史学家，把一个感情用事的爱国主义者的一切优点和缺点都表现出来了。他的《19 世纪德国史》(*Deutsche Geschichte im neunzehnten Jahrhundert*，写至 1848 年)[2]可能是德国学术写作中最光辉的成就[3]。尽管他这部书有凶狠的成见和粗野的吼叫，但仍然是一部杰作。它有一切可能的缺点如不公正、偏激、片面、沙文主义、粗暴、毫无节制的激情等等，然而这部叙事 223
史却像一篇史诗那样引人入胜。本质上，他是一位诗人，是把历史当作文学和学术的结合写的；他的文笔比德国任何其他史家都更为光彩夺目。他这部书里的观点和他在《政治学》里表达的那些相同，但其结构较好，更为透彻，学术造诣深透而扎实。这部著作实际上涉及民族生活的各个方面，诗歌和艺术，政治和科学，充满生命的脉搏，因为作者具有任何史学家都没有的双重性：他既知道如何仇恨，又知道如何以光芒四射的文字表达自己的仇恨。他承认，“天啊！我的血太热了，当不了历史家。”

确实，按照爱好或科学的一般法则判断，特赖奇克坦白承认他并不是科学的历史家，这是对的，这完全是真实的。但他却是一位

---

① 特赖奇克，《德国的战斗，新丛书》(见本书原书第 221 页著者注)，第 349、395 页。英国了解到特赖奇克的强烈仇恨，从而在第一次世界大战前夕引起很大反感；特别要参看 J. W. 赫德兰的“亨利希・丰・特赖奇克”，见《英国历史评论》，第 12 卷(1897 年)，第 727—747 页；比较“特赖奇克的政治哲学”一文，见《评论季刊》，第 226 卷(1916 年)，第 176—195 页。

② 莱比锡，1878—1894 年，五卷，共 3733 页；E. 保罗和 C. 保罗的英译本书名是《特赖奇克的 19 世纪德国史》(伦敦，1915—1919 年，七卷)。

③ 应该说是最反动的吼叫。——译者

光辉的作家，他不管当新闻记者或小说家，本来都是可以成名的。下边引的故意把皇帝弗朗西斯二世在维也纳会议上的形象丑化的这一段文字可以作为特赖奇克热情的写作风格的一个例证。必须牢记特赖奇克既恨天主教，又恨奥地利人：

> 会议东道主弗朗西斯皇帝在这些高级贵族中扮演了尊贵的家长的角色，他的演技并不含糊，……这位狡猾的善于算计的人一清二楚地知道当东道主给他带来的种种好处。在前来做客的那些安详的王公贵族们心目中，这位穿着蓝色破旧外套、风度很像一位和气可亲的小资产阶级，一点架子都没有的人物，看来多么动人哪！……他……戴上的那副坦白、诚恳、憨直的奥地利假面具，对他真是恰到好处，因为它正适合他那迟钝的性格和庸俗的爱好。任何人都不曾诱使他产生诚挚的善意这种感情；在这个极其伟大的时代中命运的种种变化忽略了他那痴呆的利己主义，没有留下一点痕迹。他从未减轻已经宣判的死刑，除非是犯罪者本人请求被处决的；在他亲自监督下对政治犯进行虐待，他亲自决定锁链的重量，亲自决定断食的天数，除阅读截获的函件外，他不知道还有什么更愉快的娱乐。他已经死了两个妻子，不久就要埋葬第三个了，以便以无法战胜的平静心情迎娶第四个。……尽管他那冷酷无情的眼睛的表情不怀好意，尽管他和西班牙国王腓力二世①在精神上同属一类，二人极其相似，……但全世界都相信这个残忍而多疑的专制暴君那孩子般的天真。他的政治制度是再简单也没有的了。……他希望永远保持自己的平静，希望永远像一位勤奋的枢密大臣那样尽职，把公文的边缘写满毫无意义的评语，在闲暇时间拉小提琴，剪纸像，油漆鸟笼，并进行其他皇家的消遣。像他的大多数祖先那样，他愚蠢而笨拙，甚至连开始了解一种新的政治思想也完全不能，他认为，一切正在鼓舞着这个新世纪的那些革命思想和民族主义思想不外是邪恶和愚蠢，仅仅把它们看成是应受严惩的反对虔诚的大公王室的叛乱。然而，和这

① 奥帝弗朗西斯二世与西班牙国王腓力二世都属于哈布斯堡王族。——译者

种精神上的贫困连在一起的，还有一种彻头彻尾的乡巴佬的狡诈。……①

正如佛特正确地指出的那样，特赖奇克在德国历史写作上的影响并不大。他产生巨大影响的地方是社会舆论。事实上，他的 224
言论在德国得到极其广泛的接受，以致在国外，人们认为他是帝国的官方代言人，也是德国首要战争贩子之一。第一次世界大战爆发时，有十好几部仇视特赖奇克的书在伦敦出版。特赖奇克本人是普鲁士历史学派最后一位伟大的代表。正如玛克斯·兰兹指出的那样，在他之后，德国历史家就又回到旧时兰克那种非党派性历史的理想。无论如何，德国统一业已完成。在纳粹主义和希特勒兴起以前，已不再需要猛烈的特殊的抗辩或热情争论了。②

① 《德国史》(本书原书第 222 页著者注)，第 2 卷，第 10—11 页。

② 普鲁士历史学派所鼓吹的反动思想事实上是纳粹主义的前导。——译者

第八编

19世纪法国和英国史家

第四十四章　法国史家
(1814—1848)[①]

19 世纪法国史学中压倒一切的思想可以归结为一个词：革命。法国历史家都是 1789 年至 1815 年间使法国剧烈震动的那种 227

① 关于一般记载，参看古奇的书，第 9—13 章；佛特的书，第 551—567、625—629、632—639 页；阿尔方的书，附书目提要，注释，第 185—209 页；考斯道夫·兰孙，《法国近代文学书目提要，1500—1900 年》(修订版，巴黎，1921 年，五卷)，第 4 卷；路易·波尔多，《历史和历史家》(巴黎，1888 年)；G. 摩诺，"16 世纪以来法国历史研究的发展"，见《历史评论》，第 1 卷(1876 年)，第 5—34 页；C. 劳安得，"战后法国历史研究"，见《两世界评论》，第 19 卷(1877 年)，第 428—456 页；谢尼奥博斯，"1814 年以后的欧洲通史"，见《王廷与会议评论》，第 2 卷(1893 年)，第 40—43 页；玛塞·坡埃特，"巴黎历史资料和巴黎历史家"，见《有力评论》，第 4 卷(1905 年)，第 693—695 页；G. 摩诺，"法兰西学院历史讲座"，同上书，第 4 卷(1905 年)，第 801—806 页；《爱丁堡评论》，第 73 卷(1841 年)，第 84—120 页；卡尔·贝克尔，"社会问题和社会观点对历史研究和历史编写的影响情况"，见《美国社会学协会出版物》，第 7 卷(1913 年)，第 73—107 页。

评论法国革命的历史家，参看，H. M. 史梯芬斯，"法国革命史的编纂"，见《美国历史学会年报》，第 10 卷，第 38 页及以后；无名氏，"撰写第一次法国革命的历史家"，见《不列颠评论季刊》，第 10 卷(1849 年)，第 168—192 页；F. 哈礼孙，"法国革命史家"，见《北美评论》，第 137 卷；L. R. 高次乔克，"法国革命：阴谋暴动和形势"，见《迫害和自由：纪念乔治·林肯·布尔论文集》(纽约，1931 年)，第 445—472 页；"历史的虚伪"，见我的《书林小径》(伯克力，1935 年)，第 147—152 页；H. 包德里拉，"法国革命和二月革命史家"，见《两世界评论》，第 4 卷(1850 年)，第 808—931 页。

狂热和思想的继承者。对于经历过第一共和国[①]和第一帝国[②]那许多苦难和光荣的一个民族来说，这次革命并不仅仅是政府的改换，而且是生死攸关的现实，是达到民族心理大转变高度的那种大动感情的经历。1815年的法国是个业已疲惫不堪、精力衰竭、经受过深刻震动的国家，但并未完全败北；在执政府和帝国统治下那些几乎达到英雄史诗高度的伟大成就使她从内心深处感到无限自豪。不过，为巩固这些新传统使国家达到平稳安宁的境界还需要许多年的时间。

对法国人说来，革命无论曾经出现过或者没有出现过，有一件事情是存在的：它是伟大的现实，而不仅仅是人们在书本上读到的故事。这个国家不仅在左右一切的意识形态上和基本制度上以崭新的面目出现，而且已经有了许多积极活动的人物，或是作为雨果那样的诗人，或者作为米细勒那样的历史家，亲自充当这个伟大传统的继承人。直至19世纪最后那25年，还有许多在政界、文学界著名人物亲自记得革命和拿破仑，这是很重要的事实。只举三个
228 例子：基佐生于革命前两年，活到1874年，亦即活到第三共和国建立之后。和基佐同年去世的米细勒生于拿破仑任第一执政的前一年，拉马丁生于大革命的第二年，死于拿破仑三世垮台的前一年[③]。法国诸作家的长寿可能和这件事有一定关系，但是这个由活人形成的连环在塑造19世纪法国那些思想和运动方面还是很重要的。

---

① 1792—1804年。——译者

② 1804—1814年。——译者

③ 1869年。——译者

在拿破仑统治下,法国很少历史写作;它正忙于创造历史,无暇撰写历史。皇帝也并未鼓励像历史写作这类动脑筋的(有时是批判的)学术上的奢华。只要历史家对他本人歌功颂德他就不管他们别的闲事了。这位皇帝是讲求实际的政治家,他看不出有什么理由浪费时间研究过去,特别是研究他的对手波旁王室。如果历史家愿意撰写,他们就应当暴露法国古代君主制和教会的弱点。[①] 换言之,历史写作必须从反波旁、反教会的观点出发,以显示拿破仑的光荣更为伟大。很少学者愿意干这类事情。

在拿破仑垮台后,在写作上出现强烈的朝浪漫主义发展的运动,在史学上出现的是民族主义运动。浪漫主义和民族主义实际上倾向于汇合成一个潮流。几乎可以这样说,文学已稍稍带有历史性,而历史则成了生动的文艺作品。对不久前发生的那些大事件仍然心有余悸,于是人们就逃到远处和虚幻中去寻找避难所了。各王朝的更替,各王国和共和国的兴衰,引起人们对不久的过去进行研究,而这种研究又导致对遥远过去的研究。文学和历史写作携手并进,二者都想解释、证明、了解现世,也有的是想逃脱现世——这一点并非最不重要。小说家兼诗人维克多·雨果写了两部半历史性的著作[②]。诗人拉马丁写了一部吉伦特党人的历史,

---

① 《拿破仑一世通信集》(巴黎,1858—1869 年,32 卷),第 16 卷,第 575—577 页,1808 年 4 月 12 日。参看 1807 年拿破仑口授的有关设立历史学校的短函:"历史和立法必须放在头等地位……二等地位应由军事技术史占据。"参看 P. 弗雷德里克,"德国和法国的历史研究";亨利埃塔·利奥纳德译自法文本,见《约翰·霍普金斯大学历史政治科学》丛书,第 8 辑,第 5—6 卷(1890 年),第 59 页,注①,这是一项有价值的研究。

② 即《马丽·都铎尔》(1833 年)与《罪恶史》(*Histoire d'un Crime*)(写于 1852 年)(以共和党人的观点,评述 1851 年拿破仑三世的政变)。——译者

米细勒的内心一直是诗人，在技术上却是小说家。历史传奇成了法国最流行的写作形式。

然而，如果把浪漫主义看成表面潮流，那么它下边存在的暗流就是保王党的极端保守和天主教的反动。后者有两派：一个是教会政治反动学派，一个是天主教浪漫学派；后一派的主要代表人物是夏多布里昂[1]。他的《基督教的精髓》(*Génie du Christianisme*)(1802年)是浪漫主义的圣经。[2]

229 前面提到，浪漫主义最早的苗头是在德国出现的，这主要应归功于赫尔得的影响。有些人说把浪漫主义引进法国的是得·斯塔厄尔夫人[3]的《德意志论》(1810年)，这是错误的。在复辟时期的法国写作中，几乎没有模仿德国任何东西。流行的外国文学是英国文学，而不是德国文学。海涅[4]和芮农[5]是最早把德国思想介绍到法国来的。[6]

〔1820年奥古斯丁·提埃里[7]写道〕我相信，群众对历史比对任何

---

① 1768—1848年，法国文学家和政治家。其著作《阿太拉》(1801年)和《勒内》(1802年)的出版，标志着法国浪漫主义文学运动的开始。——译者

② G. M. 布兰得斯，《19世纪文学主流》(莱比锡，1893—1896年，六卷)，第3卷。《法兰西的反动》；哈罗德·豪夫丁，《近代哲学史》(伦敦，1900年，两卷)，第2卷，第296—298页。

③ 法国女作家(1766—1817)。嫁与瑞典驻法公使，法国革命时逃亡国外。拿破仑失败后始回法国。——译者

④ 德国诗人(1797—1856)。——译者

⑤ 德国语言学家和历史学家(1823—1890)。——译者

⑥ 《H. 泰恩的生平和书信》，R. L. 得丰喜尔夫人的英译本(伦敦，1902—1908年，三卷)，第3卷，第97页。参看泰恩富有创见的说明：一切文学中都有一种哲学，见他的《英国文学史》(巴黎，1911年，五卷)，第1卷，第221—227页。

⑦ 法国历史学家(1795—1856)。——译者

> 其他严肃的读物更为爱好的时刻业已到来。文明的规律也许就是这样:在一个被各种思想搞得激烈动荡的时期过去之后,便出现一个被事实推动的时期,也许因为对过去的诽谤太多了,人们听厌了,如同听厌了对一个不认识的人的诽谤那样。……许多人读了沃尔特·斯各脱[①]的小说,就把思想转到中世纪,不久以前,他们又腻了,不再理睬中世纪了;假如在我们这个时代,在阅读和撰写历史的方式上出现一次革命的话,那么〔斯各脱〕这些作品表面上虽琐屑轻薄,但它将以一种奇特的方式对这次革命作出贡献。[②]

提埃里自己在制造对历史的爱好方面很积极,事实证明他是一位先知。继传奇时期而来的是一个文献收集时期,而文献收集时期又被一个历史阐释时期所取代。在历史兼政治家基佐的激励下,为出版历史文献的一些委员会组成了,而且在政府财政支援下,他们出版了成千上万的文件,有数百卷之多。巴黎和各省的档案馆都被细细搜寻,“所有未曾刊出过的重要历史文献,如手稿、特许状、执照、编年史、回忆录、通信,甚至哲学、文学或艺术等等著作都翻遍了,只要对人们还不知道的历史上任何时期的风俗和社会状态某一方面有所揭示的东西都要。”[③]和这次朝文献史方向发展的运动有关的是1821年著名的古文书学校的成立,目的是训练一些古文字学者、书目提要编者和图书管理人员。多年来它一直是世界上唯一的这类学校,曾培养出一些在这方面最出色的技术人

---

① 苏格兰小说家(1771—1832)。——译者

② 奥古斯丁·提埃里,《法国史书札》(巴黎,1867年),第59页,参看阿尔方的书,第19页。

③ 色维尔·查梅斯,《历史和科学工作委员会》(巴黎,1886年,三卷),第2卷,第14页;并参看《伦敦评论季刊》,第54卷(1883年),第401—430页。

材，如启希拉①、拉兰、部耳奎洛特和希姆利等人。在 19 世纪 80 年代，一位比利时学者把它说成是“一座举世无双的学府”，“在巴
230 黎能够找到的提供最扎实、最完备的真正的科学的历史教学的一座学府”。② 在这个时期末期，其他历史学校或机构也建立起来，各校都有自己的出版物。

为浪漫主义式的历史定出模式的人是奥古斯丁·提埃里(1795—1856)，③他是在师范学校上学的穷孩子，一个自由主义者和理想家，有一段时期，他是圣西门的秘书和“养子”。夏多布里昂的《殉教者列传》(*Les Martyrs*)引起他对历史的兴趣。他曾热情拥护七月革命④。这次革命进一步刺激了他对历史的热情。但在革命爆发前，他就已经出版了两部著作，而且已使他成名了。

提埃里在他的《历史研究十年记》(1834 年)里叙述了 1817 年

① 法国语言学家(1799—1884)，著有《拉丁—法文词典》等书。——译者

② 阅读弗雷德里克的记述，见《约翰·霍普金斯大学科学研究》(见本书原书第 228 页著者注)，第 58—66 页；参看 A. 纪里，“朱理·启希拉”，见《历史评论》，第 19 卷(1882 年)，第 241—264 页；F. 孙·普来，“旧法国，古文书学校和社会经济学会”，见《社会改革》，第 22 卷(1891 年)，第 21—50 页。

③ 关于提埃里，参看古奇的书，第 169—173 页；佛特的书，第 558—562 页；恩斯特·芮农的书，见他的《道德和批判文章》(巴黎，1864 年)；列昂·奥比牛，《奥古斯丁·提埃里，他的史学体系和错误》(第 2 版，巴黎，1879 年)，一部对教皇极权主义批判的著作；阿尔布瓦·得·朱班维尔，《撰写历史的两种态度；对玻绪亚、奥古斯丁·提埃里和浮斯退尔·得·库朗日的批判》(巴黎，1896 年)；斐迪南·布朗乃提，“奥古斯丁·提埃里的著作”，见《两世界评论》，第 132 卷(1895 年)，第 469—480 页；卡密尔·朱理安，“奥古斯丁·提埃里和复辟时期的史学运动”，见《综合历史评论》，第 13 卷(1906 年)，第 129—142 页。某些评论见《外交评论季刊》，第 6 卷(1930 年)，第 283—321 页；《北美评论》，第 72 卷(1851 年)，第 316—343 页；《评论季刊》，第 74 卷(1844 年)，第 284—291 页；《学者杂志》，1855 年，第 73—84、366—379、734—746 页及 1856 年，第 337—347 页。

④ 1830 年。——译者

至1827年间他的学术经历，这些年正是他撰写英法两国人民的历史的时期[1]。他最出名的著作是《诺曼人征服英国史》。这部书对人们研究早期英国史起了推动作用。最早于1825年出版，在《历史研究十年记》中，他记述了写这部书的缘起。他急于“从一包寺院编年史里找出材料写历史以求成名”，曾走遍各图书馆搜寻材料。

> 有一天，我正在聚精会神地阅读休谟[2]著作的某些章节的时候，脑子里突然产生一个想法，而且像一线阳光那样明亮，我把书本合起来，喊了一声：“这一切都是从征服英国开始；从老根上就存在某种征服！”我立刻想出一个计划，重新撰写英国历次革命史，而且要用看待英国历次革命的这个新观点撰写。

在为这个目的收集资料期间，他的注意力又被吸引到作为 231
1066年诺曼人征服英国这个冒险事业[3]的背景的法国史上面来了。

> 我下定决心，……建造我这部史诗大厦，撰写诺曼人征服英国的历史，要追溯到它最初的源泉，以便顺流而下，摸到它最近的结果；以逼真的色彩、以涉及尽量多的方面的办法，描绘这一伟大事件。而且，要想描绘如此花样繁多、数量庞大的这些事件演出的舞台，就不能仅仅涉及英国，还要把曾经受到诺曼人移民影响或诺曼人胜利的反响的远远近近的各国都提到。

这是一个设想得很宏伟的、雄心勃勃的计划；假如能够写到在

---

① 即《诺曼人征服英国史》（1825年）及《论法国史信札》（1827年）。——译者

② 苏格兰哲学家和历史家（1711—1776），著有《詹姆士一世与查理一世两朝的英国史》等书（1754年以后）。

③ 指法国诺曼底公爵威廉征服英国。——译者

逻辑上应当写到的结尾的话，这部诺曼人征服史本来可能成为中世纪中期的一部欧洲史。这样一部著作需要长期、耐心而艰苦的劳动，而提埃里确实也不遗余力。

> 通过狼吞虎咽般一页又一页地阅读那些冗长的对开本才能摘出片言只字；而且，在某些情况下，从一千个字中才摘出一个字；我的眼睛通过这种活动获得一种使我大为惊异的本领（至于其原因何在我说不清楚），好像我是在凭直觉阅读，把一页翻开，我的眼睛几乎立刻就落在应该使我感兴趣的段落上。……当我的手一页一页地翻着，或写下笔记的时候，我全神贯注，进入出神入化的状态，完全意识不到周围发生了什么事情。……图书馆那些职员和好奇的参观者在阅览大厅走来走去，我根本就没听见，也没看见，我只看见我阅读的东西在我的心灵中唤起的那些幽灵。……

这部著作一出版立即取得成功，它有三个杰出的优点：无可否认他是受了沃尔特·斯各脱的影响（作者曾说，"我对这位伟大作家的景仰极深"），这部书是以一位小说家全部热情和生动的文笔撰写的。作者作为圣西门的学生，使自己写的历史充满强烈的维护社会正义的感情。但提埃里过分地把历史看作戏剧、色彩或热情，可说是一个偏向。他那些政治原则和种族观念极其暧昧，除了把历史看得过于戏剧化以外，他还在历史过程中看到弱者和强者之间的斗争。不要把他这个看法和马克思主义者的"阶级斗争"观念混为一谈。在后一时期更为现实的马克思主义者把全部历史看作非人力所能控制的一些力量之间的斗争的地方，提埃里只是把这种斗争说成人和人之间的斗争了，而且把它染上感情的色调。他的著作本质上是党派性的小册子，其中盎格鲁-撒克逊人代表法国的第三等级，诺曼人代表1814年复辟的法国贵族。因此，葛德文①和哈罗德②被捧为爱国者和英雄，而征服者威廉和他那些男爵则被斥为暴君。例如，从摘自《征服史》的下面这一段可以看到提埃里如何表示了他对被征服的盎格鲁-撒克逊人的同情：

> 许多世纪又是许多世纪过去了；然而，和诗人们预见的相反，古代布立吞人③这些土地并未回到他们的后人手中。假如外国压迫者被打败了，那也并不是被有正当资格取得这一报复性胜利的民族打败的。……以下将用一些篇幅记述盎格鲁-撒克逊人受到的挫折，又轮到他们遭受来自海外的民族的侵略和奴役了。在不列颠这个地方，这个种族迄今一直胜过所有先于他们住在这里的那些种族，他们这时将鼓起人们从未产生过的那种兴趣；因为它的事业将成为正义的事业，受苦受难的被压迫的人们的事业……面对这些古老的文件，其中详尽而朴
> 素地记述了那些灾难，读来仿佛把遥远的古代那些人真的带到我们面 232
> 前来了，一种亲切而温存的怜惜之感便在我们心中油然而生，和写历史的人的公正的思想融合在一起，把他软化，但对他那忠诚和公正的决心并无丝毫损伤。④

大体上说，这是一部出色的著作，强调的是人民的而不是国家的历史，这一点是独到的。提埃里的缺点如过分戏剧化、夸大的渲染、感情用事等，和他那些优点比较起来，分量就小多了。他这部历史生动、明确、感情丰富，在读者的经验印证下倍感亲切，不仅仅是一部渊博的编年史。写得非常成功，并有深刻影响，对米细勒说

---

① 西撒克逊伯爵，协助英王爱德华统治英国，死于 1053 年。——译者

② 葛德文之子，1066 年 1 月爱德华死后即位为王。10 月诺曼底公爵威廉入侵，哈罗德战死，是为英国盎格鲁-撒克逊王朝的终结，诺曼底王朝的开始。——译者

③ 克勒特民族。——译者

④ 《诺曼人征服英国史》(伦敦，1885 年，波恩标准丛书)，第 1 卷，第 54 页。

来，它的影响就更大。①

233 朱理·米细勒（1798—1874）②是个学者、诗人、历史家、戏剧小

---

① 奥古斯丁·提埃里也是《墨洛温时代》（1840年，两卷；第3版，1847年）一书的作者；《评论法兰西历史的通信集》（1827年）一书的作者；《第三等级的产生和发展史论丛》（1853年）一书的作者。

不要把奥古斯丁·提埃里和他的兄弟阿米底·提埃里（1797—1873）混淆。后者是以下诸书的作者：《高卢史》（1828—1845年，三卷）；《5世纪及以前的罗马史纪要：反对蛮族的斗争，〔和〕宗教斗争》（1860年；第2版，六卷，1880年）；《新编4，5世纪及以前的罗马史。提奥多西三子（三大臣）鲁芬—攸特洛普—斯提里坎》（巴黎，1865年），米涅说这部书"多么新奇，多么激动"；《阿提拉及其继承者的历史》（巴黎，1856年，两卷），"确是生动如绘"。《高卢史》在表上列于首位，包括17世纪；它企图从众多互不联系的、片断的资料中创造出一个完整的故事。阿米底·提埃里承认困难，他说，"这是企图用碎片组成整体，并赋予生命"。和他的兄弟一样，他的文章写得生动优美，而且和他兄弟一样，他也获得极大成功。当他还是一个囚徒的时候，拿破仑三世就热情地读他的著作；当时这位将来的皇帝写了一条有意义的注释："我正想读阿米底·提埃里的著作。这是一部认真而真实的历史；如果说提比略很凶残而且卡里古拉把他的马命名为执政官，如果他们在历代皇帝的伟大政策中使人民前进了，那又有什么关系呢？台伯河的水混了，难道它就不能好好灌溉这个不朽的城市了吗？"拿破仑当了皇帝之后，很重视把罗马帝国的必要性写出来的历史家阿米底·提埃里于1853年任命他为国务大臣，并于1860年任命他为参议员。参看米涅的《阿米底先生的生平和著作史略》，见《道德与政治科学院的会议与工作杂志》，第107卷（1877年），第652—714页；和《外交评论季刊》，第10卷（1832年），第138—150页。

沃尔特·斯各脱学派另一位成员是巴兰特男爵普洛斯拍·布鲁哲（1782—1866），一位赞成君主专制的外交家，他的《勃艮第公国史》（13卷；1824年以后）完全是戏剧性的叙述，颂扬性的历史小说。他的格言是"历史著作应重视叙述，而不重视令人信服"。他的另外一些伪史作品，特别是关于法国革命的作品由于有强烈的反对共和的偏见因而受到损害。参看古奇的书，第173—175页；佛特的书，第557—558页；巴兰特男爵，《回忆录》（巴黎，1890—1901年，八卷），第3卷；基佐，"得·巴兰特先生，他的家族回忆录，他的生平和著作"，见《两世界评论》，第70卷（1867年），第5—66页；圣柏甫《法国近代历史家，第3卷，得·巴兰特先生》，同上书，1843年，第1部分，第917—935页；奥拉尔，《得·巴兰特先生，国民会议的历史家》，见《法国革命》，第61卷（1911年），第428—434页，巴兰特《国民会议史》（1851—1853年，六卷）的一篇书评。

② 参看米细勒的《全集》（巴黎，1893—1898年）。下面是自传性作品：《我的幼年》（1884年）；《我的日记，从1820到1823年》（1888年）；《在意大利的一个冬天》（1879年）；《欧洲途中》（1893年），迦伯列·摩诺写过最多的有关米细勒的批（接下页）

说家,也是一位爱国主义者。他把过去的情景活生生地搬到我们面前。他忠实地说,“我终生爱好历史”。他不但把历史作为终身事业,而且把自己搬到过去时代里生活,在这方面他简单是一位空前绝后的人物。他的治史理想,可以毫不夸张地说,就是把过去“复活”。

米细勒是一位穷苦印刷工人的儿子,童年常常和几位伟大作家在一起。年纪还很小的时候就认为教书是一项神圣的事业,下定决心干这一行。“我当时就像卢梭那样,认为文学应当是留待以

(接上页)判性评价,参看《朱理·米细勒,他的生平和著作研究》(巴黎,1905 年),评论见《英国历史评论》,第 21 卷(1906 年),第 395—396 页;同上作者,《历史大师:芮农、泰恩、米细勒》(巴黎,1903 年);以及他的论文,《米细勒,从 1843 到 1852 年》,见《综合历史评论》,第 17 期(1908),第 261—272 页,“米细勒在他那个时代历史学术中的地位”,见《道德与政治科学院会议与工作》,第 175 卷(1911 年),第 271—289 页。并参看佛特的书,第 563—567 页;古奇的书,第 175—185 页;阿尔方的书,第 81—92 页,附他的著作的书目提要,第 193—195 页;E. 夏特兰的书,见《高等研究实习学院历史和语言学年报》,1912—1913 年,第 31 页及以后;基内夫人,《米细勒和基内的 50 年友谊,1825—1875 年》(第 2 版,巴黎,1903 年);冉·布朗司,《米细勒》(巴黎,1898 年);朱理·西蒙,《米涅、米细勒、亨利·马丁》(巴黎,1890 年);埃纳斯特·哈麦尔,《历史家 M. 米细勒》(巴黎,1869 年);A. 费瑞,《朱理·米细勒和希坡利特·泰恩》(巴黎,1910 年);希坡利特·泰恩,《历史批判论文集》(第 12 版,巴黎,1913 年);腓力克斯·洛克昆,“米细勒在国家档案库的工作”,见《历史笔记和片段》(巴黎,1906 年);爱弥尔·格布哈的米细勒“研究”,附在米细勒的《中世纪法国史纲要》(巴黎,1898 年)的前面;考斯道夫·兰孙,“米细勒历史方法的形成”,见《近现代史评论》,第 7 卷(1905—1906 年),第 1—31 页;Ch. 隆格腊,“米细勒”,见《历史和教育问题新丛书》(1906 年),第 33—95 页。用英文写的记述和评论,参看《历史家米细勒》,见《评论季刊》,第 193 卷(1901 年),第 130—150 页以及第 76 卷(1845 年),第 299—354 页;《爱丁堡评论》,第 79 卷(1844 年),第 1—39 页(他的《法国史》前五卷的一篇书评);《外交评论季刊》,第 25 卷(1840 年),第 420—446 页;《国民杂志》(*The Nation*),第 82 卷(纽约,1906 年),第 244—246 页;《不列颠评论季刊》,第 66 卷(1877 年),第 369—394 页,和第 10 卷(1849 年),第 173—176 页;《伦敦评论季刊》,第 46 卷(1876 年),第 425—451 页;和考斯道夫·兰孙,《米细勒的历史方法》,见《国际季刊》,第 11 卷(1905 年),第 71—101 页。

后再说的东西，是生活里精美的奢侈品，是灵魂最深处的花朵。”他的真正职业是教书。法国浪漫主义这位产儿说：“办教育就是传教。”他曾在查理曼学院上学，在同学中他并不受欢迎，因为他太矮、神经过敏，而且“好像一只猫头鹰在白天”那样胆小怕事。他在学校的优异成绩使他在圣巴布学院得到教书的职位，他在那里把许多愉快的岁月消磨在教育青年上边。更重要的是他教育了自己。他是一位求知欲极强的读者，获得文学、历史和科学等方面很渊博的知识。有一天，他碰上维科[①]的书，读了起来。他的学术眼界因之大为开阔，可以明确理解人类各种思想的相互依赖。米细勒的第一次写作尝试就是缩写维科的《新科学》这部书（1827年），这件事并非偶然。这部著作使这位年仅29岁的作者在师范学院当了教授。

米细勒于同一年又出版了一本出色的小册子《近代史纲要》，这本书在形成法国史学思想上的影响是可以感觉得到的。他写这本书原来是打算用作圣巴布学生的课本，实际上它也不过是一本“梗概”，就是因为它提纲挈领，所以在好多世代中，教师和学生都把它当作手册使用。这本《梗概》充满有创见的观点和新奇的解释。米细勒第一次想出欧洲均势这个思想，但并非当作一个政治理论提出，而是当作随着各专制君主国取代封建制度之后社会进化的自然结果提出的。他还招惹许多爱国主义者对他不满，因为他没把法国放在近代早期欧洲列强之首，而是以事实说明扮演首
234 要角色的是意大利，其次是德国，再次是西班牙，最后才是法国和

① 参阅本卷原书第92—94页。——译者

英国。他那独到的见解还表现在他对教会地位的透辟的解释上，他说，"公民的平等是由于君主制的胜利而建立起来的。这次革命的工具是教会人士和法律家。教会只靠在中世纪逐渐建立起来的世界性继承制度中的选举制充实自己的成员；因此它把被征服者抬高到征服者之上，把资产阶级的甚至是农奴的儿子们抬高到贵族以上。各国国王在反对贵族政治的最后斗争中正是从他们那里物色大臣的。"①

另一本小书《世界史引论》在《梗概》出版(1831 年)四年后问世，这本书表现出他的史学观的深化。米细勒在这本书里把历史看作精神斗争，精神和肉体之间的斗争，自由和必要之间的斗争。法国是自由的宣传者，是近代世界人民的立法者。实际上这本书是米细勒的事业的转折点。他终于发现了自己的使命；他的终身职责就是表现法国人民的精神和成长过程。他说，法国是"世界的中心和枢纽"。

在这期间，米细勒被任命为国家档案馆历史部主任，把自己不倦的精力大量贡献给整理堆积如山的散乱的手稿和编目工作，他还忙于在师范学院讲学，在巴黎大学为基佐代课(从 1834 到 1836 年)，从 1837 年起在法兰西学院任历史教授，并周游全国搜集资料。在所有这些时间，这位伟大的旅行家(他的朋友们这样称呼他)，都在撰写他那部不朽的巨著《法国史》。

他那些史学思想这时正在成形。他打算深入挖掘人民的内心

---

① 参看摩诺的米细勒"研究"，附在《近代史纲要》(巴黎，1898 年)一书之前，第 1—34 页。

生活，揭露国民心理。为此目的，他利用了许多歌谣、铸币、奖章、图画、谚语、建筑和彩色玻璃。在一位想象丰富的历史家眼里，所有这些历史遗物都能说明情况。米细勒坚决主张：历史家的任务就是找出这些遗物的含义；必须有本领洞察过去，把那时的生活如实地重现出来。他不应该忽视文明的物质基础。他应当懂得，气候、地理、食物、谋生的种种手段等等，决定着人们的行为。不过，他这些思想都是暗含的，并未明说。总之，他是一位画家，心理学家，说故事的人，而不是一个正规的科学家。

> 这就是法国对我们历史家提出的要求：不要制造历史，……而是把产生这些结果的那些事实和思想的链条如实复原。它说："我并不要求
> 235 你们制造国家的信条，说出国家如何判断；而是要你们接受并遵守这些东西。我向你们提出的问题是要你们告诉我，国家是怎样进行已经做过的事情的，是怎样对业已作出判断的东西进行判断的。"

1833 年米细勒出版了他那部《法国史》，第 1 卷，到 1843 年已把他的历史写到中世纪末。这时，当他正在论述路易十一[①]的政策时，他的研究工作因政治活动中断了。在这以前，他一直专心写作，虽然他的内心反对教权，但他并未公开采取反对当时那个制度的立场。而路易·菲力浦[②]却已"出卖"给耶稣会了，耶稣会又反过来向国王要求控制教育的权力作为取得他们的支持的代价。斗争的中心是法兰西学院，这个学院是弗朗西斯一世[③]作为教会控制的巴黎大学以外的学术庇护所而创办的；学院仍然多多少少受

---

① 1461—1483 年在位。——译者

② 法国国王，1830—1848 年在位。——译者

③ 1515—1547 年在位。——译者

到欢迎,因为讲课对公众公开。这时,“耶稣会的入侵”正威胁着学院里胆小怕事、退缩不前的米细勒教授,使他面临一场危机。面对教会向世俗发动的进攻,他这位自由主义者和共和党人是不是要把脑袋钻进手稿堆里藏起来呢?还是暂时忘却他的书本,奔上政治决斗场保卫法国大革命的传统呢?米细勒一生中经历的这次危机长期以来都被人误解了;许多评论家认为在他和耶稣会闹冲突之后,就变成猛烈地反对教权的激进派了。事实上,正如迦伯列·摩诺[①]十分肯定地指出的那样,米细勒甚至在青年时期也很难说是一名天主教徒,而且他对革命的同情可一直追溯到他的学生时代。他的《法国史》第1卷是在他和政府公开决裂以前十多年写的,其中有下面引的一段重要文字:

> 中世纪不能满足人类的要求。……教堂必须扩大,……人类必须重新发现耶稣基督本身。……已总结出的理想开始在人民中普及。……中世纪必须成为过去,已到完满程度的中世纪的一切踪迹也必须消失,我们会看到我们曾经爱过的一切东西的灭亡、我们还幼小时曾给我们哺乳的东西的灭亡,曾是我们的父母的东西的灭亡,曾经亲切地向摇篮里的我们歌唱的东西的灭亡……这个定了罪的世界将走上罗马世界、希腊世界、东方世界走过的道路,这一切都是无可避免的。……让我们请基督教也经历这一普遍法则,通过坟墓,再回到上帝那里设法净化自己。

如果这一节文字还有什么意义的话,它的意义就是米细勒认为基督教在中世纪末已经完结了,实质上它只是中世纪的宗教,所以在近代世界没有它的地位。

---

① 法国历史家(1844—1912)。——译者

1843年米细勒在他的教授同事、历史家以得加·基内[①]和波
236 兰诗人亚当·密茨凯维奇[②]等人鼓励下，宣布与基内联合讲授论述"耶稣会"的课程。大群的教权主义者和自由主义者前来听这些著名的教授们讲课。出现一些骚乱，不过并没有暴力打扰。有些天主教学生诘难讲课的人，后来更多自由主义的学生来了，把教权主义者震慑住了。[③] 结果米细勒成了一位政治家、斗争的中心，有自由思想的学生们认为他是一位英雄，天主教徒认为他是一个魔鬼。教士们实际上对他的讲演进行了局部禁止。米细勒就是这样在巴黎正在酝酿另一次革命的时期卷入了巴黎政治大旋涡，并日益向左转的。以前他只是对教会怀疑或者至多也不过是不同情；这时却已变成教会公开的死对头，这件事影响了他对历史的解释。他情绪激昂，因而甚至在中世纪的教会中也看不出任何好东西。他把中世纪叫作"荒芜时期——人类毫无进步的一千年"。对他的声望来说值得庆幸的是，他的思想转变发生在他写完《法国史》论述中世纪的前六卷之后——至今这六卷仍然公认是他的最好的历史著作。

米细勒评论耶稣会的讲演(《耶稣会》)于1843年出版；两年之后他又出了一部《论教士》，1846年又出了一本《论人民》。这三本小书可看作他的信仰的自白。前两本显然是反对教士的；第三本是说明他的自由主义信仰的，很有说服力。他虽然不懂经济学，但

① 法国作家和政客(1803—1875)。著有《意大利的革命》，《1815年香巴尼的历史》等书。——译者

② 波兰最伟大的诗人(1798—1855)。在巴黎任斯拉夫文学教授。——译者

③ 参看摩诺的书，见《国民教育评论》(1909年)。

对工人还很了解、很同情。他说："我愿意和天才或穷人一起生活。"《论人民》是对19世纪法国民主作的很好的表述。米细勒希望以自由和小康为基础实现资产阶级、小业主和手工业者的联合；这样的纲领既可以避免极端社会主义，又可以避免基佐的资产阶级保守主义。米细勒写道："假如说'财产就是偷窃'这话当真，那么法国就有二千五百万个贼了，他们毫无放弃他们的赃物的想法。危险完全是来自另一个方面。实际上被人们排除在公民之外的人民群众才是被私利迷了心窍，在革命时期鼓舞着整个法国的政治生活现在几乎已经熄灭了。"

《论人民》出版于1848年革命以前两年，当局认为米细勒是应该对闹革命负有责任的人们当中的一个，这并不是完全没有理由的。在拿破仑三世政变[①]后，米细勒拒绝对新政府宣誓效忠。因此，1851年他在法兰西学院的教授职位被撤掉，档案馆的职位也 237
丢了。巴黎是一个生活费用很高的城市，一位贫困的学者是住不起的。所以米细勒搬到南特附近的乡间去住，专心撰写一部法国革命史。许多年以后，他回到巴黎；好多政治事件又影响了他的生活，公社时期，他的房子一部分被烧毁了，他不顾年迈和损失，继续工作，这回写的是19世纪史。1873年写到第4卷时即病倒。1874年2月初去世。

米细勒的历史著作应分成两个方面论述：一是法国史，特别是中世纪部分，二是法国革命史。《法国史》计17卷，只有前六卷是

---

① 1851年12月2日拿破仑举行政变，使自己成为独裁者，12月21日当选为终身总统。——译者

值得认真注意的。如前所述，这一部分是在1833至1843年间，米细勒转到公开反对教权的立场以前写的。在这六卷里，他非常详细地追溯了法国的起源，写到中世纪末。其中并无明显偏见。顺便提一下，当时流行的理论是：法国主要是由法兰克人和罗马人两种成分构成的。米细勒却坚持相反的说法，他说克勒特人这个社会阶层十分重要。"法兰西人民的基础是年富力强、可塑性和弹性都较强的高卢人，他们喜欢吵吵嚷嚷、纵情声色，活泼轻快——敏于学习，自以为是，对新事物如饥似渴。"他坚持说，这个种族的特点是热情追求平等——这个说法未见可信。中世纪的历史——以人民的而不是国家的生活为基础——是以某些中心人物或主要事件为中心组成的，这些人物或事件差不多每半个世纪就选出一批新的，从而形成一个新的场面。这就使得这部著作清晰易读，而且，记事都是根据原始资料。

不妨以《法国史》第1卷第3篇里那幅壮丽的"法兰西图景"作为米细勒进行概括的本领和生动的历史头脑的一个例子。这一段是论述中世纪的一篇序言，各省都曾提到，画出了这个国家的轮廓。

> 让我们来看看法兰西的整个情况。……让我们登上孚日山脉①最高峰，或者，如果你愿意的话，也可以坐在朱拉山②上背向阿尔卑斯……就会看出一道起伏不平的线，从卢森堡和阿登③一些森林笼罩着的山岳伸展到孚日山脉那些气球似的小山，从这里沿着勃艮第葡萄丛生的山坡到达塞文山脉④那些火山形成的悬崖峭壁，然后伸展到比

① 在法国，最高峰4667英尺。——译者

② 在法国与瑞士间的山脉，最高峰5000多英尺。——译者

③ 法国东北一省。——译者

④ 在法国南部。——译者

> 利牛斯山陡立的大石墙。达条线就是一个巨大的分水岭。顺其西侧而下流入大洋的有塞纳、卢瓦尔和加龙等河;在另一侧,默兹河流向北方,素恩河和罗讷河流向南方。在远处可以看到两个大陆岛屿似的地区——一个是布列塔尼,低而崎岖,仅仅由石英和花岗岩构成,是位于 238
> 法兰西角上的一个巨大浅滩,形成抗拒海峡急流的防波堤;另一个是奥弗涅[①],一片粗糙的浓绿仿佛是一大片熄灭的余烬,40 座火山分布其间。……
>
> 从纬度上看法兰西,因各地物产之不同就可看出各个地带的差异。北部是地势较低的富庶的比利时平原和佛兰德平原,上边长着亚麻、蛇麻草、甘蓝和北方苦葡萄园。从兰斯到摩泽耳河开始就进入真正的葡萄园和葡萄酒产地;在香槟省都是烈性酒,勃艮第的酒则味美而温暖,在朗格多克,味道就变得浓重而不鲜,到了波尔多,就又清新可口了。到蒙托邦,就可看见桑树和橄榄;但这些脆弱的南方植物在法国变幻无常的气候中难免遭受伤害。……

米细勒的《法国史》后半部,从文艺复兴[②]写到大革命,较前半部远为逊色。这几卷是 1855 至 1867 年间写的,在这个时期,他既无档案资料又无助手,只能靠文笔,不靠事实。精彩的文章,细腻的探讨,透辟的分析当然可以算作优秀的文学批判,但并不是历史。夸夸其谈的大道理,辞藻无论如何富丽堂皇,也不能弥补事实的不足。米细勒常常把自己当成自己笔下那些英雄,滔滔不绝地叙述起来往往忘乎所以,常常把带感情的字眼使用过火,如历史的

① 中法兰西的南部,过去法国的一省。——译者

② 米细勒创造了"文艺复兴"这个词,是按这个词的近代用法创造的,其定义是"人和世界的发现"。他这个词指的是一个特定时期。瓦撒里在他的《画家传记》(1550年)一书中曾用过"文艺复兴"(rinascita)这个字,但把它限制在专指意大利的艺术。17世纪法文字"文艺复兴"(Renaissance)也是指文学的复兴;但米细勒是第一次把这个字的应用扩大到 15,16 世纪整个欧洲生活。参看康拉德·布达赫,《宗教改革、文艺复兴、人文主义》(柏林和莱比锡,1926 年)。

宏伟、恐怖、讽刺等等。

这当然是米细勒的特点之一。他对他那些论题有深厚的同情;事实上,过去那些事件的紧张有时影响到他的身体。当他撰写恐怖统治时,由于紧张而病倒,不得不停止工作。他不但使过去复活,而且他自己也从中再经历一番。他说,"基佐称历史为分析,提埃里称之为叙事;我管它叫复活。"有一次他曾说:"别人更有学问,更明智;至于我,更多的是爱。"正是他的这种爱,对自己的论题的这种同情,使他赢得了巨大成功,不妨补充一句:他的不朽也是由此而来的。

从写作观点看,讨论旧制度的那几卷,都是对革命的壮丽的序言。他抓住那些主要事件、主要人物、伟大头脑,用浓重的色彩把它们描绘出来。他吃力地写完"伟大的、阴暗的、恐怖的14世纪"(不屑参考富罗沙[①]的著作,指责他"腐烂透顶")之后,又写到同样恐怖的、尽管较为光辉的文艺复兴时代和大革命前的法国。他从大
239 处观察自己国家的历史,从一个运动到另一个运动,兴起、转变,并达到戏剧性的高潮。他把维科的话释义为"人类创造了它自己"。

> 〔1869年他在《法国史》序言里写道〕当我重新进入,或说回头重新检查我的中世纪史这个无边无际的愚蠢行为的海洋时,我感到极大的欣慰,我还把16、17两个世纪的历史当作一顿盛餐。拉伯雷[②]和伏尔泰在他们的坟墓里发笑。浑身肿胀的那些神明,腐烂败坏的那些君王,毫无掩饰地现了原形。……从美第奇家族到路易十四,一次严格的验尸把这个行尸政府的特点暴露无遗了。

---

① 参阅上卷原书第366—370页。——译者

② 法国讽刺小说家(1494—1553)。——译者

但是米细勒还是有深远的眼光的。他不重视国家公文和外交信函,不把他的直观智慧用到政治上,一位批评家曾说:“他没有一点真正的政治判断力。”他嘲笑“教给我们许多东西的有独到之处的可爱的学者兰克”,这是因为他对外交有成见。兰克也许写不出像下面这样的一段文字,因为这样出色的评论并非来自文献,而是从心灵的启示中发散出来的。

> 〔米细勒评论蒂雷纳[①]说〕在高乃依[②]戏剧中出现明显的西班牙色彩和英雄人物的时代,蒂雷纳的平凡而单调的事迹这时也出现了。人们可以看出,战争已是一种逻辑、数学和理性的东西,已不需要很大的热情,而是恰恰相反,需要的只是冷静、坚定和耐心;很多都是猎人及其猎犬那种能够与平庸的性格充分调和起来的特殊本能。蒂雷纳那些传奇使他颇有仁慈色彩,把他弄成慈善家一类人物,一位好战的芬隆[③]。其实情况完全不是这样。事实是,三十年战争业已失去其凶猛和狂热,业已使5、6代平凡的将军筋疲力尽,这些人既无热情又无思想,战争的结果只是产生有技艺的人,他们是技艺、光、冰和石块的化身。任何感情都没有了。这是一场颇似和平的战争,但其凶恶残忍并无逊色。

米细勒的《法国革命史》于1846至1853年间问世。他为了全力投入撰写这个革命时期,曾中止他的《法国史》,到1855年才继续撰写。我刚说他“全力投入”这话并不仅仅是一个修辞手段,因为米细勒确确实实是这么干的。他把自己全副热情投入这个时期,从而使他的思想和言论实际上都像一位革命家。他和摧毁君

① 法国将军(1611—1675),曾参加对西班牙及荷兰的战争,及三十年战争。——译者

② 法国戏剧家(1606—1684)。——译者

③ 法国高级教士和作家(1651—1715),路易十四任命他为其孙之教师。后因著书讽刺国王及其政策而失宠。——译者

主制度的那些男男女女一起痛恨，一起热爱，一起遭受痛苦。他和那些革命家一样，把玛利·翁托妮特说成一个"外国人"①，把路易十六说成一个"叛徒"把外国那些反革命分子说成"蛮子"。他和丹东②一起发表演说、和巴黎群众一起诉苦。听到 1792 年入侵③的消息就发抖。这是写历史的一种新方法。提到那些革命家时，他说："我已经把他们从坟墓中挖了出来，使他们复活了。"

> 240 〔1868 年他写道〕大革命中这些伟大演员没有一个是冷冷清清地离我而去的。难道我没有和他们一起生活吗？难道我没有作为一位忠实的伙伴，在他们搞改革时钻到他们每个人的思想深处吗？我曾经是他们当中的一个，在那个陌生的世界里，我是他们的自己人。翻阅这些文件、档案和记录时，我在其中呼吸，来来往往，感觉良好。这些材料并非默默无言。所有这些东西表面上好像是死的，实际上并非如此。不论我摸到哪一张材料，都觉得有些东西走了出来，把我唤醒，这就是革命的幽灵。④

这就是米细勒所说的他使历史"复活"。早在 1833 年他就曾解释过他在复活过去方面的经验。当时他正在国家档案馆里研究古代手稿，那时就觉得那些死的文件复活了。

> 我很快就感觉到，在明明是十分寂静的这些藏书廊里有一种活动，有喃喃的声音，不像是死者发出的。那些文件，那些羊皮纸记录，已在那里待过漫长的岁月，它们提出的再好不过的要求就是复活起来重见天日，这些文件并不是文件，而是人们的生活、各省的生活、民族的生活。首先，在尘土中已黑暗难辨的那些家族和采邑正在哀求免于灭迹。各省也起来造反；慷慨陈词，说中央集权错误地认为它们已被摧毁了。各位

① 她是奥皇弗朗西斯一世的女儿和法王路易十六的皇后。——译者

② 法国革命领袖之一(1759—1794)。——译者

③ 奥普联盟进攻法国。——译者

④ 《法国革命史》(巴黎，1868—1869 年，六卷)，第 1 卷，第 140 页。

国王那些谕令也大声疾呼说它们并未被大批近代立法抹掉。……一张张纸上的文字都是活的,都在说话,它们以成百条舌头组成一支大军把作者包围,粗暴地把革命和帝国的巨大声音压了下去。

然后,米细勒在自己的想象中,这样回答了这些喃喃的文件:

慢点儿,各位故去的先生,如果你们愿意的话,就让我们按次序进行吧。在历史上,你们都是对的。作为个人,人人都是好的;作为将军,每一个将军也是好的。采邑是对的,君主制则更是正确,帝国则是对上加对。这是对你说的,高得弗罗[①]!也是对你说的,黎塞留!还有你,拿破仑!省必须复活,壮丽的河山是法兰西古代丰富多彩的特色。……君主制复活吧,法兰西复活吧!……

我在这些遗骸上呼吸得越多,就越看得清楚:它们在起身。它们从坟墓中走出,一只手,一个头,就像在米开兰琪罗的"最后的审判"那张画上,或者在"死人的跳舞"[②]那张画上那样。他们围着我跳起有劲的舞,我准备在这部书里把它重现一番。[③]

他撰写这部大革命史的观点,是人民的观点,不是"论述"人民,而是站在人民"内部",从他自己与之认同的人民的内心撰写的。举下边这一段为例:

① 法国法学家(1549—1621)。——译者

② 1538年汉斯·和尔拜因的木刻。伦敦旧圣保罗寺院,巴黎无辜寺院的墓地都有"死人的跳舞"的绘画。——译者

③ 《法国史》(巴黎,1879—1881年,19卷),第2卷,第701页,参看第137—138页。同样带感情和主观的段落在他的革命史中到处可见。关于法国革命,他写道:"它具有别人不知道的一种知识。它包含过去一切时代的秘密。只有在革命中法兰西才意识到它自己。……在革命中永不熄灭的火花,生命的深奥的秘密,永远在我们心中发光。革命在我们心中生活——在我们灵魂中生活。革命并没有外在的丰碑。活着的法兰西精神,除了在我自己的心中外,我在哪里还能捉住你?——至少在这一点上一致,才能使遥远的过去时代复苏、觉醒。然而他们却宁愿把你埋葬。这又是为了什么?你,只有你,才是活着的。……"见《从历史观点看法国革命》(英译本,波恩标准丛书,伦敦,1890年),序言。

241 和黎明一起到来的一种思想的曙光照耀着巴黎，就是这条希望之光把一切都照亮了。这条光线射入每个人的脑海，同样的呼声激荡着每一颗心灵："走！我们应当攻下巴士底监狱"那是不可能的，不合情理的，荒谬绝伦的。然而每一个人都相信它。于是这件事于是就办到了。

这件事情于是就办到了？就一位历史家来说，这句话说得很奇怪。米细勒在说这句话时是一位热情的爱国主义者，一位感情丰富的诗人。他处在革命的急流之中，和普通老百姓一起感觉，一起行动。他坚持说人民就是这样想的。至于那些国王、贵族和革命的敌人是怎么想的，就无关紧要了。米细勒写道，和一位普通法国人对话，可能和下边这几句差不多：

是谁带来革命的？

伏尔泰和卢梭。

是谁丧失了国王？

王后。

是谁发动革命的？

米拉波。

谁是革命的敌人？

皮特[①]和科堡[②]。[③]

谁腐蚀了革命？

---

① 小皮特(1759—1806)，英国首相，三次组织欧洲联军，反对法国。——译者

② 奥国科堡公爵为普奥联军司令，与法国革命军作战。——译者

③ 一个奇怪的事实是米细勒对英国怀有深刻的厌恶。他有一次写道："中世纪只有一个伪善；我们有两个：权威的伪善，自由的伪善；一句话，教士和英国人——伪君子塔图飞〔译者按：莫里哀同名喜剧中的伪君子〕的两种形式。教士主要在妇女和农民中起作用；英国人在资产阶级中起作用。"

马拉和罗伯斯庇尔。

这些话不管说得对或错——米细勒当然会说这些话说得对——反正革命时期的法国人就是这样相信的。而且,直到19世纪中叶他们还是这样认为。因为,革命的传统一直持续到米细勒死的时候。当他开始写他这部历史时,许多革命活动家都还活着。这就是米细勒所得到的他的"口头传统"的地方。

> 我所说口头传统,指的是民族的传说,也就是在全国各地人民嘴里一直流传着的故事;也就是每个人都说的而且常常重复的故事。农民、城里人、老人、妇女甚至小孩子都说的故事;一天晚上,如果你进入一间乡下小酒馆,你仍然可以听到这些东西;如果在路边发现一个行人在休息,你开始和他攀谈,谈谈雨、谈谈季节,然后谈谈价格昂贵的吃的东西,然后又谈到皇帝时代,然后又谈革命时代,你仍然可以收集到这些东西。仔细注意他的评判。常常在谈事情的时候他说错了,更常见的情况是他根本不知道。但在谈到人的时候,他很少想错了的。

这似乎是收集历史资料的一个奇特的方法。然而,说句公道话,米细勒确实使用了大批手稿和印刷品。应当记住,他当档案馆长达22年之久。在印刷材料中,他使用过《法国革命时期的法务院史》(*Histoire parlementaire de la révolution française*),计40卷,是步社和鲁二人合编的;1840—1845年间重印的32卷本《国 242
民公报》或《世界导报》;马拉的《人民之友》以及其他一些资料。他似乎没有使用过那部有价值的《辩论杂志》(*Journal des débats*),或在他自己的著作以前出版的梯也尔的历史著作。总的看来,根据研究法国革命史方面的伟大权威之一的奥拉尔①所作的结论,

① 法国史学家,特别是关于法国革命的史学家(1849—1928)。——译者

米细勒这部历史是一部“杰作”，一部“真实情况的不朽之作”，是“天才的准确而纯洁的表现”。[①]

和米细勒有密切联系的是朱理·启希拉(1814—1882)和以得加·基内(1803—1875)。启细拉作为米细勒的学生，他那些思想得自他的老师，他的方法得自古文书学校，后来在这个学校里当了第一位中世纪考古学教授。《贞德[②]的定罪和平反》(*Procès de condemnation et de réhabilitation de Jeanne d'Arc*)这部五卷本的不朽著作(1841—1849)就是由他首先编写的，他还在《考古学评论》杂志上发表过一系列论述中世纪法国考古学的文章。“他在法国碑铭、古迹等方面的知识是无与伦比的。”[③]

以得加·基内[④]和米细勒的关系，无论在学术上还是在感情上，都比启希拉更为密切。他在里昂的高级中学毕业后，曾游历德国、英国和希腊。他是一位有天才的语言学家，曾阅读以欧洲多种

---

① 参看奥拉尔，《米细勒，法国革命史家》，见《法国革命》，第80卷(1928年)，第136—150、193—213页。

② 法国的爱国女郎(1412—1431)，她驱逐英国侵略军被擒，以巫术罪被焚死。——译者

③ 古奇的书，第207页；并参看启希拉，《考古和历史杂录》(巴黎，1885—1886年，两卷)的序。论述启希拉的文献，见他的学生阿瑟·纪里记述他的文章，见《古文书学校丛刊》，第44卷(1882年)，第316—360页，附他的著作的书目提要和纪里的文章，见《历史评论》，第19卷(1882年)，第241—264页。

④ 记述基内最好的著作是理查·喜次的《以得加·基内，他的早期生活和著作》(伦敦和波士顿，1881年)；并参看古奇的书，第234—237页；查理·L.查辛，《以得加·基内，他的生平和著作》(巴黎，1859年)；亚尔丰斯·佩拉，《革命和基内先生的生平》(巴黎，1866年)；尤金·斯普勒，《已逝去的人物》(巴黎，1891—1894年，三卷)，第1卷，第17—32页；爱弥尔·法居埃，《19世纪政治家和道德家》(巴黎，1891—1900年，三卷)，第2卷，第175—227页；迦柏列·摩诺，“基内诞生的一百周年”，见《历史评论》，第82卷(1903年)，第75—80页。

文字出版的哲学著作。他出版的第一本著作是翻译的赫尔得的《人类历史哲学思想》。维克多·库臧[1]说:“这本书标志着一位伟大作家的事业的开端。”基内和米细勒相遇并结成终身好友就是在库臧家里。

基内也像米细勒那样,是一位多产作家和热爱自由的人;也像他的朋友那样仇视教会。我们还记得,这两位好友曾在法兰西学院联合讲授(反对)耶稣会的课程。和诗人密次契维喜一起,他们三个人希望以民主自由思想教育法国青年。在教会的严厉攻击下,基内出版了他的《教皇权力至上论》(*Ultramontanisme*)(1844年),在这本书里,他控诉天主教义有损于基督教。次年,他出版了《基督教与法国大革命》论述天主教义和近代思想如何水火不容; 243
他惋惜宗教改革在法国的失败。

“法国在完成宗教革命以前,已经完成了政治和社会革命。”基内坚持说,只要天主教的统治地位保持一天,一天就没有自由主义的希望,因为教会是自由思想、进步和自由权的敌人。法国革命的成就虽说很多,但并未摧毁罗马天主教。在革命失败中与此同样重要的另一事实是恐怖统治和雅各宾党人采用专制主义,打断了自由制度的发展。

1846 年政府撤了基内教授的职,两年以后,这个政府垮了台,基内又恢复了在法兰西学院的教授职位。但在拿破仑三世政变后又被撤职。他那部雄心最大的著作是在流放中写的。1865 年他

[1] 法国哲学家(1792—1867),著有《哲学通史》、《十八世纪的哲学史》、《康德哲学》等书。——译者

出版了《论革命》，这部书是对导致1789年革命相对失败的那些原因的哲学分析。他认为，运动本身是值得赞赏的，因为这次革命确实是引向人类的解放。他指出，失败的主要原因在于前几个世纪中没有成功地进行过一次宗教革命。天主教的环境敌视自由制度的成长。还有，这些革命家由于使用暴力，自己就把运动搞垮了，这种暴力带来的是一种新的专制主义，即拿破仑的专制主义。米细勒写给他这位朋友的信中说："你这部书里，一切都是伟大的、有力的、高尚的。这也是我的胜利，因为你和我是一个人。"

米涅和梯也尔这两个人的事业说明，为什么在19世纪早期撰写论述法国革命的著作就容易在全国成名。弗朗索瓦·奥古斯特·玛利·米涅(1796—1884)[①]生于普罗旺斯的埃克斯[②]，他是一个铁匠的儿子。这位铁匠在世时曾经是一位热情的无裤党[③]。孩子从父亲那里感染上对自由和民主的热爱。1815年他进了埃克斯大学法律系，和同系另一个雄心勃勃的青年梯也尔成了密友。复辟的那些日子激动人心，于是这两位朋友不再研究法律，转入历

---

① 米涅著作的书目提要见尤金·得·洛兹利，《弗朗索瓦·米涅先生著作书目提要》(巴黎，1889年)。最好的记述是拍梯的《弗朗索瓦·米涅》(巴黎，1889年)和朱理·西蒙的《米涅、米细勒、亨利·马丁》(见本书原书第232页著者注)。并参看同一作者的"米涅先生的颂词"，见《道德与政治科学院的会议与工作》，第124卷(1885年)，第885—924页；古奇的书，第193—199页；阿尔方的书，第33—34页；C.A.圣柏甫，《当代人写照》(巴黎，1876年，五卷)，第5卷，第225—256页；同一作者《米涅》，见《两世界评论》，1846年，第1部分，1090—1109年；《评论季刊》，第32卷(1844年)，第387—401页；《夫累则杂志》，第74卷(1866年)，第489—500页。

② 在法国东南部。——译者

③ 法国革命时代贵族们挖苦共和党人的名称，即左派革命分子。——译者

史和政治。米涅 25 岁时写了一部评论圣路易[1]的政府的书，颇受铭文学院重视。这件事使他下定决心前往巴黎寻求前程。1821 244
年到了首都，不久梯也尔也去找他。这两位朋友找到当新闻记者的工作；米涅在《法兰西邮报》，梯也尔在《宪政报》。没过多久，他们就在反对派中小有名气了。米涅除新闻事业外还兼教书。他在雅典娜学院开了一门论述宗教改革时期的课、受到热烈欢迎。圣柏甫[2]回忆说："听课的人各个都觉得被一种严肃的兴趣抓住，被他那庄重的语调和生动的词句抓住了。"许多年以后，泰恩[3]遇见米涅，记下他的印象说：

> 他的思想相当贫乏，脑子里显然没有一般人那些思想，而且也不准备接受这些思想。他也不是艺术家，看看他的《玛利·斯图亚特史》和《法国革命史》就知道他是冷冰冰的。他有本领吸收那些难以消化的材料，有本领作出清晰的阐释，而且前后次序安排得很漂亮。他有法国人那种完美的分类和贵族学院式的雅致的天赋。……但从心理角度写历史，正如从哲学角度写历史那样，他显然是一窍不通。
>
> 他每天 5 点钟就起床工作。每晚花半小时和他的好友梯也尔先生在一起。他很少出门。据说有一位女士请他到她家里去吃饭，请了两年之久。……他天生就适合过家庭生活，早就应该结婚了。他一直都很漂亮，至今面孔都还端正俊美。……他有些生硬古板——活跃不足。[4]

这种心理刻画还是难以忘怀的，也不是不真实的。

---

① 即法王路易九世(1226—1270)。——译者

② 法国文艺批评家(1804—1869)。——译者

③ 法国哲学家和批评家(1828—1893)，著有《英国文学史》(1865 年)，《现代法兰西的起源》(1871—1894)等书。——译者

④ 《H. 泰恩的生平和书信》(见本书原书第 229 页著者注)，第 2 卷，第 186—187 页。

> 米涅具有适合时代需要的健全天赋；在觉察到反对查理十世①反动君主制的精神弥漫全国之后，他就开始为撰写一部法国革命史收集资料。这项工作用了他两年的时间，撰写时只用了四个月。1824 年他那部《法国革命史，1789—1814 年》就出版了，这部书也是难以忘记的。也像提埃里和梯也尔的著作那样，他这部书无疑是有助于加速 1830 年的革命，这次革命正好也是米涅热烈拥护的。新政府给他的报酬只是在外交部档案馆当个小职员，他任此职直至 1848 年。

《法国革命史》问世时立即取得成功，并被翻成各种文字，在德国至少就出了六种不同版本。这部著作的主要优点是清澈明晰；严格地说，它并不是一部学术著作，而是一部逻辑书。米涅冷静地估量了因果关系，在种种事件之间深追其逻辑联系。他认为革命并不是争论的题目，而是必须冷静估计其价值的历史事件。喀莱尔曾批评他这部历史太缺乏生命力，圣柏甫则说它定命论气味太浓。两种批评都有些对头之处，但米涅对历史上的偶然性并非心
245 中无数。正像他的朋友朱理·西蒙②说的那样，由于他相信逻辑，结果就被指责为定命论了。西蒙提到他这位朋友时写道："他的记忆力和他的判断力同样有把握，这两种特长对有想象力的人、对富于狂想的人说来，都是令人敬服的。"

米涅写完了《法国革命史》之后，就以主要精力研究 16、17 世纪了。1836—1842 年间，他出版了《路易十四统治下的西班牙协商王位继承问题》(*Négociations relatives à la succession d'Espagne*

① 1824—1830 年在位。革命爆发后，他为流亡贵族的领袖(1789—1795)，复辟后(1815 年)为极端保皇党的领袖，即位后企图恢复专制政治，不得人心。1830 年七月革命发生后，逃往英国。——译者

② 法国哲学家和政治家(1814—1896)。——译者

sous Louis XIV);1851 年出版了《玛利·斯图亚特生平》;1854 年出版了《查理五世》;1785 年出版了《弗朗西斯一世和查理五世的对抗》。他还曾试图撰写戏剧性的历史,写了一部《安敦尼奥·佩累司[①]与腓力二世》(*Antonio Perez et Philippe II*),对奥地利的唐胡安[②]的谋划和埃斯科维多被刺都作了新的解释。米涅那些历史著作写得太确切、太井井有条,因而未能极其充分地显示出作者的博学。他很少在没有扎实的事实根据(通常都是从可靠的原始资料得来)时提出任何论点,而且在各种事实、各种事件之间从来都把关系交待得一清二楚。他所受法律训练经常对他很有益处。

《玛丽·斯图亚特生平》结尾那段文字可说是米涅的风格的一个典型例证:

> 断头台!她的一生于是便这样结束了,这一生从流放开始,各式各样挫折变化多端,一错再错,只有不幸几乎贯穿全部历程。……玛丽·斯图亚特是苏格兰旧式封建主义和新式宗教革命的牺牲品,她把专制政权和天主教的希望一起带进坟墓里去了。她的后继者[③]在她死后 16 年继承了英国王位,也继承了她那危险的政策,而这种危险政策是她的许多祖先一直奉行的。她的孙子查理一世[④]也像她那样,由于蓄谋建立专制政体而遭杀头之祸,而她那位曾孙詹姆士二世[⑤]则像她本人那

① 腓力二世的国务大臣(1539—1611),1578 年为腓力二世暗杀朱安·得·埃斯科维多。埃斯科维多是奥地利人,1589 年失宠,逃亡国外。——译者

② 皇帝查理五世的私生子(1547—1578),西班牙将军,尼德兰总督(1576 年)。——译者

③ 她的儿子詹姆士一世(1603—1625 年在位)继位为英王,是英国斯图亚特王朝(1603—1714)的开始。——译者

④ 1625—1649 年在位,英国资产阶级革命时他被杀。——译者

⑤ 1685—1688 年在位,1688 年"光荣"革命时他逃往法国。——译者

样由于企图恢复天主教而失去王位，并被流放。[①]

在结束对米涅的讨论时，还应当指出，他的著作，特别是他的《法国革命史》，使他成为一位誉满全国的人物。1836年他被邀请进入法兰西学院，几年以后被选为学院终身秘书。他以自己的智慧庄重地担任此职35年之久。

路易·阿道夫·梯也尔（1797—1877）[②]在每一重要方面都和

① 弗朗索瓦·米涅，《苏格兰女王玛丽本纪》，安得烈·R.斯科布译成英文（第6版，伦敦，1882年），第465—466页。

② 参看佛特的书，第636—639页；古奇的书，第199—205页；阿尔方的书，第34—36页，朱理·西蒙，《梯也尔、基佐、瑞木撒》（巴黎，1885年）；C. A.圣柏甫，《当代人写照》（见本书原书第243页著者注），第4卷，第62—124页；保罗·得·瑞木撒，《A.梯也尔》（巴黎，1889年）；亚历山大·拉亚，《A.梯也尔先生的私人生活、政治和文学事业的历史研究》（巴黎，1846年，两卷）；同一作者，《A.梯也尔先生的人民史》（巴黎，1872年）；纳骚·W.辛尼尔，《梯也尔先生，基佐先生，以及第二帝国时期其他名人谈话集》，M. C. M.辛普孙编（伦敦，1878—1880年，两卷）；W.得·芳维尔，《法国革命史家梯也尔先生》（巴黎，1871年）；佩耳·隆夫累，《政治研究和描绘》（新版，巴黎，1880年）；提蒙〔科门宁子爵，海牙法官的假名〕，《国会演说家的研究》（第8版，巴黎，1839年，两卷）；朱理·巴尼尔，《拿破仑一世和他的历史家梯也尔先生》（巴黎，1869）；维克多·乔凡-克斯脱，《论梯也尔先生的执政府和帝国史》（巴黎，1863年）；孔德·得·马特尔，《狂想历史家梯也尔先生》（巴黎，1883年）；路易·豪则，《全集》（柏林，1869—1870年，两卷），第1卷，第352—586页；M.拍列，“论梯也尔的法国革命史著作目录笔记”，见《法国革命》，第46卷（1904年），第5—12页；A.奥拉尔，“法国革命的历史家梯也尔”，同上书，第66卷（1914年），第492—520页，第67卷（1914年），第5—29页；L.巴陶，“法国革命的历史家梯也尔”，同上书，第82卷（1929年），第360—361页；A.兰玻，“法国革命的历史家，梯也尔先生”，见《文学和政治评论，精彩评论，第2辑》，第14卷（1878年），第891—900页；圣柏甫，“梯也尔先生”，见《两世界评论》，1845年，第1部分，第209—246页；列明尼尔，“梯也尔先生的执政府和帝国史”，同上书，1845年，第1部分，第1096—1113页。关于某些英文记述和评论，参看《评论季刊》，第64卷（1839年），第450—456页；第67卷（1840—1641年），第481—500页；第76卷（1845年），第299—354页；第146卷（1878年），第443—484页；《不列颠评论季刊》，第10卷（1849年），第168页及以后；《北美评论》，第74卷（1852年），第280—300页；《北不列颠评论》，第33卷（接下页）

他的朋友米涅不同。在米涅庄严的地方,梯也尔则生动如画。米 246
涅是对自己的论题有兴趣的一位学者,梯也尔则很少注意他写的主题,只要他有机会兴奋地追逐有趣细节就行。梯也尔最突出的特点是,他是政治家——甚至在写历史时也是这样;其次,他是演说家。目光尖锐的圣柏甫曾这样说,甚至当梯也尔正考虑写一部历史著作时,他也在想别的事情——这个特点恰恰也是另外一位政治家兼历史家基佐的特点。

当然,他的一生是激动人心的。生于执政府统治时期,死于第三共和国成立七年之后;事实上他是那个共和国第一任总统[①]。他一生一半以上的时间都在进行积极的政治活动。尽管如此,他即使算不上伟大历史家,肯定也可以算作一位多产的历史家,在法国历史写作上留下他自己的印记。正如法兰西学院朱理·西蒙在"梯也尔颂词"中所说:

> 下面我将向你们介绍的这个人当过新闻记者、历史家,反对派首领和政府首脑;他曾发动过一次革命[②],治好另一次革命的创伤,战胜了又一次革命[③];当一般人还在寻觅前程的年龄,他就已经成名了;而且在遭受诽谤、离弃、放逐[④]之后,发现自己仍然实力强大、颇孚众望,

(接上页)(1860年),第133—164页;《都柏林评论》,新丛书,第4卷(1865年),第141—170页;《夫累则杂志》,第27期(1843年),第289—302页,第3卷(1845年),第505—520页;《爱丁堡评论》(1858年),第107卷,第358—396页,第108卷(1858年),第32—70页,第112卷(1860年),第237—255页,第114卷(1861年),第486—512页;和阿克顿爵士的书,见《内政和外交评论》,1863年,第244—248页。

① 1871—1873年。——译者

② 1830年七月革命。——译者

③ 指1871年镇压巴黎公社。——译者

④ 1851—1852年被放逐,1853—1863年专心写作。——译者

直到老迈。

当梯也尔和米涅这两位普罗旺斯年轻人来到巴黎的时候，正值反对波旁政府的反对派全盛时期，在议会中普罗旺斯人曼努尔是领导，其他领导还有诗人贝朗热[①]、银行家拉菲特[②]。这两位年轻的普罗旺新人拿着介绍信找到曼努尔，曼努尔又把他们介绍给拉菲特，拉菲特又把他们介绍给反对党许多领导人。前已提到米涅当了自由派两杂志之一的《法兰西邮报》撰稿员；梯也尔不久也掌握了反对派另一刊物《宪政报》。作为一位新闻记者，梯也尔以捍卫自由思想的头头是道的文章引起全国的注意：

〔一个对梯也尔怀有恶意的同时代人这样描写梯也尔在拉菲特的
247 会客室里出现时的情景〕在这里，他那矮小的身材，在一副巨大的眼镜下面半隐半露的平庸的面部表情，他那奇特的口音，说起话来有点像唱赞美诗，他那连续不断的放肆的焦躁不安的动作等等简直毫无社交习惯，甚至在拉菲特先生客厅里拥挤着的男男女女当中也是极其少见的。所有这一切就把梯也尔弄成一位与众不同的人物，他一开始就引人注目。任何东西一旦到手，梯也尔先生就知道得很清楚怎样把它抓牢不放；对他说来，似乎任何东西都不新鲜，财政、战争、行政管理都没什么新鲜的，他和人家讨论起这些事情来，头头是道足以引人入胜，那些银行家、帝国旧官吏以及将军们都听他的。他和所有这些人谈话时都不客气。[③]

这个平凡的小个子，确实雄心勃勃，他没有等多久，机会就来

---

① 法国抒情诗人(1780—1857)，政治上同情自由派，其诗歌流行民间。——译者

② 法国银行家和政治家(1767—1844)，路易·菲力普的党人，法国首相兼财政大臣(1830—1831)。——译者

③ 引自《评论季刊》，第64卷(1839年)，第451页，参看第450—454页。

了。他刚到巴黎那几年，首先必须解决的问题是奔向哪一种前程，搞新闻，写历史，还是搞政治？他是一个坦率的猎取名利的机会主义者，他最后决定三样都干。使他在全国一举成名的是他的第一部著作《法国革命史》，他直言不讳地承认他这部书是反对旧制度的“战斗武器”。梯也尔狡黠精明，他知道法国革命在法国仍是一件兴隆的营生；利用我们那些祖先为之战斗、为之牺牲的自由、平等、博爱，以及一切其他原则，不但很可能，而且很容易成名，甚至致富——有人给他50万法郎叫他继续撰写他这部革命史。不管以新闻记者(煽动者)的名义还是以政治家的身份达到这个目的都一样，名义和身份是无所谓的。

梯也尔立即获得成功。1823年问世的《法国革命史》第1卷的作者签署的是两个无人知道的名字：路易·阿道夫·梯也尔和菲力克斯·波当，二人如何“协作”的故事有些暧昧，但不久波当便销声匿迹，只剩下梯也尔一人继续沿胜利大道前进。等到1824年第3卷问世时，这位普罗旺斯年轻人已经是名人了。“这一卷书在首都引起很大轰动。这位年轻作家评述复辟派同样痛恨的那些人物和事件时那种大胆，更不用说他那种肆无忌惮了，这使他的著作具有党派性，这和它在写作上的优点是两码事。”[①]实际上，它不久就变成一部课本，一部戏剧性地、强劲有力地记述最近发生的事情的手册。“在很短时间内，法国所有有知识的人就人手一册了，在使波旁政府信誉扫地方面起了很大作用，并在公众心理上为1830年的革命做好了准备”。那次革命后不久，这部书就接连出了

① 《外交评论季刊》，第35卷(1845年)，第110页，全文见第105—135页。

三版。

《法国革命史》共十卷(1823—1827),只有前两卷署有波当的
248 名字。[①] 梯也尔在四年里写出十卷,同时还忙于政治和新闻事业,可见其准备工作之仓促。他没有时间利用许多资料或者说没时间使自己熟悉大量复杂的情节。这一点在记述革命头两年的前两卷特别突出,这两年可能也是历史家最难写的时期。正如朱理·西蒙所说,这两年需要三种历史著作:即写国王和贵族的,写资产阶级的,和写人民的。梯也尔没时间论述燃眉之急的引起革命爆发的重大原因之一的财政问题,也没时间探讨军事行政。梯也尔写的事实虽说不足,但他那精彩的文章却可以弥补这方面的不足。再引用西蒙的一句话,“过去从来还没有人把这些可怕的事件说得这么清楚”。这话很对,特别是因为梯也尔是第一位把革命当作一个整体论述的人,而且他还有调度安排众多事实的天才。——米涅的著作是一年以后才出版的。“梯也尔先生对十万个事实的统率指导,犹如一位聪明的将军指挥十万人马。”但敌视他的一位英国批评家指出,在梯也尔全部著作中,没有“一页,几乎没有一行,是确确实实的未曾掺假的东西”。[②]

梯也尔自己也知道他这部历史前一部分的弱点,他雄心勃勃一定要做真正的历史家,下定决心,彻底研究有关记录并使自己熟悉政治和军事专业。他的理想总是高于他的成就。他有一次对朱

① 根据圣伯甫:“这是波当的意思,他促使梯也尔写此书并看到他在这方面工作得很好,就善意地辞去他的合作职责。波当死于1827年。”

② 参看梯也尔《革命史》的书评和他的《执政府和帝国史》前四卷的书评,见《评论季刊》,第76卷(1843年),第521—583页。

理·西蒙说:“假如我曾经写过一句连我自己也不懂它的含义或预见到它的用处的话,我就认为这是我莫大的耻辱。”于是他就开始研究史料、找各方面的活动家谈话。从路易男爵那里了解了财政问题,从若米尼[1]那里了解到军事情况,还从温森斯[2]驻军军官那里了解了军事实践。事实上,他探索战争方面的专门问题未免过于勤奋了,他的朋友们常常挖苦带损地说他在军事上有极大天才。梯也尔反驳说,卡尔诺[3]运筹于内阁的帷幄之中,曾多次决胜于千里之外。这种把知识运用于实际的结果不久之后就十分明显了。不但《法国革命史》后几卷优于前几卷,而且他这部书的续编《执政府和帝国史》比第1部更扎实,更有持久的影响。

用圣伯甫的话说,已全部写完的《法国革命史》产生的直接效果就是一支马赛曲的效果;从梯也尔个人前程方面看,他这部书类
似拿破仑的“意大利战役”[4]。梯也尔这时已是一位名人,和米涅、 249
阿曼·卡勒尔[5]一起创办了《国民公报》(*National*),抗议波林雅克[6]政府的反动行径。“梯也尔这位编辑吹毛求疵、急躁不安、专横跋扈,没有比他更难对付的了。”虽然卡勒尔能够吓唬梯也尔,米

① 亨利·若米尼男爵(1779—1869),著有《法国革命战役史》等书。——译者

② 在法国北部,离巴黎不远。——译者

③ 法国革命时的大将(1753—1823),著有许多有关数学和军事学的著作。——译者

④ 1796年拿破仑受命出征意大利,连战皆捷,这是拿破仑事业的开始。——译者

⑤ 法国新闻记者和政治领袖(1800—1836),《国民公报》编辑(1830—1836)。——译者

⑥ 法国反动政客,1829年8月至1830年7月为内阁大臣,引起七月革命的爆发。——译者

涅对他却毫无办法，因为米涅“与其说一心想当第一执政，还不如说他为把自己的头发保持在卷发纸中而费尽心机”。[①] 尽管如此，这三个人在推翻政府方面却都做了有效的工作。这时期梯也尔最著名的社论之一是“国王登位但未执政”，这是对他赞成的英国式的君主立宪制思想的漂亮的表述。在导致 1830 年拥立路易·菲力浦的那些事件中，梯也尔也曾插手。这个时期的主要问题是，“我们将受梯也尔先生统治呢，还是受基佐先生统治？”在路易·菲力浦统治时期，这两位历史家轮流统治法国。1840 年梯也尔暂时退出政界，把相当多的时间用于历史写作，即续写他的法国革命史。《执政府和帝国史》从执政府末期（亦即《法国革命史》终止之处）写起，至拿破仑垮台结束。第 1 卷于 1843 年出版，而第 20 卷则到 1862 年才出版。[②] 1863 年梯也尔重回政界，在其后七年中，他是议会里反对保皇党的那个小集团的代言人。曾为 1870 年那些事件[③]尽到自己全部努力。色当之役[④]后第三共和国宣告成立时，这位业已年迈的历史政治家当了第一任总统，1873 年辞职后，继续在议会里参加政治活动，直至 1877 年去世。

梯也尔用了 20 年的时间撰写他那部《执政府和帝国史》。拿破仑时期的历史虽说就是全欧史，但梯也尔却未曾使用任何外国资料。他使用的资料，就像他的观点那样，一向都是法国的。然而，在有关法国的事情上——他查遍外交部文件——他的准备还

① 《外交评论季刊》，第 30 卷（1843 年），第 319 页及以后。

② 第 21 卷，有索引，1869 年。

③ 即拿破仑三世的垮台与第三共和国的成立。——译者

④ 1870 年 9 月 1 日普军在这一战役中打败法军，拿破仑三世被俘。——译者

是很充分的。他读了许多书、钻研了许多手稿。他曾找到许多遗老面谈,并曾参观马伦哥[1]、乌尔姆[2]、奥斯特利茨[3]、耶拿[4]、瓦格拉姆[5]等战场。许多著名人物允许他使用他们未曾出版过的回忆录和私家收藏的文件。他就是这样阅读了儒尔丹[6]、麦克唐纳[7]、达武[8]、冈巴塞雷斯[9]等人的回忆录手稿,还阅读了已出版的拿破仑、若米尼和提波多[10]等人的自传。他还利用了拿破仑和他那些将军、官吏之间的通信。只在巴黎一地就有 40000 多件经拿破仑签署的书信和命令;这些文件一直和他的私人文件一起保存,直到 250
1841 年才搬到卢浮宫博物馆。这么多的资料需要一把能手,而梯也尔作为一位历史家业已具有掌握细节的充分经验,作为一位政治家也已具有充分经验洞察其本质。

> 〔梯也尔就是这样下笔写他那部书的〕自从我考查记述我国第一次革命的那些年代记以来,已经过了 15 年了。这 15 年是在社会生活上出现的那些暴风雨中度过的。我曾看见一个古老王国的倾覆,一个新

---

① 在北意,1800 年 6 月 14 日拿破仑大破奥军于此。——译者

② 在德国符腾堡,多瑙河畔。——译者

③ 在现在的捷克,1805 年 12 月 2 日拿破仑大破奥俄联军于此。——译者

④ 在德国,1806 年 10 月 14 日拿破仑大败普军于此。——译者

⑤ 在奥地利维也纳东北 15 英里,1809 年 7 月 6 日拿破仑大败奥军于此。——译者

⑥ 法国将军(1762—1833),与奥军作战,屡立战功,1840 年被任命为元帅。——译者

⑦ 拿破仑部下的将军(1765—1840),参加攻俄之役,1814 年与联军商议拿破仑逊位问题。——译者

⑧ 拿破仑部下的将军(1770—1823),参加拿破仑所有的重要战役,屡建奇功,"百日政变"中为陆军总长。——译者

⑨ 执政府时代的第二执政,拿破仑的朋友和主要顾问(1753—1824)。——译者

⑩ 法国革命时代五百人会议主席(1765—1854)。——译者

> 王国的诞生。我曾看到法国革命如何走上它那不可战胜的前程。我目击的这些场面虽说很少使我感到惊异，但我还不至于那样狂妄，认为自己并未从这些人和这些事件的经历中了解到任何东西。相反，我相信我已经从中了解到许多东西，而且相信我学到的东西使我更适于了解并记述我们那些祖先在这样的英雄时代里完成的那些伟大事业。

梯也尔曾对老威廉·拿骚说："在出身上我属于人民，我的家庭成员是马赛一些小商贩。……从教育方面看，我是波拿巴主义者。"事实上他样样都沾边。在19世纪20年代他是法国革命和自由主义的战士；在30年代，他在路易·菲力浦手下做官；在40、50年代，在撰写《执政府和帝国史》期间，他是波拿巴主义者，为军事独裁辩护；最后在1870年他变成共和国的首脑。梯也尔把执政时期的拿破仑说成法国的救星，于是这位历史家就变成给这位科西嘉人[①]唱辉煌的赞歌的人了。后来发生了看得出来的变化；当梯也尔写到作为皇帝、独裁者和征服者的拿破仑时，他的批判就越来越多了。他写道："依我看，在世界史上，似乎还没有出现过任何人把如此有力、如此多样的性格结合在一身，在考虑了他的事业的终极目标以后，我仍然没有改变我自己的看法。但是，在我开始写他的生平的时候，我就已经觉得，就像我现在写到结尾时同样认为的那样，他之所以垮台就是因为他把他这些伟大的性格滥用了。"他又写道："有谁能预见到1800年那位圣人会变成1812年这个疯子呢？是的，是有人能预见的，如果谁记住毫无限制的权威内在地就带着一种不治之症的话，那他就能够预见。在拿破仑伟大的一生中，有许多事情值得军人、行政官员和政治家学习；但公民们也

① 拿破仑是科西嘉人。——译者

应当从中学到一条教训：千万不要把自己的国家只托付给一个人。”

梯也尔的著作曾受到严厉批判。他了解德国很少，了解英国就更少。他忽视行政管理、主导思想和公共生活。外国档案和印刷史料，他一无所知。像马姆斯伯里[①]、福克斯[②]、卡斯尔累[③]、韦林顿这样一些著名的英国人已经出版的回忆录、日记、急件和书信，他一点都没使用；反而从法国官方杂志《导报》中去搜罗一鳞半爪情况；而这份《导报》刊登的东西都是拿破仑批准刊登的。难怪英国人对梯也尔这部历史著作的批判是无情的。“他对我国政府的 251
误解与对我国文献的无知一无二致。”

梯也尔被指责的另一个重大错误是他缺乏政治道德。他自觉地或不自觉地，好像总是和胜利者站在一边——这一点可以说明他何以谴责拿破仑后期。拉马丁[④]说：“梯也尔总是和好运气同伙；只有在错误被失败惩罚的时候，他才承认那是错误。”批评拿破仑的历史家隆夫累[⑤]作过类似的评论：“他体会不到道德的力量。‘你不成功，因此你有错误’，——这就是他的全部哲学。”在海峡彼岸的《爱丁堡评论》对这种情感也有反响：“梯也尔把他所谓的‘行

① 英国外交家(1746—1820)。——译者

② 英国政治家(1749—1806)，对法国革命表示同情。著有《詹姆士二世统治史》，未完。——译者

③ 皮特内阁的外交大臣(1769—1822)，组织联盟，反对拿破仑。——译者

④ 法国诗人兼政治家(1790—1869)，著有《吉伦特党人史》及许多诗歌。——译者

⑤ 法国历史家(1828—1877)，曾任法国驻瑞士大使(1871—1873)，著有《拿破仑一世传》。——译者

为机敏'摆在其他一切历史品质之上。"①

梯也尔自己的历史标准很高。在第12卷那篇众所周知的序言中他热情地说明自己的情况。

> 我对历史的使命还是怀有尊敬之心的、生怕写出不准确的东西，我常常因此惶恐不安。有所怀疑时找不到证据就不得安宁：只好到处寻找，发现不了绝不罢休。……在这种情况下，由于不得不像一位陪审员那样宣判，就只好按照自己内心确信的情况。但总是极怕自己说错。因为我认为，既然自己是自愿地承担起把重大历史事件真相向人们如实说清的义务，那么如果因为怯懦而把它掩饰，只凭热情把它歪曲，只因懒惰进行伪造，自觉或不自觉地向和自己同时代的人们、向后代说假话，这就是再大不过的罪过了。

这个序言树立起一个难以达到的标准，人们不能说梯也尔总是达到标准的。"历史并不说自己是杜撰而成的，而是说自己是真实无误的。"梯也尔打算尽可能说实话，他也常常是成功的。同样重要的，是他的著作有很高的文艺价值和持久的兴趣。甚至像圣伯甫这样精明的批评家，也曾赞扬梯也尔的记述天才。而且，梯也尔的著作也是极其重要的政治文献，是法国一位杰出的政治家撰写的法国最激动人心的时期的历史，仅就这一点而论，《执政府和帝国史》更值得注意，也就是这一点可以说明为什么梯也尔这部杰作一露面就受到人们暴风雨般的批判和喝彩。

必须强调指出，这部20卷的著作的个人色彩十分鲜明，它并不是别人能够模仿的样板。梯也尔从未成为一个历史学派的首

---

① 参看《爱丁堡评论》，第107卷(1858年)，第358—396页，和第108卷(1858年)，第32—70页；这些都是《执政府和帝国史》前17卷的书评；第19卷的一篇书评见同上书，第114卷(1861年)，第486—512页。

领。他的方法是经验总结式的，他的心理学是洛克[1]式的，他的形而上学中有一个造物主存在，他的道德标准是法兰西学院的那些道德标准。总之，梯也尔是19世纪的法国一位博学多才的人。

> 〔可以用朱理·西蒙的话总结几句〕梯也尔先生是民族的历史家、 252
> 祖国的解放者；伟大的爱国主义者，伟大的自由主义者，伟大的历史家；25岁即以写作闻名，31岁当了大臣，75岁当了独裁者；终生参与……法国和欧洲最伟大的事件；为了一项伟大事业从不吝惜名誉，不顾生命危险。直至最后一息仍充满好奇心和活力。……他是他那个时代最受人景仰的人，也是遭毁谤最多的人。[2]

整个19世纪前半叶，法国革命一直是使历史家、政治家、新闻界甚至诗人兴趣永远浓厚的一个主题。梯也尔和米涅撰写历史20余年之后，亚丰瑟·玛利·路易·拉马丁(1790—1869)[3]以其名著《吉伦特党人史》崭露头角。他这部书曾引起一场轰动。

拉马丁常常被列入这个时期第一流的诗人之中，和雨果[4]、得·

① 美国经验哲学之父(1632—1704)，著有《宗教宽容论》、《人类理解论》等书。——译者

② 朱理·西蒙，"梯也尔先生的颂词"，见《道德与政治科学院的会议与工作》，第121卷(1884年)，第837—878页。

③ 拉马丁，《1848年革命史》(巴黎，1849年，两卷)实际上是一部自传；参看《爱丁堡评论》，第91卷(1850年)，第228—297页。并参看古奇的书，第227—228页；爱弥尔·得斯占纳，《拉马丁》(巴黎，1893年，两卷)；亚勒弗列·纳提曼，《法国革命史家，吉伦特党人批判研究》(巴黎，1848年)；埃得芒·拜列，《吉伦特党人的传说》(巴黎，1881年)；《夫累则杂志》，第36卷(1847年)，第253—276页；第44卷(1851年)，第355—374页；《爱丁堡评论》，第87卷(1848年)，第1—46页；以及我的《书林小径》(伯克力，1935年)，第149—150页。

④ 法国著名的文学家(1802—1885)，著有《悲惨世界》、《圣母院》等小说和许多诗歌和戏剧。——译者

缪塞[1]等齐名。他出身于天主教家庭，性格是浪漫主义的，职业是诗人。1814年曾在拿破仑的骑兵队服役。但他对拜伦比对拿破仑更感兴趣，并曾赴东方旅行数年。他于1820年出版的《沉思集》(*Méditations poétiques*)标志着浪漫主义运动的一个新时代，这部书出了30版。1833年回法国时，这位业已出名的诗人进入下院，表现了一位演说家的伟大才能。梯也尔的历史著作的成功激起这位诗人也要当一位历史家的雄心。于是他就在1847年出版了他的八卷本《吉伦特党人》。

他根本就不具备写历史这种工作所需的条件，仅有的优点只是丰富的想象力和叙事的天才。拉马丁的历史著作如果不是还有些政治影响，就不值得一读了。但它的成功却轰动一时。“出版商告诉我说，还从来没有这么成功的书。”它起到挖奥尔良君主国墙脚[2]的作用。1848年的临时政府给他的报酬是在外交部任职一段时期。

《吉伦特党人史》的内容比书名含义广泛；它记述了从1791年开始的革命时期[3]至热月党人的反动[4]。

> 〔它的序言说〕至于这本书的名称，我采用现在这个，只是因为这部
> 记述找不到其他名称。这部书毫无自命为历史著作的资格，也不应冒
> 253 领史书的尊荣。它是介乎历史和回忆录之间的东西。书中以人物和思

---

[1] 法国诗人(1810—1857)。——译者

[2] 即1848年二月革命推翻路易·菲力浦的统治。——译者

[3] 1791年9月30日国民议会解散；10月1日制宪议会成立。——译者

[4] 从1794年7月27日(革命历为热月9日，故主持改变的人称为热月党人)政变从罗伯斯庇尔的倾覆到1795年10月25日国民公会解散之时，是为热月党人的反动统治时期。——译者

> 想为主,事件只占次要地位。个人细节很多。……

这个序言至少是忠实的。正如大仲马对拉马丁所说:"你把历史提高到小说的水平了。"这句表扬两面有刃[①]!《吉伦特党人史》应当作为一部小说看。拉马丁也许并不是自觉地撒谎;但得·托克维尔坚持说,他从来还没有见过任何一个人的头脑比《吉伦特党人史》的作者"更轻视事实的了"。在这位诗人的头脑中,事实和小说的界限十分淡薄。他陈述情况从来没有提供根据;他的见解也从来没有证实。然而他自称他的陈述是有根据的。

> 虽然我并没以烦琐的注释、参考书目和考证等等塞满我这部书,但我记述的每一句话都是根据真实的回忆录、未刊回忆录或亲笔通信写的,都是因为重要人物的家庭成员相信我,才乐于向我提供的这些材料的。……

这部历史充满光辉的描绘和生动的肖像画,但读者弄不清自己是不是在读一部激动人心的小说。书中那些人物,特别突出的是拉马丁理想化了的罗伯斯庇尔,都像活人那样站在眼前,事件则如石沉大海。一般地说,他笔下的革命也像当时时兴的写法那样增光加彩,以浪漫主义手法添枝加叶,捧上了天。然而,全书各卷各章没有一个地方能使人们相信拉马丁写的任何一句话。甚至最普通的事,他似乎也不知道。有一位批评家列举拉马丁书中不符事实之处达 113 页之多。[②]

---

① 一方面是恭维,另一方面是挖苦。——译者

② 纳提曼的书(见上一个著者注)。一个有趣的例子:拉马丁说,玛利·安顿纳特是她的母亲玛利·特列萨 1741 年向匈牙利诸男爵求救的著名时刻曾携带的子女中间的一个;实际上玛利·安顿纳特是 14 年之后才出生的。

亚历西斯·得·托克维尔(1805—1859)①在记述旧政权方
254 面，比他的前辈高一等，是另一个类型的学者。他出身于一个古老的诺曼家庭。父亲是一位历史兼哲学家，《路易十五时代哲学史》的作者，在复辟时期曾在梅斯、亚眠和凡尔赛当市长。他的母亲是马尔舍布②的孙女，这位卓越的马尔舍布“热爱正义，坚持正当权利，追求自由，实践美德，在专制制度下，热情地在国王面前说人民的好话，在胜利的共和国前面，勇敢地捍卫国王，……牺牲在断头台上”(引自米涅)。由此看来，亚历西斯·得·托克维尔的背景是

① 托克维尔的著作由 G. 得·波芒编辑成书:《托克维尔全集》(巴黎，1860—1865年，九卷)。新版本的编辑工作由 J. P. 梅也尔主持，梅也尔还写了论托克维尔的最新著作《平民时代的先知，亚历西斯·得·托克维尔研究》，由 M. 波兹曼和 C. 哈恩译成英文(伦敦，1939年)，此书指出“民主精神和专制主义的调和”。参看《泰晤士报文学副刊》1939年12月16日的评论第727页。并参看古奇的书，第231—234页；阿尔方的书，第95—96页；考斯道夫·得·波芒，《亚历西斯·得·托克维尔介绍》(巴黎，1897年)；F. A. 米涅，《历史的新赞词》(巴黎，1877年)和他的论文“亚历西斯·得·托克维尔先生的生平和著作史评”，见《道德与政治科学院的会议与工作》，第77卷(1866年)，第351—382页；爱弥尔·法居埃的书(见本书原书第242页著者注)，第3卷，第65—114页；爱得芒·施列尔《当代文献的批判研究》(巴黎，1876年)；R. P. 马塞尔，《亚历西斯·得·托克维尔的政治论文》(巴黎，1910年)；尤金·得契特尔，《A. 得·托克维尔和民主自由》(巴黎，1897年)；路易·得·劳门奈，《历史和文学纲要》(巴黎，1879年)，第397—439页；詹姆士·布莱斯，《哈米尔顿和得·托克维尔的预言》(约翰斯·霍普金斯大学研究丛刊，第5辑)，第9卷(1887年)；亨利·列甫，《法兰西王国和共和国》(伦敦，1872年，两卷)，第2卷，第79—190页；F. X. V. 韦格列，“亚历西斯·丰·托克维尔”，见《历史杂志》，第20卷(1868年)，第132—170页；《爱丁堡评论》，第90卷(1849年)，第77—106页，第104卷(1856年)，第531—561页，第113卷(1861年)，第427—460页，第122卷(1856年)，第456—481页；《夫累则杂志》，第54卷(1856年)，第363—374页；《评论季刊》，第102卷(1857年)，第6—32页，第105卷(1861年)，第254—255页，第157卷(1886年)，第518—543页；《北不列颠评论》，第34卷(1860—1861年)，第330—349页。

② 法国政治家(1721—1794)，路易十六时代为内政大臣，1792年为法王辩护，1794年以叛逆罪处死。——译者

开明的自由主义,不过他一直主张君主立宪。

他 22 岁时在凡尔赛当了一位地方法官,但四年后就厌倦了这个职位并获准前往美国考察刑法制度。他在美国待了两年,拜访著名人士,会见政治家并列席立宪会议。这位目光锐敏的法国贵族青年的兴趣渐渐离开政治,转向研究"人民的精神和性格,职业和地位对人的影响,各种制度的性质、范围和作用"等等。结果就写成一部古典式的政论作品《美国的民主政治》。

这部书于 1835 年出版,作者因之成名。它立即以多数欧洲文字翻译出版,并成为研究美国宪法的一部教科书。到 1866 年已有不下 16 版问世。

> 〔30 岁的得·托克维尔写信给一位朋友说〕我觉得自己就像拿破仑宫中一位宫女,这位皇帝忽然想到要把她封为女公爵。那天晚上,当她进入宫中听到人家用她的新头衔宣告她到来时,她却忘记了这个头衔是属于谁的,自己站到在一旁侍立的那一队人里,让正被唱名的那位宫女走过去。我老实告诉你,这正是现在我的写照。我问我自己,人家正在议论的是不是我?……我猜想世界上必然有一批可怜的人,因为我很清楚我写的这本书并没什么了不起,却产生这么大效果,这个情况似乎就足以证明确实有这么一批可怜人。

谦逊只不过是得·托克维尔许多优秀品德之一。他这部著作——第 1 部分是美国民主制度史,第 2 部分是对民主政府的分析——是在民主这个概念仍然含有过多革命热情的这样一个时代里,对民主政治所作冷静的、但并非不同情的分析;它无愧于和另一位地方官孟德斯鸠齐名。在得·托克维尔这样头脑冷静的人看来,民主政治并不是一个战斗口号,只不过是值得同情的一种治理方式。他觉得近代民主政治,如果不是以公民对自由的热爱加以

制约，便会走向专制。他还着重讲了这样一种自相矛盾的怪论：民
255 主政治的平等化的过程将摧毁一切对专制主义的最后抵抗。然而，他还是看到“一个伟大的民主革命正在我们中间进行”，民主政治必将统治近代世界。

> 总之，我的结论倾向于民主的进步组织。确实，我曾设法把能够给人类的精神和制度赋予一种民主状态的那些自然倾向确立下来。我还曾指明沿这条道路前进的社会可能遇到的危险；但我还未曾说过，人们能够为反对这些倾向而进行斗争。

托克维尔的著作获得法兰西学院的褒奖，他自己也进入了政界。1849年，他在议会当了副主席，还当过短时期的外交部长，但1851年的政变摧毁了他的政治前程。于是他决定退出政界，专心从事历史写作。这位温文尔雅、沉着冷静、明智审慎的学者在政治上从来都是不成功的。

> 〔他写给一位朋友的信里这样说〕人们打算把我弄成一个党派中人，但我并非这类人。他们说我感情用事，而我只不过是有自己的意见——或者可以说只有一种感情，即对自由和人类尊严的热爱。在我心目中，一切形式的政府都只不过是为了满足人类这种神圣而合法的感情的工具。有人说我有民主偏见，也有人说我有贵族偏见。……我出生于长期革命时期的末尾。……那时贵族政治业已死亡，民主政治尚未产生。因此，我并没有任何本领把自己盲目地推向一方或另一方。我居住的国家在40年之久的时间里，一直进行着种种尝试，而且从来都还没有在任何事情上肯定地停下脚步。因此，我并不会轻易地陷入政治幻想。我本人属于我国旧贵族阶级，因而对贵族统治并无天生的仇恨或妒忌。……对民主因素，也可以这样说。并无任何利害关系使我自然而然地或必须倾向民主政治。民主政治对我个人也从未有过任

何伤害。我并没任何爱它或恨它的特殊动机。[①]

托克维尔用了五年时间研究旧政权，特别是旧政府那些记录。一位英国批评家说：“也许再也没有哪一个活着的法国人对革命前法国国情有这样准确的了解。”[②]1856 年，他出版了《旧政权与革命》第 1 卷。他在第 377 页上写道，“我已着手的这部书不应当到此为止。如果时间和精力还来得及，我就打算把法国人……在旧制度下……那个漫长的革命时期历尽的沧桑都写出来。”他的基本命题是，法国革命是旧制度合乎逻辑的产物，后来的继续革命也是这样。比如说，革命从以前的统治者手中接管了中央集权制。托克维尔谈到他进行的研究工作时说：“在我一步步前进中，时时刻 256
刻都发现我们现在在法国碰到的特点。”旧制度业已用其官僚行政制度摧毁封建主义；托克维尔指出，这个政权并不像一般人想象的那样压迫人。它只是专断。只要把对外政治史、外交和宫廷腐化等问题不算在内，就能看到旧政权较好的一面。把旧制度的面目重现在读者面前这项工作由托克维尔开始，其后继者有勒·普累[③]的《社会改革》(1864 年)，泰恩[④]的《旧政权》(1876 年)，索列尔[⑤]的《欧洲和法国革命》(1885 年)，巴博的《旧政权下的乡村》(1878 年)和《旧法兰西的乡村生活》(1883 年)，以及其他一些著作。

---

① 考斯道夫·得·波芒编辑，《亚历西斯·得·托克维尔的未刊著作和书信》(巴黎，1860 年，两卷)，第 2 卷，第 270 页。

② 《爱丁堡评论》，第 122 卷(1865 年)，第 457 页。

③ 法国近代社会经济学的创始者(1806—1882)。——译者

④ 参阅本卷原书第 446—452 页。——译者

⑤ 参阅本卷原书第 274—275 页。——译者

革命加速了摧毁封建残余的过程，反正这些残余迟早都要毁灭。革命“在事先从未告警、毫未注意，也没有任何过渡的情况下就在一阵骚动和痛苦的努力之后突然完成了本来需要很长的历史时期才能慢慢地自行完成的事业”。这次革命与旧政权同样不相信自由，它所产生的最后效果就是“把许多世纪以来在欧洲多数民族中业已流行的……一般人称为封建的东西的那些典章制度废除了，以便以更为划一、更为简单的以平等条件为基础的一种政治秩序取而代之”。[①] 托克维尔还没写完第2卷就去世了，这卷本是打算记述改革运动的。《旧政权》一书仍然是一部典范，而且，一般说来，它那些结论还是经得起考验的。贝克尔[②]教授曾写道：“得·托克维尔的著作，特别是如果把《美国民主政治》一书包括在内的话，在把法国历史家的注意力引向被〔法国〕革命的崇拜者忽视了的那些方面的历史情况这件事上，是影响最为巨大的文学性著作了。”[③]这几句话还可以加上伍德沃德教授的两句：“托克维尔下工夫在欧洲，在更大程度上是在美国，研究了他并不喜欢的民主政治。他得出的结论是，平庸而不成熟的统治注定将遍及全球。”[④]

把注意力转向旧制度的另一位作家是亨利·马丁(1810—1883)。[⑤]

---

① 托克维尔，《旧制度》(第3版，巴黎，1857年)，第30—31页。

② 美国康乃尔大学欧洲史教授(1873—1945)，著有《近代史》、《美国人民的开端》等书。——译者

③ 卡尔·贝克尔的论文，见《美国社会学协会出版物》(见本书原书第227页著者注)，第83页。

④ E. L. 伍德沃德，《欧洲保守主义的三种研究》(伦敦，1929年)，第203页。

⑤ 阿尔方的书，第53页，第94页；古奇的书，第224—225页；迦柏列·罕诺托，《亨利·马丁，他的生平、著作和时代，1810—1883年》(巴黎，1885年)；亨利·达尔布瓦·得·朱班维尔，《对亨利·马丁先生的法国史前六卷的一点意见》(特鲁瓦，(接下页)

他是有自由思想的共和党人,他的职业是公证人,并不是一位严肃 257
的学者,只是个通俗作家。他的《法国史》是一部19卷本的汇编(1837—1854);1855—1860年间出的修订版只有16卷。这部书包括中世纪,但论述旧制度的那几卷比论述封建时期的那几卷更好。它同情革命。他的主题讲的是高卢人多年来在法国史上的极端重要性,直至1789年那些革命家都是如此。

模仿马丁的人有好几位。博耳迪埃和夏尔通[1]合编了一部两卷本法国史(1859—1860),特罗农写了一部五卷本(1863—1865),达勒斯特[2]写了一部九卷本的(1865—1879);古厄写了一部六卷本的(1864—1869)。然而,直到拉维斯[3]和兰波[4]才合写了一部真正好的、受欢迎的法国史纲。

"上帝答应我完成三项伟大事业:教育人民、建立自由政府、维护和平。""哲学思想最丰富的政治家和政治性最强的哲学家"弗朗索瓦·皮埃尔·基云·基佐(1787—1874)[5]上述这句话说出了他

(接上页)1857年);亨利·得·列庇诺爱,《批判和反驳亨利·马丁先生和他的法国史》(巴黎,1872年);朱理·西蒙,"亨利·马丁先生的生平和著作史略",见《道德与政治科学院的会议与工作》,第131卷(1889年),第29—63页。

① 法国作家(1807—1890)。——译者

② 法国历史家(1820—1882)。——译者

③ 参阅本卷原书第277—279页。——译者

④ 参阅本卷原书第278—279页。——译者

⑤ 阅读基佐的《当代历史写作回忆》(巴黎,1858—1867年,八卷);参看《伦敦评论季刊》,第12卷(1859年),第335—354页,第44卷(1875年),第62—90页;以及《普鲁士年鉴》,第1卷(1858年),第554—557页,第4卷(1860年),第196—201页上的评论;阿尔方的书,第24—26页;佛特的书,第632—635页;古奇的书,第186—192页;朱理·西蒙,《梯也尔,基佐,瑞木撒》(见本书原书第245页著者注);同一作者,"基佐先生的生平与著作史略",见《道德与政治科学院的会议与工作》,第120卷(1883年),第863—905页;巴道,"历史家基佐",同上书,第142卷(1894年),(接下页)

的特殊成就。一身兼政治家、新闻记者和历史家的基佐，和他的同时代人、也是他的对手的梯也尔不同，基佐一贯是一位道德家。他出身于新教家庭，这件事影响了他的一生。他的父亲于1794年上
258 了断头台，后来全家就迁居日内瓦，年轻的基佐就是在这个地方的强烈的道德和浓厚的学术气氛中成长起来的。他在学生时代，表现出少见的学习各科语言的天才。事实上，这位未来的法国首相发表的第一篇论文是用德文写的。他18岁时到巴黎研究法

(接上页)第505—542页；爱弥尔·法居埃，《政治和道德》(见本书原书第242页著者注)，第1卷，第307—371页；Th. 得策列，《基佐先生传》(巴黎，1842年)；A. 巴道，《基佐》(巴黎，1894年)；E. 帕斯科列，《基佐先生》(巴黎，1842年)；费力克斯·得洛因，《基佐先生的生平与著作简介》(巴黎，1841年)；维特夫人〔基佐一族〕，《在家庭和朋友中间的基佐先生》(巴黎，1880年)，M. C. M. 辛普孙夫人译成英文，书名是《基佐先生的私生活》(波士顿，1882年)；以及维持夫人，《基佐先生写给家属和朋友们的书札》(巴黎，1884年)；希坡利特·泰恩，《基佐先生：〈英国革命史〉》，见《批判和历史论文》(第6版，巴黎，1892年)，第23—47页；亨利·得·列庇诺爱，"基佐先生，他作为历史家的著作目录"，见《历史问题评论》，第17卷(1875)，第439—505页；罗伯特·夫林特《法国和德国的历史哲学》(爱丁堡和伦敦，1874年)，第219—241页；约翰·斯图亚特·密尔，《论文和讨论》(纽约，1874—1875年，五卷)，第2卷，第297—362页；同一作者，"基佐论历史的文章和讲演"，见《爱丁堡评论》，第82卷(1845年)，第381—412页；参看同上书，第67卷(1838年)，第357—383页和第108卷(1858年)，第408—436页；《评论季刊》，第84卷(1848年)，第127—142页；《夫累则杂志》，第41卷(1850年)，第340—347页，夫鲁德对基佐的《英国革命》一书的一篇严酷批判；《北美评论》，第51卷(1840年)，第69—91页，一篇颂扬基佐的《华盛顿》的文章；《乌木杂志》，第54卷(1844年)，第786—804页；《都柏林评论》第36卷(1854年)，第494—522页；《不列颠评论季刊》，第14卷(1851年)，第405—437页，第65卷(1877年)，第165—195页；《外交评论季刊》，第16卷(1836年)，第407—437页。

关于基佐的著作目录，参看T. D. 哈第，《大不列颠和爱尔兰史有关资料的目录评述》(伦敦，1862—1871年，三卷分为四册，案卷丛书第26号)，第1卷，第72—73页；C. H. 浦塔斯，《复辟时期基佐的资料和书目提要批判论文》(巴黎，1923年)。1875年基佐的藏书出售，巴黎书商阿多夫·拉比特出版了一本《已故基佐先生的藏书目录》(1875年)。分析表明，在纯文学项下表列570种包括英、德、拉丁和意大利等文的著作；历史性质的著作有2000多种，包括文明史、古代史、法国史、英国史等。

律;同时还观察了各种政治机构,阅读了思想性很强的一些著作。他在《回忆录》中说,"自从我住在巴黎以来,德国哲学和文学就成了我很爱研究的东西。"他对德国的热忱在他的思想和文章风格上留下了不可磨灭的烙印:和他的同胞们比较起来,基佐更为沉着而严肃。

在1808年以前,他还没有表现出对历史的特别爱好,他当时正钻研法律和哲学,希望当教授。后来变化出现了。他第一次真正和历史接触是在保林尼·得·默兰[①](1812年他娶了她)鼓励下,着手编辑并注释吉本的著作的时候。吉本的历史洞察力给了他很深的印象,但是他很不喜欢吉本那样多疑。他自己开始弄出一种方法。这样投身历史研究之后就尝试和保林尼合作出版《教育年鉴》,内容是关于教育和学术方法的评论。他为这个杂志写了许多评论文章,还写了一系列论述伟大教育家拉伯雷、孟德斯鸠和康德等人的文章。

1812年他奉命为拿破仑撰写一本历史小册子,讨论赎回俘虏的问题。当时拿破仑正和英国在这个问题上发生争执。这件事使他受到政府的重视。同年春,他被提名为巴黎大学历史学副教授,他是和拉克勒太尔分享这个职位的。不过没多久他们的职责就分开了。拉克勒太尔担任古代史的讲授,基佐则负责近代史。后来他就开始作计划,准备写一部文明史,还准备从广泛的角度对人类进行研究。于是,从他那时开始,这项研究就成了法国历史学派特有的标志。

① 基佐的第一个妻子(1773—1827),她写了许多小说。——译者

> 〔他记述说〕那是1808年，在巴黎，我开始考虑把吉本的著作重译一遍并附加注释和校正，那时我才对历史研究开始发生兴趣。基督教巩固起来的历史激起我强烈的兴趣。我阅读了教会诸神父的著作和德国作家记述这个时期的那些伟大作品。从来还没有任何学术研究这样紧紧地把我抓住。正是由于这些学术研究以及康德的哲学把我引向德国文献研究的。至于我对欧洲古代立法史的研究，那是在1811年我被任命为巴黎大学文学院近代史教授时才着手进行的，而且特别是为了我论述欧洲近代文明起源的讲授才这样做的。然后我又以全副精力研究年代记原稿、特许证以及各蛮族和中世纪那些民法和宗教法。近代
> 259 历史家，特别是德国诸史家的著作，对我有很大帮助，但在研究过程中，我常常参考原始文献以核对他们那些话是否准确。因此我对德国诸史家产生极大敬仰，但并不盲从。①

吉本著作的这部译本计13卷，于1812年问世(顺便提一下，吉本著作的第一部法译本是由路易十六和他的私人教师勒克雷尔·得·塞普一舍内开始的，但一直都没译完；基佐曾将其中数章收入他编的书里)。基佐在他翻译的吉本著作的一些注释中，曾抓住这位英国历史家未能体会道德力量这个有代表性的缺点进行批评。

基佐和华耶-科拉尔②领导下的温和自由派关系密切，基佐是一位大有希望的青年，后来在复辟政府里当了官，这是路易十八有意以任用一位新教资产阶级的办法表示他的善意。他在内政部长(此人是一个反动派)手下当秘书时“必然见过而且干过肮脏勾当。

---

① 引自《评论季刊》，第94卷(1853年)，第127页，全文见第122—171页。

② 法国哲学家和政客(1763—1845)，接受法国革命，当选为五百人议会议员(1797年)，复辟后为空谈理论家的领袖，主张君主立宪制。——译者

诸如开列流放者和褫夺公权者黑名单之类”。[1] 1816 年基佐辞职，有 14 年之久未曾当官。

从 1830 至 1848 年整个路易·菲力浦统治时期，他一直在政界，他的生活形成广义的法国史的一部分。他当公共教育部长时，在学校制度和历史写作方面做了许多工作，后来当了驻英大使，最后于 1840 至 1848 年间当外交部长，基佐有机会充分表现他各方面的才能。圣伯甫曾在一篇漂亮的文章里分析过基佐的性格，指出在一位政治家必须具备的五个条件(这是基佐自己列出的)中，基佐只有两个：性格和辩才。精力充沛和热心公益这两点在基佐身上完全缺乏：“他只知道以极其巨大的顽强性进行抵抗，既不知道变换手法，也不知道策略权宜。”他懂得各种思想，“这是他的领域”。但无热情，“他傲慢地看待或不理睬这些东西”。经验丰富的圣伯甫判断基佐基本上不见得能算作一位作家，他可是一位演说家。“他写得好就是因为他会说。”不过，这位不懂幽默的基佐偶尔也会写几句闪光的话，或精致地刻画一个人物。

基佐苛刻固执、自以为是，是一个不受欢迎的人物。芮农[2]说他是一个“生硬、孤僻、不幸的人”。一位英国作家嘲笑他，说他是“法兰西终于厌弃了的正直者亚里斯泰提[3]”。梯也尔说：“他是伟大的演说家，但在政治上却只是个傻瓜。”[4]然而，性格上的缺点无 260

① 卡尔·果兹科，《巴黎纪要》，他的《全集》的第 12 卷(美因河畔法兰克福，1845—1846 年，12 卷)。参看《外交评论季刊》，第 30 卷(1843 年)，第 316 页及以后。

② 参阅本卷原书第 555—557 页。——译者

③ (公元前 530—前 468)雅典贵族党领袖，约前 485 年被放逐。——译者

④ 阅读卡尔·喜尔布兰，“基佐的私人生活”，见《现代评论》，第 39 卷(1881 年)，第 478—490 页；和《伦敦评论季刊》，第 65 卷(1885 年)，第 1—21 页。

损于他在史学上的成就，在史学上他有双重贡献。首先，他当内阁部长时，不但改组了学校制度，而且推进了历史研究。其次，作为历史学家，他是从资产阶级观点解释历史的。以法律规定在全国三万九千个村社实行强迫教育——并对穷人免费——这是基佐的功劳，他同时还在中学里恢复了历史课。[①] 他促进历史研究，并不只是出于个人爱好，而且有政治动机；他相信，通晓法国历史会使他的同胞们受到教育，法国史学会就是他亲手创立的，这个机构吸引了许多最好的学者并在政府资助下出版了法国许多最重要的"原文版本：回忆录、编年史和书信"。这个学会在基佐去世后许多年仍继续出版书籍。在1835至1932年间出版了不下314种。[②]

人们记得历史家基佐是由于他写了下列这些著作：《英国革命史》，写至查理一世之死；[③]《近代史教程》(1829—1832年，六卷)后来分成《欧洲文化通史》、《法国文化史》和《欧洲代议政治起源史》。1840年他在政府当官时，还写了《华盛顿的生平、书信和著作》(1839—1840年，六卷)，这部书在美国极受欢迎，作者的肖像因而

① 下面引自当时教科书的一段话表明在路易·菲力浦时代法国学校中讲授历史的情形："法国还没有占有她的自然疆界；她还没有占有整个法国地区。……法国疆域实际包括尼斯和萨瓦地区，瑞士(即日内瓦、洛桑、弗里堡和纽夫夏特)，莱茵区的巴伐利亚，普鲁士的莱茵地区，卢森堡大公国和比利时……她的自然边界是从河口到河源的整个莱茵河流域；阿尔卑斯山从莱茵河源的大圣哥特哈山口到科尔·得·卡的邦。"

② 史学会的最早成员有A.提埃里、米涅、夫奥列尔、库臧、巴兰特、累努阿、革拉尔。1866年基佐接替巴兰特任史学会主席，后来基佐又由利奥波尔德·得利尔接替。

③ 1826—1827年首先出版两卷。此书的后续著作有：《英吉利共和国和奥利弗·克伦威尔摄政史》(1854年，两卷)，《理查德·克伦威尔摄政和斯图亚特王室复辟史》(1856年，两卷)，并有他的几篇短论作补充，《共和国垮台后的教士》(1850年)，《结婚中的爱情》(1855年)。1856年基佐出版另一本书讨论一个与英国有关的题目：《罗伯特·皮尔爵士》。

被悬挂在国会图书馆里。

必须强调指出，基佐是以一位笃信宗教的资产阶级的观点撰写历史的。他曾对他的妻子说："在制约人类进步的那些规律当中，我看到上帝，和在星宿运行中看到上帝同样清楚，不，甚至还清 261
楚得多。……人类历史有巨大的缺陷，但并无神秘可言。有许多东西我不知道，但没有任何东西我不懂。"这并不是庸俗的自高自大，而是由于坚信宗教。他的主张严格而武断，因为他相信它们是放之四海而皆准的，是永恒的，是源于上帝的，正像人们看到的那样，他的标志就是美德。他曾说，"科学无疑是美好的，……但假如它变成一种品德……的力量，就会好上一千倍。"至于他那些政治信念，根据他的出身、所受的教育和他的思想看，显然是一位彻头彻尾的资产阶级。他相信法国历史的基本因素是中产阶级。他承认"有时我因高举中产阶级旗帜而感到荣幸，这面旗帜当然是我自己的"。因此，作为部长和历史家的基佐痛恨革命党人，向群众宣传要对法律持稳健的态度。应当记住他当部长后采取的第一批行动都是反对革命的；1830 年他镇压了巴黎工人暴动，解散了共和俱乐部，还摧毁了许多群众性政党；1831 年他为反对取消贵族世袭制而斗争。这就是基佐的所谓"自由主义"。

在政治上和历史上的资产阶级观点就是合乎情理的中庸之道(juste milieu)。意即社会(政府)由资产阶级掌握，"这就是介乎君权神授论和暴民主权论这两种互相对抗的荒谬政见之间的真正中间路线"。[①] 基佐竟然把这样的理想塞进他对历史的理解里去了。

① 《回忆录》(见本书原书第 257 页著者注)，第 1、3 页。

他相信进步，这是他试图在他的《欧洲文明史》一书中加以阐释的一个过程。他极端相信进步是确确实实的东西，所以他还曾因为自己无限优于他的祖先而感谢上帝。[①] 可笑的是，这位进步的信徒同时还宣传满足于现状，从来也没看出在进步和僵化的保守主义之间的矛盾，这是荒谬的见解。

基佐的想象力使他以长时期、以整个时代为单位考虑历史。他是从罗马帝国的倾覆开始考虑欧洲社会发展史的，他分析了欧洲社会在每个时代的组成因素。1861 年他在法兰西学院一次全体会议上说："我已经形成一种习惯，认为对我们欧洲诸伟大社会的生存说来，其组成部分的多样性是极其必要的。我曾把社会等级各个组成部分作比较；审查它们的权利和相对重要性；我规定了每个组成部分的地位和职责。"基佐以"长远的观点"看待他写的那些事件。他知道刚刚过去的这段历史，除了那些当事人以外，对它
262 有兴趣的人是不多的。"当代历史必须经过许多年甚或许多世纪之后，人们的思想才会再度对它发生兴趣。"

基佐本质上是史学思想家，而不是历史写作家。他很少描述个别人物或社会运动；他只看到道德的力量。[②] 这位逻辑性极强的思想家在每个时期都看到某种占统治地位的思想或上帝的某些表现。欧洲史从最早时期开始就是引向中等阶级形成的一个长期

---

① 《文明史》(纽约，1881 年，四卷分为两册)，第 1 卷，第 33 页；参看亚历西斯·得·托克维尔，《美国的民主》，由亨利·里夫译为英文(纽约，1889 年，两卷)，第 2 卷，第 304 页："地球上还没有人能绝对完全地肯定世界的新状况比旧的好。"

② "道德世界，和天体体系一样，有它的规律和行动。"《欧洲代议制政府的来源》，由安得烈·R. 斯科布尔译成英文(伦敦，1861 年)，第 11 页；参看他的《法国史论》(巴黎，1858 年)，第 73—76 页和多处宿命论的例子。

过程。罗马帝国之所以灭亡就是由于库里亚(curiales,市议会)被毁灭了。[①] 中等阶级就是从封建主义的混乱和众多战争中显露其自觉性、尊严和法治的。[②] “人们不能用战争机器建造一所房子;也不能用无知的偏见和仇恨建立起自由政权。”文明的历史是以资产阶级的存在为条件的。立宪的资产阶级政府意味着“庄严的权力是在庄严的服从的条件下才受到尊敬、才得以维持”。[③] 自古以来,那些政府、王国和帝国兴盛衰败,就是因为它们都没有稳定性;只有代议制政府才有能够使它永存的那些因素。独夫统治就是专制,贵族统治即少数人统治;民主政治意味着纷扰和混乱。[④] 基佐摒弃任何阶级统治或任何多数人统治。他以赞同的口吻引证巴斯卡尔[⑤]的话说:“不能使自己统一起来的相对多数就是混乱,不是在相对多数中产生的统一,便是暴政。”[⑥]他的结论是,理想的政府是英国政府,因为它是由有才干的人们管理的代议制政府,他管这些有才干的人叫“能人”。[⑦]

基佐关于政府和政治的那些思想分散在他全部历史著作中,以一些感想的形式极好地总结出来了。关于拿破仑的这段感想可以看作一个典型。

---

① 《法国史论》(巴黎,1858年),第1—44页。基佐从来没有修改过这些文章。

② 同上书,第312页;参看第299—314页和其他多处。

③ 《欧洲代议制政府的来源》,第21页。

④ “现在有一个隐藏着纷扰的字:民主”,见《法国民主政治》(巴黎和布鲁塞尔,1849年),第9页。

⑤ 法国哲学家和科学家(1623—1662)。——译者

⑥ 《欧洲代议制政府的来源》,第62页。

⑦ 阅读他对克伦威尔的评论,见《奥利弗·克伦威尔和英国共和政治史》,安得烈·R.斯科布尔译成英文(费城,1854年,两卷)。

> 〔拿破仑〕活跃无比，是一位强有力的伟大天才，他对社会动乱极端厌恶，治理国家有奥妙的本能，改造社会机构之有力有效而神速，确实令人钦佩。但与此同时，他的天才毫无尺度、毫无制约，他不愿意从上
> 263 帝或从人们手里接受任何对他的愿望和意志的限制，因此，甚至当他和革命进行战斗的时候，他仍然是一位革命家；对社会一般情况胸有成竹，但对人性需要道德这件事，他的了解只是不全面的，或者可以说是粗糙的。①

基佐解释说，历史家有三重任务：调查事实真相，研究它们之间的关系，重新描出它们的形式和运动。他一直未能实践他的这些准则。他搜集的史料数量虽说很大，因为他特别爱好这件事，但他并未批判地使用这些资料，很少费心费力证实这些材料的真伪。最糟糕的是，他这个人天生来就缺乏进行归纳工作的本领。事实并未教给他任何东西，反而是他教育了事实。他并没批判地审查自己的资料，以便得出结论：他的结论是在他开始调查事实以前就已经作出的。他只选用那些适合他自己的命题的材料。圣伯甫说："基佐的历史逻辑性强过了头，因而并不真实。"②

① 引语见《伦敦评论季刊》，第12卷(1859年)，第347页。

② 《星期一新闻》(巴黎，1867—1884年，13卷)，第1卷，第82—121页。

第四十五章　法国史家 (1848—1922)[①]

有人曾说，19世纪是重视历史的时代；人们还可以加上一句，那 264
个世纪也是伟大历史家辈出的时代，特别是在法国。基佐和梯也尔这两位职业历史家也都是法国两代人中主要政治家。他们不但撰写历史，而且还利用自己身居高位之便鼓励历史研究。基佐对史学有很大贡献，但他于1848年退出政界后，他的著作也没能完成。假如我可以创造一个新词，说他是一位史学政治家的话，那么他的真正继承人就是维克多·杜律伊；后者的工作又依次由兰波、拉维斯和摩诺等人接手继续下去。把这项工作从19世纪后半继续干到20世纪若干年的人们把历史研究改变并加深了。因此，大致以1870年为界，把其前和其后的两个时期之间划一条界线是必要的。

维克多·杜律伊(1811—1894)[②]生于巴黎，他父亲是果伯兰

---

① 参看前一章开头引用的文献资料，再加上古奇的书，第12章；和路易·阿尔方的书，见《历史和史学家》，第1卷，第148—166页。

② 最好的记述是：恩斯特·拉维斯的《一位部长：维克多·杜律伊》(巴黎，1895年)，参看《美国历史评论》，第1卷，(1895年)，第142—149页；A. 兰波，“维克多·杜律伊(1811—1894)”，见《学者杂志》，1904年9月号，第485—496页；布洛格里，“维克多·杜律伊”，见《两世界评论》，第145卷(1898年)，第524—561页；阿尔方的书，第145页；古奇的书，第467页。

工厂一名工人，把他送到洛朗学院学习；以后又进了师范学院。多年以后，在被接受为法兰西学院成员时他曾说："我的命运很不一般：我进入洛朗学院时在人脚下，毕业时却出人头地；在师范学院也是这样；在大学里，我在最低年级待的时间比谁都长；突然间升到了最高年级。在62岁时我还没能进入研究所，现在我却是三个研究院的成员了。"

杜律伊在师范学校的教师有米细勒、安培[①]和乔弗罗[②]，在这几位老师影响下，他对历史产生了终生的爱好，在这个科目中他取得头等荣誉。22岁毕业后，他开始在亨利四世学院教书，在他的学生中有国王路易·菲力浦的两个儿子。但这件事并未使他的收入有所增加。他的待遇每年大约只有320美元(一级教授每年收入6000法郎，低级的不到3000法郎)。而且，因为还得养活一个
265 大家庭，他这位年轻的教授不得不搞些额外收入以维持艰苦的生活。贫穷的知识分子添补收入的办法有三个：给私人补习，做新闻工作，编写课本。杜律伊选择的是最后一种。阿瑟特出版社当时的负责人是他的同学，杜律伊开始为他编写数量极大的一系列的地理、罗马史、希腊史和古代史课本。他以难以置信的精力编写了不下74种这类课本，其中60多种都是论述古典著作的。正如朱理·西蒙所说："多少世代的人都是用他的书本培养出来的。"还必须说清楚，杜律伊的课本并不是常见的以卖文章为生的人写的那种东西，而是把最新发现的情况写进去的清新醒目的著作；他常常

① 法国杂文作家和历史家(1800—1864)，物理学家安培的儿子。——译者

② 法国哲学家(1796—1842)。——译者

改编自己的著作剔旧添新,因为他一直是“熟悉最新发现的情况的人”。

> 还应当称赞他这些小书纲目清楚、编排优异,按年代顺序排列事实,其间联系几乎无不合乎逻辑。他不发议论;意见很少;除必要时,不谈自己的看法,只要谈,就是清醒而明确的,几乎总是通情达理、不偏不倚。①

在编写教科书期间,杜律伊还挤出时间写了一部出色的《罗马史》(两卷,1843—1844),这部著作使他获得公立圣路易中学教师职位。他忙于写作(他这些著作已对法国教育产生深刻影响),无暇顾及政治动乱。1848 年的革命在他头脑中似乎连影子都没有。后来他说:他并没像大多数法国人那样喊叫共和国万岁!君主国万岁!国王万岁!皇帝万岁!然而政治却也影响了他的事业。他的《罗马史》3、4 两卷(1850 年完稿)直到帝国倾覆后的 1872 年才出版。在这期间,他出版了《希腊史》第 1 版——他的书常常出许多版——还编辑了《世界史丛书》〔他为这套丛书写了《法国史》(两卷)〕,他作为历史家的声誉因而更高了。

杜律伊的政治生涯是以一种特殊的方式开始的。他不赞成拿破仑三世,在 1851 年的普选中他曾投反对票。但这位古怪的拿破仑三世,也像许多法国人那样,曾经读过杜律伊的书(似乎有人竟能逃过杜律伊那许多著作的洪流!),而且记得他是一位认真的历史家。1859年有一天,朗东元帅在皇帝的桌子上看到一部《罗马

① 引自朱理·西蒙关于杜律伊的卓越记述,“维克多·杜律伊先生的生平和著作史略”,见《道德与政治科学院的会议与工作》,第 145 卷(1896 年),第 66—93 页。

266 史》,说道:“我认识这部书的作者,我如果能在这里看到他,一定很高兴。”拿破仑三世回答道:“这部书很好,既然你认识作者,就把他叫到我这里来吧。”第二天,杜律伊来了,皇帝问了他许许多多问题,并问这位局促不安的学者是否满意他的职位,“是的,陛下;我是巴黎一所学校的教授;我很满意。”皇帝问道:“可是,你希望得到的最高职位是什么?”杜律伊回答道:“监察主任。”拿破仑高声说:“我任命你当监察主任,”还笑着说,“明天我跟部长说说。”

然而,杜律伊的任命经过两年之后才实现。部长鲁朗反对杜律伊,而拿破仑好像也忘记了他的诺言。1861年,当政府在罗马尼阿主权问题上和罗马教廷发生争执时,鲁朗要这位百科全书式的杜律伊写一本关于教廷要求的来源和性质的小册子。杜律伊在几天以内就写成一部《诸教皇都是意大利的君主》并以他自己的名义出版了10000本,因为政府不便以官方名义出版。杜律伊的报酬来得很快。拿破仑任命他为技术学校教授,法兰西学院监督,最后当了教育部长。公众舆论认为,最后这项任命是拿破仑统治时期最好的一项任命。

杜律伊并未使公众失望,至少比较有知识的人们并未失望。在当了差不多30年的教师之后,他对法国教育制度十分熟悉,按他的学生拉维斯的说法,法国的教育包括一点写作,一点阅读,一些数学和大量《圣经》。引用拉维斯的话说“数以千计的自治村、没有女子学校,大多数(即使不是全部)山村,根本没有学校;没有成人学校,没有一所乡村图书馆,教师的待遇不够维持生活,有五千多女教师每年收入不到80美元,有些还不到这个数目的一半,她们当中没有一个人有享受退休金的资格”。虽然教会和内阁大力支持这种制度,杜律伊还是决定把它结束。他英勇果敢地改革法国教育制度,用了长达六年的时间步步为营地和教士、政客们进行斗争。内阁拒绝通过经费,皇帝就批准了他的预算。拿破仑三世对这位教育部长的支持虽说时冷时热,但总算同情。这位古怪的君主说:"杜律伊先生的想法我并不完全赞同,但他办事还是很明智的。"

杜律伊成功地创建了 6000 多所免费的自治村学校;建立了 2000 多所新校舍。学生人数增加到 238 000 左右,课表也排好了,历史占第一位;这件事惹得杜律伊的敌人控诉他在现代史课程中 267
歌颂皇帝。拿破仑三世说:"在一个普选的国家里,每个人都应该知道如何阅读。"杜律伊尝试实行强制性的小学教育以便实现皇帝这个意见。

德国历史方法对法国的影响一直都很小。只是在 1848 年革命以后法国温和派自由主义者如米细勒、基内等人才醒悟过来。杜律伊热望引进德国史学的方法。在法国建立起广泛的公费学校制度后,他又打算为成年人建立一些高等学校。他写道:"如果不为成年人设置课程,那么初等学校交到孩子们手中的工具不久便会生锈了。"于是高等研究学校就于 1868 年建立起来。它在法国教育史上是划时代的,特别在历史写作和教学方面更是如此。

> 〔1868 年杜律伊写给皇帝的信中说〕高等教育的目的不仅是引起对研究的兴趣;它的最重要的宗旨是向学生传授研究方法以及用这些方法创造出来的科学。在德国,伯克、立特士尔、卫尔刻、兰克和劳麦等这样一些人,过去或现在每星期授课 8 至 10 小时或 12 小时;但他们讲课并不要求像我们的教授那样〔逐字〕准备讲稿。他们讲课,宁可说是仔细的指导,由学生详细记下,作为参考。多亏德国人养成了这样的研究

> 习惯，所以他们能够在人类知识各个部门经常提供一些著名的大师，每位大师周围又有许多弟子。而法国则除了一些有口才的教授每天吸引数以百计的听众外，那些著名学者有才能的追随者和像样的批评者一样都嫌太少；这些席位迟早都要空起来。①

这座高等研究学校宗旨在于训练教师和学者。杜律伊因为不能说服各院系坚持中世纪传统的那些年老的教员，于是在1868年7月31日创办了高等研究实践学校，由历史家、语言学家和其他
268 学者以"实习"的方式教学生治学的"方法"，这所实践学校分为数学和物理学、化学、生物学以及历史和语言学四个系。杜律伊希望最后"打垮古老的索尔本学院②的壁垒"，他真的成功了，他派到这所实践学校的人员都是绝对没有受过任何大学传统影响的。其中有些人如摩诺和米雪尔·布雷阿耳③等都是在德国的研究班里受过训练的；其他的人都是渴望作出一番事业的有志青年。这所

① 引文见保罗·弗雷德里克，"德国和法国历史研究"，亨利也达·李奥纳尔德从法文译成英文，见《约翰·霍普金斯大学史学和政治学研究》丛书，第8种，第5—6卷(1890年)，第75—76页。杜律伊心目中很早就有这样一种学校。迦柏列·摩诺说："我记得……我从德国回来后和杜律伊先生的一次谈话，当时他向我提出一项筹办高等研究学校的计划。我对他说，我们的专门学校太多了，不必创办一个新学校，他可以通过改变体制、引进新精神的办法改组教师队伍。他对我说，这是不可能的，人们不能在旧团体不赞成的情况下去改组它，而且我没有钱；改组教师团体要花许多钱；创办我所计划的学校，一支笔、一张纸就够了。我必须为它弄到钱，我无法为教师团体弄到钱。使法国人了解一种思想，必须找到一个打动人心的名称。创办一座新学校并任用忠于这种思想的人员就足够了。……高等研究学校是我在旧巴黎大学的破院墙里放的一个幼芽；在成长中，它将使它〔巴黎大学〕崩解。"这段话是布洛格里引证的，见"维克多·杜律伊先生的生平和著作评价"，见《道德与政治科学院的会议与工作》，第149卷(1898年)，第569—602页，参看第729—745页。

② 巴黎大学的一部分，包括神学、科学、文学等部分。因这个学院是1252年罗伯·得·索尔本创立的，故名。1820年以后成为巴黎大学。——译者

③ 法国语言学家(1832—1915)，著有《拉丁语源词典》等书。——译者

学校的主旨是训练一批学者接替他们的教授，青年教授们都非常年轻，有时人们还以为他们是学生，任何一位都没什么名气；他们成名完全是后来的事。在历史科学方面，杜律伊任命了沃定顿[①](牛津大学一位希腊学者)、亚勒弗烈·摩里[②](一位档案学者)、迦伯烈·摩诺(惠芝的学生)等人负责。关键的学习组织是研究班而不是教室；训练的方法是实习而不是讲授。

正如杜律伊预见的那样，实践学校的成功甚至使古老的索尔本学院复活了，而且鼓舞了法兰西学院和古文书学校里有成效的而且也是科学的历史研究。这个学校初创办时只有为数不多的学生和六七位教授。据曾在 80 年代初访问巴黎的保罗·弗雷德里克[③]说，在十多年的时间里，这所学校就已经有 25 位教授在史学各领域开了 50 多门课。这所学校培养出法国最伟大的一批学者如格罗·隆囊[④]、阿诺托[⑤]、纪里、罗伊等。在 1870—1871 年间法国被普鲁士打败约 12 年后，弗雷德里克写道："用不着一位富有灵感的先知就可以预见：法国将出现一个光辉的历史学派，由于他们忠于自己民族的和谐精神，定能在下层基础与上层建筑之间，在细

① 法国的考古学家和政治家(1826—1894)，父为久驻法国的英国工厂主人。著有《希腊与小亚的考古航行》(1866—1877)等书。后任法国驻英大使(1883—1893)。——译者

② 法国考古学者(1817—1892)，1868—1888 年任法国档案总监。——译者

③ 比利时历史家，列日大学教授(1850—1920)。——译者

④ 法国学者(1844—1911)，他特别对于法国历史地理有研究。——译者

⑤ 法国历史家和政治家(1853—1944)，著有《法国现代史》《1914 年战争插图史》等书。——译者

节的分析研究与哲学的综合之间稳稳地保持平衡。"①

杜律伊被委派在法国所有三个学院任职,说明他的贡献得到承认。退休之后,他继续撰写他的七卷《罗马史》的最后三卷,并于1879 至 1885 年间出版。1887 年又出版了他的《希腊史》。他这些著作至今仍然是法国的典范。他这两部记述古典时代的历史著作虽然并非以独创性的研究为基础,却体现着欧洲最好的学术成就。用一位法国批评家的话说,他这两部著作在庄严、清晰、准确方面具有"权威性"。杜律伊还计划写一部同样规模的法国史。但他仅
269 仅写成一篇《法国史总序》,全书从未完成。在这篇总序中,他说出了他的历史观点(第 62 页):

> 叙事的历史是一种艺术。而按照法则说明现象并把它们分类、根据原因说明事实并把它们分类的历史则是一门科学,这就是我要指出的。我为之奉献一生的研究的心愿就是必须使它达到这样的水平,即科学的水平。

随着杜律伊改组教育制度而来的法国史学的深刻变化,至 1876 年《历史评论》杂志的出版而达顶点。杜律伊的年轻追随者创办的这个刊物在宗旨和范围方面类似 17 年以前另一位政治兼历史家济伯尔创办的《历史杂志》。事实上,在历史研究上,德国是

---

① 弗雷德里克的书(见本书第 267 页著者注),第 118 页,参看第 110—118 页。1882 年 12 月杜律伊写给朱理·西蒙的信说:"在师范学校,他们用心造就我们那些教授的精华,在高等研究学校,用心培养学者;巴黎大学是造就开业证书持有者、博士甚至通过答辩的博士,但他们几乎是经常缺少师范学校的广泛教育。"阅读西蒙的文章,见《道德与政治科学院的会议与工作》(见本书原书第 265 页著者注),第 66 页及以后。

法国的模范。[1] 普法战后，福礼曼讽刺地说："德国人把自己某些精神打进法国人的脑袋里，因此自己就失去了一些。"[2]

在《历史评论》的周围聚集了第三共和国新一代的主要学者。为首的人物是迦柏列·摩诺(1844—1912)，他在师范学校受过教育(拉维斯[3]、加法雷耳、品高等都是他在师范学校的同学)。毕业后，前往意大利和德国游历，在德国受到深刻影响。他在柏林大学跟雅费[4]学习，在格丁根大学跟惠芝学习，学到德国研究班的方法和史学调查研究，他对这些很为赞赏。他后来说，"在我们这个世纪，德国对历史研究所作贡献最大"——希坡利特·泰恩对这一论断表示衷心赞同。俾斯麦的国家"就像一个巨大的历史实验所，在那里，一切努力都集中起来，配合起来，精力没有被浪费"。他热望在法国做出同样的事情，于是在24岁时就在杜律伊办的实践学校

---

① 1864年，摩诺这个默默无闻的青年问泰恩：一个有为的青年"在受过可能是最好的法国教育后，要到德国去完成他的教育，这样做是否对头?"泰恩的回答很有趣："我回答，对头，赶快去。在我们的时代大多数伟大的历史研究，共来源和中心均在德国。……他们在历史上的优点是两个原因造成的：第一，他们是语言学家；他们直接找原文；他们阅读手稿和未曾出版过的文献……；他们研究第一手资料。……第二，他们是哲学家。……因此他们有总体思想和整个文明发展的概念。……先生，这些我认为是最好的历史文化。下工夫学到它是一种高贵而冒风险的事业。"1864年8月30日的信，见《H.泰恩的生平和书信》，R.L.得丰喜尔夫人译成英文(伦教，1902—1908年，三卷)，第2卷，第263—265页。

② 《E.A.福礼曼的生平和书信》，W.R.W.斯提芬编(伦敦和纽约，1895年，两卷)，第2卷，第437页。"〔1871年后，法国人〕是……如此忧郁而妄诞，以致停止了科学交流，结果使他们很快相信这样做只对自己有害。"维拉莫维茨-默伦多尔夫，《我的回忆，1848—1914年》，G.C.理查兹译成英文(伦敦，1930年)，第149页。

③ 法国历史家(1842—1922)，特别对普鲁士历史有研究，著有《普鲁士历史的研究》等书。——译者

④ 德国历史家(1819—1870)。——译者

当了教授；他自己的研究班研究的是中世纪史，特别是墨洛温王朝的年代记，在这方面他是行家。但是他看到实践学校进行研究和
270 出版工作的经费太少；另一个教历史课程的学校古文书学校则是高度专业化的，训练古文书学者和档案管理员；而师范学院则相反，又过于一般化了。培养学术性的、却也是一般性的历史家的地方根本没有。于是摩诺就打算把实践学校的教学大纲扩大，以便训练一批兼具博学和写作两种特长的历史家。为了达到这个目的，需要出一种既有科学性、文章写得又好的历史评论杂志，这就是《历史评论》问世的原委。

由摩诺和考斯道夫·法尼埃[①]合编的《历史评论》第1期于1876年1月出版。[②] 编者写的序是这个新历史学派的一篇宣言。

> 在我们这个时代，历史研究日益重要。在这个广阔的学术领域里，每天都有许多新的发现和新的探讨，要及时掌握这一切，即使是以历史为职业的学者，也日益感觉困难。我们相信，我们创办《历史评论》这个刊物以利探讨历史各个领域的有独创性作品的出版，并提供外国和法国历史研究动态方面准确而完整的报道，也就是为了满足学术界一大部分人的需要。……
>
> 因此，我们既不会出版争论性的作品，也不会出版粗陋的东西；但是我们的《评论》也不是一种纯粹博学性的汇编，这个杂志仅仅刊登能

---

① 法国历史家(1842—1927)，特别是经济史的权威。——译者

② 考斯道夫·法尼埃(1842—1927)从1876至1882年间任《历史评论》编辑。他曾在法律系和古文书学校肄业。后来当了《法兰西》公报编辑，在公报上他对最近的历史出版物作了坚定而尖锐的评判；他还编辑了论述经济史的选集：《法兰西工商业史有关文献》(1898—1900年，两卷)。还写了《亨利四世时代(1589—1610)的法国社会经济》(1897年)；《13至14世纪巴黎工业和工业阶级研究》(1877年)和《约瑟夫和黎塞留二神父，1577—1638年》(1894年，两卷)等书。

> 够使历史科学更加丰富的有创见的第一手作品或是将成为这类作品的基础的一些研究,或是行将成为其结论的那些研究成果。然而,尽管我们向与我们合作的人提出了严格按科学办事的要求,肯定任何一件事都必须附有证据和参考资料以及引语,并严格排除空洞的概括、炫耀词句等等,但在我们的《历史评论》里仍然要把法国学者和读者们正确地给予很高评价的文艺性保持下来。
>
> 我们这本杂志的范围并不排除历史研究的任何领域,但它以主要精力探讨的是从狄奥多西之死(395 年),到拿破仑一世倾覆(1815 年)这段时间的欧洲史。事实上,正是在这段时期,我们的档案馆和图书馆里保存着最大量的未曾探索过的宝藏;我们还希望,尽可能避免当代的一切争论。

摩诺本人在这个杂志第 1 期上发表了第一篇文章。凡是对这个题目有兴趣的人都应该读读他这篇《16 世纪以来法国历史研究的进步》。这一篇文章既是批判的历史,也是对未来的概述。他指出,一切学术训练都带有历史特色的倾向。“我们这个时代是历史的时代。”不幸的是,在法国史学领域还没出现正常的发展。早期——19 世纪——法国史学家多数是自学成材的人,他们既无师 271
承又无弟子。他们——当摩诺写出下面的话时许多人还活着——主要是“文艺工作者,其次才是学者”。他们在自己的领域里赶不上最新的发现;甚至当他们修订自己的著作时,也不作任何删改。“让它们像现在这样存在下去;否则它们就不让它们存在下去”。(Sint ut sunt aut non sint.)他们看重形式,忽视事实,这是由于科学传统缺乏,而政治或宗教的热情却是太多。

> 〔摩诺严肃地写道〕我们最卓越的历史家在自己的学说、鉴别力甚至在自己对事实的批判方面,都使自己受到当代激情的强烈影响。提埃里是这样,基佐也是这样,米细勒和梯也尔也都是这样。而且,18 世

> 纪的先例和记忆驱使他们仓促作出概括，他们幻想一旦革命成功，尤其重要的是1830年宪章一旦公布，马上就可以十拿九稳地撰写法国通史了，甚至像E.基内那样，在不多几页的篇幅里，就能够追溯法国历史的哲学渊源了。①

摩诺继续说，但是法国史学遭受的最大的不幸就是“文学和学术之间的矛盾”。长时期以来作家沾染了对研究工作的“轻视态度”；他们认为，想象和风格就是一切。另一方面，学者对文学形式也表示蔑视，对总括性的概念表示厌恶，“他们钻进毫无趣味的琐碎事实细节里躲避起来”。《历史评论》现在希望纠正这些弊端。在政治上或宗教上它不站在哪一派一边。它将允许不同的意见，但不允许争论。“人们可以为历史研究历史，用不着坚持因赞成或反对某种信仰而作出的那些结论，用不着这类成见。”《历史评论》将成为“实证科学”和“自由讨论”的园地，但将仅限于“事实范围”以内。摩诺阐释拉·颇皮利尼尔的话作为结论说：“由此看来，历史的**目的只在于从真实情况中得到益处**，历史不声不响地、十拿九稳地进行工作，致力于国家的光荣伟大，与此同时，也致力于人类的进步。”②

---

① 迦柏列·摩诺，“16世纪以后历史科学的发展”，见《历史评论》，第1卷（1876年），第30页，全部重要文章见第5—38页。J.R.格林，《脱离正轨的研究》丛书，第2卷（纽约和伦敦，1903年），第175—182页，对基佐、米细勒和梯也尔同样严格。并阅读格弗罗、策勒和梯也诺的著作，见《历史研究报告》（巴黎，1867年）；和格林的评论，见《星期六评论》，1868年10月17日。

② 《历史评论》第1卷第36页意译了拉·波皮利尼尔的《完备的史学思想的主要书籍》第66页。摩诺写道：“所以我们不用任何旗帜；我们不宣扬任何宗教信条，我们不接受任何党派的命令，这就不夸耀我们的‘评论’是一个巨大的通天塔，或所有的意见都能表达出来。我们遵从的严格科学观点，就足以使我们的文章的笔调和性质统一起来。”

“历史评论”第1卷上载有53位“合作者”名单,其中包括档案保管员和图书管理员,学者和历史家,代表着法国大多数研究院和 272
学校。其中包括博耳迪埃、邦契-勒克雷尔、蒙特拍列、德利尔、杜蒙、杜律伊、浮斯退尔·得·库朗日、若弗罗瓦、纪里、希姆利、拉维斯、隆囊、马斯伯洛、摩里、摩林尼尔、莫雷耳-法提奥、启希拉、兰波、芮农、索列尔、泰恩、塔米泽·得·拉洛克和维奥累等等;难怪编者自豪地说:“我们把这些合作者的名字列出,比用什么语言介绍本刊都好。”①

其他著名历史家先后在《历史评论》里首次发表文章的有:布尔茹阿、豪则、朱里安、朗格卢瓦、普鲁、萨洛蒙、狄奥多尔·赖纳赫、沃定顿等人。摩诺当编辑达36年之久(从1876年到1912年);他不但出版了论述一切历史时期的许多材料,而且还吸收了外国撰稿人。1912年摩诺去世时,他在师范学校最早的学生查理·贝蒙②当了编辑③。

《历史评论》是史学界行将出现新情况的先兆。在下一代,有12种以上的其他历史评论创刊。④好几十个学会也组织起来

① 《历史评论》第1卷刊载的文章有:论罗马帝国的城市制度(杜律伊),撰写第一次十字军的历史家(塔罗),论格伦维尔(卡斯坦),圣西门和杜波住持(策鲁埃尔),1792年库斯丁前往布朗斯威克的任务(索列尔),论格雷戈里七世(纪里),第二孔第亲王(格伊西勒),农商革命委员会(基弗里),马德堡的毁灭和梯里(垒斯),亚历山大里亚图书馆的厄运(查斯特),普丁哲地图上的意大利诸地区(得雅丹)和摩诺当然列为第1篇的文章。第一年《历史评论》是季刊;1877年以后改为双月刊。

② 法国历史家(1848—1939),有许多关于英国及欧洲史的著作。——译者

③ 阅读M.C.普菲斯特:“《历史评论》50周年纪念”,见《历史和历史家》,第1卷,第7—17页。

④ 在这些期刊中有:《宗教史评论》(1880年);《法国革命》(1881年);《中世纪》(1888年);《近现史评论》(1899—1914);《古代研究》(1899年);《综合历史杂志》(接下页)

了。[1]其结果是除某些显著的例外,史学变得更"科学"了,但综合
273 性却少了。在这个学术领域,资料、原文、汇总、专论、短论等等开始占统治地位。过多的资料终于极需某种选择和统一。在这个世纪末,又出现一次反潮,大规模协作综合再次被采用,这一点在后面将要谈到。

可以拿利奥波尔德·得利尔(1826—1910)作为"科学"或文献型历史家的例子。弗里兹·密尔科在他为德利尔之死写的讣告中这样说:"19世纪后半叶历史科学取得的巨大进步应归功于他的比任何别人的都多。长期以来这不仅是由法国而且也是由全世界公认的事实。"[2]这话并非夸大;保罗·拉孔布编写的《德利尔先生著作提要》(1902年)这部了不起的著作就可以证明。这部书共计549页,列举著作总数达1900种之多,确实惊人。大家还会记得

(接上页)(见亨利·贝尔的"关于历史概念的研究与说明",创办于1900年);《里昂历史杂志》(1902年);《革命年鉴》(1908年);《法国天主教历史杂志》(1910年);《法国殖民地历史杂志》(1912年);《拿破仑研究杂志》(1912年),刊物名称到1926年改为《拿破仑:19世纪评论》以及各省出版的一些历史杂志。

① 这里不是列举一切学术组织的地方,但有少数应举出:法国考古和历史学院(罗马,1876年);开罗东方考古学会(1880年);法国远东学院(河内,1901年);佛罗伦萨学会(1908年);西班牙高等研究院(马德里,1909年);圣彼得堡学会(1912年);以及在伦敦(1913年),布拉格(1922年),索菲亚(1923年),华沙(1923年)和南斯拉夫诸学会。在法国的有:历史研究学会(1872年);亚洲学会;古代法国学会;历史和科学联谊会;法国历史学会;近代史学会(1901年);法国革命史学会(1888年);法国艺术史学会(1872,1906年改组);罗伯斯庇尔研究会(1907年);法律史学会(1913年);法国宗教史学会(1914年);战争史学会(1919年)。参看R.得·拉斯提里,E.勒菲法-庞塔里斯和A.非得尔合编的《法国学术团体出版的历史和考古著作总书目提要》(1886—1916年,六卷),拉斯提里和非得尔合编的《著作年鉴书目提要》等书(1901—1910年,三卷)是这部书的续编;参考阿尔方的书,见《史学和史学家》,第148—166页。

② 弗里兹·密尔科,"利奥波尔得·德利尔,一篇死者小传",见《图书馆事业中央公报》,第27卷(1910年),第385—401页。

那位学术著作极多的冠军蒙森，他的书目提要仅有 1513 个书名。空前绝后的文章(但不是书籍)多产头奖无疑应发给德利尔。

得利尔曾在古文书学校受教育五年，后又自愿在自己家乡诺曼底档案馆工作，以补充学校教育之不足。1852 年以前，他已经抄录了诺曼底被腓力·奥古斯都[①]征服以前的大多数特许状。虽然他希望在自己可爱的省里当一名档案管理员，但他的老师本杰明·革拉尔不让他离开巴黎。革拉尔任命他在国立图书馆手稿部当了助理管理员，后来他在那里当助理员、管理员，最后当了主任，一直待了半个世纪。据说德利尔“去国立图书馆时，那里是一堆乱书，离去时已成了一个图书馆”。在总改组国立图书馆的过程中，他收集了许多材料，汇总在他的名著《帝国图书馆手稿珍藏》(1868—1881)里。这部书的内容可以由它的副标题看出:“这部书是对这个宝库的构成的研究，其组成部分包括印刷术发明以前巴黎的书法、缩样、装订和图书买卖等方面的历史。”德利尔也像他的老师革拉尔那样，在中世纪经济史方面有重要贡献，出版了一批契据集以及《中世纪诺曼底农民生活和农业情况研究》(1851 年)，此
书获得法兰西研究院哥伯尔奖金。他这些作品，无论是综合性论 274
述，或专题研究，在说明事实时都有明白清晰、技巧完美的特色。他这位极其少见的图书管理员兼学者“……短小精悍……还故意屈背弯腰，歪着脑袋，最重要的是他那双明亮机敏的眼睛从宽

① 法王腓力二世(1180—1223 年在位)，1202 年左右从英王约翰手中夺取诺曼底。——译者

阔的脸上放射着坦白忠诚的光辉”。[①] 他在全世界的名望不亚于蒙森。

在这部书其他各章中可以看到对芮农、泰恩和浮斯退尔·得·库朗日等人的评论。但这里应先说说索列尔和奥拉尔、拉维斯和兰波的一些情况。亚尔伯特·索列尔(1842—1906)1866年在基佐劝告下进入外交部,1872年在巴黎大学、1898年在圣西尔军校当历史教授。《欧洲和法国革命》(八卷,1885—1904年)这部杰作就是他写的,是论述法国革命“在国际上引起的复杂情况的最好的一部书”。[②] 这部书补充了泰恩的《现代法国的起源》,但它的学术成就却高得多——或者可以说未引起多少争论。索列尔这部历史著作的独创性在于它论述的法国以外的革命,他的论述范围包括整个欧洲。此外,索列尔是从法国和欧洲各档案馆取得资料的,他和泰恩、基佐不同,他以资料为准。索列尔是近代“科学”派历史家,他写的东西看不出有什么偏见;他并不像他的朋友泰恩,在原则上并无成见,也没有形而上学的固定的信念。在他心目中,在国际范围内的革命只是旧政权外交政策的继续(这正如我们记

① E.芒得·汤普森,“利奥波尔德·德利尔”,见《英国历史评论》,第26卷(1911年),第76页,全文见第76—83页;R.兰·普尔的书,见《英国研究院纪要》,第5卷(1905—1906);同一作者,“一位伟大的法国学者:利奥波尔德·德利尔”,见《评论季刊》,第214卷(1911年),第473—490页;古奇的书,第207—208页;Ch.贝蒙,“利奥波尔德·德利尔”,第105卷(1910年),第84—91页;乔治·拍罗特,“利奥波尔德-维克多·德利尔的生平与著作介绍”,见《古文书学校丛刊》,第73卷,第5—72页,也有单行本出版(巴黎,1912年)。德利尔好像只有一个缺点:他不懂军事史;参考查理·奥曼《战术史:中世纪》(波士顿和纽约,1923年,两卷),第1卷,第384页。

② 路易·高次乔克,《法国革命时代(1715—1815)》,(波士顿和纽约,1929年),第465页。

得的托克维尔对内政的看法那样)；由此产生的是欧洲诸君主国和革命的法国之间的冲突。一旦革命者搞起领土扩张，欧洲诸国立即结成军事同盟反对法国，这种反应和它们在路易十四时代所作反应相同。索列尔写道："许多人把法国革命看作是颠覆旧世界，另一些人则把它看成旧欧洲的再生。如果我的著作能够说明法国革命乃是欧洲历史发展自然而然的无可避免的结果，那么，我就认为我下的工夫不是白费的了。"[①]索列尔清醒地指出，促成那些革命战争的原因，既不是雅各宾党一方的人类平等哲学，也不是诸君主一方的反革命狂热；前者只不过是单纯的领土扩张，后者则仅仅 275
是自利和自卫。欧洲对拯救法国王权的兴趣并不如对瓜分波兰的兴趣大。俄罗斯和普鲁士都用两只眼睛注视着波兰，而很少关心路易十六会出什么事；奥地利一只眼睛注视着波兰，另一只注视着低地诸国，乐于看到法国被革命削弱。英国关心的主要是它的商业和殖民地，自从英国失掉美洲殖民地以来，法国一直认为它已是正在衰落中的国家，因此，法国那些革命家，不顾米拉波相反的呼吁，都在玩弄这样一种思想，即把长期以来一直被认为是法国世仇的一个国家摧毁。这部书第1卷第1部分把近两个世纪欧洲诸国的历史情况勾画出一幅美好的速写。索列尔指出这个时期简直只是连续不断的战争，条约并无约束力，国际道德微乎其微。索列尔在较早的一本著作《18世纪的东方问题》[②]一书里，业已指出瓜分波兰的三个伙伴[③]如何残暴而放肆；后来进攻革命的恰恰就是这

① 《欧洲和法国革命》，第8页。

② 《18世纪的东方问题》(巴黎，1878年)；F. C. 布拉姆威尔译本(伦敦，1898年)。

③ 普鲁士、奥地利和俄罗斯。——译者

三个国家。由于道德破产，旧欧洲正漂向一个暴力动乱时期。18世纪每个国家实际上都在搞改革运动，这主要都是由法国哲学家鼓动起来的，因为各国都有人听他们的话。但看来改革也阻挡不住无可避免的革命浪潮。①

阿道夫·奥拉尔(1848—1928)②的书一直写到最近时期。他也像索列尔那样，以主要精力钻研法国革命，但他却和索列尔又很不同，他有狂热的党派性。1886年巴黎市议会为他设立了第一个法国革命史讲座；这样，奥拉尔就成了研究法国革命的权威。他的书以丹东为主角，正如他的对手马迪厄以罗伯斯庇尔为主角那样。事实上从1886年以来直到现在，法国革命史的写作成了丹东的支持者和罗伯斯庇尔的拥护者之间的战场。一场说来，追随奥拉尔的丹东派是可靠的资产阶级共和党人；在马迪厄领导下的罗伯斯庇尔派则是程度不同的马克思社会主义者。社会党领导人饶勒
276 斯③就是一个很好的例子，他编了一部《社会主义史》(1901年及其

① 关于索列尔，参看古奇的书，第246—249页；佛特的书，第740页；乔治·皮科特"亚尔伯特·索列尔先生的生平和著作史介绍"，见《道德与政治科学院的会议与工作》，第167卷(1907年)，第20—57页；迦柏列·摩诺，"亚尔伯特·索列尔"，见《历史评论》，第92卷(1906年)，第91—99页；关于他的著作的评论，参看《评论季刊》，第207卷(1907年)，第534—558页；《历史评论季刊》，第39卷(1886年)，第680—682页，以及第42卷(1887年)，第526—536页。

② 关于奥拉尔，参看古奇的书，第250—252页；查理·贝蒙的书，见《历史评论》，第159卷(1928年)，第214—215页；痕兹的文章，见《历史杂志》，第139卷(1929年)，第448—449页；A. 瓦尔的文章，见《历史季刊》，第5卷(1902年)，第416—420页；马迪厄，"奥拉尔，史学家和教授"，见《法国革命》，第55卷；爱弥尔·法居埃的文章，见《政治研讨》(巴黎，1909年)；以及克兰·布林顿，《革命十年，1789—1799年》(纽约，1934年)一书附录。

③ 1914年以前法国社会主义运动的主要领导人(1859—1914)，主编过《人道报》(1904—1914年)。第一次世界大战爆发前夕遇刺身死。——译者

后),前几卷就是以社会主义观点写的法国革命史。[①]

除争论外,奥拉尔在推进对法国革命的研究方面,曾作出极为可贵的贡献。他说:“革命解放了人类和科学,我是它的恭顺而感恩的儿子。”他断言,这个题目值得用最大精力钻研。他和他的弟子一起于1888年创办了“法国革命史学会”和《法国革命》月刊。在他协助下还组织了“革命时期巴黎历史研究全市委员会”(1887年),这个机构用市政经费出版了一系列有关巴黎史的论文。这两个机构出版了大量论述〔法国〕革命的重要资料。奥拉尔苦干20年,把浩瀚的资料校编之后,才出版了自己的主要著作《法国革命政治史》,副标题为《民主政治和共和国的起源和发展》。正如标题表明的,这主要是一部政治史;经济、外交、战争等方面则被忽略。奥拉尔主要目的是说明民主原则的发展,他的独到的贡献是证明在法国共和思想姗姗来迟。

> 〔他在序言中说〕我打算说明在1789年和1804年这段时期的人权宣言在许多制度中是如何付诸实施的;各种人权在人们的演说中,在出版物中,在各政党的政策中,在社会舆论的种种表现中,是怎样解释的。这些原则中的两条,即权利平等原则和人民主权原则,在慎重制定国家新政策的时候,是最常被援引的。从历史上看,这两条原则是革命的主要原则——实际情况是因时代不同对这些原则的考虑和应用也各异。本书主要目的就是记述这两条原则的各种不同遭遇。

这部著作分为四部分:民主政治和共和国的起源(1789—

---

① 参看马格丽特·庞司,《冉·饶勒斯,社会主义者和人道主义者》(纽约,1917年);迦柏列·摩诺的文章,见《历史评论》,第78卷(1902年),第354—364页;查理·A.比尔德的文章,见《政治学季刊》,第21卷;和《美国历史评论》,第11卷(1905—1906),第543页。

1792)，民主共和国(1792—1795)，资产阶级共和国(1795—1799)，平民共和国(1799—1804)。奥拉尔这部书只限于撰写从1789年三方议会的召开到执政府末期的法国政治史，略去军事事件甚至经济和社会史。他的艰苦工作于1879年以在巴黎大学一系列的讲授开始，年复一年地在大量资料中耕耘。的确，他大胆地断言："我不想遗漏任何一件重要资料，也没有发表过任何一项不是直接根据原始资料的意见。"

277 革命的准备阶段就是许多年前的"启蒙"时期。第一个危机就是国王和议会之间的斗争，并因巴士底狱被攻占而加剧。奥拉尔也像米细勒那样，在各式联合中看到法国可以通过诸自治市自发地组成国家。国会采用了一种新的行政制度，从而把法国变成有限君主国。君主国被推翻后，一个实行普选制的民主共和国建立起来。国内叛乱和外国入侵立即迫使独裁政府成立，但当危机一旦过去，又立即让位给资产阶级共和政府。不久，恐怖主义复发；法国为了拯救自己，以免往昔的恐怖重现，遂投身拿破仑的怀抱。这就是奥拉尔写的革命时期法国政治史"诸阶段"概况。尽管奥拉尔知道的事实很多，他或许就是了解这个时期的最大的权威，但他却忽视了许多大事。他承认，"事实上一个人在一生中不可能知道一切"。然而，对经济情况、各种社会力量而且更重要的可能是不同阶级之间的冲突等等情况不作充分讨论，对革命是不可能了解的。然而在奥拉尔的著作中这些东西一点也找不到。而他还自称为革命的儿子和战士呢。

恩斯特·拉维斯(1842—1922)和亚烈弗列·兰波(1842—1905)这两个响亮的名字是和法国史学工作中通力协作进行综合

的最好的范例联系在一起的。拉维斯是杜律伊的教育思想继承者,还曾当过他的私人秘书。他在德国获得博士学位,他的博士论文也是一篇论述德国的题目《普鲁士王国起源之一的研究,或阿斯揆尼阿朝[1]统治下勃兰登堡的发展》(*Étude sur l'une des origines de la monarchie prussienne, ou La Marche de Brandenbourgsous la dynastie Ascanienne*)(1875年);因此他成为法国为数极少的德国史专家之一。[2] 他先在师范学院任教,最后在巴黎大学任教,他在该校对教育政策和历史方法的影响经久不衰。他的最好的学生有朗格卢瓦[3]和谢尼奥博斯[4]。他经常强调的是广泛的解释和开阔的视野。虽然他的中世纪史讲得很精彩,但对那些只知献身于"中世纪荒野"或"只适用于昆虫学研究的细微末节"的人则十分鄙视。他讥笑放弃"大道走小径,放弃小径奔死胡同"类型的学者。他对自己的学生这样劝告:"如果你已经把放大镜放在一粒尘土上,那你就把它放在那里,在看清楚它确实是一粒尘土后,就立即 278
把它拿开不要多放一分钟。"此外,拉维斯还有把他宣传的道理付诸实践的品格。他总是严格遵守他曾经告诉学生们的那些意义重大的话:"我们这些在精神上生活在过去的人们,千万不要忘记大多数人生活在现在,并且寄希望于未来。"他认为史学并不是一位好古家的事业,而是一门活生生的学问,应当仔细讲给对渊博

---

① 约1142—1320年。——译者

② 拉维斯讨论德国问题的著作还有:《普鲁士史研究》(1879年);《略论德意志帝国》(1887年);《腓特烈大王的少年时代》(1891年);《登基前的腓特烈大王》(1893年)——后两部书是杰出的心理研究。

③ 朗格卢瓦(1863—1923),著有许多有关法国中世纪的著作。——译者

④ 谢尼奥博斯(1854—1942),著有《文化史》、《欧洲现代史》等书。——译者

知识并不感兴趣的公民们听。无怪乎他以一位好教师出了名，和他同时代的一个人写道：

> 我有好几次听拉维斯先生讲中世纪的法国和德国，他讲的课非常动人。他只用了几根优美、准确而鲜明的线条就把腓力·奥古斯都和圣路易的特点刻画出来，一面还不断引用当代作家和文件段落。有一回，他迅速地粗略地勾画出直至13世纪的法国伟大人物在议会的案卷，并热情地介绍给学生们作为研究的题目，参考德国的榜样。……他经常准确地引述古代编年史家和最好的德国史家的片断。……拉维斯先生在他的精彩的演说中每一段都说出自己独到的见解，说得适度、准确、明白，他的见解颠扑不破，引人注目，常常出人意料地用一个泼辣的字眼，几句讥讽，一个栩栩如生的情节，或一连串的尖锐攻击，使他的演说更加精彩，他说话声调坚决，他那颤动的嗓音表现出信心，其生动感人极深。20到50名学生目不斜视、热情倾听，如饥似渴地吞食老师的话。①

拉维斯第一项重要成就就是他的《通史》(*Histoire générale*)编辑工作，这是一部集体著作，共十卷，从中世纪开始一直写到19世纪末。第1卷于1894年问世。和他一起编书的亚勒弗烈·兰

---

① 弗雷德里克的书(见本书原书第267页著者注)，第101—102页。参看奥屯·革拉克，"恩斯特·拉维斯，法国史学家和教育家"，见《南大西洋季刊》，第22卷(1923年)，第23—42页。"从旁边一个小办公室〔巴黎大学文学院的〕出来，讲课的人出来之前，先按传统习惯端出一个盘子，上有一杯水和三片糖。他是一位50多岁的人，高个子，身体强壮，一个大脑壳稍有偏斜，灰白胡子，一双锐利的蓝眼睛，声音响亮有力，抑扬顿挫。他威风凛凛，纽扣中带着玫瑰花徽章，他演说多少有些粗鲁，使人觉得他不大像一位教授，还更像穿着公民衣服的一位陆军上校。每学年开始，他都向听众讲两项他的课程的特殊规则：每次讲课开始后，所有的门都要关上，讲课时任何人不得进出。这是为了挫伤懒惰的好奇心。……而且，喝彩也被视为愚蠢和对讲演人的侮辱。"同上书，第23—24页。

波[①]是拜占庭史[②]和俄罗斯史专家。

在这部巨大的丛书首卷序言中,两位编者怀着感激的心情向 279
他们的老师维克多·杜律伊致意,杜律伊早在1863年就曾宣告"战争史"并非一切。伏尔泰所说"民族的道德和精神"是历史的真正因素;"思想对物质的影响"是历史研究的主要目的。这篇序言里有许多光辉的句子,例如:"一步一步地把这些激动人心的材料搜集、黏合、结晶、组合起来。从这些被匈奴人、阿瓦尔人、马札尔人、阿拉伯人的马蹄践踏得一塌糊涂的许多部族的遗骸中,凝结成几个真正的民族。"

拉维斯自己编的《法国史》共18卷,《法国现代史》共九卷。一些重要学者为这部汇编供稿,这部书出版后立刻成为论述法国文化的最有批判性、最全面、最透辟的一部,取代了较早的一切梗概性的著作。拉维斯亲自仔细地计划出纲目标题,而且经常坚持不仅要有批判,还要有适合时代的解释,他希望自己的"历史"对广大

① 兰波(1842—1905),著有《10世纪的希腊帝国史》、《拿破仑一世时代的德国史》及《法国革命史》等书。——译者

② 兰波著,《10世纪末以前的希腊帝国:君士坦丁·坡菲罗冉尼》(1870年);《拜占庭史研究》(1912年),后一书是论文集。弗雷德里克的书(见本书原书第267页著者注),第109—110页,有下列一段对兰波作为讲演者的描写:"亚勒弗烈·兰波先生作了一次关于18世纪法俄二国的精彩讲演。……兰波先生勾画出一幅十分具有写实性的很有趣味的轮廓。……兰波先生是法国教授中少见的例外,他读书颇为冷静,但讲话生动而简洁无误,非常有力地描述出宫廷和军营中一切阴谋。……我听过兰波先生讲喀德琳政府某些真实而明显的特点;比如1766年她在莫斯科召开的一次议会,有600多位代表来自她广阔的各州领土,并形成一个人种展览会,……而不是议事会。……在这里,兰波先生追述了17世纪俄罗斯农奴制度的起源,并叙述俄罗斯奴隶在他们被降服一世纪之后的悲惨处境。但是我不能在这里分析这堂课;它在清晰、简洁和创新等方面是值得称赞的。"

公众有用。“这是20世纪的人写给20世纪的人看的一部历史：这部书使他们一直有兴趣，因为它满足了他们的好奇心，还把他们需要知道的东西告诉他们，而且仅仅把他们需要知道的告诉他们。”①

拉维斯和兰波完成的综合编写工作，为其他集体著作树立了榜样。亨利·贝尔开始编辑他的《人类的演进》(*Évolution de l'humanité*)，100卷；考斯道夫·格洛茨②着手监督编写一部《通史》，50卷；L.阿尔方和萨尼亚克计划编写一部《各民族及其文明》，20卷；卡芬雅克开始撰写一部《世界史》，12卷。这些著作都是国际的，或者更恰当地说，是世界规模的。在民族史领域，阿诺托主编了一部集体著作《法兰西民族史》(1920—1929年，15卷)。法国的历史写作已大踏步迈进了。引用路易·阿尔方的话说：“单纯的图书馆探索者和档案馆常客的时代已经一去不复返了。”③

---

① 参看《历史评论》，第140—141卷(1922年)，第315—318页；古奇的书，第219—220页；阿尔方的书，第174—175页。

② 格洛茨(1862—?)。——译者

③ 《史学和史学家》，第1卷，第166页。法国史没有像达尔曼-惠芝在德国搞的那样弄一个总书目提要，但近代法国历史著作的性质和数量可以从下列各书中调查出来；迦柏列·摩诺《截至1789年的法国史书目提要……》(巴黎，1888年)；佩耳·卡容，《1866—1897年间出版的有关1789年以来法国历史的著作书目提要》(巴黎，1907—1912年，分为六编)，以及年鉴中佩耳·卡容和亨利·斯太因合编的《法国史书目提要索引》(巴黎，1923年及以后)。

第四十六章　19 世纪初叶的英国史家①

英国史学带着前一时代的不少传统和哲学进入 19 世纪。休谟②、罗伯孙③和吉本④留下相当可观的遗产。但在 1800 年，英国的本国史可能比欧洲任何其他国家的历史写得都不好，只有西班牙例外。英国最早时期的历史，人们所知极少。在这个岛上幸而保存下来的大量原始材料又无法利用；而那些可以利用的东西，历 280

---

① 《英国名人传记词典》有关于英国史家精彩的概述，附书目提要。古奇的书，第 285—401 页，处处有最连贯的充分的说明；并参看沃尔德的书，第 16 卷，第 2 章〔撰写古代和早期教会史的作者，见第 12 卷，第 14 章〕；A. J. 格兰特，《英国史学家》（伦敦，1906 年），书中有摘要，绪论中的第 39—86 页写的是这个世纪；《泰晤士报文学副刊》，1937 年，第 319—321 页，有一篇珍贵的评论；查理·贝蒙的书，见《史学和史学家》，第 1 卷，第 167—191 页；C. H. 赫佛尔德，《华兹华斯的时代》（伦敦，1901 年）；休·沃尔克。《腾尼孙时代》（伦敦，1900 年）；同一作者，《维多利亚时代的文学》（剑桥，1921 年）；约翰·T. 麦尔兹，《19 世纪欧洲思想史》（爱丁堡和伦敦，1896—1914 年，四卷），第 1 卷绪论和第 3 章；斯塔布斯主教，《论述中世纪和近代史的 17 篇讲演》（牛津，1887 年），其中第 1—3 篇在知识渊博和启发性方面是非常珍贵的；E. P. 启内，《国际月刊》，第 1 卷（1900 年），第 399—419 页；史梯芬·R. 道兹，“几位近代史家”，见《伦敦评论季刊》，第 108 卷（1907 年），第 242—254 页；Ch. 小杜台里，“英国中世纪的政治史”，见《综合历史评论》，第 8 卷（1904 年），第 358—380 页。

② 本卷原书第 69—72 页。——译者

③ 本卷原书第 72—73 页。——译者

④ 本卷原书第 74—90 页。——译者

史家又不进行艰苦努力把它们弄明白。人们对中世纪史普遍怀有极深的偏见。迟至40年代伦敦《泰晤士报》还在社论中宣告研究中世纪史是“对文明和繁荣的自然发展的愚蠢的干扰”。[①] 英国史上仅有的可以说还有所了解的时期在16世纪以后。

在英国，人们仍然认为历史是纯文学的一支——在这个新的世纪里，很长的时期里还是这样认识。撰写历史是文艺爱好者、有闲的绅士、有时也是道貌岸然的政治家或雄心勃勃的文艺工作者干的。剑桥和牛津这两所大学的大门是保守的，对英国多数有天才的人总是关着的，它们继续讲授古典；而历史和近代语言教学实
281 际上是不存在的。人们认为这种课程的设置只不过是徒具其名。著述都是教士或政客的事，而不是教授干的。[②]

英国历史家中无人以“科学的客观性”自命。每位作家都按照自己的党派和宗教信条运用他那极端严格的、贵族的或道德的标准。在拿破仑诸战役之后的1815年，英国的国情对地道的历史写

① 引自J.C.小瑟耳沃耳，《康诺普·瑟耳沃耳，史学家和神学家》(伦敦和纽约，1936年)，第151页。这相当于1830年托马斯·安诺德博士论述英格兰的“完美的社会文明”所说的满意的话。同上书，第95页。

② “昨天在陈列馆里的收获是失败了！除灰尘外，没有得到任何东西”，见腓特烈，丰·劳麦，《1835年的英国》，萨拉·奥斯丁和H.E.劳埃德合译(费城，1836年)，第86页。

“在威斯特敏斯特的牧师会礼堂里，……我发现大量的古代编年史和瑞士大干酪饼状的许多纸卷。……其中大部分仍然未经查阅、无人知晓。”见上引章节。劳麦是和弗朗西斯·帕尔格雷夫爵士同去的。

“在牛津，和在英国所有的学校一样，历史研究被忽视的情况在欧洲各国中是找不到的，这是完全不能原谅的。”同上书，第480页。

作也不是什么好兆头。[①] 外国一位伟大学者说：

> 这个时期学术生活的政治背景……无疑是黑暗的——其所以如此，是由于法国过火的自由运动在英国中产阶级中引起了恐怖；也是因为傲慢的保守党人的专横贪欲和教会的压迫，其所以黑暗还有一个原因：即爱尔兰天主教徒和英国工匠的流血牺牲。[②]

不可能期望处于统治地位的那些阶级对剥夺了政治权利的受苦受难的下层群众有任何同情。密特福德[③]和阿克波尔德·阿里孙爵士[④]这类托利党作家愿意保持现状带给他们的幸福，保持治理英国那些原则的好处，他们这些人的独断近似1830年韦林顿那篇著名演说。大多数辉格党人对普选也怀有类似恐惧，两党都深深浸泡在政治和宗教偏见中；两党对他们那"完美的社会文明"的优越性都深信不疑，因而毫无办法对过去的历史作出公正的判断。

其结果是直到将近本世纪中叶，英国史学仍然可耻地落后于大陆，至少是落后于德法两国。当这两个国家的学者的精力业已成批地、大量地出版了许许多多细心编写的历史集子的时候，英国仅有的只是赖麦的《条约汇编》(*Foedera*)[⑤]一部。在1857年以

---

① 查理·奥曼，"历史远景"，见《拿破仑战争研究》(伦敦，1929年)，第21—22页；全文见第1—23页。

② 乔治·布兰得斯，《19世纪英国文学的主流》，代纳·辉特和玛利·摩里孙合译(伦敦，1901—1905年，六卷)，第4卷，第30页。整章是对英国狭隘胸襟和不宽容的态度的控诉。

③ 英国历史家(1744—1827)，著有《希腊史》五卷(1784—1810)。——译者

④ 英国历史家(1792—1867)，著有《法国革命时期欧洲史》，十卷(1833—1842)，续篇九卷(1852—1859)。——译者

⑤ 托马斯·赖麦(1641—1713)出版的《条约汇编》共20卷，1704—1735年出版，第16—20卷，为历史家罗伯特·散得孙编，包括1101年到1654年英国与外国所订的条约。——译者

前，《案卷丛书》(*Rolls Series*)动笔时，只有卡姆登学会[1]津贴出版的若干卷；为数很少的资料编辑者只是几位不幸的开路人，他们得到的金钱报酬少得和他们自己很不充分的准备工作同样可怜。

不过，19世纪前50年也并不是毫无进展的时期。[2] 有多种力
282 量集中起来改进史学。拿破仑诸战役业已在全欧激起民族精神，驱使每个国家对自己的过去积极进行新的研究。甚至在18世纪丝毫未受文学写作影响的下层阶级也破题儿第一遭对历史写作发生了兴趣。浪漫主义使生动的想象力更加鲜艳，使作家和读者回顾更加古远的那些世纪。沃尔特·司各脱爵士的那些小说使广大群众无论老幼都着了迷，而且教育了学者懂得“地方色彩”的价值。

在吉本去世(1794年)和维也纳会议(1815年)之间的20年，英国没能产生第一流历史巨著。但和平的恢复却带来一个突然变化，表现出新的历史写作热情。1818年，哈兰[3]的《中世纪的欧洲》，密特福德的《希腊史》最后几卷和詹姆士·穆勒[4]的《英属印度史》相继出版。1819年林加德[5]的《英国史》开始付印。“从休谟

---

① 1838年建立的一个出版与英国历史有关的早期历史和文学著作的历史学会，因纪念威廉·卡姆登(1551—1623)，故名。1897年合并于皇家历史学会。——译者

② T.普勒斯顿·伯尔顿，《英国历史著作的变迁，1760—1830年》(纽约和伦敦，1933年)，第183—310页；亚勒弗烈·W.本恩，《19世纪英国理性主义史》(伦敦和纽约，1906年两卷)，第1卷，第311—325页，1830年前后德国批判主义和英国浪漫主义融合的开端；以及赫佛尔德的书(见本书原书第280页著者注)，第1—34页。

③ 参阅本卷原书第284—286页。——译者

④ 苏格兰哲学家、历史家和经济学家(1773—1836)，主张功利主义，为英国东印度公司职员。——译者

⑤ 参阅本卷原书第569—570页。——译者

到沙伦·特纳[①],从罗伯孙到哈兰和林加德等于进入了一个新世界,在这个新世界里文明的模模糊糊的开端和早期成长对历史家说来已经具有完全不同的价值了。”[②]

在19世纪的30多年中,在改革法案[③]公布以前,仍然有一批作家属于休谟和罗伯孙那一代。威廉·密特福德(1794—1827)[④]是托利党一位乡绅、国会议员、汉普郡的民兵上校。他的《希腊史》据说是在他的一位同僚、伟大的吉本本人建议下写的。虽然人们在别处把密特福德当作古代史作家论述,但我在这个地方提他是因为他的五卷书(1784—1805)反映的是当时托利党的偏见。他厌恶雅典的民主政治,歌颂历次贵族运动。在羡慕他的那些托利党群众看来,他是30年后的阿克波尔德·阿里孙爵士的先驱。和他同时代的威廉·考克斯(1747—1828),以主要精力编写传记,诸如沃波尔兄弟[⑤]、马尔巴勒[⑥]和柏兰[⑦]等人的传记。但他的记述总不

---

① 英国历史家(1768—1847),著有《盎格鲁-撒克逊历史》四卷(1799—1805),后续编12卷,至伊丽莎白王朝(1839年)。——译者

② 赫佛尔德的书(见本书原书第280页著者注),第40页。

③ 1832年英国国会改革法案。——译者

④ 阅读他的《希腊史》,第1卷(1837年编著)的传记;沃尔德的书,第10卷,第361页;维克多·杜律伊《希腊史》英文版(波士顿,1890年,四卷分为八册)中马哈斐写的序,第1卷,第1章,第5—6页;以及麦考莱的愉快的评论,重印在他的《批判、历史和杂录散文和诗歌》(波士顿,1880年,两卷),第1卷,第127—147页。

⑤ 罗伯特·沃波尔(1676—1745),英国首相;其弟霍勒斯·沃波尔(1678—1757),英国驻巴黎(1723—1730)及海牙(1733—1740)大使。——译者

⑥ 约翰·丘吉尔(1650—1722),英国将军,曾指挥英军在尼德兰与法军作战。——译者

⑦ 亨利·柏兰(1695?—1754),英国政治家。——译者

免枯燥无味。威廉·洛斯科(1753—1831)[①]只是一位有趣的业余作家、自学成才、当过律师,还有各种爱好。他的朋友们在佛罗伦
283 萨抄录了许多手稿,他根据这些东西编了一部《美第奇家族的罗棱索》(*Life of Lorenzo de'Medici*)(1793年及以后),后来又写了一部《教皇利奥十世传》,这部书虽然偏袒教皇,却被列入教廷禁书目录。洛斯科的著作都是些逸闻琐事、矫揉造作、缺乏历史价值,但他对意大利艺术和文学的热情却激起英国群众的兴趣。

英国好古主义的代表人物是亨利·埃利斯爵士(1777—1869),多年来他一直担任不列颠博物馆图书馆长(1827—1856)。在出版了布兰德[②]的《通俗古文物学》(*Popular Antiquities*)一部新校订本(1813年)之后,他就在公共记录委员会邀请下,撰写了《末日审判书》[③]导言(1816年)。他编写《能说明英国史的原始书篇》(第1套1824年,第2套1827年出版)时曾利用不列颠博物馆和案卷馆里面的手稿。

吉本曾说,盎格鲁-撒克逊时期"在最有学问的读者心目中也是不清楚的"。1815年盎格鲁-撒克逊史诗《贝奥武尔夫》(*Beowulf*)[④]出版了,这篇东西是丹麦人托克林发现的,被誉为日耳曼

① 《爱丁堡评论》,第7卷(1806年),第336—358页。

② 约翰·布兰德(1744—1806),英国教士和考古学者,其《通俗古民俗学》出版于1777年,埃利斯加以补充,出版于1813年,赫兹加特于1870年又加修订,1950年又重新编撰,名为《信仰与传说》。——译者

③ 1086年征服者威廉一世在英格兰实行广泛的土地调查而编成的清册,当时人们称它为"对英格兰的描述"。后人通常使用"末日审判书"这一俗称,以示人们在这次调查记录面前无可求告。——译者

④ 反映盎格鲁-撒克逊人在侵入英国以前的原始生活的史诗。——译者

民族现存的最古老的史诗。向英国读者打开这片新园地的功劳属于沙伦·特纳(1768—1847)。[①] 他 15 岁时就在伦敦法学协会[②]一位律师手下当学徒,六年后他的雇主去世,他设法继续这项业务。但不久他就利用闲暇时间经常在英国博物馆里进行研究。他还在童年时,“刺格涅·罗德布洛克的丧歌”的一部译本就曾驱使他从事冰岛语和盎格鲁-撒克逊语研究,从而使他看到语言学家很少注意到、史学家则几乎完全没有注意到的这些语言能够打开的宝库。在进行了 16 年研究之后的 1799 年,他出版了《盎格鲁-撒克逊史》。[③] 他在序言中哀叹这些极有价值的资料竟然长期被忽视。特纳写道:“许多盎格鲁-撒克逊手稿仍然摆在那里无人查阅,而且,这些手稿的内容以及古代作家和其他各国的记录保存的记述我们祖先办的事情和他们的遭遇的那些重要事实,都没有写进我们的通史。”为编写历史的目的在科顿图书馆[④]审阅这些资料的人,特纳是第一位。他的批评引起国会进行调查(1800 年),后来就成立了一个委员会对“这些记录进行分类、整理和摘录”。

特纳的著作使读者大开眼界。他的书证据确凿、渊博而细心,他那明智而权威的风格赢得赞许。骚狄[⑤]大胆地说,他相信“可能 284

---

① 《爱丁堡评论》,第 3 卷(1804 年),第 360—374 页,以及托马斯·塞科姆布的文章,见《民族传记词典》,第 57 卷,第 356—357 页。

② 伦敦享有检定律师权力的机构。——译者

③ 《盎格鲁-撒克逊史,从他们第一次出现在易北河上到诺曼征服》(伦敦,1799—1805 年,四卷),第 7 版分为三卷,由他的儿子于 1852 年修订出版。此书后来构成他的 12 卷本《从早期到伊丽莎白女王逝世的英国史》,第 1 至 3 卷(伦敦,1820—1839 年)。

④ 罗伯特·布鲁司·科顿(1571—1631)所建立的图书馆,以富于手稿著名,现为不列颠博物馆的一部分。——译者

⑤ 英国诗人(1774—1843),除诗歌外,他写了许多传记和历史著作。——译者

从来还没有任何历史出版物曾经向公众提供过这么多的新情况”。[①] 在介绍了不列颠人和罗马人的情况后，他还描绘了条顿侵略者离开大陆以前的生活和风俗，并以大量篇幅描写英国盎格鲁-撒克逊诸王国的宗教、经济和社会情况。虽然叙事部分不及休谟，但他笔下提供的这个岛上早期生活情况的图景却广阔得多。

在首次成功鼓舞下，特纳按阶段逐步写到伊丽莎白女王时代。[②] 由于工作过于繁重，他被迫放弃律师业务、退居乡间，撰写了一部《教会史》(*Sacred History*)，[③]公众的纵容和虔诚的正统口气使它出了八版。特纳的著作表明：他对德国的批判精神毫无所知。[④]

今天看来，特纳著作的主要价值在于他那些注释。他在艺术上那种矫揉造作最令人腻烦；他的编排既无次序，又不明晰，那些离题的话使读者厌烦。骚狄怕看他的著作靠后那几卷。特纳写完撒克逊时期之后，就很少提供新鲜东西了，林加德的著作把他靠后的这些部分取代了。但在他自己掌握好的那部分，他还是热情而

① 《生活和通信》，罗伯特·骚狄编(纽约，1855年)，第11章引自《民族传记词典》(见本书原书第283页著者注)，第356页。

② 《从诺曼征服到1509年的英国史》(伦敦，1814—1823年，三卷)。第3版(1830年，五卷)构成《英国史》第4至8卷(见上上一个著者注)。《亨利八世统治史，包含有诗史的英国宗教改革开端史》(1826年，两卷；英国史的9至10卷)。此书是为回答林加德的意见撰写的。《爱德华六世、玛利和伊丽莎白的统治史》(伦敦，1826—1829年，两卷，英国史的第11—12卷)。

③ 《世界宗教史，如创世记和后来的事(直到洪水时期)中所显示的。打算在一系列写给教徒的信中获得哲学上的思考》(伦敦，1832—1837年，三卷；第8版，1848年)。

④ 密尔曼的《犹太史》(伦敦，1829年，三卷)伤害了他的感情，密尔曼得知后反驳说，他20年以前也许会给他人的意见较高的评价。特纳多年来一直是约翰·穆雷这位出版商的法律顾问，也是创办《评论季刊》主要人物。他不喜欢《爱丁堡评论》的“巧妙的尖刻”。

有效地进行撰写，并获得哈兰、骚狄、司各脱和腾尼孙等人的赞赏，而且鼓舞了英国人在思想上对自己祖先有了新的了解，因而使他颇感满意。忒涅作为研究盎格鲁-撒克逊资料的一位学者，一直保持着自己的权威地位。但在垦布尔[1]和索普[2]出现后他就不行了。

亨利·哈兰记述中世纪的名著也说明这个时期流行的新兴趣，不过他主要关心的只是 14、15 两个世纪。哈兰生于 1777 年，死于 1859 年。[3] 他父亲是温泽大教堂牧师会一位成员，后来当了布里斯托尔教长。亨利便是在温泽生的。哈兰从伊顿学校和牛津 285
基督教学院毕业后，就进入伦敦内腾普尔法律协会[4]。1812 年后，他开始享有一笔私人收入，从而使当律师成为不必要。他被委任为印花税务委员，这实际上是个闲差。他虽然肯定地效忠辉格党，但没参加实际政治活动。他对取消奴隶贸易感兴趣，但他对贵族的同情心使他对 1832 年的改革法案感到震惊，认为这是过火地把民主政治推到危险境地。他也像这个世纪英国其他历史家那样，开始时是为杂志写稿，哈兰是为辉格党大机关报《爱丁堡评论》供稿的。他因三部著作出名；其中第一部是“中世纪欧洲概况”[5]已

---

[1] 参阅本书原书第 288—290 页。——译者

[2] 英国语言学家(1782—1870)，翻译古英语文献。——译者

[3] 古奇的书，第 283—284 页；《民族传记词典》中的文章；米涅，“哈兰先生的生平和著作史略”，见《道德与政治科学院的会议与工作》，第 59 卷(1862 年)，第 259—283 页；《爱丁堡评论》，第 3 卷，第 140—172 页；《学者杂志》，1821 年，第 734—744 页；《北美评论》，第 29 卷(1829 年)，第 265—281 页；第 46 卷(1838 年)，第 248 页；第 50 卷(1840 年)，第 43—75 页；第 92 卷(1861 年)，第 163—177 页，第 93 卷(1862 年)，第 93 页以后。

[4] 伦敦四所法学协会之一。——译者

[5] 伦敦，1812 年，两卷本。增补注释一卷，1848 年出版。

为他树立名声,这部书共九章,都是历史论文,探讨5至15世纪期间主要情况,可能使有哲学思想的研究者感兴趣。哈兰对12世纪以前那些世纪毫无所知,[①]他这部书因而在价值上高低不一,他把重点摆在法律和政府方面,论述英国的那一章在士达布斯时代以前那段无人超过。

哈兰在《中世纪欧洲概况》这部书里表现了对政治上和宗教上的专横的愤慨,在九年以后出版的《从亨利七世即位到乔治二世逝世之间的英国宪法史》[②]一书中表现得更为明显。哈兰这书使他成为辉格党历史哲学第一流的阐明者。他写书时,辉格党已下野近70年了。他以片面的观点歌颂了1688年的光荣以及英国在以法律限制王权下的幸福。他谴责了天主教和新教,高派和低派教会人士[③],以及托利党人的专制罪行。他对詹姆士一世和查理一世鞭笞最重;他认为斯图亚特朝最早这两位国王是不法分子。因为哈兰一向十分准确,所以他很少遭受攻击,在这件事情上他却错了,他认为英国在那个时期已经有了一部明确而固定的宪法了。英国这位律师窥见细微末节;但他如果以一位法官的身份而不是仅仅以一位记录者的眼光撰写历史,那他这部书就会成为一部公

① 哈兰写道:"有许多时期,特别在12世纪以前,可以有理由视为非常缺乏值得记忆的事件,因而常常一句话或一节文字便能够说明整个时代和由许多不著名的国王组成的漫长的王朝的性质。"

② 伦敦,1827年,三卷。麦考莱的评论,见《爱丁堡评论》,第48卷(1828年),第96—169页;重印在他的《历史论文》(伦敦和纽约,1913年),第1—83页。关于保守党,骚狄写了一篇严厉的批判文章,见《评论季刊》,第37卷(1828年),第194—260页。

③ 英国教会的两个派别。高派教会重视宗教仪式,低派教会不注意宗教仪式。——译者

正而无畏的著作了。哈兰是政治哲学家，醉心于对社会和人类进行明智而忧伤的评论，但他并不喜欢哲学体系或社会学说。骚狄责怪他“翻腾业已埋葬的丑闻”，但是麦考莱对他的评论却是：“大 286
体上看来，我们可以毫不迟疑地说，他这部《宪政史》是我们曾经读过的最公正的著作。”他这部书成了英国政治教科书，而且多年来一直是英国宪政史的先导。

这三部著作在 10 年以后才因百科全书式的《15—17 世纪欧洲写作概论》(*Introduction to the Literature of Europe in the Fifteenth, Sixteenth and Seventeenth Centuries*)(四卷，1837 年)问世而结束。在一幅巨大的画面上，哈兰描绘了一大批在哲学、神学、文艺和自然科学等领域的伟大作家，奇怪的是，他忽略了对史学的适当记述。[①] 他这部全面评述足以说明他博学多识，也证实了他在学术上应有的地位。

哈兰过着勤奋的退隐生活。[②] 他是统计学会创办人之一，考古学会副主席。福礼曼承认哈兰是“在 18 世纪的教育下成长起来的，……并说明他受的是最好形式的教育，再加上他那独到的分辨能力和力所能及的广泛的阅读”。但他否认哈兰有一位历史家应有的可贵才能，即想象力。哈兰躲避争论或政治动乱。正是这种顾虑使他在乔治三世即位以前就结束了他的《宪政史》。他吃力地想做到忠实而准确，尽量不作概括，这是不太审慎的治学者的通

① 阅读麦考莱的评论，见《爱丁堡评论》，第 72 卷(1840 年)，第 194—226 页。

② 他的妻子和 11 个儿子都先他去世。腾尼孙写的《怀念》这首诗便是为其长子阿瑟·亨利·哈兰写的；诗中说：“你们那漫长而不可爱的街道”，指他们在威姆浦尔街的房子。

病。他坚持走自己的道路，对各种流派或传统持超然的轻视态度；虽然他不能否认自己的辉格党色彩，却力求对罗马及其神学作家保持公正。他认为克伦威尔是个独裁者，可和拿破仑相提并论；他认为虽然查理一世罪恶严重，但把他处死仍然是不合法的。他避免在修辞上下工夫，一般说来他是一位严格而纯洁的作家，甚至接近干燥无味。维诺格拉多夫[①]说他是以基佐为杰出代表的大陆学派的英国代表。

沙伦·特纳对1800年记录委员会的成立曾起推动作用，但那些委员都是忙碌的官员或主教，既不适于做这项工作，又得不到必要的经费，以拯救分散各处的档案并为出版做准备。[②] 1836年，在“纳尔逊书简集”编者哈里斯·尼古拉爵士(1799—1848)和其他学
287 者的压力下，政府再次成立了记录委员会，并从成立之日起，就开始了第一次拯救大批有价值的手稿的认真的努力。但工作进展迟缓，直到1857年《卷宗丛书》才开始动笔。[③] 人们把新的努力投向原始文献，从而出现了一线希望；一个较好的时期即将来临。[④] J. A. 季尔斯编辑的那许多卷书与其说是一位批判史家写的有用的版本，还不如说是一位考古家花了不少钱搞的冒风险的事业。价

① 俄国的法学家(1854—1925)，英国的中世纪史家。1902年往英国，为牛津大学教授。著有《英国的农奴制》(1892年)《历史法理学》(1920—1922)等书。——译者

② 古奇说，1825年在麦金托什以前，参加委员会的人没有一个具备史学知识；并说，少数付印的材料编辑得不像样，把资金浪费了，例如重印赖麦的业已有各种版本存在的著作。他引用麦特兰的话说，“下流的坏事把值得歌颂的好事挤掉了。”古奇的书，第285页。

③ 关于《卷宗丛书》的建立，参看《评论季刊》，第162卷(1886年)，第295—298页。

④ 在索普和垦布尔等人的著作中关于在英国建立一所“档案学校”的提议，参看《爱丁堡评论》，第89卷(1849年)，第154页。

值较高的是索普和垦布尔所作的贡献。本杰明·索普(1782—1870)曾在哥本哈根大学伟大的丹麦语言学家剌斯克[①]指导下学习;并于 1830 年用英文出版了他的老师那部《盎格鲁-撒克逊语法》。他还翻译了凯德蒙[②]的著作(1832 年)和《贝奥武尔夫》(1855 年)及拉平堡[③]的《盎格鲁-撒克逊诸王统治下的英国史》和保利[④]的《艾尔弗雷德大帝传》。他自己还写了一部论述《北方神话》的三小卷著作(伦敦,1851 年)。又编印了凯德蒙用诗歌体释义的《圣经》,提亚纳的阿波罗尼奥斯[⑤]的故事的盎格鲁-撒克逊文版(1834 年),《盎格鲁-撒克逊文选》(牛津,1834 年)和《埃克宋年西法典》(*Codex Exoniensis*)(1842 年)。他的名声主要也是来自他的《盎格鲁-撒克逊时期的英国文献》(1865 年);但索普的写作方式却使托马斯·达佛斯·哈第爵士和斯塔布斯主教两人都认为他是"一个很不诚实的老头儿"。哈第曾很客气地允许索普看他抄的稿子,后来索普就根据这些东西编写了《英国文献》一书(那些原始文书他甚至未曾过目)。而托普在序言中却忘恩负义地攻击哈第做学问不准确,另有证据说明他还曾剽窃亨利·彼得里收入《不列颠史料集成》中的盎格鲁-撒克逊文献。季尔斯也干过抄袭他人的这种卑鄙勾当。[⑥]

---

① 丹麦语言学家(1787—1832),近代比较语言学的建立者,哥本哈根大学的文学史、东方语言教授。——译者

② 7 世纪,英国第一个古英语基督教诗人,将《圣经》故事译为韵语。——译者

③ 德国史学家(1794—1865)。著有《英国史》,索普译为英文。——译者

④ 德国历史家(1823—1882),著有许多有关英国历史的著作。——译者

⑤ 他的活动时期为公元 1 世纪。他的故事原为后期希腊的一篇传奇,在中世纪甚为流行。——译者

⑥ 勒斯利·史梯芬编,《约翰·理查德·格林的书信》(纽约和伦敦,1901 年),第 144 页。

在麦考莱去世(1859年)以前那些年，索普的《英国古代法律和制度》(1840年)，昼布尔的《英格兰的撒克逊人》(1849年)，和帕尔格雷夫[①]的《诺曼底和英格兰史》(1851—1864年)的主要部分就已相继出版。[②]

这时，研究盎格鲁-撒克逊时期的诸先驱分道扬镳：一部分人坚持5世纪后罗马对不列颠的生活和制度继续发生影响；另一些人则相信在诺曼征服以前条顿因素已是最强有力的了。前者称为英国史家中的"罗马派"，最杰出的首先是弗朗西斯·帕耳格雷夫爵士，他宣称他自己那些结论都是独自得出的，并未受到德国萨焚
288 宜或本国的阿伦的影响；另一派即"日耳曼派"，其主要成员是昼布尔，他的论点占了上风。[③]

约翰·米切尔·昼布尔(1807—1857)[④]出身于英国以演莎士

① 英国历史家(1788—1861)，著有《诺曼底和英格兰史》(四卷，1851—1864)，记载至1101年为止。——译者

② 关于早期研究盎格鲁-撒克逊人的英国学者，参看沃尔德的书，第12卷，第382页。爱德华·莱伊开始编写，《盎格鲁-撒克逊词典》，欧文·曼宁于1876年编成。

③ 日耳曼学派在福礼曼和格林的著作中继续下来，甚至士达布斯也接受了它的许多观点。后来的英国学者从施密特和拉盆堡、惠芝、佐姆、布龙内耳，康拉德·毛勒以及保利等人领导的德国学派中学到很多东西。

④ 威廉·韩德的文章，见《英国民族词典》，第30卷，第369—372页；《夫累则杂志》，第55卷(1857年)，第612—618页；来因候特·保利有一篇动人的回忆，见《慕尼黑学术评论》，1858年，第370—383页，第46和47卷；并参考《学术协会》，第1535号(1857年3月28日)，第406页和第1536号(1857年4月4日)，第439页。关于昼布尔的某些材料见玛利亚·特棱赤，《都伯林大主教R.C.特棱赤的书信利回忆录》(伦敦，1888年，两卷)，并见于弗朗西斯·昼布尔的《少女时代的经历》(第2版，纽约，1884年)和它的后续各册。并参看W.R.史梯芬斯，《爱德华·A.福礼曼的生活和书信》(伦敦和纽约，1895年，两卷)，第1卷，第114—116页；以及维诺格拉多夫，《英国的农奴制；论英国中世纪的文集》(牛津，1892年)，第18—21页。

比亚戏剧节目闻名的演员家庭。他是查理·垦布尔[①]的儿子，约翰·腓力·垦布尔[②]和息顿夫人[③]的侄子，他对语言学的爱好可能是从父亲和伯父那里感染的。不过实际上他早年是在克拉范跟词典编辑理查孙[④]受的教育。垦布尔幼年先和自己的姐妹范妮[⑤]扮演儿童戏，后来到柏立圣爱德曼兹小学读书，从那里又进入剑桥大学三一学院，在学院和亚勒弗烈·腾尼孙、理查德·特棱赤[⑥]、查理·布勒和威廉·敦等同学交上朋友。家庭对他的天才抱有很大希望，但他那卓越的头脑似乎不愿听从指挥。他不重视指定的阅读、体育等课，也不在社交中取乐。尽管在社交方面，他作为一位演唱者和朗诵者的出色表演和出众的才华使他很受欢迎。考试期间他因冒失犯规使他暂时受到挫折，因而转入伦敦法律协会学习法律。但他又只专心研究这门科目中和英国史以及古代事物密切相关的那些部分。后来发生了有决定性的一件事：他和一位朋友离开英国到德国去了。

可以肯定，查理·垦布尔所有的孩子们很小的时候就都会说德语了。无论这种训练出于何种原因，反正他访问了海德堡和慕尼黑，并在德国语言学中发现奇特的迷惑力。但他仍然动摇不定。

---

① 著名的喜剧演员（1775—1854）。——译者

② 著名演员（1757—1823）。——译者

③ 查理·垦布尔的姐姐，著名悲剧女演员（1755—1831）。——译者

④ 理查孙（1775—1865），著有《英语新词典》（两卷，1836—1837年），每个字说明其语源，列举例句，以说明其意义的演变。——译者

⑤ 她后来也成为著名的演员。——译者

⑥ 英国诗人，都柏林大主教（1807—1886）。著有许多语言学的著作，如《论单词的研究》（1851年）、《英语的过去与现在》（1855年）。——译者

他在英国获得学士学位(1833年),看情况好像他还想取得教士职位。接着就出现一个堂吉诃德式的插曲,昼布尔和未来的都柏林大主教特棱赤一起,参加一支远征队到西班牙煽动反对斐迪南七世[①]的起义。[②] 他们在九死一生中逃了出来。从直布罗陀回国后,
289 一直过着流浪生活,因而放弃了从事教职的念头,回到语言学方面来了,在格丁根大学雅各·格林和慕尼黑大学安得里阿斯·施梅勒指导下进行研究。他第二次离开德国时,就下定决心把盎格鲁-撒克逊语言学和历史两方面的科学研究引进自己的国家。

昼布尔的成名是由于他的《贝奥武尔夫》译本(1833年),并在剑桥以他崇拜的偶像格林的风格,由自己负责发表了一系列论述盎格鲁-撒克逊语言和文学的讲稿。但剑桥大学找不到一个适当的办法原谅自己这个逃学的学生。于是在以后许多年里他勤奋努力:先是钻研不列颠博物馆藏书,后又匆匆奔向大学、教堂和寺院各图书馆,收集手稿并埋头翻阅破旧的文献。他学得非同一般的古文书技巧,有人惊叹不已,甚至连保利都赞不绝口,也有人大失所望。但他这种研究,虽说积累了大量知识,却无法养活自己。于是他转向写作,如任《英国和外国评论》编辑(1835—1844)。从1840年直至去世,他当舞台剧审查员获得一些收入。[③] 1847年他

① 西班牙国王(1784—1833),卡洛斯四世之子。他的残暴和专制的统治(1808—1833),引起人民起义。1820—1823年革命取得胜利,但是神圣同盟利用法国的军队恢复了斐迪南七世的反动统治。——译者

② 昼布尔关于这次远征的日记共147页,部分是R.C.特棱赤亲笔写的,从来没有出版过。日记成为昼布尔文集第14卷的主要部分,伦敦G.迈克摩尔公司出售此书(其目录24号中的第160—164页:"一篇更为传奇式的文学著作")。——译者

③ 他获得此项政府任命是靠他父亲的力量。这是英国最后的审查官职位。

在经济上窘迫已极，被迫找了一所乡下房屋，登广告招生教书。

在1835年至1848年间，垦布尔出版了《撒克逊时期文献抄本》六卷，由英国史学会出资印行。其中有1369件英国早期特许状和文件（从604年到1061年）。这些东西并非全是新的，因为有些以前曾由赖麦或黑因刊印，而且在垦布尔未能校对原件或设法搞出一部折衷版本的地方还不够准确。但绝大部分还是第一次在这部书中出版的，并附有细致介绍。这是一部开创新纪元的资料汇编，垦布尔自己写的《英格兰的撒克逊人》（1849年）这部详尽的研究就是以它为根据的，在1874年斯塔布斯的《宪政史》第1卷出版以前，他这部书一直是最好的一部。垦布尔相信，早期英国生活中各种制度，除教会外，其来源都是纯粹日耳曼的。这部著作有些错误，如混乱和站不住脚的玛尔克学说（Mark）等，但它为后继者准备的基础却很坚实。他这部书在两个方面是空前的：它根据的原始资料多而且新；他用的是提要法，是按照大陆上早期日耳曼其他实证方法研究盎格鲁-撒克逊制度。[①]

垦布尔晚年在国外度过了不少时光，因为他在国内生活得不
愉快。1854年在汉诺威时，他进行了一项新研究：史前考古，后即 290
受命把王家博物馆的收藏重新整理编目并进行发掘，以便进一步有所发现。他以自己特有的热情投入工作，甚至还刻苦学习了绘制在原地的发掘物草图。他在伦堡沼泽地的发掘获得很大成功，并受到公众注意，1856年他从事研究北欧诸国的比较墓穴学，打

① 垦布尔特别熟悉德国学术和条顿语言学。他曾用德文写过一本《西撒克逊系统表》（1836年），并将此书献给雅各·格林。

算用这个办法使那些考古学会在埋葬遗址的研究上那种浅薄涉猎的作风结束。他已经受命在曼彻斯特布置一次考古展览，不幸这时他与世长辞了，终年50岁。

由特纳开始、由索普和垦布尔进一步发展的学术工作后来又由弗朗西斯·帕尔格雷夫爵士（1788—1861）继续进行到诺曼时期。[①] 他父亲是犹太人、伦敦股票交易所成员，为他这个智慧早熟的儿子准备了几位极好的教师。在他父亲的财产遇到挫折时，他当了初级律师，1827年得到法院所属律师的资格并有一些年在贵族院审理家系案件时出庭。在他结婚那年（1823年），他当了基督教徒，并采用了他岳母的姓。

帕尔格雷夫对历史很有兴趣，他首先在《评论季刊》和《爱丁堡评论》（1814—1821）上发表了一些文章；1818年还出版了一部盎格鲁-诺曼英雄诗歌集；但他真正的终生工作是编辑。1821年他首先被吸收到出版公家案卷的工作中；次年案卷委员会批准了他提出的计划。从1837年在他们监督下，他忙于编写许多卷书，其中有《爱德华一世[②]和二世[③]统治时期的国会令状》（两卷，1827—1834年），《国王巡回法庭》（*Rotuli Curiae Regis*）（两卷，1835年）

---

① 维诺格拉多夫的书（见本书原书第228页著者注），第11—16页；沃立克·茹次的书，见《英国民族传记词典》，第43卷，第107—108页；《爱丁堡评论》，第55卷（1832年），第305—337页，第95卷（1852年），第153—179页，第109卷（1859年），第486—513页，第121卷（1865年），第1—41页；《北美评论》，第86卷（1858年），第301—329页；T. F. 都特，《苏格兰历史评论》，第17卷（1919—1920），第52—55页，第19卷（1921—1922），第60—61页，第125页；第20卷（1922—1923），第61—62页。

② 1272—1307年在位。——译者

③ 1307—1327年在位。——译者

和《古代王室财政部财产目录》(*Antient Kalendars and Inventories of His Majesty's Exchequer*)(三卷,1836年),以及《苏格兰史一些参考文献和记录》。

帕尔格雷夫后来就尝试独创性著作。献给家庭图书馆的12开本《英国史》(1831年)只记述了盎格鲁-撒克逊时期便再无下文。不久又写了一部《英帝国的兴起和发展》(两卷,开本4,1832年),此书"大胆地和当时流行的写法(即必须从政治事件写起,然后再写各种制度)提出挑战"。[①] 哈兰赞扬他这部书,说它"知识丰富"、"写作大胆"。后来福礼曼还称赞帕尔格雷夫的书是"钻研、大 291
胆和创见的少见的统一"。[②] 帕尔格雷夫的声望得自他精心撰写的《诺曼底和英格兰史》(四卷,1851—1864年,后两卷是他死后才出版的)。他下笔时的目的是要纠正提埃里的错误,写出真实的诺曼征服史。他对这段历史十分熟悉,说明他最有希望写好这个题目,但在诺曼底公国早期那段历史上耗费精力太多,而征服那段历史却一直未能写出。[③]

---

① 古奇的书,第286—287页。

② 爱德华·A.福礼曼,《诺曼征服英国史,其原因及后果》(牛津,1867—1879年,六卷),第1卷,第68页注和第5卷,第334页。

③ 帕尔格雷夫嘲笑提埃里的这一观点即加佩朝诸王是本国的领导者,其祖先是高卢—罗马人,他们抵抗加罗林朝诸王所代表的条顿侵略者。《爱丁堡评论》,第109卷(1859年),第501页上一位评论者说,"现在我们无法设想有两位同等地位的历史学者比提埃里和弗朗西斯·帕尔格雷夫更加不能互相赏识和互相了解了。每人只看到事物原因的一半便建立学说,……对另一半却没有看到。弗朗西斯爵士只看到个别人和个别制度的作用而没有看到其他;……对于民族的历史,他很少关怀。而提埃里……则只看到种族、征服和语言等广泛事实而没有看到其他。弗朗西斯爵士很难相信征服者威廉是一个外国侵略者,因为他自称是英王,并没有正式废除英国旧时法律;提埃里将会使我们相信在17世纪的一些战争中,盎格鲁-撒克逊民族正试图摆脱一个诺曼国王的枷锁。"

1832年帕尔格雷夫被封为骑士。在记录委员会改组时,他当了女王陛下的记录副保管官,从1838年直至去世。在卷宗署,他把分散在56个储存库里的资料合并一处;而公共记录保管局第一批书库的建立大部分是他的功劳。在履行他的职责中,他写成了22本年报。这些繁重工作并未妨碍他自己写作的出版。《商人和修道士》(1837年)是想象中的马可·波罗和修道士培根的历史;《关于中世纪国家和教会史的公平意见》是为私下传阅印的。

作为一位编辑,帕尔格雷夫为他的后继者树立下新的标准。他的著作由于原始材料丰富,至今仍有价值;查对他那些注释还是很有益处。作为一位律师,他强调法定制度对理解政治史的重要性。福礼曼宣称他的某些说法尽管迷人,却并不真实。他强调日耳曼诸王国中罗马帝国传统的连续性。在公元476年以后,他还看出罗马影响在各方面的表现,但他认为导致对专政王权的限制的最早的宪法属于日耳曼传统。他认为英国人原先都是日耳曼人而不是克勒特人,这是典型的帕尔格雷夫设想;他因此极度缩小了历次因征服而造成的革命。日耳曼派不久后就对他的罗马影响残留说发动攻势。大体上说,帕尔格雷夫提供的是大量的好奇的探索和材料,但从历史写作角度看,不能说他是够格的。他那些哲学
292 观点琐碎肤浅、没有什么价值,他那些推论有时也是轻率的。他的文笔冗长而浮夸;异想天开的美和离奇古怪的荒谬交错杂陈,冗长累赘的原因一部分是向笔记者口授的习惯造成的。他缺乏哈兰那样的冷静的判断,但他那独创的能力和为中世纪英国史立下的功勋却仍然是无法否认的。

哈兰和麦考莱高举辉格党的光荣旗帜;托利党的战士是阿奇

波尔德·阿里孙爵士(1792—1867),[①]他研究近代史。他出生于希罗普郡,但书是在爱丁堡念的;1814 年通过苏格兰律师考试。在大陆上的一次旅行的结果是写成他的第一部书《1814—1815 年间法国之行》(1815 年)。在这个最近曾发生动乱的地区旅游时,据他自己说,他"初次产生了"写一部 1789 年以来的欧洲史的念头,这件事使他"满怀激情,充满渴望",从而使他在其后的 15 年间把这个想法付诸实践。就在这时,他当了苏格兰的代理律师(1822—1830),写了一部《苏格兰刑法原理》(1832 年)和一部《苏格兰刑法实践》(1833 年)。他这些著作使他成了名,罗伯特·庇尔爵士[②]因此任命他为拉纳克郡[③]名誉郡长,这是一个高级司法职位。

这个职位使他获得闲暇,因而得以撰写《从法国革命初期至波旁王室复辟的欧洲史》(十卷,1833—1842 年)。在短期内就出了十版;并译成好几种欧洲文字,甚至有了阿拉伯文和印度文译本。[④] 它之所以受欢迎就是因为它是用英文写的第一部从头至尾记述法国革命的著作。文笔绚丽,但作者的道德说教矫揉造作,令人厌烦。阿里孙是一位顽固的托利党人,他不可能了解他自己写

---

① 参看他的《我的生平和著作的一些记述:一篇自传》,他的儿媳阿里孙夫人编(爱丁堡,1883 年,两卷);《爱丁堡评论》,第 76 卷(1842—1843),第 1—60 页;第 97 卷(1853 年),第 135—270 页;第 111 卷(1860 年),第 119 页;《夫累则杂志》,第 53 卷(1856 年),第 597—611 页;第 60 卷(1859 年),第 211—226 页;第 60 卷(1859 年),第 603—619 页;第 62 卷(1860 年),第 660—678 页;《北不列颠评论》,第 27 卷(1857 年),第 275—324 页;《都柏林评论》,第 33 卷(1852 年),第 408—418 页;《都柏林大学校刊》,第 36 卷,第 631 页;《评论季刊》,第 73 卷(1843—1844),第 271 及 423 页。

② 英国政治家(1788—1850),1834—1835 年为英国首相。——译者

③ 在中苏格兰的南部。——译者

④ 在作者死后共卖出 108000 册图书馆版本和 439000 册普及本!

的那个时代。这位保守的地方官带着“忧郁的预感”，声称他老早就已经看出这种“革新的狂热”已经抓住英国社会舆论，甚至把政府都搞得晕头转向。他坚信这种新式的民主政治代表的是比“贵族压迫”更大的危险。他曾在《布莱克伍德杂志》①上发表文章反对拟议中的1832年改革法案；在法案批准一年之后，他为了寻找群众骚乱必然导致军事独裁这个论点的某些证据就到巴黎去了。
293 他描绘了法国的恐怖，当他看到仁慈的上帝终于实现了“拯救人类的事业”而颇感欣慰。当阿里孙向公众提供了他的著作的续编，《从复辟到拿破仑三世即位时期(1815—1852)的历史》(九卷，1852—1859年)时，人人都知道他这部著作将包括什么样的内容。他为卡斯尔累②和韦林顿的政策辩护，把国家的灾难归咎于限制发行纸币的法案、伟大的改革案和谷物法案的取消。在这些拼搏中，他的长矛碎裂不堪了。这位耶利米③今天已被遗忘，但在过去那许多年里他曾经是具有托利党信念的人们的一位先知者。

从1815到1860年间，又出现一些比上述作家名望低一些的作家写的尚属重要的著作：司各脱④和黑兹利特⑤写了拿破仑的传记，骚狄写的半岛战争史⑥。撰写最后这个题目的一位杰出的历

① 1812年苏格兰著名出版家W.布莱克伍德(1776—1834)所创办(在爱丁堡)，故名。——译者

② 即罗伯特·斯图亚特爵士(1769—1822)，领导反对拿破仑的联盟。——译者

③ 希伯来的先知，预言犹太将遭大灾，见《旧约·耶利米书》和《耶利米哀歌》。——译者

④ 斯各脱著《拿破仑传》，九卷(1827年)。——译者

⑤ 黑兹利特著《拿破仑传》，四卷(1828—1830)。——译者

⑥ 骚狄著《半岛战争史》(1823—1832)，指在西班牙反对拿破仑的战争(1808—1814)。——译者

史家是沃尔特·法兰西斯·巴特里克·纳披尔爵士(1785—1860),[1]他是爱尔兰一位绅士和学者,曾参加半岛战争[2],并和韦林顿关系密切。内皮尔为了支持曾在西班牙参加过战争的他的兄弟查理,还补写了两卷记述辛德被征服和治理经过的书[3]《半岛和法国南部战争史》(伦敦,1828—1840年),初问世时曾遭受很多批评,特别是作者那些民主观点受到的批评更多。但由于他的文章生动而公正,因而使它一直保持着令人羡慕的声望,但由于它歌颂拿破仑,从而使托利党人十分愤慨。金莱克[4][5]在记述克里米亚战争方面的成就几乎同样卓越。

巴特里克·夫累则·泰特勒(1791—1849)是托利党人,苏格兰律师,多年来任国王财务参议。他的《苏格兰史》[6]据说是1826年在沃尔特·司各特爵士建议下开始写的。泰特勒还写了一部《苏格兰名人传》以及詹姆士·克莱顿、威克里夫、雷利和亨利八世等人的生平。

英国史家对印度早有兴趣。麦考莱那两篇文章很有名。表面

---

① 《爱丁堡评论》,第72卷(1840年),第271—320页,以及第121卷(1865年),第74—108页;《评论季刊》,第56卷(1836年),第131—219、437—489页;第57卷(1836年),第492—542页。

② 1809—1811年他替葡萄牙政府工作,参加半岛战争,受伤。1819年辞职。——译者

③ 《辛德的征服》(伦敦,1844—1846年);《查理·内皮尔爵士将军治理辛德,和库支山战争》(伦敦,1851年)。

④ 英国历史家(1809—1891),1835年旅行东方,写了《东方旅行散记》。1854年随英军至克里米亚,写了《入侵克里米亚》(八卷,1863—1887年)。

⑤ 《评论季刊》,第113卷(1863年),第514—576页。

⑥ 1828—1843年,九卷,此书包括的时期从1249年到1603年英格兰和苏格兰由一人统治。

上虽然说写的是克莱夫(1840年)和黑斯廷斯(1841年),但实际上却描绘了莫卧儿帝国和导致它灭亡的那些对抗和斗争的历史的壮丽图景。詹姆士·穆勒[①](1773—1836)写了一部《英属印度史》(1817—1818),这部书是对东印度公司的严厉批判。他从未到过印度,也不懂得印度语文,但他认为这些情况几乎算是一种优点。他认为唯一的标准是是否有用:印度史必须写成这样,使英国人读了可以统治印度。他对印度文明只有蔑视。

① 他花费了12年时间写他的《印度史》。——译者

第四十七章　麦考莱、喀莱尔、夫鲁德

本章依次讨论英国三位伟大的文学家兼历史家，他们是主要 294
从事文学写作的人，而且大家都认为他们在这方面的质量很高，价值很大，至于他们写的历史的准确性如何就不去管它了。他们的著作和吉本的著作类似，即使被见解更正确、细节更可靠的著作取代之后，可能仍然会继续流传。

托马斯·巴宾顿·麦考莱（1800—1859）还在摇篮里的时候就已是幸运和天才的宠儿了。[①] 早年就有文名，后来长时期的政治经历和他那无与伦比的明晰的文笔使他成为辉格党政治哲学和传

---

① 论述麦考莱的作品很多；参阅约翰斯顿的书目提要，见他的著作的剑桥版。最重要的是他的侄子乔治·鄂图·特里维廉爵士写的《生平和书信》（增补的全集本，包括他的边注，伦敦，1909 年，两卷）。《英国史》的最好的版本是查尔斯·弗思爵士的本子（1913 年）；并参看他的《麦考莱"英国史"评注》（1937 年），此书是在他死后由亨廷顿图书馆的戈德夫里·大卫斯根据弗思在第一次世界大战前牛津平日讲的课编的。其中两篇业已刊登在期刊上，如果需要一个接近的日期的话，1907 年 T. F. 亨得孙版本的参考书目可以参阅。弗思同意亨得孙的注释，但他还指出，仍有可使一位编者为麦考莱完成像伯里为吉本完成的任务那样的余地。此外还阅读：古奇的书，第 294—304 页；佛特的书，第 640—644 页；米涅，"麦考莱爵士的生平和著作史略"，见《道德与政治科学院的会议与工作》。第 65 卷（1863 年），第 205—243 页；勒斯里·史梯芬，《在图书馆的时间》，第 3 集（伦敦，1879 年），第 7 章，第 279—324 页；J. 科脱·摩里孙，《麦考莱》（纽约，1882 年）；阿瑟·庞森比，《英文日记》（伦敦，1923 年），第 389—393 页；（接下页）

统的主要阐释者。当他还在剑桥大学上学时(1818—1822),这位才华横溢的青年就在查尔斯·奥斯丁[1]影响下脱离了自己家庭的托利党信仰;在1819年六条法案[2]颁布后,就公开接受了辉格党的主张。他以辉格党和英国人的眼光阅读柏拉图的《理想国》;而1832年的争端[3]在他一生中一直是最为重要的一件事。为了取悦于自己的父亲,他学习法律,并于1826年取得律师资格。但法律不合他的口味,他从来都没当过律师。他的天才的那些特点早已显露出来:

> 他如饥似渴地阅读各式各样的书籍;他的记忆力十分惊人,整页的
> 书、整首的诗只读一遍就能经久不忘;他领会神速,一整页书浏览一眼
> 295 就能抓住全部内容;他爱读小说和诗歌;谈吐流利,判断明确,即使是微
> 不足道的小事,他也能滔滔不绝地谈出大量情况,确实惊人。……[4]

(接上页)赫伯特·保罗,《人和书信》(第4版,伦敦和纽约,1901年);约翰·摩列,《批判性杂文》(伦敦和纽约,1886—1908年,四卷),第1卷;沃尔特·白哲特,《文学研究》(伦敦和纽约,1911年,两卷),第2卷;《不列颠评论季刊》,第31卷(1849年),第4—16页;《北不列颠评论》,第25卷(1856年),第79—109页;《都柏林评论》,第26卷(1849年),第390—441页;《爱丁堡评论》,第90卷(1849年),第249—292页;E.丰·诺顿,《兰克和麦考莱》,见《历史杂志》,第17卷(1867年),第87—138页;乔治·麦考莱·特里维廉,《安尼女王统治下的英国》(伦敦、纽约,1930年,三卷),第1卷,第178页;W.R.泰耶,《麦考莱50年以后》,见《北美评论》(1909年),第735—752页。

① 英国法学家(1790—1859),著有《法理学演讲集》等书,其夫人翻译了许多德国和法国的历史著作,麦考莱受其影响。——译者

② 1819年8月16日要求改革的曼彻斯特的民众受到军警射击,死伤数百人。12月政府颁布六条法案,加强专制的权力,制止要求改革的运动。——译者

③ 即1831年3月至1832年3月英国国会为通过选举改革案而发生的争执。——译者

④ 约翰·巴哈·麦克马斯脱,"托马斯·巴宾顿·麦考莱",见瓦纳尔《世界最好文学丛书》,第16卷(1917年),第9381页。

他从 23 岁起就在乃特主编的《季刊》[1]上发表文章，辉格党重要机关报《爱丁堡评论》[2]编者杰夫立当时正在四处物色有希望的年轻的天才，他的注意力一下子就被麦考莱吸住了。麦考莱以他的"密尔顿论"这篇著名的文章(1825 年)开始和《季刊》发生联系，于是他的名字在伦敦社会上立即家喻户晓。在差不多 20 年中，他主要是一位散文作家，他在这段时期写的 36 篇批判和历史论文成了英国出版界从未有过的最为精练无瑕、光芒四射的文章。1842 年以"古罗马吟"(The Lays of Ancient Rome)的名称出版的四首民歌同样大受欢迎。[3]

麦考莱的《论文集》流露出他的无比的才华，但也暴露了他的缺点。这些缺点犹如一颗坚硬的蓝宝石上的瑕疵。只是使宝石的美稍稍减色而已。他的批判很不深刻，这他自己也承认。他拿出的选题只不过是个木钉，在上边悬挂的是他复制的往昔的图景。为了把他那一篇篇文章所表现的历史画面画得动人，他极其广泛地阅读了艺术、科学、神学、历史、文学、诗歌、戏剧甚至一些哲学书籍，从中吸取营养。他那异乎寻常的记忆力又给他增添了丰富的材料、大量实例和类比。在《密尔顿论》一文中他画的那幅清教徒

---

① 托利党的机关杂志，创办于 1809 年。——译者

② 辉格党的机关杂志，创办于 1802 年，只发表批判文章，不发表创作。——译者

③ 根据特里维廉(见本书原书第 294 页著者注)的著作第 9 章的说法，这四首短歌十年以内就在英国售出 18000 本，20 年内售出 40000 本，到 1875 年差不多售出 100000 本。在费城一个书商盗窃了版权私印之后，这些论文被编为一册；30 年之内一个出版商在联合王国内共售出 120000 本。

肖像和审问沃伦·黑斯廷斯[1]的那个生动的场面业已成了典范之作。

麦考莱在国会和政府机关的经历超过英国其他任何历史家。他于1830年进入下院，发表的是准备得很好的演说，而不是即席辩论。他的文章的风格很容易改成流畅的演说词，那异乎寻常的明晰清澈就是强大的资本。他那些对手在支持他的论点的数不清的具体例证之下压得喘不过气来。他参加了拥护改革法案[2]的斗
296 争；[3]得到的报酬是在印度最高顾问委员会任职，这使他离开英国四年（1834—1838）。回国后，他在国会代表爱丁堡，并于1839年担任陆军大臣。

这时麦考莱正盘算写他的《英国史》。随着年华流逝，他愈益吝惜被政治职务夺去的时间。1847年因在选举中失败，他暂时从政治舞台退隐，次年就把前两卷写出。1852年又回到国会，1856年一劳永逸地抛弃了政治生涯。第3、4两卷已于一年前出版。他的健康状况不稳，他遗憾地看到自己的计划规模太大，难以完成。1857年被提升为贵族，但两年以后便去世了。留下一部珍贵的残缺不全的《英国史》，第5卷仍未写完。

---

① 英国东印度公司的职员（1732—1818），1773年为印度总督，残酷地压榨印度人民。1785年回国后，以贪污、残酷罪受到弹劾。此为轰动一时的案件（1788—1795）。——译者

② 即1832年改革法案。——译者

③ 在写给他的朋友埃利斯的信中，他描写1831年当这个法案〔改革法案——译者〕被一致通过时，众议院意见分歧："当邓坎农报告人数时，全场鸦雀无声。然后，再一次爆发喊声，我们许多人流下了眼泪。庇尔的下巴沉下来；特威的脸色像是判死罪；赫里斯看上去好像犹大，取下他的领带准备最后的动作了。"引自休·沃尔克，《腾尼孙的时代》（伦敦，1904年），第116页。

在英语各国中没有任何其他历史著作像麦考莱的《英国史》那样受欢迎。它甚至超过司各脱的小说和诗歌。[①] 作者在 1850 年 10 月 25 日的日记里写道："今天是我的生日，我 50 岁了。是的，我回顾一生，感到幸福。在我接近过的人们当中，我还没见过有谁比我更幸福。……但愿今后十年也和过去的十年那样幸福。但这只是我主观愿望，并不是能指望得到的事。"[②]麦考莱的成功来自人们至今还没见过的他那种强劲有力、生动活泼、天衣无缝的文笔。他曾在 1841 年写道："除非我写出的东西能够在几天当中取代年轻的女郎们桌子上那些最新的风靡一时的小说，否则我绝不会称心如意。"虽然他这句话常被引用，但并不能把它解释成文学上迎合低级趣味的证据。《英国史》业已获得并牢固地保持着自己的声誉，其中并没有任何花哨而庸俗的东西。不过他的写法却须注意。

麦考莱说："事实只不过是历史的渣滓。"他 28 岁那年给《爱丁堡评论》写了一篇讨论历史的文章，矛头指向当时"赤裸裸的真实"

① "司各脱的长诗'麻尔米昂'(Marmion)在出版后第 1 个月里售出 2000 本；而这部历史在 10 天内售出 3000 本。'最后吟游诗人之歌'(Lay of the Last Minstrel)一年内售出 2250 本；但书商在四个月内售出麦考莱的著作 13000 本。"哈普和布拉脱斯 1849 年从美国写来的信说此书在大西洋彼岸的成功是罕见的。"这里有另外三种版本〔除廉价版本外〕，分由不同的书店出版，还有一种版本现在正在准备出版；所以将有六种不同的版本上市。我们业已售出 40000 本，估计会售出 60000 本以上。可能在这 3 个月内，售出数目将达到 200000 本。"第 3、4 两卷，初版印了 25000 本，在装订前就被同业商人取走。在美国此书的销售超过任何其他出版物，除《圣经》和某些学校教科书外；1875 年以前在联合王国内售出 140000 本。仅仅 1855 年一年以内的版税就是＄100000，在 11 月出版了两卷(共 26500 本，十个星期之内售完)。参看麦克马斯脱的书(见本书原书第 295 页著者注)，第 9385 页。

② 特里维廉的书(见本书原书第 294 页著者注)，第 2 卷，第 286 页。

学派，这一派对学者的要求是：应当记述朴素的、未经修饰的真相。麦考莱认为历史是乱七八糟一大堆，极其巨大的一堆资料和现象，
297 其本身好像乱作一团，毫无头绪。他主张历史家应当运用自己的一切选择以及表达技巧和本领，把这些零散片断编织成互有联系的一个整体。“完美无缺的历史家应当是能够把一个时代的性质和精神在自己的著作中具体而微地展示出来的人。”他还说历史只可由辩护人写，不可由裁判官写。

《英国史》是一幅重新绘制的旧日图景，一张花团锦簇、鲜丽夺目的文字壁毯。麦考莱的头脑中装着难以数计的各式各样的资料。他从记忆力中随时可以抓来各种类比和例证。他把生活看成很简单的事情，没有冥思苦想的哲学家那种吓人的疑惧，这样很有好处。麦考莱加入墨尔本勋爵[①]的内阁时，勋爵曾一度对他十分厌恶，抱怨说：“什么事他总是那么自信，也太过分了。”他这种过分自信，他那些不连贯的肯定句中的信心使读者信服，觉得这才是写这个题目的大师。在近代有批判眼力的读者看来，麦考莱这种过分自信本身就会引起怀疑：他的著作过于巧辩，轮廓界线划得过于鲜明，在明暗变化中缺乏细腻的渐变过程。但在他自己那个时代，在千千万万人民大众眼睛里他就是独断的人（Sir Oracle），少有的有见识的师表，为那些自己搞不出个看法的人们提供了明确的意见，使他们对自己这一代感到自豪。[②] 他把历史写得和小说同样迷人。他的颂歌的主旨是英国的优越性，这一点正中全体爱国者

① 英国政治家（1779—1848），英国首相（1834，1835—1841）。——译者

② “近160年来我国历史显然是在体质、道德和智力等方面大有进步的历史”。《英国史》，第1章。

下怀。大陆上的人也阅读他的著作，因为他把英国的自由和立宪政府的幸福展现出来，而这正是1848年欧洲人民所渴望享有的。

但在闪闪发光的表面以下还存在着一般老百姓也许并不能觉察到的东西。福斯特①、赫普沃斯·迪克孙②和佩吉特这样的批判家揭露了他的一些错误。③ 但后来那些版本并未作任何修改。有缺陷的推理使他作出错误判断，这些推论往往是和他的党派性有关。他一向是一位彻头彻尾的辉格党历史家。他在过去的尘堆中寻找可以为辉格党的原则辩护的东西。在阿里孙④试图起来为托利党辩护以前，他就已经无情地对他们严加斥责了。奥兰治的威廉⑤是他歌颂的英雄，而詹姆士二世当然就被他列入坏蛋一类了。麦考莱有“把烟囱涂黑”的狂热。他是巧妙地夸张的能手，歪曲自己的资料以附会自己的偏见。他的歪曲有时竟然达到粗暴地颠倒黑白的程度，例如他把劳德⑥称作“执拗可笑的人”或使“他内心的 298
罪恶”和“智慧上的低能”保持平衡的人。他对马尔巴勒的论述也是对真相的歪曲；在这件事上，这位辉格党历史家，竟然变成托利党人捉弄的对象，因为该党那些顽固家伙和马尔巴勒有深仇大恨，还编造了不少故事说他如何贪婪、如何卑鄙、如何阴险等等，而天

---

① 英国历史家(1812—1876)，编《外交季刊》等杂志。——译者

② 英国历史家(1821—1879)，他对麦考莱关于过去人物的批判，提出许多不同的意见。——译者

③ 参看克罗克用托利派观点写的评论，见《评论季刊》，第84卷(1848—1849年)，第549—630页。

④ 参阅本卷原书第292页。——译者

⑤ 英王詹姆士长女玛利的丈夫，1688年从荷兰引兵侵入英国为英王(1689—1702)。——译者

⑥ 英国反动的高级教士(1573—1645)，在英国资产阶级革命中被杀。——译者

才家斯威夫特[①]竟然还把这些东西深深烙在英国民族良心上，永远涂不掉了。克拉维豪斯[②]和彭[③]在麦考莱笔下的遭遇也好不了多少。他下笔前就已有强烈的预想，有时他远未射中目标，如果说这是因为他对不利于他的观点的任何证据都是视而不见的话，那么作出这样的结论就是对他的仁慈。关于这点，塞穆尔·洛孙·盖得纳对麦考莱的批判可说是一个定论；而且对他几乎是致命的。“麦考莱和斐斯特对待过去那种态度——就是说，经常公开地或隐含地把过去和现在作对比——这对真正的历史知识说来，完全是破坏性的。”[④]

论述1688年英国情况的著名的第3章常被引用以证明麦考莱把历史内容自由化，并根据他对人民的生活和文学以及制度、条约、战役等方面的广泛知识从事写作。人们称道的这一章到处都是夸张或表达不充分之处，还包括一些用在那一年对不上茬的材料。然而这一章恰恰是可以证明常规的例外。在整个五卷中的其余部分他都写成纯粹的政治史，围绕辉格党和托利党这两个焦点兜圈圈。

无论就文学写作还是就历史写作讲，他这部《英国史》的缺点

---

① 英国讽刺文作家(1667—1745)，初为辉格党写作，1710年以后转而为托利党写作，写了许多攻击辉格党的文章，如《同盟的行为》(1711年)等，造成舆论，引起马尔巴勒的倾覆(1711年)与托利党势力的恢复。——译者

② 即约翰·格拉汉(1649？—1689)苏格兰的保皇党人。据说曾救过威廉二世的生命。——译者

③ 英国资产阶级革命时国会海军司令官(1621—1670)，后与保皇党私通，引起查理二世的复辟(1660年)。——译者

④ 《英国史》序(1884年)。

都是缺乏比例。他这部书的规模是不可思议的。假如他按这个比例继续写下去，将需要 150 年才能写到他自己的时代。他更适于写一个时期短暂的主题，而不适于写一个漫长的时期。和吉本那种大笔一挥就是 15 个世纪对比一下，麦考莱下工夫撰写的只是英国长期历史中不到 20 年(1685—1702)的时间。他喜欢作鲜明的对比，在牺牲历史真实方面显得很机智。庞森比曾引过两个典型的例子，其中之一是：

> 清教徒痛恨以狗斗熊的游戏[①]；这并不是因为他们认为对熊来说未免残酷，而是因为这种游戏使旁观者开心。

另一个是在描述兰登战役[②]的一段光辉文字的结尾：

> 在调集到内尔温登周围的那 12 万名士兵中，按照西欧任何标准说，身体最弱的是两个驼背矮子，这两个鼓动别人向法国进行猛攻；掩护英军缓慢撤退的是一个患气喘病的瘦子，这大概不是虚构。[③]

麦考莱并不是不屑于冒充博学，他那些注释有时就是炫耀博学。他写的是自己了解得最好的东西；但写到他自己的国家和时代以 299
外时，就是两眼一抹黑了。他居然把乔治·尼维尔[④]和威廉·彭[⑤]搞混了，这样的错误实在奇怪。[⑥]

---

① 嗾狗去咬绑着的熊。——译者

② 1693 年 7 月 29 日法军败英王威廉三世统率的联军于兰敦(即内尔温登)，该地在比京布鲁塞尔东南约 40 英里。——译者

③ 庞森比的书(见本书原书第 294 页著者注)，第 391 页。

④ 约克大主教，亨利六世的大法官(1433? —1476)，1471 年巴涅特之役后，投降爱德华四世。——译者

⑤ 国会军的海军大将(1621—1670)。——译者

⑥ 《H. 泰恩的生平和书信》(伦敦 1902—1908 年，三卷)，第 3 卷，第 261 页。

查尔斯·弗思爵士[①]在他的麦考莱《英国史》插图版(1913年)序言中写道:“麦考莱的《英国史》还是有批判研究的余地的,也有些必须进行批判。”[②]这样的探讨可以确定全书有多少是麦考莱根据自己研究国内外档案写的,有多少是他受惠于詹姆士·麦金托什爵士家族让他使用的爵士写的那50卷注释和抄稿。在一条脚注中他写道:“我从来没看到过、而且也不相信在同一范围内任何地方会有这么珍贵的公私档案摘要汇编。”[③]

谴责麦考莱的《英国史》“过时了”,这是不完全公平的。在他的晚年,世界变化很快。他死后不久,又出现相反的动向。讽世的写实主义取代了浪漫的乐观主义。30年代、40年代欢呼的物质文明进步和政治改革这时已显露出许多无可置疑的弊端。一个讲究

---

① 牛津大学的近代史教授(1857—1936)。——译者

② 《英国史》,弗思编,第1卷,第18页。

③ 弗思版本(见本书原书第294页著者注),第1卷,第381页注②。麦金托什的《1688年革命史》仅仅是一个卓越的片段,1814年拿破仑垮台后,如他信中所说:他在法国外交部把文件材料都读遍了并写了很多本摘要,以致激怒了保管员,因而他觉得不得不向当时在维也纳开会的塔列朗求助。塔列朗的美妙回答也值得引述:“先生,你完全明白怎样做才能成为一位伟大和有用的历史家,但是我看你对一位档案保管员的情况了解得却不多。你是向人们传播教化,这是你的光荣,而一位档案保管员则要竭力使人无遗漏地认识其所能搜集到的基本情况。这是一个完全神秘的人,你是想揭开这个秘密。”引自《尊贵的詹姆士·麦金托什爵士的生平回忆录》,罗伯特·詹姆士·麦金托什编(伦敦,1835年,两卷),第2卷,第308页注。1814年10月29日麦金托什写给一位记者的信说:“这是在资料库里光辉的一天。……国王威廉的回忆证明在里斯维克和约之前马勒孜·巴弗勒与坡特兰勋爵进行过商谈。”(同上书,第2卷,第310页)。在国内,麦金托什同样勤快。在威姆坡尔的哈得威克勋爵家里,他查看了哈得威克总长和纽卡斯尔公爵从1737年到1757年的通信以及在卡尔顿的斯图亚特王室的手稿(同上书,第2卷,第262页)。在麦金托什的书里记录着法国驻英国大使巴里朗和邦列帕,荷兰大使西脱斯以及西班牙大使郎奎洛等人的邮电摘记。诸学者知道,麦金托什和达尔列姆普尔是最早使用这些邮电的人。

科学的学派兴起了，他们寻求法则，而且对经济学和社会学这类新东西感兴趣。甚至在文学界，人们也在要求客观性。马修·亚诺尔德[①]给麦考莱起了一个绰号，叫作伪装得不够地道的市侩；他在历史学者当中的信誉日益低落。莱斯利·史梯芬[②]曾在某处说过，在英国，18 世纪一直延续到 1830 年，麦考莱本质上属于 18 世纪，他和喀莱尔、夫鲁德、纽曼或马修·亚诺尔德等代表 19 世纪的 300
这些人没有任何共同之处。他的《英国史》必须根据他的见解加以判断。

然而把麦考莱和喀莱尔二人对比一下是既有趣又有启发的。[③] 麦考莱是命运的宠儿，命运之神把得到公认的美名这份礼物投到他的怀抱；喀莱尔则奋战多年，艰苦攀登，虽说终于名声显赫，但未免孤寂、遭人白眼。“麦考莱是乐观主义者，喀莱尔则是悲观主义者”。麦考莱看到的是事物的外观，他是深通世故的人；喀莱尔探索的则是人的内心，他是沉思的哲学家。一位和自己周围的人们相处甚好，另一位则梦想成为超人。他们的文风和性格也各异。一个笔下宛若熔金流泻，另一个行文酷似粗糙的花岗石发出雷鸣般的响声。麦考莱对自己的时代是热情歌颂；喀莱尔对他的时代则无情批判。一位接受了一个政党的全部信条，并相信国会制度的价值；另一位则“不接受任何信条”，也很少单单考虑政治改革。“麦考莱开朗、温和、使人愉快”；喀莱尔则抑郁、易怒、“很难

① 英国评论家和诗人(1822—1888)。——译者

② 英国哲学家和评论家(1832—1904)。著有《十八世纪的英国文学和社会》等书。——译者

③ 这一节我受惠于沃尔克的书(见本书原书第 295 页著者注)，第 119—120 页。

对付”。他们两人半斤八两；一个看到的光明面太多，另一个看见的阴暗面太大；两人描绘的图景都走了形。

尽管历史时尚不时变化，麦考莱的崇高声誉并未被贬低。他是伟大的文艺家，而文艺家又是天才的宠儿。希腊只出了一个修昔底德，罗马只出了一个塔西佗，而英国也只出了一个麦考莱。但在达尔文和马克思（只提这两位吧）以后，历史就不可能像麦考莱和米细勒[①]那样写了。但大部分是在受了麦考莱持久的影响下，近代英国科学的史学才更接近产生芮农[②]的那种具有迷人魅力的散文的国家的清晰喜人的文笔，不像德国教授们的文章那样鲁钝而笨重。[③] 阿克顿勋爵[④]对麦考莱那些错误感到难以克制的厌恶，但仍然承认他是“最伟大的作家和大师当中的一位”。[⑤] 有一回，他对剑桥大学三一学院学会说：

> 我曾和两位著名人物在一起：已故牛津主教〔威廉·斯塔布斯[⑥]〕和现任伦敦主教〔曼德尔·克赖顿[⑦]〕。在另一个场合我和更著名得多的人物，世界上最有学问的两位人物在一起，我似乎用不着把他们的名字

---

① 见本卷原书第232—242页。

② 见本卷原书第555—557页。——译者

③ 福礼曼和詹姆士·福尔德·洛兹是许多作者中仅有的企图学习麦考莱的文章风格的两个人。他的外孙，剑桥大学钦定教授乔治·麦考莱·特里维廉，是一位文章风格精彩的作家和无缺陷的史学家。

④ 英国剑桥大学近代史教授（1834—1902），计划中《剑桥近代史》的主编者。——译者

⑤ 《阿克顿勋爵写给玛利·格拉德斯通的信》，赫伯特·保罗编，并附一篇序言性的传略（伦敦，1904年），第168页，并参看第45页。

⑥ 见本卷原书第311—315页。——译者

⑦ 见本卷原书第572—574页。——译者

> 告诉你们了——他们就是蒙森[1]和哈那克[2]。这两个场合都曾提出这样一个问题：谁是从古至今全世界最伟大的历史家呢？每个场合首先说出的名字、也是最后大家都同意的名字就是麦考莱。[3]

托马斯·喀莱尔(1795—1881)[4]是 19 世纪中叶一位严厉的 301
哲学家，就像他蔑视许多其他事物那样，他也瞧不上传统史学，说它是不折不扣的谣言的结晶。但他这位自己的时代的伽图[5]至少在民主的历史学问上具有极大影响。对他说来，历史一直是他的思想的背景，是他提出申诉的法庭，也是在上边描绘上帝的永恒真

---

① 见本卷原书第 502—508 页。——译者

② 见本卷原书第 566—568 页。——译者

③ 《伦敦评论季刊》，第 108 卷，第 244 页。

④ 参看 J. A. 夫鲁德写的传记性著作，《托马斯·喀莱尔，他的生平前 40 年(1795—1835)的历史》(伦敦，1882 年，两卷)，和《托马斯·喀莱尔，他的伦敦生活史，1834—1881 年》(伦敦，1884 年，两卷)，以及夫鲁德编的关于喀莱尔的《回忆录》(纽约，1881 年)，和《简·韦尔什·喀莱尔的书信和回忆录》(伦敦，1883 年，三卷)。喀莱尔其他书信集是由 C. E. 诺唐和亚历山大·喀莱尔编的。古奇的书，第 323—332 页提供了一些参考资料，还应加上莱斯利·史梯芬的精彩论文，见《民族传记词典》，第 9 卷，第 110—127 页；佛特的书，第 567—571 页；《不列颠评论季刊》，第 10 卷(1849 年)，第 1—45 页；第 81 卷(1885 年)，第 143—159 页；G. M. 特里维廉，"历史家喀莱尔"，见《19 世纪》，第 46 卷(1899 年)，第 493—503 页；《伦敦评论季刊》，第 64 卷(1885 年)，第 1—25 页；《都柏林评论》，第 29 卷(1850 年)，第 169—206 页；第 47 卷(1860 年)，第 132—168 页；第 96 卷(1885 年)，第 63—90 页；《北不列颠评论》，第 45 卷(1865 年)，第 79—126 页；《评论季刊》，第 161 卷(1885 年)，第 142—171 页；第 66 卷(1840 年)，第 446—503 页，第 105 卷(1859 年)，第 275—304 页，第 118 卷(1865 年)，第 225—254 页；《夫累则杂志》，第 58 卷(1858 年)，第 631—649 页，第 69 卷(1864 年)，第 539—550 页；《历史杂志》，第 1 卷(1859 年)，第 42—107 页；《爱丁堡评论》，第 110 卷(1859 年)，第 377—410 页；《教会评论季刊》，第 58 卷(1904 年)，第 395—421 页；《国民评论》，第 8 卷(1886—1887)，第 588—604 页。更多的讲述，可参看《阿克顿勋爵致玛利·格拉德斯通的信》(见本书原书第 300 页著者注)，索引。

⑤ 罗马政治家(公元前 234—149)，他企图以立法恢复罗马公民的生活道德。——译者

理的卷轴。阿克顿说他是“可憎的历史家中”(喀莱尔的弟子夫鲁德一人除外)“最可憎的一个”。喀莱尔虽然出生较早,但仍应属于麦考莱以后的时期,属于乐观主义消失的年代;对他那顽固的性格说来,时代似乎完全脱了节。在人们普遍满足于物质文明进步时,他在其中却只看到油头粉面沾沾自喜的伪善和人伦破产的威胁。除了道德上的进步以外,他不知道还有别的进步;除了更善良、更高尚的男女的成长以外,他不知道还有什么别的繁荣。在政治上虚伪的漂亮话太多;宗教也尽是欺骗;在工商界则只见合理化的贪欲。他不理解人们对民主的渴望和倾向。他对辉格党的主张完全不能忍耐,并以他一向斩钉截铁口气宣称这个党对待工人阶级的那些原则只不过是“杀猪不许猪叫”而已。1867 年的选举法案是个大冒险。社会只有在智者统治、愚昧无知的人服从的时候才能变得好些。过了若干年,这些信念就成熟到成为喀莱尔的主持正义的独裁者这个概念。他坚决反对功利主义的哲学。“上帝的法则已经成了最大幸福的原则,这是国会的权宜之计”。柏拉图已由边沁取代,边沁宣称,幸福依赖于环境,与道德善良和内心如何无关。“我并不需要更廉价的棉花,更快速的铁道,我需要的是……上帝、自由、永生。”[①]这类情绪充满在他的《时代的象征》(*Signs of the Times*)(1829 年)、《历史》(1830 年)、《特征》(*Characteristics*)(1831 年)、《宪章主义》(*Chartism*)(1839 年)、《英雄和英雄崇拜》(1844 年)等著作中。

① 引自《过去和现在》(伦敦,1843 年),第 190 页;以及“时代的朕兆”,见《爱丁堡评论》,第 49 卷(1829 年),第 439—459 页。

喀莱尔是苏格兰农家子弟，他父亲希望他能当牧师，但他离开 302
爱丁堡大学时未能获得学位。他的疑虑使他放弃参加教会的想法；他又不愿意干单调乏味的教书工作，而事实证明，研究法律也太枯燥无味。于是他转向文艺写作，在这项事业中，他业已精通德文这一点很重要，因为那时正需要一个人翻译阐释大陆的德国文学。他阅读了里施特、费希特和歌德的著作；黑格尔的哲学也在他那本"英雄史观"中重现。喀莱尔一生多半处于穷困之中，他的作品也大多是为了谋生而写。但他写的东西从来绝不是雇佣文人之作。

喀莱尔基本上是一位道德家。他确信时代的前进将在出类拔萃的伟人的前进中表现出来，于是他就把他的历史画面加以润色渲染，以便赋予这少数优秀人物以英雄的光辉。他的第一部伟大历史著作《法国革命》(1837 年)是描绘人类动机和激情的一部戏剧。在喀莱尔着手撰写这个题目时对档案资料的研究尚未开始，因而他的资料很有限。他不理解这次革命在宪政和经济上的那些问题，也没能把它看作和 18 世纪其他方面那些运动有联系的事情。他写到 1795 年就搁笔，革命的后果只字未提。奇怪的是在读者中，他这部书既使过激派高兴又使托利党人喜欢。他向前者指出，为推翻一次巨大的诈骗，革命是必要的；在保守派看来，谴责革命的消极方面也是颇能令人满意的。假如作者不是这样热情，他这样的风格就会触犯读者。他的作品虽然并不匀称，而且为了取得效果，写得很吃力，但有些段落还是很了不起的。虽说几乎没有一章在今天的严格批判下能站得住脚，但作为一个整体看来，可以说对法国革命的任何描绘都不如他这幅图景逼真。人们曾把这部作品说成是"狂热的说教；在大雷雨的闪电中看到的一系列景象，由希伯来一位先知解说”。①

《奥利弗·克伦威尔的书信和演说》从长期以来的恶语咒骂中把这位伟大清教徒的形象绘制出来。一位评论家曾写到“喀莱尔的诡诈的机智”，还说“这位文学魔术家竟然把那些事情通过他的魔术变成这个样子，就是克伦威尔本人看了，也会莫名其妙、大吃一惊的”。② 当某些历史事实妨碍他的艺术意图时，他往往把它们压下不提，但他的《奥利弗·克伦威尔的书信和演说》一书编得还是相当小心的，而恢复克伦威尔的名誉也是对英国史学一个难得
303 的贡献。对《克伦威尔》一书可能作出的批评，同样也可以用在他第3部伟大著作《腓得烈大王传》(1858—1865)上。每一部书都是对一位伟大人物的生动描绘。在他这部书里，腓得烈摆脱了麦考莱的《散文》涂在他的名誉上的乌云；他确实是普鲁士伟大事业的创建者；喀莱尔还把这件事和1870年德国事业的正义性联系起来。但在这两部书里，他都没提到他这两位主人翁的国家政策和缔造工作。喀莱尔不理解他们必须对付的那些问题或影响他们解决这些问题的尝试的那些势力。那些战役处理得很好。《腓得烈大王传》一书在他的三部著作中是写得最不好的一部，《法国革命》则是最伟大的一部。

---

① A. J. 格兰特，《英国史学家》(伦敦，1906年)，第61页。

② 引自《教会评论季刊》，第58卷(1904年)，第395—421页上的一篇论文，此文讨论喀莱尔和盖得纳在处理克伦威尔时所用的方法。并参看雷金纳德·帕尔格雷夫的“喀莱尔：克伦威尔演说词的‘忠实编者’”，见《国民评论》，第8卷(1886—1887)，第588—604页。

詹姆士·安敦尼·夫鲁德(1818—1894)[①]是喀莱尔的弟子和传记作者。夫鲁德的父亲是托特涅斯副主教,他使自己的儿子受了很好的教育,但并没有把神学重担加在他们身上。詹姆士·安敦尼也像他的兄弟理查德·赫里耳那样,在牛津奥利埃耳学院和纽曼[②]这样一位迷人的人物打上交道。但是夫鲁德一直没有全心全意被拉入牛津运动[③]圈子里,而且在毕业时(1842 年)他已经摆脱了这个圈子。喀莱尔的《法国革命史》第一次引起他对历史的兴趣。后来又从喀莱尔转向歌德、莱辛、内安德[④]和施来厄马赫[⑤]等

① 赫伯特·保罗,《夫鲁德的生平》(第 2 版,纽约,1906 年);A. F. 波拉德的文章,见《民族传记词典》,附录第 2 卷,第 247—251 页,附书目提要;腓得烈·哈礼孙,《腾尼孙、拉斯金、穆勒等人的学术评价》(伦敦,1899 年),同上作者,“J. A. 夫鲁德的历史方法”,见《19 世纪》,第 44 卷(1898 年),第 373—385 页;莱斯利·史梯芬爵士《一位传记者的研究》(伦敦,1898—1902 年,四卷),第 3 卷;阿尔吉农·塞西尔,《六位牛津大学思想家》(伦敦,1909 年);《评论季刊》,第 128 卷(1870 年),第 506—544 页,第 182 卷(1895 年),第 281—304 页;《不列颠评论季刊》,第 27 卷(1858 年),第 289—339 页,第 5 卷(1870 年),第 281—312 页;《现代评论》,第 31 卷(1878 年 3 月),第 821—842 页,第 32 卷(1878 年 4 月),第 116—139,474—500 页,第 33 卷(1878 年 9 月),第 213—241 页,和 E. A. 福礼曼的文章“论夫鲁德先生的最后言论”,第 35 卷(1879 年 5 月),第 214—236 页;《爱丁堡评论》,第 119 卷(1864 年),第 243—279 页,第 124 卷(1866 年),第 476—510 页以及第 13 卷(1870 年),第 1—39 页;《都柏林评论》,第 82 卷(1878 年),第 292—327 页,第 44 卷(1858 年),第 445—485 页;《夫累则杂志》,第 58 卷(1858 年),第 359—378 页;赫伯特·A. 费希尔,“近代历史学家和他们的方法”,见《双周评论》,第 62 卷(1894 年),第 803—816 页;安得鲁·菲什,“詹姆士·安敦尼·夫鲁德的名声”,见《太平洋历史杂志》,第 1 卷(1932 年),第 179—192 页。

② 英国国教牛津运动的领导人(1801—1890),著有《公元四世纪的阿利阿派教徒》、《牛津论文集》,牛津论文派即以此论文集而命名。——译者

③ 19 世纪 30 年代鼓吹复兴天主教的运动。——译者

④ 德国抗议派教会历史家(1789—1850),施来厄马赫的学生。——译者

⑤ 德国抗议派神学家和哲学家(1768—1834),曾任柏林大学神学教授。——译者

德国人。他这样接触德国神学惊动了埃克塞特①学院教友会员们,因为他们曾选他为德文郡教友会员。1844 年夫鲁德当了助祭,但他的教职前程并未再向前迈进一步。纽曼要求他合作撰写《英国圣徒传》他把圣尼奥特②的生平准备出来,但当他接触到中世纪圣书和奇迹领域时,就感到极端厌恶。他写的那部小说《云影》(*Shadows of the Clouds*)(1847 年)使他父亲很伤心;而《信仰的报应》(*Nemesis of Faith*)(1848 年)后来夫鲁德说这部小说是"带有感伤气味的异端",公众闻之哗然。其题材是奥利埃耳学院一个学生卷入牛津运动,当他的信仰崩溃时,他也就毁灭了。③

304 夫鲁德放弃埃克塞特学院教友会会员资格,当了私人教师。他和查尔斯·金斯利④过从甚密,⑤后来和他的小姨子结了婚。

---

① 埃克塞特为德文郡的首邑,在英国西南部。——译者

② 9 世纪康华尔的撒克逊隐士。——译者

③ 这两部小说都是描写夫鲁德宗教思想的改变,他起初受纽曼的影响,参加牛津运动,后又脱离了。这样引起了物议,所以一方面他的父亲因之烦恼,另一方面,迫使他不得不辞去埃克塞特教友会会员的职位。——译者

④ 英国教士和小说家(1819—1875),主张基督教社会主义,同情宪章运动。——译者

⑤ 参看士达布斯半开玩笑半诽谤的"夫鲁德赞美诗":

夫鲁德告知这个苏格兰青年,
说牧师们对真理全不理会——
尊敬的牧师金斯莱却大声叫喊,
历史是谎言一堆。
为什么作出这样恶意的判断?
简单的思考便解决了这个秘密。
夫鲁德相信金斯莱是个神人,
而金斯莱则向夫鲁德学习历史!

勒斯利·史梯芬编的《约翰·理查·格林的书信》(纽约和伦教,1901 年),第 315 页,是在夫鲁德担任圣安得烈校长、金斯莱担任剑桥大学教授的时候写成的。

1849 年经人介绍认识了喀莱尔，后来成了这位哲学家在切尔西[①]的住宅里的常客。夫鲁德对他这位粗鲁的朋友怀着如此崇敬的心情，以致把他抬高到虽然近在身边却并未觉察到的批评者的地位。[②]

夫鲁德把 20 年的时间用在撰写《从武尔塞[③]的垮台到西班牙无敌舰队的失败[④]的英国史》(*History of England from the Fall of Wolsey to the Defeat of the Spanish Armada*)。[⑤] 此书销路极佳，不过有一段时间他必须和麦考莱最后出的一些书在读者面前争宠。[⑥] 夫鲁德还为《威斯敏斯特评论》[⑦]和《夫累则杂志》撰稿。1860 年他当了《夫累则杂志》编辑，把这个包袱背了 14 年之久。他那部《18 世纪在爱尔兰的英国人》(1872—1874 年，三卷，1881 年出了新版)，打算证明试图和解是愚蠢的，也反映出喀莱尔对格拉德斯通及其爱尔兰政策的轻蔑。这部书受到苛酷的批判，而累

---

① 伦敦西南的一个城市。——译者

② “如果我写了一点作品，我设想这是为他写的，考虑着每一个字他会怎么想，以此来避免矫揉造作。”夫鲁德，《托马斯·喀莱尔，他在伦敦的生活史》(见本书原书第 301 页著者注)，第 2 卷，第 152 页。

③ 英国高级教士和政治家(1475？—1530)，曾任约克大主教，1530 年以叛逆罪被捕，死于前往伦敦途中。——译者

④ 1588 年。——译者

⑤ 前两卷出版于 1856 年，随后在 1858、1860、1863、1866、1870 年每年出两卷。夫鲁德最初计划把书写到伊丽莎白之死，但决定在第 9 卷无敌舰队溃败时搁笔，以避免文势由强变弱。

⑥ 前两卷于 1858 年出第 2 版，第 1—4、7、8 等卷在 1862—1864 年间出第 3 版；1870 年小巧玲珑的全书陈列版出售，比较便宜的 12 卷本发行于 1881—1882、1893 年。

⑦ 1823 年边沁创办的。——译者

基[①]的"18世纪爱尔兰史"(1878—1890年,八卷)第2卷却对此作出最好的答辩。夫鲁德并不反对作为个人的爱尔兰人,他反对的是爱尔兰民族的存在这类观念的任何一种。

夫鲁德的政治冒险并不比福礼曼更愉快些。但他的活动影响范围更大些。1874年他的第二个妻子去世以后,他去南非一趟,伪装这是私人访问,实际上是替当时的殖民大臣他的朋友卡那房勋爵[②]到南非侦察情况,看看有没有建立殖民地联邦的前景。他回国后坚决劝告他的朋友说,过去英国在南非的政策既愚蠢又不公道,建议实行不干涉政策,在卡那房勋爵要求下,他又去了一趟,
305 以极其笨拙的方式执行自己的任务,到处都激起骚动和恶感,从而给卡那房的计谋以最后一击。回到英国后夫鲁则坚持不懈地炫耀他对南非的观点并为之辩护,这和1878年他追随喀莱尔反对比康斐尔勋爵[③]的东欧政策造成的后果一模一样。

1881年喀莱尔去世时,在遗嘱中指定夫鲁德当他的遗稿唯一管理人。夫鲁德编辑《回忆录》[④](1881年,两卷)和《简·韦尔什·喀莱尔[⑤]的书信和回忆录》(1883年,三卷)的方式曾受到极为苛刻

---

① 爱尔兰历史家(1838—1903),著有《十八世纪的英国史》等书,反对爱尔兰自治。——译者

② 1831—1890、1866—1867年和1874—1878年为殖民大臣。——译者

③ 即第斯拉里,英国保守党领袖(1804—1881),曾多次担任首相职务,他收买苏伊士运河股票,强迫俄国退出战胜土耳其所取得的果实。——译者

④ 《回忆录》写于1866年。当时喀莱尔夫人逝世,喀莱尔从她的日记中发现:由于他专心从事著述,对她很少照顾,使她深感痛苦,忧郁而死。喀莱尔深自悲伤,故《回忆录》充满了悲观情绪及对个人的尖锐批评。此书引起舆论对喀莱尔有不利的成见。——译者

⑤ 即喀莱尔夫人(1801—1866)。——译者

的批评。甚至连那些痛苦的或不便告人的部分都印出来，他辩护说这是因为喀莱尔有意把这部书作为他在妻子死后所做的忏悔。然后夫鲁德就下笔撰写记述他崇拜的那位英雄[①]的一部巨大传记。谁都不能说《托马斯·喀莱尔，他一生前 40 年的历史》(1882 年，两卷，新版 1890 年)和《托马斯·喀莱尔，他在伦敦的生活史》(1884 年两卷，新版，1890 年)两书曾受到任何接近阿谀奉承的东西的伤害。夫鲁德可能过于担心他自己写的这部传记也会成为喀莱尔本人对英国传记的嘲弄("这篇传记写得多么雅致、多么温文，愿上帝向他的甜言蜜语赐福!")的对象。但事实上很少传记像他这部这样使读者爱读。夫鲁德把它列入自己最不朽的作品还是正确的。

他后来写的那些著作就没有一部像前面提到的这些书这么重要了。他的《大洋之国即英格兰及其殖民地》(*Oceana, or England and Her Colonies*)(1886 年)引起广泛轰动。这部书是在他访问了澳大利亚并和海外殖民者谈话之后写的，出版时正当帝国以内的英国利益复活的时期。论述《恺撒》的那部书只是蒙森著作的暗淡的影子。在另外两部书中，夫鲁德又回到他早年写得成功的题目上，在观点和处理上都没什么重要改变。这两部是:《阿拉贡的喀德邻的离婚[②]:帝国大使们在亨利八世王廷讲的故事》(1891 年，作为他的《英国史》的续编)和《西班牙无敌舰队的故事》(1892 年)。

---

① 指喀莱尔。——译者

② 即英国亨利八世与其妻喀德琳的离婚。——译者

不论批评家和他的仇人说什么，反正这些年来夫鲁德在英国文学界的崇高地位是已经确定了。1892 年他那位顽强的对手福礼曼在牛津大学钦定讲座上死去后，夫鲁德接到索尔兹伯里勋爵①的聘约前往继任，他很满意。他写信给他的朋友斯开尔顿说：

> 以受人尊敬的方式回牛津任教，这个诱惑实在是太大了。我只有尽我力所能及，还必须确信我不会受到福礼曼幽灵的困扰。②

他讲课还很叫座，由于他语言优美，善于雄辩。他这些讲稿后来以《伊拉斯莫斯的生平和书信》(1895 年)，《16 世纪英国海员》(1895 年)③和《特伦特宗教会议》(1896 年)等书的形式出版了。

306 自从福礼曼在《星期六评论》上开始发动攻击后，一阵关于夫鲁德在“宪政上不够准确”的奇闻就传开了。④ 福礼曼通过他那些煞有介事的评论，对有批判力的新的一代人的影响是很深的。重复夫鲁德说过的一些错话加以耻笑成了一时的风尚。这个致命的判词后来又从 H. A. L. 费希尔⑤的那篇文章里，⑥被收入朗格卢瓦⑦

---

① 英国政治家(1830—1903)，多次担任首相职务(1885—1886，1886—1892，1895—1902 年)，加强了英国向外扩张的政策。——译者

② 约翰·斯开尔顿，《雪利的桌边谈话。夫鲁德、萨克雷、迪斯累里、布朗宁、罗塞提·金斯莱的书信和回忆录》(第 6 版，爱丁堡和伦敦，1896 年)，第 216—217 页。

③ 此书鼓舞了金斯莱写他的《向西方，嗬！》，也鼓舞坦尼森写他的《复仇》。

④ 这个传说的产生在喀提司·豪威·沃尔克的文章《真正的夫鲁德先生》，见《得克萨斯评论》，第 8 卷(1923 年)，第 4 号中有简略的分析；在赫伯特·保罗《夫鲁德的生平》(见本书原书第 303 页著者注)第 5 章，第 147—198 页有更详细的分析。

⑤ 英国历史家(1865—1940)，著有《欧洲史》，三卷，《拿破仑传》等书。——译者

⑥ 见本书原书第 303 页著者注。

⑦ 法国历史家(1863—1929)，写了许多关于法国中世纪史的论文。——译者

和塞尼奥博斯[①]合编的历史方法教科书里；[②]没有过多久，从事历史研究的每位新手就都能谈论"夫鲁德式的鲁莽了"，他们还能引用阿得雷德那段著名的描绘。他这段描绘中那些所谓的错误从那时起就进入步步升高的过程。这个恶意中伤的故事是弗朗西斯·帕尔格雷夫爵士首先编造的，他说夫鲁德在哈特菲尔德家族档案室进行工作时，那屋里满满都是伯利[③]的文件，但夫鲁德在十箱资料中只翻阅了两个书箱，J. R. 格林把这话传给福礼曼，写道："安敦尼只把这两个书箱粗略看了一下，一直就没发现另外那八箱！"——但他承认把这件事告诉帕尔格雷夫的人就是那位女管家。[④]

夫鲁德终于不再保持庄重的沉默，他建议由一个主持公道的委员会用存放在不列颠博物馆里面他亲手抄的那些西班牙文献原稿检查他的著作中任何二、三百页，条件是《星期六评论》要把检查结果刊登出来。这个建议未被采纳。从来没有使用过手稿的福礼曼讥笑夫鲁德，说他记述无敌舰队时把"皇家方舟"(Ark Royal)说成"雷利的方舟"(Ark Raleigh)了。夫鲁德用的原始资料证明他是对的，但福礼曼当然从未见过这些资料，而且即使他了解这些东

① 法国历史家(1854—1942)，著有《欧洲现代政治史》等书。——译者

② 《历史研究介绍》(巴黎，1899年)，英文本是G. G. 伯利译的，书名是《历史研究介绍》(伦敦，1898年)，第125—126页。

③ 威廉·塞西尔伯利男爵(1520—1598)，任伊丽莎白女王朝国务大臣(1558—1572年)，财政大臣(1572—1598年)等职。——译者

④ 史梯芬的书(见本书原书第304页著者注)，第239页，信上写的时间是1869年。比"约翰尼"格林更有资格的历史家估计，仅仅夫鲁德从哈特菲尔德稿件中抄录的手稿就需抄一个月。参看保罗的书(见本书原书第303页著者注)，第156页。

西，他也绝不会向夫鲁德道歉。福礼曼在好几本夫鲁德著作的边缘上都放肆地加上些极其狂妄的批语："但愿在我有生之年能够把詹姆士·安敦尼·夫鲁德的肠肚挖出来。……在所有写过书的人们当中，夫鲁德确实是最下流的畜牲。"①

毫无疑问，夫鲁德也像任何伟大历史家那样，工作尽管并不那么准确，但至今仍保持一定声望。他的疏忽大意难以令人饶恕，这不只是在校对时，在抄写资料时也是这样，而且，在引语中那些倒置的逗号的庄严性他根本就不在意。不过我们应当记住，夫鲁德和福礼曼不同，他的大部分著作都是根据几乎无法辨认的手稿写
307 的。他是进入西曼卡斯②丰富库藏材料里面钻研的第一个英国人。只要稍微想想，便可认识到他那12卷③著作耗费了他多少心血。它们有着规模巨大的无前例可循的计划。原始资料中十分之九都是手稿，用五种不同的语言写成，合计900卷，字迹都很难辨认。后来他描绘了他在辨认这些手稿时遇到的困难。

> 常常在看完一页之后，……我恍惚是从一座悬崖上爬下来那样，弄不清自己是怎么下来的。我不得不从丛林草莽中开路前行，因为前人并未辟出蹊径。人家把我弄进许多房间，一捆捆被灰尘覆盖着的信件和紧急公文连窗槛都堆满了，人家还告诉我应在这里尽力而为。当我翻起一页时，往往发现流过墨水的地方有一粒粒沙子在闪闪发光。……这些信件就放在这里，自从它们被看过，被放置一边以后，就从来没人再看过它。④

---

① 保罗的书（见本书原书第303页著者注），第160—161页。

② 西班牙的档案馆。——译者

③ 夫鲁德的《英国史》12卷（1856—1870年）。——译者

④ 引自保罗的书（见本书原书第303页著者注），第192页，参看第169页。

夫鲁德的辛劳和讲出真相的愿望似乎是没有问题的。但他的粗疏却发展成更为危险的另一个错误，这和他的整个概念和方法是不可分割地联系在一起的。这指的是他对色彩的选择。夫鲁德是一位文艺家，而不是科学的历史家。他带着成见或以一位鼓吹者的姿态进行写作。他怀着仇恨记述苏格兰女王玛丽；但他以世俗的眼光替克兰麦[①]说话，为伯利勋爵的天才辩护：他那些人物在他那魔术师般的文笔下都有了个性，都有了人情味，合乎情理了，已经不是传统的圣徒和恶魔了。用夫鲁德的成就衡量起来，遗憾的是他常常不大准确。在处理 16 世纪英国史方面，他的著作至今一直是仅有的、也是最早的巨著。论述亨利八世时代的至今还活着的最大的权威是极端仁慈的：

> 可以说对夫鲁德的《历史》的故意贬抑已成时尚，说这些坏话是没有充分理由的。他持有坚定的观点，他也犯了些错误，但是他这些错误比其他历史家犯的错误并不大，在用英文写的历史著作中，像他的著作那样建立在对原始材料透彻审查的基础上的还不到六部。[②]

夫鲁德也像喀莱尔那样，主要是从道德角度看历史。他在牛津有了一段经历之后，就相信英国宗教改革了；他业已看出教权的恐怖，正像他所想的那样。夫鲁德确信罗马的统治[③]意味着使自由和文明之光暗淡。非常时期需要非常的人物和措施。他在亨利八世这位君主身上看到了这些东西。亨利八世，尽管有许多缺点，

---

① 英国坎特伯雷大主教(1489—1556)，在亨利八世朝参加英国的宗教改革，在玛丽朝被杀。

② A. F. 波拉德，《克兰麦》(1904 年)的序言。

③ 指英国教会受罗马教皇的约束。——译者

308 却冲破了罗马和教会统治的枷锁，在赞同他的人民当中一直受到欢迎。夫鲁德在使伊丽莎白女王真正伟大起来的伯利勋爵的那些慎重的政策中也看到了这些东西。对于女王本人他很轻视，他说在伯利和沃尔星干[①]的通信中可以看到她如何无能的证据。夫鲁德也可能是在和他学生时代的一个影子厮杀，但他笔下的宗教改革世纪却是一部伟大的戏剧。作为一位埃拉斯都派[②]，他很自然地对托利党和高派教会[③]十分反感。他的《历史》尽管有种种缺点，却也有许多不朽的优点。[④]

① 英国政治家(1530？—1590)。组织英法同盟，以反对西班牙，未成功。他受到伊丽莎白女王的宠信。——译者

② 托马斯·埃拉斯都(1524—1583)，瑞士医生和宗教教义论辩家，英国的"埃拉斯都派"指议员和政治家中主张国家权力至上的一派人。——译者

③ 英国教会中注重仪式的一派。——译者

④ "在他的'都铎王朝时期的英国'中，'简短的研究'中，或'英国海员'中，有些段落和句子记述的是永远震颤着的力量、耐性和苦难，或如空中传来的和谐的钟声"。引自"历史的再造；一排伟大的能工巧匠"，见《泰晤士报文学副刊》，1937年，第319—321页。

第四十八章　牛津和剑桥历史学派

在德国和法国，各大学在史学方面经常起带头作用。但在19 309
世纪开始时，英国这两个大学都不教近代史。①古代史属于古典学术的一个方面，而且是绅士教育的一部分；在课程表中占有位置，但被认为是文学的一支。1724年在牛津和剑桥设立的近代史教授职可以追溯到辉格党传统形成的时期，那时季布孙主教②说服罗伯特·沃波尔勋爵③在这两所大学设立这样的职位。④近代

① 参看查理·奥曼爵士，《论历史著作》(伦敦和纽约，1939年)中关于牛津史学家篇幅颇长的一章；托马斯·汉弗莱·沃尔德编，《维多利亚女王的统治；进步的50年通览》(伦敦，1887年，两卷)，第2卷，第280—321页；G. P. 古奇的书，"剑桥大学近代史讲座"，见《近代史研究》(伦敦和纽约，1921年)，第289—325页；古奇的书，第340—358页；威廉·斯塔布斯，《论中世纪和近代史研究的17篇讲演》，第7—8页；弗里德里希·丰·劳麦，《1835年的英国》，萨拉·奥斯丁和H. E. 劳爱德译自德文(费城，1836年)，第480页；C. H. 弗思，"牛津大学近代史1724—1841年"，见《英国历史评论》，第32卷(1917年)，第1—21页；玛利·R. 斯塔波特，"剑桥历史学派"，见《美国历史学会1898年年报》(华盛顿，1899年)，第383—411页；A. J. 格兰特《英国历史学家》(伦敦，1909年)，第75—77页；"剑桥近代史及其他"，《夫累则杂志》，第45卷(1852年)，第170—182页；曼德尔·克赖顿，"牛津历史学派"，见《教会评论季刊》，第59卷，第92—126页；西刻斯的书，见《历史》(1934年)。

② 英国伦敦主教(1720—1748年)。——译者

③ 英国政治家(1676—1745)，曾担任首相职务(1721年)。——译者

④ L. S. 伍德，"1841年以来牛津和剑桥近代史钦定讲座教授的就职讲话"，见《历史学会手册》，第80号(伦敦，1930年)。H. W. C. 大卫在他的就职讲话中说到"这个讲座在1841年以前的不光彩的记录"。

各国语言教学也和历史一样迟迟未设。英国学生因为不能阅读德文书籍，所以无法获得当时德国学术进步的情况。

这件事的坏处比课程设置得不适当还要大。这是总的标准上的缺点。上世纪最初那几十年，各大学几乎很难说够得上高等学府的资格。听课人数很少，教学工作只由各学院少数教师担任，他们都担任好几门课，注意力分散，而且总希望在教会任职。宗教考核直到1871年还没有完全取消；一位不属英国国教的人不准被牛津大学录取，也不能在剑桥得到学士学位。[1] 改革姗姗来迟。

310 早在这个世纪初年，牛津就有学究气十足的内厄斯博士[2]；亚诺尔德[3]在牛津待的时间太短了。戈尔德温·史密斯[4]和教会史教授雪利博士都很有学问，但迟至19世纪70年代，情况仍然不能令人满意。后来在学术成就上虽不小——牛津比剑桥更大——但教学工作很少。斯塔布斯在三一学院；布莱斯在奥利埃耳；福礼曼和安孙，狄西和赫兰都在万灵学院。但他们全年只讲三四十次课，此外就更无其他形式的教学了。“这些学者讲的课多属即将出版的稿件首次当众宣读的性质，而不是对进行研究的学生的指导。”[5]80年代人们极其认真地推荐罗伯特·路易斯·斯蒂芬孙[6]

---

① 沃尔德的书(见本书原书第309页著者注)，第2卷，第289—292、308页。

② 牛津大学近代史教授(1762—1846)。——译者

③ 牛津大学历史教授(1795—1842)。——译者

④ 牛津大学历史教授(1823—1910)。——译者

⑤ 约翰·W.伯吉斯，《一位美国学者的回忆》(纽约，1923年)，第221页。

⑥ 苏格兰论文家、小说家和诗人(1850—1894)，著有《新天方夜谈》、《金银岛》等书。——译者

在爱丁堡大学任历史教授，对这件事人们的感想又是什么呢？

美国学者从19世纪的德国学派得到开始自己史学事业的机会，但英国从法国或德国学到的非常少。阿克顿勋爵是在大陆上而不是在牛津受的教育——牛津不收他，因为他是天主教徒——这件事关系重大。除巴克尔[①]一人外，还没有一个英国人表示过研究史学理论的意向。许多辅助学科直到很晚的时候才有所发展。

英国史学的转变可以说是在1859至1867年间出现的。麦考莱于1859年逝世，达尔文的《物种起源》(*Origin of Spicies*)就是在这年问世的。巴克尔于1862年逝世。1864年帕尔格雷夫的《英格兰和诺曼底史》第4卷出版。1867年，即所谓"奇迹之年"[②]，斯塔布斯被任命为牛津皇家教授。他说："我以最崇高的敬意谈谈我那些老前辈，我觉得历史的研究，无论英国史或外国史的研究，都没受过他们的恩惠。"在牛津和剑桥，系统的历史研究是晚近才发展起来的。[③] 结果发现一般英国人对英国历史极端无知，对欧洲史则更甚，人们认为，这个情况业已在英国外交上造成难堪。塔列朗嘲笑说，卡斯尔累滥用了"英国人无知的特惠"，这话并非毫无道理。

开口"牛津学派"，闭口"剑桥学派"，这已经成了时尚。查理·

---

① 英国历史家(1821—1862)，著有《英国文明史》，采用科学方法写历史，注意地理环境。——译者

② annus mirabilis，意为不可思议之年，指1666年英国在海上战胜荷兰，英诗人德勒斯登做诗纪念，以此命题，这里借用此词。——译者

③ 威廉·阿克波尔德编，《历史教学论文》(剑桥，1902年)，E. W. 梅特兰序。

贝蒙先生[①]有一次说，说实在的，英国从来就没有发展起任何历史
311 学派。[②] 假如说还有一个的话，那就是剑桥，而且这一个也是自封的。这些名称意味着的事情，顶多是对更为科学更为客观的历史的需要终于被人们觉察到了。只是在这个意义上，牛津学派是从斯塔布斯开始的，剑桥学派则从西利[③]开始。

有一件事情使牛津派结合在一起。针对巴克尔提出的科学历史的设想——这种设想将会把人看作只是像机械一样工作的人，牛津的这些人认为人是有自由意志的。历史并非数学，也不是像西利在剑桥（1873 年）所宣传的那样，说历史在训练外交家和政治家方面有好用场，这话并不现实。研究历史就是为了研究历史，这件事本身，还要借助一切可以得到的资料进行。古墓和堤坝、地名、庄园案卷和法令等等都被拿出来当作证据。资料出版源源增加使这个学派得到了帮助。《编年史》和《国家公文目录》在档案主管官主持下分别于 1857 和 1862 年开始出刊。"历史手稿委员会"于 1870 年成立，"证书卷宗目录"于 1901 年开始。私人组织的一些学会如卡姆登、塞提兹以及塞尔登学会等继续以许多书籍赞助。

牛津大学皇家历史教授当中，最伟大、最聪明、最有学问的是

---

① 法国历史家（1848—1939），著有许多有关英国和欧洲的历史著作。——译者

② 查理·贝蒙，"英国，有关中世纪的出版物"，见《历史评论》，第 57 卷（1895 年），第 142—174 页。

③ 参阅本卷原书第 329—330 页。——译者

威廉·斯塔布斯(1825—1901)。[①] G. W. 普罗瑟罗[②]在皇家历史学会讲话时说:"在增进英国历史知识,并使历史研究建立在一个牢固基础上这项工作中,也许没任何一位历史家比斯塔布斯博士的贡献更大的了。"他那强劲的头脑来自他那倔强的自耕农家庭,他曾把自己的家谱追溯到14世纪内尔兹巴勒森林中的王室领地上的佃农,并以此感到高兴。在里彭[③]小学当学生时他就曾引起朗利主教(后来的坎特伯雷大主教)的注意,他父亲死后,他这位恩主就替他在基督教堂里找到一个侍从的差事(1844年)。社会等级的限制使这个青年在牛津那几年颇为寂寞,但他把自己的时间用

① 威廉·H. 胡顿编,《牛津主教威廉·斯塔布斯的信件,1825—1901年》(伦敦,1904年);节略本再版书名是《威廉·斯塔布斯,牛津主教》。各卷都有他的著作书目提要;并参看W. A. 肖,《克赖顿、斯塔布斯、S. R. 盖得纳和阿克顿爵士的历史著作书目提要》(伦敦,1903年);A. 哈撒尔为斯塔布斯的《档案丛书介绍》写的序言(伦敦和纽约,1902年);"威廉·斯塔布斯教士和历史学者",见《评论季刊》,第202卷(1905年),第1—34页,以及同书中一些评论,第216卷(1912年),第1—28页,第217卷(1912年),第413—436页;F. W. 麦特兰,"威廉·斯塔布斯,牛津主教",见《爱丁堡历史评论》,第16卷(1901年),第417—426页;古奇的书,第340—346页;佛特的书,第610页;《伦敦评论季刊》,第48卷(1877年),第265—299页;《北美评论》,第119卷(1874年),第233—244页;以及第122卷(1876年),第161—165页;《民族》,第81卷(1905年,9月7日),第201—203页,以及第82卷(1906年,6月28日),第432—433页;考斯道夫·马森,"大不列颠和爱尔兰宗教史资料新编",见《历史问题评论》,第7卷(1869年),第605—610页,第11卷(1872年),第521—525页,以及第20卷(1876年),第201—206页;R. H. 荷治琴,《盎格鲁-撒克逊史》(牛津,1935年,两卷),第1卷,第201—203页;《教会评论季刊》,第24卷(1887年),第398—418页,第52卷(1901年),第280—299,第59卷(1904年),第93—98页,第61卷(1905年),第134—163页;T. F. 都特的书,见《英国民族词典》,补遗2,第3卷,第444—451页。

② 英国历史家(1848—1922),曾任爱丁堡的历史教授(1894—1899),参加主编《剑桥近代史》工作。——译者

③ 约克郡的首邑。——译者

于读书，而且他那惊人的记忆力给人印象很深。在自己的学院图书馆里，他熟读了古代手稿，因为他从他父亲（一位律师）那里早已
312 学会辨认古代特许状和契约，而且还学会了古文书技巧，这在后来那些年使有经验的学者都吃惊。三一会请他当了会友，1848年他被任命为助祭，两年之后当了牧师。

斯塔布斯在那威斯托克教区牧师职位上花的那17年（1850—1866），使他成为英国当时最伟大的中世纪学者。他的第一部著作《英国主教记录》[①]使他花了整整十个年头，还曾对各图书馆各教区进行无数次访问。斯塔布斯把这部书说成是“列出英国历任主教接替过程的一次尝试，……以及在宗教史上对传记和准确的年代学这两个领域的贡献”。[②]

斯塔布斯还收学生进行指导。其中最出名的——不过不是在历史方面——是诗人阿尔吉农·斯温伯恩[③]（1859年），他以亲热的、崇敬的心情怀念他这位老师。斯塔布斯虽然负担着教区职务，但还是找出时间来编辑了一部摩斯亥谟[④]《教会史》的译本。附以自己的一本续编。1861年出版了他校订的第一部手稿《关于我们的基督教会在阿库托山的创立及它在沃尔塔姆附近的活动》（*De inventione sanctae Crucis nostrae in Monte Acuto et de ductione ejusdem apud Waltham*），他还增补了一篇记述沃尔瑟姆寺院建立的很不错的文章。1862年大主教朗利任命他为拉谟柏司图书

① 为自奥古斯丁以来英国主教的名录。——译者
② 关于此书起源的故事在第2版序言中有详细叙述。
③ 英国著名的抒情诗人（1837—1909）。——译者
④ 德国教会史家（1694—1755）。——译者

馆馆长。

斯塔布斯与 E. A. 福礼曼、J. R. 格林二人的友谊这时已有多年历史。[1] 1858 年提及新成立的《卷宗丛书》时，他向福礼曼抱怨说："我看到这些出版物专门突出语言学方面的东西，真叫人遗憾。这是因为，尽管语言学有趣而重要，但它并不是历史——而托马斯·达佛斯·哈第却对我说书里只能写语言学的东西，必须把书写得卖得出去。"[2]为斯塔布斯写传记的人曾说，他参与编写《档案丛书》这件事是"他一生最重要的工作——这指的是他把大陆学者的科学方法运用于英国中世纪文献研究"。

卷宗局主管规定编者对每篇记事或文献都应当"像初版的编者那样处理"。这个规定指的是详细核对原稿、考证异文，并检查其来源、可靠性、可能的讹传、修订和窜改。幸而关于附注的限制逐步放松。在优秀编者的名单上有马克雷、卢阿德、布鲁尔和雪利，但伟大无比的只有斯塔布斯。他开始编的是《理查一世编年史和回忆录》(1864—1865)两卷。他编的书、写的杰出的序言总共差 313
不多有 20 卷之多。他把大主教丹斯坦[3]从多世纪以来的污名下解救出来。他这个贡献可以和布鲁尔解救红衣主教武尔塞[4]那件

---

① 1857 年他写信给福礼曼说："你看到过巴克尔论《文明》第 1 卷吗？将出十卷。我不相信这种历史哲学，所以不相信巴克尔。在这样自认之后，我担心你一定会认为我是个异端。"

② 胡顿，《威廉·斯塔布斯的书信》(见本书原书第 311 页著者注)，第 44 页。

③ 英国高级教士(约 925？—988)，多次被逐，961 年为坎特伯雷大主教，他提倡振兴教育，教育人民遵守法律，强迫地主缴纳什一税。——译者

④ 英国高级教士(1475？—1530)，帮助亨利八世与喀德邻离婚，热心奖励教育，改寺院为牛津基督教会学院(1725 年)。——译者

事媲美，在记述国王埃德加[①]统治时期的历史中，他纠正了无数错误。斯塔布斯写的最好的批判著作之一是对《彼德博罗的柏尼德提编年史》(*Chronicle of Benedict of Peterborough*)的分析。[②]

1866年哥尔德温·史密斯辞去牛津皇家教授职务，斯塔布斯希望他的朋友福礼曼能受聘继任，他写道："如由夫鲁德继任将使人痛心，由其他任何人继任则更糟。"然而1867年2月7日的就任教授职位的首次讲演却是由他自己亲口发表的，从这天开始可以说牛津学派就正式成立了。在这个庄严的时刻，他甚至不以宗教语调作为结束语，而在听众面前自我介绍说他"不是哲学家，也不是政治家，而是历史工作者"。他认为，历史是"从其本身和真理的目的来看都是值得了解的东西"。[③] 在追述了近来在史料收集和出版方面取得的进展之后，这位教授预见到

> 有助于……在英国建立一个历史学派的前景，这个学派应当和欧洲其他工作者联合起来共同进行工作；这个学派不应当以哈兰、帕尔格雷夫、昼布尔、夫鲁德和麦考莱等人的著作为基础，而应当在业已收集并编排起来的十分丰富的资料的基础上建立起来，上述诸作家本来打算以这类资料为根据进行写作，但当时的资料还是稀少而分散的……[④]

斯塔布斯作为一位教师曾为讲课费尽心血，但他那些讲稿最

---

① 944—975年在位，用丹斯坦为主要顾问。——译者

② 参看胡顿，《威廉·斯塔布斯的书信》，第60—64页。

③ 《论中世纪和近代史的17篇讲演》(见本书原书第309页著者注)，第15、27页。

④ 胡顿的书(见本书原书第311页著者注)，第119页。J. R. 格林评论过这篇就职讲稿，见《星期六评论》，第23卷(1867年)，第278—280页，部分内容的再版见他的《偏离正道的研究》，第2辑。

后印出的时候却大为减色，因为都是他死后才编辑的。[①] 他的学生有 J. 荷拉斯·朗德、T. F. 都特[②]、C. H. 弗思和 R. L. 普尔[③]等。听他讲课的人从来不多，而且逐年减少。牛津那种为考试而阅读的制度把许多有能力的学生都拉走了，按照德国方式务实的研究班未能成立。斯塔布斯把他的失望埋藏在进一步的研究和著作中。[④]

他和 A. W. 哈丹[⑤]合编的《宗教会议和教会文献》三卷于 1869
至 1878 年间陆续问世。他为《教会传记词典》写了论述撒克逊时 314
代英国一系列圣徒、国王和教士的文章。[⑥] 他的《比德传》是这类文章的典范。举例说明英国宪政史的《特许状选辑》一卷（1870 年）为后来的英国学者对宪政起源几乎全部工作打下了基础。这

① 把他在大学的讲稿编成《论中世纪和近代史的 17 篇讲演词》（1887 年；第 3 版扩大本，1900 年）；《论欧洲史的讲演集》（1904 年）；《论早期英国史的讲演集》（1906 年）；《中世纪早期的德国，476—1250 年》（1908 年），和《中世纪后期的德国，1200—1500 年》（1908 年）。

② 英国历史家（1855—1929），著有《英国史的分析》、《英国史，1216—1377 年》等书。——译者

③ 英国历史家（1854—1931），牛津大学历史讲师，著有《年代学与历史的研究》、《近代欧洲的历史地图》。——译者

④ 他的学生都特在曼彻斯特介绍了历史方法上一种实际训练，真正的学徒制度。他似乎是从斯塔布斯得到这个思想，因为在他的论文和讲演中（《托马斯·腓得烈·都特文集》曼彻斯特大学出版，1932—1934 年，三卷），都特曾两次引用斯塔布斯的话，“历史地讲授历史”（第 1 卷，第 139 页，第 3 卷，第 3 页）。后边一段话是这样说的：“这种‘历史地讲授历史’，正如斯塔布斯曾经说过的，史学家的教育是他所梦寐以求的，但是遗憾地认为在他的时代和他的大学中这是不可能实现的。〔都特继续说〕幸而不再是这种情况了。史学家现在能够在英国用一种十分满意的方式学习他的专业了。”

⑤ 英国教会史学家（1816—1873）。——译者

⑥ 参看胡顿的书目提要中的附表。

部书是斯塔布斯最伟大的巨著《英国宪政史》的准备步骤。[①] 自从吉本以来还没人尝试写这样大部头的著作。这部书出版后还不曾有任何其他英国历史著作超过它。他这部书把按年记事各章和作分析的各章交替排列，这种独创性的编排法颇令人满意。斯塔布斯强调英国历史的连续性。英国宪法是诺曼人以盎格鲁-撒克逊各种制度为主要材料加以集中的结果。[②] 对安如王朝[③]的论述很杰出。但记述从盎格鲁-撒克逊入侵到诺曼征服的第 1 卷现在已经过时了。关于他这部书涉及的领域，梅特兰[④]生动地说："在那一大片荒原被准确地测绘出来以前，那些测量员的遗骨早已在上边变白了。"斯塔布斯所说农村起源于条顿人和自由民的这个论点引起罗马—凯尔特学派的激烈反驳，他们提出村落起源于罗马庄园上的隶农（coloni）。[⑤] 他对百户、市邑和十家联保制（frank-pledge）的起源的看法也引起长期热烈争论。认为是中央或地方自治会议的看法被驳倒了。在观点上这种革命性变化不是由于对史料所作不同解释，而是由于使用了新材料。斯塔布斯、格林和福

① 牛津，1874—1878 年，三卷。C. 小杜台里教授在 G. 勒非布凡的法文译本中增补了一些后来学者的注释和简介（1907—1927 年，三卷）；W. E. 洛兹出版了英文注释，书名是《为斯塔布斯'宪政史'增补的研究和注释》（曼彻斯特，1908 年）。进一步的解释，参看后面第 382—383 页。

② 保罗·维诺格拉多夫，《英国的农奴制》（牛津，1892 年），第 23—24 页。

③ 即金雀花王朝时期（1154—1399）。——译者

④ 英国法理学家和历史家（1850—1906），著有《爱德华一世以前英国法律史》等书。——译者

⑤ 参考查理·H. 伯尔孙，《早期和中世纪的英国史》（伦敦，1867 年，两卷）；腓得烈·西博姆，《英国的农村公社》（第 4 版，伦敦和纽约，1896 年）；浮斯退尔·得·库朗日，《古代法国政治制度史》（巴黎，1888—1907 年，六卷），和《若干历史问题的研究》（第 2 版，巴黎，1894 年）。这些标题见《教会评论季刊》，第 59 卷（1904 年），第 96 页注①。

礼曼依据的是塔西佗的《日耳曼尼亚志》，《盎格鲁-撒克逊编年史》和《法律》(*Laws*)。这个新学派还使用了文学资料，特别是《贝奥武尔夫》，并避免和法兰克、伦巴第各种制度作类比，认为这是靠不住的，是危险的。

斯塔布斯的顽固保守主义妨碍他作任何改正。他的史学工作在他于 1884 年离开牛津大学时实际上就结束了。教会在切斯特和牛津这位主教身上[①]得到的好处正是英国史学受到的损失。然而他那崇高的榜样的影响并未消失。没有任何其他历史学者像他 315
这样把自己的读者带到幕后，并把历史家的业务秘诀详尽地告诉他们：搜寻手稿、剖析资料，试探性的看法和谨慎的取舍。在他的伟大中并无虚假的高贵架势，有的只是同情和愉快，和一种抑制不住的幽默。在他的就职讲演中，他说："上帝不许我们对任何诚实的工作者轻蔑地说三道四"；他在晚年说自己只写过一篇评论，并以此自豪。他说自己"沉浸在教会和保守的原则里"。但庆幸在自己的著作中避免了"宗教的成见和政治的偏执"。他认为自己在牛津的任务，并不是把人们造就成辉格党或托利党，而是要把他们造成善良、聪明而有见识的人，无论是辉格党、托利党都无所谓。斯塔布斯反对把历史当作一门科学，但他承认无论广泛或狭隘的概括，都是不准确的。虽然他宽宏大度，但他有奇特的保守的局限性。"斯塔布斯尽管很伟大，但他的《英国宪法史》是戴着有色眼镜，维多利亚时代自由主义的眼镜写的，人们一想到他天生就是一

① 斯塔布斯离开大学之后，先后担任切斯特主教(1884 年)和牛津主教(1889 年)等职务。——译者

位托利党人,就越觉得这副眼镜戴在他的鼻梁上十分古怪。”①

斯塔布斯和福礼曼是终生好友,而且彼此赞赏。牛津有几句打油诗说:

两人都用大勺子从对方桶里舀汤盛饭,

福礼曼吹捧斯塔布斯,斯塔布斯奉承福礼曼。

爱德华·奥古斯都·福礼曼(1823—1892)②少年时早熟,十岁以前便阅读罗马史和英国史;11岁就已学好拉丁文和希腊文,甚至自学了一些希伯来文。他曾就读于各式各样的修道士办的私塾,还受到高派教会运动(High Church movement)③的影响。他在牛津三一学院获得奖学金(1841—1845),发现同学们也有高派情绪。他写了一篇论述诺曼征服的文章未能获奖,这件事刺激他更深入地钻研这个时期的历史。毕业后,他放弃了参加教会工作的想法,

① 恩斯特·巴刻,《麦特兰作为一位社会学家》,见《社会学评论》,第29卷(1937年),第123页,全文见第121—135页。

② W. R. W. 史梯芬,《爱德华·A. 福礼曼的生平和书信》(伦敦和纽约,1895年,两卷),对此书的评论见《教会评论季刊》,第59卷,第92—127页。史梯芬开列了一张他的著作的完备清单。并参看威廉·韩德的文章,见《英国民族词典》,补编第2卷,第247—251页;阿什利的书,第432—439页;佛特的书,第612—615页;古奇的书,第336—337,346—352页;詹姆士·布莱斯的书,《爱德华·奥古斯都·福礼曼》,见《英国历史评论》,第7卷(1892年),第497—509页;奥利弗·埃尔顿,《弗雷德里克·约克·鲍威尔》(牛津,1906年,两卷),第2卷,第27—37页;《爱丁堡评论》,第130卷(1869年),第186—216页;《评论季刊》,第175卷(1892年),第1—37页;第182卷(1895年),第281—309页;赫伯特·亚当斯的书,见《美国历史评论》,第1卷(1895年),第149—153页;《不列颠评论季刊》,第52卷(1870年),第1—30页;《伦敦评论季刊》,第34卷(1870年),第355—388页,第59卷(1882年),第1—28页,第48卷(1897年),第1—28页;《教会评论季刊》,第24卷(1887年),第398—418页;亨利·亚当斯的文章,见《北美评论》,第118卷(1874年),第176—181页。

③ 即牛津运动。——译者

带着新妇退居格洛斯特郡攻读古代和近代史。他第一部认真的著作是《建筑史》(1849 年)确实只局限于英国教会建筑;第 2 篇是《论〔哥特式〕窗饰》(1855 年)。这些题目是他终生的爱好,这和他 316
喜欢旅游、绘画素描有关。1855 年他开始和《星期六评论》发生联系,这个联系持续 22 年之久。福礼曼写的那些评论在使这个严峻的刊物享有“谩骂者”这个绰号方面所起的作用不亚于任何人的文章。

福礼曼继续热心攻读希腊、罗马和较晚近的历史。1856 年牛津大学人人羡慕的近代史皇家教授讲座落到哥尔德温·史密斯的手里;1861 年他又未能得到卡姆登古代史教授职位,次年又未得到契折里近代史讲座。但是他的声望随着他的《联邦政府史》(1863 年)①的出版而增高,并且由于六卷本《诺曼征服英国史》(1867—1879)而牢固地树立起来。

在 1884 年福礼曼接替斯塔布斯任牛津皇家教授以前那些年里,学术界是一片争吵声和狂热症。据说他在一年内就寄给《星期六评论》96 篇文章。有些是写作上的争论(他和夫鲁德的争论②是这些争论中最为恶名昭著)③,有些则涉及政治——这个领域对福

① 只有第 1 卷出版。此书在他死后再版,由 J. B. 柏立用新形式出版,书名是《希腊和意大利联邦政府史》(伦敦和纽约,1893 年)。

② 夫鲁德是有帝国主义思想的,主张向外扩充;福礼曼是有自由主义思想的,主张改良内政。——译者

③ 夫鲁德是一位狂热的帝国主义者和统一党员。福礼曼认为,他似乎是拥护专制主义,因为福礼曼在政治上是一位自由主义者,爱尔兰自治的热烈支持者,英帝国主义的反对者。福礼曼的晚年变得日益保守,因而 J. R. 格林笑他“和夫鲁德躺到一张床上了”。

礼曼吸引力极大[①]——他曾数度赴达尔马提亚访问，还曾竭力解救在土耳其压迫下受难的基督教徒（1876年），后并赴美国作讲演旅行（1881年）。在这期间，他还撰写了《历史地理》（*Historical Geography*）、《威廉·鲁福斯[②]》和《西西里史》，他动笔撰写最后这一部书是因为“这个各国经常聚会的国际性岛屿”，很能证明他自己喜爱的“一切历史都属于一个整体”这个学说。

1884年斯塔布斯被任命为牛津主教，皇家教授这个职位因而空缺时，格拉德斯通把这个职位交给福礼曼——人们认为这是因为他们二人在东方问题上意见一致。福礼曼写给戈尔德温·史密斯的信里说：

> 接替亚诺尔德、你和斯塔布斯的职位，是一件颇为惬意的事；——但我不能得到你和斯塔布斯做我的同事，也不是作为我的前任，又深感遗憾。多年以前，我的愿望是在牛津当教授或在国会有一席位。……现在终于有一项实现了，但我的年纪已太大，不能适应这个变化了。[③]

317 福礼曼接受了这项任命，因为他认为这个荣誉应该是他的。但他无心教书，于是就有意把自己讲课的时间定在4点钟——在英国，这是吃茶和松饼的神圣时刻。有一个在牛津读书的美国学生拜访

---

① 他认为政治是个道德问题。因为他在东方问题上和《星期六评论》观点不一致，就和该刊断绝关系，从而牺牲了许多乐趣和每年高达500镑的收入。维诺格拉多夫对这位宣布政治是历史的精华的历史家所作的判断是有趣的。福礼曼的观点建立在一种浪漫的种族主义上，把这位伟大的俄国人看成个小孩子。“他是一位伟大的学者，……但在政治上是个两岁的孩子。”H. A. L. 费希尔编《维诺格拉多夫文集》（牛津，1928年，两卷），第1卷，第19页。

② 即英王威廉二世（1087—1100年在位）。征服者威廉的次子。——译者

③ 《生平和书信》（见本书原书第315页著者注），第2卷，第278—279页。

他(这个学生从前在西西里曾遇到过他)“听到他叫客厅女仆穿过圣斋尔兹大街到他的教室去看看是否有听课的人来了,如果有人来(这位教授告诉我)他就只好自己也去了。女仆很快就回来了,把惯常的消息告诉他,说教室空空如也,于是我们就可以放心吃茶了”。[①] 这样的教学对牛津毫无益处。1892 年夏天,福礼曼携带妻女游历西班牙时死于天花。

福礼曼写的东西冗长噜苏,但总是强劲有力,他厌恶拉丁语源的字,尽可能使用盎格鲁-撒克逊字。他力求意思明确,因而避免使用代词,在同一段里一再重复前边用过的名词。已故的美国最伟大的希腊学者巴锡尔·吉尔得斯利夫在一篇评论福礼曼的《西西里史》的文章中写道:“在文章风格和陈述方法的细节上每个人都会有些争论。心情闲静的人会厌恶从头至尾无休无止地使人不得片刻安宁的鸣笛击鼓运动,但在行军结束后,人们就觉得这种操演还不错,尽管调门儿很高,而且一再重复,未免引起一点反感。”[②]

攻击福礼曼的吵闹风格并不难。他对于他所认为的人们常犯的错误就喋喋不休地讲个没完。[③] 他的好友约翰·理查德·格林认为他过分拘泥于有事实根据的东西;福礼曼对政治和军事项目的偏爱把历史上同样重要的其他东西挤掉了,这是尽人皆知的。

---

① L. P. 史密斯,“牛津”,见《大西洋月刊》,第 161 卷(1938 年),第 735 页,全文见第 731—740 页。

② 《美国语言学杂志》,第 12 卷(1891 年),第 520—521 页。

③ 由此可知,查理曼不是一个法国人,奥地利既不代表一个民族,也不代表一种语言,近代“帝国”这个字的用法是没有历史根据的。格兰特,《英国历史学者》(见本书原书第 309 页著者注),第 67 页。

"历史是过去的政治,政治是现在的历史",这就是他的格言。

福礼曼对于使用手稿史料有一种奇特的厌恶,这是他一个古怪的脾气。[①] 他不懂古字体,对研究档案材料有抑制不住的厌恶。维诺格拉多夫[②]说他是"一位富裕乡绅,从来没有在公立图书馆里埋头过哪怕只是一天,从不参考手稿,只是满足于以收集在身边的大批书籍为依据"。[③] 当德林格尔[④]提议让福礼曼在巴伐利亚学院
318 当院士时,曾为他这种有缺陷的方法辩护说,"然而他在写作中却把色彩和自己的头脑结合一起。而且还写了一部中世纪史,这还是英国迄今最深刻的一部呢。"[⑤]保利[⑥]写信给斯塔布斯抱怨说福礼曼对东欧、汉萨同盟和斯拉夫人一无所知。[⑦]

然而,福礼曼不但为人忠实而直爽,还是英国最伟大的一位学者。在学问和智力方面,他在他那一代人当中仅次于斯塔布斯主教。他的知识极其渊博,他那独一无二的最大贡献就是打破人们过去对历史的分期,并把中世纪和近代之间那堵大墙拆掉了。尽管他那英国爱国主义偏见十分顽强,但他并没把自己的种族偏见

---

① 布莱斯的文章,见《英国历史评论》(见本书原书第315页著者注)。

② 俄国法学家和中世纪史家(1854—1925),1902年往英国,任牛津大学法学教授(1903—1925)。他是英国早期法律和习惯的权威,著有《英国农奴制度》等书。——译者

③ 《维诺格拉多夫文集》(见本书原书第316页著者注),第1卷,第16页。

④ 见本卷原书第537—539页。——译者

⑤ 阿克顿勋爵,《德林格尔的历史著作》,见《英国历史评论》,第5卷(1890年),第700—744页。

⑥ 德国史学家(1823—1882),参阅本卷原书第349—351页。——译者

⑦ 关于福礼曼作为一位历史家的局限性,参看他的《生平和书信》(见本书原书第315页著者注),第2卷,第467—469页。

写进著作里，而且还把他并不崇拜的那些人物如苏拉[①]、尼西阿斯[②]、托马斯·贝凯特和征服者威廉等描写得很公正。另一方面，克赖顿[③]认为福礼曼对葛德文和哈罗德的评价几乎到了崇拜得五体投地的程度，实在可笑。[④] 据说他绝不让任何想象进入自己的著作中，他描绘社会生活与其说像画一幅画，还不如说像画一幅地图。[⑤] 然而约克·鲍威尔[⑥]却说：他的历史肖像在生动有力方面和斯塔布斯的历史肖像不相上下。在榜样和方法上，他给予上一个世纪的推动力在英国历史家当中很少人比他更伟大、更有益了。

约翰·理查德·格林(1837—1883)[⑦]生于牛津，并记得自己

① 罗马的独裁者(公元前138—178)。——译者

② 领导雅典海军远征西西里失败的将军(公元前415—413)。——译者

③ 英国高级教士和历史家(1843—1901)，曾任剑桥教会史教授，《英国历史评论》编辑，著有《教皇史》、《伊丽莎白时代》等书。——译者

④ 路易·克赖顿，《曼得尔·克赖顿的生平和书信》(伦敦，1904年，两卷)，第1卷，第264页。

⑤ 史梯芬·R.道兹，"几位近代史家"，见《伦敦评论季刊》，第105卷(1907年)，第242—254页。

⑥ 英国史学家(1850—1904)，继夫鲁德为牛津王家近代史教授。——译者

⑦ 莱斯利·史梯芬，《约翰·理查德·格林的书信》(纽约和伦敦，1901年)，附他的著作书目提要，第497—503页，对他的评论见《民族》，第74卷(1902年)，第34—35页；曼德尔·克赖顿的文章，见《英国民族词典》，第13卷，第46—49页；艾丽斯·斯托普福德·格林为《英国人民简史》(纽约，1916年)修订版以及为《英国的征服》(纽约，1884年)写的序言，古奇的书，第352—358页，佛特的书，第665页。参考格林的重新估价，见《泰晤士报文学副刊》，1933年3月9日，第153—154页。并参看"约翰·理查德·格林"，见《教会评论季刊》，第54卷(1902年)，第282—295页，以及同书一些评论，第60卷(1905年)，第443—447页；《评论季刊》，第141卷(1876年)，第285—323页；第195卷(1902年)，第532—546页；《北美评论》，第121卷(1875年)，第216—224页；《爱丁堡评论》，第195卷(1902年)，第429—545页；《夫累则杂志》，第92卷(1875年)，第395—410，710—724页；《伦敦评论季刊》，第58卷(1884—1885年)，第137—156页；(接下页)

是一个多病的孩子，爱读书，在从学校回家的路上还在读，以致“头碰到电线杆子上”。他喜欢在古老的牛津那些街道上探索，后来还说英国历史上各个时期都在那里留下痕迹。他把零用铜板节省下来交给邻近那些乡村教堂仆役，要他们把门打开让他进去把那些黄铜雕塑上的东西拓下来；他后来的恩主福礼曼最初曾抱着小“约翰
319 尼①·格林”在密勒德图书馆到处走，“因为我的拓制技术很好。”②

他在小学的经历不大愉快；他记忆力不好，那些被迫用拉丁文写的文法书来学习拉丁文的孩子们挨打乃是家常便饭。格林是在托利党和高派教会的环境中长大的，但他不言不语的独立性指引他走上自己的道路。他后来发现这件事时，大吃了一惊，情况是这样的，学校叫他写一篇论述查理一世的文章，他按自己的读过的书得出结论，说殉难的这位国王属于错误的一方。这篇文章获得奖赏，但学校当局对这种异端的观点大皱眉头。次年，一位私人教师把吉本的著作放在他手里，这个年纪小小的孩子从头至尾读完了。1855年在得到威尔士耶稣学院公开的研究员奖金之后，他就进入牛津大学。格林交友很少，他轻视威尔士人，对课程更不重视。当时历史列入法律一类，他厌恶法律。他用了一年时间阅读英国文学，从颇普③到麦考莱，对教师们的建议他很不在意。后来他偶然

(接上页)《都柏林评论》，第77卷(1875年)，第308—341页，第92卷(1882年)，第158—182页；塞缪尔·盖得纳的文章，见《学院》，第6卷(1874年)，第601—602页，第15卷(1879年)，第381页，第18卷(1880年)，第19页。

① 约翰的昵称。——译者

② 《约翰·理查德·格林的书信》(见上一个著者注)，第10页。

③ 英国诗人(1688—1744)，翻译了荷马的史诗。——译者

旁听了史坦利[①]讲反对英国国教的历史，引起他思想上的变化。他悔恨自己浪费了不少时间，下定决心全力学习历史。

格林毕业时(1859 年)，他叔父建议他当律师，但他进了教会。他的朋友史坦利希望他在伦敦西区[②]任副牧师，但他曾接受当时基督教社会主义运动的影响，于是决定住在东区。[③④] 在这个地区辛勤工作的那些年使他的健康受到严重损害，1869 年他欣然接受任命当了拉谟柏司[⑤]图书馆馆长。

格林的第一批历史写作是为《牛津年鉴》写的论述"上世纪牛津"的一系列文章。他还计划写一部坎特伯雷大主教史，作为一部英国文明史的骨架。他的教区工作很繁重，但仍挤出时间在不列颠博物馆研究，有时还省下一顿饭的钱买书。他的《圣徒行传》(*Acta Sanctorum*)就是这样花了很大代价写成的，他每次抚弄他这一卷卷大书，就不免追忆往事，感慨万千。牛津和伦敦提醒他这些城市在英国生活中扮演的角色被忽视了；他总觉得自己在这个大都会那些拥挤的、不愉快的街道上的经历给他的教诲最深，使他懂得经济痛苦对社会的影响，懂得老百姓想的是些什么东西。

一篇论述丹斯坦的文章，使他和福礼曼的友谊恢复了，福礼曼

---

① 威斯敏斯特教长(1815—1881)，为英国教会最宽大的神学的代表，宣传苏格兰长老会的教义，因此引起英国国教高教会派的不满。——译者

② 伦敦西区多富翁住宅和时髦物品的商店。——译者

③ 贫民住区。——译者

④ 从 1861 年到 1869 年这几年间，参看《约翰·理查德·格林的书信》(见本书原书第 318 页著者注)，第 51—208 页；以及腓力·格尔，"约翰·理查德·格林"，见《双周评论》，第 39 卷(1883 年)，第 734—747 页。

⑤ 伦敦南面的一个城市。——译者

肩负起“为约翰尼·格林吹喇叭”的任务，并给了他为“星期六评论”撰稿的机会。格林笔下那些漂亮文章，有许多都是在他辛勤劳
320 动一天之后，在半夜前后写成的。当医生警告他说他的生命业已垂危的时候，他就下定决心把过去所作的研究和笔记汇集成一部书，假如他不幸死去，这部书就可以作为过去的一个小结；假如他还能活下去，这本书就可以作为一部更好的著作的绪论。就这样在一阵阵疾病和沮丧不断袭来的情况下，他用了五年多的时间，终于在 1874 年把《英国人民史略》写成了。朋友们并不吝啬对他的同情，但格林总是虚心自责，一直很痛苦。后来终于被说服把这部书“连同它那些缺点”拿去付印，很少有一部著作享有过如此显赫的成功。这部书迄今仍然是公认的可以和麦考莱的著作媲美的作品。

格林的著作有意识地和过去一切著作不同，它是人民的历史，而不是帝王、教会的历史，也不是历代君主的军事功勋和政治兴衰的历史。“我用更多的篇幅写乔叟[1]而不是克赖西[2]，写卡克斯敦[3]而不是约克族和兰开斯特族[4]那些无谓的竞争，写伊丽莎白的贫民法，而不是她在加的斯[5]的胜利，写卫理公会的恢复而不是小僭君[6]的逃亡。”不写“军鼓军号史”[7]（出自他笔下的这句话后来成了

---

① 英国一个伟大的诗人（1340—1400），著有“坎特伯雷的故事”。——译者

② 1346 年英军大败法军于此（英法百年战争中的一个大战役）。——译者

③ 最初把印刷术传入英国的人（1422—1492）。——译者

④ 指英国中世纪一次王朝战争——玫瑰战争（1455—1485）。——译者

⑤ 1585 年停泊在加的斯港的西班牙舰队为英国海军消灭。——译者

⑥ 英王詹姆士二世之孙查理·爱德华 1745 年企图复辟，从苏格兰侵入英国，翌年战败，逃往国外。——译者

⑦ 意即战争史。——译者

名言），他腾出篇幅写宗教、社会和经济史，“写普通历史上很少受人注意的人物——传教士、诗人、出版家、商人或哲学家等等”。①

格林在自己漫长的一生中写了许许多多著作，但都赶不上他的《英国人民史略》。这部书后来又在稍加变动的规划下，改名《英国人民史》（1877—1880），扩大为四卷；然后他又下笔以一系列专论的形式描绘整个国民生活。只有两部写成，即，《英国的形成》（1882 年）和《英国的征服》（1883 年）。这两部著作是透辟的批判和光辉的推断的典范，也像福礼曼的著作那样，这些著作大部分都被 W. H. 斯蒂芬孙和 R. H. 荷治琴的著作纠正并取代了。他研究英国地形极其细心、极富直观想象，很少作家赶得上他。福礼曼就是从他那里学到如何看出自然地理对历史的重要性的。格林还在英国地名词源学上作出许多贡献。

然而，格林的名望只是来自一部书。他活到 46 岁就死了，一位作者说，如果他继续活下去，他必将成为吉本以后最伟大的历史家；布莱斯则认为他几乎可以和麦考莱相提并论；斯塔布斯还大胆设想说，“在我们全国那些记载中，没有哪一个部门他不曾钻研过，而且我觉得我还可以说他都已钻通了”。《英国人民史略》第一年售出
32000 部，到 1909 年，已有法、德，意、日、中等文译本；在一般读者 321
中，这部书仍然是最好的一部一卷本著作。不过历史学者知道得很清楚，它只不过是用 60 年前的、现在已是垂死的那种热情写成的一篇提要，它受到这么长时期的欢迎，可能使这些学者迷惑不解。②

① 第 1 版序言（伦敦，1874 年）。参看他写给福礼曼的信，见《约翰·理查德·格林的书信》（见本书原书第 318 页著者注），第 364—365 页。

② 参看《泰晤士报文学副刊》（见本书原书第 318 页著者注），第 153—154 页。

格林是辉格党的最后一批人，他厌恶在自己著作中用王朝或征服时间划分时期；他还宣布自己的书是一部人民的编年史呢！在格林以后的写作中，英国所受诸王的巨大恩惠得到了较好的对待，王室对宪法的贡献也得到较为公正的评价。格林却厌恶爱德华一世[①]，公然嘲笑伊丽莎白"无耻撒谎"，并宣称乔治三世"的胸怀比他任何一位前任都狭窄，只有詹姆士二世除外"。盖得纳批评他看不到清教徒革命的两个方面，累基纠正了他笔下的英国在美国革命中扮演的角色。在记述早期英国时，格林不如斯塔布斯审慎，但比他热情。他追随垦布尔，而且几乎变成一位彻头彻尾的德国式的专家。任何近代作家都不敢像他那样在仅仅两页里就把凯尔特和罗马概括一下，突然就跳跃般地写起什列斯威格[②]——英国人种的老家。他对盎格鲁-撒克逊人的颂扬导致对丹麦人入侵的估价低到严重的程度，特别是对诺曼征服的贡献估价更低。他最大的错误是他头脑里有旧英国牧歌式的原始民主观念，另一错误想法是人民代表经常是英国宪法成长的要素。"格林笔下的英国起源的故事的根据，简单说来，就是一个传说。……19世纪挤进了6世纪，13世纪的西蒙·得·蒙福尔[③]用格拉德斯通的声调讲话。"[④]

研究英国17世纪的伟大权威是塞缪尔·罗森·盖得纳

① 英国国王(1272—1307)，1295年召集模范国会，为英国国会政治树立基础。——译者

② 德国什列斯威格-豪斯敦南部。——译者

③ 英国政治家和军人(1208？—1265)，1265年召集国会，每郡代表四人，每城市二人，参加国会，为英国近代国会的开始，是年，战败被杀，人民把他当作殉难者来纪念。——译者

④ 参看《泰晤士报文学副刊》，第152页。

(1829—1902)，①他以全力从事《英国史 1603 至 1660 年》的著述达 40 年之久。这位清教徒革命史家可以把自己的出身通过他的祖母追溯到克伦威尔之女布里奇特和艾尔顿②的婚姻。盖得纳于 1851 年毕业于牛津大学基督学院，但由于宗教上的原因③他不得不放弃研究员职位。他的父母都是欧文派教徒，他参加了父母的教派，1856 年和这个教派创立人爱德华·欧文最小的女儿结婚。牛津忽视他达 30 年之久。婚后他移居伦敦，并开始自己的终生事业。

他的《英国史》前两卷记述 1603 年至 1616 年的事，于 1863 年 322
出版，除销售一百本外，这一版全成废纸。这对盖得纳的勇气是一次严重考验。下面两卷(1869 年)虽然销路稍好，但并未使他得到一分钱的收入。他毫不沮丧，继续勇敢地一卷卷出下去，为了维持家庭生活，他应聘任伦敦国王学院历史教授(1871—1885)，后于 1877 年接替了约翰·S. 布鲁尔的讲座。他除撰写重要著作外，还编了几本极好的教科书，其中以《三十年战争》(1874 年)、《斯图亚特王朝最初两位国王和清教徒革命，1603—1660 年》(1876 年)和《英

① 查尔斯·H. 弗思的文章，见《英国民族词典》，1901—1911 年补编，第 75—78 页；古奇的书，第 359—365 页；F. 约克·鲍威尔，“塞缪尔·罗森·盖得纳”，见《英国历史评论》，第 17 卷(1902 年)，第 276—279 页；“S. R. 盖得纳博士”，见《学术论丛》，1902 年，3 月 1 日，第 272—273 页；及同上书，1902 年，3 月 8 日，第 307—308 页，关于 S. R. 盖得纳博士的一些更晓的回忆录。关于他的著作表，参看 W. A. 肖的《书目提要》(见本书原书第 311 页著者注)；关于评论文章，参看《评论季刊》，第 195 卷(1902 年)，第 547—566 页，第 139 卷(1875 年)，三页；《教会评论季刊》，第 59 卷(1904—1905)，第 113—118 页，第 58 卷(1904 年)，第 395—421 页；《夫累则杂志》，第 69 卷(1864 年)，第 419—434 页；《都柏林评论》，第 109 卷(1892 年)，第 31—62 页。

② 克伦威尔的女婿，国会军的司令官(1611—1655)。——译者

③ 他不是国教徒。——译者

国史教材》(1890—1891 年,三卷)等几部最重要。这样 28 年过去了,直到 1883 年他的《英国史》前 10 卷才出第 2 版,这时广大读者已较前更能欣赏他的著作,于是他的书才开始得到广泛的接受。[①]

1878 年基督学院推选盖得纳为研究员,荣誉也开始光临。在这个时期,他也开始撰写他的主题更为复杂的那些部分:即记述《伟大的内战史》(1886—1891)的那三卷;还有三卷论述《共和国政治和克伦威尔摄政时期》(1894—1903 年,三卷分为四册)。好像这 16 卷主要著作还不够他干似的,他还经常为《英国历史评论》撰稿,后来又当了十年的编辑(1891—1901)。还为卡姆登学会编了 12 卷,为海军档案学会编了两卷,为苏格兰历史学会编了一卷,并为《英国传记词典》和《大英百科全书》写文章。然而他唯一的希望却是把自己的历史著作写到共和政体末年结束。1894 年夫鲁德去世后,罗斯伯里勋爵[②]想把这个皇家教授职位给他,他未接受,宁愿留下余年写他的历史。他本来准备把他的书提前在摄政时期末尾结束,但还没写到这个地方他就死了,颇为遗憾。闭眼前他嘟嘟哝哝地说:"我不能活着看到克伦威尔的末日了。"[③]

盖得纳是英国近代史上第一位科学的历史家。他反对西利所

---

① 总称《从詹姆士即位到内战爆发期间的英国史,1603—1642 年》(1884—1886 年,十卷;新版,1894—1896 年)。

② 1847—1929,即阿克巴尔德·腓力·普里姆罗斯,1894—1895 年为自由党的首相,推行帝国主义政策。——译者

③ 他的遗稿受托人查尔斯·H.弗思爵士负责增补所需的两卷,《护国政府的最后几年,1656—1958 年》(1909 年)。盖得纳自己对这位伟大的清教徒最后几年的看法,见他的《克伦威尔的生平》(1899 年)和他在福特发表的演说,《克伦威尔的历史地位》(1897 年)。

持“历史应当成为政治训练学校”这个见解，他说：“研究过去社会的人对现代社会考虑得越少，对现代社会的贡献就越大。”[1]他的 323
方法是假定自己就是当时的人，对事件发展的研究就像这些事展现在自己眼前那样。因此，他的方法是严格地按照年代顺序写；他坚持阅读历史应由后向前，并把自己了解的一切后来的事件放在考虑范围以外。甚至在自己钻研的时期仅仅一年以后的那些材料，他都拒不阅读；假如他正在撰写1653年的事，他就会拒不参看1654年的材料，并说：“我还没有准备写那一段。”他渴求手稿，永不满足。他曾在法国、西班牙、意大利、尼德兰和瑞典等国档案馆进行研究，并精通西欧各国语文。他在档案局不但通读了所有本国文件原稿——那些印刷的一览表他不屑一顾——而且还通读了未经编排的外国文件，其数量之大会使大多数学者望而生畏。他还通读了当时出的大量小册子，其中曾挫伤喀莱尔的锐气的那30000份托马孙[2]论文只不过是一部分。只要有可能，盖得纳便想方设法使他的材料为别人提供方便，他把他在西曼卡斯抄的两本材料送给英国博物馆。每逢假日，他便带着地图骑着自行车到内战时那些战场上进行调查研究。

盖得纳在朋友们面前承认，他感到的一个大难题就是对克伦威尔的性格和目的如何正确理解。护国公这位后代，在政治

① 关于盖得纳对历史的看法，参看他的第10卷序言；并重印在格兰特的书（见本书原书第309页著者注）中，第82—86页。并参看R.G.厄谢尔，《塞缪尔·罗森·盖得纳的历史方法批判研究》（圣路易，1915年）；关于弗思对这一点的反驳，参考后边原书第326页著者注。

② 坎特伯雷大主教威廉·劳德的党羽，劳德是国王查理一世的亲信，1645年为国会所杀。——译者

思想上是一位自由主义者，由于宗教上的疑虑被逐出基督教会的这个人，对保王党和劳德党的事业的评价却显示了惊人的正确。

在盖得纳以前，人们对17世纪的革命曾有过各种不同的解释。在18世纪，当宗教争端已成为无关紧要的事情时，人们对17世纪革命只从政治上观察，只看成国会权利的问题，这就是哈兰[1]的观点。随着宗教热忱的觉醒，人们又认识到运动中的宗教成分；但在革命中人们分别站到不同队伍这个情况仍然被认为主要是出于政治考虑，这和19世纪的党派情况类似。这是麦考莱和基佐的看法。喀莱尔、盖得纳和马逊发现成百份文献，并发现这些政党是在斗争中产生而不是事先就已存在的，而且宗教容忍这个问题，从一开始就有了。

盖得纳认为清教徒革命乃是两种治国论即民主制和立宪制之间的冲突产生的。在当时的英国宪法中，双方都有所表现，各自也都有许多道理可说；实际的冲突是双方的错误引起的。人们那时
324 面临许多新问题；对立是严重的，但对后代往往并非无效无益。

> 盖得纳发现了斯图亚特王朝最初几位国王的故事和克伦威尔的传说，并把它们写成历史。在他以前，詹姆士一世统治时期是一片未开垦的荒原，查理一世统治时期是杂草丛生的土地，共和时期也是从未探索过的地带。詹姆士的政策和原则，查理的性格和目标，白金汉[2]、皮姆[3]和斯

---

① 见本卷原书第284—286页。——译者

② 1592—1628，即乔治·维利尔斯，英王的宠臣，先后为王太子(即后来的查理一世)求婚于西班牙和法国，为国会所反对，后被刺。——译者

③ 国会领袖(1584—1642)，反对英王查理一世，英国王企图逮捕他，引起内战爆发(1642年)。——译者

> 特拉福德[1]的立场，在朝廷、教会和人民当中发生影响的外国势力，历年的财政情况（盖得纳是第一位调查这方面情况的人），战争命运的变化和决定这些变化的原因，宗教问题历年在政治上表现的意义，各党各派合乎或不合乎宪法的准确态度和它们的不同理想，克伦威尔的目标、成就和没有完成的事业；苏格兰问题（从来还没有这样广泛而公正地论述过），爱尔兰错综复杂的问题和居留地，甚至这个时期的军事和海军史等等，……所有这一切，我们都是从盖得纳收集、整理、并评价过的实证材料中得知的。[2]

盖得纳最大的弱点是他的文风。他写文章清楚明确，有时还很流畅，但他不懂表现艺术。福礼曼评论说"盖得纳给我的突出的感觉就是：读他的书，不但获得教益，而且感到愉快，但我不能像读麦考莱的著作那样记得住"。[3] 阿克顿勋爵决不是一位轻松的批评家，但他说盖得纳的书属于欧洲文学中少有的几部好书一类，这些书"把原始资料运用得非常到家，使我们感到作者为我们作的工作很令人满意，因而绝不会希望别人再写一遍了"。

弗雷德里克·约克·鲍威尔（1850—1904）[4]写得很少，而且主要是在他当教授以前写的，但当罗斯伯里勋爵请他到牛津接替

---

① 国会议员（1593—1641），反对清教徒，支持国王特权。得查理一世的信任，1640 年为国会弹劾，翌年处死。——译者

② 埃尔顿的书（见本书原书第 315 页著者注），第 2 卷，第 43—44 页。

③ 《生平和书信》（见本书原书第 315 页著者注），第 2 卷，第 393 页。

④ 奥利弗·埃尔顿，《弗雷德里克·约克·鲍威尔》（牛津，1906 年，两卷），第 1 卷有他的生平和书信，第 2 卷有他的著作的书目提要和零散文章汇编。评论文章见《民族》，第 84 卷（1907 年，4 月 4 日），第 311—312 页；《学术论丛》，1906 年 12 月 29 日，第 821—822 页；《教会评论季刊》，第 64 卷（1907 年），第 239—241 页。并参看同上书，"牛津学派历史家"，第 59 卷（1904 年），第 111—113 页。

夫鲁德的职位时，人们都把他看成一位传奇式的无所不知的人物。[①] 他教的班里人数经常并不多，而且是为专门学者开的，但他的个人影响，他那精彩的谈话，他在各个委员会的贡献以及作为克拉林敦出版社的代表等等方面，对大学里的史学工作的改进都起了有益的推动作用。他是威尔士人和英国人的后裔，生于布卢姆斯伯里英国博物馆附近的沃本广场，他先后在拉格比学院和基督学院读书，在历史和法律科所获成绩优异。利德尔[②]为他找到法律讲师职位。他在牛津是一位不落陈规旧套、有反叛精神的人，而
325 且绝不苟合，坦率无比。他爱好广泛，艺术、人类学、文学、钱币奖章学、拳术等等无所不包。他自称是“一个正派的异教雅利安人”，要做礼拜，他从不到大教堂。他那自由放任的观点使他那些同伴吃惊。约翰·鲍威尔的成见和他的热情同样强烈。他极不喜欢受过教育的女人、犹太人和美国人。刘易斯·卡罗尔[③]常常把他的座上客叫作“鲍威尔的刺客”。鲍威尔说，“我是宽宏大量的，但有孩子般的凶猛”。不过他身上还是充满温情和愉快的。

他早年就喜爱北欧英雄传说，和在这方面最伟大的斯堪的纳

① 这里有一个有趣的故事，鲍威尔的秘书以为首相火红色的公函是一张商店发货票，把它放在钟的后面，以免主人劳累，一直到罗斯伯里勋爵的秘书索取答复的时候才取出来。

② 英国古典学者(1811—1898)，著有《古代罗马史》。——译者

③ 卡罗尔(1832—1898)，查尔斯·道奇森的笔名，英国数学家和作家，牛津大学数学讲师。著有《艾丽斯漫游奇境记》和《镜中世界》。——译者

维亚权威谷德布兰·维格佛孙[1]结为挚友，[2]这对伙伴产生了丰硕的成果。二人的友谊延续了12年之久。维格佛孙去世时，他们差不多业已完成把冰岛文学介绍给英国大众的宏伟计划。这包括《斯特拉世家》绪论中一篇冰岛文学简史、一本《冰岛散文读本》和《北欧诗歌汇编》(*Corpus Poeticum Boreale*)(1883年)，最后一本价值最高，是一部冰岛最好诗歌全集，附有注释和译文。第4部著作打算写成一部完备的北方散文丛书，从《冰岛起源》(两卷)一书开始，直到维格佛孙死后16年、鲍威尔死后一年才出版。1894年他还曾为埃尔顿的《撒克逊文法》译本写了一篇序文。

在鲍威尔的更纯粹一些的历史著作中，主要是《英国史课本》(写至亨利八世逝世，是和T. F. 都特合写的，1900年)和《早期英国史》(终于诺曼征服，1876年)。这两本书虽然只是学校课本，但见解颇为广泛而独到。不过鲍威尔对更为科学的历史贡献却在别处。他是1886年《英国历史评论》杂志创办人之一。作为教授，他提倡在牛津成立高级历史学会以〔法国〕高级研究学校和古文书学校为样板。在皇家历史学会主持下设立的讲座(1902年)，在牛津设立的古文书学讲座(1896年)等，他都曾出力帮助。他还强调有必要在收集和保存地方档案的工作上要更细心些，方法更好些，还有必要设立一般历史书目提要。他赞扬法国，但耻笑德国学术的做作。文学和考古研究扩大了对历史的理解。"《贝奥武尔夫》里的历史材

---

① 冰岛语言学家(1827—1889)，1864年至英国，完成《冰岛语—英语字典》，1884年后为牛津大学北欧文字的文学讲师。——译者

② 埃尔顿教授(见本书原书第324页著者注)为维格佛孙贫困的一生提示的参考资料见附录卷，第454页。

料比阿塞[1]的《艾尔弗雷德传》还多”。经济学甚至生理学都可能极其珍贵。“历史是生物学和人类学的必要补充。”

326 查尔斯·哈定·弗思爵士(1857—1935)[2]是盖得纳的弟子和遗稿保管人。1876年他是巴立奥尔学院一名布拉肯柏立学生,发现自己处在一群有为的青年人中间,后来这些青年人都成了名。[3]弗思早年即下定决心成为一位专家,决定研究17世纪英国史。他以盖得纳为学习榜样。在数度对熟知的材料进行了批判研究之后,他就进而研究未被使用过的原始资料,写成《克拉克文献》(1891年)第1卷。[4]《国家传记词典》和《英国历史评论》的编辑们发现他是一位有价值的撰稿人。弗思深感兴趣的是促进自己时代那些原始资料的出版和档案材料编目,并向皇家公共档案委员会提出15篇细心写成的备忘录。1900年,他的《奥利弗·克伦威尔》一书问世;那年他在福特发表的那些讲演就是论述《克伦威尔的军队》。[5] 他的下一项工作就是续编盖得纳的著作;《摄政府的最后几年》(1909年,两卷)把这部著作写到克伦威尔之死。他本

① 威尔士僧侣,舍尔本主教,写了一部《艾尔弗雷德大王传》,死于909?年。——译者

② G.N.克拉克,《查尔斯·弗思爵士》,见《英国历史评论》,第51卷(1936年),第257—263页。参看他自己的《查尔斯·弗思爵士著作书目提要》(牛津,1928年)。

③ 克拉克教授列出名单:J.H.朗德,R.L.普尔,理查德·洛奇,T.F.都特,安得烈·克拉克,亚诺尔德·汤因比,F.C.蒙塔古,亨利·莫尔斯·史梯芬斯和W.J.阿什利。

④ 《哈钦森上校生平》(1885年);《纽卡斯尔公爵生平》(1886年);《路德楼回忆录》(1894年)。

⑤ 出版于1902年,克拉克教授宣称此书是英语著作中关于军事方面最好的单行本著作。

想把这部书继续写到复辟时期，后因被聘为牛津皇家教授接替他的朋友约克·鲍威尔的职位而搁置下来。他认为教授这个职务的要求是很重，对他说来，讲课并不容易，而且人们请他提意见的事很多。[①] 他在牛津设立起训练历史学者的一个学校，并以论文、评论以及资料编辑等进行示范。弗思也像阿克顿勋爵那样，知识范围超过他出版过的东西。后来他对海陆军的历史感到强烈兴趣，于是他最后一项工作，就是他在 78 岁那年[②]编写一部记述内战中国会军队编制的历史。他常常表示不愿意把自己的著作和盖得纳的著作作任何对比。[③]

亨利·威廉·卡累斯·戴维斯(1874—1928)[④]给人们留下的印象是一位谦逊而渊博的学者。他 12 岁进入韦默思学院时就获得
荣誉奖学金，他是个腼腆而勤勉的孩子，强使自己踢足球。他获得 327
巴立奥尔学院奖学金，并于 1891 年入学。他不但攻读历史，还钻研古典，他写的那篇论述阿尔凯奥斯[⑤]的文章使一些同伴大为惊叹。百灵学院给他的研究员身份，使他对历史的兴趣永远确定了下来。

---

① 他在皇家档案委员会任职(1910—1919)，在特拉法加海军司令部研究纳尔逊战术的委员会任职(1913 年)，后任皇家历史学会主席(1913 年以后)。

② 1925 年他辞去教授职务。

③ 第一次大战后，弗思在牛津大学讲授关于盖得纳的课程，通过详细审查盖得纳的著作以及他所用的资料反驳了厄谢尔提出的许多指控(见本书第 322 页著者注)。他还讲授一门关于麦考莱的类似课程。

④ F. M. 鲍威克，《H. W. C. 戴维斯》，见《英国历史评论》第 43 卷(1928 年)，第 578—584 页；J. R. H. 韦弗，《亨利·威廉·卡里斯·戴维斯，1874—1928 年；一本回忆录》(伦敦，1933 年)，连同他的历史论文选都是由韦弗和奥斯丁·兰·普尔编的。

⑤ 希腊抒情诗人(约公元前 620—约公元前 580)，写了一些情诗和政治诗，在古代受到很高的评价。——译者

〔他的一位朋友写道〕在约近40年以前那些日子的情景现在又出现在我眼前，在下午2至5时这个神圣的时间我正看着他出去，到厄尔[①]教授那个小小的班上听他讲盎格鲁-撒克逊史，到R.L.普尔[②]那里听课（为的是熟悉中世纪古文书），……我还看见他为他的第一部著作《查理曼生平》钻研原始资料。当时，他告诉我，为了写全书梗概，他还没有首先阅读权威性稍逊的大部头著作。[③]

1897年，戴维斯被聘为新学院（New College）历史讲师，1899年他又转到巴立奥尔学院。到30岁时，他就已写了两部著作，并已在牛津讲课五年，在班戈一年。他的《查理曼生平》（1900年）差不多和荷治琴所写同一个题目的最后两卷同时出版。1901年帕特南父子出版社[④]聘请他当《各族英雄丛书》的编辑。

戴维斯专门研究的是盎格鲁-撒克逊和诺曼时期的史料。他在《英国历史评论》上发表的一篇论文里，为史蒂芬统治时期[⑤]那些编年史家的哀伤辩解，反对理查德·豪勒特和J.H.朗德的议论，他们说这个时期并不是无政府状态。[⑥] 近来的学术研究支持

---

① 约翰·厄尔（1824—1903），英国语言学家，牛津大学盎格鲁-撒克逊语教授。著有《盎格鲁-撒克逊文学》等书。——译者

② 英国历史家和考古学家（1854—1931），任牛津大学历史和古文书学讲师，著有《年代学与历史学的研究》等书。——译者

③ 韦弗的书（见上一个著者注），第15页。

④ 乔治·帕麦尔·帕特南（1814—1872）及其子乔治·黑文·帕特南（1844—1930）均为美国出版家。——译者

⑤ 1135—1154年。——译者

⑥ 论文的题目是，“史梯芬统治时期的无政府状态”，见《英国历史评论》，第18卷（1903年），第630—641页，重印在韦弗的书，（见上上一个著者注），第81—96页。豪勒特和朗德认为“史梯芬的统治并不是在竭力实现统治的情况下减弱了的无政府状态，而是有组织的政府在某些地区短期的崩溃”。同上书，第81页。

戴维斯的论点。1902 年他应邀撰写奥曼丛书(梅休因[①])第 2 卷，从而使他写成《诺曼和安如王朝统治下的英国》(1905 年)。当时英国的封建主义是一个战场：英国各种“旧式”势力几乎已被击败。[②] 戴维斯把 1066 年至 1272 年间的记述的和宪政史改写一遍，把上一代人的研究成果也加了进去，这件工作使他很满意。[③] 这部书确立了他作为一位研究中世纪的学者的名声。

1913 年戴维斯修订了斯塔布斯的《特许状选集》以便出版第 9 版，同一年，《盎格鲁—诺曼时期史料集》也出版了。他曾计划叫人们集体编写一部盎格鲁—诺曼王室特许状索引，但这项工作最后落到他自己肩上。戴斯用 140 页四开本出版了 487 个特许状的袖 328
珍目录并附注释以及载明 92 个特许状全文的一个附件。其中大部分是初见世面的。贺拉斯·朗德在《英国历史评论》上发表了有十页之长的愤怒的评论，但这部著作并未被埋葬，而是流传下来了。后来戴维斯就再没有出版什么东西了。但在第一次世界大战爆发时，他为下两卷准备的资料差不多已经齐备。

大战证明是戴维斯的事业的一个转折点。1914 年秋，他的《亨利希·丰·特赖奇克[④]的政治思想》分析了这位德国史家那些臭名远扬的讲演。在四年战争期间，戴维斯在邮政局检查处商业

---

① 伦敦出版商(1856—1924)。——译者

② “在贺拉斯·朗德单枪匹马但却很凶猛的攻击下，威风一时的福礼曼学术堡垒业已变成景象突出的废墟；这时，斯塔布斯主教的科学性较强的防御体系，在麦特兰和维诺格拉多夫的追随者有条不紊的进军面前正在显示出一目了然的退却的讯号。”韦弗的书，第 29—30 页。

③ 参看鲍威克的文章，见《英国历史评论》(见本书原书第 326 页著者注)，第 579 页。

④ 见本卷原书第 219—224 页。——译者

情报组当副主任，这个部门的职责是研究商业报告和封锁是否成功。这位牛津学者成了一位简洁有力的备忘录作者。他计划写一部记述战争中的封锁的历史；但他的业务耗尽了他的时间和精力。1919年他回到牛津，但牛津已经变了；1921年他受聘在曼彻斯特大学任近代史教授。他的思想现在转向1815年以来英国政治社会史。当他被推选为福特讲座时，他提出讲“格雷伯爵[①]和罗伯特·皮尔爵士[②]的时代”这个题目，花了12个月的时间在赖兰兹图书馆里研究记述早期激进党人的那些难得的文章，正如他自己说的，“围绕近代保守主义那些根子发掘”。[③] 查尔斯·弗思爵士辞去牛津皇家教授职位后，这个位置就给了戴维斯(1925年)。1928年他过早去世，他的朋友们颇为震惊，在英国史学界也是一个损失。接替他的皇家教授职位的鲍威克教授写的献词中以这几句话结束：“他在自己精力旺盛、声誉极高的时候逝世了，像他这样的人当然应该死在自己的工作上，但他早死了20多年。”对牛津学派的记述到此为止。

在剑桥，威廉·斯迈思从1807年到1849年担任皇家历史教授，并于高龄寿终正寝。当麦考莱拒绝担任这一职位时，[④]女王的

---

① 英国国会改革的先驱(1764—1845)，任英国首相(1830—1834)，促使1832年国会法案的通过，在英国境内禁止贩卖黑奴。——译者

② 英国首相(1834—1835、1841年)。晚年支持辉格党的自由商业政策、解放犹太人，反对干预希腊。——译者

③ 《格雷和皮尔的时代》，1926年福特讲稿的修订，戴维斯死时，完成了四分之三；此书由G.M.特里维廉完成付印(牛津，1929年)。

④ G.O.特里维廉，《麦考莱勋爵的生平和书信》(纽约，1880年，两卷，合为一册)，第2卷，第261页。在日记中他举出自己的理由：“我业已为个人自由而牺牲了内阁里一个席位和每年2500镑的薪金，现在又要为剑桥大学里一个教授职位(接下页)

丈夫[①]以大学校长的身份接受了罗素勋爵[②]推荐的詹姆士·史梯芬[③]；史梯芬早就希望担任唐宁法律教授[④]。[⑤]在讨论中，赞同他担任这一职位的理由是："在实际生活中取得的经验是一位历史家的 329
良好基础。色诺芬、塔西佗、戴维拉[⑥]、基察第尼都曾参与政治或军事事务。"在离开剑桥之后，史梯芬准备当律师，后来当了殖民部次长(1834 年)，颇有名望。他那广泛的学识和高尚的性格，使他赢得许多称号，如"祖国史梯芬先生"，"国王史梯芬"，"特级大臣史梯芬先生"等。他曾为《爱丁堡评论》撰稿，并把这些文章收集起来，以《教会传记论文集》书名出版(1849 年)。他讲的第一课《论某些所谓历史哲学》，为历史中有上帝论进行辩护。他觉得自己"有长期进行实际统治的亲身经验之类的历史知识"，因此比别人胜过一筹。[⑦]两卷论述法兰西及其内部发展史的讲稿就是他仅有的其他著作了。他的教授职位是从 1849 年到 1859 年。

查尔斯·金斯利(1819—1875)[⑧]接替史梯芬的职位十年之久

(接上页)和每年 400 镑的薪金而牺牲个人自由了，这会是件怪事。而且我绝不能同时做两种事情。如果我把课讲好，就必须放弃编写我的'英国史'。而放弃编写我的'英国史'，将意味着放弃比教授工资更多的收入。"

① 维多利亚女王的丈夫亚尔伯特。——译者

② 1846—1852 年为英国首相。——译者

③ 英国法学家(1758—1832)，主张废除黑奴制，著有《英属西印度群岛的奴隶制度》，两卷(1824—1830)。——译者

④ 乔治·唐宁爵士设立的教授席位，专门讲授英国法律的课程。——译者

⑤ 莱斯利·史梯芬：《詹姆士·斐兹詹姆士·史梯芬生平》(伦敦和纽约，1895 年)；G. P. 古奇，《近代史研究》(伦敦和纽约，1931 年)，第 307—310 页；《不列颠评论季刊》，第 15 卷(1852 年)，第 3—37 页；《夫累则杂志》，第 45 卷(1852 年)，第 170—182 页。

⑥ 1576—1631，意大利军人兼历史家，著有《法国内战史》。——译者

⑦ 古奇的书(见本书原书第 328 页著者注)，第 308 页。

⑧ 《查尔斯·金斯利：他的书信和生平回忆》是他的妻子编的(伦敦，1876 年，两卷)。

(1860—1869),他接受的训练甚至比其前任更少。帕默斯顿勋爵[①]曾将这个职位授予布莱克斯利和维纳布尔斯,他们两人都不接受,金斯利只是最后一位选择对象。阿瑟·赫尔普斯爵士[②]也曾被提名,但遭拒绝。女王的丈夫最后才任命了金斯利。金斯利虽说讲课很有吸引力,但他并未提高历史写作或研究的水平。他是小说家和传道者;他的姻兄弟玛克斯·米勒[③]承认"历史只不过是他的论题"。《罗马人和条顿人》是在历史上颂赞上帝。他开的第二门课美国史是用下面几句话结束的:

> 假如我已经使你们确信善行和恶行在现世和来世都会受到应得的报酬或惩罚,那么,我为你们办的好事就比我塞进你们头脑里的那许多年代和事实更多。[④]

在他那些小说中,荷治琴断定《到西方去啊!》(*Westward Ho!*)[⑤]是最有代表性的,这本书确实表明了"他对耶稣会教义和宗教裁判所的憎恨:对伊丽莎白时代的文学的赞赏,特别是对北德文郡[⑥]的钟爱。"[⑦]

---

① 帕默斯顿(1784—1865),1855—1865年任英国首相。——译者

② 英国历史家(1813—1875),著有《新世界的征服者》(1848年)、《西班牙人在美洲的征服》(1855—1861年)。——译者

③ 英国语言学家(1823—1900),牛津第一个比较语言学教授(1868年)。著有《古代梵文文学史》、《语言科学》、《宗教科学》等书。——译者

④ 引自古奇的书(见本书原书第328页著者注),第311页。

⑤ 描写16世纪英国与西班牙海军大战的故事。——译者

⑥ 德文郡是他的故乡。——译者

⑦ 路易丝·克赖顿,《托马斯·荷治琴的生平和书信》(伦敦和纽约,1918年),第270页。

剑桥学派的起源有时追溯到约翰·罗·西利爵士(1834—1895)。[①] 这位金斯利的继任者曾在伦敦大学学院任拉丁文教授，330 曾出版由他批评校订的李维著作第1卷，并以其《戴荆冠人论》(*Ecce Homo*)[②]一书而成名。这位过去学古典的学生在讲第一课时承认古代史没有什么趣味，因为它太遥远了。历史的价值在于对当今政治有用，因而历史的趣味也就在这里。他建议成立一种训练政治家的学校，"办法是在历史教学中把现代放在较古代更优先的地位"。在1869—1895年间西利唤醒了沉睡中的剑桥，他的《斯泰因[③]的生平和时代》是一部研究拿破仑时代德国发展情况的著作。[④]《英格兰的扩张》(1883年)是记述不列颠帝国主义历史的一部典范之作。它论述了18世纪的英法冲突。《不列颠政策的成长》一书占据了他一生的最后十年；这部尚未完成的书原计划从伊丽莎白[⑤]时期写到威廉三世时期[⑥]。

---

① 参看普洛瑟奥的回忆录，见西利的《英国政策的发展》(剑桥，1895年，两卷)；阿道夫·列因，《约翰·罗伯特·西利对这位史学家的研究》(朗根萨尔察，1913年)，附书目提要；J. R. 坦涅，"约翰·罗伯特·西利"，见《英国历史评论》，第10卷(1895年)，第507—514页；H. A. L. 费希尔，"约翰·西利爵士"，见《双周评论》，第66卷(1896年)，第183—198页；玛利 R. W. 斯塔波特，《剑桥历史学派》，见《1898年美国历史学会年报》(华盛顿 D.C.，1899年)，第383—411。

② 拉丁原文意为"看啊，这个人!"耶稣出来戴着荆冠，穿着紫袍，彼拉多对他们说，"你们看这个人"(《新约圣经·约翰福音》，XIX，5)。西利的一篇论文(1863年)以此为名，主张神异并非宗教所必需的。此论一出，宗教界哗然。——译者

③ 普鲁士政治家(1757—1831)，在普鲁士进行许多改革：改良行政和税收，废除农奴制，改组军队。——译者

④ 此书献给来因候特·保利。

⑤ 1558—1603年。——译者

⑥ 1680—1702年。——译者

西利在剑桥待了四分之一世纪之久，但并不总进行教学，他曾在国会一个短时期，并曾在格拉德斯通内阁某部工作。当教师时，他新创了“谈论”(conversation)班这种教学方式，并尽力从历史和政治中取得一些实际教益。1873年剑桥设立了历史荣誉学位考试制度后，他设法使政治学在历史学中占了重要地位。

阿克顿勋爵(1834—1902)[①]是剑桥学派的真正创建人。在近代历史家当中，他写得很少，在学术界留下的声望却很高，这是谁都比不了的。他父亲是一位英国从男爵[②]，母亲是巴伐利亚女伯爵玛丽·阿科。据说她家是德国最古老的公爵世家之一。她第二次嫁的是格兰维尔第二勋爵[③][④]，这件事决定了阿克顿在英国寻觅前程，但按他的气质和教育说，他的思想总是四海为家，不像岛国

---

① 他的全名是约翰·埃麦里契·爱德华·达尔伯格，第一位阿克顿·阿尔顿罕姆男爵和第八位从男爵。参看J.尼维尔·斐古斯的文章，见《英国名人传记词典》，附录2(1901—1911)，第8—12页；古奇的书，第379—393页；阿什利的书，第440—444页(对他的首次讲座的评论)；《阿克顿勋爵写给玛利·格拉德斯通的信》，赫伯特·保罗编，附绪论回忆录一篇(伦敦，1904年)，对他的评论见《现代评论》，第85卷(1904年)，第473—479页；W. L. 布兰纳哈塞，“阿克顿，1834—1902年”，见《都柏林评论》，第194卷(1934年)，第169—188页；R. L. 普尔，“约翰·埃麦里契·阿克顿爵士”，见《英国历史评论》，第17卷(1902年)，第692—699页；《爱丁堡评论》，第197卷(1903年)，第501—534页，第205卷(1907年)，第273—298页；《〔伦敦〕评论季刊》，第101卷(1904年)，第238页以后和第115卷(1911年)，第269页以后；H. A. L. 费希尔，《阿克顿勋爵的历史著作》，见《评论季刊》，第215卷(1911年)，第166—188页；《民族》，第78卷(1904年)，第252—253页；《学术论丛》，1902年6月28日，第817—818页。

② 理查德·E.阿克顿勋爵。——译者

③ 乔治·格兰维尔(1815—1891)，先后任外交大臣(1851、1870、1880—1885)，殖民地大臣(1868、1886)等职。——译者

④ 埃德蒙·斐兹莫礼斯，《格兰维尔〔勋爵〕生平》(伦敦和纽约，1906年，两卷)，特别是第1卷，第32—33页。

居民那么褊狭。他生于那不勒斯，曾先后在巴黎一学校、奥斯各脱罗马天主教学院、爱丁堡大学读书。14 岁时到慕尼黑在伟大的天主教史家德林格尔[1]家里待了六年。阿克顿勤学认真，学识渊博， 331
批判透辟，在道德问题上的判断力也很强，这些优点在很大程度上都是从德林格尔身上学来的。他于 1855 年访问美国，1857 年访问意大利，1858 年访问俄罗斯，在那里曾和他的继父格兰维尔勋爵一起参加沙皇亚历山大二世的加冕礼。回国之后，就定居希罗普郡阿尔登汗自家的庄园上。他曾在众院当了几年议员（1859—1865）。

1858 年阿克顿成为自由天主教月刊《漫谈报》股东之一，这个刊物于 1862 年改为季刊，名《国内外评论》。阿克顿说这个刊物的宗旨是"以发现真理的办法支持宗教事业。……伪宗教害怕一切真理的发展；真宗教则寻求并承认在任何地方发现的真理。"[2]两年之后，这个杂志引起教皇不悦，这是因为它报道了慕尼黑宗教会议情况，德林格尔曾在会议上呼吁天主教徒用"历史发展的原则"取代"中世纪的分析方法"，"用科学武器对付科学上的错误"。教廷出版的《通谕》以及其附属刊物《谬论条目》（*Syllabus Errorum*）（1864 年）斥责"在教会和现代文明之间搞调和"的努力。

阿克顿认为教皇极权论是属于道德上的盲从之类，最后他称它为形形色色的马基雅维利主义中最精妙的一种。教廷曾和圣巴

① 旧天主教运动的领袖（1799—1890），罗马天主教会处以破门律，写了许多有关教会史的著作。——译者

② 《书信》（见本书原书第 330 页注），第 34—35 页。

托罗缪大屠杀案[1]有牵连。[2] 阿克顿曾在 1870 年梵蒂冈宗教会议上反对颁布教皇无谬误这个天主教信条，这事人们并不感到惊奇。德林格尔写的那部著名的《启赖那斯[3]书信》就是部分地根据阿克顿从罗马寄去的内情报告写的。然而，阿克顿也和他的老师一样，拒绝离开他所属教会，至死仍然是一位虔诚的天主教徒。他那些曾经使新教徒困惑不解的反对意见，都是针对罗马教廷的政策的，从来都不是反对其教义的。

阿克顿的知识极其渊博，1886 年在《英国历史评论》第 1 期上发表的"德国诸史学派别"一文就是有力的证明。1895 年，罗斯伯里勋爵要他接替约翰·西利爵士担任剑桥皇家历史教授。"在所有担任过近代史教授的人当中，他是最有威望的一位。"[4]在他讲第一课时，就对近代史学方法的发展有所评述，但他不赞同他的前任认为历史就是训练外交人才的学校这种看法。"我们研究的领
332 域超过国家事务范围，我们的职责是把种种思想运动保持在眼界以内，以便对全局成竹在胸。这些思想并不是国家大事造成的结果，而是它们产生的原因。"

他讲课的声调洪亮动人，听众甚多，但他们并不总是能领会他

---

① 1572 年 8 月 23—24 日，法国天主教统治者对新教徒（胡格诺教徒）的大屠杀。——译者

② 参看他的论文，《圣巴托罗缪大屠杀》，匿名发表在《北不列颠评论》，第 51 卷（1869—1870），第 30—70 页，这个杂志，阿克顿在 1868 年曾协助韦瑟雷尔（《天主教编年史》的编辑）按照自由天主教路线加以修正。这篇文章重印在阿克顿的《自由史和其他论文集》（伦敦，1909 年），第 101—149 页。

③ 德林格尔的笔名。——译者

④ 古奇的书，《近代史研究》（见本书原书第 328 页著者注），第 315 页。

那出众的头脑。单凭讲课这一项是不足以评价阿克顿的。[①] 他被邀请为大学出版部编一部近代史,《剑桥近代史》那篇出色的提纲就是出自他的手笔。但他不幸早逝,甚至计划中拟订的第1章都未能撰写。

阿克顿认为历史科学只是收集历史资料的艺术。他相信道德法则无所不在。历史就是人类道德发展的纪录。他曾规劝他的学生们"以指导你们自己的生活的起决定作用的箴言去考验别人,不要容许任何人、任何理由逃避历史力量施于坏人或坏事的那种永世无误的惩罚"。他说,他认为事实"不是压在记忆上的重负,而是照亮心灵的阳光"。

他作为个人的影响是毋庸置疑的。赫伯特·保罗[②]曾说:"和他在一起就仿佛置身于具有最好书目的最好的历史图书馆中。"然而阿克顿本人却一直是因博学的沉重负担而受到限制的典型例证。多年来他总在计划着写一部《自由史》。像他设想的这样的题目要求有无所不包的学识,但这部史书他连一行都没写。他把他那大批藏书遗赠约翰·摩利[③]。摩利又把它献给剑桥大学。这成千上万卷书他全部读过,还在各页边缘写满了注释。

> 他那些蜂窝式的书桌和书柜有成千上万的木格子,每个格子里都

---

① 他的讲稿在他死后出版,由J. N. 斐吉斯和R. V. 劳伦斯编成。《近代历史讲稿》(伦敦,1906年);《自由史和其他论文集》(伦敦,1909年);《历史论文和研究》(伦敦,1909年);《关于法国革命的讲稿》(伦敦,1910年)。

② 英国历史学(1853—1935),著有《近代英国史》五卷(1904—1906)及《阿克顿勋爵传》等书。——译者

③ 英国政治家和作家(1838—1923),著有《文学之研究》、《伏尔泰》等著作。——译者

> 装着一些分了类的白色小纸片，上面写着有关某一特定题目的参考资料，其编排方法(据我所能看出的说)，除编者外，谁都不能轻易认出这个部类主旨何在。出于好奇，我也曾翻阅一两个格子——一个记的是自从荷马史诗中的优力栖斯的老犬①开始、人们对动物的同情心的许多古老事例。另一格似乎是专门收集各民族所有出版物中对继母的苛刻语言的。第三个似乎是关于部落图腾的。②

使人深感遗憾的是，尽管阿克顿勋爵学识渊博，但他一直未能写一部能够充分反映他那伟大头脑的全部力量的著作献给世人。

① 见《奥德赛》。奥德赛回到家时，只有他垂死的老犬还认识他。——译者

② 查尔斯·奥曼爵士，《论历史著作》(伦敦和纽约，1939年)，第209页；参看《泰晤士报文学副刊》1939年8月28日621页上的评论。

第四十九章　英国伟大的业余史家[1]

业余历史学家在英国历史写作上起的作用比在别国更为重 333
要，甚至比美国业余史家起的作用还大——在美国，摩特利[2]、普莱斯科特[3]、帕克曼[4]、班克罗夫特[5]和李[6]等人形成的史学传统是很受尊崇的。在大陆上，没受过专门训练的史学家是罕见的。在英国，业余历史作家有一个众人崇敬的世代体系——垦布尔、喀莱尔、麦考莱、格罗特、格林，累基、荷治琴、西博姆、威莱、朗德、西蒙兹，拉姆齐，卡特·诺加特等等都是业余历史家。本章介绍的是约

---

① 本章使用的“业余”(amateur)这个词是按它的原义使用的，即，一个人由于自然的爱好而钻研一种东西，并不是为了获利。要和这个字的第二种用法仔细区别开来，这第二种用法有贬义，即某人对某一学科的知识有不足之处，“只不过是业余爱好而已”。

② 约翰·L. 摩特利(1814—1877)，著有《荷兰共和国的兴起》(1856 年)等书。——译者

③ 威廉·H. 普莱斯科特(1796—1859)，著有《墨西哥征服史》(三卷，1838 年)等书。——译者

④ 弗朗西斯·帕克曼(1823—1893)，著有《法国在新大陆的开发者》(1865 年)等书。——译者

⑤ 见本书原书第 180 页译者注。——译者

⑥ 亨利·查尔斯·李(1825—1909)，著有《宗教裁判所史》(三卷，1888 年)等书。——译者

翰·理查德·格林以后的这几位。

威廉·爱德华·哈特波尔·累基(1838—1903)[①]生于都柏林一个富裕的苏格兰家庭。这个家族是17世纪迁居爱尔兰的。他上学的时期正值丹尼尔·奥康乃尔[②]还在世,爱尔兰大饥馑、乞丐成群、奥布里恩起义[③]的时代。他在三一学院学习时,开始是准备学神学,但他阅读十分广泛。地质学是他的爱好,查尔斯·赖尔[④]爵士的发现紧随牛津运动之后,曾激起热烈讨论。但累基的主要兴趣在爱尔兰。他能一段段背诵爱尔兰演说家的话,但他忠于祖国之心并非盲目。刚刚22岁时,他就出版了一部《当代宗教倾向》,未署名,宣传宗教宽容。这部书不大受欢迎,累基论断说神学对自己是不合适的。他第二部著作《舆论界领袖》(1861年)[⑤]也彻底失败了。

论述《神迹意义的衰落》(1863年)的这篇文章是著名的《理性

---

① 《威廉·爱德华·哈特波尔·累基勋爵回忆录》,其妻编(纽约,1909年);奥古斯丁·非朗,"英国的历史家,第二卷:W. E. H. 累基",见《两世界评论》,第86卷(1888年),第56—90页;评论他的著作的文章:《教会评论季刊》,第7卷,(1878—1879),第93页以后,第43卷(1896—1897),第132—155页;《不列颠评论季刊》,第42卷(1865年),第401—433页;《夫累则杂志》,第80卷(1869年),第273—284页;《都柏林评论》,第59卷(1866年),第51—79页;《北不列颠评论》,第50卷(1869年),第381—405页;《伦敦评论季刊》,第50卷(1878年),第302—336页,第33卷(1869—1870),第33—69页;《爱丁堡评论》,第12卷(1865年),第426—455页,第173卷(1891年),第1—30页,第130卷(1869年),第36—56页。

② 爱尔兰民族的领袖(1775—1847),反对英国在爱尔兰设立的教会,反对地租及什一税。——译者

③ 为了反对爱尔兰与不列颠合并,1848年在南爱尔兰起义。——译者

④ 英国地质学家(1797—1875),著有《地质学原理》,批判"破毁说",建立近代地质学的基础。——译者

⑤ 这篇文章是评论斯尉夫特、夫拉德、格拉坦和鄂康尼等人的。——译者

主义史》(1865 年,两卷)一书的核心。这部书是累基署名出版的第一部著作,并且立刻获得成功。累基打算在书中详细以实例证明欧洲文化的发展是由于从神学史观下得到解放。书的名称使许 334
多人产生误解,人们还以为这部书和德国高级批判[1]有关呢。累基不懂德文,在某些情节上他的书反映了孔德[2]的影响,他很赏识孔德,因为他尽量“不把历史看作一系列传记、偶发事件或情景,而是看作一个巨大的有机整体”。[3] 巴克尔[4]发现累基是他最忠实的信徒。美国亨利·C.李写信给累基,称赞他的出色的新贡献说:

> 我们有足够的编年史家按年代记录了各种政治阴谋和军事成就;但是构成一个民族内心生活的东西而且可以从中得出过去的教训以便指导我们未来行动的东西,迄今一直都是太被忽视了。可是你写的那些内容丰富的篇章却表明:当许多表面上不重要的事实从千差万别的来源收集起来并使它们互相印证时,人们可以学到多少东西。[5]

累基用了后来的四年撰写《从奥古斯都到查理曼的欧洲道德史》(1869 年,两卷),他总是说他很喜爱这部书。他 30 岁时就已成名。这时他改写政治史,全力撰写《18 世纪英国史》(1878—1890 年出版,八卷)。论述爱尔兰的那部分篇幅过长,许多读者认为这是有道理的,因为夫鲁德的《英国人在爱尔兰的历史》差不多同时出版,[6]这件事使累基很激动。他写道:“一个国家的历史既

---

① 即考据学。——译者

② 参阅本卷原书第 444—446 页。——译者

③ 参看古奇的书,第 366 页。

④ 参阅本书原书第 446—447 页。——译者

⑤ 《回忆录》(见本书原书第 333 页著者注),第 52 页。

⑥ 本书原书第 304 页。——译者

然可以用这么多方法撰写，……那么我写历史也有一个目的，这就是从堆积如山的大量事实中离析出那些和国家永恒的力量有关，或者说能够标明国民生活中那些更为经久的力量的事实。”

《18 世纪英国史》是一部不平常的著作；它的结构很独特。全书分为两大部分：一部分是论述 1714 至 1793 年间的英国史的一组论文，另一部分是记述从 1714 到 1801 年间的一篇爱尔兰史。收入第 1 部分的有一篇美国革命史，还有一篇法国革命史。军事事件几乎全部从略。政治思想和制度摆在最突出的地位，其次是经济和社会问题。未描绘任何战役，提到的甚至都很少。另一方面，连篇累牍描写的都是英国贵族政治、教会、非国教信徒、君权神授论的衰落、国内外贸易、财政和税收、腐败和改革、艺术、文学和科学、音乐、戏剧、医药和卫生等情况，特别值得注意的是累基笔下的卫理公会、查塔姆[①]、伯克和乔治三世的情况。

最后一卷写成时(1890 年)，累基刚过 50 岁，“对历史已有点厌
335 倦了”。愉快的婚姻生活和已确立的名望使他踌躇满志。后来他写的东西就不过是一些修订本或不重要的政治论文了。《民主和自由》(1896 年，两卷)以敌视态度批判民主思想和实践。不过，虽说累基业已停止写作，但他已写的那些书人们还是在阅读。近来一位评论者说，他的影响即使说不像西利的那样持久，但也同样广泛。

> 在精神上以伯克和格拉坦[②]当祖先和英雄崇拜的这位爱尔兰辉格党人，并不是有创见的学者，他对乔治时期的英国的看法今天已不能成

---

① 查塔姆伯爵即威廉·皮特(1708—1778)。——译者

② 爱尔兰的政治家和演说家(1746—1820)，曾任国会议员(1805—1820)，努力争取爱尔兰的独立。——译者

> 立。但他笔下的自治法案时代[①]以前那段写得还是完全合情合理的；他的记述体裁简单明了，读起来使人满意，他那巧妙的语句和道德上的同情心都是健康的，独到的，令人鼓舞的。[②]

托马斯·荷治琴(1831—1913)[③]出身于富裕中产阶级教友会教徒家庭。当时牛津和剑桥还都不收教友会成员，他就被送到伦敦大学学院攻读。疾病中断了他的学习。但当他于1851年获得学位后，就希望随父亲从事律师业务。健康状况恶化使他永远离开法律界，去欧洲大陆旅行以恢复健康。全家认为乡村银行职员生活对他最合适，于是就决定下来。荷治琴开始学习这门业务，从那时以后他就终生以此为业了。但他丢不开自己的学术爱好。他继续阅读神学(他对神学已发生强烈兴趣)和历史著作。1859年，他和其他几个人合伙在纽卡斯尔开设一座银行。两年以后他就能够结婚了。

1868年荷治琴夫妇首次访问意大利，发现那个国家"对人的思想形成永无穷尽的欢乐"。

> 〔他写道〕这一回，我可算被意大利这只毒蜘蛛彻底咬住了[④]——这是过去从来都没有过的事。我现在才明白，中世纪那些国王和皇帝为什么丢开阿尔卑斯山北麓幽暗地区那大片大片的国土，去长城[⑤]向

① 他是反对爱尔兰自治的。——译者

② 《泰晤士报文学副刊》，1937年，第320页。

③ 路易丝·克赖顿，《托马斯·荷治琴的生平和书信》(伦敦和纽约，1918年)；以及T.F.都特的叙述，见《不列颠学院纪要》，1914年，第503—507页。

④ 16世纪传说，南欧人被毒蜘蛛(Tarantula)咬了就得了跳舞狂，此处意为欣喜若狂。——译者

⑤ 指阿尔卑斯山脉。——译者

阳的那边夺取一个风光明媚的公国或伯国。[1]

1870年他前往罗马,看到"异教时代的罗马"那些遗迹十分高兴,但觉得近代罗马这个城市很扫兴,对仍可看出的教皇制度那些残迹特别恼火。那时全世界宗教会议正在圣彼得教堂开会。他写的那些信件流露出他的思想:

> 骤然看来,困难是、或说似乎并不是还能不能继续当一名新教徒,而是还能不能当一名教徒。到处可以看到的都是宏伟而古老的异教表现,这些和贴在它们上面的基督教讽刺画比较起来真是高贵得多、好得多了。……啊,那些自称基督代理人的教皇们哪,世界在他们的淫威下曾经怎样呻吟啊!今天还在怎样叫苦啊![2]

336 荷治琴从青年起就爱好写作,他还挤出时间写评论,后来还公开讲演。1869年他在利物浦发表了论述萨服那洛拉[3]的演说。到这时他已全神贯注意大利史的研究。另一次讲演预示了他即将撰写的那部伟大著作的题目:"意大利,它那些侵略者和篡夺者"。有一段时间,他曾梦想为密尔曼[4]的《拉丁基督教》撰写一部续编,以便把兰克的《教皇史》那个缺口补上,或者写一部从阿拉列[5]到加里波第[6]的意大利史概论,因为当时的英国读者还没有见过这样的著作。到1873年,他集中精力阅读5世纪的有关资料,这时他

① 《生平和书信》(见上一个著者注),第81页。

② 《生平和书信》,第83页。

③ 15世纪佛罗伦萨的市民起义领袖。——译者

④ 本卷原书第571—572页。——译者

⑤ 4—5世纪西哥德人的著名领袖,曾于410年攻陷罗马城。——译者

⑥ 参加意大利统一运动的爱国将领(1840—1903)。——译者

又打算写一部从狄奥多西[①]到近代的九卷本意大利史。他开始在业余时间在家里撰写。

> 我打算描绘的仍然是一大幅全景画，而不是一小幅密室画。但我觉得甚至为了画这样一幅风格广泛、表面肤浅的画仍然多么需要把自己彻底浸泡在这个时代的精神之中，我似乎觉得，为了舍弃某些情节，必须首先熟悉它们；为了大笔一挥而就，就必须十分熟悉你解剖的对象；为了避免"剪剪贴贴"，最好的方法就是把主要的可靠的原始资料牢记心中，使自己成竹在胸，然后根据记忆写作，而不要一边写一边不停地参考种种资料。[②]

他写起来迅速而生动，甚至把片断的时间和空暇都利用上了。和克赖顿[③]（1876 年任恩布勒顿教区牧师）的一次会晤使二人结成长期好友；这位牧师惊叹荷治琴的博学，荷治琴则向克赖顿学习：

> 他提醒我注意各种事情，但最重要的是他教给我撰写历史应当遵循的方法，从而提高了我的水平。我觉得米细勒曾使我有点眼花缭乱，因而认为主要之点是把历史写得像图画一般，必要时再加上自己一点想象。但克赖顿却对我说，"我总是喜欢使我写的东西和资料扣得紧紧的"，从那时以后，他这句话就一直是我的座右铭了。[④]

为了进一步核实，他想阅读记述早期罗马史的一些权威著作。

> 于是我把笔搁起来——尽管这样做未免使人心慌意乱——从容地

---

① 罗马皇帝（379—395），他死后罗马分裂为东西罗马帝国，以后再没有统一过了。——译者

② 《生平和书信》，第 103 页，引自 1875 年的一封信。

③ 英国高级教士和历史家（1843—1901），著有《教皇史》（1882—1897）、《伊丽莎白时代》（1876 年）等书。——译者

④ 《生平和书信》，第 104 页，参看这封论克赖顿的优美的信，第 105 页；以及《曼德尔·克赖顿生平和书信》，他的妻子编（伦敦，1904 年，两卷），第 1 卷，第 195 页。

> 通读了蒙森的书。他这部书当然是一部质量很高的历史著作，就像一部好小说那样使我激动——我过去从来还没读过。[①]

已写好第1卷准备出版时，布莱斯就把作者介绍给克拉林敦出版社的代表了。布莱斯说这部书"看来将以它那真挚而诚恳的方法使历史受到大众的喜爱"，还写信给他的朋友说，"你这部书使我极感兴趣，生动、活泼、观察深入、热情奔放、栩栩如生、道德力强，这些优点都是罕见的。"克赖顿在泰晤士报上为它写了一篇评
337 介，并拿它和吉本的书作对比，说吉本只知哀悼罗马的衰亡，却忽视了代之而起的更为健壮的那些种族。而荷治琴的记述和激动人心的笔力则得到广泛承认。但R. W. 丘奇和克赖顿却也发现他比较忽视他那个时代的宗教史，这是他的缺点。

在荷治琴从事写作过程中，又结交了一些新朋友如福礼曼和乌哥·巴尔赞尼，他愿意在他们的忠告下有所进益。在日常银行业务外，他想方设法写东西，其数量之大实在使人惊叹。但他总能挤出时间撰写他那部"珍爱的历史"。记述476年至553年的第3、4两卷很受欢迎。他对狄奥多里的记述是截至那时止用英文写的书里最充分的一部。其后两卷于1885年问世。克赖顿很高兴的是，他的朋友现在已经"把宗教方面的情况补上了。记述圣柏尼德提和维吉略[②]的那两章很了不起"。他欢呼描绘地形的那几章，"特别是记述沟渠的那些"，真是崭新的东西。瓜特金教授批评说，他这部书忽略东罗马帝国，特别是没把查士丁尼鲜明地描绘出来。

---

① 《生平和书信》，第105—106页。

② 教皇(538？—555任职)。——译者

荷治琴显然同情狄奥多里[①]、贝利撒留[②]和托提拉[③]等人。由于他对这位东哥特国王极端崇拜，对柏提阿斯[④]就严厉批判。巴尔赞尼[⑤]抱怨他离题的话太多，如关于罗马的冗长叙述和记述水道的那一章。全书主要部分的进展被一篇节译的《卡息多拉斯[⑥]书信》[⑦]打断。荷治琴给这个译本加上一篇导言，内容是关于卡息多拉斯和哥特王国行政制度的专论，这篇文章的范围超出了他那部《意大利及其侵略者》本身曾使用过的资料。

在后来的十年里，荷治琴笔下出现一些较小的作品，如《大英百科全书》中的一些文章，关于《狄奥多西王朝》的一系列讲演；[⑧]1891 年出了一本《哥特人狄奥多里》(收入《各国英雄人物丛书》)，1897 年出的另一本《查理大帝》(麦克米伦出版社《外国政治家丛

---

① 东哥特国王。——译者

② 东罗马帝国大将(505? —565)，后被杀。——译者

③ 东哥特国王(541—552 年在位)，屡败东罗马侵略军，后为东罗马大将那锡士所杀。——译者

④ 罗马哲学家(480? —524)，初为东哥特国王狄奥多里所宠信，后以叛逆罪被杀狱中，著有《哲学的安慰》。——译者

⑤ 乌哥·巴尔赞尼的著作，见《意大利历史评论》，第 3 卷，第 773 页以后。关于瓜特金的评论，见《英国历史评论》，第 1 卷(1886 年)，第 154—156 页。

⑥ 上卷原书第 146—147 页。——译者

⑦ 丘奇副主教对此书写道："卡息多拉斯在英文中犹如发掘出一部哥特王国的蓝皮书。尽管他有些荒诞之处，却也有一种奇异的生活气氛。"

⑧ 1889 年荷治琴在东方旅行了三个月，访问了埃及、巴勒斯坦、大马士革、士麦拿和雅典。他觉得君士坦丁堡的圣索非亚教堂是"人类双手建造的最高贵的庙宇之一"！回到伦敦后，他修改了他的第 1 卷，并感慨地说："一个人对准确要求的标准改变得有多大呀！在 1877 年我满足于在浅薄的一章中结束狄奥多西的统治，而现在我却给他六章，耗去我大量的劳动。"见《生平和书信》(见本书原书第 335 页著者注)，第 157、159 页。

书》之一)。因此,《意大利及其侵略者》第5、6两卷推迟了几乎十年之久。这两卷出版后,受到的批评仍然是那个老问题,“虽然荷治琴先生并不像过去那样经常避开宗教事务,但甚至到现在,在中世纪历史中,他仍然不让宗教事务充分表现出它们的重要性。”[①]
338 第7、8两卷记述的是法兰克帝国,至查理大帝之死结束,出版于四年之后。1897年,当他快写到7世纪末时,曾写信给一位朋友说:

> 这一卷将写上比我愿意写的更多的宗教事务。谁要是想说出他对这些相当贪婪的老先生们〔教皇们〕的想法,而不至于像是新教徒写的一篇争辩文章,那是困难的。我虽然不想干这种事,但又毫无办法,非这样写不成;我写的这个故事对8世纪各位教皇自然不会带来什么荣誉,可又非说不可。[②]

他被邀请给W.亨特和R.L.普尔主编的《英国政治史》撰写第1卷。荷治琴怀疑自己是否有资格写英国史,但很快他就说服自己写起这个题目来了。“瑟狄克[③]和西阿尔文[④]的故事似乎是自己写的,我读每一页总是刨根问底”。他非常熟悉诺森伯兰的地形和古迹,这对他很有帮助。荷治琴比格林和福礼曼更清楚地查出在英国形成过程中渗入的非撒克逊成分。和过去一样,他写这部书时也紧密联系原始资料。他重视事情的政治方面,对立宪问题注意较少。一位女友写信给他说:“你完全不知道干骨头是怎么回事。在它们还没变干的时候,你就把它们写活了。”

---

① 瓜特金的书,见《英国历史评论》,第10卷(1893年),第781—782页。

② 《生平和书信》,第197—198页。

③ 6世纪威塞克斯王国的建立者(517—534年在位),这个王国后来统一英格兰,成为现代英国的基础。——译者

④ 威塞克斯国王(556—593)。——译者

荷治琴被选进不列颠学院后，就向秘书建议：应当设法把德法两国有价值的制度即实践性的研究班引进英国各大学里来。

> 人们不能不感到我们大多数大学的课程设置，目的仅仅在于使一定数目的青年能够在死板的考试中及格。然而，在这些“历史实验室”里采用的方法却是精心设计出来，以便在历史研究领域中造就真正有效的作者，并清除所受“业余色彩”这种指责，我们英国干这一行的某些人受到这种指责简直太多了，而且有时并不是完全没道理的。
>
> 〔1903 年在罗马史学会议上〕听了迦伯利·摩诺先生①讲他的教学方法、觉得他讲得非常高明，我听了以后就清楚地记起那篇论述图尔主教格雷戈里以及研究法国墨洛温王朝的一些其他历史家的专论，这是摩诺先生**和自己的弟子们一起**辛勤劳动六个月献给世界的成果。②

荷治琴晚年从事撰写边疆史，不过他从来没有像克赖顿写得那么广泛，也没像他自己计划的那样写得那么多。

约翰·阿定顿·西蒙兹（1840—1893）③曾在巴立奥尔学院读 339
书、在马格达林学院当研究员。在写完《但丁研究序言》（1872 年）和《希腊诸诗人研究》（1873—1876）之后，他用了十几年时间撰写著名的《意大利文艺复兴》（*Renaissance in Italy*）（1875—1886）。由于身体不好他不得不在瑞士度过余年。除了撰写雪莱（1878 年）、米开朗琪罗（1893 年）等文学艺术家的传记外，他还写诗并出

---

① 本卷原书第 269—272 页。

② 《生平和书信》，第 256 页。

③ 参看贺拉休·F. 布朗，《约翰·阿定顿·西蒙兹，根据他的文章和通信编的一部传记》（伦敦，1903 年）；A. H. 迈尔司编的《本世纪的诗人和诗学》（伦敦，1892—1897 年）；以及《泰晤士报文学副刊》1940 年的一篇文章，第 506、507、510 页。

版翻译作品，其中最出名的是《本维纽托·拆利尼[①]自传》生动的译本。西蒙兹至今还是英国最光辉的意大利文艺复兴阐述人，不过他的观点有许多已经过时。他的最长的著作《意大利文艺复兴》[②]是一系列如画的、热情的速写，而不是一本连贯的评论。

詹姆士·H.拉姆齐爵士(1832—1925)写了五本记述公元前55年至公元1485年的英国史。这几本书虽然并不很出色，却扎实而有用。[③]

> 〔1913年他写道〕我敢肯定，我献给公众的这部记述从远古到都铎王朝这段长时期的英国通史，至少可以说是根据充分的参考资料写的。直到今天，这样的书只能在外文著作中找到。[④] 我说的是通史，这是因为，就国内情况论，斯塔布斯主教的《宪政史》是独一无二的。……如果我告诉读者说，自从法德战争[⑤]爆发到现在，写这部书就是我的正业的话，他们一定会惊异不止。我的业已成年的孩子们并不记得我在没有写这本书的时候是个什么情景。[⑥]

他写的这些书都以大量篇幅记述军事史和财政史。引证的资料来源很多，而且很有价值。

---

① 意大利雕刻家(1500—1571)，米开朗琪罗的学生。参阅上卷原书第490页。——译者

② 五部分，分为七卷，伦敦，1875—1881年，新版，1897—1898年：第1卷，专制君主时期；第2卷，学术的复兴；第3卷，艺术；第4、5卷，意大利文学；第6、7卷，天主教的反动。

③ 《英国的基础，公元前55年至公元1154年》(伦敦，1898年，两卷)；《安如帝国，1154—1216年》(伦敦，1903年)；《宪政的黎明时期，1216—1307年》(伦敦，1908年)；《兰开斯特王朝的起源，1307—1399年》(牛津，1913年)以及《兰开斯特和约克王族，1399—1485年》(牛津，1892年，两卷)。

④ 指德国历史家拉平堡和保利的早期著作。

⑤ 指1870年普法战争。——译者

⑥ 《兰开斯特王朝的起源》(见上上一个著者注)序言。

约翰·贺拉斯·朗德(1854—1928 年)[①]是一位独自搞学问的人,一生住在布赖顿[②]。在牛津时他是斯塔布斯的学生。他的早期作品尚未全部查出;有一部未具名的《科尔切斯特要塞[③]史》(1882 年)和向各种文学与历史杂志投的许多稿。到 1882 年他已经在批判福礼曼了;后来他说福礼曼属于一个过了时的学派。[④] 从 1885 年起,朗德为《民族传记词典》前十卷写了许多文章。他最早露出学者苗头的可能是在 1886 年《末日裁判书》纪念会上朗读的那三篇论文。这几篇文章说明他是这个独特的资料来源的首要权威。

在朗德的批判笔锋下,任何学者都不是神圣的。在讨论查理 340
一世和克拉摩根爵士的一篇文章中(收入他的《贵族阶级研究》一书,1901 年),他攻击盖得纳,不同意他那些结论,说他"利用资料时既没有批判,也不准确"。朗德由于在谱系学、英国贵族法和家族史(特别是 11、12 世纪的)等方面的知识,不久就得到他应得的声誉。他是《贵族谱系大全》(1887 年及其后)主编科开因的顾问,也是卷宗学会创建人之一。他为这个学会把公共档案局里面保存的 1095—1199 年间的 69 份特许状原件的示范注释写了出来,为 1904—1915 年的年鉴写了序言,并重新校订了《多明我会文献汇编》(*Rotuli de Dominabus*)。从1900年起,他就开始撰写或监修

---

① 詹姆士·退特,"约翰·贺拉斯·朗德",见《英国历史评论》,第 43 卷(1928 年),第 572—577 页;《评论季刊》,第 174 卷(1896 年),第 122—138 页,有对他的著作的评论;以及"朗德先生的'封建的英国'",见阿什利的书,第 83—86 页。

② 英格兰东南部英吉利海峡旁边。——译者

③ 在英格兰东南部。——译者

④ 参看朗德的文章,"历史研究",见《十九世纪》(1898 年)第 44 卷,第 1004—1014 页。

《维多利亚各郡史》中论述《末日裁判书》的各节。他为《英国历史评论》写的60多篇文章和评论中，有许多观点有永久的价值。

朗德最早的著作于1892年问世，同年他狠狠地批判福礼曼关于征服者威廉的侵略的记述，说他竟然把这件事讥讽地称为“第二次黑斯廷斯战役”。他的《赭弗里·得·孟第维尔[①]，无政府状态的研究》是一部论述史梯芬统治时期的有价值的书。但李贝曼说这部书不连贯，这也是对的。这部书有一半篇幅是附录，而且朗德在他的叙述中夹杂着许多与本文无关的抄来的特许状！他长于批判，但短于写作。不过，他的《赭弗里》一书使史梯芬的“财政上的伯爵领地”(fiscal earldoms)这个学说结束；他这本书对早期伦敦行政制度提出一些新的说明，还开始了对要塞的深入研究，其最后成果是驳斥了G.T.克拉克所提出的壕沟绕山冈这种构造起源于诺曼时代以前的说法；他还首次提出郡区和城邑的“第三个便士”(third penny)[②]之间的区别。[③]

朗德曾不止一次说，上一代学者的任务是阐释“编年史家的著作”，而现在(1895年)的任务则是利用另一种性质的记录来补充和校正过去那些证据。他觉得特许状是一直被忽视的珍贵证据。帕尔格雷夫偶尔利用过它们，但这些东西都未付刊，因而难以得到；福礼曼只用他自己的藏书里面的印刷资料，完全忽视了这些特

① 埃塞克斯伯爵，先背叛国王史梯芬，后又背叛马提尔达，因为获得巨大的领地和权势，最后流为强盗，1144年受伤而死。——译者

② 即每郡或百户法庭未转入私人手中的罚金的三分之一属于长老或郡伯，从其中取出的第三个便士。——译者

③ 李贝曼说这些贡献“主要是用具体生活充实了斯塔布斯主教的抽象学说”。

许状。朗德企图把这些档案当作若干整体透彻理解，弄清它们彼此之间的确实关系并分析其内容。[①] 但他再没有打算撰写叙事史；他后来写的一些著作只是把一些文章收集汇编，如构成《封建 341
英国》(*Feudal England*)(1895 年)、《伦敦公社》(*The Commune of London*)(1895 年)、《贵族阶级和家族史》(1901 年)、《贵族阶级和家系》(1910 年)以及《国王侍卫与国家官吏》等书中的那些文章就是这样。关于最后这部书，退特教授曾说，书里有许多互不相干的东西，"这些东西虽然分散读者的注意力，同时却也充满对他们颇有教益的东西"。在政府委任下，朗德还编了一部《了解大不列颠和爱尔兰史须参考的法国文献目录》(1899 年)。"伯克的著作中曾描绘 16、17 世纪掌管宗谱和纹章的官员们搞的宗谱神话，宗谱纹章学院[②]和它的近代拥护者也曾矫揉造作地搞出这类东西。朗德对他们的揭露极其淋漓尽致，因而《贵族阶级和家族史》据说还曾获得像样的成功(即使不是万众欢迎的成功)。"[③]这部书的续编《贵族阶级和家系》是他最长的一部著作，但未免太专门了些，使人望而生畏，不敢再写这类书了，不过朗德这部书使他被任命为皇家历史顾问，主管家谱事宜。

关于朗德的批判如何猛烈这件事，前面已经说了许多。他曾为这情况辩护说(1892 年)：

> 如果人们认为我的批判太粗鲁，我就要向纽曼呼吁：我的经验常常使我觉得，在争论时，如果我讲话心平气和，就不会有人相信我是严肃

① 参看阿什利的书，第 84 页。

② 授予纹章的机关。——译者

③ 退特的文章，见《英国历史评论》(见本书原书第 339 页著者注)。

认真的了。

情况确实如下述：他那些引起人们最大反感的攻击，“对人家的错处大喊大叫地穷追猛打”，是在他被福礼曼和他那一帮崇拜者那种教皇式的自尊自大的行为激怒的时候才写出来的。而且到最后，朗德常常是对的。他说他非经过三次核实才把一段言论付印。

兰开斯特王朝[①]史的大师是詹姆士·汉密尔顿·威莱(1844—1914)[②]，他写了七部书记述这个时期。威莱曾当教师，是一位古典学者，任学监35年之久。他觉得15世纪是“他闲暇时唯一的消遣，临死时最后想到的东西”。他孤单单地为这件事刻苦努力，一共用去了40多年。《亨利四世[③]统治下的英国史》第1卷(1884年)是用了12年的辛劳写出的；其后那三卷又花了14年以上的时间才完成。1899年他被任命为牛津大学福特讲师，结果写成《从康斯坦茨宗教会议[④]到约翰·胡司[⑤]之死》(1900年)。又隔
342 了14年，另一部细心的著作《亨利五世[⑥]》(*Henry V*)第1卷才出版(1914年)。第2卷的稿子准备好之后不久，他就去世了，他家的人于1919年将它付印。为补齐这个王朝统治时期的历史所需的第3卷，是已故教授W.T.沃审慎写出的。

---

① 1399—1461年。——译者

② 参看《泰晤士报文学副刊》，1935年，第71页的文章抱怨说《英国名人传记词典》的各部续编都没提到威莱。

③ 1399—1413年，兰开斯特王朝第一个国王。——译者

④ 1414年。——译者

⑤ 捷克宗教改革家(1369—1415)。——译者

⑥ 1413—1422年在位。——译者

威莱懂得英国最伟大的剧作家[①]笔下的亨利五世的魅力：

> 〔他写道〕任何一位英国读者对这个新王朝的了解都难免在他的判断上被歪曲。当他坐待开幕时，瞬间即将揭开的幕布已经被魔术师的一只手为他画成一幅画了，因而具有了一种不可抗拒的魔力。他的视野里尽是些幻觉：福尔斯塔夫[②]被谴责，加斯科印[③]被提升，以及这位无赖国王从他的故我摇身一变，嘲弄起全世界人们的期望了。

但是威莱所作研究工作和他的性格把这种魔力的大部分都吹得烟消云散。他的著作很难读，这是由于他的文笔奇特，他按年代顺序编写，他热情追求事实，因而常常节外生枝。例如他写到阿金库尔[④]时，不但把 1818 年约翰·武德福德爵士带着人在这个遗址上发掘的情况编进书里，甚至还有这样一节："湖区那位怪癖的老绅士晚年的历史，以及他和教区杂役为什一税发生争执的故事。'每年他让一头母牛被夺去，……后来又把它买回来，直到达头牛因为老得不行了，非杀掉不可的时候为止'，甚至这样一句话也加了一个脚注，只有威莱才会写出这样的东西。"[⑤]

在英国女历史家当中，有爱丽斯·斯托普福德·格林夫人[⑥]，

---

① 指莎士比亚历史剧《亨利四世》和《亨利五世》。——译者

② 莎士比亚的剧本中，约翰·福尔斯塔夫先生为一肥硕懦弱而又耽于情欲的老武士，他富于机智而轻率无礼，为亨利王子（即亨利五世）的好友，见《亨利四世》，第 1、2 幕。——译者

③ 英国法学家（1350？—1419）。莎士比亚历史剧《亨利四世》中描写因为王子亨利（即后来的亨利五世）打了他，他使王子陷狱中。——译者

④ 1415 年亨利五世大破法军于阿金库尔。——译者

⑤ 《泰晤士报文学副刊》引语。

⑥ 爱尔兰历史家（1847—1929），1874 年至英国，1877 年与 J. R. 格林结婚，极力主张爱尔兰自治，还著有《爱尔兰的形成及其破坏》（1908 年）、《爱尔兰国家的历史，至 1014 年》（1925 年）等书。——译者

即J. R.格林的遗孀，她的《15世纪的城市生活》(两卷，1894年)显然是在她丈夫启发下写成的。卡特·诺加特小姐或许可以认为是格林唯一的"弟子"，虽然格林从没有教过书，可是她自己称格林为"老师"，而且一生都是格林夫妇的好友。在她的全部著作如《安如王朝诸王统治下的英国》(两卷，1887年)、《无地约翰》(*John Lackland*)(1902年)、《狮心王理查》(1924年)等书里都可以看到格林的观点和影响。[①]

在结束本章以前，可以简要介绍一下帕尔格雷夫以后英国著名的档案家。他们当然不是业余作家，而是以艰深学术为职业的专家。托马斯·达佛斯·哈第爵士(1804—1878)、约翰·S.布鲁尔(1810—1879)和詹姆士·盖得纳(1828—1912)继承赖麦和亨利·埃利斯爵士[②]的艰苦工作。哈第生于牙买加，1819年在伦敦
343 塔档案分局当下级文书，在亨利·彼得里指导下学习档案管理员的业务。他为旧档案委员会编了一些丛书，[③]并于1861年被任命为新档案局代理保管。他利用这个负责的职位想方设法使英国的历史档案能被公众看到。哈第作了许多工作促使历史手稿委员会于1869年被批准成立，他是该会最早的成员之一。他为赖麦的

---

① 玛丽·贝特森在下章和麦特兰一起介绍。

② 本卷原书第283页。——译者

③ 《封闭的档案，1204—1227年》(1833—1844年)，《开放的档案，1201—1216年》附一篇历史序言和国王约翰的一篇巡行录(1835年)；《诺曼档案，1200—1205和1417—1418年》(1835年)；国王约翰统治时期的《封建法档案》(1835年)；同时代的《特许状档案》，附一篇很长的描述性绪言(1837年)；同时期的《释放档案》(1844年)。此外，他还完成了《不列颠史料集成》(1848年)，第1卷，而且是仅有的一卷，这是彼得里留下的，并写了总序。

《条约汇编》(*Foedera*)里那些文件用英文编了一个要目,此外还编了一部有价值的《不列颠和爱尔兰历史资料目录提要》,[①]为卷宗丛书编写了其他各种书,并为保存在威尼斯的那些和英国史有关的文献草拟了一些报告。他始终没有利用他那广泛的知识写成论述英国历史上任何一个时期的一部伟大著作,但他作为一位档案员,所作贡献是伟大而带根本性的。

约翰·布鲁尔(1810—1879)[②]是一位有学问的传教士的儿子,曾在牛津大学的女王学院攻读,他的古典学术成绩优良,曾校订亚里士多德的《伦理学》,后来当了助祭。在布卢姆斯伯里当了一段牧师以后,就到英国博物馆工作了。1839 年他在国王学院(伦敦)任古典文学讲师,随后又任英国语言文学教授和近代史讲师。在离开牛津以前,他就已为档案委员会编了一部牛津一些学院的手稿目录。1856 年大理院案卷保管官请布鲁尔编一部关于《亨利八世国家案卷目录》。为了编这部书,他经常往返档案处和英国博物馆,还要到拉谟柏司[③]和其他一些图书馆。布鲁尔成了托马斯·哈第爵士的朋友和顾问,并被任命为案卷审阅员。当迪斯累里于 1877 年赐给他皇家牧师薪俸时,他就辞去教授职位,但继续担任《亨利八世国家案卷目录》编辑。他为各卷写的那些出色的序言后来由盖得纳以《亨利八世统治时期》的书名重版。此外,

---

① 只有 1327 年前部分曾出版(伦敦,1862—1871 年,三卷分为四册:档案丛书,第 26 号)。

② 参看詹姆士·盖得纳的文章,见《英国名人传记词典》,第 6 卷,第 294—295 页。

③ 在伦敦之南。——译者

布鲁尔还出版了《芳济各会史料集成》,并编辑出版了罗哲尔·培根[①],基拉尔德·坎布棱息[②]等人的全集、培根的《新工具》[③]和佛勒的《教会史》[④]。他作为一位作家的最大贡献就是为红衣主教武尔塞描绘了一幅完整的肖像画,以新的灯光照亮了亨利八世这位伟大教士。

布鲁尔把他未能完成的工作留给他的助手詹姆士·盖得纳(1828—1912)。[⑤] 盖得纳曾受私人教育,并于 1846 年进公共档案
344 局工作,1859 年接替帕尔格雷夫担任该局帮办,一直工作到 1893 年退休。《亨利八世国家案卷目录》只写完九卷,布鲁尔就去世了;盖得纳继续编完这部 21 卷的丛书,此书把总共 100000 篇文件写成梗概。[⑥] 他为卷宗丛书或卡姆登学会编的许多其他著作不能在这里列举;其中最著名的是《帕斯顿[⑦]书信》(1872—1875);他在书前附上一篇很长的精彩的序言。盖得纳退休后还为史梯芬斯和亨特主编的《英国教会史》写了一卷,记述 1509 至 1559 年间的情况,后来还写了他自己那部《英国罗拉德派[⑧]和宗教改革》

---

① 英国哲学家和科学家(约 1220? —1992)。——译者

② 上卷原书第 263—264 页。——译者

③ 上卷原书第 611—612 页。——译者

④ 上卷原书第 634 页。——译者

⑤ 参看 R. H. 布洛地的文章,见《英国名人传记词典》,补编 II,第 206 页;沃尔德的书,第 14 卷,第 90—91 页;以及 W. 亨特为盖得纳的《英国的罗拉德派和宗教改革》(伦敦,1908—1913 年,四卷)写的序。

⑥ 在最后 8 卷中,盖得纳得到 R. H. 布洛地的帮助。

⑦ 为诺福克的富裕家族。其 1422 年到 1509 年的私人信札,反映亨利六世,爱德华四世,理查三世诸朝流行的法律案件,国内情况和各家族间的暴行。为有价值的历史资料。最早出版于 1787 年,两卷。——译者

⑧ 英国 14 世纪威克利夫主张宗教改革的派别。——译者

四卷。

一位终生致力于英国史的美国伟大历史家[1]于 1900 年指出英国史学性质的特色如下：

> 英国史学水平不能说很高，比不上德国或法国史学，也可能比不上美国。有真正历史价值的著作比较少。在历史问题上进行的像样的学术研究的数量似乎没有大陆上各邻国那样大。以便于利用的形式出版原始资料进行得很慢。而且，英国对历史研究方法、结构甚至对历史教学的兴趣或注意稀少到这种程度实在叫人吃惊。英国不时产生伟大历史著作，因为有些能人专心研究历史。有些编辑工作做得很好，因为资料极其丰富，而耐心做艰苦工作的人从来都不是完全没有的。但科学的工作方法、史学工作训练，协力进行的工作等方面的发展简直小得可怜，对于存在可以学会的而且应当学会的历史家这一种职业，人们的理解也微乎其微。英国人这个种族的伟大能量和才干在撰写历史方面的表现并不次于在其他方面，但采纳科学的改进之缓慢，以及急于取得成果以致不能暂时停下来以使工作过程完美，这种实利主义也暴露出来了。[2]

令人高兴的是，上述这个图景现在已不再全部真实了。

---

① 指 E. P. 切尼(1861—?)，宾夕法尼亚大学历史教授，著有《英国社会与工业史》(1901 年)、《英国史》(余楠秋、谢德风译，1935 年，上海民智书局出版)等书。——译者

② E. P. 切尼的文章，见《国际月刊》，第 1 卷(1900 年)，第 418—419 页。

第五十章　研究英国史的德国史家

345 英国史学界有一个反常现象:即整个英国史园地有时受外国学者特别是德国学者统治。兰克那部伟大的《17 世纪英国史》早在写同一内容的 S.R. 盖得纳的巨著问世以前就写成了,而且至今仍然占据着舞台。《德国史料集成》包括一份英国资料。1904 年 F.W. 梅特兰[①]警告他的国人说,德国学者的入侵,不久将把英国历史的大部领域变成德国的"一些行省"。[②] 盎格鲁-撒克逊法典的权威性版本是在大战期间的 1916 年由一个德国人完成的;这部书是在巴伐利亚学院请求下动笔,在哈雷大学以萨樊宜基金付印、献给康拉德·丰·毛勒[③]的,这个人也是一位研究古代英国的学者。在英国史各部门占领先地位的外国学者名单中,还不能省去

---

① 英国法学家和历史家(1850—1906),为研究英国史而设立的塞尔登学会的创立者,著有《爱德华一世以前的英国法律史》(两卷,1895 年)等书。——译者

② 《弗雷德里克·威廉·梅特兰文集》,H.A.L.费希尔编(剑桥,1911 年,三卷),第 3 卷,第 447—473 页,李贝曼《盎格鲁-撒克逊法》评论重印本,见《评论季刊》,第 200 卷(1904 年),第 139—157 页。在特殊论题上增加例证是容易的。19 世纪中叶,英国法律制度引起德国许多作家的兴趣,陪审制问题因而也引起布朗纳尔、罗吉、腓力普司、甘德曼、卫尔刻、米脱迈尔,格奈斯特等法学家的注意。

③ 德国法律历史家(1825—1902),慕尼黑大学教授(1847—1893)。——译者

美国的查尔斯·格罗斯[①]、俄国的维诺格拉多夫[②]以及一些还活着的法国学者。本章只讲德国的。

约翰·马丁·拉平堡(1794—1865)[③]在北德史和欧洲史，英国史和汉萨同盟史诸领域的地位都很重要。他是汉堡人，忠于自己这个城市，并以40多年的时间致力于整理并出版汉堡档案的工 346
作。[④] 他那位当传教士的祖父曾撰写不来梅公国史，并协助创办该地历史学会。拉平堡的父亲和官方有些联系，他是汉堡的医生，有文化、有智慧，是赫棱[⑤]、来马鲁斯、柏锡[⑥]、济维金等人的朋友。[⑦] 拉平堡这个体弱多病的孩子还在约罕尼乌姆学校读书时，法国人占领了汉堡，从而激起他的爱国心。他的健康状况不允许

---

① 毛勒(1857—1909)，著有《商人基尔特》(两卷，1890年)等书。——译者

② 俄国法学家和研究英国中世纪史的学者(1854—1925)，1902年往英国，著有《英国农奴制》等书。——译者

③ 克劳斯的文章，见《全德传记》，第17卷，第715—716页；爱拉德·迈尔，《约翰·马丁·拉平堡，一篇略传，书信和日记》(汉堡，1867年)；G.惠芝，“回忆J.M.拉平堡”，见《王室科学协会公报》(格丁根)，1865年，第496—504页；J.V.德林格尔，《死者传略》，见《巴伐利亚王室科学院会议记录》(慕尼黑)，1866年，第1卷，第408—412页；汉斯·施洛得，《汉堡迄今的作家词典》(汉堡，1851—1883年，八卷)，第4卷，第356—372页，关于他那些著作有一张几乎很完备的表，并附由拉平堡本人提供的传记材料；H.布雷斯劳，“德国史料集成史”，见《古代德国历史知识新文库》，第42卷(1921年)，第167页，并参阅索引。

④ 他的朋友雅各·格林曾提出祝贺，说他是“半个英国人，整个德国人，根深蒂固的汉堡人”。克劳斯引用，见《全德传记》(见上一个著者注)。

⑤ 亚诺尔德·赫棱(1760—1842)，德国历史家，戈丁根大学教授。——译者

⑥ 德国出版家(1772—1843)。——译者

⑦ 关于这位父亲的生平和著作，参看施洛得的著作(见上上一个著者注)，第4卷，第368—372页。

他参加特腾波恩[①]指挥下的志愿军，于是这个年轻人就顺从他父亲的意愿、前往伦敦和爱丁堡学医、学自然科学。在拿破仑的封锁切断了他从家里得到经济接济时，他就当家庭教师维持生活，后来对他的东道国英格兰和苏格兰的文学和历史产生了强烈的兴趣。他结识了这两国一些名人，包括达加尔德·斯图尔特[②]，詹姆士·麦金托什爵士[③]，华兹华斯[④]和沃尔特·斯各脱爵士等。他抱有政治雄心，曾上书卡斯尔累，但未能如愿。我们知道他后来考入新创办的柏林大学，钻研法理学和政治学。后来又从柏林转入格丁根大学，投入罗马法和日耳曼法的研究。获得法律学位后(1817年)，就急忙赶回苏格兰，但他和一位苏格兰情人未能成为眷属，于是就回到汉堡当律师了。1819年他父亲去世，汉堡市参议会派他到柏林任驻节公使。他这次经历并未激起他对政治的兴趣。在整个年青时代他的性格一直都是富于幻想、不切实际的。他广泛阅读诗歌和文学，熟悉阿尔尼姆夫妇[⑤]、凡哈根[⑥]和孟特尔逊[⑦]的作品，受萨焚宜[⑧]的影响特别大。1823年他被任命为汉堡参议院档案管理员，从那时以后，他的爱国思想大部就局限在这个小城邦的

① 在反对拿破仑的解放战争中，1813年3月18日特腾波恩与一支俄国军队占领汉堡。——译者

② 英国哲学家(1753—1828)。——译者

③ 英国哲学和历史家(1765—1832)。——译者

④ 英国诗人(1770—1850)。——译者

⑤ L.G.阿尔尼姆(1781—1831)，德国浪漫主义诗人和小说家，其妻伊丽莎白(1785—1856)也是名作家，常与歌德通信。——译者

⑥ 凡哈根·车·恩塞(1785—1858)，德国外交家和传记作家。——译者

⑦ 腓力克斯·孟特尔逊(1809—1847)，德国音乐家。——译者

⑧ 本卷原书第159—161页。——译者

范围以内了。

这时拉平堡已下定决心过学者生活，资料丰富的汉堡档案库在这方面为他提供了很好的机会。他很高兴把这些资料整理得井井有条，让学者利用方便。这些资料对研究汉堡—不来梅大主教辖区、对和北欧其他各地的关系都有特殊价值。他为帕得苏的《海上法》提供了资料。格丁根的萨托略[1]在尚未完成计划中的为汉萨同盟写的《史料汇编》(*Urkundenbuch*)时便已去世，后来是拉平堡把它扩编出版的。[2] 1851年伦敦具有历史意义的古老的提秤(Steelyard)被出卖和毁坏后，拉平堡就开始为它撰写一篇历史文章，后来越写越长，就成了英德两国在那些世纪里的商业关系的详细述评了。[3] 他的研究表明，汉萨同盟的核心应在国外德国商人 347
之间的相互关系中寻找。他晚年回过头来重新研究汉萨这个主题，还为编辑一部《汉萨同盟条约汇编》(*Hansa Recesse*)写出纲要[4]并任主编。这项工作由基尔大学教授容汉斯开始，他把旧版《汇编》手稿写出时就去世了。拉平堡打算亲自肩负起这项工作，后来证明这是不可能的。这部《汇编》是由别人完成的。

他最伟大的唯一的一部著作是《英国史》。[5] 1829年，在F.柏

---

[1] 德国历史家(1765—1828)。——译者

[2] 《有关德国汉萨同盟起源的文献史料》(1830年，两卷合为一册)。

[3] 《有关汉萨诸城和伦敦商业关系的历史文献》(1851年)。

[4] 慕尼黑历史委员会"公报"，附于《历史杂志》(1859年)第2卷之后。

[5] 两卷，写于1834—1837年，概述了英国古代到1154年的历史，本杰明·托普译成英文，增补一些注释和正误，出版的书名是《盎格鲁-撒克逊诸王统治时期的英国史》(伦敦，1845—1881年)。

锡[1]的劝说下,拉平堡只好为赫棱和乌克特[2]二人合编的巨大丛书撰写英国史部分。以下这一切使他作这项工作十分惬意:拉平堡早年对这个国家的爱、汉堡的地理位置及其丰富的档案资料,他曾多次旅游北欧各国对其情况的熟悉,以及他曾在雅各·格林鼓励下开始学习盎格鲁-撒克逊文等等。他写成的那两卷不但在德国,甚至在英国都很受欢迎;由于有了本杰明·托普的译本,斯塔布斯和福礼曼的著作中才把他写书的脉络继续下来。他这部著作把柏林学派批判的语言学的方法首次运用到英国历史研究上,在这方面它是划时代的。德林格尔认为,他这部书比林加德的著作高明得多,对其中文化和经济部分特别称赞,在这方面他认为拉平堡是斯腾策尔的继承者。虽然文章写得笨拙累赘,但所作的研究却很精辟。作为一位有素养的法学家,拉平堡能够把许多盎格鲁-撒克逊法律问题澄清,如果说他的朋友帕尔格雷夫爵士的意见有时和他不同,那就应该记住,帕尔格雷夫并不熟悉日耳曼法律制度,而拉平堡却把盎格鲁-撒克逊的一切都用古日耳曼风格加以说明。特别有价值的是在每卷末尾,探讨写作和分析的文章,这个特点后来来印候特·保利很好地继承了下来,他的本领可谓高强。

拉平堡把《英国史》写到不兰他日奈王朝时代,他的朋友们和赞美者希望他能够继续写下去;但官方职务和为《汉堡史料集》(*Hamburger Urkundenbuch*)作准备的工作使他的写作改变了方向。12年后,他的视力开始衰退,就勉强把续编工作托付给一位

① 汉堡的大出版商人(1772—1843)。——译者
② 本卷原书第128页。——译者

朋友的儿子、年轻的来印候特·保利了。[1]

拉平堡管理档案的业务使他成了一位卓越的古文书学家。像 348
他这样一位学者在汉堡的闹市上可能感到孤寂，在参加了《德国史料集成》编辑部工作后就找到安慰。尼布尔和达尔曼把他争取到身边成为同事，惠芝后来曾称赞他的忠诚、学识和精确。他编的那些版本十分完备，堪称典范，他写的许多批判文章被收进柏次的《档案集》(*Archiv*)。他编的梅泽堡的提特马[2]版本当时(1839 年)算是唯一有批判性的一部；不来梅的亚当[3]的书于 1846 年问世，赫尔莫尔德[4]的《斯拉夫编年史》和吕贝克人亚诺尔德[5]的《斯拉夫编年史》都是在作者死后出版的。[6] 拉平堡还编了一些地方编年史，[7]并且为收集《德国城市编年史》的资料对律伯克编年史新版发生兴趣。除这些兴趣比较广泛的著作外，讨论与汉堡的历史有关的可以想象得到的各式各样论题的次要文章也源源不断地从他的笔下流泻出来，而且越来越多；其中有法律方面的，经济方面的，

---

① 拉平堡把自己已经收集的注释和资料交付给他，并满意地看到又有三卷出版，写到 1509 年(1853—1858)。

② 上卷原书第 183—184 页。——译者

③ 同上，第 201—202 页。——译者

④ 同上，第 202 页。——译者

⑤ 同上，第 202—203 页。——译者

⑥ 赫尔莫尔德的书出版于 1869 年，成为《史料集成》第 21 卷中最有价值的部分。在其他版本中有：斯塔德的亚尔伯特的《编年史》，《汉堡编年史》，《布朗斯克韵文编年史》，《拉斯特顿编年史》，布勒门长老的，《荷尔斯泰因编年史》以及《莫塞河地区编年史》，此书是拉平堡在圣彼得堡发现的。

⑦ 《布勒门编年史》(1841 年)，两卷《石勒苏益格—荷尔斯泰因—劳恩堡学会本国史原始资料选集》(1862，1865 年)，这是一部古代汉堡编年史汇编(1861 年)；以及色雷济哲修订的一部新的批判性版本。

有些是系谱、风土记，以及文学等各种研究。[1] 这些题目中的某一些也许让水平较差的人写更为适当，[2]但其中有两篇却值得注意：一篇是他1842年写的《汉堡史料集》为这个城市1300年以前的历史以及这个主教区的早期历史提供了丰富的材料。三年之后又写了一篇《古代汉堡法律汇编》提供了论述城市法的较古老的一些资料的原文和注释。他是汉堡历史学会的积极发起人和第一任会长；该会25周年纪念主要是为了纪念它这位最出色的成员举行的庆祝活动。

拉平堡的许多著作都没写完，因为他的计划太多。第一个大灾难是汉堡大火，烧毁了他的《汉堡史料集》第2卷的手稿和除100本外的第一版全部书籍，还烧毁了他藏书中最有价值的那些书以及他的许多“初稿”。1848年他一只眼睛失明，另一只也大受损伤，他因此多搞了些编辑工作，创作就少了。[3]

349 在回顾拉平堡的功绩时，必须记住，他是第一位认真钻研英国史的德国人。他把德国人的彻底性、兰克的史料方法和格林兄弟

---

① 施洛德的书，（见本书原书第345页著者注），第4卷，第358—368页有一张关于他的著作的长表。在59个总标题下列出一些混合组，如第22号（他为“史料集成”写的稿件），23号（收入柏次文库的文章，从a到w），32号（写给《汉堡历史学会杂志》的稿件）。仅最后这一号就有73个项目。

② 当德林格尔想到拉平堡研究汉堡早期印刷业的时候，他说的是普列克西脱在一条课凳上进行切削。

③ 拉平堡的文学兴趣可由他编的下列书籍说明：《S. K. 丰·克列顿堡夫人的崇拜》（1849年），哥德的“美好的心灵”；托马斯·穆纳的《梯尔·攸兰斯配哲尔》（1854年）（此书是献给他的朋友萨焚宜和格林的）；下德意志《劳恩堡的幽默诗》（1861年）；以及保罗·弗烈铭的日耳曼和拉丁文诗歌（1863—1865年，两卷）。死后又出版了他和克洛普斯塔克的通信集（1867年）。

的语言学的精确性运用在原先只是任凭想当然和业余涉猎所支配的一片园地。在汉萨同盟或北德历史方面，任何单独一个人写的东西都不如他多。就他的法律和历史知识说，假如他能在一个较大的国家里，可能早已提升到显要地位了。但是，正如德林格尔所说，就像伯梅尔[①]在法兰克福干了40年只是在一个小图书馆当馆员那样，拉平堡也是尽了自己最大努力来为自己的城市服务。他在1866—1870年间德国复兴以前就已去世了。

来印候特·保利(1823—1882)[②]是拉平堡著作的续编者，而且也是凭自己的才能而出众的一位历史家。他父亲是柏林一位意志坚强的牧师，在宗教争论中拒绝向当局屈服，不得不迁往不来梅居住。他母亲出身于古老的胡格诺[③]家族一位商人家庭。他在这个古老的汉萨同盟城市长大成人，因此他的幼年和拉平堡相似。在柏林弗里德里希-威廉高级中学毕业后，便进入大学，专攻语言学和历史。他很早就认识兰克，兰克给他的印象极深。在波恩居住的那一年里，达尔曼[④]引起他极大的注意。他获得学位的论文

---

① 本卷原书第202—203页。——译者

② 阿尔弗雷德·斯太恩的文章，见《全德传记》，第25卷，第268—273页，以及他的《死者传略》见《综合杂志》增刊，第283号(1882年)，第4部分，第4161—4163页；F.夫棱斯多夫，“关于来印候特·保利的讲话”，见《王室科学协会论文集》(格丁根)，第79卷，1882年；同一作者的文章，见《德国评论》，第34卷(1883年)第371—375页；鄂图·哈特威格，“关于R.保利的回忆录”，见他的《英国史论文集》，新丛书(莱比锡，1883年)；L.微兰，“回忆R.保利”，见《汉萨同盟史要闻》(1883年)；基则布勒喜，“死者传略”，见《王室科学院纪要》，哲学历史部分(1883年)，第97—103页；帕替孙的书，第1卷，第30—52页；《北不列颠评论》，第21卷(1854年)，第375—398页。

③ 法国的喀尔文教徒被称为胡格诺，多为城市工商业者和南方贵族。——译者

④ 本卷原书第205—208页。——译者

是关于古代史的，他准备当教员。后来在格拉斯哥一位苏格兰律师家里当了教师，从而使他的生活改变了方向。保利早已学会英文，英国文学和历史对他产生了强烈的吸引力。他以全副热情投入这方面研究，以致一年之后，他觉得最好是辞去这个职务；于是后来就先后进入爱丁堡、牛津、剑桥和伦敦等大学学习。在八年的漫长岁月里，他的生活很不安定，到各图书馆深入钻研各种手稿。后来被任命为普鲁士驻伦敦大使丰·本森男爵①的私人秘书。本森的一家把他带进的社交场合，扩大了他的眼界，这时他的收入也使他的穷困生活轻松了一些。

350 1851 年保利把献给他的恩主的第一部扎扎实实的钻研的成果《国王艾尔弗雷德及其在英国史上的地位》这部书出版了。论述艾尔弗雷德王的这篇专著是 1848 年 11 月在牛津时就已作出计划，当时他的祖国已陷入动乱，他希望能够出现像艾尔弗雷德王这样一位英雄人物。但他这部著作并无感伤情绪，而且这位正在成熟的学者敏锐的批判眼光把历史上的艾尔弗雷德和集拢在他周围的那些传奇形成的光环区分开来，他这个态度是很出色的。他这部书不久就有了两种英译本。在德国，保利的父亲的一位老友拉平堡看到这部书高兴极了，于是委托这位年轻人继续撰写他的《英国史》。

毫无疑问，他这三卷《英国史》②是他全部著作中最伟大、最扎

---

① 普鲁士外交家和学者(1791—1860)，1842—1854 年任普鲁士驻英大使。——译者

② 这三卷书接续拉平堡的两卷书，并把历史从 1154 年讲到 1509 年。只从页数上计算，保利自己写了这部历史的三分之二以上。

实的。他走的那些小径往往是地图上完全没有的，还想方设法把兰克的技巧运用到甚至连资料都还没有齐备或印出的领域。许多时间都花在誊写原稿以备使用的工作上，他经历的是在古文字学和古文书学学校里接受全面的实践训练。伦敦塔档案室保管人托马斯·达佛斯·哈第爵士[①]这位朋友对他很有帮助，但他从德国学者得到的帮助却很少，资助也有限。

保利写的历史还有一部分很重要，即按照拉平堡首先开创的办法，在各卷末尾附上一篇对所用资料的批判。他曾想象沃顿巴哈[②]为德国中世纪编年史做过的工作那样也为英国作一下，并为这项工作收集资料直至去世，但他的书始终未能问世。他很重视宪政的发展以及英国和大陆之间的商业关系；由他校订的约翰·高尔[③]的《爱人的忏悔》(*Confessio Amantis*)[④]证明他对英国文学早期奋起的情况还是看到了的。

但是，对保利爱好社交的性格来说，在英国生活简直就是流放；于是在他的《英国史》第 2 卷出版之后，他就决定设法在德国进行学术工作(1855 年)。他在波恩大学当了一年讲师，并在巴伐利亚国王马克西米连[⑤]身边的名流学者圈子里度过了 1856—1857 年那个冬天。后来罗斯托克大学聘请他当正教授。他妻子死后，

---

① 本卷原书第 342—343 页。——译者

② 本卷原书第 191—192 页。——译者

③ 早期英国诗人(1325—1408)，乔叟的朋友。他的《爱人的忏悔》是一本讽刺寓言短篇故事诗歌集，用古英语写的。——译者

④ 三卷，伦敦，1857 年。

⑤ 即马克西米连二世(1848—1864 年在位)，1848—1859 年推行极端保守的政策，后来建立温和的立宪政府。——译者

由于这个地方使他感到痛心，就转移到蒂宾根这个较大的园地了。
351 他的教学任务非常辛苦。他讲课激动人心，语言流畅；但他的研究工作却较前肤浅了；而且，他离开了自己的英文手稿。然而他忍不住要写文章，于是像《旧英格兰图景》(*Bilder aus Altengland*)(哥达，1860年，第2版，1876年译成英文时书名为"Pictures of Old England")这样的一些文章就出版了。为了纪念他的老教师兰克获得博士学位50周年，他写了一篇论述西蒙·得·蒙福尔的文章，他认为这个人是众议院的创立人。①

保利的另一部较大的著作是他为撒洛蒙·克策尔主编的《新时代政治史》(莱比锡，1864—1875年，三卷)写的英国近代史，论述1815至1852年情况。保利十分了解论述当代历史的困难。他把撰写当代史比作处理燃烧中的熔岩，而不是可以发掘出来并随意切割的石块。他设法写出一部不带偏见的记事史，不过他同情哪一方还是可以看出的。他利用他过去的恩主普鲁士大使本森男爵的报告和私人文件以及他非常崇拜的理查·哥布登的书信等未曾付印的史料。顺便提一下，保利对当代事件特别感兴趣，无法抑制，而且他还惯于把自己的意见写成文字付印。1866年他公然对普鲁士表示同情，从而导致事实上在符腾堡被撤职；他前往马尔堡(1867年)，又到格丁根成为惠芝的同事。

保利写作快速，总是同时有好几个计划在手。"汉萨史学会"的创办重新引起他童年的兴趣，于是他就为这个学会写了许多有

① 英译本是尤纳·M.古德温译的，书名是《西门·得·蒙福尔，列塞斯脱伯爵，众议院创立人》(伦敦，1876年)。

价值的稿件。然而他再也没有写过大部头的著作了。保利曾计划写一部亨利八世传记,但始终未能写成,因为资料似乎太多了,而他又不愿意仅仅根据过去连他们本人都还没吃透这些史料的那些作家写的东西搞一部汇编。保利对汉诺威王室获得英国王位的历史作过研究,除此之外,他在德国最后20年的辛勤劳动就是不完整的了。他的主要工作是鼓舞别人并巩固他效忠的这两个国家之间的友谊联系和学术交流。他曾说他努力的目标是:“凡是英国保存的真正的德国的东西,都要在其出生的土地上更新繁荣起来。”

在研究英国宪法和法制史的德国学者中,名声最小,但可能是最伟大的一位学者就是腓力克斯·李贝曼(1851—1925)。[①] 他的 352
生活十分富裕,从而使他能够以全部时间专心研究;从学术上看,这一点确实幸运。他读完高等学校后,父亲(柏林一位制造商)希望他经商,因为他们这个家庭就是经商致富的。因此李贝曼曾在这一行花了四年时间,首先在柏林一家银行,随后又在曼彻斯特一家德国棉纱出口公司工作。这几年他学会了英语,对英国史着了迷,觉得干商业似乎很可憎。他哥哥玛克斯[②]业已改行学习绘画;他自己则进入格丁根大学。在这个十分爱好研究英国的学术中

① T.F.都特,“腓力克斯·李贝曼”,见《历史》第10卷(1926年),第311—319页;H.W.C.戴维斯,《腓力克斯·李贝曼》,见《英国历史评论》,第41卷(1926年),第91—97页,部分根据R.L.普尔、H.G.非得列和保罗·维诺格拉多夫提供的材料。F.W.梅特兰评论他的《盎格鲁-撒克逊法》,见《评论季刊》,第200卷(1904年),第139—157页,重印在他的《文集》(见本书原书第345页著者注)中,第3卷,第447—473页;和H.W.C.戴维斯做了同样的工作,见《英国历史评论》,第28卷(1913年),第417—430页。在《F.李贝曼纪念册》(哈雷,1921年)一书中有一张肖像。

② 德国著名画家和蚀刻家(1847—1935)。——译者

心，他从惠芝身上学到批判的方法，并从来印候特·保利身上学到更高的钻研热情，后来就成了保利最伟大的学生。他的学位论文把他后来所作研究的大略轮廓都显示出来。他这篇论文为斯塔布斯新近收入他的《特许状选集》里出版的《斯卡刻路的对话》(*Dialogus de Scaccario*)一文提出批判性的介绍。[①] 这位年轻学者提出的某些修改意见斯塔布斯在第2版中采用了，关于理查·菲茨-奈泽尔生平的记述至今仍然是站得住脚的。

李贝曼不去寻求有广大听众的大学教授职位，反而选择了费力不讨好的编辑工作，并和《德国史料集成》发生联系，直到1888年。[②] 他在第27—28卷"作家类"(Scriptores)中所写批判性绪论，是对12、13世纪英国编年史家的透辟研究。《盎格鲁—诺曼时期未刊史料集》(*Ungedruckte Anglo-Normannische Geschichtsquellen*)(1879年)是献给学术界的一件受欢迎的礼物；其开始部分是作者为了解决年代学上的问题而搜集的资料。有时他还写些文章向一些历史杂志或纪念册投稿，往往每一篇都留下名声。[③] 例如，有一篇评论亨廷顿的亨利的文章[④]就把当时福礼曼仍然持有的一种观点否定了，他说这位编年史家收入自己著作中的那些民歌片段本来是可以稳妥地用作历史证据的。在李贝曼为W.沃

① 《斯卡刻路的主教礼拜堂介绍》(1875年)。

② 他协助保利撰写第13卷和第27卷论英国作家部分，并独自完成第28卷(1888年)。

③ 这些研究成果大多数已被戴维斯列举了(见上上一个著者注)。

④ 《德国史研究》，第18卷(1878年)，第267—295页。

顿巴哈的纪念册写的一篇文章里，可以看到同样敏锐的批判。[①]这篇文章是“曾经出版过的反对伪英加尔夫的这个案件的最好的说明”。帕尔格雷夫曾指出这篇文章里有些说法荒谬，但他和福礼 353
曼都相信其中可能还有真实的内核保存下来。在这件事情上李贝曼那种优越的批判方法把场地打扫得干干净净，甚至把伪造的时间卡在14世纪1360年以前。

1883年，李贝曼在学术上业已羽翼丰满之后，就决心集中力量钻研探讨早期条顿法律的伟大学者康拉德·毛勒提出的那个想法，即把英国早期诸制度看作和他自己研究的领域斯堪的纳维亚诸制度同样都是古代日耳曼遗风的一部分，热切希望把所有古代日耳曼法律作比较研究。慕尼黑学院支持李贝曼编写一部地道的盎格鲁-撒克逊法律的计划，[②]萨茨宜基金会也答应给予经济资助。《盎格鲁-撒克逊法》[③]是“我们这个时代学术上最伟大的成就之一”。[④] 帕尔格雷夫核对了23种著作的原文；而李贝曼利用的却是180种，把它们整理得井井有条，把最重要的那些原作排列在一起，这一切都搞得十分精确，使后世学者很少发现遗漏。后世专家将看到许多表现他的才干的事例，比如在肯特王埃特尔伯特[⑤]

---

① 《东方学史料来源》(1892年)，原来是为《作家类》(见上上一个著者注)第28卷写的。

② 对以前所作工作的评论，参看梅特兰的论文(见本书原书第345页著者注)或李贝曼在卷一写的序言。

③ 三卷(1898—1916)。——译者

④ T. F. 都特的判断(见本书原书第352页著者注)，第313页。第1卷，分批于1898—1903年间出版，包括原文和译文：第2卷(分两部分于1906和1912年出版)包括一篇字汇和一篇精彩的集注；最后一卷(1916年)有序言和总编的批判研究。

⑤ 560—616，战败西撒克逊人，仿照罗马法，颁布法典。——译者

的法律第一节中有一个重要的字在一篇孤本手稿上被涂抹得不清楚了。李贝曼追溯到那些最早的手稿，在16世纪一个抄本上发现了这个被损坏了的字。他对作者、日期、内容以及作者的成见等方面所作分析批判使他的著作永垂不朽。

李贝曼的辛勤劳动中有一件事使人联想到基则布勒喜[1]那件闻名的工作，即把失传的《阿尔腾希姆年代记》复原，后来奥伊飞尔发现这些年代记的手稿，从而使前者的辛劳得到证实，此事也很突出。李贝曼以14世纪《盎格鲁法》手稿为依据，论断这部著作原来是一个伦敦人大约在1210年前后写成的，他曾利用城市档案，还指出某些段落是后来才加进去的。1919年都特教授发现了《盎格鲁法》的赖兰兹手稿[2]，这部手稿显然是1204—1210年间写的，其中有些项目李贝曼说是一位按预想排列的编者写的，除去后来掺入的那些材料。[3]

长期以来，李贝曼在英国一直默默无闻，直到他评论伪英加尔夫、《克纽特法令》(*Instituta Cnuti*)以及一些类似的题目[4]的那些
354 著名的文章问世时，才引起约克·鲍威尔和梅特兰的注意。[5] 从

① 本卷原书第192—198页。——译者

② 英国曼彻斯特赖兰兹图书馆所藏的手稿。——译者

③ F.李贝曼，"'盎格鲁法伦敦藏本'的当代手稿"，见《英国历史评论》，第28卷(1913年)，第733页；全文见第732—745页。

④ 1892—1903年间是他一生作品最多的时期，这期间他出版了《克纽特法令》(1893年)，《克纽特咨询院》(1893年)，《伪克纽特·得·佛列斯塔》(1894年)，亨利一世的加冕敕书(1894年)，《盎格鲁法律》(1894年)，《守教者爱德华的法律》(1896年)；丹斯坦宗教法令(1899年)，《列斯·威廉》(1901年)，《亨利的法律》(1901年)等书。

⑤ 鲍威尔在沃顿巴哈的纪念册中评论对"伪英加尔夫"的攻击，而梅特兰在《克纽特法令》中发现了李贝曼。

那时以后，他的成就很快得到公认。剑桥大学于1896年赐给他名誉学位，普鲁士政府赐给他教授的荣誉头衔。

除了他的《盎格鲁-撒克逊法律》外，李贝曼在持续达半个世纪以上的时间内写出40种大部头著作，较短的文章不计其数。他的写作范围很广，从早期法律到语言学、宗教史和文艺批评。① 他研究的范围实际上是古代英语所谓的"文化史"。他扮演的是居间人这个重要角色，为德国刊物写文章评论在英国出版的许多中世纪著作。他精通英语，从而能够阅读各种英文出版物和藏书，他作为一位评论家，从自己丰富的知识中得益不浅；而且所作批评颇有见地，也颇为得体。

李贝曼终生研讨重大问题，他宁愿用精深德文为学者写作，而不接受人们要他面向大众的建议。他从未讲课或指导研究班，这个情况使他的文章晦涩难解；因此可以说他死后没有留下学术上的直接成果，他是一位自学成才的语言学家，成了一位孤峰突起的伟人。内行的人按他的学术成就对他作出估价，1913年他成为伦敦国际历史学会一位杰出的人物。他生平的悲剧是《盎格鲁-撒克逊法律》最后一卷出版时，正值英德两国打仗的时期；战争结束以前，这卷书运到英国的只有很少几本。②

---

① 他的最后研究成果之一是论G. B. 肖的"圣约安"的历史价值（《历史杂志》，1925—1926年，第20—40页）。

② 第3卷是献给亨利·布龙内耳和F. W. 梅特兰的，并在序言中表示了对和平和学术界友好关系重新开始的希望。

翁诺·克洛普(1822—1904)[1]是东弗里西亚[2]人,后来在汉诺威当了历史教授。他热爱他选定的汉诺威家乡,因而普鲁士就成了一切坏事的象征。克洛普是"大德意志"[3]史学最热烈的拥护者,和一位具有归尔甫观点[4]的政论作家。他责怪腓得烈二世[5]在
355 德国搞两面派手法,并为哈布斯堡诸帝辩护。晚年他变成教皇全权论者,并改信天主教。他的《莱布尼茨全集》编到第11卷就不愉快地结束了,因为那时他被流放,不许他利用汉诺威档案了。克洛普最长的著作显然是有关英国史的《斯图亚特王朝[6]的倾覆》。不过他这部13卷著作的重点倾向于大陆事务——对这个很有限的时期说来,他这部书即使不能说全无遗漏,无疑也是费尽心血的。

路德福·格奈斯特(1816—1895)[7]是德国法学家,他不但深

---

① 外尔德·克洛普博士详细叙述了他的生平和著作,见《传记年鉴和德国死者传略》,第8卷(1905年),第117—123页。并参阅同一作者的《翁诺·克洛普,1822—1903》(奥斯纳布吕克,1907年)。他的主要著作有:《东弗里斯兰史》(奥斯纳布吕克和汉诺威,1854—1858年,三卷);《普鲁士国王腓特烈二世和德意志民族》(沙夫豪森,奥格斯堡,1866年);《三十年战争中的梯里》(斯图加特,1861年,两卷);《斯图亚特王朝的衰亡》(维也纳,1875—1888年,14卷,分为七册)。

② 在荷兰。——译者

③ 大德意志派主张以奥地利为首,小德意志派主张以普鲁士为首统一德国。——译者

④ 12、13世纪,德国大诸侯狮子亨利的党徒,主张支持教皇,反对皇帝。——译者

⑤ 神圣罗马皇帝(1215—1250年在位),他企图统一意大利和德意志,为数皇及诸侯贵族所反对。领导第五次十字军(1228—1229)。——译者

⑥ 1603—1688年。——译者

⑦ 鄂图·吉尔刻,《纪念路德福·丰·格奈斯特的讲话》(柏林,1895年);卡尔·瓦尔克,《路德福·丰·格奈斯特》成为《德国思想家及其学术创作》的第1部分(柏林,1888年);尤金·施凡,《路德福·丰·格奈斯特》(柏林,1929年)。

切注意英国的法律遗产，而且对这项遗产深信不疑，因而还向自己本国鼓吹其中某些原理。他是第一位论述英国立宪制度和行政设施的法学史家。他是柏林一位法官的儿子，萨梵宜的学生，在获得博士学位(1838 年)后，就希望得到法官席位。在国外的意大利、法国、英国度过几年后，就被任命为柏林大学罗马法特级教授。格奈斯特在进行学术研究和写作的同时，还担任各种法官职务，并积极参与政治活动，从 1858 年至 1893 年在普鲁士国会当议员。他的信念使他与左派联合。1862 年，他对改组普鲁士军队的预算进行了猛烈攻击。他的努力经常是在法典和司法程序方面进行实际改革或改进；他的《陪审制》(*Trial by Jury*)(1849 年)便是由于对现实情况不满而写的。① 格奈斯特强健而有创见的头脑足以把对普鲁士王国的热爱和对别国作法的赞赏结合起来。1888 年腓得烈三世封他为贵族，并任命他为皇太子的宪法教师。

费利克斯·马科威尔是普鲁士的律师。他虽然只写过一部著作，但他这部著作却使他有资格在此地被提到。他的《英国教会的结构和宪政史》②是论述这个题目的一部透辟、流畅、条理清楚而细致的研究成果。只有外国人兼世俗历史家才能这样客观地观察问题。这本书所附大量脚注也表明作者的渊博，而且他发表自己的意见时很谦逊。即令本文确实稍差，而书中收集的参考资料和 356

① 他的一些更重要的著作有：《英国的大贵族和武士》(1853 年)；《现代英国宪法和行政法》(1857—1860 年，两卷；第 3 版，1883—1884 年)；《英国宪法史》(1882 年)，英文本由菲利普·阿什沃思译成，书名是《英国宪政史》(伦敦，1886 年，两卷；第 2 版，1889 年)。

② 根据德文本译成英文，伦敦，1895 年；艾尔弗雷德·普卢默对此书的评论文章，见《批判的论述》(1896 年)，第 115—121 页。

确切情况却几乎使它成为不可或缺的东西。这部书看起来好像是一部某位古典作家的批判文汇:每十行正文都附加35行脚注和评论。作者谈论大主教、主教、副主教等职位或者像教士会议和牧师会这类团体的发展情况,这实在是必须的。乡村教长和乡村牧师会也都是我们有权期望看到的论题;副牧师和教会执事等也是如此。而教区书记、下级职员、教区小吏和风琴师,主教管区的会议和评议会,女执事制度和同业公会——所有这一切马科威尔都包括在书中并加以探讨。他这部著作迄今仍无取代者。